Wolfgang Portisch (Hrsg.)
Finanzierung im Unternehmenslebenszyklus

Wolfgang Portisch (Hrsg.)

Finanzierung im Unternehmenslebenszyklus

—

DE GRUYTER
OLDENBOURG

ISBN 978-3-11-057850-8
e-ISBN (PDF) 978-3-11-042269-6
e-ISBN (EPUB) 978-3-11-042280-1

Library of Congress Cataloging-in-Publication Data
A CIP catalog record for this book has been applied for at the Library of Congress.

Bibliografische Information der Deutschen Nationalbibliothek
Die Deutsche Nationalbibliothek verzeichnet diese Publikation in der Deutschen National-
bibliografie; detaillierte bibliografische Daten sind im Internet über http://dnb.dnb.de abrufbar.

© 2016 Walter de Gruyter GmbH, Berlin/Boston
Dieser Band ist text- und seitenidentisch mit der 2016 erschienenen gebundenen Ausgabe.
Druck und Bindung: CPI books GmbH, Leck

♾ Gedruckt auf säurefreiem Papier
Printed in Germany

www.degruyter.com

Vorwort

Die maßgeschneiderte Finanzierung eines Unternehmens ist ein Wettbewerbsfaktor. Das vorliegende Buch **„Finanzierung im Unternehmenslebenszyklus"** beschäftigt sich mit aktuellen Finanzierungstechniken in den Kernphasen des Lebenszyklus eines Unternehmens. In der Gründungs-, der Expansions-, der Reife- und der Krisenphase kann der Einsatz differenzierter Finanzierungsinstrumente von Vorteil sein. Daher werden traditionelle und innovative Finanzierungsarten in den unterschiedlichen Entwicklungsphasen eines Unternehmens praxisnah dargestellt und anhand theoretischer Konzepte beurteilt.

In der vorliegenden zweiten Auflage wurden Aktualisierungen vorgenommen sowie weitere Abschnitte zu den Themenbereichen Crowdfunding, Buy-Out-Finanzierung, Konsortialfinanzierung und Emission von Anleihen eingefügt.

Ziele des Buches

Die Strukturierung der Finanzierung im Lebenszyklusmodell soll eine Hilfestellung für Entscheidungsträger in Unternehmen liefern, in welchem Stadium bestimmte Finanzierungsinstrumente einzusetzen sind. Auf diese Weise können neue Potenziale erschlossen und die Mittelbereitstellung kann mit einer Verteilung auf verschiedene Akteure stabilisiert werden. Dieses Buch soll damit helfen, die Kapitalisierung von Unternehmen nicht nur als Hilfsfunktion zur Durchführung der Realprozesse anzusehen. Die jeweilige Finanzierungsart soll dazu beitragen, eine Gründung zu ermöglichen, den Unternehmenswert in der Wachstumsphase und im Reifestadium zu erhöhen und die Existenz in der Krise zu sichern. Somit ist es das vorrangige Ziel, die Finanzierung im Unternehmenslebenszyklus gestaltend einzusetzen, um nachhaltig Werte zu schaffen, zu steigern und abzusichern.

Verfasser der Beiträge

Die Unternehmensfinanzierung zeichnet sich heutzutage durch einen hohen Spezialisierungsgrad aus. Es werden in den verschiedenen Phasen eines Unternehmenslebenszyklus zum Teil komplexe Finanzinstrumente eingesetzt. Um der zunehmenden Spezialisierung Rechnung zu tragen und die aktuellen Entwicklungen an den Kapitalmärkten zu erfassen, wurden Fachspezialisten für ausgesuchte Themenbereiche als Autoren in diese Publikation mit aufgenommen.

Adressaten des Werkes

In diesem Buch werden neben theoretischen Fragestellungen verstärkt praktische Probleme der Unternehmensfinanzierung untersucht. Zielgruppen sind Mitarbeiter sowie Führungskräfte von Unternehmen und Banken. Zudem kann das Buch in der Lehre an Hochschulen und Universitäten eingesetzt werden.

Oldenburg, im Januar 2016   Wolfgang Portisch

Danksagung

Ich bedanke mich bei Inga Wiebke und André Heskamp für das Korrekturlesen und die Ausdauer beim Markieren der Änderungen.

Hilfestellung durch die Familie

Ein besonderer Dank gilt auch meiner Familie für die mentale Unterstützung beim Schreiben des Buches und das Schaffen zeitlicher Spielräume. Ich möchte mich sehr bei meiner Frau Theodora, bei meinem Sohn Alexander und der stetig wachsenden Familie bedanken.

Oldenburg, im Januar 2016   Wolfgang Portisch

Inhalt

Abkürzungsverzeichnis

ADSCR	Annual Debt Service Cover Ratio
AktG	Aktiengesetz
APV	Adjusted Present Value
BaFin	Bundesanstalt für Finanzdienstleistungsaufsicht
BGN	Betriebsgewöhnliche Nutzungsdauer
BilRUG	Bilanzrichtlinie-Umsetzungsgesetz
BörsG	Börsengesetz
BörszulV	Börsenzulassungs-Verordnung
BP	Basispunkt
Cap	Zinsbegrenzungsvertrag
CAPM	Capital Asset Pricing Model
DCF	Discounted Cash Flow
DCGK	Deutscher Corporate Governance Kodex
DD	Due Diligence
DO	Devisen-Option
DRS	Deutscher Rechnungslegungsstandard
DRSC	Deutsches Rechnungslegungs Standards Committee
DSCR	Debt Service Cover Ratio
DTG	Devisen-Termingeschäft
EBIT	Earnings before Interest and Tax
EBITDA	Earnings before Interests, Taxes, Depreciation, Amortisation
EEG	Gesetz für den Vorrang Erneuerbarer Energien
EHUG	Gesetz über elektronische Handels- und Unternehmensregister
ETF	Exchange Traded Funds
EUR	Euro
EUREX	European Exchange Organization
EURIBOR	Euro Interbank Offered Rate
FCF	Free Cash Flow
FRA	Forward Rate Agreement
FRUG	Finanzmarktrichtlinie-Umsetzungsgesetz
FTE	Flow to Equity
GST	Gewerbesteuer
GStG	Gewerbesteuergesetz
GuV	Gewinn- und Verlustrechnung
IAS	International Accounting Standards
IASB	International Accounting Standards Board
IDW	Institut der Wirtschaftsprüfer
IFD	Initiative Finanzstandort Deutschland
IfM	Institut für Mittelstandsforschung

IFRS	International Financial Reporting Standard
InsO	Insolvenzordnung
IPO	Initital Public Offering
IR	Investor Relations
KBG	Kapitalbeteiligungsgesellschaft
KfW	Kreditanstalt für Wiederaufbau
KM	Kapitalmarkt
KMU	Kleine und mittlere Unternehmen
KST	Körperschaftsteuer
KStG	Körperschaftsteuergesetz
KV	Kreditversicherer
KWG	Kreditwesengesetz
LIBOR	London Interbank Offered Rate
LoI	Letter of Intent
MaK	Mindestanforderungen an das Kreditgeschäft
MBG	Mittelständische Beteiligungsgesellschaft
OFCF	Operating Free Cash Flow
OTC	Over the Counter
PE	Private Equity
ProspektVO	Prospektverordnung
PPP	Public Private Partnership
PublG	Publizitätsgesetz
RIC	Rechnungslegungs Interpretations Committee
SPV	Special Purpose Vehicle
TEUR	Tausend Euro
TUG	Transparenzrichtlinie-Umsetzungsgesetzes
TV	Terminal Value
UmwG	Umwandlungsgesetz
USD	US-Dollar
US-GAAP	US-Generally Accepted Accounting Principles
UStG	Umsatzsteuergesetz
VC	Venture Capital
WACC	Weighted Average Cost of Capital
WF	Währungs-Future
WpHG	Wertpapierhandelsgesetz
WpÜG	Wertpapiererwerbs- und Übernahmegesetz
WS	Währungs-Swap
XETRA	Exchange Electronic Trading System
ZF	Zins-Future
ZS	Zins-Swap
ZWS	Zins- und Währungs-Swap

Symbolverzeichnis

A	Kapitalabflüsse oder Auszahlungen
ARA	Absolute Risikoaversion
B	Bezugsrecht
B_Q	Berechnungsbasis quotierte Währung
B_G	Berechnungsbasis Gegenwährung
ß	Beta-Faktor
C	Prämie für den Call
CC	Cost of Carry
CF	Cash Flow
D	Dividende
DV	Dynamischer Verschuldungsgrad
$e^{r,t}$	Stetige risikolose Verzinsung
E	Kapitalzuflüsse oder Einzahlungen
EK	Eigenkapital
$E[U(H_i)]$	Erwartungsnutzen
EW	Erwartungswert
EW(L)	Erwartungswert einer Lotterie
$EW(H_i)$	Erwartungswert einer Handlungsalternative
$E[U(RF_{ij})]$	Nutzen des Erwartungswertes eines Rückflusses
F_P	Futures-Preis
FK	Fremdkapital
GK	Gesamtkapital
H_i	Handlungsalternative
i	Kreditzinssatz
i_t	Laufzeitbezogener Zinssatz
i_T	Zinskupon auf die Nominale
IC	Interest Coverage
K	Kreditvolumen
K_0	Kapital am Anfang der Periode
K_1	Kapital am Ende der ersten Periode
K_a	Kurs der alten Aktien
K_n	Kurs der neuen Aktien
K_P	Kassapreis
KD	Kapitaldienst
KE	Kapitalertrag
KK	Kapitalkosten
KK_{GK}	Durchschnittliche Gesamtkapitalkosten
KK_{EK}	Eigenkapitalkosten
KK_{FK}	Fremdkapitalkosten

KK_{WACC}	Gewichtete Kapitalkosten
L_i	Lotterie einer Handlungsalternative
M_{GK}	Marktwert des Gesamtkapitals
M_{EK}	Marktwert des Eigenkapitals
M_{FK}	Marktwert des Fremdkapitals
MK	Mezzaninkapital
N	Laufzeit
NE	Nutzeneinheit
Nom	Nominalwert
P	Prämie für den Put
$P_ä$	Äquivalente Präferenzwahrscheinlichkeit
P_j	Zustandswahrscheinlichkeiten
Φ_i	Präferenzwert einer Handlungsalternative
r	Risikoloser Zins
r_Q	Zinssatz quotierte Währung
r_G	Zinssatz Gegenwährung
R	Rendite
R_{EK}	Eigenkapitalrendite
R_{FK}	Fremdkapitalrendite
R_{GK}	Gesamtkapitalrendite
R_{eff}	Effektiver Zinssatz
R_f	Risikoloser Zinssatz
R_M	Rendite des Marktportfolios
RF_{ij}	Zustandsabhängiger Rückfluss
RRA	Relative Risikoaversion
S_i^2	Varianz
S_i	Streuung
SÄ	Sicherheitsäquivalent
S_E	Integrierter Ertragssteuersatz
S_{GST}	Gewinnsteuersatz
S_T	Swapsatz in Abhängigkeit von der Laufzeit T
T	Zeitpunkt
T_K	Terminkurs in der jeweiligen Währung
U	Nutzen
U(W)	Risikonutzenfunktion in Abhängigkeit vom Wohlstand
UW	Unternehmenswert
V	Verschuldungsgrad
W	Wohlstand
WACC	Weighted Average Cost of Capital
X	Ausübungspreis
Z_j	Zustand

1 Einleitung

von Prof. Dr. Wolfgang Portisch

Die **Finanzierung im Unternehmenslebenszyklus** ist im Umbruch. So hat sich die Finanzierungslandschaft in den letzten Jahren in Deutschland stark verändert und wird sich auch in der Zukunft stetig weiterentwickeln. Insbesondere Einflüsse der Finance aus dem angelsächsischen Raum haben die Unternehmensfinanzierung in Deutschland beeinflusst. Es war in der Vergangenheit ein Trend weg von der klassischen Hausbankbeziehung, hin zu einer intensiven Nutzung der Kapitalmärkte mit einer Verbriefung von finanziellen Ansprüchen zu beobachten. Mittlerweile stehen aufgrund der Erfahrungen in der Finanzmarktkrise wieder verstärkt die Hausbanken im Fokus der Finanzierungsbeziehungen von kleinen, mittleren und oftmals durch Familienstrukturen geprägten Unternehmen.

Bei größeren Unternehmen ist dagegen die Nutzung von Kapitalmarktinstrumenten wie Aktien und Anleihen weiterhin ungebrochen. Die Kapitalmärkte erleben einen großen Zuspruch, aufgrund des niedrigen Zinsniveaus und der hohen Marktbewertungen. Es erfolgt in Kreditinstituten eine enge Zusammenarbeit des Corporate Banking mit dem Investmentbanking. In diesem Zuge werden die Firmenkunden umfassend beraten. Dabei werden neben klassischen Bankprodukten strukturierte Finanzinstrumente, die speziell auf das Engagement oder das durchzuführende Projekt zugeschnitten sind, angeboten. Diese Mittelbereitstellungen werden über die nationalen sowie internationalen Geld- und Kapitalmärkte refinanziert. Auch der Sektor der Projektfinanzierung ist weiterhin attraktiv.

Diese Ausrichtung der Betrachtung an den Entwicklungsstadien von Unternehmen schafft die Möglichkeit, wesentliche Meilensteine der Finanzierung zu identifizieren sowie die geeignete Mittelbereitstellung daran auszurichten. Im Lebenszyklus eines Unternehmens ergeben sich in den Phasen der Gründung, der Expansion, der Reife und der Krise besondere Anforderungen an die Ausgestaltung der nutzenstiftenden Finanzierungsinstrumente. Damit eine aktive und wertsteigernde Investitions- und Finanzierungspolitik gestaltet wird, ist in den Stadien des Lebenszyklus der Einsatz differenzierter Methoden zu planen und umzusetzen.

In der **Gründungsphase** eines Unternehmens haben klassische Finanzinstrumente wie der Hausbankkredit, neben dem Kapital der Gründer weiterhin eine große Bedeutung. Zudem kommen neue Optionen der Mittelbeschaffung hinzu, mit der Möglichkeit, kapitalmarktbezogene Finanzinstrumente als zusätzliche Mittelquelle zu nutzen. Darüber hinaus können Venture-Capital-Geber sowie Business Angels das Unternehmen finanzieren und mit Know How unterstützen. Finanzinstrumente, wie das Crowdfunding, bieten neuere Optionen der Kapitalbeschaffung.

Die Finanzmärkte ermöglichen es, alternative Kapitalbeschaffungsinstrumente auszuwählen. Gerade in der **Wachstumsphase** kann dies wichtig sein, wenn umfangreichere Investitionsgüter zu finanzieren sind. Projektfinanzierungen, Asset Backed
Securities und Leasing lassen sich unter anderem einsetzen, um konkrete Vorhaben
auszugliedern und die Bilanzstruktur des Initiators nicht zu belasten. Konsortialfinanzierungen gewährleisten auf der Anbieterseite eine ausgewogene Risikoverteilung und auf der Nachfrageseite eine Bereitstellung von umfassenden Mitteln. Die
Finanzierungen über Private Equity und Mezzanine tragen dazu bei, die Eigenkapitalquote zu verbessern und das Rating positiv zu beeinflussen. Dieses kann auch bei
Management Buy Outs von Bedeutung sein, wenn der Leverage den Finanzierern zu
erheblich erscheint und ein höherer Eigenmitteleinsatz gefordert wird. Des Weiteren
können mit Instrumenten zur Absicherung von Zins- und Währungsrisiken volatile
Marktpreisunsicherheiten der Finanzierung beseitigt werden.

Nach einer Phase der rapiden Expansion folgt in der Regel ein Stadium, in dem sich
das Wachstum deutlich verlangsamt. Das Unternehmen tritt in eine **Reifephase** ein,
mit stagnierenden Umsätzen und Erlösen. Auch in dieser Situation kann eine gezielte Finanzierung gestaltend zur Wertsteigerung eingesetzt werden. Eine hohe Bewertung und Wertrealisierung wird über einen Börsengang erreicht. Es kann über die
Emission von Aktien die Unternehmensnachfolge gesichert werden und eine Verstetigung der Firma realisiert werden. Mit einem Going Public bestehen neue Optionen,
aber auch Verpflichtungen. Dann steht das Unternehmen im Fokus der Öffentlichkeit und hat detaillierte Transparenzpflichten zu erfüllen. Neben der Eigenkapitalfinanzierung über eine Börse wird immer häufiger auch der Fremdkapitalmarkt über
Anleiheplatzierungen angesprochen. Freiwillige Investor- sowie Creditor-Relations-
Aktivitäten erhöhen die Attraktivität für bestehende und neue Geldgeber.

In einer konjunkturellen Schwächeperiode geraten stark expandierende Unternehmen mit hohen Kapazitäten häufig in eine **Krisenphase**. In diesem Stadium können
sich Spannungen in der Finanzierung existenzgefährdend auswirken. Oftmals kann
ein Abspringen der Gläubiger nur über spezielle Finanzierungstechniken oder eine
Neustrukturierung der Mittelbereitstellung im Rahmen einer Poolbildung verhindert
werden. In dieser kritischen Unternehmensphase ist detailliertes Fachwissen externer Spezialisten notwendig, um das Unternehmen wieder zu stabilisieren.

Begleitet wird die kapitalmarktorientierte Finanzierung von einer komplexen Rechnungslegung nach IFRS. So ist beispielsweise die Forderungsbewertung nach IFRS 9
bedeutend für viele Unternehmen. Die internationalen Rechnungslegungsvorschriften stellen im Gegensatz zum Jahresabschluss nach HGB, nicht den Gläubiger in den
Vordergrund der Betrachtung. Vielmehr ist eine multi-adressatenorientierte Darlegung der Zahlen an Externe intendiert, mit einem Schwerpunkt auf die Investoren-
sichtweise und einer Entscheidungsorientierung der Berichterstattung für Stakeholder. Dazu rückt eine marktnahe Bewertung mit Zeitwerten, gemäß der Generalnorm
der Fair Presentation, in den Vordergrund der Betrachtung.

2 Aufbau des Buches

von Prof. Dr. Wolfgang Portisch

Das Buch ist in acht Kapiteln wie folgt aufgebaut: In **Kapitel 1** wird eine Einleitung gegeben, die in die aktuelle Finanzierungsthematik einführt. In **Kapitel 2** wird der Aufbau des Buches beschrieben.

In **Kapitel 3** wird eine Theoriegrundlage zur Analyse der Finanzierungsprozesse im Lebenszyklus eines Unternehmens erarbeitet. Dieser Untersuchungsrahmen basiert auf den Theoriekonzepten des Stakeholder-Ansatzes sowie der Agency-Theorie. Des Weiteren werden spezielle Theorien aus dem Finanzierungsbereich dargestellt, die einen engen Bezug zur Unternehmensfinanzierung im Lebenszyklus aufweisen, wie die Nutzentheorie und die Theorie der Kapitalstruktur. Basis dieses Buches ist der typische Lebenszyklus eines Unternehmens. Gezeigt wird, welche Finanzinstrumente von Unternehmen in der Gründungsphase, der Wachstumsphase, der Reifephase und der Krisenphase gestaltend eingesetzt werden können.

Kapitel 4 zeigt, in der Anlehnung an das Lebenszykluskonzept die finanzielle Begleitung bei der Gründung eines Unternehmens. Dabei wird auf die Kapitalbedarfe sowie die Mittelbereitstellung in verschiedenen Gründungsmodellen eingegangen. Neben der Eigenkapitalfinanzierung sowie der Fremdkapitalfinanzierung wird auch der Bereich der mezzanine Finanzierung dargelegt.

Kapitel 5 betrachtet die Wachstumsphase eines Unternehmens und die Möglichkeiten zur Finanzierung einer Expansion. Untersucht werden ausgewählte Techniken wie das Leasing, die Finanzierung über Asset Backed Securities, die Projektfinanzierung, die Konsortialfinanzierung, die eigenkapitalnahe Mittelbeschaffung über mezzanine Finanzprodukte sowie die Eigenkapitalstärkung über Private Equity. Es werden Absicherungsgeschäfte über Finanzderivate zur Steuerung von Zins- und Währungsrisiken erläutert. Bei einer Wachstumsfinanzierung zeigt sich die Komplexität der vielfältigen Finanzinstrumente im Praxiseinsatz.

In **Kapitel 6** wird die weitere Ausweitung der geschäftlichen Aktivitäten in der Reifephase betrachtet. So ergeben sich über einen Börsengang neue Möglichkeiten der Expansion. Über eine Emission von Aktien oder Anleihen können Gelder am Kapitalmarkt generiert und unter anderem für den Kauf eines Unternehmens eingesetzt werden. Auf diese Art und Weise kann über ein anorganisches Wachstum, die Expansion auf eine neue Stufe gehoben werden. Wichtig ist, dass nach einer erfolgreichen Emission die Interessen der externen Investoren zu berücksichtigen sind. Es ist über ein kontinuierliches Management im Rahmen der Investor Relations die Kommunikation zu den Anlegern zu pflegen, damit über Kapitalerhöhungen sowie neue Anleiheemissionen auch später Mittelaufnahmen erfolgen können.

In **Kapitel 7** wird die Krisenlage eines Unternehmens analysiert. Zum Einsatz kommen in diesem Stadium Instrumente zur Stabilisierung der finanziellen Lage. Dazu können über Poolfinanzierungen, Sanierungskredite, Finanzierungen von separierten Einzelprojekten neue Gelder beschafft werden. Zudem kann die Mittelbereitstellung abgesichert und auf mehrere Akteure verteilt werden. Ziel ist es, die Insolvenz zu vermeiden, um über ein Sanierungskonzept die Sanierungsfähigkeit überprüfen zu lassen und die Fortführung gegebenenfalls langfristig zu finanzieren.

Kapitel 8 gibt einen Ausblick über die verschiedenen Finanzierungsformen in den Stadien des Lebenszyklus. In der Gründungsphase wird die Zukunft der klassischen Finanzierungsinstrumente aufgezeigt. In der Wachstumsphase wird ein Überblick, unter anderem mit der Finanzierung über Private Equity oder Buy Outs, gegeben. In der Reifephase wird die Lage an den Börsenmärkten beurteilt und in der Krisenphase die Entwicklung zur Stabilisierung der Mittelbereitstellung dargestellt.

Bei diesem Buch handelt es sich um ein Werk, das sowohl in der Praxis als auch in Lehrveranstaltungen an Universitäten sowie Hochschulen eingesetzt werden kann. Neben theoretischem Finanzierungswissen werden praktische Probleme der Unternehmensfinanzierung untersucht. Den Aufbau des Buches in den Hauptabschnitten beginnend mit Kapitel 3 zeigt die folgende Abb. 2.1.

3 Theorie der Finanzierung			
3.1 Finanzierung und Unternehmensfinanzierung	3.2 Unternehmenslebenszyklus	3.3 Finanzierungspotenziale über Stakeholder	3.4 Informationsasymmetrien und Agency-Theorie
3.5 Stakeholder-Agency-Modell	3.6 Rendite, Risiko und Nutzentheorie	3.7 Theorie der Kapitalstruktur	3.8 Eigenkapital, Fremdkapital und Mezzaninkapital
4 Gründungsfinanzierung			
4.1 Grundlagen der Gründungsfinanzierung	4.2 Geschäftsmodelle der Gründung	4.3 Eigenkapitalfinanzierung bei der Gründung	4.4 Fremdkapitalfinanzierung bei der Gründung
4.5 Mezzaninkapitalfinanzierung bei der Gründung	4.6 Bedeutung der Finanzierungsquellen	4.7 Business-Plan als Basis der Gründung	4.8 Beispiel einer Gründungsfinanzierung
5 Wachstumsfinanzierung			
5.1 Leasing	5.2 Asset Backed Securities	5.3 Projektfinanzierung	5.4 Buy-Out-Finanzierung
5.5 Konsortialfinanzierung	5.6 Mezzanine Finanzierung	5.7 Private Equity	5.8 Zins- und Währungsrisiken
6 Reifefinanzierung			
6.1 Finanzierung über Kapitalmärkte	6.2 Rahmenbedingungen eines Börsengangs	6.3 Unternehmensbewertung	6.4 Strukturierung und Umsetzung des Börsengangs
6.5 Folgearbeiten nach erfolgreicher Erstemission		6.6 Fremdkapitalfinanzierung über Anleihen	
7 Krisenfinanzierung			
7.1 Bedeutung und Arten von Unternehmenskrisen	7.2 Krisenfinanzierung und Agency-Theorie	7.3 Stakeholder-Analyse in der Krise	7.4 Finanzierungspotenziale über Stakeholder
7.5 Poolfinanzierung	7.6 Sanierungskredit und Einzelgeschäftsfinanzierung	7.7 Finanzkommunikation in der Krise und Sanierung	7.8 Fallbeispiel zur Krise und Sanierung
8 Ausblick zur Finanzierung			

Abb. 2.1: Aufbau des Buches (Quelle: Eigene Darstellung)

3 Theorie der Finanzierung

von Prof. Dr. Wolfgang Portisch

3.1 Finanzierung und Unternehmensfinanzierung

Begriffsdefinitionen sind von besonderer Bedeutung, um Gegenstandsbereiche ab-zugrenzen, die in diesem Falle die Finanzierung sowie die Unternehmensfinanzierung behandeln. Es wird nachfolgend beschrieben, was zu dem Bereich der Finanzierung gehört. Der Finanzierungsbegriff legt zum einen die genaue Arrondierung des Themengebietes fest und zum anderen die inhaltliche Bestimmung, das heißt, was in den Bereich einer Mittelbereitstellung fällt.

In der betriebswirtschaftlichen Literatur existieren zahlreiche Definitionen für den Begriff der Finanzierung beziehungsweise der Unternehmensfinanzierung. Grundsätzlich lassen sich diese verschiedenen Auslegungen aus zwei unterschiedlichen Betrachtungsweisen ableiten.

Die **traditionelle Sichtweise der Finanzierung** orientiert sich am Realkapital und an der Bilanz. Finanzierung umfasst in diesem Sinne alle Maßnahmen der Kapitalbeschaffung über externe und interne Vorgänge. Wesentlich ist der Zugang von Kapital (vgl. Perridon et al., 2012, S. 399 ff. und Geyer et al., 2011, S. 3 ff.).

Kennzeichnend für die **moderne Betrachtungsweise der Finance** ist das Denken in zeit- und zustandsabhängigen Zahlungsströmen sowie eine Orientierung an den Kapitalmärkten und den dort handelnden Akteuren. Die Investoren und die ihnen zufließenden Zahlungen stehen im Vordergrund dieser anlagegeprägten Sichtweise (vgl. Brealey et al., 2008, S. 4 ff.).

Diese Abgrenzungen sind nicht wertend gemeint, sondern dienen der Systematisierung, um auch bestimmte Autoren einer Betrachtungsweise zuordnen zu können und Missverständnisse zu vermeiden. Dabei werden die Begriffe Unternehmen, Unternehmung, Betrieb sowie Firma synonym gebraucht. Ebenso werden die Begriffe Kreditinstitut und Bank im gleichen Sinnzusammenhang verwendet.

In der **traditionellen Sichtweise der Finanzierung** herrscht eine verstärkt güterwirtschaftliche Sicht. Realwirtschaftliche Prozesse wie die Beschaffung, die Produktion und der Absatz stehen im Vordergrund zur Erreichung der Unternehmensziele. Finanzierung wird als eine Voraussetzung betrachtet, die erfüllt sein muss, damit die Produktion und der Absatz stattfinden können. Die originäre Funktion im Rahmen der klassischen Finanzierungslehre ist die Finanzmittelbeschaffung. Kernaufgabe der Finanzierung ist es, das finanzielle Gleichgewicht mit der Sicherung des Eigenkapitals und der Liquidität dauerhaft zu erhalten.

Ausgangspunkt von Finanzierungsproblemen im Rahmen dieser Betrachtungsweise sind leistungswirtschaftliche Vorgänge. Die Finanzierung sowie die Finanzplanung stellen Hilfsfunktionen für die Durchführung der Realprozesse dar. Dieses legt eine Sukzessivplanung im Unternehmen nahe. Zunächst ist daraus das Sachziel zu bestimmen. Dieses ergibt sich aus dem Zielsystem, der Branche und dem Produktionsprogramm. Daraus wiederum lässt sich das Finanzvolumen ableiten. Die Investitionen sind finanziell abzudecken und es ergibt sich ein zu ermittelnder Mittelbedarf. Hauptfunktion der Finanzierung ist damit die Deckung des Kapitalbedarfs, um die Produktion von Gütern und Dienstleistungen zu ermöglichen.

Diese Planungsabfolge kann aber zu suboptimalen Lösungen führen, wenn die Investitionen ein festes Datum für die Finanzplanung darstellen. Dann wird unter Umständen auf die Realisierung lukrativer Projekte verzichtet, wenn das investierende Unternehmen grundsätzlich über weitere günstige Finanzierungsmöglichkeiten verfügt. Es hätte sich unter Umständen im ersten Planungsschritt gelohnt, einen größeren Umfang an Investitionen zu realisieren. Das Investitions- und Finanzierungsprogramm ist interdependent aufeinander abzustimmen.

Bedeutendes Entscheidungskriterium ist die Maximierung der Rendite. So werden Entscheidungen im Rahmen der traditionellen Finanzierung häufig nach dem internen Zinsfuß getroffen. Dieses Kriterium weist jedoch vielerlei Nachteile auf. Diese liegen zum einen in den mathematischen Schwierigkeiten zur Ermittlung der Rendite und zum anderen in den zugrunde liegenden Annahmen begründet.

So wird bei der internen Zinsfuß-Methode die Wiederanlage der Rückflüsse zum internen Zinssatz unterstellt. Dieser kann jedoch, beim Vergleich verschiedener Investitionsalternativen, variieren und vom herrschenden Marktzins erheblich abweichen (vgl. Kruschwitz, 2011, S. 92 ff.). Das Verfahren der internen Zinsfuß-Methode besitzt auch keinen theoretischen Unterbau wie beispielsweise bei der Kapitalwertmethode und Entscheidungen werden unter Umständen falsch abgeleitet.

Des Weiteren ist das erhöhte Risiko eigentlich über eine aus der Theorie abgeleitete Prämie einzupreisen. Weitere Nachteile der traditionellen Finanzierungssicht sind:

– Leasing wird nicht erfasst, da kein Zugang finanzieller Mittel vorliegt.
– Stundungen werden nicht betrachtet, da keine Kapitalbeschaffung besteht.
– Kapitalstrukturentscheidungen spielen eine nur untergeordnete Rolle.

Bei der **modernen Betrachtungsweise der Finance** stehen Zahlungsvorgänge im Vordergrund der Untersuchungen. Die Vertreter dieses modernen Finanzierungsbegriffs verstehen unter der Unternehmensfinanzierung jeglichen Zugang und Abgang von finanziellen Mitteln einschließlich der Strukturierung des Kapitals. Das Finanzierungsverständnis ist umfassender, da sich unter anderem das Leasing und auch die Zahlung von Dividenden abbilden lassen.

Dieser so verstandene Finanzbegriff entspricht auch der Lehrauffassung derjenigen, die nicht das Kapital, das die Unternehmen durch die Finanzierung erlangen, in den Vordergrund stellen, sondern die Gegenleistung der Einlage betrachten. Dieses sind die den Kapitalgebern gewährten Ansprüche in Form von Kapitalsteigerungen, Ausschüttungen oder Zins- und Tilgungsleistungen (vgl. Brealey et al. 2008, S. 443 ff.). Selbst Investitionsentscheidungen fallen unter diesen Oberbegriff der Finance, da Zahlungsvorgänge ausgelöst werden. In der weiten Sichtweise bedeutet Finanzierung damit den Verkauf von Ansprüchen an künftige Cash Flows. Dieses wird auch durch die Bedeutung der Ertragsorientierung der Geldgeber geprägt.

Daher verbrieft ein Kreditvertrag bestimmte Ansprüche der Bank an zukünftige Cash Flows der Unternehmung. Erwartet wird im Anschluss an diese Mittelvergabe die Rückzahlung des überlassenen Kapitals und die Zahlung eines risikoabhängigen Entgelts für die Nutzungsüberlassung. Dies zeigt aber auch, dass Finanzierung nicht allein die Betrachtung und Steuerung von Zahlungsströmen beinhaltet.

Die Mittelbereitstellung umfasst außerdem Maßnahmen der Vereinbarung von Informations-, Kontroll- und Sicherungsbeziehungen zwischen einem Unternehmen und seinen Kapitalgebern (vgl. Schmidt, 1986, S. 189 ff.). Es ist neben den Finanzströmen die Ausgestaltung der kompletten finanziellen Partnerschaft auch mit den Informationspflichten sowie den zu gewährenden Sicherheiten zu regeln (vgl. Drukarczyk, 1999, S. 2 ff. und S. 19 ff.). In bestimmten Phasen des Unternehmenslebenszyklus gewinnt die Gestaltung vertraglicher Beziehungen an Bedeutung.

Dies kommt insbesondere dann zum Ausdruck, wenn die Einhaltung der vereinbarten Leistungen zur Rückzahlung der Kredite Probleme bereitet. Dann ist Finanzierung mehr, als der eigentliche Kapitaltransfer zwischen Unternehmen sowie seinen Geldgebern. Es treten Verhandlungen ein und es wird über Stützungsmaßnahmen entschieden. So ist der Finanzierungsbegriff, neben der Betrachtung der Zahlungsströme, auf die Strukturierung der Vertragsbeziehungen zu erweitern. Zudem spielen Risikopräferenzen und Nutzenüberlegungen der Kapitalgeber eine Rolle.

Definition: Der Begriff der **Finanzierung** folgt in diesem Buch einer eher weiten Definition gemäß der modernen Betrachtungsweise der Finance. Dieser umfasst im Sinne der Unternehmensfinanzierung alle Maßnahmen der Kapitalbeschaffung, Kapitalstrukturierung und vertraglichen Gestaltung von finanziellen Beziehungen über die Vereinbarung von Zahlungs-, Informations-, Überwachungs- und Sicherungsrechten zwischen dem Unternehmen als Kapitalnachfrager und den Kapitalgebern. Zahlungsströme und Nutzenüberlegungen der Finanzakteure stehen im Vordergrund der Betrachtung.

Es ist der Wert der Zahlungen zu beachten, denn Zahlungsströme sind im Zeitablauf zu bewerten. Sie sind auf einen einheitlichen Zeitpunkt zu transformieren, um eine Wertfindung zu ermöglichen. Daher findet die **Kapitalwertmethode** als Entscheidungskriterium Anwendung. Der Gedanke der entscheidungsorientierten Finanzierung kommt hiermit zum Ausdruck. Unterschieden wird zwischen dem Kapitalwert beziehungsweise dem Barwert (Present Value) sowie dem Netto-Kapitalwert (Net Present Value). Es werden beim Netto-Kapitalwert zusätzlich die Anschaffungsausgaben abgezogen und die Vorteilhaftigkeit einer Investition oder Finanzierung kann direkt über diesen Gegenwartswert beurteilt werden.

Eng im Zusammenhang mit einem bestimmten Finanzierungsbegriff steht auch die Zielsetzung, die im Rahmen der Mittelbereitstellung verfolgt wird. Die traditionelle Betrachtungsweise geht von der Vorstellung aus, die Unternehmung sei ein fiktives Gebilde mit eigenen Zielen. Das Unternehmen an sich wird als autonome Einheit, als Konstrukt, unabhängig von den Ansprüchen verschiedener Interessengruppen gesehen. Finanzwirtschaftliche Entscheidungen sind dann vor allem am Zielsystem der Unternehmung, mit dem Oberziel der Gewinnmaximierung, auszurichten. Allerdings ist die Gewinnmaximierung auch mit Vorsicht zu betrachten, denn diese kann auch Fehlanreize setzen und eine kurzfristige Sichtweise fördern.

Zielsetzungen, die der modernen Richtung der Finanzierung zuzuordnen sind, orientieren sich dagegen unter anderem an den Interessen der Investoren eines Unternehmens. Mögliche Ziele dieser Gruppen bestehen in der Maximierung des Discounted Cash Flows, der Steigerung des Shareholder Values und der Erhöhung des Value Added. Meist wird die Maximierung des Unternehmenswertes als Hauptzielsetzung bei den finanzierungstheoretischen Modellen zugrunde gelegt. Die moderne Theorie der Finanzierung sieht das Unternehmen zudem als Verknüpfung vielfältiger vertraglicher Beziehungen zwischen den beteiligten Parteien an.

Daher sind auch die Ansprüche und Beiträge dieser Akteure bei der Ausgestaltung finanzieller Beziehungen zu berücksichtigen. Diese Sichtweise stellt Zahlungsströme und die Adressaten der Zu- und Abflüsse der Geldmittel in den Vordergrund der Betrachtung. Es wird untersucht, wem die Zahlungsüberschüsse eines Unternehmens zustehen. Das Unternehmen als Konstrukt wird selbst nicht als existent angesehen. Die beteiligten Anspruchsgruppen haben Interessen an Zahlungen, und Akteure wie Anteilseigner, Manager, Mitarbeiter, Gläubiger, Fiskus stehen im Fokus dieses Finanzmodells (vgl. Schneck, 2004, S. 2 ff.).

Diese Gruppen haben Ansprüche an die künftigen Cash Flows. Gemäß der modernen Sichtweise ist die Unternehmung ein Instrument, dessen sich die an der Finanzierung beteiligten Akteure bedienen, um ihre eigenen Ziele zu erreichen.

Definition: Die **Zielsetzung der Finanzierung** beinhaltet die Maximierung des Unternehmenswertes und der Ausschüttungen an die jeweiligen Anteilseigner sowie die Befriedigung der finanziellen und nicht-finanziellen Ansprüche sonstiger Akteure, wie die der Lieferanten und Kreditinstitute. Die zeit- und zustandsabhängigen Zahlungsströme des Unternehmens sind dabei auf die beteiligten Akteure abzustimmen und aufzuteilen. Auch die Informationen sind optimal zu verteilen. Das Management des Unternehmens hat die Aufgabe, eine Gesamtwertmaximierung in finanzieller sowie nicht-finanzieller Sicht für die verschiedenen Anspruchsgruppen zu gestalten. Kriterium zur Entscheidungsunterstützung der finanziellen Unternehmensziele ist der Kapitalwert.

Damit ein tiefgehendes Verständnis der Finanzierung erlangt wird, ist auf die Historie des Fachgebietes einzugehen. In den letzten Jahrzehnten haben sich die Theorie, die Praxis sowie die Empirie in der Finanzierung erheblich weiterentwickelt und zu einem umfassenden Gesamtmodell verdichtet. Die wesentlichen Meilensteine dieser Forschung im Sektor der Finanzierung sind:

- **Nutzentheorie von Bernoulli (1738):** Methode zur Einschätzung des Risikoverhaltens von Anlegern. Modelle dieser Art werden insbesondere in der Wertpapieranalyse bei Anlageentscheidungen und in der Versicherungswirtschaft eingesetzt (vgl. Kruschwitz/Kruschwitz, 1996, S. 733 ff.).
- **Separationstheorem von Fisher (1930):** Trennung der Investitions- und Konsumentscheidung im Fisher-Modell. Diese Theorie begründet die Vorteile einer Verwendung der Kapitalwertmethode bei Investitionen sowie den Werttransfer von Zahlungen im Zeitablauf (vgl. Fisher, 1930, S. 1 ff.).
- **Portfoliotheorie von Markowitz (1952):** Untersuchung der Diversifikation bei der Portfoliobildung von verschiedenen Investments. Mit dieser Theorie wurde eine mathematische Grundlage geschaffen, um Aktienanlagen systematisch zu untersuchen sowie Risikoeffekte aus einer gezielten Diversifikation bestimmter Assets zu berechnen (vgl. Markowitz, 1952, S. 77 ff.).
- **Irrelevanztheoreme zur Kapitalstruktur von Modigliani und Miller (1958):** Bedeutung von Kapitalstrukturentscheidungen in Unternehmen. Diese Theorie hat eine komplett neue Diskussion in der Finanzierung entfacht und wesentlich dazu beigetragen die Kapitalstruktur unter steuerlichen sowie insolvenzrechtlichen Aspekten zu optimieren und innovative Finanzinstrumente zu entwickeln (vgl. Modigliani/Miller, 1958, S. 261 ff.).
- **Capital Asset Pricing Model (CAPM) von Sharpe, Lintner, Mossin (1964):** Bewertung riskanter Finanztitel im Portfolioverbund. Mit diesem Modell ist es möglich Wertpapiere im Portfoliozusammenhang unter Rendite- sowie Risikoaspekten zu bewerten und Anlageentscheidungen neu zu beurteilen (vgl. Sharpe, 1964, S. 425 ff., Lintner, 1965, S. 13 ff., Mossin, 1966, S. 768 ff.).

- **Informationstheorie von Fama (1970):** Untersuchung der Effizienz von Kapitalmärkten. Anhand von drei Informationsstufen im Rahmen von Effizienzhypothesen analysiert Fama die Datenverarbeitung an den Kapitalmärkten und zeigt den Einfluss der Informationsallokation auf die Kursentwicklung von Wertpapieren (vgl. Fama, 1970, S. 383 ff.).
- **Optionspreistheorie von Black und Scholes (1973):** Bewertung von Optionen und anderen abgeleiteten Finanzinstrumenten. Mit der Bewertungstheorie ist es möglich, Derivate präferenzfrei zu bewerten. Basis des Bewertungsmodells ist das „Pricing by Duplication". Das Grundmodell kann zur Bepreisung komplexer Finanzinstrumente eingesetzt werden (Black/Scholes, 1973, S. 637 ff.).
- **Agency-Theory von Jensen und Meckling (1976):** Erklärung der Bedeutung von Interessenunterschieden und Informationsasymmetrien in Finanzierungsbeziehungen. Untersucht werden unter anderem die Marktunvollkommenheiten aufgrund von Moral Hazard sowie Adverse Selection. Auf Basis dieser Modelle wurden Anreizsysteme und Überwachungsinstrumente zur Zielangleichung des Managements an die Interessen der Anteilseigner und zum Monitoring der Unternehmensleitung entwickelt (vgl. Jensen/Meckling, 1976, S. 305 ff.).
- **Abitrage Pricing Theory (APT) von Ross (1976):** Weiterentwicklung des CAPM zum arbitragefreien Multifaktormodell. Dieses empirische Finanzmodell stellt eine Verallgemeinerung des CAPM dar. Es werden mehrere mikro- und makroökonomische Faktoren zur Bestimmung von arbitragefreien Gleichgewichtsrenditen bei Wertpapieren herangezogen (vgl. Ross, 1976, S. 341 ff.).
- **Stakeholder-Modell von Freeman (1984):** Betrachtung verschiedener Unternehmensgruppen und ihrer Ansprüche und Beiträge. Dieses Modell stellt nicht allein den Investor, sondern weitere spezifische Unternehmensgruppen in den Vordergrund von betriebswirtschaftlichen Entscheidungen. Darüber wird klar gezeigt, dass der Erfolg eines Unternehmens im Wesentlichen davon abhängt, inwieweit das Zusammenspiel zwischen den relevanten internen und externen Stakeholdern optimiert wird (vgl. Freeman, 1984, S. 52 ff.).
- **Behavioral Finance von Shefrin, Shiller und Thaler (2000):** Forschungen zu psychologischen Effekten. Im Rahmen der Untersuchungen wird gezeigt, dass Verhaltensmuster zur Erklärung außerordentlicher Geschehnisse an den Kapitalmärkten beitragen können. So lassen sich Börsencrashs oder Bubbles auf Basis von Heuristiken erläutern (vgl. Shefrin, 2000b, S. 3 ff.).

---

i **Zusammenfassung Abschnitt 3.1:** In diesem Abschnitt wurde der **Begriff der Finanzierung**, als umfassende Gestaltung von Finanzierungs-, Informations- und Überwachungsbeziehungen, definiert. Abgeleitet wurde diese Erklärung aus der modernen Betrachtungsweise der Finanzierung. Wichtige Merkmale dieser Art der Finance sind der Multi-Adressatenbezug der Finanzierung, die Ausrichtung der Firmenpolitik anhand einer finanziellen Zielsetzung und die Anwendung der Kapitalwertmethode zur Entscheidungsunterstützung des Managements. Diese finanziellen Eigenschaften werden im Folgenden in den speziellen Bezug zum Lebenszyklus eines Unternehmens gesetzt.

3.2 Unternehmenslebenszyklus

Unternehmen entstehen neu, verändern sich, wachsen und vergehen. Dieser Zyklus lässt sich auf viele Unternehmen übertragen, auch wenn die Zeitdauer dieser einzelnen Stadien stark differieren kann. Es bestehen vier wesentliche Phasen im Lebenszyklus eines Unternehmens, die **Gründungsphase**, die **Wachstumsphase**, die **Reifephase** und die **Krisenphase** (vgl. Pümpin/Wunderlin, 2005, S. 17 ff., Reichmann, 2011, S. 531 ff.). Diese vier Stadien simulieren und markieren einen idealtypischen **Unternehmenslebenszyklus** und sind ein Ausdruck für die jeweilige Entwicklungsstufe, in der sich ein Betrieb befindet (vgl. Gerke/Bank, 2003, S. 458 ff.). In diesem Buch sollen die Finanzierungsbedingungen in den einzelnen Lebensphasen eines Unternehmens untersucht werden. Dabei stehen strategische Zielrichtungen und operativ gestaltende Umsetzungen der Finanzierung in den Entwicklungsstadien einer Firma im Vordergrund der Untersuchung.

Definition: Der **Unternehmenslebenszyklus** beschreibt die dynamische wirtschaftliche Entwicklung eines Unternehmens von der Gründung über das Wachstum bis hin zur Reife sowie möglichen Krise im Rahmen eines idealtypischen Lebenszyklusprozesses.

Auch wenn der reale Lebenszyklus eines Unternehmens mit Rückkopplungen und Sprüngen in vor- und nachgelagerte Phasen versehen sein kann und die Krise zudem nicht zwingend ist, wird der vierstufige Ansatz aufgrund der Struktur zur Systematisierung gewählt. Aus dem idealtypischen Zyklusmodell ergeben sich, je nach Lebensphase und der damit verbundenen Vermögens-, Finanz- und Ertragslage, unterschiedliche Risikolagen der Kapitalgeber und differenzierte Finanzierungsbedarfe eines Unternehmens. Diese Kapitalanforderungen können durch verschiedene Finanzinstrumente gedeckt werden (vgl. Wolf/Hill/Pfaue, 2011, S. 3 ff.).

Durch das Lebenszyklusmodell erfährt die Betrachtung der Finanzierung eine Dynamisierung. In bestimmten Phasen des Unternehmenslebenszyklus zeigt sich, dass der Einsatz einzelner Finanzierungsformen Vorteile aufweisen kann. Die Finanzierungstechniken wechseln beim Übergang in eine neue Phase des Lebenszyklus (vgl. Rudolph/Prüher, 1999, S. 572 ff.). Im Folgenden werden die verschiedenen Phasen aus Finanzierungssicht beschrieben.

In der **Gründungsphase** eines Unternehmens basiert der Erfolg im Regelfall auf der Erschließung weniger Nutzenpotenziale. Der zu beliefernde Markt ist im Entstehen oder durch technologische Neuerungen in Veränderung begriffen. Das Potenzial des Gründungsunternehmens fußt im Wesentlichen auf dem Humankapital des Gründers. Gegenüber seinen Anspruchsgruppen, wie den Banken oder Lieferanten, stiftet das Unternehmen noch einen geringen Nutzen. Das Geschäftsvolumen ist niedrig und die Margen für diese Parteien gering.

Dies kommt auch bei der Generierung der Finanzmittel zum Ausdruck. So werden in der Phase der Gründung häufig staatliche Förderprogramme in Anspruch genommen. Der erhebliche Aufwand für die finanzierenden Banken, mit der Prüfung von Geschäftsunterlagen und der Beantragung der Mittel gemäß dem Hausbankprinzip steht gegenüber dem Nutzen aus geringen Margen, häufig in einem Missverhältnis. Auch ist das Risiko der Finanzierung in dieser Unternehmensphase für die beteiligten Banken sehr hoch und wird meist noch nicht adäquat über entsprechende Risikoaufschläge oder Provisionen entgolten. Lediglich durch die Anbahnung sonstiger Cross-Selling-Leistungen wie dem Vertrieb von Versicherungen kann die Geschäftsbeziehung aus Sicht der Kreditinstitute profitabel gestaltet werden.

Risiken resultieren in dieser Phase insbesondere aus einem neuen Geschäftsmodell. So liegen keine Vergangenheitsdaten über die geschäftliche Entwicklung bei einer innovativen Neugründung vor. Häufig ist das Unternehmen in aufstrebenden Märkten tätig und es existieren keine Erfahrungen über die angebotenen Produkte und Dienstleistungen und die weitere Entwicklung der Nachfrage.

Auch die Qualität der Leistungen kann nicht im Voraus bestimmt werden. Es besteht eine große Unsicherheit in Bezug auf die Zahlungsfähigkeit des Gründungsunternehmens für die Kapitalgeber. Zudem ist ungewiss, ob die Kapitaldienstfähigkeit dauerhaft erreicht werden kann. Insgesamt gesehen ist die Datenlage für die externen Finanzierer suboptimal und durch hohe Informationsunsicherheiten aufgrund der intransparenten Situation gekennzeichnet.

Die Sterblichkeitsrate der Pionierunternehmen ist aufgrund der vielen Unsicherheiten entsprechend hoch. Dies belegen unter anderem auch die Insolvenzzahlen. So sind junge Unternehmen überproportional von einer Insolvenz betroffen (vgl. Creditreform, 2014, S. 10 ff.). Ein Scheitern der geschäftlichen Aktivitäten lässt sich auf verschiedene endogene sowie exogene Ursachen zurückführen wie unter anderem (vgl. Pümpin/Wunderlin, 2005, S. 59):

– die unzureichende Ausstattung mit quantitativen Ressourcen,
– die starke Abhängigkeit von der Person des Gründers und
– das geringe Geschäftsvolumen und damit die Verlustanfälligkeit.

Hervorzuheben ist eine häufig ungenügende Ausstattung mit finanziellen Mitteln. Innenfinanzierungspotenziale sind meist noch nicht vorhanden und die Finanzierung wird durch externe Kapitalgeber, wie Kreditinstitute, bereitgestellt. Die Finanzierung Stand Alone durch eine Bank ist aufgrund der vielfältigen Risiken bei einer Neugründung oft nicht möglich. Daher wird gefordert, in hohem Maße Eigenkapital in die zu gründende Firma einzubringen. Dies ist aber oft schwierig, wenn die Gesellschafter selbst keine finanziellen Rücklagen aufweisen. Nur selten besteht aufgrund der geringen Größe des Gründungsbetriebs die Möglichkeit, externes Beteiligungskapital einzuwerben.

Die Fremdkapitalgeber wiederum verhalten sich bei der Mittelvergabe oft sehr restriktiv. Meist sind Gründungsunternehmen daher geprägt von einer strukturellen Unterkapitalisierung. Daher kann es aufgrund der knappen Mittel auch dazu kommen, dass erfolgreiche Projekte mit positivem Kapitalwert nicht realisiert werden und ein Unterinvestitionsproblem entsteht (vgl. Svoboda, 1991, S. 172 ff.). Ziele sind aus Unternehmenssicht entweder stark monetär geprägt oder liegen zusätzlich im Aufbau eines Marktes und der Generierung von Wachstum.

Die finanzielle Engpasssituation verändert sich, wenn sich das Unternehmen stabilisiert und expandiert. Dann lassen sich bereits kapitalmarktfähige Finanzprodukte zur Mittelbereitstellung einsetzen. Dieses markiert den Übergang in ein neues Stadium im Lebenszyklus, die Phase des Wachstums.

In der **Wachstumsphase** nehmen die Nutzenpotenziale des Unternehmens für die betroffenen Stakeholder rapide zu. Ihre Informationslage über die Markt- und die Branchenlage des Produktes erhöht sich. Die Umsätze und die Erfolgszahlen steigen aus organischem Wachstum. Es bilden sich zudem klare organisatorische Strukturen heraus. Interne Humanpotenziale werden durch externe Kräfte ergänzt. Vom Wachstum werden viele Anspruchsgruppen angereizt.

So ziehen faktisch alle betroffenen Interessengruppen einen Nutzen aus der Expansion. Die Lieferanten profitieren von einem erhöhten Geschäftsvolumen, die Mitarbeiter von gestiegenen Löhnen beziehungsweise Gehältern sowie die Gesellschafter von einem Wertanstieg ihrer Anteile und höheren Gewinnen. Die Finanzierung aus Umsatzerlösen und Erträgen nimmt zu. Mit einer Stabilisierung der Cash Flows sind auch die Kreditinstitute verstärkt bereit, die weitere Expansion zu finanzieren. Der Nutzen der Fremdkapitalgeber steigt:

– aufgrund höherer Kreditvolumina und Margen,
– da die Kreditvergabe auf verlässlichen Risikoeinschätzungen basiert und
– weil sich lukrative Anschlussgeschäfte im Versicherungsbereich ergeben.

Im weiteren Entwicklungsprozess durchlaufen viele Unternehmen im Anschluss an die Phase einer schnellen Expansion oft das Stadium eines verlangsamten Wachstums. Die Umsätze und Erträge stagnieren und neue Möglichkeiten der Expansion beziehungsweise Kapitalgenerierung für die internationale Ausdehnung oder alternative Ausrichtung der geschäftlichen Tätigkeiten werden geprüft.

Das Unternehmen gerät in die **Reifephase**. Dieser Übergang ist fast immer kritisch, da sich für das Unternehmen das Wettbewerbsumfeld fundamental ändert. Es werden schwierige strategische Reaktionen erforderlich (vgl. Porter, 1999, S. 304 ff.). Neue Marktpotenziale können in dieser Phase oft nur noch durch anorganisches Wachstum erschlossen werden. Durch Übernahmen und Fusionen kann die Wertschöpfungskette horizontal oder vertikal erweitert werden. Auch können durch Unternehmenskäufe branchenfremde Märkte erschlossen werden.

Diese Akquisitionen erfordern einen erhöhten Finanzierungsbedarf, der durch Banken aufgrund der limitierten Fremdkapitalvergabe in der Regel nicht allein gedeckt werden kann. In diesem Stadium erfolgt häufig der Börsengang, das Going Public. Auf diese Weise kann Eigenkapital im Rahmen der Erstemission oder im Rahmen von Kapitalerhöhungen generiert werden.

Das Unternehmen verfügt nach dem erfolgreichen IPO (Initial Public Offering) über eine gute Finanzlage, starke Bilanzstrukturen und die Marktposition kann weiter ausgebaut werden (vgl. Pümpin/Wunderlin, 2005, S. 114). Eine Expansion über den Kauf von Unternehmen birgt aber auch Gefahren. So können Probleme bei der Eingliederung des akquirierten Unternehmens entstehen. Die Unternehmenskulturen können stark differieren und eine schnelle Integration erschweren. Auch kann sich der Kauf nachträglich als überteuert oder als Verlustbringer herausstellen. Das erworbene Unternehmen verursacht dann Probleme bei dem Käufer.

Ein Börsengang ändert zudem die Anforderungen an die Rechnungslegung und die Unternehmenstransparenz. Dazu sind bestimmte Informationsstandards der Börsen und der einschlägigen Börsengesetze strikt einzuhalten. Zudem kann sich neben der Kapitalstruktur auch die Gesellschafterstruktur mit dem Börsengang deutlich verschieben (vgl. Rudolph/Prüher, 1999, S. 586 ff.).

So kann ein Going Public dazu führen, dass die Altgesellschafter die Mehrheit verlieren und aus dem Unternehmen gedrängt werden. Gleichermaßen kann sich die strategische Geschäftspolitik ändern, indem unter anderem Hedge Fonds eine Ausschüttung liquider Mittel und die Aufnahme von weiterem Fremdkapital fordern. Es können unter anderem Anleihen platziert werden, um diesen Fremdkapitalbedarf zu decken. Eine stark gewachsene Organisation birgt in der Reifephase zudem interne Krisenpotenziale. Unter anderem bestehen Gefahren:

– der Überforderung der Managementkapazitäten,
– der Überexpansion mit einem Einstieg in unbekannte Geschäftsfelder und
– ungeordneter Organisationsstrukturen und suboptimaler Prozesse.

Im Zuge der Ausweitung der Geschäftstätigkeit mit Unternehmenskäufen kann der Verschuldungsgrad in der Reifephase stark ansteigen. Damit verbunden sind hohe fixe Belastungen für Zinsen und Tilgungen. Treten in dieser Situation auch nur temporäre Rückschläge auf, ist die Liquidität angespannt und die Insolvenzgefahr steigt rapide an. Das Unternehmen gerät in diesem Entwicklungsprozess in ein Stadium der Gefährdung und drohenden Insolvenz.

In der **Krisenphase** ist das Management nicht mehr in der Lage, neue Nutzenpotenziale ausfindig zu machen. Die Märkte sind gesättigt. Meist können nur geringe Ertragsverbesserungen durch Kostensenkungsprogramme erzielt werden. Der strategischen Krisen folgt meist die Erfolgskrise und mit stetig auftretenden Verlusten, die Liquiditätskrise (vgl. Portisch, 2014a, S. 6 ff.).

Im Krisenverlauf ändern sich auch die finanziellen Rahmenbedingungen meist dras-
tisch, denn die Gläubiger befürchten Forderungsausfälle. In diesem Zuge werden oft
die Kreditkonditionen heraufgesetzt, neue Sicherheiten verlangt oder die Fremdkapitalgeber steigen aus dem Engagement aus. Von den Anteilseignern und sonstigen
Eigenkapitalgebern wird dagegen in der Regel eine Aufstockung ihrer Mittel über
Bareinlagen eingefordert. Weitere Folgen der wirtschaftlichen Schieflage sind unter
anderem (vgl. Pümpin/Wunderlin, 2005, S. 145 ff.):

- Banken verlangen umfassende Informationen und drohen mit Mittelabzug,
- Lieferanten liefern nur noch gegen Vorkasse und
- zusätzliches Kapital ist nicht oder nur schwer zu erhalten.

In dieser Situation kommt der Finanzierungssicherung eine Existenz bewahrende
Bedeutung zu. Eine vorrangige Zielsetzung des Unternehmens liegt in der Stabilisierung der Finanzen. Zusätzlich wird die Einleitung eines realwirtschaftlichen Sanierungsprozesses notwendig. Können die Gläubiger nicht von den Chancen einer erfolgreichen Sanierung überzeugt werden, scheitert die wirtschaftliche Genesung des
Unternehmens, meist aufgrund fehlender finanzieller Mittel. In dieser Phase ist die
Finanzmittelbereitstellung zu organisieren. Dies geschieht meist über eine gemeinsame Finanzierung im Rahmen eines Sicherheitenpools. Wichtig ist es, den Abfluss
liquider Mittel zu stoppen und die Finanzierung langfristig zu sichern.

Basis der Sanierungsaktivitäten ist ein ausgearbeitetes Sanierungskonzept einer auf
die Krise von Firmen spezialisierten Unternehmensberatung. Das Konzept zeigt wesentliche Schritte auf, die im Rahmen einer Sanierung zu vollziehen sind und bestimmt die grundsätzliche Sanierungsfähigkeit. Untergliedert werden die erforderlichen Maßnahmen zur Erreichung der nachhaltigen Wettbewerbs- sowie Renditefähigkeit in finanzwirtschaftliche und leistungswirtschaftliche Schritte. Gerade die
leistungswirtschaftliche Gesundung ist durch eine spezialisierte Unternehmensberatung mit besonderen Umsetzungsqualitäten zu begleiten.

Auf die Realisierung der Sanierungsschritte soll hier nicht näher eingegangen werden. In diesem Werk wird die Absicherung beziehungsweise die Gewinnung neuer
finanziellen Ressourcen in der Krise und Sanierung über verschiedene Finanzkonstruktionen dargelegt. Dies ist die Grundlage, damit der finanzielle Rahmen für eine
Erfolg versprechende leistungswirtschaftliche Sanierung geschaffen wird.

In den vier Phasen des Lebenszyklus zeigt sich die Qualität der Geschäftsführung
bei unterschiedlichen Rahmenbedingungen. Dabei differieren die Anforderungen
an das Management zum Teil stark, unter anderem in der Phase des Wachstums gegenüber dem Stadium der Krise. Dann unterscheiden sich auch die einzusetzenden
Finanzinstrumente und die jeweils anzusprechenden Finanzierer. Der Lebenszyklus
eines Unternehmens stellt sich mit dem typischen Gewinn- und Verlustverlaufsmus-
ter in nachfolgender Abb. 3.1 wie gezeigt dar.

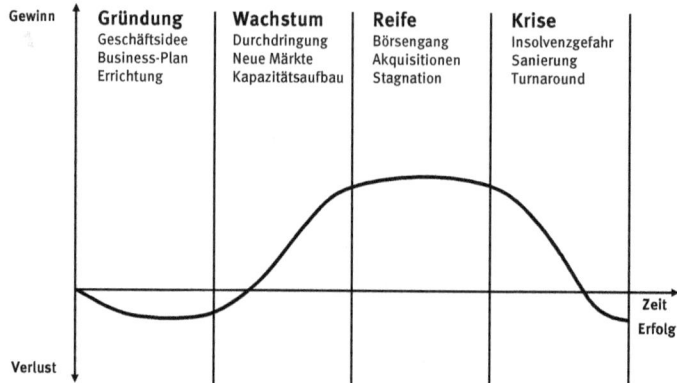

Abb. 3.1: Phasen des Unternehmenslebenszyklus (Quelle: Eigene Darstellung)

Im Folgenden soll untersucht werden, welche Akteure zur Unternehmensfinanzierung in den verschiedenen Phasen eines Firmenlebens verstärkt beitragen können. Da die Bereitstellung von Finanzmitteln einen erheblichen Vertrauensvorschuss bedeutet, ist von Seiten einer Unternehmung auf die Anforderungen und Bedürfnisse der Kapitalgeber in den Stadien der Unternehmensentwicklung einzugehen.

Werden die Interessen der wichtigen Finanzierer nachhaltig zufriedengestellt, stabilisiert dies gleichzeitig die finanzielle Lage des Unternehmens. So wird in den nachfolgenden Abschnitten insbesondere auf die Informationsbedürfnisse der finanziellen Stakeholder eingegangen. Die Berücksichtigung dieser Ansprüche auf aktuelle, vollständige und richtige Informationen über ein Unternehmen ist für die Erhaltung der Finanzierungsbeziehung von großer Bedeutung.

Werden die qualitativen und quantitativen Informationsanforderungen der Geldgeber regelmäßig nicht erfüllt, werden diese ihr finanzielles Engagement unter Umständen beenden, mit nicht absehbaren Folgen. Daher sollte die Unternehmensleitung die Ansprüche dieser Finanzakteure an die benötigten Daten kennen und diese rechtzeitig, vollständig und freiwillig an die Geldgeber übermitteln.

Zusammenfassung Abschnitt 3.2: In diesem Abschnitt wurde das **Lebenszyklusmodell** eines Unternehmens dargestellt. Demnach lässt sich der idealtypische Verlauf eines Unternehmenslebens in vier Phasen unterteilen, die Gründungsphase, die Wachstumsphase, die Reifephase sowie die Krisenphase. Verstärkt wurde der Blick auf die Finanzierung und die beteiligten Finanzakteure gerichtet. Diese Gruppen können in den unterschiedlichen Stadien der Gründung, des Wachstums, der Reife und der Krise wichtige Akzente setzen und zu einer Wertsteigerung beitragen.

3.3 Finanzierungspotenziale über Stakeholder

Eigenkapital, Fremdkapital und Mezzaninkapital kann Unternehmen in den Phasen ihres Lebenszyklus von verschiedenen Akteuren und Gruppen bereitgestellt werden. Firmen stehen in einem Geflecht von finanziellen Vertragsbeziehungen mit ihren Anspruchsgruppen oder Interessengruppen. Diese werden auch als Stakeholder bezeichnet und lassen sich wie folgt definieren.

Definition: Stakeholder sind Individuen, Gruppen oder Institutionen mit eigenen Zielen und Bedürfnissen, die von Handlungen einer Unternehmung beeinflusst werden oder die Entscheidungspotenziale der Firmen selbst direkt oder indirekt beeinflussen können (vgl. Freeman, 1984, S. 46).

Im Folgenden soll eine Stakeholder-Untersuchung durchgeführt werden, um festzustellen, welche Personen und Institutionen potenziell zur Finanzierung eines Unternehmens beitragen können. Zudem wird analysiert wie die Geschäftsleitung auch auf die nicht-finanziellen Bedürfnisse der Finanzierer eingehen kann, um deren Ansprüche optimal zu befriedigen. Demnach haben zum Beispiel Banken nach einer Kreditausreichung ein dauerhaftes Informationsbegehren. Dieses ist von Seiten der Firma möglichst nachhaltig und vollständig zu befriedigen.

Das **Stakeholder-Modell** schafft einen Rahmen, um Finanzierungspotenziale eines Unternehmens systematisch zu untersuchen. Die Finanzierung befasst sich im Sinne des Stakeholder-Ansatzes mit der Ausgestaltung der finanziellen Ansprüche zwischen einem Unternehmen sowie seinem Umfeld. Das Stakeholder-Management bezieht sich zum einen auf die Analyse von Ansprüchen und Beiträgen für eine Unternehmenssituation ausgewählter Gruppen, zum anderen gibt es der unternehmensrelevanten Finanzierungsumwelt ein „Gesicht", indem es die auf die Unternehmung und dessen Management treffenden Forderungen, Erwartungen und Ansprüche auf konkrete Akteure zurückführt (vgl. Schuppisser, 2002, S. 7).

Der langfristige Erfolg des Unternehmens hängt davon ab, wie gut es der Geschäftsführung gelingt, eine Balance zwischen den verschiedenen finanziellen und nichtfinanziellen Interessen und der Befriedigung der Ansprüche der Stakeholder zu finden (vgl. Freeman, 1984, S. 52 ff.). Im Sinne einer Gesamtwertmaximierung geht die Sichtweise somit über die finanzielle Betrachtung hinaus.

Das Modell soll hier angewendet werden, um die möglichen Finanzierungspotenziale eines Unternehmens ganzheitlich zu eruieren, auszuschöpfen und die Ansprüche der Kapitalgeber im Sinne einer langfristigen sowie optimalen Finanzierungsbeziehung zu erfüllen. Kritische Phasen der Finanzierung bilden insbesondere die Gründung sowie die Krise. Durch die Berücksichtigung der Interessen der Stakeholder, kann die Finanzmittelbereitstellung auch in diesen schwierigen Phasen der Existenzgründung und der wirtschaftlichen Schieflage gesichert werden.

Der Stakeholder-Ansatz geht im Rahmen der Finanzierung weiter, als Shareholder-orientierte Modelle, bei denen lediglich die Sichtweisen der Investoren im Vordergrund der Betrachtung stehen. Im Stakeholder-Ansatz werden dagegen mehrere Adressaten, die Finanzmittel direkt und indirekt bereitstellen, beachtet und ihre Bedürfnisse umfassend analysiert.

Definition: Das **Stakeholder-Modell** untersucht Interaktionen zwischen Unternehmen und ihrem Umfeld. Im Stakeholder-Modell sind drei Schritte zu vollziehen. Erstens sind die für eine Problemsituation relevanten Stakeholder zu identifizieren. Zweitens sind die Möglichkeiten und Potenziale der Finanzierung über die ausgesuchten Stakeholder zu prüfen. Drittens sind die Interessen und Einflussmöglichkeiten der relevanten Anspruchsgruppen zu analysieren sowie die Entscheidungen der Geschäftsführung auf die Bedürfnisse der Finanzierer abzustimmen. Zudem sind die Stakeholder-Beziehungen untereinander zu koordinieren. Bei diesem Schritt spielt die Informations- und Risikoallokation auf die verschiedenen Parteien eine bedeutende Rolle.

Grundsätzlich kann dieses Modell **deskriptiv** eingesetzt werden, auf der beschreibenden Ebene, indem die Ansprüche der Stakeholder definiert werden und ein realistisches Abbild der Situation eines Unternehmens widergespiegelt wird. Das Konzept kann **instrumentell** verwendet werden, wenn zweckdienliche Aussagen zur Verfolgung ökonomischer Zielsetzungen abgeleitet werden. Aus dem Stakeholder-Ansatz können auch **normative** Aussagen begründet werden, die eine bestimmte Richtschnur des Handelns vorgeben (vgl. Schuppisser, 2002, S. 12 ff.).

In dieser Arbeit wird das Stakeholder-Modell primär verwendet, um Beschreibungen vorzunehmen, die ein realistisches Abbild des Unternehmens in Finanzierungssituationen geben sollen. Zudem wird versucht, das Modell instrumentell einzusetzen, um nützliche Gestaltungsempfehlungen für die Hauptbeteiligten an einem Finanzierungsprozess in den Phasen eines Unternehmenslebens zu geben. Eine normative Nutzung des Modells wird nicht als sinnvoll angesehen, da Finanzierungsverläufe in der Praxis meist durch das Handeln vieler Akteure unter nicht vergleichbaren Rahmenbedingungen unter Dynamik bestimmt sind.

Das Stakeholder-Modell ist ein strategisches Konzept, lässt sich aber auch für taktische sowie operative Problemstellungen einsetzen. Es gewinnt seine Bedeutung daraus, dass die Chancen und Bedrohungen im Unternehmen und im Umfeld aus der Analyse der für den Untersuchungsgegenstand relevanten Stakeholder frühzeitig erfasst werden können. Zunächst ist festzulegen, welche Gruppen für eine Finanzierungsbeziehung grundsätzlich in Frage kommen. Anschließend ist zu bestimmen, in welchem Umfang die ausgewählten Akteure zur Finanzierung eines Unternehmens beitragen können. Zudem sind die Bedürfnisse der Finanzierer aufgrund der hohen Sensibilität als Geldgeber zu analysieren. Im abschließenden Schritt sind die Entscheidungen der Geschäftsführung zur optimalen Gestaltung der Finanzierungsbeziehungen, mit den externen Akteuren abzustimmen.

Dabei zeigt sich, dass sich das Finanzierungsverhalten im Unternehmenslebenszyklus verändert und durch spezielle Situationsbedingungen belastet werden kann. So ist es bei der Gründung einer Firma meist schwierig, überhaupt Geldgeber zu gewinnen. Es besteht eine hohe Unsicherheit, ob der laufende Kapitaldienst langfristig geleistet werden kann. In expansiven Phasen ist es dagegen einfacher, externe finanzielle Mittel einzuwerben und die Ausweitung voranzutreiben.

In reifen Marktphasen existieren neue Möglichkeiten der Geldbeschaffung über den Kapitalmarkt. In dieser Situation verlangen die Investoren jedoch in der Regel vielfältige Informationen, damit die Risikolage bei einem Investment eingeschätzt werden kann. Die finanziellen Konditionen gestalten sich für die Firma in dieser Situation meist erheblich günstiger, da Konkurrenzangebote vorliegen und zusätzliche Finanzierungsoptionen bestehen.

In Krisenphasen sind die Alternativen der Finanzierungsabsicherung dagegen meist begrenzt. Vielmehr wird Kapital von einzelnen Parteien abgezogen, da das Vertrauen in die Geschäftsführung nur noch eingeschränkt vorhanden ist. Auch steigen in dieser Phase die Informationsanforderungen an das Unternehmen noch stärker an, als in den anderen Stadien des Unternehmenslebenszyklus. Dies zeigt auch die Bedeutung der Informationslage der Gläubiger im Agency-Modell, da in diesem Stadium die Agency-Probleme meist stark zunehmen.

Insgesamt besteht, abgeleitet aus dem Stakeholder-Modell, die Möglichkeit, durch ein gezieltes Handeln, an bestimmten Eckpunkten im Lebenszyklus eines Unternehmens, über die Finanzierung einen Mehrwert zu generieren oder diese zu stabilisieren. Dazu lässt sich, durch die Einforderung von **Finanzierungsbeiträgen** vieler Gruppen, die Kapitalvergabe auf mehrere Standbeine stellen.

Gleichermaßen sind die negativen Wirkungen eines möglichen Ausstiegs einzelner Finanzierer in einer Krisenphase zu analysieren und es ist zielgerichtet zu versuchen, diesen **Störungen** im Vorfeld zu begegnen. Auf diese Weise lässt sich zum einen ein hoher Beitrag zum Erreichen der Unternehmensziele leisten, indem positive Finanzierungseffekte aktiv gefördert werden. Zum anderen werden mögliche Gefährdungen frühzeitig erkannt und es kann gegengesteuert werden.

Dies ist der Fall, wenn einzelne Stakeholder unter Umständen planen, ihre Finanzmittelbereitstellung künftig einzuschränken. Es konnte über empirische Studien gezeigt werden, dass Stakeholder-Beziehungen einen kritischen Erfolgsfaktor im Krisenmanagement darstellen. Starke Bindungen führen in der Regel zu einer höheren Turnaround-Wahrscheinlichkeit (vgl. Buschmann, 2004, S. 202 ff.).

Stakeholder haben Entscheidungsbefugnisse und Einflussmöglichkeiten auf Unternehmensentscheidungen. Diese Legitimationen resultieren unter anderem aus vertraglichen Rechten oder aus dem Eigentum an Wirtschaftsgütern, die von einem Unternehmen genutzt werden. Zudem können Abhängigkeiten in Form von spezifischen Investitionen bestehen. Diese werden insbesondere in der Krise deutlich.

---

i **Erläuterung: Spezifische Investitionen** haben einen originären Charakter und sind auf das empfangende Unternehmen abgestimmt. Diese Investitionen können nicht ohne weiteres in anderen Objekten eingesetzt werden, erzeugen daher eine Bindung zum Unternehmen und gegebenenfalls Abhängigkeiten, wenn hohe Wechselkosten bestehen (vgl. Schmidt/Weiß, 2003, S. 5 ff.). Es existiert ein Interesse an der Fortführung der Geschäftsbeziehung zu einem Krisenunternehmen insbesondere bei Stakeholdern, die spezifische Investitionen eingebracht haben. Eine drohende Insolvenz stellt eine schlechte Alternative dar, da in diesem Falle die spezifischen Investitionen wertlos werden oder untergehen. Die Geschäftsführung einer Krisenfirma kann diese Gegebenheit nutzen, um von Akteuren mit ihren eingebrachten spezifischen Investitionen, umfassende Unterstützungsbeiträge einzufordern (vgl. Buschmann, 2004, S. 215 ff.).

Auch die Bereitstellung umfangreicher finanzieller Ressourcen kann eine spezifische Investition für Finanzierungs-Stakeholder darstellen, wenn vertragliche Bindungen vorliegen oder eine zügige Mittelrückführung durch das Unternehmen materiell nicht möglich ist. Es bestehen Abhängigkeiten von Seiten der Gläubiger.

Lösen sich dagegen Finanzierungs-Stakeholder aufgrund einer geringen Bindung aus ihrem Engagement und findet sich aus Unternehmenssicht kein Ersatz, kann die Firmenexistenz gefährdet sein. Der Kapitalrückzug ist daher unbedingt zu vermeiden. Es zeigt sich, dass Unternehmen umso erfolgreicher sind, je eher sie es schaffen, mehrere und verschiedenartige Stakeholder in die Firmenfinanzierung mit einzubinden. Ausgewählte Vorteile einer multiplen Stakeholder-Finanzierung sind:

- ein nachhaltiges Finanzierungssystem basierend auf vielen Köpfen,
- eine Risikoteilung für die Stakeholder und das Unternehmen,
- eine hohe Stabilität und Nachhaltigkeit der Finanzierung.

Starke Ausprägungen von Stakeholder-Bindungen zeigen sich besonders in der Krise einer Firma. Dann müssen unterschiedliche Interessengruppen, wie Banken, Lieferanten, Kreditversicherer sowie Anteilseigner, gemeinsam die Finanzierung eines Unternehmens absichern. Konsortialfinanzierungen oder andere Poolfinanzierungen sind spezifische Mittelbereitstellungsformen von mehreren Stakeholdern (vgl. Schmidt/Weiß, 2003, S. 5 ff. und Buschmann, 2004, S. 197 ff.).

Um eine Stakeholder-Analyse zur Finanzierung eines Unternehmens durchzuführen, sind drei Schritte zu vollziehen: Im **ersten Schritt** sind die für eine Finanzierung relevanten Stakeholder zu identifizieren. Im **zweiten Schritt** sind die finanziellen Potenziale, der in den verschiedenen Phasen des Unternehmenslebenszyklus relevanten Anspruchsgruppen, zu bestimmen. Im abschließenden **dritten Schritt** werden diese Interessen und Bedrohungen der Gruppen analysiert.

Im weiteren Verlauf werden Gestaltungsempfehlungen gegeben, um die Entscheidungen der Geschäftsführung im Rahmen einer optimalen Finanzierungsbeziehung auf die Bedürfnisse der Akteure abzustimmen und Interaktionen im Hinblick auf eine stabile Finanzpolitik des Unternehmens aktiv zu steuern.

Erster Schritt: Stakeholder-Identifikation

Im ersten Schritt sind die relevanten Stakeholder auszuwählen, die für eine Finanzierung des Unternehmens grundsätzlich in Frage kommen. Um bei der Identifizierung strukturiert vorzugehen, ist es wichtig, die Stakeholder in Kategorien einzuteilen. Hier werden Stakeholder, nach der Stärke ihrer Bindung und Zugehörigkeit zum Krisenunternehmen, in **interne** und **externe Stakeholder** unterschieden.

Interne Stakeholder haben einen engen Bezug zum Unternehmen und befinden sich im direkten Einflussbereich unternehmerischer Entscheidungen, beziehungsweise können diesen aktiv beeinflussen. Sie haben meist aus existenziellen Gründen ein originäres Interesse am Fortbestehen des Unternehmens. Zu den internen Stakeholdern gehören unter anderem die Gesellschafter und die Geschäftsführung. Externe Stakeholder befinden sich dagegen im Unternehmensumfeld und können nur indirekt auf unternehmerische Entscheidungen einwirken. Zu den externen Stakeholdern gehören unter anderem Banken und Lieferanten.

Dabei ist zu beachten, dass Akteure existieren, die gleichzeitig der internen und der externen Gruppierung angehören. So können Mitarbeiter auch Kunden des Unternehmens sein oder die Geschäftsleitung sowie Banken sind am Unternehmen beteiligt. Zieldifferenzen oder Zielübereinstimmungen sind die Folge. Der Übersichtlichkeit halber wird zu Lasten der Genauigkeit davon ausgegangen, dass jeder Akteur einer Kernanspruchsgruppe angehört und allein deren Interessen vertritt.

Die Auswahl relevanter Stakeholder erfolgt auf Basis der Finanzierungsgewohnheiten deutscher Unternehmen. Folgende Akteure sind in die Unternehmensfinanzierung involviert und werden betrachtet.

Interne Stakeholder die zur Finanzierung eines Unternehmens direkt oder indirekt beitragen können, sind:

- **Geschäftsführung:** Das Top-Management ist meist als Gründer oder zur Anreizsetzung am Unternehmen beteiligt. Auch kann von dieser Gruppe Fremdkapital in verschiedenen Ausprägungen bereitgestellt werden.
- **Anteilseigner:** Von den Gesellschaftern wird bei der Gründung des Unternehmens das erforderliche Eigenkapital eingebracht. Auch in der Wachstumsphase, der Reifephase und der Krise wird der Einsatz von Eigenkapital verlangt. Fremdkapital der Eigentümer, in Form von Gesellschafterdarlehen, findet sich ebenfalls bei vielen deutschen Unternehmen.
- **Aufsichtsrat/Beirat:** Diese Organe haben die Geschäftsführung oder den Vorstand zu überwachen. Aufgrund ihrer Tätigkeit bestehen meist enge Bindungen zum Unternehmen. So können diese Organe ebenfalls direkt oder indirekt zur Finanzierung eines Unternehmens beispielsweise über die Beschaffung von Eigenkapital, Fremdkapital oder Mezzaninkapital beitragen. Des Weiteren besteht neben der Überwachungs- eine Beratungsfunktion bei strategischen oder für das Unternehmen weitreichenden Entscheidungen.

- **Mitarbeiter:** Die Arbeitnehmer und Angestellten können direkt oder auch indirekt in der Finanzierung eines Unternehmens eingebunden werden. Eine direkte Beteiligung bedeutet die Einbringung von Eigenkapital oder Fremdkapital. Eine indirekte Finanzierungsunterstützung durch Personalkosteneinsparungen kann in der Krise unter anderem über Gehaltsverzichte erfolgen.
- **Mittleres Management:** Auch diese Gruppe kann einen Beitrag zur Finanzierung eines Unternehmens leisten. Zur Motivation wird Führungskräften häufig ermöglicht, sich am Unternehmen zu beteiligen oder es werden hohe variable Vergütungen gewährt. Auch ein Management Buy Out oder eine Minderheitsbeteiligung durch die leitenden Angestellten ist möglich.

Unter den **externen Gruppen** ist die Abgrenzung schwieriger zu ziehen, da der potenzielle Kreis der Teilnehmer ungemein größer ist. Ausgewählt werden folgende relevante Stakeholder:

- **Kreditinstitute:** Banken und Sparkassen tragen meist über diverse Kredit- und Darlehensarten und sonstige Produkte und Beratungsleistungen zur Finanzierung eines Unternehmens bei. Statistisch gesehen sind Kreditinstitute bedeutende Fremdkapitalgeber deutscher Unternehmen, gerade bei kleinen und mittleren Unternehmen (vgl. Deutsche Bundesbank, 2012, S. 21 ff.). Die Hausbank hat einen Sonderstatus, mit dem höchsten Finanzierungsanteil. Die Struktur des Bankenkreises kann für die Finanzierungsstabilität von Bedeutung sein.
- **Lieferanten/Kreditversicherer:** Lieferanten sind in den Leistungsprozess eingebundene Kapitalgeber. So wird über Lieferantenkredite die Ware oft bis zum Absatz zwischenfinanziert. Der Kaufpreis wird durch den Zulieferer gestundet. Die angeschlossenen Warenkreditversicherer sind indirekt in diesen Finanzierungsprozess involviert. Sie tragen, über die Rückversicherung der Einkaufslinien, die Kunden von Lieferanten gewährt werden, einen Teil des Ausfallrisikos. Die Interessen der Kreditversicherer sowie der Lieferanten überschneiden sich und werden daher zusammenhängend betrachtet.
- **Kunden:** Die Gruppe der Abnehmer ist ebenfalls über die Wertschöpfungskette an das Unternehmen gebunden und kann über vorgezogene Anzahlungen in den Finanzierungsprozess eines Unternehmens einbezogen werden. So wird bei Großaufträgen in der Regel über Anzahlungen ein Vorauszahlungskredit geleistet (vgl. Reichling et al., 2005, S. 137 ff.).
- **Berater:** Unternehmen werden in den verschiedenen Phasen eines Lebenszyklus durch zahlreiche Berater unterstützt. In der Gründungsphase helfen diese unter anderem bei der Erstellung des Business-Plans. In der Wachstumsphase werden innovative Finanzierungskonzepte erarbeitet. In der Reifephase begleiten verschiedene spezialisierte IPO-Berater einen Börsengang. In der Krisenphase werden Sanierungsberater oder Interim Manager eingesetzt, um dem Unternehmen zum Turnaround zu verhelfen.

- **Investoren/Kapitalmärkte:** Diese Gruppen und Institutionen können ebenfalls als Kapitalgeber auftreten und Unternehmen Finanzmittel verschiedener Art bereitstellen oder die Beschaffung auf einem öffentlichen und organisierten Markt ermöglichen. Die Anbieter finanzieller Mittel an Kapitalmärkten werden repräsentiert, durch private und institutionelle Investoren, wie Versicherungen, Private Equity Fonds oder Hedge Fonds. Investoren können individuell oder an organisierten Märkten in Erscheinung treten. Investoren haben ein vornehmliches Interesse an der Erzielung einer hohen Rendite aus einer finanziellen Anlage. Diese kann, über hohe Ausschüttungen oder eine erhebliche Wertsteigerung erreicht werden. Eine häufig genannte Zielsetzung bei Investoren ist die Maximierung des Shareholder Value. Bei individuellen Engagements bestehen meist erhebliche Informationsbarrieren zu einem Investment. Ein organisierter Kapitalmarkt dagegen kann, über die Preisbildung und Standards, Transparenz erzeugen. An diesem Finanzmarkt werden Wertpapiere ausgegeben und getauscht. Zudem erzeugen organisierte Kapitalmärkte mit gleichartigen Handelsobjekten und der Zusammenführung von Angebot und Nachfrage meist eine hohe Liquidität. Dies erleichtert den Einstieg beziehungsweise den Ausstieg aus einem finanziellen Engagement und lässt eine faire Preisbildung erwarten. Dabei werden den Finanzmärkten unter anderem die Handelsfunktion, die Bewertungsfunktion, die Risikoverteilungsfunktion, die Marktbildungsfunktion sowie die Informationsfunktion zugeschrieben (vgl. Kudla, 2005, S. 33 ff.).
- **Öffentliche Hand:** Institutionen der öffentlichen Hand finanzieren mit Förderkrediten direkt oder indirekt über Bürgschaften Unternehmen besonders in der Gründungsphase oder auch in der Krise. Durch neue Programme der KfW wird auch das Wachstum über Investitionen finanzierbar, unter anderem durch eigenkapital-stärkende Finanzprodukte.

Nachdem im ersten Schritt die für eine Finanzierung wichtigen Stakeholder identifiziert wurden, sind anschließend die Potenziale für die Mittelbereitstellung zu untersuchen. Die nachfolgende Abb. 3.2 bietet eine Übersicht über die betrachteten Stakeholdergruppen im Unternehmensfinanzierungsprozess, differenziert nach den internen und den externen Gruppen.

Zweiter Schritt: Finanzierungspotenziale der ausgewählten Stakeholder

In den verschiedenen Phasen eines Unternehmenslebenszyklus gewinnen bestimmte Stakeholder bei der Finanzierung an Bedeutung. In der **Gründungsphase** ist das Risiko eines finanziellen Engagements für externe Parteien hoch. Daher werden diese eine Signalsetzung der Anteilseigner fordern, zur vorrangigen Einbringung eigener Mittel oder in Form von bilanziellem Eigenkapital sowie nachrangigem Fremdkapital. Zudem wird der Betrieb angereizt, finanzielle Förderprogramme der öffentlichen Hand mit guten Kreditkonditionen in Anspruch zu nehmen. Des Weiteren existieren bei diesen Programmen meist flexible Rückzahlungsoptionen.

Abb. 3.2: Ausgewählte Finanzierungs-Stakeholder (Quelle: Eigene Darstellung)

Des Weiteren werden in einem Finanzierungs-Mix meist weitere Akteure, wie Banken und Lieferanten, in die Bereitstellung von Finanzmitteln eingebunden, um aus Unternehmenssicht die in dieser Lebensphase meist knappen finanziellen Ressourcen zu maximieren und optimal zu verteilen.

Aus Sicht der Externen ergibt sich durch diesen Finanzierungs-Mix eine Risikoaufteilung mit verträglichen Ausfallrisiken für den Einzelnen. Diese Finanzierungsinstrumente in einer frühen Lebensphase einer Unternehmung sind wenig komplex. So werden in der Regel Standardkreditformen der Gläubiger eingesetzt. Eigenkapital wird in Form von Barmitteln oder Sacheinlagen bereitgestellt.

In der **Wachstumsphase** treten weitere Akteure in die Finanzbeziehung zum Unternehmen ein. So kann sich die Geschäftsführung intensiver an der Mittelbereitstellung beteiligen. Dies dient der Anreizsetzung des Managements und der Signalsetzung nach außen. Zudem können Gesellschafterdarlehen gewährt werden. Weitere Kapitalgeber lassen sich so von dem Engagement der Inhaber überzeugen. In einer Wachstumsphase konkurrieren in erfolgreichen Unternehmen, zudem viele Akteure einer Stakeholder-Gruppe um einen Zugang zum Unternehmen.

Dies betrifft auch die Finanzierungsseite. Aus Sicht des Betriebs lassen sich über die Konkurrenzsituation häufig Konditionsvorteile erzielen. Im Rahmen eines finanziellen Engagements weiterer Akteure und der Mittelaufbringung für umfangreiche Investitionen, werden auch komplexe Finanzinstrumente interessant. Lassen sich die Finanzierungskosten senken, steigen die Erträge der Firma.

In dieser Phase werden Projektfinanzierungen durchgeführt, die Finanzierung über Leasing angewendet, Asset Backed Securities strukturiert und hybride Finanzkonstruktionen wie Genussscheine, Wandelanleihen oder Optionsanleihen können die Eigenmittelbasis verstärken. Insgesamt gesehen kann die Nutzung der Kapitalmärkte als Finanzmittelreservoir an Bedeutung gewinnen. Dieses Vorgehen führt zu einer höheren Unabhängigkeit von Banken und zur Ausschöpfung eines großen Potenzials von mehreren Geldgebern. Zudem können bestimmte Finanzinstrumente, unter anderem zur Erhöhung der Eigenmittelquote eingesetzt werden. Häufig werden von Banken, Genussrechte als Eigenkapitalsurrogate anerkannt. Dies kann unmittelbar zur Verbesserung des Ratings beitragen.

In der sich anschließenden **Reifephase** bestehen neue Möglichkeiten der Generierung von Kapital, insbesondere durch ein Going Public oder die Platzierung von Anleihen. Begleitet wird der Börsengang regelmäßig durch verschiedene Berater, wie Konsortialbanken oder Wirtschaftsprüfer. Diese tragen indirekt dazu bei, dass neue Geldquellen erschlossen werden. Über einen Börsengang, mit Aktien oder einer Anleiheemission, kann das verfügbare Kapital meist stark ausgebaut werden.

Die Anforderungen an das Management von kapitalmarktorientierten Unternehmen steigen jedoch rapide. So bestehen Pflichten der Publizität und eine erhöhte Transparenz gegenüber den Aktionären und den Anleiheinhabern. Im Wesentlichen haben Aktionäre finanzielle Interessen am Unternehmen. Es müssen neben informatorischen Rahmenbedingungen auch finanzielle Ziele erfüllt werden. Das Zielsystem ist an diese finanzwirtschaftlichen Anforderungen, wie eine angestrebte Eigenkapitalrentabilität, anzupassen. Weitere Investoren können zudem ein finanzielles Engagement prüfen. Ergeben sich Chancen einer Wertsteigerung oder hoher Ausschüttungen werden Hedge Fonds, Private Equity Fonds oder andere Beteiligungsgesellschaften angelockt und die Eigentümerstruktur kann sich verändern.

Die **Krisenphase** bedeutet für die involvierten Finanzgeber primär das Risiko eines Forderungsverlustes, neben einem Ausfall laufender Zinszahlungen. Gleichermaßen werden zur Stabilisierung der Krisenfirma oft zusätzliche Finanzmittel benötigt. Diese können durch interne oder externe Quellen beschafft werden. In erster Linie sind bei der Finanzierung die Gesellschafter, Anteilseigner oder Aktionäre gefragt. Die Hauptlast tragen in der Regel die Banken, Lieferanten sowie Kreditversicherer. Weitere Akteure können neben den bereits engagierten Parteien, zur Finanzierungssicherung beitragen. Demnach kann die Öffentliche Hand über Steuerstundungen oder Bürgschaften die finanzielle Situation entlasten. Wichtig sind bei der Geldbeschaffung sowie Finanzstabilisierung auch externe Berater. Diese schaffen, mit der Erstellung eines Sanierungskonzepts und mit konkreten Vorschlägen zu finanzwirtschaftlichen und leistungswirtschaftlichen Maßnahmen, erst die Voraussetzungen, dass andere Stakeholder das betreffende Unternehmen unterstützen können. Neben der Konzepterstellung wirken diese Akteure an der Umsetzung der Sanierungsmaßnahmen mit, beispielsweise als Chief Restructuring Officer.

Neben den in einer Krisenlage finanziell stark betroffenen Gruppen, können auch das Mittlere Management sowie die Mitarbeiter über Kosteneinsparungen indirekt, aber auch direkt in die Bereitstellung finanzieller Mittel einbezogen werden. Auch Kunden, mit großem Abnahmevolumen und damit verbundenen Abhängigkeiten zu einer Krisenfirma, können über Vorauszahlungen und sonstige Kreditierungen, einen finanziellen Beitrag zu der Liquidität leisten. Lieferanten, die in den Wertschöpfungsprozess über Vertriebskanäle oder andere Verbindungen involviert sind, können ebenfalls zu finanziellen Unterstützungen herangezogen werden. Diese können ein strategisches Engagement, mit einer Erweiterung der Geschäftsaktivitäten erwägen. Auch der Einstieg von Turnaround-Investoren, die auf eine Finanzierung von Krisenfällen spezialisiert sind, sollte geprüft werden.

Es zeigt sich, dass in der wirtschaftlichen Schieflage eines Unternehmens, die finanziellen Ressourcen knapp werden können. Von Bedeutung ist es, die Finanzierung, durch einen geeigneten Mix aus Eigen- und Fremdkapital, stabil zu gestalten. Dann sind alle Stakeholder im Hinblick auf einen Finanzierungsbeitrag zu prüfen, damit die Rahmenbedingungen für eine wirtschaftliche Gesundung geschaffen werden. Komplexe Finanzinstrumente und Kapitalmarktkonstruktionen werden in der Krise meist nur selten genutzt, da der zeitliche Rahmen eng gesteckt ist. Vielmehr kommt es auf die Organisation und passende Risikoaufteilung zwischen den Akteuren an, die bislang Gelder gewähren oder neue Mittel bereitstellen sollen. Auch die Vermeidung des Ausstiegs einzelner Geldgeber steht dann im Blickpunkt.

Meist wird zur Finanzierung in der Krise und Sanierung eine gemeinsame Bereitstellung der Mittel in einem Sicherheitenpool angestrebt. Poolverträge dienen der Aufteilung, der Strukturierung und der Bündelung von Krediten, Avalen und Sicherheiten in der Sanierung eines Krisenunternehmens. Beteiligt sind die kreditgebenden Banken und regelmäßig die betroffenen Lieferanten und Kreditversicherer im Rahmen einer Sicherheitenabgrenzung. Aber auch weitere Akteure können, über Auflagen, in den Pool mit einbezogen werden. So kann vorgesehen sein, dass für das Zustandekommen eines Sicherheitenpools zur Bedingung gemacht wird, dass die Anteilseigner vorrangig ihre Gelder einschießen.

Zudem kann ein Gehaltsverzicht der Geschäftsführung, des Mittleren Managements und der Mitarbeiter besondere Voraussetzung für eine Poolvereinbarung sein. Zusätzlich kann eine neue Mittelvergabe von der Gewährung einer Landesbürgschaft durch die Öffentliche Hand abhängig gemacht werden. Auch bestehende Investoren können einbezogen werden, wenn das betreffende Unternehmen bereits Kapitalmarktinstrumente nutzt. Das wirtschaftlich schwache Unternehmen kann mit einer Poolbildung unter anderem folgendes erreichen:

- Gewährung von Zins-, Tilgungsstundungen
- Erreichung einer Kreditneuvergabe
- Verhinderung des Ausstiegs einzelner Kapitalgeber

Zusätzlich bietet eine Poollösung inklusive eines Sicherheitenabgrenzungsvertrags große Vorteile bei der Risikoteilung im Rahmen der Finanzierung und der Bindung der beteiligten Akteure (vgl. Portisch, 2014a, S. 258 ff.). Auf diese Weise kann auch das Risiko für den Einzelnen, gerade bei notwendigen Neufinanzierungen, in Grenzen gehalten werden. Lassen sich zusätzlich Lieferanten sowie Kreditversicherer zu einem Beitritt im Rahmen einer Sicherheitenabgrenzung bewegen, wird neben der finanziellen Stabilität auch eine Absicherung der leistungswirtschaftlichen Prozesse in der Wertschöpfungskette erreicht.

Folgende Abb. 3.3 zeigt wichtige Stakeholder im Lebenszyklus eines Unternehmens. Dabei verändern sich die Bedeutung und die Anzahl der Finanzierungsgruppen in den einzelnen Phasen des Unternehmenslebens.

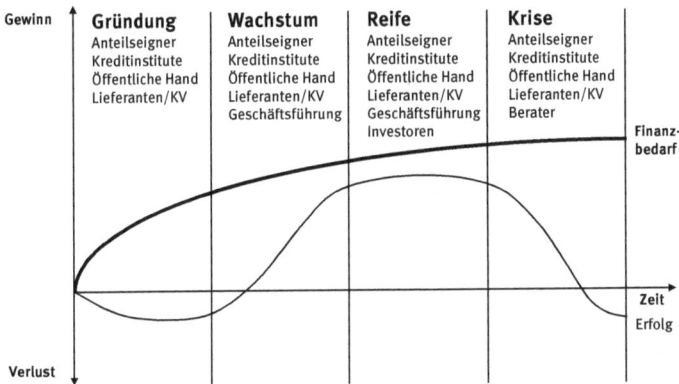

Abb. 3.3: Stakeholder-Finanzierung im Unternehmenslebenszyklus (Quelle: Eigene Darstellung)

Wurden die Finanzierungspotenziale der unterschiedlichen Stakeholder eruiert, ist zu untersuchen, welche Bedürfnisse die Geldgeber haben und welche positiven und negativen Einflussmöglichkeiten von ihnen ausgehen. So sind Bedrohungen unter anderem über einen Ausstieg der Finanzmittelgeber zu verhindern, um die Kapitalisierung und die Liquidität langfristig zu sichern.

Dritter Schritt: Bedürfnisse und Einflussmöglichkeiten der Stakeholder

Sehr unterschiedliche Bedürfnisse und Einflusspotenziale der ausgewählten internen Stakeholder können identifiziert werden. Dabei werden finanzielle Interessen in den Blickpunkt der Untersuchung gestellt.

Im Folgenden werden die relevanten internen Stakeholder mit ihren Interessen und Ansprüchen sowie Beiträgen wie dargestellt charakterisiert:

- **Geschäftsführung:** Die Geschäftsleitung ohne eine Gesellschafterstellung wird primär an eigenen Vorteilen interessiert sein, wobei die Interessen komplementär zu denen anderer Stakeholder verlaufen können. So stehen die Gehaltsmaximierung und die Erhöhung der Reputation oft im Vordergrund der Betrachtung, gerade in managementgeführten Firmen. In Familienunternehmen treten finanzielle Ansprüche dagegen zum Teil in den Hintergrund und das langfristige Wachstum und der Ausbau einer stabilen Marktposition sind intendiert. Einflusspotenziale, die zur Befriedigung dieser Ansprüche beitragen können, liegen in den Fähigkeiten, strategische und operative Entscheidungen zu tätigen, um damit den Unternehmenserfolg zu steigern.

- **Anteilseigner:** Gesellschafter haben monetäre und nicht-monetäre Interessen, die sie mit einer Firmengründung verfolgen. Finanzielle Bedürfnisse liegen unter anderem in einer erhofften Wertsteigerung des Unternehmens und einer hohen Ausschüttungsquote, um den eigenen Nutzen zu maximieren. Einflusspotenziale bestehen bei wichtigen Firmenentscheidungen, wie Standortverlagerungen oder beim Kauf sowie Verkauf von Unternehmensteilen. Bedrohungen durch die Anteilseigner können existieren, wenn ein Verkauf von Gesellschaftsanteilen mit dem Zweck vorgenommen wird, das Unternehmen anschließend zu zerschlagen. Bedeutung haben Finanzierungsentscheidungen der Anteilseigner insbesondere in den Phasen der Gründung und der Krise, da ihr Verhalten von den Gläubigern meist als richtungsweisend angesehen wird.

- **Aufsichtsrat/Beirat:** Diese Organe vertreten primär die Interessen der Anteilseigner und haben als Hauptaufgabe die Geschäftsführung zu überwachen. Um dieser Funktion nachkommen zu können, sind sie von Informationen zur mittel- und langfristig geplanten Firmenpolitik und von Daten aus dem operativen Geschäft der Geschäftsführung abhängig. Mögliche Interessen dieser Organe bestehen darin, die Reputation über die optimale Erfüllung der Überwachungsaufgabe zu steigern. Bestimmte Einflusspotenziale auf die Geschäftsleitung existieren aufgrund eines Eingreifens im Rahmen der Überwachungstätigkeit sowie der Information der Anteilseigner bei schlechtem Geschäftsverlauf.

- **Mitarbeiter und Mittleres Management:** Die Interessen und Einflusspotenziale beider Gruppen überschneiden sich zum Teil. So existieren Ansprüche auf eine faire Entlohnung, aber auch Möglichkeiten der persönlichen und finanziellen Weiterentwicklung. Einflussmöglichkeiten bestehen, indem der Arbeitseinsatz gesteigert oder reduziert beziehungsweise der Ausstieg aus dem Unternehmen über eine Kündigung gewählt wird. Die Ausstiegschance wird vom Alter, den Qualifikationen, den persönlichen Eigenschaften und den Lebensumständen beeinflusst. Verlassen Personen mit Schlüsselkompetenzen die Firma, kann das Erfolgspotenzial erheblich angegriffen werden.

Unter den externen Gruppen sind die Interessenlagen und Einflüsse abhängig von der Dauer und dem Umfang der Geschäftsbeziehung. Allerdings können nur grobe Muster für Verhaltensweisen externer Stakeholder angegeben werden:

- **Kreditinstitute:** Banken haben primär finanzielle Interessen an einer vertragskonformen Bedienung der herausgelegten Kredite und einer unter Risiko- und Ertragsgesichtspunkten profitablen Geschäftsbeziehung. In der Gründungsphase wird geprüft, ob Kosten und Nutzen einer Finanzierung über eine risikoorientierte Renditeerzielung in einem adäquaten Verhältnis stehen. Existenzgründungsfinanzierungen werden auch davon abhängig gemacht, ob Anschlussgeschäfte unter anderem im Versicherungsbereich getätigt werden können. Das Wachstum wird dagegen gerade bei erfolgreichen Unternehmen zum Teil mit Kampfkonditionen begleitet. Die Einflussmöglichkeiten sind in der Krisenphase hoch, denn es bestehen Optionen zur Kündigung der Geschäftsbeziehung oder Maßnahmen zur weiteren Besicherung und damit der Einschränkung der Firma bei der Generierung zusätzlicher Kreditmittel. Zugeständnisse oder Verweigerungen der Unterstützung von Banken in einer Krise hängen häufig von der individuellen Kreditrisikostrategie, vom Gesamtobligo, von der Höhe und Werthaltigkeit der Sicherheiten und vom erwarteten Sanierungserfolg ab.
- **Lieferanten/Kreditversicherer (KV):** Lieferanten haben das Hauptinteresse an der Fortführung und dem Ausbau der Geschäftsbeziehung sowie gesicherten beziehungsweise zügigen Zahlungen. Bedrohungen, gerade in der Krise, bestehen in Form von Handlungen zur Einschränkung der Lieferbeziehung im Rahmen einer Veränderung der Zahlungskonditionen oder der Limite. Gefahren resultieren aus starken Verflechtungen in der Wertschöpfungskette. Das Verhalten der Lieferanten ist auch von der Reaktion der angeschlossenen Warenkreditversicherer abhängig. Kreditversicherer haben ein Interesse an unter Rendite- und Risikoaspekten profitablen und langfristigen Geschäftsbeziehungen. Wenn ihre Versicherungsrisiken jedoch steigen, sind diese Akteure oftmals nicht mehr bereit, ihre Linien unverändert aufrechtzuerhalten. Damit wird die Geschäftsbeziehung zwischen den Lieferanten und dem Unternehmen nachhaltig gefährdet, wenn keine Kreditwürdigkeit sowie keine Lieferbereitschaft mehr besteht.
- **Kunden:** Abnehmer haben unter anderem ein Interesse an qualitativ hochwertigen Produkten und komfortablen Serviceleistungen. Sie können über Anzahlungen in die Finanzierung eingebunden werden. Bedrohungspotenziale bestehen gerade bei substituierbaren Produkten, indem ein Wechsel zur Konkurrenz vollzogen wird oder bei einer negativen Veränderung der Zahlungskonditionen, wenn Zahlungen herausgezögert werden.
- **Berater:** Berater treten in mehreren Phasen eines Unternehmenslebenszyklus auf. Vorrangiges Interesse dieser Gruppe besteht in der Zuteilung eines Auftrags. Wichtig ist für Berater jedoch auch der erzielte Erfolg beim Mandanten, da über Weiterempfehlungen neue Aufträge generiert werden können.

– **Investoren/Kapitalmärkte:** Investoren verfolgen, neben dem Erreichen strategischer Ziele primär finanzielle Interessen, um über ein profitables Investment, innerhalb einer überschaubaren Zeit, eine Wertsteigerung oder hohe Ausschüttungen zu generieren. Investoren engagieren sich als Geldgeber selten in einer Gründungsphase, sondern vielmehr in Wachstumsphasen, in Reifephasen oder auch in Krisen eines Unternehmens. Dieses erfolgt beispielsweise bei Distressed Debt-Transaktionen, indem sie Banken gefährdete oder notleidende Kreditengagements zu Quoten weit unter den Nominalen abkaufen. Gefährdungen der Krisenfirmen bestehen, wenn stark einschränkende Auflagen bei der Finanzierung gemacht werden oder das Unternehmen gegebenenfalls im Rahmen einer Distressed-Transaktion sogar zerschlagen wird.

– **Öffentliche Hand:** Bund, Länder, Gemeinden, ihre Finanzbehörden und Kreditinstitute haben Ansprüche auf Zahlungen vom Unternehmen aus Steuern oder dem Kapitaldienst aus Förderkrediten. In der Regel besteht ein Interesse an der Gründung einer Firma beziehungsweise am Fortbestand eines Krisenunternehmens, da dann die öffentlichen Kassen entlastet werden. Es werden unter Umständen Sanierungshilfen in Form von Landesbürgschaften, mit einer notwendigen EU-Ratifizierung und Stillhalteabkommen bei Steuerzahlungen gewährt. Einflusspotenziale bestehen im Versagen dieser Förderungen.

Die konkreten Interessen und Handlungsoptionen der einzelnen Stakeholder werden in den folgenden Kapiteln und Abschnitten in Bezug zu den Phasen des Unternehmenslebenszyklus gesetzt. In der nachfolgenden Tab. 3.1 werden zunächst die Bedürfnisse und Einflusspotenziale der wichtigen internen Stakeholdergruppen zusammengefasst dargestellt.

Tab. 3.1: Bedürfnisse und Einflüsse der internen Stakeholder (Quelle: Eigene Darstellung)

Bedürfnisse	Interne Stakeholder	Einflusspotenziale
Gehaltsmaximierung Reputation	Geschäftsführung	Operative Entscheidungen Informationsverhalten
Wertsteigerung der Anteile Maximierung Ausschüttungen	Anteilseigner	Verkauf von Anteilen Treffen Entscheidungen
Informationen zur Firmenpolitik Daten über operatives Geschäft	Aufsichtsrat/Beirat	Überwachungtätigkeit Information der Anteilseigner
Sichere Gehaltszahlungen Firmenkultur	Mitarbeiter	Blockadehaltung Innere Kündigung
Gehaltsmaximierung Aufstiegschancen	Mittleres Management	Kündigung Arbeitseinschränkung

In der nachfolgenden Tab. 3.2 folgen die Bedürfnisse und Einflusspotenziale der externen Gruppen. Diese können gerade in der Krise und der sich anschließenden Sanierungsphase ein Bedrohungs- oder auch Unterstützungspotenzial bedeuten.

Tab. 3.2: Bedürfnisse und Einflüsse der externen Stakeholder (Quelle: Eigene Darstellung)

Bedürfnisse	Externe Stakeholder	Einflusspotenziale
Rückzahlung Kapital Zinszahlungen	Kreditinstitute	Kündigung, Kürzung Linien Erhöhung der Sicherheiten
Fortführung Geschäftsbeziehung Schnelle Zahlungen	Lieferanten/Kreditversich.	Lieferstopp oder Vorkasse Kürzung Einkaufslinien
Qualität der Produkte Serviceleistungen	Kunden	Wechsel zur Konkurrenz Verzögerung von Zahlungen
Aufnahme Geschäftsbeziehung Reputation	Berater	Finanzierungsberatung Sanierungsberatung
Ausschüttungsmaximierung Wertsteigerung	Investoren/Kapitalmärkte	Auflagen oder Kapitalabzug Zerschlagung
Generierung von Zahlungen Kapitalerhalt	Öffentliche Hand	Versagung öffentlicher Hilfen Rückforderung Kapital

Die internen und die externen Akteure sind in Bezug auf ihre Eigenschaften zu untersuchen und zu beobachten, damit die Finanzierung in den verschiedenen Phasen des Unternehmenslebenszyklus ausgeweitet oder stabilisiert werden kann.

Anschließend ist zu untersuchen, wie das Entscheidungsverhalten der Geschäftsführung auf diese Finanzierungs-Stakeholder abgestimmt und wie die Stakeholder-Interaktionen untereinander gesteuert werden können, damit das finanzielle Gleichgewicht im Unternehmen, in verschiedenen Phasen der Firmenentwicklung, erhalten bleibt. In diesem Zusammenhang sind auch die Informationsbeziehungen zu den unterschiedlichen internen und externen Stakeholdern zu strukturieren. Es ist von Seiten der Geschäftsleitung zu entscheiden, welche Informationen, in welcher Detaillierung, zu welchem Zeitpunkt, an ausgewählte Stakeholder, zu übermitteln sind, um die finanziellen Vorgänge im Unternehmen zu stabilisieren. Besonders auf die Informationsbeziehungen zu externen Gruppen ist einzugehen, da diese meist einen geringen Informationsstand über eine Firma haben.

Zusammenfassung Abschnitt 3.3: Im vorangegangenen Abschnitt wurde das **Stakeholder-Modell** dargestellt und die Anwendungsmöglichkeiten auf die Thematik der Finanzierung aufgezeigt. Dabei wurden die Interessen der finanzierungsrelevanten Stakeholder untersucht. Dazu wurde erarbeitet, dass bestimmte Gruppen im Unternehmen und im Umfeld einer Firma positive Finanzierungsbeiträge erbringen und andere Akteure Bedrohungen auf die Finanzierung im Unternehmenslebenszyklus entfalten können. Wichtig ist es, die Unterstützung der relevanten Stakeholder zu mobilisieren.

3.4 Informationsasymmetrien und Agency-Theorie

In den einzelnen Lebenszyklusstadien können Informationsprobleme unterschiedlicher Art und Intensität zwischen der Geschäftsführung des betreffenden Unternehmens und den Stakeholdern, wie auch innerhalb der Interessengruppen untereinander, auftreten. Primär soll hier die asymmetrische Informationsverteilung zwischen der Geschäftsführung und den sonstigen Akteuren im Lebenszyklusmodell in finanziellen Prozessen betrachtet werden.

Definition: Bei einer Gleichverteilung von Daten zwischen zwei oder mehreren Wirtschaftssubjekten besteht eine Informationssymmetrie. Dabei liegt eine Situation **asymmetrischer Informationsverteilung** vor, wenn ein Akteur einen Informationsvorsprung gegenüber einer anderen Partei besitzt.

Ungleiche Informationsverteilungen sind Untersuchungsgegenstand der **Agency-Theorie**. Kerninhalt dieser Theorie ist die Beschreibung und Analyse von Verhaltensweisen zweier Akteure in einer Auftragsbeziehung (vgl. Jensen/Meckling, 1976, S. 305 ff.). Dabei können auch die Kontraktbeziehungen zwischen den Gläubigern sowie den Anteilseignern und der Geschäftsführung eines Unternehmens als Principal-Agent-Beziehung interpretiert werden.

Die Kapitalgeber übernehmen in diesem Theoriemodell die Funktion des Principals. Die Kapitalnehmer tragen die Rolle der Agents. Diese Agents sind in diesem Fall die verantwortlichen Entscheider in einem Unternehmen. Die Kapitalgeber übertragen als Principals den Entscheidungsträgern die Aufgabe, ausgezahlte Kredite vertragsgerecht zu verzinsen und zurückzuführen und bei angelegten Geldern eine marktgerechte Rendite zu erwirtschaften (vgl. Schiller/Tytko, 2001, S. 37 ff.). Die Inhalte der Agency-Theorie lassen sich wie folgt definieren.

Definition: Die **Agency-Theorie** analysiert Verhaltensweisen zweier Akteure, dem Principal und dem Agent, in einer Auftragsbeziehung und gibt Gestaltungsempfehlungen für diese Relation. Ursächlich für Probleme aus der Beziehung sind unterschiedliche Ziele und Interessen der Akteure, begleitet durch eine heterogene Informationsverteilung. Der Agent ist in der Regel besser informiert, als der Principal und er kann diesen Informationsvorteil zu seinen Gunsten nutzen. Werden unter diesen Annahmen Handlungsvollmachten an den Agent delegiert, können daraus Wohlfahrtsverluste in Form von Agency-Kosten für den Principal als Eigenkapital- oder Fremdkapitalgeber resultieren.

Es können spezifische Probleme aus diesen Beziehungen daraus entstehen, dass der Agent seine Entscheidungen einseitig in der Verfolgung eigener Interessen trifft und damit das Nutzenniveau des Principals negativ beeinträchtigt. Zum Beispiel kann der Kreditkunde schon frühzeitig planen, die Finanzmittel anderweitig zu verwenden oder er besitzt Informationen über den Risikogehalt seiner Mittelverwendung und beabsichtigt eine besonders risikoreiche Investitionspolitik.

Die Agency-Probleme treten auf, wenn eine heterogene Informationsverteilung vorliegt, das heißt, der Agent besser informiert ist, als der Principal (vgl. Swoboda 1991, S. 162 ff. und Arrow 1985, S. 37 ff.). Nach Art des Informationsvorsprungs lassen sich drei Formen von ungleichen Informationsverteilungen zeitlich voneinander abgrenzen, wie die folgende Abb. 3.4 zeigt (vgl. Perridon et al., 2014, S. 572).

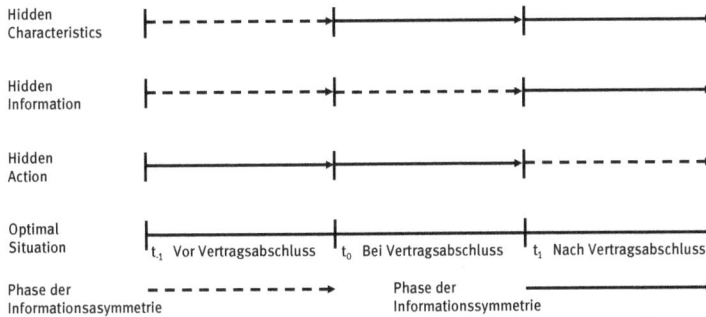

Abb. 3.4: Fälle der Informationsasymmetrie (Quelle: In Anlehnung an Perridon et al., 2014, S. 572)

Der Fall **Hidden Characteristics** bezieht sich auf Informationsunterschiede bezüglich der Qualitäten und Eigenschaften des Agents, die dem Principal verborgen sein können. Zeitlich besteht diese Form der Unsicherheit in der Verhandlungsphase vor dem Vertragsabschluss. Der Agent kennt seine Risikoeinstellung sowie charakterlichen Eigenschaften besser als der Principal. Ebenso sind ihm seine Qualifikationen, seine Präferenzen und seine Nutzenfunktion bekannt. Daher können, von Seiten der Stakeholder, Qualitätsunterschiede unter Umständen nicht erkannt werden und es besteht zudem Unsicherheit über die Fairness des Agents. Unsicherheit kann auch bezüglich eines angebotenen Guts bestehen (Adverse Selection). Diese Positionen, Hidden Characteristics und Hidden Information, können sich, anhand der Informationsinhalte und der zeitlichen Positionierung, überschneiden.

Der Fall der **Hidden Information** bezieht sich auf Merkmale des Agents, die dem Principal vor Eingehen einer Vertragsbeziehung und bei der Verhandlung verborgen geblieben sind, die aber auch in den Verlauf der Vertragsbeziehung nach dem Vertragsabschluss hineinwirken können. So kennt der Agent seine Managementfähigkeiten und das Marktpotenzial sowie den Unternehmenswert besser als der Principal. Über die Einbringung von freiwilligen Signalen von Seiten des Agents kann diese Form der Unsicherheit zumindest verringert werden. Dennoch kann sich das Verhalten nach dem Vertragsabschluss auch noch weiter negativ verändern.

Probleme aus **Hidden Action** sind dadurch bestimmt, dass der Agent Handlungen während einer bereits existierenden Vertragsbeziehung vornimmt, die der Principal nicht beobachten kann und die beim Principal einen Schaden bewirken. So können der Arbeitseinsatz, das Anstrengungsniveau sowie die Sorgfalt des Agents während der Laufzeit einer Finanzierungsbeziehung nicht komplett überwacht werden. Auch bewusste Schädigungen des Agents lassen sich nicht immer erkennen oder werden durch bilanzpolitische Maßnahmen verschleiert. Ebenfalls kann der Principal nicht einschätzen, ob das jeweilige Unternehmensergebnis auf der Leistung des Agents beruht oder auf günstige oder ungünstige Umwelteinflüsse einer boomenden beziehungsweise schleppenden Branchenkonjunktur zurückzuführen ist. Probleme aus Hidden Action und Hidden Information können isoliert, aber auch kombiniert auftreten. Wichtig ist es, diese Schwierigkeiten zu antizipieren und zu reagieren.

Im Fokus der Analyse stehen häufig die Problembereiche Hidden Information und Hidden Action. Probleme aus Hidden Information beziehen sich auf Eigenschaften des Agents. Probleme aus Hidden Action auf seine Handlungen im Rahmen der Geschäftsführung. Die nachfolgende Abb. 3.5 verdeutlicht die Agency-Beziehung zwischen den Kapitalgebern und Kapitalnehmern im Hinblick auf die möglicherweise auftretenden Probleme aus Hidden Information und Hidden Action, in einer finanziellen Auftragsbeziehung.

Abb. 3.5: Agency-Beziehung (Quelle: Eigene Darstellung)

Die Bedeutung und die Intensität der unterschiedlichen Formen der **Informationsasymmetrien** verändern sich im Lebenszyklus eines Unternehmens in den Phasen der Gründung, des Wachstums, der Reife sowie der Krise meist dynamisch. In der **Gründungsphase** existiert meist eine große Informationslücke zwischen den Gründern und den sonstigen finanzierenden Stakeholdern. So bestehen vor Eingehen der Vertragsbeziehung oft Agency-Probleme aus Hidden Information.

Daher können von den externen Finanzierern die Qualifikationen der Geschäftsführung, die Qualität des Produktangebots oder der angebotenen Dienstleistung und die zu erwartenden Marktpotenziale nicht eingeschätzt werden. Auch besteht eine Verhaltensunsicherheit in Bezug auf die Geschäftsführung, da die charakterlichen Eigenschaften sowie der spätere Arbeitseinsatz im Verborgenen liegen. Zudem existieren keine historischen Geschäftszahlen, die den Unternehmenserfolg transparent machen. Es bestehen lediglich Business-Pläne mit Marktstudien und daraus abgeleitete Geschäftserwartungen. Diese sind oftmals optimistisch berechnet. Erfolgt die Gründung, bestehen für die finanziell engagierten Akteure, nach Abschluss der Finanzverträge, insbesondere Probleme aus Hidden Action, da der Arbeitseinsatz und das Verhalten der Geschäftsführung nicht kontrolliert werden können.

In der **Wachstumsphase** eines Unternehmens liegen bereits Erfahrungen der externen Stakeholder im Umgang mit der Geschäftsführung und ihrer Informationspolitik vor. Zudem bestehen Einblicke, ob ein Controlling-System vorhanden ist. Dies erhöht die Transparenz für die Externen. Die Datenlage mit Zahlen zur Vermögens-, Finanz- und Ertragslage ist aussagekräftiger, als im Anfangsstadium der Gründung. So liegen jetzt Ist-Zahlen vor, die auch im Hinblick auf Abweichungen zu Planungen untersucht werden können. Dennoch können Agency-Probleme aus Hidden Action bestehen, wenn die Daten zwar der Unternehmensführung bekannt sind, diese aber nicht oder nur verspätet an die relevanten Stakeholder weitergegeben werden. Bedingungen zu Berichtspflichten in den Kreditverträgen können dann dazu dienen, das Management zu disziplinieren.

In der **Reifephase** steigen mit einem Börsengang die Anforderungen an die Informationsweitergabe erheblich, um eine transparente sowie liquide Preisbildung zu gewährleisten. Demnach sind von börsennotierten Unternehmen bestimmte Transparenzstandards zu erfüllen, die zum Teil über die gesetzlichen Anforderungen hinausgehen. So müssen Emittenten im Prime Standard internationale Normen einhalten. Dazu sind jährliche, halbjährliche und vierteljährliche (Zwischen-)Abschlüsse nach IFRS oder US-GAAP in englischer Sprache zu veröffentlichen. Mindestens eine Analystenkonferenz ist pro Jahr durchzuführen und ein Unternehmenskalender, der börsenrelevante Termine aufführt, ist vorzuweisen. Es besteht eine umfassende Ad-Hoc-Publizitätspflicht nach § 15 WpHG. Dazu müssen Emittenten von Finanzinstrumenten unverzüglich Informationen über nicht öffentlich-bekannte Umstände veröffentlichen, die geeignet sind, den Börsenkurs erheblich zu beeinflussen. Ziel der Ad-Hoc-Publizität besteht in der Vermeidung der Bildung unangemessener Marktpreise, damit Anleger über die Informationsdefizite und Insiderinformationen keine Kursnachteile erleiden (vgl. Buck-Heeb, 2014, S. 109 ff.).

Informationen sind an bereits gewonnene und potenzielle Investoren zu übermitteln. Über die Finanzkommunikation im Rahmen der Investor Relations wird heutzutage eine gezielte Investorenpflege betrieben. Diese kann den Unternehmenswert steigern, das Image fördern und eine künftige Kapitalaufnahme verbessern.

Das Informationsbegehren der Stakeholder steigt in der **Krisenphase** eines Unternehmens regelmäßig stark an. Aber auch der Informations-Gap kann sich erheblich erhöhen. In einigen Fällen werden in der wirtschaftlichen Schieflage Informationen geschönt oder an die Gläubiger nicht weitergegeben. Wiederum bestehen Probleme aus Hidden Action. Im Zweifel liegen krisenrelevante Informationen gar nicht vor, wenn kein oder nur unzureichende Controllingsysteme bestehen. Die Informationslücke zwischen der Geschäftsführung und den finanziellen Stakeholdern kann die wirtschaftliche Situation des Unternehmens weiter verschlechtern, wenn zum Beispiel Gläubiger aufgrund der mangelhaften Informationsversorgung Kündigungen beim Kreditnehmer einleiten.

Daher ist in einer Krisenlage aus Unternehmenssicht dringend auf eine adressatenorientierte Informationsweitergabe zu achten. Dies kann über ein Sanierungsinformationssystem geschehen. In diesem Controllingmodul werden Sanierungsdaten gezielt aufbereitet und unter anderem an die Banken und andere Akteure weitergeleitet (vgl. Portisch, 2003b, S. 318 ff. und 2004d, S. 56 ff.). Auch das Erreichen oder Nichterreichen bestimmter Meilensteine im Sanierungsprojekt ist zu kommunizieren. Im Rahmen einer Creditor Relations kann eine laufende Finanzkommunikation zur Pflege der Gläubigerbeziehungen aufgebaut werden. Diese fördert den Unternehmenswert beziehungsweise trägt in der Krise dazu bei, das Unternehmen in der Existenz zu erhalten und abzusichern.

Die Agency-Theorie beschreibt die Situation und die Folgen einer ungleichen Informationsverteilung. Diese Asymmetrien können in den verschiedenen Stadien eines Unternehmenslebenszyklus in der Intensität variieren. Starke Informationsdefizite der Externen bestehen insbesondere in den Phasen der Gründung und der Krise. Zur Problemlösung werden bestimmte, der Situation angepasste und auszugestaltende Anreiz-, Überwachungs- und Kontrollmechanismen vorgeschlagen. Mit diesen Maßnahmen lassen sich Agency-Probleme vermeiden oder abmildern.

Diese Maßnahmen haben eine Reduzierung der ungleichen Informationsverteilung und eine Angleichung der Interessenlagen zwischen Principal und Agent zum Ziel. Beispielhaft kann dies an der Beziehung zwischen Kreditinstituten und Schuldnern verdeutlicht werden. So lassen sich Probleme aus einer asymmetrischen Informationsverteilung zwischen Banken und Kreditnehmern bereits **vor Eingehen einer Vertragsbeziehung (Hidden-Information-Fall)** antizipieren und durch konkrete Maßnahmen verringern. Diese Handlungsweisen und Maßnahmen zur Vermeidung von Problemen aus Hidden Information können umfassen:

– die genaue Erstprüfung der Kapitaldienstfähigkeit,
– die Stellung von Firmensicherheiten und die Haftung des Geschäftsführers,
– die Festlegung von Covenants zur Vermögens-, Finanz- und Ertragslage,
– selbstbindende Beschränkungen der Anteilseigner bei Entnahmen und
– die Vereinbarung von Kündigungsrechten und Fristigkeiten in Kreditverträgen.

Bei Bestehen einer Vertragsbeziehung (Hidden Action-Fall) existieren weitere Instrumente zur Reduzierung von Agency-Problemen. Hier wird versucht, den Unternehmer zur Weitergabe richtiger Informationen anzureizen. Das **Signalling** geht von einer Zeichensendung des Agents aus und stellt eine spezielle Form der Informationsübermittlung dar, die dieser nutzt, um ein verbessertes Vertragsangebot zu erhalten (vgl. Schiller/Tytko, 2001, S. 39 ff.). Beispielsweise können freiwillig erstellte Finanzpläne als positives Signal für die Unternehmensbonität interpretiert werden. Eine andere Alternative bietet die Installation von Instrumenten zur Überwachung des Managements in Form des **Monitoring**. Dazu werden Überwachungsdesigns ausgewählt, die Agency-Probleme verringern sollen, wie unter anderem:

- die Verwendungskontrolle der Kreditmittel,
- die Auswertung von finanzierungsrelevantem Zahlenmaterial,
- die laufende Überprüfung der Kapitaldienstfähigkeit,
- die Überwachung der Sicherheiten in regelmäßigen Intervallen und
- der Abruf von Daten zur Bonität über Informationsagenturen.

Agency-Probleme entstehen insbesondere im Zuge von unterschiedlichen Informationslagen der an einer Finanzierungsbeziehung beteiligten Akteure. Werden diese Asymmetrien abgebaut, lassen sich Agency-Kosten künftig vermeiden.

Im Verlauf eines Unternehmenslebenszyklus kann die Intensität der Informationserwartungen der Finanzierer zunehmen. Daher ist bei der Gründung ein detaillierter Business-Plan einzureichen, mit genauen Erläuterungen zu dem beabsichtigten Geschäftsmodell und umfassenden integrierten Planzahlenwerken.

In der Phase des Wachstums sind laufende Reportings über die erreichten Erfolge darzulegen. In der Reifephase nimmt der Informationsbedarf mit einem Börsengang stark zu. Die in dem Börsenprospekt bereitzustellenden Daten für die zu erreichende Börsenzulassung sowie die Folgetransparenzpflichten zur Anlegerinformation sind hoch. In der Krise steigt meist das Informationsbegehren der Gläubiger stark an, da für diese Gruppe das Risiko eines Forderungsverlustes wächst.

In der Praxis zeigt sich immer wieder, dass gerade in der Unternehmenskrise die Informationsvermittlung zwischen Krisenunternehmen und Banken von besonderer Bedeutung ist. Wird die wirtschaftliche Schieflage sichtbar, ist es für Kreditinstitute, aber auch für andere Finanzierer, wie Lieferanten und Kreditversicherer wichtig, eine optimale und dauerhaft gute Datenlage zu erhalten, damit die Vertrauensgrundlage bei erhöhten Ausfallgefahren bestehen bleibt.

In der Krisenphase steigen die Informationsbedürfnisse und auch die Informationsasymmetrien der Stakeholder zum Unternehmen meist stark an. Werden diese Ansprüche durch die Geschäftsleitung nicht adäquat befriedigt, sind negative Konsequenzen mit einem Ausstieg der externen Akteure vorprogrammiert.

Dabei liegt es im eigenen Interesse des Unternehmers und auch der Firma eine laufende Risikoüberwachung im Rahmen des Risikomanagements prozessual sicherzustellen. Zu den Elementen des Risikomanagements zählen die Risikofrüherkennung und die Berichterstattung auf der Basis vollständiger, aktueller und richtiger Daten zum jeweiligen Stand der Sanierung an die Gläubiger.

Die nachfolgende Abb. 3.6 zeigt zusammengefasst die auftretenden Informationsasymmetrien in den Phasen eines Unternehmenslebenszyklus. Dabei steigen die Anforderungen an die Datenübermittlungen in verschiedenen Entwicklungsphasen. In der Gründungsphase besteht ein hoher Informationsbedarf aufgrund der hohen Unsicherheit. Die Wachstums- und die Krisenphase sind oft durch eine gute Informationsversorgung gekennzeichnet.

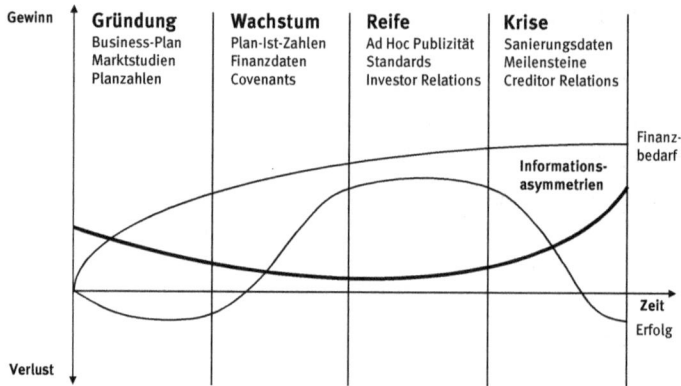

Gründung	Wachstum	Reife	Krise
Business-Plan	Plan-Ist-Zahlen	Ad Hoc Publizität	Sanierungsdaten
Marktstudien	Finanzdaten	Standards	Meilensteine
Planzahlen	Covenants	Investor Relations	Creditor Relations

Gewinn ↑

Finanz-bedarf

Informations-asymmetrien

Zeit
Erfolg

Verlust ↓

Abb. 3.6: Informationsasymmetrien im Lebenszyklusmodell (Quelle: Eigene Darstellung)

In der Krise sind die Informationsasymmetrien meist sehr viel stärker ausgeprägt. Hinzu kommt eine erhöhter Grad der Unsicherheit der finanzierenden Parteien, da hohe Forderungsausfälle drohen. Vorhandene Sanierungsdaten sind dann von dem Unternehmen adressatengerecht weiterzuleiten.

❗ Zusammenfassung Abschnitt 3.4: Es wurden die Grundzüge der **Agency-Theorie** dargestellt und die finanzielle Beziehung zwischen der Geschäftsführung und den sonstigen Eigenkapital- und Fremdkapitalgebern im Hinblick auf die Ausgestaltung der Informationsbeziehungen im Unternehmenslebenszyklus untersucht. Es zeigt sich, dass Probleme aus **Hidden Information** und **Hidden Action** besonders in der Phase der Gründung, wie auch in der wirtschaftlichen Krise bestehen.

3.5 Stakeholder-Agency-Modell

Im Rahmen der Agency-Theorie werden ausschließlich Beziehungen zwischen der Geschäftsleitung und einem Stakeholder untersucht. Der Ansatz wird im folgenden Abschnitt erweitert zu einem Stakeholder-Agency-Modell, da sich Unternehmen oft in einem Netzwerk von Agency-Beziehungen zu mehreren Stakeholdern befinden, die sehr unterschiedlich agieren können.

Unternehmen stehen in Beziehungen zu unterschiedlichen Interessengruppen. Oftmals sind diese Beziehungen durch Kontrakte unterlegt. Vertragliche Beziehungen sind wiederum oft gekennzeichnet von erheblichen Interessendivergenzen der Beteiligten und Agency-Problemen aus Hidden Information sowie Hidden Action. Ein Unternehmen und seine relevante Umwelt lässt sich als komplexes Netzwerk von vertraglichen Beziehungen zwischen den verschiedenen **Stakeholdern** (Principals) und der **Geschäftsführung** (Agent) begreifen (vgl. Hill/Jones, 1992, S. 131 ff.). Principal-Agent-Beziehungen lassen sich als multiple Stakeholder-Agent-Beziehungen interpretieren. Das modifizierte Stakeholder-Agency-Modell beschreibt Beziehungen zwischen mehreren Principals und einem Agent.

Definition: Das **Stakeholder-Agency-Modell** stellt eine Verallgemeinerung der Agency-Theorie dar und beschreibt die wechselseitigen Beziehungen zwischen der Geschäftsführung von Unternehmen und seinen internen und externen Stakeholdern. Im Vordergrund dieser finanziellen Beziehungen werden hier Interessenunterschiede und Informationsdifferenzen analysiert, die in der Lebenszyklusfinanzierung eines Unternehmens eine Bedeutung entfalten können.

Interessenunterschiede und asymmetrische Informationsverteilungen stellen zwei Kernelemente der Agency-Theorie dar. Da diese Merkmale für die Steuerung eines Finanzierungsprozesses unter Berücksichtigung der Ansprüche von verschiedenen Interessengruppen starke Relevanz besitzen, sollen die Stakeholder-Beziehungen vor dem Hintergrund dieser beiden Kriterien untersucht werden. Grundsätzlich ist zu unterstellen, dass zwischen den Stakeholdern und dem Unternehmen **Interessenunterschiede** bestehen. Diese können sich, im Lebenszyklus eines Unternehmens und den damit zusammenhängenden wirtschaftlichen Lagen, verstärken oder vermindern. Dies wird exemplarisch an ausgewählten Lebenszyklusphasen, in Anlehnung an die internen und externen Stakeholder, aufgezeigt.

Bei den internen Stakeholdern des Unternehmens kann davon ausgegangen werden, dass individuelle Interessen in der Gründungsphase und dem Krisenstadium regelmäßig zurückgestellt werden. So sind die Mitarbeiter sowie das Mittlere Management in der Regel bereit, Gehaltsverzichte oder Mehrarbeit hinzunehmen. Auch die Geschäftsführung und die Anteilseigner werden das Unternehmen in kritischen Finanzierungsphasen im Unternehmenslebenszyklus unterstützen. Gerade von den Gesellschaftern wird ein Sanierungsbeitrag erwartet.

Die externen Stakeholder weisen häufig eine hohe Risikoexposition zum Krisenunternehmen auf. Das Exposure kann sich in den Stadien des Entwicklungsprozesses verändern und künftig starke finanzielle Einbußen für diese Anspruchsgruppen bedeuten. Somit ist davon auszugehen, dass die externen Stakeholder in einer wirtschaftlichen Schieflage ihres Geschäftspartners versuchen, ihr eigenes Risiko abzubauen oder die Beziehung komplett zu beenden.

Dabei sind der Abhängigkeitsgrad zum Unternehmen und spezifische Investitionen in einer Firma zu beachten. Gerade externe Stakeholder mit hohem Abhängigkeitsgrad, wie Banken mit einem umfassenden Kreditvolumen oder eingeschränkt werthaltigen Sicherheiten, sind eher bereit, finanzielle Unterstützungen zu gewähren.

Dagegen sind Stakeholder mit geringem Abhängigkeitsgrad geneigt, ihre Stellung durch stetige Nachverhandlungen zu verbessern. Von Nebenbanken mit einem geringen Kreditvolumen können neue Sicherheiten oder Sondertilgungen eingefordert werden. Neben den Interessenunterschieden der Stakeholder ist die unterschiedliche Informationsverteilung der Firma zu diesen zu beachten.

Meist haben interne Stakeholder **Informationsvorteile** gegenüber den externen Interessengruppen in Bezug auf die wirtschaftliche Lage des Unternehmens. Sowohl die Geschäftsführung, als auch das Mittlere Management haben besondere Detailkenntnisse über die aktuelle und künftige Vermögens-, Finanz- und Ertragslage und das Erfolgspotenzial des leistungswirtschaftlichen Programms.

Die Anteilseigner haben ebenfalls meist Zugang zu wichtigen wirtschaftlich relevanten Unternehmensdaten, gerade wenn diese umfassende Gesellschaftsanteile innehaben. Des Weiteren können Informationen über einen Aufsichtsrat oder Beirat übermittelt werden. Der Aufsichtsrat hat die Geschäftsleitung zu überwachen und gegebenenfalls Maßnahmen bei der Entwicklung einer Gefährdungslage im Unternehmen zu ergreifen. Die Mitarbeiter eines Unternehmens haben hohe fachspezifische Kenntnisse über Produkte und Märkte und können sich oft ein gutes Bild über die wirtschaftliche Lage verschaffen. Zudem ist die Informationsversorgung über einen Betriebsrat und informelle Kanäle meist gut.

Nicht zu vernachlässigen sind informelle Informationskanäle, die grundsätzlich für eine gute Versorgung der Mitarbeiter mit Daten über die Lage des Arbeitgebers sorgen. Die Transparenz der externen Stakeholder ist dagegen eingeschränkter. Diese müssen sich häufig darauf verlassen, was ihnen von der Geschäftsführung mitgeteilt wird. Ist dann die wirtschaftliche Situation des Geschäftspartners angespannt, so steigt der Informationsbedarf der Externen, wie beispielsweise der Gläubiger, regelmäßig in Bezug auf Umfang und Aktualität der Zahlen stark an.

Eine Sonderrolle nimmt die Hausbank ein, die häufig unter den externen Gruppen noch über die größte Informationsbasis verfügt. Diese beruht häufig auf einem langjährigen Vertrauensverhältnis zum Unternehmen. Die lang andauernde Geschäftsbeziehung kann in schwierigen Phasen stabilisierend wirken.

Aufgrund der wachsenden Bedeutung von Informationen in kritischen Unternehmensphasen kann jedoch die zeitnahe Weitergabe von aktuellen und vollständigen Daten an die relevanten externen Stakeholder zu einem gefährdenden Faktor werden. Wenn Zahlen über die wirtschaftliche Lage dann nicht oder nur unzureichend weitergeleitet werden, kann dies bestimmte Akteure veranlassen, die Geschäftsbeziehung im Umfang zu reduzieren oder vollständig zu beenden.

So fragen insbesondere Banken und Kreditversicherer aufgrund ihres hohen Risikos in einer Krisenphase detaillierte Informationen über die geschäftliche Lage des Unternehmens nach. Werden diese Informationen nicht zeitnah übermittelt, kann dies erhebliche Konsequenzen für die Weiterführung des Engagements bedeuten.

Innerhalb der Stakeholdergruppen ist unter Umständen nach dem Umfang der Geschäftsbeziehung, wie der Höhe der Kreditausreichungen oder dem Liefervolumen, eine Unterscheidung der einzelnen Akteure vorzunehmen. Daher sind nicht nur die grundlegenden Interessen der jeweiligen Gruppe, sondern auch die Ziele und Ansprüche der einzelnen Parteien zu analysieren. Somit kann sich das Verhalten eines Kreditinstituts als Bad Bank in Bezug auf die Kundenbeziehung verändert.

Es lassen sich dann, unter der Berücksichtigung, dass innerhalb der Stakeholder-Gruppen gegebenenfalls Differenzierungen notwendig sind und sich Verhaltensweisen einzelner Stakeholder im Zeitablauf des Entwicklungsprozesses einer Firma ändern können, Ansatzpunkte einer **Stakeholder-Agency-Strategie** aus der Sicht eines Unternehmens entwickeln:

- Bei der Finanzierung im Verlauf eines Unternehmenslebenszyklus lassen sich Abhängigkeiten bestimmter interner und externer Gruppen bewusst nutzen, um **Unterstützungsbeiträge** zu realisieren.
- Im Lebenszyklus sind, in der Krisenlage, die **Bedrohungspotenziale** verschiedener Gruppen zu überwachen und es ist zu versuchen, diese Stakeholder über spezifische Investitionen stärker an das Unternehmen zu binden oder die Abhängigkeit von diesen Akteuren zu verringern.

In einer Finanzierungsbeziehung sind die **Interessenlagen** der beteiligten Finanzierungs-Stakeholder zu antizipieren und zu steuern. Dabei ist eine Balance der verschiedenen Ansprüche anzustreben, um das finanzielle Gleichgewicht zu bewahren. Es ist auf einen Abbau asymmetrischer Informationen zu achten, um die Finanzierungsbeziehungen zu den Stakeholdern nicht zu belasten.

Zusammenfassung Abschnitt 3.5: In diesem Abschnitt wurden die Modelle der Agency-Theorie und des Stakeholder-Ansatzes zu einem kombinierten **Stakeholder-Agency-Modell** zusammengeführt. Die Vorteile beider Ansätze wurden kombiniert, um auf wesentliche Kernpunkte der Finanzierungsbeziehungen zwischen Unternehmen und seinen Stakeholdern eingehen zu können. Auf diese Weise konnte die Bedeutung von Unterstützungen, von Bedrohungspotenzialen und die Wichtigkeit der Erfüllung von Informationsanforderungen verschiedener Gruppen abgeleitet werden.

3.6 Rendite, Risiko und Nutzentheorie

Wichtige Parameter bei Finanzierungsentscheidungen sind die Faktoren Liquidität, Rendite und Risiko. Dabei stellt die Aufrechterhaltung der Liquidität im Sinne der Zahlungsfähigkeit eine zu erfüllende Rahmenbedingung dar. Die Rendite und das Risiko verlaufen in der Regel gleichgerichtet. Eine hohe erwartete Rendite spiegelt sich stets in einem ansteigenden Risiko wider.

Aus den Merkmalen Liquidität, Rendite und Risiko werden vielerlei Finanzierungsentscheidungen abgeleitet. Daher lassen sich anhand der Ausprägungen der Eigenschaften von Finanztiteln:

– Anlageentscheidungen treffen,
– Finanzinstrumente klassifizieren,
– Eigenkapitalformen von Fremdkapitalarten abgrenzen.

Die nachfolgende Abb. 3.7 zeigt die wesentlichen Parameter, die bei Finanzierungsentscheidungen in Betracht gezogen werden. Es zeigt auch, dass diese Kennzahlen konträr zueinander stehen. So ist eine hohe Rendite in der Regel nur unter Eingehen eines ansteigenden Risikos zu erzielen. Ebenso kann die steigende Wahrscheinlichkeit auf eine Überrendite eine Einschränkung bei der Liquidität des Vermögensgegenstandes bedeuten und damit die Attraktivität einschränken.

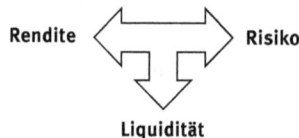

Rendite ⟨ ⟩ **Risiko**

Liquidität

Abb. 3.7: Parameter bei Finanzierungsentscheidungen (Quelle: Eigene Darstellung)

Der erste Faktor **Liquidität** ist nicht nur in Anlageprozessen, sondern auch bei Unternehmensentscheidungen von Bedeutung und führt dazu, dass die Investitions- und Finanzierungsprogramme im Unternehmen aufeinander abzustimmen sind, um jederzeit zahlungsfähig zu bleiben und die Insolvenzreife zu vermeiden.

Definition: Liquidität im Sinne der Zahlungsfähigkeit bedeutet inhaltlich die Wahrung des finanziellen Gleichgewichts in Unternehmen. Dazu sind die Einzahlungen und die Auszahlungen im Zeitablauf abzustimmen, so dass fortlaufend ein finanzielles Gleichgewicht gewährleistet ist. Ziel ist es, Gefährdungen der Zahlungsunfähigkeit früh zu erkennen, um einen Insolvenzantrag zu vermeiden.

Es dürfen sich in Firmen auf Dauer keine bedeutenden negativen Zahlungsüberschüsse ergeben. Eine andauernde oder drohende Illiquidität gefährdet die Unternehmensexistenz. Demnach besteht bei einer Zahlungsunfähigkeit gemäß § 17 InsO die Pflicht, einen Insolvenzantrag zu stellen. Auch finanzielle Überdeckungen sind zu beachten und freie Mittel bestmöglich verzinslich anzulegen.

Die Bestimmung der zukünftigen Liquidität kann über einen Finanzplan im Rahmen einer integrierten Planung erfolgen. In diesem werden prognostizierte Einzahlungen und Auszahlungen künftiger Perioden gegenübergestellt. Auf diese Weise können drohende Liquiditätsengpässe erfasst und vermieden werden, indem Verschiebungen der Zahlungen vorgenommen werden. Der Finanzplan dient somit zur zeitlichen und betragsmäßigen Synchronisation der Mittelbeschaffung und Mittelverwendung (vgl. Geyer et al., 2011, S. 193 ff.). Die Begrifflichkeit der Liquidität kann sich jedoch auch auf Finanzinstrumente beziehen.

Definition: Liquidität als **Fungibilität auf Kapitalmärkten** lässt sich als Leichtigkeit der Handelbarkeit verstehen, mit der es möglich ist, auch größere Volumina von Finanzinstrumenten zeitnah zu kaufen oder zu verkaufen, bei geringen Transaktionskosten und zu fairen Marktpreisen. Anlageformen sind liquide, wenn sie bei Bedarf schnell an andere Teilnehmer weitergegeben beziehungsweise wenn Positionen mit geringen Liquiditätskosten auf- oder abgebaut werden können und die darauf bezogenen Liquiditätsprämien gering ausfallen (vgl. Spremann/Gantenbein, 2014, S. 4).

Der Grad der Liquidität an Wertpapierbörsen kann durch ein sogenanntes „Round Ticket" gemessen werden. Dabei wird ein kleines Paket von Aktien an einer Börse ohne Limitierung (Bestens) gekauft und unmittelbar danach wieder verkauft. Der Geldverlust der Transaktion ist umso geringer, je höher die Liquidität ist (vgl. Spremann, 2006, S. 2). Diese Form der Liquidität lässt sich oft am Spread, der Spreizung zwischen dem Geld- sowie Briefkurs bei einem Handelsinstrument, ablesen. Da der Grad an Liquidität von Finanzanlagen schwer zu bestimmen ist, wird im Folgenden vorausgesetzt, dass die Kapitalmärkte, an denen die betrachteten Finanzinstrumente gehandelt werden, hinreichend liquide sind.

Im Folgenden steht die Liquidität im Sinne der Einhaltung der Zahlungsfähigkeit im Vordergrund der Betrachtung. Die Unternehmensexistenz wird in der Wachstums- und Reifephase meist nicht durch Liquiditätsengpässe gefährdet. Dagegen kann es im Stadium der Gründung und im Rahmen einer Krisenphase zu negativen Abweichungen der Einzahlungen und Auszahlungen kommen.

Dieses zeigt, dass die Abstimmung der Liquidität über Finanzpläne gerade in diesen Unternehmensstadien bedeutsam ist. Aber auch in der Wachstums- sowie der Reifephase sind Finanzpläne unbedingt aufzustellen, um den Informationserfordernissen der Gläubiger und Anteilseigner Rechnung zu tragen. Des Weiteren dienen diese Zahlungsinformationen der Geschäftsleitung zur Steuerung des Unternehmens und zur Generierung von Wertbeiträgen aus der Zahlungsabstimmung.

Die Messung des zweiten Faktors **Rendite** ist weniger kompliziert, auch wenn mathematisch viele verschiedene Arten der Renditeberechnung, bei unterschiedlichen Annahmen zur Wiederanlage von Rückflüssen und der Verzinsung bei einer Mittelaufnahme während der Laufzeit, existieren. Die Kennzahl Rendite wird in dem Buch allerdings nur untergeordnet betrachtet, da diese aus theoretischer Sicht nicht so sehr durch ein Theoriekonzept begründbar ist, wie beispielsweise der Kapitalwert. Dennoch soll diese Kennziffer im Folgenden erläutert werden.

Definition: Die **Rendite oder Rentabilität** wird als Quotient aus dem Überschuss der Kapitalnutzung im Verhältnis zum Kapitaleinsatz in einer definierten Periode gemessen. Zusätzlich können weitere Zahlungen, unter anderem in Form von Dividenden, die während des bestimmten Zeitabschnittes auftreten, in die Berechnung der Renditekennzahl einbezogen werden.

$$P = \frac{K_1 + E - A - K_0}{K_0}$$

Symbole:

R   Rendite

A   Kapitalabflüsse oder Auszahlungen

E   Kapitalzuflüsse oder Einzahlungen

K_0 Kapital am Anfang der Periode

K_1 Kapital am Ende der ersten Periode

Zwischen den Kennzahlen Rendite und Risiko besteht ein Zielkonflikt. Es ist dazu in einem „Trade Off" abzuwägen, zwischen einer gewünschten Rendite und dem einzugehenden Risiko, dass noch getragen werden kann. Somit ist die Frage entscheidend, wie unter Unsicherheit rationale Entscheidungen getroffen werden können, um ein bestimmtes Ergebnis zu erreichen. Dabei existieren diverse Finanzierungsprobleme, die unter Unsicherheit entschieden werden müssen. Benötigt werden daher Bewertungsverfahren, um verschiedene Unsicherheitssituationen bei Finanzierungen einschätzen und in diesen entscheiden zu können.

Für den Faktor **Risiko** existieren unterschiedliche Definitionen und Abgrenzungen. Die Unsicherheitslagen lassen sich in verschiedene Bereiche klassifizieren. Folgende Beispiele können differenzierte Arten von Gefährdungen, in einer Abhängigkeit von den Akteuren und dem Informationsgrad, ausdrücken:

– **Spielsituationen**, mit der unsicheren Einschätzung, wie ein rational handelnder Gegenspieler in einer Verhandlungssituation reagiert. So kann das Ergebnis dieser Gespräche von den angestrebten Zielen abweichen, da Kompromisse geschlossen werden müssen.

- **Ungewissheit**, wenn zum Beispiel rechtliche Änderungen den Verkauf eines Produktes untersagen. Diese Arten von Risiken sind schwer einzuschätzen, da sie möglichweise von politischen Gegebenheiten abhängen, die sich plötzlich und umfassend verändern können.
- **Unsicherheit**, dass beispielsweise Naturereignisse das Ergebnis aus einer Investition beeinflussen. Dieses Risiko kann durch den Abschluss von Versicherungen vermieden werden. Dazu müssen Versicherungsunternehmen in der Lage sein, ihre Prämien auf Basis von Vergangenheitswerten zu kalkulieren.
- **Risiko**, ob die Rückflüsse aus einer Lotterie wie geplant eintreffen. Entscheidungen dieser Art werden häufig davon abhängig gemacht, um welche Spielsummen es sich handelt und ob eine Lotterie mehrfach unter identischen Bedingungen wiederholt werden kann.

Diese Beispiele klassifizieren verschiedene Unsicherheitslagen wie Abb. 3.8 zeigt. In jeder dieser Situationen liegen unterschiedliche Informationsstände vor.

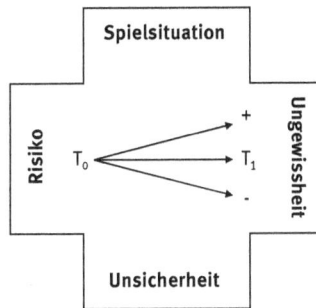

Abb. 3.8: Alternative Unsicherheitslagen (Quelle: Eigene Darstellung)

Eine **Spielsituation** liegt vor, wenn ein rational handelnder Gegenspieler oder Konkurrent darüber entscheidet, mit welchem Umweltzustand wir künftig konfrontiert werden. Diese Situation lässt sich im Rahmen spieltheoretischer Überlegungen untersuchen. Die Spieltheorie ist die Wissenschaft vom strategischen Denken (Dixit/ Nalebuff, 1997, S. 1). Unterstellt werden rational handelnde Akteure, die genau definierte Ziele verfolgen. Die Handlungsalternativen, die möglichen Zustände und die eintretenden Ergebnisse, können meist nicht genau quantifiziert werden. Des Weiteren kann sich das Verhalten der handelnden Akteure über die Zeit verändern und auch von irrationalen Verhaltensweisen geprägt sein.

Da das Handeln der Akteure vom Wirken des Gegenspielers abhängig ist und sich die Situationen bei Spielzügen verschieben, lassen sich keine Wahrscheinlichkeiten für ein bestimmtes Ergebnis oder Zukunftslagen angeben oder berechnen. Spielsituationen treten häufig in Verhandlungssituationen im Wirtschaftsleben auf, sollen im Folgenden aber nicht näher betrachtet werden.

Ein Zustand der **Ungewissheit** zeichnet sich dadurch aus, dass der Entscheidungsträger verschiedene mögliche zukünftige Umweltlagen beschreiben kann, die mit der Wahl einer Handlungsalternative entstehen können. Es fehlen Erfahrungswerte und es liegen daher keine weiteren Informationen darüber vor, mit welchen Wahrscheinlichkeiten die alternativen künftigen Zustände eintreten. Somit besteht eine hohe Informationsunsicherheit, da sich keine exakten Rechenverfahren einsetzen lassen, um das Entscheidungsfeld genauer abzugrenzen. Auch Ungewissheitssituationen werden hier nur untergeordnet untersucht.

Unsicherheit lässt sich beschreiben als Situation, in der ein Entscheidungsträger alle Zukunftslagen, die eintreten können, beschreiben kann. Er kann diesen zukünftigen Ereignissen jedoch keine genauen Wahrscheinlichkeiten zuordnen. Es liegen aber Erfahrungswerte vor, mit denen diese Ereignisse eintreten, aus denen sich statistische Wahrscheinlichkeitsverteilungen ableiten lassen. Es kann unter bestimmten Annahmen unterstellt werden, dass sich beispielsweise künftige Aktienrenditen annähernd normalverteilt verhalten. Die Datenlage ist dennoch oft nicht optimal. Zudem gelten meist restriktive Annahmen bezüglich der künftigen Verteilung, unter anderem zur Stationarität der Schätzparameter.

Risiko bezeichnet Situationen, in denen die zukünftigen Ereignisse aus einer Entscheidung genau definiert sind. Den Zukunftslagen können zudem Wahrscheinlichkeiten zugeordnet werden. Zum einen existieren **objektive Wahrscheinlichkeiten**. Dabei lässt beim Roulette ein häufiges Setzen auf Rot statistisch erwarten, dass die Chance eines Gewinns bei annähernd fünfzig Prozent liegt. Die Wahrscheinlichkeit lässt sich als Grenzwert der relativen Häufigkeit dieses Ereignisses bestimmen.

Zum anderen bestehen **subjektive Einschätzungen** bei der Risikobewertung. Die Wahrscheinlichkeit wird dann als Grad der Überzeugung interpretiert, mit der eine Person die Eintrittswahrscheinlichkeit eines bestimmten Umweltzustandes erwartet. Risikosituationen werden im Folgenden genauer untersucht, da diese in der Wirtschaft häufig auftreten. Dabei wird von einem symmetrischen Risikobegriff mit der Gleichverteilung der positiven und negativen Abweichungen ausgegangen.

---

i **Definition: Risiko** wird hier als Unsicherheit zukünftiger Ereignisse mit einer positiven und negativen Abweichung von einer bestimmten Zielgröße verstanden. Die Wahrscheinlichkeiten des Eintritts zukünftiger Resultate oder zumindest Wahrscheinlichkeitsverteilungen der möglichen zukünftigen unsicheren Zukunftslagen und deren Ereignisse werden als bekannt angesehen.

Zur strukturierten Darstellung einer Risikosituation mit Handlungsalternativen und Umweltzuständen wird als Ausgangspunkt eine **Entscheidungsmatrix** oder Ergebnismatrix mit einer festen Terminologie verwendet. Folgende Grundannahmen und Symbole gelten für die Darstellung der Entscheidungsprobleme unter Risiko:

- **Handlungsalternativen:** Der Entscheidungsträger hat zwischen mehreren, sich gegenseitig ausschließenden, Handlungsalternativen (H_i) zu wählen. Es stehen immer mindestens zwei Optionen zur Auswahl. Eine der angebotenen Entscheidungsoptionen ist die Unterlassensalternative. Die möglichen Handlungsalternativen schließen sich gegenseitig aus.
- **Umweltzustände:** Es existieren verschiedene Zustände, die die Umwelt in Zukunft annehmen kann. Die Umweltzustände werden mit dem Symbol Z_j bezeichnet. In unsicheren Entscheidungssituationen existieren mindestens zwei alternative Zukunftslagen. Den Zuständen lassen sich in Risikosituationen genaue Eintrittswahrscheinlichkeiten P_j zuordnen.
- **Rückflüsse:** Je nachdem, welche Handlungsalternative gewählt wird und welcher künftige Umweltzustand eintritt, stellt sich ein bestimmtes Endresultat ein. Dieses Ergebnis repräsentiert den quantifizierbaren Rückfluss in Höhe von RF_{ij}, wenn die i-te Alternative und der j-te Umweltzustand eintreten. Die Ergebnisse lassen sich in einer Matrix darstellen.

Unsicherheit herrscht in Risikosituationen somit einzig und allein in Bezug auf den Eintritt künftiger Umweltzustände. Dieses allgemeine Entscheidungsproblem wird in der Ausgangsmatrix in Tab. 3.3 wie folgt dargestellt.

Tab. 3.3: Grundmodell der Entscheidungstheorie (Quelle: Eigene Darstellung)

Z:	Z_1	Z_2	Z_3	Z_j
P:	P_1	P_2	P_3	P_j
H_1	RF_{11}	RF_{12}	RF_{13}	RF_{1j}
H_2	RF_{21}	RF_{22}	RF_{23}	RF_{2j}
H_3	RF_{31}	RF_{32}	RF_{33}	RF_{3j}
H_i	RF_{i1}	RF_{i2}	RF_{i3}	RF_{ij}

Symbole:

H_i	Handlungsalternativen
Z_j	Zustände
P_j	Zustandswahrscheinlichkeiten
RF_{ij}	Zustandsabhängige Rückflüsse
EW_i	Erwartungswert der Alternative i

Im Folgenden werden Risikosituationen mit bekannten Zustandswahrscheinlichkeiten (P_j) betrachtet. In diesen Situationen und bei wiederholbaren Entscheidungen lassen sich Alternativen anhand des maximalen Erwartungswertes (EW) auswählen. Dazu werden die zustandsabhängigen Rückflüsse mit den jeweiligen Wahrscheinlichkeitsausprägungen gewichtet und anschließend der Erwartungswert additiv ermittelt. Die Summe der Wahrscheinlichkeiten ergibt Eins. Das Entscheidungskriterium **Erwartungswert** lässt sich dann wie folgt berechnen:

$$EW_i = \sum_{j=1}^{n} RF_{ij} \cdot P_j = Max$$

$$EW_i = RF_{i1} \cdot P_1 + RF_{i2} \cdot P_2 + \ldots + RF_{in} \cdot P_n$$

$$\sum_{j=1}^{n} P_j = 1$$

Somit lässt sich für jede Handlungsalternative ein Erwartungswert berechnen. Auszuwählen ist dann diejenige Alternative, die den maximalen erwarteten Rückfluss aus dem Projekt in der Zukunft verspricht.

ℹ **Beispiel:** Bestehen zustandsabhängige Rückflüsse bei der ersten Alternative von 2.000 und 3.000 mit Eintrittswahrscheinlichkeiten von jeweils 50,0 % und bei der zweiten Handlungsalternative von 2.000 und 4.000 mit Wahrscheinlichkeiten von je 50,0 %, dann beträgt der Erwartungswert der ersten Alternative 2.500 und der Erwartungswert der zweiten Alternative 3.000. Aufgrund der Regel, den maximalen Erwartungswert zu realisieren, ist Alternative zwei vorzuziehen. In dem Fall besteht die Besonderheit der Zustandsdominanz, wodurch sich das Entscheidungsproblem vereinfacht.

Die Berechnung eines Erwartungswertes ist mathematisch einfach. Jedoch werden die Variabilität der Ergebnisse und die persönliche Risikoeinstellung des Entscheidungsträgers noch nicht in das Kalkül mit einbezogen. Um dieses Beurteilungskriterium zu erweitern, sind somit weitere Informationen aus den Handlungsalternativen zu berücksichtigen. Dazu lassen sich die Varianz und die Standardabweichung, als (quadrierte) Streuung der zustandsabhängigen Rückflüsse um den Erwartungswert berechnen, um die Verteilung der Rückflüsse genauer zu charakterisieren. Es wird meist von einer Normalverteilung der Rückflüsse ausgegangen.

Zunächst ist die **Varianz** zu ermitteln, damit sich positive und negative Abweichungen vom Erwartungswert nicht gegenseitig aufheben. Anschließend ist daraus die **Standardabweichung** als Wurzel der Varianz zu berechnen. Die Varianz sowie die Standardabweichung sind symmetrische Streuungsmaße, die positive und negative Abweichungen vom Erwartungswert gleichwertig berücksichtigen. Auf Basis dieser Messungen kann die Variabilität der Resultate eingeschätzt werden.

Daher lässt sich das Risiko einer Handlungsalternative anhand der Varianz und der Standardabweichung wie folgt berechnen:

$$S_i^2 = \sum_{j=1}^{n} P_j \cdot (RF_{ij} \cdot EW_i)^2$$

$$S_i^2 = P_1 \cdot (RF_{i1} - EW_i)^2 + \ldots + P_n \cdot (RF_{in} - EW_i)^2$$

$$S_i = \sqrt[2]{S_i^2}$$

Symbole:

S_i^2	Varianz einer Handlungsalternative
S_i	Standardabweichung oder Streuung einer Alternative

Auf Basis des Erwartungswertes und der Streuung einer Alternative lassen sich nun, unter Zuhilfenahme der persönlichen Risikoeinstellung eines Entscheidungsträgers, genaue Präferenzwerte für die jeweiligen Wahlmöglichkeiten berechnen. Die Alternative mit dem höchsten Präferenzwert ist auszuwählen. Dabei kommt es in diesen Unsicherheitssituationen bei der Entscheidung maßgeblich auf die Risikoeinstellung des jeweiligen Handlungsträgers an. Die Risikoeinschätzung kann vom persönlichen Wohlstand (W) sowie vom monetären Einsatz bei einer Entscheidung abhängen. Es lassen sich drei Arten von Risikoeinstellungen unterscheiden:

- **Risikoscheu** oder **risikoavers** sind Personen, die eine zunehmende Streuung einer Handlungsalternative als nicht attraktiv einschätzen.
- **Risikoneutral** sind Entscheidungsträger, die dem Risiko in Entscheidungssituationen grundsätzlich keinerlei Bedeutung beimessen.
- **Risikofreudig** sind Akteure, die einen Nutzen aus einem hohen Risiko ziehen, da primär die positiven Abweichungen vom Erwartungswert beachtet werden.

Diese verschiedenen Einstellungen zur Unsicherheit lassen sich über Risikonutzenfunktionen (U(W)) grafisch darstellen. Die Funktionen sind stetig und berücksichtigen einen steigenden Nutzen (U) in Abhängigkeit von einem höheren Rückfluss aus einer Handlungsalternative. Diese Kurven können unterschiedlich stark gekrümmt sein und lassen darüber eine genauere Einschätzung zu. Demnach kommt bei einer stark risikoaversen Person eine höhere Abneigung zum Risiko durch eine intensivere Krümmung der Risikonutzenfunktion in Abhängigkeit vom Wohlstand zum Ausdruck. Diese Eigenschaft wird auch als steigende relative Risikoaversion (RRA) bezeichnet. Auch Veränderungen der Ausprägung der Stärke der Risikoeinstellung bei einer Person in Abhängigkeit vom eingesetzten sowie vorhandenen Vermögen sind denkbar. Zudem verändern sich Risikoeinstellungen dynamisch über die Zeit.

Die folgende Abb. 3.9 stellt verschiedene Arten der Risikoeinstellung in Form der Risikoaversion, der Risikoneutralität und der Risikofreudigkeit in Abhängigkeit vom Wohlstand anhand von Nutzenfunktionen gegenüber. So zeigt ein stetiger und konkaver Verlauf der **Risikonutzenfunktion**, in Anlehnung an das Konzept vom abnehmenden Grenznutzen, eine durchgehend risikoscheue Einstellung.

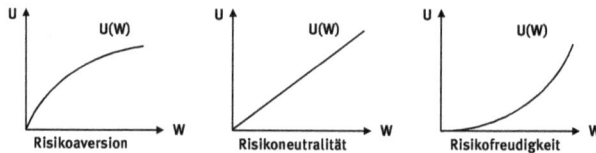

Abb. 3.9: Alternative Nutzenfunktionen (Quelle: In Anlehnung an Kruschwitz/Husmann, 2012, S. 63)

Diese subjektive Risikoeinstellung eines Entscheidungsträgers kann auch aus dem Wahlverhalten bei einer **Lotterie (L)** abgeleitet werden. Bei diesem Problem wird der Entscheidungsträger mit einer zweiwertigen Lotterie konfrontiert, die einen unsicheren Ausgang hat. Die Wahrscheinlichkeiten für die einzelnen Rückflüsse aus dem Spiel sind dem Entscheidungsträger jedoch bekannt.

Eine zweiwertige Lotterie verspricht zwei unterschiedliche Rückflüsse mit verschiedenen Eintrittswahrscheinlichkeiten. Die Wahrscheinlichkeiten beziehen sich jeweils auf die zustandsabhängigen Rückflüsse einer Handlungsalternative. Dies lässt sich wie folgt darstellen:

$$L_i = (RF_{i1} \; ; \; RF_{i2} \; : \; P_1 \; ; \; P_2)$$

Symbol:

L_i Lotterie einer Handlungsalternative

Mit Lotterien lassen sich Handlungsalternativen auf eine andere Art und Weise beschreiben. In dieser Formel handelt es sich um zweiwertige Lotterien. Der erste Wert ist höher als der zweite und die erste genannte Wahrscheinlichkeit bezieht sich auf das erste Argument. Die Wahrscheinlichkeiten addieren sich zu 100 %. Die Lotterie drückt eine kombinierte Wahlentscheidung bei einer Handlungsalternative unter Risiko aus. Mit der Wahl einer Handlungsalternative tritt eine der beiden zustandsabhängigen Rückflüsse in der Zukunft sicher ein. Dieses soll an dem nachfolgenden Beispiel verdeutlicht werden.

Beispiel: Einem Berufseinsteiger wird ein monatliches Gehalt von brutto 3.000 Euro angeboten. Der zuständige Personalleiter ist dem Wettspiel sehr verbunden. Daher bietet er dem Neuankömmling als Alternative eine Gehaltslotterie an, bei der jeden Monat eine Münze geworfen wird. Bei Kopf erhält der Angestellte 2.000 und bei Zahl 4.000 Euro Monatsgehalt. Der Erwartungswert beträgt damit 3.000. Da der neue Angestellte Single ist und den Personalleiter nicht enttäuschen möchte, nimmt er die monatliche Gehaltslotterie an. Wenn alternativ unterstellt wird, dass der Arbeitnehmer zwei kleine Kinder hat und seine Frau zusätzlich einen Faible für Schuhe hat, könnte sich sein Risikoverhalten aus nachvollziehbaren Gründen ändern und der Gehaltsempfänger würde ablehnen.

Das unterschiedliche Entscheidungsverhalten zum Risiko kann auch über **Sicherheitsäquivalente (SÄ)** erläutert werden. Ein Sicherheitsäquivalent beschreibt den sicheren Geldbetrag, der für einen Entscheidungsträger den gleichen individuellen Wert besitzt, wie die Teilnahme an einer unsicheren Lotterie. Das Sicherheitsäquivalent ist dabei nicht eine mathematisch richtige Lösung, sondern drückt den persönlichen Grad der Risikoneigung aus und ist damit für jeden Entscheidungsträger individuell in einer Risikolage zu bestimmen.

Im Fall der unsicheren Gehaltslotterie kann einem stark risikoaversen Entscheider der Abschluss einer Versicherung gegen die Zahlung einer Prämie angeboten werden, die ihm bei Eintritt der schlechteren Alternative einen Ausgleich zahlt. So kann der Gehaltsempfänger indifferent sein zwischen der oben dargestellten Gehaltslotterie und einem sicheren monatlichen Einkommen von 2.800 Euro. Dieser Betrag entspricht dem subjektiven Sicherheitsäquivalent zu der Chance mit je 50,0 % Wahrscheinlichkeit 2.000 Euro oder 4.000 Euro zu erhalten.

Damit der Entscheidungsträger die Lotterie umgehen kann, wäre er bereit einen Abschlag auf den Erwartungswert der Gehaltslotterie hinzunehmen. Alternativ wäre er unter Umständen einverstanden, eine Prämie an eine Versicherung zu bezahlen, die den geringeren Wert aus der Gehaltslotterie aufbessert.

Die Differenz von 200 Euro zwischen dem Erwartungswert und dem Sicherheitsäquivalent kann auf das in der Lotterie inhärente und individuell eingeschätzte Risiko zurückgeführt werden. Denn wenn der Erwartungswert der Lotterie (EW(L)) höher ist, als das Sicherheitsäquivalent, so ist der Entscheidungsträger als risikoscheu zu bezeichnen. Entsprechen sich beide Werte, gilt der Akteur als risikoneutral.

Ist der Entscheidungsträger dagegen bereit, einen höheren Betrag zu bezahlen, um an der Lotterie teilnehmen zu dürfen, verhält er sich laut Definition risikofreudig. Somit lassen sich drei Fälle der Risikoeinschätzung im Hinblick auf die Sicherheitsäquivalente unterscheiden, wie nachfolgende Abb. 3.10 zeigt. Zu beachten ist, dass sich jedoch die Risikoneigungen auch dynamisch im Lebenszyklus stark verändern können und stetige Verläufe nicht den Regelfall darstellen, sondern einen streng rational handelnden Entscheidungsträger abbilden.

$$SÄ < EW(L) \iff \text{Risikoaversion}$$

$$SÄ = EW(L) \iff \text{Risikoneutralität}$$

$$SÄ > EW(L) \iff \text{Risikofreudigkeit}$$

Abb. 3.10: Sicherheitsäquivalente und Risikoeinstellungen (Quelle: Eigene Darstellung)

Es ist auch möglich, dass ein befragter Entscheidungsträger einen negativen Wert für ein Sicherheitsäquivalent nennt. Dann müsste ihm etwas gezahlt werden, damit er bereit ist, an einem riskanten Spiel teilzunehmen. Zudem kann die Risikoeinstellung mit der Höhe der unsicheren Einzelbeträge variieren. So kann sich ein grundsätzlich risikoscheuer Akteur durchaus spielfreudig verhalten und laufend Lotto spielen, da nur mit geringen Einsätzen gewettet wird. Auch dieses Verhalten ist mit dem Konzept der Nutzenfunktionen grundsätzlich darstellbar.

Daher kann die Risikonutzenfunktion S-förmig verlaufen und bei geringen Beträgen Risikofreude sowie bei höheren Einsätzen Risikoaversion implizieren. Der Wendepunkt markiert dann einen kritischen Geldbetrag, bei dem Risikofreude in Risikoscheu umschlägt. Dieser Wechsel ist wiederum vom Wert des Spiels und zudem vom Vermögen des Individuums abhängig. Einsatzgebiete bestehen bei Sachversicherungen oder der Risikoeinstufung im Anlagebereich.

Theoretisch lassen sich die alternativen Risikoeinstellungen durch die Risikonutzentheorie von Bernoulli begründen (vgl. Kruschwitz/Husmann, 2012, S. 61 ff.). Das **Bernoulli-Prinzip** verleiht dem Kriterium Erwartungsnutzen an Entscheidungsbedeutung und hilft bei der Analyse der Risikoaffinität von Marktteilnehmern.

So sollte sich ein Entscheidungsträger nicht am Erwartungswert einer Handlungsalternative, sondern am persönlichen Nutzen aus dem Erwartungswert orientieren. Dieser Präferenzwert, auch Bernoulli-Nutzen genannt, lässt sich aus der bereits bekannten Nutzenfunktion ableiten. Das Vorgehen zur Auswahl optimaler Alternativen vollzieht sich nach Bernoulli in drei Schritten.

Erstens sind die einzelnen Rückflüsse der Ergebnismatrix über eine Nutzenfunktion in Nutzenwerte U_{ij} zu transformieren. Darüber lassen sich die Präferenzwerte für jede der Handlungsalternativen in jedem potenziellen Zustand in der Zukunft berechnen. Dazu ist zunächst jeder Wert aus der Matrix in einen Nutzenwert umzurechnen wie die folgende Formel zeigt:

$$U_{ij} = U(RF_{ij})$$

Zweitens sind die Präferenzwerte jeder Handlungsalternative als Erwartungswerte der Nutzenverteilung wie folgt zu berechnen:

$$\varphi_i = U(H_i) = \sum_{j=1}^{n} U(RF_{ij}) \cdot P_j$$

$$\varphi_i = U(H_i) = E\big[U(RF_{ij})\big]$$

Drittens ist die Handlungsalternative mit dem maximalen erwarteten Nutzen, auch **Risikonutzen** genannt, auszuwählen:

$$\text{Max } \varphi_i = \text{Max } E\big[U(RF_{ij})\big]$$

Symbole:

φ_i Präferenzwert einer Handlungsalternative

$E\big[U(RF_{ij})\big]$ Erwartungswert der Nutzenbeiträge der Handlungsalternative

Das Theoriegerüst von Bernoulli stützt sich auf fünf Axiome rationalen Verhaltens. Als **Axiome** werden a priori gesetzte Postulate bezeichnet, die nicht weiter abgeleitet oder bewiesen werden müssen, sondern beweislos vorausgesetzt werden. Wenn die gewählten Axiome logisch unabhängig sind, so kann keines von ihnen aus den anderen hergeleitet werden.

Wer somit die dargestellten Axiome akzeptiert, der sollte auch das aus den Postulaten abgeleitete Aussagensystem akzeptieren. Die fünf Axiome rationalen Verhaltens gemäß dem Bernoulli-Prinzip sollen im Folgenden in Anlehnung an Kruschwitz beschrieben werden (vgl. Kruschwitz/Husmann, 2012, S. 41 ff.).

Wenn der Entscheidungsträger diese Postulate anerkennt, dann sollte er auch das Entscheidungsproblem anhand des Bernoulli-Nutzens lösen. Streng genommen darf dieses Prinzip nur bei sich wiederholenden Entscheidungsproblemen im Rahmen von Risikolagen angewendet werden.

Vergleichbarkeit

Das **Vergleichbarkeitsaxiom** fordert einen gewissen Entscheidungswillen. Es wird unterstellt, dass der Entscheidungsträger die Rückflusse aus einer Ergebnismatrix vergleichen und gemäß absteigender Präferenz in eine Reihenfolge bringen kann. Da es sich bei unseren Elementen der Ergebnismatrix um monetäre Rückflüsse handelt, ist dieses Vorgehen akzeptabel. So gilt für die Rückflüsse von Euro RF_1: 4.000, RF_2: 3.000 und RF_3: 2.000 eine eindeutige Rangfolge:

$$RF_1: 4.000 > RF_2: 3.000 > RF_3: 2.000$$

Transitivität

Wenn sich aber diese Rückflüsse vergleichen lassen, dann sollte diese Reihenfolge gemäß des **Transitivitätsaxioms** auch für die paarweisen Ergebnisse gelten:

$$\text{Wenn } RF_1: 4.000 > RF_2: 3.000 \text{ und } RF_2: 3.000 > RF_3: 2.000$$

$$\text{dann gilt auch } RF_1: 4.000 > RF_3: 2.000$$

Stetigkeit

Das **Stetigkeitsaxiom** fordert, dass sich äquivalente Präferenzwahrscheinlichkeiten ($P_ä$) bestimmen lassen, mit denen eine zweiwertige Lotterie, die aus dem besten (B) und dem schlechtesten (S) Rückfluss der vorliegenden Ergebnismatrix besteht, und ein sicherer Rückfluss als vollkommen gleichwertig eingeschätzt werden. Diese Präferenzwahrscheinlichkeit soll ein Entscheidungsträger individuell angeben können. Damit ergibt sich folgende Beziehung:

$$RF_{ij} \approx L\,(B\,;\,S:P_ä\,;\,(1-P_ä))$$

$$3.000 \approx L\,(4.000\,;\,2.000:0{,}6\,;\,0{,}4)$$

Unabhängigkeit

Das **Unabhängigkeitsaxiom** fordert vom Entscheidungsträger folgendes Verhalten: Wenn zwischen zwei Ergebnissen eine bestimmte Rangordnung herrscht, und zum Beispiel RF_1 besser als RF_2 eingeschätzt wird, so sollte die gleiche Reihenfolge auch zwischen zwei Lotterien herrschen, die sich nur dadurch unterscheiden, dass RF_1 an die Stelle von RF_2 tritt:

$$\text{Wenn } RF_1: 4.000 > RF_2: 3.000 > RF_3: 2.000$$

$$\text{dann gilt } L_1 = (RF_1\,;\,RF_3:P\,;\,(1-P)) > L_2 = (RF_2\,;\,RF_3:P\,;\,(1-P))$$

Dominanz

Wenn zwei Lotterien bezüglich ihrer Resultate vollständig gleichwertig sind, jedoch die eine Lotterie das bessere Ergebnis mit einer höheren Wahrscheinlichkeit verspricht, dann ist diese gemäß dem **Dominanzaxiom** auszuwählen:

$$\text{Wenn } RF_1: 4.000 > RF_2: 3.000$$

$$\text{und } L_1 = (RF_1\,;\,RF_2:0{,}6\,;\,0{,}4) > L_2 = (RF_1\,;\,RF_2:0{,}5\,;\,0{,}5)$$

$$\text{dann gilt auch } L_1 > L_2$$

Bekannt sind jetzt Inhalt sowie Ablauf des Bernoulli-Prinzips. Offen ist jedoch die Frage, inwieweit dieses Entscheidungsprinzip als rational angesehen werden kann. Der Beweis, dass die Anwendung der Axiome dem Vorgehen des Bernoulli-Prinzips entspricht, wird wie beschrieben geführt: Wer die fünf beschriebenen Axiome der Vergleichbarkeit, der Transitivität, der Stetigkeit, der Unabhängigkeit und der Dominanz anerkennt, dem bleibt nichts anderes übrig als auch dem Bernoulli-Prinzip in Risikosituationen zu vertrauen.

Beispiel: Ein Entscheidungsträger hat unter zwei unsicheren Handlungsalternativen auszuwählen. Die Eintrittswahrscheinlichkeiten der künftigen Zustände sind in dieser Risikosituation bekannt. Es ergibt sich eine Ergebnismatrix mit zwei Handlungsalternativen. Die Alternativen bieten in unterschiedlichen Zuständen in der Zukunft differenzierte Rückflüsse. Es existiert keine dominante Alternative. Dieses Problem lässt sich daher nicht mit einfachen Entscheidungsregeln lösen. Der Entscheidungsträger verhält sich in den Unsicherheitslagen unter Risiko durchgängig risikoavers. In der nachfolgenden Tab. 3.4 werden die Grunddaten des Problems dargestellt.

Tab. 3.4: Entscheidungsproblem unter Risiko (Quelle: Eigene Darstellung)

Z:	Z1	Z2
P:	P1=0,5	P2=0,5
H1	4.000	1.000
H2	3.000	2.000

Zunächst sind die Handlungsalternativen in Lotterieform zu überführen. So verspricht Handlungsalternative 1 einen Rückfluss 4.000 mit einer Wahrscheinlichkeit von 50,0 % und einen Rückfluss von lediglich 1.000 mit der Restwahrscheinlichkeit von 50,0 %. Es ergeben sich beide Lotterien wie folgt:

$$L_1 \ (4.000 \ ; 1.000 : 0,5 \ ; 0,5)$$

$$L_2 \ (3.000 \ ; 2.000 : 0,5 \ ; 0,5)$$

Wer das **Vergleichbarkeitsaxiom** und das **Transitivitätsaxiom** anerkennt, wird jetzt in der Lage sein, die vier möglichen Lotterieresultate gemäß der Höhe der Ergebnisse in eine Rangfolge zu bringen:

$$RF_1: 4.000 > RF_2: 3.000 > RF_3: 2.000 > RF_4: 1.000$$

Werden das beste Ergebnis (B) und das schlechteste Resultat (S) selektiert, so garantieren die Axiome der Vergleichbarkeit und der Transitivität, dass eine bestimmte Rangordnung der Ergebnisse, wie angegebenen, besteht. Diese Rangfolge bietet die Grundlage für die weitere Bewertung.

Zudem werden die einzelnen Rückflüsse auf einer Skala der Nutzenwerte normiert, so dass das beste Ergebnis einen Nutzenwert von Eins erhält und das Schlechteste einen Nutzenwert von Null, wie die nachfolgende Übersicht zeigt:

$$B > RF_{ij} > S$$

$$U(B) = 1$$

$$U(S) = 0$$

Im nächsten Schritt wird Entscheidungsträger auf Basis des **Stetigkeitsaxioms** mit einer Standardlotterie konfrontiert, die das beste und das schlechteste Resultat verspricht. Er soll nun einschätzen, mit welcher äquivalenten Wahrscheinlichkeit er die einzelnen sicheren Rückflüsse mit der unsicheren Standardlotterie als gleichwertig beurteilt. Bei risikoaversen Personen kommt bei dieser Bewertung ein abnehmender Grenznutzen zum Ausdruck. Folgende Einschätzungen werden von einem risikoscheuen Entscheidungsträger zum Beispiel angegeben:

$$RF_{ij} \approx L(B; S: P_{\ddot{a}}; (1 - P_{\ddot{a}}))$$
$$4.000 \approx L(4.000; 1.000: 1,0; 0,0)$$
$$3.000 \approx L(4.000; 1.000: 0,7; 0,3)$$
$$2.000 \approx L(4.000; 1.000: 0,5; 0,5)$$
$$1.000 \approx L(4.000; 1.000: 0,0; 1,0)$$

Zum Beispiel werden das sichere Ergebnis in Höhe von 3.000 und die Standardlotterie mit einer Wahrscheinlichkeit von $P_{\ddot{a}} = 0,70$ als gleichwertig eingeschätzt. Die Präferenzwahrscheinlichkeiten sind der Ausdruck der subjektiven Risikopräferenzen. Gemäß dem **Unabhängigkeitsaxiom** lässt sich die Ergebnismatrix nun in eine Lotterieform überführen, wie die folgende Tab. 3.5 darstellt.

Tab. 3.5: Transformation der Ergebnismatrix in Lotterieform (Quelle: Eigene Darstellung)

Z:	Z_1	Z_2
P:	$P_1 = 0,5$	$P_2 = 0,5$
H_1	L(4.000; 1.000: 1,0; 0,0)	L(4.000; 1.000: 0,0; 1,0)
H_2	L(4.000; 1.000: 0,7; 0,3)	L(4.000; 1.000: 0,5; 0,5)

Durch eine Transformation der Lotterien lässt sich diese Matrix umwandeln in eine Aufstellung, die lediglich das beste sowie das schlechteste Ergebnis verspricht, wie die nachfolgende Tab. 3.6 zeigt.

Tab. 3.6: Entscheidungsmatrix (Quelle: Eigene Darstellung)

RF:	RF_B=4.000	RF_S=1.000
H_1	50,0 %	50,0 %
H_2	60,0 %	40,0 %

Die Handlungsalternative 2 bedeutet somit das bessere Ergebnis von 4.000 mit einer höheren Wahrscheinlichkeit. Anhand des **Dominanzaxioms** verhält sich der Entscheidungsträger daher rational, wenn er Handlungsalternative 2 der Alternative 1 aus Gründen der Vorteilhaftigkeit vorzieht:

$$H_2 > H_2$$

Insgesamt wurde gezeigt, dass jeder Entscheidungsträger, der die fünf Axiome rationalen Verhaltens bei Risiko akzeptiert, dann logisch handelt, wenn er seinen erwarteten Risikonutzen maximiert. Genau dies entspricht dem Bernoulli-Prinzip. Akzeptiert ein Entscheider demnach diese Axiome rationalen Verhaltens in wiederholbaren Risikosituationen, ergibt sich daraus zwingend, dass eine rationale Bewertung verschiedener unsicherer Handlungsalternativen gemäß dem Bernoulli-Prinzip vorgenommen werden kann. Dieses bedeutet auch, dass sich aus dem Axiomen-System das Bernoulli-Prinzip ableiten lässt. Es folgt die gleiche Entscheidung aus den rationalen Axiomen, wie auch aus dem Bernoulli-Prinzip.

Um aus dem Bernoulli-Kriterium Implikationen über das Verhalten der Investoren gegenüber dem Risiko zu gewinnen, müssen Hypothesen über den Verlauf des Nutzens in Abhängigkeit von den erzielbaren Rückflüssen unterstellt werden. Eine in der ökonomischen Literatur sehr traditionsreiche These ist die vom positiven, aber abnehmenden Grenznutzen. Dies bedeutet, dass ab einer bestimmten Höhe der vereinnahmten Rückflüsse, der zusätzliche Nutzen aus einer weiteren Steigerung von weiteren Rückflüssen degressiv abnimmt.

Je umfassender das Vermögen bereits ist, umso geringer ist der zusätzliche Nutzen, den eine weitere Vermögenseinheit stiftet, da dringende Bedürfnisse bereits gedeckt sind. Die These vom abnehmenden Grenznutzen hat zur Folge, dass der Nutzen des Erwartungswertes größer ist als, der Erwartungsnutzen. Dies wird durch das bereits bekannte Beispiel der Gehaltslotterie erläutert.

Beispiel: Ein rationaler sowie risikoscheuer Entscheidungsträger zieht ein sicheres Einkommen von 3.000 Euro (Alternative 1) einer Lotterie vor, die ihm mit jeweils 50,0 % Wahrscheinlichkeit ein Einkommen von 4.000 Euro oder 2.000 Euro beschert (Alternative 2). Dieses Vorgehen lässt sich mit dem Konzept des Erwartungsnutzens beziehungsweise des Risikonutzens erklären. Der Erwartungswert beträgt für beide Alternativen jedoch 3.000 Euro und die Lotterien wären gleichwertig.

Gemäß dem Bernoulli-Prinzip wird der risikoaverse Entscheidungsträger aufgrund seiner persönlichen Risikoeinstellung und Präferenzen den Rückflüssen bestimmte Nutzeneinheiten (NE) zuordnen, wie in Tab. 3.7 dargestellt.

Tab. 3.7: Rückflüsse und individuelle Nutzenbewertungen (Quelle: Eigene Darstellung)

Rückflüsse (Rij):	Nutzen U(Rij):
2.000 Euro	1.000 NE
3.000 Euro	1.300 NE
4.000 Euro	1.500 NE

Es wird somit angenommen, dass Individuen ihren Nutzen aus der Höhe bestimmter Rückflüsse quantifizieren können. Sind den Beträgen Nutzeneinheiten zugeordnet worden, kann im zweiten Schritt der mathematische Erwartungswert des Nutzens der zu vergleichenden Alternativen errechnet werden. So beträgt der erwartete Nutzen aus dem Festgehalt zum Beispiel 1.300 NE, während sich der Erwartungsnutzen aus dem unsicheren Gehalt auf 1.250 NE beläuft. Diese Einschätzung zeigt, dass der Nutzenzuwachs nicht linear mit den ansteigenden Rückflüssen wächst. Ein diesen Ergebnissen und der Hypothese vom abnehmenden Grenznutzen entsprechender Nutzenverlauf wird anhand dieses Beispiels in nachfolgender Abb. 3.11 skizziert.

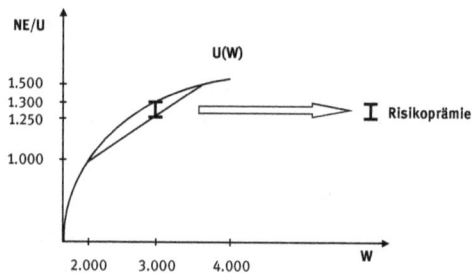

Abb. 3.11: Risikoaverse Nutzenfunktion (Quelle: In Anlehnung an Kruschwitz/Husmann, 2012, S. 64)

Aus der Abbildung wird ersichtlich, dass zusätzliche Konsumbeträge, gemäß dem Prinzip vom abnehmenden Grenznutzen, einen immer geringer werdenden Nutzenbeitrag bewirken. Obwohl beide Möglichkeiten den gleichen Erwartungswert aufweisen, ist der erwartete Nutzen der sicheren Handlungsalternative 1 um insgesamt 50 NE höher, als der erwartete Nutzen der unsicheren Alternative 2.

Die Differenz zwischen dem Nutzen eines sicheren Ereignisses und dem Nutzen eines unsicheren Ereignisses bietet sich als Maß für eine messbare Risikoprämie an. Diese Risikoprämie hängt dann sowohl von der Wahrscheinlichkeitsverteilung, als auch von der Form der individuellen Nutzenfunktion ab.

Bei einem abnehmenden Grenznutzen wird dieses Risikomaß stets einen positiven Wert annehmen und der betreffende Entscheidungsträger verhält sich risikoscheu. Im obigen Beispiel hat die Risikoprämie den monetären Gegenwert von 50 NE. Bei einem zunehmenden Grenznutzen ist das Risikomaß dagegen negativ und der Entscheidungsträger verhält sich somit risikofreudig.

Risikoscheu und Risikofreude können unterschiedlich stark ausgeprägt sein. Dies zeigt sich auch in unterschiedlichen Verläufen von Risikonutzenfunktionen. Eigenschaften von Funktionen charakterisieren sich mathematisch in ihren Ableitungen. Die erste Ableitung einer Funktion bestimmt die Steigung. Die zweite Ableitung einer Funktion bestimmt das Maß der Steigung einer Stammfunktion, das heißt, mit welchen Raten diese wächst. Funktionen, die einen konstant abnehmenden Grenznutzen darstellen, sind konkav und wachsen mit abnehmenden Raten.

Wird die zweite Ableitung als Maßstab für die Risikoeinstellung verwendet, dann ist ein Entscheidungsträger umso risikoscheuer, je größer der absolute Wert der zweiten Ableitung ist. Problematisch ist jedoch, dass positive Lineartransformationen der Risikonutzenfunktion identische Risikoeinstellungen ergeben. Ihre zweiten Ableitungen sind jedoch nicht identisch. Daher ist es zweckmäßig, den Grad der Risikoaversion mit Hilfe von Risikoprämien einzuschätzen. Diese können über das sogenannte Sicherheitsäquivalent bestimmt werden (vgl. Kruschwitz/Husmann, 2012, S. 73 ff.). Zwei alternative Risikomaße stellen die Arrow-Pratt-Maße zur Bestimmung der Höhe der Risikoaversion über die Kennzahlen Absolute Risikoaversion (ARA) und Relative Risikoaversion (RRA) dar.

Neben theoretischen Konzepten zur Risikobeurteilung existieren zudem Praktikerverfahren, die eine Entscheidungsunterstützung, bei Investitionsentscheidungen in verschiedenen Situationen der Unsicherheit, liefern können. Zu nennen sind die folgenden Modelle (vgl. Kruschwitz, 2011, S. 298 ff.):

- **Korrekturverfahren:** Bei diesem Ansatz werden Risikoabschläge oder Risikozuschläge an den Ausgangsgrößen bei der Vorteilhaftigkeitsberechnung vorgenommen. Dazu können bei einer Kapitalwertberechnung aus Gründen der Vorsicht, die erwarteten Rückflüsse nach unten korrigiert oder die Risikoprämien in den Kalkulationszins eingepreist werden.

- **Szenarioanalyse:** Das Verfahren schätzt alternative Zukunftslagen unter anderem anhand eines Best-Case-Falls, eines Normal-Case-Falls sowie eines Worst-Case-Falls ein. Diese Prognosen können auf Expertenschätzungen beruhen. Auf diese Weise lassen sich Szenarien auf ihre Realitätsnähe hin überprüfen sowie Auswirkungen von Extrempositionen abschätzen.

- **Sensitivitätsanalyse:** In diesem Modell wird untersucht, wie empfindlich Output-Größen auf eine Variation einer oder mehreren Input-Größen reagieren. So kann abgeschätzt werden, wie stark eine Eingangsgröße schwanken darf, damit ein Zielwert in Form eines positiven Kapitalwertes als Ausgangsgröße nicht unterschritten wird. Diese Analysen lassen sich unter anderen in Tabellenkalkulationen durchführen und grafisch auswerten.
- **Risikoanalyse:** Ziel dieses Verfahrens ist es, eine Wahrscheinlichkeitsverteilung für eine Output-Größe aus sicheren und unsicheren Daten abzuleiten. Risikoanalysen können mit analytischen Methoden oder mit Hilfe von Computersimulationen erfolgen. Positive Erfahrungen wurden mit einer Generierung von unsicheren Input-Daten aus einer statistischen Monte-Carlo-Simulation gewonnen. Im Ergebnis entsteht das Risikoprofil einer Output-Größe in Form einer Häufigkeitsverteilung. Dieses Profil kann mit statistischen Kennzahlen, wie dem Erwartungswert, der Streuung und der Schiefe der Verteilung, ausgewertet werden. Eine Szenarioanalyse kann aufbauend eingesetzt werden.
- **Sequentielle Entscheidungsmodelle:** Auch mit sequentiellen Ablaufmodellen lassen sich reale Entscheidungssituationen simulieren und zur Managementunterstützung aufbereiten. Bei diesem Ansatz werden Handlungsalternativen unter Risiko betrachtet, in denen auf unterschiedliche Zukunftsentwicklungen flexibel reagiert werden kann. Dabei werden die Möglichkeiten in einem Entscheidungsbaum modelliert. Die Ergebnisse dieser Handlungen können anhand der generierten Zielgrößen, je nach gewähltem Pfad, ermittelt werden. Insbesondere die Folgen von gewählten Entscheidungen sowie die Auswirkungen der Zufallsknoten lassen sich ermitteln. Zur Auswertung und Lösung lassen sich beispielsweise mathematische Verfahren der gemischt-ganzzahligen linearen Programmierung einsetzen. Diese Modelle sind jedoch meist komplex und berücksichtigen viele realitätsfremde Annahmen.

Demnach stehen diese weiteren Praxisverfahren zur Lösung von Problemsituationen unter Unsicherheit zur Verfügung. Die Auswahl geeigneter Ansätze hängt maßgeblich von der zugrunde liegenden Entscheidungssituation und der vorhandenen Datenlage ab. Zudem unterscheiden sich die Methoden in ihrer Komplexität.

Gerade die einfachen Modelle, wie das Korrekturverfahren und die Szenariotechnik, lassen sich in der Praxis gut anwenden, jedoch zum Teil auf Kosten der Genauigkeit und der Begründetheit von Risikobewertungen. Bessere Ergebnisse lassen sich unter Umständen mit der Sensitivitätsanalyse, der Risikoanalyse und den sequentiellen Entscheidungsmodellen erzielen.

Diese Verfahren sind in der Anwendung allerdings komplex. Sie eignen sich jedoch insbesondere zur Managementunterstützung, da sich im Ergebnis zum Teil detaillierte Risikoprofile der Problemsituationen ergeben. Diese können mit statistischen Kennzahlen weiter aufbereitet und ausgewertet werden.

Nachdem die Begriffe Liquidität, Rendite und Risiko definiert und theoretische sowie praxisnahe Konzepte zur Entscheidung in Unsicherheitssituationen dargestellt wurden, sollen diese wichtigen Steuerungsfaktoren im Zusammenhang mit dem Unternehmenslebenszyklus betrachtet werden.

In den Phasen des Entwicklungszyklus unterscheiden sich die Ausprägungen der Kriterien Rendite und Risiko bei der Unternehmensleitung und den externen Finanzierern meist erheblich. Bei der Errichtung gehen die Gründer meist umfangreiche Risiken ein und verhalten sich grundsätzlich risikofreudig. Dieses Verhalten kann sich verändern, wenn sich erste Erfolge einstellen. Des Weiteren kann sich die Einstellung wiederum wandeln, wenn die Erfolgspotenziale in der Krise gefährdet werden und der Vermögensverlust droht.

Das Verhalten sowie die Risikoeinstellung der Finanzierer verändern sich ebenfalls oft dynamisch im Unternehmensentwicklungsprozess. Während die Kreditinstitute die finanzielle Begleitung einer Unternehmensgründung aufgrund der hohen Risiken und des oft erheblichen Arbeitsaufwands meist scheuen, können sich die Kreditentscheidungen sowie die Risikoeinstellung bei einem erfolgreichen Wachstum einer Firma mit der Erzielung von Gewinnen wandeln.

Die Einstellung der internen und externen Stakeholder zu Renditeforderungen und dem Eingehen von Risiken verändert sich dynamisch in den weiteren Lebensphasen eines Unternehmens. Dagegen stellt die Aufrechterhaltung der Liquidität eine dauerhaft zu erfüllende Randbedingung dar. In der Gründungsphase, der Wachstumsphase, der Reifephase sowie der Krisenphase eines Unternehmens differieren die **Rendite- und Risikoeinstellungen** der beteiligten Stakeholder erheblich:

– **Anteilseigner und Geschäftsführung:** Die Geschäftsführung, die meist auch gleichzeitig eine Gesellschafterstellung innehat, verhält sich mit der Existenzgründung risikofreudig. Die erwarteten Renditeanforderungen sind in Anlehnung an die Unsicherheitssituation meist hoch. Mit der Firmenerrichtung gehen die Gründer hohe Risiken ein, wenn eigenes Kapital und persönliche Sicherheiten eingesetzt werden. Dieses Verhalten kann sich in der Wachstumsphase eines Unternehmens verändern, wenn Gewinne entnommen werden und versucht wird, private Risiken von Firmenrisiken zu trennen. Mit dem Erfolg steigt meist auch die Risikoaversion. So ist das Bestreben der Leitung nachvollziehbar, persönliche Haftungseinbindungen in Form von Bürgschaften und anderer persönlicher Sicherheiten bei steigendem Privatvermögen, zu vermeiden. Auch erhöht sich in der Wachstumsphase der Verschuldungsgrad der Firma, da die Expansion durch zahlungsfreudige Fremdkapitalgeber finanziert wird. In der Reifephase kann über einen Börsengang auch ein partieller Exit der ehemaligen Gründer durchgeführt werden. Auch in der Krisenphase wird der Grad der Risikoaversion ansteigen, wenn die Existenz plötzlich auf dem Spiel steht. Die Gesellschafter sind regelmäßig nur unter Druck bereit, eigenes Geld einzuschießen.

– **Aufsichtsrat/Beirat:** Die Risikoeinstellung dieser Überwachungsinstitutionen verändert sich insbesondere in der Krisenphase. Da die Haftungsrisiken dieser Organe in der Vergangenheit stark zugenommen haben und auch in den Privatbereich hineinwirken können, ist zu vermuten, dass die Risikoeinstellung sich in der wirtschaftlichen Schieflage wandelt und die Risikoaversion der Mitglieder erheblich ansteigt. Von Bedeutung ist daher eine intensive und qualitativ hochwertige Ausübung der Überwachungsaktivitäten.

– **Mitarbeiter und Mittleres Management:** Auch bei diesen Gruppen kann sich die Risikoeinstellung von der Gründungsphase bis hin in die Krisenphase stark wandeln. In der Aufbauphase besteht häufig eine stark intrinsische Motivation dieser Akteure und Risiken eines Verlustes des Arbeitsplatzes stehen nicht im Vordergrund. In der Wachstumsphase und der Reifephase gewinnen monetäre Interessen bei diesen Parteien meist an Bedeutung. In der wirtschaftlichen Krise besteht die Gefahr eines Verlustes der erarbeiteten Besitzstände sowie des Arbeitsplatzes. Qualifizierte Mitarbeiter und Führungskräfte werden die Firma unter Umständen verlassen, wenn die Risikoscheu überwiegt.

– **Kreditinstitute und Lieferanten/Kreditversicherer:** Bei den Gläubigern verändert sich die Risikoeinstellung in den Phasen des Lebenszyklus meist stark. In der Phase der Gründung eines Unternehmens scheuen diese Gläubiger oft die als hoch einzuschätzenden Risiken. Diese Beurteilung kommt auch darin zum Ausdruck, dass werthaltige Sicherheiten für die Kreditierungen und ein hoher Eigenkapitaleinsatz bei der Existenzgründung verlangt werden. Zudem findet meist eine strenge Überwachung der Geschäftszahlen in den ersten Jahren nach der Gründung statt. Die Renditen sind für diese Finanzierer in der Gründungsphase im Verhältnis zu den eingegangenen Risiken meist gering. In der Wachstumsphase, mit steigenden Unternehmensgewinnen, wandelt sich die Rendite- und Risikoeinstellung meist erheblich. Es wird oft versucht, eine Renditemaximierung durch Neugeschäft und die Ausnutzung von Cross Selling zu generieren. Die Risikofreude der Gläubiger kann überwiegen, da Geschäftspotenziale gesehen werden. Mit einem Börsengang in der Reifephase können zudem erhebliche Provisionserträge bei den begleitenden Banken erzielt werden. In der Krisenphase sehen die Gläubiger die Rückzahlung ihrer Forderungen gefährdet. Die Risikoeinstellung ist von Risikoscheu geprägt, wenn Sicherheiten hereingenommen und Inanspruchnahmen abgebaut werden.

– **Kunden:** Die Risikoeinstellung dieser Akteure wird beeinflusst von Abhängigkeiten und der persönlichen Verbundenheit zu der betrachteten Firma. Starke Ausprägungen dieser Merkmale lassen besonders in der wirtschaftlichen Krise eines Unternehmens Hilfen von dieser Seite erwarten. Gerade Partner aus geschäftlichen Netzwerken können ihre Risiken genauer einschätzen. Zukünftige Renditeerwartungen durch Neugeschäft sind ebenfalls bei Entscheidungen in der Krise des geschäftlichen Partners von Bedeutung.

- **Berater:** Die Einstellung zum Risiko variiert bei Beratern in den verschiedenen Phasen des Lebenszyklus. So wird häufig offensiv zur Gründung eines Unternehmens, eines neuen potenziellen Auftraggebers, geraten. In der Krise werden auch Haftungsrisiken und der Erhalt von Reputation, bei der Feststellung der Sanierungsfähigkeit, berücksichtigt. Dann steigt auch die Risikoaversion in der wirtschaftlichen Schieflage bei der Einschätzung der Sanierungsfähigkeit und der Betreuung eines krisenbehafteten Unternehmens.

- **Investoren/Kapitalmärkte:** Diese Akteure gewinnen insbesondere bei der Finanzierung des Wachstums an Wichtigkeit. Erwartungen in hohe Renditen und Wertsteigerungen sind dann meist bestimmend. Risiken werden in der Wachstumsphase meist als untergeordnet eingeschätzt. Bei einem Börsengang in der Reifephase bestehen hohe Anforderungen der Investoren an Wertsteigerungen der Aktien und Ausschüttungen in Form von Dividenden. Die Erwartungen an das Management zur Erfüllung finanzieller Ziele nehmen in Zeiten zunehmender Aktivitäten der Hedge Fonds weiter zu. In der Krisenphase kann dagegen das Bestreben bestehen, sich von einem Engagement zu lösen, da Unsicherheiten des Kapitalverlustes dominieren.

- **Öffentliche Hand:** Die Förderinstitute der öffentlichen Hand verfolgen ein gesellschaftliches Interesse bei der Finanzierung von Existenzgründungen. Die Risiken bei der Mittelvergabe werden von der Hausbank eingeschätzt. Das vom Kreditinstitut ermittelte Rating findet mittlerweile auch in den differenzierten Konditionen der Förderinstitute ihren Niederschlag. So hat sich bei der KfW die Preispolitik weg von Einheitskonditionen, hin zu risikoadäquateren Zinssätzen verlagert. Renditeaspekte werden bei einer Gründung allerdings eher langfristig gesehen. Von Bedeutung ist zunächst vielmehr, dass Arbeitsplätze geschaffen und künftig Sozialbeiträge geleistet werden. Auch in der Wachstumsphase gewinnt die Finanzierung über Förderinstitute immer mehr an Bedeutung. Dazu wurden neue Programme der KfW mit günstigen Konditionen speziell zur Expansionsfinanzierung aufgelegt. In der Krisenphase lassen sich die Förderinstitute unter Umständen zu einer Unterstützung mit der Gewährung einer Enthaftung und Risikoübernahme bei Krediten von Banken überzeugen. Es werden zudem unter Umständen Bürgschaften der öffentlichen Hand gewährt, um das Risiko einer weiteren Kreditierung von Banken tragbar zu gestalten.

Zusammenfassung Abschnitt 3.6: In diesem Abschnitt wurden zunächst die Begriffe **Rendite, Risiko** und **Liquidität** erläutert. Zudem wurde ein theoretisches Konzept vorgestellt, mit dem Entscheidungen in Risikosituationen getroffen werden können, das Bernoulli-Prinzip. Mit Hilfe dieses Modells lässt sich feststellen, wie sich Personen in Risikosituationen verhalten und welche grundsätzliche Einstellungen zum Risiko bestehen. Die unterschiedlichen Risikobeurteilungen und auch die durchweg verschiedenen Renditeerwartungen wurden auf das Konzept eines Unternehmenslebenszyklus übertragen und zur Begründung des Verhaltens der unterschiedlichen Stakeholder in den verschiedenen Phasen eines Unternehmenslebens herangezogen.

3.7 Theorie der Kapitalstruktur

Kernfragen in der Unternehmensfinanzierung betreffen die Festlegung der optimalen Kapitalstruktur einer Unternehmung und den Einsatz konkreten Finanzierungsinstrumente, um die bestimmte Kapitalstrukturierung zu erreichen. Zu diesen Fragestellungen existieren in der Finanzierungstheorie unterschiedliche Auffassungen. Wesentliche Modelle zur Kapitalstruktur sind zum einen der traditionelle Ansatz und zum anderen die Thesen von Modigliani und Miller.

> **Definition:** Die **Kapitalstruktur** markiert das Verhältnis zwischen Eigenkapital und Fremdkapital. Die Kapitalaufteilung ist dann optimal eingestellt, wenn der Marktwert des Eigenkapitals und der Wert des Fremdkapitals in der Summe nachhaltig maximiert werden.

Der **klassische Ansatz der Kapitalstrukturierung** geht grundsätzlich davon aus, dass eine optimale Mittelzusammensetzung in einem Unternehmen existiert, die den Marktwert des Gesamtkapitals (M_{GK}) maximiert. Die Maximierung des Marktwertes des Eigenkapitals (M_{EK}) beziehungsweise des Fremdkapitals (M_{FK}) und die Minimierung der Gesamtkapitalkosten (KK_{GK}) sind dabei äquivalente Zielsetzungen. Dies resultiert aus der Berechnung des Ertragswertes eines Unternehmens.

Annahmen des klassischen Modells sind, dass ein Unternehmen bei gegebenem Gesamtkapital (GK) das relativ teure Eigenkapital (EK) durch billigeres und zum Teil steuerbegünstigtes Fremdkapital (FK) substituieren kann. Ein gegenläufiger Effekt ist allerdings, dass die Gläubiger bei einem steigenden Verschuldungsgrad (V) ein höheres Ausfallrisiko tragen und sich dieses durch risikoadäquate Konditionen über eine Risikoprämie entgelten lassen.

Diese gegenläufigen Wirkungsweisen führen im Ergebnis dazu, dass an einem bestimmten Punkt eine optimale Kapitalstruktur (V_{OPT}) mit minimalen Kapitalkosten (KK_{GK}) und maximalem Unternehmenswert erreicht wird (vgl. Bieg/Kussmaul, 2000, S. 51 ff.). Der Optimalwert lässt sich in diesem Modell theoretisch genau berechnen. Ein steigender Verschuldungsgrad führt somit zunächst zu einem höheren Unternehmenswert, bis die höheren Renditeforderungen sowie Risikoprämien der Eigenkapital- und Fremdkapitalgeber diesem Effekt entgegenwirken. Die nachfolgende Abb. 3.12 stellt diese Verläufe dar.

Das traditionelle Modell berücksichtigt somit Rendite- und Risikoaspekte und einen (begrenzten) **Leverage-Effekt**. Jedoch kann ein funktionaler Zusammenhang zwischen dem Finanzierungsrisiko und den Kapitalkosten nicht direkt hergeleitet werden. Dieser Ansatz ist vielmehr als Beschreibung anzusehen, um zu erläutern, welche Verschuldungspolitik in der Praxis anzutreffen ist. Jedoch lassen sich auf diese Art und Weise Auswirkungen von möglichen Einflüssen auf die Finanzierung von Unternehmen nicht simulieren und Effekte im Voraus nicht erkennen.

Der Mangel an einer theoretischen Grundlage führt dann zu einer methodischen Unsicherheit und fehlenden Begründungen, weshalb bestimmte Verhaltensweisen in der Praxis auftreten. Genauere Ursachen des Handelns können nicht eruiert werden (vgl. Kruschwitz/Husmann, 2012, S. 397 ff.).

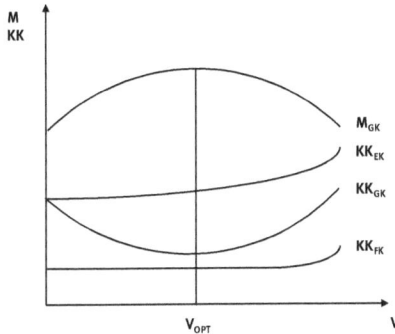

Abb. 3.12: Optimaler Verschuldungsgrad und Kapitalkosten (Quelle: Eigene Darstellung)

Die **Thesen von Modigliani und Miller** waren seinerzeit sehr innovativ. Diese Finanzierungsforscher stellten die Behauptung auf, dass Entscheidungen zur Kapitalstruktur durch Finanzvorstände oder Geschäftsführer vollkommen irrelevant für den Unternehmenswert sind. Aus dieser Hauptthese wurden zwei weitere Grundsätze zu insgesamt drei Thesen abgeleitet (vgl. Modigliani/Miller, 1958, S. 261 ff. sowie Kruschwitz/Husmann, 2014, S. 405 ff.):

– Der Marktwert eines Unternehmens ist unabhängig von der Kapitalstruktur und der Aufteilung der Mittel sowie der Rückflüsse auf Eigenkapital und Fremdkapital. Dieser Wert wird allein durch die Real Assets, die Investitionspolitik und die Wahrscheinlichkeitsverteilung der Cash Flows bestimmt.

– Die durchschnittlich gewichteten Kapitalkosten sind konstant und unabhängig von der Kapitalstruktur sowie vom Verschuldungsgrad des Unternehmens. Die Kosten entsprechen dem Diskontierungssatz eines, ausschließlich mit Eigenkapital finanzierten, Unternehmens der gleichen Risikoklasse.

– Die Eigenkapitalkosten eines Unternehmens steigen linear und stetig mit dem erhöhten Verschuldungsgrad an. Der Anstieg dieser Funktion wird durch die Differenz zwischen den Eigenkapitalkosten der unverschuldeten Firma und den Fremdkapitalkosten bestimmt. Dies gilt allerdings nur solange der Fremdkapitalsatz selbst nicht eine Funktion des Verschuldungsgrads ist.

Die Thesen von Modigliani und Miller beruhen auf strengen Annahmen. Diese Systematik wurde in späteren Aufsätzen zum Teil abgeschwächt, um das Modell stärker an die Wirklichkeit und realen Finanzgeschehnisse anzupassen.

Folgende Grundprämissen wurden für die Herleitung der drei Thesen gesetzt (vgl. Kruschwitz/Husmann, 2012, S. 397 ff.):

— **Es besteht ein Zwei-Zeitpunkt-Modell:** Bezüglich des Übergangs von t_0 auf t_1 herrscht Unsicherheit über den Eintritt eines bestimmten Umweltzustands.
— **Aktien und Anleihen der Firmen werden an Finanzmärkten gehandelt:** Die gehandelten Finanztitel verbriefen Ansprüche auf zukünftige Cash Flows. Gläubigerpapiere haben einen festen Verzinsungsanspruch. Eigenkapitaltitel werden nachrangig sowie erfolgsabhängig bedient. Die Renditeforderungen dieser Eigenkapitalgeber beinhalten Risikoprämien, die sich unter anderem mit dem Capital Asset Pricing Model (CAPM) bestimmen lassen.
— **An den Finanzmärkten laufen die Handelsprozesse ohne Friktionen ab:** Es existieren keine Marktzutrittsbeschränkungen, keine Transaktionskosten sowie im Grundmodell keine Steuern. Der dazu betrachtete Kapitalmarkt ist insgesamt liquide und kompetitiv, das heißt, kein Akteur besitzt eine marktbeherrschende Stellung. Die Märkte sind zudem arbitragefrei.
— **Alle Marktteilnehmer haben homogene Erwartungen:** Diese Einschätzungen beziehen sich auf identische Zukunftserwartungen der Einzahlungen, die Investoren aus dem Eigentum der Finanztitel erwarten dürfen.
— **Unterschieden werden das Geschäftsrisiko und das Kapitalstrukturrisiko:** So wird unterstellt, dass zwei Unternehmen existieren, die sich einzig und allein in Bezug auf ihre Kapitalstruktur unterscheiden. Diese Unternehmen gehören einer Geschäftsrisikoklasse an, da das leistungswirtschaftliche Risiko identisch ist. Das finanzwirtschaftliche Risiko differiert aufgrund einer unterschiedlichen Kapitalstruktur der Unternehmen.

Zum Beleg der Grundthese zur Irrelevanz der Kapitalstruktur verwenden Modigliani und Miller einen Arbitragebeweis.

Definition: Arbitrage bedeutet, dass Marktteilnehmer über die Ausnutzung von Preisunterschieden an verschiedenen Kapitalmärkten die Möglichkeit haben, durch bloße Umschichtung von Finanztiteln, ein risikoloses Free Lunch aus diesen Transaktionen zu erzielen.

Verglichen werden beim Beweis der Irrelevanz, die Kapitalstrukturen zweier Unternehmen der gleichen Risikoklasse mit identischem Geschäftsrisiko. Diese beiden Firmen unterscheiden sich lediglich durch ihre Kapitalstruktur. Das Unternehmen A ist vollständig eigenfinanziert und Unternehmen B ist zum Teil fremdfinanziert.

Die Unternehmenswerte ergeben sich dabei aus der Diskontierung der künftigen Cash Flows (CF_t) mit einem geeigneten Kapitalkostensatz. Diese Rate kann über die Weighted Average Cost of Capital (WACC) mit dem Finanzierungsmodell Capital Asset Pricing Model (CAPM) ermittelt werden, wie folgende Übersicht zeigt:

$$M_{GK} = \sum_{t=1}^{\infty} \frac{CF_t}{(1 + KK_{WACC})^t}$$

$$KK_{WACC} = KK_{EK} \cdot \frac{EK}{GK} + KK_{FK} \cdot \frac{FK}{GK}$$

$$KK_{EK} = R_F + (R_M - R_F) \cdot \beta$$

Der Marktwert eines Unternehmens setzt sich zusammen aus den Bewertungen für das Eigenkapital und für das Fremdkapital. Unterstellt wird, dass der Marktwert des eigenfinanzierten Unternehmens A größer ist, als der des partiell fremdfinanzierten Unternehmens B. Es gilt für die Bewertung der beiden Unternehmen (M_{GK}):

$$A: M_{GK,A} = M_{EK}$$

$$B: M_{GK,B} = M_{EK} + M_{FK}$$

$$M_{GK,A} > M_{GK,B}$$

Hält nun ein Marktteilnehmer Anteile in Höhe von α an der unverschuldeten Unternehmung A, so erzielt er ein Einkommen am gesamten Kapitalertrag (KE) pro Periode in Höhe seines Anteils α. Ein identisches Einkommen kann er erzielen, wenn er seine Beteiligung am Unternehmen A komplett verkauft und mit derselben Quote α Eigenkapital und Fremdkapital an der Unternehmung B erwirbt:

$$A: \alpha \cdot M_{GK,A} \leftrightarrow \alpha \cdot KE_A$$

$$B: \alpha \cdot M_{GK,B} \leftrightarrow \alpha \cdot KE_B$$

$$B: \alpha \cdot (KE - KE_{FK,B} \cdot FK_B) + \alpha \cdot KK_{FK,B} \cdot FK_B$$

Da das Einkommen gleich hoch ist, aber die Firmenwerte differieren, lässt sich aus dieser Transaktion ein Arbitragegewinn in Höhe der Differenz der Unternehmenswerte gewichtet mit dem Anteil der Beteiligung erzielen:

$$M_{GK,A} > M_{GK,B}$$

$$\alpha \cdot (M_{GK,A} - M_{GK,B})$$

Wenn unterstellt wird, dass alle Marktteilnehmer identische Erwartungen haben, werden diese das Ungleichgewicht ausnutzen und die Unternehmenswerte werden sich in Abhängigkeit von der Transparenz des Marktes zeitlich unverzüglich oder erst mittelfristig angleichen.

Die **erste These** und die **zweite These** von Modigliani und Miller bedingen sich gegenseitig. Wenn der Marktwert eines Unternehmens von der Höhe der diskontierten Cash Flows abhängig ist, dann müssen sich bei identischen Unternehmenswerten und gleichen Kapitalerträgen auch die gewichteten Kapitalkosten entsprechen.

Daraus folgt die **dritte These**, dass diese Kapitalkosten bei einer Veränderung des Verschuldungsgrades nur konstant bleiben können, wenn die Eigenkapitalkosten linear ansteigen. Es wirken hier zwei Effekte: Erstens ein Substitutionseffekt von Eigenkapital durch Fremdkapital, der sich kostensenkend bemerkbar macht. Zweitens ein Risikoeffekt für die verbliebenen Eigenkapitalgeber, da sich aufgrund des steigenden festen Kapitaldienstes an die Fremdkapitalgeber auch die Variabilität ihrer Rückflüsse erhöht. Die Eigenkapitalgeber fordern eine höhere Verzinsung über eine gestiegene Risikoprämie (vgl. Wolf/Hill/Pfaue, 2011, S. 33 ff.). Diese Ergebnisse der Thesen von Modigliani und Miller werden in Abb. 3.13 anhand der Marktwerte des Unternehmens und der durchschnittlichen Kapitalkosten dargestellt.

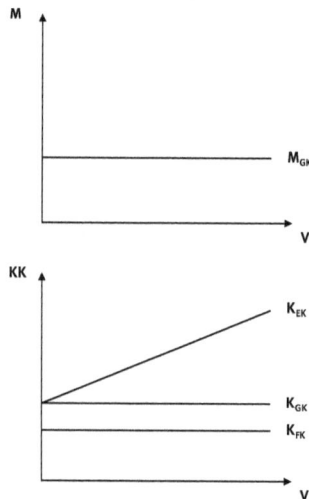

Abb. 3.13: Irrelevanz der Kapitalstruktur (Quelle: Rudolph, 2006, S. 96)

Im Folgenden wird der Einfluss von Steuermodellen auf die Kapitalstruktur untersucht. Wenn Steuerzahlungen des Unternehmens von der Art der Finanzierung abhängen, ist die Kapitalstruktur nicht mehr irrelevant. Steuern haben in der Praxis erhebliche Wirkungen auf Finanzierungsentscheidungen und bei diesen Entscheidungen ist möglichst ein Steuerberater einzuschalten. Es wird von einem stark vereinfachten Steuermodell mit folgenden Charakteristika ausgegangen:

- Es ist eine allgemeine Steuer (S_{GST}) auf Unternehmensgewinne zu entrichten, die am Ende des Jahres zu zahlen ist.
- Fremdkapitalzinsen sind zumindest in Teilen abzugsfähig von der Bemessungsgrundlage der zu zahlenden Steuern.
- Die Zielsetzung zur Maximierung der Ausschüttungen an den Kapitalmarkt, beziehungsweise an die Eigen- und Fremdkapitalgeber, ist zu beachten.

Verglichen werden wiederum zwei Unternehmen mit einheitlichem Investitionsprogramm in der gleichen Geschäftsrisikoklasse. Beide Unternehmen haben identische Produktionsstrukturen und erzielen gleichhohe Gewinne. Unternehmen A ist vollkommen eigenfinanziert und B zumindest teilweise fremdfinanziert. Folgende Beträge können von den Firmen A und B nach Steuern an die Anteilseigner und die Gläubiger ausgeschüttet werden:

$$A: KE \cdot (1 - S_{GST})$$

$$B: KE \cdot (1 - S_{GST}) + KK_{FK,B} \cdot FK_B \cdot S_{GST}$$

Bei der teilweisen Fremdfinanzierung kann somit ein, um die Gewinnsteuer auf die Fremdkapitalzinsen bezogener, Betrag zusätzlich an den Kapitalmarkt ausgeschüttet werden. Die Steuereinnahmen des Fiskus fallen geringer aus. In dem Steuersystem ist die maximale Fremdfinanzierung optimal. Diese Finanzierungspolitik maximiert den Marktwert des Unternehmens für die Anteilseigner und minimiert die Steuerzahlungen an den Fiskus für ein gegebenes Investitionsprogramm. Anhand dieses Modells kann unter Umständen der Trend zur maximalen Fremdfinanzierung und einem höheren Insolvenzrisiko in Deutschland erklärt werden. Mit der Begrenzung des Fremdkapitalzinsabzugs im Rahmen der „Zinsschranke" hat sich dieser Effekt der Fremdfinanzierungspräferenz deutlich abgemildert.

Beispiel: Eine Unternehmung kann bei einem Kapitaleinsatz von 1.000.000 Euro gegründet werden und einen jährlichen Gewinn von 60.000 Euro vor Zinsen und Steuern erwirtschaften. Der allgemeine Gewinnsteuersatz beträgt 25,0 %. Am Kapitalmarkt herrscht ein einheitlicher Zinssatz für identische Risiken von 5,0 % vor Steuern für jegliche Kapitalanlagen und Geldausleihungen. Wird die Unternehmung A bei vollständiger Eigenfinanzierung gegründet oder erfolgt die Existenzgründung der Unternehmung B bei einer maximalen Fremdfinanzierung von 90,0 %?

Im Fall der vollständigen Eigenfinanzierung ergibt sich endgültig folgender Gewinn des Unternehmens A und des Unternehmens B nach den vereinfachten Gewinnsteuern für die Eigenkapital- und Fremdkapitalgeber:

$$A: 60.000 \cdot (1 - 0,25) = 45.000$$

$$B: 60.000 \cdot (1 - 0,25) + 0,05 \cdot 900.000 \cdot 0,25 = 56.250$$

Im Fall der vollständig eigenfinanzierten Unternehmung A werden die Akteure von einer Gründung absehen, denn die Gründungskosten übersteigen den Wert der Unternehmung. Mit einem alternativen Mitteleinsatz am Kapitalmarkt kann eine höhere Verzinsung vor den persönlichen Steuern erzielt werden. Zusätzlich bedeutet eine Existenzgründung meist viel Arbeit und ein hohes persönliches Risiko. Bei vollständiger Eigenfinanzierung unterbleibt somit die Neugründung des Unternehmens.

Bei einer maximalen Fremdfinanzierung von Unternehmen B wandelt sich das Bild. Die Gründer erzielen eine Rendite über dem Marktzins und der Wert der Unternehmung B übersteigt den Kapitaleinsatz. Ursache ist der Steuervorteil aus der Abzugsfähigkeit der Fremdkapitalzinsen. Die zu leistenden Zahlungen an den Fiskus reduzieren sich folglich. Die Unternehmung wird mit einer maximalen Fremdfinanzierungsquote gegründet und die Ausschüttungen an die Kapitalgeber fallen optimiert aus. Diese Art der Steuerpolitik setzt somit keine Anreize zu einer stabileren Eigenkapitalquote, da die Unternehmensgründung auf jegliche Investitions- und Finanzierungsentscheidungen in einem Unternehmen übertragen werden kann. Die um das Steuermodell erweiterten Untersuchungen dieses Grundmodells von Modigliani und Miller helfen somit, reale Effekte der Unternehmensumwelt mit einer Präferenz zur Fremdfinanzierung zu verstehen.

Dennoch beruhen die Thesen von Modigliani und Miller auf weiteren sehr stringenten Annahmen. Aus diesem Grunde wurde das Modell immer wieder stark kritisiert. Auch die zentrale Aussage des Ansatzes zur Unabhängigkeit des Marktwertes von der Kapitalstruktur erschien gerade Praktikern unlogisch. So zeigen sich in der Praxis stabile Unterschiede der Finanzstrukturen in verschiedenen Branchen, die mit diesem Modell nicht erklärbar erscheinen. Auch lassen sich unterschiedliche durchschnittliche Eigenkapitalquoten in verschiedenen Ländern nicht deuten. Da Modelle aber an der Realität gemessen werden, könnte daraus der Schluss gezogen werden, dass die Thesen von Modigliani und Miller grundlegend zu verwerfen sind und der traditionelle Ansatz vorzuziehen ist.

Es ist jedoch festzuhalten, dass die Theorie von Modigliani und Miller ein stabiles Gleichgewichtsmodell liefert. Und dies ist auch der Erfolg des Ansatzes, denn ohne Modellkonstruktionen lassen sich reale Zusammenhänge nicht untersuchen. Daher ermöglicht dieser Theorieansatz der optimalen Kapitalstrukturierung eine Orientierungshilfe für empirische Sachverhalte.

Existieren Widersprüche zur Praxis, dann muss es an den restriktiven Annahmen liegen, auf denen das Modell beruht. Um diese Differenzen abzubauen, wurden die Grundvoraussetzungen in den weiteren Modellkonstruktionen an die Realität angepasst. So wurden unter anderem Steuern und Insolvenzkosten in die Analysen mit einbezogen (vgl. Wolf/Hill/Pfaue, 2011, S. 37 ff.).

Ein weiterer Ansatz lässt die Annahme der homogenen Erwartungen und die der reibungslosen Kapitalmärkte fallen. Durch die Verbesserungen lässt sich das Grundmodell der Praxis schrittweise annähern. Zu beobachtende Effekte, wie ein möglicher Trend zur vermehrten Fremdfinanzierung in Deutschland, aufgrund der steuerrechtlichen Gegebenheiten, lassen sich auf diese Weise erklären. Durch die Einführung der Zinsschranke und damit auch der Begrenzung des steuerlichen Abzugs von Fremdkapitalzinsen, hat sich dieser Effekt allerdings abgeschwächt.

Auch die Notwendigkeit des Eigenkapitaleinsatzes zur Stärkung der Kreditwürdigkeit und zur Reduzierung des Insolvenzrisikos kann hiermit begründet werden. Somit kann das Modell von Modigliani und Miller in den Abwandlungen zur Deutung von Praxisgegebenheiten beitragen. Denn auch in den Phasen eines Lebenszyklus kann sich die Kapitalstruktur systematisch verändern.

In der **Gründungsphase** wird von den Gesellschaftern ein bestimmter Eigenkapitaleinsatz gefordert, der durch Förderprogramme aufgestockt werden kann. Die Eigenkapitalausstattung von Gründungsunternehmen ist meist noch ausreichend. In den ersten Jahren nach der Firmengründung kann sich die Eigenkapitalstruktur, gerade durch anfängliche Verluste, deutlich verschlechtern. Diese Situation verbessert sich erst, wenn dauerhaft Gewinne erzielt werden. Die Eigenkapitalquote sollte über eine Thesaurierung von Gewinnteilen bewusst erhöht werden, um die Bonität zu erhöhen sowie das Insolvenzrisiko abzubauen. Es lassen sich Covenants in Kreditverträgen integrieren, die diese Verhaltensweise fördern.

In einer **Wachstumsphase** eines Unternehmens bestehen meist mehrere Optionen der Kapitaldeckung. So können Kredite von Banken in Anspruch genommen werden. Alternativ ermöglichen neuere Finanzprodukte auch mittelständischen Unternehmen den Zugang zu Kapitalmärkten. Es spielen auch steuerliche Überlegungen zur Gestaltung der optimalen Finanzierung und der Kapitalstruktur auf der Passivseite einer Bilanz eine Rolle.

Der Verschuldungsgrad beziehungsweise Leverage kann sich durch eine steuerinduzierte sowie auf Wachstum ausgerichtete Firmenpolitik stark erhöhen. Dadurch steigt auch das potenzielle Risiko einer Insolvenz, aufgrund des gestiegenen Kapitaldienstes mit einer Gefahr der Zahlungsunfähigkeit und der Überschuldung. Dieser Gefährdung kann entgegengewirkt werden, indem gezielt Finanzierungsformen zur Erhöhung der Eigenkapitalquote eingesetzt werden. Es kann auf Mezzaninkapital oder Private Equity zurückgegriffen werden, um die Eigenmittelbasis bewusst zu stärken und den Unternehmenswert zu erhöhen.

Die **Reifephase** kann dazu genutzt werden, um die Finanzierungsstruktur weiter gezielt zu verändern. So kann über einen Börsengang und sich anschließende Kapitalerhöhungen Eigenkapital akquiriert werden. Über die Ablösung von Fremdkapital besteht die Möglichkeit, die Eigenkapitalquote erheblich zu verbessern und damit die Insolvenzanfälligkeit zu verringern.

Des Weiteren besteht die Möglichkeit, künftig komplett unabhängig von den Fremdkapitalgebern entscheiden zu können. Dennoch kann dies auch unvorteilhaft sein, wenn externe Eigenkapitalgeber die Oberhand gewinnen, die Aufsichtsratsmandate einnehmen und die Geschäftsleitung absetzen. Gerade renditeorientierte Finanzinvestoren können unter Umständen auf hohe Ausschüttungen drängen und das Unternehmen damit destabilisieren. Aufgrund des Risikoverhältnisses zwischen Eigenkapital und Fremdkapital sowie den Kosten des Eigenkapitals ist somit auf eine ausgewogene Kapitalstruktur zu achten. Ziel in dieser Lebensphase ist die Gestaltung einer, auch unter steuerlichen Gesichtspunkten, optimierten und zudem wertorientierten Kapitalstruktur.

In der **Krisenphase** steht im Vordergrund, die notwendigen finanziellen Rahmenbedingungen zu erfüllen, damit die Insolvenzantragspflicht vermieden wird. Meist werden die Anteilseigner aufgefordert, sich an einer Neufinanzierung vorrangig zu beteiligen oder einen Rangrücktritt bei Gesellschafterdarlehen zu gewähren. Dennoch kommt es, in einer Krise und Sanierung, meist zu einer notwendigen zusätzlichen Fremdkapitalaufnahme.

Jedoch steht in dieser kritischen Lebensphase aus Sicht des Unternehmens weniger die Zielrichtung der Gestaltung einer optimalen Kapitalstruktur im Vordergrund, als vielmehr den Finanzmittelbedarf zur Existenzerhaltung zu planen und dauerhaft zu sichern. Daher spielen Vorgänge zur Gestaltung einer optimalen Kapitalstruktur in dieser Phase des Unternehmens meist eine untergeordnete Rolle. Ziele betreffen in erster Linie die Aufrechterhaltung der Geschäftstätigkeit sowie die Vermeidung der Insolvenz. Dabei spielt die Liquiditätssicherung, im Sinne der Gewährleistung der jederzeitigen Zahlungsfähigkeit, eine große Rolle. Die Steuerung und Ausgestaltung der Kapitalstruktur kann in den Phasen des Wachstums und der Reife dagegen wertsteigernd, über die Realisierung geringer Kapitalkosten, eingesetzt werden.

ℹ **Zusammenfassung Abschnitt 3.7:** In diesem Teil wurden die traditionellen Grundsätze und die Thesen von Modigliani und Miller zur Erklärung der **Kapitalstruktur** von Unternehmen dargestellt und beurteilt. Dabei ergeben sich klare Vorteile für das Gleichgewichtsmodell von Modigliani und Miller, da dieser Ansatz auf einem strengen Theoriegerüst beruht. So lässt sich auch unter Berücksichtigung von Unternehmenssteuern, aufgrund des begrenzten Fremdkapitalzinsabzugs, eine deutliche Tendenz zur Fremdfinanzierung in Deutschland begründen. Dieses wurde durch die Einführung der Zinsschranke zumindest abgeschwächt. Die steuerliche Angleichung an das Eigenkapital hat auch zu einer Verbesserung der Eigenkapitalquoten im Mittelstand beigetragen. Zudem kann das Modell dazu dienen, die Kreation innovativer und eigenkapitalnaher Finanzinstrumente zu erklären.

3.8 Eigenkapital, Fremdkapital und Mezzaninkapital

Kapitalstrukturüberlegungen sollen als Ausgangspunkt für Unterscheidungen und Systematisierungen von Finanzierungsformen verwendet werden. Es soll anschließend bestimmt werden, welche Eigenschaften **Eigenkapital**, **Fremdkapital** sowie Mischformen, wie **Mezzaninkapital**, aufweisen und auf welche Art und Weise sich diese Finanzierungsarten voneinander abgrenzen lassen.

Finanzierungsformen werden in der betriebswirtschaftlichen Literatur unter anderem differenziert nach verschiedenen Kriterien wie:

- Fristigkeiten und Kündigungsmöglichkeiten
- Herrschafts- und Mitspracherechten sowie Informationsrechten
- Haftungsgesichtspunkten mit Rangverhältnissen

Diese Abgrenzungen weisen jedoch Schwächen auf, da sich Überschneidungen ergeben und sich bestimmte Finanzierungsinstrumente nicht eindeutig klassifizieren lassen. So können unter anderem die Fristigkeiten von Genussscheinen stark variieren von mehreren Jahren, bis hin zu unendlichen Laufzeiten. Damit ist eine Zuordnung von Finanzinstrumenten zum Eigenkapital oder alternativ zum Fremdkapital anhand dieses Kriteriums nicht möglich. Auch die Herrschafts- und Mitspracherechte können stark variieren, so dass eine Abgrenzung nach diesem Merkmal ebenfalls sehr schwer fällt. Zudem können Haftungen über den vereinbarten Rang oder die Verlustteilnahme bei Finanzierungsformen, wie Genussscheinen in der Unternehmenspraxis sehr unterschiedlich ausgestaltet sein.

Es soll ein weiterer möglicher Weg der Zuordnung von Finanzierungsformen aufgezeigt werden. Dazu versetzen wir uns zunächst in eine Welt der Sicherheit und ohne Steuern. Wenn kein Risiko besteht, dann sind auch die Rückflüsse aus den Investitionsobjekten aufgrund der vollkommenen Informationen sicher und klar bekannt. Zudem kann vorausgesehen werden, wie ein Agent mit Finanzierungsmitteln umgeht und wie intensiv sein künftiger Arbeitseinsatz sein wird. Agency-Probleme, resultierend aus der Finanzierung, existieren somit ebenfalls nicht.

Bei Sicherheit kann somit auch nur ein Zinssatz für alle Formen von Kapitalüberlassungen gelten. Zudem sind sämtliche Formen der Kreditbesicherung vollkommen überflüssig, da jeder Investor mit Sicherheit seine Zins- und Dividendenzahlungen und gegebenenfalls die Rückzahlung des Kapitals erwarten kann. Ausfallrisiken, die in der Realität auftreten, sind dann nicht bekannt.

Die Renditen für Eigenkapital, Mezzanine und Fremdkapital können sich somit im Theoriemodell nicht unterscheiden. Es herrscht ein einheitlicher Zins ohne Risikoprämie und jede Kapitalstruktur ist gleichermaßen optimal. Bei Sicherheit sowie bei Existenz eines vollkommenen Kapitalmarktes ist eine Unterscheidung in Eigenkapital, Mezzaninkapital und Fremdkapital damit vollständig überflüssig.

In der Realität, bei Unsicherheit, haben Fremdkapitalgeber dagegen einen vorrangigen Festzinsanspruch und Eigenkapitalgeber nur Ansprüche auf den vorhandenen Rest. Dies ist der Residualanspruch, der Gewinn nach Abzug von Fremdkapitalzinsen und Steuern. Somit ist auch das Risiko für Eigenkapitalgeber, keinen Rückfluss zu erhalten, größer als bei Fremdkapitalgebern, da diese vorweg befriedigt werden. Folglich ist diejenige Rendite, die Eigenkapitalgeber verlangen, höher als der Zins, den Fremdkapitalgeber fordern können.

Ebenso werden Gläubiger es wohl vorziehen, in ein sicheres Projekt zu investieren, bei dem sie mit höherer Wahrscheinlichkeit ihre Zins- sowie Tilgungszahlungen erhalten. Wenn sie ein unsicheres Vorhaben finanzieren, bei dem die Rückflüsse nicht in jedem Umweltzustand vorhersehbar sind, dann werden sie auch einen höheren Zins fordern, um das Risiko zu kompensieren.

Insgesamt erscheint daher eine Abgrenzung verschiedener Kapitalformen auch anhand der Faktoren Rendite und Risiko möglich. Es kann die stärkere Ausrichtung zum Eigenkapital oder zum Fremdkapital aus den Finanzierungskonditionen abgeleitet werden. Daher sind zum Beispiel die Renditen und Risiken einer Anleihe mit fester Verzinsung geringer, als die eines nachrangigen Genussscheines. Die Ursache für den geringeren Zins ist die vorrangige und feste Verzinsung für die Anleihe. Aufgrund des Nachrangs sowie der zumeist gewinnabhängigen Vergütung besteht ein höheres Ausfallrisiko des Genussscheins bei der Rückführung des Kapitals und bei den laufenden Zahlungen. Dies ist durch eine Prämie im Zins abzugelten.

Auf diese Weise lassen sich mit dem Modell die verschiedenen Finanzierungsformen anhand des Rendite-Risiko-Profils in Fremdkapital, Mezzaninkapital sowie Eigenkapital, auf der Basis eines stetig ansteigenden Rendite-Risiko-Profils, klassifizieren wie die nachfolgende Abb. 3.14 zeigt.

Abb. 3.14: Abgrenzung zwischen Fremd-, Mezzanin- und Eigenkapital (Quelle: Eigene Darstellung)

Bei der Unternehmensfinanzierung und der möglichen Nutzung bestimmter Finanzinstrumente bestehen Unterschiede zwischen kleinen und mittleren Unternehmen (KMU) und großen Unternehmen. Demnach ist der Handlungsspielraum für größere Firmen in der Regel deutlich umfassender. So kann aufgrund der Größe unter Umständen ein Börsengang in Betracht gezogen werden, der für kleine und mittlere Unternehmen aufgrund des geringen Geschäftsumfangs nicht realisierbar wäre.

Zudem ist zu beachten, dass bei kleinen und mittleren Unternehmen oft eine Einheit zwischen den Gesellschaftern und der Geschäftsleitung besteht und die Firmen über viele Familiengenerationen aufgebaut wurden. Diese Firmen werden auch als Familienunternehmen bezeichnet. In den Betrieben stehen die absolute Unternehmensgröße und die schnelle Expansion als Zielgrößen nicht im Vordergrund. Vielmehr werden strategische Entscheidungen getroffen, die auf ein langfristiges und nachhaltiges Wachstum sowie auf stabile Kapitalisierungsverhältnisse abzielen. Die Leitung und das Treffen wichtiger unternehmerischer Entscheidungen erfolgen durch die Familie. Die Abgabe von Macht sowie Mitspracherechten über die Veräußerung von Gesellschaftsanteilen soll vermieden werden.

Eine Abgrenzung anhand der Unternehmensgröße kann anhand qualitativer oder quantitativer Merkmale erfolgen. Eine Aufteilung nach quantitativen Größenklassen liefert das Institut für Mittelstandsforschung (IfM), wie Tab. 3.8 darstellt.

Tab. 3.8: KMU-Definition des IfM im Überblick (Quelle: Eigene Darstellung)

KMU	Umsatzerlöse in Mio.	Arbeitnehmerzahl
Kleine Unternehmen	< 1 Mio. Euro	< 10
Mittelgroße Unternehmen	< 50 Mio. Euro	< 500
KMU	< 50 Mio. Euro	< 500

Gemäß Bilanzrichtlinie-Umsetzungsgesetz (BilRuG) wurden die Schwellenwerte zur Abgrenzung kleiner und mittelgroßer Kapitalgesellschaften gemäß § 267 HGB zum Teil auf die folgenden Werte gemäß Tab. 3.9 angehoben, wenn mindestens zwei der drei nachstehenden Merkmale nicht überschritten werden.

Tab. 3.9: Schwellenwerte gemäß § 267 HGB für den Einzelabschluss (Quelle: Eigene Darstellung)

Einzelabschluss	Bilanzsumme in Mio.	Umsatzerlöse in Mio.	Arbeitnehmerzahl
Kleine Kapitalges.	6,0 (4,84)	12,0 (9,68)	50
Mittelgroße Kapitalges.	20,0 (19,25)	40,0 (38,5)	250
Große Kapitalges.	> 20,0 (> 19,25)	> 40,0 (> 38,5)	> 250

Des Weiteren wurden die Schwellenwerte für die Konzernrechnungslegungspflicht für Kapitalgesellschaften gemäß § 293 HGB angehoben, wie Tab. 3.10 zeigt.

Tab. 3.10: Schwellenwerte aus § 293 HGB für den Konzernabschluss (Quelle: Eigene Darstellung)

Konzernabschluss	Bilanzsumme in Mio.	Umsatzerlöse in Mio.	Arbeitnehmerzahl
Bruttomethode	24,0 (23,1)	48,0 (46,2)	250
Nettomethode	20,0 (19,25)	40,0 (38,5)	250

Zudem existieren Kleinstkapitalgesellschaften gemäß § 267a Ab. 1 HGB unter anderem mit Erleichterungen bei der Rechnungslegung. Demnach sind Kleinstkapitalgesellschaften kleine Kapitalgesellschaften, die mindestens zwei der drei nachfolgenden Merkmale nicht überschreiten:

- 350.000 Euro Bilanzsumme nach Abzug eines ausgewiesenen Fehlbetrags,
- 700.000 Euro Umsatzerlöse in den zwölf Monaten vor dem Abschlussstichtag,
- im Jahresdurchschnitt zehn Arbeitnehmer.

Die EU-Kommission grenzt Kleinstunternehmen, kleine und mittlere Unternehmen ebenfalls ab, um unternehmenspolitische Maßnahmen gezielt auf mittelständische Firmen ausrichten zu können. Bei den dort angegebenen Werten handelt es sich um Höchstwerte, wie die folgende Tab. 3.11 zeigt. Die Mitgliedstaaten können gegebenenfalls auch niedrigere Schwellenwerte festsetzen.

Tab. 3.11: Schwellenwerte gemäß EU-Kommission (Quelle: Eigene Darstellung)

Konzernabschluss	Bilanzsumme in Mio.	Umsatzerlöse in Mio.	Arbeitnehmerzahl
Kleinstunternehmen	≤ 2,0	≤ 2,0	< 10
Kleine Unternehmen	≤ 10,0	≤ 10,0	< 50
Mittlere Unternehmen	≤ 43,0	≤ 50,0	< 250

Eine Darstellung geeigneter Finanzierungsformen zugeordnet auf verschiedene Unternehmensgrößenklassen soll hier allerdings nicht vorgenommen werden, da die Grenzen der möglichen Nutzung von Finanzinstrumenten in der Vergangenheit aufgeweicht worden sind. Es werden auch für kleine und mittlere Unternehmen vermehrt Kapitalmarktinstrumente zur Finanzierung angeboten, die früher aufgrund der hohen Transaktionskosten nur großen Firmen vorbehalten waren. Des Weiteren gelten diese formalen Abgrenzungen für die Rechnungslegung bei der Gewährung von Beihilfen und weniger zur Beschreibung eingesetzter Finanzinstrumente.

Zudem können gehandelte Finanzinstrumente über eine Ausgestaltung der Konditionen zu Rendite und Risiko an die Zielsetzungen der Unternehmen angepasst werden. Demnach gewinnen maßgeschneiderte Mittelbereitstellungen im Rahmen von strukturierten Finanzierungen bei vielen Unternehmen immer mehr an Bedeutung. Der Kapitaldienst lässt sich an die Rückflüsse aus der finanzierten Investition anpassen und die Unternehmensaktiva werden als Sicherheiten zur Verfügung gestellt (vgl. Wolf/Hill/Pfaue, 2011, S. 21 ff.).

Definition: Strukturierte Finanzierungen werden als auf einen Kunden angepasste Finanzprodukte im Gegensatz zu Standardprodukten verstanden. Dabei wird darauf geachtet, dass der Kapitaldienst im Rahmen der Finanzierung auf die Cash Flow-Struktur des zu finanzierenden Geschäfts abgestimmt wird. Somit weisen strukturierte Mittelbereitstellungen Ähnlichkeiten zu Projektfinanzierungen auf, beziehungsweise beinhalten diese.

In Folge der Veränderungen der Finanzierungstechniken entwickeln sich auch die Kapitalmärkte weiter, mit höheren Handelsvolumina und neueren Marktsegmenten, wie dem Entry Standard. Des Weiteren nehmen die Emissionen an Eigenkapitaltiteln und Anleihen zu und es entstehen ständig neue Finanzierungsbereiche wie bei der Emission von Mittelstandsanleihen oder dem Crowdfunding.

Dies bedeutet in der Regel auch neue sowie ansteigende Anforderungen an die Datenübermittlungen an die Investoren. Gerade die Funktion der Informationsverarbeitung hat an Kapitalmärkten eine hohe Bedeutung.

Bei der Bestimmung der **Informationseffizienz** von Finanzmärkten lassen sich im Theoriemodell verschiedene Grade unterscheiden, die schwache, die mittelstrenge und die strenge Form. Somit ist ein Markt dann streng Informationseffizient, wenn selbst Insider keine Möglichkeiten haben, dauerhaft Überrenditen zu erzielen. Märkte gelten dann als effizient, wenn sich in den Marktpreisen alle verfügbaren Informationen unverzüglich widerspiegeln (vgl. Fama, 1970, S. 383).

Definition: Der **Kapitalmarkt** wird als Handelsplatz verstanden, an dem standardisierte Finanzinstrumente friktionslos getauscht werden, das Angebot und die Nachfrage der Marktteilnehmer gebündelt und über die gehandelten Preise eine Bewertungstransparenz hergestellt wird. Die Liquidität und der Grad der Informationseffizienz spielen für die Qualität eines Kapitalmarktes eine große Rolle. Am Kapitalmarkt werden Papiere mit einer Laufzeit von mehr als einem Jahr notiert und übertragen in Abgrenzung zu dem Geldmarkt, an dem zinstragende Titel mit bis zu einem Jahr gehandelt beziehungsweise in Form von Krediten vereinbart werden (vgl. Spremann/Gantenbein, 2014, S. 61).

Der Effizienzgrad eines Kapitalmarktes hat erhebliche Auswirkungen auf die Preisbildungen und die Anlageentscheidungen der Investoren. Je höher der Grad der Informationseffizienz, desto stärker reduzieren sich Entscheidungsprobleme zur Auswahl fehlerhaft bewerteter Wertpapiere.

Zudem verlieren kostenpflichtige Informationsdienste meist an Wert, da sich Preise bei neuen Daten unverzüglich anpassen. Damit sinken auch die Transaktionskosten für die Anleger. Insgesamt bieten effiziente Kapitalmärkte somit einen hohen Nutzen für Kapitalanbieter und Kapitalnachfrager.

Über das Medium Markt und eine hohe Informationstransparenz finden Investoren und Firmen zueinander. Dazu lassen sich auch in den verschiedenen Lebensphasen eines Unternehmens bestimmte Finanzinstrumente anwenden, die den Nutzen für Anleger optimieren. Für das betreffende Unternehmen ergibt sich über die Wahl der eingesetzten Finanzierungsarten somit ein erheblicher Gestaltungsspielraum hinsichtlich wichtiger Kriterien, der bewusst genutzt werden kann

Kapitalformen lassen sich anhand des Einsatzes im Lebenszyklus und der Informationslage der Stakeholder in einem Würfel gliedern. Jedes Element dieses Finanzierungswürfels definiert eine bestimmte Unternehmenslage. Anhand der Darstellung lassen sich Finanzierungssituationen beschreiben, wie zum Beispiel die Gründungsfinanzierung über Eigenkapital. In dieser Phase besteht aufgrund des oft neuen Geschäftsmodells regelmäßig eine hohe Informationslücke. Diese Systematik dient zur Strukturierung welche Finanzinstrumente in welcher Situation vorrangig einzusetzen sind und wird in der nachfolgenden Abb. 3.15 dargestellt.

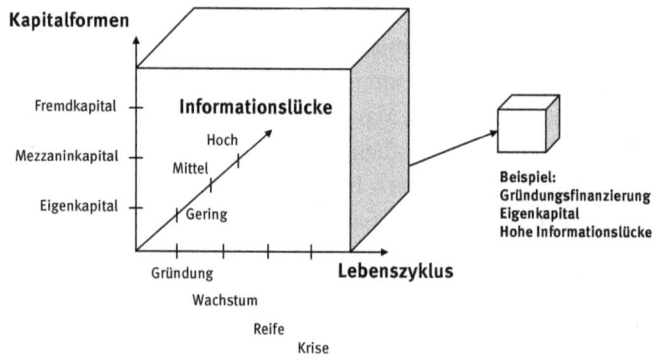

Abb. 3.15: Systematisierung im Finanzierungswürfel (Quelle: Eigene Darstellung)

---

i **Zusammenfassung Abschnitt 3.8:** In diesem Abschnitt wurden die unterschiedlichen Finanzierungsformen **Eigenkapital**, **Mezzaninkapital** und **Fremdkapital** anhand der Merkmale Rendite und Risiko systematisiert. Zudem wurde auf strukturierte Finanzprodukte und die Veränderungen an den Kapitalmärkten eingegangen. Abschließend wurde ein Modell zur graduellen Unterscheidung der Informationseffizienz an Finanzmärkten in Bezug auf die betrachteten Finanzierungsarten vorgestellt.

---

4 Gründungsfinanzierung

von Jan G. Andreas

4.1 Grundlagen der Gründungsfinanzierung

Für das Wachstum von Volkswirtschaften sind Unternehmensgründungen von hoher Bedeutung. Wenn diese zudem in wissensintensiven Bereichen erfolgen, sichern sie das Innovationspotenzial einer Volkswirtschaft und haben sowohl einen positiven Einfluss auf die Wettbewerbsfähigkeit, als auch auf den strukturellen Wandel und den technischen Fortschritt. Erfolgreiche Gründungen zeichnen sich dadurch aus, dass sie durch die Schaffung von Arbeitsplätzen aktiv zu der wirtschaftlichen Weiterentwicklung und dem Aufrechterhalten der sozialen Sicherungssysteme beitragen. Die Gründer fordern mit ihren Innovationen etablierte Firmen heraus und sichern zudem den permanenten Effizienzdruck bei traditionellen sowie langjährig am Markt tätigen Unternehmen (vgl. Metzger, 2015, S. 2 ff.).

Das Gründungsgeschehen in Deutschland ist seit dem Beginn des Arbeitsmarktaufschwungs in den letzten Jahren von einer deutlichen Seitwärtsbewegung gekennzeichnet, wie die nachfolgende Abb. 4.1 verdeutlicht. In den letzten Jahren ist zwar eine leichte Belebung der Gründertätigkeit zu beobachten, jedoch wirken sich die derzeitige gute Konjunktur und die Arbeitsmarktentwicklung dämpfend auf die Anzahl der Neugründungen aus. Während eine gute Konjunktur das Gründergeschehen positiv beeinflusst, entfaltet ein Arbeitsmarkt mit vielen offenen Stellen oftmals eine negative Wirkung auf das Gründergeschehen. Dieses hat dazu geführt, dass die Gründungen derzeit lediglich auf einem stabilen Niveau verharren.

Anzahl Gründer in Deutschland in Tausend

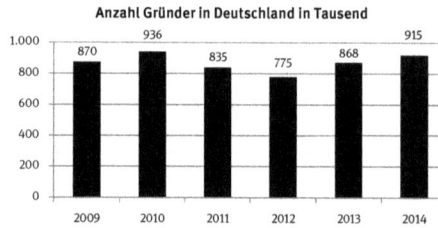

Abb. 4.1: Anzahl der Gründer in Deutschland (Quelle: In Anlehnung an Metzger, 2015, S. 2)

Voraussetzung für eine erfolgreiche Gründung ist jedoch zunächst die Deckung des Kapitalbedarfs, der für den Unternehmensaufbau notwendig ist. Wenn die Finanzierungsmöglichkeiten für die geplanten Vorhaben eingeschränkt sind, kann auch die Gründung nur im begrenzten Umfang erfolgen oder bleibt im Zweifel ganz aus. Der Zugang zu geeigneten Finanzierungsinstrumenten und das Vorhalten einer ausreichenden Marktliquidität sind daher wesentliche Faktoren für eine gründungsaffine Volkswirtschaft. Nur wenn gewährleistet ist, dass junge und innovative Unternehmen trotz der inhärenten Erfolgsrisiken, ihren anfänglichen Kapitalbedarf decken können, werden sie auch in Zukunft einen wichtigen Beitrag zur wirtschaftlichen Entwicklung einer Volkswirtschaft leisten.

Dieser Abschnitt zeigt, ausgehend von verschiedenen Geschäftsmodellen der Unternehmensgründung, die wesentlichen Instrumente einer **Gründungsfinanzierung**. Untersucht wird, wie der Zugang zu den Geldmitteln aus Sicht der Gründer gestaltet werden kann. Hierzu wird auch auf die, für innovative Unternehmen bedeutende, Eigenkapitalfinanzierung über Beteiligungsmodelle eingegangen. Da diese traditionellen Finanzierungsinstrumente nach wie vor einen erheblichen Stellenwert bei der Gründungsfinanzierung besitzen, werden anschließend Optionen der Fremdfinanzierung vorgestellt. Mit einer Finanzierung über Mezzanine besteht zudem die Alternative, eine Mischfinanzierung für das Gründungsunternehmen zur Stärkung der Eigenmittelbasis zu realisieren.

Nach der Darstellung der Finanzierungsinstrumente und deren Bedeutung für die Gründungsfinanzierung wird auf die Erstellung des Business-Plans eingegangen, da dieser die Basis für jegliche Form der Kapitalbeschaffung darstellt und den weiteren Verlauf der Gründung strukturiert. Hierbei werden sowohl der Aufbau, als auch die wesentlichen Inhalte eines typischen Business-Plans aufgezeigt. Den Abschluss des Kapitels bildet ein Finanzierungsbeispiel, das den für Gründungen typischen Mix von Eigen- und Fremdkapital aufzeigt.

Definition: Für eine **Gründung** ist spezifisch, dass diese durch einen Neuaufbau mit Errichtung einer Firma geschieht. Zweck der Aufnahme einer unternehmerischen Tätigkeit durch den Gründer ist die Errichtung einer selbstständigen Existenz mit Gewinnerzielungsabsicht. Dazu ist es meist erforderlich, dass der Unternehmensgründer wirtschaftliche Risiken trägt, als Financier insbesondere das Eigenkapital zur Verfügung stellt, und die wesentlichen unternehmerischen Entscheidungen trifft.

Ausgehend von dem Phasenmodell des Unternehmenslebenszyklus steht die Gründungsphase am Anfang des Entwicklungsprozesses einer Unternehmung. Zentraler Baustein der Realisierung eines Gründungsvorhabens ist die Finanzierung und die Aufbringung der Mittel durch unterschiedliche Stakeholder. Die Finanzierungsphase in der Gründung umfasst sowohl die Mittelbeschaffung für die Konzeption einer Geschäftsidee, als auch den Eintritt des Unternehmens in den jeweiligen Markt. Für eine genauere Betrachtung ist es daher sinnvoll, die Gründungsphase in Teilphasen zu unterteilen, wie in Abb. 4.2 veranschaulicht.

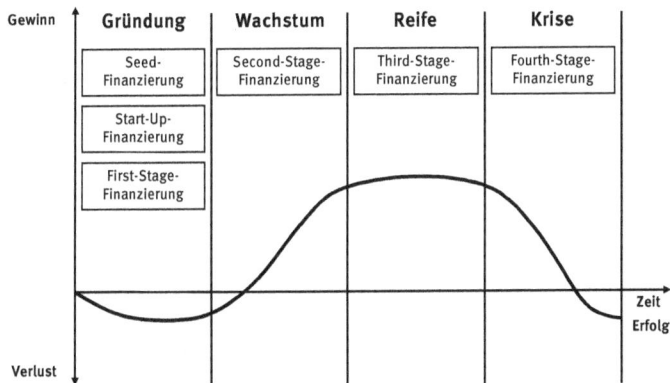

Abb. 4.2: Finanzierungsphasen im Lebenszyklus (Quelle: Eigene Darstellung)

Die erste Teilphase, die sogenannte **Seed-Finanzierung**, beinhaltet die Finanzierung der Konzeptionsentwicklung, angefangen von der eigentlichen Geschäftsidee, bis zur Ausgestaltung eines aussagekräftigen Business-Plans. Denn auch wenn die Firma rechtlich noch nicht errichtet wurde, entsteht in dieser Teilphase bereits ein erster Kapitalbedarf. Unter anderem sind Machbarkeitsstudien durchzuführen, mit denen im Vorfeld sowohl die Chancen, als auch die Risiken der Unternehmensgründung identifiziert werden können. Zudem ist ein Business-Plan zu erstellen.

Auf Basis des Unternehmenskonzeptes wird im nächsten Schritt die Unternehmens-gründung vollzogen. Dieses Stadium wird durch die **Start-Up-Finanzierung** beglei-tet. In der Start Up-Phase der Gründung werden alle Vorbereitungen getroffen, um dem Unternehmen den Eintritt in den Markt zu ermöglichen. Basis hierfür ist die Markteintrittsstrategie, die vorgibt, auf welche Art und Weise das Unternehmen in seinem Wettbewerbsumfeld agieren wird. Nach erfolgreichem Markteintritt wird die Gründung mit der **First-Stage-Finanzierung** abgeschlossen.

Die Teilphasen der Gründung haben gemeinsame Eigenschaften. Daher ist die ge-samte Gründungsphase zum einen durch einen vergleichsweise geringen Kapital-bedarf und zum anderen durch ein hohes Finanzierungsrisiko gekennzeichnet (vgl. Betsch/Groh/Schmidt, 2000, S. 22 ff.). Trotz des eingeschränkten Bedarfs an Kapital lässt sich häufig ein **Kapitalmangel** bei Neugründungen konstatieren. Diese unzu-reichende Ausstattung mit Kapital ist einer der Hauptgründe für die hohe Sterblich-keitsrate von jungen Unternehmen (vgl. Pümpin/Wunderlin, 2005, S. 59 ff.).

Bei einer differenzierten Betrachtung des Kapitalmangels lässt sich herausstellen, dass Gründungsunternehmen in erster Linie mit einem unzureichenden Umfang an Eigenkapital ausgestattet sind, da die Gründer meist nur über begrenzte finanzielle Ressourcen verfügen. Die niedrigen Eigenkapitalquoten bedeuten zum einen, dass notwendige Investitionen in der Phase der Gründung nicht durchgeführt werden können, zum anderen führen die beschränkten Eigenmittelressourcen zu einem er-schwerten Zugang weiterer Finanzierungsquellen.

Neben dem Kapitalmangel sind Gründungsunternehmen durch ein hohes **Finanzie-rungsrisiko** geprägt. Insbesondere in der Seed-Phase und der Start-Up-Phase erzielt das Unternehmen meist noch keine Gewinne und ist daher nicht kapitaldienstfähig. Die positive Kapitaldienstfähigkeit, das heißt die Fähigkeit, die Zins- und Tilgungs-verpflichtungen nachhaltig vertragsgerecht zu leisten, ist jedoch ein entscheidendes Kriterium für eine Mittelbereitstellung seitens der Kapitalgeber. Hinzu kommt, dass gerade bei innovativen Unternehmen noch keine vergleichbaren Vergangenheits-werte vorliegen und somit die Prognosen von unsicheren Erfolgsgrößen wie Umsatz, Gewinn und Cash Flow erschwert werden. Die Verbindung des Finanzierungsrisikos mit dem unzureichenden Haftungskapital erschwert somit den Neuaufbau eines Unternehmens erheblich.

In Abgrenzung zu den weiteren Lebensphasen ist die Finanzierung der Unterneh-mensgründung somit durch Besonderheiten gekennzeichnet, die sowohl für die Fi-nanzierungsmöglichkeiten, als auch für das Finanzierungsverhalten der beteiligten Akteure gelten. Während die Finanzstruktur durch eine vergleichsweise hohe Infor-mationsasymmetrie geprägt ist, kann das Verhalten von Gründern in die Nähe der **Pecking-Order-Theorie** gerückt werden. Demnach bevorzugen Gründer jene Fi-nanzinstrumente, die ihnen die größtmögliche Entscheidungsautonomie bei der Un-ternehmensführung gewähren (vgl. Schulte, 2007, S. 218 ff.).

Somit werden Gründer zunächst auf vorhandene Eigenmittel zurückgreifen bevor sie Fremdkapital aufnehmen oder im letzten Schritt die externe Beteiligungsfinanzierung nutzen. Die Wahl der geeigneten Finanzierungsmittel wird jedoch auch vom Umfang des für die Gründung benötigten Kapitals geprägt. So kann sich die Finanzierung bei einem steigenden Kapitalbedarf von den internen hin zu den externen Stakeholdern verlagern. Dabei zeigt es sich, dass der Eigenfinanzierung durch die Gründer und der Selbstfinanzierung neben der klassischen Kreditfinanzierung eine hohe Bedeutung zu kommen (vgl. Metzger, 2015, S. 2 f.). Die Gründungsfinanzierung bewegt sich daher im Spannungsfeld zwischen einer durch hohe Informationsasymmetrien eingeschränkten Finanzierung sowie der Sicherung der Autonomie des Gründers. Beteiligt sind an der Gründungsfinanzierung verschiedene interne und externe Stakeholder. Folgende Anspruchsgruppen mit verschiedenen Interessenlagen können eine Unternehmenserrichtung begleiten:

- **Geschäftsführung:** Die Geschäftsführung meint den Gründer oder das Gründerteam. Dies stellt in der Regel auch den Mehrheitsgesellschafter. Dieser wird zunächst versuchen, die Existenzgründung mit eigenen Mitteln zu bewältigen, um seine Unabhängigkeit zu bewahren. Jedoch sind meist weitere Geldgeber notwendig, um den Kapitalbedarf in der Gründungsphase zu finanzieren. Interessen des Gründers bestehen vorrangig in der Gewinnerzielungsabsicht und dem Erhalt der Autonomie bei unternehmerischen Entscheidungen.
- **Anteilseigner:** Weiter können externe Gesellschafter in den Finanzierungskreis mit aufgenommen werden. So ist hier insbesondere an Beteiligungsgesellschaften zu denken. Diese stellen Eigenkapital mit dem Ziel der Erreichung einer Eigenkapitalrendite zur Verfügung. Mit der Wahl der Höhe der Beteiligungsquote kann ein Mitspracherecht bei Unternehmensentscheidungen gefordert werden.
- **Kreditinstitute:** Aufgrund des zu Beginn des Projektes benötigten Kapitalbedarfs dürfen Mittel von Banken im Finanzierungs-Mix nicht fehlen. Bankinstitute stellen in erster Linie Fremdkapital mit einer festen laufenden Kapitaldienstverpflichtung zur Verfügung. Interessen bestehen in dem Aufbau einer profitablen Geschäftsbeziehung und der Vermeidung von Zahlungsstörungen.
- **Öffentliche Hand:** In der Gründungsphase wird die Anschubfinanzierung oft durch eigenkapitalähnliche Bestandteile oder Fremdkapital von Förderbanken begleitet. Diese stellen Kapital zu günstigen Konditionen mit flexiblen Rückzahlungsstrukturen zur Verfügung. Ziele der Förderinstitute bestehen in der Schaffung von volkswirtschaftlichem Wachstum und neuen Arbeitsplätzen.
- **Lieferanten/Kreditversicherer:** Auch Lieferanten und die angeschlossenen Warenkreditversicherer werden häufig über die Gewährung von Lieferantenkrediten in die Finanzierung des Vorhabens eingebunden. Über diesen Weg werden Warenlieferungen kreditiert, indem die Bezahlung zu einem späteren Zeitpunkt erfolgt. Ziel der Lieferanten ist der Aufbau einer langfristigen Geschäftsbeziehung zum neu gegründeten Unternehmen.

– **Berater:** Weiter werden das Gründungsvorhaben sowie deren Finanzierung oft durch Steuerberater, Wirtschaftsprüfer oder Gründungsberater begleitet. Diese Akteure erstellen beziehungsweise prüfen den Business-Plan, mit dem die weiteren externen Kapitalgeber von einer Vorteilhaftigkeit des Projektes überzeugt werden sollen. Berater stellen damit ihre Expertise bei der Gründung zur Verfügung. Interessen liegen in der Generierung von Honoraren, aber auch im Aufbau der eigenen Reputation und dem Erhalt von Anschlussgeschäften.

Das Gründungsvorhaben ist in der Regel mit hohen Unsicherheiten verbunden. Dies wirkt sich auch auf das Verhalten der Stakeholder aus. So hat das Gründungsunternehmen keine geschäftliche Historie in Form vorhandener Jahresabschlüsse. Zudem können das Verhalten und die Qualitäten der Gründer in der Geschäftsführung im Vorfeld nur schwer eingeschätzt werden, da diese oft noch keine unternehmerische Vergangenheit vorweisen können. Auch das Gründungsprojekt selbst ist durch hohe Unsicherheit geprägt. Gerade bei innovativen Vorhaben ist der Erfolg nicht garantiert. Rückflüsse sind durch eine hohe Variabilität und eine hohe Standardabweichung gekennzeichnet (vgl. Schulte, 2007, S. 219 ff.).

Aufgrund der erheblichen Unsicherheiten beim geplanten Projekt und den Verhaltensunsicherheiten bei den Stakeholdern, sind Unternehmensgründungen verstärkt von Agency-Problemen aus einer ungleichen Informationsverteilung geprägt. Demnach besitzt der Gründer in der Regel umfassendere Informationen über sein Vorhaben und über seinen geplanten Arbeitseinsatz, als der externe Finanzierer. Diese Agency-Probleme müssen bei der Finanzierung antizipiert und bei der Prüfung der Kreditentscheidung sowie bei der Vertragsgestaltung berücksichtigt werden. Dazu sind spezielle Finanzierungsdesigns zu vereinbaren.

Zunächst sind Annahmen über das Verhalten des Gründers, seine Ziele und seine Risikopräferenzen zu treffen. Es ist davon auszugehen, dass das Verhalten der Gründer von der Nutzenmaximierung geprägt ist. Zudem wird, mit steigender persönlicher Investition, auch seine Risikoaversion zunehmen. Es wird angenommen, dass der Gründer vom Erfolg seines Vorhabens überzeugt ist. Daher wird er versuchen, bei notwendigem Kapitalbedarf auch externe Geldgeber für sein Konzept und seine Person zu gewinnen. Es besteht jedoch vor einem Vertragsabschluss mit externen Finanzierern eine Situation ungleicher Informationsverteilung aus Hidden Information. Die externen Kapitalgeber haben, im Gegensatz zum Gründer, einen schlechteren Wissenstand über die Qualifikationen, die Risikoeigenschaften und das geplante Projekt. Um einen **Interessenausgleich im Vorfeld der Gründung** zu erreichen, bestehen verschiedene Möglichkeiten:

– Prüfung des Gründungsvorhabens (Due Diligence)
– Forderung der Stellung von (persönlichen) Sicherheiten
– Angebot von verschiedenen Verträgen mit Selbstauswahl

Damit der Gründer sein Vorhaben mit externer Hilfe umsetzen kann, wird er unter Umständen auch bereit sein, diese Informationen freiwillig zu liefern, um das Wissensgefälle der externen Finanzierer auszugleichen. Wird das Gründungsvorhaben durch externe Kapitalgeber begleitet, so kann es nach Vertragsabschluss zu Problemen aus Hidden Action kommen. Dabei besitzt der Gründer Handlungsspielräume, die von den Finanzierern nicht direkt beobachtet werden können. Es kann zu verstecktem Konsum kommen oder sein Investitionsverhalten kann sich mit dem Anreiz zur Risikoerhöhung aufgrund der externen Finanzierungsquellen verändern. Die vorsorglichen Maßnahmen der externen Kapitalgeber werden daher durch eine verstärkte Überwachung sowie Informationsbeschaffung geprägt sein (Monitoring). Daher sind während der **Durchführung eines Gründungsprojektes** unter anderem folgende Aktivitäten zu erwarten:

- Verwendungskontrolle vor Valutierung der Kreditmittel
- Überwachung anhand von Finanz- und Ertragsplänen
- Kontrolle des Verhaltens der Gründer bei der Entnahmepolitik

Die Gründungsfinanzierung kann aus neoinstitutioneller Sicht auch als Tausch- und Kooperationsbeziehung zwischen dem Gründer sowie den externen Kapitalgebern interpretiert werden. Dabei bestimmt der Finanzierungskontrakt, im Sinne der **Partenteilung,** die Aufteilung der Erträge und Risiken auf die Beteiligten. Über die gesamte Vertragsgestaltung und insbesondere die gewählte Aufteilungsregel der Zahlungen, kann das Verhalten des Gründers im Hinblick auf eine wahrheitsgemäße Information beeinflusst werden. Zusätzlich besteht die Möglichkeit, dass der Gründer freiwillig positive Qualitätssignale an die externen Finanzierer sendet. So kann er große Teile seines persönlichen Vermögens in das Projekt investieren und damit die Güte des Vorhabens dokumentieren. Zudem kann er über die Wahl einer nicht-haftungsbeschränkten Rechtsform ein positives Zeichen setzen (vgl. Grichnik/Kraschon, 2002, S. B-39 ff.). Auch über die Höhe der Beteiligung externer Gesellschafter, verbunden mit einer Einflussnahme auf die Geschäftsführung, können Agency-Probleme reduziert und die Gründung ermöglicht werden.

Wird die Gründung erreicht, verändert sich die Ausgangslage von der Seed- über die Start-Up- bis hin zur First-Stage-Phase im Hinblick auf die Risiko- und Ertragssituation sehr dynamisch. Wichtig erscheint es aus Sicht der Kapitalgeber, zum einen die Gründer haftungsrechtlich einzubeziehen. Zum anderen können durch umfassende Prüfungs- und Überwachungsmaßnahmen im Vorfeld sowie bei Durchführung der Gründung, die Risiken genauer abgeschätzt werden.

Zusammenfassung Abschnitt 4.1: In diesem Abschnitt wurden die **Grundlagen der Gründungsfinanzierung** untersucht. Dazu wurden die wesentlichen Eigenschaften einer Gründung sowie wichtige Stakeholder mit ihren Eigenschaften im Gründungsprozess von Unternehmen herausgearbeitet.

4.2 Geschäftsmodelle der Gründung

In der Theorie und Praxis existiert eine Vielzahl von unterschiedlichen Gründungsmodellen. Sowohl die Struktur des Unternehmens und das Vermögen der Gründer,
als auch die Strategie zu der Erreichung der Unternehmensziele bilden den Rahmen
für die Bereitstellung einer geeigneten Gründungsfinanzierung.

Definition: Gründungsmodelle beschreiben den Rahmen und die Struktur des Vorhabens. So kann
die Gründung strategiebestimmend oder strategieerfüllend erfolgen. Aus diesem Gründungsmodell
leitet sich anschließend das zu wählende Finanzierungsdesign ab.

Für eine differenzierte Betrachtung der unterschiedlichen Unternehmensgründungen lassen sich diese anhand der Kriterien Strukturexistenz sowie Qualitätsmerkmal
unterscheiden (vgl. Nathasius, 2001, S. 58 ff.). Das Kriterium der **Strukturexistenz**
beschreibt, ob die Errichtung eines Unternehmens auf einer neuen Geschäftsidee
beruht oder ob auf ein bestehendes Gefüge zurückgegriffen wird. Daher kann eine
Gründung auf einem originären Konzept oder auf einer erprobten Struktur als deri-
vatives Modell erfolgen. Unter den Begriff der derivativen Unternehmensgründung
fallen jene Formen, die eine bestehende Unternehmensstruktur als Grundlage haben, wie unter anderem beim Franchising. Typischerweise fallen hierunter auch
sämtliche Existenzgründungen im Rahmen der Unternehmensnachfolge. Des Weiteren umfasst die derivate Gründung auch Firmen, die durch Abspaltung oder eine
Zusammenlegung von Unternehmensteilen entstehen.

Das **Qualitätsmerkmal** als zweite Determinante bezieht sich auf die Novität des
Business-Plans, des Produktes oder der angebotenen Dienstleistung. Eine innovative Unternehmensgründung liegt dann vor, wenn unter anderem ein neues Produkt
entwickelt wurde, das als regionale, nationale oder internationale Marktneuheit eingestuft wird. Die imitierende Existenzgründung hingegen adaptiert bereits bestehende, erfolgreiche Unternehmenskonzepte oder variiert diese lediglich in Teilbereichen ab. Diese Form der Gründung tritt in der Praxis am häufigsten auf, da hier
von Beginn an Risiken minimiert werden können, wie sie etwa bei innovativen Unternehmensgründungen vorhanden sind. Des Weiteren kann eine Gründung auch
wissensintensiv sein. Das heißt, diese erfolgt in einer Branche, die durch einen hohen Anteil an qualifiziertem Personal gekennzeichnet ist. Dies ist insbesondere in
Sektoren der Fall, in denen innovative Technologien intensiv genutzt werden.

Die vorstehenden Kriterien stellen jedoch nur die Basis der Unternehmensstruktur
dar. Wesentlich für die zukünftige Entwicklung des Geschäftsmodells sind die verfolgten Unternehmensziele und die Unternehmensstrategie, mit der diese Ziele erreicht werden können. Die Finanzierung des Unternehmens richtet sich somit nicht
allein nach der Geschäftsidee, sondern auch danach aus, wie der Markt im Hinblick
auf den zu schaffenden Kundennutzen bearbeitet wird.

Die Art und der Umfang einer Finanzierung bestimmt dann maßgeblich den Handlungsspielraum des Unternehmens und somit auch dessen Markt- und Absatzstrategie und das **Gründungsmodell**. Hieraus lassen sich zwei grundlegend verschiedene strategische Stoßrichtungen einer Gründung unterscheiden. So kann die Gründung entweder strategiebestimmend (Strategy Follows Finance) oder strategieerfüllend (Finance Follows Strategy) geplant werden. Aus der gewählten Strategie leitet sich letztendlich das Finanzierungsmodell ab.

Das **strategiebestimmende Gründungsmodell** gibt einen festen Rahmen für die Unternehmensstrategie vor, wenn nur eine begrenzte Menge an Kapital zur Verfügung steht. In Anlehnung an das ökonomische Prinzip zielt dieses Gründungsmodell primär darauf ab, mit den vorhandenen Mitteln einen maximal möglichen Ertrag zu realisieren. Diese Engpasssituation im Kapitalbereich hat somit zur Folge, dass die Handlungsmöglichkeiten der Gründer, in Bezug auf den Umfang der Investitionsvorhaben, stark eingeschränkt sind. Dieses kann dazu führen, dass die Geschäftsideen nicht wie geplant umgesetzt werden können. Im Extremfall unterbleibt das Gründungsvorhaben sogar komplett.

Dem gegenüber steht das **strategieerfüllende Gründungsmodell**, bei dem das zur Verfügung stehende Kapital keinen Engpassfaktor darstellt. Der Business-Plan muss sich somit nicht innerhalb eines fest vorgegebenen Rahmens entwickeln sondern der notwendige Finanzierungsumfang wird durch die geplante Konzeption und den geplanten Marktauftritt des Unternehmens bestimmt. Dadurch kann der Business-Plan unabhängig von den finanziellen Möglichkeiten entwickelt und die Geschäftsidee in vollem Umfang realisiert werden. Aus den beiden Gründungsmodellen lassen sich abschließend drei typische **Finanzierungsmodelle** bei Gründungsunternehmen ableiten, die sich im Wesentlichen nach dem Umfang ihres Mitteleinsatzes differenzieren lassen, wie in folgender Abb. 4.3 dargestellt.

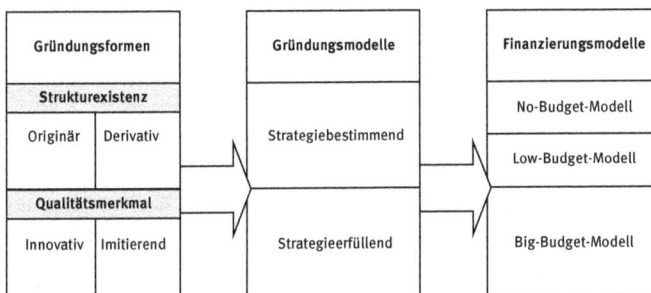

Gründungsformen		Gründungsmodelle	Finanzierungsmodelle
Strukturexistenz			No-Budget-Modell
Originär	Derivativ	Strategiebestimmend	
			Low-Budget-Modell
Qualitätsmerkmal			
Innovativ	Imitierend	Strategieerfüllend	Big-Budget-Modell

Abb. 4.3: Gründungsfinanzierungsmodelle (Quelle: In Anlehnung an Nathasius, 2001, S. 31)

Dem strategiebestimmenden Gründungsmodell lassen sich die Finanzierungsmodelle No Budget sowie Low Budget zuordnen. Aus dem strategieerfüllenden Ansatz lässt sich das Big-Budget-Modell ableiten.

Das **No-Budget-Modell** ist dadurch gekennzeichnet, dass der Gründer allein seine eigene Arbeitskraft in das neu zu gründende Unternehmen einbringt. Dieser verfügt weder über Sacheinlagen, noch über monetäre Vermögenswerte, mit denen er erste Investitionen tätigen kann. Es handelt sich hierbei um eine Selbstfinanzierung, bei der kein eigenes Kapital vorhanden ist (Self Feeding).

Beim **Low-Budget-Modell** hingegen bringt der Gründer neben seiner Arbeitskraft auch vorhandenes Eigenkapital in das zu gründende Unternehmen mit ein. Dieses erweitert den Spielraum und stellt zudem eine Voraussetzung für die Aufnahme von Fremdkapital dar. Denn zusätzlich zu einem erfolgsversprechenden Business-Plan ist die Vergabe von Fremdmitteln auch immer eng an das Vorhandensein von Gründungskapital gekoppelt. Dies spiegelt in Anbetracht der Haftung auch die Bereitschaft des Gründers wider, sich am Risiko der Unternehmensgründung mit seinem eigenen Vermögen zu beteiligen. Denn ohne eine eigene Beteiligung am Risiko des Projektes würde die Risikoverteilung einseitig zu Lasten der externen Kapitalgeber erfolgen. Da die unternehmerische Entscheidungsmacht jedoch beim Gründer liegt, kann dies zu Agency-Problemen führen. Es ergibt sich eine Risikoanreizwirkung zur Durchführung risikoreicher Projekte, die zum Beispiel die Gläubigerseite benachteiligen kann (vgl. Svoboda, 1991, S. 172 ff.). Beim Low-Budget-Modell wird neben dem Eigenkapital somit auch das Fremdkapital als Hauptfinanzierungsquelle genutzt. Es handelt sich daher um eine gemixte, miteinander „verschnürte" Finanzierung aus Eigen- und Fremdmitteln, auch „Bootstrap Financing" genannt.

Das Finanzierungsmodell, das eine strategieerfüllende Gründung ermöglicht, ist das **Big-Budget-Modell**. Hier stellen die benötigten Finanzierungsmittel keinen Engpassfaktor dar sondern richten sich nach dem im Geschäftsplan definierten notwendigen Kapitalbedarf aus. Es ist daher lediglich zu bestimmen, wie viel Kapital benötigt wird, damit das Vorhaben in all seinen Facetten umgesetzt werden kann. Auf Basis der hieraus resultierenden Finanzplanung werden Verhandlungen mit potenziellen Kapitalgebern geführt, so dass bei einer erfolgreichen Kapitaleinwerbung (Fund Raising) die Gründung des Unternehmens vollzogen werden kann. Da sich bei dem Big-Budget-Modell externe Kapitalgeber mit vergleichsweise hohen Kapitalbeiträgen am Unternehmensrisiko beteiligen, sind die Anforderungen an die Detailgenauigkeit eines Business-Plans entsprechend hoch. Diese Konzepte werden einer umfangreichen Analyse unterzogen und bilden einen wichtigen Part bei der Entscheidung der Mittelvergabe. Aber auch die Gründer beziehungsweise das Gründerteam stehen im Fokus der Betrachtung, da die Kenntnisse, Erfahrungen und Motivation mitbestimmend für den Erfolg des Unternehmens sind. Diese Eigenschaften spielen zudem eine Rolle bei der Überzeugung externer Geldgeber.

Trotz der systematischen Aufgliederung der Finanzierungsmodelle in drei unterschiedliche Finanzierungstypen, dem No-Budget-, dem Low-Budget- sowie dem Big-Budget-Modell, ist in der Realität eine Vermischung dieser Finanzmodelle und eine dynamische Entwicklung im Zeitablauf zu beobachten.

Dieses liegt darin, dass viele Unternehmen zunächst mit dem No-Budget-Finanzierungsmodell starten und sich bei erfolgreicher Entwicklung eine Veränderung hin zum Low-Budget-Modell ergibt. Verläuft die Entwicklung des Unternehmens positiv, ist der Sprung zum Big-Budget-Modell möglich, bei dem das Unternehmenskonzept und die Perspektiven auf eine positive Resonanz am Kapitalmarkt stoßen. Entgegengesetzt können aber auch Fälle auftreten, bei denen ein Geschäftsmodell zunächst als Big-Budget-Modell geplant wird, aber das Fund Raising nicht zu einem erfolgreichen Abschluss führt. Die Gründer müssen somit als Low-Budget-Modell starten, auch wenn dieses eine komplette Veränderung des Business-Plans und des geplanten Marktauftritts nach sich ziehen kann.

Je nach dem geplanten Geschäftsmodell stehen dem Gründer verschiedene Finanzierungsarten zur Verfügung. So kann die Finanzierung primär auf Eigenkapital, auf Fremdkapital oder auf Mezzaninkapital beruhen. Diese verschiedenen Finanzierungsarten werden in den folgenden Abschnitten näher betrachtet.

Zusammenfassung Abschnitt 4.2: In diesem Abschnitt wurden die **Geschäftsmodelle der Gründung** untersucht. Dazu wurden verschiedene Gründungsmodelle nach ihrem Innovationsgrad sowie dem erforderlichen Finanzierungsvolumen klassifiziert. Somit folgen aus den verschiedenen Gründungskonzepten im Ergebnis verschiedene alternative Finanzierungsmodelle.

4.3 Eigenkapitalfinanzierung bei der Gründung

In der Regel besteht bei der Gründung ein Mix aus Fremd- und Eigenkapital. Dem Eigenkapital kommt bei der Gründungsfinanzierung eine besondere Bedeutung zu. Es zeigt wie der Unternehmer sich in sein Projekt einbindet und sendet ein Signal an andere Finanzierungsgeber, denn das Risiko der Finanzierung einer Existenzgründung ist für externe Stakeholder meist hoch (vgl. Schulte, 2007, S. 219 ff.):

- da ein Gründungsunternehmen keine geschäftliche Historie aufweist,
- die Gründerperson meist keine Referenzen als Unternehmer hat und
- das Gründungskonzept mit ausgeprägten Unsicherheiten verbunden ist.

Eigenkapital hat zudem eine risikosenkende Funktion. Es stellt Verlustauffangpotenzial dar und hilft bei einer ausreichenden Kapitalisierung die Risiken einer Überschuldung zu begrenzen. Zudem kann es in Form von Barmitteln die Liquiditätslage des Unternehmens stützen. Gerade Fremdkapitalgeber achten daher auf den ausreichenden Einsatz von Eigenkapital bei einem Gründungsprojekt.

i **Definition: Eigenkapital** ist Haftungskapital, das ein erhöhtes Risiko gegenüber anderen Kapitalpositionen aufweist (vgl. Svoboda, 1991, S. 10 ff.). Das Risiko besteht in einer gewinnabhängigen Vergütung aus der Residualgröße des Jahresüberschusses und einer Nachrangigkeit. Für die Bereitstellung von Eigenkapital können zudem keine Sicherheiten bestellt werden. Der Eigenkapitalgeber ist im Gegenzug an den stillen Reserven im Unternehmen beteiligt. Des Weiteren begründet Eigenkapital besondere Kontroll-, Mitsprache-, Informations- und Herrschaftsrechte. Daher werden wichtige Unternehmensentscheidungen, insbesondere über den Einsatz des zur Verfügung gestellten Kapitals, meist durch die Eigenkapitalgeber getroffen. In der Krise eines Unternehmens kann sich die faktische Entscheidungsgewalt dagegen auf die Gläubiger verlagern.

Zusätzlich kann der Gründer über eine persönliche Obligierung oder mit der direkten Einbringung von Privatvermögen in Form von Sicherheiten eine dem Eigenkapital ähnliche Form des Engagements zeigen. Der Eigenkapitaleinsatz ist bei der Neugründung explizit zu planen und eng an das Geschäftsmodell anzulehnen.

Gründerfinanzierung und Gesellschafterkreis

Verfügen die Gründer nicht über das notwendige Startkapital oder können sich nur begrenzt finanzieren, müssen sie auf andere Arten der **Selbstfinanzierung** zurückgreifen. Die Selbstfinanzierung bei den Unternehmensgründungen kann auch durch eine **interne Beteiligung** des Gründers erfolgen. In erster Linie kann dieses durch eine Sacheinlage oder den unentgeltlichen Arbeitseinsatz (Sweat Equity) erfolgen. Eine weitere Alternative besteht in dem sogenannten „Moonlighting", bei dem der Gründer weiterhin einer regulären Beschäftigung im Angestelltenverhältnis nachgeht. Nebenher entwickelt er den Business-Plan und sichert bis zu der tatsächlichen Existenzgründung seine finanzielle Basis ab.

i **Definition: Selbstfinanzierung** ist eine wichtige Form der Innenfinanzierung und bezeichnet insbesondere die Eigenschaft von Unternehmen sich aus dem Umsatzprozess zu refinanzieren. Bei Gründern erfolgt die Selbstfinanzierung auch durch eine interne oder externe Beteiligungsfinanzierung.

Eine andere Form der Selbstfinanzierung ist das Ausnutzen unterschiedlicher Zahlungsbedingungen. So können vor Auftragsbeginn Anzahlungen von Kunden eingefordert werden für den notwendigen Materialeinkauf oder die Übernahme anderer Kosten. Obwohl noch keine Leistung erbracht worden ist, fließt dem Unternehmen bereits Liquidität zu. Unterstützt werden kann dies durch das Ausnutzen von Zahlungszielen bei Lieferanten. Dies setzt jedoch voraus, dass ein Lieferant diese Form der Kreditierung auch gewährt. Gerade bei jungen Unternehmen wird dies problematisch sein. Erhält der Gründer dennoch ein Lieferantenkredit, lassen sich hierdurch Kosten verschieben und somit die Liquidität erhalten. Bei technologieorientierten, innovativen Unternehmensgründungen besteht die Möglichkeit, von Mitteln aus Forschungs- und Entwicklungsfonds zu profitieren. Diese Gelder können aus industriellen oder aus öffentlichen Finanzquellen stammen.

Schließlich stellt eine der meist genutzten Finanzierungsquellen die sogenannte 3F-Finanzierung dar (Family/Friends/Fools). Der Kapitalbedarf für Investitionen wird hier durch Geldleistungen der Familie oder des Bekanntenkreises gedeckt. Die Deckung des Finanzierungsbedarfs für innovative, technologieorientierte Unternehmensgründungen dürfte sich auch auf diesem Wege aufgrund des meist erheblichen Umfangs, dennoch als schwierig gestalten. Diese Gründungen sind oft durch hohe Anfangsinvestitionen gekennzeichnet.

Im Gegensatz zu der internen Beteiligungsfinanzierung durch die Einbringung von Eigenkapitaleinlagen in unterschiedlichen Formen, steht die **externe Beteiligungsfinanzierung**. Hierbei wird der bestehende Gesellschafterkreis der Gründungsunternehmer um weitere externe Anteilseigner vergrößert. Diese beteiligen sich in der Regel, gegen den Erhalt von Gesellschaftsanteilen, mit Geldeinlagen am neugegründeten Unternehmen. In den folgenden Abschnitten werden die elementaren externen Beteiligungsformen auf dem deutschen Markt vorgestellt. Hierzu gehören das Venture Capital, die Kapitalbereitstellung durch Business Angels sowie alternativ auch die Nutzung öffentlicher Beteiligungsprogramme.

Bei der Einbindung Externer sollte der Gründer auf die Abgabe von Herrschafts- und Entscheidungsrechten achten. Daher ist die Erhaltung der einfachen Mehrheit oder einer dreiviertel Mehrheit unter Umständen für strategische Entscheidungen von Bedeutung. Als Kapitalform bietet sich daher die stille Gesellschaft an. Bei Beteiligungen von Finanzinvestoren ist auf das Grundinteresse dieser Akteure zu achten. Demnach kann primär die erwartete Rendite, aber auch eine strategische Zielrichtung im Vordergrund der Firmenbeteiligung am Gründungsunternehmen stehen. Auch auf eine starke Zerfaserung der Anteile ist zu achten. Diese Aufsplittung in Kleinstanteile geht möglicherweise mit einem verstärkten Koordinierungsaufwand einher. Andererseits gehen unter Umständen auch Kontrollrechte der gering beteiligten Geldgeber verloren und der Gründer kann seine Entscheidungsmacht erhalten.

Finanzierung über Venture Capital

Der Begriff **Venture Capital** wird häufig synonym mit den Begriffen Risikokapital oder Wagniskapital verwendet. Er ist jedoch von diesen Bezeichnungen klar abzugrenzen. Risikokapital liegt immer dann vor, wenn die Beteiligung bestimmte risikorelevante Eigenschaften besitzt. Hierzu gehören das Fehlen einer Rückzahlungsverpflichtung, ein residualer Verzinsungsanspruch und der mögliche Verlust des Kapitals im Fall der Insolvenz. Weitergehende, für das Venture Capital typische Eigenschaften, wie die Ausgestaltung der Mitbestimmungsrechte oder die Art und Weise der Gewinnverteilung unterliegen nicht der engen Begrifflichkeit des Risikokapitals, so dass das Venture Capital von diesem abzugrenzen ist. Auch der Begriff Wagniskapital unterscheidet sich vom Venture Capital, da Wagniskapital primär in einer Phase der Expansion bereitgestellt wird, in der bereits Erträge erzielt werden. Dieses Stadium erreicht das Unternehmen meist erst in der Wachstumsphase.

---

i **Definition: Venture Capital** ist eine spezielle Form der externen Mitteleinbringung, mit dem das vorhandene Eigenkapital bei einer stark risikobehafteten Gründung mittelfristig erhöht werden kann. Venture Capital wird dem Zielunternehmen in der Regel durch professionelle Gesellschaften, gegen die Gewährung einer Minderheitsbeteiligung für mehrere Jahre, bereitgestellt.

Folgende Eigenschaften sind daher charakteristisch für den Begriff Venture Capital (vgl. Betsch/Groh/Schmidt, 2000, S. 16 ff.):

– Finanzierung durch zeitlich begrenztes Eigenkapital
– Eingehen einer Minderheitsbeteiligung durch den Venture-Capital-Geber
– Erlöserzielung durch die Realisierung der Wertsteigerung der Anteile beim Exit
– Kontroll- und Mitspracherechte für den Venture Capital-Geber
– Bereitstellung in der Gründung und dem Ausbau junger Unternehmen

Die potenziellen Venture-Capital-Geber (VC-Geber) auf dem deutschen Markt unterscheiden sich teilweise deutlich in ihren Zielsetzungen und Vorgehensweisen. Sie lassen sich jedoch in vier Gruppen unterteilen, wie in folgender Abb. 4.4 dargestellt. Dies sind Institutionelle, Industrielle, Öffentlich-rechtliche Beteiligungsgesellschaften und Unabhängige Venture-Capital-Gesellschaften.

Abb. 4.4: Anbietergruppen auf dem deutschen VC-Markt (Quelle: Eigene Darstellung)

Institutionelle Beteiligungsgesellschaften von Banken, Versicherungen oder von Investmentgesellschaften (Institutionelle Captive Fonds) treten entweder als Tochtergesellschaften (Semi Captive) oder als einzelne Abteilungen (Captive) von Kreditinstituten auf dem Markt auf. Diese VC-Geber verfolgen dieselben Unternehmensziele, wie ihre Muttergesellschaften, nämlich die Generierung von hohen Erträgen aus den eingegangenen Beteiligungen.

Mit der Gründungsfinanzierung der Firmen entsteht die Geschäftsbeziehung bereits zu Beginn der Unternehmenstätigkeit und ermöglicht diese erst. Das hierdurch entstehende Vertrauensverhältnis stellt eine gute Basis für eine zukünftige Kundenbeziehung dar, die bei erfolgreicher Entwicklung Provisionen, Zinserträge und einen Übererlös aus dem Verkauf der Beteiligung abwerfen kann.

Industrielle Beteiligungsgesellschaften werden zumeist von etablierten großen Unternehmen gegründet. Von diesen wird, ähnlich wie bei institutionellen Beteiligungsgesellschaften, das Kapital von der Muttergesellschaft bereitgestellt. Während bei institutionellen Gesellschaften oftmals erwerbswirtschaftliche Ziele verfolgt werden, spielen bei industriellen Beteiligungen auch strategische Interessen eine Rolle. Gerade in technologieorientierten Branchen mit hohem Innovationsgrad ist diese Nähe zu neuen, erfolgsversprechenden Marktentwicklungen von Bedeutung. Durch die Beteiligungsgesellschaften kann sich ein Unternehmen mit begrenztem Kapitaleinsatz und Risikoanteil an innovativen Entwicklungen beteiligen und frühzeitig Kontakte zu potenziellen Kooperationspartnern sichern.

Öffentlich-rechtliche Beteiligungsgesellschaften unterteilen sich in mittelständische Beteiligungsgesellschaften (MBG) sowie sonstige Förderinstitutionen. Die MBG haben einen vergleichsweise breiten Gesellschafterkreis, zu dem das jeweilige Bundesland, die Industrie- und Handelskammern, die Handwerkskammern und regionale Banken gehören. Im Vordergrund der Beteiligung steht nicht die Erzielung von Erträgen sondern die Förderung der regionalen oder lokalen Wirtschaft. Die Bereitstellung von Kapital aus diesen öffentlichen Mitteln wird über verschiedene Fördermodelle gewährleistet. Zudem sind begleitend zu der reinen Kapitalbeteiligung weitere Formen der Unterstützung vorsehen.

Unabhängige Venture Capital-Gesellschaften bestehen neben den unselbstständigen Beteiligungsgesellschaften. Die Ausstattung mit Kapital erfolgt bei diesen Gesellschaften über die Bildung von Fonds, an denen sich institutionelle sowie private Investoren beteiligen. Die fondsorientierten Beteiligungsgesellschaften haben einen primär erwerbswirtschaftlichen Charakter, da sie für eine ausreichende Verzinsung der eingeworbenen Mittel sorgen müssen.

Beim typischen Finanzierungsablauf einer Venture-Capital-Gesellschaft kann auf die Venture-Capital-Wertschöpfungskette zurückgegriffen werden (vgl. Porter, 1985, S. 33 ff.). Diese wird in folgender Abb. 4.5 dargestellt.

Abb. 4.5: Venture-Capital-Wertschöpfungskette (Quelle: Eigene Darstellung)

Damit eine Venture-Capital-Gesellschaft (VC-Gesellschaft) Gelder investieren kann, benötigt sie zunächst Mittel zur Refinanzierung der eigenen Geschäftstätigkeit. Ausgangspunkt der Finanzierungstätigkeit einer VC-Gesellschaft bildet daher die **Kapitalakquisition** zur Ausstattung mit Investitionskapital. Diese kann, je nach Art der Beteiligungsgesellschaft, differieren. So kann verstärkt auf private Mittel, Stiftungsgelder oder Gelder von institutionellen Investoren beziehungsweise auf öffentliche Fördermittel zurückgegriffen werden.

Der eigentliche Beteiligungsprozess beginnt mit dem **Deal Flow**, der Identifikation potenzieller Beteiligungsmöglichkeiten. Besondere Bedeutung kommt der Nutzung vorhandener Netzwerke zu, um attraktive Investitionsobjekte zu erkennen. Meist bestehen Kontakte zu Banken, Steuerberatern, Rechtsanwälten, Wirtschaftsprüfern, Unternehmensberatern, anderen VC-Gesellschaften oder M&A-Beratern. Gute Verbindungen zu Banken haben einen besonderen Nutzwert. Diese weisen Geschäftsbeziehungen zu vielen Existenzgründern auf, stellen daher Multiplikatoren dar und kennen die Gründungsfirmen genau. Insbesondere die Beteiligungsgesellschaften der Banken profitieren von diesem Informationsvorsprung. Aber das Interesse ist nicht nur einseitig geprägt. Auch Kreditinstitute können ein Engagement von Beteiligungsgesellschaften bei Gründern forcieren, um deren Kapitalisierung langfristig zu stärken und darüber die finanzielle Stabilität zu erhöhen.

Ein weiterer Vertriebskanal von VC-Gesellschaften zur Generierung des Deal Flows bildet ein entsprechendes Marketing-Konzept, mit dem sich die VC-Gesellschaften auf dem Markt positionieren. Durch Marketingaktivitäten kann die Bekanntheit der VC-Gesellschaft und somit die Wahrscheinlichkeit erhöht werden, dass potenzielle, Beteiligungskapital suchende Unternehmen direkt auf die VC-Gesellschaft zugehen. Neben der Nutzung von Netzwerkkontakten und der Durchführung von Marketingaktivitäten kann der Kontakt zu technischen Universitäten oder Forschungseinrichtungen gesucht werden, um Ausgründungen zu finanzieren.

Nach erfolgreicher Suche von Beteiligungsprojekten findet im nächsten Schritt die **Beteiligungsprüfung** statt. Diese setzt sich aus einer Grobprüfung sowie einer Detailprüfung zusammen. In der Grobanalyse werden zunächst unqualifizierte Projekte aussortiert, die nicht im Fokus der VC-Gesellschaft liegen oder deren Business-Plan nicht angemessen erscheint. Werden interessante Beteiligungsprojekte herausgefiltert, kann es bereits zu einer Absichtserklärung (Letter of Intent) mit dem potenziellen Unternehmen kommen. Durch diese Erklärung sichert sich die VC-Gesellschaft zum einen ein Vorgriffsrecht auf das Kapital suchende Unternehmen und ermöglicht es zum anderen, bei einem Rücktritt des suchenden Unternehmens die bereits angefallenen Prüfungskosten geltend zu machen. Ob es jedoch tatsächlich zu einem Investment kommt, wird erst im Rahmen einer sorgfältigen Detailprüfung, der Due Diligence (DD), entschieden. Basis der DD ist meist der Business-Plan, der alle relevanten Informationen der Gründung enthält, die für eine Investitionsentscheidung von Kapitalgebern notwendig sind.

Die Daten des Business-Plans werden dabei umfangreichen Recherchen unterzogen, wie Machbarkeitsstudien oder Analysen des Marktpotenzials. Wesentliche Selektionskriterien der DD-Prüfung sind der Markt, das Produkt sowie das Management. Gerade in der Gründungsphase ist die Qualität des Managements entscheidend für den weiteren Erfolg des Unternehmens.

Bei einer erfolgreich abgeschlossenen DD werden die Beteiligungsverhandlungen aufgenommen, um so die Bedingungen für ein mögliches Investment festzulegen. Basis der Verhandlungen ist ein von der VC-Gesellschaft festgelegter Vertragsvorschlag, der die genauen Strukturen der Beteiligung beinhaltet. Hierzu gehören die Wahl der einzusetzenden Finanzinstrumente und die Ausgestaltung der Finanzierungsstruktur mit der Höhe der Beteiligung. Weiterer Bestandteil der Verhandlungen ist der Preis der Beteiligung, der sich aus dem Kapitalbedarf und dem Unternehmenswert ergibt. Dieser Wert lässt sich aus den diskontierten Rückflüssen der Ertragsprognose zuzüglich des Terminal Value ermitteln. Da wichtige Eckdaten der Beteiligungsverhandlungen auf Prognosen beruhen, können sich die Verhandlungen als sehr komplex erweisen. Den Abschluss bildet der Beteiligungsvertrag, in dem alle Details des Engagements schriftlich fixiert werden.

Nach Unterzeichnung aller vertraglichen Vereinbarungen sowie Transfers der beschlossenen Finanzmittel verbleiben, die Venture-Unternehmen in der Regel mehrere Jahre im Portfolio der VC-Gesellschaft. Diese Phase ist durch ein **Engagement** der VC-Gesellschaft sowohl in Form der Kontrolle (Risikominderung), als auch der Beratung (Wertsteigerung) gekennzeichnet. Durch die Kontrolle auf der Basis von laufenden Soll-Ist-Vergleichen wird das Unternehmen dahingehend überwacht, ob die geplante Entwicklung wie vorhergesagt eintritt. Hierzu werden monatliche sowie vierteljährliche betriebswirtschaftliche Berichte ausgewertet und Jahresabschlüsse geprüft. Je nach Situation des Unternehmens ist sowohl die Kontrolle, als auch die Beratung mehr oder minder intensiv ausgeprägt.

Die Unterstützung durch die VC-Gesellschaft ist dabei vielfältig. Sie reicht von der finanziellen Hilfe über die strategische Beratung, bis hin zur Mitwirkung bei operativen Fragestellungen im Marketing und Vertrieb. Tendenziell erfordert das gegründete Unternehmen in einer frühen Phase eine intensivere Betreuung, da in diesem frühen Stadium die Erfahrungen und Kenntnisse des Managements weniger ausgeprägt sind. Durch die Unterstützung in verschiedenen Handlungsfeldern des Unternehmens trägt die VC-Gesellschaft bei erfolgreicher Entwicklung direkt zur Wertsteigerung ihres Engagements bei, so dass beide Seiten davon profitieren. Dieses bedeutet, dass gerade frühe Entwicklungsphasen eine hohe Betreuungsintensität benötigen. Dies hat zum einen zur Folge, dass sich VC-Gesellschaften aufgrund der begrenzt vorhandenen Kapazitäten auf bestimmte Branchen und Technologien spezialisieren müssen. Zum anderen können sie ihre Investitionstätigkeit auch gezielt auf spätere Unternehmensphasen verlagern.

Den Abschluss des VC-Prozesses bildet das Desinvestment über den **Exit**. Sowohl der Termin als auch die Wahl des Exit-Kanals sind entscheidend für den Erfolg der Beteiligung. Denn zum Zeitpunkt des Exits realisiert die VC-Gesellschaft ihren Gewinn. Für den Ausstieg kommen verschiedene Exit-Kanäle in Betracht (vgl. Betsch et al., 2000, S. 135). Die folgende Abb. 4.6 zeigt eine Übersicht über die verschiedenen Exit-Varianten bei einem Investment.

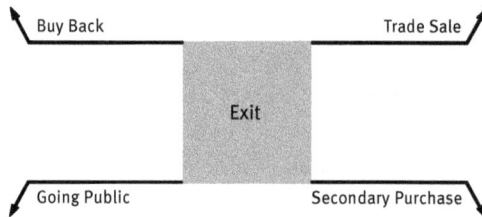

Abb. 4.6: Exit-Varianten von VC-Gesellschaften (Quelle: Eigene Darstellung)

Damit kommen primär vier verschiedene Ausstiegsalternativen zum Einsatz. Diese sind erstens der Buy Back, zweitens der Trade Sale, drittens der Secondary Purchase und viertens das Going Public. Diese unterschiedlichen Alternativen werden im Folgenden kurz erläutert:

– Beim Exit durch **Buy Back** wird der Verkaufserlös durch die Veräußerung der Beteiligung an die verbleibenden Gesellschafter beziehungsweise den Unternehmer realisiert. Die Höhe des Verkaufserlöses ist meist gering, da die Finanzkraft der Altgesellschafter oder des Unternehmers beschränkt ist. Diese werden daher auf einen niedrigen Unternehmenswert drängen. Der Kaufpreis muss zudem in der Regel fremdfinanziert werden und belastet künftig die Liquidität der ehemals direkt finanzierten Firma. Damit ist die finanzielle Stabilität bei einem hohen Kaufpreis meist stark eingeschränkt.

– Beim **Trade Sale** erfolgt der Verkauf der Beteiligung an einen Interessenten, der in der gleichen oder ähnlichen Branche tätig ist und so seine Produktpalette erweitern oder zusätzliche Erträge aus dem laufenden Gewinn des Venture-Unternehmens generieren kann. Auch die Sicherung von technologischen Innovationen kann durch die Übernahme angestrebt werden. Im Vergleich zu einem Buy Back werden bei diesem Exit-Kanal tendenziell höhere Verkaufserlöse durch die VC-Gesellschaft erzielt, da potenzielle Käufer eher bereit sind, einen strategischen Preisaufschlag zu bezahlen.

- Als weiterer Exit-Kanal ist ein **Secondary Purchase** möglich, bei dem die Unternehmensbeteiligung an eine andere VC-Gesellschaft verkauft wird. Diese verfolgt in der Regel reine Renditeziele und wird als professioneller Verhandlungsakteur agieren. Im Vergleich zu einem Trade Sale ist der erzielte Verkaufserlös tendenziell geringer, da der Käufer nur einen möglichst niedrigen Kaufpreis zu zahlen bereit ist. Denn je niedriger der Kaufpreis ist, desto höher wird der Verkaufserlös bei einem zukünftigen Exit sein.
- Als attraktivster Exit-Kanal wird das **Going Public** angesehen, indem durch ein Initial Public Offering (IPO) die Anteile des Zielunternehmens in Form von Aktien an der Börse emittiert werden. Neben einem erwarteten hohen Verkaufserlös zeichnet sich dieses Desinvestment durch den Ausgleich der Interessen des Zielunternehmens und der VC-Gesellschaft aus, wenn beide die Wertmaximierung der Firma zum Ziel haben. Je nach Börsenlage lassen sich durch die Emission von Aktien häufig extrem hohe Verkaufserlöse erzielen, die ansonsten bei einem bilateralen Verkauf nicht erreichbar wären.

Es lässt sich herausstellen, dass eine Finanzierung aus Sicht der Kapitalgeber und der Gründer zahlreiche Vorteile mit sich bringt. Während die Kapitalgeber bei einer erfolgreichen Gründung über den Exit eine hohe Beteiligungsrendite erzielen können, erhält der Gründer Eigenkapital, mit dem er seine Finanzierungslücke schließen kann. Durch den Ausbau der Eigenmittelbasis und der damit steigenden Eigenkapitalquote, erreicht der Entrepreneur des Weiteren oft eine bessere Verhandlungsposition bei einer zusätzlichen Aufnahme von Fremdkapital.

Daher verbessern sich durch die Erhöhung der Eigenkapitalquote die quantitativen Kennzahlen des Unternehmens. Dies wirkt sich positiv auf die Bonitätsbeurteilung in Form des Ratings sowie den damit verbundenen Kreditkonditionen aus. Zudem wird einem potenziellen Fremdkapitalgeber signalisiert, dass auch andere Geldgeber bereit sind, sich an der Gründung in Form von Risikokapital zu beteiligen. Da bei der Beteiligungsfinanzierung weder Zins- noch Tilgungsleistungen fällig werden, wird gerade in der Gründungsphase die meist noch gering vorhandene Liquidität geschont. Neben den finanziellen Vorteilen einer Beteiligungsfinanzierung profitiert die Firma auch von der Managementunterstützung seitens der VC-Geber.

Die aktive Einflussnahme der VC-Gesellschaft kann aber gleichzeitig auch ein Nachteil dieser Art der Beteiligungsfinanzierung darstellen. Auch wenn in der Regel nur Minderheitsbeteiligungen eingegangen werden, bestehen doch klar definierte und vertraglich vereinbarte Kontroll- und Mitspracherechte. Dies kann im Zweifel dazu führen, dass dem Gründer die alleinige Entscheidungsmacht entzogen wird und er nicht mehr uneingeschränkt handeln kann. Es muss sich nicht unbedingt nachteilig auf das Gründungsunternehmen auswirken, jedoch können hieraus Konflikte in der Geschäftsführung entstehen. Zudem existieren Anreizprobleme, da der finanzielle Erfolg nicht mehr allein dem Gründer zusteht.

Dies kann dazu führen, dass die Motivation des Gründers insgesamt sinkt. Das verringerte Anstrengungsniveau kann im Endergebnis dazu beitragen, dass der Erfolg des Unternehmens gefährdet wird. Dann bestehen verstärkt Agency-Probleme aus Hidden Action, die es zu reduzieren gilt.

Das Venture Capital lässt sich im Rahmen der Agency-Theorie auch als zweistufiges Principal-Agent-Problem beschreiben. Es können die Agency-Probleme zum einen in der originären Beziehung zwischen den Investoren sowie der Venture-Capital-Gesellschaft auftreten und zum anderen zwischen der VC-Gesellschaft und dem Zielunternehmen. Zur Verringerung dieser Problembereiche können die Investoren vor Vertragsabschluss bewusst VC-Unternehmen mit einer guten Reputation auswählen. Nach Vertragsabschluss bestehen verschiedene Möglichkeiten des Monitoring. Zudem können eine erfolgsabhängige Vergütung, eine Eigenkapitalbeteiligung der VC-Gesellschaft und Haftungsregelungen vereinbart werden.

Analog lassen sich Agency-Probleme sowie die damit verbundenen Kosten zwischen der VC-Gesellschaft sowie dem Zielunternehmen über intensive Überwachungsvorgänge des Managements oder strukturelle Maßnahmen wie die Höhe der Beteiligungsquote und verhaltensbeeinflussende Maßnahmen in Form der erfolgsabhängigen Vergütung senken (vgl. Schefczyk, 2006, S. 64 ff.).

Venture Capital ist gerade aufgrund seiner Eigenkapitalfinanzierungsfunktion ein wichtiges Finanzierungsinstrument für eine Unternehmensgründung. Jedoch sollte sich der Gründer zum einen im Klaren darüber sein, dass er einen Teil seiner Kontrollmacht und Entscheidungsfreiheit verliert. Zum anderen sinkt sein Beteiligungserlös bei einem erfolgreichen Exit. Der Gründer wird daher oft erst den Zugang zu Fremdkapitalquellen, wie den Bankkredit oder auch öffentliche Finanzierungsmittel suchen bevor die auch meist verhandlungsintensive und Transaktionskosten verursachende Alternative des Venture Capitals gewählt wird. Eine andere Form der Beteiligungsfinanzierung erfolgt über Business Angels.

Finanzierung über Business Angels

Neben dem formellen Beteiligungsmarkt mit einer Vielzahl von VC-Gesellschaften besteht über **Business Angels** auch ein informeller Markt für die Eigenkapitaleinbringung, der wie folgt definiert werden kann.

Definition: Unter einem **Business Angel** versteht man eine Privatperson, die sich mit ihrem Privatvermögen direkt und ohne formellen Mittler an einem Unternehmen beteiligt. Neben der Bereitstellung von Kapital bringen Business Angels oftmals auch unternehmerisches Know How mit ein.

Über Business Angels können im Management, im Finanzbereich sowie Marketing und Vertrieb Erfahrungen eingebracht werden, wie die nachfolgende Abb. 4.7 darstellt. Des Weiteren haben Business Angels im Laufe ihres Berufslebens meist vielfältige Kontakte knüpfen können und es besteht ein umfassendes Netzwerk.

Oft bestehen Verbindungen zu wichtigen Entscheidungsträger in einzelnen Branchen sowie Kontakte zu Anwälten und Steuerberatern. Mit ihren unternehmerischen Erfahrungen, ihrem kaufmännischen Know How und ihrem Netzwerk können Business Angels, zusätzlich zu der reinen Kapitalbereitstellung, einen Mehrwert für den Gründer schaffen. Je nach Bereitschaft der Business Angels, neben den Geldmitteln unterstützende, beratende Betreuung zur Verfügung zu stellen, lassen sich aktive und passive Akteure voneinander unterscheiden.

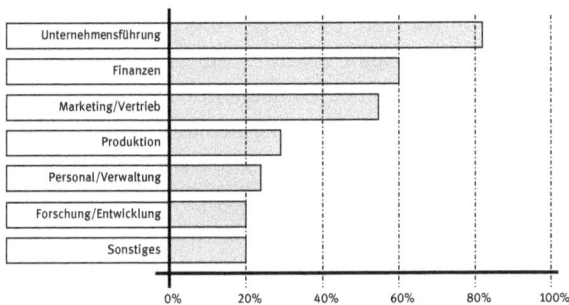

Abb. 4.7: Funktionale Erfahrungen von Business Angels (Quelle: Brettel, 2004, S. 212)

Aktive Business Angels zeichnen sich dadurch aus, dass sie neben der Kapitalbereitstellung auch als Coach fungieren. Der aktive Business Angel wird somit auch im operativen Bereich des Gründungsunternehmens tätig werden und kann so direkt seine Erfahrungen und Kontakte einbringen. Je nach Intensität der Betreuung kann dies sogar zu einer Vollzeitbeschäftigung führen. Da er begleitend zu seiner Kapitalbeteiligung bestimmte unternehmerische Funktionen ausübt, kann er auch als atypischer stiller Gesellschafter bezeichnet werden (vgl. Wöhe/Bilstein, 2013, S. 201). Die begriffliche Verwendung eines „Business Angels" wird im eigentlichen Sinne nur für diese Form der Beteiligung verwendet.

Passive Finanzinvestoren grenzen sich von den aktiven Business Angels dadurch ab, dass diese als reine Investoren auftreten. Gründe können sowohl in zeitlichen Restriktionen liegen, als auch im Fehlen von unternehmerischen Erfahrungen und Netzwerken. Der passive Investor stellt einen Teil des notwendigen Gründungskapitals zur Verfügung, meist in der Form einer stillen Gesellschaft (vgl. Wöhe/Bilstein, 2013, S. 201 ff.). Dies bedeutet gleichzeitig ein höheres Risiko, da er sein Investment nicht aktiv unterstützen und in Krisenphasen keine Hilfestellung bieten kann. Es handelt sich beim passiven Business Angel eher um einen reinen Finanzinvestor, da neben dem Kapitalfluss keine weiteren Leistungen erbracht werden.

Aufgrund der unterschiedlichen Formen der Einbringung sind auch die Motive eines Engagements sehr unterschiedlich. So verfolgen reine Finanzinvestoren ausschließlich Renditeziele. Obwohl auch aktive Business Angels monetäre Ziele verfolgen, reizt diese zusätzlich die operative Beschäftigung im Gründungsunternehmen und verschafft ihnen oft einen zusätzlichen Nutzen (vgl. Brettel, 2004, S. 221). Mit ihrer Beteiligung können sie ihre gesammelten Erfahrungen weitergeben und junge Unternehmen zu einer erfolgreichen Entwicklung verhelfen. Die Beteiligungsdauer ist daher meist auf mehrere Jahre ausgelegt und kann in ihrer Höhe Beträge in einer Spannbreite von 10.000 bis über 1 Mio. Euro annehmen.

Auch bei dieser Form der Beteiligung wird das Gründungsunternehmen zunächst einer intensiven Prüfung unterzogen. Dieser Beteiligungsprozess entspricht weitgehend dem Finanzierungsprozess beim Venture Capital. Bedeutend für die Entscheidung zu einer Kontaktaufnahme und einem letztendlichen Engagement sind, neben der Branche und dem Business-Plan, auch die persönlichen Sympathien sowie das Vertrauen zum Management. Dies ist besonders von Wichtigkeit, wenn der Business Angel sich aktiv in die Geschäftsführung einbringt. Problematisch ist aus Sicht der Gründer, dass der Markt für Business Angels sehr intransparent ist. Oft besteht nur über Kontakte zu Banken oder persönliche Netzwerke ein Zugang zu dieser Form des um Know How ergänzten Beteiligungskapitals.

Zusammenfassend lässt sich festhalten, dass der deutsche Beteiligungsmarkt sowohl aus formellen, als auch aus informellen Anbietern von Kapitalgebern besteht. Trotz einiger Überschneidungsbereiche des Kapitals der Business Angel und von Venture Capital sind beide Beteiligungsformen jedoch deutlich voneinander abzugrenzen, wie in der folgenden Tab. 4.1 dargestellt.

Tab. 4.1: Venture Capital und Kapital von Business Angels (Quelle: Eigene Darstellung)

Venture Capital	Kapital von Business Angels
Investition in späteren Gründungsphasen	Investition in der Seed- oder der Start-Up-Phase
Meist hohe Investitionssummen	Meist nur geringe Kapitaleinlagen
Externe Betreuung und Überwachung	Übernahme interner Managementfunktionen
Monetäre Zielsetzungen des Engagements	Monetäre und nichtmonetäre Interessen
Markt und Produkt stehen im Vordergrund	Managementbeteiligung mit Entscheidungsrelevanz

Eine Alternative zu diesen Kapitalformen stellt das Crowdinvesting dar. Dabei handelt es sich um das Auffinden von Finanzierern über das Internet, die Eigenkapital meist breit gestreut zur Verfügung stellen. Als Oberbegriff lässt sich das Crowdfunding benennen, mit der Idee, von einer Vielzahl an Menschen finanzielle Mittel für Projekte einzusammeln (vgl. Dorfleitner et al., 2014, S. 283 ff.).

Crowdfunding und Crowdinvesting

Crowdfunding (Schwarmfinanzierung) ist eine Internet-basierte Finanzierungsform, die sich erst in den vergangenen Jahren etabliert hat und insbesondere zur Finanzierung von neuen Projekten, Produkten und Geschäftsideen, aber auch sonstigen Aktionen eingesetzt wird. Es basiert dem Grunde nach auf einer kollektiven Zusammenarbeit vieler Menschen, deren Aufmerksamkeit für bestimmte Aktionen und Projekte über das Internet geweckt wird und die dann im Vertrauen auf den avisierten Erfolg des Projektes im Vorfeld Finanzierungsmittel zur Verfügung stellen. Während Crowdfunding bisher vorrangig dazu diente, künstlerische und kulturelle Projekte zu finanzieren, hat sich diese Finanzierungsart mittlerweile als alternative Finanzierungsquelle und Finanzierungsform im Rahmen der Gründungsfinanzierung etabliert. Die Weiterentwicklung des Crowdfundings im Bereich der Unternehmensfinanzierung bei innovativen Neugründungen wird als Crowdinvesting bezeichnet (vgl. Klöhn/Hornuf, 2012, S. 239).

Definition: Das **Crowdinvesting** bezeichnet eine Unterform des Crowdfundings, bei dem Emittenten Eigenkapital oder hybride Finanzierungsinstrumente über eine Plattform an Kleinanleger ausgeben. Im Gegenzug partizipieren die Geldgeber, die sich mit geringen Kapitalsummen oft an einem jungen Unternehmen oder einem Projekt beteiligen, an den Gewinnen (vgl. Dorfleitner et al., 2014, S. 284).

Wesentliche Beteiligte beim Crowdinvesting sind dabei der Gründer als Initiator, die Crowd sowie die Crowdfunding-Plattform. Damit der Gründer ausreichend Finanzierungsmittel für die Realisierung seines Vorhabens einsammeln kann, benötigt er die Crowd, also eine Gruppe von Menschen, die sein Vorhaben aus unterschiedlichen Gründen für interessant und unterstützenswert halten. Sie können zum Beispiel den Initiator persönlich kennen, die Idee für gut befinden oder ein finanzielles Interesse verfolgen. Während der Gründer und die Crowd somit Nachfrage und Angebot repräsentieren, wird mit der Crowdfunding-Plattform ein besonderer Marktplatz geschaffen, an dem Nachfrage sowie Angebot zusammentreffen können. Auf dieser internetbasierten Plattform können die Gründer ihre Ideen vorstellen und die Crowd ihr Kapital bereitstellen (vgl. Dorfleitner et al., 2014, S. 289 ff.).

Grundsätzlich lassen sich bei der Kapitalbereitstellung vier unterschiedliche Formen des Crowdinvestings beobachten: das Equity based Crowdinvesting, das Lending based Crowdinvesting, das Reward based Crowdinvesting sowie das Donation based Crowdinvesting. Beim **Equity based Crowdinvesting** erhalten die Kapitalbereitsteller beziehungsweise Investoren einen Anteil am Unternehmen und verfolgen mit ihrem Investment eine finanzielle Rendite. Allerdings erhalten diese Investoren aufgrund der rechtlichen Rahmenbedingungen in Deutschland keine „echten" Anteile am Unternehmen, sondern sind lediglich an den potentiellen Wertsteigerungen sowie Gewinnen beteiligt. Die Form der Beteiligung ist dabei häufig nachrangig und weist damit einen Eigenkapitalcharakter auf.

Dem gegenüber steht das **Lending based Crowdfunding**, bei dem Investoren dem Unternehmen Kapital zur Verfügung stellen, jedoch einen festen Rückzahlungsanspruch vereinbaren. Dieser Anspruch gilt auch dann, wenn das finanzierte Unternehmen Verluste auslöst (vgl. Beck, 2014, S. 17). Neben der Rückzahlung des Kapitals erwarten die Kapitalgeber eine feste Verzinsung auf das zur Verfügung gestellte Kapital, so dass dieses mit einem Kreditverhältnis zu vergleichen ist.

Im Gegensatz dazu erwarten die Geldgeber beim **Reward based Crowdinvesting** keine monetäre Rendite aus ihrem Investment. Die Unterstützer erhalten hierbei in der Regel einen materiellen Gegenwert für ihr eingebrachtes Kapital, wie beispielsweise ein Buch oder einen Film. Beim **Donation based Crowdinvesting** schließlich erhoffen sich die Investoren mit ihrem Investment weder eine monetäre noch materielle Gegenleistung, sondern möchten lediglich das finanzierte Projekt unterstützen. Die folgende Abb. 4.8 verdeutlicht, dass neben einer inhaltlichen Unterscheidung auch eine Differenzierung in Bezug auf Unsicherheit sowie Komplexität der Investitionsentscheidung getroffen werden kann.

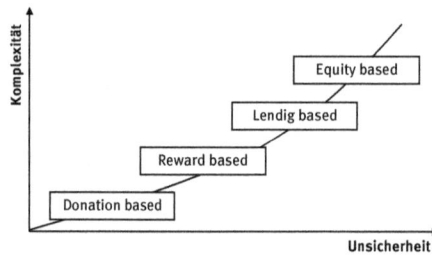

Abb. 4.8: Verschiedene Arten von Crowdfunding-Modellen (Quelle: Schramm/Carstens, 2014, S. 8)

Für eine zielgerichtete Marktansprache ist es am Anfang des Prozesses wichtig, dass der Gründer im ersten Schritt die für sein Vorhaben geeignete Plattform auswählt, um die notwendigen Gelder erfolgreich einzuwerben. Diese Mediatoren besitzen unterschiedliche Auswahlkriterien, Zielgruppen oder Investitionsschwerpunkte. Im nächsten Schritt bewirbt sich der Gründer bei den Portalen für ein Funding. Die Art und der Umfang der Bewerbung variiert unter den Plattformen. Bei seriösen Anbietern erfolgt eine Expertenprüfung des Business-Plans. Aus dem Plan wird in der Regel auch ein Video mit der Gründerstory sowie weiteren Werbematerialien erarbeitet. Das Investmentangebot wird anschließend auf einer Plattform eingestellt. Häufig besteht auch eine Vorschau-Phase, in der ausgewählte Investoren die Gelegenheit haben, das Vorhaben zu analysieren und den Gründer zu kontaktieren.

Nach dieser Vorlaufphase folgt der **Funding-Start** mit dem Ziel, die Mindestsumme an benötigtem Kapital einzusammeln. Während der Funding-Phase kann es weitere Kommunikationsmaßnahmen des Gründers geben, die helfen sollen, die Funding-Schwelle zu erreichen. Nach Erreichung der Funding-Schwelle beziehungsweise des Funding-Limits kommt es zur Kapitalauszahlung an das Start Up und Mittelverwendung durch den Gründer. Die Investoren werden anschließend fortlaufend über den Geschäftsverlauf des Unternehmens informiert und erhalten bei einem Erfolg ihre erwarteten Ausschüttungen auf den Kapitaleinsatz.

Problembereiche des Crowdinvesting liegen für die Kapitalnehmer und die Kapitalgeber häufig in den folgenden Bereichen begründet:

— Transaktionskosten und Prüfung des Vorhabens
— Agency-Probleme bei der Mittelvergabe
— Vorschriften des Kapitalmarktrechts

Aus theoretischer Sicht handelt es sich beim Crowdinvesting um einen Vorgang der Disintermediation mit der Substitution eines Finanzintermediärs, wie beispielsweise einer Bank (vgl. Dorfleitner et al., 2014, S. 285). Dieses Vorgehen ist erforderlich, da Neugründungen meist risikoreich sind und keinen Zugang zu klassischen Finanzierungsquellen besitzen. Eine Begründung über geringere **Transaktionskosten** existiert jedoch nicht, da bei derartigen Finanzierungen, meist zusätzlich zu den Kapitalkosten eine Provision in Höhe von rund 10,0 % der eingeworbenen Kapitalsummen fällig wird. Dagegen findet meist keine intensive Due Diligence und Risikoauswahl der oft innovativen Vorhaben statt.

Dieses kann zu unterschiedlichen Arten von **Agency-Problemen** führen. Beispielsweise kann die Schwierigkeit der Adverse Selection bestehen, da gute Unternehmen und Projekte auf klassische Finanzierungswege zurückgreifen können. Des Weiteren kann ein Moral-Hazard- oder Hidden-Action-Problem existieren, da das Anstrengungsniveau des Managements aus Sicht der Kleinanleger schwerlich überwacht werden kann. Zudem besteht die Problematik der Bewertung des Unternehmens zu Beginn der Beteiligung und bei einem Ausstieg. Es können unterschiedliche Sichtweisen über den Wert existieren, der einem aussteigenden Investor auf seine Kapitalbeteiligung zu vergüten ist. Es stellt sich zudem die Frage, wie ein vorzeitiger Kapitalabzug ausgestaltet wird, ohne das Konzept zu gefährden.

Eine weitere Problematik besteht in der **Prospektpflicht** des Emittenten sowie den damit verbundenen hohen Kosten. Da Ausnahmeregelungen einer Emission unter 100.000 Euro innerhalb eines Zeitraums von 12 Monaten oder einer Begrenzung der Emission auf 20 Anteile oder eines Mindestpreises von 200.000 Euro selten greifen, werden meist partiarische Nachrangdarlehen ausgegeben (vgl. Klöhn/Hornuf, 2012, S. 247 ff.). Diese können aufgrund des Nachrangcharakters jedoch Nachteile für die Investoren, beispielsweise in einer Insolvenz bedeuten.

Trotz des erheblichen Interesses junger Unternehmen an einer Crowdfinanzierung, ist die Anzahl der über dieses Vehikel finanzierten Unternehmen im Vergleich zu anderen Gründungsfinanzierungsquellen noch sehr überschaubar. Die eingeworbenen Summen sind im Durchschnitt gering und die Erfolge aus diesen Beteiligungen für die Kapitalgeber selten gegeben (vgl. Dorfleitner et al., 2014, S. 291 ff.).

Öffentliche Beteiligungsprogramme

Neben den privatwirtschaftlichen Anbietern von Beteiligungskapital sind auf dem deutschen Markt auch staatliche Institutionen mit Förderprogrammen aktiv. Wichtige Beteiligungsformen bieten die Programme der Kreditanstalt für Wiederaufbau (KfW), die Produkte des Bundes und der Länder sowie die Förderprogramme mittelständischer Beteiligungsgesellschaften.

---

i **Definition: Öffentliche Beteiligungsprogramme** werden in der Regel durch staatliche Institutionen bereitgestellt. Eine hervorgehobene Bedeutung bei der Gründungsfinanzierung haben aufgrund des hohen Umfangs der abgerufenen Mittel die Programme der KfW, des Bundes und der Länder.

Die **Förderprogramme der KfW** spielen eine große Bedeutung bei den öffentlichen Beteiligungsprogrammen. Basis dieser Förderprogramme bildet das ERP-Sondervermögen, das die KfW im Auftrag des Bundes verwaltet. Das Sondervermögen stammt ursprünglich aus Mitteln des Europäischen Wiederaufbauprogramms. Dieses diente, historisch gesehen, nach dem zweiten Weltkrieg, zum Aufbau der Bundesrepublik Deutschland. Heutzutage werden diese Mittel unter anderem zur Förderung von kleinen sowie mittleren Unternehmen eingesetzt. Die Finanzierungshilfen der KfW werden sowohl in Form von Darlehen, als auch über Beteiligungskapital bereitgestellt. Jedoch ist dieser prozentuale Anteil der Unternehmensbeteiligungen im Vergleich zur Darlehensbereitstellung gering.

Mit den Beteiligungsprogrammen stellt die KfW Kapital für verschiedene Unternehmensphasen zur Verfügung, wobei für die Gründungsphase der **ERP-Startfonds** als Finanzierungsinstrument herangezogen wird. Hierbei werden vornehmlich Beteiligungen an innovativen Technologieunternehmen eingegangen, ohne jedoch Mitspracherechte in der Geschäftsführung zu erhalten. Voraussetzung für die Bereitstellung von Kapital ist die Beteiligung eines weiteren Investors (Lead Investor). Dieser muss in der gleichen Höhe das Kapital einbringen und zusätzlich das Beteiligungskapital von der KfW mitbetreuen. Als **Lead Investor** kommen sowohl Beteiligungsgesellschaften, als auch private natürliche Personen in Frage. Wesentlich ist, dass der Beteiligungsvertrag zwischen dem Lead Investor und dem Beteiligungsunternehmen erst nach der Antragstellung bei der KfW geschlossen wird.

Voraussetzung für eine Beteiligung durch die KfW ist die Prüfung des Engagements durch den Lead Investor. Dieser hat zu untersuchen, ob das kapitalsuchende Unternehmen die Voraussetzungen für eine Beteiligung erfüllt.

Die Beurteilung hinsichtlich der Chancen und Risiken durch den führenden Investor sowie seine abschließende Empfehlung beeinflussen die Beteiligungsentscheidung der KfW maßgeblich. Für eine detaillierte Prüfung mit aussagefähigen Ergebnissen muss der Lead Investor umfangreiche Recherchen durchführen und die Ergebnisse gegenüber der KfW dokumentieren. Neben einer erfolgreichen Due Diligence muss das Unternehmen weitere förderrechtliche Voraussetzungen erfüllen.

Bedingung für eine Beteiligung der KfW ist, dass es sich bei der jungen Firma um ein deutsches Technologieunternehmen handelt und die Firma nicht länger als fünf Jahre besteht. Ob es sich um ein Technologieunternehmen handelt, entscheidet sich anhand bestimmter Kennzeichen, die ein Projekt aufweisen muss, wie beispielsweise die Markteinführung verbesserter Verfahren oder Produkte. Diese müssen sich wesentlich von den bisherigen Produkten eines Unternehmens unterscheiden und insbesondere auf Forschungs- und Entwicklungsarbeiten basieren. Führt dieses zu einem Investment, werden die Details der Beteiligung in einem Kooperationsvertrag zwischen dem Lead Investor sowie der KfW fixiert. Festgelegt werden die Höhe der Beteiligung, die Laufzeit und die Konditionen der Kapitalbereitstellung.

Alternativ zum Beteiligungskapital aus dem ERP-Startfonds können Gründer Kapital aus dem **High Tech-Gründerfonds** erhalten. Mittel aus diesem Fonds können dann beantragt werden, wenn kein Co-Investor bereit ist sich zu engagieren. Dieser Fonds wurde gemeinschaftlich von der Bundesregierung sowie einigen Großunternehmen finanziert und verfügt über ein Beteiligungskapital in Höhe von derzeit rund 576 Mio. Euro. Gefördert werden junge Technologieunternehmen, die nicht älter als ein Jahr sind und deren Sitz sich in Deutschland befindet. In der ersten Finanzierungsrunde werden diese Unternehmen mit bis zu 500.000 Euro ausgestattet, wobei 20 % (10 % in den neuen Bundesländern sowie Berlin) der bereitgestellten Mittel durch Eigenmittel der Gründer gegen zu finanzieren sind. Bereitgestellt wird diese Art der Beteiligung als nachrangiges Gesellschafterdarlehen mit einer Laufzeit von maximal sieben Jahren, welches später in Eigenkapital umgewandelt wird (entsprechen 15 % der Gesellschaftsanteile). Die Zinsen (aktuell 10 %) werden für 4 Jahre gestundet, danach besteht die Möglichkeit weitere 1,5 Mio. Euro in Form von Risikokapital zu erhalten. Um einen breiten Überblick über Gründungsunternehmen zu erhalten, arbeitet der Fonds mit Vermittlungsagenturen zusammen. Erst deren Empfehlung leitet das Antragsverfahren ein, das die eingehende Prüfung des Unternehmenskonzeptes sowie Gesprächsrunden mit den Gründern beinhaltet. Eine weitere Möglichkeit der Beteiligungsfinanzierung existiert über Länderprogramme.

Auf Landesebene existieren in den einzelnen Bundesländern Förderprogramme sogenannter **Mittelständischer Beteiligungsgesellschaften (MBG)**, die ihren Sitz in den jeweiligen Bundesländern haben. Es handelt sich bei MBG um Selbsthilfeeinrichtungen der regionalen Wirtschaft, deren Gesellschafterkreis aus Industrie- und Handelskammern, Handwerkskammern, den regional tätigen Banken, Landesbanken und Bürgschaftsbanken besteht.

Die Finanzierungsmittel werden in der Regel als stille Beteiligung bereitgestellt, die aus Programmen des Bundes und der Länder refinanziert werden. Kern der Förderung stellt die Bereitstellung von Beteiligungskapital für kleine und mittlere Unternehmen sowie für Gründungsunternehmen dar. Für Existenzgründungen kann Beteiligungskapital in einer Spanne von 50.000 bis 250.000 Euro zur Verfügung gestellt werden. Die Zielsetzung einer MBG ist dabei nicht rein ertragswirtschaftlich, sondern ebenfalls stark wirtschafts- und regional-politisch geprägt.

Ein weiterer Baustein für die Eigenkapitalfinanzierung sind öffentliche Zuschüsse und Zulagen für Existenzgründer. **Zuschüsse für eine Existenzgründung** werden von der Bundesagentur für Arbeit gewährt und erfordern, dass der Empfänger einen Anspruch auf Arbeitslosengeld hat. Zusätzlich muss der Gründer im Vorfeld mehrere Eignungstests durchlaufen und darlegen, dass er sowohl über die Kenntnisse als auch die Fähigkeiten zur Ausübung einer selbständigen Tätigkeit besitzt. Des Weiteren muss eine Prüfung des Gründungsvorhabens von einer fachlichen Stelle, durch einen Steuerberater oder einen Existenzgründungsberater, erfolgen.

Ergeben sich nach den Eignungstests keine begründeten Zweifel an den Fähigkeiten zur Existenzgründung erhält, der Gründer die Förderung in Form von Zuschüssen. Die Förderung hat dabei einen maximalen Zeitraum von fünfzehn Monaten in Höhe von monatlich 300 Euro. Neben Zuschüssen können Existenzgründer **Zulagen** für bestimmte Investitionen nach dem Investitionszulagengesetz (InvZulG) erhalten. Zu diesen Investitionen gehören beispielsweise der Bau von Betriebsgebäuden oder der Aufbau von Produktionsanlagen. Ziel dieses Investitionszulagengesetzes ist es, den wirtschaftlichen Aufbau in den neuen Bundesländern und Berlin zu unterstützen. Daher werden diese Zulagen auch nur in diesen Bundesländern gewährt. Die Höhe der Förderung ist sowohl vom Zeitpunkt der Investition, als auch von der Investitionsart (Ersatzinvestition oder Erstinvestition) abhängig.

Grundsätzlich wird diese Förderung als prozentuale Zulage auf Basis der Anschaffungs- und Herstellungskosten gewährt und beträgt mindestens 12,5 %. Der Fördersatz kann auf 25 % steigen, wenn es sich um ein kleines oder mittleres Unternehmen nach den KMU-Kriterien der EU handelt und um weitere 2,5 % wenn sich der Investitionsort in förderungswürdigen Randgebieten befindet. Beantragt werden die Zulagen beim zuständigen Finanzamt. Dieses zahlt im Fall der Genehmigung die Zulage auch aus. Alternativ können Existenzgründer aus Mitteln der Gemeinschaftsaufgabe „Verbesserung der regionalen Wirtschaftsstruktur" (GA-Förderung) **Investitionszuschüsse** erhalten. Diese sind, im Gegensatz zu Zulagen, allerdings zu versteuern. Gefördert werden primär produzierende und verarbeitende Betriebe sowie bestimmte Dienstleistungsunternehmen. Darüber hinaus beruht die Förderfähigkeit auf drei wesentlichen Kriterien: dem Beschäftigungseffekt, dem Primäreffekt und dem Investitionsort. So müssen durch die Investition beziehungsweise die Existenzgründung neue Arbeitsplätze geschaffen werden (Beschäftigungseffekt) und die Produkte müssen überregional abgesetzt werden (Primäreffekt).

Entscheidend für die Förderhöhe ist, in welcher Region die Existenzgründung statt-findet (Investitionsort), da die Investitionszuschüsse nur für strukturschwache Re-gionen gewährt werden. Zuschüsse können sich in den neuen Ländern bei kleinen und mittleren Betrieben von 35 % auf bis zu 50 % der Investitionskosten belaufen. In den alten Bundesländern hingegen beträgt der Investitionszuschuss bei größeren Unternehmen lediglich 18 % und bei kleinen und mittleren Betrieben bis zu 28 % der Investitionssumme. Die Entscheidung über die Höhe der Förderung ist zudem abhängig von der Kategorie des Fördergebietes. Die Einstufung wird von der Euro-päischen Union vorgenommen. Zuständig für Beantragung und Auszahlung der Zuschüsse sind die jeweiligen Länder. Eine wichtige Voraussetzung für einen funk-tionierenden Beteiligungsmarkt ist das Ineinandergreifen öffentlicher Förderungs-programme und privater Initiativen. Ein funktionierender sowie liquider Markt für Beteiligungsgelder bietet eine Grundlage für die Innovations- und Wirtschaftskraft eines Landes. Für technologieorientierte und innovative Unternehmensgründungen stellt Beteiligungskapital eine wichtige Finanzierungsquelle dar.

Beteiligungsmarkt in Deutschland

Der Beteiligungsmarkt in Deutschland hat sich nach dem erheblichen Dämpfer der Finanzkrise mittlerweile wieder erholt, so dass im Jahr 2014 bereits über 5 Mrd. Euro von in Deutschland ansässigen Beteiligungsgesellschaften investiert wurden (vgl. Metzger/Bauer, 2015, S. 1). Insgesamt finanziert sich jedoch nach wie vor nur ein geringer Teil der Unternehmen über Beteiligungskapital. Ins Verhältnis gesetzt ent-spricht das Beteiligungskapital lediglich 1 % des vergebenen Kreditvolumens an Unternehmen. Auf der Anbieterseite bilden die unabhängigen Beteiligungsfirmen den größten Anteil der Finanzierer, welche über die Hälfte aller Gesellschaften aus-machen. Die zweitgrößte Gruppe beinhaltet die Beteiligungsgesellschaften, die zur Gruppe der Corporate VC-Gesellschaften gehören. Hierunter werden zum einen die industriellen und zum anderen die institutionellen Beteiligungsgesellschaften sub-sumiert. Die dritte Gruppe umfasst die förderorientierten Beteiligungsgesellschaf-ten. Diese lassen sich wiederum unterteilen in Mittelständische Beteiligungsgesell-schaften (MBG) und sonstige Förderinstitutionen.

Entscheidend für die Finanzierung von Unternehmensgründungen ist der Investiti-onsschwerpunkt dieser Beteiligungsgesellschaften das heißt, in welcher Unterneh-mensphase diese ihre Gelder in das betreffende Unternehmen investieren. Aktuelle Marktstudien zeigen, dass der Großteil der Investitionen im deutschen Beteiligungs-markt nach wie vor auf Buy-Out-Transaktionen mit etablierten Unternehmen ent-fällt. Zu diesen Transaktionen werden Unternehmensübernahmen durch Eigenkapi-talinvestoren sowie das Management gezählt wie sie häufig im Zuge von Nachfol-geregelungen vorzufinden sind. Ihr Anteil betrug im Jahr 2014 mehr als drei Viertel (79 %) des Investitionsvolumens am deutschen Beteiligungsmarkt. Weitere 15 % flossen in den Venture Capital Bereich, welcher sich in die unterschiedlichen Sekto-ren Seed, Start Up und Later Stage aufteilt.

Die restlichen 11 % gelangten in den Bereich der Wachstumsfinanzierung sowie 2 % in den Bereich Turnaround. Bei einem genaueren Blick auf den für die Gründungsfinanzierung wichtigen Venture-Capital-Bereich zeigt sich, dass lediglich 0,4 % des gesamten Beteiligungskapitals in den Seed-Bereich geflossen ist. Weitere 5 % gelangten in den Start-Up-Bereich und 3,7 % in den Later-Stage-Bereich. Insgesamt wurden für Gründungsfinanzierungen im Jahr 2014 rund 645 Mio. Euro investiert bei einem gesamten Beteiligungsmarkt von über 7 Mrd. Euro.

---

i **Zusammenfassung Abschnitt 4.3:** In diesem Abschnitt wurde die **Eigenkapitalfinanzierung bei der Gründung** analysiert. Dazu wurden die wesentlichen Eigenschaften der Gründung sowie wichtige Stakeholder im Gründungsprozess dargestellt. Des Weiteren wurden wichtige Voraussetzungen für die Kapitalbereitstellung von verschiedenen Kapitalbeteiligungsgesellschaften dargestellt.

4.4 Fremdkapitalfinanzierung bei der Gründung

Neben der Eigenkapitalfinanzierung ist die Finanzierung von Unternehmensgründungen durch Fremdkapital möglich. Fremdkapital wird meist durch externe Gläubiger zugeführt. Die Fremdfinanzierung spielt bei der Gründung von Unternehmen aus folgenden Gründen eine bedeutende Rolle, denn:

- meist steht kein ausreichendes Kapital von Seiten der Gründer zur Verfügung,
- die Kosten sind gegenüber externem Beteiligungskapital geringer und
- Förderkredite sind mit Erleichterungen wie Tilgungsaussetzungen versehen.

Fremdkapital zur Gründungsfinanzierung wird durch Banken bereitgestellt oder von diesen aufgrund einer Finanzierungszusage der Förderinstitute ausgezahlt. Der Gläubiger erwirbt kein Eigentum am Betrieb oder den investierten Assets sondern ist lediglich auf Zeit mit dem Unternehmen schuldrechtlich verbunden.

---

i **Definition:** Das **Fremdkapital** ist gegenüber anderen Positionen vorrangiges Kapital mit einer fixen Vergütung in Form eines festen oder variablen Zinssatzes. Diese Verzinsung ist unabhängig vom Erfolg des Unternehmens zu leisten. Zudem können Sicherheiten für das gewährte Kapital gestellt werden. Somit weist Fremdkapital ein geringeres Risiko gegenüber Eigenkapital auf. Dies zeigt sich in einem geringeren Verzinsungsanspruch. Zudem wird durch die Stellung von Fremdkapital kein Eigentum oder Mitspracherecht begründet. In der Krise eines Unternehmens kann sich diese Situation ändern und Großkreditgläubiger wie Banken gewinnen eigentümerähnliche Mitspracherechte.

Ein weiterer Unterschied zum Eigenkapital besteht in der steuerlichen Behandlung von Fremdkapital. So sind Fremdkapitalzinsen als Betriebsausgabe bei den Ertragssteuern zumindest teilweise abzugsfähig. Die Einflussnahme auf geschäftliche Entscheidungen ist unterschiedlich ausgeprägt. Zudem bedeutet die Bereitstellung von Eigenkapital ein erhöhtes Risiko, dass sich einer höheren Vergütung zeigt.

Die Aufnahme von Fremdmitteln unterscheidet sich anhand von vier Kriterien von der Finanzierung durch Eigenkapital wie nachfolgend aufgeführt:

– Das erste Kriterium beschreibt die **Rechtsstellung des Kapitalgebers.** Bei der Bereitstellung von Fremdkapital beteiligt sich der Kapitalgeber nicht am Eigenkapital des Unternehmens, sondern nimmt eine Gläubigerstellung ein. Im Insolvenzfall kann der Gläubiger daher, je nach Rechtsform und der Absicherung, in das Privatvermögen beziehungsweise in das Gesellschaftsvermögen vollstrecken und durch die Verwertung des Vermögens im Idealfall seine herausgegebenen Finanzmittel vollständig zurückerhalten.

– Das zweite Kriterium ist der **Anspruch des Kapitalgebers** auf Zins und Tilgung. So hat der Kapitalgeber einen vertraglich fixierten Anspruch auf die Rückzahlung seines zur Verfügung gestellten Kapitals sowie auf die Zahlung einer angemessenen Verzinsung. Die Verzinsung des Fremdkapitals erfolgt erfolgsunabhängig, während der Eigenkapitalvergütung gewinnabhängig ist.

– Das dritte Kriterium umfasst die **Mitspracherechte.** Der Kapitalgeber hat keine Mitwirkungsrechte an der Geschäftsführung. Lediglich Informationsrechte können vertraglich vereinbart werden, wie unter anderem die regelmäßige Einreichung von Jahresabschlüssen. Auch Kontrollrechte können sich ergeben. Zum Beispiel aus dem Recht an variablen Sicherheiten, wie der Globalzession oder der Sicherungsübereignung eines Warenlagers. In diesen Fällen werden regelmäßige Überprüfungen vor Ort durchgeführt.

– Das vierte Kriterium ist schließlich die **Befristung** der bereitgestellten Mittel. So wird das Kapital grundsätzlich zeitlich befristet zur Verfügung gestellt, während Eigenkapitalfinanzierung in der Regel unbefristet zur Verfügung steht.

In Deutschland hat die Innenfinanzierung aufgrund der Zunahme der Gewinne und der erhöhten Thesaurierungsquote, stark an Bedeutung gewonnen. Dennoch hat die Außenfinanzierung über Kreditinstitute immer noch eine hohe Bedeutung. Gerade kleine und mittlere Unternehmen schätzen die Wichtigkeit einer Beziehung zu Kreditinstituten, um eine stabile Finanzierung zu erreichen. Kapitalmarktlösungen als Alternative spielen für diese Unternehmensgrößen derzeit noch keine wesentliche Rolle, aufgrund der hohen Transaktionskosten sowie der notwendigen Mindestlosgrößen (vgl. Deutsche Bundesbank, 2012, S. 19 ff.). Eine große Bedeutung kommt bei der Gründung eines Unternehmens der sogenannten **Hausbank** zu. Diese stellt bei der Errichtung der Firma die erforderlichen Finanzmittel bereit und wird als wichtiger Finanzierungspartner angesehen (vgl. Becker et al., 2015, S. 131 ff.).

Definition: Eine **Hausbankbeziehung** stellt eine meist langjährige Geschäftsbeziehung zu einer oder wenigen Banken dar, innerhalb derer das komplette Leistungsspektrum der Kreditinstitute abgerufen werden kann (vgl. Börner, 2000, S. 205). Meist beginnt eine Hausbankbeziehung mit der Gründung eines neuen Unternehmens und die Geschäftsintensität wächst mit dem Erfolg der Firma.

Eine bedeutende Form der Fremdkapitalfinanzierung von Gründungsunternehmen stellen Kredite und Darlehen dar, die von Banken, Sparkassen und Förderinstituten ausgereicht werden. Bei den Bankkrediten handelt es sich um kurzfristige Kredite, während Bankdarlehen eine mittel- bis langfristige Laufzeit haben. Die Konditionen und das maximale Kreditvolumen oder Blankoteil sind abhängig vom Rating der Firma. Typischerweise wird der kurzfristige Kredit mit einer Laufzeit unter einem Jahr als **Kontokorrentkredit** oder **Betriebsmittelkredit** in der speziellen Verwendung zur Finanzierung der laufenden Geschäftstätigkeit bereitgestellt. Bei dieser Kreditart in laufender Rechnung erfolgt eine tägliche buchungstechnische Verrechnung von Gutschriften und Belastungen (Saldenfeststellung). Rechtliche Grundlage stellen neben den individuellen vertraglichen Vereinbarungen sowie den Allgemeinen Geschäftsbedingungen insbesondere die §§ 408 ff. und § 607 ff. BGB sowie die §§ 355 ff. HBG dar (vgl. Rösler et al., 2000, S. 161 ff.).

Der Betriebsmittelkredit dient der Finanzierung des operativen Geschäfts und insbesondere zur Vorfinanzierung des Umlaufvermögens in Form von Forderungen aus Lieferungen und Leistungen, Vorräten sowie Waren. Zudem werden die laufenden Kosten oft über den Kontokorrent abgedeckt. Zur Vorfinanzierung wird dem Unternehmen auf dem laufenden Konto ein Kreditrahmen eingeräumt, in dem der Unternehmer disponieren kann. Die Rückführung des Betriebsmittelkredites erfolgt durch die laufende Umsatztätigkeit des Unternehmens, wie etwa Überweisungseingänge, Scheckgutschriften oder Bareinzahlungen. Aufgrund der hohen Flexibilität ist der Kontokorrentzins meist höher, als bei anderen Kreditformen. Gründe dafür liegen zum einen in der meist schwachen Besicherung oder sogar Blankogewährung. Zum anderen ist die Refinanzierung dieses Kreditprodukts komplex und Erlöse aus einer Fristentransformation sind für Banken geringer.

Wird die vereinbarte Kreditlinie überschritten, entsteht eine Überziehung. Auf diesen Teil der Inanspruchnahme wird dementsprechend ein Zinsaufschlag oder eine Überziehungsprovision in Rechnung gestellt. Formal ist der Kontokorrent täglich fällig, er wird bei erstmaliger Einräumung jedoch in der Regel auf ein Jahr befristet. Verläuft die Kontoführung vereinbarungsgemäß, kann dieser Betriebsmittelkredit auch bis auf weiteres gewährt werden, so dass aus dem formal kurzfristigen Kredit, ein mittel- oder langfristiger Kredit entstehen kann.

Neben dem (unbefristeten) Betriebsmittelkredit existieren weitere Formen der kurzfristigen Finanzierung. Hierzu gehören der Saisonkredit sowie der Zwischenkredit. Ein **Saisonkredit** wird Unternehmen zur Verfügung gestellt, die aufgrund ihrer Geschäftsstruktur in saisonalen Phasen einen erhöhten Liquiditätsbedarf haben. Auf diese Weise wird die Zeitspanne zwischen den Auszahlungen für die betrieblichen Prozesse und den über den Absatz zurückfließenden Einzahlungen überbrückt. Auch der **Zwischenkredit** ist ein Überbrückungskredit. Er dient in der Regel zur Vorfinanzierung von Darlehensvalutierungen. Später wird die ansteigende Zwischenfinanzierung durch ein Darlehen mit fester Laufzeit abgelöst.

Der Zwischenkredit kann daneben auch für andere Geschäftsarten fest und häufiger verwendet werden, wie beispielsweise bei der Vorfinanzierung von erwarteten Verkaufserlösen aus Immobiliengeschäften.

Eine weitere bedeutende Form der Kreditierung ist der **Avalkredit.** Hier stellt das Kreditinstitut dem Unternehmen eine Avalurkunde als Bankbürgschaft oder Bankgarantie aus. Es wird somit keine Liquidität durch das Kreditinstitut zur Verfügung gestellt, sondern „lediglich" die Kreditwürdigkeit der Bank. Das Aval dient zur Sicherung von Verbindlichkeiten des Unternehmens gegenüber anderen Gläubigern. Es handelt sich daher auch um eine Drittsicherheit. Denn bei der Übernahme einer Bürgschaft verpflichtet sich das Kreditinstitut gegebenenfalls für die Verbindlichkeiten des Unternehmens gegenüber einem anderen Gläubiger einzustehen. Meist erfolgt in bestimmten Branchen, wie dem Bau oder Maschinenbau auch die Einräumung einer Avallinie, die meist als Mischlinie mit der Kontokorrentlinie bereitgestellt wird. Im Geschäftsverkehr werden über Avale mehrjährige Vorhaben abgesichert in Form von Anzahlungsbürgschaften, Vertragserfüllungsbürgschaften sowie Gewährleistungsbürgschaften, die einen unterschiedlichen Risikogehalt beinhalten und deren Risiko einer Inanspruchnahme in der Krise stark ansteigt.

Der Großteil der Bankavale entfällt auf die Bankgarantien. Diese sind fiduziarisch und daher nicht eng mit dem Grundgeschäft verknüpft. Hiermit verpflichtet sich das Kreditinstitut gegenüber einem Dritten, für einen bestimmten künftigen Erfolg einzustehen oder die Gewähr für einen künftigen noch nicht entstandenen Schaden zu übernehmen. In der Praxis treten Anzahlungsgarantien, Lieferungs- und Leistungsgarantien oder Gewährleistungsgarantien auf. Die Stellung der Garantien ist oftmals Voraussetzung für die Aufnahme einer Geschäftsbeziehung mit Lieferanten, insbesondere bei jungen Unternehmen, mit denen die Zulieferer noch keine Erfahrungen im Geschäftsverkehr sammeln konnten.

Die Finanzierung im mittelfristigen beziehungsweise langfristigen Bereich erfolgt durch die Bereitstellung von **Darlehen.** Diese können unter anderem in Form eines Investitionskredites oder eines gewerblichen Baudarlehens zur Verfügung gestellt werden. Der Investitionskredit dient der Finanzierung von Anlagegütern, wie zum Beispiel Maschinen. Grundsätzlich sollte auch die Laufzeit an die Nutzung der angeschafften Vermögenswerte angepasst werden, um den Grundsatz der Fristenkongruenz einzuhalten. Eine Darlehensfinanzierung zeichnet sich dadurch aus, dass sie individuell an die Kundenbedürfnisse angepasst werden kann. So erfolgt die Auszahlung des Darlehens in einer Summe oder in Tranchen. Auch die Rückzahlung ist flexibel gestaltbar. Es kann dem Beginn der Rückzahlung eine tilgungsfreie Anlaufzeit vorangestellt werden, welche insbesondere im Hinblick auf die Kapitalknappheit bei einer Unternehmensgründung in der Anfangsphase eine Optimierung der Liquidität darstellt. Das Darlehen kann mit einer konstanten Tilgungsrate oder als Annuitätendarlehen ausgestaltet sein. Diese Tilgungsrate sollte möglichst an den geschäftlichen Saisonverlauf angepasst werden.

Des Weiteren kann ein Darlehen auch als Festdarlehen bereitgestellt werden, das am Ende der Laufzeit in einer Summe zurückgeführt wird. Während der Laufzeit fallen lediglich Zinszahlungen an. Neben den Zinsen sind weitere Kosten bei der Kreditaufnahme zu berücksichtigen. Hierzu gehören in erster Linie das Disagio, Bearbeitungsgebühren für die Prüfung des Business-Plans und die Bestellung der Kreditsicherheiten sowie Bereitstellungsgebühren und Provisionen.

Zur Begrenzung des Ausfallrisikos, das heißt dem Risiko, die herausgelegten Mittel nicht vollständig zurück zu erhalten, ergreifen die Kreditinstitute vielerlei Besicherungsmaßnahmen, welche auch als **Kreditsicherheiten** bezeichnet werden. Diese dienen lediglich der Absicherung eines eventuellen Ausfalls und spielen bei der eigentlichen Kreditentscheidung nur eine untergeordnete Rolle. Hierzu gehören insbesondere **Sachsicherheiten**. Diese geben dem Sicherungsnehmer das Recht, sich aus einem Gegenstand oder Recht zu befriedigen. Somit besteht kein Anspruch auf Zahlung einer bestimmten Geldsumme. Vielmehr erfolgt die Befriedigung aus dem Verwertungserlös. Ausgewählte Sachsicherheiten haben in der Praxis des Kreditgeschäfts eine große Bedeutung wie:

- Grundschulden,
- Sicherungsübereignungen und
- Sicherungsabtretungen.

Bei der in der Praxis oft vorkommenden **Grundschuld** wird gemäß §§ 1191 ff. BGB ein Grundstück zu Gunsten des Gläubigers belastet. Die Grundschuld ist nicht akzessorisch und damit auch nicht vom Bestand einer Forderung abhängig. Diese wird durch Einigung gemäß § 873 Abs. 1 BGB und mit Eintragung in das Grundbuch bestellt. Bei der Briefgrundschuld ist zusätzlich die Übertragung des Grundschuldbriefes an den Gläubiger erforderlich. Zur Vermeidung dieses Aufwands werden heutzutage in der Regel Buchgrundschulden vereinbart. Grundschuldbestellungen werden in der Praxis nicht nur beglaubigt, sondern auch notariell beurkundet. Dieses hängt damit zusammen, dass sich der Grundschuldbesteller mit den jeweiligen weiteren Eigentümern zusätzlich der sofortigen Zwangsvollstreckung gemäß §§ 794 ZPO in den Grundbesitz und in sein sonstiges Vermögen unterwirft (persönliche Haftung). Die Unterwerfungsklausel bezieht sich auf den Grundschuldbetrag, die Zinsen und die Nebenleistungen. Über die vollstreckbare Urkunde kann der Gläubiger jederzeit unproblematisch in das Vermögen des Verpflichteten vollstrecken.

Eine weitere Form der Bereitstellung von Haftungsmasse zur Absicherung von Krediten stellt die **Sicherungsübereignung** dar. Die Sicherungsübereignung regelt sich gemäß §§ 929 ff. BGB nach den für die Übereignung geltenden Vorschriften. Hierzu werden bewegliche Sachen aus dem Vermögen des Kreditnehmers an das Kreditinstitut übereignet und es wird ein Besitzmittelungsverhältnis vereinbart (§ 730 BGB). Auf diese Art und Weise wird die für die Übereignung notwendige Übergabe des Sicherungsgutes durch ein Besitzkonstitut (Leih- oder Verwahrvertrag) ersetzt.

Dieses ist von Bedeutung, da es sich bei den übereigneten Assets in der Regel um Gegenstände des Anlagevermögens oder Umlaufvermögens handelt, welche für die Geschäftstätigkeit benötigt werden. Die Gegenstände gehen zwar in das Sicherungseigentum des Kreditinstitutes über, verbleiben jedoch im Besitz des Unternehmens und können so von diesem weiter genutzt werden. Typischerweise werden Maschinen oder Fahrzeuge sicherungsübereignet. Des Weiteren erfolgt eine Übereignung des Warenlagers. Wichtig ist die Bestimmtheit der übereigneten Sache.

Bei der **Sicherungsabtretung (Zession)** tritt das Unternehmen seine Forderungen aus Lieferung und Leistung an das Kreditinstitut gemäß §§ 398 ff. BGB ab. Die Abtretung kann dabei sowohl als offene Zession, als auch als stille Zession vereinbart werden. Bei der offenen Zession wird die Abtretung den Kunden angezeigt, so dass diese formal mit schuldbefreiender Wirkung nur noch an das Kreditinstitut leisten können. Bei der stillen Zession wird der Kunde nicht benachrichtigt und kann daher nach wie vor an das Unternehmen zahlen. In der Praxis wird in der Regel die stille Zession vereinbart, da möglicherweise ein Vertrauensverlust in der Geschäftsbeziehung des Unternehmens durch die offene Abtretungsanzeige zu seinen Kunden entstehen kann. Meist erfolgt eine globale Abtretung der bestehenden und künftigen Forderungen im Rahmen einer Globalzession. Von Bedeutung ist, dass die abgetretenen Forderungen hinreichend bestimmt, das heißt individualisierbar, sind (vgl. Lwowski/Merkel, 2003, S. 113 ff. und Lwowski, 2011, S. 590 ff.).

Bei Personalsicherheiten erlangt der Sicherungsnehmer durch den Sicherstellungsvertrag einen persönlichen Anspruch, auf Geldleistung, gegen den Sicherungsgeber. Zu den häufig auftretenden **Personalsicherheiten** gehören:

– Bürgschaften,
– Garantien und
– Patronatserklärungen.

Von Bedeutung für die Besicherung von Gründungsfinanzierungen sind in erster Linie Bürgschaften gemäß §§ 765 ff. BGB. Die **Bürgschaft** begründet eine eigenständige Verpflichtung des Bürgen für den Fall, dass der Schuldner seine Leistung nicht erfüllt. Das Bürgschaftsverhältnis wird durch Vertrag begründet. Dabei muss die Schuld wenigstens bestimmbar sein (vgl. Lwowski/Merkel, 2003, S. 42 ff.). Die Bürgschaft ist streng akzessorisch und daher vom Bestehen sowie Umfang der Hauptschuld abhängig. In der Praxis wird in der Regel eine selbstschuldnerische Bürgschaft vereinbart. In diesem Falle verzichtet der Bürge auf das Recht der Einrede der Vorausklage gemäß § 773 Abs. 1 Satz 1 BGB und der Gläubiger kann mit Eintritt der Voraussetzungen schneller vollstrecken, da er nicht erst gegen den Hauptschuldner klagen muss. Je umfangreicher der Einwendungsausschluss ist, desto stärker nähert sich die Bürgschaft einer Garantie an. Dies gilt insbesondere für die Bürgschaft „auf erstes Anfordern". Es wird häufig eine Bürgschaft des Unternehmers bei haftungsbeschränkten Firmen herangezogen, damit sich dieser vollständig einbringt.

Die **Garantie** ist dagegen mit dem Grundgeschäft nicht verknüpft. Im Garantievertrag verpflichtet sich der Garant einseitig gegenüber dem Gläubiger zu einer Leistung. Demnach verspricht er beispielsweise zu zahlen, wenn der Erfolg nicht eintritt und damit der materielle Garantiefall gegeben ist. Dabei ist die Abgrenzung zu einer Bürgschaft meist schwierig. Einen Anhaltspunkt liefert das wirtschaftliche Eigeninteresse des Garanten.

Der **Patronatserklärung** geht meist ebenfalls ein wirtschaftliches Interesse voraus. Diese Erklärungen werden in der Regel von Muttergesellschaften für Tochterunternehmen abgegeben, die einen Kreditbedarf haben, ohne die erforderlichen Sicherheiten stellen zu können. Unterschieden werden „weiche" und „harte" Patronatserklärungen. Nur die harte Patronatserklärung bietet dem Gläubiger möglicherweise eine hinreichende Sicherheit. Diese Erklärung ist gemäß § 251 HGB bilanzausweispflichtig und entfaltet im Gegensatz zu der weichen Erklärung eine bindende rechtliche Verpflichtung (vgl. Lwowski/Merkel, 2003, S. 67 ff.).

Die Verbindung der Sicherheiten mit dem Kredit wird über einen Sicherungsvertrag hergestellt, da der Kreditvertrag zwar Ursache der Sicherheitenbestellung ist, aber selbst nicht die Verpflichtung zur Bestellung bestimmter Sicherheiten begründet. Im Rahmen des Sicherungsvertrages verpflichtet sich der Sicherungsgeber gegenüber dem Sicherungsnehmer, eine bestimmte Sicherheit für einen Kredit zu bestellen.

Definition: Der **Sicherungsvertrag** bildet neben dem Kreditvertrag die schuldrechtliche Grundlage für die dingliche Bestellung der Kreditsicherheiten. Die Vereinbarung über den Sicherungszweck stellt gerade bei abstrakten Sicherheiten eine Verbindung zwischen der bestellten Kreditsicherheit und der zu sichernden Forderung her. Des Weiteren regelt der Vertrag die Rechte und Pflichten der Vertragsparteien bezüglich des Sicherungsmittels. Der Sicherungszweck kann dabei weit oder eng gefasst sein und bezieht sich dann entweder auf sämtliche oder bestimmte Forderungen gegenüber dem Kreditnehmer (vgl. Rösler et al., 2002, S. 795 ff. und Brünink, 2011, S. 61 ff.).

Kern des Sicherungsvertrages ist die Festlegung des **Sicherungszwecks**, der regelt, für welche Kreditforderungen der Sicherungsvertrag haften soll und wann der Verwertungsfall eintritt. Der Sicherungsfall liegt dann vor, wenn der Kreditnehmer seinen vertraglichen Verpflichtungen aus dem Kreditvertrag nicht nachkommt. Der Sicherungsnehmer ist berechtigt, den Sicherungsgegenstand nach den gesetzlichen Bestimmungen zu verwerten, um aus den Verwertungserlösen eine Kreditforderung abzudecken. Der Sicherungsfall beschreibt somit die Voraussetzungen, unter denen der Sicherungsnehmer die Kreditsicherheiten des Sicherungsgebers verwerten darf. Damit schützt der Sicherungsvertrag auch den Kreditnehmer vor einer ungerechtfertigten Inanspruchnahme. Durch den Sicherungszweck darf der Sicherungsnehmer weniger Rechtsmacht ausüben als er im Außenverhältnis mit der Übertragung der Kreditsicherheit eingeräumt bekommen hat. Ist der Sicherungszweck erledigt, sind die Sicherungsgegenstände an den Sicherungsgeber zurückzuübertragen.

Öffentliche Finanzierungsmittel

Die öffentlichen Finanzierungshilfen werden in unterschiedlichen Formen gewährt. Differenziert werden können dabei zinsgünstige Kredite sowie Bürgschaften und Haftungsfreistellungen. Die Alternativen der Förderung richten sich nach drei wesentlichen Ansätzen. Erstens den zinsgünstigen Darlehen zur Optimierung der Zinsbelastung, zweitens den Darlehen zum Ausgleich mangelnder Sicherheiten und drittens den hybriden Darlehen zur dauerhaften Stärkung der Eigenkapitalquote über eigenkapitalähnliche Komponenten.

Durch die **zinsgünstigen Darlehen** der Förderprogramme lassen sich langfristige Finanzierungen sicherstellen, deren Konditionen unter dem Marktniveau liegen. Es lassen sich zudem tilgungsfreie Anlaufjahre vereinbaren. Auf diese Weise kann die Liquidität eines Gründungsunternehmens gerade in den ersten Jahren gestärkt werden. Zusätzlich können in der Regel kostenfreie Sondertilgungen geleistet werden. Dies kann bei einem positiven Verlauf des Start Ups vorteilhaft sein.

Je nach Ausgestaltung einzelner Programme, verbleibt das Ausfallrisiko der gewährten Darlehen dennoch üblicherweise bei der Hausbank, die zur Minderung des Risikos daher banktübliche Sicherheiten wie Grundschulden, Sparguthaben oder Bürgschaften Dritter verlangt. Insbesondere die Existenzgründer können Förderdarlehen selten vollständig durch eigene Vermögenswerte absichern. Zusätzliche Programme der Förderinstitute verbessern über **Haftungsfreistellungen** die Sicherheitenlage. Darüber wird ein prozentualer Teil des Ausfallrisikos von der Förderbank übernommen. Dadurch sinkt das Blankorisiko und die Hausbank wird eher bereit sein, das Gründungsvorhaben zu finanzieren. Im Gegenzug sind die Sicherheiten treuhänderisch für das Förderinstitut zu halten.

Neben Art und Umfang der Sicherheitenstellung bestimmt im Besonderen eine gute Eigenkapitalausstattung die Bonität des Unternehmens und damit die Bereitschaft einer Kreditvergabe. Bei vielen Existenzgründungen ist die Eigenkapitalquote sehr gering. Abhilfe schaffen daher Förderprogramme, die Darlehen in Form von Nachrangdarlehen oder anderen eigenkapitalähnlichen Produkten zur Verfügung stellen. Diese stärken die **wirtschaftliche Eigenkapitalbasis** eines jungen Unternehmens, da diese Finanzierungsformen Eigenmittelcharakter aufweisen.

Dieser beruht darauf, dass die Darlehen mindestens fünf Jahre lang tilgungsfrei gestellt werden und die finanzierende Bank vollständig von der Haftung freigestellt ist. Weiterhin sind die gewährten Mittel nachrangig, das heißt sie treten im Insolvenzfall im Rang hinter die Forderungen der anderen Fremdkapitalgeber zurück. Da die Darlehensnehmer keine Sicherheiten stellen müssen, können die vorhandenen Sicherheiten zur Abdeckung weiterer Fremdkapitalteile genutzt werden. Wie bereits erwähnt, stehen den Existenzgründern dazu eine Reihe unterschiedlicher Förderprogramme zur Verfügung, da neben der KfW auch die jeweiligen Förderbanken der Länder Programme zur Existenzgründung anbieten.

Im Folgenden sollen die für eine Gründung wesentlichen Programme der KfW kurz skizziert werden. Dies sind die wichtigen Fördermittel:

- ERP-Gründerkredit – StartGeld
- ERP-Kapital für Gründung
- ERP-Gründerkredit – Universell

Das Förderprogramm **„StartGeld"** richtet sich an Existenzgründer, die nur einen geringen Kapitalbedarf haben. Es werden bis zu 100 % des Gesamtfinanzierungsbedarfs für Investitionen und Betriebsmittel durch die KfW finanziert, wobei sich der Darlehenshöchstbetrag auf 100.000 Euro beläuft. Vereinbart wird ein Festzins nach dem aktuellen Konditionenspiegel der KfW. Zu berücksichtigen ist die Bonität des Kreditnehmers, die durch eine Transformation des Ratings der Hausbank auf das Ratingsystem der Förderbank erfolgt. Das gesamte Finanzierungsvolumen darf den Betrag des Darlehens übersteigen, wenn der Rest aus den eigenen Mitteln gedeckt wird. Mit diesem StartGeld werden sowohl freiberufliche als auch gewerbliche Existenzgründungen gefördert. Finanziert werden können Sachinvestitionen, aber auch immaterielle Investitionen.

Des Weiteren stehen die Finanzierungsmittel auch für den Kauf oder die Pacht eines Unternehmens zur Verfügung. Förderfähig sind dabei auch Vorhaben im Anschluss an eine Existenzgründung, da sich die Förderdauer auf eine Festigungsphase von bis zu drei Jahren nach Aufnahme der Selbstständigkeit erstreckt. Die Darlehenslaufzeit beträgt entweder fünf oder zehn Jahre und beinhaltet eine tilgungsfreie Anlaufzeit von maximal ein beziehungsweise zwei Jahren. Außerplanmäßige Sondertilgungen sind jedoch kostenpflichtig und es ist eine Vorfälligkeitsentschädigung zu leisten. Interessant ist die Übernahme einer Haftungsfreistellung von bis zu 80 % seitens der KfW. Daher ist die Beantragung des StartGeld aus Sicht der Hausbank, trotz des hohen Bearbeitungsaufwands, aufgrund des geringen Risikoanteils grundsätzlich sehr attraktiv.

Das **ERP-Kapital für Gründung** bietet eine spezifische Nachrangfinanzierung für Gründer, Freiberufler und Mittelständler. Speziell das ERP-Kapital für Gründung dient als ein wichtiger Baustein zur Finanzierung einer Unternehmensgründung. Dieses Nachrangdarlehen haftet unbeschränkt, wird ohne Sicherheiten gewährt und erfüllt damit eine Eigenkapitalfunktion. Förderungsfähig sind Unternehmen sowie Freiberufler mit einer erforderlichen fachlichen und kaufmännischen Qualifikation. Die Kreditgewährung erfolgt zum Zeitpunkt der Existenzgründung oder zur Festigung des Vorhabens bis zu drei Jahre nach Aufnahme einer Selbstständigkeit. Es erfolgt eine Aufstockung der Eigenmittel des Gründers in Höhe von mindestens 15 % bis maximal 45 % (alte Länder) beziehungsweise 50 % (neue Länder und Berlin) der Bemessungsgrundlage. Finanziert werden im Wesentlichen Investitionen in das Anlagevermögen und das Warenlager.

Die maximale Laufzeit dieser Kreditform beläuft sich auf fünfzehn Jahre bei höchstens sieben tilgungsfreien Anfangsjahren. Die Kredithöhe beträgt pro Antragsteller maximal 500.000 Euro. Vereinbart wird ein Festzins nach dem aktuellen Konditionenspiegel der KfW. Die Rückführung erfolgt nach sieben tilgungsfreien Jahren in sechzehn gleichhohen halbjährlichen Raten. Außerplanmäßige Tilgungen sind zudem kostenfrei möglich. Es erfolgt eine persönliche Haftung des Antragstellers und unter Umständen eine Mithaftung des Ehepartners. Das durchleitende Institut, also die Hausbank, wird von der Haftung dagegen komplett freigestellt. Das Programm ist grundsätzlich mit anderen Förderprogrammen kombinierbar, sofern es nicht zur Überfinanzierung kommt. Des Weiteren ist die jeweilige Größenklasse zu beachten, in der sich das beantragende Unternehmen befindet.

Der **ERP-Gründerkredit-Universell** ist insbesondere für großvolumige Existenzgründungsvorhaben geeignet. Gefördert werden natürliche Personen, die eine freiberufliche Existenz oder ein Unternehmen aus der gewerblichen Wirtschaft, dem produzierenden Gewerbe, dem Handwerk, dem Handel oder dem sonstigen Dienstleistungsgewerbe gründen sowie kleine und mittlere Unternehmen innerhalb der ersten 5 Jahre nach Aufnahme der Geschäftätigkeit. Diese Unternehmen dürfen weniger als 250 Mitarbeiter sowie einen Jahresumsatz von höchstens 50 Mio. Euro und eine Jahresbilanzsumme von höchstens 43 Mio. Euro aufweisen. Diese Firmen müssen unabhängig von Unternehmen sein, die diese Kriterien nicht erfüllen.

Weiterhin werden mittelständische Unternehmen der gewerblichen Wirtschaft gefördert, die sich innerhalb der ersten 5 Jahre nach Aufnahme ihrer Geschäftätigkeit und mehrheitlich in Privatbesitz befinden und deren Gruppenumsatz 500 Mio. Euro nicht überschreitet. Die geplanten Investitionen müssen in Deutschland getätigt werden und können zum Beispiel den Kauf von Grundstücken und Gebäuden, Maschinen und Anlagen sowie die Beschaffung von Material umfassen. Der Finanzierungsanteil des Unternehmerkredits beträgt maximal 100 % des Investitionsvolumens, wobei einzelne Vorhaben maximal 25 Mio. Euro betragen dürfen. Die Auszahlung wird in Höhe von 100 % vorgenommen, die Rückzahlung des Kredites erfolgt üblicherweise in halbjährlichen Raten.

Die Laufzeit beträgt für **Betriebsmittelfinanzierungen** bis zu fünf Jahre bei höchstens einem tilgungsfreien Anlaufjahr. Bei diesen Investitionsfinanzierungen beträgt die Laufzeit maximal 20 Jahre bei maximal 3 tilgungsfreien Anlaufjahren.

Die Beantragung und die Dokumentation in Form der Vertragsgestaltung und der Verwendungsnachweise werden über die Hausbank durchgeführt. Zu beachten ist, dass das Votum dieser Bank ausschlaggebend für eine Kreditgewährung ist. Zudem wird das Rating der Hausbank auf das Bonitätssystem der KfW übertragen. Auch auf Landesebene werden Förderprogramme von den jeweiligen Landesförderbanken angeboten. Aufgrund der Vielzahl an unterschiedlichen Förderprogrammen ist eine vollständige Übersicht der Programme an dieser Stelle nicht möglich.

Ein weiteres wesentliches Element der öffentlichen Förderung ist, neben der direkten Gewährung von Darlehen, die **Stellung von Sicherheiten**. Dies ist insbesondere vor dem Hintergrund bedeutend, dass eine ausreichende Sicherheitenstellung oftmals Voraussetzung für die Kreditierung durch eine Bank ist. Gerade Existenzgründer können diese Absicherungen jedoch häufig nicht bereitstellen, so dass für diese Fälle separate Ausfallbürgschaften bei den Bürgschaftsbanken beantragt werden können. Durch die Übernahme der **Bürgschaft** garantieren diese den Kredit gebenden Banken, dass sie im Falle des Scheiterns der Existenzgründung, das festgelegte prozentuale Ausfallrisiko übernehmen.

Da die Stellung einer Sicherheit seitens der Bürgschaftsbank die Übernahme einer Eventualverbindlichkeit bedeutet, ist der Prüfungsprozess ähnlich detailliert ausgeprägt, wie bei einer herkömmlichen Kreditanalyse. Basis der Prüfung bei einer Existenzgründung ist grundsätzlich der Business-Plan. Das beabsichtigte Vorhaben wird von der Bürgschaftsbank einer genauen Untersuchung unterzogen. Die Kosten für die Übernahme einer Bürgschaft werden in Form von Provisionen fällig, die sich zwischen 1 % und 1,5 % pro Jahr der Bürgschaftssumme bewegen. Des Weiteren bestehen Obergrenzen für die Übernahme dieser Absicherungen.

Kreditmarkt in Deutschland

Der Zugang von Existenzgründern zu Bankkreditfinanzierungen wird neben anderen wesentlichen Faktoren wie zum Beispiel der Qualität des Business-Plans, auch von der aktuellen Situation auf dem Kreditmarkt bestimmt. Nach dem historischen Tiefpunkt im Rahmen der Finanzkrise 2008/2009 haben sich sowohl Kreditnachfrage und Kreditanfrage in den letzten Jahren sehr positiv entwickelt. Derzeit berichten lediglich 15 % der gewerblichen kleinen und mittleren Unternehmen von Schwierigkeiten im Hinblick auf eine Kreditklemme. Dies entspricht einem historischen Tiefpunkt und belegt die außerordentlich gute Funktionsfähigkeit des deutschen Bankenmarktes (vgl. Schönwald, 2015, S. 2 ff.).

Hinzu kommen das niedrige Zinsniveau sowie die günstigen Konditionen der Banken, so dass der Bankkredit derzeit ein sehr attraktives Finanzierungsinstrument für Gründer darstellt. Trotz des gegenwärtig hohen Angebots auf dem Kreditmarkt ist es für den Zugang zu diesem Finanzierungsinstrument nach wie vor entscheidend, wie hoch das Nachfragevolumen ist. Unternehmen, die ein hohes Kreditnachfragevolumen haben, sind oft erfolgreicher in den Kreditverhandlungen, als der Durchschnitt der in diesen Verhandlungen stehenden Unternehmen. Während die Ablehnungsquote bei Unternehmen mit großem Nachfragevolumen lediglich bei 3 % liegt, beläuft sie sich auf der gesamten Nachfrageseite auf 14 %. Noch deutlicher wird diese Situation bei kleineren Firmen, die eine Ablehnungsquote von 17 % aufweisen. Aus dem Zugang kleiner Unternehmen zum Kreditmarkt lassen sich ähnliche Ergebnisse für Gründungsunternehmen ableiten. Diese weisen zudem ein erhöhtes Risiko für die Finanzierer auf, da keine Erfahrungen mit dem Management bestehen.

Sowohl kleine Unternehmen als auch Gründungsunternehmen sind aufgrund des vergleichsweise geringen Kreditbedarfs wenig rentabel für Banken, da den verhältnismäßig niedrigen Erträgen hohe fixe Bearbeitungskosten bei überproportionalen Risiken gegenüberstehen. Ausgleiche können auf der Ertragsseite meist nur durch weitere Geschäftsarten, wie über den Vertrieb von Versicherungen, erfolgen. Erhöhte Risiken resultieren daraus, dass kleine und junge Unternehmen noch keine hinreichende Kredithistorie vorweisen können, die eine verlässliche Einschätzung der Kreditwürdigkeit zulässt. Zudem ist das geplante Vorhaben meist innovativ. Aus diesem Grund werden Kapitalgeber eher zu einer Kreditablehnung tendieren, als bei großvolumigeren Krediten an lang bestehende Unternehmen.

Dabei zeigt sich, dass aufgrund der Informationsasymmetrien bei Gründungsunternehmen dieser Effekt eher noch verstärkt wird, da die Kreditwürdigkeitsprüfung in der Regel aufwendiger ist, als bei etablierten Unternehmen, die über eine Vielzahl von Unternehmensdaten verfügen. Des Weiteren weisen kleine Unternehmen und Gründungsunternehmen ein vergleichsweise niedriges Niveau an Eigenkapital sowie an werthaltigen Sicherheiten auf. Daher ist das Kreditausfallrisiko für den Kapitalgeber erhöht. Gerade bei innovativen Gründungsunternehmen haben die vorhandenen Vermögenswerte zusätzlich einen unternehmensspezifischen Charakter und sind meist nur eingeschränkt oder nicht verwertbar.

Gründungsunternehmen sind somit aufgrund ihrer Größenstruktur, des niedrigen Niveaus an Eigenkapital und fehlender werthaltiger Sicherheiten größeren Hemmnissen bei der Kreditvergabe ausgesetzt, als andere Unternehmen. Dieses hat nicht nur Auswirkungen auf die Bankfinanzierung generell, sondern führt des Weiteren auch zu einem Engpass bei der Fördermittelvergabe, da die Antragstellung über die Hausbank erfolgen muss. Diese Hemmnisse können das Wachstum einer Volkswirtschaft hemmen, wenn Unternehmensgründungen aufgrund eines erschwerten Zugangs zu Fremdkapital systematisch unterbleiben.

Bankinternes Rating

Vor der Vergabe von Fremdkapital durch die Bank nimmt diese, neben der Klärung der Besicherung und der Prüfung der Kreditfähigkeit, eine detaillierte Untersuchung der **Kreditwürdigkeit** des Unternehmens vor. Kernstück der Kreditwürdigkeitsprüfung ist die Ermittlung der künftigen Kapitaldienstfähigkeit des Unternehmens. Dies bedeutet die Fähigkeit des Unternehmens, seine laufenden Zins- und Tilgungsleistungen vertragsgerecht leisten zu können. Im Rahmen der Prüfung werden durch die Bank alle sich im Zusammenhang mit einer Kreditgewährung ergebenden Risiken erfasst und beurteilt. Das Ergebnis der Kreditwürdigkeitsprüfung endet schließlich in einer umfassenden qualitativen und quantitativen Bewertung des Unternehmens, in Form eines Ratings. Die Prüfung der Kreditwürdigkeit durch die Bank vollzieht sich grundsätzlich in zwei Schritten, da diese zum einen die persönliche und zum anderen die materielle Kreditwürdigkeit umfasst.

Die **persönliche Kreditwürdigkeit** kann dabei auch als qualitativer Teil der Kreditwürdigkeitsprüfung bezeichnet werden. Beurteilt werden die persönlichen Eigenschaften des Unternehmers, wie berufliche sowie fachliche Qualifikationen. Zudem werden die unternehmerischen Fähigkeiten eingeschätzt. Es wird auch geprüft, wie die bisherigen Bankbeziehungen eines Antragstellers verliefen. Neben der persönlichen Zuverlässigkeit, die aufgrund der bisherigen Bankbeziehungen bewertet wird, spielen jedoch in erster Linie die fachlichen und kaufmännischen Fähigkeiten eine zentrale Rolle für ein positives Bankvotum. So muss der Gründer in der Lage sein, das Unternehmenskonzept in qualitativer und quantitativer Hinsicht zu erläutern. Dazu gehört auch, dass sowohl Chancen als auch die Risiken des Projektes klar aufgezeigt und zukünftig prognostizierte Entwicklungen plausibel erläutert werden können. Die Prüfung des Managements kann zusätzlich durch objektive Qualifikationsmerkmale, wie eine Ausbildung, innerhalb der Branche unterstützt werden.

Der quantitative Teil der Kreditwürdigkeitsprüfung umfasst die Prüfung der **materiellen Kreditwürdigkeit**. Kernstück ist die Beurteilung der Kapitaldienstfähigkeit des Unternehmens. Um diese einschätzen zu können, stellt die Bank ähnliche Anforderungen an die einzureichenden Unterlagen, wie die in dem Abschnitt zuvor beschriebenen Beteiligungsgesellschaften. Der Antragsteller muss einen aussagekräftigen Business-Plan vorlegen, in dem die für eine Kreditentscheidung notwendigen Angaben plausibel aufgeführt werden. Um die Vermögenslage des Unternehmens beurteilen zu können, ist die Einreichung der Planbilanz notwendig. Wesentlich sind die Liquiditäts- und Ertragsrechnungen in Form einer Plan-Gewinn- und Verlustrechnung. Damit die zukünftige Ertragskraft und die Kapitaldienstfähigkeit des Unternehmens beurteilt werden kann, müssen die Planzahlen mindestens für die nächsten drei Geschäftsjahre aufgestellt werden.

Ergebnis der Prüfung des quantitativen Teils ist die Ermittlung eines zukünftigen, nachhaltig erzielbaren Cash Flows. Diese Rückflüsse bedingen die maximale Verschuldungskapazität des Unternehmens. Durch eine Gegenüberstellung des freien Cash Flows zu dem zu leistenden Kapitaldienst wird ersichtlich, ob das Unternehmen kapitaldienstfähig ist oder nicht. Grundsätzlich ist die Kapitaldienstfähigkeit dann gegeben, wenn der zukünftige Cash Flow die Zins- und Tilgungsleistungen übersteigt. Da jedoch alle zukünftigen Zahlen auf Annahmen basieren und somit ein Eintrittsrisiko vorliegt, wird die Bank darauf achten, dass ein ausreichender Cash-Flow-Puffer gegeben ist. Auch wenn die Kapitaldienstfähigkeit das zentrale Entscheidungselement bei der Kreditvergabe ist, kommt auch der Prüfung und Bestellung werthaltiger Sicherheiten eine hohe Bedeutung zu. Gerade bei Existenzgründungsvorhaben, bei denen aufgrund fehlender historischer Daten die Kreditwürdigkeitsprüfung auf unsicheren Prognosewerten beruht, entsteht ein vergleichsweise hohes Kreditrisiko für die Banken. Diese werden daher bemüht sein, das potenzielle Ausfallrisiko, neben der eingehenden Überprüfung des Gründungskonzepts, durch eine umfassende Sicherheitenbestellung abzufedern.

Des Weiteren ist das Einbringen von Eigenkapital ein wichtiger Aspekt für eine positive Beurteilung der Kreditwürdigkeit. Denn zum einen signalisiert der Unternehmer auf diese Weise eine Beteiligung mit eigenem Vermögen am Unternehmensrisiko. Zum anderen sorgt das Eigenkapital für einen Liquiditätspuffer, der gerade bei Existenzgründungsvorhaben notwendig ist. Zudem kann mit einem ausreichenden Eigenkapital bei haftungsbeschränkten Rechtsformen das Risiko einer Insolvenz aufgrund einer Überschuldung eingegrenzt werden. Als Voraussetzung der Kreditvergabe verlangen Banken daher in der Regel Mindesteigenkapitalquoten, die in ihrer Höhe, je nach Risikogehalt der Gründung, variieren können. Die im Rahmen einer Kreditwürdigkeitsprüfung gewonnen Informationen über das Gründungsvorhaben, den Gründer sowie die geplante zukünftige Ertragsentwicklung des Unternehmens fließen in eine Gesamtbewertung, in Form eines Ratings ein.

Definition: Ein **Rating** beschreibt die Einschätzung der Kreditwürdigkeit eines Unternehmens auf einer bankinternen Skala oder einem Ranking externer Ratingagenturen. Das Rating dient zur Abschätzung des Ausfallrisikos über Ausfallwahrscheinlichkeiten und zur Beurteilung der zukünftigen Kapitaldienstfähigkeit des betrachteten Unternehmens. Aus dem Rating werden Risikoprämien für die Kreditkonditionen, die maximalen Kreditvolumina beziehungsweise die Blankoteile abgeleitet. Zudem sollte ein Ratingsystem der Risikofrüherkennung dienen (vgl. Portisch, 2006a, S. 61 ff.).

Gesetzliche Grundlagen zur Erstellung eines **Ratings** lassen sich unter anderem aus den Mindestanforderungen an das Risikomanagement (MaRisk) ableiten. Demnach haben sich die Kreditinstitute aus MaRisk BTO 1.2 Tz. 3 und 4 ein eigenes Urteil über das Adressenausfallrisiko eines Kreditengagements zu verschaffen. Die Einstufung und die Überwachungen erfolgen gemäß MaRisk BTO 1.2 Tz. 6 und 7 auf der Basis eines Risikoklassifizierungsverfahrens, wie dem Rating. Beim Prozess der Kreditgewährung sind nach MaRisk BTO 1.2.1 Tz. 1 die für die Beurteilung des Risikos wichtigen Faktoren zu analysieren und die Beurteilung des Risikohalts wird anhand einer Kreditwürdigkeitsprüfung und Risikoeinstufung in einem Risikoklassifizierungsverfahren durchgeführt. Des Weiteren sind gemäß MaRisk BTO 1.3 Tz. 1 und 2 gegebenenfalls zusätzliche Verfahren zur Früherkennung von Risiken einzurichten, die auf der Basis quantitativer sowie qualitativer Risikomerkmale für eine frühzeitige Risikoidentifizierung sorgen.

Grundsätzlich kann eine Risikoklassifizierung auf Basis rein mathematischer Scoring-Modelle, zum Beispiel im Mengengeschäft auf der Grundlage einer Kontodatenanalyse, oder im Individualgeschäft über Ratingverfahren erfolgen. Letztere werden auch bei Existenzgründungen eingesetzt und ermöglichen eine Einschätzung des Kreditausfallrisikos von Seiten der Kapitalgeber. Durch Kombination der aufbereiteten Ertrags- und Bilanzdaten mit den qualitativen Bewertungen und weiterer externen Faktoren, wie der Branchen- und der Wettbewerbslage, wird eine entsprechende Ratingnote mit einer Ausfallwahrscheinlichkeit ermittelt.

Da sich die Ratinganforderungen von Gründungsunternehmen und bereits existierenden Unternehmen deutlich unterscheiden, werden in der Regel bei Gründern die qualitativen Faktoren, wie das Management oder das Produkt stärker gewichtet. Es besteht auch die Möglichkeit, spezielle Ratingverfahren für Gründungsfinanzierungen einzurichten, um eine genaue Risikoeinstufung vornehmen zu können und voraussichtlich erfolgreiche Gründungen zu selektieren.

Neben einer Verpflichtung der Kreditinstitute die Kreditnehmer in Risikostufen zu klassifizieren, verpflichten die MaRisk die Banken gemäß MaRisk BTO Tz. 1 bis 9 vor allem dazu, dass der Ablauf der Kreditwürdigkeitsprüfung eine nach Markt sowie Marktfolge getrennte Prozessstruktur beinhaltet. So muss der Kreditprozess in Markt und Marktfolge aufgetrennt werden, wie die folgende Abb. 4.9 veranschaulicht.

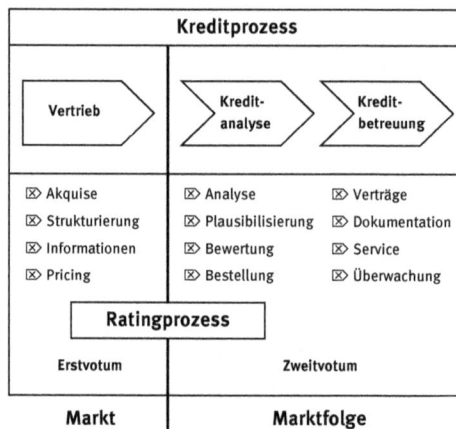

Abb. 4.9: Kreditprozess nach MaRisk (Quelle: Eigene Darstellung)

Unter dem Bereich **Markt** werden die jeweiligen Firmenkundenbetreuer, marktverantwortlichen Leiter und Vorstände subsumiert, die für die direkte Betreuung der Kunden zuständig sind. Sie sind verantwortlich für die vertrieblichen Zielsetzungen und haben auch die Aufgabe, das Neugeschäft zu akquirieren. Ist das Geschäft mit dem Kunden angebahnt, wird durch den Markt die Vorstrukturierung der Finanzierung vorgenommen. Diese umfasst in erster Linie die Entscheidung über die Höhe und Laufzeit der Kredite. Der Betreuer ist auch dafür zuständig, geeignete Sicherheiten einzufordern, um das Engagement aus Risikosicht tragfähig zu gestalten. Auf Basis der Finanzierungsstruktur sowie einer indikativen Ratingeinschätzung werden die Konditionen mit dem Kunden ausgehandelt.

Dabei gilt grundsätzlich, dass die Kreditkonditionen aufgrund der Einpreisung einer exponentiell steigenden Risikoprämie umso teurer werden, je schlechter das Rating und die Sicherheitenstellung ausfällt. Die Finanzierungsstruktur wird anschließend zusammen mit der Bonitätseinschätzung von einem Firmenkundenbetreuer schriftlich dokumentiert. Dieses stellt das Erstvotum dar. Damit es zu einer Kreditvergabe kommen kann, ist jedoch zusätzlich ein positives Zweitvotum notwendig, welches nur durch die Marktfolge abgegeben werden kann.

Die **Marktfolge** führt eine umfassende Kreditwürdigkeitsprüfung durch. Während der Markt auf Basis der Bilanz- und Ertragsdaten beziehungsweise des Business-Plans eine erste Einschätzung gegeben und die Kapitaldienstfähigkeit ermittelt hat, wird gerade die Deckung der künftig zu erbringenden Zins- und Tilgungsleistungen noch einmal detailliert verifiziert. Die Eingabe der quantitativen Daten bildet eine Grundlage für die Berechnung des endgültigen Ratings.

Des Weiteren führt die Marktfolge sowohl eine Plausibilitätsprüfung der Kundenangaben, als auch des Erstvotums durch. Hierbei werden insbesondere die Eintrittswahrscheinlichkeit von Annahmen zukünftiger Entwicklungen und die Werthaltigkeit der vereinbarten Sicherheiten geprüft. Je nach Ergebnis dieser Untersuchung durch die Marktfolge wird dem Erstvotum zugestimmt oder es werden Auflagen an den Markt übermittelt, die vor Vergabe eines positiven Zweitvotums erfüllt werden müssen. Hierzu können beispielsweise die Vereinbarung zusätzlicher Sicherheiten oder die Einreichung von Gutachten, wie zum Beispiel Markt- oder Produktstudien, gerade bei Kreditentscheidungen über Neugründungen gehören.

Mit dem Abschluss dieser Kreditwürdigkeitsprüfung durch ein positives Zweitvotum der Marktfolge, werden die weiteren Schritte des Kreditprozesses ausgelöst. Diese werden in der Regel von einer separaten Kreditbetreuung vorgenommen. Zu ihren Aufgaben gehören im Wesentlichen die vertragliche Gestaltung der Finanzierungsstruktur, der Sicherheiten sowie die Archivierung der Dokumente. Neben den klassischen Kreditinstrumenten der Banken können auch Förderkredite bei Existenzgründungen eingesetzt werden. Diese werden von der Hausbank beantragt und ausgezahlt. Die vielfältigen Kreditförderprogramme, wie unter anderem von der Kreditanstalt für Wiederaufbau, dienen zum Teil speziell der Ermöglichung und der finanziellen Erleichterung einer Existenzgründung. Diese sind sowohl auf Landesebene, als auch auf Bundesebene angesiedelt.

Zusammenfassung Abschnitt 4.4: In diesem Abschnitt wurde die **Fremdkapitalfinanzierung bei der Gründung** untersucht. Es wurde auf wichtige Kreditformen eingegangen, die bei der Gründung von Bedeutung sein können. Dazu wurden auch bedeutende Förderprogramme speziell für Gründer mit den jeweiligen Genehmigungsvoraussetzungen dargestellt. Des Weiteren wurden wesentliche Kreditsicherheiten besprochen. Es wurde auf die Bedeutung der Hausbankbeziehung eingegangen und die Prozesse der Kreditgewährung wurden aus Bankensicht dargestellt, damit sich der Unternehmer ein Bild über die Entscheidungsabläufe in Kreditinstituten verschaffen kann.

4.5 Mezzaninkapitalfinanzierung bei der Gründung

Neben dem klassischen Finanzierungs-Mix aus Eigen- und Fremdkapital hat sich eine weitere Finanzierungsklasse der Mezzanine auf dem Finanzmarkt etabliert.

Definition: Unter **Mezzaninkapital** werden sämtliche Finanzierungsarten zusammengefasst, die in ihrer rechtlichen und wirtschaftlichen Ausgestaltung eine Mischform zwischen Eigen- und Fremdkapital darstellen und eine Stärkung der Eigenmittelbasis im Unternehmen zur Folge haben können.

Durch die Positionierung zwischen diesen Kapitalpositionen erfüllt Mezzaninkapital somit eine Brückenfunktion. Insbesondere bei innovativen Unternehmensgründungen ist der Eigenkapitalbedarf aufgrund des hohen Gründungsrisikos entsprechend groß und stellt in den meisten Fällen einen echten Engpassfaktor dar. Zudem beschränkt eine niedrige Eigenkapitalquote den Zugang zu Fremdkapital. In dieser Situation können Mezzanine sinnvoll zur Optimierung der Bilanzstruktur eingesetzt werden. Je nach Ausgestaltung des Mezzaninkapitals kann dieses einen stark eigenkapitalnahen Charakter haben und somit einen wichtigen Beitrag zur Finanzierung liefern. Ein wesentlicher Aspekt dieser Kapitalform besteht in der Möglichkeit, diese frei auszugestalten. Dabei hilft es, dass Mezzaninkapital gesetzlich nicht stark reguliert ist. Diese Flexibilität führt dazu, dass sich verschiedene mezzanine Finanzinstrumente herausgebildet haben, die sich grundsätzlich in zwei Varianten unterscheiden. So kann Mezzaninkapital sowohl in eigenkapitalähnlicher Form (Equity Mezzanine), als auch in fremdkapitalähnlicher Form (Debt Mezzanine) bereitgestellt werden, wie die nachstehende Abb. 4.10 verdeutlicht.

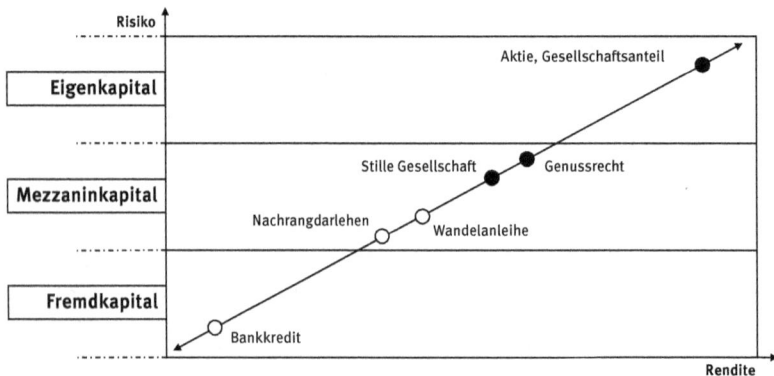

Abb. 4.10: Mezzaninkapital auf einem Kontinuum (Quelle: Eigene Darstellung)

Unter den fremdkapitalnahen Instrumenten hat das **Nachrangdarlehen** eine hohe Bedeutung. Die Nachrangigkeit besagt, dass es im Fall der Liquidation oder Insolvenz des Unternehmens im Rang nach den anderen Darlehen bedient wird. Es wird damit erst unmittelbar vor dem Eigenkapital zurückgeführt, woraus letztendlich der mezzanine und eigenkapitalnahe Charakter entsteht. Diese Nachrangigkeit wird in erster Linie durch die Vereinbarung eines Rangrücktritts herbeigeführt. Bilanzrechtlich gesehen bleibt das nachrangige Darlehen zwar Fremdkapital, ist aber im Rahmen der Unternehmensfinanzierung als eine Zwischenform zwischen dem Eigen- und Fremdkapital positioniert. Häufig wird es in Form eines Gesellschafterdarlehens bereitgestellt, bei dem der Rangrücktritt explizit erklärt wird.

Eine weitere Form des fremdkapitalnahen Mezzaninkapitals ist die **Wandelanleihe**, auch Wandelschuldverschreibung oder Wandelobligation genannt. Die Wandelanleihe wird auf dem Kapitalmarkt zunächst als klassische Anleihe begeben. Dem Inhaber wird jedoch das Recht eingeräumt, diese Anleihe während einer festgelegten Frist gemäß dem Wandlungsverhältnis in Aktien umzutauschen. Zwar wird diese Anleiheform in der Regel mit einem Zinskupon ausgestattet, der unter dem für die Laufzeit und der Risikoklasse geltenden Fremdkapitalzins am Kapitalmarkt liegt. Jedoch besteht für den Käufer die Möglichkeit, von einem steigenden Aktienkurs des Unternehmens zu profitieren. Wird das Wandlungsrecht ausgeübt, kommt es zu einem Umtausch von Fremdkapital in Eigenkapital und die Bilanz eines Unternehmens wird gestärkt. Wird dieses Wandlungsrecht hingegen nicht ausgeübt, wird die Anleihe am Ende der Laufzeit getilgt.

Von besonderer Bedeutung unter den Mezzanine-Instrumenten sind jedoch insbesondere die eigenkapitalnahen Instrumente, da sie eine direkte eigenmittelstärkende Wirkung entfalten und somit eine Unterversorgung mit Eigenkapital begrenzen können. Gebräuchliche Arten dieser Finanzierungsform sind die Stille Gesellschaft sowie die Einräumung von Genussrechten.

Die **Stille Gesellschaft** ist eine Sonderform der Beteiligung und entsteht dadurch, dass sich eine natürliche oder juristische Person an dem Unternehmen in Form einer Vermögenseinlage engagiert. Das besondere Wesen dieser Gesellschaftsform ist, dass sie nach außen nicht in Erscheinung tritt. Sie ist also weder im Handelsregister eingetragen, noch aus der Firmenbezeichnung ersichtlich. Die Stille Gesellschaft ist somit eine reine Innengesellschaft, so dass sich die Rechte und Pflichten des stillen Gesellschafters auch ausschließlich auf das Innenverhältnis beschränken. Auf Basis eines Gesellschaftsvertrags erhält der stille Gesellschafter eine Gewinnbeteiligung und kann, je nach Vereinbarung, auch am Verlust des Unternehmens partizipieren. Durch zusätzliche vertragliche und gesetzliche Zustimmungs- sowie Kontrollrechte kann seine Stellung einem echten Gesellschafter angenähert werden. Je nach vertraglicher Ausgestaltung kann das Kapital des typischen stillen Gesellschafters somit als bilanzielles Eigenkapital aufgeführt werden.

Bei der **Atypischen Stillen Gesellschaft** hingegen hat der stille Gesellschafter eine eindeutige Mitunternehmerstellung. Er ist nicht nur am Gewinn, sondern auch am Verlust beteiligt. Daneben erwirbt er einen anteiligen Anspruch am Vermögen des Unternehmens, einschließlich der stillen Reserven und dem Geschäftswert. Dieser verfügt zudem über weitgehende Mitsprache- und Kontrollrechte. Auch hier kann in Abhängigkeit der vertraglichen Vereinbarung das gegebene Kapital unter dem wirtschaftlichen Eigenkapital verbucht werden und steigert darüber voraussichtlich die Bonität des Gründungsunternehmens.

Ein weiteres eigenkapitalnahes Mezzanine ist das **Genussrecht**, welches sehr flexibel ausgestaltet werden kann. Grundsätzlich stellt der Käufer des Genussrechtes dem Emittenten sein Kapital auf Basis eines Genussrechtsvertrages zur Verfügung. Im Gegenzug erhält er bestimmte Sonderrechte, die auch den Gesellschaftern des Unternehmens zugutekommen, wie zum Beispiel eine gewinnabhängige Vergütung. Da das Genussrecht auf der einen Seite eine schuldrechtliche Kapitalüberlassung und aus Sicht des Gründers Fremdkapital darstellt, auf der anderen Seite jedoch mit Vermögensrechten ausgestattet ist, wie sie typischerweise nur Gesellschaftern zustehen, ist es zwischen dem Eigen- und Fremdkapital anzusiedeln. Auch bei den anderen eigenkapitalnahen Mezzaninen ist die Bilanzierung von der genauen Ausgestaltung der Finanzinstrumente abhängig.

Grundsätzlich ist bei der Klassifizierung der Genussrechte zwischen der bilanziellen und der wirtschaftlichen Sicht zu unterscheiden. Für die beiden Sichtweisen existieren unterschiedliche Anforderungen an die Ausprägung des Genussrechts, damit es wirtschaftlich oder sogar bilanziell als Eigenkapital eingestuft werden kann. Anhaltspunkte für diese Merkmale liefern die Stellungnahmen des Institutes der Wirtschaftsprüfer (IDW) sowie der Initiative Finanzstandort Deutschland (IFD). Zu den maßgeblichen Kriterien für die Einstufung von Mezzaninen als wirtschaftliches und bilanzielles Eigenkapital gehören die Nachrangigkeit, die Langfristigkeit der Kapitalüberlassung sowie die Einschränkung der Kündigungsrechte.

- Das erste Kriterium der **Nachrangigkeit** besagt, dass das Mezzaninkapital erst im Rang hinter allen anderen, vorrangigen Forderungen bedient werden darf und damit stark in die Nähe des Eigenkapitals gerückt wird. Dies bedeutet, dass mezzanine Finanzinstrumente in jedem Fall mit einer Nachrangklausel versehen werden müssen, die sowohl für das Kapital, als auch für die zu zahlende Verzinsung gilt. Ein weiteres Merkmal für das Kriterium der Nachrangigkeit ist, dass das Kapital unbesichert zur Verfügung gestellt wird.
- Das zweite Kriterium, **Langfristigkeit der Kapitalüberlassung,** hat zum Inhalt, dass die Bereitstellung des Mezzaninkapitals eine bestimmte Dauer nicht unterschreiten darf. So muss das Kapital in der Regel mindestens für fünf Jahre zur Verfügung gestellt werden. Optimal ist die Ausgestaltung einer unbegrenzten Laufzeit, die auch immer häufiger bei Genussrechten zum Einsatz kommt.

– Das dritte Kriterium beschreibt die **Einschränkung der Kündigungsrechte**. So darf mezzanines Kapital nicht mit ordentlichen und außerordentlichen Kündigungsrechten versehen sein. Dies würde das Kriterium der Langfristigkeit der Kapitalüberlassung unterlaufen, wenn vorzeitige Exit-Möglichkeiten bestehen. Insbesondere darf kein Kündigungsrecht bei einer Verschlechterung der wirtschaftlichen Lage oder einem Zahlungsverzug vorgesehen sein. Hierunter fallen auch die vertraglich vereinbarten Kündigungsrechte aufgrund der Nichteinhaltung von Financial Covenants wie das Unterschreiten einer bestimmten bilanziellen Eigenkapitalquote oder einer Cash Flow-Kennzahl.

Neben den genannten Kriterien kann der Eigenkapitalcharakter des Mezzaninkapitals dadurch gestärkt werden, dass eine Vergütung ausschließlich erfolgsabhängig und somit nur dann erfolgt, wenn ausreichend Gewinn erwirtschaftet wurde. Verstärkt wird die Eigenkapitalnähe weiterhin durch die Teilnahme an Verlusten. In diesem Falle wird keine Verzinsung gewährt oder die Nominale herabgesetzt.

Insgesamt bleibt festzuhalten, dass hohe Anforderungen an die Ausgestaltung von Mezzaninkapital bestehen, damit für ein Unternehmen der bedeutende Charakter des wirtschaftlichen Eigenkapitals erzielt wird. Insbesondere für innovative Unternehmensgründungen, die aufgrund des Risikos durch einen erheblichen Eigenkapitalbedarf gekennzeichnet sind, kann das Mezzaninkapital einen wichtigen Beitrag zur Eigenkapitalfinanzierung leisten. Aufgrund der Eigenkapitalnähe und des damit verbundenen höheren Risikos für die Kapitalgeber, ist die Vergütung der Mezzanine höher, als bei einer vergleichbaren Aufnahme von Fremdkapital.

Auch die Tatsache fehlender Sicherheiten führt dazu, dass die Kapitalgeber in erster Linie darauf achten, ob die zukünftigen Cash Flows ausreichen, die versprochene Verzinsung nachhaltig zu leisten und das gegebene Kapital wieder zurückzuführen. Dies setzt jedoch voraus, dass bereits eine finanzielle und operative Stabilität besteht. Gerade bei Gründungsunternehmen ist dies häufig nicht der Fall. Somit ist Mezzaninkapital auch erst in einer Wachstumsphase von Unternehmen verfügbar, da diese über eine stabile Ausgangsbasis verfügen. Für den Einsatz bei Gründungsunternehmen ist frühestens die First-Stage-Phase zur Aufnahme von Mezzaninkapital geeignet. Aufgrund der flexiblen Ausgestaltung und der Eigenkapitalnähe sind Mezzanine jedoch interessante Finanzinstrumente und vermutlich wird deren Bedeutung auch für Unternehmensgründungen weiter zunehmen.

Zusammenfassung Abschnitt 4.5: In diesem Abschnitt wurde die **Mezzaninkapitalfinanzierung bei der Gründung** untersucht. Dazu wurden zunächst die unterschiedlichen Arten dieser finanziellen Mischform dargestellt. Anschließend wurden die wesentlichen Eigenschaften dieser Kapitalform aufgezeigt und die Einsatzgebiete in der Gründung beschrieben. Es zeigt sich, dass hybride Finanzinstrumente einer Stärkung der Eigenmittel dienen können und damit die finanzielle Stabilität des Unternehmens erhöhen sowie die Einschätzung der Kreditgeber zu diesem Aspekt verbessern.

4.6 Bedeutung der Finanzierungsquellen

Für die Gründungsfinanzierung stehen dem Unternehmen unterschiedliche Finanzinstrumente vom Eigenkapital über Mezzaninkapital bis hin zum Fremdkapital zur Verfügung. Ausschlaggebend für den Einsatz bestimmter Instrumente ist letztendlich der tatsächliche Bedarf an Finanzierungsmitteln, welcher je nach Gründungstyp und Gründungsform entsteht. Die Bedeutung dieser einzelnen Finanzierungsinstrumente lässt sich daher nur durch eine nähere Betrachtung der Unternehmensgründungen in der Praxis ermitteln. Über Gründungsfinanzierungen existieren zahlreiche empirische Studien (vgl. Metzger, 2015, S. 1 ff.). Zentrales Ergebnis verschiedener Befragungen ist, dass der Großteil der Unternehmensgründungen, die einen Finanzbedarf haben, in einem Bootstrap-Modell erfolgt.

i | **Definition:** Das **Bootstrap-Modell** beschreibt eine besondere Form der Gründungsfinanzierung, bei der die Strategie eines Start Ups sowie die Realisierung des Gründungsvorhabens an ein knappes Budget angepasst sind. Diese Finanzierung basiert auf einem klassischen Mix aus Instrumenten wie dem Gründerkapital, den Bankdarlehen und den Fördermitteln sowie den Lieferantenkrediten.

Es zeigt sich auch, dass die Selbstfinanzierung durch die Gründer eine hohe Bedeutung bei der Finanzierung hat. Dies bestätigen die Ergebnisse des KfW Gründungsmonitors (vgl. Metzger, 2015, S. 2 ff.). So finanziert rund zwei Drittel der Gründer die Unternehmensgründung vollständig aus eigenen Mittel (Self Feeding) und nur jeder fünfte Gründer greift auf externe Finanzierungsmittel zurück. Ersichtlich wird im Rahmen der Befragung auch, dass ein Großteil der Gründer dem Modell einer Bootstrap-Finanzierung folgt und sowohl auf eigene, als auch externe Mittel in einem Mix aus Eigenkapital und Fremdkapital zurückgreift.

Für die differenzierte Betrachtung der Bedeutung unterschiedlicher Finanzierungsquellen ist die Höhe des Mittelbedarfs ein wichtiges Kriterium. Auf Basis der Befragung des KfW-Gründungsmonitors wird deutlich, dass sich der überwiegende Teil der Gründungen im Mikrofinanzierungsbereich abspielt. Meist reichen Kleinst- und Kleinkredite in Höhe von maximal 50.000 Euro aus, um den Kapitalbedarf der Neugründer zu decken (vgl. Metzger, 2015, S. 2 ff.).

Wenn Gründer auf externe Finanzierungsquellen zurückgreifen, handelt es sich zu 53 % um Mikrofinanzierungen im Bereich bis 10.000 Euro. Weitere 20 % der Gründer braucht lediglich ein Darlehen bis 25.000 Euro, so dass mehr als zwei Drittel der Gründer sich im Segment bis 25.000 Euro befindet. Weitere 21 % benötigen externe Mittel zwischen 25.000 Euro und 50.000 Euro. Über 100.000 Euro benötigen lediglich 10 % der Gründer mit externem Finanzierungsbedarf. Der Umfang einer Gründungsfinanzierung spielt sich somit zu einem wesentlichen Teil im Mikrofinanzierungssegment ab. Deutlich seltener sind kapitalintensive Gründungen, bei denen umfassende externe Finanzierungsmittel benötigt werden.

Dass sich die Gründertätigkeit vor allem in dem Segment Mikrofinanzierung bewegt, zeigt auch die Tatsache, dass derzeit etwa jeder zehnte Gründer weder auf Sach- noch auf Finanzkapital zurückgreift. Daneben setzen drei von zehn Gründern ausschließlich privates Sachkapital bei der Gründung ein. Der überwiegende Teil der Gründer (62 %) hat jedoch einen Finanzbedarf, welcher aber in zwei von drei Fällen ausschließlich mit Eigenmitteln gedeckt wird. Somit greifen nur 21 % der Gründer auf externe Finanzmittel zurück, wobei es sich dann mehrheitlich um Mikrofinanzierungen in geringfügigen Bereich handelt.

Gründungen erfolgen häufig im Dienstleistungssektor. Nach Tätigkeitsfeldern zeigt sich ein starker Anstieg in den freiberuflichen Bereichen. Hierzu beigetragen haben unter anderem der zunehmende Grad an Akademisierung mit einer Neigung zum Aufbau einer Selbstständigkeit sowie eine gewachsene Nachfrage nach Erziehungs- und Bildungsdienstleistungen (vgl. Metzger, 2015, S. 3 ff.).

Insgesamt ist festzuhalten, dass die klassische Bankbeziehung über eine Hausbank in der Gründungsphase eine große Bedeutung hat, wenn ein externer Finanzbedarf besteht. Es wurde gezeigt, dass der Zugang zum Kreditmarkt für Gründungsunternehmen im Vergleich zu anderen Unternehmen erschwert ist. Fördermittel, Gelder von Venture Capital-Gesellschaften oder Business Angels können diese Angebotslücke bislang noch nicht schließen. Daher ist die klassische Hausbankbeziehung bislang noch alternativlos. Aus diesem Grund sind die Kreditbewilligungsprozesse bei einer Bank erfolgreich zu durchlaufen. Daher sind die erforderlichen Unterlagen, die diese Akteure für ihre Entscheidungsprozesse benötigen, von den Gründungsunternehmen sorgfältig zu erarbeiten.

Wesentlich für eine positive Finanzierungszusage im Rahmen einer Existenzgründung ist der Business-Plan. Mit einem überzeugenden Plan besteht die Möglichkeit, die Finanzierungszusage der Kreditinstitute und anderer externer Finanzierungsakteure positiv zu beeinflussen. Dazu sind die Struktur und die Inhalte eines Business-Plans zu untersuchen. Wichtig sind die Darlegungen des beabsichtigten Geschäftsmodells in transparenter Form mit einem Fokus auf den Finanzteil.

Im Anschluss an eine erfolgreiche Gründung besteht in der Wachstumsphase meist ein vereinfachter Zugang zu Kreditmitteln. Aufgrund der gemachten Erfahrungen mit Schwierigkeiten der Fremdkapitalaufnahme bei der Gründung, wenden sich erfolgreiche Gründer in der Expansionsphase später oft anderen Finanzinstrumenten und Finanzakteuren zu, um ihre Unabhängigkeit zu steigern.

Zusammenfassung Abschnitt 4.6: In diesem Abschnitt wurde die Bedeutung der unterschiedlichen **Gründungsfinanzierungsquellen** untersucht. Es wurde das Bootstrap-Modell der Gründung dargestellt. Demnach passt ein Gründer sein benötigtes Finanzbudget meist an die knappen finanziellen Ressourcen an. Üblicherweise erfolgt die Finanzierung aus einer klassischen Mischung aus Eigenkapital und Fremdkapital. Dabei werden auch die Programme der Förderinstitute erheblich genutzt.

4.7 Business-Plan als Basis der Gründung

Mit der Erstellung eines **Business-Plans** wird die Basis für einen erfolgreichen Aufbau eines Unternehmens gelegt. Gerade für Existenzgründer ist die Erstellung eines aussagefähigen sowie plausiblen Business-Plans von entscheidender Bedeutung. Die potenziellen Kapitalgeber können mangels historischer Daten, nur aufgrund eines detaillierten und auch realistischen Unternehmenskonzepts die Erfolgschancen einer Gründung beurteilen und eine positive Finanzierungsentscheidung treffen. Im Folgenden werden die Ziele, der Aufbau und die Inhalte des Business-Plans dargestellt. Damit eine geordnete Unternehmensentwicklung gewährleistet werden kann, muss sich der Gründer zunächst über die zu erreichenden Ziele und die anzuwendenden Strategien seines Vorhabens im Klaren sein. Für diese umfangreichen Planungen muss sich der Entrepreneur intensiv mit der Zukunft seiner Firma auseinander setzen. Dazu ist eine strategische Analyse der Stärken und Schwächen im Unternehmen sowie der Chancen und Risiken im Unternehmensumfeld über Planungs-Tools, wie eine **SWOT-Analyse,** hilfreich.

Ein aussagekräftiger Business-Plan hat immer genaue Angaben zur Geschäftsidee, dem angebotenen Produkt oder der Dienstleistung zum Inhalt. Des Weiteren sind Informationen zur Markteinschätzung, zur Investitions- und Finanzplanung sowie zur Qualifikation des Managements zu geben. Das Gesamtkonzept dient nicht allein den externen Kapitalgebern, sondern sollte auch dem Unternehmer intern als Planungsinstrument zur Festlegung und Abstimmung von Einzelaktivitäten auf einer Zeitschiene dienen. Das vorhandene Material an Planzahlen kann zudem als Überwachungsinstrument verwendet werden, indem die erreichten Zahlen im Rahmen eines Soll-Ist-Vergleichs den Planungen gegenüber gestellt werden. Anhand der Vergleiche lassen sich Abweichungsanalysen durchführen und Ursachen von negativen Planverfehlungen aufdecken. Dieses Instrument bietet dem Unternehmer die Möglichkeit, bei Gefährdungen frühzeitig gegenzusteuern und somit seine Handlungsfähigkeit aufrecht zu erhalten.

Der Business-Plan dient aber auch unternehmensexternen Zwecken. So stellt er die Unterlage für die Beschaffung von Kapital bei Banken und Beteiligungsgesellschaften dar. Empfänger der Unternehmensinformationen sind somit nicht nur das Management, sondern auch externe Kapitalgeber. Der Business-Plan soll die potenziellen Finanzierer durch eine übersichtliche und nachvollziehbare Darstellung von der Vorteilhaftigkeit des Vorhabens und der Gewährung von Krediten sowie Beteiligungsmitteln überzeugen. Externe Empfänger haben jedoch andere Informationsbedürfnisse, als Interne. Dies ist bei der Aufstellung eines Business-Plans unbedingt zu beachten. Denn Banken und Beteiligungsgesellschaften erhalten fortlaufend eine Vielzahl von Business-Plänen und werden nur diejenigen Konzepte einer detaillierten Prüfung unterziehen, die in ihrer Gestaltung und ihrem Aufbau plausibel, realistisch und insgesamt überzeugend sind.

Ein Business-Plan besteht in der Regel aus vier Teilen. Vorangestellt wird meist eine **Zusammenfassung** des Gesamtkonzepts. Diese soll einen Leser neugierig machen und die wichtigsten Informationen und Daten in einem kurzen Text verdichten. Es folgt der **Erläuterungsteil**, in dem Daten, Untersuchungen, Annahmen sowie Aktivitäten erklärt werden. Im **Zahlenteil** werden die erwarteten quantitativen Ergebnisse abgebildet. Dazu gehören die Analysen zur Vermögens-, Finanz- und Ertragslage. Der **Anhang** umfasst Gutachten, Marktstudien, Detailrechnungen sowie Verträge. Gerade bei komplexen Business-Plänen ist es sinnvoll, ein Inhaltsverzeichnis voranzustellen. Dieses ermöglicht ein schnelles Nachschlagen einzelner Punkte und zeigt die Sachverhalte in einer Struktur auf. Im Folgenden wird der Aufbau eines Business-Plans in Abb. 4.11 exemplarisch wiedergegeben.

Abb. 4.11: Aufbau eines Business-Plans (Quelle: Eigene Darstellung)

Die konkrete Ausgestaltung des Business-Plans ist immer abhängig von seiner Verwendung und von der Ausgangssituation der Existenzgründung. Somit lassen sich auch keine generellen Aussagen dazu treffen, welcher Umfang angemessen ist. Im Einzelfall muss das Konzept daher an den Adressaten sowie auf das geplante Geschäftsmodell angepasst werden. Dennoch kann postuliert werden, dass unabhängig von der Art und Größe des zu gründenden Unternehmens typische Schwerpunkte in einer bestimmten Struktur im Business-Plan erscheinen sollten. Es ist, gerade bei Kapitalgebern, auf ein vollständiges, aktuelles und richtiges Zahlenmaterial zu achten. Dabei ist das Planungssystem integrativ aufzubauen. Das heißt, alle Rechnungssysteme müssen aufeinander abgestimmt sein. Da es sich um Prognosen handelt, sollten unbedingt Szenariorechnungen für verschiedene Unternehmenslagen durchgeführt werden (Worst Case, Normal Case, Best Case).

Zusammenfassung

Der erste Abschnitt eines Business-Plans stellt die Zusammenfassung dar (Executive Summary). Diese wird häufig vorangestellt, damit die Kapitalgeber eine Vorselektion durchführen können. In der Zusammenfassung sind wichtige Aspekte aus dem Gründungsvorhaben interessant darzulegen. Der Erfolg ist positiv aber auch realistisch und plausibel aufzuzeigen. Wenn in dem Summary nicht eine gewisse Neugier beim Leser geweckt wird, ist eine Aussortierung des Berichts eventuell vorprogrammiert. Nach dem Lesen der Zusammenfassung sollte klar werden:

- welche Produkte oder Dienstleistungen angeboten werden,
- welche relevanten Märkte angesprochen werden sollen,
- wer die Schlüsselpersonen im Unternehmen sind und
- welche Kenntnisse die Geschäftsleiter mitbringen.

Zudem sollte deutlich werden, wie hoch der Investitions- und Kapitalbedarf ist und mit welcher Rendite auf das eingesetzte Kapital gerechnet werden kann. Ziel muss es sein, die wesentlichen und für eine Entscheidung bedeutenden Aussagen inhaltlich zusammenzufassen und gleichzeitig die Vorteile des Unternehmens herauszustellen. Für eine ausgewogene und glaubwürdige Darstellung müssen jedoch auch die Risiken entsprechend berücksichtigt werden. Ist der potenzielle Investor interessiert, wird er sich weiter über das Unternehmen informieren wollen.

Unternehmen

In diesem Teil des Business-Plans wird beschrieben, welche Organisations- sowie Ablaufstruktur für das zukünftige Unternehmen geplant sind. Trotz der kurzen Lebensphase kann das beschriebene Unternehmen bereits eine geschäftliche Vergangenheit besitzen. Die Darstellung sollte daher einen kurzen Abriss über die Historie beinhalten und dann zur geplanten zukünftigen Entwicklung übergehen. Im Vordergrund steht die Beschreibung der zentralen Idee sowie des neuen, innovativen Geschäftsmodells. Aus ihr leiten sich der Unternehmenszweck und die angebotenen Produkte und Dienstleistungen ab. Dabei muss auch deutlich werden, auf welchen relevanten Märkten das Unternehmen auftreten möchte. Die dargestellte Unternehmenskonzeption sollte sowohl Angaben bezüglich der Branche, beispielsweise Baugewerbe oder Einzelhandel, als auch zur Wirtschaftsstufe mit der Produktion, Verarbeitung, Veredelung, Handel oder Dienstleistung beinhalten.

Des Weiteren sollten bereits in diesem Teil des Business-Plans erste Angaben zu den potenziellen Abnehmern, dem Einzugsgebiet und auch den Vertriebswegen abgegeben werden. Entscheidend für den Unternehmenserfolg ist, dass sich das zu gründende Unternehmen von den bisherigen Anbietern auf dem Markt differenzieren kann. Es sollte daher deutlich werden, welches Alleinstellungsmerkmal das Unternehmen besitzt und wie es sich durch sein Angebot von den übrigen Marktanbietern in dem abgegrenzten Markt unterscheidet.

Zusammenfassend beschreibt dieser Part daher detailliert, aus welcher Gründungsidee sich welche Produkte beziehungsweise Dienstleistungen ergeben und welche Kunden angesprochen werden sollen. Im nächsten Schritt beziehen sich die Ausführungen auf die geplante Zukunft des Unternehmens, die die entscheidende Rolle für die Kapitalgeber spielt.

Eine strukturierte, zielgerichtete Entwicklung bedingt zwangsläufig die Festlegung geeigneter Unternehmensziele. Am Anfang der Zielbestimmung stehen immer die Gründungsidee und die Vision des Gründers. Hieraus müssen konkrete Unternehmensziele abgeleitet werden. Entscheidend ist weiterhin, diese hinreichend zu konkretisieren, das heißt, sie in entsprechende erwartete Größen, wie Umsatz und Gewinn, auf einer Zeitschiene zu überführen. Nach der Festlegung der Unternehmensziele ist im nächsten Schritt eine Ausgestaltung der strategischen Ausrichtung der Firma notwendig, die darüber Auskunft gibt, wie die angestrebten Ziele sowie der Geschäftserfolg langfristig erreicht werden können.

Vervollständigt wird die Unternehmenskonzeption durch die Angaben zur geplanten Rechtsform, den Besitzverhältnissen sowie bestehenden Verträgen mit externen Unternehmen oder Personen. Die Festlegung der Rechtsform hat langfristigen Charakter und ist daher sorgfältig abzuwägen. Neben haftungsrechtlichen Kriterien sind vor allem wirtschaftliche, rechtliche und steuerliche Konsequenzen zu beachten. So kann die persönliche Haftung über die Wahl der Rechtsform, wie die GmbH, ausgeschlossen werden. Allerdings werden Banken Bürgschaften verlangen.

Aus wirtschaftlicher Sicht spielen die Kosten für die Errichtung des Unternehmens, aber auch der Aufwand für die Rechnungslegung eine Rolle. Rechtlich gesehen ist die Auswahl der Gesellschaftsform aufgrund der geplanten Eigentümerstruktur, der Kontrollrechte und der Mitspracherechte, aber auch der zu installierenden Organe relevant. Zudem sind die steuerlichen Konsequenzen zu berücksichtigen. Aufgrund der sich ständig ändernden Steuergesetzgebung sollte hier der fachliche Rat eines Steuerberaters gesucht werden. Im Vordergrund der Betrachtung des Business-Plans stehen die Eigenschaften sowie Qualifikationen des Managements, da dieses den künftigen Unternehmenserfolg maßgeblich mitbestimmt.

Management

Im Mittelpunkt einer erfolgreichen Unternehmensgründung steht das Management des Start Ups. Die künftige Geschäftsführung steht für den Erfolg oder den Misserfolg und entsprechend intensiv werden sich etwaige Kapitalgeber mit der Leitungsebene befassen. Zunächst muss daher deutlich werden, ob das Unternehmenskonzept durch eine Einzelperson oder ein Gründerteam realisiert werden soll. Da im Unternehmen verschiedene Bereiche mit unterschiedlichen Anforderungen abgedeckt werden müssen, ist es von Vorteil, wenn diese Funktionen von Spezialisten übernommen werden. Es wird es als positiv angesehen, wenn neben dem technischen Part der kaufmännische Bereich fachlich qualifiziert besetzt wird.

Die Zusammenstellung eines Teams mit Personen, die für ihre Teilbereiche geeignet sind, stellt eine große Herausforderung an die Initiatoren der Gründung dar. Ein gut funktionierendes Gründerteam ist jedoch die Basis für einen nachhaltigen Unternehmenserfolg und hat daher einen hohen Stellenwert. Dass das gewählte Team auch geeignet für eine Unternehmensgründung ist, sollte dementsprechend plausibel und detailliert erläutert werden. Es muss deutlich werden, welche Motivation die beteiligten Personen für eine Unternehmensgründung haben und warum sie sich gerade für dieses Gründungsprojekt engagieren. Ein wichtiges Kriterium der handelnden Personen sind in erster Linie ihre Erfahrungen in dem angestrebten Tätigkeitsbereich. Diese Kenntnisse müssen dokumentiert werden, indem die Vita der einzelnen Personen offengelegt wird. Hierzu gehören Aussagen über die Ausbildungsabschlüsse, die bisherigen beruflichen Stationen sowie gesammelte Erfahrungen in der Führung von Mitarbeitern.

Auch wenn Angaben über die Entlohnung in die Finanzplanung einfließen, sollten die Jahresgehälter und sonstigen Leistungen an die Geschäftsführung bereits in diesem Teil des Business-Plans aufgeführt und erläutert werden. Dabei ist anzumerken, dass die Kapitalgeber bei einer Unternehmensgründung grundsätzlich moderate Gehälter und sonstigen Leistungen an die Geschäftsführung erwarten. Insgesamt sollte in diesem Teil des Business-Plans deutlich werden, welches Profil das Management aufzeigt und welche Kompetenzen die Schlüsselpersonen aufweisen. Ferner sollte klar dargelegt werden, in welcher Form sie sich zukünftig im Unternehmen engagieren. Eng im Zusammenhang mit den Gründern und ihren Qualifikationen stehen die erfolgreich anzubietenden Produkte und Dienstleistungen sowie das Marktvolumen auf dem relevanten Markt.

Produkt und Markt

Die Beschreibung der Produkte beziehungsweise Dienstleistungen bildet ein weiteres zentrales Element des Business-Plans. Im Folgenden wird der Name Produkt sinngleich für den Begriff Dienstleistung verwendet. Nur mit einem geeigneten Produkt auf einem definierten Absatzmarkt kann ein nachhaltiger Erfolg erreicht werden. Es muss daher auch für den fachlich nicht versierten Leser deutlich werden, welche Eigenschaften das gegebenenfalls neue Produkt besitzt und welche Probleme es für den Käufer lösen soll. Der Nutzen des Produktes muss daher klar herausgestellt werden. Gerade wenn bereits vergleichbare Produkte auf dem Markt existieren, muss der Zusatznutzen im Vergleich zur Konkurrenz aufgezeigt werden. Ist der Nutzenvorsprung im Vergleich zum Wettbewerb gering, sollten Vorteile auf anderen Gebieten herausgestellt werden, wie zum Beispiel kostengünstige Herstellungsverfahren oder effiziente Vertriebskanäle.

Eine verständliche Produktbeschreibung mit den entscheidenden Merkmalen ist ein wichtiger Teil des Business-Plans, der jedoch immer im Zusammenhang mit dem Absatzmarkt gesehen werden sollte.

Auch wenn ein Produkt besondere Alleinstellungsmerkmale aufweist, kann es nur verkauft werden, wenn hierfür ein Markt existiert. Am Anfang einer Marktanalyse steht die Beschaffung relevanter Informationen über die Branche, Kunden sowie Konkurrenzunternehmen. Zentral ist die Schätzung des Absatzes über eine Marktforschungsanalyse. Die Daten können auf Basis einer Primärmarktforschung erhoben oder über eine Sekundärmarktanalyse beschafft werden.

Im Rahmen der Primärmarktforschung führt der Gründer eigene Analysen durch. Bei der Sekundärmarktforschung stammen die Informationen von professionellen Marktforschungsinstituten. Diese Form der Datenbeschaffung ist einfacher, meist genauer, aber auch kostenintensiver. Dennoch sind in diesem Stadium für Marktanalysen keine Kosten zu scheuen. Denn die Beträge für die Untersuchungen liegen meist weit unter denen, die im Rahmen einer erfolglosen Gründung verloren werden können. Auch wenn die Marktstudien belegen, dass eine Neugründung mit großer Wahrscheinlichkeit keinen Erfolg haben wird, ist dies eine wertvolle Aussage. Dann unterbleibt das Gründungsvorhaben, es werden keine finanziellen Ressourcen verbraucht und eine Insolvenz wird vermieden.

Ziel einer Marktanalyse ist die Abgabe einer Absatzprognose. Darunter versteht man eine auf die Empirie gestützte Voraussage des künftigen Absatzes von Produkten an bestimmte Käuferschichten unter Anwendung einer Kombination absatzpolitischer Instrumente. Gegenstand von Absatzprognosen ist insbesondere die erwartete Entwicklung des Marktpotenzials sowie des Absatzpotenzials unter Einbeziehung der Reaktion des Wettbewerbs. Das Marktpotenzial ist die Gesamtheit der möglichen Absatzmenge eines Produktes in einem abgegrenzten Markt (relevanter Markt). Das Absatzpotenzial beschreibt die Absatzmenge eines Produkts, die das Gründungsunternehmen im Rahmen seiner Möglichkeiten und auf Basis der Gegenreaktionen der Konkurrenz erzielen kann (vgl. Meffert, 2014, S. 52 ff.).

Das Absatzpotenzial vermittelt somit eine Zielgröße, die in einem bestimmten Zeitabschnitt im Umsatzprozess erreicht werden soll. Aus dieser Größe können Annahmen über die zu erreichende Umsatz- und Gewinnerwartung abgeleitet werden. Erst auf Basis einer aussagefähigen Analyse des Marktes können geplante Umsätze und Gewinne abgeleitet werden, wie die nachfolgende Abb. 4.12 zeigt.

Für die Prognose des Absatzpotenzials ist die Untersuchung der Konkurrenzsituation von zentraler Bedeutung. Dabei kann es sinnvoll sein, ein Stärken-Schwächen-Profil zu erstellen, um so die eigene Position im Vergleich zum Wettbewerb zu bestimmen. Auch die Standortwahl kann ein entscheidendes Kriterium für den Unternehmenserfolg darstellen. Im Rahmen der Marktanalyse sollten alternative Standorte in Bezug auf die Kosten und das Absatzpotenzial untersucht werden. Zudem ist der Beschaffungsmarkt im Rahmen des Einkaufsmanagements näher zu erforschen. Die Rahmenbedingungen des Marktes und des gewählten Standortes können sich auf die notwendigen Marketing- und Vertriebsaktivitäten auswirken.

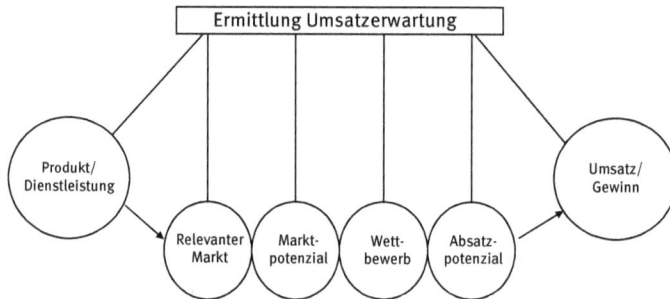

Abb. 4.12: Ermittlung der Umsatzerwartung (Quelle: Eigene Darstellung)

Marketing und Vertrieb

Im Business-Plan ist zu verdeutlichen, auf welche Art und Weise das Produkt vermarktet werden soll. Dazu ist ein schlüssiges Marketingkonzept nötig, das aus einer geeigneten Kommunikationsstrategie, einer geplanten Preisstrategie und einer ausgewählten Distributionsstrategie besteht. Der festgelegte Marketing-Mix wird dabei maßgeblich von der Phase des Produktlebenszyklus bestimmt (vgl. Meffert, 2014, S. 791 ff.). So sind in einer Einführungsphase die Instrumente Direktmarketing und Verkaufsförderung von Bedeutung.

Ziel ist es, den Konsumenten zum „Erstkauf" zu veranlassen. Unterstützt wird dies von umfassenden Werbemaßnahmen. Die Preispolitik kann variiert werden, indem Probierpreise als Lockinstrument eingesetzt werden. Alternativ kann versucht werden, mit anfänglich hohen Preisen die Einführungs- und Entwicklungskosten abzudecken. Oft müssen die Distributionskanäle erst noch erschlossen werden. Zudem hat die zu wählende Markteintrittsstrategie, die vorgibt, auf welche Weise und wie schnell in den Markt eingetreten werden soll, meist eine große Bedeutung für den späteren Unternehmenserfolg.

Am Schluss des qualitativen Teils des Business-Plans ist es aus Gründen der Übersichtlichkeit vorteilhaft, zusammenfassend auf die Chancen und Risiken der Unternehmensgründung einzugehen. Ein geeignetes Instrument für die Gegenüberstellung von Chancen und Risiken im internen und im externen Bereich ist die **SWOT-Analyse**. Mit dieser Methode lassen sich sowohl betriebsinterne Stärken (Strengths) und Schwächen (Weaknesses) als auch externe Chancen (Opportunities) und Gefahren (Threats) betrachten. Aus der kombinierten Betrachtungsweise der Stärken und Schwächen sowie der Chancen und Gefahren kann eine ganzheitliche Strategie für die Ausrichtung der Unternehmensstruktur abgeleitet werden, die zahlenmäßig in der Finanzplanung abgebildet wird.

Finanzplanung

Der quantitative Teil des Business-Plans umfasst die Finanzplanung für das Gründungsunternehmen und leitet sich aus dem qualitativen Unternehmenskonzept ab. Denn jede geplante geschäftliche Aktivität ist sowohl mit Auszahlungen, als auch mit Einzahlungen verbunden. Damit das Unternehmen seine Umsatztätigkeit aufnehmen kann, müssen Investitionen getätigt werden, wie zum Beispiel der Kauf von Maschinen oder die Ausstattung der Geschäftsräume mit betriebsnotwendigem Material. Kern einer umfassenden Finanzplanung sind zum einen die Liquiditätsplanung und die darauf basierende Gewinn- und Verlustrechnung sowie zum anderen der Kapitalbedarfsplan und der Finanzierungsplan.

Während die Liquiditätsplanung Aufschluss darüber bringt, zu welchem Zeitpunkt wie viel Kapital benötigt wird, lässt sich anhand der Gewinn- und Verlustplanung die Ertragsentwicklung des Unternehmens in den kommenden Perioden aufzeigen. Auch wenn beide Instrumente auf einer ähnlichen Datenbasis beruhen, unterscheiden sie sich dennoch in wesentlichen Aspekten. Die Gewinn- und Verlustrechnung dient in erster Linie der Ermittlung des steuerlichen Gewinns beziehungsweise des Verlustes. Dagegen ist die Liquiditätsplanung ein Instrument, um die Zahlungsfähigkeit des Unternehmens vorausschauend zu planen. Die Prognose der Liquidität ist somit kein einmaliger Vorgang, sondern ist ein wichtiges Instrument der laufenden Unternehmensführung und daher revolvierend zu erstellen und regelmäßig zu aktualisieren. Der Finanzierungsplan ist eine Aufstellung der betriebsnotwendigen Investitionen und zeigt die Verwendung der Mittel auf. Demgegenüber steht der Finanzbedarfsplan, aus dem die Quellen der für die Investitionen notwendigen Finanzierungsmittel deutlich werden. Durch diese Gegenüberstellung von Kapitalbedarf und Kapitalherkunft bilden der Finanzbedarfsplan und der Finanzierungsplan die Grundlage der Gründungsbilanz.

Die quantitativen Daten werden aus dem Unternehmenskonzept und den Prognosen zur wirtschaftlichen Entwicklung gewonnen. Die **Liquiditätsplanung** lässt sich aus der Gewinn- und Verlustrechnung ableiten. Jedoch sind die Einnahmen und Ausgaben in Zahlungsgrößen zu überführen. Dazu sind Annahmen zu den konkreten Zeitpunkten der Ein- und Auszahlungen zu treffen. So lassen sich Auszahlungen in der Regel zeitgenau planen, während sich Einzahlungen verzögern, beziehungsweise komplett ausfallen können. Je nach Branche, Produkt sowie Auftragsart lassen sich gerade die Einzahlungen mehr oder minder schwer voraussagen. Eine Prognose ist im Handel meist mit größeren Unsicherheiten belegt, als im Anlagenbau, welcher durch lange Auftragsvorlaufzeiten und laufende Abschlagszahlungen geprägt ist. Generell sind Einzahlungen und Auszahlungen vorsichtig zu kalkulieren. Gerade bei den Einzahlungen ist ein Risikopuffer einzukalkulieren. Die folgende Tab. 4.2 zeigt exemplarisch den Grundaufbau einer Liquiditätsplanung unter Einbindung der vorhandenen Kredit- und Avallinien und der Darlegung der Überdeckung beziehungsweise der Unterdeckung der Zahlungsmittel.

Tab. 4.2: Liquiditätsplanung (Quelle: Eigene Darstellung)

Position in Euro	Januar	Februar	März	April
Einzahlungen				
Umsatzerlöse				
Sonstige Einzahlungen				
Liquiditätszugang (1)				
Auszahlungen				
Material/Waren				
Personalkosten				
Investitionen				
Miete/Pacht				
Werbung/Vertrieb				
Kfz-Kosten				
Beratungskosten				
Sonstiges				
Kapitalkosten				
Steuern				
Privatentnahmen				
Liquiditätsabgang (2)				
Liquiditätssaldo (1) – (2)				
Kumuliert				
Kontokorrent-/Avallinie				
Über-/Unterdeckung				

Die Differenz der Einzahlungen und der Auszahlungen zeigt die zeitliche Verteilung der Zahlungsüberschüsse und mögliche Liquiditätsunterdeckungen auf. Der ermittelte Saldo ist sowohl für den Unternehmer, als auch für die potenziellen Kapitalgeber wichtig, da dieser aufzeigt, wann Zahlungslücken auftreten. Diese werden über die Kontokorrentlinie aufgefangen. Die Planung der Höhe einer Kreditlinie ist von großer Bedeutung, damit in der Zukunft keine Überziehungen auftreten. Ableiten lässt sich der Umfang dieses Liquiditätspuffers insbesondere aus der Umsatzerwartung und den vorzufinanzierenden Kosten.

Der Stand der Kontokorrentlinie sollte regelmäßig überprüft werden, um nicht in die Gefahr eines kurzfristigen Liquiditätsengpasses zu kommen. Denn der Kontosaldo ist auch immer ein Indiz für die Liquiditätssituation im Unternehmen und dient den Banken als Warnsignal bei anhaltend ausgenutzter Kreditlinie. Zudem besteht ein erhöhtes Insolvenzrisiko aus einer drohenden Zahlungsunfähigkeit. Die Einplanung der Kontokorrentlinie muss daher sehr genau erfolgen.

Eine zu niedrige Linie führt dazu, dass nicht ausreichend Liquiditätsreserven vorgehalten werden und somit die Zahlungsfähigkeit des Unternehmens gefährdet sein kann. Auf der anderen Seite stellt ein zu hoher Kontokorrentkredit auch ein potenzielles Risiko für die Kapitalgeber dar, wenn langfristige Investitionen oder sogar Verluste finanziert werden. Die Höhe der Kontokorrentlinie und der Avallinie ist aus dem geplanten Umsatz und dem speziellen Vorfinanzierungsbedarf abzuleiten.

Ein weiteres Planungsinstrument ist die **Gewinn- und Verlustrechnung** oder auch Ertragsplanung zur Ermittlung des Jahresüberschusses beziehungsweise des Jahresfehlbetrags. Die folgende Tab. 4.3 zeigt beispielhaft den Aufbau einer Plan-Gewinn- und Verlustrechnung zur Verifizierung der finanziellen Erfolge.

Tab. 4.3: Plan-Gewinn- und Verlustrechnung (Quelle: Eigene Darstellung)

Position in Euro	Planungsjahr 1	Planungsjahr 2	Planungsjahr 3
Nettoumsatz			
- Material/Waren			
Rohertrag			
- Aufwendungen			
Personalkosten			
Miete/Pacht			
Werbung/Vertrieb			
Kfz-Kosten			
Beratungskosten			
Sonstiges			
Betriebsergebnis			
- Abschreibungen			
- Einkommensteuer			
Jahreserfolg			

Neben der steuerlichen Verwendung dient die Gewinn- und Verlustrechnung auch der Rentabilitätsrechnung sowie der Auswertung mit Kennzahlen. Im Gegensatz zur Liquiditätsplanung werden nicht Ein- und Auszahlungen, sondern die steuerrechtlich relevanten Betriebseinnahmen und Betriebsausgaben erfasst. Dazu können sich unter anderem Abweichungen aus Bestandserhöhungen ergeben, denen noch keine Einzahlungen gegenüberstehen. Einnahmen und Einzahlungen sind somit immer erst dann identisch, wenn die Erträge dem Unternehmen auch in Form von Zahlungen zufließen. Auch bei den Ausgaben ergeben sich Abweichungen von den Auszahlungen. Unter anderem sind Abschreibungen nicht zahlungsrelevant, Tilgungen dagegen stellen Auszahlungen dar, denen kein Aufwand gegenübersteht.

Zur Aufnahme der Umsatztätigkeit sind in der Regel Investitionen notwendig. Deren Art und Umfang lassen sich aus dem **Kapitalbedarfsplan** ableiten. Dieser hat somit eine wichtige Bedeutung für das Gründungsunternehmen, da er aufzeigt, für welche Investitionsgüter Kapital benötigt wird und wie lange es im Unternehmen gebunden ist. Der Plan zeigt in der Summe den Finanzierungsbedarf auf, wie die nachfolgende Tab. 4.4 klar veranschaulicht.

Tab. 4.4: Kapitalbedarfsplan (Quelle: Eigene Darstellung)

Position in Euro	Kapitalbedarf in Euro
Investitionen in Grundstücke/Gebäude	
Investitionen in Maschinen	
Investitionen in Fahrzeuge	
Investitionen in Betriebsausstattung	
Rohstoffe	
Warenlager	
Markterschließungskosten	
Beratungshonorare	
Summe Kapitalbedarf	

Dem Kapitalbedarfsplan gegenüber steht der **Finanzierungsplan**, der Auskunft darüber gibt, in welchem Umfang dem Unternehmen Mittel zur Deckung des Finanzbedarfs zugeführt werden. Für eine transparente Finanzierungsstruktur sollten die einzelnen Positionen nach Eigen- und Fremdkapital sowie Kapitalkosten und Laufzeit gegliedert werden. Tab. 4.5 zeigt den Aufbau des Finanzierungsplans.

Tab. 4.5: Finanzierungsplan (Quelle: Eigene Darstellung)

Position	Betrag in Euro	Zinsen in %	Laufzeit	Volumen in %
Eigenkapital				
Privatdarlehen				
Förderdarlehen				
Hausbank				
Beteiligungen				
Summe Langfristige Finanzierung				
Betriebsmittelkredit				
Summe Finanzierung				

Auf Basis des Finanzbedarfsplans und des Finanzierungsplans kann im nächsten Schritt eine **Plan-Bilanz** mit einer zeitpunktbezogenen Darstellung der Vermögens- und Kapitalpositionen erstellt werden. In der Bilanz werden die Aktiva und Passiva eines Unternehmens gegenübergestellt. Während die Aktivseite Auskunft darüber gibt, wie das Kapital verwendet wird, lässt sich anhand der Passivseite die Herkunft des Kapitals und dessen Finanzierungsstruktur erkennen. Der Aufbau dieser Aktiva richtet sich somit nach den geplanten Gründungsinvestitionen, während sich die Passiva aus dem gewählten Finanzierungskonzept ergeben. Nachfolgende Tab. 4.6 liefert die schematische Darstellung einer Planbilanz. Die Gliederung einer Bilanz ergibt sich grundsätzlich aus § 266 HGB.

Tab. 4.6: Planbilanz (Quelle: Eigene Darstellung)

Position in Euro	Planungsjahr 1	Planungsjahr 2	Planungsjahr 3
Aktiva			
Anlagevermögen			
Immaterielle Verm.			
Sachanlagen			
Finanzanlagen			
Umlaufvermögen			
Vorräte			
Forderungen			
Kasse/Bank			
Summe Aktiva			
Passiva			
Eigenkapital			
Gezeichnetes Kapital			
Gewinnrücklage			
Jahresüberschuss			
Rückstellungen			
Verbindlichkeiten			
Kreditinstitute			
Lief. und Leistungen			
Summe Passiva			

Der **Anhang** soll die Bilanzierung im Business-Plan näher erläutern. Der Umfang ist abhängig vom Einzelfall. Die Erläuterung der Bilanz und Gewinn- und Verlustrechnung richtet sich nach §§ 284 ff. HGB. Darin ist beispielsweise einzugehen auf die angewendeten Bilanzierungs- und Bewertungsmethoden.

Zudem sind bestimmte Bestandteile einzubinden, zu denen an erster Stelle die Lebensläufe der Gesellschafter gehören. Wichtig sind die Darlegungen der geschäftlichen Qualifikationen sowie die Erfahrungen in der Branche, damit sich die externen Stakeholder wie die Kreditinstitute ein Bild über die Fähigkeiten des Managements verschaffen können. Zu unterlegen sind die Ausführungen mit Zeugnissen und Testaten, damit die Eignungen auch überprüft werden können.

Es ist auf die geschäftliche Strategie sowie auf das Leitbild einzugehen. Dazu ist das Geschäftsmodell des Unternehmens darzulegen. Ein Geschäftsmodell beinhaltet alle Elemente, mit denen eine Organisation Werte erzeugt. Es zeigt, welche Ressourcen in das Unternehmen fließen und wie diese durch die innerbetrieblichen Leistungsprozesse in vermarktungsfähige Produkte oder Dienstleistungen transformiert werden. Ein Leitbild formuliert Zukunftsvorstellungen. In diesem werden die Vorgehensweisen und Potenziale aufgezeigt, die dem Unternehmen die Wettbewerbsfähigkeit im relevanten Markt verleihen und die Möglichkeit eröffnen, eine nachhaltig branchenübliche Umsatzrendite und Eigenkapitalquote zu erreichen, um attraktiv für Eigen- und Fremdkapitalgeber zu sein (vgl. Portisch et al., 2015e, S. 245 ff.).

Des Weiteren sollten im Anhang die Ergebnisse der durchgeführten Marktforschungen oder sonstige Gutachten aufgeführt werden. Diese können im Rahmen der Detailprüfung der Kapitalgeber zur Plausibilisierung der unternehmenseigenen Prognosen beitragen. Beispielsweise können Benchmarks bereits erfolgreicher Unternehmen der gleichen Branche aufgezeigt werden.

Zudem sind die Prognosen im Zahlenteil kritisch zu belegen. Von Vorteil ist, wenn bereits unterschiedliche Szenarien, wie beispielsweise ein Worst Case, herausgearbeitet werden. Wenn der Worst Case darstellt, dass die Neugründung dennoch erfolgreich verläuft, wird dies die Kapitalgeber in ihren Meinungen unter Umständen positiv beeinflussen. Es zeigt zusätzlich, dass sich die Gründer mit den finanziellen Risiken, beispielsweise der Anfangsjahre, auseinandergesetzt haben.

Auch bereits geschlossene Verträge wie zum Beispiel Mietverträge, Lizenznutzungsverträge oder wichtige Arbeitsverträge, sind in den Anhang aufzunehmen. Liegen schon vorläufige oder feste Zusagen zur Finanzierung vor, sind diese aufzunehmen. Letztendlich sollte der Anhang dazu beitragen, die getätigten Annahmen und Planungen mit Informationen zu unterlegen.

ℹ Zusammenfassung Abschnitt 4.7: In diesem Abschnitt wurden die Inhalte eines **Business-Plans** zur Ermöglichung einer Gründung dargestellt. Dieser bildet die Basis für das zu gründende Unternehmen und soll gerade den externen Kapitalgebern ein Bild über den Erfolg des Geschäftsmodells vermitteln. Der Business-Plan sollte eine Struktur mit einer klaren Gliederung aufweisen. Es ist insbesondere auf die Darlegung der Marktpotenziale durch die anzubietenden Produkte und Dienstleistungen einzugehen. Externe Kapitalgeber legen einen besonderen Wert auf den Zahlenteil. Die Darlegungen in den Zahlenwerken im Teil Finanzplan sollten übersichtlich, konsistent und nachvollziehbar aufbereitet worden sein und auch einer intensiven inhaltlichen Überprüfung standhalten.

4.8 Beispiel einer Gründungsfinanzierung

Im Folgenden wird das Beispiel einer Gründungsfinanzierung in einem Bootstrap-Modell dargestellt. Die Finanzierung basiert auf einem klassischen Mix traditioneller Finanzierungskomponenten, bestehend aus Eigenkapital und Fremdkapital. Das Fremdkapital wird durch eine klassische Hausbank und über öffentliche Förderinstitute bereitgestellt. Zunächst werden die wesentlichen Stakeholder und anschließend das Unternehmenskonzept anhand des Business-Plans erläutert.

Stakeholder

Die Geschäftsführung besteht aus den drei Gründern, die Finanzierung soll über die Hausbank erfolgen unter Einbindung der öffentlichen Hand (KfW). Weitere Akteure sind Berater (Steuerberater, Existenzgründungsberater, Marketingagentur).

Unternehmen

Das Unternehmen möchte ein innovatives Produkt aus der Medizintechnik entwickeln, produzieren und vertreiben. Die geplante Technik wurde bereits in der Praxis getestet und hat vielerlei neue Anwendungsmöglichkeiten im Orthopädiebereich entstehen lassen.

Management

Das Gründerteam besteht aus drei Personen, welche bereits über langjährige Berufserfahrung in der Orthopädiebranche verfügen. Neben technischen Fähigkeiten verfügen sie, durch gezielte Weiterbildungsmaßnahmen auch über kaufmännische Kenntnisse und haben in ihrer bisherigen Laufbahn bereits Personalverantwortung übernommen.

Produkt und Markt

Aufgrund der bereits erprobten Technik sowie der bestehenden Kontakte zu Nachfragern von Medizintechnik wird davon ausgegangen, dass bereits im zweiten Geschäftsjahr ein geringer Gewinn erzielt wird. Die Umsatzplanung sieht kontinuierlich steigende Umsätze vor.

Marketing und Vertrieb

Der Business Plan enthält ein vollständiges Marketing-Konzept, das die wesentlichen Ausprägungen des Marketing-Mixes beschreibt. Ziel ist es, die Produkte zunächst über bestehende Kontakte zu vertreiben. Des Weiteren soll, durch die Teilnahme an Messen und Veröffentlichungen in den relevanten Fachblättern, auf das Unternehmen und die Produkte aufmerksam gemacht werden.

Finanzplanung

Die Finanzplanung umfasst einen vollständigen Finanzbedarfsplan und einen entsprechenden Finanzierungsplan. Im Rahmen der Liquiditätsplanung werden, basierend auf den Annahmen zum Marktpotenzial, sowohl Umsatzentwicklung, als auch die für die Umsatzleistung anfallenden Kosten aufgezeigt.

Zu den wesentlichen laufenden Kosten gehören die Materialkosten und die Personalkosten. Des Weiteren werden für die Unternehmensgründung Investitionskosten in Höhe von 450.000 Euro veranschlagt. Diese fallen für die Anschaffung von Maschinen und Fahrzeugen sowie die Ausstattung des Warenlagers an. Die folgende Tab. 4.7 zeigt exemplarisch den Aufbau der Liquiditätsplanung.

Tab. 4.7: Beispiel einer Liquiditätsplanung (Quelle: Eigene Darstellung)

Position in Euro	Januar	Februar	März	April
Einzahlungen				
Umsatzerlöse	60.000	80.000	85.000	90.000
Sonstige Einzahlungen	1.000	3.000	5.000	5.000
Liquiditätszugang (1)	61.000	83.000	90.000	95.000
Auszahlungen				
Material/Waren	30.000	31.000	34.000	38.000
Personalkosten	27.000	27.000	27.000	27.000
Investitionen	0	0	5.000	0
Miete/Pacht	3.000	3.000	3.000	3.000
Werbung/Vertrieb	500	600	800	800
Kfz-Kosten	700	700	850	750
Beratungskosten	1.000	1.500	1.000	2.000
Sonstiges	1.880	1.880	1.880	1.880
Kapitalkosten	1.600	1.600	1.600	1.600
Steuern	10.770	11.720	12.670	13.620
Privatentnahmen	2.000	2.000	2.000	2.000
Liquiditätsabgang (2)	78.450	81.000	89.800	90.650
Liquiditätssaldo (1) – (2)	-17.450	2.000	200	4.350
Kumuliert	-17.450	-15.450	-15.250	-10.900
Kontokorrent-/Avallinie	25.000	25.000	25.000	25.000
Über-/Unterdeckung	7.550	9.550	9.750	14.100

Aus der Liquiditätsrechnung wird deutlich, dass im ersten Geschäftsjahr die Einzahlungen nicht ausreichen, um die Auszahlungen zu decken. Dieser Verlauf ist dabei typisch für Existenzgründungen, da sich in der Regel zunächst ein Umsatzwachstum einstellen muss, um die Auszahlungen abdecken zu können. Der negative Liquiditätssaldo erfordert es daher, dass dem Gründungsunternehmen eine Kreditlinie eingeräumt wird, um die Liquidität des Unternehmens dauerhaft zu sichern und Zahlungsungleichgewichte aufzufangen. Dies ist in den Anfangsjahren notwendig, da sich die Umsätze meist nicht wie geplant einstellen.

Kapitalbedarfsplan

Neben der Einrichtung einer ausreichenden Kreditlinie sind Finanzmittel notwendig, damit die Investitionen planmäßig durchgeführt werden können. Die folgende Tab. 4.8 zeigt den notwendigen Kapitalbedarfsplan.

Tab. 4.8: Beispiel eines Kapitalbedarfsplans (Quelle: Eigene Darstellung)

Position in Euro	Kapitalbedarf
Investitionen in Maschinen	260.000
Investitionen in Fahrzeuge	30.000
Investitionen in Betriebsausstattung	60.000
Rohstoffe	30.000
Warenlager	70.000
Markterschließungskosten	15.000
Beratungshonorare	10.000
Summe Kapitalbedarf	475.000

Finanzierungsplan

Der Finanzierungsplan sieht eine kombinierte Finanzierung von Eigen- und Fremdmitteln vor. Als Eigenkapital stehen Vermögensrücklagen der Gründer von insgesamt 75.000 Euro zur Verfügung. Zusätzlich wird die Finanzierung durch ein langfristiges endfälliges Privatdarlehen in Höhe von 15.000 Euro aus dem Familienkreis unterstützt. Die Gründer beantragen öffentliche Finanzierungshilfen sowie die Gewährung eines Hausbankdarlehens. Zu beachten ist das Disagio beim Unternehmerkredit. Die folgende Tab. 4.9 zeigt den Finanzierungsplan.

Tab. 4.9: Beispiel eines Finanzierungsplans (Quelle: Eigene Darstellung)

Position	Betrag in Euro	Zinsen in %	Laufzeit	Volumen in %
Eigenkapital	75.000			15,0
Privatdarlehen	15.000	3,0	20	3,0
Unternehmerkapital	125.000	0,0	15	25,0
Unternehmerkredit	140.000	5,3	12	28,0
Hausbank	120.000	7,0	25	24,0
∑ Langfristige Finanz.	475.000			
Betriebsmittelkredit	25.000	12,0	b.a.w.	5,0
Summe Finanzierung	500.000			

Die Finanzierungsstruktur sieht vor, dass sowohl das Hausbankdarlehen, als auch das Förderdarlehen mit einer tilgungsfreien Anlaufzeit versehen sind, so dass im ersten Geschäftsjahr lediglich Zinskosten anfallen. Sowohl der Hausbanksatz, als auch der Zinssatz des Förderprogramms Unternehmerkredit wurden risikoadjustiert bepreist, das heißt auf Basis des Gründerratings. Beim Finanzierungsbaustein Unternehmerkapital fallen im ersten Geschäftsjahr keine Zinsen an. Bei voll ausgenutzter Kreditlinie belaufen sich die Kapitalkosten im ersten Geschäftsjahr auf rund 19.600 Euro beziehungsweise monatlich auf rund 1.600 Euro. Die anfallenden Kapitalkosten sind ein fester Bestandteil der Liquiditätsplanung, sind zu bedienen und müssen entsprechend berücksichtigt werden.

Sicherheiten

Zur Besicherung ist die Sicherungsübereignung der Maschinen und Fahrzeuge geplant. Es ergibt sich bei einer Beleihungsquote der Hausbank von 60 % ein Sicherheitenwert von 174.000 Euro. Des Weiteren erhält das Gründerteam eine Förderung durch die Vergabe von öffentlichen Finanzierungsmitteln sowie durch die Gewährung einer Ausfallbürgschaft durch eine Bürgschaftsbank. Während beim Unternehmerkapital eine vollständige Haftungsfreistellung erfolgt, ergibt die Bürgschaft einen Sicherungswert von 50.000 Euro. Dem Fremdkapital von 500.000 Euro stehen damit Sicherheiten mit einem Wert von rund 349.000 Euro gegenüber. Der Blankoanteil von rund 151.000 Euro spiegelt das Risiko der Hausbank wieder. Dieses Risiko ist ins Verhältnis zum Zinsertrag, den Provisionen und den künftigen geschäftlichen Erwartungen zu setzen. Unter Umständen kann gerade das Provisionsergebnis dazu führen, dass das Vorhaben im Rahmen der Kundendeckungsbeitragsrechnung der Hausbank als positiv bewertet wird.

Das Beispiel einer Gründungsfinanzierung verdeutlicht, dass am Anfang des Unternehmenslebenszyklus die Gründung des Unternehmens steht und sich mit komplexen Fragestellungen befassen muss. Zunächst sind das Geschäftsmodell auszuwählen und der Unternehmensaufbau zu planen. Eine Gründung kann jedoch nur dann erfolgen, wenn die Finanzierung gesichert ist. Für eine Start-Up-Finanzierung steht eine Reihe von Finanzierungsinstrumenten zur Verfügung. Welche davon für den Unternehmensaufbau geeignet sind, ist abhängig vom Umfang des zu realisierenden Gründungsmodells. Zudem hängt die Wahl der Finanzierungsform von monetären und nicht-monetären Faktoren ab.

In erster Linie spielen die Kapitalkosten und die Flexibilität bei der Finanzierung eine Rolle für die Kombination bestimmter Finanzinstrumente. Des Weiteren kann auch die Integration verschiedener Finanzierer in das Unternehmenskonzept die Entscheidungsautonomie eines Gründers beeinflussen. Häufig sind verschiedene Stakeholder an der Gründung und deren Finanzierung beteiligt. Es bestehen unterschiedliche Interessenlagen und Risikoeinschätzungen zu dem geplanten Projekt. Diese Zielsetzungen sind in Einklang zu bringen.

Beteiligen sich externe Kapitalgeber mit Eigenkapital, so werden diese neben einer risikogerechten Verzinsung unter Umständen weitgehende Mitsprache- und Kontrollrechte fordern. Externe Fremdkapitalgeber versuchen dagegen, aufgrund der Risiken einer Neugründung, ihre Absicherungsbasis deutlich zu verbessern. Auch können außenstehende Fremdfinanzierer aufgrund der hohen Risiken sowie der geringen Profitabilität ein Projekt komplett meiden.

Somit haben junge Unternehmen häufig einen vergleichsweise schweren Zugang zu externen Finanzquellen. Wesentliche Gründe liegen zum einen darin, dass das Unternehmen noch nicht über eine geschäftliche Historie verfügt. Zum anderen besteht eine Entscheidungssituation unter Unsicherheit, die zudem durch das Verhalten der handelnden Akteure geprägt ist. So können die externen Kapitalgeber aufgrund des fehlenden Fachwissens oder eingeschränkter Überwachungsmöglichkeiten, die genaue Verwendung ihrer Finanzmittel nicht kontrollieren.

Es bestehen Probleme aus Hidden Information vor der Aufnahme der Geschäftsbeziehung und Probleme aus Hidden Action bei Bestehen einer Vertragsbeziehung mit dem Gründungsunternehmen. Diese Probleme können durch Prüfungen im Vorfeld der Gründung und das spezielle Kontraktdesign im Finanzierungsvertrag reduziert werden. Dabei kann bereits der Finanzierungs-Mix mit einer Kombination von Eigen- und Fremdkapital helfen, Agency-Probleme zu reduzieren. Zusätzlich sehen Finanzierungsverträge bei Gründungsunternehmen häufig intensive Überwachungen und Informationsübertragungen sowie Covenants vor.

Ein Großteil der Gründungen vollzieht sich im Mikrofinanzbereich. Zwar bedeutet dies für den Fremdkapitalgeber, dass den fixen Bearbeitungskosten nur verhältnismäßig kleine Erträge gegenüberstehen. Jedoch ist das Risiko aufgrund der geringen Finanzierungshöhe und der Integration von Sicherheiten öffentlicher Förderstellen meist tragbar. Zudem kann durch die zielgerichtete Förderung sowie die Auswahl von Gründungsvorhaben in bestimmten Branchen die Risikostruktur der Bank verbessert werden und bei potenziell stark gestreuten Risiken zusätzlich ein Diversifikationseffekt mit einer günstigen Verteilung der Risiken entstehen.

Die Finanzierung von Neugründungen vollzieht sich in der Regel in einer Mischung aus Bestandteilen an Eigenkapital, Fremdkapital und Mezzaninkapital. Über die gewählte Finanzierung werden gleichzeitig die Kapitalstruktur und die Kapitalkosten im Unternehmen festgelegt. Zudem hat die Wahl der geeigneten Finanzinstrumente unter Umständen eine Auswirkung auf die Entscheidungsfreiheit des Managements. Diese potenziellen Einflüsse gilt es bei der Auswahl der geeigneten Finanzierungsquellen zu antizipieren, damit später keine Unzufriedenheit eintritt.

Die Finanzierung von Gründungsvorhaben ist aus volkswirtschaftlicher Sicht von großer Bedeutung, denn der technische Fortschritt und das Wachstum werden insbesondere durch innovative Unternehmensgründungen gefördert. Auf diese Weise kann ein internationaler Wettbewerbsvorteil entstehen.

Durch die Expansion des Gründungsvorhabens können im Lebenszyklus des Unternehmens weitere Arbeitsplätze entstehen. Dieses Stadium markiert den Übergang in eine Wachstumsphase. Gleichzeitig können sich die eingesetzten Finanzierungsinstrumente verändern. So gewinnen unter anderem die strukturierten Finanzierungen in einer Wachstumsphase an Bedeutung.

Das mittlerweile erfolgreich gegründete Unternehmen gewinnt für viele Stakeholder erheblich an Attraktivität. So wird beispielsweise das Aktivvolumen bei Kapitalgebern wie Banken steigen und der jeweilige Deckungsbeitrag aus einem Engagement wächst. Des Weiteren ziehen Lieferanten einen höheren Nutzen aus der Geschäftsbeziehung. Zudem werden komplexere Finanzierungsmodelle erforderlich, um das gestiegene Umsatzvolumen zu finanzieren. Alternativen der Kapitalbeschaffung bestehen, wie über die Veräußerung von Forderungen, die Projektfinanzierung oder über umfassende Konsortialfinanzierungen mit Syndizierungen.

In dieser Phase beginnen die Unternehmen ihre Finanzierungsstruktur aktiv zu gestalten und wertsteigernd einzusetzen. Auch Entscheidungen über eine Thesaurierung von Mitteln zur Erhöhung der Innenfinanzierungsquote sind zu treffen. Dabei zeigt sich insgesamt, dass erfolgreiche Unternehmen unabhängiger gegenüber ihren Finanzierern werden und neue Optionen der Mittelbeschaffung auswählen können. So besteht die Alternative bestimmte Finanzierungsinstrumente am Kapitalmarkt zu platzieren. Beispielsweise können Anleiheemissionen, Ausgaben von Genussrechten oder auch erstmalige Herausgaben von Aktien erfolgen. Es zeigt sich, dass die Kapitalmarktaffinität mit der wachsenden Größe der Unternehmen kontinuierlich ansteigt. Die marktbasierte Außenfinanzierung wird maßgeblich von größeren Unternehmen bestimmt, die Skaleneffekte über hohe Emissionsvolumina trotz erheblicher Transaktionskosten nutzen können.

Alternativen zur Kapitalmarktfinanzierung oder der Finanzierung über eine Hausbank existieren bei großen Unternehmen auch über den Konzernverbund. Demnach betreiben Unternehmensgruppen häufig ein zentralisiertes Liquiditäts- und Finanzmanagement. Im Verbund findet dann ein Ausgleich der Liquiditätspositionen statt, Zinskosten können reduziert und Mittel optimal verteilt werden.

---

i **Zusammenfassung Abschnitt 4.8:** In diesem Abschnitt wurde die volkswirtschaftliche Bedeutung der **Gründungsfinanzierung** erläutert. Demnach trägt eine erfolgreiche Gründung zu dem Wachstum einer Volkswirtschaft bei, indem durch Investitionen technologische Innovationen oder neue Prozesse entstehen. Zusätzlich werden Arbeitsplätze geschaffen und der Wohlstand einer Volkswirtschaft steigt. Eine Gründung kann jedoch nur dann erfolgen, wenn die Finanzierung gesichert ist. Dazu tragen in der Regel Kreditinstitute und öffentliche Förderinstitute, neben Beteiligungsgesellschaften, bei. Verläuft die Neugründung erfolgreich, kann das Unternehmen über eine weitere Expansion in die Wachstumsphase übergehen. In diesem Stadium gewinnt die zielgerichtete Gestaltung der Kapitalstruktur an Bedeutung. Es kann über eine Senkung der Kapitalkosten der Unternehmenswert gesteigert werden. Zudem können die Einflüsse der Stakeholder über die Ausrichtung der Eigentümerstruktur und der Finanzierungsbausteine unternehmensseitig gesteuert werden.

---

5 Wachstumsfinanzierung

Die **Wachstumsphase** ist ein bedeutendes Stadium im Lebenszyklus eines Unternehmens. In dieser Lage entscheidet sich meist, ob die Firma ein Sprungwachstum entfaltet oder in einer geringen Größenklasse verbleibt. Dieses Stadium schließt sich meist nahtlos der Phase der erfolgreichen Gründung an. Neben der Ausweitung des Absatzes der Produkte und Dienstleistungen, wird die Steuerung der Finanzströme und der Einsatz spezifischer Finanzinstrumente, angepasst an die Firmenbedürfnisse, immer mehr zum Wettbewerbsfaktor. Die Finanzierung kann dementsprechend zur Wertsteigerung des Unternehmens eingesetzt werden.

In der Expansionsphase muss auf eine ausreichende Liquiditätsausstattung geachtet werden. Auch die Ausgestaltung der Kapitalstruktur gewinnt an Wichtigkeit, da diese die Kosten der Refinanzierung erheblich beeinflussen kann. So achten immer mehr Kreditinstitute auf eine ausreichende Ausstattung an Eigenkapital als Risikopuffer. Diese wird über detaillierte Ratingbeurteilungen genauestens überwacht und wirkt sich auf das Pricing bei den Kreditkonditionen aus.

Im folgenden Kapitel werden Finanzierungsinstrumente, die in Wachstumsphasen von Unternehmen verstärkt eingesetzt werden können, dargestellt und beurteilt. Es wird zunächst auf das Leasing eingegangen. Anschließend werden die Asset Backed Securities dargestellt und beurteilt. Es folgt die Erläuterung des Einsatzes von Projektfinanzierungsmodellen. Im Rahmen der Übernahme einer Firma können auch Buy-Out-Finanzierungen an Interesse gewinnen. Die Beschreibung komplexer Konsortialfinanzierungsmodelle erläutert das Zusammenspiel mehrerer Finanzierungspartner auf der Gläubigerseite. Die Bereiche der Finanzierung über Mezzanine und Private Equity beschreiben die Eigenmittelstärkung und die Absicherung von Zins- und Währungsrisiken aufgrund volatiler Finanzmärkte.

5.1 Leasing

von Prof. Dr. Wolfgang Portisch

5.1.1 Marktdaten im Leasinggeschäft in Deutschland

Leasing hat sich in Deutschland zu einer immer wichtigeren Finanzierungsoption entwickelt. Übernommen wurde diese Technik aus dem angelsächsischen Raum, wo die Anfänge des Leasings bis in das 19. Jahrhundert zurückreichen, als sich die Bell-Telephone-Company 1877 entschloss, ihre Telefone nicht mehr zu verkaufen, sondern zu vermieten (vgl. Falk, 1963, S. 351). Mittlerweile hat sich das Leasing als Instrument der Investitionsfinanzierung neben dem klassischen Bankkredit etabliert.

Im Jahr 2014 wurden Wirtschaftsgüter in Form von Mobilien sowie Immobilien mit einem Wert von rund 50,3 Mrd. Euro im Wege des Leasings finanziert. Das bedeutet, dass jeder sechste in Deutschland investierte Euro (15 %) von einem Leasingunternehmen bereitgestellt wurde. Dabei ist das Volumen ausgehend von dem Jahr 2009 deutlich gewachsen, wie die nachfolgende Abb. 5.1 zeigt.

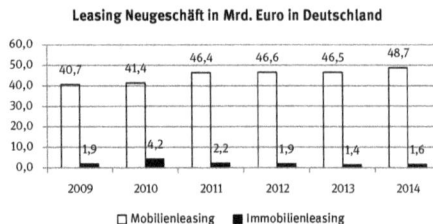

Abb. 5.1: Leasing Neugeschäft bei Mobilien und Immobilien (Quelle: Eigene Darstellung)

Die Dynamik des Leasinggeschäfts ist hoch. So lag das Neugeschäftswachstum 2014 mit 6,0 % (Mobilien) beziehungsweise 10,7 % (Immobilien) deutlich über den gesamtwirtschaftlichen Investitionen, die 2014 lediglich um 4,5 % anstiegen (vgl. ifo Institut, 2014). Untersucht man ausschließlich die Investitionen in mobiles Anlagevermögen, liegt die sogenannte Leasingquote sogar bei 22,7 %.

Definition: Als **Leasingquote** wird der Anteil des Leasings an den gesamtwirtschaftlichen Investitionen beziehungsweise an den Ausrüstungsinvestitionen, ohne den Wohnungsbau, bezeichnet.

Diese Zahlen unterstreichen die volkswirtschaftliche Relevanz des Leasings als Investitionsförderer in Deutschland deutlich. Heutzutage ist Leasing vollständig als Finanzierungsalternative etabliert und wird von zahlreichen Unternehmen in allen Phasen des Lebenszyklus als Finanzierungsinstrument eingesetzt. Besonders in den Wachstumsphasen bietet sich Leasing als Alternative zur Kreditfinanzierung an, da die kurzfristigen und langfristigen Kreditlinien nicht direkt belastet werden.

Grundsätzlich ist das Leasing zur Finanzierung sämtlicher Investitionsprojekte geeignet. Dennoch haben sich insbesondere bestimmte Objektgruppen im Anlagevermögen der Unternehmen herausgebildet, die besonders häufig durch das Leasing finanziert werden. Hierzu zählen vor allem Fahrzeuge, die deutlich mehr als zwei Drittel aller Leasingobjekte (2014: 71 %) ausmachen. Aber auch Produktionsmaschinen (13 %) sowie Büro- und Informationstechnik (8 %) gehören zu den bedeutenden Vermögensgegenständen (vgl. BDL e.V., 2015, S. 1 ff.).

Die Grundphilosophie des Leasings liegt in der Betrachtung, dass nicht das Eigentum an einem Investitionsobjekt, sondern ausschließlich dessen Nutzung im Unternehmen wirtschaftlich notwendig ist. Daher stellt der Leasinggeber das betreffende Wirtschaftsgut dem Leasingnehmer für einen meist vertraglich vereinbarten Zeitraum gegen die Zahlung eines entsprechenden Nutzungsüberlassungsentgeltes zur Verfügung. Eigentum erwirbt der Leasingnehmer nicht. Nach Ablauf der Leasingdauer gibt er das geleaste Wirtschaftsgut an den Leasinggeber zurück. Des Weiteren kommt der erwähnte Finance-Gedanke im Wesen des „Pay-as-you-earn-Prinzips" zum Ausdruck. Der aus der Nutzung des Leasingobjektes generierte Cash Flow kann in seiner Struktur der Entstehung, zur Bezahlung des Nutzungsentgeltes in Form der Leasingrate verwendet werden.

Neben dem hier skizzierten Finanzierungsaspekt gewinnen mittlerweile ergänzende Dienstleistungen des Leasinggebers immer mehr an Bedeutung. Insbesondere im Fahrzeugleasing werden umfangreiche Zusatzleistungen angeboten. Diese reichen von der Bereitstellung und Abrechnung von Tankkarten, bis zum vollständigen Flottenmanagement. Aber auch im Leasing von Büro- sowie Informationstechnik greift der sogenannte Full-Service-Vertrag immer größeren Raum mit dem Austausch, der Wiedervermarktung von Rechnern sowie dem Löschen der Festplatten.

Im Hinblick auf den **Lebenszyklus** eines Unternehmens hat Leasing insbesondere in der Wachstumsphase eine hervorgehobene Bedeutung. Aber auch in der Gründungsphase kann Leasing eine sinnvolle Alternative sein. Da Leasingunternehmen im Regelfall stark Asset-orientiert sind, können diese auch in der risikoreicheren Startphase einer Unternehmung als Financier in Anspruch genommen werden. Es gilt allerdings auch hier, dass die Basisparameter der Bonitätsprüfung, die andere Fremdkapitalgeber an ein Start Up anlegen, auch durch Leasinggesellschaften angewendet werden. Ebenso kann die Objektexpertise der Leasingeber in der Krise zur Sanierung und Restrukturierung einen wichtigen Beitrag leisten.

So gibt es Leasingunternehmen in Deutschland, die sich auf die Finanzierung von Unternehmen in schwierigen wirtschaftlichen Situationen spezialisiert haben. Diese Leasingunternehmen sind bereit, im Wege des **Sale And Lease Back,** ausgewählte Teile des Anlagevermögens zu mobilisieren und zu liquidieren, indem sie es von den Krisenunternehmen kaufen und an diese zurückleasen. Auf diese Weise wird diesen Unternehmen neue Liquidität zur Verfügung gestellt, die zur Finanzierung der Sanierung verwendet werden kann. Hier sind die Bearbeitungs- sowie Verwertungskompetenzen von vielen Leasinggesellschaften ein wesentlicher Grund, derartige risikobehaftete Investitionsprojekte realisieren zu können.

Wesentliches Unterscheidungskriterium des Leasings zum Kredit ist die nur zeitweise Nutzungsüberlassung des Wirtschaftsgutes im Gegensatz zum Erwerb des wirtschaftlichen und rechtlichen Eigentums, der bei traditionellen Finanzierungen im Vordergrund steht. Mittlerweile haben sich zahllose Varianten und Arten des Leasings entwickelt und am Finanzmarkt etabliert, so dass eine kurze und prägnante Definition gewählt wird. Im Kern handelt es sich beim Leasing somit um eine besondere Art der Miete mit unterschiedlichen Optionen am Ende der Vertragslaufzeit. Eine allgemeine Definition lautet.

Definition: Leasing bedeutet die mittel- bis langfristige Vermietung von Wirtschaftsgütern (vgl. BDL Bundesverband Deutscher Leasingunternehmen e.V., 2005).

Diese Begriffsbildung umfasst alle relevanten Charakteristika, die dieses Finanzierungsinstrument Leasing kennzeichnen. Eine weitergehende Erklärung würde der großen Bandbreite und der vielseitigen Aspekte des Leasings, sowie ergänzender Dienstleistungen des Leasinggebers, nur unzureichend Rechnung tragen. Aufgrund der nur untergeordneten Bedeutung des Immobilien-Leasings in Deutschland wird im weiteren Verlauf der Begriff des Leasings als Synonym für das Mobilien-Leasing verwendet. Dabei ist es möglich, dass nicht nur Investitionsgüter des Anlagevermögens sondern ebenfalls kurzfristig gebundene Vermögensgegenstände des Umlaufvermögens über das Finanzierungsinstrument Leasing refinanziert und damit bereitgestellt werden können.

5.1.2 Akteure im Leasingprozess

Der Abschluss eines Leasingvertrages, der durch sich ergänzende Willenserklärungen von **Leasingnehmer** und **Leasinggeber** zustande kommt, ist Endpunkt einer Reihe von Entscheidungen und Maßnahmen, die diese Parteien im Vorfeld getroffen haben. Dieses sind unter anderem die Investitionsentscheidung, die Auswahl des Investitionsgutes und die (Re-)Finanzierungsentscheidung.

Die Investitionsentscheidung des späteren Leasingnehmers löst den Beschaffungs- und Finanzierungsvorgang aus. Ihr geht eine Überprüfung von Kosten und Nutzen sowie Chancen und Risiken voraus (vgl. Kratzer/Kreuzmair, 2002, S. 41 ff.). Der Leasinggeber ist in diesem Prozess noch nicht zwingend eingebunden, dennoch kann er aufgrund seiner Einkaufsvorteile oder sonstiger von ihm zu erbringenden Dienstleistungen bereits involviert sein.

Neben den bereits erwähnten Akteuren existieren weitere Beteiligte, die im Leasingprozess aktiv sind. Hier ist zunächst der **Hersteller** oder auch **Lieferant** des Leasingobjektes als weiterer Stakeholder zu nennen. Er verkauft das Leasingobjekt an den Leasinggeber und erhält Zug um Zug seinen Kaufpreis. Darüber lassen sich aus Sicht der Leasingnehmer unter Umständen Preisvorteile generieren, denn der Hersteller hat verbesserte Verwertungsmöglichkeiten gegenüber klassischen Kreditinstituten. Im Verlauf des Lebenszyklus des Leasingobjektes ist der Produzent im Rahmen seiner kaufvertraglich vereinbarten Garantieleistungen oder der gesetzlichen Gewährleistung weiterhin mit dem Leasingnehmer verbunden. Denn dieser ist, aufgrund der regelmäßig im Leasingvertrag vereinbarten Abtretung der Rechte aus dem Kaufvertrag, entsprechender Anspruchsinhaber geworden.

Des Weiteren tritt im Rahmen der (Re-)Finanzierung des Leasingvertrages im Regelfall ein zusätzlicher **Kapitalgeber** des Leasingunternehmens in Erscheinung. Dieser stellt als klassischer Finanzierer das Fremdkapital bereit. Besonders aus Rentabilitätsgründen ist der Erwerb der Leasingobjekte aus teuren Eigenmitteln regelmäßig nicht wirtschaftlich. Darüber hinaus verfügen Leasingunternehmen selten über ein entsprechendes Eigenkapital, so dass der Erwerb der Wirtschaftsgüter zum überwiegenden Teil fremdfinanziert ist.

Der Kapitalgeber, meist eine Bank oder ein sonstiger Finanzintermediär, kreditiert die Forderungen aus dem abgeschlossenen Leasingvertrag zur Bezahlung des Kaufpreises des Leasingobjektes und erhält im Gegenzug einen Teil der Leasingrate zur Bedienung des notwendigen Kapitaldienstes. Damit ist die Refinanzierungsstruktur für das Leasing häufig von Bedeutung. Es besteht darüber auch eine Zinsabhängigkeit der Leasingraten. In Zeiten eines niedrigen Zinsniveaus sinken die Refinanzierungskosten für das Leasing und damit in der Regel auch die Leasingraten für die betrachteten Investitionsprojekte. Die folgende Abb. 5.2 veranschaulicht die beteiligten Akteure im Leasingprozess.

Abb. 5.2: Akteure und Vorgehen im Leasingprozess (Quelle: Eigene Darstellung)

5.1.3 Leasingstrukturen

Die im vorangegangenen Kapitel beschriebenen Akteure im Leasingprozess, Lieferant, Leasinggeber sowie Kapitalgeber können als Stakeholder des Unternehmens völlig autark agieren. Sie können jedoch auch miteinander verbunden sein. Inwieweit diese Verknüpfung aus Sicht der Agency-Theorie eine größere Relevanz erfährt, wird später erörtert. Grundsätzlich existieren in Deutschland drei klassische Gruppen von Leasinggesellschaften:

– Bankenabhängige Leasinggesellschaften
– Herstellerabhängige Leasinggesellschaften
– Freie Leasinggesellschaften

Banken haben seit geraumer Zeit die Attraktivität und den Erfolg des Leasings erkannt und betreiben zur Diversifizierung ihrer Produktportfolios in bedeutendem Umfang das Leasinggeschäft über ihre Tochtergesellschaften. Die größten Leasinggesellschaften Deutschlands sind zum überwiegenden Teil Bankentöchter. Meist sind diese als Töchter bei Landesbanken und großen Privatbanken angesiedelt und erwirtschaften dort stabile Erträge.

Neben ihrer Gesellschafterfunktion agieren Banken stets als Kapitalgeber, so dass es hier meist zu einer direkten Verknüpfung von Leasinggeber und Geldgeber kommt. Bei der Kapitalbereitstellung können die bankenabhängigen Leasingunternehmen auf die Kreditexpertise ihrer Gesellschafter zurückgreifen. Sofern ein Kreditinstitut gleichzeitig die Hausbank des Leasingnehmers ist, können dort die möglicherweise existierenden Kreditlinien additiv genutzt werden.

Für **Hersteller** von Investitionsgütern bildet das Leasing eine interessante Möglichkeit, ihre Wertschöpfungskette um den Bereich Absatzfinanzierung zu erweitern. So verfügen nahezu alle Automobilhersteller in Deutschland über eigene Leasingunternehmen und verkaufen über ihre Tochtergesellschaften mittlerweile rund jeden vierten Neuwagen in Deutschland.

Herstellerleasing wird auch häufig als Vendorenleasing bezeichnet. Aufgrund ihrer profunden Asset-Kenntnisse tritt bei der Vertragsannahmeentscheidung häufig die Bonität des Leasingnehmers zugunsten der Werthaltigkeit und der Fungibilität des Leasingobjektes in den Hintergrund. Darüber erbringen herstellerabhängige Leasingunternehmen oft weitergehende Dienstleistungen im Zusammenhang mit dem Leasingobjekt im Rahmen von Full-Service-Verträgen.

Leasingnehmer können also von dieser Verquickung zwischen Lieferant und Leasinggeber profitieren. Diese Konstruktion der Zwischenschaltung einer eigenständigen Leasinggesellschaft wird in der Literatur auch als **indirektes Leasing** bezeichnet (vgl. Wöhe et al., 2013, S. 340 ff.).

Sofern der Produzent eines Wirtschaftsgutes einen Leasingvertrag direkt mit seinem Kunden abschließt, wird vom **direkten Leasing** gesprochen. In der Praxis ist dieses Konstrukt allerdings kaum noch anzutreffen, da durch dieses Verfahren die Bilanz des Herstellers, über die Aktivierung des Leasingobjektes sowie die Passivierung der entsprechenden Refinanzierung, stark beeinflusst wird.

Neben den beiden abhängigen Arten von Leasingunternehmen, existieren am Markt **freie Leasinggesellschaften**, die stark mittelständisch geprägt sind, aber dennoch einen großen Anteil am deutschen Leasingmarkt innehaben. Ihre Existenzberechtigung finden sie vor allem durch ihre Unabhängigkeit. Sie können den Leasingnehmer in seiner Investitionsentscheidung frei und objektiv beraten und sind nicht auf Objekte eines bestimmten Herstellers beschränkt oder an die Weisungen zentraler kreditbearbeitender Einheiten gebunden. Darüber hinaus verfügen diese Leasinggesellschaften häufig über eine große Kreativität und Flexibilität bei der Ausgestaltung der Vertragsmodalitäten. Abhängige Leasinggesellschaften besitzen meist nur ein eingeschränktes und standardisiertes Vertragswerk, um die Bearbeitung und die Administration spezieller Leasingverträge effizient auszugestalten.

Freie Leasinggeber sind in der Lage, individuell auf die besonderen Bedürfnisse ihrer Kunden einzugehen und maßgeschneiderte Finanzierungslösungen zu erarbeiten. Seit der Unternehmenssteuerreform 2008, der Einbeziehung aller Leasinggesellschaften unter das KWG-Regime als Finanzdienstleistungsinstitut aus § 1 Abs. 1a KWG, sowie der Pflicht zur Umsetzung der Mindestanforderungen an das Risikomanagement, sind zahlreiche freie Leasinggesellschaften aus dem Markt ausgeschieden. Die direkten sowie indirekten Kosten der beschriebenen Regulierungsdichte, waren außerordentlich hoch und konnten von vielen Gesellschaften nicht mehr im Rahmen der eigentlichen Geschäftstätigkeit erlöst werden.

Leasingunternehmen verfügen regelmäßig nicht über ausreichende Eigenmittel, um ihr Leasinggeschäft zu refinanzieren. Sie sind daher in einem sehr großen Umfang auf die Fremdmittel zur Finanzierung der Leasingobjekte angewiesen. Es existieren grundsätzlich drei Wege der Refinanzierung:

- Finanzierung aus Konzernmitteln
- Finanzierung über Banken
- Finanzierung direkt über den Kapitalmarkt

Die **Finanzierung aus Konzernmitteln** ist vornehmlich bei herstellerabhängigen Leasinggesellschaften zu beobachten, die meist als Absatzfinanzierungsinstrument eingesetzt werden. Das Produktionsunternehmen, das auch als Konzernobergesellschaft fungieren kann, übt damit als Stakeholder in zweifacher Hinsicht Einfluss auf das Leasingunternehmen aus. Einerseits bedient es sich der Dienste der Leasinggesellschaft als Instrument zur Absatzfinanzierung. Anderseits stellt es Mittel zur Refinanzierung dieses Geschäftes zur Verfügung. Da es sich bei diesen Geldern jedoch meist um Eigenmittel eines Konzerns handelt, ist diese Art der Finanzierung teuer und wird daher in der Praxis meist nur begrenzt eingesetzt.

Die **Bankenrefinanzierung** ist die typische Art der Mittelbeschaffung und wird von jedem Leasingunternehmen in unterschiedlichem Umfang genutzt. In Deutschland gibt es jedoch nur wenige Banken, die sich professionell mit der Refinanzierung von Leasinggesellschaften beschäftigen. Hierzu zählen vor allem einige Landesbanken sowie größere Sparkassen. Daneben haben auch einige andere Kreditinstitute mit großem Passivüberhang, also einem hohen Anteil an Spareinlagen, den Markteintritt vor wenigen Jahren vollzogen. Des Weiteren haben auch ausländische Kreditinstitute die Attraktivität des deutschen Leasingmarktes erkannt und bieten in diesem Segment ebenfalls Refinanzierungsmittel an.

Die Finanzierung über Banken erfolgt über zwei Wege. Hier ist zunächst die Darlehensgewährung an die Leasinggesellschaft zu nennen. Diese refinanzierende Bank gewährt dem Leasinggeber einen zweckgebundenen Kredit zur Bezahlung des Leasingobjektes. Im weiteren Verlauf des Leasingvertrages wird ein Teil des Cash Flows zur Bedienung des Kapitaldienstes verwendet.

Alternativ hierzu ist die Forfaitierung der Leasingforderungen zu nennen. Hierbei erwirbt das Kreditinstitut die Forderungen des Leasinggebers und zahlt einen Kaufpreis, der dem Barwert einer Leasingforderungen entspricht, unter Beachtung des spezifischen Ausfallrisikos des Leasingnehmers. Bei der Forfaitierung erfolgt in der Regel auch eine Übertragung des Delkredererisikos auf den Forderungskäufer, so dass der Forderungsverkauf ein adäquates Mittel zur Risikosteuerung innerhalb des Leasingunternehmens darstellt. Aus Sicht des Refinanzierers sind die Qualität und die genaue Bewertung dieser Forderungen von erheblicher Bedeutung, damit keine erhöhten Ausfallrisiken entstehen.

Schließlich ist die **Finanzierung direkt über den Kapitalmarkt** eine weitere Möglichkeit der Mittelbeschaffung. Dieser Weg war bis vor einigen Jahren nur bankenbezogenen und großen herstellerabhängigen Leasingunternehmen vorbehalten, die aufgrund ihres Neugeschäftsvolumens und ihrer Konzerneinbindung über die notwendige kritische Masse zum direkten Zugang des Kapitalmarktes verfügten. Mittlerweile sind auch größere mittelständische Leasinggesellschaften in der Position, direkte Kapitalmarkttransaktionen durchzuführen.

Bei diesen Transaktionen handelt es sich um die Mobilisierung und anschließende Verbriefung der Forderungen aus den abgeschlossenen Leasingverträgen, die dann im Rahmen von ABS-Programmen direkt über den Kapitalmarkt vertrieben werden. Käufer dieser verbrieften Forderungen sind große institutionelle Anleger wie Versicherungen oder Pensionsfonds. Banken fungieren in diesen Transaktionen als Intermediäre und stellen ihre Expertise für die Strukturierung und Abwicklung dieser komplexen Finanzinstrumente zur Verfügung.

5.1.4 Vertragsarten des Leasings

Leasing ist gesetzlich in Deutschland nicht definiert. Dennoch kann der Leasingvertrag als Mietvertrag definiert werden, so dass die Regelungen der §§ 535 ff. BGB zum Mietrecht zur Anwendung kommen. Dabei können die Elemente Miete, Pacht, Finanzierung oder Kauf vertraglich unterschiedlich stark akzentuiert werden. Im Leasing sind zwei grundsätzliche Vertragsarten vorzufinden:

- **Vollamortisationsvertrag:** Bei dieser Vertragsart decken die Leasingraten und die sonstigen Zahlungen, die der Leasingnehmer während einer unkündbaren Grundmietzeit zu entrichten hat, vollständig die Anschaffungs- oder Herstellungskosten, die Finanzierungszinsen und alle sonstigen Nebenkosten sowie die Gewinnspanne des Leasinggebers.
- **Teilamortisationsvertrag:** Die Zahlungen des Leasingnehmers reichen für eine volle Schuldenabtragung der Leistungen in der Regel nicht aus. Eine vollständige Amortisation wird erst durch die Bezahlung eines vertraglich definierten Restwertes erreicht. Dieser ist häufig durch ein Andienungsrecht der Leasinggesellschaft unterlegt, das heißt, der Leasingnehmer ist verpflichtet, das Leasingobjekt zum vereinbarten Restwert käuflich zu erwerben, sofern die Leasinggesellschaft ihr Recht zur Andienung ausübt.

Der Teilamortisationsvertrag bildet die Basis für eine weitere typische Vertragsart, den **Kilometer-Vertrag**. In diesem Fall wird für das Kraftfahrzeug eine Gesamtfahrleistung für die Leasingdauer und eine auf den damit einhergehenden Werteverzehr kalkulierte Leasingrate vereinbart. Ein Restwert und ein damit möglicherweise verbundenes Andienungsrecht werden nicht definiert.

Am Ende des Leasingvertrages gibt der Leasingnehmer das Fahrzeug an die Leasinggesellschaft zurück. Sollte die vereinbarte Fahrleistung überschritten werden, so sind hierfür entsprechende Nachzahlungen durch den Leasingnehmer zu leisten. Im Gegensatz dazu erhält der Leasingnehmer, für eine Unterschreitung der Fahrleistung, eine Teilerstattung seiner Zahlungen. Die genannten Nachzahlungen fallen im Regelfall höher aus, als die entsprechenden Erstattungen und entsprechen einem asymmetrischen Risikoprofil.

Unabhängig hiervon sind Schäden, die über den üblichen Verschleiß hinausgehen, stets durch den Leasingnehmer zu bezahlen. In der Praxis ist häufig zu beobachten, dass Leasinggesellschaften aus dem Herstellerumfeld, diese Regelungen sehr unterschiedlich handhaben. Sofern sich ein Leasingnehmer für ein neues Fahrzeug des gleichen Herstellers entschieden hat, werden die Schadensbewertung und die Regulierung im Allgemeinen großzügig und kulant ausgelegt.

Möchte der Kunde hingegen sein Fahrzeug zurückgeben und handelt es sich hierbei um ein schwer zu veräußerndes Auto, so werden meist sämtliche Schäden identifiziert und abgerechnet. Nicht selten hat sich eine, vermeintlich attraktive, Leasingfinanzierung für den Kunden im Kfz-Bereich im Nachhinein als wirtschaftlich nachteilig und kostenintensiv erwiesen.

Häufig werden auch **Full-Service-Verträge** abgeschlossen. Neben der klassischen Finanzierungsfunktion beinhaltet diese Vertragsart weitere Dienstleistungskomponenten wie beispielsweise das Flottenmanagement von Firmenfahrzeugen, die Verbrauchsgüterverwaltung im Kopierersegment oder die Pflege sowie das Update von IT-Ausstattungen. Diese Dienstleistungen werden in die Leasingrate eingepreist und erschweren einen rein finanziell-orientierten Wirtschaftlichkeitsvergleich zwischen dem kreditfinanzierten Kauf einerseits und dem Leasing andererseits.

Sonstige Vertragsarten, die den unterschiedlichen Interessen sowie Wünschen der Leasingnehmer Rechnung tragen, unterscheiden sich in Vereinbarungen über Laufzeiten als unbefristete Verträge mit starkem Mietcharakter oder Verträge mit festen vereinbarten Kündigungszeitpunkten. Des Weiteren existieren flexible Regelungen über den Umfang und die Zeitpunkte der vereinbarten Leasingzahlungen mit alternierenden Ratenverläufen beim Saisonleasing und über den Termin und den Spielraum beim Austausch von Leasingobjekten.

Der **Sale-And-Lease-Back-Vertrag** ist insbesondere in der Krisenphase einer Unternehmung von hervorgehobener Bedeutung. Diese Vertragsart soll im Folgenden erörtert werden, auch wenn dieser besondere Vertrag streng genommen kein eigenständiges Leasingmodell verkörpert (vgl. Kratzer/Kreumair, 2002, S. 74 ff.). Im Falle des Sale-And-Lease-Back-Vertrages veräußert der Leasingnehmer Teile seines betriebsnotwendigen Anlagevermögens an den Leasinggeber und erhält im Gegenzug einen Kaufpreis, den dieser zur Unternehmensfinanzierung oder Optimierung seiner bilanziellen Kapitalrelationen einsetzen kann.

Im günstigen Fall verändern sich durch eine erhöhte Eigenkapitalquote das Rating und damit auch die Finanzierungskonditionen für die Bestandskredite. Im weiteren Verlauf kann der Leasingnehmer das Anlagegut unverändert weiter nutzen, da er es vom Leasinggeber zurückleast und dafür entsprechende Zahlungen erbringen muss. Damit ist dieses Finanzmodell geeignet, um im Krisenfall zunächst weitere Liquidität zu generieren, indem einerseits Anlagevermögen mobilisiert und liquidiert wird, anderseits aber die Nutzung weiterhin sichergestellt ist.

Diese Tatsache führt allerdings zu dem Ergebnis, dass derartige Transaktionen von Banken in deren Bonitätsanalyse meist negativ bewertet werden. Da die Krise den Gläubigerbanken jedoch in der Regel bekannt ist, hat Sale And Lease Back keine zusätzlichen negativen Auswirkungen auf das Firmenrating. Vielmehr kann über eine derartige Transaktion kurzfristig fehlende Liquidität generiert oder eine Entschuldung vorgenommen werden. Langfristig kann sich diese Finanztransaktion jedoch nachteilig auf den laufenden Cash Flow auswirken, da die fortan zu leistenden Mietzahlungen meist höher sind, als die ursprünglichen Finanzierungskosten des veräußerten Wirtschaftsgutes. Eine Hauptursache besteht darin, dass es sich bei den Käufern häufig um Kapitalanlagegesellschaften handelt, die meist hohe Renditeerwartungen ihrer Investoren zu erfüllen haben.

Es lässt sich feststellen, dass aufgrund der fehlenden gesetzlichen Fixierung, Leasing in verschiedenen Formen und Vertragsarten zur Finanzierung von Wirtschaftsgütern angewendet wird. Individuelle Wünsche sowie Bedürfnisse der Leasingnehmer können weitgehend berücksichtigt werden, so dass die unterschiedlichen Komponenten der Finanzierung, Miete, Pacht, Dienstleistung oder Kauf in diversen Vertragsformen, unterschiedlich stark betont werden. Somit umfasst das Spektrum des Leasings zahllose vertragliche Varianten. Der Leasinggeber kann, neben seinen originären Finanzierungstätigkeiten, weitere Dienstleistungen erbringen oder Funktionen übernehmen, die ihn von einem klassischen Bereitsteller von finanziellen Mitteln zur Durchführung einer Investition in Wirtschaftsgüter deutlich unterscheiden. Diese Komponenten sind sehr vielfältig.

So werden mittlerweile Transaktionen erfolgreich abgewickelt, bei denen Leasingunternehmen bereit sind, nicht nur Anlagegüter, sondern auch Teile des Umlaufvermögens wie das Vorratsvermögen für ihre Kunden zu finanzieren. Beispielsweise sind Leasingunternehmen bereit, Spezialvorräte von einem Produzenten zu erwerben, seine Bilanz damit zu verkürzen und diese Waren anschließend an ihn zurück zu verkaufen. Eine vertragliche Verpflichtung des Produzenten zum Rückkauf sollte allerdings nicht existieren. Diese wäre nach § 285 Nr. 3 HGB als sonstige Pflichtangabe im Jahresabschluss des Leasingnehmers mit aufzunehmen.

Die Finanzierungsgesellschaft setzt dann darauf, dass der Bedarf des Produzenten termin- und mengengerecht nur durch sie befriedigt werden kann und nicht durch die am Markt verfügbaren Ressourcen.

Dabei ist offensichtlich, dass es sich bei einer derartigen Transaktion über spezielle Vorratsgüter, ohne eine weitere vertragliche Vereinbarung zum Rückkauf, um einen risikobehafteten Vorgang handelt. Diese Geschäfte sind daher nur wenigen Leasing-unternehmen, mit einer ausgezeichneten Objektexpertise und einem weit reichen-den Marktzugang, vorbehalten. Dies verdeutlicht, dass sich Leasing nicht auf seine Finanzierungskomponente allein reduzieren lässt, wie auch die bilanzwirksamen Vorgänge zeigen. Im Folgenden werden die bilanziellen Auswirkungen des Leasings näher untersucht.

5.1.5 Bilanzielle Aspekte des Leasings

Die bilanzielle und die steuerliche Behandlung des Leasings, im Rahmen der deut-schen Gesetzgebung, ist in insgesamt vier Erlassen der Finanzverwaltung festgelegt (vgl. Kratzer/Kreuzmair, 2002, S. 55). Diese regeln, jeweils für Teil- und Vollamorti-sationsverträge und differenziert nach Mobilien und Immobilien, die Abgrenzung sowie Gestaltung von Leasingverträgen. Strukturiert werden in diesen Erlassen die steuerliche Zurechnung und die bilanzielle Darstellung des Leasings. Die folgende Tab. 5.1 nennt die Bezeichnungen und die Daten der Erlasse.

Tab. 5.1: Bilanzielle und steuerliche Behandlung des Leasings (Quelle: Eigene Darstellung)

Erlass-Bezeichnung	Erlass-Datum	Aktenzeichen	Fundstelle
Vollamortisations-Erlass (Mobilien)	19.04.1971	IV B/2 – S 2170 – 31/71	BStBl, I, 1971, 264 BB, 1971, 506
Teilamortisations-Erlass (Mobilien)	22.12.1975	IV B/2 – S 1170 – 161/75	BB, 1976, 72
Vollamortisations-Erlass (Immobilien)	21.03.1972	F/IV B/2 – S 2170 – 11/72	BB, 1972, 433
Teilamortisations-Erlass (Immobilien)	23.12.1991	IV B/2 – S 2170 – 115/91	BStBl, I, 1992, 13

Ziel des Leasingnehmers ist die bilanzneutrale Nutzung eines Wirtschaftsgutes und die Bewertung des für die Nutzung gezahlten Entgeltes, als abzugsfähiger Betriebs-aufwand. Es muss also sichergestellt sein, dass das Leasingobjekt in der Bilanz des Leasinggebers aktiviert wird. Eine Ansatzpflicht beim Leasingnehmer geht an den eigentlichen Zielen des Leasings vorbei und führt gegebenenfalls zu einer erhebli-chen Aufblähung der Bilanzsumme. Die folgenden Voraussetzungen müssen daher laut den gesetzlichen Vorgaben erfüllt sein, damit Leasingverträge erlasskonform sind und die gewünschten bilanziellen und steuerlichen Effekte erzeugen.

Grundmietzeit

Es ist eine unkündbare Grundmietzeit zwischen Leasinggeber sowie Leasingnehmer zu vereinbaren. Diese muss stets zwischen 40 % und 90 % der betriebsgewöhnlichen Nutzungsdauer (BGN) liegen. Mit der Begrenzung auf 90 % wird unterstellt, dass das Leasingobjekt auch nach einer Beendigung des Leasingvertrags noch wirtschaftlich genutzt werden kann und damit eine lediglich vorübergehende Nutzungsüberlassung vereinbart wurde.

Der Leasinggeber kann dann als wirtschaftlicher Eigentümer aus § 39 AO betrachtet werden. Dagegen geht der Erlass davon aus, dass die Unterschreitung der Mindestdauer von 40 % der betriebsgewöhnlichen Nutzungsdauer vom Leasingnehmer nur dann akzeptiert wird, wenn ihm ein Vorzugspreis zum späteren Kauf eingeräumt wird. Die Chance, einen zusätzlichen Verwertungserlös zu erzielen, liegt dann ausschließlich beim Leasingnehmer (vgl. Kratzer/Kreuzmair, 2002, S. 56 ff.). Ein Sonderfall stellt der kündbare Vertrag dar, da dieser nicht mit einer vereinbarten Laufzeit, sondern mit einer ordentlichen Kündigung durch den Leasingnehmer endet. Sofern die Mindestmietdauer 40 % der BGN beträgt, ist auch hier das Erfordernis einer unkündbaren Grundmietzeit erfüllt.

Drittverwendbarkeit des Leasingobjektes

Wirtschaftsgüter, die ausschließlich auf die Bedürfnisse eines speziellen Anwenders zugeschnitten sind und somit für Dritte keinerlei funktionsbezogene Einsatzmöglichkeiten bieten, sind in der Regel nicht leasingfähig (vgl. Kratzer/Kreuzmair, 2002, S. 37). In der Praxis ist diese Regelung allerdings eher hypothetischer Natur. Erfahrungsgemäß sind auch derartige Wirtschaftsgüter, die speziell für die Anforderungen eines einzelnen Unternehmens produziert worden sind, in der Regel auch drittverwendungsfähig, so dass auch dieses Spezialleasing alle bilanziellen Aspekte des Leasings abbilden kann.

Mehrerlöschance des Leasinggebers

Der Leasinggeber sollte zu jedem Zeitpunkt die Chance auf einen zu erzielenden Mehrerlös bei der Verwertung oder (Weiter-)Vermietung des Leasingobjektes haben. Die konsequente Ausnutzung dieser Mehrerlöschancen ist ein Indiz für das vom § 39 AO und der Finanzverwaltung antizipierte Verhalten des Leasinggebers, als wirtschaftlicher Eigentümer des Objektes zu agieren. Kaufoptionen zu einem geringeren Preis, als der eigentliche wirtschaftliche Marktwert zum Ende des Leasingvertrages in Form des Restwertes, sind somit schädlich.

Leasingverträge, die nicht mit den Zurechnungsanforderungen der jeweiligen Leasingerlasse im Einklang stehen, führen nicht zwingend zu einer bilanziellen Umdeutung, das heißt einer Aktivierung des Wirtschaftsgutes beim Leasingnehmer. Die Leasingerlasse enthalten keinen abschließenden Katalog von Regelungen. Sie sind deshalb offen für neue Vertragskonzeptionen, die jeweils an den Kriterien des wirtschaftlichen Eigentums gemäß § 39 AO zu messen sind.

Grundsätzlich ist das Leasingobjekt daher dem Vermögen des Leasinggebers zuzurechnen, wenn die Vertragslaufzeit weniger als 90 % der BGN beträgt und zusätzliche Optionsrechte des Leasingnehmers, in Form einer Kauf- oder Verlängerungsoption vertraglich, ausgeschlossen sind.

Aufgrund der immer bedeutender werdenden Beschaffung von Finanzmitteln direkt über den Kapitalmarkt, hat die internationale Rechnungslegung bei mittelständischen Unternehmen erheblich an Bedeutung gewonnen, so dass nachfolgend die Behandlung von Leasing unter Berücksichtigung der Regelungen der International Financial Reporting Standards (IFRS) untersucht wird.

Der Grundgedanke der vorübergehenden Nutzungsüberlassung hat in den IFRS eine wesentlich größere Bedeutung, als in der nationalen Rechnungslegung. In IAS 17 wird die bilanzielle Behandlung von Leasingverhältnissen unter den internationalen Rechnungslegungsstandards geregelt. Wesentliches Merkmal ist die Unterscheidung zwischen den **Operate-Lease-Verträgen** und den **Finance-Lease-Verträgen**. Nur Operate-Lease-Verträge erfüllen die Voraussetzungen, um die gewünschte Bilanzneutralität zu gewährleisten. Die Abgrenzung zwischen dem Operate Lease und dem Finance Lease erfolgt in IAS 17.4 durch die Überprüfung von fünf Indikatoren beziehungsweise Tests (vgl. Stockinger, 2015, S. 9 ff.)

Die fünf wesentlichen Testverfahren werden in folgender Abb. 5.3 aufgeführt. Dabei gilt, dass nur wenn alle vorgenannten Tests und Situationen verneint werden, die Klassifizierung eines Leasingvertrages als Operate-Lease-Vertrag gegeben ist.

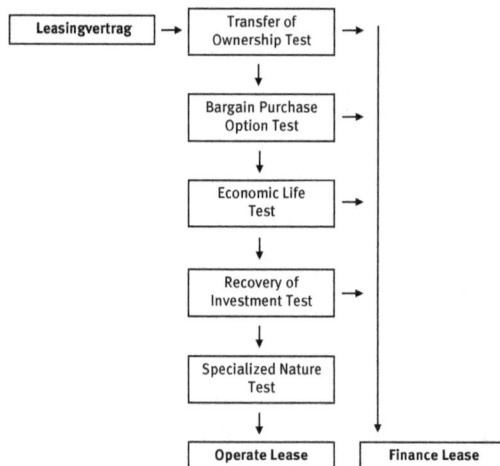

Abb. 5.3: Leasingtests in den IFRS (Quelle: Eigene Darstellung)

- **Transfer of Ownership Test (Eigentumsübergangstest):** Am Ende der Vertragslaufzeit geht das rechtliche Eigentum am Leasinggegenstand automatisch auf den Leasingnehmer über. Zudem hat der Leasinggeber ein Andienungsrecht gegenüber dem Leasingnehmer und die Ausübung des Rechts ist bei Vertragsabschluss überwiegend wahrscheinlich.
- **Bargain Purchase Option Test (Kaufpreistest):** Der Leasingnehmer besitzt für den Leasinggegenstand eine Kaufoption zu einem Preis, der erwartungsgemäß deutlich niedriger ist als der zum möglichen Optionsausübungszeitpunkt beizulegende Zeitwert. Auf diese Weise ist hinreichend sichergestellt, dass zum Zeitpunkt des Vertragsbeginns die Option ausgeübt wird.
- **Economic Life Test (Laufzeittest):** Die Vertragslaufzeit ist größer als 75 % der wirtschaftlichen Nutzungsdauer.
- **Recovery of Investment Test (Barwerttest):** Zu Beginn des Leasingverhältnisses erreicht der Barwert der Mindestleasingzahlungen mindestens 90 % des beizulegenden Zeitwerts des Leasinggegenstandes.
- **Specialized Nature Test (Spezialleasingtest):** Der Leasinggegenstand ist ohne bedeutende Veränderungen nur vom Leasingnehmer nutzbar.

Neben diesen fünf Tests sieht IAS 17.11 weitere Situationen vor, die ebenfalls zu einer Klassifizierung als Finance-Lease-Vertrag führen können:

- Die dem Leasinggeber bei einer vorzeitigen Kündigung durch den Leasingnehmer entstehenden Verluste, sind vom Leasingnehmer auszugleichen.
- Gewinne oder Verluste aus der Veränderung der Verkehrswerte des Restwertes, stehen dem Leasingnehmer zu beziehungsweise sind von ihm zu tragen.
- Der Leasingnehmer hat eine günstige Verlängerungsoption. Die Verlängerungsoption beinhaltet eine Leasingrate, die allerdings deutlich niedriger ist als eine marktübliche Leasingrate.

Dabei ist die Klassifizierung zum Operate Lease für den Leasingnehmer von Bedeutung, damit der bilanzneutrale Effekt erhalten bleibt. Die Zurechnung zum Operate oder zum Finance Lease hat ebenfalls Auswirkungen auf die steuerlichen Gegebenheiten. Nur der Operate-Lease-Vertrag vermeidet eine Bilanzierungspflicht und dies ist für Unternehmen mit einem umfangreichen Anlagevermögen, wie beispielsweise im Luftverkehr wichtig, um die Bilanzrelationen nicht zu strapazieren. So würden Fluglinien aufgrund der zu bilanzierenden Flugzeuge in der Regel eine schwache Eigenkapitalquote und daraus folgend ein schlechtes Rating aufweisen.

Die skizzierte Bilanzneutralität des Operate Lease steht jedoch in einem grundsätzlichen Gegensatz zum True-and-Fair-View-Gedanken der IFRS, so dass das IASB als Standardsetter am 17.08.2010 ein Exposure Draft (ED/2010/9) zur Neuregelung der Leasingbilanzierung veröffentlicht hat.

Neben den neuen Regeln zu „kaufähnlichen" Vereinbarungen wie bei Verträgen mit günstigen Kaufoptionen oder automatischen Eigentumsübergängen, die von Beginn an als Erwerbsgeschäfte bilanziert werden, soll auch die grundsätzliche Bilanzierung beim Leasingnehmer im Rahmen des sogenannten **Right-of-use-Modells** neu definiert werden. Die Bilanzierung beim Leasinggeber soll weitgehend unverändert bleiben. Das Grundkonzept des Right-of-use-Modells kennt folgende Rechte sowie Pflichten des Leasingnehmers (vgl. Stockinger, 2015, S. 18 ff.):

– Nutzungsrecht am Leasinggut während der unkündbaren Vertragsdauer
– Verpflichtung zur Zahlung der Leasingrate sowie
– Verpflichtung zur Rückgabe des Vermögenswertes am Ende des Vertrags

Auf diese vertraglichen Rechte und Pflichten hat das IASB die Definitionen des Rahmenkonzeptes für den Ansatz von Vermögenswerten und Verbindlichkeiten angewendet. Im Ergebnis wurde für das Nutzungsrecht am Leasinggegenstand und die Verpflichtung zur Zahlung von Leasingraten, die Erfüllung der Kriterien eines Vermögenswertes einer Verpflichtung bejaht. Die Rückgabeverpflichtung stellt nach Ansicht des IASB keine Verbindlichkeit dar, da durch sie kein Abfluss wirtschaftlicher Ressourcen entsteht, weil das Nutzungsrecht des Leasingnehmers ohnehin auf die Dauer des Leasingvertrages beschränkt ist.

Im Ergebnis hätte damit der Leasingnehmer zu Beginn des Vertrages das Nutzungsrecht am überlassenen Gegenstand zu aktivieren. Zugleich hätte er eine korrespondierende Verbindlichkeit zur Zahlung der Leasingrate zu passivieren. Hier wäre der Barwert der zu zahlenden Leasingraten anzusetzen. Als Diskontierungssatz ist der Grenzfinanzierungszinssatz des Leasingnehmers oder der interne Zinssatz des Leasinggebers zu wählen. Die Höhe des zu aktivierenden Nutzungsrechtes entspräche hierbei dem passivierten Barwert, so dass insoweit eine erfolgsneutrale Bilanzierung erfolgt. Seit Veröffentlichung dieses Diskussionspapiers werden dabei folgende Kritikpunkte deutlich:

– Die überwiegende Anzahl der abgeschlossenen Leasingverträge sind komplexer ausgestaltet als das vom IASB konzeptionierte Right-of-use-Modell.
– Der bislang geltende Grundsatz einer Nichtbilanzierung von schwebenden Geschäften wird durchbrochen.

Gegenwärtig ist die Diskussion noch immer nicht abgeschlossen. Mit einer verbindlichen Einführung der Neuregelungen wird nicht vor 2017 gerechnet. Grundsätzlich ist davon auszugehen, dass zukünftig eine Bilanzierung von Leasingverhältnissen im Rahmen der IFRS erfolgen wird. Da aber die bilanziellen Aspekte des Leasings nur noch eines unter vielen Argumenten in einer Reihe weiterer Vorteile darstellen, bewirkt die veränderte Rechnungslegung unter Umständen auch keine grundlegenden Konsequenzen für den deutschen Leasingmarkt. Auch die Ergebnisse einer aktuellen Studie fallen hier nicht eindeutig aus (vgl. Stockinger, 2015, S. 61 ff.).

Die steuerlichen Effekte des Leasings lassen sich zum einen aus der Zurechnung des Leasingobjektes zum Vermögen des Leasinggebers und zum anderen aus der Klassifizierung des Leasingvertrages als Mietvertrag ableiten. Im Folgenden soll genauer untersucht werden, welche abweichenden Effekte bei einer Leasingfinanzierung, im Vergleich zu einer klassischen Finanzierung über einen Kreditvertrag, bestehen. Bei der Kreditfinanzierung eines Investitionsgutes sind zwei wesentliche Komponenten steuerlich zu berücksichtigen:

– Der **Abschreibungsaufwand** einer Periode, der als betrieblicher Aufwand die Steuer mindert. Abschreibungen sind nicht liquiditätswirksam und sollten daher in den ersten Jahren aufgrund des Steuerstundungseffektes hoch kalkuliert werden. Allerdings hat der Gesetzgeber aufgrund der von ihm erlassenen detaillierten Abschreibungsvorschriften hier enge Grenzen gesetzt.

– Der zu entrichtende **Kreditzins**, der als zu verrechnender Betriebsaufwand zu einer Reduzierung des steuerpflichtigen Gewinns führt. Zinsen stellen zudem einen echten liquiditätswirksamen Betriebsaufwand dar.

Im Vergleich dazu werden bei einer Leasingfinanzierung die geleisteten Zahlungen in Form der Leasingraten als Betriebsaufwand klassifiziert und mindern den steuerpflichtigen Gewinn. Ob Leasing gegenüber dem Kreditkauf steuerliche Vorteile erbringt, hängt von der Höhe der Rate einerseits sowie dem Zins- und Abschreibungsaufwand andererseits ab.

Während jedoch die Abschreibung über gesetzliche Regelungen und die Höhe des Kreditzinses über den Geld- und Kapitalmarkt fremdbestimmt sind, kann die Höhe einer Leasingrate bis zu einem gewissen Maße durch den Leasingnehmer festgestellt werden. Je kürzer die vereinbarte Vertragslaufzeit und je niedriger der vereinbarte Restwert, desto höher ist grundsätzlich die abzugsfähige Leasingrate.

Dieser Effekt kann durch die Vereinbarung von degressiven Ratenverläufen noch gesteigert werden. Die üblicherweise in Form einer Stufendegression kalkulierten Raten lösen einen partiellen Vorzieheffekt aus. Es ist in der Praxis keine einheitliche Behandlung der Verträge durch die Finanzverwaltungen zu beobachten. Zum einen wird von diesen die Meinung vertreten, dass die offensichtlich gleich bleibende Nutzungsüberlassung des Leasinggebers keine degressiv verlaufenden Leasingzahlungen rechtfertigt. Zum anderen hat der Bundesfinanzhof die Auffassung vertreten, dass sich der Wert der Nutzungsüberlassung in der Regel über die Dauer des Leasingvertrages nicht konstant verhält, sondern sich aufgrund des auftretenden Verschleißes verringern kann (BFH-Urteil vom 28.02.2001, I R 51/00).

Neben der körperschafts- und einkommensteuerlichen Situation ist zudem die genaue gewerbesteuerliche Behandlung des Leasings zu untersuchen. Der Finanzierungsanteil einer Leasingrate ist seit dem 01.01.2008, zumindest in Teilen der Gewerbesteuerpflicht unterworfen.

Dieser Anteil beträgt beim Mobilien-Leasing pauschal 20 % sowie beim Immobilien-Leasing 50 %. Diese grob ermittelten Finanzierungsanteile werden gemeinsam mit den anderen gewerbesteuerrelevanten Aufwendungen des Leasingnehmers, wie Zahlungen für Lizenzen und Zinsen auf jegliche Art von Schulden sowie Mieten und Pachten, in einem sogenannten Hinzurechnungstopf zusammengefasst. Die Summe dieses Hinzurechnungstopfes wird dann unter Berücksichtigung eines Freibetrages von 100.000 Euro mit 25 % der Gewerbeertragsteuer unterworfen.

Sofern ein Leasingnehmer daher keine Zinsaufwendungen oder Mieten für Immobilien zu berücksichtigen hat, kann dieser ohne gewerbesteuerliche Nachteile bis zu 500.000 Euro an Leasingraten für Mobilien aufwenden, da die Leasingraten nur mit 20 % von 500.000 Euro und somit 100.000 Euro im Hinzurechnungstopf erfasst werden. Soweit der Freibetrag überschritten wird, ist der übersteigende Betrag zu 25 % gewerbesteuerpflichtig wie die nachfolgende Abb. 5.4 darstellt.

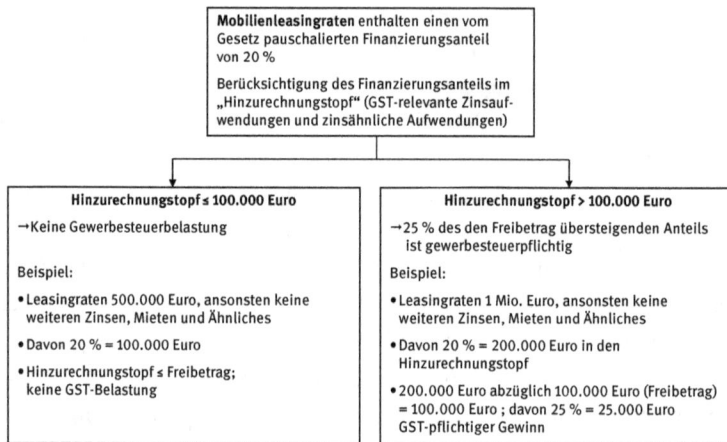

Abb. 5.4: Leasing im Rahmen der Unternehmenssteuerreform 2008 (Quelle: Eigene Darstellung)

5.1.6 Leasing als Alternative zur Kreditfinanzierung

Nachdem die Arten und Eigenschaften des Leasings dargestellt wurden, soll jetzt ein Vergleich mit der Finanzierung über einen Bankkredit erfolgen. Dieses wird am Beispiel der Anschaffung einer IT-Netzwerk-Anlage verdeutlicht. Der Kauf der Anlage geht mit vielen weiteren interdependenten Teilentscheidungen einher.

Zunächst muss eingeplant werden, wie viele IT-Arbeitsplätze angeschafft werden sollen, welche Konfiguration die einzelnen Rechner haben sollen, wie viele Drucker angeschafft werden müssen oder welche Serveranlage eingesetzt werden soll. Anschließend ist eine geeignete Finanzierungsform zu wählen.

Bei der Finanzierung über einen Bankkredit ist die wirtschaftliche und technische Nutzungsdauer der Anlage in Relation zur Laufzeit des Kredits zu setzen. Zusätzlich spielt die Besicherung eine Rolle bei der Finanzierung. Weiter ist zu berücksichtigen, ob Nachfinanzierungen notwendig werden, wenn einzelne Komponenten des IT-Netzwerkes zu erneuern sind. All diese Entscheidungen werden innerhalb der Unternehmung sowie unter Berücksichtigung der Bedürfnisse der finanzierenden Bank getroffen. Durch diesen Entscheidungsprozess entstehen in einem Unternehmen zum Teil hohe **Transaktionskosten.**

Alternativ kommt der Abschluss eines Full-Service-Leasingvertrages mit einer auf IT-Anlagen spezialisierten Leasinggesellschaft in Betracht. Diese übernimmt die genaue Bedarfsermittlung für den Umfang und die Spezifikation der Netzwerkanlage und stellt ein maßgeschneidertes IT-Konzept für das Unternehmen zur Verfügung. Innerhalb des Leasingvertrages werden beispielsweise Regelungen zum regelmäßigen Austausch bestimmter Komponenten getroffen, um das gesamte Netzwerk konsequent auf die aktuellen Bedürfnisse des Unternehmens auszurichten. Eine Besicherung des Leasingvertrages ist meist nicht notwendig.

Die mit der Beauftragung der Leasinggesellschaft verbundenen Kosten sind in dem regelmäßigen Leasingentgelt enthalten und können somit klar identifiziert werden. Darüber hinaus sind die Kosten der Finanzierung dem Unternehmen aus Marktdaten in der Regel ebenfalls bekannt.

Ist das investierende Unternehmen an einer ganzheitlichen Lösung seiner Investitionsentscheidung interessiert, die neben der reinen Finanzierungsfunktion auch die sonstigen Entscheidungen im Investitionsprozess vorbereitet, so wird es in der Regel einen Full-Service-Leasingvertrag abschließen. Auf diese Art und Weise werden Unternehmensressourcen zur Ausgestaltung dieses Netzwerkes eingespart. Dagegen ist das Unternehmen bei bekannter Konfiguration des Netzwerkes nur an einer reinen Finanzierung der Investition interessiert und wird dann aus Kostengründen die Aufnahme eines klassischen Bankkredits bevorzugen.

Auch die im Theorieteil beschriebenen **Agency-Probleme** können die Entscheidung über einen Kreditkauf oder Leasing beeinflussen. Schwierigkeiten aus einer asymmetrischen Informationsverteilung zwischen der Bank als Principal sowie dem Kreditnehmer als Agent, finden sich ebenso in einer Leasingvertragskonstruktion. Der Leasinggeber ist als Principal nicht im gleichen Umfang über die wirtschaftlichen Verhältnisse des Leasingnehmers (Agent) informiert und verfügt daher über einen nicht optimalen Informationsstand bei Vertragsabschluss.

Diesen Problemen aus **Hidden Characteristics** und **Hidden Information** versucht der Leasinggeber im Vorfeld des Vertragsabschlusses unter anderem durch die Einholung von Bankauskünften zu begegnen. Bei einer Vielzahl von Leasingverträgen mit einer überschaubaren Investitionssumme oder bei Leasingverträgen mit herstellerabhängigen Leasinggesellschaften kann allerdings die mögliche Werthaltigkeit und Fungibilität des Leasingobjektes einen kompensatorischen Einfluss auf die Annahmeentscheidung des Leasinggebers ausüben.

Damit können auch Leasingnehmer mit schlechten wirtschaftlichen Verhältnissen eine Investitionsfinanzierung erhalten. Von einer völligen Nichtbeachtung der Bonität des Leasingnehmers sowie einer damit verbundenen Nivellierung des Agency-Problems der Hidden Information kann allerdings nicht ausgegangen werden. Insbesondere bei höheren Investitionsvolumina oder weniger werthaltigen sowie nicht fungiblen Leasingobjekten, ist eine intensive bankmäßige Überprüfung der Bonität des Leasingnehmers auf Basis von Jahresabschlüssen und aktuellen betriebswirtschaftlichen Auskünften sowie plausibilisierten Planzahlen obligatorisch. Leasing stellt daher keine Alternative zur Kreditfinanzierung dar, wenn der Leasingnehmer darauf hofft, seine angeschlagenen wirtschaftlichen Verhältnisse nicht in gleichem Umfang offen legen zu müssen.

Neben der klassischen Rollenverteilung in einer Principal-Agent-Beziehung mit dem Leasinggeber als Principal und dem Leasingnehmer als Agent, kann es im Verlaufe des Vertrags allerdings auch zu einem Wechsel dieser Zuordnung kommen. Gegen Ende des Kontrakts mit der Verwertung und der Ausübung des Andienungsrechtes, wechselt der Leasingnehmer als Käufer des Leasingobjekts in die Stellung des Principals und wird sich dann ebenfalls mit den Problemen aus Hidden Information auseinandersetzen müssen, wenn beispielsweise der Leasinggeber das Leasingobjekt nicht zum vertraglich fixierten Restwert verkaufen, sondern einen zusätzlichen monetären Aufschlag vereinnahmen möchte.

Dieses Verhalten war dem Leasingnehmer während der Laufzeit des Leasingvertrages unbekannt und führt in der Praxis häufig zu intensiven Auseinandersetzungen zwischen dem Leasingnehmer und dem Leasinggeber. Eine vertragliche Vereinbarung zwischen beiden Parteien darf aufgrund der damit verbundenen Steuerschädlichkeit nicht existieren, so dass sich der Leasingnehmer auf das Wort des Leasinggebers, sich restwerttreu zu verhalten, verlassen muss.

In der Praxis sind es insbesondere große Leasinggesellschaften, die sich oft nicht immer restwerttreu verhalten. Kleine, mittelständische Leasinggeber, die zu einem großen Anteil auf Stammkunden und einer positiven Mundpropaganda angewiesen sind, können sich regelmäßig keine verärgerten Kunden leisten. Auch wenn diese Problematik der Hidden Information einen durchaus wahrnehmbaren Aspekt im Geschäft eines Leasingunternehmens darstellt, ist oftmals das Agency-Problem der **Hidden Action** wesentlich ausgeprägter.

Im Gegensatz zum Interesse einer Bank, die Probleme der Hidden Action eher im Zusammenhang mit dem Arbeitseinsatz oder dem Anstrengungsniveau des Kreditnehmers erkennen, lassen sich die Probleme eines Leasingunternehmens aus Hidden Action deutlich konkreter fassen. Verhält sich der Leasingnehmer in Bezug auf den Umgang mit dem Leasingobjekt nicht vertragskonform, so kann dies elementare Konsequenzen für den Leasinggeber haben, da sein Eigentum unmittelbar tangiert und unter Umständen beschädigt wird.

Beispiel: Am Beispiel eines Leasingvertrages über ein Fahrzeug wird dies verdeutlicht. Angefangen mit dem nicht pfleglichen Umgang, über das Auslassen der Inspektionstermine, bis hin zum Verschweigen von Unfallschäden, können vielerlei Interessen des Leasinggebers über den Erhalt des Wirtschaftsgutes betroffen sein und den Wert des Objekts negativ beeinflussen.

Die Intensität der Verfehlungen des Leasingnehmers verläuft meist parallel zu dem bereits bekannten Unternehmenslebenszyklus. In der Gründungs- und Wachstumsphase verhält sich der Leasingnehmer häufig vertragskonform. In der Krise wird die Pflege sowie Instandhaltung der leasingfinanzierten Anlagegüter häufig reduziert oder gar eingestellt, um die damit eingesparten Ausgaben zur Finanzierung anderer bedeutender Beträge wie zum Beispiel Sozialversicherungsbeiträge, oder Löhne und Gehälter zu verwenden.

Im Folgenden erfolgt ein wirtschaftlicher Vergleich zwischen der klassischen Kreditfinanzierung und dem Leasing. Werden ausschließlich steuerliche Aspekte betrachtet, so kann das Leasing gegenüber der klassischen Fremdfinanzierung geringfügige Nachteile aufweisen. Viele kleine und mittelständische Unternehmen fallen allerdings unter den bereits erwähnten Freibetrag von 100.000 Euro, so dass sich für diese Unternehmen oder für Leasingnehmer, die nicht der Gewerbesteuer unterworfen sind, eine identische steuerliche Betrachtung ergibt.

Ein weiterer Aspekt ist die wirtschaftliche Betrachtung des Leasings und seine Auswirkungen auf die Erfolgssituation eines Unternehmens im Vergleich zur Kreditfinanzierung. Am nachfolgenden **Beispielfall** sollen die einzelnen Wirkungen dargestellt werden. Ein Unternehmen in der Rechtsform einer GmbH beabsichtigt dabei eine Maschine für 100.000 Euro zu erwerben.

Diese Maschine hat eine Abschreibungsdauer von 10 Jahren. Alternativ stehen zur Finanzierung ein Bankkredit über zehn Jahre oder ein Vollamortisations-Leasingvertrag mit einer Laufzeit von neun Jahren zur Auswahl. Diese unterschiedlichen Laufzeiten sind notwendig, da die maximale Leasinglaufzeit gemäß Leasingerlass 90 % der betriebsgewöhnlichen Nutzungsdauer nicht überschreiten darf. Um dennoch eine Vergleichbarkeit zu erzielen, soll unterstellt werden, dass nach Beendigung des Leasingvertrages die Maschine dem Leasingnehmer zum Preis zweier monatlicher Leasingraten (2/12 der angegebenen Leasingrate) zum Kauf angedient wird und somit ein Vertrag mit Kaufoption vorliegt.

Der Kaufpreis wird über einen Bankkredit mit einer einjährigen Laufzeit und einem Zinssatz von 4,00 % p.a. finanziert. Die Zins- und Tilgungsverrechnung sowie die Zahlung der Leasingraten sollen jeweils am Jahresende erfolgen. Des Weiteren wird davon ausgegangen, dass der Leasinggeber und der Leasingnehmer über eine identische Bonität verfügen. Der Zins für den Bankkredit beläuft sich auf 7,00 % p.a., der für das Refinanzierungsdarlehen an die Leasinggesellschaft aufgrund der verkürzten Laufzeit auf 6,90 % p.a. Der Gewinnanspruch des Leasinggebers soll 6,00 % betragen. Des Weiteren gelten folgende steuerliche Eckpunkte für die Finanzierung:

- GewSt-Hebesatz: 450 %, damit liegt der GewSt-Satz bei 15,75 %
- KSt-Satz: 15 %

Der GewSt-Freibetrag von 100.000 Euro ist bereits ausgeschöpft. Auf die Berücksichtigung des Solidaritätszuschlags soll aus Gründen der Vereinfachung verzichtet werden. Die jeweiligen Zahlungsströme bei einem **Bankkredit** können der nachfolgenden Tab. 5.2 entnommen werden.

Tab. 5.2: Zahlungen bei einem Bankkredit (Quelle: Eigene Darstellung)

Jahr	Kapital	Zins	Tilgung	AfA	Summe	GewSt	KSt	Auszahlungen
1	100.000	7.000	7.238	10.000	14.238	2.402	2.550	9.286
2	92.762	6.493	7.744	10.000	14.238	2.342	2.474	9.422
3	85.018	5.951	8.286	10.000	14.238	2.278	2.393	9.567
4	76.731	5.371	8.867	10.000	14.238	2.209	2.306	9.723
5	67.865	4.751	9.487	10.000	14.238	2.136	2.213	9.889
6	58.378	4.086	10.151	10.000	14.238	2.058	2.113	10.067
7	48.226	3.376	10.862	10.000	14.238	1.974	2.006	10.258
8	37.364	2.616	11.622	10.000	14.238	1.884	1.892	10.462
9	25.742	1.802	12.436	10.000	14.238	1.778	1.770	10.690
10	13.306	931	13.306	10.000	14.238	1.685	1.640	10.913
Summen	0	42.377	100.000	100.000	142.378	20.756	21.357	100.266

Die Summe der Auszahlungen beträgt nach Steuern 100.266 Euro. Der Barwert der Auszahlungen nach Steuern beläuft sich beim Bankkredit, bei einem unterstellten individuellen risikoangepassten Kalkulationszins des Investors von 10 %, auf insgesamt 60.766 Euro.

Da der Steuerfreibetrag bei der Gewerbesteuer (GST) bereits ausgeschöpft ist, werden 5 % der Leasingraten (dies entspricht 25 % von 20 % des Finanzierungsanteils) gewerbesteuerpflichtig. Demnach reduzieren lediglich 15.390 Euro (95 % von 16.200 Euro) die Gewerbesteuerzahllast.

Die Körperschaftsteuer (KSt) wird dagegen durch die gesamte Höhe der Leasingraten gemindert. In der folgenden Tab. 5.3 werden die Zahlungen bei der Veranschaulichung des Beispiels eines vergleichbaren **Leasingvertrags** dargestellt:

Tab. 5.3: Zahlungen bei einem Leasingvertrag (Quelle: Eigene Darstellung)

Jahr	Leasingrate	Zins	Tilgung	AfA	Summe	GewSt	KSt	Auszahlungen
1	16.200				15.390	2.424	2.430	11.346
2	16.200				15.390	2.424	2.430	11.346
3	16.200				15.390	2.424	2.430	11.346
4	16.200				15.390	2.424	2.430	11.346
5	16.200				15.390	2.424	2.430	11.346
6	16.200				15.390	2.424	2.430	11.346
7	16.200				15.390	2.424	2.430	11.346
8	16.200				15.390	2.424	2.430	11.346
9	16.200				15.390	2.424	2.430	11.346
10		108	2.700	2.700	81	438	421	1.841
Summen	145.800	108	2.700	2.700	138.591	22.254	22.291	103.955

Die Summe aller Auszahlungen beträgt nach Steuern 103.955 Euro. Der Barwert der Auszahlungen nach Steuern beläuft sich dagegen beim Leasing, bei einem unterstellten Kalkulationszins von 10 %, auf insgesamt 66.052 Euro.

Werden diese beiden Auszahlungssalden miteinander verglichen, so kommt man zu dem Ergebnis, dass unter Berücksichtigung rein finanzieller Aspekte der Bankkredit Vorteile gegenüber dem Leasing aufweist. Dies ist nicht weiter verwunderlich, müssen doch über die Leasingrate nicht nur die Refinanzierungen des Leasinggebers, sondern auch noch dessen Kosten und sein Gewinnaufschlag kompensiert werden. Hierbei wird jedoch ein in der Praxis eher seltener Spezialfall konstruiert und zahlreiche weitere Aspekte außer Acht gelassen. So können folgende Parameter den tatsächlichen Auszahlungsverlauf deutlich beeinflussen:

- Der Leasinggeber hat eine bessere **Kreditbonität** als der Leasingnehmer oder verfügt über einen direkten Zugang zum Kapitalmarkt und kann auf geringere Kapitaleinstandskosten zurückgreifen. In der Folge verbessert sich die Refinanzierung des Leasingvertrages entsprechend.
- Der Leasinggeber verfügt über eine bessere **Verwertungskompetenz** als die in Konkurrenz stehende Bank und kann daher einen niedrigeren Risikokostenaufschlag in seine Kalkulation einfließen lassen.

- Der Leasinggeber verfügt aufgrund seiner engen Zusammenarbeit mit dem Lieferanten oder Hersteller einer Maschine über **Großabnehmerrabatte**, die der Leasingnehmer bei einem Kauf der Maschine nicht erhalten könnte.
- Der Leasinggeber agiert als **Absatzfinanzierer** und verfolgt damit primär das Ziel der Vertriebsunterstützung des Herstellers oder Lieferanten. Eine Gewinnerzielung ist sekundär, so dass der Gewinnaufschlag niedriger ausfällt.

Diese Aspekte können nicht nur allein, sondern auch kumuliert wirken, so dass eine Leasingfinanzierung oft einen wirtschaftlich günstigen Auszahlungsverlauf zeigen kann. Die häufig getätigte Aussage, der wirtschaftlichen Nachteile des Leasings gegenüber der Kreditfinanzierung, kann damit, in ihrer pauschalen Form, nicht aufrecht gehalten werden. Des Weiteren kommen weitere Faktoren beim Leasing hinzu, die auch einen starken Einfluss auf zahlreiche, möglicherweise entstehende, Opportunitätskosten haben können, wie im Folgenden dargestellt:

- Der **Verkauf eines Investitionsobjektes** muss nach Beendigung der Nutzung nicht durch den Leasingnehmer erfolgen, sondern wird durch den Leasinggeber mit hoher Professionalität durchgeführt.
- Der Leasingnehmer beabsichtigt zusätzliche **Dienstleistungen** des Leasinggebers in Anspruch zu nehmen, um seine Ressourcen verstärkt in den Kernbereichen seiner Unternehmung einzusetzen.
- Der Leasingnehmer möchte die vorhandenen **Kreditlinien** bei seiner Hausbank nicht durch eine Investitionsfinanzierung belasten.
- Sofern der Leasingnehmer in einer stark saisonal geprägten Branche unternehmerisch aktiv ist, kann er mit seiner Leasinggesellschaft Leasingraten in unterschiedlicher Höhe, an sein **Saisongeschäft** angepasst, vereinbaren. Eine Variante, die bei einem Bankkredit im Regelfall ausgeschlossen ist.
- Der Leasingnehmer erwartet infolge der Endabrechnung eines Großauftrages in einem bestimmten, bereits zum Abschluss des Leasingvertrags bekannten, Zeitraum, einen hohen steuerpflichtigen Gewinn. Über den Abschluss eines flexiblen Leasingvertrages mit unterschiedlichen Raten, kann er seinen steuerpflichtigen Gewinn in diesem Zeitraum senken, in die Zukunft verlagern und damit einen **Steuerstundungseffekt** erzielen.

Es lässt sich festhalten, dass ein Unternehmen mit Abschluss eines Leasingvertrages eine Dienstleistung erwirbt, die häufig über die reine Finanzierung des Investitionsobjektes hinausgeht. Der Leasinggeber verfügt meist über einen besseren Zugang zu Finanzierungsressourcen und auch über Kontakte zu Produzenten und Lieferanten, die er nutzenstiftend für den Leasingnehmer einsetzen kann. Wirtschaftliche Nachteile sind damit aus dem Blickwinkel einer ganzheitlichen Betrachtung einer Investition häufig nicht gegeben.

Wesentliche Akteure im Leasingprozess sind, neben dem Leasinggeber, der Liefe-rant, sowie der Fremdkapitalgeber eines Leasingunternehmens, der die Refinanzie-rung sicherstellt. Diese Stakeholder interagieren in unterschiedlichem Umfang und zum Teil kurzfristig und zeitlich begrenzt, zum Teil aber auch über den gesamten Leasingzeitraum hinweg. Zusätzlich wurden im weiteren Verlauf drei Gruppen von Leasingunternehmen betrachtet und deren Betätigungsfelder vorgestellt.

Bankenabhängige Leasinggeber mit ihrer Nähe zur Kreditwirtschaft gehören zu den großen Leasinggesellschaften in Deutschland. **Herstellerabhängige Leasing-geber** übernehmen zur Erweiterung der Wertschöpfungskette der Produzenten von Investitionsgütern die Absatzfinanzierungsfunktion. **Freie Leasinggesellschaften** können mit ihrer Unabhängigkeit auch auf die individuellen Bedürfnisse ihrer Kun-den eingehen. Es folgte die Darstellung verschiedener Leasingvertragsarten.

Im Zuge der weiteren Ausführungen wurde deutlich, dass sich Leasing nicht auf die reine Finanzierungsfunktion beschränken lässt. Eine Vielzahl von weiteren Dienst-leistungen, die angeboten werden, macht den Vergleich mit dem klassischen Bank-kredit nahezu unmöglich. Im Wirtschaftlichkeitsvergleich beider Finanzierungsin-strumente wurde gezeigt, dass Leasing allein unter Berücksichtigung der Zahlungs-ströme Nachteile gegenüber einer Kreditfinanzierung aufweisen kann. Zusätzliche Dienstleistungen sind jedoch ebenfalls zu berücksichtigen und lassen dann häufig ein anderes Ergebnis zu. Denn wenn ein Unternehmen:

- eine ganzheitliche Bearbeitung seines Investitionsprozesses wünscht,
- einen auf die Cash-Flow-Strukturen abgestellten Kapitaldienst anstrebt,
- sich nicht um die Verwertung seiner Investitionsobjekte kümmern möchte oder
- nicht bereit ist, freie Aktiva oder sonstige persönliche Sicherheiten zu stellen,
  sollte dieses den Abschluss eines Leasingvertrages in Erwägung ziehen.

Ist hingegen ausschließlich die Bereitstellung von finanziellen Mitteln zur Finanzie-rung einer Investition relevant, so kann in diesem Fall der Abschluss eines Darle-hensvertrages bei der Hausbank oder einem sonstigen Kreditinstitut die wirtschaft-lich richtige Finanzierungsart darstellen.

Zusammenfassung Abschnitt 5.1: Im vorangegangenen Abschnitt wurde die Finanzierungsmethode **Leasing** dargestellt. Dazu wurden die Akteure im Leasingprozess, der Leasingnehmer, der Leasing-geber, der Lieferant und der Kapitalgeber, untersucht. Neben den Arten von Leasingverträgen wur-de die Refinanzierung dieser Geschäftsart näher betrachtet. Die bilanziellen und steuerlichen Erfor-dernisse wurden detailliert dargelegt. Bei der wirtschaftlichen Betrachtung, im Vergleich zwischen der Kreditfinanzierung und dem Leasing, wurde deutlich, dass ein ausschließlicher Vergleich der Zahlungswirkungen zu kurz greift. Denn Leasing ist mehr als eine reine Finanzierungsform. Mit dem Leasing von Investitionsgütern werden weitere Dienstleistungen erbracht, die dem Kunden einen hohen Nutzen stiften und damit den Wachstumsprozess im Unternehmen unterstützen können.

5.2 Asset Backed Securities

von Holger Thiele

5.2.1 Aktuelles Marktgeschehen bei ABS

Die Unternehmensfinanzierung in Deutschland ist im stetigen Umbruch. Auch mittelständische Unternehmen sind von dieser Entwicklung betroffen. So werden klassische Kreditformen immer häufiger durch Kapitalmarktprodukte ergänzt und die Finanzierung gerade von mittelgroßen Unternehmen in der Wachstumsphase wird auf eine breitere Basis gestellt. In den letzten Jahren, im Anschluss an die Finanzmarktkrise, hat sich der europäische Verbriefungsmarkt wieder erholt.

Dieses zeigen auch die aktuellen Zahlen. Wurde 2008 zum Höhepunkt der Finanzmarktkrise nur ein Volumen von 8 Mrd. Euro extern platziert, betrug das Volumen 2014 bereits wieder rund 73 Mrd. Euro extern platzierter Neuemissionen (DZ BANK Research vom 15.12.2014 ABS & Structured Credits). Zurückzuführen ist dieser Anstieg auch darauf, dass die EZB im Rahmen ihres ABS-Ankaufprogramms (ABSPP) als zusätzlicher Nachfrager am Markt aufgetreten ist. Das Gesamtemissionsvolumen (inklusive zurückbehaltener Teile) ist 2014 mit 20 Mrd. Euro allerdings noch nicht wieder auf dem Vorkrisenniveau von rund 60 Mrd. Euro. Die nachfolgende Abb. 5.5 stellt die Entwicklung der Platzierungen im Zeitverlauf dar.

Definition: Asset Backed Securities beschreiben eine spezifische und strukturierte Finanzierungstechnik, mit der Forderungen über eine Verbriefung am Geld- oder Kapitalmarkt veräußert werden. Bei den ABS dominieren insbesondere True-Sale-Transaktionen. Die ursprüngliche Forderung erscheint bei dieser Refinanzierung nicht mehr in der Bilanz des veräußernden Unternehmens. Die in der Regel eingeschaltete Zweckgesellschaft refinanziert den bezahlten Kaufpreis durch die Emission von meist tranchierten Schuldverschreibungen am Kapitalmarkt (vgl. Ceverny, 2006, S. 1032).

Emissionen von ABS in Deutschland in Mrd. Euro

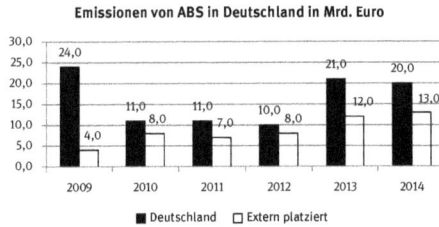

Abb. 5.5: ABS-Volumen in Deutschland gesamt und extern platziert (Quelle: Eigene Darstellung)

Das Wachstum des Verbriefungsmarktes betraf insbesondere den Bereich der **Asset Backed Securities (ABS)**. Eine wichtige Rolle spielte in diesem Zusammenhang die Gründung der True Sale International (TSI) mit Schaffung einer Verbriefungsplattform. So wurde der Prozess der Verbriefung standardisiert und ABS-Transaktionen konnten im deutschen Rechtsbereich durchgeführt werden. Zu differenzieren ist dabei zwischen ABS-Geschäften mit mittelständischen Unternehmen und ABS-Transaktionen, die Banken nutzen (vgl. Rosenfeld/Ziese, 2006, S. 1058.). Im Folgenden stehen die ABS aus Unternehmenssicht im Vordergrund der Betrachtung. Verbrieft werden können Forderungen unterschiedlicher Art, wie:

- Unternehmensforderungen aus Lieferungen und Leistungen
- Leasingforderungen und Forderungen aus Konsumentenkrediten
- Beteiligungsfinanzierungen und Mezzanine

Asset Backed Securities ermöglichen Unternehmen in Wachstumsphasen innovative Finanzierungsmöglichkeiten, indem Forderungen an den Kapitalmarkt ausplatziert werden und der Kaufpreis zur Optimierung der Finanz- und Liquiditätsstruktur oder zur Finanzierung weiterer Investitionen eingesetzt wird.

Insgesamt verschaffen ABS-Produkte einem Unternehmen einen Zugang zum Kapitalmarkt und es erfolgt eine bilanzschonende Finanzierung mit einer Verbreiterung der Finanzierungsbasis. Dabei lässt sich zusätzlich die Eigenkapitalquote über eine Bilanzverkürzung erheblich verbessern.

Die zunehmende Nutzung von Asset Backed Securities als Finanzierungsalternative für Unternehmen untermauert die steigende Bedeutung von Refinanzierungstechniken mittels einer Verbriefung über den Kapitalmarkt, auch genannt Securitisation. Gleichzeitig erfolgt über diese Finanzierungsweise auch eine Disintermediation. Dies meint die Eigenschaft von Kapitalnachfragern, auf die Einschaltung von Intermediären wie Kreditinstituten zu verzichten (vgl. Achleitner, 2002, S. 62 ff.).

So ist eine verstärkte Abkehr von der klassischen Bankenfinanzierung, hin zu einer Nutzung von Kapitalmarktprodukten zu beobachten. Erklären lässt sich diese Entwicklung in der Praxis unter Umständen auch mit Strukturveränderungen des deutschen Bankenmarktes und Änderungen im regulatorischen Umfeld. Theoretische Begründungen für das Wachstum dieses Marktes lassen sich mit dem Transaktionskostenansatz finden. Letzterer untersucht die Kosten von Austauschbeziehungen zwischen Kapitalnachfragern sowie Kapitalanbietern auf einem Kontinuum zwischen Markt und Organisation (vgl. Rudolph, 2006, S. 127 ff.).

Dabei kann die Abwicklung von finanziellen Transaktionen über den Kapitalmarkt Vorteile gegenüber der Geldbeschaffung über Organisationen wie Banken aufweisen. Bei der Auswahl einer Transaktionsform spielen Such-, Informations-, Abwicklungs-, Überwachungs- und Anpassungskosten eine bedeutende Rolle. Diese lassen sich als **Transaktionskosten** beschreiben. Bieten Finanzierungsformen bestimmte Kostenvorteile, setzen sich diese Instrumente meist am Markt durch.

Trotz einer hohen Spezifität von strukturierten ABS, kann diese Finanzierungsform bei einer mehrmaligen Nutzung, hohe Transaktionskostenvorteile bei der Refinanzierung gegenüber der Einschaltung eines Intermediärs, wie einer Bank erbringen. Zudem weisen moderne Finanzinstrumente wie ABS Vorteile bei der Optimierung steuerlicher sowie bilanzieller Gegebenheiten auf. Dabei gelingt die Transformation von weniger liquiden Vermögensgegenständen meist in fungible Kapitalmarkttitel mit einer Reallokation der Risiken.

Aus der Perspektive eines Unternehmens können unter anderem folgende Merkmale bei der Entscheidung zur Finanzierung über ein ABS-Vehikel eine Rolle spielen (vgl. Achleitner, 2002, S. 420 ff.):

– **Finanzielle Motive** ergeben sich aus günstigen Refinanzierungskosten, indem eine Trennung des eigenen Ratings von der Bonität der verkauften Assets ermöglicht wird. Zudem lässt sich über ein Liquiditätsmanagement und eine Risikostreuung der Geldquellen auf mehrere Standbeine das finanzielle Gleichgewicht im Unternehmen absichern.

– **Bilanzielle Aspekte** bedeuten die Optimierung der Kapitalstruktur. Die Off-Balance-Sheet-Eigenschaft einer True Sale ABS führt zu einer Bilanzentlastung. Mit der freiwerdenden Liquidität kann eine Entschuldung vorangetrieben werden. In dessen Folge können sich relevante Rating-Kriterien, wie unter anderem die Eigenkapitalquote und Renditekennzahlen verbessern.

– **Risiken** können über ABS aktiv gemanagt werden, indem Risiken aus der Bilanz gezielt ausplaziert werden. Auf diese Weise können Bonitäts-, Zins- sowie Währungsrisiken gesteuert werden. Über eine Neuorganisation von Risiken im Rahmen des Asset Liability-Managements, können dann Risikopositionen zielgerichtet aufgebaut oder reduziert werden.

Die nachfolgende Abb. 5.6 zeigt den Grundaufbau einer True-Sale-ABS-Transaktion mit den wesentlichen Akteuren, dem Originator, dem SPV und dem Investor. Dieses Grundmodell lässt sich auf komplexere finanzielle Strukturen erweitern.

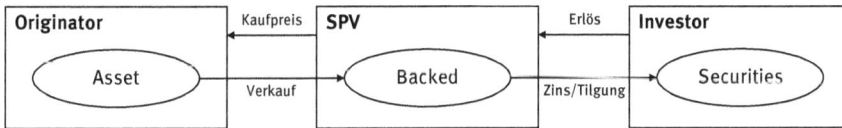

```
┌─────────────────┐  Kaufpreis  ┌─────────────┐   Erlös   ┌─────────────────┐
│ Originator      │←────────────│ SPV         │←──────────│ Investor        │
│  ╭───────────╮  │             │ ╭─────────╮ │           │  ╭───────────╮  │
│  │  Asset    │──┼────────────→│ │ Backed  │─┼──────────→│  │Securities │  │
│  ╰───────────╯  │  Verkauf    │ ╰─────────╯ │Zins/Tilgung│  ╰───────────╯  │
└─────────────────┘             └─────────────┘           └─────────────────┘
```

Abb. 5.6: Grundstruktur einer True Sale ABS (Quelle: Eigene Darstellung)

ABS-Finanzierungen lassen sich über das zugrunde liegende Underlying klassifizieren. So können den ABS-Produkten Forderungen aus Hypothekendarlehen (Mortgage Backed Securities) zugrunde liegen. Zum anderen können Darlehensforderungen an Unternehmen das Basisobjekt darstellen (Collateralized Loan Obligations). Hier sollen ausschließlich Forderungen aus Lieferungen und Leistungen als Underlying untersucht werden, da diese Posten in mittelständischen Unternehmen häufig ein hohes Volumen an Kapital und Liquidität binden und über ABS-Strukturen freigesetzt werden können.

Weiter können ABS anhand der gewählten Art der Risikoübertragung differenziert werden. Unterschieden werden True Sale ABS und Synthetische ABS-Strukturen. Bei einem **Synthetischen-ABS** verbleibt das Eigentum der zugrunde liegenden Forderung beim Forderungsinhaber, dem **Originator**. Jedoch wird das Risiko aus einem Grundgeschäft mit Hilfe von Kreditderivaten, beispielsweise über eine Zweckgesellschaft, dem **Special Purpose Vehicle (SPV)**, an **Investoren** übertragen. Üblicherweise werden zum Risikotransfer Credit Default Swaps eingesetzt. Dabei vereinbart der Originator mit dem Kontraktpartner der Zweckgesellschaft, gegen Zahlung einer Prämie, dass ein bestimmtes Forderungsvolumen gegen das Eintreten eines Ausfalls (Default) abgesichert wird. Somit weist eine Synthetische-ABS große Ähnlichkeiten mit einer Garantie auf (vgl. Schmeisser/Leonhardt, 2006, S. 37).

Bei einer **True Sale ABS** wird das Forderungsportfolio komplett an eine, eigens zu diesem Zweck gegründete Gesellschaft, verkauft. Neben dem Ausfallrisiko geht das Eigentum der Forderungen über, indem diese komplett an das SPV übertragen werden. Somit handelt es sich um eine vollständige Off-Balance-Sheet-Transaktion. Die Zweckgesellschaft zahlt im Gegenzug den Kaufpreis an den Verkäufer des Assetpools und emittiert Wertpapiere am Kapitalmarkt, die mit den erworbenen Forderungen gedeckt werden.

Die Bedienung der ABS-Wertpapiere erfolgt ausschließlich aus den Zahlungsströmen des Underlying. Um die Attraktivität für die Investoren zu erhöhen, kann der Forderungspool über Zusatzsicherheiten (Credit Enhancements), wie Garantien oder Übersicherungen aufgewertet werden. Gleichzeitig wird auf diese Weise ein positives Signal für den Kapitalmarkt und die Investoren gesetzt. Dieses Vorgehen wird in der Agency-Theorie auch mit dem Begriff **Signaling** umschrieben. Damit die vollständigen Vorteile aus den ABS-Finanzierungen generiert werden können, insbesondere aufgrund der bilanzbefreienden Wirkung, werden im Folgenden True Sale ABS behandelt. Diese dominieren zugleich den deutschen ABS-Verbriefungsmarkt (vgl. Ceverny, 2006, S. 1032 ff.).

Neben dem Originator, dem SPV sowie dem Investor sind meist weitere Akteure in den Strukturierungsprozess einer ABS-Transaktion einbezogen. So sind der Forderungsschuldner, der Sicherungsgeber, die Ratingagenturen, der Service-Agent, der Liquiditätsgeber sowie der Treuhänder als weitere Stakeholder im Verbriefungsprozess bei ABS-Finanzierungen zu beachten.

5.2.2 Struktur und Akteure einer ABS-Finanzierung

Der Aufbau der Grundkonzeption einer umfassenden ABS-Finanzierung lässt sich auf die zusätzlichen Akteure erweitern. Die folgende Abb. 5.7 zeigt mögliche Beteiligte an einer komplexen Asset-Backed-Finanzierung.

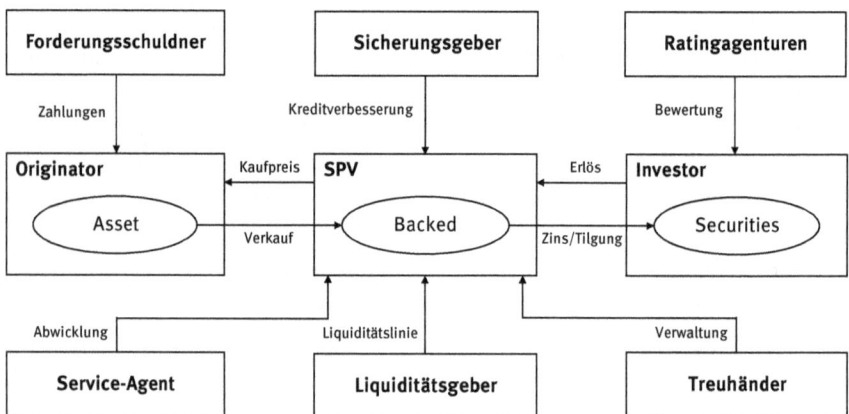

Abb. 5.7: Struktur und Akteure einer komplexen True Sale ABS (Quelle: Eigene Darstellung)

Die Komplexität von Asset Backed-Finanzierungen besteht unter anderem darin, die Ansprüche dieser vielfältigen Parteien in Einklang zu bringen. Zur Strukturierung und zum Interessenausgleich werden häufig Investmentbanken eingesetzt. Diese Akteure übernehmen eine Koordinations- und Beratungsfunktion und bringen die zum Teil divergierenden Wünsche der Parteien dieser Finanzierungsart in Einklang.

In der Grundkonstruktion veräußert der Originator seine Ansprüche gegen die **Forderungsschuldner** an ein Special Purpose Vehicle und erhält im Gegenzug einen Kaufpreis. Private sowie institutionelle Investoren erwerben die auf die Assets des SPV begebenen Wertpapiere, je nach gewünschter Risikotranche und erhalten die Zahlungen aus den Grundforderungen.

Zur Verbesserung der Qualität des Investments für die Investoren können von den **Sicherungsgebern** sogenannte Sicherheitenverstärkungen (Credit Enhancements) eingesetzt werden. Diese stehen bei Zahlungsstörungen aus dem Forderungspool zur Verfügung. Zur Absicherung der Konstruktion kann eine Übersicherung (Overcollateralisation) erfolgen, wenn die nominale Summe sämtlicher Forderungen im Pool über die Höhe der Refinanzierung hinausgeht. Hierbei stehen den Schuldtiteln insgesamt Forderungen über die Nominale der Wertpapiere gegenüber. Alternativ kann ein Sicherungsgeber auch eine Garantie (Letter of Credit) zu Gunsten der ABS-Gläubiger abgeben und damit die Transaktion absichern.

Eine weitere Form der Sicherheitenverstärkung sind Barsicherheiten, welche treuhänderisch für Investoren gehalten werden. Diese können unterschiedliche Zwecke erfüllen. So werden im Falle der Identität von Originator und Service-Agent eventuelle Kosten für einen Ersatz-Service-Agents auf einem Konto hinterlegt. Auch kann die Emission in mehrere Tranchen aufgeteilt werden (Subordination). Somit lassen sich die Forderungen einer Tranche nicht eindeutig zuordnen.

Das Risikogefälle der Emissionen kommt darin zum Ausdruck, dass zunächst die Ansprüche der Gläubiger der vorrangigen Tranche (Seniortranche) bedient werden und nachrangige Tranchen ein höheres Ausfallrisiko tragen. Die erste, sogenannte „First-Loss-Tranche", kann auch vom Originator selbst übernommen werden. Dieser setzt damit ein Signal am Kapitalmarkt, indem er die Werthaltigkeit der Forderungen zeigt und mögliche Ausfallrisiken in den eigenen Büchern behält.

Eine bedeutende Stellung nehmen in diesem Zusammenhang **Ratingagenturen** ein. Sie bewerten in einem Due Diligence-Prozess die Bonität des Forderungspools sowie die Qualität der gesamten Transaktion mit allen beteiligten Akteuren. Darauf aufbauend bestimmen sie die Ratingklasse der einzelnen Tranchen. Aus dem Rating lassen sich wiederum die Finanzierungskosten ableiten. So werden die erstrangigen Platzierungen ein besseres Rating und damit einen geringeren Preis erhalten, als die nachrangigen Tranchen, die ein erhöhtes Ausfallrisiko tragen. Die Bedeutung einer sorgfältigen und aussagekräftigen Bewertung von Forderungsportfolios ist im Rahmen der jüngsten Finanzmarktkrise deutlich geworden.

Weiter beteiligt an einer ABS-Transaktion ist unter anderem der **Service-Agent**. Dieser hat die Funktion, die laufenden Zahlungseingänge zu überwachen und weiterzuleiten. Auch das Inkasso gehört zu seinen Hauptaufgaben. Der Service-Agent erhält eine Gebühr für seine Leistungen. Wird diese Rolle des Service-Agents nicht durch externe Dritte übernommen, übernimmt der Originator weiterhin diese Funktionen. Die Abtretung der Forderung an das SPV bemerkt der Forderungsschuldner nicht und leistet auch in Zukunft seine Zahlungen an den Originator. Somit gleicht diese Konstruktion einer stillen Zession und der Forderungsverkäufer muss keine negativen Auswirkungen auf seine Reputation befürchten. Diese ist die von mittelständischen Unternehmen bevorzugte Form der Verbriefung.

Des Weiteren werden regelmäßig Banken als **Liquiditätsgeber** eingesetzt, die eine Kreditlinie bereitstellen. Dieses erfolgt zum Ausgleich der Zahlungsspitzen, da die Zahlungseingänge der Forderungsschuldner unregelmäßig auftreten können. Verzögerungen werden damit vom Investor nicht bemerkt und sind somit ausreichend gesichert. Auch dienen Liquiditätslinien den Investoren als zusätzliche Gewähr für die fristgerechte Rückzahlung der Refinanzierungsmittel.

Treuhänder können zusätzlich eingesetzt werden. Ihr besonderes Aufgabengebiet erstreckt sich von der treuhänderischen Verwaltung der verbrieften Vermögenswerte, über die gesamte Überwachung der Transaktion. Auch laufende Sicherheitenprüfungen, bei revolvierenden Refinanzierungen des Forderungspools, können von einem neutralen Treuhänder wahrgenommen werden (vgl. Achleitner, 2002, S. 425). Neben Sicherheitentreuhändern werden oftmals auch Datentreuhänder eingesetzt, die im Falle einer Insolvenz des Originators den „Schlüssel" haben, um die Forderungen in diesem Falle offen legen zu können.

Für **Investoren** sind ABS interessant, weil das Risiko der Transaktion nicht in erster Linie von der Bonität des Forderungsverkäufers abhängt. Es liegt eine Trennung des Unternehmens vom Rating der Emission vor. So sind für die Qualität der Platzierung die zugrunde liegenden Assets von Bedeutung. Die Bewertung dieses Ausfallrisikos durch die Ratingagenturen ist damit von großer Wichtigkeit zur Gewinnung von Investoren, da letztere die Werthaltigkeit der Forderungen nicht genau einschätzen können (vgl. Achleitner, 2002, S. 426 ff.). Es liegen Probleme einer asymmetrischen Informationsverteilung zwischen Originator und Investor vor.

Diese Agency-Probleme können durch externe Ratingagenturen oder die Übernahme von Ausfallrisiken durch den Forderungsverkäufer abgemildert werden, verursachen jedoch Kosten. Dennoch sind ABS auch für Banken als Investitionsobjekt interessant. So zeigen die aufsichtsrechtlichen Anforderungen im Rahmen von Basel II eine Eigenkapitalentlastung für Banken, die ihre Nachfrage nach diesen Produkten erhöhen könnte. Demnach waren Investitionen in ABS anstatt wie bisher mit 100 % von 8 % des Eigenkapitals (Solvabilitätskoeffizient) bestenfalls nur noch mit 6 % beziehungsweise 7 % von 8 % des Eigenkapitals zu unterlegen.

Voraussetzungen waren, dass ein IRB-Ansatz gewählt wurde, nur in die erstrangige Tranche investiert wurde und das Forderungsportfolio zudem keine Klumpenrisiken aufwies (vgl. Steurer, 2006, S. 36 ff.). Jedoch ergeben sich im Anschluss an die Finanzmarktkrise veränderte Bewertungen zur Eigenkapitalunterlegung von ABS.

Der **Originator** erhält durch die Ausgliederung von Forderungen die Möglichkeit, seine Bilanz zu verkürzen. Ein weiterer Vorteil kann darin liegen, dass die Bonität der übertragenden Forderungen vorteilhafter ist, als die Eigenbonität eines Originators. Durch eine ABS-Finanzierung lassen sich zum Teil verbesserte Finanzierungskonditionen erzielen, als mit üblichen Platzierungen am Kapitalmarkt beziehungsweise über Bankkredite, denen die Bonität des Originators zugrunde liegt.

5.2.3 Konzeption und Ablauf von Asset-Backed-Finanzierungen

Gesonderte Asset-Backed-Finanzierungen für den Mittelstand existieren in Deutschland seit dem Ende der neunziger Jahre. Die Historie von ABS hat allerdings seinen Ursprung in den achtziger Jahren, wo in den USA erste ABS strukturiert wurden. In Deutschland wurden für ABS zunächst Ankaufskonstruktionen gewählt, bei denen der Forderungsankäufer und die Finanzierungsgesellschaft ihren Sitz im steuerbegünstigten Ausland hatten. Seitdem sich 2004 dreizehn Banken und die KfW auf einen Ausbau des deutschen Verbriefungsmarktes verständigt haben, wird dieser im Rahmen der True Sale Initiative (TSI) ständig weiterentwickelt.

In der Vergangenheit erfolgte insbesondere verstärkt die Verbriefung von Bankaktiva in Deutschland, meist auf synthetischem Wege, nicht zuletzt durch die etablierten Verbriefungsplattformen der staatlichen KfW. Mittels der TSI wurde eine moderne Basis für Verbriefungsformen geschaffen, die Standards setzt und ein Sprachrohr der Kreditwirtschaft im Hinblick auf Verbriefungen darstellt. Dennoch handelt es sich bei den ABS um komplexe strukturierte Finanzprodukte, die üblicherweise eine Begleitung durch eine Investmentbank erfordern.

Eine ABS-Transaktion wird im Allgemeinen entweder durch ein Unternehmen selbst oder aber durch einen externen Anbieter, wie einen Finanzintermediär, angeregt. Hierbei wird zunächst im Rahmen einer Ausschreibung oder durch Direktansprache der geeignete Anbieter von ABS aufgrund unterschiedlicher Kriterien, die für das Unternehmen ausschlaggebend sind, selektiert. Kriterien sind unter anderem die:

- **Zeitliche Umsetzung:** Gemeint ist die Dauer bis zu einer Umsetzung der Platzierung, limitiert beispielsweise durch das Geschäftsjahresende.
- **Kosten der Struktur und der Anbieter:** Relevant sind die Ausgaben der strukturierenden Partei, damit die Kosten Dritter fixiert werden können.
- **Dauer und Art bisheriger Geschäftsbeziehungen:** Daher kann die langjährige Hausbank oder ein Fremdanbieter für die Strukturierung gewählt werden.

– **Erfahrung des Anbieters:** Von Bedeutung ist hier die nationale oder die internationale Platzierungskraft des Strukturierers.

Im Rahmen der ABS-Transaktionen übernehmen meist Investmentbanken die Rolle des Finanzintermediärs als Arrangeur. Hinsichtlich der möglichen Ziele der Transaktionen unterscheidet man des Weiteren die zu wählende Struktur und die damit verbundene Rolle eines Arrangeurs. Allgemein lassen sich hier Conduit-Strukturen von Term-Deal-Transaktionen trennen.

Unter **Conduit-Strukturen** versteht man Ankaufs- sowie Platzierungs-Plattformen, die einen standardisierten Prozess des An- und Verkaufs für True-Sale-Strukturen ermöglichen. Üblicherweise wird die Finanzierungsplattform durch einen Sponsor, der in der Regel durch eine Bank repräsentiert wird, zur Verfügung gestellt.

Diese Plattform verfügt meist über standardisierte Verträge und ein Emissionsvehikel, welches am Geld- oder Kapitalmarkt Papiere zur Refinanzierung der anzukaufenden Forderungen emittiert. Vornehmlich erfolgt die Emission kurzfristiger **Asset Backed Commercial Paper (ABCP)**. Oftmals befinden sich diese Refinanzierungsplattformen an steuerbegünstigten Orten, um bestimmte Kostenpositionen gering zu halten. Die Refinanzierungsgesellschaften sind Schwesterfirmen der Ankaufsgesellschaften, die letztlich die Forderungen von Unternehmen aufkaufen. Unterschieden werden hier Single-Seller-ABS von Multi-Seller-Strukturen.

Bei **Single-Seller-Strukturen** wird für einen Forderungsverkäufer eine Struktur mit nur einer Finanzierungsgesellschaft aufgesetzt, die dessen Forderungen refinanziert. Bei **Multi-Seller-Strukturen** refinanzieren mehrere Verkäufer ihre Forderungen über die gleiche Finanzierungsgesellschaft. Es können auch mehrere Ankaufsgesellschaften existieren.

Eine weitere Unterscheidung erfolgt hinsichtlich der Ankaufsstruktur. Hier lassen sich Single Purchaser Conduits von Multi Purchaser Conduits anhand verschiedener Kriterien differenzieren. Im Fall von **Single Purchaser Conduits** erfolgt der Ankauf der Forderungen verschiedener Verkäufer über eine Ankaufsgesellschaft. Eine Vermischung der Portfolios erfolgt nicht oder nur in Ausnahmefällen. Ein Vorteil der **Multi-Purchaser-Strukturen** gegenüber den Single-Purchaser-Strukturen liegt in den Kosten, da eine bestehende Ankaufsgesellschaft weiter genutzt werden kann und nicht bei jeder Transaktion eine neue Gesellschaft zu gründen ist. Auf diese Art und Weise ergeben sich Skalenvorteile und die Transaktionskosten bei Folgeemissionen können erheblich sinken. Im Folgenden werden die Conduit-Strukturen als ABCP-Conduit (Asset Backed Commercial Paper Conduit) interpretiert.

Unter **Term-Deal-Transaktionen** werden diejenigen ABS-Finanzierungen zusammengefasst, bei denen der langfristige Charakter der Absicherung oder der Refinanzierung über Schuldverschreibungen im Vordergrund steht. Dementsprechend sind die Forderungslaufzeiten langfristig ausgelegt.

Term-Transaktionen können im Wege eines True Sale oder auch auf synthetische Weise, unter Nutzung von Derivaten, strukturiert werden. Im Bereich der synthetischen Strukturen lassen sich diese noch in Konstruktionen mit oder ohne Liquiditätsfluss aufteilen (Funded versus Unfunded).

Bei **Unfunded-Strukturen** erfolgt die Risikoweitergabe ausschließlich mittels Kreditderivaten. Bei **Funded-Strukturen** kann ein Teil des Risikos (Partially Funded) oder aber auch das Gesamtrisiko (Fully Funded) weitergegeben werden. Oft werden für diesen Zweck spezielle Finanzierungsgesellschaften gegründet. Beispiele für Synthetische Partially Funded ABS-Term-Strukturen waren die beiden KfW Plattformen „Promise" und „Provide". Die nachfolgende Abb. 5.8 zeigt die verschiedenen Arten von ABS mit den unterschiedlichen Strukturen.

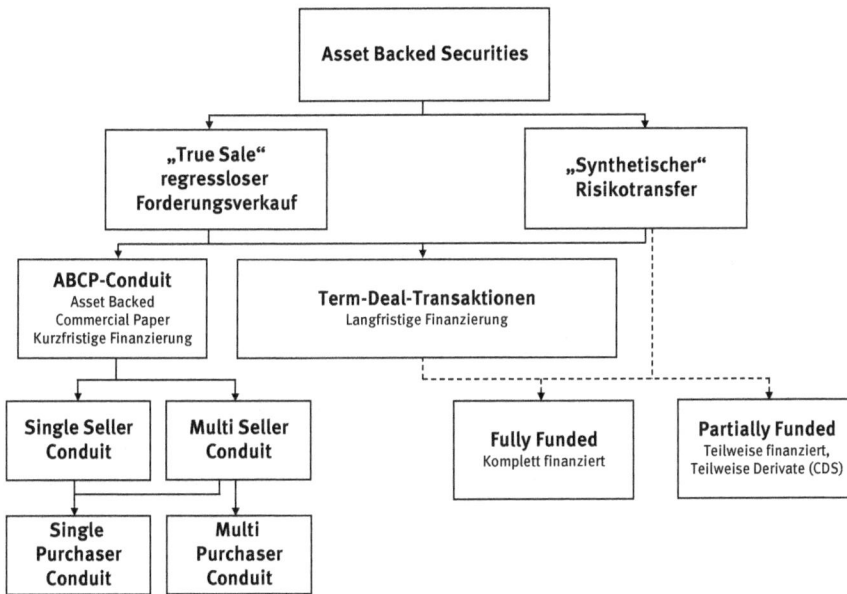

Abb. 5.8: Arten von Asset Backed Securities (Quelle: Eigene Darstellung)

Im Vorfeld einer ABS-Transaktion müssen zunächst die jeweiligen Kriterien der jeweiligen Transaktion festgelegt werden. Zumeist ist dies, neben der Refinanzierung des Forderungsverkäufers, der bilanzielle True Sale. Bei der Strukturierung dieser Transaktion werden Forderungsportfolien analysiert und bewertet.

Es werden Zahlungsströme modelliert, Gespräche mit Ratingagenturen geführt, die Ankaufsdokumentation verhandelt und die Ausgestaltung der erforderlichen Sicherungsmaßnahmen berechnet. Im weiteren Verlauf werden die Forderungsdaten des Verkäufers analysiert und für die Ratingagenturen und die Kreditgeber aufbereitet. Oftmals erfolgt in diesem Schritt auch bereits eine Anbindung der IT-Systeme des Verkäufers an die Systeme der Ankaufsgesellschaft. Auf diese Weise wird im künftigen Verlauf der Transaktion ein reibungsloser sowie sicherer Datenfluss der Forderungsdaten und der Ausfalldaten sichergestellt.

Handelt es sich um eine **Single-Seller-Struktur,** so wird die Gründung einer Ankaufsgesellschaft in Form des Special Purpose Vehicle (SPV) in Auftrag gegeben. Im Rahmen der Vertragsdokumentation über den Verkauf der Forderungen an das SPV werden im Folgenden der Ankaufsvertrag und andere mit der Transaktion zusammenhängende Verträge besprochen (Finanzierungsvereinbarung mit der Finanzierungs- (Emissions-) Gesellschaft und SPV-Service-Vertrag sowie andere Dienstleistungsverträge). Das SPV hat dabei eine Vielzahl von Vertragsbeziehungen zu arrangieren, wie unter anderem mit dem Verkäufer der Forderungen, dem Sicherheiten-Treuhänder (Security Agent) und der Refinanzierungsgesellschaft. Des Weiteren ist mit dem Datentreuhänder (Data Trustee), mit dem Hedge-Kontrahenten im Rahmen der Absicherung gegen Zins- beziehungsweise Währungsrisiken sowie mit der Liquiditätsbank zu verhandeln.

Eine **Liquiditätsbank** nimmt im Rahmen von Conduit-Strukturen eine besonders bedeutende Rolle ein. Im Zuge der Gewährung der Liquiditätslinie an das SPV wird diese Linie dann in Anspruch genommen, wenn keine ABS-Wertpapiere mehr am Markt platziert werden können oder die Transaktion nicht mehr den Kriterien genügt, die Ratingagenturen und Investoren an sie stellen. Die Liquiditätslinie dient den Investoren als Sicherheit, dass die von der Refinanzierungsgesellschaft emittierten Papiere in Form von Asset Backed Commercial Paper (ABCP) oder Medium Term Notes (MTN) zurückgezahlt werden. Entsprechend sollte die Liquiditätsbank auch über ein ausreichendes Rating oder Sicherheiten verfügen, damit die Papiere mit einer guten Ratingnote emittiert werden können.

Erfüllt die Transaktion nicht die an sie gestellten Qualitätskriterien, wird die Liquiditätslinie der Bank gezogen und mit dem Geld werden die Papiere der Investoren zurückbezahlt. Eine Liquiditätslinie muss damit immer in ausreichender Höhe zur Verfügung stehen. Diese Linie wird anschließend über die Geldeingänge auf angekaufte Forderungen zurückgeführt. Die Laufzeit einer Liquiditätslinie beträgt meist 365 Tage, da Banken als Liquiditätsliniengeber unter Basel I früher kein regulatorisches Eigenkapital für Kreditzusagen kleiner einem Jahr zurückhalten mussten. Unter Basel II wird sich der Eigenkapitalbedarf der Banken entsprechend der Qualität der gesicherten Forderungsportfolien ergeben, so dass niedrige Forderungsrisiken nur geringe Eigenkapitalunterlegungen zur Folge haben.

Unter Basel III ergeben sich aufgrund der Erfahrungen der Finanzmarktkrise entsprechende Verschärfungen bei der Eigenkapitalunterlegung sowie der Liquiditätssteuerung. Dies führt auch zu strengeren Anforderungen für Banken in der Rolle als Liquiditätsliniensteller und verteuert diese Strukturen, allerdings nur unwesentlich. Auf die Änderungen im Rahmen von Basel III sowie CRD IV soll nicht näher eingegangen werden, da diese Finanzinstitute betreffen. Hier steht die Finanzierung aus Unternehmenssicht im Vordergrund der Betrachtung und ABS-Strukturen werden primär, im Hinblick auf die Finanzierungskomponente beziehungsweise die Bilanzstrukturierung und -optimierung von Firmen, untersucht.

Neben dem Rating der Liquiditätsbank betrachten **Ratingagenturen** insbesondere die Qualität der Forderungen im angekauften Portfolio. Entsprechend der Methodik der Ratingagenturen werden danach erforderliche Absicherungshöhen für Risiken eingefordert, bevor die Transaktion über den Geld- oder Kapitalmarkt refinanziert werden kann. Das entsprechende **Credit Enhancement** wird entweder vom Forderungsverkäufer in die ABS-Struktur gegeben, oder aber Dritte beteiligen sich an der Stellung der Sicherheiten. Hierbei können auch Nachrangdarlehen von Banken zum Einsatz kommen, die den Teil des Risikos übernehmen, der zwischen dem First Loss und dem zur Refinanzierung über das Conduit geeigneten Teil liegen. Dabei handelt es sich meist um sogenannte Mezzanine-Risiken, die mittels Nachrangdarlehen oder Garantien Dritter übernommen werden.

Die eigentliche Veräußerung erfolgt für Forderungen aus Lieferungen und Leistungen meist über einen revolvierenden Ankauf. Dies bedeutet, dass fällige sowie zurückbezahlte Forderungen kontinuierlich durch neu entstandene Forderungen ersetzt werden. Der Vorteil dieses aufeinanderfolgenden Ankaufs liegt darin, dass die Refinanzierung des Forderungsankaufs auf diese Weise dem Forderungsverkäufer für einen längeren Zeitraum zur Verfügung steht.

Bei einem Einmalverkauf stünde ihm diese Art der Refinanzierung nur solange zur Verfügung bis die auf die fällig werdenden Forderungen eingehenden Gelder an das SPV wieder ausgekehrt werden. Da diese übliche Laufzeit bei Handelsforderungen allerdings tendenziell kürzer als ein Jahr ist und die Kosten einer ABS-Finanzierung damit relativ hoch wären, werden üblicherweise revolvierende Ankaufsverträge mit einer langen Laufzeit von mehreren Jahren abgeschlossen.

Die Refinanzierung der angekauften Forderungen aus Lieferungen und Leistungen erfolgt im Falle von ABCP-Conduits über Commercial Paper, die durch die Finanzierungsgesellschaft begeben werden und die an die Performance der Forderungsportfolien und das Rating der Liquiditätsbank gebunden sind. Auch langfristige Schuldverschreibungen wie Medium Term Notes, können zur Refinanzierung dienen. Die Platzierung der Commercial Paper übernimmt ein Placement Agent, der oft über die notwendigen Beziehungen zu den Investoren wie Versicherungen verfügt. Meist ist dies gleichzeitig der Programm-Sponsor des Conduits, wie Abb. 5.9 zeigt.

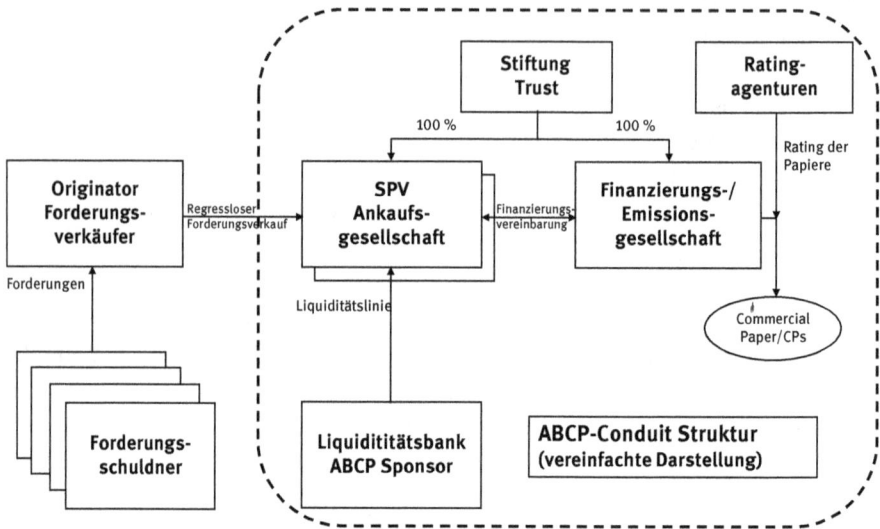

Abb. 5.9: ABS-Conduit-Struktur (Quelle: Eigene Darstellung)

Das **Underlying** bei ABS-Transaktionen sollte generell einen bestimmbaren Cash Flow aufweisen. Folgende Forderungsarten werden häufig verbrieft:

– **Forderungen aus Lieferungen und Leistungen:** Dies können Handelsforderungen oder Außenstände von Versandhäusern oder Automobilzulieferern sein.
– **Forderungen aus Leasingverträgen:** Möglich ist unter anderem die Verbriefung von Leasingraten aus KfZ-Finanzierungen.
– **Forderungen aus Darlehensverträgen:** Gemeint sind Rückzahlungsansprüche aus Kreditverträgen von Banken wie Autobanken und Versicherungen.
– **Forderungen aus sonstigen Geschäften eines Forderungsverkäufers:** Diese können Miet- oder Kaufpreisansprüche aus Immobiliengeschäften umfassen.

Ein **ausreichendes Volumen** an geeigneten Forderungen (Eligible Receivables) ist ebenfalls eine Voraussetzung für eine ABS-Transaktion. Die Volumina sinken aufgrund von Kostenersparnissen in der Aufsetzung der Strukturen jedoch ständig, so dass inzwischen dauerhaft Forderungsvolumina von rund 10 Mio. Euro ausreichen, um eine ABS-Transaktion kostengünstig durchzuführen. Eine hohe Diversifikation des Forderungsportfolios trägt zudem dazu bei, dass erforderliche Credit Enhancements zur Risikodeckung gering gehalten werden können und damit ABS-Transaktionen kostengünstig aufgesetzt werden können. Ebenso sollten die Forderungen frei von Rechten Dritter sein.

Im mittelständischen Bereich dominieren Forderungen aus Lieferungen und Leistungen diese ABS-Programme. Zur Bewertung der Forderungsportfolien sollten die Forderungsverkäufer über eine angemessene **Historie der Performance** ihrer Forderungen verfügen, welche Ratingagenturen und auch Banken verlangen. Hierbei sollten die Verkäufer in der Lage sein, Ausfallhistorien, Rückzahlungsprofile sowie Verwässerungen, möglichst detailliert aufzuzeigen. Technische Möglichkeiten über eine angemessene IT-Ausstattung, die Identifizierung von Forderungen, deren Markierung und eine laufende Berichterstattung im Rahmen eines Reportings gehören ebenso zu den Anforderungen an den Verkäufer der Forderungen. Der Veräußerer kann ein mittelständisches Unternehmen, ein Finanzdienstleister oder aber auch ein international tätiges Unternehmen sein.

In herkömmlichen mittelständischen ABS-Strukturen, bei denen die Refinanzierung über ein **ABCP-Conduit** durchgeführt wird, ist auch eine Mindestbonität des Verkäufers von Bedeutung. Insbesondere wenn der Verkäufer der Forderungen Servicer bleibt, könnte im Falle der Insolvenz des Verkäufers ein verändertes Zahlungsverhalten der Schuldner zu höheren Verlusten führen als dies historische Daten zeigen. Die Tatsache, dass der Verkäufer gleichzeitig für die Verität der Forderungen haftet und damit den rechtlichen Bestand garantiert, ist ebenfalls vor dem Hintergrund der Mindestbonität zu sehen. Im Folgenden werden die Risiken und Absicherungsstrukturen bei ABS-Transaktionen aufgezeigt.

5.2.4 Risiken und Absicherungen einer ABS-Transaktion

Entsprechend der Art der Finanzierungsstruktur bei den Conduit-Strukturen oder den Term Deal-Transaktionen, werden bestimmte Risiken der zugrunde liegenden Assets und des Forderungsverkäufers an die Investoren weitergegeben. In Conduit-Strukturen, bei denen die Finanzierung über mittelfristige Schuldverschreibungen und Commercial Paper erfolgt, werden erstens Risiken, die mit den Forderungen direkt verbunden sind (Forderungsrisiken) und zweitens Risiken, die in der Ankaufstruktur und dem Forderungsverkäufer begründet werden, unterschieden (Verkäuferrisiken). Diese Unterscheidung erfolgt ebenfalls bei Term Deal-Transaktionen, bei denen die einzelnen Risiken separat abgesichert werden.

Forderungsinhärente Risiken stellen Ausfallrisiken der Forderungen und Verwässerungsrisiken dar. **Ausfallrisiken** sowie **Verwässerungsrisiken** des zu refinanzierenden Forderungsportfolios werden zumeist bestimmt, indem Historien des Forderungsverkäufers beziehungsweise seiner Portfolios über einen Zeitraum von mindestens drei Jahren betrachtet werden. Analysiert werden in diesem Zusammenhang unterjährige Schwankungen der Forderungseingänge, beispielsweise durch saisonale Geschäfte des Originators. Auf diese Weise lassen sich bei revolvierenden Finanzierungen Unterschiede bei den Cash-Flow-Eingängen erkennen.

Insbesondere Variationen in den monatlichen Umsatzzeiträumen, den sogenannten Kohorten, werden genauer untersucht. Kohorten sind Gruppen gleichartiger Forderungen, die in einem identischen Zeitraum entstanden sind.

Diese werden daraufhin analysiert, wie sich der Zahlungseingang im Zeitverlauf genau darstellt. Dazu wird geprüft, ob Forderungen drohen auszufallen oder ob sich Verwässerungen einstellen. Unter Forderungsverwässerungen (Dilutions) werden diejenigen Risiken zusammengefasst, die sich auf die Höhe der Forderung beziehen. Typische Verwässerungen sind Rabatte und Skonti, die der Forderungsverkäufer seinen Schuldnern gewährt. Diese verringern die Forderungswerte im Nachhinein.

Ergänzend zu diesen forderungsinhärenten Risiken entstehen möglicherweise weitere, durch den **Forderungsverkäufer bedingte Risiken.** Hierbei stellt das Forderungseinzugsrisiko **(Inkassorisiko oder Comminglingrisiko)** einen Großteil dieses Risikos dar. Generell verbleibt das Servicing des Forderungsbestandes beim Forderungsverkäufer und eine Offenlegung, gegenüber den Schuldnern über den Forderungsverkauf an einen Dritten, erfolgt meist nicht. Darin begründet liegt das auftretende Inkassorisiko, da die Forderungsschuldner weiterhin schuldbefreiend an den Forderungsverkäufer zahlen können.

Im Rahmen von ABS-Strukturen müssen Forderungsverkäufer die Gelder an den eigentlichen Käufer der Forderung, das SPV, weiterleiten, da dieses Vehikel rechtlicher Eigentümer der Forderungen ist. Erfolgt die Weiterleitung der Gelder allerdings nicht unverzüglich sondern nur zeitverzögert, besteht das Risiko, dass der Forderungsverkäufer in der Zwischenzeit nach Geldeingang und vor Weiterleitung einen Insolvenzantrag stellt **(Insolvenzrisiko).**

Sollte dieser Fall eintreten, hätte das SPV nur noch einen Anspruch gegenüber dem Forderungsverkäufer auf eine Auskehrung der Gelder, da die Forderung durch den eigentlichen Schuldner schon beglichen wurde. Für diesen Teil der Gelder hat das SPV und deren Gläubiger keine Forderung mehr als Deckungsmasse, die eine Aussonderung im Insolvenzfall ermöglichen würde. Es besteht lediglich ein Absonderungsanspruch. Der Insolvenzverwalter zieht dann die Forderungen ein, unter Abzug der meist verhandelbaren Kostenpauschalen.

Das SPV wäre damit im Insolvenzfall anderen gleichrangigen Gläubigern gleichgestellt und könnte sich lediglich entsprechend der Insolvenzmasse des Forderungsverkäufers prozentual befriedigen. Die eigentliche ABS-Struktur, die eine vorrangige Besicherung mittels Forderungen vorsieht, ist in dem Fall der Insolvenz nach Zahlungseingängen und vor deren Weiterleitung zu einer unbesicherten Struktur geworden und das Inkassorisiko würde tragend werden.

Die Höhe des **Inkassorisikos** hängt entscheidend von der Laufzeit der Forderungen und der Auskehrungsfrequenz der Gelder vom Servicer an das SPV ab. Im Allgemeinen erfolgt im mittelständischen Unternehmensbereich eine Auskehrung der Zahlungen auf monatlicher Basis.

Entsprechend ist dieses Risiko bei sehr kurzlaufenden Forderungen mit wenigen Tagen Restlaufzeit, tendenziell am höchsten. Im Allgemeinen werden zur Sicherung der Gelder die Konten verpfändet (Account Pledge). Damit können die Zahlungseingänge auf Forderungen, die der Zweckgesellschaft zustehen, auch an diese weitergeleitet werden.

In Anbetracht der jeweiligen Forderungsklasse können zudem auch Währungs- oder Zinsrisiken mit den Forderungen verbunden sein. **Währungsrisiken** können explizit entstehen, wenn Forderungen in einer anderen Währung refinanziert werden. Werden beispielsweise Forderungen gegenüber Schweizer Drittschuldnern, die in Schweizer Franken denominiert sind, über ein in Euro gestaltetes Conduit refinanziert, ergibt sich folglich ein Währungsrisiko aufgrund der schwankenden Wechselkurse in Euro und dem Schweizer Franken.

Die **Zinsrisiken** im mittelständischen Finanzierungsbereich sind unter anderem mit Leasingforderungen verbunden, denen ein Finanzierungssatz des jeweiligen Unternehmens zugrunde liegt. Die jeweiligen Leasingraten enthalten implizit eine Verzinsung des Leasinggebers, der für die zeitweise Überlassung des Leasinggutes, neben Abschreibungen und anderen Aufwendungen, einen Zins erhebt. Dieser entspricht also mehr oder weniger der Rentabilitätserwartung des Leasingvertrages.

Die Differenz zwischen potenziellem Restwert und betriebsbedingten und objektbedingten Aufwendungen ist in den jeweiligen Leasingraten, die als Ganzes refinanziert werden, enthalten. Werden die Leasingraten zu einem anderen Zinssatz diskontiert angekauft, ergäbe sich ein Vorziehen oder eine zeitliche Verschiebung in die Zukunft von Gewinnrealisierungen für den Verkäufer der Leasingraten. Im Rahmen eines Forderungsverkaufs transferiert ein Leasingunternehmen dementsprechend auch Zinsrisiken, wenn Finanzierungssätze der Forderungen von denen der ABS-Struktur abweichen.

Bei Forderungen mittelständischer Leasingunternehmen, bei denen das jeweilige zugrunde liegende Objekt mitfinanziert wird, können **Wertrisiken** der Objekte in Form eines Restwertrisikos übertragen werden. Wird beispielsweise ein Auto über Leasing finanziert und das Leasingunternehmen verkauft den Leasingvertrag weiter, ergibt sich für den Käufer des Leasingvertrages das potenzielle Risiko, dass der eigentliche Leasingnehmer eine oft höhere als die kalkulierte Abschreibung durch Abnutzung erreicht. Sollte in diesem Fall eine Garantie des Leasinggebers vorliegen, dass dieser das betreffende Auto zu einem bestimmten Preis wieder abnimmt, ergibt sich, in Höhe des Unterschiedsbetrags des potenziellen Kaufpreises zum Marktpreis, ein Wertrisiko für den Aufkäufer der Leasingforderung.

Auch eine mögliche Umqualifizierung einer ABS-Transaktion von einem True Sale hin zu einer Finanzierung, führt zu einem potenziellen Verkäuferrisiko. Die Umqualifizierung hätte für den Käufer der Forderungen den Effekt, dass im Falle der Insolvenz des Forderungsverkäufers lediglich ein Absonderungsrecht vorliegt.

Somit dienen nicht die Forderungen direkt zur Deckung der ausstehenden Schuldpapiere, sondern es liegt nur ein Anspruch gegenüber dem Forderungsverkäufer beziehungsweise dessen Insolvenzverwalter vor.

Entsprechend der unterschiedlichen Risikoarten lassen sich auch die Instrumente zur Absicherung von Marktpreisrisiken klassifizieren:

– **Währungsrisiken** werden über FX Swaps oder Cross Currency Swaps (bei inhärentem Zinsrisiko plus Währungsrisiko) ausgeschlossen.
– **Zinsrisiken** lassen sich über den Einsatz von Instrumenten wie Interest Rate Swaps, Zinsoptionen oder Forward Rate Agreements vermeiden.

Bei einer Absicherung mittels Derivaten sollte möglichst die Zweckgesellschaft besondere Sicherungsgeschäfte abschließen, damit die Absicherungen auch im Falle einer Insolvenz des Forderungsverkäufers Bestand haben und nicht erneut Geschäfte vereinbart werden müssen. Allerdings sind potenzielle Close-Out-Kosten bei vorzeitiger Beendigung der Derivate zu beachten. Diese entstehen durch einen potenziell niedrigeren Wert dieser Absicherungsinstrumente im Zeitpunkt der Auflösung, verglichen mit der normalen Laufzeit der Struktur und der Absicherung.

Generell lassen sich Kreditverbesserungen in ein internes oder externes Credit Enhancement unterteilen. Gängige Arten der **internen Absicherungen** sind Bar- oder Wertpapiersicherheiten auf Reservekonten (Cash Collateral beziehungsweise Securities Collateral) sowie Forderungsübersicherungen, die beide zu den internen Credit Enhancements zählen.

Im Falle der Sicherheitenstellung durch den Originator der Transaktion gibt dieser zusätzliche Sicherheiten zugunsten der Zweckgesellschaft, die im Falle der Verwirklichung der Risiken als Deckungsmasse zum Schutze der Investoren dienen. Forderungsübersicherungen entstehen dadurch, dass der Verkäufer dieser Forderungen einen geringeren Kaufpreis für die Forderungen erhält als die Nominale. Der Differenzbetrag dient aus Portfoliosicht möglicher geringerer Zahlungseingänge auf die nominellen Forderungen. Forderungsübersicherungen werden speziell zur Abwendung von Ausfall- und Verwässerungsrisiken genutzt.

Eine weitere **externe Absicherungsmethode** stellt eine Versicherung gegen Ausfallrisiken über ein externes Credit Enhancement dar. Bei Forderungen, denen ein Anspruch gegenüber mittelständischen oder internationalen Unternehmen zugrunde liegt, werden diese Versicherungen meist durch (Waren-)Kreditversicherer abgesichert. Es wird gegen die Zahlung einer Prämie der Ausfall des Schuldners innerhalb von festgelegten Limits gesichert. Alternativ bietet sich über Kreditversicherer die Möglichkeit, das gesamte Portfoliorisiko zu versichern, allerdings zu höheren Kosten. Hierbei wird im Forderungsportfolio eine bestimmte notwendige Übersicherung festgelegt. Die folgende Abb. 5.10 zeigt die typischen Risiken sowie Möglichkeiten der Absicherung bei ABS-Strukturen.

Sicherheit / Risiko	Barsicherheit oder Wertpapiersicherheit	Forderungs- übersicherung	Warenkredit- versicherung	Garantien oder Derivate
Forderungs- ausfallrisiko	Gängige Art der Besicherung	Gängige Art der Besicherung	Möglich	Möglich
Forderungs- verwässerung	Gängige Art der Besicherung	Gängige Art der Besicherung	Unüblich	Möglich
Inkasso- risiko	Möglich	Möglich	Möglich	Möglich
Zins- und Währungsrisiko	Möglich	Unüblich	Unüblich	Gängige Art der Besicherung
Steuerliche Risiken	Möglich	Unüblich	Unüblich	Möglich
Insolvenz- risiken	Möglich	Unüblich	Unüblich	Unüblich

Abb. 5.10: Risiken und Absicherungen bei ABS-Strukturen (Quelle: Eigene Darstellung)

Die Höhe der Absicherungen innerhalb einer ABS-Struktur hängt von weiteren Aspekten wie den beteiligten Akteuren sowie der Art der Struktur ab. Im Bereich der Term Deal-Strukturen werden alle Risken, die nicht originär mit dem Forderungs-ausfallrisiko zusammenhängen (Verwässerungen, Inkassorisiken, Zinsrisiken, Währungsrisiken und potenzielle Kontrahentenrisiken), ebenfalls abgesichert.

Auf diese Weise kann den Investoren dieser Assetklasse ein abschätzbares Risiko präsentiert werden. Da die Investoren in ABS die zugrunde liegenden Forderungen nicht im Detail prüfen können (Agency-Problematik), wird versucht, über das Rating spezialisierter Agenturen, dieses Informationsdefizit zu beseitigen. Ratingagenturen legen einheitliche Anforderungen und Standards an die Qualität dieser ABS-Emissionen. Anhand dieser Kriterien wird nicht nur die nötige Höhe der Übersicherung für ein bestimmtes Ratingniveau der einzelnen ABS-Tranchen festgelegt, sondern es werden alle Risiken in der Struktur identifiziert und anschließend über verschiedene Instrumente gesteuert.

Über unterschiedlich hohe Enhancement-Anforderungen für die einzelnen Ratingniveaus erfolgt eine **Tranchierung** des Portfoliorisikos. Hierbei werden bei Handelsforderungen historische Ausfallraten und Forderungsverwässerungen mithilfe von Stressfaktoren multipliziert, die anhand des Zielratingniveaus und der Laufzeit der Forderungen gewählt werden. Den höchsten Stressfaktor hat ein AAA-Rating. Entsprechend der auf diese Weise ermittelten Enhancement-Niveaus, erfolgt dann die Tranchierung des Portfolios, so dass First Loss (Erstverlust), Mezzanine- und Senior-Risiken entsprechend identifiziert und später in der Struktur bepreist werden können. Die Bedienung erfolgt dann im Rahmen eines Wasserfalls.

Zusätzlich zu den internen oder den externen Credit Enhancements, werden in die ABS-Strukturen Portfolio Trigger und Financial Covenants eingebaut, die eine Mindestqualität der Forderungsportfolios sicherstellen und Investoren damit vor unerwarteten Risiken schützen sollen. Bei einem Triggerbruch kann es beispielsweise zu einem sofortigen Ankaufstopp der Forderungen kommen oder das Programm kann komplett abgebrochen werden (Wind Down).

5.2.5 Steuerliche und bilanzielle Aspekte von ABS

Bei Conduit-Strukturen steht die Finanzierung des Forderungsverkäufers im Mittelpunkt der ABS-Transaktionen. Dennoch wird gleichzeitig versucht, weitere Nebenziele umzusetzen, wie unter anderem über ein aktives Bilanzmanagement. Wenn der Forderungserlös aus dem Verkauf der Forderungen beispielsweise zur Tilgung bestehender Verbindlichkeiten des Unternehmens genutzt wird, ergibt sich ein verbessertes Verhältnis von Fremdkapital zu Eigenkapital. Ein derartiger bilanzieller True Sale ist, entsprechend der jeweiligen Rechnungslegungsart, an unterschiedliche Kriterien geknüpft. Die Höhe des durch den Verkäufer zur Verfügung gestellten Credit Enhancements ist für Wirtschaftsprüfer meist die Begründung für die Übertragung des wirtschaftlichen Risikos auf einen Dritten oder den Rückbehalt der wesentlichen inhärenten Risiken. Nur im ersten Fall tauchen die Forderungen nicht mehr in der Bilanz des Originators auf.

Insbesondere in der internationalen Rechnungslegung wird über die Höhe des Credit Enhancements auch die Frage geklärt, ob das SPV durch den Forderungsverkäufer zu konsolidieren ist. Zur Vereinfachung wurden in einigen europäischen Ländern bereits eigene Gesetze für die ABS-Strukturen eingeführt, um der wachsenden Verbriefungsindustrie auch die dafür notwendigen Rahmenstrukturen vorzugeben, wie das Securitisation Law in Frankreich oder Luxemburg.

Der deutsche Gesetzgeber hat bisher darauf verzichtet, ein eigenes Gesetz für die Verbriefungen zu verabschieden. Stattdessen fügen sich ABS-Strukturen in die bestehenden Richtlinien ein, so dass alle geltenden steuerlichen sowie bilanziellen Richtlinien zu beachten sind. Im Rahmen der True Sale Initiative wird ständig über mögliche Vereinfachungen am Finanzstandort Deutschland nachgedacht und aktiv der Dialog mit der Politik gesucht. Auf diese Weise sind künftig vereinfachte Rahmenrichtlinien für Verbriefungen im Rahmen von ABS-Transaktionen denkbar.

Daher sollen die wichtigen Rahmenparameter für Verbriefungen im heutigen gesetzlichen Umfeld aufgezeigt werden. Zunächst soll der Fokus auf **bilanzielle Aspekte** der ABS gelegt werden, insbesondere beim True Sale. Durch diese Strukturen ist ein Bilanzmanagement möglich, wenn die Forderungen vom Originator nicht mehr zu bilanzieren sind. Für einen bilanziellen True Sale nach HGB ist zunächst der zivilrechtliche Übergang der Forderungen notwendig.

Ergänzend hat der Hauptfachausschuss (HFA) des Instituts der Wirtschaftsprüfer (IDW) wesentliche Kriterien für den wirtschaftlichen Übergang des Eigentums an den Forderungskäufer in Form der Regelung des HFA 8 zusammengestellt. Im Rahmen des HFA 8 wird die Chancen- und Risikoverteilung bei ABS als Grundlage für den wirtschaftlichen Übergang der Forderungen angesehen.

Zunächst wird zwischen fixen sowie variablen Kaufpreisabschlägen unterschieden, von denen erste in jedem Fall zu einem Bilanzabgang führen. Als variable Kaufpreisabschläge werden alle veränderlichen Ankaufsabschläge angesehen, die der Höhe nach schwanken könnten. Hinsichtlich der variablen Kaufpreisabschläge wird deren Angemessenheit näher untersucht. Im Allgemeinen machen die Wirtschaftsprüfer die Angemessenheit daran fest, ob basierend auf historischen Ausfalldaten, das Risiko beim Forderungsverkäufer belassen wird oder ob diese variablen Kaufpreisreduzierungen niedriger sind als das kalkulierte Ausfallrisiko. In diesem Fall käme es ebenfalls zum Bilanzabgang des Forderungsverkäufers. Potenziell stünde einem Abgang aus der Bilanz noch eine Konsolidierungspflicht des SPV entgegen. Die Kriterien zur Konsolidierung unter HGB sehen eine einheitliche Leitung, Stimmrechtsmehrheit oder beherrschenden Einfluss vor, welche im Rahmen der Aufsetzung von bestimmten ABS-Strukturen vermieden werden können.

Ein weiteres Ziel mittelständischer Forderungsverkäufer ist oft die Ausbuchung der Forderungen nach IAS oder IFRS, sofern diese die internationale Rechnungslegung anwenden. Auch für den wirtschaftlichen Abgang der Forderungen unter IAS hat der HFA des IDW eine Stellungnahme veröffentlicht, da hier zunächst größere Unsicherheit und Freiheit hinsichtlich der Auslegungen der IAS existiert (HFA 9). Der Abgang der Forderungen unter IAS aus der Bilanz eines Forderungsverkäufers ist schwieriger zu erreichen, da die Vorschriften komplexer sind. Auch hier steht die Chancen- und Risikoverteilung im Vordergrund.

Es stellt sich im Rahmen eines Prüfschematas zunächst die Frage nach der potenziellen Konsolidierung der Ankaufsgesellschaft (SPV). Anschließend werden sukzessive unterschiedliche Ansprüche auf Zahlungen und Risiken überprüft. Im Rahmen der HFA-Stellungnahme wird als Maß für einen Risikoübergang die Standardabweichung der Cash Flows vor und nach der Verbriefung betrachtet. Zusätzlich ist für einige Unternehmen auch der Abgang der Forderungen unter amerikanischer Rechnungslegung gemäß US-GAAP wichtig. Die entsprechenden Kriterien gleichen zu großen Teilen denen der IFRS und IAS, müssen allerdings ebenfalls im Detail durch einen Wirtschaftsprüfer bestätigt werden.

Im Zusammenhang mit ABS-Transaktionen ist auch die **insolvenzrechtliche Behandlung** des True Sale zu beachten. Dabei ist einerseits darauf zu achten, dass zum einen das SPV als Ankaufsgesellschaft nicht insolvenzreif wird und zum anderen eine mögliche Insolvenz des Forderungsverkäufers keine negativen Auswirkungen auf die gesamte ABS-Struktur ausbreitet.

Im Rahmen der Dokumentation einer ABS-Transaktion werden daher No-Petition- und Limited-Recourse-Klauseln in die Verträge mit eingearbeitet. Diese sollen dann sicherstellen, dass keine Klage gegenüber dem SPV mit der Folge einer Insolvenz gestellt werden kann (No Petition). Ferner regelt die Limited-Recourse-Klausel den potenziellen eingeschränkten Regressanspruch eines Dritten an die Zweckgesellschaft. Die Festigkeit der Transaktion im Falle der Insolvenz des Forderungsverkäufers nimmt Bezug auf die Aussonderungsfähigkeit der über die ABS-Vehikel verbrieften Forderungen gemäß § 47 InsO. Eine derartige Aussonderung würde nicht möglich sein, falls bei Abschluss der Transaktion bereits bekannt ist, dass eine Überschuldung des Verkäufers vorgelegen hat (vgl. IDW, 2015, S. 202 ff.). In diesem Fall bestünde lediglich ein Absonderungsrecht. Eine Absonderung hätte die Folge, dass der Insolvenzverwalter die Forderungen einzieht und für diese Tätigkeit eine Gebühr an die Insolvenzmasse zu entrichten wäre. Um dieses zu vermeiden, werden in ABS-Strukturen sogenannte Ersatz-Servicer aufgenommen, die im Falle der Insolvenz den Forderungseinzug übernehmen sollen.

Die erforderliche Offenlegung gegenüber den Schuldnern wird im Vorfeld über ein Blanko-Benachrichtigungsschreiben vorbereitet, welches im Falle der Insolvenz an die Schuldner versandt wird. Die entsprechenden Daten werden durch den Datentreuhänder bereitgestellt. Die Drittschuldner können dann nur noch schuldbefreiend an die Zweckgesellschaft zahlen. In der Regel wird dieser Vorgang allerdings einige Zeit in Anspruch nehmen, so dass ein Restrisiko im Falle der Insolvenz verbleibt, welches über ein Enhancement abgesichert werden kann.

Neben diesen bilanziellen Effekten und den Anforderungen hinsichtlich des Forderungsabgangs, sind auch **steuerliche Aspekte** bei ABS von großer Bedeutung. Hinsichtlich der Umsatzsteuerpflicht ist im Rahmen von ABS-Transaktionen § 13c UStG relevant. Dieser findet auf Forderungen Anwendung, die von einem Unternehmer an einen anderen Unternehmer abgetreten werden und für die die Umsatzsteuer nicht vollständig entrichtet wurde. Für diesen Fall würde der Forderungsaufkäufer für die Schuld des Forderungsverkäufers haften.

Eine Klarstellung des BMF vom 24.5.2004, dass § 13c UStG nicht auf ABS-Gesellschaften anzuwenden sei, hat hier die wesentlichen Bedenken der beteiligten ABS-Parteien ausgeräumt. Die Begründung lautet, dass mit der Abtretung der Forderungen der entsprechende Geldbetrag in den Verfügungsbereich eines Verkäufers gelangt. Eine Restunsicherheit besteht noch bezüglich der Umsatzsteuer auf Forderungsabschläge in ABS-Transaktionen.

Die Abschläge dienen dem Credit Enhancement und potenziellen Kostenpositionen. Aus diesem Grund erhält der Forderungsverkäufer nicht den vollen Nennwert der Forderungen gutgeschrieben (vgl. Hommel, 2005, S. 22 ff.). Für diesen Teil besteht also weiterhin das potenzielle Risiko einer Umsatzsteuerschuld, welches im Rahmen von ABS-Strukturen zu beachten ist.

5.2.6 ABS im Rahmen der Finanzierungstheorie

Im Folgenden soll die Stellung von ABS-Finanzierungen im Rahmen der Finanzierungstheorie untersucht werden. Hintergrund ist die Fragestellung, aus welchen Gründen sich ABS-Transaktionen am Markt durchgesetzt haben sowie welche Vor- und Nachteile sich aus dieser Finanzierungsform ergeben können.

Grundsätzlich dürften sich unter den Bedingungen des vollkommenen Kapitalmarktes, gemäß den Theoremen von Modigliani und Miller, keine Vorteile für den Einsatz von ABS ergeben (vgl. Eisele/Neus, 2003, S. 241 ff.). Demnach besteht keine Motivation, diese Finanzierungsform gegenüber anderen zu präferieren. Jedoch bildet der Rahmen eines vollkommenen Kapitalmarktes mit perfekten Annahmen, unter anderem zum Informationsstand der Marktteilnehmer, die Realität nur unzureichend ab. Auch die Insolvenzkosten werden in den Grundmodellen von Modigliani und Miller nicht berücksichtigt.

An Finanzmärkten bestehen jedoch vielschichtige Marktunvollkommenheiten, die in die Betrachtung mit einzubeziehen sind (vgl. Rudolph, 2006, S. 341 ff.). Zudem besteht derzeit eine hohe Nachfrage nach Investitionsmöglichkeiten in die ABS, die eine Existenz dieser Finanzierungsform rechtfertigen. So kann durch den Kauf von ABS mit einer Umverteilung der Risiken, eine Portfoliooptimierung und Risikodiversifikation erfolgen. Über die Auswahl bestimmter Ratingklassen kann zudem der Risikograd detailliert ausgewählt werden.

Eine weitere Erklärung für die intensive Nachfrage nach ABS ist unter anderem die erhöhte Eigenkapitalanforderung bei der Bonitätsprüfung der Banken. Bei einem nur geringen Eigenkapital steigen für die Gläubiger auch die Risiken einer Insolvenz, da dieser Verlustauffangpuffer schnell aufgezehrt ist. Eine Einbeziehung von Insolvenzkosten wirkt sich daher mindernd auf den Unternehmenswert aus, indem von Kreditinstituten eine Risikoprämie in die Finanzierungskosten eingepreist wird. Die Kapitalstruktur ist damit nicht mehr irrelevant und der Nutzen von Finanzierungsformen wie ABS mit einer darauf basierenden Bilanzoptimierung, lässt sich erklären (vgl. Wolf/Hill/Pfaue, 2011, S. 39 ff.).

So kann sich über einen True Sale mit einer anschließenden Entschuldung die Kapitalstruktur deutlich verbessern. Das potenzielle Insolvenzrisiko und die Refinanzierungskosten sinken, mit der Folge, dass der Unternehmenswert deutlich steigt. Die Erhöhung der Eigenkapitalquote dient auch als Signal an die Kapitalmärkte und erhöht die Chancen einer Generierung weiterer Finanzierungsmittel. Somit lassen sich ABS zur gezielten Gestaltung der Kapitalstruktur einsetzen.

Problematisch ist dagegen, dass an einer ABS-Transaktion viele Stakeholder beteiligt sind. Es können sich auch multiple Agency-Probleme zwischen den Akteuren ergeben. Ursache sind dann Verhaltensrisiken aufgrund von Interessenkonflikten und asymmetrischen Informationsverteilungen.

Demnach sind die Investoren schwerlich in der Lage, die Qualität der übertragenen Forderungen zu beurteilen. Der Originator dagegen hat deutliche Informationsvorteile über den transferierten Forderungspool, der auch die zukünftigen erwarteten Cash Flows bestimmt (vgl. Röder/Sonnemann, 2005, S. 331 ff.).

Dieser kann die künftigen Zahlungen besser abschätzen als der Investor, da er die Bonitäten der Schuldner größtenteils kennt. Damit besteht aber auch potenziell die Möglichkeit, dass der Originator bestrebt ist, vorwiegend schlechte Forderungen an das SPV zu verkaufen und das erhöhte Ausfallrisiko auf die Investoren zu übertragen. Diese Intransparenz kann sich erhöhen, wenn Forderungsportfolios international von Investor zu Investor weiter gegeben werden.

Es ergeben sich zum einen kombinierte Agency-Probleme aus einer Adversen Selektion (Hidden Information), wenn das Ausfallrisiko systematisch höher ist als bei einem zufällig gebildeten Forderungsportfolio. Zum anderen ergeben sich Probleme aus einem Moral Hazard (Hidden Action), wenn die Zusammenstellung des Forderungspools durch den Originator bewusst negativ gestaltet wird. Übernimmt ein Originator zusätzlich die Aufgaben des Service-Agent, können die Risiken der Verhaltensunsicherheit stark zunehmen. So wird unter Umständen das Bestreben abnehmen, ein aufwendiges Forderungsinkasso zu betreiben.

Jedoch kann dieses Verhalten durch spezifische Anreiz-, Kooperations- oder Überwachungsdesigns abgeschwächt werden. Ziel ist es, einen Informationstransfer zu Gunsten der schlechter informierten Partei herbeizuführen. So lassen sich Agency-Probleme durch eine Prüfung des Forderungspools (Screening) über einen neutralen Dritten wie eine Ratingagentur vermeiden. Das externe Rating zeigt dann die Qualität der Forderungen an und hat einen Einfluss auf die Finanzierungskonditionen. Somit kommt der Ratingagentur eine wichtige und vertrauensbildende Funktion zu. Dem Investor wird dann die Möglichkeit gegeben, aus verschiedenen Tranchen einer ABS-Finanzierung, gemäß seiner Risikoeinstellung und seiner Portfoliozielsetzung, auszuwählen (Self Selection).

Um seinen Ruf zu schützen, kann auch vom Forderungsverkäufer ein positives Signal gesendet werden, indem er potenzielle Ausfallrisiken über ein First Loss Piece oder die Stellung von Sicherheiten selbst trägt. Gerade wenn langfristige und revolvierende Platzierungen von ABS in Betracht gezogen werden, wird der Originator es vermeiden, seine Reputation zu schädigen. Vielmehr wird er versuchen, eine langfristige Beziehung zu Investoren aufzubauen.

Auch über Klauseln (Covenants), die Vertragsstrafen für den Originator vorsehen und nachträgliche Zahlungen an den Investor auslösen, lassen sich positive Zeichen setzen. Es kann zudem ein Treuhänder eingesetzt werden, der die ABS-Transaktion umfassend überwacht (Monitoring). Jedoch verursachen diese Maßnahmen zum Abbau von Informationsasymmetrien neben den Einmalkosten der Strukturierung, erhebliche Zusatzkosten.

Somit erbringen ABS-Finanzierungen in der Praxis häufig erst bei einem revolvierenden Einsatz oder bei großen Forderungspaketen mit Skaleneffekten sowie Erfahrungswerten merkliche Kostenvorteile mit sich.

Früher waren ABS-Transaktionen aufgrund der hohen Einmalkosten lediglich für große Unternehmen einsetzbar. Inzwischen ist der Markt deutlich effizienter geworden und auch mittelständischen Unternehmen wird es ermöglicht, diese Finanzierungsform effizient einzusetzen. Gerade bei einer revolvierenden Anwendung reduzieren sich die Kosten meist erheblich (vgl. Rosenfeld/Ziese, 2006, S. 1058 ff.). Auch besteht ein Vorteil der Trennung einer schlechten Eigenbonität von der guten Kreditwürdigkeit der Forderungsschuldner. So nutzen mittelständische Unternehmen ABS mittlerweile als Substitut für klassische Finanzierungen. Dies liegt im Wesentlichen an den unterschiedlichen Zielen, die mit ABS erreicht werden können. Zudem bieten ABS-Transaktionen die Möglichkeiten einer kostengünstigen Refinanzierung. Insofern nutzen viele große mittelständische Unternehmen ABS-Strukturen zumindest als einen von mehreren Finanzierungsbausteinen. Dabei sind ABS-Strukturen vom Factoring klar abzugrenzen.

Unter **Factoring** versteht man den laufenden Verkauf von Forderungen eines Unternehmens gegenüber seinen Abnehmern an einen Factor, meist eine Factoring-Gesellschaft. Bei dieser Transaktion fließt einem Unternehmen Liquidität zu, bevor die Forderung fällig wird. Zur Sicherung erfolgt die Forderungsabtretung an den Factor. Im Gegensatz zu ABS erfolgt die Abtretung regelmäßig offen, das heißt der Unternehmer informiert seine Schuldner über den Verkauf einer Forderung. Die Schuldner leisten dann direkt an den Factor, der somit auch den Forderungseinzug übernimmt. Die Prämie für die Übernahme des Forderungseinzugs und des Ausfallrisikos wird beim Factoring über einen fixen Forderungsabschlag beziehungsweise eine Delkrederegebühr (Factoring-Gebühr) abgegolten.

Bei ABS-Transaktionen wird die Risikoübernahme dagegen meist durch variable Kaufpreisabschläge gestaltet. Die Höhe der Factoring-Gebühr bestimmt sich häufig über eine Einzelanalyse der Forderungsbonität. Demgegenüber erfolgt die Bestimmung des Ausfallrisikos bei ABS auf Portfolioebene. Anwendung findet Factoring in der Regel bei geringeren Forderungsbeständen, für die die Fixkosten einer ABS-Struktur zu teuer sind. ABS lassen sich daher erst ab einem Forderungsvolumen von circa 10 Mio. Euro einsetzen (teilweise bereits ab 5 Mio. Euro bei permanenten Forderungsbeständen revolvierender Portfolios).

Auch bei den Kosten unterscheidet sich Factoring von ABS. Da beim Factoring das tatsächliche Ausfallrisiko und das Servicing durch den Factor übernommen werden, ist diese Übernahme bei größeren Forderungsbeständen in der Regel teurer als bei einer ABS-Konstruktion. Gerade durch die Bündelung vieler Forderungen zu einem Portfolio entstehen Skaleneffekte, die einem Kunden von ABS, im Gegensatz zum Forfaitierungs-Geschäft, zugutekommen (vgl. Rosenfeld/Ziese, 2006, S. 1058 ff.).

Früher waren besonders vergleichsweise große Unternehmen bereit, die Anlaufkosten für ABS-Programme in Kauf zu nehmen. Mittlerweile sind die Strukturen effizienter geworden und auch für kleinere mittelständische Unternehmen umzusetzen. ABS-Strukturen sind demnach für den breiten Mittelstand geeignet, der permanente Forderungsvolumina von mehreren Millionen Euro aufweist. Die Zugangsmöglichkeiten zu ABS sind für Mittelständler vielfältig.

Diese traditionell durch Investmentbanken aufgesetzten Strukturen werden inzwischen von einer Vielzahl der Banken offeriert. Auch mittelständische Unternehmen bieten bereits diese Art von Leistungen an. Die Bereitstellung der Refinanzierungslinien wird allerdings weiterhin durch Banken übernommen.

Besonders für Unternehmen, die ein starkes Wachstum und damit ein ansteigendes Forderungsvolumen aufweisen, sind ABS häufig eine geeignete Finanzierungsalternative. Diese können die Bonität sowie gegebenenfalls die Vielzahl von gestreuten Forderungen nutzen, um eine möglichst günstige Refinanzierung zu erhalten. Auf diese Weise kann die hohe Kapitalbindung in den Bilanzen durch Forderungsvolumina reduziert werden. Zudem können Liquiditätszuflüsse zur Tilgung bestehender Verbindlichkeiten verwendet werden. Damit werden eine Entschuldung und eine langfristige Bonitätsverbesserung ermöglicht.

Aufgrund der Komplexität bei der Strukturierung und Umsetzung von ABS-Transaktionen, ist eine Beratung durch Spezialisten in Banken notwendig. Insbesondere sind aber auch Ratingagenturen von großer Bedeutung, da sie mit der Bestimmung der Ratingklasse einer ABS in hohem Maße zur Reduzierung asymmetrischer Informationen des Underlyings beitragen. Damit tragen sie auch eine große Verantwortung, denn das Rating ist in der Regel ein wichtiges Qualitätsmerkmal einer ABS-Konstruktion. Zur Reduzierung von Agency-Problemen werden zudem im Rahmen des Signaling interne und externe Credit Enhancements genutzt.

Im Rahmen von ABCP-Conduit-Transaktionen kommt den Liquiditätsliniengebern und externen Enhancement-Stellern diese Rolle zu. Die hierdurch erreichte Standardisierung ermöglicht für die einzelnen Unternehmen eine Reduzierung der Kosten. In diesem Rahmen erlauben bereits lange etablierte Strukturen die Nutzung eines Skaleneffektes, aufgrund des hohen Grades an Standardisierung. Zudem besteht die Möglichkeit, Erfahrungen mit Kapitalmarktakteuren zu sammeln.

ABS-Finanzierungen sind im Rahmen der Finanzmarktkrise partiell in Verruf geraten. Hierbei ist anzumerken, dass es sich bei den ABS um eine etablierte Finanzierungstechnik handelt, die bedeutend für die Finanzierung von Unternehmen sein kann. Diese Finanzierungsstruktur sollte nicht in Verbindung gebracht werden mit fehlerhaften Einschätzungen von Ratingagenturen und Bewertungsintransparenzen in Kreditinstituten. So haben hohe Risikokonzentrationen und nicht optimale Risikomanagementsysteme in Banken die Finanzmarktkrise erst zu einer Vertrauenskrise und Liquiditätskrise entstehen lassen.

Es ist demnach deutlich geworden, dass Banken, die diese ABS-Produkte strukturieren beziehungsweise Kauf- oder Absicherungspositionen eingehen, auch ein detailliertes Risikomanagementsystem aufweisen sollten, mit einer täglichen Bewertung der ABS anhand eines Mark-To-Market-Prinzips.

Insgesamt gesehen sollte eine Finanzierungstechnik, die vielerlei Vorteile aufweist, nicht aufgrund von Anwendungsfehlern als grundlegend negativ verurteilt werden. Sicherlich sind jedoch künftig Anforderungen, an die Transparenz der von Banken und anderen Finanzinvestoren eingegangenen Risiken, die Bewertungsmodelle zur Bepreisung von ABS, die Bilanzkonsolidierung, die Mindestquote eines zu veröffentlichenden Risikoselbstbehalts sowie die Bewertungen von ABS-Forderungspools durch Ratingagenturen zu formulieren.

Im Rahmen des Lebenszyklus eines Unternehmens stellen ABS, bei steigenden Umsätzen und Forderungsportfolien aufgrund des Wachstums von Unternehmen, eine ideale Möglichkeit dar, dieses über einen weiteren Finanzierungsbaustein zu finanzieren. Aber auch für Unternehmen, die in eine wirtschaftliche Krise geraten, können über ABS einen Zufluss an finanziellen Mitteln generieren. Voraussetzung ist jedoch, dass die schwache wirtschaftliche Lage die Reputation noch nicht zu stark geschädigt hat. Dann kann die Bonität der Forderungsschuldner zur kostengünstigen Refinanzierung eingesetzt werden.

Eine weitere Rahmenbedingung ist, dass diese betreffenden Forderungen nicht im Rahmen einer Globalzession an die Gläubigerbanken abgetreten wurden. Im Zweifel muss mit diesen eine Einigung über eine Freigabe der Forderungen für eine ABS-Transaktion erzielt werden. Die beteiligten Banken werden regelmäßig ein Interesse daran haben, wenn die Sanierungschancen aussichtsreich sind, die Liquiditätslage eng ist und die Vergabe weiterer Kreditmittel erspart werden kann.

Zusätzlich können sich Vorteile für die beteiligten Banken ergeben, wenn Kreditlinien aus den ABS-Erlösen über den Bewertungsquoten der Globalzession zurückgeführt werden können. In diesem Fall ergibt sich möglicherweise eine Gewinn erhöhende Teilauflösung einer Einzelwertberichtigung. Zudem kann diese Alternative der ABS-Refinanzierung über eine Liquiditätsmobilisierung das Fortbestehen des Unternehmens sichern. Hierzu sollten allerdings Unternehmen und Finanzierer eng zusammenarbeiten. Auf diese Weise kann auch in einer Krise oftmals eine günstige Refinanzierung sichergestellt werden.

Zusammenfassung Abschnitt 5.2: In diesem Abschnitt wurden die **Asset-Backed-Transaktionen** als Finanzierungsalternative für den Mittelstand dargestellt und beurteilt. Die Grundstruktur eines True Sale und der Ablauf einer ABS-Transaktion wurden erläutert. Wesentlich für die Gestaltung einer erfolgreichen ABS-Struktur sind die Identifikation, die Transparenz und die Absicherung der Risiken über Credit Enhancements. Gerade Forderungsrisiken sind zu analysieren und gegebenenfalls abzusichern. Auch Ratingagenturen, die die Bonität der verbrieften Forderungspools genau einschätzen, kommt eine wichtige Funktion im Rahmen des Signalings der Forderungsqualitäten zu.

5.3 Projektfinanzierung

von Jan G. Andreas

5.3.1 Bedeutung und Eigenschaften der Projektfinanzierung

In der Wachstumsphase sind traditionell Finanzierungsinstrumente oft nicht geeignet, wenn es sich um volumensmäßig große und risikoreiche Investitionsprojekte handelt, welche das Potential haben, den Bestand des Unternehmens zu gefährden. Zusätzlich wird die Finanzierung erschwert, wenn die Besicherung einen besonderen Charakter und damit eine nur eingeschränkte Verwertbarkeit für Dritte aufweist. Als strukturierte Finanzierungsform lässt sich die Projektfinanzierung mit den besonderen Attributen zur Verwirklichung dieser Vorhaben einsetzen, da diese Finanzierungsmethodik geeignet ist, große Volumina bereit zu stellen.

Eine Projektfinanzierung biete sich daher immer dann an, wenn ein Vorhaben die Finanzkraft oder Risikobereitschaft eines Unternehmens übersteigt, das Projekt aber dennoch als vorteilhafte Investitionsentscheidung erscheint. Denn allein das Projekt mit seinem Cash Flow haftet gegenüber den Kapitalgebern, wobei Chancen und vor allem Risiken auf mehrere Projektbeteiligte verteilt werden. Damit unterscheidet sich die Projektfinanzierung von der klassischen Unternehmensfinanzierung, bei der ein Projektträger mit einem Teil seiner Unternehmens-Assets, während der gesamten Kreditlaufzeit haftet. Die Cash-Flow-Orientierung sowie die Risikoallokation machen daher den Wesenskern einer Projektfinanzierung aus. Die Risikoverteilung hängt in erster Linie davon ab, wer die auftretenden Unsicherheiten am besten beeinflussen kann, zum Beispiel der Bauunternehmer das Fertigstellungsrisiko. Bei der Projektfinanzierung basieren die Kreditbedingungen nicht primär auf der Unterstützung des Sponsors oder auf dem Wert der physischen Aktiva des Projekts. Vielmehr stellt die geplante Projektperformance, sowohl aus technischer, als auch aus ökonomischer Sicht, den Kern des Risikos von Projektfinanzierungen dar.

Diese Finanzierungstechnik findet daher insbesondere im Infrastrukturbereich Anwendung, zum Beispiel im konventionellen Kraftwerksbau, aber auch bei der Realisierung von erneuerbaren Energievorhaben wie Windkraftanlagen und Solarparks. Weiterhin wird diese Finanzierungstechnik auch zu der Ermöglichung sogenannter Public-Private-Partnership-Projekte (PPP) verwendet, wie zum Beispiel Autobahnprojekte. Im Zentrum von PPP-Vorhaben steht häufig die Bereitstellung einer Infrastrukturleistung des Staates, wie einer Autobahn, einer Schule oder eines Verwaltungsgebäudes. Neben der Finanzierung übernimmt hier ein privates Unternehmen die Planung, die Umsetzung und die Betreiberleistung für den gesamten Projektlebenszyklus. PPP bezeichnet die langfristige, vertraglich geregelte Zusammenarbeit zwischen der öffentlichen Hand und der Privatwirtschaft bei der Erfüllung öffentlicher Aufgaben. Dabei handelt es sich neben der Finanzierung um eine umfassende Organisationsleistung, die von privater Hand übernommen, beziehungsweise begleitet wird. Die genaue Ausgestaltung der Zusammenarbeit ist flexibel und wird in einem umfassenden Vertragswerk geregelt.

Weltweit hat sich die Projektfinanzierung als wichtige Finanzierungsform, insbesondere für Infrastrukturprojekte, etabliert. Begonnen hatte der Trend zu Projektfinanzierungen in den 1970er Jahren als europäische Kreditinstitute bei der Finanzierung von Erdölerschließungen in der Nordsee erstmals systematisch Projektfinanzierungsstrukturen einsetzten. Seit dem Ende der 1980er Jahren hat sich das weltweite Projektfinanzierungsvolumen mehr als verzwanzigfacht und kommt auch in neueren Wirtschaftszweigen wie Medien, E-Business oder Touristik immer häufiger zum Einsatz. Im Jahr 2014 wurden insgesamt über 212 Mrd. Euro an Projektfinanzierungen abgeschlossen, was einem Anstieg von rund 9 % gegenüber dem Vorjahr entspricht nach rund 194 Mrd. Euro in 2013 (vgl. Thomson Reuters, 2015).

Trotz Schwankungen zeigt der Trend bei der Umsetzung von Projektfinanzierungen insgesamt eine stabile Nachfrage, so dass sich die Finanzierungsvolumina seit der Finanzkrise auf einem hohen Niveau stabilisiert haben. Waren es während dieser Krise noch Liquiditätsengpässe, welche sich bremsend auf die Projektfinanzierungstätigkeit ausgewirkt haben, sind es heute vor allem die fehlenden Projekte, um die vorhandene Liquidität der projektfinanzierenden Banken zu investieren. Dabei verdeutlicht die nachfolgende Abb. 5.11 den ansteigenden Trend bei den Projektfinanzierungen weltweit in den vergangenen Jahren.

Unter einer Projektfinanzierung im weiteren Sinn wird eine strukturierte und damit maßgeschneiderte Finanzierungstechnik für ein Investitionsvorhaben verstanden, das von einer zu diesem Zweck gegründeten Projektgesellschaft durchgeführt wird. Im idealtypischen Fall stellt die Projektfinanzierung ausschließlich auf die Erträge (Cash Flows) aus dem Projekt ab und sieht daher keinen Rückgriff auf den Eigentümer der Projektgesellschaft vor (Non Recourse). Auf diese Weisen können die meist hohen projektinhärenten Risiken tragbar gestaltet werden.

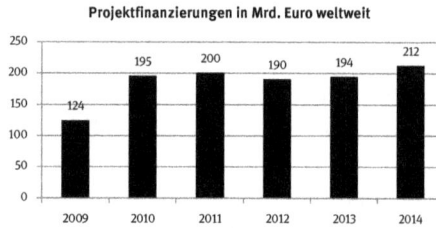

Projektfinanzierungen in Mrd. Euro weltweit

Abb. 5.11: Volumen von Projektfinanzierungen weltweit (Quelle: Eigene Darstellung)

Definition: Die **Projektfinanzierung** beschreibt die Finanzierungstechnik einer sich selbst tragenden Wirtschaftseinheit in Form einer Projektgesellschaft beziehungsweise eines Special Purpose Vehicle. Dabei wird die Mittelvergabe der Kreditgeber darauf abgestellt, dass die zukünftigen Cash Flows des Projektes ausreichen, um die laufenden Kosten zu tragen und den Kapitaldienst zu erbringen (vgl. Nevitt/Fabozzi, 2000, S. 3 und Tytko, 2003, S. 12 ff.).

Projektfinanzierungen eignen sich dabei in besonderer Weise zur Finanzierung von Infrastrukturprojekten, da sich diese oftmals als geschlossene und technisch sowie wirtschaftlich tragfähige Projekte darstellen lassen. Diese Vorhaben müssen sich eigenständig aus den Rückflüssen tragen. Da die Einnahmen eines Projektes in Form der erzeugten Cash Flows die einzige Quelle zu Rückzahlung der Kreditmittel und für die Ausschüttung einer Dividende an die Investoren darstellt, ergeben sich besondere Anforderungen an die Stabilität und die Prognosesicherheit der erwarteten Cash Flows. Dem Risikomanagement kommt daher eine wichtige Bedeutung zu, damit im Vorfeld der Finanzierung die Gefährdungen, die aus der Rückzahlungsstruktur resultieren, verlässlich eingeschätzt werden.

Des Weiteren sind die Risiken adäquat auf die Akteure zu verteilen, die diese Unsicherheitsbereiche einschätzen und gegebenenfalls vermeiden können. Damit die Risiken ausgelagert werden, wird regelmäßig eine Zweckgesellschaft gegründet, in die das Projekt eingebracht wird. Die Schlüsselposition bei Projektfinanzierungen hält dieses Special Purpose Vehicle (SPV), welches aus einem Konsortium von Projektbeteiligten gebildet wird, die gleichzeitig Investoren sein können oder andere Interessen an dem Projekt haben. Das SPV ist eine unabhängige juristische Entität, die Verträge mit einer Anzahl anderer für das Projekt wichtiger Parteien eingeht. Alleiniger Geschäftsgegenstand dieser Projektgesellschaft ist die Realisierung, also die Errichtung und der Betrieb des Projektes. Sie nimmt als Einzweckgesellschaft die Fremdmittel auf und haftet mit ihrem Vermögen, so dass bei formaler Betrachtung ein Unternehmenskredit vorliegt.

Materiell handelt es sich um einen zweckgebundenen Kredit für das konkrete Vorhaben. Die involvierten Kreditgeber erwarten die Rückzahlung des Kapitaldienstes allein aus dem Cash Flow, der aus dem Projekt generiert wird. Als Sicherheit stehen den Gläubigern die Aktiva des Projektes als Haftungsmasse zur Verfügung.

Diese Haftungsmasse ist allerdings projekttypisch nur schwer verwertbar, so dass im Krisenfall, in dem der Cash Flow zur Bedienung des Kapitaldienstes nicht ausreicht, nicht die Sicherheitenverwertung im Vordergrund steht, sondern regelmäßig die Fortführung des Projektes. Daher ist entscheidend, dass die Struktur der vertraglichen Verpflichtungen der Projektbeteiligten auch beim Eintritt von Gefährdungen eine Fortführung des Projektes zulässt. Die Ausgestaltung der Risikostruktur, also die vertragliche Ausgestaltung der Risikoträgerschaft, ist somit das zweite, neben der Cash-Flow-Orientierung, weitere zentrale Beurteilungskriterium zur Bewertung der Tragfähigkeit einer Projektfinanzierung.

Im Vordergrund der Finanzierungsentscheidung steht somit eine ertragsorientierte Mittelvergabe, neben einer angemessenen Verteilung der Risiken. Sowohl die mit der Projektfinanzierung assoziierten besonderen Unsicherheiten, als auch die betragsmäßig hohen Einzelrisiken verlangen nach einer intensiven Steuerung sowie einer damit verbundenen strukturierten Verteilung der Gefährdungen auf die beteiligten Stakeholder. Im Folgenden werden die wesentlichen Eigenschaften einer Projektfinanzierung, die Beteiligten, der Ablauf und die Risikostrukturen untersucht. Projektfinanzierungen zeichnen sich durch spezifische Charakteristika aus. Dieses sind im Wesentlichen die Merkmale (vgl. Tytko, 2003, S. 14 ff.):

- Cash-Flow-Orientierung (Cash Flow Related Lending)
- Risikoverteilung (Risk Sharing)
- Bilanzexterne Finanzierung (Off Balance Sheet Financing)

Entscheidend für die Kreditentscheidung im Rahmen der Projektfinanzierung ist die Prognosefähigkeit und Höhe der zukünftig erwarteten Cash Flows. Kreditgeber werden nur dann bereit sein, die entsprechenden Mittel für eine Investition bereitzustellen, wenn sie mit angemessener Wahrscheinlichkeit davon ausgehen können, dass dieses Projekt in der Lage ist, einen ausreichenden Cash Flow zur Deckung der Betriebskosten sowie des Schuldendienstes zu erwirtschaften. Die Ermittlung des zukünftigen Cash Flow Debt Service (CFDS), das heißt des Cash Flows vor Zinsen, Tilgungen und Dividenden, ist das Ziel der eingehenden Projektanalyse.

Dabei werden im Rahmen der Projektbewertung insbesondere die Prognosen der zukünftigen Zahlungsströme des Projektes analysiert. Diese Schätzungen basieren auf den Angaben im Informationsmemorandum (Infomemo), das von den Projektinitiatoren (Sponsoren) und gegebenenfalls deren Beratern erstellt wird. Dieses Infomemo bildet die zentrale Informationsbasis für Fremdkapitalgeber und Investoren und beleuchtet alle für das Projekt wesentlichen Aspekte.

Dieses besondere Memorandum basiert auf der im Rahmen der Projektplanung erstellten Durchführbarkeitsstudie, die um gesamtwirtschaftliche, einzelwirtschaftliche und technische Gesichtspunkte erweitert wurde. Es enthält somit alle wesentlichen und für die Kreditentscheidung notwendigen Informationen. In der Regel wird dem potentiellen Kreditgeber neben diesem Infomemo auch ein Finanzmodell zur Verfügung gestellt, welches die Angaben des Infomemos abbildet und die zu erwartende Cash-Flow-Entwicklung des Projektes aufzeigt.

In Anlehnung an die Verteilung der Risiken und der Haftung, werden drei Modelle von Projektfinanzierungen aus Sicht der Kreditgeber und der Sponsoren unterschieden (vgl. Fischer/Portisch, 2008, S. 184ff.):

- Rückgriffslose Finanzierung (Non Recourse Financing)
- Finanzierung mit begrenztem Rückgriff (Limited Recourse Financing)
- Finanzierung mit vollständigem Rückgriff (Full Recourse Financing)

Bei einer **Non Recourse Financing**, der für den Sponsor idealtypischen Projektfinanzierung, geht der Umfang der Haftung der Projektsponsoren nicht über die Eigenkapitaleinlage hinaus. Diese Methode wird auch als rückgriffslose Finanzierung bezeichnet. Dieser Rückgriffsausschluss reduziert die Sicherheiten des Kreditgebers auf die zukünftig erwarteten Cash Flows sowie die vorhandenen beziehungsweise noch zu erwerbenden Projektaktiva. Diese Aktiva stellen aber oft nur sehr schwer verwertbare Sicherheiten dar. Sie sind in der Regel nur für das spezielle Vorhaben von Bedeutung, nicht aber für Dritte nutzbar. Durch diese Konstellation übernehmen Kreditgeber alle wesentlichen marktlichen Erfolgsrisiken und treten somit in die wirtschaftliche Position von Eigenkapitalgebern (vgl. Fowler, 1977, S. 58, Hall, 1976, S. 75 und Leeper, 1978, S. 69). Durch die vertragliche Einbindung weiterer Projektbeteiligter können bestimmte Einzelrisiken auf Dritte durch langfristige Liefer- und Abnahmeverträge umverteilt und damit die Cash Flow-Erwartungen zumindest teilweise abgesichert werden.

Limited Recourse Financing mit einem begrenzten Rückgriff auf die Initiatoren ist eine weitere Form der Projektfinanzierung. Die Haftung der Sponsoren geht in diesem Falle über die Eigenkapitalanlage hinaus. Zu berücksichtigen ist hier, dass sich der Begriff „Limited" nicht nur auf eine betragsmäßige Beschränkung der Haftung bezieht, sondern auch auf eine zeitliche und auf das Eintreten bestimmter Risiken begrenzte Rückgriffsmöglichkeit (vgl. Uekermann, 1990, S. 19). Im Rahmen dieser Vertragsgestaltung können verschiedene Sicherungsvereinbarungen fixiert werden. Hierbei ist zwischen Kreditbedingungen (Lending Conditions) und Kreditauflagen (Covenants) zu unterscheiden. Mit Kreditbedingungen sind die Voraussetzungen für den Projektbeginn und die Kreditvergabe gemeint, wie die Festlegung der Eigenkapitalquote, die Beibringung von Garantien staatlicher Stellen, Lieferanten, Kunden und Projektträgern. Kreditauflagen zielen darauf ab, die vertragsgemäße Verwendung und Rückführung der Mittel während der Betriebszeit zu gewährleisten.

Die Sponsoren werden dabei verpflichtet, in regelmäßigen Abständen über die Projektentwicklung zu berichten (Monitoring und Reporting). Dabei stehen insbesondere Informationen über die Abweichung von technischen und finanziellen Kennzahlen in Bezug zu Richtwerten im Vordergrund.

Beim **Full Recourse Financing** haften die Sponsoren mit dem gesamten Vermögen der Muttergesellschaft für den von der Projektgesellschaft aufgenommenen Kredit über die gesamte Kreditlaufzeit. Ihre Einbindung geht also weit über die ihrer Eigenkapitaleinlage hinaus. Ein Risk Sharing, also die Aufteilung der Projektrisiken auf die Beteiligten findet nicht statt, da die Sponsoren diese umfassende Haftung übernehmen. Die Cash Flow-Orientierung der Kreditentscheidung tritt ebenfalls in den Hintergrund. Denn die Kreditwürdigkeit der Sponsoren, die im Rahmen einer konventionellen Bonitätsanalyse geprüft wird, steht nun im Vordergrund der Betrachtung. Auch das Kriterium der Off-Balance-Sheet-Finanzierung wird nur bedingt erfüllt, wenn die Garantie der Sponsoren zumindest als Vermerk in die Bilanz einfließt. Da bei einer vollen Haftung der Sponsoren alle drei konstitutiven Merkmale der Projektfinanzierung nicht oder nur in begrenztem Umfang vorliegen, ist eine Unterscheidung zu einem konventionellen Unternehmenskredit kaum noch zu erkennen und es kann daher nicht mehr von einer echten Projektfinanzierung gesprochen werden (vgl. Schulte-Althoff, 1992, S. 42).

Ein weiteres gestaltendes Element der Projektfinanzierung besteht darin, dass die Kredite im Idealfall nicht die Bilanz der Initiatoren belasten. Durch die Errichtung der Projektgesellschaft als Special Purpose Vehicle (SPV), die als alleiniger Kreditnehmer fungiert, erscheinen die Projektkredite nur in der Bilanz der neugegründeten Projektgesellschaft. Die direkte Kreditierung dieser Zweckgesellschaft ist eines der wesentlichen Unterscheidungsmerkmale der Projektfinanzierung, im Gegensatz zu einer konventionellen Finanzierung allein mit Firmenkrediten. Für die Sponsoren hat diese Eigenschaft den Vorteil, dass ihre Bilanzstrukturrelationen nicht belastet werden und ihre Kreditwürdigkeit beziehungsweise weitere Verschuldungsfähigkeit nicht beeinträchtigt wird. Die Haftung der Initiatoren ist im idealtypischen Fall auf die Eigenkapitaleinlage beschränkt, sofern die Projektgesellschaft in Form einer Kapitalgesellschaft firmiert, welches im Allgemeinen der Fall sein wird (vgl. Schulte-Althoff, 1992, S. 35 und Schmitt, 1989, S. 22).

In einigen Fällen wird die Durchführung des Vorhabens in der Bilanz der Sponsoren nur durch eine bilanzierungspflichtige Beteiligung auf der Aktivseite sichtbar, da die Sponsoren im Normalfall als Eigenkapitalgeber der Projektgesellschaft fungieren. Des Weiteren können gemäß § 251 HGB Haftungsübernahmen und Garantien ebenso zu einer Bilanzierungspflicht führen, wie gegebenenfalls erforderliche Rückstellungen gemäß § 249 HGB. Es bleibt festzuhalten, dass die Projektfinanzierung eine direkte Kreditaufnahme des Projektes erlaubt und in diesem Zusammenhang aus Sicht der Initiatoren oder Sponsoren von einer Off-Balance-Sheet-Finanzierung gesprochen wird, die Bilanzkennzahlen nicht belastet.

Die Bilanz der arrangierenden Akteure verändert sich daher in geringerem Umfang als dies bei der konventionellen Firmenkreditaufnahme der Fall wäre. Jedoch bleibt die Bilanz der Sponsoren in der Praxis nicht komplett unberührt. Im Idealfall muss nur eine Beteiligung bilanziert werden, welche allein Einfluss auf die Bilanzrelationen der Sponsoren hat, da sich sowohl die Anlagendeckung als auch die Vermögensstruktur zu Lasten des Umlaufvermögens verschlechtern.

In der Praxis führen die Beteiligungshöhe des Sponsors sowie die unternehmerische Führung unter Umständen zu einer Vollkonsolidierung des Projektes in der Bilanz des Initiators und damit zu einer starken Belastung der Bilanzrelationen. Haftungstechnisch sind Projektfinanzierungen auf jeden Fall zu berücksichtigen. Gleichwohl wird dies nicht immer in den Ratingmodellen der Kreditinstitute abgebildet.

In der Regel werden die Banken weitere finanzielle Verpflichtungen der Sponsoren verlangen, die in Form von Gewährleistungen, Garantien, Ein- oder Nachschussverpflichtungen geleistet werden sowie zu einer Einschränkung des finanziellen Spielraumes führen können. Dennoch konnte die Durchführung vieler Großprojekte erst aufgrund dieser Finanzierungstechnik ermöglicht werden, da eine herkömmliche Mittelbereitstellung zu einer erheblichen Beeinträchtigung der finanziellen Flexibilität des Sponsors geführt hätte. Im Folgenden werden die wesentlichen Projektbeteiligten und ihre Aufgaben beschrieben. Zudem werden die Funktionen der eingebundenen Stakeholder beurteilt.

5.3.2 Beteiligte und Ablauf einer Projektfinanzierung

Die Projektbeteiligten übernehmen im Rahmen der Projektfinanzierung in der Regel unterschiedliche Aufgaben. Eine erfolgreiche Projektfinanzierung hängt in entscheidendem Maße davon ab, dass die Beteiligten effizient zusammenarbeiten und ihre Leistungen vertragskonform erbringen.

Dabei ist es das primäre Ziel, dass alle Projektbeteiligten, obwohl Sie unterschiedliche Absichten verfolgen sowie Erwartungen an das Vorhaben stellen, eine **Interessengemeinschaft (Community of Interests)** bilden und auf eine erfolgreiche Realisierung hinwirken (vgl. Schepp, 1996, S. 527 ff.). Beteiligt an einer Projektfinanzierung sind in der Regel die folgenden Stakeholder:

– **Sponsoren:** Initiatoren und Eigentümer des Projektes, welche die Entscheidungen für die Durchführung des Projektes treffen. Als Eigentümer tragen sie die Chancen und Risiken des Projektes, stellen selbst oder über Co-Investoren das Eigenkapital zur Verfügung und sind oftmals als Betreiber des Projektes involviert. Neben klassischen Projektträgern treten zunehmend auch Finanzinvestoren als Sponsoren auf, da sich durch die direkte Beteiligung an einer Projektfinanzierungen überdurchschnittliche Renditen erzielen lassen.

— **Bauunternehmen:** Hier handelt es sich um Anlagenbau- und Zuliefererunternehmen, die für den Bau des Projekts verantwortlich sind. Ihre Aufgaben und Haftungen variieren von der reinen Lieferung und Montage einer Anlage bis hin zur schlüsselfertigen sowie zeitgerechten Erstellung des Projektes. Gerade bei technologisch anspruchsvollen Projekten kommt diesen eine besondere Bedeutung zu, da neben der rein technischen Expertise auch eine ausreichende Finanzkraft des Bauunternehmens gefordert ist. Nur auf diese Weise kann sichergestellt werden, dass dieses Bauunternehmen seinen teilweise weitgehenden Haftungsverpflichtungen auch gerecht werden kann, etwa im Rahmen von Bauzeitverzögerungen und den damit verbundenen Mehrkosten.

— **Betreiber:** Der Betreiber übernimmt das Projekt nach Fertigstellung und ist zudem verantwortlich für den laufenden Betrieb sowie für die Wartung und Reparatur der Anlagen. Diese Übernahme der Betreiberfunktion erfordert Erfahrung sowie technisches Know How, so dass das Bauunternehmen nach Fertigstellung eines Projektes auch die Betreiberfunktion übernehmen kann. Aber auch Sponsoren können diese Funktion zusätzlich wahrnehmen, da sie häufig die kaufmännische Betreiberfunktion übernehmen, während das Bauunternehmen mit der technischen Betriebsführung betraut wird.

— **Lieferanten:** Bei vielen Projekten ist der Abschluss von langfristigen Lieferverträgen notwendig, im Gegensatz etwa zu Windenergie- oder Sonnenenergieprojekten. Sie stellen die Betriebsbereitschaft über die Lieferung von Roh-, Hilfs- und Betriebsstoffen sicher. Wenn die Rohstoffabhängigkeit des Projektes hoch ist, sollte darauf geachtet werden, dass die jederzeitige Verfügbarkeit sichergestellt sowie auf mehrere Lieferanten aufgeteilt wird. Um Preis- und Qualitätsschwankungen zu vermeiden, werden langfristige Verträge mit bonitätsmäßig einwandfreien und zuverlässigen Lieferanten vereinbart.

— **Abnehmer:** Neben der Input-Seite des Projektes, ist die Output-Seite eine entscheidende Größe für die Stabilität des Cash Flow und damit die Risikobewertung des Projektes. Bestehen langfristige Abnahmeverträge, wie im Rahmen der Stromproduktion bei regenerativen Energien, kann diese Unsicherheit weitgehend abgemildert werden. Auch bei der Rohstoffförderung in oligopolistischen Angebotsstrukturen, sind die Abnahmerisiken meist sehr gering. Dennoch ist auch hier laufend auf die Bonität der Kunden beziehungsweise der Abnehmer zu achten, um Forderungsausfälle dauerhaft zu vermeiden und darüber einen nachhaltigen Cash Flow sicher zu stellen.

— **Öffentliche Hand:** Für die Durchführung eines Projektes sind eine Vielzahl von Genehmigungen und Lizenzen notwendig, welche durch öffentliche Stellen gewährt werden. Darüber hinaus werden Projektfinanzierungen oftmals erst dann möglich, wenn die öffentliche Hand unterstützend eingreift, wie etwa durch die Stellung von Staatsgarantien. Dies ist notwendig, wenn sich Projekte in Ländern mit hohen politischen und wirtschaftlichen Risiken befinden.

- **Fremdkapitalgeber:** Aufgrund der hohen Finanzierungsvolumina werden bei Projektfinanzierungen in der Regel Fremdkapitalgeber mit eingebunden, da das Eigenkapital der Sponsoren nicht ausreicht und zudem die Verzinsung des eingesetzten Eigenkapitals, durch zusätzliches Fremdkapital erhöht werden kann (Leverage-Effekt). Neben der Funktion als Kreditgeber fungieren Banken auch als Berater (Financial Advisor), da Projektsponsoren oftmals bereits in der Entwicklungsphase des Projektes einer Bank den Auftrag zur Leitung der Fremdkapitalfinanzierung erteilen. Diese Bank ist der sogenannte Arranger oder Lead Manager, der das projektspezifische Finanzierungspaket strukturiert sowie oftmals im weiteren Verlauf weitere Banken dazu holt, wenn die Finanzierungsvolumina bestimmte Größenordnungen überschreiten.
- **Sonstige Parteien:** Neben den genannten Hauptparteien interagiert die Projektgesellschaft mit einer Vielzahl weiterer Akteure wie Versicherungen zur Abdeckung wesentlicher Projektrisiken, beispielsweise im Sachversicherungsbereich oder bei Auslandsgarantien. Des Weiteren arbeiten die Fremdkapitalgeber mit Gutachtern zusammen, welche die rechtlichen, technischen und umweltspezifischen Risiken des Projektes bewerten.

In der nachfolgenden Abb. 5.12 werden die wesentlichen, an einem Projekt direkt beteiligten Parteien, dargestellt. Es zeigt sich, dass das zeitliche, vertragliche sowie vertrauensvolle Miteinander zu gestalten ist, damit zwischen den vielen Akteuren eine wirkliche Interessengemeinschaft entsteht, die für die Verwirklichung der oftmals komplexen Projekte erforderlich ist.

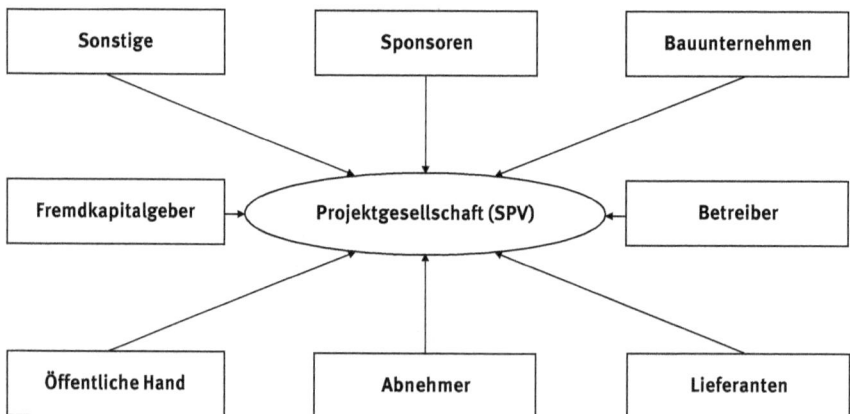

Abb. 5.12: Beteiligte einer Projektfinanzierung (Quelle: Fischer/Portisch, 2008, S. 186)

Im Folgenden werden der idealtypische Ablauf einer Projektfinanzierung dargestellt und wichtige Akteure in diesem Prozess betrachtet. Die folgende Abb. 5.13 zeigt den Ablauf einer Projektfinanzierung, nennt die beteiligten Stakeholder und stellt wichtige Aktivitäten in den einzelnen Projektphasen dar.

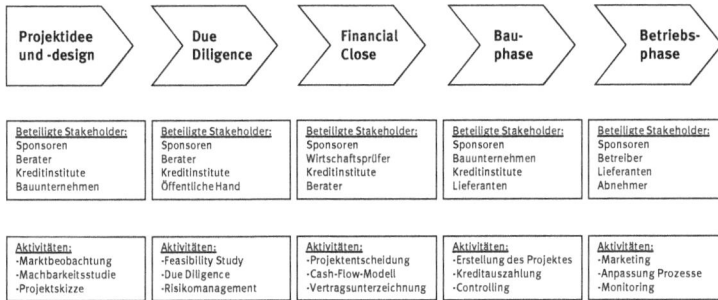

Projektidee und -design	Due Diligence	Financial Close	Bau-phase	Betriebs-phase
Beteiligte Stakeholder: Sponsoren Berater Kreditinstitute Bauunternehmen	**Beteiligte Stakeholder:** Sponsoren Berater Kreditinstitute Öffentliche Hand	**Beteiligte Stakeholder:** Sponsoren Wirtschaftsprüfer Kreditinstitute Berater	**Beteiligte Stakeholder:** Sponsoren Bauunternehmen Kreditinstitute Lieferanten	**Beteiligte Stakeholder:** Sponsoren Betreiber Lieferanten Abnehmer
Aktivitäten: -Marktbeobachtung -Machbarkeitsstudie -Projektskizze	**Aktivitäten:** -Feasibility Study -Due Diligence -Risikomanagement	**Aktivitäten:** -Projektentscheidung -Cash-Flow-Modell -Vertragsunterzeichnung	**Aktivitäten:** -Erstellung des Projektes -Kreditauszahlung -Controlling	**Aktivitäten:** -Marketing -Anpassung Prozesse -Monitoring

Abb. 5.13: Ablauf einer Projektfinanzierung (Quelle: Fischer/Portisch, 2008, S. 191)

In der **ersten Phase** ist die Projektidee vom Sponsor zu entwickeln. Ausgangspunkt ist die Marktbeobachtung zur Identifizierung interessanter Vorhaben. Im Anschluss an die Projektidee wird eine erste Machbarkeitsstudie erstellt. In dieser wird die Umsetzung des Projektes hinsichtlich der technischen, rechtlichen und finanziellen Realisierbarkeit geprüft. In dieser frühen Phase sind meist nur Sponsoren, technische Berater und unter Umständen die beteiligten Banken und die Projekterstellter eingebunden. Die Ergebnisse der Prüfung fließen in die Erstellung des Infomemorandums ein, welches die wesentlichen Aspekte des Projektes herausstellt. Typische Gliederungspunkte eines Memorandums betreffen die Informationen zum aktuellen Projektstand insbesondere zu den vorhandenen Genehmigungen, Überlegungen zur gewählten Technologie, Angaben zu den wesentlichen Projektbeteiligten insbesondere Lieferanten und Abnehmern sowie einen Business Plan, in dem die wesentlichen finanziellen Kennzahlen wie die Cash-Flow-Rechnung sowie die Cover Ratios dargestellt werden oftmals begleitend in einem Finanzmodell.

Auf Basis des Infomemos prüfen die angesprochenen Banken das Projekt auf Machbarkeit. Hierzu wird je nach Projektvorhaben bereits eine erste Prüfung sowohl der technischen, als auch im Anschluss der wirtschaftlichen Machbarkeit durchgeführt, die jedoch nur vorläufigen Charakter hat. Ein wesentlicher Aspekt in diesem Schritt ist, dass die Bank bereits eine erste Strukturierung der Finanzierung auf Basis der Angaben im Informationsmemorandum vornimmt und darüber das maximale Verschuldungspotential des Projektes (Debt Capacity) bestimmt.

Das Ergebnis der Strukturierung fließt in das Term Sheet ein, welches die indikativen Konditionen und Bedingungen der Finanzierung enthält und den Übergang in die **zweite Phase** markiert. Das indikative Term Sheet enthält wesentliche Konditionen für die Finanzierung des Projektes und kann in einem unterschiedlichen Umfang erstellt werden, von einem mehrseitigen Angebotsschreiben, bis zu einer sehr ausformulierten Version und kann bereits Elemente des Kreditvertrages beinhalten. Die nachfolgende Abb. 5.14 zeigt die beispielhafte Struktur eines Term Sheets mit den wesentlichen Parametern.

Eckdaten eines Term Sheets	
Projektbeschreibung	Standort, Projektkosten, Zeitschiene etc.
Projektbeteiligte	Kreditnehmer, Lieferanten, Bauunternehmen, Betreiber, Abnehmer etc.
Finanzierung	Kreditvolumen, Zinssatz, Gebühren, Laufzeiten, Financial Covenants (ADSCR), Sicherheiten
Finanzierungsbedingungen	Key Covenants, Change of Control, Auszahlungsbedingungen, Zusicherungen
Definitionen	Kennzahlen, Dokumente etc.
Sonstiges	Steuern, Recht etc.

Abb. 5.14: Eckdaten eines Term Sheets (Quelle: Eigene Darstellung)

Auf Basis des indikativen Term Sheets kommt es dann zur formalen Mandatierung der Bank und somit zur Einwilligung des Projektinitiators, dass die Bank die kostenintensive Due Dilligence (DD) beginnen kann. Die hohe Kostenintensität einer Projektfinanzierung resultiert daraus, dass im Gegensatz zu einer Corporate Finanzierung nicht lediglich die Finanzabschlüsse und Sicherheiten bewertet werden, sondern dass alle Teilaspekte des Projektes untersucht werden. Neben der technischen Analyse werden auch rechtliche Prüfungen, steuerrechtliche sowie versicherungstechnische Überprüfungen mit der Hilfe von externen Beratern vorgenommen. Diese werden gemeinsam von dem Projektinitiator sowie der mandatierten Bank ausgewählt und mit der jeweiligen Teilprüfung beauftragt.

Das Ergebnis der Prüfung geht als Grundlage in die Finanzierungsentscheidung der Bank ein, da die jeweiligen DD-Berichte als Grundlage für das Kreditvotum herangezogen werden. Mithilfe der Berichte kann weiterhin das Cash-Flow-Modell finalisiert werden, bevor es durch eine externe Partei einen Audit erhält. Dieses ist notwendig, da das Cash-Flow-Modell ein Teil der Kreditdokumentation ist und auf dieser Basis die Kennzahlen für das Monitoring errechnet werden. Neben dem rechtlichen DD Report übernehmen externe Kanzleien auch die Ausarbeitung des Kreditvertrages, der sich bei internationalen Finanzierungen am LMA-Standard orientiert.

Die eigentliche Ausgestaltung des Kreditvertrages ist von Projekt zu Projekt differenziert und in Abhängigkeit der Verhandlungspositionen von Projektinitiator und Bank auszuformulieren. Dennoch enthält jeder Kreditvertrag eine Reihe von typischen Bestimmungen, die in der Folge näher erläutert werden.

Allgemeine Bestimmungen

Vorangestellt wird im Kreditvertrag eine Präambel und eine Reihe von Definitionen sowie Klauseln, in denen sich der Darlehensnehmer zur termingetreuen Zins- und Tilgungszahlungen verpflichtet und der Darlehensgeber im Gegenzug zur Auszahlung des Fremdkapitals. Zur Sicherung des Rückzahlungsanspruchs und der Zinszahlungen werden dem Kreditgeber Sicherheiten gestellt, zu deren Bestellung sich der Kreditnehmer im Darlehensvertrag verpflichtet.

Im Rahmen einer Projektfinanzierung werden von den Banken typischerweise unterschiedliche Darlehen gewährt, sogenannte Tranchen. Von Relevanz ist, ob diese einzelnen Beträge einmalig oder revolvierend zur Verfügung gestellt werden und zudem die Zweckbestimmung der Mittel. Des Weiteren werden häufig verschiedene Rangklassen gebildet, mit vorrangigen Senior Tranchen und nachrangigen Junior Tranchen. Unterscheidungsmerkmale sind hier in erster Linie die Rangfolge bei der Rückzahlung sowie der Umfang der Sicherheiten und die Höhe des Zinssatzes. Junior Tranchen weisen aufgrund des umfangreicheren Ausfallrisikos in der Regel auch eine deutlich höhere Verzinsung auf.

Im Darlehensvertrag werden die Modalitäten und Zeitpunkte der Rückzahlung genau geregelt. Es wird hinsichtlich der Tilgungsstruktur zwischen Annuitätendarlehen mit einer gleichbleibenden Rate und linearen Tilgungsdarlehen mit einer fallenden Kreditrate unterschieden. Bei volatilen Cash Flows ist es weiterhin üblich, die Rückzahlung an die Cash-Flow-Entwicklung flexibel anzupassen. Diese Ausgestaltung stellt sicher, dass mit den Belastungen aus der Darlehensrückzahlung nicht die wirtschaftliche Leistungsfähigkeit des Projektes beeinträchtigt wird. In Zeiten eines höheren Cash Flows, werden höhere Rückzahlungen vorgenommen und in Phasen, in denen geringere Cash Flows erzielt werden, erfolgen nur verringerte Tilgungen auf das Fremdkapital. Damit unterscheidet sich die Abzahlungsstruktur im Wesentlichen von klassischen Unternehmenskrediten, die fortlaufend und vertragskonform zu bedienen sind. Mit dieser Rückzahlungsstruktur wird damit ein konstantes Profil über die gesamte Kreditlaufzeit erreicht.

Eine Anpassung der Rückzahlung an die wirtschaftliche Entwicklung des Projektes kann auch durch die Vereinbarung von außerplanmäßigen Tilgungen erfolgen, die beispielsweise an einen höheren als erwarteten Cash Flow geknüpft sind. Im Hinblick auf die Zinszahlungen können alternativ, ein variabler oder ein fester Zinssatz vereinbart werden. Der in der Praxis übliche variable Zinssatz wird meist unter Bezugnahme auf einen Referenzzinssatz wie dem Euribor zuzüglich einer festen Marge bestimmt, deren Höhe auf einer Risikoeinschätzung der Bank basiert.

Eine besondere Bedeutung für Projekte im Ausland kommt den Exportgarantien und Exportbürgschaften der Bundesregierung zu. Diese werden in Deutschland von der Euler Hermes Kreditversicherungs-Aktiengesellschaft für die Bundesrepublik abgewickelt. Bevor die Bundesregierung eine entsprechende Garantie oder Bürgschaft vergibt, wird zunächst die Wirtschaftlichkeit des Projektes geprüft. Vergleichbar mit der Risikobewertung der Banken prüft der Bund hier, ob jederzeit ein ausreichender Cash Flow generiert werden kann, um den Schuldendienst zu decken. Bei der Dokumentation der garantierten Darlehen, müssen zum einen die besonderen Vorgaben der Entscheidung über die Gewährung einer Exportgarantie umgesetzt werden. Zum anderen ist darauf zu achten, alle allgemein anwendbaren Vertragsbedingungen von Euler Hermes im Darlehensvertrag zu berücksichtigen. Das Risiko, dass dies der Fall ist und somit die Garantie auch Bestand hat, liegt bei der finanzierenden Bank, da Euler Hermes die Vertragsdokumentation in der Regel nicht vor dem Eintritt eines Entschädigungsfalles überprüft.

Auszahlungsvoraussetzungen

Die Ziehung des Darlehens beziehungsweise der einzelnen Tranchen ist durch die Erfüllung von vertraglich festgelegten Auszahlungsbedingungen eines Kreditinstituts (Conditions Precedent) abhängig. Typische Conditions Precedent sind die wirksame Gründung der Projektgesellschaft, die Unterzeichnung der Finanzierungsverträge, der Nachweis über die Eröffnung aller erforderlichen Konten, die Bestellung der notwendigen Sicherheiten sowie akzeptable Gutachten von technischen, rechtlichen, Versicherungsberatern und sonstigen Beratern. Insgesamt sollen die Conditions Precedent damit sicherstellen, dass die finanziellen Risiken angemessen auf die Beteiligten verteilt worden sind. Typischerweise ergeben sich aus der Due Diligence spezielle Auszahlungsvoraussetzungen für das einzelne Projekt, die je nach Sektor variieren. Bei dieser Verhandlung der Auszahlungsvoraussetzungen, hat der Kreditnehmer ein Interesse daran, den Umfang dieser Bedingungen möglichst gering zu halten, während die Banken typischerweise eigene Standardauszahlungsbedingungen besitzen, die nur begrenzt verhandelbar sind. Wichtig für den Kreditnehmer ist es, die Art und Weise sowie den Umfang der Nachweise für die Erfüllung der Auszahlungsvoraussetzungen so exakt wie möglich festzulegen. Dies versetzt den Darlehensnehmer in die Lage, mit ausreichender Sicherheit beurteilen zu können, ob er seine Auszahlungsvoraussetzungen effizient erfüllen kann.

Zusicherungen

Der Darlehensnehmer muss eine Reihe von Zusicherungen abgeben, deren Richtigkeit zu einem bestimmten Zeitpunkt, unter anderem bei Vertragsschluss, bei der Valutierung und am Ende der Zinsperiode bestätigt werden. Eine solche Zusicherung wird für die Gegenwart unter Bezugnahme auf einen bestimmten Tatsachenverhalt abgegeben. Diese Bestätigungen sollen der Überprüfbarkeit und Sicherstellung der Zahlungsverpflichtung des Darlehensnehmers dienen.

In ihrer Gesamtheit spiegeln diese Zusicherungen den Sachverhalt wider, von dem das Kreditinstitut bei der Entscheidung das Darlehen auszureichen, ausgegangen ist. Durch Wiederholung zu bestimmten Zeitpunkten wird sichergestellt, dass der Sachverhalt unverändert fortbesteht.

Inhalt und Umfang dieser Zusicherungen sind ein Schwerpunkt der Vertragsverhandlungen, da hier durchaus unterschiedliche Interessen aufeinander treffen. Der Kreditnehmer wird versuchen, die Anzahl der von ihm abzugebenden Zusicherungen gering zu halten und dem Darlehensgeber auch nur dann eine Kündigungsmöglichkeit auf Basis unrichtiger sowie unvollständiger Zusicherungen einzuräumen, wenn die Unrichtigkeit der Versprechungen auch tatsächlich die Rückzahlung des Darlehens gefährdet. Die Darlehensgeber hingegen sind an weitreichender Zusicherung und flexiblen Reaktionsmöglichkeiten interessiert. Die Unrichtigkeit einer vom Darlehensgeber abgegebenen Zusicherung kann weitreichende Konsequenzen für die Finanzierung haben, denn die Bank kann in der Regel nicht nur kündigen, sondern auch weitere Auszahlungen verweigern. Für den Darlehensnehmer ist es daher von Vorteil, Zusicherungen nur nach bestem Wissen abzugeben. Damit kann er sich des Verantwortungsrisikos für übersehbare oder unbekannte Vorkommnisse entledigen. Zusätzlich kann die Möglichkeit vorgesehen werden, nicht der Zusicherung entsprechende Tatsachen oder Umstände zu heilen.

In Bezug auf die Inhalte der Zusicherungen kann zwischen allgemeinen sowie projektbezogenen Bestätigungen unterschieden werden. Bei ersteren sichert die Projektgesellschaft beispielsweise ihre wirksame Errichtung und die Aufbringung des Stammkapitals oder die Berechtigung einer Projektgesellschaft zur Unterzeichnung der Finanzierungs- und Projektverträge zu. Weiter existieren allgemeine Zusicherungen, die sich auf das Nichtvorliegen eines Kündigungsgrundes beziehen und auf die Bestätigung, dass ein solcher auch nicht droht, oder die das Nichtbestehen anderweitiger Darlehensverbindlichkeiten als die vertraglich vereinbarten und keine wesentlichen Veränderungen beziehungsweise Verschlechterungen der wirtschaftlichen Verhältnisse bestätigen (Material Adverse Change).

Demgegenüber hängen die projektbezogenen Zusicherungen oft von den jeweiligen Charakteristika des Projektes ab. Neben Zusicherungen zu Genehmigungsbescheiden und umweltrechtlichen Themen stehen bei diesen Bestätigungen vor allem die Projektrisiken im Fokus, welche im Rahmen der Due Diligence untersucht werden. Die in der Due Diligence von den technischen und rechtlichen Beratern erstellten Berichte, basieren überwiegend auf Informationen, die von dem Darlehensnehmer beziehungsweise dem Sponsoren der Projektgesellschaft zur Verfügung gestellt werden. Daher sind die Berichte für die Darlehensgeber nur verlässlich, wenn auch die ihnen zugrunde liegenden Informationen richtig sind. Der Kreditnehmer muss zusichern, dass alle von ihm zur Verfügung gestellten Unterlagen, Materialien und sonstigen Daten richtig und vollständig sind und keine Informationen zurückgehalten werden, die bei der Kreditentscheidung maßgeblich gewesen wären.

Covenants

Einen weiteren Schwerpunkt der Verhandlungen des Darlehensvertrages bilden die Verhaltenspflichten, die in Covenants vertraglich vereinbart werden. Diese können in positive Covenants und negative Covenants unterteilt werden, welche dauerhafte Verpflichtungen des Darlehensnehmers für die gesamte Laufzeit des Kreditvertrages begründen. Kreditklauseln dienen in erster Linie der Überprüfung und Sicherstellung der Erfüllbarkeit der Zahlungsverpflichtungen und der Sicherung der Entstehung des Cash Flows sowie der dafür notwendigen Informationen, zum Beispiel in Form der Einreichung des Jahresabschlusses. Zu den typischen Covenants gehören Informationspflichten über die wirtschaftliche Situation der Projektgesellschaft beziehungsweise der Stand der Bauarbeiten während der Bauphase. Darüber hinaus werden Financial Covenants vereinbart, welche die Projektgesellschaft zur Einhaltung bestimmter Finanzkennzahlen verpflichtet. Das Nichteinhalten dieser Ratios führt dazu, dass dem Kreditgeber umfangreiche Eingriffsrechte eingeräumt werden, angefangen von der Anpassung der Zinskosten, dem Vornehmen von Sondertilgungen, bis zur Kündigung des Darlehensvertrages. Zu den wichtigen Kennzahlen gehören die ADSCR, die LLCR sowie die Eigenkapitalquote.

Der Disposal of Assets Covenant dient der Erhaltung des Vermögens der Projektgesellschaft, welches meist die alleinige Sicherheit für die Darlehensgeber darstellt. Vor diesem Hintergrund werden zum einen der Verwendungszweck des Darlehensbetrages und zum anderen die Dispositionsfreiheit über die Vermögenswerte der Projektgesellschaft eingeschränkt. Darunter fällt unter anderem die Verpflichtung, bestehende oder zukünftige Vermögensgegenstände nicht zu veräußern, zu übertragen oder anderweitige Verfügungen über diese zu treffen.

Ebenso ist es für die Kreditgeber wesentlich, die gesellschaftlichen Strukturen, insbesondere die Geschäftsführung und das wirtschaftliche Betätigungsfeld der Projektgesellschaft, für die Dauer der Finanzierung zu erhalten. Dieses wird durch sogenante „Change-of-Control-Klauseln" sichergestellt. Demnach verpflichtet sich die Projektgesellschaft, den Gesellschaftszweck beizubehalten, keine Gesellschaftsvertragsänderungen vorzunehmen sowie die Gesellschafterstruktur der Projektgesellschaft nicht zu verändern. Hierdurch soll erreicht werden, dass neben den Fremdkapitalgebern auch die Eigenkapitalinvestoren langfristig in das Projekt eingebunden werden. In der Praxis ist dies nicht immer durchsetzbar, da viele Investoren beziehungsweise Projektentwickler beabsichtigen, ihre fertiggestellten Projekte frühzeitig zu verkaufen. Daneben ist der Abschluss von Versicherungen gegen bestimmte Risiken unerlässlich und zur Absicherung der Finanzierung erforderlich. Hierzu gehören die Erection-All-Risk-Versicherung, die der Deckung der Montagerisiken während der Errichtung des Projektes dient sowie die Contractors-All-Risk-Versicherung, die schwerpunktmäßig Bauleistungsrisiken in der Bauphase versichert. Weiterhin ist es üblich, Versicherungen für den Fall einer verspäteten Inbetriebnahme sowie für Betriebsunterbrechungen abzuschließen.

Bestimmungen zu Projektkonten

Im Rahmen des Kreditvertrages wird die Projektgesellschaft in der Regel verpflichtet, bestimmte Projektkonten einzurichten und alle Zahlungen, die im Zusammenhang mit dem Projekt empfangen oder getätigt werden, ausschließlich über diese Konten abzuwickeln. Auf diese Weise wird den Banken eine wirksame Kontrollmöglichkeit über die Zahlungsströme eröffnet, oftmals verbunden mit der Verpflichtung, die Konten bei dem Hauptkreditgeber zu führen. Zu den einzurichtenden Konten gehören ein Auszahlungskonto (Disbursement Account), ein Projektkonto (Proceeds Account) und ein separates Schuldendienstreservekonto (Debt Service Reserve Account). Daneben können weitere Konten für Betriebsmittel, Zahlungen an Sponsoren und Reserven für Steuerzahlungen erforderlich sein.

In Projekten, bei denen hohe Instandhaltungs- sowie Wartungskosten zu erwarten sind, werden Kreditgeber typischerweise auch Instandhaltungskonten (Maintenance Reserve Account) verlangen. Auf solchen Konten werden Gelder aus den regelmäßigen Einnahmen aus dem Projekt angespart, um im Falle des Auftretens von regelmäßigen Wartungsarbeiten oder außergewöhnlichen Instandhaltungsfällen ausreichend liquide Reserven zur Verfügung zu haben, um fällig werdende Kosten begleichen zu können. Die Beträge auf solchen Reservekonten stehen den Sponsoren nicht für Ausschüttungen zur Verfügung, diese können aber die Höhe des anzusparenden Betrages durch Bankgarantien ersetzen oder zumindest verringern.

In der Regel wird ein Cash Flow Waterfall als Zahlungskaskade festgelegt, nach der sich die Reihenfolge der Bedienung der gegen die Projektgesellschaft bestehenden Forderungen bestimmt. Jedoch ist diese nur bei fälligen Forderungen anwendbar, da ansonsten die Projektgesellschaft ihren Verpflichtungen gegenüber Dritten nicht rechtzeitig nachkommen könnte. So werden regelmäßig zunächst Zahlungen für die Errichtung und den laufenden Betrieb des Projektes vor den Auszahlungen auf den Schuldendienst und dem Ansparen von Rücklagen für Steuern und Instandhaltungen erfolgen. Residuale Ausschüttungen an die Sponsoren sind grundsätzlich nur zulässig, wenn zuvor alle anderen fälligen Forderungen beglichen und die Finanzkennzahlen eingehalten wurden sowie ansonsten kein Kündigungsgrund vorliegt. Mögliche Auflösungsgründe werden nachfolgend beschrieben.

Kündigungsgründe

Kündigungsgründe bilden einen weiteren wichtigen Teil des Darlehensvertrages, die sogenannten Events of Default. Hierzu gehören etwa die Zweckentfremdung der zur Verfügung gestellten Darlehensmittel, der Verstoß gegen eine Zusicherung oder Covenants sowie das Auslösen einer Cross-Default-Klausel, die bei Nichterfüllen der Zahlungsverpflichtung der Projektgesellschaft gegenüber einem Dritten ein Kündigungsrecht des nicht betroffenen Darlehensgebers begründet. Häufig regelt dieser Kreditvertrag auch den genauen Ablauf der Kündigung, die Anforderungen an eine Kündigungserklärung und die einzuhaltenden Fristen.

Wird ein Kündigungsrecht ausgeübt, so wandelt sich das Darlehensverhältnis in ein Abwicklungsverhältnis. Der Rückzahlungsanspruch wird nach einer gewissen Frist fällig und kann der Schuldner nicht zahlen, werden die Sicherheiten zugunsten des Darlehensgebers gemäß den gesetzlichen Bestimmungen verwertet. Dies ist meist zeitaufwendig. Auch wenn durch die verschiedenen vertraglichen Regelungen die Kündigung für die Banken erleichtert wird, ist diese meist dennoch Ultima Ratio, da das Kreditausfallrisiko bei vorzeitiger Beendigung eines Projektes typischerweise höher ist als bei einer weiteren Durchführung. Bei Projektfinanzierungen kommt erschwerend hinzu, dass es sich bei den finanzierten Objekten und den Absicherungen meist um Spezialsicherheiten handelt, bei denen die zeitnahe Verwertung zu adäquaten Preisen nicht möglich ist.

Den Abschluss der Kreditvertragsverhandlungen markiert das Signing des Kreditvertrages in der **dritten Phase**, bei dem sich beide Parteien formal auf die Bedingungen der Finanzierung einigen. Bevor es dann zu der tatsächlichen Valutierung der Fremdmittel kommen kann, müssen in der Regel noch alle Auszahlungsbedingungen in Form der Conditions Precedent erreicht werden. Erst dann kommt es zum Closing der Finanzierung und zur Auszahlung in der ersten Rate.

Anschließend wird das Bauprojekt in der **vierten Phase** durch die Projektersteller begonnen. Dies ist die kritische Phase eines Vorhabens, da nun das finanzielle Risiko erheblich ansteigt. Verzögerungen oder Ausfälle von Lieferanten führen zu verspäteten oder reduzierten Umsätzen, die die Rendite des Projektes verschlechtern oder den Projekterfolg sogar gänzlich gefährden können. In der Praxis wird versucht diesen Risiken durch bankmäßig abgesicherte Konventionalstrafen, besondere Fertigstellungsgarantien, sonstige Avale von Dritten und durch die Auswahl zuverlässiger und bonitätsmäßig starker Projektpartner zu begegnen.

In der abschließenden **fünften Phase** wird der Betrieb des in der Regel umfangreichen Projektes aufgenommen und durch den Betreiber organisiert. Das Projekt ist fertiggestellt und der Betreiber vermarktet die entstehende Leistung. Im Folgenden ist auf eine intensive Überwachung der Leistungserbringung Wert zu legen. So sind insbesondere die Financial Covenants einzuhalten, die eine vertragsgerechte Bedienung des Kapitaldienstes sicherstellen sollen.

In den einzelnen Phasen des Projektes steigen sowohl die Risiken als auch die finanziellen Inanspruchnahmen, wie die nachfolgende Abb. 5.15 darlegt. In der Planungsphase, in der die Projektidee entwickelt wird, und in der Due Diligence-Phase werden in der Regel die Eigenkapitalkomponenten verbraucht. Mit dem Financial Close und der Bauphase steigt der externe Finanzbedarf stark an. Da in der Bauphase das Projekt nicht mehr beendet werden kann, ist in diesem Stadium das Risiko für die Fremdkapitalgeber am höchsten. In der Betriebsphase werden die laufenden Ausgaben gedeckt und die Kapitalinanspruchnahmen später sukzessive abgebaut, so dass anschließend die residualen Zahlungen erfolgen können.

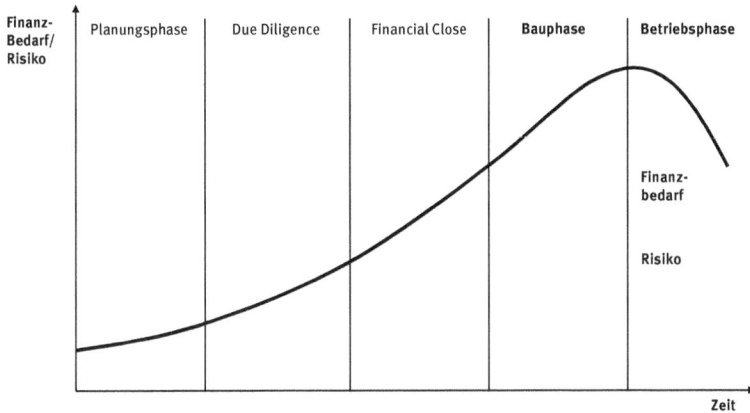

Abb. 5.15: Phasen einer Projektfinanzierung (Quelle: Fischer/Portisch, 2008, S. 192)

5.3.3 Risikomanagement einer Projektfinanzierung

In Anlehnung an die Risikobelastung in den Projektphasen, soll im Folgenden auf das Risikomanagement von Projektfinanzierungen eingegangen werden. Dazu werden die wesentlichen Risiken aufgezeigt. Die Wirtschaftlichkeit sowie die Robustheit einer Projektfinanzierung wird in erster Linie dadurch bestimmt, ob die prognostizierten Cash Flows zuverlässig erwirtschaftet werden können. Weichen die realisierten Cash Flows zeitlich oder betragsmäßig von den prognostizierten Cash Flows ab, sind Anpassungsmaßnahmen notwendig, um eine Gefährdung des Gesamtprojekts zu verhindern. Alle Risikoaspekte eines Projektes wirken auf den Cash Flow ein, so dass das Risikomanagement bei Projektfinanzierungen im Wesentlichen die Steuerung und gegebenenfalls die Korrektur der den Cash Flow zugrundeliegenden Einflussgrößen umfasst, um die Stabilität der Einzahlungen zu sichern.

Da das Projekt aber keine Historie aufweisen kann, lässt sich die Wirtschaftlichkeit nur per Prognose bestimmen. Da die Perspektive in die Zukunft zunehmend unsicher ist, hat sich die Prognose mit dem Eintritt aller Arten von Einflüssen zu befassen, deren Wirkung auf das Projekt einzuschätzen und nach Wegen zu suchen, ob und inwieweit einzelne Projektbeteiligte bereit sind, das Projekt von Risiken freizuhalten. Zunächst ist bei einer Projektbeurteilung besonderes Augenmerk auf diese Faktoren zu legen, die den Cash Flow beeinflussen. Als maßgebliche Risikobereiche für ein Projekt kommen unter anderem die Beschaffungsseite, die Absatzmärkte, die Betriebskosten, die Finanzierungskonditionen und schließlich die Einflussgrößen des öffentlichen Sektors in Betracht.

In einem weiteren Schritt muss überprüft werden, inwieweit die Risikoübernahmebereitschaft der einzelnen Projektbeteiligten in Relation zu ihrer Fähigkeit steht, für Projektrisiken zu haften. Neben der Fähigkeit geht es dabei aber auch um die Frage, ob die vertraglich verpflichteten Projektbeteiligten aufgrund ihrer Bonität und wirtschaftlichen Leistungsfähigkeit auch in der Lage sind, ihre vertraglichen Verpflichtungen zu erfüllen. Insofern beinhaltet jede Projektfinanzierung Bestandteile einer Unternehmensfinanzierung, da die zumindest partielle Risikoübernahme durch die Projektbeteiligten wesentlich für eine Projektfinanzierung ist und in jedem Fall auch eine Bonitätsbeurteilung dieser Risikoträger erforderlich macht, wie sie für Unternehmensfinanzierungen typisch ist. Die Bonität des Risikoträgers ist umso intensiver zu überprüfen, je weitgehender sich ein Projektbeteiligter vertraglich gegenüber dem Projekt in Anbetracht der Haftung verpflichtet.

Risikoverteilung

Wesentliches Ziel der Strukturierung eines Projektes ist es, die einzelnen Risikokategorien zu identifizieren, zu bewerten und weitgehend auf die Stakeholder zu verlagern, so dass im Wesentlichen nur das Marktrisiko verbleibt (vgl. Schulte-Althoff, 1992, S. 44). Die Aufteilung der Risiken zwischen den Beteiligten stellt ein weiteres individuelles Kriterium einer Projektfinanzierung dar. Da das Fremdkapital zumeist den überwiegenden Teil des Finanzierungsvolumens einnimmt und mithin Banken das größte finanzielle Risiko tragen, kann aus Sicht der Kreditinstitute eine Diskrepanz zwischen den Rendite- und Risiko-Erwartungen entstehen. Denn Fremdkapital verkörpert nur den fixen Anspruch auf Rückzahlung des Kreditbetrages zuzüglich Zinsen, erhält aber keine Beteiligung an den residualen Gewinnteilen. Somit besteht auch kein Anspruch auf weitere Zahlungen, die aufgrund einer positiven Entwicklung des Projektes entstehen. Angesichts dessen sind die finanzierenden Banken in der Regel nicht bereit, nur die prognostizierten Cash Flows als Sicherheit zu akzeptieren. Im Gegensatz dazu werden auch die Initiatoren versuchen, Risiken aus einer Projektfinanzierung zu vermeiden sowie eine begrenzte Haftung zu erreichen (Limited Recourse). Der Schlüssel zu einer erfolgreichen Projektfinanzierung ist demnach, diese Finanzierung mit so wenig Rückgriffmöglichkeiten auf die Sponsoren auszustatten wie möglich und gleichzeitig so viele Garantien und Verpflichtungen wie notwendig zu geben, so dass sich die Kreditgeber ausreichend abgesichert fühlen (vgl. Nevitt/Fabozzi, 2000, S. 3).

Ziel der Projektfinanzierung ist es somit, die Unsicherheiten auf die beteiligten Stakeholder so zu verteilen, dass Akteure diejenigen Risiken auf sich nehmen, die sie am besten tragen, bewerten und steuern können. Insgesamt ist bei der Risikoverteilung ebenfalls zu beachten, dass eine faire Verteilung dieser Gefährdungen erfolgt, damit Agency-Probleme aus einer einseitigen Risikoallokation vermieden werden. Somit sind zunächst alle auftretenden Risiken zu identifizieren. Anschließend ist die Tragfähigkeit oder die teilweise beziehungsweise komplette Absicherung mit einer Ausplatzierung von Risiken auf andere Marktteilnehmer zu entscheiden.

Diese Gefährdungen sind im Rahmen der Projektierung auf jene Akteure adäquat zu verteilen, die in der Lage sind diese Risiken eigenständig zu tragen oder die Gefährdungen zusätzlich im Rahmen von Absicherungsmaßnahmen zu vermeiden. Dabei bestehen folgende Möglichkeiten der Risikoumverteilung:

- **Vertragliche Gestaltungen:** Unter anderem können umfangreiche Financial Covenants zur Einhaltung von projektrelevanten Finanzkennzahlen vereinbart werden, um eine Projektüberwachung sicherzustellen.
- **Strukturierung der Finanzierung:** Risiken können auch über die prozentuale Aufteilung auf Eigen-, Mezzanin- und Fremdkapital verteilt werden. Zusätzlich kann innerhalb einer Finanzierungsklasse eine Tranchierung nach Risikoklassen und Ausfallwahrscheinlichkeiten erfolgen.
- **Besicherungen:** Es können Liquiditätsgarantien für den Ausfall von Zinszahlungen und Tilgungen oder auch für die residuale Rückflusskomponente vorgesehen sein. Zudem werden in der Regel klassische Kreditsicherheiten zur Reduzierung eines Kreditausfalls vereinbart.
- **Versicherungen:** Für bestimmte Risikokategorien wie technische Risiken oder Umweltrisiken, können private Versicherungen abgeschlossen oder staatliche Garantien wie im Auslandsprojektgeschäft abgegeben werden.
- **Absicherungen über derivative Finanzinstrumente:** Diese Marktpreisrisiken aus ungünstigen Zinsschwankungen, Währungsveränderungen oder Variationen von volatilen Rohstoffpreisen können über Terminmärkte vollständig oder zumindest teilweise abgesichert werden.

Das Risikomanagement umfasst somit die Gesamtheit aller Aufgaben zur Handhabung von Projektrisiken unter Beachtung des Risk-Sharing-Prinzips. Das Ziel des Risikomanagements ist die Entwicklung einer Entscheidungsgrundlage für die Auswahl besonders geeigneter Maßnahmen zur Reduzierung der Projektrisiken auf ein akzeptables Niveau und die Überwachung eingegangener Risikobereiche.

Das Erkennen der einzelnen Gefährdungen ist Grundvoraussetzung für die Anwendung risiko-mitigierender Maßnahmen. Zur Identifikation der einzelnen Risiken bei der Projektfinanzierung werden die Phasen, die ein Projekt bei der Erstellung und im Betrieb durchläuft, systematisch auf ihre Einflussfaktoren hin untersucht. Diese Bewertung der einzelnen Risiken erfolgt anhand ihrer Auswirkungen auf den Cash Flow, wobei die Ursachen einer Unsicherheit aufgedeckt und die Risikofolgen qualitativ und quantitativ aufgezeigt werden.

Die Risiken bei Projektfinanzierungen können sich von Projekt zu Projekt hinsichtlich ihres Inhaltes, ihrer Ursache, ihres Ausmaßes sowie ihrer Eintrittswahrscheinlichkeit stark voneinander unterscheiden. Gleichwohl existieren Gruppen von Risiken, die in gleicher oder ähnlicher Weise bei den meisten Projektfinanzierungen zu einer Gefährdung der Cash Flows führen können und insofern der Gegenstand eines umfassenden Risikomanagements sein sollten.

Eine zweckmäßige Unterteilung der Risiken kann so erfolgen, dass sie in Bezug auf ihre Inhalte und ihre Ursachen weitgehend überschneidungsfrei ist und im Hinblick auf die Möglichkeiten ihrer Beeinflussbarkeit durch die verschiedenen Projektbeteiligten abgestellt wird (vgl. Lange, 2011, S. 650 ff.). Daher wird im Folgenden anhand des Beispiels eines Solarparks unterschieden zwischen Risiken, die von der Projektgesellschaft oder anderen Projektbeteiligten kontrolliert werden können (projektendogene Risiken), und solchen Risiken, die außerhalb der Projektbeteiligten auf das Projekt einwirken (projektexogene Risiken). Eine Besonderheit von projektexogenen Risiken stellen Risiken dar, die von keiner der am Projekt beteiligte Parteien kontrolliert werden können, so genannte Force-Majeure-Risiken.

Endogene Risiken bei Projektfinanzierungen

Zu den **projektendogenen Risiken** zählen das Fertigstellungsrisiko, das Funktionsrisiko, das Betriebs- und Managementrisiko sowie das Markt- und Absatzrisiko.

Das **Fertigstellungsrisiko** beinhaltet alle Risiken, die daraus resultieren, dass die Anlagen verzögert, gar nicht, nicht auftragsgemäß oder zu höheren Kosten als geplant fertiggestellt werden. In all diesen Fällen steht der Cash Flow zur Rückzahlung der Verbindlichkeiten in geringerer Höhe oder nur zeitlich verzögert zur Verfügung als ursprünglich berechnet. Im Extremfall der Nichtfertigstellung fallen lediglich negative Cash Flows an und die Sicherheiten müssen verwertet werden. Einerseits kann der Sponsor Fertigstellungsgarantien und Nachschussverpflichtungen eingehen, andererseits kann durch die Zusammenarbeit mit einem erfahrenen Generalunternehmer das Risiko für den Bau von Anfang an minimiert werden.

Das **Funktionsrisiko** umfasst Ausfallrisiken aufgrund technischer Probleme, zum Beispiel bedingt durch nicht hinreichend erprobte Technik oder Schnittstellenprobleme. Hierunter fallen etwa Komplettausfälle und technisch bedingte Produktionsrückgänge. Um dies zu vermeiden, ist entweder bewährte Technik einzusetzen oder das Risiko auf andere Projektbeteiligte zu verteilen. Ein bewährtes Instrument ist der langfristige Wartungsvertrag mit garantierten Mindestverfügbarkeiten.

Das **Betriebs- und Managementrisiko** betrifft das Risiko, dass nicht nur durch technische Probleme, sondern auch durch Mängel bei der Planung, Organisation, Durchführung und Kontrolle von Betriebsabläufen oder durch eine fehlerhafte Bedienung oder fehlende Wartung und Instandhaltung Produktionsausfälle entstehen können. Wenn die Projektsponsoren den optimalen Betrieb nicht selbst gewährleisten, ist der Einsatz von professionellen Betriebs- und Managementgesellschaften mit guten Referenzen zu empfehlen.

Wenn für den produzierten Strom kein fester Preis wie beispielsweise ein Einspeisetarif existiert, besteht ein **Markt- und Absatzrisiko**. Dieses gefährdet die Planbarkeit der Cash Flows und damit auch die verlässliche Tilgungsfähigkeit der Projektgesellschaft. Ein Kreditinstitut wird eine derartige Konstellation im Rahmen einer Projektfinanzierung kaum akzeptieren.

Bestehen keine staatlich garantierten Abnahmepreise, ist zumindest ein langfristiger Abnahmevertrag notwendig, um das Absatzrisiko zu reduzieren. Beispielsweise werden bei Erneuerbare Energie Projekten darin sowohl die abzunehmenden Mengen als auch die zu bezahlenden Preise definiert. In der Regel werden feste Preise vereinbart in Verbindung mit der Verpflichtung, den gesamten gelieferten Strom abzunehmen. Die Akzeptanz des Vertragspartners hängt wesentlich von seiner Bonität und der Laufzeit des angefragten Darlehens ab.

Exogene Risiken bei Projektfinanzierungen

Zu den **projektexogenen Risiken** gehören die Stabilität und Anreizwirkungen des Rechts- und Regulierungsumfeldes, die Finanz- und Länderrisiken, die Vertragsrisiken sowie die Force-Majeure-Risiken.

Die positive Einschätzung des **Rechts- und Regulierungsumfeldes** hat eine hohe Priorität bei der Entscheidung, ob ein Vorhaben umgesetzt werden soll. Zum einen muss sich die Bank darauf verlassen, dass Projektverträge rechtlich bindend sind, zum anderen muss auch das Regulierungsumfeld stabil und verlässlich sein. Wie entscheidend dies ist, wurde in jüngster Vergangenheit wieder deutlich, als in Ländern wie Tschechien oder Spanien nachträglich Steuern beziehungsweise Kürzungen für bereits fertiggestellte und angeschlossene Solarparks beschlossen wurden. Daher muss vor der Projektentscheidung eine ausführliche Due Diligence erfolgen beziehungsweise es müssen umfangreiche Kenntnisse der Rechts- und der Regulierungssituation vorhanden sein. Sind die rechtlichen Risiken zu hoch, so kann auch eine Exportkreditausfallversicherung sinnvoll sein, die sowohl politische als auch wirtschaftliche Risiken absichert.

Zinsänderungs-, Wechselkurs- und Inflationsrisiken führen dazu, dass trotz des erfolgreichen operativen Betriebs, die Tilgungsfähigkeit der SPV-Projektgesellschaft möglicherweise beeinträchtigt oder nicht gewährleistet ist. Eine nicht zu erwartete Zinserhöhung steigert den Schuldendienst eventuell über das tragbare Maß hinaus. Als Absicherungslösung für diese Risikobereiche bieten sich Derivate an, zum Beispiel in Form von Swap-Geschäften. Wenn die Währung der Kreditdarlehen nicht identisch ist mit der Währung von Einnahmen und Ausgaben, ist eine Absicherung des Wechselkursrisikos über ein Währungsderivat erforderlich. Das Inflationsrisiko wird immer dann wirksam, wenn Einspeisetarife an die Inflation gekoppelt sowie Kostenpositionen nicht langfristig vertraglich abgesichert sind.

Unter dem Begriff **Länderrisiko** werden drei typische Risikobereiche zusammengefasst. Politische Risiken sind staatliche Handlungen, die das Projekt negativ beeinflussen, zum Beispiel Regierungswechsel, Verzögerungen im Genehmigungsverfahren oder Beschränkungen des Kapitaltransfers. Das wirtschaftliche Länderrisiko beschreibt die Gefahr, dass der Staat seinen eigenen Zahlungsverpflichtungen nicht mehr nachkommen kann und gegebenenfalls auch seinen Unternehmen untersagt, Verbindlichkeiten im Ausland zu begleichen.

Vertragsrisiken entstehen durch national unterschiedliche oder fehlende Rechtsnormen. Neben einer ausführlichen Due Diligence können Länderrisiken wiederum durch sogenannte Exportkreditversicherungen abgemildert werden. Diese können immer dann eingesetzt werden, wenn ein Hersteller aus dem einen Land heraus in an anderes Land exportiert. Üblich sind Versicherungen von bis zu 95 % des Fremdkapitals gegen politische und wirtschaftliche Risiken.

Force-Majeure-Risiken werden auch mit Gefährdungen aufgrund höherer Gewalt umschrieben und umfassen Bereiche, die von keinem der Projektbeteiligten beeinflusst werden können. Beispiele sind Erdbeben, Sabotage oder Enteignung. Im Kreditvertrag ist daher genau zu beschreiben, ob der Kreditnehmer im Falle des Force-Majeure von seinen Verpflichtungen freigestellt wird und wenn ja, für welche Dauer. Für häufiger auftretende Force-Majeure-Risiken wie Erdbeben sollten wenn möglich und ökonomisch sinnvoll, Versicherungen abgeschlossen werde.

Sicherheiten

Das Sicherheitenmodell einer Projektfinanzierung zielt nicht darauf ab, allein die Projektaktiva zu verwerten, sondern vielmehr darauf die Weiterführung des Projektes zu erreichen. Eine Verwertung des Projektes, etwa durch den Verkauf einzelner Komponenten ist bei einer Projektfinanzierung sehr unwahrscheinlich und würde aufgrund des hohen Spezifizierungsgrades sowie entsprechend niedriger Zerschlagungswerte in der Regel nicht dazu ausreichen, alle außenstehenden Kredite zu befriedigen. Vielmehr beabsichtigt der Kreditgeber, die ihm zur Verfügung gestellten Sicherheiten dazu zu nutzen, das Projekt am gleichen Standort weiter zu betreiben und gegebenenfalls eine Restrukturierung des Kredites vorzunehmen.

Kernpunkte eines Besicherungskonzeptes sind daher vertragliche Eintrittsrechte in die bestehenden Projektverträge wie beispielsweise Nutzungs- und Pachtverträge sowie Abnahmeverträge mit dem Ziel des Going-Projekt-Prinzips. Neben den Eintrittsrechten in alle wesentlichen Verträge, sind Sicherungsübereignungen der Aktiva und Abtretungen von Ansprüchen Teile des Sicherheitenpakets. Letztendlich soll der Kreditgeber im Fall der Insolvenz der Projektgesellschaft in der Lage sein, das Projekt eigenständig oder durch einen Dritten weiter betreiben zu können. Der Kreditgeber ist dann berechtigt das Projekt und den Standort zu nutzen. Dieser hält als Sicherungsnehmer künftig das Eigentum an den Projektaktiva.

Damit die identifizierten Risiken im Hinblick auf ihren Einfluss auf die Stabilität des Cash Flows untersucht werden können, müssen sie in einem nächsten Schritt quantifizierbar gestaltet werden. Im Folgenden wird daher auf die Risikoquantifizierung mittels geeigneter Finanzkennzahlen eingegangen. Im Vordergrund dieser Betrachtung stehen Kennzahlen, die den Kapitaldienstdeckungsgrad abbilden. Diese Ratios unterstützen die Kreditentscheidung im Vorfeld der Finanzierung und dienen zudem der Überwachung des laufenden Erfolgs des Projektes im Rahmen der Risikofrüherkennung, um eventuell rechtzeitig gegenwirken zu können.

5.3.4 Bewertung von Projektfinanzierungen und Agency-Probleme

Während für die Bewertung einer Projektfinanzierung für das Unternehmen Kennzahlen zur internen Rendite oder Kapitalwert maßgeblich sind, ist es aus Sicht der Bank entscheidend, wie sicher Zins und Tilgung über die Kredit- und Projektlaufzeit erbracht werden können. Um dieses einschätzen zu können, ist es aus Bankensicht daher entscheidend, welchen Einfluss negative Abweichungen von der Planung als **Base Case** auf die Höhe des Cash Flows haben. Um ihren vertraglichen Rückzahlungsanspruch zu wahren, lassen sich Banken daher im Rahmen der Projektanbahnung für den Fall von negativen Planabweichungen weitgehende Kontroll- sowie Sanktionsrechte einräumen. Damit es während der Projektlaufzeit möglichst nicht zu derartigen Planabweichungen kommt, werden verschiedene Sicherungselemente eingebaut. Eines dieser Sicherungselemente ist die Gestaltung einer dem Risikoprofil angemessenen Finanzierungsstruktur.

Die für die Festlegung einer geeigneten Finanzierungsstruktur maßgebliche Kennzahl ist der sogenannte Schuldendeckungsgrad **Annual Debt Service Cover Ratio (ADSCR)**, der den frei verfügbaren Cash Flow ins Verhältnis zum Schuldendienst in der jeweiligen Periode setzt. Auf diese Weise zeigt sich, ob das Projekt auch jederzeit in der Lage ist, den Kapitaldienst aus dem laufenden Cash Flow zu erbringen (vgl. Schulte-Althoff 1992, S. 31). Bei einer ADSCR größer oder gleich 1,0 ist der Schuldendienst des Jahres durch den Cash Flow voraussichtlich gedeckt. Die jährliche Kapitaldienstdeckungsrate (ADSCR) berechnet sich wie folgt:

$$ADSCR_t = \frac{CF_t}{KD_t}$$

Symbole:

CF_t Cash Flow der Periode

KD_t Kapitaldienst der Periode

Der Verlauf der ADSCR über die Zeit, wird daher maßgeblich von der Tilgungsstruktur beeinflusst. Eine lineare Tilgung führt beispielsweise zu Beginn zu einer geringeren sowie langsam zunehmenden Kennzahl. Die annuitätische Abzahlungsstruktur verhilft zu einer gleichmäßigen ADSCR. Aufgrund der in der Regel langen Kreditlaufzeit und den schwankenden ADSCR wird bei Projektfinanzierungen sowohl auf eine Minimum ADSCR als auch eine Average ADSCR abgestellt. Beides sind Determinanten für die Berechnung der maximalen Kredithöhe, aber auch in der Projektüberwachung können mit ihrer Hilfe Abweichungen vom Base Case analysiert und zur Risikofrüherkennung überwacht werden.

Je höher die Kennzahl ausfällt, desto höhere negative Schwankungen im Cash Flow kann das Projekt vertragen. Die ADSCR sollte sich je nach Investitionsobjekt daher in einer Spannbreite von 1,15 bis 1,40 bewegen, damit ein ausreichender Risikopuffer gegeben ist und auch schwache Ertragsphasen eine Deckung des Kapitaldienstes gewährleisten. Die ADSCR agiert nicht nur als Unterstützung für die Projektevaluierung, sondern stellt auch wichtige Informationen für die Strukturierung der Finanzierung hinsichtlich der Termine und der Höhe der Kredittilgungen sowie Zinszahlungen zur Verfügung. Es zeigt sich über diese Finanzkennzahl auch der maximale Verschuldungsgrad des Projekts aus Sicht der Initiatoren und daraus abgeleitet, die zu erwartende Rendite aus dem Leverage.

Neben der ADSCR ist die **Loan Life Cover Ratio (LLCR)** eine weitere entscheidende Kennzahl zur Bewertung des Projektes, da er im Gegensatz zum ADSCR nicht einzelne Perioden betrachtet, sondern die gesamte Kreditlaufzeit. Darüber wird ermittelt, ob die gesamten Rückflüsse ausreichen, um den Kredit zu bedienen:

$$LLCR = \frac{BCF_t}{K_t}$$

Symbole:

BCF_t	Barwert aller Cash Flows bis zur Rückzahlung des Kredits
K_t	Ausstehendes Kreditvolumen in der jeweiligen Periode

Berechnet wird diese Kennzahl als Verhältnis der bis zum Ende der Kreditlaufzeit verfügbaren freien Mittel zu dem aktuell ausstehenden Kreditbetrag. Diese Determinante gibt somit darüber Auskunft, ob der Gesamt-Cash-Flow während der Kreditlaufzeit ausreicht, um Zins und Tilgung vollständig zu bedienen. Im Zusammenspiel mit der ADSCR kann somit eine umfassende Bewertung erfolgen. Denn auch wenn die ADSCR in einer bestimmten Periode unter 1,0 liegt, kann das Projekt noch ausreichend robust sein, wenn zum gleichen Zeitpunkt die LLCR über 1,0 liegt. Schwankungen im Projektverlauf können durch eine flexible Anpassung der Tilgungsstruktur ausgeglichen werden, da über die gesamte Kreditlaufzeit gesehen, ein voraussichtlich ausreichender Cash Flow zur Verfügung steht.

Mit den Determinanten ADSCR und LLCR kann somit eine geeignete Finanzierungsstruktur festgelegt werden, welche die Volatilitäten im Projektverlauf abfedert. In der Praxis werden Kreditinstitute auch bei dieser Kennzahl LLCR eine deutliche Überdeckung verlangen. Während der Kreditlaufzeit stellt diese Relation die erwarteten kumulierten Einnahmenüberschüsse dem gesamten Schuldendienst gegenüber und zeigt inwieweit die geschätzten Cash Flows gegebenenfalls eine Tilgungsstreckung ermöglichen (vgl. Höpfner, 1995, S. 183).

Auch in diesem Falle gilt, je höher der Deckungsgrad ist, desto größer ist auch die Widerstandskraft des Projektes gegenüber Ergebnisschwankungen. Befindet sich diese Kennzahl nicht in ausreichenden Bandbreiten, können daher von den Finanzierern angemessene Risikoprämien oder Garantien eingefordert werden.

Dabei wird die Finanzierungsstruktur üblicherweise so ausgestaltet, dass das Projekt auch bei Eintreten eines Worst-Case-Szenarios in der Lage ist, den Schuldendienst zu bedienen. Die Schuldendienstdeckungsfähigkeit der projektimmanenten Cash Flows ist die notwendige Bedingung für die Fremdkapitalgeber, sich bei einer Projektfinanzierung zu engagieren. Der Cash Flow muss neben der Bedienung der operativen Kosten und des Kapitaldienstes, immer noch einen zusätzlichen Puffer aufweisen, um Planabweichungen aufzufangen, die nicht von einem Projektbeteiligten getragen werden. Je nach Bewertung der einzelnen Projektrisiken sind daher Puffer zwischen 15 % bis 40 % üblich, so dass im Base Case die Schuldendienstfähigkeit derart strukturiert wird, dass über die gesamte Laufzeit ein entsprechendes Minimum ADSCR Niveau in Höhe von 1,15 bis 1,40 erreicht wird. Damit bestimmt der Cash Flow und die Verlässlichkeit seiner Erzielung die Wirtschaftlichkeit sowie das Verschuldungspotenzial eines Projektes.

Die im Risikoabschnitt beschriebenen Sicherungsinstrumente können Einzelrisiken minimieren, aber nicht gänzlich verhindern. Es verbleiben Restrisiken, die durch die Projektstruktur aufgefangen werden müssen. Um eine quantitative Basis für die Beurteilung des Risikos und die darauf aufbauende Strukturierung zu erlangen, werden in der Regel Cash-Flow-Modelle eingesetzt. Sie ermöglichen eine Beurteilung der Projektbelastbarkeit und der Wirtschaftlichkeit und bilden daher das Kernelement bei der Bewertung von Projektfinanzierungen.

Letztendlich handelt es sich bei Cash-Flow-Modellen um EDV-gestützte Ansätze, die versuchen, das Projekt möglichst real abzubilden und über die Prognosen das Risiko einschätzbar zu gestalten. Üblicherweise sind Cash-Flow-Modelle in drei Hauptkomponenten aufgeteilt, einem Eingabe- sowie Annahmen-Modul, einem Berechnungs-Modul sowie einem Ausgabe-Modul.

Der Rechenkern dieses Modells projiziert die zukünftig erwarteten Zahlungsströme des Investitionsvorhabens unter der Annahme bestimmter unsicherer Umweltzustände. Dabei fließen makroökonomische wie auch unternehmensspezifische Variablen und Prämissen, neben Erfahrungswerten des Instituts, in den Ansatz mit ein. Makroökonomische Annahmen betreffen die zukünftig erwartete Zinsstrukturkurve und mögliche Währungsentwicklungen. Unternehmensspezifische Prämissen behandeln die Erwartungen hinsichtlich aller ergebnisrelevanten Komponenten auf der Unternehmensebene wie beispielsweise die:

– Mengen und Preise des Projekt-Outputs,
– Investitionskosten und laufende Betriebskosten,
– Finanzierungskosten und Steuern.

Zusammengenommen ergeben diese Daten eine detaillierte Berechnung des Cash Flows in der Zukunft, der die Basis für die Zins- und Tilgungszahlungen des Kredites darstellt. Über dieses aufwändige Finanzmodell besteht die Möglichkeit, die wirtschaftliche Situation des Projektes detailliert abzubilden und Variationen der den Rückfluss bestimmenden Faktoren zu simulieren und deren Auswirkungen auf den Output aufzuzeigen. Auf diese Weise werden insbesondere die Risiken für die Finanzierung deutlich (vgl. Wolf/Hill/Pfaue, 2011, S. 83).

Definition: Das **Cash-Flow-Modell** bei einer Projektfinanzierung bezeichnet meist ein computergestütztes Entscheidungsmodell zur Darstellung wesentlicher vorhabensabhängiger Cash Flows, die sich aus den variablen Input-Faktoren ergeben.

Um eine Vergleichbarkeit der Ergebnisse der Cash-Flow-Modellierung zu ermöglichen, sind diese Modelle in der Regel derart gestaltet, dass der Anwender lediglich das Annahmen-Modul verändern kann. Da diese Eingaben manuell erfolgen, hängt die Qualität der Ergebnisse somit entscheidend vom Anwender ab.

Szenariotechnik und Sensitivitätsanalyse

Eine rein statische Betrachtung dieser Kennzahlenergebnisse mittels Modellierung durch ein Cash-Flow-Modell reicht zur Beurteilung der wirtschaftlichen Tragfähigkeit sowie zur Analyse des Risikopotentials eines Projektes nicht aus. Sensitivitätsanalysen und Szenariotechnik finden daher eine Anwendung.

Durch die Verwendung dieser Analysetechniken wird weiterhin der Tatsache Rechnung getragen, dass das von den Kreditnehmern erstellte Cash-Flow-Modell in der Regel ein Base-Case-Szenario beziehungsweise Management Case aufzeigen wird. Letzterer Fall stellt das mehr oder weniger realistische Zukunftsmodell aus Sicht der Sponsoren dar. Potenzielle Investoren und Kreditgeber unterstellen jedoch, dass im Management Case die Zukunft des Projekts sehr viel positiver eingeschätzt wird, als es eine konservative Bank erwarten würde.

Auch bestehen an dieser Stelle unterschiedlich gelagerte Interessen, da Sponsoren eine möglichst hohe Fremdfinanzierung zur eigenen Risikoreduzierung generieren möchten sowie Banken nur bei gesicherten Cash-Flow-Überdeckungen bereit sind, ihre Mittel zu gewähren. Daneben ist zu unterstellen, dass erhebliche Informationsasymmetrien vorliegen, da diese Projektinitiatoren regelmäßig über umfangreichere und zeitnähere Daten verfügen als die (potenziellen) Kreditgeber.

Im Rahmen der **Sensitivitätsanalyse** wird untersucht, wie sich bei einer Variation bestimmter Eingabe-Parameter wie beispielsweise dem Energieertrag, der Projekt-Cash-Flow sowie die projektbezogenen Kennzahlen verhalten (vgl. Böttcher, 2011, S. 302 ff.). Die Grunddaten, auf die sich der Cash Flow besonders reagibel verhält, bedürfen folglich besonderer Aufmerksamkeit. Diese Kerndaten sind bei der Kreditentscheidung und beim Projektbetrieb intensiv zu überwachen.

Bei komplexen Projektfinanzierungen von Erneuerbare Energie Projekten werden die folgenden Parameter einer Sensitivitätsanalyse unterzogen: Wind- beziehungsweise Sonnenertrag, Anlagenverfügbarkeit (Windprojekte), Leistungsminderungen der Solarmodule, Baukostenüberschreitungen, Betriebskosten sowie hohe Marktpreisschwankungen, sofern keine festgelegten Einspeisevergütungen gegeben sind. Mit welchen Werten eine genaue Sensitivierung erfolgt, hängt dabei insbesondere von den Risikomanagement-Regularien des einzelnen Instituts ab. Ein branchenweiter Standard existiert hier nicht.

Bei der **Szenariotechnik** werden unterschiedlichen Parameterkonstellationen Eintrittswahrscheinlichkeiten zugeordnet und es wird analysiert, wie sich bei den verschiedenen Szenarien die Cash Flows und die Kennzahlen verändern. Dadurch kann die wirtschaftliche Tragfähigkeit des Projektes in verschiedenen Umweltzuständen ermittelt werden. Denn maßgeblich für die Bewertung der Projektfinanzierung aus Bankensicht ist die Höhe des ADSCR, welcher in jedem Jahr bei mindestens 1,0 liegen sollte. Diese Schwelle muss auch bei ungünstigen Entwicklungen erreicht werden, welche mit der Szenariotechnik abgebildet werden. Ziel der Szenariotechnik ist daher die Definition eines vorsichtigen Banking Cases.

Zur Ermittlung des Banking Cases werden in der Regel drei verschiedene Szenarien untersucht: ein **Base Case**, ein **Best Case** sowie ein **Worst-Case**. Während im Base-Case die wahrscheinliche Ausprägung der Parameter dargestellt wird, stellen Best- und Worst-Case günstige beziehungsweise ungünstige Abweichungen der Parameter dar. Während der Best-Case in erster Linie aus Investorensicht interessant ist, da Banken kein Upside Potential haben, ist es aus Bankensicht vielmehr entscheidend, wie stark sich eine Worst-Case-Betrachtung auf die einzelnen Kennzahlen auswirkt. Denn anhand des Worst-Case-Szenarios kann untersucht werden, ob die Projektgesellschaft selbst bei ungünstigsten Entwicklungen noch in der Lage ist, die Schuldendienstleistungen aus ihrem Cash Flow zu erbringen. Ergeben die Auswertungen des Worst-Case-Szenarios, dass eine Unterdeckung des Schuldendienstes vorliegt, kann dieses zu Modifikationen der Finanzierungsstruktur oder zu fordernden Sicherungsinstrumenten wie Garantien der Sponsoren führen.

Der sich daraus ergebende vorsichtige Banking Case spielt eine gewichtige Rolle bei der folgenden Kreditentscheidung. Gleichzeitig bildet das Cash-Flow-Modell auch die Basis für die Strukturierung der Finanzierung, das heißt die Laufzeit, den Rückzahlungsbeginn und weitere kreditrelevante Konditionen. Auch die Höhe der notwendigen Eigenmittel ermittelt sich aus den projizierten Zahlungsströmen. Banken errechnen aus dem Cash-Flow-Modell verschiedene statische Deckungsgrade, die bei der Beurteilung der wirtschaftlichen Stabilität des Projektes unterstützend wirken. So werden Deckungsrelationen ermittelt, die sich auf einem bestimmten Level bewegen sollten, um eine Kreditvergabe zu ermöglichen. Diese Verhältnisse sind in der Praxis auch Bestandteile von Kreditverträgen. Diese können bei einer Nichteinhaltung einen Kündigungsgrund darstellen.

Ratingverfahren zu Bewertung von Projektfinanzierungen

Als gravierender Mangel bei der Sensivitätsanalyse beziehungsweise der Szenariotechnik wird die Tatsache angesehen, dass keine Aussagen über die Eintrittswahrscheinlichkeit der antizipierten Cash-Flow-Konstellationen möglich sind. Die Anwendung dieser Techniken setzt somit Kenntnisse über die Eintrittswahrscheinlichkeit der Cash-Flow-Determinanten voraus. Diese können entweder subjektiv auf der Grundlage vorhandenen Fachwissens oder alternativ durch den Einsatz risikoanalytischer Verfahren bestimmt werden.

Ausgehend von der Cash-Flow-Modellierung mithilfe von Analysen, ermöglicht das Ratingverfahren im nächsten Schritt, den Einzahlungsverlauf innerhalb einer Simulation genauer zu bewerten. Das Ratingverfahren ist wie jedes andere Modell auch eine Abstraktion der Realität von Projektfinanzierungen, wobei die Risikobewertung in systematischer und standardisierter Art und Weise erfolgt. Die Idee des Simulationsansatzes ist es, nicht nur den Banking Case des Cash-Flow-Wasserfalls zu betrachten, sondern auch, eine große Anzahl möglicher zukünftiger Szenarien basierend auf dem Banking Case zu generieren.

Die Qualität des Ratingergebnisses hängt dabei stark von der Genauigkeit der Inputdaten ab, da die wesentlichen Annahmen über Erlöse, Kosten, Schuldendienst, Steuern sowie die derzeitigen Zinssätze und Wechselkurse vorgegeben sind. Diese Eingaben bilden den Banking Case ab und werden im Cash-Flow-Wasserfall aggregiert, um die Annual Debt Service Cover Ratio und die Loan Life Cover Ratio zu berechnen. Das Projektratingverfahren berücksichtigt auch verschiedene Reservekonten und Sponsorenunterstützung bei der Kalkulation dieser Kennzahlen. Insgesamt existieren drei Hauptquellen von Risiken, die im quantitativen Teil dieses spezifischen Ratingverfahrens abgedeckt sind:

- die Volatilitäten der Hauptrisikotreiber,
- die Korrelationen zwischen den Hauptrisikotreibern und
- die Unsicherheit über das Level des Banking Case.

Letztere wird als Banking Case Uncertainty (BCU) bezeichnet, welches als Maß für die Verlässlichkeit der Prognose des Ertragsgutachtens herangezogen werden kann. Die Verwendung der BCU ist notwendig, da während der Bauphase und noch zu Beginn der Operationsphase, ein signifikanter Grad an Unsicherheit über die Höhe der zukünftigen Erlöse und Kosten des Projekts existiert. Die BCU wird lediglich für Bewertungen innerhalb der Bauphase eines Projektes angewendet und funktioniert als symmetrischer Parallelshift der Erlöse sowie variablen Kosten eines Projekts. Die Volatilität der Cash Flows, welche die Unsicherheit über die Zukunft eines Risikotreibers beschreibt werden hingegen durch die Volatilität des jeweiligen Risikotreibers abgedeckt. Die BCU zielt somit nicht auf die historische Volatilität der Preise, betrachtet jedoch die Quantitäten als Hauptrisikotreiber.

Basierend auf den Hauptrisikoquellen werden im nächsten Schritt für die wesentlichen Risikotreiber Erlöse, Kosten, Zinssätze und Wechselkurse Szenarien generiert. Die Variablen für die Zinssätze und die Wechselkurse werden in einem makroökonomischen Modell generiert. Dieses Modell beinhaltet historische Volatilitäten und Korrelationen zwischen makroökonomischen Faktoren. Diese makroökonomischen Szenarien werden auch in den Ratingverfahren für internationale kommerzielle Immobilien-, Schiffs- und Flugzeugfinanzierungen verwendet.

Die Szenarien für Erlöse und Kosten werden innerhalb des Ratingverfahrens mittels eines Random-Walk-Ansatzes generiert. Die benötigten Informationen hierfür sind spezifische Volatilitäten und Korrelationen der verschiedenen Risikotreiber. Diese Informationen hängen vom Segment, dem Subsegment und oft sogar vom Sitzland eines Projekts ab. Für jedes Szenario werden der Cash-Flow-Wasserfall sowie der Ausfalltest in Form der Höhe der ADSCR berechnet. Die Ausfallwahrscheinlichkeit in Form der Probability of Default (PD) ergibt sich anschließend aus dem Verhältnis der Anzahl von Ausfallszenarien zur Gesamtanzahl von Szenarien und wird in Form eines Prozentsatzes wie beispielsweise 0,01 % ausgewiesen.

In einer Ratingskala werden anschließend die Ausfallwahrscheinlichkeit sowie die Ratingnote eines Projektes zusammengeführt. Dazu werden Bonitätsnoten für bestimmte Bandbreiten von Ausfallwahrscheinlichkeiten ermittelt (vgl. Schiller/Tytko, 2001, S. 257). Wie umfangreich die Abstufungen der einzelnen Ratingnoten sind und welche Bandbreite an Ausfallwahrscheinlichkeiten entsprechend zugeordnet wird, ist dabei von Institut zu Institut unterschiedlich. Die Ratingagentur Standard & Poors vergibt zum Beispiel insgesamt 23 Ratingstufen von AAA, die einer jährlichen Ausfallwahrscheinlichkeit von bis zu 0,01 % entspricht, bis D (Ausfall). Die letzte Ratingstufe vor einem Ausfall ist hierbei CCC+ mit einer Ausfallwahrscheinlichkeit von rund 18,27 %. Mit der Vergabe der Ratingnote ist somit die Bewertung des Projektes und somit der Projektfinanzierung abgeschlossen.

Bei der Durchführung und der Finanzierung eines Projektes kann es zu intensiven Agency-Problemen aus bestehenden Informationsasymmetrien und Zielunterschieden der einzelnen Parteien kommen. Diese sind zu antizipieren und über vertragliche Bestandteile, Prüfungen und Überwachungen zu vermeiden.

Bei einer Projektfinanzierung bestehen in den unterschiedlichen Phasen der Finanzierung und der Durchführung des Vorhabens zum Teil erhebliche Informationsasymmetrien zwischen den einzelnen an einem Projekt beteiligten Parteien. Diese sind aufgrund der Tragweite und den vorhandenen hohen Einzelrisiken unbedingt zu analysieren und soweit wie möglich abzubauen. Daher bestehen vor Eingehen der Vertragsbeziehung Probleme zwischen den Sponsoren und den Fremdkapitalgebern (Hidden-Information-Fall). Unsicherheiten existieren aus Kreditgebersicht aufgrund der Eigenschaften und Qualifikationen der Projektinitiatoren, des Erfolgsprofils und der dem Projekt inhärenten Risiken.

So kann unter Umständen von Seiten der Sponsoren versucht werden, die finanziellen und auch die leistungswirtschaftlichen Projektrisiken einseitig auf die Kreditgeber zu verteilen. Zur Vermeidung dieser Probleme wird daher versucht, diesen Unsicherheiten durch vertragliche Maßnahmen und Aktivitäten im Vorfeld der Vertragsunterzeichnung zu begegnen. Diese können umfassen:

- die Einschaltung von branchenerfahrenen Beratern bei der Due Diligence,
- die Besicherung an den Aktiva und Rechten des Projekts und des Sponsors,
- die Festlegung von Covenants zur Vermögens-, Finanz- und Ertragslage,
- die Beschränkungen bei Entnahmen und der Bildung von Liquiditätsreserven,
- die Vereinbarung von Kündigungsrechten und Fristigkeiten in Kreditverträgen.

Beim Bestehen einer Vertragsbeziehung (Hidden-Action-Fall) konzentriert sich die Projektfinanzierung aus Gläubigersicht auf das Monitoring der wichtigen projektbezogenen Bereiche. Dazu werden von den Kreditgebern bestimmte Überwachungsformen ausgewählt, die Schwierigkeiten beim Bau und Betrieb des Projektes erkennen und verhindern helfen sollen, wie unter anderem:

- die Kontrolle des Baufortschrittes in der Bauphase durch externe Gutachter,
- die Überprüfung der Kapitaldienstfähigkeit über Monats- und Quartalsberichte,
- die Überwachung der Sicherheiten durch vor Ort Prüfungen in Intervallen,
- die Analyse von Zahlenmaterial und die Prüfung vertraglicher Covenants,
- regelmäßige Treffen mit der Geschäftsleitung zum Reporting.

Aufgrund der hohen Kreditbeträge sowie den gerade in der Bauphase umfassenden Risiken, behandelt die Agency-Theorie diese Schwierigkeiten sehr ausgeprägt und hat ein breites Instrumentarium zur Verminderung von Informationsasymmetrien und zur Angleichung der Interessenlagen zur Hand. Dabei können die Maßnahmen zur Reduzierung der Agency-Probleme auch freiwillig von Seiten des Sponsors ausgehen. Für den Initiator steht die Aufrechterhaltung beziehungsweise der Aufbau seiner Reputation besonders bei den Finanzierungsakteuren im Fokus, denn üblicherweise ist die Sponsorentätigkeit auf weitere künftige Projekte ausgelegt, für die ebenfalls Fremdkapitalgeber benötigt werden.

5.3.5 Finanzierung am Beispiel eines Infrastrukturprojekts

Im Folgenden wird das Beispiel einer Projektfinanzierung anhand einer Infrastrukturfinanzierung im Energiesektor dargestellt. Ausgehend von wesentlichen Projektinformationen im Rahmen eines verkürzten Infomemos wird die Strukturierung der Finanzierung aufgezeigt und abschließend werden Risiken dieses Projektes diskutiert. Die nachfolgende Abb. 5.16 zeigt das Informationsmemorandum für den geplanten Bau eines Solarparks in Form einer Projektfinanzierung.

Informationsmemorandum für den Bau eines Solarparks	
Standort	Im Gemeindegebiet von Sonnendorf, Landkreis Sonnenberg, soll nordwestlich der Autobahn A 123 durch die Firma Solar EPC GmbH eine Photovoltaik-Freiflächenanlage errichtet werden. Der Solarpark Solar 1 wird auf einer ca. 5,9 ha großen und relativ ebenen Fläche errichtet.
Nennleistung	2,408 MWp
Installation	Die Module werden in Ost/West Richtung mittels Leichtmetallkonstruktion mit fest definiertem Winkel zur Sonne nach Süden hin aufgeständert. Die Module werden auf so genannten „Tischen" angeordnet, welche mittels Stahlpfosten ohne Fundament im Boden befestigt sind. Die Neigung des Tisches beträgt 25 Grad.
Module	Insgesamt werden 10.164 Module der Firma China Tier 1 Modules mit einer Nennleistung von 240 Wp pro Modul eingesetzt.
Unterkonstruktion	Für die Freiflächenanlage wird Montagematerial der Firma Solar EPC GmbH aus Stahl und feuerverzinkten Pfosten eingesetzt. Die Pfosten aus feuerverzinktem Stahl ca. 2,00 m tief in den unbefestigten Untergrund gerammt. Ein zusätzliches Fundament wird nicht erforderlich. Auf den Stahlpfosten wird eine Stahlunterkonstruktion als Modulträger befestigt, die Module selbst werden mittels Modulklemme oder Einschubsystem befestigt. Der Modultisch besteht aus 4 Modulen übereinander und 11 Modulen in der Reihe.
Wechselrichter	Die Module, die Gleichstrom produzieren, werden zu Strängen untereinander verkabelt, welche gebündelt an Generatoranschlusskästen (GAK) und von dort an Wechselrichter angeschlossen werden. Hier findet die Umwandlung von Gleichstrom zum netzüblichen Wechselstrom statt. Es wird eine Wechselrichterstation mit 6 Wechselrichtern errichtet. Der Stationsstandort befindet sich innerhalb der überbaubaren Grundstücksfläche am Modulfeldrandbereich.
Netzeinspeisung	Einspeisepunkt: ca. 400m vom Standort an der 20kV-Leitung „Sonnendorf" zwischen den Trafostationen „Sonnendorf, Siedlung" und „Sonnendorf, Schule".
Tarif	Der produzierte Strom wird für eine Dauer von 20 Jahren mit 0,10 Euro fest vergütet.
Einspeisezusage	Die Einspeisezusage des lokalen Energieversorgers über eine Kapazität in Höhe von 2,408 MW liegt vor.
Ertragsprognose	Es liegen zwei Ertragsgutachten von unabhängigen Gutachtern vor.

Abb. 5.16: Informationsmemorandum zum Solarpark Solar 1 (Quelle: Eigene Darstellung)

Term Sheet

Das hier aufgezeigte Term Sheet zeigt die wesentlichen wirtschaftlichen Bedingungen dieser Finanzierung. Ausgangsbasis für die Finanzierungsstruktur ist ein Plan-Cash-Flow-Modell, bei dem sowohl Base-Case- als auch Downside-Case-Betrachtungen vorgenommen wurden, wie die nachfolgende Abb. 5.17 darstellt.

Sensitivitätsanalyse		
Base Case		Min. DSCR 1,15x
Downside Case	**Sensitivierung**	**Ergebnis**
Sonnenertrag	Ertragsminderung um 5%	Min. DSCR 1,10x
Degradation	Erhöhte Moduldegradation 0,85%	Min. DSCR 1,09x
Bauzeitrisiko	Baukostenüberschreitung + 2%	Min. DSCR 1,14x
Betriebsrisiko	Betriebskosten + 20%	Min. DSCR 1,08x
Kombinierter Downside	Kombination aller Downside-Szenarien	Min. DSCR 1,0x

Abb. 5.17: Sensitivitätsanalyse des Solarpark Solar 1 (Quelle: Eigene Darstellung)

Für den Base Case wurde eine Minimum ADSCR von 1,15 angesetzt, was einer 15 % Überdeckung des Kapitaldienstes entspricht. Dies resultiert in einer erforderlichen Eigenkapitalquote von 20 % bei einer Laufzeit von 18 Jahren. Des Weiteren wird die Einrichtung eines Kapitaldienstreservekontos vereinbart, das jeweils den Kapitaldienst der nächsten 6 Monate umfasst, und so kurzfristige Unterdeckungen ausgleichen kann. Ausgehend vom Base Case, wurden die folgenden Downside-Case-Berechnungen im Rahmen einer Sensitivitätsanalyse durchgeführt.

Als Hauptrisikofaktoren wurden Abweichungen bei den Baukosten, den Ertragswerten sowie den Betriebskosten definiert. Die Ergebnisse zeigen, dass das Projekt ausreichend robust ist, diese Risiken abzufedern, da der Minimum ADSCR in allen Szenarien ausreichend hoch ist.

Als Stress-Szenario wurde abschließend ein Fall gerechnet, bei dem alle Downside Szenarien gleichzeitig eintreten. Trotz einer relativ geringen Eintrittswahrscheinlichkeit dieses Stress-Szenarios zeigt sich, dass der Solarpark noch in der Lage ist, einen ausreichenden Cash Flow zur Deckung des Kapitaldienstes zu erwirtschaften. Die nachfolgende Abb. 5.18 zeigt zusammenfassend die wesentlichen kommerziellen Aspekte der Projektfinanzierung des Solarparks.

Term Sheet Solarpark Solar 1	
Projekt	Bau des 2,4 MW Solarparks „Solar 1"
Fertigstellung	Geplante Fertigstellung am 30.06.2016
Bauunternehmen	Solar EPC GmbH
Kreditnehmer	Solarpark 1 SPV
Investitionskosten	2,2 Mio. Euro
Eigenkapital	0,44 Mio. Euro (20 %)
Fremdkapital	1,76 Mio. Euro (80 %)
Financial Covenants	Min. DSCR 1,15x, Eigenkapitalquote 20 %
Laufzeit	18 Jahre
Zinssatz	1,5 % p.a. fest
Gebühren	Bearbeitungsgebühr 1,0 %, Bereitstellungsgebühr 0,5 %p.a.
Reservekonten	Debt Service Reserve Account 6 Monate
Sicherheiten	Projektfinanzierungsüblich (Verpfändung aller Projektkonten, Abtretung aller Projektverträge)
Sonstiges	Deutsches Recht

Abb. 5.18: Term Sheet des Solarpark Solar 1 (Quelle: Eigene Darstellung)

Risikoanalyse

In folgender Abb. 5.19 werden die Hauptrisikotreiber der Projektfinanzierung eines Solarparks aufgezeigt und die möglichen Maßnahmen zur Reduzierung der aufgezeigten Risiken dargelegt. Auf diese Art und Weise lässt sich strukturiert darlegen, auf welche Art und Weise das Risikomanagement dieses Solarparks mit den wesentlichen Maßnahmen aufgebaut ist.

Risikoanalyse des Solarparks 1	
Fertigstellungsrisiken	
Baukosten	Der Bauvertrag sieht einen Festpreis vor.
Bauzeit	Der Bauvertrag sieht einen festen Fertigstellungstermin vor. Bei Verzögerungen über diesen Termin hinaus, muss das Bauunternehmen Pönale zahlen.
Bonität des Bauunternehmens	Das Bauunternehmen existiert bereits lange am Markt und verfügt über ausreichende Referenzen über den Bau ähnlich großer Solarparks. Grundsätzlich ist die Austauschbarkeit von Bauunternehmen bei Solarparks gut gegeben.
Abnahmerisiken	
Höhe der Vergütung	Die Höhe der Vergütung ist fest und unterliegt keinen Preisschwankungen.
Dauer der Vergütung	Die Dauer der Vergütung ist gesetzlich auf eine Dauer von 20 Jahren festgeschrieben. Die Laufzeit der Finanzierung wurde auf 18 Jahre festgelegt, so dass ein Puffer von 2 Jahren besteht (Tail).
Bonität des Abnehmers	Die Abnahme des Stroms ist gesetzlich geregelt, so dass de facto Staatsrisiko vorliegt.
Technische Risiken	
Ertragsrisiko	Es liegen zwei unabhängige Gutachten zur Berechnung der Sonneneinstrahlung vor.
Systemrisiken	Der Bau des Solarparks wird durch einen unabhängigen technischen Sachverständigen überwacht. Hierzu gehören auch die Überprüfung der Modulqualität sowie weiterer Komponenten des Solarparks (Wechselrichter, Verkabelung).

Abb. 5.19: Risikoanalyse des Solarpark Solar 1 (Quelle: Eigene Darstellung)

5.3.6 Projektfinanzierung als geeignetes Finanzierungsinstrument

Aus Sicht der Projektinitiatoren lassen sich die Vorteile einer Projektfinanzierung aus den wesentlichen Eigenschaften dieser spezifischen sowie maßgeschneiderten Finanzierungstechnik ableiten (vgl. Wolf/Hill/Pfaue, 2011, S. 77 ff.). Daher ist mit der Cash-Flow-Orientierung eine flexible Finanzierung möglich, indem der Kapitaldienst an das Auszahlungsprofil des Projektes angepasst wird.

Gerade über die Risikoteilung kann eine adäquate Risikoallokation auf die Parteien erreicht werden, so dass keiner der Akteure sich benachteiligt fühlt. Dieses schützt die Sponsoren vor Haftungsrisiken, die aufgrund der Größenordnung die Risikotragfähigkeit eines Unternehmens übersteigen können.

Über Garantieerklärungen können technische Projektrisiken adäquat verteilt werden. Zudem werden wirtschaftliche Unsicherheiten bei den Kapitalgebern über Verpflichtungserklärungen der Sponsoren zur Leistung des Kapitaldienstes abgefedert. Mit festen Abnahmeverträgen lassen sich die bestehenden Marktrisiken meist komplett ausschließen (vgl. Tytko, 2003, S. 31 ff.). Die Off-Balance-Sheet-Eigenschaft ermöglicht eine bilanzneutrale Finanzierung. So erscheinen in der Bilanz des Projektinitiators nur die Eigenkapitalbeteiligung und gegebenenfalls eine Rückstellung für Unterstützungszusagen. Dies ist umso wichtiger, da Bilanzkennzahlen immer stärker in die Gewichtung der Ratings von Banken einfließen und damit die Kreditwürdigkeit der Projektierer mitbestimmen. Daher schont eine Projektfinanzierung auch die weitere Finanzierungsfähigkeit des Unternehmens.

Werden erfolgreiche Projekte durchgeführt, sind positive Effekte auf den Unternehmenswert und die Rentabilität zu erwarten (vgl. Wolf/Hill/Pfaue, 2011, S. 139). Denn aus Projektfinanzierungen lassen sich mit einem begrenzten Eigenkapitaleinsatz, aufgrund der Nutzung des Leverage-Effektes, hohe Renditen erzielen. Dennoch sind auch die Risiken zu beachten, die sich unter anderem aus Haftungszusagen für den Kapitaldienst und aus sonstigen Unterstützungsleistungen ergeben können. So geht die Haftung beim Limited Recourse Financing über die Eigenkapitalanlage hinaus. Allerdings kann über eine gezielte Risikoallokation und ein Risikomanagement eine deutliche Reduktion der Unsicherheiten gegenüber der klassischen Corporate-Investitionsfinanzierung erreicht werden.

Jedoch sind auch Nachteile dieser Finanzierungstechnik in Betracht zu ziehen. So bedeutet eine Projektfinanzierung für Sponsoren in der Regel einen intensiven Vorbereitungsaufwand sowie hohe Kosten der Transaktionsdurchführung. Damit kann die Finanzierung sich gegenüber einem klassischen Investitionskredit auch wesentlich verteuern. Weiter sind hohe Anforderungen an die Transparenz über intensive Informationspflichten zu nennen. Insgesamt gesehen überwiegen jedoch gerade bei Großprojekten die Vorteile. Nicht zuletzt ermöglicht erst die Projektfinanzierungstechnik die Realisierung großer Infrastrukturvorhaben, da diese oft über eine klassische, ratingbasierte Unternehmensfinanzierung nicht darstellbar wären.

Die Projektfinanzierung ist eine hochkomplexe Finanzierungsform, die innerhalb der Kreditinstitute von spezialisierten, erfahrenen Experten betreut wird. Aus diesem Grund wird das Geschäft auch nicht von allen Universalbanken betrieben. Der mit Projektfinanzierungen verbundene Kostenapparat setzt zudem über teure Berater, komplexe Sicherheitenprüfungen und aufwändige Kreditvertragsdokumentationen, gewisse Größenordnungen für eine Finanzierung voraus.

Die Risiken, die Institute mit dieser Finanzierungsform in die Bücher nehmen, sind zum Teil erheblich und mit Eigenkapital zu unterlegen. Gleichwohl kann die Finanzierung durch eine genaue Due Diligence, verbunden mit einem intensiven Monitoring, ein interessantes Rendite- und Risikoprofil aufweisen.

Die Ertragschancen sind für die beteiligten Banken zum Teil beträchtlich. Neben den im Vergleich zum klassischen Kreditgeschäft höheren Risikoaufschlägen, bieten auch hohe Provisionszahlungen eine erhebliche Einkommensquelle. Diese können unter anderem Entgelte für die Beratung des Sponsors, für die Strukturierung der Finanzierung sowie Gebühren für die administrative Abwicklung des gesamten strukturierten Finanzierungsprojekts umfassen.

Auch existiert im Rahmen der Projektierung ein erhebliches Cross-Selling-Potenzial durch den Abschluss von Versicherungen, die Anlage der Liquiditätsreserven sowie die Abschlussprovisionen für derivative Sicherungsgeschäfte. Insgesamt kann der Bereich der Projektfinanzierung in Kreditinstituten als lukrativer Profit Center betrieben werden, unter Berücksichtigung tragbarer Risiken. Es lassen sich folgende Schlüsselcharakteristika der Projektfinanzierung festhalten:

- **Rechtliche Unabhängigkeit:** Das Projekt wird durch eine finanziell und rechtlich separierte Entität, welche eine geschlossene und selbsttragende Geschäftsentität darstellt, entwickelt und betrieben.
- **Limitierter Regress:** Etwaige Garantien des Sponsors decken nicht das gesamte Risiko des Projektes ab. Die Verbindlichkeiten der Projektgesellschaft sind meist von den direkten Verbindlichkeiten des Sponsors separiert.
- **Vertragliche Verpflichtungen von dritten Parteien:** Beispielsweise bestehen über Festpreisgarantien beim Bau und feste Abnahmepreise substanzielle Komponenten zur verbesserten Einschätzung der Risiken.
- **Risikominderung:** Risiken werden den Parteien zugeteilt, die am besten geeignet und motiviert sind, diese zu tragen. Ziel ist es, das Restrisiko des Projekts für die Kreditgeber und Sponsoren auf einem akzeptablen Niveau zu halten.
- **Position des Kreditgebers:** Diese kommt beispielsweise in den Covenants zum Ausdruck, die Banken ein schnelles Eingreifen erlauben und zum Beispiel von Beitrittsrechten Gebrauch machen, wie das Management zu ersetzen.
- **Begrenztes Wachstum dieser Assets:** Projektfinanzierungstransaktionen sind nicht darauf ausgelegt, ihre Assetbasis auszuweiten, außer durch Einzahlungen. Die Bilanz verändert sich allein durch die Wertentwicklung der Assets.

Zusammenfassung Abschnitt 5.3: In diesem Abschnitt wurden typische Eigenschaften, die Beteiligten sowie der Prozess der **Projektfinanzierung** untersucht. Es zeigt sich, dass diese Finanzierungstechnik bei großen Investitionsvorhaben deutliche Vorteile gegenüber klassischen Finanzierungen aufweist. Wesentlich für die Durchführung von Großprojekten ist die Risikoverteilung auf verschiedene Akteure. Auf diese Weise kann trotz hoher finanzieller Unsicherheiten, eine Mittelbereitstellung realisiert werden. Des Weiteren ist die Flexibilität bei dieser Finanzstrukturierung hervorzuheben. Daher kann eine Rückführung des Kapitals angelehnt an die im Zeitablauf erzielten Cash Flows erfolgen. Insgesamt bestehen sowohl für die Sponsoren als auch für die beteiligten Kreditinstitute erhebliche Chancen aus dieser Finanzierungstechnik. Während die Initiatoren Erwartungen auf eine hohe Rendite bei beschränkten Haftungsrisiken besitzen, können die Finanzierer aus dem Projekt mit vergleichsweise hohen Margen und Provisionsgebühren rechnen.

5.4 Buy-Out-Finanzierung

von Prof. Dr. Wolfgang Portisch

5.4.1 Marktgeschehen und Anwendungsfelder von Buy Outs

Nachfolgeregelungen und Übernahmen von Unternehmen werden in der Regel über Buy-Out-Finanzierungen umgesetzt. Bei diesen Finanzierungsarten ergeben sich Parallelen zur Projektfinanzierung. Beispielsweise wird der Cash Flow des Zielunternehmens zur Finanzierung des Unternehmenskaufs herangezogen. Des Weiteren sind die geeignete Risikoverteilung auf die beteiligten Akteure und die Off-Balance-Sheet-Struktur zu gestalten (vgl. Wolf/Hill/Pfaue, 2011, S. 157).

Ursachen für einen Anteilsverkauf sind häufig notwendige Nachfolgelösungen im Rahmen des Generationswechsels (vgl. Wöhe et al., 2013, S. 179). Mögliche Alternativen zur Gestaltung der Übergabe bestehen in der Beteiligung des aktiven Managements am Unternehmen im Rahmen eines Management Buy Out (MBO) oder auch bei einem Management Buy In (MBI), wenn externe Manager Anteile an einem Unternehmen erwerben. Management-Buy-Out-Alternativen lassen sich als Leverage-Finanzierung betrachten, da es beim Kauf oft erforderlich wird, externes Fremdkapital einzubringen. Der Fremdkapitalanteil wird in der Regel durch Banken im Rahmen einer Akquisitionsfinanzierung zur Verfügung gestellt. Des Weiteren werden auch eigenkapitalnahe Finanzierungsinstrumente wie Mezzanine eingesetzt.

Neben der Finanzierungsgestaltung ist eine Buy-Out-Lösung als unternehmerische Aufgabe anzusehen, da Geschäftsführungserfahrung der kaufenden Manager erforderlich ist. In der Regel wird eine Mehrheit am Unternehmen erworben, damit die wesentlichen Entscheidungen durch die neue Geschäftsleitung getroffen werden können. Im Folgenden werden die wichtigen Begriffe sowie Anwendungen bei den sogenannten Buy-Out-Finanzierungen erläutert.

Definition: Unter einer **Buy-Out-Finanzierung** wird eine Finanzierung des Mehrheitserwerbs von Gesellschaftsanteilen an einem Zielunternehmen, einem Unternehmensteil oder einem Betrieb verstanden (vgl. Wolf/Hill/Pfaue, 2011, S. 159 ff.). Die Umsetzung wird oftmals im Rahmen einer Nachfolgelösung oder der Entflechtung von Konzernen mit der Konzentration auf Kerngeschäftsfelder durchgeführt. Häufig beteiligt sich das interne Management am Zielunternehmen. Auch der Einkauf eines fremden externen Managements ist möglich. Bei der Finanzierung werden verschiedene Arten von Finanzierungsformen wie Eigenkapital, Fremdkapital oder Mezzanine eingesetzt.

Bei einer Entflechtung von Unternehmen aus einer bestehenden Konzernstruktur spricht man auch von einem Spin Off. Dort wird eine Konzerntochtergesellschaft an einen Investor veräußert. Die Finanzierung wird ebenfalls häufig als Leveraged Buy Out durchgeführt. In diesem Zusammenhang ist der Verschuldungsgrad von Bedeutung, denn der Cash Flow des Zielunternehmens muss in der Lage sein, viele Jahre den erforderlichen Kapitaldienst abzudecken.

Buy-Out-Finanzierungen wurden in Deutschland in der Vergangenheit anhand der Anzahl häufig durchgeführt und die Volumina sind in 2014 gegenüber dem Vorjahr stark angestiegen. Ein Großteil der neuen Mittel wurde im Rahmen des Fundraisings von Beteiligungsgesellschaften für den Buy-Out-Bereich eingeworben. So machen Buy-Outs mit 79 % in 2014 den Löwenanteil der Investitionen von Beteiligungsgesellschaften aus (vgl. BVK, 2014, S. 2). In 2014 wurden rund 5,6 Mrd. Euro durch die Kapitalanlagegesellschaften in diesem Sektor investiert, wie Abb. 5.20 zeigt.

Abb. 5.20: Buy-Finanzierungen nach Anzahl und Volumen (Quelle: Eigene Darstellung)

Über einen Unternehmenskauf kann auch eine Wachstumsstrategie vollzogen werden, wenn im Anschluss an den Erwerb, finanzielle Mittel für eine Expansion eingebracht werden oder wenn der Erwerber das Unternehmen in sein bestehendes Geschäftsmodell integriert und Aufträge an dieses weiterleitet. Auch eine Fusion oder Verschmelzung ist im Anschluss an den Erwerb später möglich, wenn im Rahmen des Mergers zwei Rechtsträger zu einem verschmolzen werden.

Für den Veräußerer kann über den Buy Out eine Exitstrategie durchgeführt werden. Über den Verkauf des Unternehmens wird ein Kaufpreis realisiert, der unter anderem für weitere Investitionszwecke zur Verfügung steht. Im Folgenden werden die wesentlichen Beteiligten an einer Buy-Out-Finanzierung betrachtet.

5.4.2 Stakeholder bei einer Buy-Out-Finanzierung

Zielobjekte eines Buy Outs sind häufig mittelständische Firmen. Erforderlich ist eine gewisse Cash-Flow-Stärke, da der Kapitaldienst der Übernahmefinanzierung in der Folge des Buy Outs zu leisten ist. Im Zentrum dieser Finanzierungsart steht der Investor, der Mehrheitsanteile an einem Unternehmen erwirbt. Die Transaktion wird meist von den **Altgesellschaftern** initiiert. Diese möchten in der Regel einen maximalen aber auch tragbaren Verkaufserlös generieren und damit die Weiterführung der Firma ermöglichen. Eine bereits durchgeführte Vendor Due Diligence kann den Verkauf vereinfachen und beschleunigen.

Der Kauf beziehungsweise der Verkauf eines Unternehmens ist eine bedeutende Geschäftsentscheidung mit erheblichen Chancen und Risiken. Es ist eine sorgfältige Analyse und Beurteilung des Zielunternehmens in Form einer Due Diligence erforderlich, um Informationsasymmetrien zwischen Käufer und Verkäufer abzubauen und mögliche Dealbreaker frühzeitig zu identifizieren. Um den Verkaufsprozess zu beschleunigen und transparent auszugestalten, kann eine Due Diligence auch bereits von der Verkäuferseite über eine **Vendor Due Diligence** initiiert werden. Eingebunden werden in diesem Fall **Wirtschaftsprüfer**. Diese haben die Aufgabe, das Zielunternehmen im Vorfeld der Transaktion eingehend zu untersuchen.

Definition: Bei einer **Vendor Due Diligence (VDD)** werden die finanziellen sowie nicht finanziellen Informationen des Zielobjekts bereits im Vorfeld einer Transaktion für den Verkäufer aufbereitet. Die VDD umfasst die objektive Analyse der Stärken und Schwächen des zu verkaufenden Unternehmens sowie die Identifikation von werterhöhenden sowie wertmindernden Faktoren. Für die VDD-Prüfung wird ein unabhängiger Wirtschaftsprüfer vom Verkäufer beauftragt. Dieser erstellt einen Report. Mit der VDD kann die Transaktionszeit deutlich verkürzt werden, da wichtige Unterlagen für die Preisverhandlungen bereits vorliegen. Eine Vendor Due Diligence ersetzt jedoch nicht die Due Diligence des Käufers, da dieser aus Vorsichtsgründen eine eigene Sorgfältigkeitsprüfung beauftragen wird.

Der **Käufer** kann beispielsweise aus dem Wettbewerbsumfeld, aus dem Lieferantenbereich oder dem Kundenkreis stammen. Des Weiteren können das interne Management, ein externes Management, eine Beratungsfirma oder reine Finanzinvestoren als Kaufinteressenten auftreten. Eine große Hürde bei einer Transaktion stellt die Finanzierung des Kaufpreises dar. Meist hat der Erwerb einen realwirtschaftlichen Bezug, wenn das Geschäftsmodell im Vordergrund der Betrachtung steht oder einen finanzwirtschaftlichen Fokus, wenn die Renditeerzielung prioritär ist.

Im Fall eines MBO stammt der Käufer in der Regel aus der **Führungsetage** des Zielunternehmens. Dies erfordert hohe Kompetenzen in der Führung der Mitarbeiter als neuer Inhaber. In diesem Fall bestehen bereits umfangreiche Informationen zum Objekt sowie Agency-Probleme aus Hidden Information sind gegebenenfalls reduziert. Beim MBO werden aus ehemaligen Angestellten künftig (Mit-)Eigentümer mit der Anteilnahme an unternehmerischen Risiken und Erfolgen. Dabei ist zu beachten, dass in den ersten Jahren die Gewinnausschüttungen vertraglich zu einer vorrangigen Rückführung der Fremdmittel verwendet werden sollten.

Der **Investmentbank** kommt bei der Strukturierung und Durchführung der erforderlichen Finanzierung einer Transaktion meist eine Schlüsselrolle auf Seiten des Käufers zu. In Anbetracht des Umfangs und der Kapitalstruktur sind häufig komplexe Finanzierungskonzepte für die Akquisition zu realisieren. Diese sind dem Käufer ohne die Unterstützung dieser Institute meist nicht in der erforderlichen Höhe oder nur zu verschlechterten Konditionen zugänglich (vgl. Achleitner, 2002, S. 198).

Bei großvolumigen Transaktionen kann ein hoher Eigenkapitaleinsatz erforderlich sein, der im Rahmen eines MBO vom Management nicht aufgebracht werden kann. In diesem Fall besteht die Möglichkeit, den Eigenkapitalanteil an der Finanzierung von **institutionellen Investoren** wie Versicherungen, Kapitalanlagegesellschaften, Private-Equity-Gebern, sonstigen Finanzinvestoren oder von vermögenden Privatinvestoren einzuwerben. Diese Akteure haben insbesondere ein finanzielles Interesse an einem Engagement in der Erzielung hoher laufender Rendite über Gewinnausschüttungen oder einen Exit im Rahmen eines Weiterverkaufs an einen zweiten Erwerber oder eines späteren Börsengangs. Gerade Finanzinvestoren aus dem Umfeld Private Equity leisten häufig einen Kapitaleinsatz in etablierten Geschäftsmodellen und erzielen über ein detailliertes Screening von Zielobjekten sowie einen lukrativen Exit außerordentlich hohe Renditen. Über einen Portfoliodiversifizierungsansatz in einer Fondslösung lassen sich zudem die Risiken verteilen.

Finanzinvestoren ziehen diese Investments in klassischen mittelständischen Firmen häufig Anlagen an börsennotierten Gesellschaften vor. Gründe liegen in der möglichen Einflussnahme auf die Geschäftsleitung, fehlenden regulatorischen Vorgaben des Kapitalmarktrechts und zum Teil deutlich höhere Renditen bei geringeren und damit auch gestreuten Risiken. Im Gegensatz zu einem strategischen Investor wird das Engagement allerdings üblicherweise nach einer Zeitspanne von bis zu sieben Jahren wieder beendet. Mögliche Exit-Kanäle sind ein Weiterverkauf an einen reinen Finanzinvestor oder ein Börsengang (vgl. Wolf/Hill/Pfaue, 2011, S. 168 ff.).

Besondere Situationen stellen der Erwerb aus der Krise oder Insolvenz dar. Dabei existieren spezialisierte Finanzinvestoren, die Krisenlagen sowie Turnaround-Situationen nutzen, um über attraktive Kaufpreise Überrenditen zu erzielen. In diesem Zusammenhang kann der Zeitpunkt des Erwerbs von Bedeutung sein. Gerade in der Krise spitzt sich die Lage häufig schnell in Richtung einer Insolvenz zu.

Wenn ein Insolvenzantrag nicht auszuschließen ist, kann der Kauf im Rahmen einer übertragenden Sanierung als Asset Deal nach der Insolvenzeröffnung erfolgen. In diesem Fall ist häufig aus Zeitgründen keine gründliche Due Diligence mehr möglich. Der Erwerb nach Eröffnung der Insolvenz kann vorteilhaft sein, um die folgenden Haftungsrisiken auszuschließen (vgl. Portisch, 2014a, S. 489 ff.):

–   § 613a BGB mit dem Eintritt in die Rechte sowie Pflichten aus den bestehenden Arbeitsverhältnissen,
–   § 25 Abs. 1 HGB der Haftung für sämtliche Verbindlichkeiten des übernommenen Unternehmens bei dessen Fortführung und
–   § 75 Abs. 1 AO mit der Haftung für die Steuerschulden des übertragenden und damit erworbenen Unternehmens.

Kreditinstitute beteiligen sich mittlerweile aufgrund negativer Erfahrungen oftmals nur noch ungern direkt an realwirtschaftlichen Unternehmen und wenn dann nur indirekt über Tochtergesellschaften und mit meist geringen Anteilen, damit keine Haftungsgefahren bestehen. Mit dem Einstieg von Finanzinvestoren lässt sich dagegen die Eigenkapitalausstattung bei der Zielgesellschaft meist nachhaltig verbessern. Dieses ist meist vorteilhaft für die Kreditwürdigkeitsprüfung. Die Investoren erwarten im Gegenzug eine risikoadäquate Verzinsung aus den laufenden Einnahmen oder aus der Veräußerung des Assets.

Die Fremdkapitaltranche wird meist von klassischen **Banken** bereitgestellt. Damit die Finanzierung genehmigt werden kann, wird eine deutliche Kapitaldienstüberdeckung gefordert, denn die Risiken aus einer LBO-Transaktion liegen meist vom Volumen sowie Ausfallrisiko höher als bei einer klassischen Unternehmensfinanzierung im Mittelstand. Zudem kann das neue Management im Hinblick auf die Qualität nicht eingeschätzt werden. Häufig sind die ehemaligen Hausbanken weiterhin an einer Finanzierung beteiligt. Bei großvolumigen Transaktionen kann ein Erwerberkonsortium die Fremdkapitaltranche bereitstellen.

Banken erzielen Provisionserträge beim Arrangieren des Buy Outs für Beratungsleistungen beispielsweise für die Strukturierung der Finanzierung oder die Analyse und Gestaltung des Finanzierungsmodells. Aus diesem Grund ist diese Finanzierungsart für Kreditinstitute attraktiv. Des Weiteren besteht in der Regel umfangreiches Cross-Selling-Potenzial beispielsweise in Form von Sachversicherungen oder Absicherungen für das Vermögen der Manager sowie die Altersvorsorge der Angestellten eines Zielunternehmens. Werden Kredittranchen im Rahmen einer Syndizierung weitergegeben, können Klumpenrisiken vermieden und das Risiko kann aktiv gesteuert werden. Bei einer Konsortialfinanzierung können diese Kredittranchen vollständig übertragen oder es kann das Risiko abgegeben werden. Beispielsweise erwerben die Konsorten Unterbeteiligungen über Garantien oder beteiligen sich direkt an einer Endfinanzierung mit der direkten Kreditvergabe.

Banken können nicht nur Fremdkapital bereitstellen, sondern auch den Eigenkapitalanteil des Managements finanzieren (Principal Finance). Auch beide Kapitalpositionen, Fremdkapital für das SPV beziehungsweise die Übernahmefinanzierung und die Finanzierung des Eigenkapitals eines Investors, können dargestellt werden. Bei der Finanzierung umfassender Objekte wird meist eine **Wasserfall-Struktur** bei der Rangfolge der Rückflüsse strukturiert, angepasst an das Risiko sowie den Rang der Finanzierungsinstrumente und der Kapitalgeber. Inhaber vorrangiger Titel (Senior Tranche) erhalten dann als erste Zahlungen auf ihre Ansprüche auf Kapital sowie Zinsen. Anschließend werden Schritt für Schritt sämtliche nachrangigen Wertpapiere aus den eingehenden Zahlungsströmen bedient. Der Zahlungsstrom ähnelt einem Wasserfall, da die Zahlungen abwärts verteilt werden.

Verluste und Risiken werden dagegen von oben gesteuert. Somit werden zunächst die nachrangigen Finanzierungsanteile belastet, beginnend mit dem Eigenkapital über das Mezzaninkapital und das übrige Nachrangkapital bis hin zum besicherten Fremdkapital. Je nach Stellung im Wasserfall erhalten die Fremdkapitalgeber eine Verzinsung. Mit der Nachrangigkeit steigt die Verzinsung risikogerecht an, so dass unterschiedliche Ertrags-Risiko-Kombinationen existieren.

An großvolumigen und komplexen Finanzierungen sind meist viele Berater beteiligt. Neben Rechtsanwälten und Steuerberatern, Wirtschaftsprüfern und Unternehmensberatern, die Erfahrungen in der optimalen Ausgestaltung dieser Finanzierungen aufweisen, können **Kommunikationsberater** eingeschaltet werden. Diese werden im Fall umfangreicher organisatorischer Umgestaltungen, als Folge eines Buy Outs, beispielsweise mit der Neugestaltung der internen Unternehmenskultur, beauftragt. Bei börsennotierten Firmen kann zudem die externe Kommunikation der Transaktion an interessierte Stakeholder wichtig sein.

Meist wird eine **Erwerbergesellschaft** als Special Purpose Vehicle gegründet, die das Zielobjekt kauft. Auf diese Weise können unter Umständen Risiken der Transaktion vermieden, steuerliche Optimierungen erfolgen und eine außerbilanzielle Gestaltung für die Bilanz des Übernehmers erreicht werden. Im Folgenden werden die wesentlichen Merkmale von Buy-Out-Finanzierungen dargestellt und diese von den Eigenschaften einer Projektfinanzierung abgegrenzt.

5.4.3 Eigenschaften einer Buy-Out-Finanzierung

Viele Eigenschaften der Buy-Out-Finanzierung stimmen mit denen der Projektfinanzierung überein. So sind die Merkmale der Cash-Flow-Orientierung, der Risikoaufteilung und der bilanzexternen Ausgestaltung sowohl bei einer Projektfinanzierung als auch bei einer Buy-Out-Finanzierung vorzufinden. Dennoch sind die Finanzierungsmodelle sowie das Finanzierungsobjekt unterschiedlich und auch die Eigenschaften dieser Finanzierungsstrukturen lassen sich voneinander abgrenzen.

Abgrenzung der Finanzierungsobjekte

Bei der **Buy-Out-Finanzierung** ist das Zielobjekt ein laufender Betrieb. Der Erwerber steigt in ein etabliertes Unternehmen ein, das in der Regel stabile Cash Flows erzielt. Die zugrundeliegenden Objekte sind meist gefestigte mittelständische Unternehmen in Branchen, die ein hohes Wachstumspotenzial versprechen. Aufgrund der geschäftlichen Historie und Daten ist oft eine Finanzierung mit einem erhöhten Leverage möglich, da bereits Gewinne erzielt werden und das Risiko für die Kapitalgeber meist gut einschätzbar ist. Das Underlying hat in der Regel keine feste Dauer und ist theoretisch auf eine unendliche Laufzeit ausgelegt. Die Überrenditen werden durch die laufenden Ausschüttungen oder den Exit realisiert.

Demgegenüber sind **Projektfinanzierungen** durch ein erhöhtes Risiko charakterisiert, dass oft aus dem Innovationsgrad oder aus der Einmaligkeit des Vorhabens resultiert. Finanziert wird ein Objekt mit einer festen und begrenzten Laufzeit, das in der Regel noch erstellt werden muss. In der Erstellungsphase wird oft kein Cash Flow generiert und Zahlungsrückflüsse sind in dieser häufig mehrere Jahre andauernden Vorfinanzierungsphase nicht zu erwarten. Demnach besteht ein differenziertes Cash-Flow-Modell im Gegensatz zu der Übernahme einer bestehenden und stabilen Firma. Die hohen Erträge werden im Projektfinanzierungsmodell in der Betriebsphase erzielt. Nach dem Abschluss des Betriebs erfolgen eine Weiterveräußerung, ein Rückbau oder eine Beendigung des Projekts.

Die Finanzierungsvolumina sind bei Projektfinanzierungen meist erheblich und der Totalausfall der eingesetzten Mittel ist aufgrund des hohen Innovationsgehalts der Technik beziehungsweise externer Unsicherheitsfaktoren nicht ausgeschlossen. Aus diesem Grund wird auch ein hoher Eigenkapitaleinsatz dieser Initiatoren gefordert. Daher ist das Limited Recourse Financing eine häufige Erscheinungsform der Projektfinanzierung. Die Haftung geht in diesem Falle über die Eigenkapitaleinlage der Initiatoren hinaus. Die weiter am Eigenkapital beteiligten Akteure haften als Kommanditisten lediglich mit ihrer Einlage. Die Fremdkapitalgeber versuchen das Risiko dieser Finanzierungsart durch hohe Kapitaldienstüberdeckungen, Risikoaufschläge im Zins und Sicherheiten in Form der Abtretung von Liquiditätsreserven sowie die persönliche Haftung der Initiatoren abzudecken. Die Kreditsicherheit am finanzierten Asset ist oftmals aufgrund des Spezialitätsgrads schwer bewertbar.

Dagegen wird bei der Übernahmefinanzierung ein bekannter Betrieb mit einer langen Historie an finanziellen Kennzahlen sowie nicht-finanziellen Informationen erworben. Es besteht in der Regel ein über lange Jahre aufgebauter Markenname mit einem festen Kunden- und Lieferantenkreis. Diese Ausgangsfinanzierung kann über drei Arten erfolgen (vgl. Achleitner, 2002, S. 198 ff.):

–   Finanzierung aus den freien Cash Flows der erwerbenden Firma
–   Finanzierung durch Eigen- und Fremdkapital über die Bilanz des Erwerbers
–   Finanzierung durch Eigen- und Fremdkapital über die Bilanz des Zielobjekts

Des Weiteren ist neben der Kaufpreisfinanzierung für die Assets oder alternativ die Gesellschaftsanteile meist eine Kontokorrentlinie bereitzustellen, um den laufenden Geschäftsbetrieb sicherzustellen. Dagegen wird bei der Projektfinanzierung häufig der Betrieb aus den laufenden Cash Flows sichergestellt.

Cash-Flow-Orientierung

Entscheidend für die Kreditentscheidung im Rahmen der Projektfinanzierung ist die Prognosefähigkeit und die Höhe der zukünftig erwarteten Cash Flows. Kreditgeber sind in der Regel nur dann bereit entsprechende Finanzierungsmittel für eine Investition bereitzustellen, wenn diese mit angemessener Wahrscheinlichkeit davon ausgehen können, dass das Projekt in der Lage ist, einen ausreichenden Cash Flow zur Deckung der Betriebskosten sowie des Schuldendienstes zu erwirtschaften. Die Ermittlung des zukünftigen Cash Flows vor Zinsen, Tilgungen und Dividenden, ist daher Ziel einer eingehenden Projektanalyse (vgl. Grosse, 1990, S. 45).

Es wird ein realistisches Zukunftsmodell der Cash Flows erarbeitet und, um die Unsicherheit abzubilden, wird ein Szenariomodell erstellt. Es werden aus der Sicht der Kreditgeber auf Basis eines Base Case mit der Szenariotechnik verschiedene Worst-Case-Szenarien durchgespielt, welche die wirtschaftliche Robustheit eines Projektes überprüfen sollen. Der sich daraus ergebende vorsichtige **Banking Case** spielt eine gewichtige Rolle bei der folgenden Kreditentscheidung. Gleichzeitig bildet das Cash-Flow-Modell auch die Grundlage für die Strukturierung einer Finanzierung ab, das heißt die Laufzeit, den Rückzahlungsbeginn und die Zinskonditionen.

Die Banken errechnen aus dem vorliegenden Cash-Flow-Modell verschiedene statische **Deckungsgrade (Cover Ratios)**, die bei der Beurteilung der wirtschaftlichen Stabilität des Projektes unterstützend wirken. Es werden verschiedene Deckungsrelationen errechnet, die sich auf einem bestimmten Level bewegen sollten, um eine Kreditvergabe zu ermöglichen. Diese Indizes können in der Praxis auch Bestandteile von Kreditverträgen sein. So kann die Einhaltung bestimmter Kennzahlen obligatorisch sein beziehungsweise die Nichteinhaltung einen Kündigungsgrund darstellen. Die Verpflichtungserklärungen in den Verträgen werden auch Financial Covenants genannt (vgl. Nevitt/Fabozzi, 2000, S. 87).

Bei Buy-Out-Finanzierungen erfolgt aus Finanziersicht zunächst eine detaillierte Untersuchung der Bewertung des Zielobjekts und der Höhe des Kaufpreises. In Anbetracht des Risikos der Finanzierung erfolgt eine Strukturierung der Kaufpreisfinanzierung auf die verschiedenen involvierten Parteien. Aus Sicht der Kreditgeber sind folgende Beurteilungen bei der anteiligen Finanzierung von Bedeutung:

- Höhe des Kaufpreises, Eigenkapitalanteil und Ausfallrisiken
- Zinskonditionen mit Risikoaufschlag und Cross-Selling-Potenzial
- Kapitaldienstüberdeckung durch erwirtschaftete Cash Flows
- Grad der Absicherung über Personal- und Sachsicherheiten
- Beurteilung der Führungseigenschaften des neuen Managements

Banken achten bei der Bereitstellung des Fremdkapitals im Rahmen der Kreditwürdigkeitsprüfung beispielsweise auf die finanzielle Stabilität zum Ausschließen einer möglichen Insolvenz, die sich beispielsweise in den Finanzierungskennziffern Eigenkapitalquote und (dynamischer) Verschuldungsgrad ausdrückt. Des Weiteren ist auch die langfristige Ertragskraft von Bedeutung, da der Kapitaldienst vom Zielobjekt dauerhaft erbracht werden muss.

Zur Gewährleistung der Einhaltung von Finanzierungskennzahlen werden auch im Nachgang zu einer Finanzierung, häufig Nebenabreden im Kreditvertrag geschlossen, die zusätzlich zu den eigentlichen Zahlungsverpflichtungen einzuhalten sind. Verletzungen dieser Covenants ziehen Waiver Fees, veränderte Kreditkonditionen oder eine Kreditkündigung nach sich. Diese lassen sich unterteilen in Klauseln zu quantitativen Finanzierungskennziffern sowie Covenants zu qualitativen Aspekten. Häufig verwendete Arten von Covenants werden in der nachfolgenden Tab. 5.4 dargestellt (vgl. Roland Berger, 2014, S. 12 ff.).

Tab. 5.4: Arten von Covenants (Quelle: In Anlehnung an Roland Berger, 2014, S. 8)

General Covenants	Financial Covenants	Information Covenants
Ausschüttungsbegrenzung	(Dyn.) Verschuldungsgrad	Quartalsreporting
Vergabe Sicherheiten	Zinsdeckungsgrad	Integrierte Planungsrechnung
Aufnahme Verbindlichkeiten	Kapitaldienstdeckung	Geschäftspolitik

Dabei fließen die Finanzkennzahlen zur Überprüfung der Struktur der Finanzierung als Kriterium bei der Kreditentscheidung mit ein. Des Weiteren werden Kennzahlen als vertragliche Covenant-Größen verwendet, um eine Finanzierung auch nach der Kreditgenehmigung zu steuern und zu überwachen. Diese Kennzahlen können sich von denen bei einer Projektfinanzierung unterscheiden.

Von besonderer Bedeutung sind bei der Finanzierungsgenehmigung sowie der Kreditüberwachung insbesondere **Kennzahlen** zum Verschuldungsgrad und zur Kapitaldienstfähigkeit. Über die Kapitaldienstfähigkeit wird die Rückzahlungsfähigkeit des aufgenommenen Fremdkapitals aus den laufenden Erträgen bestimmt.

Der (dynamische) Verschuldungsgrad zeigt dagegen die finanzielle Stabilität und hat bei Leverage-Finanzierungen eine große Bedeutung, da dieser Faktor ein Ausdruck für die Hebelung der Finanzierung und damit das inhärente Finanzierungsrisiko darstellt. Zudem stehen beide Kennzahlen in einer Verbindung zueinander. Mit einem steigenden Verschuldungsgrad wächst auch der Anteil des Cash Flows, der für die externen Fremdkapitalgeber bestimmt ist. Ist die Kapitaldienstfähigkeit beeinträchtigt oder langfristig nicht mehr gegeben, steigt das Risiko der Insolvenzantragspflicht aufgrund einer Zahlungsunfähigkeit.

Eine wichtige Kennziffer ist die Kapitaldienstdeckungsrate oder **Interest Coverage (IC)**. Diese drückt die statische Liquiditätsdeckung aus und wird auf jährlicher Basis errechnet. Auf diese Weise zeigt sich, ob das Zielobjekt jederzeit in der Lage ist, den Kapitaldienst aus dem laufenden Cash Flow zu erbringen. Der Deckungsgrad sollte daher zu jedem Zeitpunkt größer als Eins sein.

$$IC_t = \frac{EBIT_t}{Zinsaufwand_t}$$

Eine weitere Kennzahl ist der sogenannte **Dynamischer Verschuldungsgrad (DV)**. Dieser zeigt die Zeitdauer in Jahren, die für die Rückführung der Verschuldung aus dem EBITDA erforderlich ist. Der DV sollte über die Finanzierung des Zielunternehmens nicht zu stark ansteigen. Die Gefahr besteht bei Finanzierungen, die mit einem erheblichen Fremdkapitalhebel ausgestattet sind.

$$DV = \frac{FK}{EBITDA}$$

Beide Ertragsgrößen EBIT oder EBITDA können in diesen Formeln auch durch den Cash Flow ersetzt werden. Es ist jedoch zu beachten, dass aus dem Cash Flow auch Investitionen zu tätigen sind. Hier ist je nach Branche, dem möglicherweise im Vorfeld einer Transaktion vorhandenen Investitionsstau sowie dem Unternehmensalter eine Quote vom Cash Flow als Sicherheitspuffer abzuziehen.

Aus Sicht der Eigenkapitalgeber steht die Rendite im Vordergrund der Betrachtung. Dabei machen sich diese den Leverage-Effekt bei den LBO-Finanzierungen zunutze. Dieser Effekt beschreibt die Hebelwirkung des Fremdkapitals auf die Eigenkapitalrendite. Mit einer Erhöhung des Verschuldungsgrads kann die Rendite solange verbessert werden, wie die Gesamtrentabilität über dem Fremdkapitalzins liegt.

Beispiel: Die WP AG besitzt ein Eigenkapital in Höhe von 100.000 Euro in liquider Form. Die Unternehmensleitung plant eine Erweiterung der Anlagen im Wert von 200.000 Euro. Das Eigenkapital wird für die Investition mit eingesetzt. Die Rendite des gesamten eingesetzten Kapitals wird gleichbleibend mit durchschnittlich 10,0 % veranschlagt. Die Hausbank verlangt 8,0 % Zinsen für Investitionskredite. Bei einem Verschuldungsgrad von 1,0 wird somit eine Eigenkapitalrendite von 10,0% erzielt. Läge der Verschuldungsgrad bei 3,0 steigt die Eigenkapitalrendite linear auf 16,0%.

Der Zins der Fremdkapitalgeber steigt üblicherweise ebenfalls mit einer steigenden Verschuldung aufgrund des Risikos an. Das Optimum ist dann erreicht, wenn der Grenznutzen der Renditesteigerung aus einem Anstieg der Verschuldung gleich den Grenzkosten der Erhöhung des Fremdkapitalzinses ist.

Die nachfolgende Formel beschreibt diesen **Leverage-Effekt**. Es wird deutlich, dass die Gesamtkapitalrendite über dem Fremdkapitalzins liegen muss, damit die Risikoprämie über den Verschuldungsgrad positiv gehebelt wird.

$$R_{EK} = R_{GK} + (R_{GK} - R_{FK}) \cdot \frac{FK}{GK}$$

Symbole:

R_{EK}	Eigenkapitalrendite
R_{FK}	Fremdkapitalzins
R_{GK}	Gesamtkapitalrendite

Der positive Effekt kann sich auch umkehren, wenn die durchschnittlichen Fremdkapitalkosten über der Gesamtkapitalrendite liegen. Dann wirkt der Hebel entsprechend umgekehrt und die Eigenkapitalrendite kann sich in den negativen Bereich entwickeln. Ein hoher Leverage-Hebel bedeutet somit für die Fremdkapitalgeber ein erhebliches Ausfallrisiko. Dieses schlägt sich in deutlich ansteigenden Zinssätzen bei der Akquisitionsfinanzierung nieder (vgl. Wöhe et al., 2013, S. 275).

Meist bestehen Unterschiede bei der Ausnutzung des Hebeleffektes wenn Realinvestoren als strategische Investoren im Rahmen eines MBO oder reine Finanzinvestoren bei einem LBO tätig werden. Erste achten in der Regel auf stabile Finanzierungskennzahlen und werden die Verschuldung nicht stark ausreizen. Bei reinen Finanzinvestoren steht meist die Renditeerzielung im Vordergrund. Dieses kann sich in einer höheren Verschuldung bei den Transaktionen äußern. In einer rückläufigen konjunkturellen Phase sind dann Schieflagen aufgrund des hohen Kapitaldienstes möglich. Die Gläubiger werden dann ein Mitspracherecht einfordern.

In einer Krise und Insolvenz kann eine Abstimmung der bei größeren Transaktionen meist hohen Anzahl an Finanzierungspartner komplex sein. Vielfach werden dann Steering Committees zur Interessenabstimmung gebildet. Häufig werden dann Haircut-Lösungen gewählt, um das Unternehmen finanziell zu gesunden. Dies bedeutet einen Teilverzicht für die Gläubiger (vgl. Portisch, 2011f, S. 38 ff.). MBO- und LBO-Finanzierungen sind somit einer genauen Risikoanalyse zu unterziehen.

Risikoverteilung

Die Aufteilung der Risiken zwischen den Beteiligten stellt ein weiteres individuelles Kriterium einer Projektfinanzierung im Vergleich zum Buy Out dar. Da das Fremdkapital den überwiegenden Teil des Finanzierungsvolumens einnimmt und Banken das größte finanzielle Risiko tragen, kann aus Sicht der Kreditinstitute eine Diskrepanz zwischen den Rendite- und Risiko-Erwartungen entstehen.

Das Fremdkapital verkörpert nur den fixen Anspruch auf Rückzahlung des Kreditbetrages zuzüglich Zinsen, erhält aber keine Beteiligung an den residualen Gewinngrößen. Angesichts dessen sind die finanzierenden Banken in der Regel nicht bereit, lediglich die prognostizierten Cash Flows als Sicherheit zu akzeptieren. Im Gegensatz werden auch die Initiatoren versuchen, Risiken aus einer Projektfinanzierung zu vermeiden und eine begrenzte Haftung zu erreichen (Limited Recourse).

In der Praxis sind Banken jedoch oftmals nicht gewillt die Kreditvergabe nur auf die prognostizierten Cash Flows und die Projektaktiva abzustellen. Denn die als Sicherheit dienenden Spezialaktiva sind meist nur eingeschränkt verwertungsfähig. Daher ist die **Limited Recourse Financing,** mit einem begrenzten Rückgriff auf die Initiatoren in der Praxis eine häufige Erscheinungsform der Projektfinanzierung. Die Haftung der Sponsoren geht in diesem Falle über die reine Eigenkapitalanlage hinaus. Im Rahmen einer Vertragsgestaltung können verschiedene Sicherungsvereinbarungen fixiert werden. Hierbei ist zwischen Kreditbedingungen (Lending Conditions) und Kreditauflagen (Covenants) zu unterscheiden. Mit den Kreditbedingungen sind die Voraussetzungen für den Projektbeginn sowie die Kreditvergabe gemeint, wie die Festlegung der Eigenkapitalquote, die Beibringung von Garantien staatlicher Stellen, Lieferanten, Kunden und Projektträgern.

So verlangen Banken regelmäßig umfassende Fertigstellungsgarantien (Completion Guarantees) der Sponsoren oder des Generalunternehmers der Projektfinanzierung, da in der Bauphase noch kein Cash Flow erwirtschaftet wird. Bei einer Nichtfertigstellung würden die Banken Gefahr laufen, ihre gesamten Kredite zu verlieren. Kreditauflagen zielen darauf ab, die vertragsgemäße Verwendung sowie Rückführung der Mittel während der Betriebszeit des Projektes zu gewährleisten. Die Sponsoren werden dabei verpflichtet, in regelmäßigen Abständen über die Projektentwicklung zu berichten (Monitoring und Reporting). Dabei stehen insbesondere Informationen über die Abweichung von technischen und finanziellen Kennzahlen im Vergleich zu Richtwerten im Vordergrund.

Bei Buy-Out-Finanzierungen sowie klassischen MBO´s spielen dagegen klassische **Kreditsicherheiten** in Form von Personal- und Sachsicherheiten eine bedeutendere Rolle, um die Risiken der Finanzierung für die Eigenkapitalgeber und Gläubiger zu begrenzen. Das finanzierte Objekt selbst ist beispielsweise bei einer Projektfinanzierung aufgrund des hohen Spezialitätsgrads und der fehlenden Drittverwendungsfähigkeit oft für eine Besicherung ungeeignet. Im Rahmen einer Projektfinanzierung kommen insbesondere Abtretungen von Zahlungsströmen zur Anwendung. Bei der Ausgangsfinanzierung eines Buy Outs und der laufenden Finanzierung des Zielobjekts, finden sich dagegen oftmals alle klassischen Personal- und Sachsicherheiten. Dabei kann auch der Eigenkapitalanteil über die Kreditinstitute gegen eine persönliche Haftung kreditiert werden. Zu beachten ist, dass durch die Kapitalgeber nicht nur die Erstfinanzierung bereitzustellen ist. Es ist auch die laufende Liquiditätsausstattung mit Betriebsmittelkrediten und Avalen zu gewährleisten.

Daher spielen neben der Globalzession der Forderungen und der Sicherungsübereignung des Warenlagers im Gegenzug zur Bereitstellung des Kontokorrentkredites auch Personensicherheiten wie Bürgschaften eine wichtige Rolle. Im Gegensatz zu der Projektfinanzierung wird im Rahmen des Buy Outs und der klassischen Unternehmensfinanzierung der **Full Recourse**, das heißt, die Haftung der Initiatoren mit ihrem gesamten Vermögen angestrebt. Dieses dient nicht nur zur Verbesserung der Sicherungsquote, sondern auch dazu, einen Anreiz über die Haftungsproblematik zum vollen Einsatz der Arbeitskraft und gleichgerichtete Ziele zu setzen.

Bilanzexterne Finanzierung

Ein weiteres gestaltendes Element einer Projektfinanzierung besteht darin, dass die Kredite im Idealfall nicht die Bilanz der Initiatoren belasten. Durch die Errichtung einer Projektgesellschaft (Special Purpose Vehicle), die als alleiniger Kreditnehmer fungiert, erscheinen die Projektkredite nur in der Bilanz der Projektgesellschaft. Für die Sponsoren hat diese Eigenschaft den Vorteil, dass ihre Bilanzstrukturrelationen nicht belastet werden und die Kreditwürdigkeit beziehungsweise Verschuldungsfähigkeit nicht beeinträchtigt wird (vgl. Schulte-Althoff, 1992, S. 35). Im Zweifel können Haftungsübernahmen aus § 251 HGB ebenso zu einer Bilanzierungspflicht führen, wie erforderliche Rückstellungen gemäß § 249 HGB.

Auch bei der Buy-Out-Finanzierung kann eine außerbilanzielle Finanzierung gestaltet werden. Falls ein reiner Finanzinvestor Anteile erwirbt, möchte dieser unter Umständen verhindern, dass ihm die Zielgesellschaft zuzuordnen ist. Dann ist der Erwerb über ein SPV erforderlich. Die bereitgestellten Eigenmittel werden aus einem speziell für die Transaktion gegründeten Fonds zur Verfügung gestellt. Dieser wird als Sondervermögen getrennt von den eigenen Vermögenswerte verwaltet und eine Nachschusspflicht wird ausgeschlossen (vgl. Wolf/Hill/Pfaue, 2011, S. 161 ff.).

Eine andere Alternative besteht im Erwerb einer Minderheitsbeteiligung, die dann keine (vollständige) Konsolidierungspflicht auslöst, wenn nicht ein beherrschender Einfluss auf wichtige Unternehmensentscheidungen ausgeübt wird. In der nachfolgenden Tab. 5.5 werden die wesentlichen Merkmale der Buy-Out-Finanzierung und der Projektfinanzierung gegenübergestellt.

Tab. 5.5: Abgrenzung Buy-Out-Finanzierung und Projektfinanzierung (Quelle: Eigene Darstellung)

Buy-Out-Finanzierung	Projektfinanzierung
Bestehendes Unternehmen	Innovatives, meist einzigartiges Projekt
Unbegrenzte Laufzeit Zielobjekt	Begrenzte Projektlaufzeit
Ähnelt klassischer Unternehmensfinanzierung	Strukturierte Finanzierung von Einzelprojekten
Personal- und Sachsicherheiten	Abtretung von Zahlungsströmen
Umfassende Firmenkreditüberwachung	Einhaltung von Covenants und Kennzahlen

5.4.4 Arten von Buy-Out-Finanzierungen

Differenzieren lassen sich unterschiedliche Arten von Buy-Out-Finanzierungen, bei denen die vorstehend diskutierten Merkmale unterschiedlich ausgeprägt sind. Im Allgemeinen handelt es sich beim Buy Out, in der Abgrenzung zum Venture Capital, um eine Beteiligungsart in einer späten Phase des Unternehmenslebenszyklus. Bei der Venture-Capital-Finanzierung wird üblicherweise aufgrund des hohen Ausfallrisikos ausschließlich Eigenkapital eingesetzt, während der Investor beim Buy Out das Zielobjekt mit Hilfe einer Mischung aus Eigen- und Fremdkapital finanziert, um den Leverage-Effekt zu nutzen (vgl. Schäfer/Fisher, 2008, S. 7 ff.). Die Formen von Buy Outs lassen sich nach dem eingesetzten Kapital sowie der Person des Käufers unterscheiden, wie die nachfolgende Abb. 5.21 darstellt.

	Person des Käufers	
	Externe Manager, Fonds	Management und ggf. Dritte
Üblicher Fremdkapital-anteil	▶ Traditioneller Unternehmenskauf	▶ MBO im weiteren Sinne
Hoher Fremdkapital-anteil	▶ LBO im klassischen Sinne	▶ LMBO/MBO im eigentlichen Sinne

Art der Finanzierung

Abb. 5.21: Arten von Buy Outs (Quelle: Achleitner, 2002, S. 200)

Demnach handelt es sich beim MBO sowie LMBO üblicherweise um eine Finanzierungstechnik, bei der ein Investor aus dem Management des Unternehmens stammt und Mehrheitsanteile an der Firma erwirbt. Ein reiner **MBO** liegt vor, wenn der Manager künftiger Alleineigentümer wird. Ein gemischter MBO besteht, wenn weitere externe Eigenkapitalgeber in die Finanzierung eingebunden werden (vgl. Rudolph, 2006, S. 516). Wenn das Vermögen des Managers als Erwerber nicht ausreicht, um die Übernahme zu finanzieren, dieser aber die vollständige Verfügungsgewalt erhalten möchte, kann er den Kaufpreis auch teilweise fremdfinanzieren. Dann wird von einem Leveraged Management Buy Out (LMBO) gesprochen.

Bei der Finanzierung erfolgt meist ein hoher Fremdkapitaleinsatz, wenn zum einen die Mittel für den Kauf fehlen und zum anderen der Leverage-Effekt für eine Steigerung der Rendite genutzt wird. Wenn ein **LBO** gestaltet wird, stammt der Investor oft aus dem Private-Equity-Kreis und die Finanzierung wird stark gehebelt.

Beim **MBO im weiteren Sinne** wird der Leverage-Hebel nicht so stark eingesetzt und beim **traditionellen Unternehmenskauf** erwirbt ein Externer die Mehrheitsanteile im Wege einer klassischen Finanzierungsstruktur. Anlässe des Einstiegs eines internen oder externen Managers können beispielsweise aus einer Konzernentflechtung mit einer Konzentration auf die Kerntätigkeiten resultieren oder aus einer notwendigerweise zu gestaltenden Nachfolgelösung.

Generell bewirkt ein Leverage die Renditeverbesserung durch den Fremdkapitaleinsatz. Es liegt allerdings eine Risikofinanzierung mit erhöhten Fremdkapitalkonditionen vor, da der Kaufpreis zum erheblichen Teil aus den zukünftigen Cash Flows der Zielgesellschaft refinanziert wird. Die Finanzierungsstruktur ist aufwändig und wird über verschiedene Rangverhältnisse gesteuert.

5.4.5 Konstruktion und Ablauf einer Buy-Out-Transaktion

Meist ist die Vertragskonstruktion bei einer Buy-Out-Finanzierung komplex, gerade wenn größere Firmen den Gegenstand der Übertragung darstellen. Es sind verschiedene Finanzierungskomponenten zusammenzustellen, um den Unternehmenskauf durch eine Erwerbergesellschaft (NewCo) zu realisieren. Problemkreise stellen dabei die Finanzkonstruktion, der Ziel-Verschuldungsgrad, der maximal zu leistende Kapitaldienst, die steuerliche Optimierung, die Bewertung des Zielobjekts sowie die Kaufpreisfindung dar. Demnach existieren ähnliche Analysebereiche wie bei den üblichen Unternehmenskauftransaktionen.

Die Struktur der Finanzierung hängt eng damit zusammen, ob der Buy Out durch einen realwirtschaftlichen Investor oder einen reinen Finanzinvestor durchgeführt wird. Beim Erwerb durch einen Finanzinvestor über eine Fonds-Konstruktion steht meist die Renditeerzielung im Vordergrund der Betrachtung und löst den Kauf des Zielunternehmens aus. Der Erwerb erfolgt über eine Fondsgesellschaft, die sich an mehreren Firmen beteiligt, um einen Diversifikationseffekt zu realisierten. Dieser Fonds wird durch institutionelle Investoren aus dem Kreis von Banken und Versicherungen gespeist. Diese beteiligen sich nur mit einer geringen Quote am Fonds, um ebenfalls ihre Risiken angemessen aufzuteilen. Der Finanzinvestor ist der Arrangeur der strukturierten Finanzierung und übernimmt das Beteiligungsmanagement und die Betreuung des Fonds und erhält im Gegenzug eine Vergütung in Form einer laufenden Verwaltungsgebühr sowie Provisionen, die beispielsweise an den Erfolg aus der Exit-Transaktion geknüpft sind.

Die Zielgesellschaften werden nach einer begrenzten Haltedauer von beispielsweise sieben Jahren weiterverkauft oder an die Börse gebracht. Im Einzelfall kann sich im Worst Case auch eine Insolvenz ergeben. Entscheidend ist die Gesamtrendite, die durch die Beteiligungen im Fonds realisiert wird. Die Ausschüttungen erfolgen laufend und bei der Beendigung der Aktivitäten an die Geldgeber.

Zur Abwendung der Sichtbarkeit der Initiatoren und zur Sicherstellung der Vermeidung der Konsolidierungspflicht der Assets erfolgt meist die Zwischenschaltung von Einzweckgesellschaften, die Beteiligungen an den Zielunternehmen aufnimmt. Auf diesem Wege wird auch die Zurechnung in den Konsolidierungskreis des Finanzinvestors vermieden und das Geschäft findet außerbilanziell statt, indem die bereitgestellten Mittel aus einem speziell für diese Transaktion gegründeten Fonds zur Verfügung gestellt werden. Dieser wird als Sondervermögen getrennt von den eigenen Vermögenswerten verwaltet (vgl. Wolf/Hill/Pfaue, 2011, S. 161 ff.).

Die folgende Abb. 5.22 zeigt eine typische Beteiligungsstruktur bei dem Investment eines Finanzinvestors über einen Fonds in verschiedene Zielgesellschaften. Darüber wird eine Diversifikation der Erfolge und der Risiken erreicht.

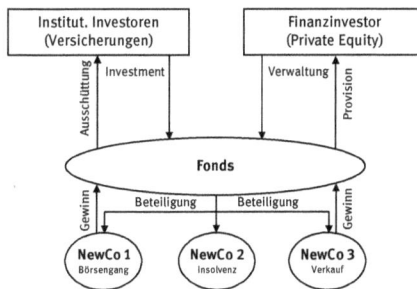

Abb. 5.22: Buy-Out-Beteiligungsstruktur (Quelle: In Anlehnung an Wolf/Hill/Pfaue, 2011, S. 162)

Bei einem MBO oder der Investition durch einen anderen Realinvestor im Rahmen eines LBO beziehungsweise eines LMBO stehen dagegen die Renditeerzielung durch eine Weiterveräußerung, die Abwendung der Sichtbarkeit der Initiatoren oder die zu vermeidende Konsolidierungspflicht der Assets nicht so sehr im Vordergrund des Interesses, wie bei einer Transaktion, die durch einen reinen Equity-Investor getrieben wird. Hier liegt die Intention der Investoren im strategischen Bereich.

Das Investment hat beim MBO beispielsweise gegebenenfalls auch eine unbegrenzte Haltedauer und begründet die Existenz eines neuen Management-Eigentümers. Das Investitionsobjekt wird in der Regel als langfristiges strategisches Investment angesehen. Jedoch kann die Situation aus der eine Investition erfolgt unterschiedlich geprägt sein. Beispielsweise besteht die Nachfolge bei einer profitablen gewachsenen Firma in einem gesicherten Umfeld. Es kann sich jedoch auch um eine Beteiligung in der Krise handeln, mit dem Ziel den Turnaround zu erreichen.

Dann spielt auch die Auswahl der Transaktionsart eine Rolle, um bestimmte Risiken für den Investor auszuschließen. Die Unternehmenssituation, aus der ein Erwerb heraus erfolgt, kann für die Auswahl der Gestaltungsvariante entscheidend sein. Die Investition kann als Share Deal oder als Asset Deal ausgestaltet werden.

Beim **Share Deal** können der ursprüngliche Rechtsmantel sowie der Firmenname erhalten bleiben. Jedoch haftet der Erwerber bei der Fortführung einer Firma gemäß § 25 Abs. 1 HGB für die gesamten Verbindlichkeiten und er tritt zudem als Erwerber in die Rechte und Pflichten aus bestehenden Arbeitsverhältnissen ein (§ 613a BGB). Dieses Vorgehen bedeutet in der Krise des Zielunternehmens stark erhöhte Risiken und erschwert eine Anpassung der Personalkapazitäten an die Gefährdungslage, in der sich das Unternehmen dann befindet.

Bei einem **Asset Deal** werden lediglich ausgewählte Vermögensgegenstände auf die neue Übernahmegesellschaft übertragen. So wird ein Kauf aus der Insolvenz heraus in der Regel als Asset Deal im Rahmen einer übertragenden Sanierung ausgestaltet. Vielfach erfolgt ein Erwerb erst nach der Insolvenzeröffnung, um gezielt die oben genannten Risiken zu vermeiden. Die nachfolgende Abb. 5.23 zeigt die Grundkonstruktion einer Buy-Out-Finanzierung mit einem Management-Investor als zentralen Akteur und Projektarrangeur.

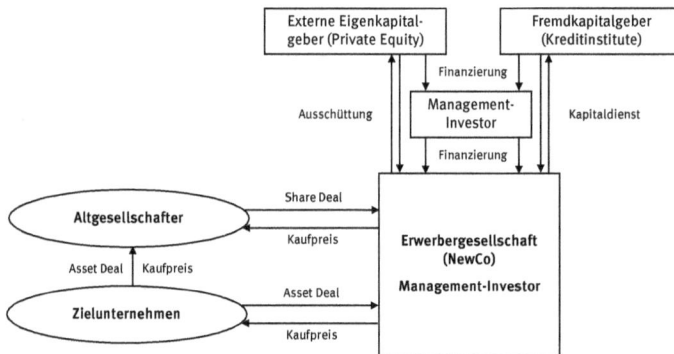

Abb. 5.23: Buy-Out-Finanzierung (Quelle: In Anlehnung an Wolf/Hill/Pfaue, 2011, S. 164)

Bei Transaktionen großer Unternehmen wird eine Konsortialstruktur aufgebaut. Der Konsortialführer arrangiert die Finanzierung und sucht die Partner beziehungsweise übernimmt die Syndizierung über die Platzierung der Kredite oder Anleihen zur Aufteilung der Kreditverpflichtungen und Kreditrisiken. Neben der Unterbringung der verschiedenen Tranchen, ist auch deren Vergütung zu gestalten.

In der Finanzstruktur bestehen neben dem **Senior Debt**, das regelmäßig vorrangig besichert wird, auch nachrangige Darlehen in Form von **Junior Debt** oder Mezzanine, deren Tilgung meist am Ende der Laufzeit zu erbringen ist. Der Einsatz dieser Finanzinstrumente gemäß dem Rangverhältnis sowie deren Bedienung erfolgt häufig nach dem **Wasserfall Prinzip**. Dieses ist charakteristisch für komplexe und großvolumige Buy-Out-Finanzierungen.

Die eingehenden Zahlungen aus den Erträgen der Zielgesellschaft werden in einer festen Reihenfolge an die Kapitalgeber verteilt. Inhaber einer vorrangigen Tranche erhalten als erste Zahlungen auf ihre Ansprüche auf Kapital und Zinsen. Anschließend werden Schritt für Schritt alle nachrangigen Wertpapiere aus den eingehenden Cash Flows bedient. Der Zahlungsstrom ähnelt insofern einem Wasserfall, bei dem die eingehenden Zahlungen von oben nach unten gemäß dem Rangverhältnis der Finanzierungsinstrumente verteilt werden. Je nach Stellung im Wasserfall erhalten die Investoren eine risikoabhängige Verzinsung. Mit der Nachrangigkeit steigt die Risikoprämie im Zins exponentiell an, so dass Investoren zwischen unterschiedlichen Ertrags-Risiko-Kombinationen wählen können. Eintretende Verluste werden zuerst den nachrangigen Tranchen belastet. Im Fall der endfälligen Tilgung, werden eintretende Verluste von unten nach oben getragen und zuerst den nachrangigen Finanzierungen belastet, bis diese vollständig aufgebraucht sind. Diesen Erstverlust (First Loss) tragen die Eigenkapital- und die Nachrangkapitalgeber.

Die Fremdkapitalgeber vereinbaren mit der NewCo, die das Zielunternehmen aufnimmt, einen komplexen Kreditvertrag, der alle Rechte und Pflichten aus dem Kreditverhältnis regelt. Insbesondere gehören dazu die Verpflichtungen des Unternehmens, bestimmte Finanzkennzahlen in Form von Covenants einzuhalten oder bei wichtigen unternehmerischen Maßnahmen vorab Zustimmungen der Banken einzuholen. Bei Verstößen sind Konventionalstrafen fällig oder den Instituten wird gegebenenfalls sogar die Kündigung der Kreditfazilitäten erlaubt.

Die Investition bei einem klassischen MBO ist in der Regel individuell ausgeprägt. Daher ist ein fester Ablauf schwerlich zu beschreiben. Der Investitionsprozess bei Buy Outs, mit einem Finanzinvestor als Arrangeur verläuft ähnlich wie bei einem Investmentprozess bei Mezzaninkapital. In der folgenden Abb. 5.24 wird der Verlauf eines Buy-Out-Investitionsprozesses dargestellt.

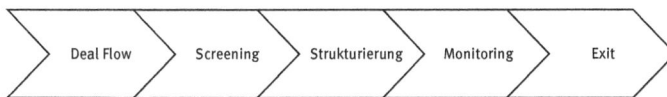

Abb. 5.24: Prozess einer angebahnten Buy-Out-Finanzierung (Quelle: Eigene Darstellung)

Zunächst ist der Markt interessanter Zielobjekte zu analysieren. Anschließend sind die Eigenkapitalanteile beziehungsweise Mezzanine-Tranchen einzuwerben. Dann ist die Finanzierung zu strukturieren. Es folgt die Beteiligungsphase, die meist über mehrere Jahre verläuft. In diesem Stadium sind die laufenden Zahlungen zu bedienen und die Finanzkennzahlen zu überwachen. Abschließend wird der Exit geplant und es erfolgen die Blockausschüttungen an die Kapitalgeber.

Ein wichtiger Analyse- sowie Gestaltungsteil macht die Risikostruktur aus. Die Gefährdungen dieser komplexen Transaktionen sind im Vorfeld nach Art und Umfang zu erfassen und über das Finanzierungsmodell mit bestimmten Absicherungen derart zu steuern, dass die Investoren die ihnen zugeteilten Risikobausteine einschätzen können und deren Risikotragfähigkeit gegeben ist.

5.4.6 Risiken bei Buy-Out-Strukturen

Ein Großteil der finanziellen Risiken entsteht, wenn der Kaufpreis für das Zielunternehmen zu hoch ausfällt. Beim Erwerb durch einen Externen bestehen erhebliche Informationsasymmetrien, da der Käufer das Unternehmen nicht kennt. Über aufwändige Due-Diligence-Prüfungen wird versucht, das Zielobjekt zu analysieren und Risikobereiche zu erkennen. Im Rahmen der Unternehmensbewertung erfolgt die Ermittlung eines Preiskorridors für den Kaufpreis. Diese externen Finanzierer haben einen Informationsnachteil, der auch durch eine **Due Diligence** oder eine intensive Kreditwürdigkeitsprüfung meist nicht vollständig angeglichen werden kann. Aus diesem Grund werden diese neben einer erhöhten Risikoprämie, umfassende Informations- und Mitspracherechte verlangen, beziehungsweise über vertragliche Elemente wie nachträgliche Kaufpreisanpassungen abfedern. Bei einem MBO hat der interne Manager in der Regel genauere firmenspezifische Kenntnisse und kennt die Stärken und Schwächen sowie Chancen und Risiken des Zielobjekts.

Buy-Out-Finanzierungen beinhalten aus Sicht der eingebundenen Finanzierungspartner typische Risikobereiche, die bei den verschiedenen Ankaufstrukturen unterschiedlich stark akzentuiert auftreten. Demnach existieren insbesondere die folgenden Risikokategorien (vgl. Wolf/Hill/Pfaue, 2011, S. 172 ff.):

- **Finanzierungsrisiken:** Bei dem Leverage Buy Out mit einem hohen Verschuldungsgrad besteht das Risiko, dass der hohe Kapitaldienst unter Umständen über einen langen Zeitraum, in denen auch Krisenlagen bestehen können, nicht dauerhaft geleistet werden kann. Dieses Risiko ist zu antizipieren und über vertragliche Elemente sowie einen angemessenen Kaufpreis im Vorfeld der Transaktion möglichst komplett auszuschalten. Aus Sicht der Finanzierer ist das Zahlungsrisiko durch die Einhaltung und Überprüfung von Covenants zu überwachen. Das Ausfallrisiko kann über Sicherheiten sowie einen angemessenen Einsatz an Eigenkapital abgemildert werden.

- **Rechtsrisiken:** Potenzielle Haftungsrisiken können für Fremdkapitalgeber in dem Eingriffspotenzial über umfassende Covenant-Strukturen und sonstige vertragliche Mitspracherechte im Fall der Zahlungsschwierigkeiten bei dem finanzierten Zielobjekt liegen. Kreditinstitute haben hier gegenüber externen Mezzanine- oder Eigenkapitalgebern den Nachteil, dass sie aus ihrer Gläubigerstellung eine Grenze zu einer Geschäftsführerstellung ziehen müssen, um nicht in eine Haftungsposition zu gelangen. Daher werden diese verstärkt Kreditsicherheiten einfordern, um den Nachteil auszugleichen. Des Weiteren gilt der Überprüfung der Führungsqualitäten des Managements ein Augenmerk.
- **Managementrisiken:** Die ehemalige Hausbank hat als Finanzierer gegebenenfalls Vorteile, wenn diese das Altengagement bereits viele Jahre kennt. Dennoch ist gerade auf die Überprüfung des neuen Managements im Rahmen eines MBO ein Schwerpunkt der Kreditanalyse zu legen, denn aus ehemaligen Mitarbeitern werden im Rahmen des MBO Führungskräfte mit Gesellschafterstellung. Dieses bedeutet nicht nur die vollständige Verantwortung für die Firma und die Mitarbeiter, sondern auch das unternehmerische Risiko eines Kapitalverlustes zu verantworten. Aus diesem Grund sind nicht nur die Finanzkennzahlen, sondern auch die Qualifikationen des Eigentümer-Manager zu untersuchen.

Des Weiteren ist der Zeitpunkt des Erwerbs unter anderem in der Krise entscheidend für auftretende Gefährdungen. Risiken bestehen auf der Eigenkapitalseite in einem möglichen Eigenkapitalverlust. Bei einem MBO kommt zum Verlust der eingesetzten Mittel noch der Wegfall der Geschäftsführertätigkeit hinzu. Auf Seiten der Fremdkapitalgeber besteht bei LBO-Finanzierungen mit einem hohen Fremdkapitalanteil das Risiko eines kompletten oder teilweisen Ausfalls der laufenden Zahlungen und des eingesetzten Kapitals. Wichtig ist eine geeignete Struktur maßgeschneidert an das jeweilige Transaktionsmodell anzupassen und die Bewertung des Zielobjekts über nachträgliche Kaufpreisanpassungen angemessen zu gestalten.

Zusammenfassung Abschnitt 5.4: In diesem Abschnitt wurden Arten von **Buy-Out-Finanzierungen** mit den typischen Eigenschaften dargestellt. Vorwiegende Motive bei einem Management-Buy-Out liegen zum einen im Exit der Altgesellschafter mit einer Kaufpreismaximierung und zum anderen in der Gestaltung einer Nachfolgelösung. Aus der Sicht des Erwerbers besteht die Möglichkeit unternehmerisch tätig zu werden und die Erfolge sowie das Risiko als Geschäftsführer und Eigentümer selbst zu generieren. Es besteht der Vorteil, dass ein interner Manager, der das Unternehmen erwirbt dieses als Insider bereits kennt, mit allen Chancen sowie Risiken. Bei einem Leverage Buy Out wird eine Fremdfinanzierungskomponente in die Übernahmetransaktion mit eingebaut. Es ist darauf zu achten, dass der Finanzierungshebel nicht zu umfassend eingestellt wird und der Anteil des Fremdkapitals in Relation zum Eigenkapital nicht zu hoch ausfällt, so dass eine Kapitaldienstfähigkeit jederzeit gewährleistet ist. Bei der Übernahme durch einen Finanzinvestor steht der Renditeaspekt im Vordergrund des Investments. In diesem Fall erfolgt der Aufbau der Transaktion über zwischengeschaltete Fondsgesellschaften. Die inhärenten Risiken der Übernahme unterscheiden sich danach, ob ein Realinvestor im Rahmen eines MBO oder ein Finanzinvestor als Initiator tätig wird.

5.5 Konsortialfinanzierung

von Silke Bullenkamp, Jens Ellerbeck und Tanja Reinecke

5.5.1 Marktgeschehen bei Konsortialfinanzierungen

Bei großvolumigen Finanzierungstransaktionen in der Wachstumsphase eines Unternehmens und insbesondere bei Projektfinanzierungen werden Kredite häufig von mehreren Banken gemeinschaftlich bereitgestellt, denn meist übersteigen derartige Kreditgewährungen, gemessen am haftenden Eigenkapital der jeweiligen Banken, die Finanzkraft einzelner Institute. Die Verteilung von Risiko und Kapitalaufbringung auf mehrere Schultern ist ein Hauptbeweggrund der Banken für die Bildung von Konsortien (vgl. Steinrücke/Scholze, 1956, S. 46 ff.). Für derartige Konsortialkredite, häufig auch als syndizierte Kredite bezeichnet, kann der Kreditnehmer eine oder mehrere Banken auswählen, die führend die Transaktion strukturieren sowie gegebenenfalls weitere Parteien zu einer Beteiligung an der Finanzierung einladen. Das Unternehmen kann dabei ein Mitspracherecht geltend machen.

---

i **Definition:** Bei einem **Konsortialkredit** handelt es sich um die Bereitstellung eines Kredites an einen Kreditnehmer durch mindestens zwei Kreditinstitute zu einheitlichen Bedingungen, auf gemeinsame Rechnung der Beteiligten (vgl. Laubrecht/Heller, 2012, S. 345 und Bismarck, 2014, S. 7). Es wird bei dieser Finanzierungsart von sogenannten syndizierten Krediten oder Syndicated Loans gesprochen. Die beteiligten Banken bleiben in diesem Zusammenhang unter wirtschaftlichen und rechtlichen Gesichtspunkten eigenständige Kreditgeber (vgl. von Bismarck, 2014, S. 8).

Konsortien sind nicht erst eine Erscheinung der neuen Zeit. Bereits in den Jahren 1498 und 1499 wird von mächtigen Konsortien oder Syndikaten der Fugger berichtet, seinerzeit zur Beherrschung des Kupfermarktes. Der Umfang und die Bedeutung des Konsortialgeschäfts wuchsen im gleichen Maß, mit dem die wirtschaftliche Entwicklung fortschritt (vgl. Steinrücke/Scholze, 1956, S. 41 ff.).

Die Professionalisierung des Risikomanagements und die erhöhte Nachfrage nach flexiblen Finanzierungsquellen führten dazu, dass der Markt für Konsortialfinanzierungen immer stärker wuchs (vgl. Gadanecz, 2004, 86 ff.).

Im Jahr 2007 betrug das Volumen an Neufinanzierungen bereits über 4,5 Bill. USD. Im Zusammenhang mit der Finanzmarktkrise sowie dem Abschwung der Realwirtschaft brach der Markt für Konsortialfinanzierungen allerdings 2008 dramatisch ein und lediglich 2,6 Bill. USD an Konsortialkrediten wurden weltweit neu herausgegeben. Im darauffolgenden Jahr 2009 sank das Volumen um weitere 41 % auf 1,6 Bill. USD und zeigt den Rückgang des Investitionsgeschehens.

Nach Stabilisierung der Wirtschaft und der Finanzbranche nahmen auch die Konsortialfinanzierungen wieder zu. Ab 2010 erholte sich der Markt und legte bis in 2013 wieder auf rund 4,1 Bill. USD zu. Von dem weltweiten Volumen von 4,1 Bill. USD in 2013 wurden an deutsche Unternehmen rund 29,5 Milliarden USD Konsortialkredite gewährt. In 2014 erhöhte sich das weltweite Volumen der Finanzierungen auf rund 4,7 Bill. USD (vgl. Backhaus, 2014). Die nachfolgende Abb. 5.25 zeigt die Entwicklung des Neugeschäfts im Konsortialbereich (vgl. Wermuth, 2015, S. 3).

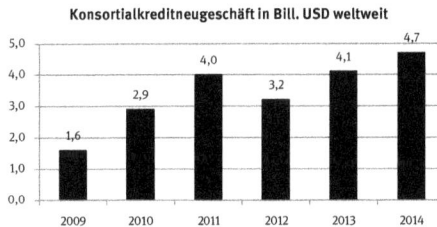

Abb. 5.25: Marktentwicklung der Konsortialkredite weltweit (Quelle: Eigene Darstellung)

Die größte kreditgebende Bank war die Bank of America, gefolgt von JP Morgan und der Mitsubishi UFJ Financial Group. Aus Deutschland war die Deutsche Bank auf Platz 8 der weltweit größten Konsortialbanken vertreten (vgl. Wermuth, 2015, S. 3). Als größte Kreditgeber sind in Deutschland, Österreich und der Schweiz besonders die UniCredit (2,7 Mrd.) sowie die Commerzbank (1,9 Mrd.) im Konsortialkreditgeschäft wahrzunehmen (vgl. Backhaus, 2014).

Übliche Finanzierungsfelder für Konsortialfinanzierungen sind in Wachstumsphasen, wegen des hohen Kapitalbedarfs vor allem Finanzierungen für Projekte in der Form von umfassenden Industrieanlagen oder auch Akquisitionen ab einem Finanzierungsvolumen von etwa 30 Mio. Euro (vgl. Höpfner, 2013, S. 732).

5.5.2 Grundlagen der Konsortialfinanzierung

Besteht bei einem Unternehmen ein großer Kreditbedarf, bietet eine Konsortialfinanzierung die Möglichkeit, einen großvolumigen Kredit unter einheitlichen Bedingungen zu erhalten. Im Vergleich zu mehreren verschiedenen bilateralen Kreditvergaben ist der administrative Aufwand für das Unternehmen insgesamt geringer, da im Regelfall eine Bank als Ansprechpartner sowie Lead Manager oder Konsortialführer stellvertretend für das Konsortium stehen (vgl. Höpfner, 2013, S. 742).

Durch den erhöhten Abstimmungsaufwand innerhalb des Konsortiums, stellt ein Konsortialkredit ein stabiles Finanzierungsinstrument dar und verschafft dem Unternehmen somit Planungssicherheit. Seit der Finanzkrise hat die Bonität der Banken auch für Unternehmen eine höhere Bedeutung gewonnen. Bei einer Verschlechterung der Bonität einer Bank wäre die Bereitstellung der zugesagten Kreditmittel gegebenenfalls gefährdet und das betroffene Unternehmen gelangt dadurch möglicherweise selbst in eine Liquiditätskrise. Bei einem Konsortialkredit ist die Finanzmittelbereitstellung nicht nur von einer einzelnen Bank abhängig. Erfolgen können kurzfristige und langfristige Mittelbereitstellungen.

Hauptmotive für die beteiligten Kapitalgeber an einer Konsortialfinanzierung liegen in der Risikostreuung sowie der Schonung einer Beanspruchung des bankeigenen Kernkapitals, indem von Anfang an eine gemeinsame Kreditgewährung erfolgt oder Teile von bereits ausgezahlten Krediten auf dem Sekundärmarkt ausplatziert und damit syndiziert werden. Hintergrund der Weitergabe von Kreditteilen ist die gesetzliche Verpflichtung von Kreditinstituten, eingegangene Risiken mit Eigenkapital zu unterlegen. Durch Konsortialkredite beziehungsweise Syndizierungen, wird das zu verrechnende Kreditrisiko gemindert. Gleichzeitig kann die Rendite aus dem Kredit erhalten werden, da auch der ausplatzierte Kreditanteil weiterhin Erträge generiert (vgl. Wöhe et al., 2013, S. 260 ff.).

Zudem ist die Gesamtsumme von Krediten, die Banken an einen einzelnen Kreditnehmer vergeben dürfen, auf maximal 25 % des haftenden Eigenkapitals des Kreditinstitutes reglementiert, um Klumpenrisiken zu vermeiden (vgl. CRR, Art. 92 ff. und Art. 387 ff.). Um dennoch großvolumige Geschäfte zu realisieren, nutzen Banken die Möglichkeiten, Konsortialkredite zu vergeben. Auf diese Weise können aus Bankensicht die Wachstums- sowie Ertragschancen mit Bestandskunden ausgebaut, aber auch mit Neukunden interessante geschäftliche Kontakte geknüpft werden. Durch die Unterbeteiligung an einer Konsortialfinanzierung ist darüber hinaus auch das Engagement in bisher nicht erschlossenen Branchen unter Aufbau von neuem Know How möglich. Vor allem für kleinere Kreditinstitute ergibt sich ein Marktzugang zu Krediten, der im originären Geschäft der Institute nicht gegeben ist. Zur Umsetzung dieser Ausplatzierung behalten sich Banken bei Kreditgewährungen über eine sogenannte **„Asset Trading Clause"** das Recht vor, den Kredit oder zumindest Teile davon auf Dritte übertragen zu dürfen.

Zu diesem Zweck lassen sie sich vom Kreditnehmer das Recht einräumen, die hierfür erforderlichen Unterlagen und Auskünfte Dritten zugänglich machen zu dürfen (vgl. Rost, 2013, S. 83 ff.). Diese Entbindung vom Bankgeheimnis ist notwendig, da der Konsortialführer andernfalls keine vertraulichen Unterlagen und Informationen über den Kreditnehmer an potentielle Konsorten weiterleiten darf. Konsorten benötigen jedoch umfangreiches Datenmaterial, um eine eigene Einschätzung des Kreditrisikos für ihre Beteiligung vornehmen zu können.

Wenn alle Beteiligten sich darauf verständigt haben, eine Finanzierung durch einen Konsortialkredit darzustellen, wird sich der Konsortialführer frühzeitig die Vorgehensweise des Syndizierungsprozesses schriftlich von dem Kreditnehmer bestätigen lassen sowie in diesem Zusammenhang die erforderliche Genehmigung des Kreditnehmers einholen. Ist eine entsprechende Asset-Trading-Klausel vereinbart worden, kann die Bank auch später während der Kreditlaufzeit den gesamten Kredit oder Teile davon an Dritte übertragen, auch wenn sie zunächst als alleiniger Kreditgeber gegenüber dem Unternehmen aufgetreten ist.

Der **Konsortialkreditvertrag** umfasst das Rechtsverhältnis zwischen einem Kreditnehmer sowie den kreditgebenden Instituten. Die Verhältnisse der Konsorten untereinander werden in einem separaten **Konsortialvertrag** geregelt. Beide Vertragsarten können miteinander kombiniert werden. In der Praxis werden der Kredit- und Konsortialvertrag regelmäßig zu einer Urkunde in dem Konsortialkreditvertrag verbunden (vgl. Diem, 2009, S. 169). Die Zusammenarbeit der Kreditinstitute als Konsortium ist auf den Zweck und die Dauer eines Konsortialgeschäftes beschränkt. Die Kreditinstitute bleiben bei der gemeinsamen Mittelausreichung wirtschaftlich und rechtlich selbstständig (vgl. Hentschel, 2008, S. 43). Des Weiteren ist der **Sicherheitenpoolvertrag** zu beachten, der die im Konsortialvertrag oder in separaten Sicherheitenverträgen erfassten Kreditsicherheiten bündelt sowie die Verwaltung und die Verwertung der Sicherheiten regelt (vgl. Sickel/Goldmann, 2013, S. 5).

Es bestehen unterschiedliche Gestaltungsformen des Konsortialkredits. Diese sind davon abhängig, inwieweit die Kreditgeber im Außenverhältnis auftreten. Des Weiteren spielen die Abwicklung und die Risikoaufteilung eine Rolle. Bei der zentralen Form erfolgt die Kreditauszahlung durch den Konsortialführer, der unter anderem die Auszahlungsvoraussetzungen prüft. Bei der Risikobeteiligung kann eine Unterbeteiligung eines Konsorten erfolgen oder die Gelder werden direkt angefordert. Zudem besteht die Möglichkeit der Gewährung eines Parallelkredits, bei dem die Konsortialbanken mit dem Kreditnehmer einen inhaltsgleichen Kreditvertrag schließen und gemeinsam den Kreditbedarf decken. Folgende Merkmalsformen bestehen und können miteinander kombiniert werden (vgl. Sickel/Goldmann, 2013, S. 6 ff.):

- Zentraler oder dezentraler Konsortialkredit
- Innenkonsortium oder Außenkonsortium
- Konsortialkredit mit Bareinschuss oder Unterbeteiligung

Der Konsortialkredit existiert in den Grundformen des **echten** (zentralisierten) und des **unechten** (dezentralisierten) Konsortialkredits (vgl. Diem, 2009, S. 170). Beim echten und damit zentralen Konsortialkredit kann ein Bankenkonsortium alternativ als Innen- oder Außenkonsortium organisiert sein:

- Bei einem **Innenkonsortium,** auch stilles Konsortialverhältnis genannt, wird einem Kreditnehmer der gesamte Kreditbetrag allein vom Konsortialführer zur Verfügung gestellt (vgl. Hoffmann, 2005, S. 155). Der Konsortialführer handelt ausschließlich im eigenen Namen, aber auf Rechnung der Konsorten. Im Innenverhältnis fordert dieser von den Konsorten, die gemeinsam eine Gesellschaft bürgerlichen Rechts in der Form der Innengesellschaft bilden, die Beteiligung in Höhe des Konsortialkreditanteils ein. Der Kreditnehmer besitzt ausschließlich eine Rechtsbeziehung zum Konsortialführer, der sämtliche Zins- und Tilgungsleistungen sowie Provisionen erhält und diese wiederum im Innenverhältnis an die Konsorten anteilig weiterleitet (vgl. Diem, 2009, S. 169 ff.). Die Konsorten sind lediglich intern an dem Kredit beteiligt und müssen einem Kreditnehmer nicht zwingend bekannt sein (Stilles Konsortium). Werden dem Kreditnehmer jedoch die Beteiligung anderer Banken durch den Konsortialführer mitgeteilt, spricht man von einem offenen Innenkonsortium (vgl. Kühne, 2007, S. 560). Die Verhandlung des Vertrages, die Abwicklung des Kredites, die Vereinnahmung der Gelder und die Verwaltung sowie Prüfung der Kreditsicherheiten erfolgt im Innenkonsortium allein über den Konsortialführer.

- Bei dem **Außenkonsortium** oder offenen Konsortialverhältnis tritt das gesamte Konsortium mit dem Kreditnehmer in eine Rechtsbeziehung (vgl. Hoffmann, 2005, S. 155). Es tritt in der Regel nur der Konsortialführer gegenüber dem Kreditnehmer auf, dies aber im Namen und in Vertretung der übrigen Participants beziehungsweise Konsorten (vgl. Sickel, 2013, S. 6 ff.). Der Konsortialführer wird von der Beschränkung des § 181 BGB (Selbstkontrahierung) befreit und handelt dann als Stellvertreter der Konsorten (vgl. Höpfner, 2013, S. 766 sowie Kühne, 2007, S. 560). Der Konsortialführer agiert damit auf gemeinsame Rechnung, sodass es sich um eine offene Stellvertretung handelt (§ 164 Abs. 1 und 3 BGB). Die Konsorten begründen eine GbR in der Form der Außengesellschaft. Der Kreditvertrag wird im Namen und für Rechnung dieser GbR abgeschlossen. Somit ist die GbR gegenüber dem Kreditnehmer die Vertragspartnerin und Inhaberin der Forderungen. Jeder einzelne Konsorte ist gegenüber der GbR zudem verpflichtet, die entsprechenden Kreditmittel in Höhe der vereinbarten Konsortialquote bereitzustellen (§§ 705, 706 BGB). Des Weiteren haften die Konsorten gesamtschuldnerisch gegenüber dem Kreditnehmer, der somit von jedem einzelnen die Auszahlung des gesamten Kreditbetrags verlangen kann. Sollte dieses Szenario der Auszahlungsverweigerung durch ein Kreditinstitut eintreten, wären die übrigen Konsorten daher im Innenverhältnis gemäß § 426 Abs. 1 BGB zum Ausgleich verpflichtet (vgl. Diem, 2009, S. 170).

Weitere Unterscheidungen können nach dem **zentralen** oder **dezentralen** Kredit-konsortium erfolgen. Dabei ist zu beachten, dass sich die Differenzierung zwischen den Merkmalen auf die Abwicklung des Kreditbetrages gegebenenfalls in Tranchen sowie die Vereinnahmung der Zins- und Tilgungsleistungen bezieht:

— Bei einem **zentralen Kreditkonsortium** erfolgt die Kreditauszahlung in voller Höhe durch den Konsortialführer. Dieses lässt allerdings nicht den Schluss zu, dass es sich immer um ein Außenkonsortium handeln muss. Wenn der Konsortialführer bei dem Abschluss des Vertrages im eigenen Namen handelt, besteht ein Innenkonsortium, ansonsten ein Außenkonsortium. Die Zins- und Tilgungsleistungen erfolgen an den Konsortialführer, der die Zahlungen an die anderen Konsorten weiterleitet. Die zentrale Bereitstellung erleichtert eine Kreditauszahlung in Tranchen, da in der Regel vor der Valutierung bestimmte Voraussetzungen zu prüfen sind. Dies kann zentral durch den Konsortialführer erfolgen (vgl. Sickel/Goldmann, 2013, S. 6 und von Bismarck, 2014, S. 12).

— Bei einem **dezentralisierten, unechten Konsortialkredit** oder **Parallelkredit** stellt jeder Konsorte dem Kreditnehmer seinen Kreditanteil entsprechend der jeweiligen Konsortialquote im Rahmen eines separaten Kreditvertrages zur Verfügung (vgl. Diem, 2009, S. 170 und Gehrlein, 1994, S. 1314). Es handelt sich um einen inhaltlich identischen und rechtlich selbständigen Kreditvertrag. Die Konsorten haften somit nicht gesamtschuldnerisch gegenüber einem Kreditnehmer (§§ 427, 421 BGB). Der Kreditnehmer ist in diesem Fall gegenüber jedem einzelnen Konsorten zur vertraglichen Einhaltung der Zinszahlungen sowie zur Rückzahlung der Kredite verpflichtet. Sämtliche Einzahlungen erfolgen über eine gemeinsame Zahlstelle dieses Konsortiums. Der Konsortialführer hat die Aufgabe, die eingehenden Zahlungen zu kontrollieren und zu verteilen. Inhaber der Ansprüche bleiben die einzelnen Konsorten, die aber aufgrund der Bestimmungen aus dem Konsortialvertrag ihre Ansprüche nur gemeinsam und gleichzeitig gegenüber dem Kreditnehmer geltend machen dürfen.

Eine Unterscheidung nach einem echten und einem unechten Konsortialkredit wird ausschließlich im deutschsprachigen Raum vorgenommen. In der angelsächsischen Literatur ist diese Unterscheidung nicht zu finden. Schließen sich von Anfang an Kreditgeber zusammen und haben diese nicht die Absicht, ihre Kredite zu syndizieren, spricht man von einem „**Club Deal**" (vgl. Diem, 2013, S. 171).

Grundsätzlich können alle Kreditarten in Form von Darlehen, Akzeptkrediten, Kontokorrentkrediten sowie Avalkrediten als Konsortialkredit bereitgestellt werden. Je nachdem in welcher Form sich ein Konsorte einbezogen werden zwei Beteiligungsarten unterschieden (vgl. Höpfner, 2013, S. 736):

— Bareinschuss durch den Konsorten als direkte Beteiligung
— Abgabe einer Gewährleistung als Risikounterbeteiligung

Bei einem **Bareinschuss** hinterlegt der Konsorte bei dem Konsortialführer Liquidität entsprechend seiner Konsortialquote. Der Kreditnehmer zahlt während der Finanzierungslaufzeit seinen Kapitaldienst gemäß Kreditvertrag an den Konsortialführer, der diesen quotal an die Konsorten weiterleitet. Bareinlagen dürfen von den Banken unabhängig von den Bewertungsansätzen als Sicherheit angerechnet werden (Art. 197 CRR). Hierfür müssen die Bareinlagen getrennt auf einem Sonderkonto geführt werden. In der Bilanz stellt jede Bank nur ihre anteilige Kreditforderung gegenüber einem Kunden dar (vgl. Schaffelhuber/Sölch, 2014, Rn 14). Für die Berechnung der Eigenkapitalanforderungen ist bei den Instituten lediglich der jeweilige Konsortialanteil an dem Kundenkredit maßgeblich.

Unter einer **Gewährleistung** wird das Eingehen einer Eventualverbindlichkeit des Konsorten gegenüber dem Konsortialführer verstanden. Der Konsorte erklärt, dass er im Falle eines Kreditausfalles oder bei vorher definierten Ereignissen, zum Beispiel wenn der Kreditnehmer mit einer Zins- und Tilgungsrate in Verzug gerät, in Höhe seiner Beteiligungsquote haftet und auf Anforderung des Konsortialführers einen entsprechenden Bareinschuss leistet. Dies hat zur Folge, dass der Konsortialführer in seiner Bilanz den vollen Kreditbetrag des Kunden als Forderung ausweist. Die Garantie oder Bürgschaft stellt für diesen eine Sicherheit dar. Der Konsorte weist seinen Konsortialanteil lediglich unter dem Bilanzstrich als Eventualverbindlichkeit aus (vgl. Schaffelhuber/Sölch, 2014, Rn 14). Ob sich Dritte in Form einer Barbeteiligung oder mittels Gewährleistung an einem Konsortialkredit beteiligen, ist allerdings für den Kreditnehmer in der Regel von nachrangiger Bedeutung.

Von außen betrachtet, ist von Seiten des Unternehmens der eigene Kreditvertrag in die unterschiedlichen Vertragsformen des Konsortiums meist schwer einzuordnen. Allerdings ist bei der Gestaltung des Konsortiums ein spezielles Augenmerk auf die weitreichenden haftungsspezifischen Auswirkungen zu legen, genauso wie auf die direkte oder indirekte Inhaberschaft der Forderung der Konsorten. Dieses ist bei der Refinanzierung des Konsortialkredits durch Fördermittel von Bedeutung, da sich die Förderbanken die Kreditforderungen gegenüber den Endkreditnehmern in der Regel von den Hausbanken abtreten lassen. Im Folgenden werden die wesentlichen beteiligten Akteure mit ihren unterschiedlichen Interessenlagen bei den Konsortialfinanzierungsgeschäften genauer untersucht.

5.5.3 Stakeholder im Konsortialgeschäft

Bei den Beteiligten einer Konsortialfinanzierung kann zunächst eine Unterteilung in zwei Gruppen vorgenommen werden. Dies sind auf der einen Seite der Kreditnehmer und auf der anderen Seite die Kreditgeber in ihren unterschiedlichen Funktionen als Konsortialführer oder Konsorte. Dabei kann auf der Kreditgeberseite zwischen Arrangeuren und Agenten wie folgt unterschieden werden:

- Der **Arrangeur** ist für alle Tätigkeiten bis zum „Signing", der Unterzeichnung der Verträge verantwortlich. Dieses ist meist die Hausbank des Kreditnehmers, denn sie hat durch die langjährige Geschäftsverbindung gegenüber den anderen Beteiligten einen guten Einblick in die wirtschaftlichen Verhältnisse sowie in das Geschäftsmodell (vgl. Laubrecht/Heller, 2012, S. 349). Die primäre Aufgabe des Arrangeurs besteht in der Bereitstellung der vereinbarten Kredittranchen an den Kreditnehmer. Dazu wird dieser Akteur einen hauptverantwortlichen Arrangeur mandatieren, den sogenannten Mandated Lead Arranger.
- Der **Mandated Lead Arranger** fungiert als Bindeglied zwischen den Konsorten und dem Kreditnehmer, das heißt er führt die Verhandlungen in beide Richtungen bezüglich des zu gewährenden Konsortialkredites. Dabei können sich auch mehrere Kreditinstitute zu einer Gruppe von Mandated Lead Arrangern zusammenschließen und die Aufgaben untereinander aufteilen beziehungsweise gemeinsam agieren (vgl. Wöhe et al., 2013, S. 261 ff.).
- Neben dem Arrangeur treten ein oder mehrere **Agenten** im Konsortium auf. Sie übernehmen die laufende Abwicklung und insbesondere die erforderlichen Umsetzungen nach dem Signing (vgl. Fight, 2004, S. 379). Die Agententätigkeiten mit dem höchsten Aufwand und Wiedererkennungswert sind die des Bookrunners, des Documentation Agent, des Security Agent und des Facility Agent. Oft nehmen Institute immer wieder dieselbe Rolle im Konsortium ein, da sie sich im Laufe der Zeit auf eine Rolle spezialisiert haben.
- Der **Bookrunner** sorgt für die Zusammenstellung eines Konsortiums. Darunter fällt unter anderem die Führung und Betreuung des Orderbuchs sowie damit zusammenhängend, die Auswahl der Konsorten, zum Beispiel nach den jeweiligen Konditionen, die Betreuung des Kreditnehmers sowie der potentiellen Konsorten während der Bietungsphase und die Koordination der notwendigen Abstimmungen. Die Aufgaben des Bookrunners sind bei erfolgreicher Bewältigung mit dem Erwerb von Reputation verbunden.
- Der **Documentation Agent** ist für die Dokumentation zuständig. Schwerpunkt ist hierbei die Vertragsgestaltung der Kredit- und der Sicherheitenverträge sowie des Konsortialvertrags (vgl. Laubrecht/Heller, 2012, S. 349). Bei der Erstellung sind die Interessen des Konsortialführers und der Konsorten mit denen des Kreditnehmers, teils auch mit Hilfe externer Rechtsberater, zusammenzuführen.
- Der **Security Agent** ist für die Verwaltung, die Prüfung und gegebenenfalls Verwertung der Kreditsicherheiten zuständig.
- Der **Facility Agent** ist bezogen auf den Konsortialkredit nach Vertragsabschluss der alleinige Ansprechpartner für den Kreditnehmer sowie für die übrigen Banken (vgl. Rossbach, 2011, S. 1410). Dieser Akteur prüft dazu die notwendigen Auszahlungsvoraussetzungen für die Valutierung der einzelnen Tranchen, die laufende Überwachung sowie Einhaltung der Kredit-Covenants und ist zudem mit der Ausführung sämtlicher weiterer Zahlungen betraut.

Neben den bisher genannten Stakeholdern existieren, abhängig von der Komplexität und Größe des Konsortiums, gegebenenfalls weitere Agenten, wie zum Beispiel der **Signing Agent**, der für die Unterzeichnung des Vertrags verantwortlich ist oder der **Publicity Agent**, der für Public-Relations-Maßnahmen zuständig ist. Darüber hinaus bestehen neben Agenten und Arrangeuren die **Manager, Participants** oder **Konsorten**, die sich ohne Übernahme der oben genannten Aufgaben ausschließlich auf die Beteiligung an dem Konsortialkredit beschränken (vgl. Laubrecht/Heller, 2012, S. 350). Der **Mandated Lead Arranger** und gegebenenfalls weitere Parteien können neben den originären Funktionen aus dem Vertrag dem Kreditnehmer gegenüber, unabhängig von der endgültigen Ausgestaltung eines Kreditkonsortiums, einen bestimmten Auszahlungsbetrag im Voraus garantieren. Diese Garanten werden **Underwriter** genannt (vgl. Laubrecht/Heller, 2012, S. 350).

Abhängig von der Zusammenstellung des jeweiligen Konsortiums sind, neben dem Mandated Lead Arranger und den Konsorten, mehr oder weniger Beteiligte der oben genannten Kategorien zu finden. Gerade in kleineren Konsortien entfällt eine Aufgabenverteilung häufig, da der Konsortialführer aufgrund anderenfalls hoher eintretender Transaktionskosten sämtliche Aufgaben übernimmt. Es gilt festzuhalten, dass in Abhängigkeit von der Anzahl der beteiligten Banken und dem Konsortialkreditvolumen sowie der Komplexität des Konsortiums, die Bearbeitungskosten erheblich zunehmen können. Des Weiteren sind die Interessenlagen der vielen unterschiedlichen Parteien aufeinander abzustimmen.

Interessenlagen der Stakeholder

Der Kreditnehmer, der Mandated Lead Arranger und alle Agenten verfolgen diverse Interessen. Vielfach verlaufen diese gleichgerichtet, an einigen Stellen stehen diese aber auch konträr zueinander. Die Interessenlagen zwischen den beteiligten Banken und dem Kreditnehmer im Hinblick auf die Gewährung und Zuführung von Liquidität verlaufen zunächst komplementär. Bei der Frage der Kosten der Gestaltung eines Konsortialkreditgeschäfts bestehen unter Umständen Differenzen:

– Der Mandated Lead Arranger, die Agenten und die Konsorten verfolgen oftmals das Ziel, mit dem vergebenen Kredit bei möglichst geringem Risiko einen möglichst hohen Ertrag zu erwirtschaften. Dieses bezieht sich zum einen auf die zu vereinnahmenden **Gebühren** und betrifft überwiegend die Agenten sowie den Mandated Lead Arranger. Zum anderen sind damit die Kreditmargen aus dem Konsortialkredit gemeint, die vor allem den Konsorten und dem Mandated Lead Arranger sowie gegebenenfalls auch den Agenten zugutekommen, sofern sie an dem Konsortialkredit beteiligt sind. Das Interesse des Konsortialkreditnehmers läuft den vorgenannten Zielsetzungen entgegen. Dieser möchte einen möglichst geringen Betrag für Bearbeitungsgebühren sowie Kreditzinsen und Provisionen aufwenden, weshalb es hier zwischen dem Konsortium einerseits und dem Kreditnehmer andererseits zu Verhandlungen kommen wird.

– Ein gleichlaufendes Interesse des Kreditnehmers sowie aller beteiligten Banken ist hingegen die Einhaltung des **Bankgeheimnisses**. Der Kreditnehmer möchte die teils auch über das Maß der üblichen Publikationen sowie im Rahmen von § 18 KWG hinausgehenden Daten über seine wirtschaftlichen Verhältnisse, Planungen vertraulich behandelt wissen. Die Banken sind verpflichtet, Kundendaten vertraulich zu behandeln. Ein Verstoß gegen das Bankgeheimnis würde für die Banken mehrere Nachteile mit sich bringen. Die vertrauensvolle Beziehung zum Kunden wäre vermutlich schwer belastet und weitere Geschäfte zumindest deutlich erschwert. Des Weiteren brächte ein Verstoß das Risiko eines erheblichen Reputationsverlustes mit sich. Außerdem wäre die betreffende Bank gegenüber dem Kreditnehmer unter Umständen schadensersatzpflichtig.

– Eine gute **Bonität** des Kreditnehmers ist auch für alle Banken von Bedeutung. Im Vordergrund der Betrachtung besteht das Interesse an einer reibungslosen sowie vertragskonformen Bedienung des Konsortialkredits. Ziel ist es, bereits im Vorfeld der Risikoanalyse eine problematische Abwicklung des Konsortiums zu vermeiden. Aus Sicht des Mandated Lead Arrangers stellt eine Nichtrückzahlung auch ein Reputationsrisiko dar, da dieser das Konsortium gegebenenfalls gemeinsam mit Agenten initiiert hat.

– Verhaltenspflichten des Kreditnehmers sind in vertraglichen Bedingungen, den **Kreditklauseln** (Covenants) detailliert geregelt und sollten aus Sicht des Kreditnehmers individuell sowie an das Vertragsverhältnis angepasst sein. Covenant-Brüche haben nachteilige Änderungsvereinbarungen zur Folge. Diese Klauseln sind vom Kreditnehmer daher streng zu beachten.

5.5.4 Vertragsgestaltung im Syndizierungsprozess

Beim Konsortialkredit werden die Rechte und Pflichten der an einer Finanzierung beteiligten Kreditgeber, in einem Gesellschaftsvertrag **(Konsortialvertrag)** geregelt. Grundsätzlich ist hierbei die Einbeziehung des Kreditnehmers nicht zwingend erforderlich. Der Konsortialvertrag regelt nur das Innenverhältnis unter den Kreditgebern. Der Konsortialkreditvertrag dagegen ist ein Vertrag zwischen dem Kreditnehmer und den finanzierenden Banken, der in der Regel noch durch einen separaten Konsortialvertrag ergänzt wird. Das Konsortium entsteht durch den Abschluss eines Konsortialvertrags. Durch diese Vereinbarung verpflichten sich die beteiligten Banken die Erreichung eines gemeinsamen Zweckes in der durch den Vertrag bestimmten Weise zu fördern, insbesondere die vereinbarten Beiträge zu leisten. Rechtlich gesehen sind Konsortien damit Gelegenheitsgesellschaften in der Rechtsform einer GbR im Sinne der §§ 705 ff. BGB. Der gemeinsame Zweck liegt in der gemeinsamen Kreditgewährung an einen Dritten. Wurde der Konsortialkredit vollständig zurückgezahlt, endet das Konsortialverhältnis.

Die zu leistenden Beiträge ergeben sich dadurch, dass sich jeder Konsorte verpflichtet, mit einem vorher vereinbarten Betrag beziehungsweise mit einer vorher definierten Quote am Gesamtkredit zu beteiligen. Abweichend von § 706 BGB beteiligen sich Konsorten in der Praxis nicht grundsätzlich mit gleichen Beträgen. Die Aufteilung der Konsortialquoten richtet sich nach den individuellen Möglichkeiten und Wünschen der Beteiligten und kann frei vereinbart werden. Die Kreditmittel können dabei entweder dem Kreditnehmer direkt oder über den Konsortialführer in zentraler Form bereitgestellt werden.

Abweichend von § 709 BGB (gemeinschaftliche Geschäftsführung) wird in der Regel der Konsortialführer durch diesen Konsortialkreditvertrag beauftragt, die Geschäfte des Konsortiums im Interesse und für Rechnung des Konsortiums zu führen. Für das Innenverhältnis zwischen dem Konsortialführer und den Konsorten gelten die Vorschriften über den Geschäftsbesorgungsvertrag (§§ 675 ff. BGB). Der Konsortialführer wird dadurch ermächtigt, Verhandlungen mit dem Kreditnehmer und sonstigen beteiligten Dritten zu führen sowie Verträge zu schließen. Dazu gehören auch der Abschluss, die Verwaltung und Geltendmachung der für die Finanzierung bereitgestellten Sicherheiten, die Überwachung des Kreditnehmers und die Abwicklung des Darlehens. Wesentliche Informationen werden dem Konsortialführer vom Kreditnehmer zur Verfügung gestellt und von diesem an die Konsorten weitergeleitet.

Für die nach § 709 BGB erforderliche einheitliche Beschlussfassung wird üblicherweise eine hiervon abweichende Mehrheitsregelung vereinbart, die sich an der Beteiligungsquote orientiert. Lediglich wichtige Entscheidungen, wie zum Beispiel die Kündigung des Darlehens oder Maßnahmen, die eine Veränderung dieser Kreditgewährung oder die Sicherheiten betreffen, werden häufig einheitlich oder mit einem qualifizierten Mehrheitsbeschluss gefasst. Sofern nicht anders vereinbart, ist der Konsortialführer gegenüber den Kreditgebern, die ihre gemeinsamen Entscheidungen durch Beschlüsse fassen, nach § 665 BGB weisungsgebunden (vgl. Diem, 2013, S. 187). Der Kreditnehmer hat ein maßgebliches Interesse daran, wie Beschlüsse des Konsortiums künftig gefasst werden. Gemäß seinem Wunsch sollte vermieden werden, dass einzelne Konsorten durch eine **„Blockadehaltung"** die Umsetzung notwendiger Vertragsanpassungen blockieren. Ferner ist auszuschließen, dass einzelne Kreditinstitute aus eigener Interessenlage Druck auf das Konsortium ausüben und zum Beispiel eine Kündigung der Finanzierung erwirken können. Daher ist es von besonderer Bedeutung, sinnvolle Mehrheitsregelungen zu vereinbaren.

Da die gesetzlichen Bestimmungen den Besonderheiten eines Bankenkonsortiums oft nicht gerecht werden und insgesamt wenige Rechtsvorschriften gelten, werden in der Praxis bei Konsortialfinanzierungen meist nahezu sämtliche Bestimmungen des Rechts einer GbR durch anderweitige Vereinbarungen ergänzt (vgl. Diem, 2009, S. 175 und Brand/Sonnenhol, 2001, S. 2331). Der Konsortialvertrag genießt eine individuelle Gestaltungsmöglichkeit und wird den jeweiligen Gegebenheiten des Einzelfalls angepasst (vgl. Eichwald/Pehle, 2000, S 774).

Aufbau eines Konsortialkreditvertrages

Die **Loan Market Assocation (LMA)** ist ein Verband zur Bündelung von Interessen rund um den Finanzmarkt. Dieser Verband setzt einheitliche Standards in Form von Vertragsmustern bei komplexen Kreditverträgen, um unter anderem die Refinanzierung von internationalen Syndizierungen anhand von Vertragsnormen zu vereinfachen (vgl. Jetter, 2014, S. 228 ff.). Diese Standards gewinnen auch in Deutschland immer mehr an Bedeutung. In der folgenden Abb. 5.26 sind typische Elemente eines Konsortialkreditvertrag aufgeführt.

Aufbau eines Konsortialkreditvertrages

- Vertragsparteien und deren Rollen, Definition und Auslegungsregelungen
- Beschreibung der Kreditfazilität(en), Krediteröffnung und Verwendungszweck
- Auszahlungsvoraussetzungen und Technik der Inanspruchnahme
- Reguläre und vorzeitige Rückzahlung
- Verzinsung, Gebühren
- Steuerliche Regelungen (Gross-Up-Verpflichtungen im Falle einer Quellenbesteuerung)
- Kostenerhöhungsklausel, Kostentragungsklausel
- Garantie (soweit vorhanden)
- Zusicherung und Gewährleistung der Kreditnehmer und gegebenenfalls der Garanten
- Informationspflichten, Finanzkennzahlen

- Allgemeine Auflagen und Verhandlungspflichten
- Kündigungsgründe
- Abtretung und Übertragung von Rechten und Pflichten der Kreditgeber
- Beitritt weiterer Parteien als Kreditnehmer beziehungsweise Garanten
- Verhältnis der Banken untereinander, insbesondere zwischen den Banken und dem Facility Agent
- Saldenausgleich unter den Banken
- Regelungen zur allgemeinen Durchführung des Kreditvertrages (Zahlungen, Zahlstelle, Zustelladressen, Vertragsveränderungen, Teilunwirksamkeit, etc.) Rechtswahl und Gerichtsstand
- Anlagen zum Kreditvertrag

Abb. 5.26: Elemente eines Konsortialkreditvertrages nach LMA (Quelle: Jetter, 2014, 228 ff.)

Trotz der Tendenz zur Vereinheitlichung, finden sich im deutschen Markt Verträge, die 100 Seiten und mehr umfassen und intransparent sind. Dies ist für die Kreditnehmer ebenfalls problematisch, denn meist können die Bedingungen und Risiken aus dem Konsortialvertrag nur noch unter Erschwernissen eingeschätzt werden. Um die Transparenz und Verständlichkeit der Klauseln zu erhöhen, werden zumindest bestimmte Begriffe einheitlich definiert (vgl. Jetter, 2014, S. 229). In der Regel ist es allerdings nicht möglich, alle denkbaren Sachverhalte in hinreichendem Umfang in der Vertragsdokumentation zu berücksichtigen. Dies führt dazu, dass es bei einem Konsortialkredit relativ häufig zu Änderungsvereinbarungen kommt, um die kreditvertraglichen Regelungen wieder an die tatsächlichen Umstände anzupassen.

Häufig wird der Vertrag daher noch um eine **Salvatorische Klausel** ergänzt. Darin wird vereinbart, dass, wenn Bestimmungen ganz oder teilweise nicht rechtswirksam oder nicht durchführbar sind, die Gültigkeit der übrigen Bestimmungen des Vertrages hiervon nicht berührt werden. Die Klausel findet nicht nur Anwendung in Konsortialkreditverträgen, sondern auch in sonstigen Kreditverträgen.

Sicherheitenpoolvertrag

Bei einer Konsortialfinanzierung sollten die Kreditsicherheiten grundsätzlich allen Beteiligten gleichermaßen zustehen. Zu diesem Zweck werden daher innerhalb des Konsortialkreditvertrags entsprechende Vereinbarungen getroffen oder es wird zusätzlich zwischen den Banken ein separater **Sicherheitenpoolvertrag** geschlossen. Dadurch wird gewährleistet, dass Sicherheiten für die im Verhältnis der Konsortialanteile gleichmäßige Befriedigung aller Kreditgeber derselben Rangstufe zur Verfügung stehen. Zudem muss ein beitretender Kreditgeber (Konsorte) einen Anteil am Konsortialkredit übernehmen, um in den Genuss der bereits bestellten Sicherheiten kommen zu können, so dass die Sicherheiten dann für sämtliche Kreditgeber nicht neu bestellt werden müssen (vgl. Diem, 2013, S. 383). Dies wäre mit einem erheblichen Aufwand, hohen Kosten und Anfechtungsrisiken verbunden.

Zudem besteht in der Krise eines Kreditnehmers die Gefahr, dass zwischen den Kreditgebern ein Wettlauf um die letzten noch verbliebenen Sicherheiten des Kreditnehmers oder sogar um die Rückführung der von ihnen gewährten Kreditteile ausbricht. Ein solcher Run kann innerhalb kürzester Zeit zur Zahlungsunfähigkeit des Kreditnehmers führen und damit eine aussichtsreiche Sanierung von vornherein verhindern (vgl. Rost, 2008, S. 89).

Der Sicherheitenpool hat, neben der Vermeidung der Zerschlagung oder der verbesserten Möglichkeiten einer Sanierung außerhalb und innerhalb eines Insolvenzverfahrens, noch weitere Vorteile sowohl für die Banken als auch für die Kreditnehmer. Während für die Banken eine Risikominimierung durch die Erlösanteile an sämtlichen Sicherheiten, die Risikoteilung durch den Saldenausgleich und die gemeinsame Verwaltung und Verwertung über eine einheitliche Rechtsverfolgung der Kreditsicherheiten im Vordergrund steht, ergeben sich für den Kreditnehmer besondere Vorteile durch Kostenreduzierungen und einen geringeren Verwaltungsaufwand bei der Vertragserstellung (vgl. Rost, 2008, S. 90).

Bei den Sicherheiten wird zwischen akzessorischen und fiduziarischen Sicherheiten unterschieden. **Akzessorische Sicherheiten** wie zum Beispiel eine Bürgschaft, ein Pfandrecht oder eine Hypothek, sind mit dem Bestand einer Forderung verbundene Kreditsicherheiten. Dagegen bestehen unabhängig von der Forderung die **fiduziarischen Sicherheiten**, wie das Sicherungseigentum oder die Abtretungen.

Die Verwaltung, die Prüfung sowie gegebenenfalls die Verwertung der Kreditsicherheiten wird von einem **Security Agent** ausgeführt. Sämtliche fiduziarischen Sicherheiten für die Konsortialbanken werden treuhänderisch vom Security Agent gehalten und alle akzessorischen Sicherheiten werden im Auftrag der betroffenen Banken von dem Akteur verwaltet. Diese Dienstleistungen werden dem Kreditnehmer jährlich durch eine sogenannte Security Agent Fee in Rechnung gestellt. In der Praxis werden häufig die Rollen des Facility Agent sowie des Security Agent vom Konsortialführer übernommen (vgl. Jetter, 2014, S. 228).

Vereinbarung von Covenants

Ergänzend zu den klassischen Sicherheiten werden zwischen Kreditgeber und Kreditnehmer auch Covenants als Kreditnebenabreden vereinbart. Unter **Allgemeinen Covenants (General Covenants)** werden Vereinbarungen verstanden, die den Kreditnehmer in Bezug auf bestimmte Unternehmensentscheidungen reglementieren. Diese können in positiver oder in negativer Form formuliert werden.

– **Positive Covenants** verpflichten den Kreditnehmer beispielsweise zur Nachbesicherung, zum Abschluss von bestimmten Versicherungen oder zur Einhaltung gesetzlicher Vorschriften. Auch wenn sich die Einhaltung bestimmter Regelungen bereits aus dem Gesetz ergibt, kann durch die Aufnahme in den Kreditvertrag bewirkt werden, dass durch eine Verletzung dieser Vorschriften zugleich eine Vertragsverletzung transformiert wird, die es dem Kreditgeber ermöglicht, die für den Fall einer Covenant-Verletzung vereinbarten Rechtsfolgen unmittelbar geltend zu machen (vgl. Runge, 2010, S. 27 ff.).

– **Negative Covenants** legen die Handlungen fest, die der Kreditnehmer während der Kreditlaufzeit zu unterlassen hat oder nur mit Zustimmung des Kreditgebers vornehmen darf (vgl. Mandell/Wood, 1978, S. 4). Zu den Erklärungen gehören unter anderem die Negative Pledge Clause (Negativerklärung), die Gleichstellungsverpflichtung, die Pari-Passu-Klausel, die Change-of-Control-Klausel sowie Beschränkungen einer weiteren Kreditvergabe beziehungsweise Kreditaufnahme durch den Kreditgeber (vgl. Runge, 2010, S. 10). Bei der Negativerklärung verpflichten sich der Kreditnehmer oder eine Dritte Person zum Beispiel nicht ohne Einverständnis des Kreditgebers, wesentliche Vermögensgegenstände zu veräußern oder diese gegenüber Dritten zu belasten.

– Weitere Covenants sind Offenbarungs- und Informationspflichten **(Information Covenants)**, die einen Kreditnehmer zum zeitnahen Einreichen von Jahresabschlüssen verpflichten. Außerdem werden in der Regel zu erreichende Finanzkennzahlen festgelegt **(Financial Covenant)**, wie zum Beispiel das Einhalten einer Mindesteigenkapitalquote (vgl. Khakzad, 2009, S. 20 ff).

Die Information sowie Financial Covenants dienen den Kreditgebern in Form der Konsorten als Überwachungsinstrument zur laufenden Beurteilung der wirtschaftlichen Verhältnisse und Risikofrüherkennung. Somit bieten diese Klauseln zudem die Möglichkeit, frühzeitig über mögliche Fehlentwicklungen im Unternehmen, Kenntnis zu erhalten und Gegenmaßnahmen einzuleiten.

Werden die Covenants nicht eingehalten, stellt dieses einen Vertragsbruch dar, für den Sanktionen im Kreditvertrag festgehalten werden. Im Ermessen der Kreditgeber kann die Einhaltung dieser Covenants hart durchgesetzt, komplett ausgesetzt oder auch modifiziert werden. Entsprechende Zugeständnisse werden im Rahmen sogenannter Waiver erteilt. Gegebenenfalls zahlt das Unternehmen eine Gebühr (Waiver Fee). Dafür werden die Covenants für einen bestimmten Zeitraum ausgesetzt.

Syndizierungsprozess

Im Folgenden wird der Syndizierungsprozess in der chronologischen Abfolge darge-stellt (vgl. Hinsch/Horn, 1985, S. 12 ff.). Die Nummerierung des Ablaufs bezieht sich dabei auf die nachfolgende Abb. 5.27.

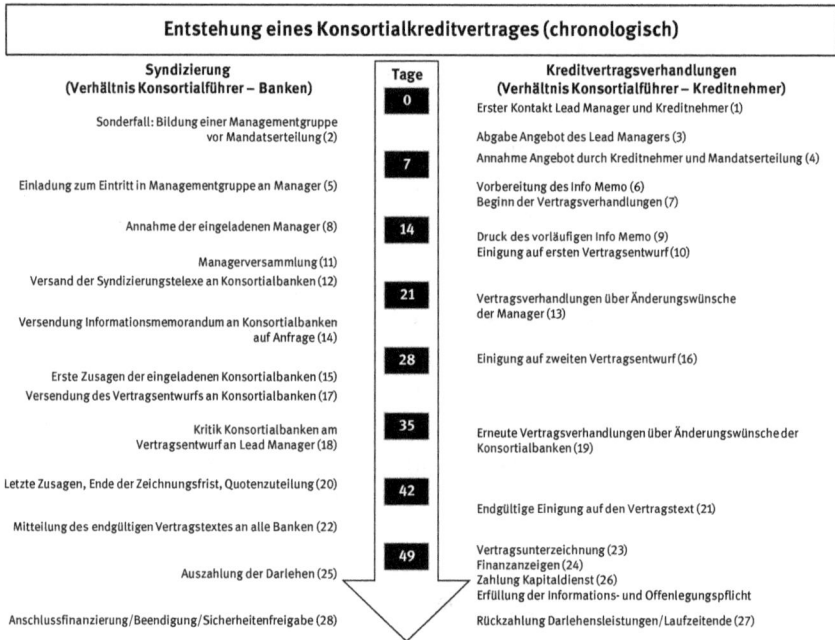

Entstehung eines Konsortialkreditvertrages (chronologisch)

Syndizierung (Verhältnis Konsortialführer – Banken)	Tage	Kreditvertragsverhandlungen (Verhältnis Konsortialführer – Kreditnehmer)
	0	Erster Kontakt Lead Manager und Kreditnehmer (1)
Sonderfall: Bildung einer Managementgruppe vor Mandatserteilung (2)		Abgabe Angebot des Lead Managers (3)
	7	Annahme Angebot durch Kreditnehmer und Mandatserteilung (4)
Einladung zum Eintritt in Managementgruppe an Manager (5)		Vorbereitung des Info Memo (6) / Beginn der Vertragsverhandlungen (7)
Annahme der eingeladenen Manager (8)	14	Druck des vorläufigen Info Memo (9) / Einigung auf ersten Vertragsentwurf (10)
Managerversammlung (11) / Versand der Syndizierungstelexe an Konsortialbanken (12)	21	Vertragsverhandlungen über Änderungswünsche der Manager (13)
Versendung Informationsmemorandum an Konsortialbanken auf Anfrage (14)	28	Einigung auf zweiten Vertragsentwurf (16)
Erste Zusagen der eingeladenen Konsortialbanken (15) / Versendung des Vertragsentwurfs an Konsortialbanken (17)		
Kritik Konsortialbanken am Vertragsentwurf an Lead Manager (18)	35	Erneute Vertragsverhandlungen über Änderungswünsche der Konsortialbanken (19)
Letzte Zusagen, Ende der Zeichnungsfrist, Quotenzuteilung (20)	42	
Mitteilung des endgültigen Vertragstextes an alle Banken (22)		Endgültige Einigung auf den Vertragstext (21)
Auszahlung der Darlehen (25)	49	Vertragsunterzeichnung (23) / Finanzanzeigen (24) / Zahlung Kapitaldienst (26) / Erfüllung der Informations- und Offenlegungspflicht
Anschlussfinanzierung/Beendigung/Sicherheitenfreigabe (28)		Rückzahlung Darlehensleistungen/Laufzeitende (27)

Abb. 5.27: Ablauf eines Konsortialkreditvertrags (Quelle: Hinsch/Horn, 1985, S. 12 ff.)

Der Kreditnehmer nimmt im ersten Schritt Kontakt zur konsortialführenden Bank auf (1). Dies ist in der Regel die Hausbank. Nachdem eine Einigung der Rahmenbe-dingungen im Term Sheet zwischen dem Kreditnehmer sowie der konsortialführen-den Bank vorliegt (3,4), wird auf der Basis des Term Sheet ein Informationsmemo-randum (6) mit wichtigen Basisdaten erstellt.

Dieses Dokument enthält, neben der mit dem Kreditnehmer abgestimmten Syndizie-rungsstrategie, weitere Basisinformationen über die Investition und über die finan-zielle Lage des Kreditnehmers (vgl. Jetter, 2014, S.225). Sofern es sich um einen Club Deal handelt, bildet sich das Konsortium bereits im Vorfeld (2). Andernfalls findet nun die Bildung des Konsortiums statt (5). Verschiedene Partnerbanken werden ein-geladen, um sich mit einer bestimmten Quote oder mit verschiedenen Kreditbeträ-gen (Tickets) zu beteiligen (vgl. Jetter, 2014, S. 225).

Der Konsortialführer kann hierfür verschiedene Anspracheverfahren anwenden. Je nach Anzahl der kontaktierten Banken, wird wie folgt unterschieden:

- **Programmed Approach:** Nur wenige Banken sind am Konsortium beteiligt und übernehmen die Syndizierung.
- **Ad-Hoc-Approach:** Mehrere ausgewählte Banken sind am Konsortium beteiligt und führen die Syndizierung durch.
- **Broadcast Approach:** Jede interessierte Bank kann am Konsortium und an der Syndizierung teilnehmen.

Die Einflussnahme des Kreditnehmers auf die Selektion der Konsorten durch den Konsortialführer kann eine weitere, bedeutende Rolle im Syndizierungsprozess darstellen. So kommt es vor, dass der Kreditnehmer die einzuladenden Banken vorgibt, da dieser bereits gute Erfahrungen mit den Instituten gesammelt hat. Des Weiteren möchte der Kreditnehmer unter Umständen vertrauliche Unternehmens- und Projektinformationen nur bestimmten Banken zur Verfügung stellen.

Die konsortialführende Bank hat wiederum das Interesse, markterfahrene Konsortialpartner zu gewinnen, die auf Grund ihrer Kenntnisse auch in schwierigen Situationen schnelle Entscheidungen treffen können. Vorzugsweise werden Banken eingeladen, bei denen die konsortialführende Bank selbst an einem Konsortium beteiligt war (vgl. Höpfner, 2013, S. 749 f). Auf dem Entwurf des Informationsmemorandums basierend, beginnen die Vertragsverhandlungen (7). Diese Aufstellung wichtiger Parameter wird allen Beteiligten zur Verfügung gestellt (8) und es findet anschließend die Einigung auf einen ersten Vertragsentwurf statt (9).

Die Konsortialbanken treffen sich im Folgeschritt (10), um die Inhalte des Vertrags genau auszuhandeln. Hierfür wird jedem Konsortialpartner ein Vertragsentwurf zur Verfügung gestellt (11). Der Konsortialführer nimmt die jeweiligen Anmerkungen in die Vertragsverhandlungen mit dem Kreditnehmer auf (12) und einigt sich mit diesem auf einen zweiten Vertragsentwurf (13). Es erfolgen in der Regel die Zusagen der eingeladenen Konsortialbanken (14).

Mit jeder Beteiligungszusage, ausgehend von dem Club Deal bis hin zu dem Broadcast Approach, reduzieren sich die Konsortialquoten der Konsorten. Für den Konsortialführer erhöht sich dabei sein Verhandlungs- sowie Preissetzungsspielraum gegenüber den einzelnen Akteuren. Allerdings muss er im Fall einer Überzeichnung darauf achten, den Konsorten dennoch attraktive Quoten anbieten zu können. In Einzelfällen muss der Lead Manager unter Umständen die bereits zugesagten Beteiligungsquoten nachträglich reduzieren (vgl. Höpfner, 2013, S. 749 ff.). Nachdem die Finanzierungszusagen der verschiedenen Konsorten vorliegen, erhalten die interessierten Banken die vollständigen Kreditunterlagen zur Endabstimmung (15). Sofern seitens des Konsortiums weitere Änderungswünsche bestehen (16), werden diese erneut mit dem Kreditnehmer verhandelt (17).

Anschließend erfolgt nach der Vertragsvereinbarung die Zuteilung der Quoten (18) und die endgültige Fassung des Kreditvertrages wird erstellt (19) und allen Beteiligten zur Verfügung gestellt (20). Es folgt die Unterzeichnung des Kreditvertrages (21), wobei der Konsortialführer bei einer Best Efforts Syndizierung keine Platzierungsgarantie übernimmt (vgl. Jetter, 2014, S. 226). Gelingt es einem Konsortialführer trotz intensiver Bemühungen nicht, den gesamten Betrag zu verteilen, erhält der Kreditnehmer nicht die vollständigen Mittel. Das Platzierungsrisiko wird der Kreditnehmer bei einer Best Efforts Syndizierung nicht eingehen wollen.

Der Konsortialführer kann durch ein **„Underwriting"** diesen Risikobereich gegebenenfalls übernehmen und muss dann den gesamten Kreditbetrag zunächst eigenständig aufbringen. Hierfür erhält er eine Underwriting Fee. Diese Vorgehensweise wird nur für überschaubare Kreditgrößen gewählt, bei denen die Aussicht besteht, die Konsortialquoten später noch weitergeben zu können (vgl. Jetter, 2014, S. 226). Schlussendlich stellt das Konsortium dem Konsortialführer seine Beteiligungen in Form von liquiden Mitteln (Bareinschuss) oder als Gewährleistungen zur Verfügung (22). Anschließend wird der Kredit valutiert (23).

Während der Kreditlaufzeit zahlt der Kreditnehmer den erforderlichen Kapitaldienst und kommt seinen Verpflichtungen aus dem Kreditvertrag nach (24). Am Ende der Laufzeit beziehungsweise mit der Rückzahlung des Kredits, endet die Kreditbeziehung (25). Das Konsortium wickelt diesen Kredit ab, indem auch die vorhandenen Sicherheiten freigegeben werden. Sofern Bedarf und Interesse bestehen, kann auch eine Anschlussfinanzierung mit dem Kreditnehmer vereinbart werden (25). Im Folgenden werden die Agency-Probleme aus den komplexen Finanzierungsstrukturen zwischen den Akteuren untersucht.

5.5.5 Agency-Probleme im Konsortialfinanzierungsgeschäft

Bei Finanzierungsbeziehungen wird davon ausgegangen, dass Finanzmärkte nicht vollkommen sind. Auf vollkommenen Märkten sind allen Parteien sämtliche Informationen im Voraus bekannt und die Entscheidungsfindung kann rational erfolgen. In der Realität bestehen jedoch unterschiedliche Ausprägungen an Informationsasymmetrien, die Vertragsabschlüsse oder die laufende Kreditbeziehung erschweren können. Um Problembereiche bereits im Vorfeld zu regeln, werden bei Konsortialfinanzierungen besondere Vertragsklauseln zur Absicherung sowie Reglementierungen der Parteien vereinbart (vgl. Jost, 2001, S. 118).

An einer Konsortialfinanzierung sind mindestens drei Parteien beteiligt, das Unternehmen, der Konsortialführer und weitere Participants in Form der Konsorten. Der Konsortialführer bildet als Lead Manager, gemeinsam mit weiteren Kreditinstituten, das eigentliche Konsortium. Es bestehen daher folgende Beziehungen zwischen den heterogenen Gruppen, die als in sich homogen angenommen werden.

Beziehung zwischen Konsortium und Unternehmen

Zu Beginn der Kundenbeziehung tritt das Unternehmen an die Bank heran, um von dieser einen großvolumigen Kredit zu erhalten. Das Unternehmen gibt damit der Bank den Auftrag, einen Kredit zu genehmigen und agiert somit zunächst als Principal. Die Bank, die hier folglich als Agent agiert, prüft und führt diese Aufgabe aus, indem sie sich an weitere Banken wendet, um ein Konsortium zu bilden sowie die Rahmenbedingungen der Kreditbeziehung festzulegen.

Nach dem Vertragsabschluss findet ein Rollentausch statt. Das Konsortium agiert in seiner Gesamtheit nun als Principal. Das Unternehmen ist der Agent. Die Aufgabe des Unternehmens besteht nun darin, den Kredit an das Konsortium vertragsgemäß zurückzuführen. Das Unternehmen ist als Agent zu betrachten, da es seine eigenen Unternehmensinformationen kennt, wohingegen diese internen Daten dem Principal nicht ohne weiteres zugänglich sind. Es besteht eine **Informationsasymmetrie** (vgl. Dinibütünoglu, 2008, S. 34 ff.). Die folgende Abb. 5.28 zeigt diese auftretenden Informationsdifferenzen im Konsortialgeschäft.

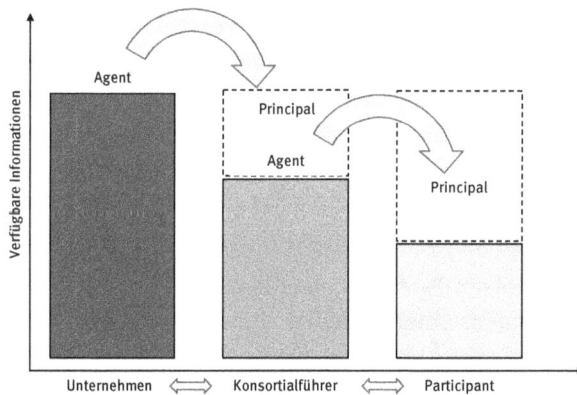

Abb. 5.28: Informationsverhältnisse bei Konsortialfinanzierungen (Quelle: Eigene Darstellung)

Informationsklauseln und Financial Covenants dienen dem Principal als Überwachungsinstrument zur Beurteilung der finanziellen Verhältnisse des Agent. Diese Nebenabreden sollen den Agent in seinen Entscheidungen derart beeinflussen, dass dieser im Sinne des Principal agiert. Werden diese Nebenabreden nicht eingehalten, stellt dieser Umstand einen Vertragsbruch dar, für den entsprechende Sanktionen schriftlich, in Form von Covenants und Waivern, festgehalten werden.

Problematisch an der Festlegung von vielfältigen Covenants ist die Gefahr der faktischen Übernahme der Geschäftsführung. Aus diesem Grund ist bei der Kombination von Klauseln darauf zu achten, dass kein zu weitgehender Einfluss auf unternehmerische Entscheidungen ausgeübt wird.

Die Bedeutung der Informationsasymmetrie nimmt zu, wenn sich die wirtschaftliche Situation des Unternehmens nachhaltig verschlechtert. Das Unternehmen könnte dann vor dem Vertragsabschluss versuchen nachteilige Informationen zurückzuhalten, um einen Kredit zu erhalten (Hidden Information) beziehungsweise nach Vertragsabschluss Daten verheimlichen, um die Kontrolle der Einhaltung dieser Covenants durch das Konsortium zu minimieren (Hidden Action). Sollte sich die Situation des Unternehmens derart verschlechtern, dass dieses den Kapitaldienst nicht mehr erbringen kann beziehungsweise sogar die Insolvenz droht, wird es bestrebt sein, sich dem Konsortium gegenüber dennoch nicht negativ darzustellen.

Insgesamt ist davon auszugehen, dass sich der Informationsfluss vom Unternehmen zum Konsortium proportional zu seiner Bonität verhält. Bei einer guten Bonität wird das Unternehmen bestrebt sein, den Verpflichtungen zeitnah sowie im Rahmen des Vertrages nachzukommen. Bei einer mangelhaften Bonität könnte die Firma versuchen, nachteilige Informationen zurückzuhalten und nur die notwendigen Daten herauszugeben. Außerdem wird der Kreditnehmer unter Umständen Fristen überreizen. Das Unternehmen wird gegebenenfalls versuchen, seinen Informationsvorsprung auszunutzen (vgl. Dinibütünoglu, 2008, S. 35 ff.). Dieses zeigt die Bedeutung einer detaillierten Kreditanalyse im Vorfeld der Kreditgewährung sowie die laufende Risikofrüherkennung nach einer Herauslage der Mittel. Zudem bieten Covenants die Möglichkeit, rechtzeitig in die Kreditbeziehung einzugreifen.

Beziehung zwischen dem Konsortialführer und den Participants

Wird die Beziehung innerhalb eines Konsortiums analysiert, übertragen die Mitkreditgeber an den Konsortialführer vielfältige Aufgaben und Pflichten. Die Konsorten befinden sich dann in der Rolle des Principals und der Konsortialführer in der Funktion des Agenten. Durch diesen Konsortialvertrag werden die Rahmenbedingungen aus dieser Kooperation festgehalten. Beim Innenkonsortium agiert der Konsortialführer innerhalb des Konsortiums als Agent. Da der Konsortialführer jedoch einziger Vertragspartner des Unternehmens ist, tritt er in dieser Funktion als Principal auf. Im Verhältnis zum Unternehmen besitzt er zwar weniger relevante Informationen, aber durch den direkten Kontakt dennoch mehr Daten als die Participants.

Beim Außenkonsortium tritt das Konsortium in seiner Gesamtheit mit dem Unternehmen in eine Vertragsbeziehung. Diese Principal-Agent-Beziehung besteht zwischen dem Konsortium und dem Unternehmen. Das Unternehmen ist in der Regel dazu verpflichtet, allen Participants die im Kreditvertrag vereinbarten Informationen gleichermaßen zukommen zu lassen. Dementsprechend herrscht in diesem Verhältnis annähernd eine Situation der Informationssymmetrie.

Sofern der Konsortialführer jedoch gleichzeitig die Hausbankfunktion des Unternehmens wahrnimmt, ist davon auszugehen, dass aufgrund der lange bestehenden Geschäftsbeziehung Erfahrungswerte und zusätzliche Informationen vorliegen. Bei dieser Konstellation würde eine Informationsasymmetrie zwischen dem Konsortialführer und den Participants existieren. Hier besteht die Gefahr des **Moral Hazard**. Aus der Historie heraus betrachtet der Konsortialführer als Hausbank die Konsortialfinanzierung womöglich als Teil einer langjährigen sowie vertrauensvollen Bank-Kunden-Beziehung (Relationship Banking Approach). Die Konsorten betrachten die Beziehung jedoch gegebenenfalls kurzfristig und allein unter Ertragsaspekten (vgl. Höpfner, 2013, S. 732). Deswegen ist es wichtig, eine gleichgerichtete Interessenlage im gesamten Konsortium herbeizuführen.

Auch in Bezug auf die Fähigkeiten und Erfahrungen mit dem Kreditnehmer, hat der Konsortialführer gegenüber dem Konsortium einen klaren Informationsvorteil. Da der Arrangeur den Kapitaldienst des Unternehmens entsprechend der Beteiligungsquote weiterleitet, sollte er den Participants als vertrauenswürdig und verlässlich gelten. Diese werden sich das Risiko eines möglichen Informationsnachteils in Bezug auf das Unternehmen und den Konsortialführer ansonsten durch eine Risikoprämie im Rahmen eines erhöhten Zinsanteils oder einer Provision vergüten lassen. Außerdem werden die Participants im Konsortialvertrag Regelungen anstreben, die den Konsortialführer zu einer unverzüglichen Informationsweitergabe verpflichten. Es werden dort, ähnlich wie im Kreditvertrag mit dem Unternehmen, Information Covenants vereinbart. Der Konsortialführer wird dazu verpflichtet, die Participants über alle wesentlichen Vorkommnisse zeitnah in Kenntnis zu setzen.

Probleme der Beziehung zwischen Konsortium und Unternehmen

Auf Grund geänderter Rahmenbedingungen können sich die Interessen innerhalb des Konsortiums während der Laufzeit eines Konsortialvertrags gegensätzlich entwickeln. So können beispielsweise geschäftspolitische Entscheidungen oder regulatorische Vorgaben bei den Konsortialbanken zu einer Reduzierung oder Umstrukturierung des bankeigenen Kreditportfolios führen.

Bei der Beantragung von Krediten sollten Unternehmen die Geschäftsstrategien der potenziellen Konsortialbanken berücksichtigen, um zu vermeiden, dass innerhalb eines Konsortiums gegensätzliche Interessen verfolgt werden. Sofern von dem Konsortium gemeinsame Entscheidungen zu treffen sind, könnten Interessengegensätze diese verzögern oder blockieren. Dies kann im Extremfall zu einer Handlungsunfähigkeit des Konsortiums mit möglicherweise einhergehenden materiellen Einbußen und starken zeitlichen Verzögerungen führen (vgl. Höpfner, 2013, S. 768). Zur Absicherung eines Unternehmens ist in diesen Abstimmungen darauf zu achten, dass die Konsortialverträge Mehrheitsregelungen beziehungsweise Stimmgewichtungen enthalten, die sicherstellen, dass das Konsortium, im Fall einer geschäftspolitischen Neuausrichtung eines Beteiligten, entscheidungsfähig bleibt.

Im Falle einer Bonitätsverschlechterung oder einer Insolvenz von den beteiligten Konsortialbanken besteht zudem das Risiko, dass noch ausstehende Kreditauszahlungen nicht geleistet werden können. Dieses hat für das Unternehmen zur Folge, dass die eingeplanten Mittel nicht zur Verfügung stehen und Liquiditätsengpässe entstehen können. Ob eine Übernahme durch die anderen Participants erfolgt, ist abhängig von den Vereinbarungen im Konsortialvertrag beziehungsweise von der Bereitschaft der übrigen Banken, Ausfälle im Konsortium aufzufangen. Alternativ besteht die Möglichkeit, dass der betreffende Participant seinen Konsortialanteil an einen Dritten weiterveräußert. Für Unternehmen ist es deswegen wichtig darauf zu achten, dass notfalls auch ein Participant aus der Finanzierung ausgeschlossen oder ersetzt werden kann (vgl. Kilgus, 2009, S. 184 ff.).

5.5.6 Beurteilung von Konsortialkrediten

Aus Sicht der **Banken** sind vorwiegend die beiden Hauptmotive der Risikoteilung und der Konzentration von Kapitalkraft zu nennen (vgl. Höpfner, 2013, S. 730). Konsortialfinanzierungen bieten den Banken Möglichkeiten, Kreditrisiken mit anderen Banken zu teilen und die Belastung der eigenen regulatorischen Eigenkapitalvorgaben zu reduzieren. Zudem kann eine aktive Steuerung des Kreditrisikos sowie des Kreditportfolios erfolgen (vgl. Flick/Völk, 2008, S. 9).

Übt ein Kreditinstitut die Funktion des Konsortialführers beziehungsweise des Mandated Lead Arrangers oder des Agents aus, profitiert es von den Erträgen durch die vereinnahmten Gebühren für die Arrangierung beziehungsweise Agententätigkeit. Eine weitere Möglichkeit, die Rentabilität zu steigern, kann zum Beispiel durch das Margenskimming erfolgen. Dabei wird die dem Kreditnehmer in Rechnung gestellte Kreditmarge durch den Konsortialführer nicht in voller Höhe an die Konsorten weitergegeben. Weitere Vorteile bestehen darin, dass bei einer Konsortialfinanzierung weniger haftendes Eigenkapital für den Kreditanteil der konsortialführenden Bank benötigt wird und dass dieses Institut relativ gesehen einen höheren Ertrag auf den eigenen beziehungsweise einen risikofreien Ertrag auf den syndizierten Kreditanteil erhält. Neben dem Zugewinn an Erträgen erfolgt oft eine Vertiefung der Kundenbeziehung mit der Möglichkeit unter Umständen weitere attraktive Geschäfte mit dem Kreditnehmer eingehen zu können (vgl. Jetter, 2014, S. 225).

Mit der Risikoteilung verliert der Konsortialführer jedoch meist einen Teil der Erträge (vgl. Flick/Völk, 2008, S. 9). Gleichzeitig gibt er Informationen über den Kreditnehmer an das restliche Konsortium preis. Für Konsorten ergeben sich oft gute Einstiegsmöglichkeiten, um neue Geschäftsverbindungen aufzubauen oder bestehende Nebenbankbeziehungen zu vertiefen (vgl. Höpfner, 2013, S. 742). Dieses ist gleichzeitig ein klarer Nachteil für den Konsortialführer, wenn er potenziellen Wettbewerbern einen Informationsvorteil über neue Kunden verschafft.

Langfristig kann sich die Einbindung anderer Banken aus Sicht des Mandated Lead Arrangers rentieren, indem ihm zu einem späteren Zeitpunkt von einem oder mehreren Participants Gegengeschäfte angetragen werden. Diese Gegenseitigkeit verhilft dem Mandated Lead Arranger zu Beteiligungsmöglichkeiten, die sich ohne das ursprüngliche Konsortium nicht ergeben hätten.

Kleine Kreditinstitute haben oft das Problem, das erforderliche Kapital nicht alleine aufbringen zu können. Konsortialfinanzierungen bieten ihnen die Möglichkeit, sich an einem Konsortium zu beteiligen, um die bestehende Kundenbeziehung aufrechtzuerhalten. Außerdem ergeben sich für die kleineren Institute durch die Partizipation an Finanzierungen, vor allem bei Projekten im Geschäftsgebiet, Reputationschancen und es wird dem in der Satzung dieser Institute geforderten regionalen Bezug der Finanzierungen genüge getan. Darüber hinaus haben diese Institute die Möglichkeit, eine eventuelle Passivlastigkeit durch neues Kreditgeschäft zu reduzieren. Auch der akquisitorische Aufwand ist für diese Konsortialkreditgeschäfte meist geringer als bei der alternativen Generierung von Neukunden.

Bei einer Konsortialfinanzierung ergibt sich für den **Kreditnehmer** eine geringere Abhängigkeit von einer einzelnen Bank. Aus Sicht eines Kreditnehmers besteht die Möglichkeit, durch einen Konsortialkredit großvolumige Kredite unter einheitlichen Regelungen zu erlangen. Konsortialkredite sind meist langfristig ausgelegt und mit detailliert formulierten identischen Bedingungen ausgestattet. Da für einen Kreditnehmer der Mandated Lead Arranger beziehungsweise Facility Agent als zentraler Ansprechpartner zur Verfügung steht, ist der administrative Aufwand geringer als bei klassischen Krediten mit verschiedenen Banken. Die Kostenstruktur eines Konsortialkredites ist für den Kreditnehmer jedoch üblicherweise höher und weniger transparent als bei einem bilateralen Kredit, weil eine Vielzahl von Gebühren für die unterschiedlichen Funktionen in Form von Arrangement Fees, Agency Fees sowie Underwriting Fees anfallen (vgl. Höpfner, 2013, S. 742). Bonitätsstarke Kreditnehmer besitzen bezüglich der Optimierung ihrer Kreditkonditionen allerdings die Möglichkeit, mit verschiedenen Banken zu verhandeln. Fallen jedoch die bereits im Konsortium gebundenen Banken für Verhandlungen aus, liegt für weitere Konditionsoptimierungen ein reduzierter Wettbewerb vor.

Ein Konsortialkredit verschafft dem Kreditnehmer Planungssicherheit, da dann ein bestimmtes Kreditvolumen mit festen Kreditmargen für die vereinbarte Laufzeit zur Verfügung steht. Da die Ausübung eines Kündigungsrechts eine Mehrheitsentscheidung aller Konsorten eines Konsortiums erfordert, sind Konsortialkredite auch in einer Unternehmenskrise relativ stabil. Eine Kündigung von Konsortialkrediten wird seltener vollzogen. Darüber hinaus kann ein Konsortialkredit der Neuordnung der Bankbeziehungen des Unternehmens dienen, indem eine einheitliche Dokumentation für die Unternehmensfinanzierung erstellt wird. Damit werden auch Risiken für das Unternehmen, die aus mehreren parallelen Kreditverträgen mit unterschiedlichen Covenants, Fristen resultieren, reduziert.

Sollte es zu einer Kündigung und Verwertung der Sicherheiten und gegebenenfalls zu einer gerichtlichen Auseinandersetzung kommen, kann sich der Kreditnehmer wegen des einheitlichen Gerichtsstands auf ein Gericht konzentrieren. Für den Fall, dass das Unternehmen expandiert, erhöht sich auch der Kreditbedarf entsprechend. Wenn das erforderliche Kreditvolumen die Möglichkeiten der Hausbank übersteigt, diese aber dennoch erster Ansprechpartner für den Kreditnehmer bleiben soll, bietet sich eine Konsortialfinanzierung unter der Einbindung der Hausbank als Mandated Lead Arranger an. Diese intensive Einbeziehung der Hausbank in der Stellung als Konsortialführer reduziert die Agency-Problematik und eliminiert die Informationsasymmetrien zwischen den verschiedenen Konsorten.

Wie vorab dargelegt, ist die Zusammenarbeit der Kreditinstitute als Konsortium auf den Zweck sowie die Dauer des Konsortialgeschäfts beschränkt. Wurde der Konsortialkredit vollständig zurückgezahlt, endet auch das Konsortialverhältnis. Eine ordentliche Kündigung des Konsortialvertrages zwischen den beteiligten Banken ist ausgeschlossen. Das Recht einer Kündigung aus wichtigem Grund besteht jedoch weiter fort. Bei einem Außenkonsortium tragen die Konsortialbanken grundsätzlich das Risiko der Insolvenz der GbR, die nach § 11 Abs. 2 Nr. 1. InsO insolvenzfähig ist. Die Insolvenz eines Außenkonsortiums kommt dabei nur wegen einer Zahlungsunfähigkeit oder einer drohenden Zahlungsunfähigkeit in Betracht und in der Praxis meist nur selten vor (vgl. Diem, 2013, S. 185).

Der Kreditnehmer einer Konsortialfinanzierung profitiert bei dieser Finanzierungsart von einem reduzierten Verwaltungs- und Berichterstattungsaufwand. Er zahlt in der Regel einen höheren Zinssatz für die Mittelgewährung und akzeptiert, dass weniger Bankpartner im Wettbewerb zueinander stehen. Daher ist er gut beraten, sich frühzeitig neben seiner Hausbank weitere Bankpartner aufzubauen, damit in der Wachstumsphase ausreichend Kapital zur Verfügung steht.

ℹ Zusammenfassung Abschnitt 5.5: In diesem Abschnitt wurden **Konsortialfinanzierungen** als Kreditausreichungen für besonders großvolumige Projekte untersucht. Diese strukturierten Finanzierungen nehmen mittlerweile einen großen Stellenwert ein, wenn in der Wachstumsphase bei einem Unternehmen ein hoher Mittelbedarf besteht, der dann gegebenenfalls nicht mehr allein von der Hausbank abgedeckt werden kann. Aus Unternehmenssicht sind jedoch die vertraglichen Vereinbarungen dieser meist komplexen Verträge zu beachten. Beispielhaft ist die Regelung der Asset Trading Clause zu nennen, die seit einigen Jahren verstärkt in Kreditverträge eingearbeitet wird. Diese ermöglicht es den Banken, flexibel auf geänderte regulatorische und geschäftspolitische Anforderungen zu reagieren und Kredite im Bedarfsfall zu handeln und damit an andere Akteure weiterzugeben. Des Weiteren sind zusätzliche Klauseln und Waiver zu beachten, die es den Banken zum Teil erlauben, hohe Gebühren zu vereinnahmen. Im Sinne aller Parteien sollte ein Konsortialkreditvertrag klare Regelungen und angemessene Covenants enthalten, so dass bei einem planmäßigen Kreditverlauf keine vertraglichen Änderungen notwendig werden. Vertragsänderungen während der Finanzierungslaufzeit bedeuten erneute Abstimmungsprozesse innerhalb des Konsortiums und beinhalten die Gefahr, dass sich zwischenzeitlich die vormals gemeinsame Interessenlage des Konsortiums auseinanderentwickelt und dadurch die weitere Zusammenarbeit erschwert wird.

5.6 Mezzanine Finanzierung

von Prof. Dr. Wolfgang Portisch

5.6.1 Definition und Marktdaten zu mezzaninen Finanzinstrumenten

Zur Finanzierung der Wachstumsphase lassen sich, neben Instrumenten wie Leasing, Asset Backed Securities sowie Projektfinanzierungen, auch klassische Instrumente der Fremdfinanzierung einsetzen, wie langfristige Darlehen von Kreditinstituten oder in verbriefter Form Schuldscheindarlehen sowie Industrieobligationen. Seit einiger Zeit sind auch sogenannte Mischfinanzierungsarten (Hybride Finanzierungen) wie Nachrangdarlehen, Genussrechte, Wandel- und Optionsanleihen in den Fokus der Unternehmensfinanzierung gerückt. Diese Finanzinstrumente werden als **Mezzanine** bezeichnet. Mit Blick auf die unter dem Baseler Akkord höhere Gewichtung der Eigenmittelquote im Rating-Prozess der Finanzinstitute haben mezzanine Finanzinstrumente zunehmend an Bedeutung gewonnen.

Der Begriff „Mezzanine" ist aus dem italienischen „mezzanino" abgeleitet das in der Architektur ein Zwischengeschoss zwischen zwei Vollgeschossen bezeichnet. Übertragen auf den Aufbau der Passivseite einer Unternehmensbilanz bilden diese mezzaninen Finanzierungsformen somit die Schicht zwischen klassischem Eigenkapital und Fremdkapital und erhöhen gegebenenfalls die Eigenmittelposition in Form der wirtschaftlichen Eigenmittel, die für das Rating relevant ist.

Definition: Mezzanine Finanzinstrumente bezeichnen flexibel gestaltbare hybride Finanzierungsformen, die je nach Ausprägung der vertraglichen Bedingungen, unter anderem zur Laufzeit oder zur Vergütung des Kapitals, Merkmale von klassischem Eigenkapital sowie Fremdkapital vereinen. Mezzanine mit Eigenkapitalcharakter werden auch als Equity Mezzanine, Finanzierungen mit verstärkten Fremdkapitaleigenschaften als Debt Mezzanine bezeichnet. Mezzaninkapital ist nachrangig und wird einer Unternehmung in der Regel unbesichert zur Verfügung gestellt.

In den Jahren 2009 bis 2014 wurden am deutschen regulierten Kapitalmarkt Mezzanine Finanzinstrumente in Form von Wandel- und Optionsanleihen im Volumen von insgesamt rund 124 Mrd. Euro bei insgesamt 474 Emissionen von Unternehmen und Financials erfolgreich platziert, wie die folgende Abb. 5.29 zeigt.

Wandel- und Optionsanleihen in Mio. Euro Europa

Abb. 5.29: Emissionsvolumen von Wandel- und Optionsanleihen (Quelle: Eigene Darstellung)

Dabei ist das Emissionsvolumen seit 2012 wieder kontinuierlich angestiegen. Die Konditionen dieser verschiedenen Emissionen waren abhängig von der jeweiligen Gattung des Finanzinstruments, der Bonität des Emittenten, der Marktzinslage, der Laufzeit, der Besicherung, der Liquidität der Anlageform sowie der Vergütung oder Beteiligung an einer Wertentwicklung beziehungsweise an eventuell bestehenden Liquidationserlösen. Neben Wandel- und Optionsanleihen lassen sich weitere Finanzinstrumente unter den Mezzaninen subsumieren.

Mangels einer präzisen Definition in der deutschsprachigen Literatur wird Mezzanine im Rahmen einer strukturierten Finanzierung als Sammelbegriff für verschiedene hybride Finanzierungsinstrumente verstanden (vgl. Brezski et al., 2006, S. 21). Ziel ist es, mit Mezzaninkapital eine Lücke zwischen herkömmlichem Eigenkapital und der klassischen Fremdfinanzierung zu schließen (vgl. Golland, 2000, S. 35). Gerade der geringe Reglementierungsgrad macht Mezzaninkapital zu einem äußerst flexiblen Strukturierungsinstrument, das sich in seiner Ausgestaltung an die spezifischen Bedürfnisse der jeweiligen Finanzierungssituation anpassen lässt.

Demnach können diese Finanzinstrumente hinsichtlich der Merkmale Laufzeit, Vergütungsstruktur, Haftungsumfang, Mitsprache- und Kontrollrechten einzelfallspezifisch kombiniert werden (vgl. Natusch, 2007, S. 22 ff.).

Mezzanine mit Fremdkapitalcharakter sind Nachrangdarlehen, Wandel- und Optionsanleihen beziehungsweise typisch stille Gesellschaften. Mischformen mit einer stärkeren Eigenkapitalausprägung sind die atypisch stillen Gesellschaften und auch Genussrechte, wie die folgende Abb. 5.30 zeigt.

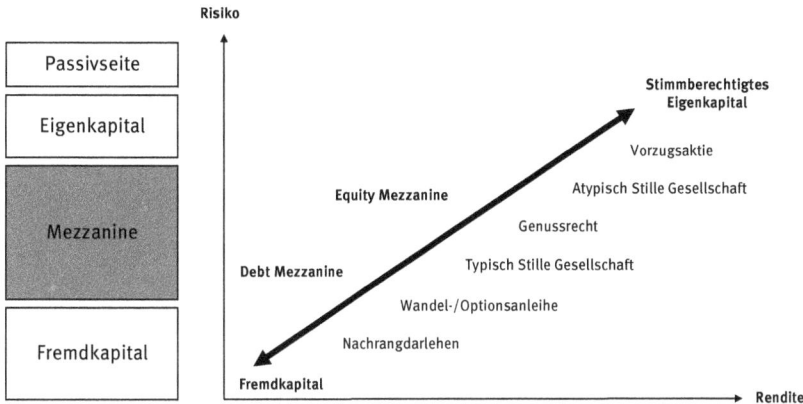

Abb. 5.30: Mezzanine zwischen Eigen- und Fremdkapital (Quelle: Eigene Darstellung)

In der Praxis sind vielfältige Gestaltungsformen für Mezzanine anzutreffen. Daher wurden grundlegende Merkmale zur Kennzeichnung der unter diesem Sammelbegriff erfassten Finanzinstrumente zusammengestellt (vgl. Natusch, 2007, S. 23):

– Nachrangigkeit gegenüber Gläubigern im Insolvenzfall
– Vorrangigkeit gegenüber „echtem" Eigenkapital
– Zeitliche Befristung der Kapitalüberlassung für mehrere Jahre
– Flexibilität und Vielseitigkeit hinsichtlich der Vertragskonditionen
– Strukturierungsmöglichkeit des steuerlichen Abzugs der Vergütung

Die Wurzeln der Mezzaninefinanzierungen liegen in den klassischen Buy-Out-Transaktionen („Sponsored Mezzanine"), die über eine Kombination von Private Equity, Fremdkapital und ergänzender Mezzaninetranche finanziert werden. Daneben entwickelte sich in den letzten Jahren ein großvolumiger Mezzaninemarkt für Non-Buy-Out-Transaktionen zur laufenden Finanzierung von Unternehmen beispielsweise in Expansionsphasen („Sponsorless Mezzanine").

Definition: Als **Buy-Out-Finanzierungen** werden finanzielle Transaktionen bezeichnet, bei denen ein Unternehmen oder Teile davon durch das dort tätige Management erworben wird. In der Regel erfolgt dies zur Lösung einer Nachfolgesituation oder bei einer erforderlichen Umstrukturierung und zudem mithilfe des Einsatzes von Private-Equity-Investoren.

Während der Bereich der Buy Out-Transaktionen durch die Big Ticket Deals der Private Equity-Industrie einen Wachstumsschub erhielten, wurde die dynamische Entwicklung des Non-Buy-Out-Segments durch die höhere Bedeutung der Eigenkapitalquote infolge des Basel-Regimes geprägt. Zudem hat sich Mezzaninkapital, da es weit weniger in die Eigentumsrechte der Anteilseigner als eine Private-Equity-Investition eingreift, insbesondere in Wachstumssituationen bei der Mittelstandsfinanzierung zunehmend als Konkurrenzprodukt zur Minderheits-Direktbeteiligung etabliert (vgl. Brodbeck, 2006, S.66 ff. und Golland, 2006, S. 73 ff.).

Aufgrund der Heterogenität der Produkte, die durch die Flexibilität dieser Finanzierungsform und der Breite des Anbieterspektrums bedingt wird, ist eine Aussage zum Gesamtinvestitionsvolumen des Mezzaninemarktes insgesamt schwer möglich (vgl. Werner, 2007, S. 77). Hinzu kommt, dass die Akteure kein Interesse an der Offenlegung ihrer Investitionsvolumina haben beziehungsweise deren Portfolien statistisch detailliert nicht erfasst sind.

Obwohl sich das Anbieterspektrum dynamisch erweitert hat, dürften Finanzinstitute mit Investitionen über die eigene Bilanz unverändert eine bedeutende Gruppierung darstellen. Anbieter von Individual-Mezzaninen, das einzelfallspezifisch auf eine Unternehmenssituation zugeschnitten strukturiert wird, sind zudem auf diese Finanzierungsklasse spezialisierte Mezzaninefonds.

Vergleichbar den Gegebenheiten im Private-Equity-Markt gibt es eine Vielzahl unabhängiger Mezzaninefonds, die zumeist über Laufzeitfonds (Closed Fund) Gelder institutioneller Anleger langfristig investieren. Über die Fondsstrukturierung werden hierbei Anreizstrukturen (Carried-Interest-Modelle) implementiert, die gerade unter agency-theoretischen Gesichtspunkten möglichst gleichgerichtete Interessenlagen zwischen dem Fondsinvestor sowie dem Fondsmanagement herstellen. Die nachfolgende Abb. 5.31 stellt die Individual-Mezzanine der Ausgestaltungsform des Programm-Mezzanine gegenüber.

Die Strukturierungsvariante des Programm-Mezzanines hat jedoch seit dem Kollaps des Verbriefungsmarktes im Zuge der Finanzkrise keine Bedeutung mehr. Die Programm-Mezzanine-Emissionen wurden in der Regel von internationalen Ratingagenturen bewertet. Im Zeitraum 2004 bis 2007 hatten über 800 Mittelstandsunternehmen rund 5 Mrd. Euro über die Variante der Programm-Mezzanine aufgenommen. Dieses Marktsegment ist seit der Finanzkrise nicht mehr existent.

Aus Sicht institutioneller Investoren handelt es sich bei Mezzaninkapital um eine alternative Asset-Klasse mit geringer Korrelation zur Wertentwicklung „herkömmlicher" Anlageformen (vgl. Werner, 2007, S. 65). Zudem weisen Mezzaninefonds im Langfristvergleich, bei einer gegenüber anderen Anlageformen geringeren Volatilität, attraktive Investorenrenditen auf. Empirische Studien legen dar, dass sich Mezzaninkapital gut eignet, um ein gemischtes Portfolio im Sinne der Portfoliotheorie zu diversifizieren (vgl. Golland et al., 2005, S. 14).

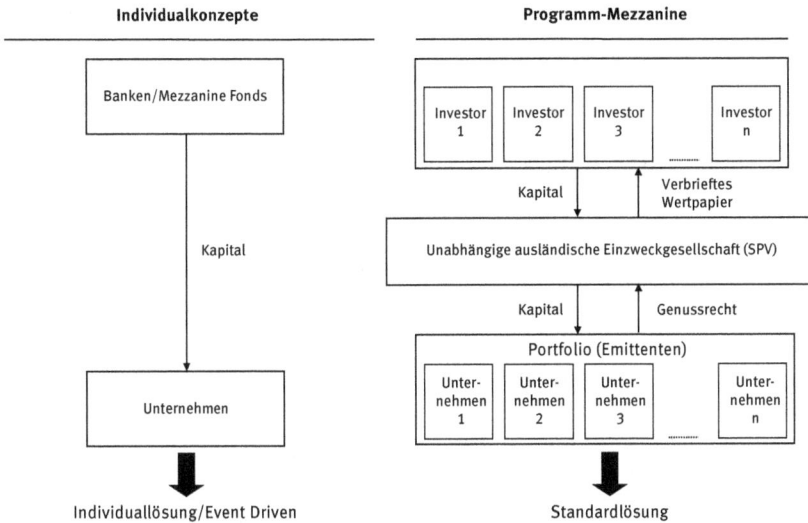

Abb. 5.31: Quellen und Strukturierungsgrad des Mezzaninkapitals (Quelle: Eigene Darstellung)

Daneben generieren Mezzaninefonds aufgrund ihrer spezifischen Vergütungsstruktur im Unterschied zu Private-Equity-Mitteln bereits frühzeitig Rückflüsse (vgl. Werner, 2007, S. 65). Wegen dieser Eigenschaften ist davon auszugehen, dass sich der Mezzanineanteil im Portfolio-Mix institutioneller Anleger unter Umständen zukünftig weiter erheblich erhöhen wird.

Die Möglichkeit, Mezzaninkapital aufgrund seiner Flexibilität an die spezifische Finanzierungssituation maßgerecht anpassen zu können, lässt auch in Zukunft aus Unternehmenssicht eine hohe Nachfrage nach dieser alternativen Finanzierungsform erwarten. Wesentliche Treiber für den Mezzaninemarkt waren in der Vergangenheit der unterkapitalisierte deutsche Mittelstand sowie die hohe Gewichtung der Eigenkapitalquote im Rating-Prozess der Kreditinstitute (vgl. Fleischhauer/Sauter, 2007, S. 20). Im Mittelstand sowie bei Wachstumsunternehmen wird Mezzanine mit einem hervorgehobenen Eigenkapitalcharakter daher auch in der Zukunft eine bedeutende Rolle spielen (vgl. Natusch, 2007, S. 60 ff.).

Der Einsatz von Mezzaninen hilft die Kapitalstruktur des Unternehmens zu verbessern, wodurch sich Konditionsvorteile ergeben können, da durch eine höhere Bonität die Ausfallrisiken und die damit einhergehende Eigenkapitalunterlegung für die Banken sinken (vgl. Brezski et al., 2006, S. 172 ff.).

Das im Gegensatz zu Private Equity als Direktbeteiligungskapital in einem weitaus geringeren Maße in die Eigentumsrechte des Unternehmers eingreifende Mezzanine gilt für viele Unternehmer zudem als akzeptable Option, um den durch die Basel-Regulierung veränderten Kreditvergabebedingungen Rechnung zu tragen.

5.6.2 Gestaltungsziel von Mezzaninkapital

Das Gestaltungsziel in der Strukturierung mezzaniner Finanzierungen liegt darin, die Vorteile des Eigenkapitals mit denen des Fremdkapitals zu kombinieren. Es wird versucht, eine möglichst hohe Haftkapitalgewichtung im Rating, bei gleichzeitiger steuerlicher Abzugsfähigkeit der auf das Mezzaninkapital zu zahlenden Vergütung, zu erreichen. So kann beispielsweise der Genussschein steuerlich wie Fremdkapital angesehen werden, wenn gemäß § 8 Abs. 2 Satz 2 KStG bestimmte Voraussetzungen erfüllt sind. Ein Abzug der Ausschüttungen wird nur dann untersagt, wenn Genussrechte eine Gewinnbeteiligung und gleichzeitig eine Beteiligung am Liquidationserlös vorsehen. In der Praxis ist daher häufig die eine Teilnahme am Veräußerungserlös ausgeschlossen (vgl. Perridon et al., 2012, S. 454).

Mezzanine werden wie klassisches Eigenkapital unbesichert zur Verfügung gestellt. Über die Nachrangabrede tritt es hinter die übrigen Gläubigerforderungen zurück und trägt somit zur Stärkung der wirtschaftlichen Eigenkapitalquote (Eigenmittel) des zu finanzierenden Unternehmens bei. Da dieses Kapital in der Regel unbesichert von den Geldgebern bereitgestellt wird, kommt der Prüfung des Geschäftsmodells und des erwarteten Cash Flows der zu finanzierenden Firma im Zuge einer Due Diligence erhebliche Bedeutung zu. Demnach ist frühzeitig zu prüfen, ob die Fähigkeit gegeben ist, die Vergütungs- und Tilgungsleistungen auf die Mezzanine dauerhaft zu zahlen (vgl. Brezski et al., 2006, S. 223 ff.).

Der Vorteil einer Mezzaninefinanzierung liegt zudem darin, dass die Regelung der Zahlungsverpflichtungen einer hohen Flexibilität unterliegt. Der Kapitaldienst kann an die erwarteten Cash Flows angepasst werden. Da auf Mezzaninkapital allerdings eine laufende Vergütung zu zahlen ist und dieses zumeist eine endfällige Tilgung aufweist, ist es für Unternehmen in frühen Entwicklungsphasen und in Restrukturierungssituationen weniger geeignet. Es bietet sich vielmehr an, um das Wachstum in expansiven Phasen des Unternehmenslebenszyklus zu finanzieren.

In Zusammenhang mit den Auswirkungen der Aufnahme von Nachrangkapital auf den Rating-Prozess spielt weniger die bilanzielle Eigenkapitalqualität von Mezzaninen als vielmehr dessen wirtschaftlicher „Haftungscharakter" eine Rolle. So können auch Formen, die auf Basis der jeweils gewählten Rechnungslegungsvorschrift bilanziell den Finanzverbindlichkeiten zuzuordnen sind, infolge ihrer Ausgestaltung hinsichtlich Laufzeit und Nachrangigkeit im Rating-Prozess der Finanzinstitute eine hohe Anrechnung als „Haftkapital" erhalten.

Um die Interpretationsspielräume der wirtschaftlichen Bewertung von Mezzaninkapital einzugrenzen, haben die ehemals an der „Initiative Finanzstandort Deutschland (IFD)" beteiligten Kreditinstitute folgende Grundkriterien zur Bestimmung der wirtschaftlichen Eigenkapitalqualität im Rating-Prozess diskutiert (vgl. Plankensteiner, 2007, S. 3 ff., Der IFD ist mittlerweile nicht mehr aktiv.):

– **Langfristigkeit der Kapitalüberlassung:** Notwendig ist eine Ursprungslaufzeit von fünf bis sieben Jahren und eine Restlaufzeit von ein bis zwei Jahren.
– **Kündigungsrechte:** Die Kündigung aufgrund einer Verschlechterung der wirtschaftlichen Verhältnisse oder eines Zahlungsverzugs darf nicht möglich sein.
– **Nachrangigkeit:** Die Nachrangigkeit der Forderungen muss zu jeder Zeit gegeben sein und gegenüber dem übrigen Fremdkapital bestehen.

Als weitere Kriterien für die zunehmende Anrechnung als wirtschaftliche Eigenmittel werden mögliche Kapitaldienststundungen mit ausreichenden Stillhalteperioden im Krisenfall, Abhängigkeit der Vergütung vom Vorhandensein freier Eigenkapitalbestandteile, Verlustteilnahme und hohe erfolgsabhängige Vergütungsanteile, beispielsweise gekoppelt an den Jahresüberschuss, genannt.

Die Merkmale für den bilanziellen Ausweis von Mezzaninen als Eigenkapital fallen in Abhängigkeit von der gewählten Rechnungslegungsart unterschiedlich aus. Um eine am Handelsgesetzbuch nahe Position am klassischen Eigenkapital zu erhalten, müssen die Eigenschaften der Nachrangigkeit, der Erfolgsabhängigkeit und Vergütung, der Teilnahme am Verlust bis zur vollen Höhe des Mezzaninkapitals und der Langfristigkeit der Kapitalüberlassung, kumuliert erfüllt sein. Dann kann das Mezzaninkapital nach den Eigenkapitalpositionen und noch vor dem Sonderposten mit Rücklageanteil positioniert sein (vgl. Perridon et al., 2012, S. 454).

Im Unterschied hierzu darf auf Basis der International Financial Reporting Standards (IFRS) mit der Aufnahme des Mezzaninkapitals keine Verpflichtung zur Leistung von Vergütungs- und Tilgungszahlungen verbunden sein (vgl. Brezski et al., 2006, S. 44 und 108 ff. sowie Werner, 2007, S. 89). Damit den Interessen der Financiers zur Wiedererlangung des Kapitals bei einer risikoadäquaten Vergütung Rechnung getragen wird, stellt diese Auflage entsprechend hohe Anforderungen an das Strukturierungs-Know-How der Mezzaningeber.

Da gleichwohl die bilanzielle Ausweisfähigkeit der Mezzanine als Eigenkapital für die positive Gewichtung im Rating-Prozess nicht zwingend erforderlich ist, gibt es bei größeren Mittelstandsunternehmen, die sich im internationalen Umfeld bewegen, großes Interesse auch diese bilanzielle Eigenkapitalausweisfähigkeit nahe dem Eigenkapital sicherzustellen. Denn der direkte Ausweis unter der Eigenkapitalposition erleichtert im Sinne eines Signalings die Kommunikation gegenüber den übrigen Stakeholdern (vgl. Schuler, 2005, S. 85 ff.).

Bei der Emission und der Veräußerung bestimmter Finanzinstrumente an die breite Öffentlichkeit sind jedoch die Vorgaben des Kapitalmarktrechts zu beachten (vgl. § 2 Abs. 1 Satz 1 Nr. 3 WpHG). Beispielsweise kann die Erstellung eines Wertpapierprospektes erforderlich sein. Weitere Vorschriften bestehen unter anderem in der Ad-Hoc-Mitteilungspflicht bei Insiderinformationen gemäß § 15 Abs. 1 WpHG (vgl. Buck-Heeb, 2014, S. 108 ff.). Zu beachten sind auch die Vorgaben des Kleinanlegerschutzgesetzes, dass am 12.11.2014 beschlossen wurde.

5.6.3 Eigenschaften und Arten von Mezzaninkapital

Die verschiedenen Arten von Mezzaninkapital können je nach Ausstattungsmerkmalen, eine stärkere Ausrichtung zum Fremdkapital oder zum Eigenkapital aufweisen. Zur Klassifizierung werden in Tab. 5.6 wichtige Eigenschaften von Mezzaninkapital dem Eigen- und dem Fremdkapital gegenübergestellt. Die genannten Renditen basieren auf historischen Durchschnittserwartungen. Im aktuellen Kapitalmarktumfeld dürfte die Renditeerwartung unter diesen Durchschnittswerten liegen.

Tab. 5.6: Eigenschaften von Eigen-, Mezzanin- und Fremdkapital (Quelle: Eigene Darstellung)

Eigenschaften	Eigenkapital	Mezzaninkapital	Fremdkapital
Rechtliche Stellung	Eigentümerstellung	Mischform	Gläubigerstellung
Haftung	Höhe der Einlage	Höhe der Einlage	Keine Haftung
Geschäftsführung	Berechtigt	Ggf. Kontrollrechte	Ausgeschlossen
Informationsrechte	Ausgeprägt	Mittel	Gering
Vermögensanspruch	Quotal	Ggf. Equity Kicker	Nein
Vergütung	Gewinnabhängig	Fix/gewinnabhängig	Fester/variabler Zins
Renditeerwartung	20-30 %	10-20 %	1-10 %
Risiko	Hoch	Mittel	Niedrig
Tilgung	Keine Tilgung	Unterschiedlich	Fest vereinbart
Laufzeit	Unbegrenzt	Lang bis unbegrenzt	Begrenzt
Kündigung	Verkauf Anteile	Kündigungsrechte	Kündigungsrechte
Rang	Nachrangig	Nachrangig	Vorrangig
Besicherung	Keine	Keine/Rangrücktritt	Kreditsicherheiten
Liquiditätsbelastung	Nicht fix	Flexibel gestaltbar	Zins und Tilgung

Es zeigt sich, dass Mezzaninkapital bei vielen Kriterien die Positionen zwischen dem Eigen- und dem Fremdkapital einnimmt. Dies wird bei der Vergütung und dem, aufgrund der Nachrangigkeit, hohen Risiko gegenüber Fremdkapital deutlich.

Des Weiteren sind Mezzanine an den langen bis unbegrenzten Laufzeiten und den im Vergleich zu direktem Gesellschaftskapital oftmals geringer ausgeprägten Kontroll- und Mitspracherechten erkennbar (vgl. Natusch, 2007, S. 23 ff). Die verschiedenen Finanzierungsarten werden im Folgenden untersucht. Den Ausgangspunkt der Betrachtung differenzierter mezzaniner Finanzinstrumente bildet das Darlehen, welches viele Kernausprägungsmerkmale aufweist, die bei den mezzaninen Finanzierungsformen neu auszugestalten sind.

Die Grundform der langfristigen Fremdfinanzierung ist das **Darlehen** gemäß § 607 BGB. Als Synonym wird hier auch der Begriff Kredit verwendet. Als langfristig werden Darlehen mit einer Laufzeit von mehr als vier beziehungsweise auch fünf Jahren bezeichnet (HGB-Definition und andere bankinterne Abgrenzungen im Hinblick auf die zu fordernde Besicherung). Darlehen werden in der Regel durch Kreditinstitute oder andere Stakeholder wie Lieferanten oder Gesellschafter bereitgestellt. Die Konditionen der Kapitalvergabe werden in einem Darlehensvertrag detailliert fixiert. So werden Vereinbarungen getroffen hinsichtlich der:

– Vergütung in Form von Zinsen und Provisionen
– Laufzeit, Tilgungsart und tilgungsfreien Anlaufjahren
– Informationsleistungen und einzuhaltenden Covenants
– Besicherung und der Kündigungsrechte

Eine besondere Form der langfristigen Fremdfinanzierung ist das **Schuldscheindarlehen**. Das Schuldscheindarlehen stellt einen an ein Unternehmen gewährten, meist großvolumigen, Kredit dar, der von mehreren Kreditgebern aufgebracht wird. Der Darlehensvertrag beinhaltet die Verpflichtung des Unternehmens zur Übergabe einer oder mehrerer Schuldscheine an den arrangierenden Kreditgeber (vgl. Dösl, 2014, S. 43 ff.). Durch den Schuldschein bestätigt der Darlehensnehmer, den Kapitalbetrag empfangen zu haben. Der Schuldschein ist dabei kein Wertpapier, sondern stellt lediglich eine Beweisurkunde dar. Diese kann an Investoren abgetreten werden, die damit den arrangierenden Kreditgeber refinanzieren. Dieser trägt auch das Platzierungsrisiko. Mit der vollständigen Abtretung scheidet er aus dem Kreditverhältnis aus und trägt keine Haftung für das Ausfallrisiko. Allerdings kann dieser als Sicherheitentreuhänder oder Verwalter der Kreditsicherheiten sowie im Zinszahlungsverkehr weiter für die Investoren tätig sein (vgl. Bösl, 2014, S. 44 ff). Für den Darlehensvertrag und den Schuldschein haben sich in der Praxis formale Standards entwickeln, die eine Weitergabe erleichtern.

Von Bedeutung ist diese Finanzierungsform besonders, wenn sie für Versicherungen auch deckungsstockfähig ist. Dazu sind besondere Bedingungen zur Ertrags- und Finanzlage in Form der Bonität des Kreditnehmers, der Besicherung mit erstrangigen Grundpfandrechten oder anderen werthaltigen Sicherheiten zu erfüllen. Es handelt sich um klassisches Fremdkapital, dessen Aufnahme allerdings nur Unternehmen bester Bonität vorbehalten ist.

Die Vergabe von Schuldscheindarlehen kommt oft nur mittleren und großen Unternehmen mit einem erstklassigen Rating zugute (vgl. Wöhe et al., 2013, S. 291 ff.). Bei Schuldscheindarlehen findet kein Handel an der Börse wie bei Anleihen statt. Es lässt sich daher auch als Private Debt ansehen. Da es sich meist bei der Kapitalaufnahme um Großkredite handelt, sind in der Regel mehrere Kapitalgeber beziehungsweise Investoren aufzufinden, die Tranchen der Finanzierung im Sinne einer Risikoteilung übernehmen. Die Sicherheiten werden dabei treuhänderisch verwaltet. Das Risiko, dass Teile der Finanzierung nicht an andere Partner untergebracht werden können, kann auf den Konsortialführer verlagert werden. Vorteil ist für das finanzierende Unternehmen, dass sich aufgrund der guten Bonität oft attraktive Zinskonditionen realisieren lassen.

Nachteile dieser Finanzierungsart bestehen in der mangelhaften Fungibilität und dem damit verbundenen Zinsaufschlag. Vorteil ist jedoch, dass die Publizitätspflichten, wie bei einer Börsenzulassung von Anleihen, weitestgehend entfallen. In den letzten Jahren wurde diese Finanzierungsoption auch kleineren Unternehmen zugänglich gemacht. Möglich war dieses unter anderem über eine Zusammenfassung von kleineren Schuldscheinemissionen zu Portfolios und deren spätere Ausplatzierung am internationalen Kapitalmarkt. Demgegenüber sind Anleihen kapitalmarktfähig und werden an öffentlichen Börsenplätzen gehandelt.

Industrieobligationen oder **Anleihen** sind typische Formen des Fremdkapitals, die verbriefte Forderungsrechte in Form von Wertpapieren darstellen. Im Rahmen der Schuldverschreibung (Obligation) verspricht der Schuldner dem Gläubiger in einer Urkunde eine bestimmte Leistung (§ 793 Abs. 1 BGB). Diese besteht im Allgemeinen in der termingerechten Zahlung der Zins- und Tilgungsbeträge. In der Regel handelt es sich bei Anleihen um Inhaberpapiere, die durch Einigung und Übergabe übertragen werden. Über Obligationen von Unternehmen können meist große Kapitalsummen aufgebracht werden. Die Begebung von Anleihen erfordert eine umfangreiche Dokumentation. Ein wichtiges Element sind die Anleihebedingungen wie beispielsweise mit der Festlegung der Komponenten Laufzeit, Höhe und Struktur der laufenden Zahlungen, Zahlungszeitpunkte, Ausgabe- und Rückzahlungskurs, Rang, Besicherung, eingeräumte Covenants und Kündigungsrechte.

Schuldverschreibungen können mit einem vorzeitigen Kündigungsrecht nach einer Mindestlaufzeit durch den Emittenten (Call) ausgestattet sein. Dieser kann auf diese Weise oft attraktive Kapitalmarktbedingungen nutzen. Ein Kündigungsrecht durch den Gläubiger (Put) ist dagegen in der Regel nur bei einer Vertragsverletzung möglich, unter anderem bei einem Bruch von Covenants.

Die Platzierung kann als Eigenemission erfolgen, ohne die Begleitung eines Bankenkonsortiums. Alternativ kann die Fremdemission gewählt werden. In diesem Fall platziert das Emissionskonsortium die Schuldverschreibungen gegen eine Vermittlungsprovision bei institutionellen Investoren.

Werden diese Anleihen alternativ zur Privatplatzierung an institutionelle Invstoren (Private Placement) am Markt auch an Kleinanleger veräußert, so gelten zum Teil ähnliche Zulassungsvorschriften wie für Aktien. Eine wichtige, dem Zulassungsantrag beizufügende, Unterlage ist der zu veröffentlichende Börseneinführungsprospekt. Durch den Prospekt sollen Anleger in die Lage versetzt werden, sich ein Urteil über den Emittenten zu bilden. Bestandteil des Prospekts ist daher auch der Jahresabschluss des Unternehmens. Regelmäßig werden Kreditinstitute in die Emission eingeschaltet. Bei einer Fremdemission wird dann insbesondere das Risiko der Unterbringung der Anleihe von der platzierenden Bank übernommen.

Die Ausstattung der Fremdkapitaltitel in Höhe der anzubietenden Verzinsung hängt von der Bonität und damit dem Rating des Emissionärs ab. Das Rating tätigt eine Aussage über die Fähigkeit des Emittenten die künftigen Zahlungen vertragsgerecht leisten zu können. Darüber wird auch eine indirekte Aussage über das Ausfallrisiko getätigt. Zur Beurteilung dieser Kriterien ist ein Rating erforderlich. In der Regel ist im Vorfeld der Begebung ein externes Emittentenrating in Auftrag zu geben.

Für die Ratingbewertung ist neben dem Ausfallrisiko, die genaue Ausgestaltung der Obligation von Bedeutung. Dabei bestehen besondere Spezialformen von Anleihen in variabel verzinslichen Titeln (Floating Rate Notes) und Nullkuponanleihen (Zero Bonds). Zudem ist das Spektrum der Laufzeiten stark aufgefächert und kann von kurzlaufenden Schuldverschreibungen (Commercial Papers) bis hin zu Anleihen mit einer unendlichen Laufzeit reichen (Perpetual Bonds).

Überwiegen im Wesentlichen die Eigenkapitalkomponenten, wird es fortan als Equity Mezzanine bezeichnet, orientiert es sich eher am Fremdkapital, wird es als Debt Mezzanine klassifiziert, wie die folgende Abb. 5.32 zeigt.

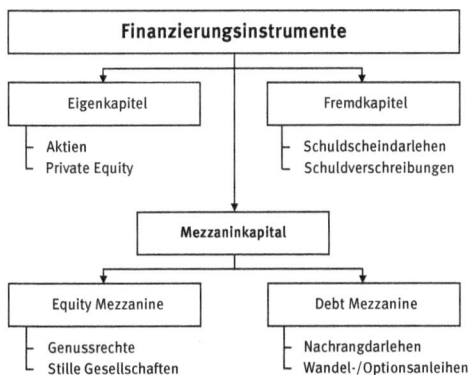

Abb. 5.32: Alternative Finanzierungsinstrumente (Quelle: Eigene Darstellung)

Als Alternative zum Bankkredit weisen Schuldverschreibungen häufig Laufzeiten von fünf bis zehn Jahren auf, sind fest verzinst und unbesichert. Die Verbriefung als Inhaberschuldverschreibung ist der Regelfall. Hier verspricht der Emittent die Leistung an den jeweiligen Inhaber des Wertpapiers. Diese Papiere sind frei handelbar und können an einer Börse notiert sein. Die Orderschuldverschreibung lautet dagegen auf den Namen des Berechtigten und kann per Indossament übertragen werden. Die Namensschuldverschreibung durch Abtretung (vgl. Hasler, 2014, S. 60 ff.).

Werden Eigenschaften der klassischen Fremdkapitaltitel verändert, so können sich diese dem Eigenkapital stark annähern. Wird eine gewinnabhängige Verzinsung gewährt, sind die Titel nachrangig gegenüber anderen Gläubigern und ist die Laufzeit deutlich länger als bei herkömmlichem Fremdkapital, besteht ein Übergang zu den mezzaninen Finanzinstrumenten. Im Folgenden werden ausgewählte mezzanine Finanzierungsformen untersucht. Begonnen wird mit den Finanzinstrumenten, die einen starken Fremdkapitalcharakter aufweisen (vgl. Wöhe et al., 2013, S. 200 ff.). Eine besondere Kapitalform ist das Nachrangdarlehen. Bei dieser Art von Fremdkapital besteht ein Nachrangverhältnis zu anderen Titeln.

Nachrangdarlehen

Als **Nachrangdarlehen** werden unbesicherte Darlehen bezeichnet, deren Ansprüche im Insolvenzfall hinter denen anderer Fremdkapitalgeber zurücktreten, die aber noch vor dem Eigenkapital bedient werden. Allen Nachrangdarlehen gemeinsam ist eine Rangrücktrittserklärung (vgl. Steinhauer, 2007, S. 179 ff.).

Der Rangrücktritt (Subordination) bedeutet, dass zunächst die Forderungen aus den vorrangigen Darlehen bedient werden und erst dann diejenigen der Nachrangdarlehensgeber sowie der Eigenkapitalgeber (vgl. Kimpel et al., 2014, S. 223 ff.). Darüber werden die unterschiedlichen Gläubigerklassen mit verschiedenen Risikostrukturen außerhalb und in der Insolvenz geschaffen (vgl. § 39 InsO).

Inhalt und Reichweite des Rangrücktritts können frei vereinbart werden. Selten wird eine Nachrangigkeit gegenüber allen Gläubigern ausgesprochen, was einer Anerkennung als wirtschaftliches Eigenkapital entgegensteht. Unterscheiden lassen sich die Gestaltungsvarianten des Rangrücktritts in struktureller, zeitlicher und vertraglicher Hinsicht. Von Bedeutung ist die inhaltliche Ausgestaltung als einfacher Rangrücktritt oder als qualifizierter Rangrücktritt. Beim einfachen Rangrücktritt wird ein Rangverhältnis zwischen verschiedenen Gruppen von Gläubigern geschaffen (Senior Debt und Junior Debt), die in Form eines Wasserfallprinzips bedient werden.

Der qualifizierte Rangrücktritt bezweckt dagegen die Abwendung einer Überschuldung, indem das zugrundeliegende Darlehen hinter sämtliche übrigen Forderungen an die Gesellschaft zurücktritt und damit zu echtem Risikokapital umgestaltet wird (vgl. Kimpel et al., 2014, S. 228 ff.). Dabei sind Gesellschafterdarlehen auch ohne gesonderte Abrede immer nachrangig (§ 39 Abs. 1 Nr. 5 InsO). Ausnahmen bestehen beim Sanierungs- und Kleinbeteiligtenprivileg.

Die Nachrangabrede kann zeitlich gesehen von Anfang an, aber auch später, beispielsweise zur Vermeidung einer Überschuldung erklärt werden. Wird von Beginn an ein Nachrang vereinbart, besteht für die Gläubiger ein erhöhtes Risiko, das über einen Renditeaufschlag entgolten wird. Im Gegensatz hierzu erfolgt die strukturelle Subordination auf dem gesellschaftsrechtlichen Weg und bezweckt bei einer Unternehmensakquisition bestimmten Gläubigern den Zugriff zu Vermögenswerten der Zielgesellschaft über die Zwischenschaltung einer Zweckgesellschaft (SPV) abzuschneiden (vgl. Kimpel et al., 2014, S. 227 ff.). Eine alternative Form der Finanzierung stellt die Mittelbereitstellung über Wandelanleihen dar.

Wandelanleihen

Wandelanleihen (Convertible Bonds) sind spezielle Obligationen, die mit einem Sonderrecht ausgestattet sind. Diese Anleihen verbriefen meist nach einer Sperrfrist ein Umtauschrecht in Aktien. Mit der Ausübung der Wandlung geht die Obligation unter, der Emittent wird von seiner Verpflichtung zur Rückzahlung des Kapitals entbunden und der ehemalige Anleihegläubiger wird zum Aktionär.

Das Umtauschrecht kann bei wachstumsstarken Unternehmen einen erheblichen Anreiz für Investoren setzen, diese Titel zu erwerben. Im Gegenzug liegt der Zinskupon meist unter dem Marktniveau für herkömmliche Titel. Der Gläubiger hat bei einer Wandelanleihe zunächst Anspruch auf eine feste Verzinsung. Nach einer festgelegten Frist besteht jedoch die Möglichkeit, die speziellen Anleihen entsprechend dem Wandlungsverhältnis in Aktien zu tauschen. Das Bezugsverhältnis bezeichnet dabei die Anzahl der Aktien, die ein Gläubiger zum Nominalwert einer eingetauschten Wandelanleihe erhält.

Das Wandelverhältnis wird meist in einer Stückzahl angegeben und der Umtausch kann mit einer konstanten oder im Zeitablauf ansteigenden Zuzahlung verbunden sein. Der Bezugspreis orientiert sich meist am Kurs der zugrundeliegenden Aktie mit einem Aufschlag zum aktuellen Börsenpreis. Dieses soll die mögliche Chance der Entwicklung des Börsenkurses ausdrücken.

Da mit dem Tausch eine (bedingte) Kapitalerhöhung erfolgt und dies zu einer Verwässerung der Anteile der Altaktionäre führen kann, erfordert die Begebung einer Wandelanleihe eine Dreiviertelmehrheit auf der Hauptversammlung. Den Altaktionären steht zudem ein gesetzliches Bezugsrecht sowohl auf die Wandelanleihen, als auch auf die jungen Aktien zu (§ 221 AktG). In der Praxis erfolgt die Begebung dieser Anleihen meist unter Ausschluss des Bezugsrechts.

Vor der Ausübung eines Umtauschrechts, handelt es sich bei dieser Finanzierungsform um klassisches verzinsliches Fremdkapital. Erfolgt eine Wandlung durch den Inhaber der Anleihe, so erfolgt ein Umtausch in bilanzielles Eigenkapital, mit einer Verbesserung der Eigenkapitalquote. Der Kapitalzufluss kann durch die vereinbarte Zuzahlung noch erhöht werden. Ähnliche Finanzierungseffekte lassen sich mit der Emission von Optionsanleihen erzielen.

Optionsanleihen

Optionsanleihen (Bonds with Warrant) bestehen grundsätzlich aus zwei Finanz-komponenten, der Schuldverschreibung sowie dem Optionsschein auf Aktien. Im Gegensatz zur Wandelschuldverschreibung besteht der Optionsschein als eigen-ständiges Wertpapier neben der Anleihe. Meist erfolgen direkt nach der Emission eine Trennung der Anleihe und des Optionsscheins sowie ein isolierter Handel. Es handelt sich wie bei einer Wandelanleihe um ein hybrides Finanzinstrument mit Komponenten des Eigenkapitals und des Fremdkapitals. Der Inhaber der Option hat das Recht, innerhalb einer bestimmten Frist, eine festgelegte Anzahl von Aktien zu einem im Voraus festgelegten Kurs zu kaufen (Call).

Neben den Rechten aus der Schuldverschreibung besteht somit ein Anspruch auf Ausübung der Option. Dieses Recht macht auch den speziellen Anreiz dieser Anla-geform für Investoren aus, da sich über die Option aufgrund des Hebeleffekts unter Umständen erhebliche Wertsteigerungen erzielen lassen (vgl. Steiner, et al., 2012, S. 136 ff.). Es tritt bei der Ausübung zum vorhandenen Fremdkapital im Unterneh-men weiteres bilanzielles Eigenkapital hinzu. Auf diese Weise erfolgt eine bedingte Kapitalerhöhung und daher ist wie bei einer Wandelanleihe die Zustimmung einer Dreiviertelmehrheit der Hauptversammlung erforderlich.

Der Inhaber einer Optionsanleihe ist nach der Ausübung dann gleichzeitig Anteils-eigner und Gläubiger. Wird das Optionsrecht genutzt, so fließen dem Unternehmen in Höhe des Basispreises neue Mittel zu. Neben diesen komplexen und auch von der Rechtsform abhängigen Instrumenten, lassen sich auch andere eigenkapitalnahe Mittelbereitstellungen wie die stille Gesellschaft einsetzen.

Typisch und atypisch stille Gesellschaft

Die **stille Gesellschaft** ist in §§ 230 ff. HGB geregelt. Sie ist eine reine Innengesell-schaft. Bei einer stillen Gesellschaft beteiligt sich der Investor am Handelsgewerbe des Unternehmens mit einer Vermögenseinlage (§ 230 Abs. 1 HGB). Der stille Gesell-schafter nimmt zwingend am Gewinn des Unternehmens teil. Eine Beteiligung am Verlust der Firma kann gesellschaftsvertraglich ausgeschlossen werden (§ 231 Abs. 2 HGB). Der Gesellschaftsvertrag regelt auch die Nachrangigkeit des Rückzahlungsan-spruches. Als Finanzierungsanreiz für den Investor kann im Vertrag auch ein Equity Kicker vereinbart werden, da der Gewinnanspruch des stillen Gesellschafters nicht notwendigerweise auf den Bilanzgewinn des Unternehmens bezogen werden muss (vgl. Brokamp et al., 2004, S. 19 ff.).

Der **typisch stille Gesellschafter** hat, neben dem Gewinnanspruch, nur einen An-spruch auf Rückzahlung seiner Einlage und übt keine unternehmerische Funktion aus. Über die stille Gesellschaft kann eine unmittelbare Stärkung des wirtschaftli-chen Eigenkapitals erreicht werden. Dies ist insbesondere der Fall, wenn ein Nach-rang vereinbart oder wenn sie als Kapitalersatz qualifiziert wird.

Die **atypisch stille Gesellschaft** ist nicht gesetzlich geregelt und lässt sich nicht immer sicher von der typisch stillen Gesellschaft abgrenzen. Bei der atypisch stillen Gesellschaft kann der Investor neben der Beteiligung am Gewinn auf schuldrechtlichem Weg auch einen Anteil am Vermögenszuwachs sowie am Liquidationsüberschuss der Gesellschaft erhalten. Atypische und typische stille Gesellschaft unterscheiden sich auch hinsichtlich der vertraglich vereinbarten Einflussmöglichkeiten. Je weiter die Informations-, Kontroll- und Zustimmungsrechte eines stillen Gesellschafters über die gemäß § 233 HGB vorgesehenen Rechte hinausgehen, umso eher handelt es sich um eine atypisch stille Gesellschaft.

Diese Beteiligungsform hat wirtschaftlich oft eine Eigenkapitalausrichtung. Wird dem atypisch stillen Gesellschafter auch ein Einfluss auf die Geschäftsführung eingeräumt, kann seine Stellung der eines Gesellschafters entsprechen, mit der Folge, dass er im Falle der Insolvenz des Unternehmens seine geleistete Einlage erst nach den externen Gläubigern zurückfordern kann. Dieser atypisch stille Gesellschafter kann, im Gegensatz zum typisch stillen Gesellschafter, an den Vermögenswerten beteiligt sein und zusätzlich eine Tätigkeit im Unternehmen beispielsweise in der Geschäftsführung, übernehmen (vgl. Wöhe et al., 2013, S. 76 ff.).

Es ist zu beachten, dass die gesetzlichen Rechte des stillen Gesellschafters vertraglich beschränkt oder erweitert werden können, so dass es bisweilen schwer möglich ist, im Einzelfall eine allgemein gültige Aussage zu treffen. Je weiter sich diese vertragliche Gestaltung jedoch zugunsten des stillen Gesellschafters von dem gesetzlichen Leitbild entfernt, umso eher handelt es sich in der Regel um eine atypisch stille Gesellschaft. Auch bei Genussrechten beziehungsweise Genussscheinen ist die Zurechnung zum wirtschaftlichen Eigenkapital stark gestaltungsabhängig.

Genussrechte

Genussrechte begründen schuldrechtliche Ansprüche gegen eine Gesellschaft auf Teilnahme am Gewinn oder am Liquidationserlös, ohne dass der jeweilige Inhaber Gesellschafter wird (vgl. Golland et al., 2005, S. 17). Genussrechte gewähren einen Anspruch auf eine meist flexible Ergebnisbeteiligung und sind aufgrund fehlender gesetzlicher Vorgaben zur inhaltlichen Ausgestaltung daher frei verhandelbar (vgl. Kraus/Zitzelsberger, 2014, S. 321 ff.). Genussrechte können grundsätzlich unabhängig von der Rechtsform der Gesellschaft begründet werden. Auch bei Genussrechten ist die Zurechnung zum wirtschaftlichen Eigenkapital gestaltungsabhängig. Sind die Genussrechte als Wertpapiere verbrieft, werden sie als Genussscheine bezeichnet (vgl. Rudolph, 2006, S. 356 ff.).

Je nach Ausstattung nimmt der Inhaber auch am Verlust der Gesellschaft teil. Des Weiteren kann eine feste Zahlung als Teil der Vergütung vereinbart werden. In der Regel wird neben einer Basisverzinsung oft ein gewinnabhängiger Zusatzanspruch gewährt. Es ist möglich, die Vergütung auch vollständig von der Gewinnerzielung beziehungsweise von der Höhe des Erfolgs abhängig zu machen.

Die Rückführung der Genussrechte erfolgt in der Regel zum Nennwert. Dabei kann jedoch, wie bei einer Wandelanleihe, gleichzeitig die Möglichkeit der Umwandlung in Aktien eingeräumt werden. Ein Rangrücktritt kann ebenfalls vereinbart werden und bedeutet ein erhöhtes Ausfallrisiko.

Inhaltlich ist die Ausgestaltung von Genussrechten nicht gesetzlich geregelt, so dass hier für Gestaltungsregelungen ein breiter Raum besteht (vgl. Brokamp et al., 2004, S. 21 ff.). Typischerweise ist eine Beteiligung des Mezzanine-Investors am Verlust der Gesellschaft nicht vorgesehen. Gesellschaftsrechtlich hat der Inhaber eines Genussrechts eine Gläubigerstellung inne, das heißt dieser verfügt nicht über besondere Mitgliedschaftsrechte wie beispielsweise Stimmrechte. Bei Aktiengesellschaften bedarf die Begebung von Genussrechten gemäß § 221 Abs. 3 AktG einer Dreiviertelmehrheit auf der Hauptversammlung, wobei den bestehenden Aktionären grundsätzlich ein Bezugsrecht zusteht (§ 221 Abs. 4 AktG).

5.6.4 Prozess der Mezzanine-Investition

Die Gestaltungsmerkmale von Mezzaninen haben einen Auswahlprozess zur Folge, der sich im Allgemeinen an die Investition von klassischem Eigenkapital orientiert (vgl. Brezski et al., 2006, S. 223 ff.). Mezzaninkapital wird in der Regel einzelfallbezogen, das heißt auf die spezifischen Bedürfnisse des Zielunternehmens angepasst, angeboten. Im Unterschied wurden bei den vor der Finanzkrise entwickelten standardisierten Produkten (Programm-Mezzanine), einheitliche Vertragsregelungen für ein ganzes Portfolio von Unternehmen angewendet.

Es wurden vertraglich gleichgestaltete Mezzaninetranchen in einheitlichen Portfolios zusammengefasst und über Zweckgesellschaften mit Verbriefungsstrukturen in Anleihen unterschiedlicher Risikoklassen transformiert. Diese Collateralised Debt beziehungsweise Loan Obligations (CDO/CLO) wurden anschließend am internationalen Kapitalmarkt platziert und an institutionelle Investoren weiter gegeben (vgl. Werner, 2007, S. 76, und Brezski et al., 2006, S. 217).

Dabei ermöglichte der Diversifikationseffekt eine gegenüber den Individual-Mezzaninen günstigere Konditionsgestaltung. Dies hat die Verbreitung der Finanzinnovation im Mittelstand zeitweise stark unterstützt. Seit dem Zusammenbruch des Verbriefungsmarktes im Zuge der Finanzmarktkrise, hat diese Gestaltungsvariante der Unternehmensfinanzierung in Deutschland derzeit kaum noch eine Bedeutung (vgl. Portisch/Buhl, 2010i, S. 466 ff.).

Im Folgenden wird der Prozess der Mezzanine-Investition aus der Sicht von institutionellen Investoren beschrieben. Die nachfolgende Betrachtung des Investitionsprozesses bezieht sich auf die Investition von „Individual-Mezzanine". Der Ablauf unterteilt sich hierbei in fünf Schritte, wie Abb. 5.33 zeigt.

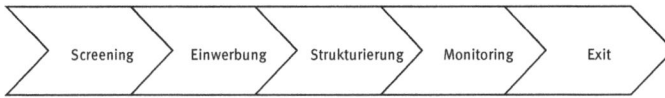

Abb. 5.33: Prozess der Mezzanine-Investition (Quelle: Eigene Darstellung)

Deal Flow

Das vorrangige Ziel von Investoren liegt in der Renditeoptimierung, wobei sich diese über die Maximierung der Erträge, unter Minimierung der Transaktions- und Ausfallkosten ableiten lässt. Zur Reduzierung der Transaktionskosten ist es oft wichtig, über adäquate Signaling-Maßnahmen einen qualitativ hochwertigen Deal Flow zu generieren. Als qualitativ hochwertig sind dabei diejenigen Projekte zu verstehen, die den Investitionskriterien des jeweiligen Mezzanine-Anbieters bestmöglich entsprechen. Diese Konzepte können sich hinsichtlich der einzubringenden Mindestvolumina, der regionalen Ausrichtung, der erwarteten Rendite oder der Art des zu investierenden Mezzaninkapitals unterscheiden.

Wie bereits dargestellt, existiert eine Vielzahl unterschiedlicher Mezzanine-Anbieter, die einen mehr oder weniger ausgeprägten Spezialisierungsgrad aufweisen. Der an Mezzaninen interessierte Unternehmer sollte sich, um seine Suchkosten zu minimieren, daher mit den Anforderungen und Selektionskriterien der einzelnen Financiers genauer vertraut machen.

Umgekehrt ist es für die Anbieter von Mezzaninkapital besonders wichtig, möglichst klare Signale in den Markt der Investoren zu senden, welche Kriterien ein Zielunternehmen erfüllen sollte und welche Form von Mezzaninkapital sie gewillt sind, bereitzustellen, um die eigenen Prüfungs- und somit im Endeffekt die Transaktionskosten zu minimieren (vgl. Werner, 2007, S. 159). Neben diesem Signaling über eine adäquate Kapitalmarktkommunikation spielen Finanzintermediäre, wie beispielsweise Corporate-Finance-Berater, eine wichtige Rolle, um aus Sicht der Investoren einen möglichst qualifizierten Deal Flow zu erreichen.

Screening

Mezzanine-Investoren erhalten eine Vielzahl von Finanzierungsanfragen, von denen nur ein geringer Prozentsatz zum Abschluss führt. Die Entscheidung zur Weiterverfolgung oder Ablehnung eines Projektes erfolgt im Rahmen eines mehrstufigen Prozesses. Für interessierte Unternehmen ist es daher bedeutsam, ihr Anliegen komprimiert und klar verständlich auf Basis eines Business-Plans vorzustellen, damit das Projekt nicht bereits in einer frühen Phase abgelehnt wird (vgl. Beck et al., 2006, S. 60 und Pfister/Schulze-Steiner, 2007, S. 76 ff.).

Da Mezzanine als unbesicherte Finanzierungsform in erster Linie auf das Geschäftsmodell des Unternehmens abstellen, kommt dem Geschäftsplan, der die aktuellen und zukünftigen wirtschaftlichen und finanziellen Umfeldbedingungen des Unternehmens abbildet, eine entscheidende Bedeutung zu. Hierbei stellt der Nachweis eines tragfähigen Geschäftsmodells mit einem anforderungsgerechten Cash Flow, der zur Bedienung der Vergütungs- sowie Tilgungszahlungen ausreichen sollte, für alle Mezzanine-Anbieter eine wichtige Voraussetzung dar, ein Vorhaben weiterzuverfolgen (vgl. Brezski et al., 2006, S. 223 ff.).

Da nicht auszuschließen ist, dass der Unternehmer zur Erreichung vorteilhafter Finanzierungsbedingungen seine Firma in einem möglichst positiven Licht darzustellen versucht, ist eine sorgfältige Prüfung der Rahmenbedingungen sowie wichtiger Unterlagen (Due Diligence) des Zielunternehmens ratsam. Daneben lassen sich vertragliche Nebenabreden wie Covenants implementieren, die zum Abbau einer zwischen dem Unternehmer und dem Mezzanine-Financier bestehenden Informationsasymmetrie beitragen können.

Die Prüfung der Finanzierungsfähigkeit eines Unternehmens erfolgt in der Regel unter Einbindung externer Experten wie Steuerberater oder Wirtschaftsprüfer. Diese untersuchen das Geschäftsmodell unter verschiedenen Aspekten, wobei die Analysen des wirtschaftlichen Umfeldes (Commercial Due Diligence) und der Finanzzahlen (Financial Due Diligence) den Schwerpunkt der Betrachtung bilden. In Abhängigkeit von den Werttreibern beziehungsweise des Chancen-Risiko-Potenzials des Geschäftsmodells, kann die Due Diligence zudem um weitere Teilbereiche ergänzt werden. Da die Prüfung eines Finanzierungsprojektes bereits im Vorfeld meist hohe Kosten verursacht, wird der Mezzanine-Financier versuchen, sich bereits für diese Phase Exklusivität zusichern zu lassen. Die Dauer des Prüfungsprozesses wird im Wesentlichen durch die Verfügbarkeit der benötigten Informationen und den Umfang der Einbindung externer Berater determiniert.

Strukturierung

Um das Risiko trotz Finanzierungsfähigkeit des Unternehmens nicht zum Zuge zu kommen zu minimieren, wird der Mezzanine-Investor mit dem Unternehmer bereits in einer frühen Phase der Verhandlung die Rahmenbedingungen einer möglichen Finanzierung festlegen. Hierzu wird in der Regel eine Absichtserklärung (Letter of Intent) abgeschlossen, in der die wesentlichen Konditionen der späteren Vertragsbeziehung niedergelegt sind. Das Term Sheet gibt in der Regel den Rahmen für den im weiteren Verlauf auszuarbeitenden Finanzierungsvertrag auf und kann bereits in Teilbereichen einen bindenden Charakter entfalten.

Ein besonderer Vorteil der Finanzierungsform Mezzanine liegt darin, diese flexibel an die jeweilige Finanzierungssituation anpassen zu können. Demnach lässt sich beispielsweise die Regelung der Zahlungsverpflichtung in ihrer Struktur auf den erwirtschafteten Cash Flow des Unternehmens zuschneiden.

Wie in der folgenden Abb. 5.34 dargestellt, können die verschiedenen Vergütungs-
komponenten flexibel miteinander kombiniert werden.

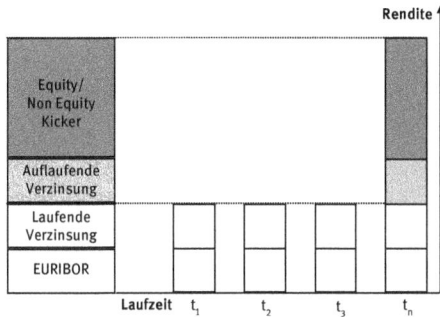

Abb. 5.34: Bausteine der Mezzanine-Vergütung (Quelle: In Anlehnung an Lehmann, 2006, S. 257)

Zumeist besteht eine laufende, meist fest zu zahlende, Grundvergütung. Zu dieser
kann eine variable Vergütungskomponente, beispielsweise in Abhängigkeit von bestimmten Performancekennziffern, treten. Diese ist entweder ebenfalls laufend zu
zahlen oder sie kann bis zum Laufzeitende gestundet werden, falls in den Anfangsjahren der zu erwartende Free Cash Flow zu deren sofortiger Zahlung nicht ausreicht. Darüber hinaus kann in Abhängigkeit vom Chancen-Risikoprofil des Unternehmens, ein Equity Kicker vereinbart werden, durch den der Mezzanine-Financier
vergleichbar einem direkt-beteiligten Gesellschafter am Wertzuwachs eines Unternehmens beteiligt wird. Dieser kann alternativ in Form eines Non Equity Kicker oder
eines Equity Kicker ausgestaltet sein.

Bei einem Non Equity Kicker partizipiert der Mezzanine-Financier im Zuge der „vir-
tuellen" Beteiligung am Wertzuwachs eines Unternehmens. Bei einem Equity Kicker
erhält dieser, vergleichbar einer Optionsanleihe, das Recht, direkt Anteile am Unternehmen zu übernehmen. Auf diese Weise kann der Rechteinhaber von der Wertsteigerung der Anteile profitieren. Die Vereinbarung eines Equity Kicker bildet jedoch klar die Ausnahme, da hierdurch einer der wesentlichen komparativen Wett-
bewerbsvorteile von Mezzaninen gegenüber dem Direktbeteiligungskapital, nämlich die Vergütungsbeschränkung, zum Teil ausgehebelt werden würde.

Die zu leistende Gesamtvergütung setzt sich somit aus verschiedenen Bausteinen zusammen. Die auf die Mezzaninefinanzierung im Vergleich zu einer risikolosen Investition zu leistende Vergütungsprämie ist in diesem Zusammenhang abhängig vom Risikoprofil des konkreten Einzelfalls. Im Langfristvergleich dürfte sich die erwartete Gesamtvergütungshöhe in Deutschland in einer Bandbreite von 8-20 % p.a. bewegen (vgl. Fleischhauer/Hoyer, 2006, S. 15), wobei „Ausreißer" nach oben nicht auszuschließen sind. Die genaue Konditionierung ist unter anderem abhängig von der Bonität des Emittenten, der Laufzeit, der Liquidität der Papiere und dem aktuellen Zinsniveau in der Finanzierungsklasse.

Monitoring

Da Mezzanine-Financiers in der Regel nicht am Wertzuwachs des zu finanzierenden Unternehmens partizipieren, nehmen diese im Vergleich zu Direktinvestoren eine weniger aktive Rolle bei einer Unternehmensbetreuung ein. In ihrer Funktion als Nachrangkapitalgeber haben sie jedoch im Vergleich zu klassischen Fremdfinanzierern ein höheres Bedürfnis an Informations-, Kontroll- und Mitspracherechten. Der Schwerpunkt der Monitoring-Phase liegt in einer Überwachung der Investition auf Grundlage der vom Unternehmen regelmäßig vorzulegenden Reporting-Unterlagen sowie der Wahrnehmung der Vertragsrechte des Financiers (vgl. Beck et al., S. 66). Diese Reportings sind den Anspruchsgruppen in den vertraglich festgelegten Zeitabständen in einer entsprechenden Form zu übermitteln. Werden negative Entwicklungen festgestellt, wird der Mezzanine-Financier die ihm vertraglich eingeräumten Maßnahmen zur Risikobegrenzung unverzüglich wahrnehmen. Ein Sonderfall der Betreuung stellt hierbei das Verhalten in Restrukturierungsphasen dar.

Hier kann es für den Finanzierer erforderlich werden, sich aufgrund seiner risikoerhöhten Position als Nachrangkapitalgeber, beispielsweise über die Mandatierung eines restrukturierungserfahrenen Beraters (Recovery Advisors), aktiv in die weitere Geschäftsausrichtung einzubringen.

Exit

Eine aktive Einflussnahme auf die Kapitalrückführung ist meist nicht nötig, da Mezzaninefinanzierungen ein vertraglich festgelegtes Laufzeitende aufweisen. Ist das Unternehmen entgegen der Planannahme zum Zeitpunkt der Begebung jedoch nicht in der Lage, das Kapital aus eigener Kraft zurückzuzahlen, müssen Refinanzierungsalternativen geprüft werden. Diese können in einer Prolongation des Mezzaninkapitals, der partiellen Umschuldung, der Aufnahme neuer Gesellschafter sowie der Umsetzung von Mitarbeiterbeteiligungsmodellen oder weiterer alternativer Finanzierungen liegen (vgl. Brezski et al., 2006, S. 238 ff.).

Ergeben sich zum Laufzeitende Rückzahlungsschwierigkeiten, sind diese rechtzeitig mit den finanzierenden Instituten beziehungsweise Investoren zu diskutieren, um alternative Lösungen zu einer Rückführung oder Prolongation dieser Mittel zu finden (vgl. Portisch/Buhl, 2010i, S. 468 ff.).

Mit zunehmender Professionalisierung des bundesdeutschen Beteiligungsmarktes, kommt der Rolle der Berater eine stetig steigende Bedeutung zu. Zum einen fungieren diese als Intermediäre zwischen den Marktteilnehmern und stellen den Kontakt zwischen Mezzanine-Financiers und kapitalsuchenden Unternehmen her. Hierbei reicht der Grad der Einbindung von der reinen Kontaktvermittlung, bis hin zu einer (Vor-)Strukturierung der gesamten Transaktion. Zum anderen übernehmen sie auch in späteren Phasen der Wertschöpfungskette wichtige Aufgaben.

Es wird gerade im Due-Diligence-Prozess Expertenwissen benötigt, um zeitnah und fundiert einen Eindruck vom Chancen-Risiko-Profil des finanzierenden Geschäftsmodells zu erhalten. Selbst in der Monitoring-Phase kann es ratsam sein, Expertenwissen hinzuzuziehen. In diesem Zuge wird beispielsweise bei Restrukturierungsfällen oftmals ein sanierungserfahrener Recovery Advisor eingesetzt, der die aktuelle Unternehmenssituation analysiert, Fehlerquellen identifiziert und bei der Neuausrichtung des Unternehmens mitwirkt.

5.6.5 Mezzanine und Finanzierungstheorie

Mezzanine sind Eigenkapitalsurrogate mit eingeschränkten Kontroll- und Informationsrechten und einem aufgrund ihrer Nachrangigkeit im Vergleich zu klassischem Fremdkapital erhöhten Risiko. Aus diesem Grunde liegen die Renditeforderungen in der Regel über denen des Fremdkapitals, was seinen Niederschlag in einem erhöhten Vergütungsanspruch findet.

Üblicherweise wird Mezzaninkapital strukturiert und damit auf die individuellen Bedürfnisse, insbesondere die Ertragssituation und die Kapitalstruktur des Unternehmens, zugeschnitten (vgl. Rudolph, 2006, S. 351 ff.). Weiter ist für Mezzanine die Vereinbarung von Zusatzpflichten im Finanzierungsvertrag üblich. Diese können sich auf Bilanz- und Ertragskennzahlen oder weitere einzuhaltende Kriterien von Seiten des Unternehmens beziehen und werden Covenants genannt.

Definition: Covenants sind vertragliche Berichts- und Verhaltenspflichten, die explizit im Finanzierungsvertrag bei Krediten und Mezzaninen vereinbart werden und dem Schutz der Finanzierer sowie zur Stabilisierung des Unternehmens dienen. Unterscheiden lassen sich General Covenants in Form von allgemeinen Bestimmungen unter anderem zur erforderlichen Zustimmungspflicht des Kapitalgebers, wenn das Unternehmen beabsichtigt, wesentliche Assets zu veräußern. Des Weiteren existieren Information Covenants mit einer Verpflichtung zur Informationsübermittlung von bestimmten Unternehmensdaten in bestimmten Berichtsformaten in regelmäßigen Zeitabständen. Von großer Bedeutung für die finanzielle Beurteilung von Mezzanine sind Financial Covenants mit der Festlegung von Mindestanforderungen in Form von einzuhaltenden oder zu erreichenden Kennzahlen, zur Thesaurierungsquote, zur Eigenkapitalquote oder zum EBIT. Darüber wird die finanzielle Stabilität des Unternehmens gefördert (vgl. Buschmeier/Everling, 2014, S. 38 ff.). Weitere wichtige Kennzahlen betreffen den Zinsdeckungsgrad und die Leverage Ratio (vgl. Roland Berger, 2014, S. 12 ff.).

Zur Sicherung einer angemessenen finanziellen Situation werden im Rahmen der Financial Covenants mit dem finanzierten Unternehmen beispielsweise Kennzahlen vereinbart, die sich auf die Eigenkapitalausstattung, Verschuldung, Liquiditäts- und Ertragslage beziehen.

Der Kapitalnehmer hat diese Finanzkennzahlen regelmäßig mitzuteilen. Sollten sich diese Deckungsgrade im Laufe der Zeit verschlechtern und nicht mehr den genannten Anforderungen genügen, so behält sich der Kapitalgeber in der Regel vor, die Bedingungen an die geänderte Risikosituation anzupassen. Dieses kann ein Risikoaufschlag beim Vergütungssatz sein oder die Verpflichtung, das Eigenkapital zu erhöhen. Auch ein Aussetzen der Covenant-Auflagen kommt gegebenenfalls in Frage. Dafür berechnet der Kapitalgeber in der Regel eine Gebühr, die sogenannte Waiver Fee. Im Extremfall kann das Nichteinhalten der Financial Covenants auch zu einer Kündigung des Kreditvertrags führen.

Hinsichtlich der Marktfähigkeit können kapitalmarktorientierte Instrumente (Public Mezzanine) und alternativ Private Mezzanine, die nicht öffentlich gehandelt werden, unterschieden werden (vgl. Werner, 2007, S. 172 ff.). Private Mezzanine hat zunehmend an Bedeutung gewonnen, da es unter Umständen dazu beitragen kann, die Ratingeinstufung eines Unternehmens bei Banken zu verbessern, unter im Vergleich zu direktem Eigenkapital, vereinfachten Bedingungen der Kapitalaufnahme. Wichtig ist die Einstufung als eigenkapitalähnliches Finanzinstrument.

Dieser Einsatz von Mezzaninen kann helfen, die aufgrund einer asymmetrischen Informationsverteilung zwischen einem kapitalsuchenden Unternehmen und einem Geldgeber möglicherweise auftretenden Agency-Probleme zu reduzieren. Gerade bei Wandelanleihen wird dieser Vorteil deutlich. So reagieren die Erwartungen bezüglich der Auszahlungsansprüche der Investoren in der Regel weniger sensibel auf Schwankungen im Risikoprofil des Unternehmens als bei einer reinen Finanzierung über Eigenkapital oder Fremdkapital. Denn über das Optionsrecht zum Umtausch in Aktien können, unter Umständen Wertschwankungen der Anleihekomponente ausgeglichen werden (vgl. Rudolph, 2006, S. 368 ff.).

Über die Begebung dieser mezzaninen Finanzierungsformen können unter anderem die Informations- sowie Kontrollrechte der Kapitalgeber gezielt ausgestaltet werden. Daher können sich je nach Gewichtung der Ausprägungsformen des Finanzinstruments, bestimmte Agency-Kosten des Eigenkapitals und des Fremdkapitals einstellen. Mögliche Folgen sind beispielsweise ein erhöhter Risikoanreiz oder die Vermeidung von Investitionen (Überinvestitionsproblem und Unterinvestitionssituation). Insgesamt können die Kapitalstruktur und die Beziehungen zu den Kapitalgebern über Mezzanine gezielt gestaltet werden zur:

– Vermeidung von Interessenkonflikten
– Kapitalstrukturoptimierung mit einer Verringerung der Kapitalkosten
– Reduzierung der Insolvenzkosten durch eine erhöhte finanzielle Stabilität

Durch den hybriden Charakter der Mezzanine lassen sich die Agency-Kosten der Finanzierung beeinflussen. Insgesamt können über den Grad der Ausprägung des Eigenkapitalcharakters oder der Fremdkapitaleigenschaften der Finanzierung inhärente Interessenkonflikte verschärft, aber auch entschärft werden.

Agency-Kosten des Eigenkapitals, resultierend aus Informationsungleichgewichten und Interessenkonflikten, können in der Regel reduziert werden, da die mezzaninen Kapitalgeber keine Gesellschaftsanteile erhalten. In diesem Falle verändert sich die Anteilsstruktur der Altgesellschafter am betreffenden Unternehmen nicht und die bisherigen Eigentums- und Kontrollrechte bleiben weitgehend erhalten.

Wird jedoch eine hohe residuale Vergütungskomponente (Equity Kicker) vereinbart, kann diese einen negativen Anreizeffekt auf die Altgesellschafter bewirken, da der Wertzuwachs des Unternehmens künftig aufgeteilt wird und auch die mezzaninen Kapitalgeber partizipieren. Werden angemessene Vergütungsschwellen festgelegt, die es für einen Ausschüttungsbonus zu überschreiten gilt oder die diesen limitieren, lässt sich dieser nachteilige Effekt jedoch reduzieren.

Agency-Kosten des Fremdkapitals entstehen durch Informationsungleichgewichte zwischen den Eigen- und Fremdkapitalgebern. Demnach besitzen die Gläubiger in der Regel deutlich geringere Informationen über die Geschäftspolitik des Unternehmens als Eigentümer. Wird eine mezzanine Struktur mit starker Ausprägung des Fremdkapitalcharakters gewählt, steigen die Agency-Probleme des Fremdkapitals, aufgrund reduzierter Kontroll- und Mitspracherechte des Mezzanine-Financiers, an. Dieser kann dann lediglich vermuten, dass ein Anreiz der Entscheidungsträger im Unternehmen besteht, zu einer stark risikobehafteten Investitionsstrategie zu wechseln, überhöhte Entnahmen zu tätigen oder den Verschuldungsgrad zu erhöhen, um die Eigenkapitalrendite zu steigern (vgl. Kudla, 2005, S. 43 ff.).

Eine direkte Einflussnahme gegenüber Moral-Hazard-Tendenzen, vergleichbar der eines Eigenkapitalinvestors, bleibt ihm jedoch verwehrt. In diesem Falle werden in der Regel umfassende Kontrollrechte, bestimmte Anreizschemata sowie weitere Prüfungshandlungen vertraglich über verschiedene Typen von Covenants gestaltet, um darüber negative Effekte aufgrund von Agency-Problemen des Fremdkapitals zu verringern. Es ist jedoch zu beachten, dass besondere Grenzen in der Ausgestaltung eines Covenant-Korsetts bestehen, um für den Financier unbeabsichtigte Haftungsrisiken zu vermeiden.

Demnach sollte aus der Sicht der Finanzierer keine Schuldnerknebelung eintreten, denn daraus können beispielsweise erhebliche Schadensersatzpflichten gegenüber Dritten resultieren, wenn ein Financier in die Position eines faktischen Geschäftsführers gerät (vgl. Rechtmann, 2012, S. 374 ff. und Portisch, 2014a, S. 429 ff.). Daher besteht beispielsweise die Gefahr der Knebelung, wenn eine weitgehende Absicherung mit intensiven Kontroll- und Weisungsrechten einhergeht.

Eine Knebelung ist zu vermuten, wenn besondere Abmachungen es einer Bank ermöglichen, Einfluss auf das operative Geschäft zu nehmen und die Geschäftsführung des Krisenunternehmens zu einem bloßen Verwalter des Kreditinstituts degra-
diert wird. Selbst die Vereinbarung einer Vielzahl von Hard und Soft Covenants im
Kreditvertrag kann ein Unternehmen in seinem Handlungsspielraum sehr stark einschränken und Haftungsrisiken für die Kapitalgeber auslösen.

Agency-Effekte beeinflussen den Wert von Mezzaninkapital sowohl für das Unternehmen als auch für den Mezzanine-Financier. So wirken sich die Art der Informationsrechte, die Struktur und Höhe der Vergütung, wie auch die Ausgestaltung der
sonstigen Rechte, auf das Mezzaninkapital aus. Hier gilt es, einen Mix zu finden, um
die Wertung des Mezzaninkapitals aus Sicht des Unternehmens sowie des Investors
insgesamt zu optimieren.

5.6.6 Bewertung mezzaniner Finanzierungsformen

Eine Bewertung von Finanztiteln mit festem oder variablem Verzinsungsanspruch
kann anhand verschiedener Konzepte erfolgen. Ein anerkanntes Bewertungsmodell
ist das Barwertkonzept. Bei diesem Ansatz werden die zukünftigen Zahlungen aus
einer Anleihe mit einem risikokonformen Zinssatz abdiskontiert (vgl. Steiner/Uhlir,
2001, S. 5 ff.). Beurteilungskriterium kann zudem die Effektivverzinsung sein. Ein
weiteres Modell ist die preisorientierte Bewertung im Marktzusammenhang, anhand
eines Arbitrageportfolios (vgl. Steiner/Uhlir, 2001, S. 33 ff.). Zur Risikobeurteilung
und zur strategischen Anlageplanung kann zudem das Durationskonzept herangezogen werden (vgl. Steiner et al., 2012, S. 168 ff.).

Während die Bewertung von festverzinslichen Wertpapieren bei klassischen Obligationen unproblematisch erscheint, ist die Komplexität der Beurteilung bei Anleihen
mit Wandlungs- und Optionsrechten ungemein höher. So ist beim Optionsschein
der bedingte Anspruch (Contingent Claim) in Form des Calls zu bewerten. Hierfür
können beispielsweise die Optionspreisformel nach Black und Scholes und deren
Abwandlungen herangezogen werden.

Auch bei der Wandelanleihe gibt die Bewertung des Optionspreises eine Orientierung, ob ein Tausch in Anteilsrechte sinnvoll ist. Aufgrund der Komplexität dieser
Anleiheform ist das Optionsbewertungsmodell zur Wertfindung jedoch anzupassen.
So muss über einen binomialen Ansatz simultan sowohl die Bewertung der Rechte
des Inhabers einer Option (Call auf Aktien) als auch der Rechte des Emittenten der
Wandelanleihe mit einem Rückruf der Emission erfolgen (vgl. Gallati, 2004, S. 163 ff.
und Steiner/Uhlir, 2001, S. 274 ff.). Dazu können beispielsweise Kündigungsrechte
seitens des Investors als auch des Emittenten vorgesehen sein. Hieraus resultieren
insgesamt komplexe mathematische Bewertungsmodelle.

Der Einsatz von Mezzaninkapital kann für das emittierende Unternehmen erhebliche Vorteile erbringen. Zu nennen ist hier insbesondere die Stärkung der wirtschaftlichen Eigenkapitalquote mit möglichen Folgewirkungen auf das Rating des Unternehmens. Eine gesteigerte Bonität kann positive Effekte auf die Konditionen der Gesamtfinanzierung entfalten. Die hohe Flexibilität in der Ausgestaltung von Mezzaninkapital ermöglicht es, die Vergütungsstruktur dieser Kapitalform an den erwarteten Cash Flow eines Unternehmens anzupassen, was sich ebenfalls positiv auf die finanzielle Stabilität der Firma auswirken kann.

Mezzanine eröffnen Möglichkeiten, Vorteile von „klassischem" Eigenkapital sowie Fremdkapital zu kombinieren. Demnach können die zu leistenden Vergütungszahlungen steuerlich als Betriebsausgabe abzugsfähig gestaltet werden. Zudem sind, im Unterschied zur Eigenkapitalaufnahme über direkte Gesellschafter, die Einwirkungsmöglichkeiten auf unternehmerische Entscheidungen beziehungsweise die mit einer Eigentümerposition typischerweise einhergehenden Informations-, Kontroll- und Mitspracherechte deutlich reduziert.

Gerade dieser Sachverhalt stellt für die mittelständisch geprägte deutsche Unternehmenslandschaft ein Argument dar, sich mit dieser Finanzierungsform verstärkt auseinanderzusetzen. Auf diese Weise lassen sich zudem Finanzierungskonditionen senken, indem über ein verbessertes Rating, verbunden mit einer geringeren Ausfallwahrscheinlichkeit und einer reduzierten Eigenkapitalunterlegungspflicht seitens der Kreditinstitute, vorteilhaftere Konditionen kalkulierbar sind.

Zudem geht mit der Einbringung von Mezzanine meist eine Veränderung der Unternehmensverschuldungsstruktur einher. Oft verbessern sich bei den kapitalnehmenden Unternehmen die dynamischen Verschuldungsmaße unverzüglich wie das Verhältnis von Fremdkapital zu EBITDA und die Zinsdeckungsrate. Die erste Kennzahl, auch dynamischer Verschuldungsgrad genannt, gibt an, wie viele Jahre es dauert, bis das Unternehmen seine Verbindlichkeiten aus dem EBITDA getilgt hat. Die Zinsdeckungsrate zeigt, zu wie viel Prozent die Zinsen durch den operativen Gewinn vor Zinsen und Steuern (EBIT) gedeckt sind. Durch die flexible Bedienung sowie die oft erst zu einem späteren Zeitpunkt erforderliche Rückführung des Mezzaninkapitals, ergibt sich meist eine gestiegene Beweglichkeit zur Realisierung einer umfassenden Wachstumsstrategie. Des Weiteren besteht bereits der Zugang zu Finanzakteuren im Bereich Private Equity, der weitere Alternativen bietet.

Insgesamt vereinen Mezzanine viele Vorteile für die emittierenden Unternehmen. Die unter diesem Sammelbegriff erfassten Finanzinstrumente stellen eine mögliche Alternative zu einem Börsengang dar. Über börsennotierte Mezzaninformen kann darüber hinaus der Umgang mit den Akteuren am Kapitalmarkt erlernt werden. So besteht nach diesen Emissionen ein besonderer Fokus auf die Ansprache der Investoren im Rahmen der Investor Relations. Die Erfahrungen im Kapitalmarktbereich können zentral in der Organisation verankert werden.

Im Folgenden werden die Vorteile der Nutzung des Mezzaninkapitals als Finanzierungsquelle zusammengefasst dargestellt (vgl. Natusch, 2007, S. 57 ff.):

- **Eigenkapitaläquivalent:** Verbesserung der Bilanzstruktur mit der Zurechnung zum wirtschaftlichen Eigenkapital. Erweiterung der Haftmittelbasis mit häufig positiven Auswirkungen auf die Bonität und das Rating.
- **Kapitalverwässerung:** Keine Aufweichung der Anteilsstruktur der Altgesellschafter und begrenzte Mitwirkungs- beziehungsweise Informationsrechte.
- **Senkung der laufenden Finanzierungskosten:** Bessere Unternehmensbewertung durch Kreditinstitute und Rating-Agenturen kann zu einer günstigeren Kapitalaufnahme führen. Zudem lässt sich über den Einsatz von Vergütungsbausteinen wie Equity Kicker die laufende Cash Flow-Belastung reduzieren.
- **Vermeidung der Einengung des Kreditspielraumes bei Banken:** Bereitstellung von Liquidität ohne Bindung von Sicherheiten, dadurch zusätzlicher Freiraum für die Aufnahme weiterer Finanzierungsmittel.
- **Steuerliche Interessen des Unternehmens werden adressiert:** Es besteht die Möglichkeit, die Vergütung steuerlich als Betriebsausgabe zu gestalten.
- **Konditionen:** Sichere Kalkulationsbasis hinsichtlich Laufzeit und Vergütung. Zusätzlich gute Kombinierbarkeit mit anderen Finanzprodukten.
- **Relativ geringe Transaktionskosten und einfache Umsetzung:** Insbesondere die Kosten sind meist geringer als bei einer Direktbeteiligung (Private Equity).
- **Smart Money:** Es besteht die Möglichkeit, den Umgang mit den externen Gesellschaftern zu üben, beispielsweise als Vorstufe zu Private Equity.
- **Flexibilität:** Große Freiheitsräume in der Vertragsgestaltung ermöglichen einzelfallspezifische Strukturierungen und einen flexiblen Gestaltungsrahmen bei den Vergütungs- und den Tilgungsmodalitäten.

Da sich für Emittenten wie auch für Investoren viele Vorteile ergeben und auch die Akzeptanz im Unternehmensumfeld, sich mit dieser Finanzierungsvariante zu beschäftigen, gestiegen ist, dürften mezzanine Finanzinstrumente im Zuge der Unternehmensfinanzierung weiter an Bedeutung gewinnen. Gerade bei der Stärkung der Eigenmittel bieten diese Finanzinstrumente vielfältige Möglichkeiten.

---

i **Zusammenfassung Abschnitt 5.6:** In diesem Abschnitt wurden die Funktionsweise, die Arten sowie die wirtschaftliche und bilanzielle Bedeutung der **Finanzierung über Mezzanine** beschrieben. Als Hybridkapital weisen Mezzanine Ausgestaltungsmerkmale von „klassischem" Eigenkapital sowie Fremdkapital auf. Da sich diese Merkmale entsprechend dem spezifischen Finanzierungsbedürfnis flexibel kombinieren lassen, stellen Mezzanine für die vordringlich mittelständisch geprägte deutsche Unternehmenslandschaft eine attraktive Option zur Stärkung der wirtschaftlichen Eigenkapitalquote dar. Mezzaninkapital ist Nachrangkapital, das in der Regel unbesichert und langfristig zur Verfügung gestellt wird. Im Unterschied zu der im Folgekapitel dargestellten direkten Eigenkapitalbereitstellung über Private Equity, greifen Mezzanine-Financiers weitaus weniger in die Eigentumsrechte der Gesellschafter ein und diese Kapitalform bietet vielfältige Ausgestaltungsmöglichkeiten.

5.7 Private Equity

von Prof. Dr. Wolfgang Portisch

5.7.1 Marktvolumen für Private Equity

Hinter Private-Equity-Gesellschaften beziehungsweise allgemein hinter Kapitalbeteiligungsgesellschaften stehen in der Regel Finanzinvestoren, die realwirtschaftlichen Unternehmen Eigenkapital oder eigenkapitalähnliche Mittel bereitstellen. Vornehmlich besteht das wirtschaftliche Ziel dieser Gesellschaften und der Investoren in der Erreichung einer risikoadäquaten Rendite durch laufende Gewinnausschüttungen oder durch die Realisierung eines Wertzuwachses im Rahmen des Ausstiegs aus der Beteiligung, unter anderem über einen Börsengang.

Private Equity lässt sich als Oberbegriff für Kapitalbeteiligungen von institutionellen Investoren an Unternehmen außerhalb des Kapitalmarkts beschreiben, in Abgrenzung zu Public Equity mit der Beteiligung an börsennotierten Firmen (vgl. Wöhe et al., 2013, S. 175). Zu unterscheiden ist die Marktfähigkeit der in der Beteiligung gehaltenen Finanzkontrakte. Marktfähige Kontrakte werden allgemein als „Public" bezeichnet, nicht-marktfähige Positionen als „Private" (vgl. Spremann, 2010, S. 52). Es ist auch ein Markt für Private Debt existent. Hierunter wird die Bereitstellung von Fremdkapital außerhalb des Kapitalmarktes verstanden.

Der Markt für diese Form von Beteiligungskapital ist in Deutschland in den letzten Jahren stark gewachsen. Dieses zeigt das Fundraising deutscher Beteiligungsgesellschaften. Demnach beläuft sich das in 2014 durch die im Bundesverband deutscher Kapitalbeteiligungsgesellschaften organisierten Gesellschaften insgesamt verwaltete Anlagevermögen auf circa 40,0 Mrd. Euro. Rund 7,1 Mrd. Euro dieser Mittel wurden in deutsche Unternehmen investiert. Im Rahmen der Einwerbung des Kapitals wurden in 2014 rund 1,67 Mrd. Euro erzielt. Dies bedeutet eine Steigerung von rund 25,5 % gegenüber dem Vorjahr (2013: 1,33 Mrd. Euro).

Dabei machen Buy-Out-Finanzierungen einen Großteil der Investitionen gemäß dem Finanzierungsanlass aus. Dieser Bereich erfasst unter anderem die finanzielle Begleitung einer Nachfolgelösung über ein Management Buy Out.

Vom zeitlichen Einsatz im Finanzierungslebenszyklus wird ein Großteil der Gelder in einer Later-Stage-Phase eines Unternehmensprozesses eingesetzt und das Wachstum von Firmen in ihrem Entwicklungszyklus finanziert. Die nachfolgende Abb. 5.35 zeigt das Fundraising bei Private Equity im Rahmen der BVK Gesellschaften im Jahresvergleich (vgl. BVK, 2014, S. 2 ff.).

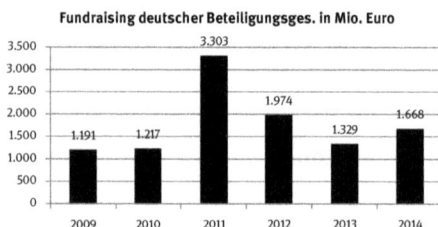

Fundraising deutscher Beteiligungsges. in Mio. Euro

Jahr	Wert
2009	1.191
2010	1.217
2011	3.303
2012	1.974
2013	1.329
2014	1.668

Abb. 5.35: Fundraising deutscher Beteiligungsgesellschaften (Quelle: Eigene Darstellung)

5.7.2 Abgrenzung von Private Equity zu anderen Finanzierungsarten

Private Equity kommt meist in späteren Stadien des Lebenszyklus von Unternehmen zum Einsatz. So wird die Wachstumsphase von bereits etablierten Geschäftsmodellen oftmals mit Private Equity finanziert. Private Equity ist vom Venture Capital bei der Firmenfinanzierung abzugrenzen. Beide Arten von Finanzierungsformen lassen sich als Untergruppen des Beteiligungskapitals klassifizieren.

Definition: Venture Capital bezeichnet die Finanzierung von jungen Unternehmen in der Seed-, Start-Up- und First-Stage-Phase. Dieses Gründungsstadium ist durch ein hohes Finanzierungsrisiko geprägt. Denn in der Seed-Phase und der Start-Up-Phase erzielt das Unternehmen meist noch keine Gewinne und ist daher nicht kapitaldienstfähig. Zudem ist die Prognose von Erfolgsgrößen meist erschwert möglich, da keine Vergangenheitsdaten bei der Firma vorliegen und das Geschäftsmodell des Gründungsunternehmens zudem häufig sehr innovativ ist.

Meist werden innovative Unternehmen oder Projekte finanziert. Der Markt für diese Finanzierungsform lässt sich auf der Anbieterseiten in einen informellen und einen formellen Sektor unterscheiden. Der formelle Bereich ist durch einen hohen Grad an Effizienz gekennzeichnet.

In diesem Fall wird das Kapital durch institutionelle Anbieter in Form von Kapital-beteiligungsgesellschaften, beispielsweise von Banken und Versicherungen bei den interessierten Investoren eingesammelt oder von diesen selbst zur Verfügung ge-stellt mit dem Fokus auf innovative Firmen. Weitere institutionelle Investoren sind öffentliche Förderinstitute oder Family Offices. Die Mittelvergabe erfolgt über einen strengen Prüfmechanismus.

Im informellen und kleinteiligen Segment erfolgt die Mittelbereitstellung beispiels-weise auch durch vermögende Privatinvestoren (Business Angels) oder Familie und Freunde (vgl. Wöhe et al., 2013, S. 169 ff.). Dieser Bereich ist aufgrund der Nichtöf-fentlichkeit und der Geringfügigkeit der Mittelbeschaffung kaum messbar.

Private Equity bezeichnet Beteiligungen an bereits etablierten Unternehmen in einer Later-Stage-Phase. Es wird häufig zur Finanzierung einer Expansion eingesetzt. In diesem Stadium bestehen bereits anerkannte Produkte beziehungsweise Dienstleis-tungen und es werden positive Free Cash Flows vom Unternehmen erwirtschaftet. Die Finanzierung weist damit ein geringes Risiko auf und ermöglicht eine verbes-serte Einschätzung der Erfolge des Investments.

Häufig streben Private-Equity-Gesellschaften als Kapitalbeteiligungsgesellschaften (KBG) eine Mehrheitsbeteiligung am Zielunternehmen an, um Einfluss auf die Ge-schäftspolitik nehmen zu können (vgl. Kaserer et al., 2007, S. 13 ff.).

Definition: Als **Private Equity (PE)** wird eine Form von Eigenkapital bezeichnet, die außerbörslich durch eine Kapitalbeteiligungsgesellschaft, meist über einen Fonds, bereitgestellt wird. Die risiko-bereiten Geldgeber sind meist nicht bekannt. Dieses Direktbeteiligungskapital wird oftmals in der Spätphasenfinanzierung zum Erwerb von Mehrheitsanteilen an einem Zielunternehmen investiert. Die Einlage ist in der Regel mit Kontroll-, Informations- und Entscheidungsrechten verbunden.

Die folgende Abb. 5.36 stellt eine Abgrenzung von Private Equity gegenüber Venture Capital dar. Insbesondere der zeitliche Einsatz des den Firmen bereitgestellten Be-teiligungskapitals ist entscheidend für die Zuordnung.

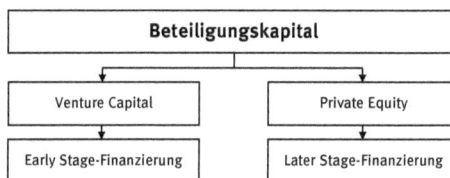

Abb. 5.36: Abgrenzung von Private Equity (Quelle: Eigene Darstellung)

Der Markt für Private Equity ist auch in Deutschland in den letzten Jahren stetig gewachsen. Während das Fundraising derzeit sehr unproblematisch verläuft, ist die Erkennung interessanter Zielobjekte schwieriger geworden. Dabei kommt den Investitionen von PE-Gesellschaften eine hohe volkswirtschaftliche Bedeutung zu. Über diese Art der Beteiligung wird Eigenkapital zur Stabilisierung und Finanzierung des Wachstums gerade in mittelgroßen Firmen eingebracht.

Zudem erfolgt häufig eine Managementunterstützung bei dem Zielunternehmen, die eine Wertsteigerung erhöhen und beschleunigen kann. Gerade in mittelständischen Strukturen können damit durch die Investitionen der Finanzinvestoren Expansionsstrategien erfolgreich vorangetrieben werden.

Dies geschieht nicht zum Selbstzweck, sondern zur Erzielung einer hohen Rendite für die PE-Gesellschaften aus einem Beteiligungsverkauf. Dabei kann meist durch einen Börsengang der höchste Total Return erreicht werden. Der Börsengang kann dazu dienen, um Kapital zu generieren und im Unternehmen weiteres Wachstum zu finanzieren. Somit können mit der durch die Emission gewonnenen Akquisitionswährung andere Firmen übernommen werden, wodurch in einer späteren Reifephase ein weiterer Wachstumsschub ausgelöst werden kann.

Auch von Seiten der Investoren ist Private Equity mittlerweile eine angesehene Anlagealternative. Es zeigt sich, dass nicht nur hohe Renditen erzielt werden können. Auch das Risikoprofil dieser alternativen Investments weist interessante Eigenschaften auf. So zeichnen sich Anlagen in Private Equity meist durch eine geringe Korrelation zu anderen traditionellen Anlageklassen wie Aktien und Anleihen aus. Durch eine Beimischung von Private Equity-Teilen in Depots, können über den Diversifikationseffekt gezielt Risiken reduziert werden. Dadurch sind Private-Equity-Anlagen verstärkt in den Fokus von Anlegern gerückt und werden mittlerweile auch von Banken im Rahmen der Vermögensverwaltung angeboten. Dieser Trend spiegelt sich auch beim Fundraising wider.

So sind die Privatanleger mittlerweile große Kapitalgeber von Finanzinvestoren, die Private Equity bereitstellen. Diese Entwicklung unterstützt die Bildung effizienter Kapitalmarktstrukturen in Deutschland, was als positiv einzuschätzen ist. Denn nur über stark ausgeprägte und effiziente Finanzmärkte lässt sich das Wachstum einer Realwirtschaft intensiv unterstützen.

Ziel einer Kapitalbeteiligungsgesellschaft (KBG) ist es, an der langfristigen Wertentwicklung des Zielunternehmens zu partizipieren. Häufig setzen sie daher ihr Know How oder ihr Netzwerk ein, um den Wert der Beteiligung zu steigern. Private Equity-Gesellschaften erwerben in der Regel die Mehrheit der Anteile an Unternehmen, um diese später mit einem Kapitalgewinn zu veräußern. Zur Bewältigung großer Übernahmen schließen sich meist mehrere Gesellschaften zur syndizierten Finanzierung in sogenannten Club Deals zusammen. Eine weitere Alternative stellen Minderheitsbeteiligungen dar.

In Ausnahmefällen werden auch Gelder in börsennotierte Unternehmen investiert. In diesem Fall kommt es zu Berührungspunkten mit Hedge Fonds. Bei Hedge Fonds handelt es sich um Kapitalsammelstellen, die das eingeworbene Kapital in überwiegend liquide Anlageformen investieren, die an organisierten Kapitalmärkten gehandelt werden. So werden häufig Aktien, Anleihen, aber auch Derivate erworben, um eine marktunabhängige Überrendite in Form eines Total Returns zu erzielen.

Dabei werden von Hedge Fonds verschiedene Strategien wie Event Driven, Arbitrage oder Long Short eingesetzt (Hilpold/Kaiser, 2005, S. 66 ff.). Um einen zusätzlichen Hebeleffekt zu erreichen, wird eine hohe Fremdfinanzierungsquote angestrebt (vgl. Kaiser, 2004, S. 135 ff.). Zum Teil ist die Nutzung dieses Leverage-Effektes erheblich. Jedoch steigen mit dem hohen Fremdkapitaleinsatz auch der Kapitaldienst und das Insolvenzrisiko stark an.

Grundsätzlich versuchen Hedge Fonds nicht auf die Unternehmensstrategie Einfluss zu nehmen. Dennoch existieren auch Ausnahmen. Während Hedge Fonds ihre Gelder meist kurzfristig anlegen, investieren Private-Equity-Gesellschaften ihr Kapital in der Regel langfristig.

5.7.3 Anlässe und Arten der Mittelbereitstellung

Das Geschäftsmodell von Private Equity-Gesellschaften (PE-Gesellschaften) ist auf die Nachhaltigkeit des Investments ausgerichtet. So erfolgt die Mittelbereitstellung meist langfristig über einen Zeitraum von drei bis sieben Jahren. Der Exit vollzieht sich durch den Verkauf der Beteiligung oder über einen Börsengang. Um einen hohen Erlös zu erzielen, wird dem Management des Zielunternehmens über den Zeitraum der Finanzierung beratend zur Seite gestanden. Klassische Sicherheiten spielen bei dieser Finanzierung in der Regel keine Rolle.

Die Beteiligungsgesellschaft wird Mitgesellschafter mit allen Rechten und Pflichten. In der Regel wird jedoch nicht in das Tagesgeschäft eingegriffen. Lediglich auf strategische Entscheidungen wird in Einzelfällen Einfluss genommen. Die Mitwirkung von Vertretern der KBG kann zum Beispiel im Beirat erfolgen. Eingebracht werden dort insbesondere die Finanzierungskenntnisse, die Managementerfahrung und die Verbindungen aus dem eigenen Netzwerk.

Meist erfolgt der Kapitaleinsatz in der Wachstumsphase von Unternehmen. So können die Mittel unter anderem verwendet werden zur:

- Marktdurchdringung und Expansion
- Restrukturierung oder Konsolidierung
- Finanzierung eines Management Buy Out oder Management Buy In

Vorrangig werden die eingesetzten Gelder zur Finanzierung weiteren Wachstums verwendet. Ausgangspunkt des Engagements sind in diesem Fall die Planzahlen des Zielunternehmens. Des Weiteren kann eine Restrukturierung oder eine Konsolidierung besonderer Ausgangpunkt einer PE-Transaktion sein. Finanziert werden können auch Unternehmensübernahmen durch ein bestehendes internes Management (MBO) oder ein externes Management (MBI).

Wichtig ist bereits bei Eingehen der Beteiligung die Planung eines geeigneten Exit-Kanals. So kann unter anderem ein späterer Börsengang gezielt vorbereitet werden. Über diesen Weg wird meist eine hohe Rendite aus dem Engagement realisiert. Weitere Möglichkeiten des Ausstiegs bestehen in einem Verkauf an einen strategischen Investor (Trade Sale) oder an eine andere KBG (Secondary Purchase), die sich auf eine bestimmte Branche spezialisiert hat.

Anbieter von Private Equity-Kapital unterscheiden sich im Wesentlichen durch ihren Gesellschafterhintergrund. Neben den unabhängigen Beteiligungsgesellschaften existieren abhängige oder halbabhängige Gesellschaftsformen. Demnach existieren abhängige KBG, deren Träger große Banken oder Industrieunternehmen sind (Captive und Corporate Funds). Diese verfolgen als Töchter von Industrieunternehmen neben einer ertragswirtschaftlichen Perspektive auch strategische Interessen, wie die Nutzung einer Technologie (vgl. Schuler, 2007, S. 245 ff.). Diese Fonds erhalten ihre Mittel in der Regel vom Mutterunternehmen.

Zudem bestehen öffentliche Beteiligungsgesellschaften zur Förderung von technologischen Entwicklungen oder strukturschwachen Regionen. Die Mittelausstattung erfolgt dann größtenteils aus den öffentlichen Haushalten. Des Weiteren existieren unabhängige KBG, die allein auf die Gewinnerzielung fokussiert sind. Unabhängige Gesellschaften betreiben ihr Fundrasing meist über externe institutionelle Investoren (vgl. BVK, 2014, S. 9 ff.).

Dabei unterscheiden sich die Anlegergruppen in Deutschland von anderen führenden Private-Equity-Märkten. Während in Deutschland vor allem Privatinvestoren, Banken und Versicherungen Mittel für Private Equity Fonds (PE-Fonds) zur Verfügung stellen, sind es in den angloamerikanischen Staaten meist Pensionsfonds oder Stiftungen (vgl. BVK, 2014, S. 15 ff.). Dies hängt unter anderem damit zusammen, dass in den angelsächsischen Ländern Eigenkapitalfinanzierungen traditionell ein höheres Gewicht haben, während die kontinentaleuropäischen Finanzmärkte eher kreditlastig sind. Interessant ist die Anlage in Private Equity für Investoren insbesondere aufgrund des Rendite-Risiko-Profils. Demnach bestehen neben hohen Renditeerwartungen meist geringe oder sogar gegenläufige Korrelationen zu traditionellen Anlageformen wie Aktien oder Anleihen. Durch eine geeignete Mischung der investierten Mittel in diese Gattung der alternativen Investments können über Diversifikationseffekte günstige Risikoeigenschaften realisiert werden.

Im modernen Asset-Management finden zunehmend alternative Anlageklassen wie Private Equity stärkere Berücksichtigung. Kapitalbeteiligungsgesellschaften betreiben bei ihren Anlagen in der Regel Stock Picking. Diese stellen meist nur wenigen Unternehmen gezielt Mittel zu Verfügung. Daher kommt der qualifizierten Auswahl der Zielunternehmen eine hohe Bedeutung zu. Denn bei einem größeren Fehlinvestment kann sich die Rendite des Gesamtportfolios von Private Equity Fonds dadurch teilweise erheblich reduzieren.

5.7.4 Strukturen und Abläufe im Investment-Prozess

Private Equity-Gesellschaften werden international oft als Limited Partnership aufgelegt. In Deutschland erfolgt in der Regel die Gründung einer Private Equity Fonds GmbH & Co. KG. Die institutionellen und privaten Anleger beteiligen sich an dieser Rechtsform als Kommanditisten. Diese Beträge können dann von den Initiatoren abgerufen werden. Das Risiko des Kapitalverlustes kann für die Kommanditisten auf ihre Einlage beschränkt werden.

Die nachfolgende Abb. 5.37 zeigt den strukturellen Grundaufbau eines Private Equity Fonds in vereinfachter Darstellung (vgl. Kaserer et al., 2007, S. 16 ff.). Die Initiatoren suchen und verwalten die Zielobjekte beziehungsweise den Fonds und die Investoren stellen als Kommanditisten die Mittel zur Verfügung. Die Initiativ GmbH & Co. KG, hinter der die Initiatoren des Fonds stehen, ist ebenfalls oft als Kommanditist mit einer bestimmten Quote am Vermögen der Private Equity-Gesellschaft beteiligt, um den Eigenkapitalanteil zu verbessern.

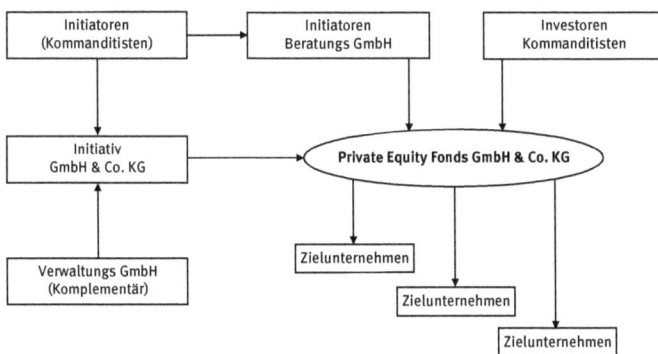

Abb. 5.37: Grundmodell eines Private Equity Fonds, (Quelle: Kaserer et al., 2007)

Die Beratungs-GmbH übernimmt die Geschäftsführung eines Private Equity Fonds und erhält im Gegenzug eine jährliche Management Fee. Die Rendite des Konstrukts wird im Wesentlichen aus der gewinnbringenden Veräußerung aller Beteiligungen erzielt. Dabei spielt der Mix der Anlagen eine wesentliche Rolle. Durch die Investition in verschiedene Zielobjekte wird eine Risikoverteilung erreicht und ein diversifiziertes Portfolio über verschiedene Branchen und Größenklassen an Unternehmen aufgebaut. Selbst der Totalausfall einzelner Investments kann auf diese Weise verkraftet und insgesamt eine marktadäquate Rendite erreicht werden.

Gemäß der Bereitstellung der Mittel, wird in eine direkte und eine indirekte Finanzierung der Zielunternehmen durch die Investoren unterschieden. Bei der direkten Finanzierung hält die KBG die Anteile unmittelbar im eigenen Portfolio. Die Anlageentscheidung und weitere Steuerungsfunktionen werden durch die KBG durchgeführt. Bei den indirekten Finanzierungsmodellen tätigt der Investor seine Anlage in einen Dachfonds, der diese eingesammelten Finanzmittel an die unterschiedlichen PE-Fonds weiterleitet (Fund of Funds). Auf diese Art und Weise können unsystematische Risiken über eine Streuung der Anteile diversifiziert werden. Beteiligungsmöglichkeiten der Investoren in Private Equity bestehen in börsennotierten Fonds, geschlossenen PE-Fonds, Dachfonds und PE-Zertifikaten.

Fundraising

Der Investment-Prozess der KBG verläuft über verschiedene Phasen. Die wichtigsten Schritte sollen im Folgenden skizziert werden. Der Prozess beginnt bereits mit dem **Fundraising**, der Einwerbung von Beteiligungskapital durch die Initiatoren beziehungsweise den PE-Fonds. Dabei können Investoren gezielt angesprochen oder es können Multiplikatoren wie Banken eingesetzt werden. Die Bereitstellung der Investitionsmittel steht zudem in Verbindung mit einem Gesellschafterhintergrund. Somit werden Captive Funds durch ihre Muttergesellschaft, öffentliche KBG von der öffentlichen Hand und Independent Funds von privaten und institutionellen Investoren finanziert (vgl. Schuler, 2007, S. 251 ff.).

Deal Flow

Anschließend ist die Akquisition der Beteiligungsprojekte durchzuführen. Der **Deal Flow** beschreibt den Strom an Projektvorschlägen, die eine KBG erreichen. Dieser kann mit einem aktiven Beteiligungsgesuch vom Zielunternehmen ausgehen. Zum Erhalt interessanter Investitionsangebote spielen der Bekanntheitsgrad sowie die Reputation des Beteiligungsfonds eine wichtige Rolle. Die Identifikation von Zielunternehmen kann auch durch die KBG über eine Marktanalyse, ein Netzwerk mit intermediären Multiplikatoren wie Unternehmensberatern, Banken, Wirtschaftsprüfungsgesellschaften oder mit der Teilnahme an Auktionen erfolgen. In diesem Fall kann auch der Gesellschafterhintergrund die Generierung geeigneter Zielobjekte beeinflussen. Daher haben Captive Funds als Tochtergesellschaften von Banken oftmals einen guten Zugang zu interessanten Investitionsobjekten.

Due Diligence

Ist ein Unternehmen in die engere Auswahl vorgedrungen, ist in der nächsten Phase die **Due Diligence** durchzuführen. Zunächst werden im Rahmen einer Grobanalyse Chancen und Risiken des Investments eingeschätzt und die Kompatibilität mit der Beteiligungspolitik der KBG abgeglichen. Da eine spätere Detailanalyse hohe Kosten verursacht, werden oft viele Projekte, die nicht alle Kriterien des Fonds vollständig erfüllen, bereits in diesem Stadium abgelehnt. Entscheidungskriterien dafür sind die Branchenzugehörigkeit, die Phase der Unternehmensentwicklung, das Beteiligungsvolumen, die Renditeerwartung und die Beteiligungsart. Bei dieser Detailprüfung analysieren interne sowie externe Beratungsspezialisten verschiedene Unternehmenssegmente wie die Qualität des Managements, die Chancen im Marktumfeld oder die finanzielle und rechtliche Situation. Grundlage der sorgfältigen Prüfung ist immer ein aussagekräftiger Business-Plan (IFD, 2007, S. 33 ff.). In diesem erfolgen eine qualitative Bewertung des Geschäftskonzepts und eine quantitative Beschreibung der Zukunftsaussichten über Prognosezahlen. Diese Planzahlen dienen neben der Beurteilung des Zielobjekts auch als Basis für die Einstiegsbewertung der KBG. Für die Wertermittlung des Zielunternehmens werden Substanzwertverfahren, Discounted Cash-Flow-Ansätze und Multiplikatormodelle eingesetzt.

Um der Unsicherheit über die zukünftige Entwicklung adäquat Rechnung zu tragen, werden zum einen verschiedene Bewertungsmodelle eingesetzt und zum anderen Szenarioanalysen durchgeführt. Die Wertermittlung hat einen großen Einfluss auf die Art und Höhe der einzugehenden Beteiligung. Denn oft bestehen zwischen Käufer und Verkäufer unterschiedliche Sichtweisen zur Höhe des Unternehmenswertes. Diese sind in den sich anschließenden Verhandlungen auszugleichen.

Decision

Nach der Entscheidung für ein bestimmtes Zielobjekt, werden die Beteiligungsverhandlungen aufgenommen (**Decision**). Bei diesen finden die Informationen und Bewertungen aus der Due Diligence Berücksichtigung. Im Rahmen der Gespräche werden unter anderem die rechtliche Art der Beteiligung, die Höhe der Anteile, die Mitsprache und Kontrollmöglichkeiten, die stufenweise Mittelbereitstellung, die Kombination der eingesetzten Finanzinstrumente und die regelmäßige Bereitstellung von Informationen zur geschäftlichen Entwicklung vertraglich vereinbart. Zur Managementunterstützung, zur Einflussnahme auf wichtige strategische Entscheidungen oder zur intensiven Kontrolle des Engagements kann auch eine Präsenz der KBG im Management oder in Beiratsgremien angestrebt werden.

Monitoring

Die anschließende Betreuung und das **Monitoring** können mehr oder minder stark erfolgen und bedingen einander. Es wird eine enge Hands-On-Betreuung mit einer intensiven Überwachung vom finanziellen Engagement der KBG sowie dem Unterstützungsbedarf des Unternehmens abhängig sein.

Dabei können die Beteiligungsgesellschaften grundsätzlich in allen Unternehmens-funktionen beratend tätig werden sowie einen Know-How-Transfer leisten. Häufig erfolgen Unterstützungen in den Bereichen Strategie, Planung, Finanzierung, Marketing und Vertrieb. Kosten und Nutzenüberlegungen spielen bei der Intensität der Betreuung und Überwachung des Engagements eine Rolle. Ziel einer engen Begleitung ist es, die Unternehmensentwicklung zu beschleunigen und das Risiko aus der Beteiligung zu reduzieren (vgl. Schuler, 2007, S. 260 ff.).

Exit

Eine erfolgreiche Betreuung kann in einer hohen Wertsteigerung münden. Der Beteiligungsprozess wird mit dem **Exit** abgeschlossen. Dieser sollte bereits bei Eingehen der Beteiligung abgewogen werden. Es bestehen verschiedene Varianten eines geplanten Ausstiegs wie:

– Going Public
– Trade Sale
– Buy Back
– Secondary Purchase

Der höchste Erlös kann in der Regel mit einem erstmaligen Börsengang, dem **Going Public**, erzielt werden. Dazu werden die Anteile des Zielobjektes am institutionellen Kapitalmarkt platziert. Über das Initial Public Offering (IPO) steigt die Liquidität der Anteile und die KBG können ihre Beteiligung ganz oder zumindest in Teilen abbauen. Im Rahmen des **Trade Sale** erfolgt der Verkauf der Gesellschaftsanteile an einen strategischen Investor aus dem industriellen Bereich.

Beim **Buy Back** werden die Anteile an die Mitgesellschafter veräußert. Aufgrund der eingeschränkten Finanzierungsmöglichkeiten der Gesellschafter kann meist nur ein geringer Erlös erzielt werden. Der **Secondary Purchase** erlaubt einen Verkauf der Beteiligung an eine andere PE-Gesellschaft. So kann ein auf Early-Stage-Finanzierungen spezialisierter Finanzinvestor seine Anteile an eine auf Later-Stage-Phase fokussierte KBG verkaufen. Der Beteiligungsprozess vom Fundraising bis zum Exit wird in Abb. 5.38 zusammengefasst dargestellt.

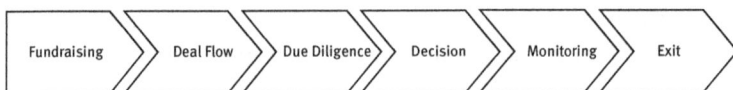

Abb. 5.38: Prozess der Beteiligungsfinanzierung, (Quelle: Eigene Darstellung)

Private Equity kann auf verschiedene Art und Weise bereitgestellt werden. Häufig erfolgt die Mittelbereitstellung in Form einer Mischung von direktem Eigenkapital und Mezzaninkapital. Untersuchungen im Rahmen der Finanzierungstheorie bestätigen den Nutzen von PE-Gesellschaften über die Bereitstellung von Eigenkapital zu einer Verbesserung der Kapitalstruktur von Unternehmen.

5.7.5 Private Equity in der Finanzierungstheorie

Das am realen Kapitalmarkt zu beobachtende Phänomen der Beteiligungsfinanzierung an nicht börsenreifen Unternehmen über KBG, kann mit der neoklassischen Finanzierungstheorie zunächst nicht erklärt werden. Ausgehend vom Idealbild der perfekten Kapitalmärkte mit vollständig informierten sowie rationalen Teilnehmern, ergibt sich gemäß den Theoremen von Modigliani und Miller eine Irrelevanz der Finanzierungsstruktur und der Dividendenpolitik. Über einen Arbitragebeweis kann aus dem Grundmodell von Modigliani und Miller keine Präferenz für eine bestimmte Kapitalstruktur nachgewiesen werden (vgl. Schefczyk, 2006, S. 43 ff.). Lediglich mit Erweiterungen des Grundmodells aus der Neoklassik können am Kapitalmarkt auftretende Effekte eine notwendige Eigenkapitalstärkung begründen.

In der Realität zeigt sich, dass gerade junge Unternehmen und Wachstumsfirmen Probleme mit einer ausreichenden Eigenmittelausstattung aufweisen. Dies kann zu einer Kreditrationierung von Banken führen, da diese die betreffenden Unternehmen als weniger kreditwürdig einschätzen. Aufgrund der geringen Eigenkapitalquote steigt auch das Risiko einer Insolvenz. So können über das Insolvenzrisiko und die positiven Renditeaussichten die Existenzberechtigung und das Engagement von PE-Gesellschaften erklärt werden.

Zudem bestehen weitere Nutzenvorteile von Private Equity. So übernehmen Beteiligungsgesellschaften als Intermediäre verschiedene Funktionen wie die Finanzierung, die Selektion und das Monitoring eines Zielunternehmens. Die Kapitalbeteiligung mit Private Equity kann auch dazu dienen, Defizite in den Informations- und Kontrollmöglichkeiten eines externen Managements zu beseitigen. Es werden meist hohe Kapitalbeträge investiert und im gleichen Zuge die Überwachung intensiviert. Durch dieses Arrangement können Überwachungskosten insgesamt minimiert werden, da sie an eine erfahrene Institution übertragen werden. Zudem kann Einfluss auf strategische Entscheidungen genommen werden (Kaserer et al., 2007, S. 21 ff.). Dennoch können oft Agency-Probleme im Rahmen eines Engagements von Private-Equity-Gesellschaften zwischen folgenden Stakeholdern auftreten:

- Geschäftsführung des Zielunternehmens
- Altgesellschafter des Zielunternehmens
- PE-Gesellschaft als (potenzielle) Geldgeber
- Investoren der PE-Gesellschaft

Die Agency-Theorie geht davon aus, dass der Principal und der Agent ihren Nutzen individuell und unabhängig voneinander maximieren. Da sich der Agent näher am operativen Geschäft befindet, bestehen Informationsvorteile, die dieser zu seiner eigenen Zielerreichung auf Kosten der anderen Parteien verwenden kann.

Die Agency-Theorie interpretiert ein Unternehmen daher als vielschichtige Interessengemeinschaft mit zahlreichen Verträgen zwischen den beteiligten Stakeholdern. Über die Analyse der vielfältigen Beziehungen werden Mechanismen zum Informationsabbau und der Interessenangleichung empfohlen.

Agency-Probleme im Rahmen von Private Equity existieren zum einen in Informationsunsicherheiten vor Eingehen der Vertragsbeziehung, den Problemen aus Hidden Information. Wird die Geschäftsbeziehung aufgenommen, können zum anderen Schwierigkeiten aus Hidden Action hinzukommen.

Grundsätzliche Alternativen zu der Verringerung von möglicherweise entstehenden Agency-Kosten sind das Monitoring mit einer Überwachung der Handlungen eines Agents und das Bonding über eigene Maßnahmen des Agents. Strukturell betrachtet handelt es sich bei einem Private Equity Investment um ein sogenanntes zweistufiges Agency-Problem wie Abb. 5.39 zeigt (vgl. Schefczyk, 2006, S. 68 ff.).

Abb. 5.39: Zweistufiges Principal-Agent-Problem bei Private Equity (Quelle: Eigene Darstellung)

Auf der **ersten Stufe** bestehen Informationsasymmetrien zwischen den Investoren und der PE-Gesellschaft. Auf der **zweiten Stufe** haben kapitalnachfragende Unternehmen unter Umständen privilegierte Informationen zu den von ihnen verfolgten Strategien und Projekten gegenüber den PE-Gesellschaften. Im Folgenden sollen diese Problematiken auf der zeitlichen Schiene analysiert und Lösungsmöglichkeiten aufgezeigt werden. Dabei wird zwischen den Problembereichen Hidden Information und Hidden Action differenziert.

Vor Eingehen einer Vertragsbeziehung bestehen qualitative Unsicherheiten in Bezug auf die Eigenschaften der handelnden Akteure und die Datenunsicherheit beim Zielunternehmen **(Hidden-Information-Fall)**. Auf der Ebene zwischen den Investoren und der Private Equity-Gesellschaft wird die Verwendung der von den Investoren bereitgestellten Finanzmittel an die KBG delegiert. Im Vorfeld der Transaktion können unter anderem Unsicherheiten über die Qualität des Managements einer PE-Gesellschaft bestehen. Lösungsansätze existieren unter anderem in einer klaren Definition von Anlagegrundsätzen und deren Einhaltungskontrolle von der Gesellschaft und einer hohen Reputation der KBG.

Auf der Ebene Private-Equity-Gesellschaft zum Zielunternehmen können vor Bereitstellung der Finanzmittel das Verhalten und die Qualität des Managements beziehungsweise die Leistungen des Zielunternehmens nicht genau eingeschätzt werden. Zur Reduzierung dieser Unsicherheiten findet daher eine detaillierte Prüfung des Unternehmens und des Managements statt. Diese Analysen umfassen auch die in die Unternehmensbewertung eingehenden Informationen. Demnach besteht unter Umständen ein Anreiz für die Altgesellschafter darin, einen möglichst hohen Kaufpreis zu erzielen und potenzielle Geschäftsrisiken zu verheimlichen. Eine vertragliche Vereinbarung zu nachträglichen Kaufpreisreduzierungen oder Anteilskorrekturen kann hier Abhilfe schaffen.

Probleme aus nicht zu beobachtenden Handlungen der Akteure können auch nach Eingehen der Vertragsbeziehung existieren **(Hidden-Action-Fall)**. Auf der Ebene Investoren zur Private-Equity-Gesellschaft kann der optimale Kapitaleinsatz mit der Selektion der renditeträchtigen Zielunternehmen nicht überwacht werden. Mögliche Lösungsansätze bestehen in Anreizstrukturen, die eine erfolgsabhängige Vergütung des Fondsmanagements vorsehen. Zudem kann eine detaillierte Berichterstattung nach Vertragsabschluss über die Mittelverwendung vereinbart werden.

Auf der Ebene Private-Equity-Gesellschaft zum Zielunternehmen bestehen vielfach Unsicherheiten, ob das Management des Unternehmens im operativen Geschäft ein hohes Anstrengungsniveau wählt. Zur Erreichung der Interessenangleichung können Anreizstrukturen eingeführt werden. Zudem kann über den Beirat ein intensives Monitoring erfolgen und es kann über die Beratung der Zielfirma durch die PE-Gesellschaft eine aktive Managementunterstützung geleistet werden. Weitere Maßnahmen, die vertragliche Regelungen zwischen der PE-Gesellschaft und Zielunternehmen vorsehen und zu einer Interessenangleichung führen können, sind:

–   Bereitstellung von Eigenkapital anstatt Fremdkapital, verbunden mit verbesserten Möglichkeiten zur Ausgestaltung von Mitsprache- und Kontrollrechten.
–   Stufenweise Mittelbereitstellung bei Erreichen von Planvorgaben (Milestones), die das Zielunternehmen in eine neue Entwicklungsstufe führen.
–   Kombination einer Direktbeteiligung mit Mezzaninkapital, das mit einer laufenden Verzinsung ausgestattet wird.

Weitere Möglichkeiten bestehen in der Einforderung einer finanziellen Beteiligung des Managements, um opportunistischem Verhalten vorzubeugen oder in einer Einflussnahme auf die strategische und operative Geschäftspolitik des involvierten Beteiligungsunternehmens.

5.7.6 Funktionen von Private Equity

Insgesamt gesehen zeigt sich, dass eine Existenzberechtigung von PE-Gesellschaften auch mit der neueren Institutionenökonomie begründet werden kann. So bieten Finanzinvestoren auf dem Kapitalmarkt verschiedene Transformationsleistungen an, die Vorteile der Organisationsform in einer Institution wie einer PE-Gesellschaft erklären helfen können (vgl. Schefczyk, 2006, S. 75 ff.):

- **Risikotransformation:** KBG selektieren Risiken mit der Bewertung von potenziellen Beteiligungsunternehmen. Sie betreiben zumindest eine rudimentäre Risikodiversifikation, wenn diese unkorrelierte Beteiligungen in verschiedenen Branchen und Größenklassen eingehen. Zusätzlich verbessern sie oftmals die Kapitalallokation durch die Eigenkapitalbereitstellung sowie die Erhöhung der Kreditwürdigkeit eines Zielunternehmens.
- **Informationsfunktion:** PE-Gesellschaften übernehmen Aufgaben der Informationsbeschaffung und Datenaufbereitung bei der Suche und Bewertung von attraktiven Beteiligungsobjekten. Diese Daten werden an die Investoren weitergegeben, in Form der Renditeerwartungen, der einzuplanenden Risiken sowie der Beteiligungsstrategie der KBG.
- **Losgrößentransformation sowie Fristentransformation:** KBG gleichen die unterschiedlichen Losgrößenanforderungen ihrer Investoren sowie der Beteiligungsunternehmen an. So können kleine Beteiligungen von Investoren an KBG, größeren Engagements im Zielunternehmen gegenüberstehen und umgekehrt. Über die Fristentransformation wird der Anlagehorizont der Investoren und der Beteiligungsunternehmen aneinander angepasst. Dieses wird durch die Liquiditätsforderungen auf der Unternehmensseite und die Fungibilität der Anteile auf der Investorenseite begrenzt.

Gerade der Risikotransformation kommt eine hohe Bedeutung an den Kapitalmärkten zu. So werden Investoren primär Kapital an PE-Gesellschaften weiterleiten, weil diese sich auf die Prüfung von Unternehmen und den Aufbau von Beteiligungsportfolios spezialisiert haben. Damit wird die Risikoselektion auf einem ansonsten intransparenten KMU-Markt delegiert. Auf diese Weise bringen die PE-Gesellschaften Investoren mit mittelständischen Unternehmen zusammen, die genau das Rendite-Risiko-Anforderungsprofil der Geldgeber erfüllen.

Des Weiteren erbringen PE-Gesellschaften über die strategische Managementunterstützung eine weitere Leistung zur Steigerung der Marktwerte von Unternehmen und der Erhöhung des Total Returns der Investoren. Die Märkte für Beteiligungskapital haben sich daher in den letzten Jahren kontinuierlich entwickelt.

Die Einwerbung der Mittel wird auch künftig als unproblematisch eingeschätzt, was durch die große Anzahl neuer Fonds und die hohen Mittelzuflüsse belegt wird. Erschwert wird es jedoch in der Zukunft, attraktive Zielobjekte zu identifizieren und angemessene Margen über einen Exit zu erwirtschaften.

Ansatzpunkt, um diesen Problemen entgegenzuwirken, ist die verstärkte Durchführung einer Commercial Due Diligence zur Beurteilung der Objekte. Zudem kann eine Fokussierung auf das Wachstum der Beteiligungsunternehmen mit der Bearbeitung marktseitiger Themen wie Umsatzsteigerung, Produktinnovation und Vertriebsoptimierung erfolgen. Von Seiten der Zielunternehmen ist das Angebot von Stapled Finance, mit einer Vendor Due Diligence und der Bereitstellung einer strukturierten Finanzierung möglich, um eine Akquisition anzuregen und gegebenenfalls auf der Käuferseite zu beschleunigen. Des Weiteren ist es erforderlich, dass die Altgesellschafter bereit sind, sich von ihrem Unternehmen zu trennen. Ein Lösungsansatz für die Nachfolgeproblematik kann über den Einstieg von Private-Equity-Gesellschaften allerdings gefunden werden.

Insgesamt gesehen, erwartet die PE-Branche in der Zukunft eine anhaltend positive Marktentwicklung. Das Wachstum der Branche wird jedoch zunehmend durch sich verändernde Marktstrukturen und einen intensiven Wettbewerb beeinflusst. Daher ist ein gezieltes sowie professionelles Vorgehen im Investment-Prozess notwendig. Dabei sollte verstärkt Wert gelegt werden auf eine intensive Commercial Due Diligence, um die bedeutenden Werttreiber schnell zu identifizieren und für sich auszunutzen. Gerade bei den stark wachsenden Unternehmen kann dann mit einer hohen Wahrscheinlichkeit eine wertsteigernde Strategie erfolgreich umgesetzt werden (vgl. Simon-Kucher & Partners, 2007, S. 3 ff.).

Zusammenfassung Abschnitt 5.7: In diesem Teil wurde die Eignung von **Private Equity** als Beitrag zur Wachstumsfinanzierung untersucht. Es zeigt sich, dass diese Form der Eigenkapitalbeteiligung insbesondere in Later-Stage-Phasen der Finanzierung zum Einsatz kommt. Dabei trägt die Ausstattung der Unternehmen mit privatem Beteiligungskapital zu deren Stabilisierung bei und kann zudem Wachstum induzieren. Eine Win-Win-Situation für den Finanzinvestor sowie für das Unternehmen tritt ein, wenn sich die Finanzbeteiligung in einer Wertsteigerung bei der Gesellschaft niederschlägt. Diese Realisierung des Wertanstiegs erfolgt über verschiedene Exit-Kanäle, wobei insbesondere der erstmalige Börsengang oft eine attraktive Ausstiegsmöglichkeit darstellt. Für die Beteiligungsgesellschaft kann auf diese Weise ein hoher Rückfluss erzielt werden. Für das Zielunternehmen ermöglicht diese Exit-Variante neues geschäftliches Wachstum, indem die Expansion weiter finanziert wird oder die Mittel zur Akquisition anderer Firmen eingesetzt werden. Private Equity hat eine wichtige volkswirtschaftliche Funktion und der Markt für Beteiligungskapital sollte daher nicht durch zu ambitionierte Regulierungsüberlegungen der Politik beeinträchtigt werden.

5.8 Zins- und Währungsrisiken

von Prof. Dr. Wolfgang Portisch

5.8.1 Handelsvolumen ausgewählter Finanzderivate

Das Handelsvolumen mit außerbörslich Termingeschäften und mit Derivaten an den regulierten Börsen hat weltweit ein hohes Niveau erreicht. Derivate sind Handelsinstrumente, dessen Wert von anderen grundlegenden Finanzinstrumenten wie Aktien und anderen Variablen abhängen. Derivate lassen sich einsetzen, um Marktpreisrisiken in Form von Zinsänderungsrisiken, Währungsrisiken und Rohstoffpreisrisiken bei realwirtschaftlichen Geschäften abzusichern. Des Weiteren besteht die Möglichkeit, diese für die Arbitrage oder die Spekulation einzusetzen. Hier steht die Absicherung im Vordergrund der Betrachtung.

Zu der Abschätzung des gehandelten Volumens mit Finanzderivaten, wurde in 2013 von den Notenbanken in 53 Ländern eine Erhebung über Devisenhandelsumsätze und Geschäfte in Derivaten durchgeführt. Diese Umfrage findet in einem Dreijahresrhythmus statt. Die Befragung hat zum Ziel, international vergleichbare Daten über den Umfang und die Struktur der globalen Devisenmärkte und Zinsmärkte bereitzustellen, um zu einem besseren Verständnis der Zusammenhänge an den Derivatemärkten zu gelangen. In Deutschland wurden die Zahlen durch eine Umfrage der Bundesbank bei den 30 größeren Banken ermittelt, auf die rund 95 % des inländischen Devisenhandels und der hier abgeschlossenen derivativen Geschäfte entfallen (vgl. Deutsche Bundesbank, 2013. S. 1).

Die Geschäftsabschlüsse beim Handel mit Devisenderivaten, unter anderem zur Absicherung von Währungsrisiken umfassen insgesamt ein Volumen von 2,329 Mrd. US-Dollar (USD). Das Handelsvolumen ist gegenüber dem Vorperiodenvergleich um rund 7,3 % angestiegen und in erheblichen Teilen auf die gewachsenen internationale Handelsaktivitäten zurückzuführen.

Eine große Bedeutung spielen Devisenswaps mit großen Umsatzvolumina unter den gehandelten Produkten. Die folgende Abb. 5.40 zeigt die Entwicklung der Umsätze im Devisenbereich im Periodenvergleich.

Devisenumsätze von deutschen Banken in Mrd. USD

Outright TG □ Devisenswaps ■ Währungsswaps ▨ Devisenoptionen

Abb. 5.40: Umsätze mit Devisenderivaten im Monat April des Jahres (Quelle: Eigene Darstellung)

Definition: Ein Outright-Termingeschäft ist ein **Termingeschäft**, das nicht Teil eines Swap-Geschäfts ist. Ein Solo-Termingeschäft ist ein bestimmter Devisenbetrag und wird per Termin an den Futures-Börsen entweder gekauft oder verkauft. Zweck des Geschäfts ist die Absicherung von Währungsforderungen oder Währungsverbindlichkeiten aus Waren- oder Dienstleistungstransaktionen.

Die Erhebung über den OTC-Handel mit zinsbezogenen Derivaten erfasst das außerbörsliche Geschäft mit Zinsswaps, Zinsoptionen sowie Forward Rate Agreements der Banken in Deutschland im April des jeweiligen Jahres. Mit Geschäftsabschlüssen in Höhe von 2,128 Mrd. USD im Nominalwert konnten die Gesamtumsätze mit Zinsprodukten im Vergleich zum April 2010 (969 Mrd. USD) damit gegenüber dem Vorjahreszeitraum mehr als verdoppelt werden. Dieses Ergebnis resultiert aus dem erheblichen Anstieg bei den Forward Rate Agreements auf insgesamt 1,621 Mrd. USD verglichen mit dem April 2010. Die folgende Abb. 5.41 zeigt die Handelsumsätze getrennt nach den unterschiedlichen Finanzderivaten im Zinsbereich.

Umsätze mit Zinsderivaten in Banken in Mrd. USD

■ Zinsswaps ■ Zinsoptionen □ Forward Rate Agreements

Abb. 5.41: Umsätze mit Zinsderivaten im Monat April des Jahres (Quelle: Eigene Darstellung)

Diese Zunahme mit dem Handel in Zinsderivaten wie Forward Rate Agreements und mit Währungsderivaten wie Swaps ist im deutschen Auswertungsergebnis erheblich stärker ausgeprägt als im weltweiten Vergleich. Die Veränderungen der Aktivitäten einzelner großer inländischer Marktteilnehmer waren hierfür maßgeblich.

Wachsende Unternehmen sind stark international verflochten. Ursache sind expandierende Liefer- und Leistungsbeziehungen im In- und Ausland. Aufgrund der stärkeren grenzüberschreitenden Geschäftätigkeit steigen auch die Risiken aus Positionen, die nicht dem leistungswirtschaftlichen Erstellungsprozess zuzuordnen sind, sondern die allein aus den finanzwirtschaftlichen Engagements in den unterschiedlichen Währungen resultieren.

Ein weiteres Problem verursachen stark schwankende Zinssätze an den Geld- und Kapitalmärkten. Damit können sich eine künftige Kreditaufnahme oder eine variable Refinanzierung unverhofft erheblich verteuern. **Zins- und Währungsrisiken** sind typische Marktpreisrisiken, die im Rahmen eines finanzwirtschaftlich bezogenen Risikomanagements im Treasury-Bereich primär in wachsenden sowie international tätigen Unternehmen zu steuern sind.

---

i **Definition: Marktpreisrisiken** sind Risiken von Verlusten aus bilanzwirksamen und außerbilanziellen Positionen aufgrund von Veränderungen der Marktpreise. Bedeutende Marktpreisrisiken sind im finanzwirtschaftlichen Sektor das Zinsänderungsrisiko und das Währungsrisiko.

Im Folgenden wird untersucht, wie Änderungen der Marktpreise für Zinsen sowie Währungen den operativen Erfolg von Unternehmen negativ beeinflussen können. Anschließend wird dargestellt, wie ein kontinuierlicher Prozess der Identifikation, Steuerung und Überwachung von Marktpreisrisiken über ein Risikomanagementsystem im Unternehmen fest installiert werden kann. Der Fokus dieses Abschnitts liegt auf der Steuerung der Risiken über derivative Finanzinstrumente.

5.8.2 Bedeutung von Zins- und Währungsrisiken

Zins- und Währungsrisiken haben sich in den letzten Jahren zum Teil verstärkt, da die Finanzmärkte insgesamt volatiler geworden sind. Selbstverständlich beinhalten Marktpreisrisiken auch Chancen, wenn sich die Bewertung in Bezug auf die eigene Position günstig entwickelt. Es stellt sich jedoch die Frage, ob ein Ersteller von Waren oder Dienstleistungen diese Unsicherheiten überhaupt tragen sollte. Denn der eigentliche Unternehmenszweck liegt nicht in der Spekulation, sondern in der Spezialisierung auf die realwirtschaftlichen Prozesse. So sollten sich Unternehmen auf ihr Kerngeschäft und Kompetenzen konzentrieren. Beispielsweise gehört die Aufnahme von Fremdwährungskrediten mit einer später ungewissen Rückzahlungsverpflichtung meist nicht zum originären Geschäftszweck.

Für die begleitend notwendigen Maßnahmen bedienen sich erfolgreiche Unternehmen der Absicherungsinstrumente des Finanzmarktes. Denn auch beim Tragen von Marktpreisänderungsrisiken ist eine Arbeitsteilung von Vorteil. Finanzwirtschaftliche Risiken werden dann an Dritte abgegeben, die darauf spezialisiert sind, diese Preisänderungsrisiken tragen zu können (vgl. Spremann, 1991, S. 505 ff.).

Folgende Beispiele sollen diese Arten von realwirtschaftlichen Unsicherheiten verdeutlichen, die gerade in Wachstumsunternehmen tragend werden können:

- Ein Solarzellenhersteller, die WP AG aus Deutschland, plant eine Ausweitung der Aktivitäten in den USA. Es liegt bereits ein lukrativer Auftrag für eine Solarstromanlage vor, fakturiert in US-Dollar. Die Bezahlung erfolgt nach Abnahme der Anlagen. Risiken ergeben sich aus den zeitlichen Schwankungen der Währungsparitäten. Damit ist unsicher, wie sich der Dollarkurs gegenüber dem Eurokurs zum Zahlungszeitpunkt entwickeln wird. Sinkt bei Bezahlung des Auftrags der Außenwert des Dollar gegenüber dem Euro im Vergleich zum Stand bei Abschluss des Geschäfts, so besteht ein Währungsrisiko.
- Da zwischen Auftragsvergabe und Abnahme ein Zeitraum von einem Jahr besteht sowie die Materialien für den Bau der Solaranlage vorfinanziert werden müssen, besteht zusätzlich ein Zinsänderungsrisiko, wenn ein variables Kreditprodukt zur Refinanzierung gewählt wird. Es ist ein Terminkredit auf Basis des 3-Monats EURIBOR revolvierend zu verlängern und die Zinskosten steigen mit einem erhöhten Referenzzinssatz.
- Zusätzlich besteht ein Rohstoffpreisänderungsrisiko, wenn Materialien für die Erstellung der Solarzellen beschafft oder auf Lager vorgehalten werden müssen. Durch Preisschwankungen kann sich der künftige Einkauf verteuern oder bei Preisminderungen der Wert des Lagerbestands vermindern.

Besondere Arten von Marktpreisrisiken ergeben sich für realwirtschaftliche Unternehmen dadurch, dass die Preise für Rohstoffe, Zinsen und Währungen weltweit zum Teil erheblich schwanken und geringe Korrelationen aufweisen.

Definition: Das **Zinsänderungsrisiko** beschreibt für Unternehmen die Gefahr der negativen Konditionsänderung bei variablen Zinspositionen aufgrund der Veränderung der Referenzzinssätze sowie der Zinsstruktur an nationalen und internationalen Geld- und Kapitalmärkten. Das **Währungsrisiko** entsteht mit einer unvorteilhaften Veränderung von Wechselkursen bei verschiedenen Währungen.

Weitere Risikokomponenten wie Rohstoffpreisänderungsrisiken werden hier nicht intensiv behandelt, da diese Risiken nur branchenspezifisch auftreten und durch ähnliche Finanzinstrumente, die fortan beschrieben werden, abgesichert werden können. Zudem richtet sich der Fokus dieses Buches auf die direkten Prozesse zur Finanzierung eines Unternehmens und nur sekundär auf die operativen Prozesse zur Sicherung der Leistungserstellung von Produkten.

Für die Absicherung von Grundgeschäften aus Lieferungen und Leistungen und die Weitergabe von Marktpreisrisiken an andere Marktteilnehmer im Finanzsektor bieten sich Termingeschäfte an. Gegenüber einem Kassageschäft differiert hier die Zeitspanne zwischen dem Geschäftsabschluss und der Erfüllung der Transaktion. Der in der Zukunft liegende Terminkurs hängt dann von den Erwartungen der Marktteilnehmer in Bezug auf die Preise in der Zukunft ab und kann vom derzeitigen Kassakurs erheblich abweichen.

Definition: Kassageschäfte sind Transaktionen, bei denen die Bezahlung und die Lieferung unmittelbar nach dem Geschäftsabschluss erfolgen. Märkte auf denen ein Handel mit Kassageschäften stattfindet werden auch Kassamärkte genannt. **Termingeschäfte** beschreiben Vereinbarungen, bei denen die Zeitpunkte des Abschlusses und der Erfüllung des Geschäfts zeitlich auseinander fallen. Dazu wird ein Vertrag heute abgeschlossen, aber erst in der Zukunft erfüllt. Der Preis wird aktuell fixiert, die Lieferung und die Bezahlung erfolgen am späteren Fälligkeitstag oder Verfalltag. Märkte an denen Geschäfte in Bezug auf die Zukunft mit einem zeitlichen Auseinanderfallen des Vertragsabschlusses und der Erfüllung abgeschlossen werden, werden als Terminmärkte bezeichnet.

Termingeschäfte eignen sich aufgrund ihrer speziellen Eigenschaften besonders zur Absicherung von Finanzgeschäften oder realen Grundgeschäften. Unterteilen lassen sich diese Finanzprodukte zum einen in unbedingt zu erfüllende Transaktionen wie Forwards, Swaps und Futures. Diese haben ein gleichgerichtetes Gewinn- und Verlust-Profil. Zum anderen existieren Optionen und Abwandlungen dieser Derivateart mit asymmetrischen Verlaufsprofilen.

Termingeschäfte, wie Optionen sowie Futures, werden an liquiden Märkten wie der EUREX gehandelt. Die EUREX ging aus dem Zusammenschluss der Schweizer Terminbörse und der Deutschen Terminbörse hervor und ist eine reine Computerbörse ohne Präsenzhandel. Sie bildet den Kern des europäischen Derivatehandels und ist eine der größten Terminbörsen weltweit. Als elektronische Handels- und Clearing-Plattform mit weltweitem Zugriff, bietet die EUREX standardisierte Terminprodukte wie Optionen und Futures auf Basis eines harmonisierten Regelwerkes an. Bei der Absicherung von finanzwirtschaftlichen Risiken spielen Terminmärkte eine große Bedeutung. Anhand der dort gehandelten Produkte können Preisänderungsrisiken über standardisierte und somit liquide Handelsinstrumente an andere Marktteilnehmer weitergeben werden. Das Risiko kann gemäß der Höhe der Coverage komplett eliminiert oder nur teilweise abgesichert werden.

Definition: Die **Coverage** beschreibt die Höhe der Absicherungsquote. Das **Exposure** bestimmt das quantifizierbare Risiko aus offenen Zins- und Währungspositionen, die Marktpreisrisiken unterworfen sein können. **Hedging** bezeichnet die Absicherung von preislichen Risiken, unter anderem durch Finanzinstrumente wie Derivate. Als **Derivate** werden Finanzinstrumente bezeichnet, deren Wertentwicklung von der eines anderen Gutes, des Basiswertes oder des Underlyings abhängt.

5.8.3 Systematisierung von Termingeschäften

Verträge zur Absicherung von Zins- und Währungsrisiken sind auf die Zukunft ausgerichtet. Termingeschäfte lassen sich in Forwards, Futures, Swaps, Optionen und weitere spezielle Ausgestaltungsarten von Optionen mit Absicherungszweck klassifizieren, unter anderem in Form von Zinsbegrenzungsverträgen. Die grundlegenden Handelsinstrumente lassen sich in Kontrakte zur Absicherung von Zinsen und Währungen strukturieren, wie in folgender Abb. 5.42 gezeigt.

Absicherungsinstrumente zur Risikosteuerung	
Zinsänderungsrisiken Zins-Forwards Zins-Futures Zins-Swaps Zins-Optionen	**Währungsrisiken** Devisen-Termingeschäfte Währungs-Futures Währungs-Swaps Devisen-Optionen

Abb. 5.42: Instrumente zur Absicherung von Marktpreisrisiken (Quelle: Eigene Darstellung)

Einige dieser Geschäfte haben einen Optionscharakter und weisen ein asymmetrisches Verlaufsprofil auf, wie beispielsweise Zins-Optionen oder Devisen-Optionen. Als Inhaber der Optionen bestehen Rechte, aber keine Verpflichtungen, ein Grundgeschäft zu erfüllen. Forwards, Futures und Swaps haben dagegen ein symmetrisches Profil und damit einen Verpflichtungscharakter.

Am **Terminmarkt** wird zwischen Forwards und Futures unterschieden, obwohl die zugrunde liegende Struktur der Produkte identisch ist. Beides sind unbedingte Termingeschäfte, die verpflichtend zu erfüllen sind.

Definition: Forward werden üblicherweise Over The Counter (OTC), das heißt zwischen zwei Vertragsparteien, nicht über die Börse als regulierten Markt, sondern beispielsweise im Telefonhandel direkt zwischen den Akteuren abgeschlossen. Dazu vereinbaren beide Kontraktpartner heute einen Vertrag, über den Kauf oder Verkauf eines Gutes zum Fälligkeitstag, der in der Zukunft liegt. An dem Fälligkeitstag wird das dem Vertrag zugrundeliegende Wirtschaftsgut bezahlt oder geliefert.

Die Märkte für **Forwards** sind in der Regel nicht börsenmäßig organisiert und die Produkte wenig standardisiert. Die Kontrakte werden auf die individuellen Bedürfnisse der Gegenpartei abgestimmt. Auf diese Art und Weise besteht die Möglichkeit, das Forward-Geschäft ideal an die Laufzeit und das Volumen eines Grundgeschäfts anzupassen. Forwardgeschäfte weisen eine symmetrische Risikostruktur mit festen Zahlungsverpflichtungen auf der Käufer- und Verkäuferseite auf.

---

i **Beispiel:** Der Wirtschaftsstudent WP kauft heute 10.000 USD auf Termin in sechs Monaten, um seinen Urlaub in den USA finanzieren zu können. Er verpflichtet sich, die Summe in sechs Monaten per Fälligkeitstermin abzunehmen, zu einem bereits heute fixierten Preis. Somit befindet er sich in einer Long-Position, der Stellung des Käufers. Zum Fälligkeitstag hat WP die vereinbarte Menge des Basiswertes abzunehmen und zu bezahlen. Der Verkäufer muss sich im Zweifel in sechs Monaten mit der Fremdwährung eindecken und gegen Bezahlung des Basispreises liefern. Er befindet sich in einer Short-Position und ist der Verkäufer des Forward-Kontrakts. Oft findet bei Termingeschäften auch ein Bar-Ausgleich der Kursdifferenz, ohne „physische" Lieferung der Ware, statt.

Futures stimmen in ihren Eigenschaften mit denen von Forwards überein. Diese Instrumente zeichnen sich durch eine hohe Standardisierung aus, es werden erhebliche Transaktionsvolumina gehandelt und die Börse fungiert als Handelspartner.

---

i **Definition: Futures** sind marktfähig und werden an liquiden Börsen gehandelt. Die Marktfähigkeit und Liquidität wird durch eine Standardisierung der Produkte und das Clearing erreicht. Futures sind in Bezug auf die Art des Underlying, die Qualität, die Menge und die Laufzeit normiert.

Auf diese Weise wird bei Futures ein liquider Handel mit geringen Transaktionskosten gewährleistet. Durch das Clearing wird das Bonitätsrisiko der Gegenpartei ausgeschaltet, da bei Kauf oder Verkauf eines Futures ein bonitätsmäßig starkes Clearing-Haus die Zwischenposition einnimmt. Zudem werden Gewinne sowie Verluste täglich abgerechnet und damit unverzüglich ausgeglichen.

Zusätzlich muss der Zeichner eine Einlage (Initial Margin) in Abhängigkeit von der Volatilität des Basiswertes leisten. Wenn der Kurs des Futures steigt, dann erhält der Käufer eine Gutschrift auf dem Margin-Konto und der Verkäufer wird in Höhe der Kurssteigerung belastet. Fällt der Kontostand unter eine festgesetzte Linie mit Mindesteinschuss (Maintenance Margin), ist dieser verpflichtet, die Variation Margin bis zum Erreichen der Initial Margin nachzuzahlen.

Kann diese Sicherheitsleistung nicht erbracht werden, wird das Geschäft insgesamt glattgestellt. Das Clearing-Haus überwacht diese Sicherheitszahlungen. Forwards und Futures sind insgesamt zur Absicherung von Zins- und Währungsrisiken gut geeignet, bei geringen entstehenden Kosten.

Zudem eignen sich **Optionen** und **Zinsbegrenzungsverträge** mit Optionscharakter aufgrund der asymmetrischen Struktur gut zum hedgen von offenen Zins- und Währungspositionen aus real- und finanzwirtschaftlichen Geschäften. In der Regel geht das Zielunternehmen mit der Long-Position ein bedingtes Termingeschäft ein.

---

i **Definition:** Der Inhaber einer **Option** hat das Recht, eine bestimmte Menge eines Gutes (Underlying) zu einem vorab definierten Basispreis (Strike Price) innerhalb einer bestimmten Laufzeit (American Style) oder am Laufzeitende (European Style) zu kaufen (Call Long) oder zu verkaufen (Put Long). Für dieses Recht hat der Käufer eine Prämie (Option Price) zu entrichten.

Die Bewertung von fairen Optionsprämien erfolgt in der Regel nach Abwandlungen und Weiterentwicklungen des Grundmodells von Black und Scholes (vgl. Steiner/ Uhlir, 2001, S. 228 ff.). Besonderheit ist, dass bei den Long-Positionen ausschließlich Rechte, aber keine Verpflichtungen zur Erfüllung der Transaktion bestehen. Daher sind auch keine Margin-Konten wie bei Futures zu führen. Die Ausführung des Geschäfts kann als Barausgleich oder physisch abgewickelt werden. An der EUREX werden standardisierte Optionen gehandelt. Dieses ermöglicht einen liquiden und transparenten Handel zu fairen Preisen. Besondere Optionsgeschäfte betreffen Zinsabsicherungen, zur Deckelung einer Maximalverzinsung auf variabler Basis.

Zinsbegrenzungsverträge (Caps) dienen der Absicherung kurzfristiger variabler Kredite auf der Basis eines Referenzzinssatzes. Es wird eine Zinsobergrenze festlegt, falls ein Referenzmarktzins wie der EURIBOR ein bestimmtes Limit übersteigt. Der EURIBOR steht als Abkürzung für „European Interbank Offered Rate" und ist ein kurzfristiger Referenz-Geldmarktzins, der unter Banken gehandelt wird. Dieser Zinssatz ist EWU-weit geltend und dient bei vielen variabel verzinslichen Anleihen oder Terminkrediten als hinterlegter Referenzzinssatz. Schwankungen des EURIBOR erfolgen in der Regel mit einer hohen Korrelation zu Veränderungen des Leitzinses der Europäischen Zentralbank (EZB).

Steigt der EURIBOR über den individuell festgelegten Grenzzins, erhält der Käufer des Caps vom Verkäufer eine Zinsgutschrift in Höhe der Zinsdifferenz, bezogen auf das abgesicherte Kreditvolumen. Die Bezahlung der Prämie durch den Käufer erfolgt entweder anteilig in Prozent der Vertragssumme umgerechnet auf das Jahr oder einmalig als Barwert der Jahresprämien bei Vertragsabschluss. Caps lassen sich als europäische Optionen interpretieren, die zu mehreren Roll Over-Terminen ausgeübt werden. Dies kommt einem Bündel europäischer Zinsoptionen gleich, sogenannter Caplets. Ein Cap lässt sich somit in einzelne Zins-Optionen zerlegen.

Dieses ist für die Bestimmung der Cap-Prämie nützlich, denn die Bewertung eines Caps ergibt sich durch Addition der Werte der einzelnen Zins-Optionen (vgl. Beike/Barckow, 2002, S. 49). Optionen und Zinsbegrenzungsverträge lassen sich aufgrund des fehlenden Verpflichtungscharakters und der hohen Flexibilität mit der Wahl eines beliebigen Strikes sowie der Unabhängigkeit vom zugrunde liegenden Kredit optimal zur Steuerung von Risikopositionen aus Veränderungen von Zinsen und Wechselkursen einsetzen. Des Weiteren lassen sich zur Zins- und Währungsabsicherung Swapgeschäfte vereinbaren.

Definition: Unter einem **Swap** wird ein Finanztermingeschäft verstanden bei dem künftige Zahlungsforderungen und Zahlungsverbindlichkeiten untereinander ausgetauscht werden. Bei einem reinen **Zins-Swap** vereinbaren zwei Parteien den Austausch von unterschiedlichen Zinszahlungsverpflichtungen in einer Währung, bezogen auf die gleiche Kapitalsumme. Bei einem **Währungs-Swap** verpflichten sich die Partner Zahlungsbeträge zu im Voraus bestimmten Wechselkursen zu tauschen. Bei kombinierten Zins- und Währungs-Swaps werden beide Geschäfte miteinander verbunden.

Swaps sind vertraglich vereinbarte Tauschgeschäfte und gleichen von ihrem Charakter her Arbitragegeschäften, wenn zugleich komparative Kostenvorteile an verschiedenen internationalen Kapitalmärkten ausgenutzt werden. Außerdem werden Swaps verwendet, um zinsvariable Zahlungsströme in zinsfixe Gelder, bezogen auf einen gleichhohen Kapitalbetrag, zu tauschen und umgekehrt.

Die auszutauschenden Zinszahlungsverpflichtungen unterliegen unterschiedlichen Zinsberechnungsmethoden. Auf diese Weise wird beispielsweise eine Festzinsvereinbarung in einen variablen Zins auf Euriborbasis geswapt. Der Kapitalbetrag hat die gleiche Höhe, wird jedoch nicht ausgetauscht. Die Partner leisten lediglich Ausgleichszahlungen in Höhe der Zinsdifferenz.

Für den Festzinszahler wird diese Position als **Payerswap** und für den Empfänger des festen Zinses als **Receiverswap** bezeichnet. Kreditinstitute werden in der Regel als Intermediäre eingeschaltet und sichern die Erfüllung des Grundgeschäfts beziehungsweise die gegenseitigen Zahlungen ab, indem getrennte Verträge mit den jeweiligen Parteien abgeschlossen werden (vgl. Wöhe et al., 2013, S. 410 ff.).

Es lassen sich Zahlungen in unterschiedlichen Währungen tauschen und Zins- und Währungsgeschäfte miteinander kombinieren. Kreditinstitute fungieren bei diesen Tauschgeschäften als Intermediäre und führen die unterschiedlichen Wünsche der Marktteilnehmer zusammen. Somit übernehmen sie eine Funktion zur Transformation der Risiken und der Fristen. Kreditinstitute können aber auch als direkte Partner in einen Swap eintreten und die offene Position selbst tragen. Swap-Märkte sind aufgrund des großen Handelsvolumens mittlerweile sehr liquide. Zudem lassen sich lange Laufzeiten für die Absicherung realisieren.

Aufgrund der notwendigen Detailkenntnisse in Bezug auf die Absicherungsinstrumente sowie die erforderlichen Markteinschätzungen zur Prognose von Zins- und Währungsveränderungen, ist für den zielgerichteten Einsatz der vorgestellten Instrumente ein detailliertes Risikomanagement im Unternehmen zu installieren, dass die finanzwirtschaftlichen Absicherungen und die leistungswirtschaftlichen Prozesse miteinander verzahnt.

Der **Prozess des Risikomanagements** zur Steuerung von Marktpreisänderungsrisiken lässt sich in drei Kernschritte unterteilen. **Erstens** ist die eigene Risikoposition zu analysieren, mit der Identifikation der Risikoarten und der Quantifizierung und Bewertung der Unsicherheitsfaktoren.

Dabei ist zu berücksichtigen, dass sich gegenläufige Posten auf der Aktiv- und der Passivseite betragsmäßig und über die Laufzeit ausgleichen können. Somit ist ein **Netting** im Rahmen eines Asset Liability Managements erforderlich. Nur der Saldo einer offenen Position (Exposure) ist abzusichern. Dies reduziert zum einen die Absicherungskosten und führt zum anderen zur Vermeidung einer Übersicherung und dem damit verbundenen erneuten Eingehen einer offenen Position.

Definition: Das **Netting** von Positionen bezeichnet die Verrechnung von gegenläufigen Zahlungsbewegungen. Das Netting von Währungspositionen wird eingesetzt, um gegensätzliche Währungsrisiken gleicher Fälligkeit miteinander aufzurechnen und nur die letztendlich verbleibende Nettoposition im Kurs abzusichern. Es gleichen sich beispielsweise Forderungen sowie Verbindlichkeiten in fremder Währung bei gleicher Höhe und identischer Fristigkeit aus. Durch die betragsmäßige und zeitlich überlappende Saldierung von Forderungen und Verbindlichkeiten in identischen Währungen lässt sich eine offene Position ermitteln, über die eine Absicherungsentscheidung zu treffen ist. Auch hohe Korrelationen oder gegenläufige Effekte bei Fremdwährungen lassen sich errechnen und im Hinblick auf die offene Position, die ein Risiko (Exposure) bedeuten kann, saldieren.

Zweitens sind die Risikosteuerungsmaßnahmen zu entscheiden. So ist festzulegen, ob und in welchem Maße eine Absicherung des Exposures erfolgen soll. Es ist über die Höhe der Absicherung zu entscheiden. Bei einem **Full Coverage**, einer Vollabsicherung der offenen Position, werden die Marktpreisrisiken vollständig abgesichert. Ist dies zu kostenintensiv oder werden die Risiken einer ungünstigen Marktpreisentwicklung nur in Ausnahmefällen erwartet, besteht die Möglichkeit, die Risikopositionen gezielt in Teilen offenstehen zu lassen. Dann ist jedoch zu beachten, dass aus ungedeckten Posten erhebliche Verluste resultieren können.

Drittens sind die ermittelten und gemanagten Risiken zu überwachen. Die Steuerung der Risiken ist zudem nachhaltig organisatorisch zu gestalten. Meistens erfolgt eine aufbauorganisatorische Verankerung eines Risikomanagements in der Finanz- oder Controlling-Abteilung. Dies ist notwendig, um eine Nachhaltigkeit der Steuerung zu gewährleisten. Auch die Dokumentation und Berichterstattung des Risikomanagements ist für eine Dauerhaftigkeit des Einsatzes von Absicherungsmaßnahmen nach bestimmten Richtlinien von Bedeutung.

Die folgende Tab. 5.7 veranschaulicht den Umfang der möglichen zeitlichen sowie volumensmäßigen Absicherung von offenen Risikopositionen im Prozess des Risikomanagements. In den nächsten Abschnitten werden die Bewertungen sowie die Produkte zur Steuerung von Zins- und Währungsrisiken näher beschrieben. Es wird auf die häufig angewendeten und gut an das Grundgeschäft anzupassenden Instrumente zur Steuerung der Marktpreisrisiken eingegangen. Dies sind die verschiedenen Kontraktarten des Forward Rate Agreements, Devisen-Termingeschäfts, Zins-Futures, Währungs-Futures, Zins-Swaps, Währungs-Swaps, Caps oder Zinsbegrenzungsvertrags und der Devisen-Optionen.

Tab. 5.7: Umfang der Absicherung und Netting

Absicherungsquote	Full Coverage	Part Coverage
Gesamtlaufzeit Grundgeschäft	Vollabsicherung	Teil-Exposure-Volumen
Teillaufzeit Grundgeschäft	Zeitliche Diskongruenz	Zeitlich-Volumen Abweichung

5.8.4 Bewertung von derivativen Finanzinstrumenten

Die Preisbildung und Wertbestimmung bei Derivaten ist in der Regel komplex. Diese Komplexität resultiert daraus, dass vielerlei Einflussfaktoren gleichzeitig auf den Preis eines Derivats einwirken und dass oft modulweise zusammengesetzte Finanzinstrumente existieren. Zunächst werden die Grundformen von Optionen dargestellt, um auf dieser Basis die Wertentwicklung, die wichtigen Preiseinflussfaktoren und die alternativen Bewertungsmodelle zu generieren.

Grundarten von Optionen

Bei Optionen liegen vier Grundpositionen vor. Die Käuferseite beschreibt die Long Position, die Verkäuferseite das Stillhaltergeschäft mit einer Short Position. Auf der Käuferseite bestehen Rechte, auf der Verkäuferseite existieren bei einer Ausübung von Optionen entgegengesetzte Verpflichtungen. Grundlegende Optionsarten sind der **Call (Kaufoption)** und der **Put (Verkaufsoption)**. Bei einem **Long Call** besteht das Recht, aber nicht die Verpflichtung, ein bestimmtes **Gut (Underlying)** zu einem bereits im Voraus festgelegten **Basispreis (Strike)** am Ende der Laufzeit (European Style) oder zu jedem Zeitpunkt während der Laufzeit (American Style) zu kaufen. Beim **Long Put** besteht das Recht auf die Nutzung einer Verkaufsoption.

Für beide Grundpositionen ist eine Optionsprämie zu bezahlen. Wichtige Faktoren, um die Option auf das abzusichernde Grundgeschäft einzustellen, sind der zu wählende Basispreis und die Laufzeit. Meist sind Put-Optionen, aufgrund ihres Absicherungscharakters, bezogen auf das gleiche Gut mit identischer Laufzeit und gleichem Basispreis, etwas teurer als identische Call-Optionen.

Zwischen diesen identisch ausgeprägten Produkten auf der Call-Seite und der Put-Seite besteht in der Regel ein Preisgleichgewicht in Form der **„Put-Call-Parität"**. Bei Abweichungen kann dieses Ungleichgewicht durch Markttransaktionen ausgenutzt werden und mittel Arbitrage ein **„Free Lunch"** erzielt werden. Diese Preisungleichgewichte bestehen daher meist nur kurzfristig, da diese durch Marktteilnehmer zur Erzielung dieser risikolosen Gewinne ausgenutzt werden. Demnach gilt für die Bewertung eines Puts in Abhängigkeit vom Wert des identischen Calls:

$$P = C + X \cdot e^{r,t} - K$$

Symbole:

P	Prämie für den Put
C	Prämie für den Call
X	Ausübungspreis
$e^{r,t}$	Stetige risikolose Verzinsung
K	Kurs des Underlying

Nachfolgend werden die vier Grundprofile von Optionsgeschäften in Abb. 5.43 dargestellt. Die Preisbildung und die Höhe der Prämie sind im Wesentlichen abhängig von der Wahl des Basispreises und der Laufzeit. Bei **Call-Optionen** besteht auf der Käuferseite die Möglichkeit einer unendlich hohen Gewinnrealisierung, bei einem begrenzten Risiko die eingesetzte Prämie zu verlieren. In der Gegenposition auf der Verkäuferseite existiert dagegen ein theoretisch unbegrenztes Verlustpotenzial. Die Gewinnchance besteht lediglich in Höhe der vereinnahmten Prämie.

Bei **Put-Optionen** sind die Gewinne und Verluste dagegen immer begrenzt. So realisiert der Inhaber einer Put-Option seinen Maximalgewinn dann, wenn der Kurs des zugrundeliegenden Wirtschaftsgutes auf Null sinkt. Der Gewinn besteht in Höhe des Basispreises, abzüglich der gezahlten Optionsprämie.

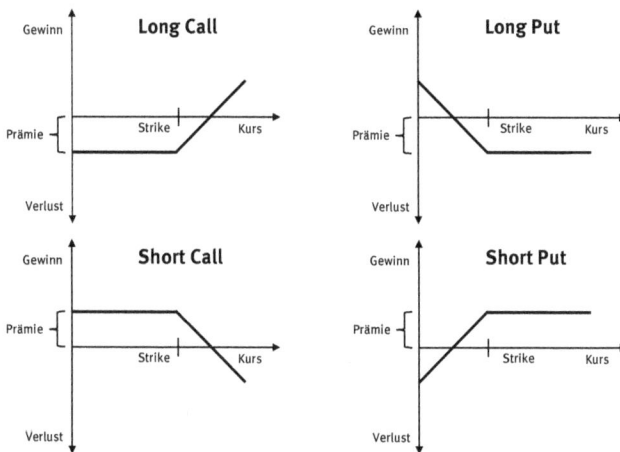

Abb. 5.43: Grundarten von Optionen (Quelle: Eigene Darstellung)

Preisbildung von Optionen

Komplexe Preisformeln erfassen alle Einflussfaktoren auf den Optionswert gleichzeitig. Ein bekanntes Bewertungsmodell ist das von Black/Scholes. Dieses lässt sich auch durch andere Wertmodelle wie dem Ansatz von Cox/Rubinstein über Binomialbäume unter Annahmen wie der Normalverteilung der Renditen eines Underlying herleiten. Die Bewertung von europäischen Optionen erfolgt mit einem duplizierenden Portfolio. Dieses produziert die identischen Rückflüsse wie die zu bewertende Option. Sind die Preise der Finanzinstrumente aus dem duplizierenden Portfolio bekannt, steht der Wert der Option fest. Die Bewertung ist frei von Präferenzen.

Wichtige Werteinflussfaktoren, die auf den Wert einer Option zeitgleich wirken sind die folgenden Merkmale, deren jeweilige Einzelwirkung in einer ceteris-paribus-Betrachtung (c.p.) bei einem Long Call dargelegt wird. Von Dividenden und Zahlungen, die aus dem Underlying resultieren können sowie steuerlichen Wirkungen und Transaktionskosten wird abgesehen. Es wird die isolierte Veränderung eines Preiseinflussfaktors bei Konstanz aller anderen Wertgrößen betrachtet:

- **Preis Underlying:** Steigt der Preis des Underlying ist auch die Wertentwicklung der Option positiv. Befindet sich die Option im Preisbereich „am Geld" oder „im Geld" wächst der Wert der Option zunächst mit steigenden Raten. Die Wertentwicklung bei einer Erhöhung des Kurses des Underlying um eine Einheit besteht in der ersten Ableitung der Optionspreisformel nach Black/Scholes und wird als Options-Delta bezeichnet. Die zweite Ableitung beschreibt dagegen die Intensität der Steigung mit der Krümmung der Kurve und wird als Options-Gamma bezeichnet. Das Gamma gibt die Preisänderung bei einer erneuten Änderung des Kurses an. Beide Werte lassen sich als Elastizitäten interpretieren.
- **Basispreis:** Mit einem geringeren Basispreis steigt auch der innere Wert einer Option. Somit wirken sich, umgekehrt betrachtet, steigende Basispreise negativ auf den Wert einer Option aus.
- **Laufzeit:** Die Laufzeit ist ein wesentlicher Wertbestimmungsfaktor für Optionen. Steigt die Restlaufzeit bei einem Call, erhöht sich auch der Wert. Der Verfall der Laufzeit wirkt sich dagegen auch in Richtung eines Ablaufes der Restlaufzeit immer stärker aus. Die erste Ableitung der Optionspreisformel nach der Laufzeit beschreibt den Effekt einer Laufzeitverlängerung auf den Optionspreis. Im Gegenzug lässt sich Zeitwertverfall über das Options-Theta berechnen.
- **Volatilität:** Die Volatilität untersucht die Schwankung des Underlying in Form der Standardabweichung bezogen auf ein Jahr. Mit einer steigenden Volatilität wächst die Chance, dass der Wert des Underlying über den Basispreis steigt und die Option einen Wert erhält. Das Options-Vega wird durch die erste Ableitung der Optionspreisformel in Bezug auf die Volatilität kalkuliert.
- **Zins:** Der Zins hat verschiedene Auswirkungen auf den Wert einer Option. In der direkten Wirkung kann ein Zinsertrag generiert werden, da über den Basispreis nicht der Grundwert des Basisobjektes eingekauft wird, sondern mit einem geringen Geldeinsatz von der Wertentwicklung profitiert werden kann. Auf diese Weise kann der eingesparte monetäre Einsatz verzinslich angelegt werden. Steigende Zinssätze haben jedoch insgesamt einen geringen positiven Einfluss auf die antizipierte Wertveränderung der Option. Dagegen sinkt mit einem Anstieg des Marktzinsniveaus oft auch der Wert bestimmter Assets wie Aktien aufgrund der dann erhöhten Attraktivität von Anleihen. Diese Sichtweise widerspricht jedoch einer strengen c.p.-Betrachtung. Das Options-Rho gibt an, wie stark sich der Wert der Option ändert, wenn der risikofreie Zinssatz am Markt um einen Prozentpunkt variiert.

Über den **Hebeleffekt** kann mit Optionen bei einem geringen Kapitaleinsatz und einem gewählten Basispreis eine hohe Wertentwicklung erzielt werden. Der Maximalwert mit der Wertobergrenze einer Call-Option besteht, wenn der Basispreis bei einem Long Call auf Null gesetzt wird. Dann hat der Aktieninhaber dennoch einen Vorteil, da dieser in der Regel einen Anspruch auf die Ausübung des Stimmrechts und die Zahlung der Dividende hat. Die Wertuntergrenze wird bei einer amerikanischen Option durch den Inneren Wert definiert. Dieser kann jederzeit erzielt werden, da die Option zu jedem Zeitpunkt ausgeübt werden kann. Somit darf der Wert bei einem Long Call nicht unter die Differenz zwischen dem aktuellen Kurs und dem Basispreis fallen (Abgeld). Bei einem bestehenden Abgeld werden Marktteilnehmer diese Option ansonsten erwerben und sofort ausüben, unter Beachtung der Transaktionskosten. Durch den vermehrten Kauf der Option wird der Preis steigen und das Ungleichgewicht am Markt verschwinden.

Definition: Der **innere Wert** einer Option beschreibt die Differenz zwischen dem aktuellen Preis des Underlying und dem gewählten Basispreis einer Option. Der **Zeitwert** definiert den Wertunterschied zwischen dem Inneren Wert und dem tatsächlichen Preis der Option am Markt. Diese Preisdifferenz drückt die Erwartung aus, dass der Kurswert des Underlying weiter steigen kann und die Option noch stärker ins Geld gerät und der Wert der Option erheblich wächst.

In Abb. 5.44 wird das Wertverlaufsprofil einer Call-Option in verschiedenen Sektionen **„aus dem Geld"** (der Kurs des Underlying liegt deutlich unter dem Basispreis), **„am Geld"** (der Kurs liegt am Basispreis) und **„im Geld"** (der Kurs des Underlying liegt über dem Strike), nachgezeichnet. Befindet sich die Option im Geld, bestehen zwei Wertkomponenten, der Zeitwert sowie der Innere Wert. Mit einem steigenden Kurs über den Basispreis gewinnt der Innere Wert an Bedeutung.

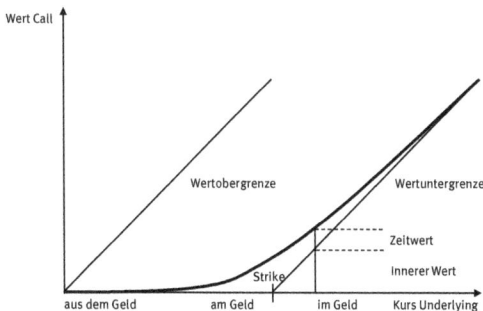

Abb. 5.44: Preisbildung und Wertgrenzen eines Calls (Quelle: Eigene Darstellung)

Der innere Wert entspricht einer Differenz zwischen dem Kurs zum in der Zukunft liegenden Ausübungszeitpunkt abzüglich des diskontierten Basispreises. Der eingesparte Kapitalbetrag in Höhe des Basispreises kann alternativ zum sicheren Zinssatz angelegt werden. Der Preisunterschied zwischen dem aktuellen Preis des Calls zum Inneren Wert entspricht dem Zeitwert und ist Ausdruck für die Chance sowie die Erwartung eines Anstiegs des Underlying:

$$IW = K - X \cdot \frac{1}{(1 + r)^t}$$

Symbole:

IW	Innerer Wert
K	Kurs des Underlying
X	Ausübungspreis
r	Risikoloser Zins
t	Laufzeit bis zur Ausübung

Von Vorteil ist beim Kauf von Optionen, dass das Grundgeschäft abgesichert werden kann, wenn sich der Preis in die nachteilige Richtung entwickelt. Die Wertentwicklung der Option kompensiert dann den entstehenden Verlust aus dem zugrundeliegenden Geschäft. Auf der Käuferseite besteht nicht die Pflicht diese Option auszuüben. Wenn die Preise beim jeweiligen Grundgeschäft in die gewünschte Richtung laufen, ist keine Verpflichtung gegeben, die Option zu nutzen. Auf der Stillhalterseite existiert jedoch eine ungewisse Verpflichtung, die gegebenenfalls durch das Halten der Grundposition oder durch Sicherheitsleistungen abzudecken ist. Daher ist stets zu beachten, dass Optionen lediglich in einer Long-Position Rechte ohne eine Kauf- oder Verkaufsverpflichtung bedeuten.

Nachteilig bei Optionen sind die kurzen Laufzeiten und die Ungewissheit des Optionspreises bei einer Verlängerung des Geschäfts (Roll-over-Termin). So können sich die Preise für Optionen aufgrund der Wertveränderung des Underlying im Zeitablauf stark erhöhen und die Absicherungskosten ansteigen lassen.

Preisbildung von Forwards und Futures

Das Preisgleichgewicht bei Termingeschäften ergibt sich, wenn sich der Terminkontraktpreis sowie der zukünftige Kassapreis entsprechen. Im Zeitablauf laufen beide Preise aufeinander zu. Diese Bewertung von Futures erfolgt anhand von Arbitrageüberlegungen mit dem Cost-of-Carry-Ansatz. Wenn der Lieferzeitpunkt des Futures näher rückt, konvergiert der Futures-Preis gegen den aktuellen Spotkurs des jeweiligen Underlying (vgl. Hull, 2012, S. 54 ff.). Mit dem Erreichen des Lieferzeitpunkts sind beide Preise identisch.

Während des Zulaufens auf den Ablauftermin, kann der Spotkurs über oder unter dem Futures-Kurs liegen. Von zentraler Bedeutung für die Erläuterung des Bewertungsansatzes bei Financial Futures ist die **Basis**.

Definition: Die **Basis** beschreibt die Differenz zwischen dem Preis des Terminkontrakts und dem Preis des zugrundeliegenden Underlying. Die Gesamtdifferenz lässt sich in die beiden Segmente Cost-of-Carry-Basis sowie Value-Basis aufteilen. Die **Cost-of-Carry-Basis** bewertet den Preisunterschied zwischen dem sofort ausgeführten Kassageschäft und dem Future. Die **Value Basis** berücksichtigt unter anderem die Angebots- und Nachfragestrukturen an den Terminmärkten.

Tätigt der Marktakteur das Kassageschäft mit dem Kauf des Rohstoffes, so hat er bis zum Erfüllungszeitpunkt die Lagerhaltungskosten und die Finanzierungskosten zu tragen. Ein Vorteil besteht bei der physischen Lagerhaltung in der sofortigen Verfügbarkeit des Guts, wenn eine hohe Nachfrage bei Rohstoffen eintritt (Convenience Yield). Erwirbt der Akteur eine Anleihe, so generiert er Erträge in Form von Zinsen, die er gegenrechnen kann. Es würden Arbitragemöglichkeiten existieren, wenn sich der Futures-Preis nicht an den Kosten und den Erträgen aus dem Alternativgeschäft während der Haltedauer orientiert.

Definition: Die **Cost-of-Carry-Basis** beschreibt den Saldo aus den Kosten und Erträgen des Financial Futures und stellt die Nettofinanzierungskosten dar, die durch das Halten der Kassaposition im Vergleich zu der jeweiligen Futures-Position verursacht werden. Daher befinden sich der Kassa- und der Terminmarkt im Gleichgewicht, wenn sich die Basis und die Cost of Carry entsprechen. Unbetrachtet bleiben Kosten für die Sicherheitsleistungen in Form der Margins, wenn kalkulatorische Zinsen auf die Initial Margin einzukalkulieren sind. Die Value Basis wird ebenfalls vernachlässigt.

Abweichungen vom theoretischen Preis in Form der Value Basis bedeuten ein Zusatzrisiko in Form des **Basisrisikos**. Es ergibt sich folgende vereinfachte Gleichung für die Bewertung eines Financial Futures (vgl. Perridon et al, 2013, S. 332):

$$F_P = K_P \cdot (1 + CC \cdot \frac{T}{360})$$

Symbole:

F_P, K_P	Futures-Preis, Kassapreis
CC	Cost of Carry
T	Laufzeit bis zur Fälligkeit und lineare Verzinsung

Der faire Terminwechselkurs kann analog zum Fair Value anderer Financial Futures anhand von Arbitrageüberlegungen hergeleitet werden. Das Fehlen von Arbitrage deutet auf einen effizienten Markt, ohne die Möglichkeiten eines Free Lunch hin.

Grundlage ist die Zinsparität, die besagt, dass sich der Terminwechselkurs aus dem Kassakurs zuzüglich von Auf- oder Abschlägen zu diesem Kurs errechnen lässt. Ist das Zinsniveau im Inland beispielsweise höher als im Ausland, so erhält der inländische Kassakurs einen Abschlag (vgl. Spremann/Gantenbein, 2014, S. 93 ff.).

Preise für Financial Futures lassen sich nachbilden. Der Unterschied zwischen Terminkurs und Kassakurs besteht aufgrund der differierenden Zinssätze in den Währungen. Spiegelt dieser Terminkurs nicht das Zinsgefälle zwischen zwei Währungen wider wäre es möglich, risikolose Arbitrage aus Preisunterschieden an den Devisen- und Terminmärkten zu erwirtschaften.

Demnach besteht für ein Unternehmen mit der Referenzwährung Euro sowie einem erwarteten Fremdwährungseingang in USD in der Zukunft die Option, die Fremdwährung über ein Termingeschäft bereits jetzt zum Futures-Preis auf Termin gegen Euro zu verkaufen. Alternativ kann der Marktteilnehmer dieses Geschäft replizieren, indem USD aufgenommen werden und zum Kassakurs gegen Euro getauscht werden. Der Eurobetrag wird bis zum Fälligkeitszeitpunkt verzinslich angelegt. Gegenzurechnen sind die Finanzierungskosten in USD (vgl. Spremann, 2013, S. 147):

$$T_K = W \cdot \frac{1 + (r_G \cdot \frac{T}{B_G})}{1 + (r_Q \cdot \frac{T}{B_Q})}$$

Symbole:

T_K	Terminkurs in der jeweiligen Währung
W	Währungsparität am Kassamarkt
r_Q, r_G	Zinssatz quotierte Währung, Zinssatz Gegenwährung
T, B_Q, B_G	Tage und Berechnungsbasis für die Währungen (360 oder 365)

Bewertungsformeln für Forwards und Futures lassen sich beispielsweise auch aus der Black/Scholes-Gleichung zur Bewertung von Optionen ableiten. Wenn der Basiswert keine Finanzerträge erbringt, dann fallen für den Erhalt des Basiswertes nur Finanzierungskosten und keine Erlöse an. Aus dem Cost-of-Carry-Ansatz ergibt sich dann der Preis des Forwards oder Futures als aufgezinster Basiswert. Bis zum Laufzeitende bauen sich die Cost of Carry ab.

Dies entspricht dem Einbeziehen von Dividendenzahlungen in das Optionspreismodell. Demnach können Abwandlungen der Optionspreisformel nach Black/Scholes auch zur Bewertung von Termingeschäften herangezogen werden (vgl. Perridon et al., 2013, S. 359). Jedoch sind diese Bewertungsmodelle komplex und setzen vielerlei Annahmen für die Preisberechnung voraus. Der tatsächliche Preis kann von diesem fairen Wert teilweise erheblich abweichen.

An Märkten, an denen Rohstoff-Futures gehandelt werden, bestehen aufgrund von Angebots- und Nachfrageüberhängen ebenfalls unterschiedliche Preiskonstellationen. Wenn der Futures-Kurs unter dem Spotkurs liegt, wird diese Marktsituation als **Backwardation** bezeichnet. Wenn der Futures-Kurs über dem Spotpreis liegt, wird von **Contango** gesprochen (vgl. Hull, 2012, S. 167 sowie Spremann, 2010, S. 252 ff.). Diese Marktlagen entstehen durch unterschiedliche Preis- und Mengenwartungen der Akteure und aufgrund von Angebots- und Nachfrageunterschieden.

Definition: Eine Marktkonstellation wird als **Backwardation** bezeichnet, wenn Rohstoff-Kontrakte mit kürzerer Fälligkeit am Terminmarkt einen höheren Kurs haben als länger laufende Kontrakte mit einer späteren Fälligkeit. Fällt dann der Kassakurs aufgrund von Nachfrageverschiebungen unter den Terminkurs, liegt die Marktsituation **Contango** vor (vgl. Spremann, 2013, S. 145 ff.).

Daher kann die Basis je nach den Erwartungen über die zukünftige Preisentwicklung von Gütern einen positiven oder auch einen negativen Wert annehmen wie die nachfolgende Abb. 5.45 aufzeigt.

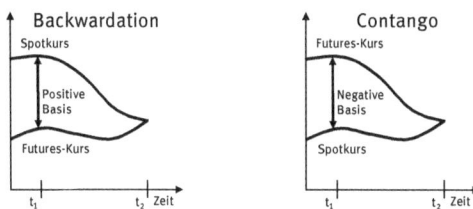

Abb. 5.45: Veränderungen der Basis im Zeitablauf (Quelle: Eigene Darstellung)

Preisbildung von Swaps

Die Preisbildung von Swapgeschäften ergibt sich im Wesentlichen durch Angebot und Nachfrage sowie einem Spread, falls ein Clearingpartner zwischengeschaltet ist. Die Liquidität der gehandelten Zins-Swaps und Währungs-Swaps kann wiederum einen Einfluss auf die Höhe der Geld-Brief-Spanne haben. Bei dem Abschluss eines OTC-Geschäftes werden die Kurse bilateral ausgehandelt. Falls ein Finanzintermediär existiert, nennt dieser gegebenenfalls die Indikationen.

Bei einem reinen Payer-Swap zahlt der Swappartner die zinsfixe Zahlung **(Fix Leg)** und erhält den variablen Zins **(Variable Leg)**, beim Receiver-Swap umgekehrt. Das Zustandekommen dieser Zahlungen lässt sich theoretisch begründen. Zu abstrahieren ist vom individuellen Bonitätsrisiko der Akteure. Das Variable Leg ist durch die Höhe des marktnotierten Referenzzinssatzes gegeben.

Festzulegen ist immer das Fix Leg, der **Swapsatz**. Bei einer fairen Bewertung ist der Barwert des Fix und des Variable Leg identisch (vgl. Perridon et al., 2013, S. 340 ff.). Die Swapsätze lassen sich grundsätzlich aus den Zinsstrukturkurven ableiten, denn die Kassa- und die Terminzinssätze stehen an arbitragefreien Märkten in einer festen Relation zueinander. Die Zinszahlungen beziehen sich bei einem Zins-Swap auf einen identischen zugrundeliegenden Kapitalbetrag. Die fixen und variablen Zinszahlungen werden jährlich wiederkehrend ausgetauscht.

Bei einem Zins-Swap erfolgt der Tausch zwischen einer zu pari notierenden Kuponanleihe beziehungsweise einem Kredit in Nominalhöhe gegen einen variablen Floater beziehungsweise einem variabel verzinslichen Kredit. Unterstellt wird bei dieser Bewertung, dass eine einwandfreie Bonität des Payers sowie des Receivers besteht und Ratingdifferenzen somit den Zinssatz aufgrund von unterschiedlichen Bonitäten nicht wesentlich beeinflussen.

Der marktgerechte Swapsatz bezeichnet den theoretischen Zins, bei dem der Festsatz mit den variablen gemittelten Terminzinssätzen übereinstimmt. Der Swapsatz mittelt die unterschiedlichen variablen Zinssätze und nähert sich dem Zinssatz am Ende der Laufzeit des Zins-Swaps an. Die folgende Gleichung zeigt die theoretische Ermittlung des Swapsatzes (vgl. Spremann/Gantenbein, 2014, S. 214 ff.):

$$S_T = \frac{\left(1 - \frac{1}{(1 + i_T)^T}\right)}{\left(\frac{1}{1 + i_1} + \frac{1}{(1 + i_2)^2} + \ldots + \frac{1}{(1 + i_T)^T}\right)}$$

Symbole:

S_T	Swapsatz in Abhängigkeit von der Laufzeit T
i_T	Zinskupon auf die Nominale von 100
T	Gesamtlaufzeit des vergleichbaren Zinsinstruments

5.8.5 Steuerung von Zins- und Währungsrisiken

Zunächst erfolgt vom inhaltlichen Aufbau eine Darstellung der betrachteten Instrumente. Anschließend werden die Ziele des Einsatzes der Finanzprodukte aufgezeigt. Dazu wird die Wirkungsweise der Anwendung in einer konkreten Absicherungssituation an einem Beispiel erläutert. Dann findet zudem eine Beurteilung der einzelnen Finanzinstrumente mit der praktischen Eignung zur Steuerung von Preisänderungsrisiken im Zins- und Währungsbereich statt. Begonnen wird mit der Darlegung des Zinsinstruments Forward Rate Agreement. Dieses wird in der Praxis häufig eingesetzt, da es sich gut an das Grundgeschäft anpassen lässt.

Forwards und Futures

Forward Rate Agreements (FRA) dienen der Absicherung von Zinsänderungsrisiken gegen steigende Zinsen aus einer Fremdfinanzierung. Mit einem FRA wird eine vertragliche Vereinbarung geschlossen, durch die sich Zinssätze für einen künftigen Zeitraum sichern und festlegen lassen. Bei einem FRA treffen zwei Parteien eine individuelle Vereinbarung über einen meist kurzfristigen Referenzzinssatz, bezogen auf eine Kapitalsumme sowie eine bestimmte Laufzeit. Der Beginn der Laufzeit liegt in der Zukunft. Mit Laufzeitbeginn zahlt die eine Vertragspartei der anderen je nach dem aktuellen Zinsniveau des Referenzzinses die Differenz zwischen dem aktuellen Zins und dem vereinbarten FRA-Zins (vgl. Perridon et al., 2013, S. 327).

Das alternativ mögliche Futures-Geschäft ist vom Grundaufbau ähnlich ausgestaltet, jedoch findet eine Standardisierung dieser Kontrakte bezüglich der gewählten Zinssätze, der Laufzeit und der zugrundeliegenden Kapitalbeträge statt.

Forwards und Futures bieten sich unter anderem an, wenn ein zukünftiger Kreditbedarf zu einem bestimmten Zeitpunkt und für eine genau definierte Zeitdauer feststeht. Der Terminzins definiert den zukünftigen Preis des Kredites.

Definition: Die **Spot Rate** ist ein Kassazins, der heute für eine Laufzeit von T_0 bis zum Laufzeitende des Kredits in T_n vereinbart wird. Eine **Forward Rate** ist ein Terminzinssatz und gilt erst in der Zukunft für eine bestimmte Zeitdauer von T_n bis T_m. Die erste Zahl determiniert somit den Beginn der Zinsperiode und die zweite Zahl den Endpunkt der Kreditlaufzeit.

FRA-Geschäfte werden meist Over The Counter (OTC) abgeschlossen, das heißt individuell zwischen den Vertragspartnern vereinbart. Der Forward Markt ist in großen Teilen nicht reguliert. Diese Verträge werden auf die individuellen Wünsche abgestimmt. Jedoch können dann Erfüllungsrisiken auf den Käufer wie auch der Verkäuferseite auftreten und Abweichungen von der Planung erzeugen. Meist ist es wichtig eine Bank als Intermediär einzuschalten, die das potenzielle Ausfallrisiko der Gegenpartei aufnimmt und die Zahlungsströme absichert.

Der Abschluss eines FRA ist kostenlos. Der Intermediär erzielt seinen Verdienst aus dem Spread, der Zinsdifferenz zwischen dem Kauf und dem Verkauf des FRA. Die Vertragsbestandteile eines FRA können frei ausgehandelt werden, auch ohne Zwischenstellung eines Bankintermediärs. Nachteilig kann es sein, wenn eine Gegenpartei ihren Pflichten nicht nachkommen kann und weiter eine offene Risikoposition besteht oder wenn in Vorleistung bereits Teilzahlungen erfolgten.

Der FRA ist bei Fälligkeit unbedingt auszuführen und es besteht gegebenenfalls ein Erfüllungsrisiko, wenn ein FRA-Partner seine Zahlungsvereinbarung nicht einhalten kann. Im Vorfeld der Fälligkeit kann ein FRA an liquiden Märkten allerdings auch jederzeit durch ein Gegengeschäft glattgestellt werden. In der folgenden Abb. 5.46 wird eine FRA-Vereinbarung „Sechs gegen Zwölf" abgebildet.

6X12 Forward Rate

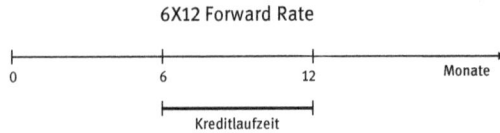

Abb. 5.46: 6 gegen 12 Forward Rate Agreement (Quelle: Eigene Darstellung)

Die erste Zahl bedeutet den zeitlichen Vorlauf in Monaten, die zweite Ziffer die Gesamtlaufzeit des Forwards in Monaten gerechnet. Das nachfolgende Beispiel dient zur Erläuterung des Einsatzes eines Forward Rate Agreements.

Beispiel: Der Finanzvorstand der WP AG ermittelt einen Kreditbedarf für Investitionen von 5 Mio. Euro in sechs Monaten für eine Laufzeit von sechs Monaten. Sein Bankbetreuer nennt ihm die Indikation für den Kauf eines 6X12 FRA in Höhe von 2,00 % auf Basis des 6-Monats-EURIBOR. Auf diese Weise kann das Zinsänderungsrisiko ausgeschaltet werden, da bereits heute ein fester Kreditzins von 2,00 % für sechs Monate auf eine Nominale von 5 Mio. Euro vereinbart wird. Liegt der EURIBOR bei Beginn der Kreditlaufzeit über dem festgelegten Basiszins von 2,00 %, erhält der Kreditnehmer vom Verkäufer eine Ausgleichszahlung in Höhe der Zinsdifferenz, bezogen auf die Nominale als Barwert. Liegt der 6-Monats-EURIBOR unter den vereinbarten 2,00 %, muss die WP AG den diskontierten Betrag erstatten. Damit ist der Kreditzins auf genau 2,00 % fixiert. Wird nach drei Monaten entschieden, dass entgegen den Planungen keine Kreditaufnahme erfolgen wird, kann die offene Position durch ein Gegengeschäft mit Verkauf eines 3X9 FRA geschlossen werden.

Um Wechselkursrisiken abzusichern, lassen sich **Devisen-Termingeschäfte (DTG)** einsetzen. Ein Devisen-Termingeschäft beinhaltet die feste Verpflichtung zum Beispiel einen Euro-Betrag gegen den gewählten Fremdwährungswert, zu einem im Voraus bestimmten Wechselkurs, zu liefern oder zu beziehen.

Bei Abschluss dieses Geschäfts werden der Betrag, der zukünftige Erfüllungszeitpunkt und der Kurs der Währung festgelegt. Diese Merkmale lassen sich flexibel auf das zugrunde liegende reale Grundgeschäft abstimmen. Devisen-Termingeschäfte sind OTC-Geschäfte und es lassen sich an den Märkten zur Absicherung Laufzeiten von bis zu zehn Jahren bei einem liquiden Handel realisieren.

Der Devisen-Terminkurs ergibt sich aus Auf- oder Abschlägen zum Kassakurs, die die jeweilige Zinsdifferenz zwischen zwei Währungen ausdrücken können. Neben der Zinsparität können auch Effekte anderer Art, wie die prognozierte Inflation zwischen der heimischen sowie der fremden Währung, die Devisen-Terminkurse beeinflussen (vgl. Spremann/Gantenbein, 2014, S. 96 ff.). Durch den Abschluss eines DTG erhalten die Vertragspartner eine sichere Kalkulationsbasis.

Kosten für Prämien treten bei dem Abschluss des Geschäfts nicht auf, da es sich um einen reinen Tausch von Währungen aufgrund bestimmter Erwartungen handelt. Meist ist jedoch auch bei einem DTG eine Bank als Partner zwischengeschaltet, um den potenziellen Ausfall der Gegenpartei abzusichern. Diese erzielt ihren Ertrag aus der Differenz zwischen dem Kauf- und Verkaufskurs der Währungen. Der Abschluss des Devisen-Termingeschäfts ist somit ohne Zusatzkosten möglich und wird durch die jeweiligen zukünftigen Zinserwartungen bestimmt.

Beispiel: Die WP AG erwartet in einem Jahr einen Eingang von 1 Mio. US-Dollar und möchte daher das Fremdwährungsrisiko durch den Tausch in Euro hedgen. Der Basiswert ist USD und die Kontraktgröße beträgt 1 Mio. USD Der Terminkurs für den An- und Verkauf von USD in einem Jahr liegt bei 1 Euro = 1,11 USD. Daraus ergibt sich ein Basispreis von 0,90 Euro je USD. Bei einer Kontraktgröße von 1 Mio. USD beträgt der Basispreis für den Kontrakt somit 900.000 Euro. Die WP AG verpflichtet sich in einem Jahr 1 Mio. USD zu liefern und erhält von der Gegenpartei 900.000 Euro. Liegt die Spot Exchange Rate im Fälligkeitszeitpunkt über 1,11 zum Beispiel bei 1,20 hat sich der Verkauf auf Termin für die WP AG als günstig erwiesen, da sich bei einem direkten Tausch von 1 Mio. USD nur ein Gegenwert von 833.333,33 Euro ergeben hätte. Hat sich der Außenwert des US-Dollar zum Fälligkeitstermin erhöht, erweist sich der Abschluss des DTG im Nachhinein als negativ.

Zum Hedging von Wechselkursrisiken lassen sich **Währungs-Futures (WF)** einsetzen, zur Zinssicherung **Zins-Futures (ZF)**. Futures werden an Terminbörsen gehandelt und zeichnen sich durch eine Standardisierung der Spezifikationen aus. Während Währungs-Futures als Kontraktgegenstand als Referenz wichtige Währungen wie Sfr, USD und Yen beinhalten, beziehen sich Zins-Futures auf verschiedene Rentenpapiere und dienen damit in erster Linie zur Absicherung von Grundpositionen mit Zinsänderungsrisiken (vgl. Perridon et al., 2012, S. 329 ff.).

Aufgrund der Standardisierung wird ein liquider Handel mit oft geringen Spannen ermöglicht. Durch das Clearing über eine zentrale Clearingstelle sowie die Sicherheitsleistungen in Form des Einschusses von Margins wird das Erfüllungsrisiko bei Futures weitgehend eliminiert (vgl. Hull, 2012, S. 58 ff.).

Das „**Marking to Market-Prinzip**" ermöglicht es zudem, zwischenzeitlich entstandene Gewinne dem Margin-Konto zu entnehmen. Regelmäßig wird daher ein Cash Settlement vereinbart, das heißt eine Barabrechnung bei Fälligkeit. Eine physische Lieferung des Basiswertes erfolgt bei Financial Futures somit in der Regel nicht. Es werden lediglich Ausgleichszahlungen auf das Underlying geleistet.

Futures lassen sich jedoch aufgrund der festgelegten Laufzeiten, Beträge und Währungen meist nicht ideal an das zugrunde liegende Geschäft anpassen. Dem gegenübergestellt sind bei Forward-Geschäften zusätzlich längere Laufzeiten möglich und bei den Währungssicherungstransaktionen sind über die Devisentermingeschäfte grundsätzlich sämtliche Währungen der Welt über flexible Laufzeiten und variable Kapitalsummen absicherbar.

Zum genau angepassten Hedging von Zahlungsströmen aus Lieferungen und Leistungen lassen sich daher Forwards in der Praxis individueller einsetzen. Die Anpassung an das Grundgeschäft ermöglicht in der Regel ein komplettes Ausschalten der Marktpreisrisiken bei Zinsen und Währungen.

Nachfolgend werden die wesentlichen Eigenschaften von Forwards und Futures zur Sicherung von Zins- und Währungsrisiken mit den wesentlichen Absicherungszielen, den Auswirkungen sowie den jeweiligen Vor- und Nachteilen dieser Finanzinstrumente in Tab. 5.8 zusammengefasst dargestellt.

Tab. 5.8: Eigenschaften von Forwards und Futures

Produkte	Forward	Futures
Darstellung	Individuell ausgestaltbar Over the Counter	Standardprodukt Börsenhandel
Ziele	Schaffung Zinssicherheit Absicherung Wechselkurse	Sicherung Zinsen, Wechselkurse Spekulation, Arbitrage
Wirkungsweise	Variable Kredite Käufer erhält Ausgleichsbetrag	Käufer erhält Ausgleichsbetrag Margin Konten
Beurteilung	Einfacher Praxiseinsatz Anpassung Grundgeschäft	Erklärungsbedürftig Hohe Liquidität, geringe Spreads

Zins- und Währungs-Swaps

Neben Forwards und Futures lassen sich auch Swap-Geschäfte zur Absicherung von offenen Zins- und Währungspositionen einsetzen. **Swaps** sind vertraglich vereinbarte Tauschgeschäfte und von ihrem Charakter her Arbitragegeschäfte, da unter anderem bei Zins-Swaps komparative Kostenvorteile an unterschiedlichen Finanzmärkten ausgenutzt werden können (vgl. Perridon et al., 2012, S. 337 ff.). Dabei lassen sich durch Swaps auch Marktpreisrisiken wie das Zinsänderungsrisiko mit einem Zins-Swap, das Wechselkursrisiko mit einem Währungs-Swap oder mit einem kombinierten Zins- und Währungs-Swap auch beide Arten von Risikokomponenten gleichzeitig absichern (vgl. Wöhe et al., 2013, S. 410 ff.).

Swaps werden als OTC-Verträge abgeschlossen und individuell auf die Zahlungsströme des Grundgeschäfts angepasst. Agiert eine Bank als Intermediär, schließt diese als aktiver Partner selbst Verträge mit den Swap-Parteien ab, die mit anderen Partnern wieder geschlossen werden können und vereinnahmt für ihre Dienstleistungen Provisionen oder verdient an der Preisspanne zwischen dem Ankauf sowie Verkauf. Zunächst wird der Zins-Swap zur Absicherung von Zinsänderungsrisiken sowie zur Erzielung von Kostenvorteilen, aufgrund von unterschiedlichen Bonitätseinschätzungen an den internationalen Märkten dargestellt.

Beispielsweise können über einen Austausch von Zahlungen Vorteile genutzt werden, wenn eine amerikanische Bank aufgrund ihres Bekanntheitsgrades Bonitäts- und Konditionsvorteile auf den amerikanischen Finanzmärkten hat. Demgegenüber kann ein international ausgerichteter deutscher Mittelständler einen guten Marktzugang in Deutschland besitzen, aber in Amerika aufgrund des geringen Bekanntheitsgrads deutliche Finanzierungsnachteile haben. Wenn unterschiedliche Kreditbedürfnisse bestehen, kann ein Austausch der Zahlungsströme über den Zins-Swap für beide Parteien deutliche Vorteile erbringen.

Zins-Swaps (ZS) sind OTC-Geschäfte und werden in der Regel unter Einschaltung einer Bank abgeschlossen. Bei einem Zins-Swap vereinbaren zwei Vertragsparteien den Austausch von Zinszahlungsverpflichtungen in einer Währung. Es liegen dem Kreditgeschäft unterschiedliche Zinsberechnungen zugrunde.

So kann der Tausch eines Festzinssatzes gegen einen variablen Zins vereinbart werden und umgekehrt. Die Nominale des Kredits ist gleich hoch, daher werden keine Kapitalbeträge ausgetauscht. Lediglich die laufenden Zinszahlungen oder lediglich die Differenzen der Zinszahlungsverpflichtungen werden ausgeglichen. Ist ein Kreditinstitut als Vermittler zwischengeschaltet, verdient die Bank am Spread zwischen dem festen und dem variablen Zins.

Beispiel: Die WP AG hat einen variabel verzinslichen Kredit in ihren Büchern und rechnet in der nächsten Zeit mit einem Zinsanstieg, da die EZB bereits signalisiert hat, auf eine steigende Inflation zu reagieren. Der Firmenkundenbetreuer der Hausbank bietet der WP AG einen Zins-Swap für den Kredit mit variabler Verzinsung an. Bei diesem Tauschgeschäft werden variable Zinsen gegen einen Festzins getauscht. Oftmals wird ein Referenzzinssatz wie der EURIBOR gegen einen festen Zins geswapt. Auch kann eine zweite Bank eingeschaltet werden. Die Swap-Bank zahlt dann der WP AG den EURIBOR und erhält im Gegenzug einen Festzinssatz. Die Swap-Bank erzielt ihren Erfolg aus der Zinsdifferenz zwischen Ankauf und Verkauf als Mittler unterschiedlicher Zinserwartungen.

Die nachfolgende Abb. 5.47 zeigt den Ablauf eines Zins-Swaps bei Darstellung von nur einer Seite des Swap-Geschäfts. Dabei können sich die Hausbank und die Swap-Bank unterscheiden. Aber auch die Hausbank kann den Swap anbieten.

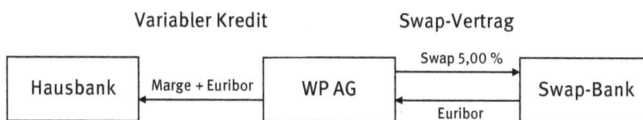

Abb. 5.47: Ablauf eines Zins-Swaps (Quelle: Eigene Darstellung)

Der Ablauf eines Zins-Swaps gestaltet sich in zwei Schritten: Im **ersten Schritt** vereinbaren zwei Kontraktpartner für eine bestimmte Laufzeit den Austausch von Zinszahlungsverpflichtungen auf einen gleich hohen Kapitalbetrag. Im **zweiten Schritt** werden zu den Zinszahlungszeitpunkten die gesamten Zinsbeträge oder auch nur die Differenzzahlungen zwischen den unterschiedlichen Zinsverpflichtungen in den Formen des Fix Leg und des Variable Leg transferiert.

Kreditinstitute sind in der Regel als Vermittler und Intermediäre eingeschaltet, bringen die unterschiedlichen Swap-Wünsche zweier Geschäftspartner zusammen und übernehmen das Ausfallrisiko der Swap-Partner. Das Risiko kann gegebenenfalls an andere Akteure direkt weitergegeben oder über Derivate abgesichert werden.

Neben der Absicherung lässt sich aus einem Zins-Swap zusätzlich ein Kostenvorteil realisieren, wenn die Swap-Bank und der Kreditnehmer starke Bonitätsunterschiede aufweisen und diesen Akteuren daher am Markt unterschiedliche Zinskonditionen angeboten werden. Komparative Kostenvorteile aus dem Zins-Swap lassen sich erzielen, wenn die individuellen Zinsdifferenzen bei einer Zinsberechnungsart größer sind als bei einer anderen Berechnungsart:

$$(i_A^{fix} - i_B^{fix}) > (i_A^{var} - i_B^{var})$$

Im Folgenden wird ein Beispiel für die Nutzung eines Kostenvorteils aufgrund unterschiedlicher Preisdifferenzen gegeben.

Beispiel: Die WP AG hat einen Neukreditbedarf mit Festzins und drei Jahren Laufzeit. Sie bekommt aufgrund ihrer Bonität einen Festzinssatz von 6,00 % angeboten. Alternativ gilt ein variabler Satz von EURIBOR + 2,00 % Marge. Ein Zins-Swap kann bei der WP AG mit einer Swap-Bank zu einer absoluten Einsparung der Zinskosten führen. Die Swap-Bank erhält an den Finanzmärkten Konditionen von 4,00 % im Festzins und einen variablen Zins von EURIBOR + 1,00 % Marge. Somit ergibt sich bei Abschluss eines Zins-Swaps eine relative Zinsdifferenz zwischen Festzins und variablem Zins von 1,00 %, die auf beide Partner aufgeteilt werden kann. Obwohl die Swap-Bank bei beiden Kreditformen Vorteile besitzt, kann der Zins-Swap für diese Parteien von Vorteil sein. Die WP AG nimmt entgegen ihrem eigentlichen Kreditwunsch, einen variabel verzinslichen Terminkredit auf Basis des EURIBOR auf, die Swap-Bank einen Festzinskredit. Die Swap-Bank bietet der WP AG an, für drei Jahre den EURIBOR zu zahlen, wenn die WP AG im Gegenzug den Festzins leistet.

Die Vorteile aus der Realisierung komparativer Kostenvorteile stellen sich für die beiden Unternehmen in der nachfolgenden Tab. 5.9 wie folgt dar. Im Ergebnis ergeben sich durch den Tausch der festen und variablen Zinszahlungen Vorteile für die WP AG und die Swap-Bank von jeweils 0,50 % p.a., bezogen auf den Kreditbetrag. In der Summe sind die Kreditzahlungen beider Partner aufgrund des Swaps geringer als die Zinszahlungen gemäß dem ursprünglichen Kreditwunsch.

Die absolute Höhe der Zinssätze ist dabei nicht entscheidend, um insgesamt einen Nutzen aus der Zinsverbilligung zu realisieren. Vielmehr ist das Verhältnis der Differenzen aus Festzins sowie variablem Zins von Relevanz für den zu erzielenden Gesamtvorteil. In diesem Fall wurde der Zinsvorteil gleichwertig auf die Partner aufgeteilt. Dies ist jedoch nicht der Regelfall.

Tab. 5.9: Kostenvorteile aus einem Zins-Swap

	WP AG	Swap-Bank
Zinszahlungen	- (EURIBOR + 2,00 %)	- 4,00 %
Zahlungen fest	- 4,00 %	+ 4,00 %
Zahlungen variabel	+ (EURIBOR + 0,50 %)	- (EURIBOR + 0,50 %)
Zinsen nach Swap	- 5,50 %	- (EURIBOR + 0,50 %)
Alternativkonditionen	- 6,00 %	- (EURIBOR + 1,00 %)
Vorteile	+ 0,50 %	+ 0,50 %

Zins-Swaps zur Absicherung variabler Zinsbelastungen aufgrund steigender oder fallender Zinsen weisen aus Unternehmenssicht folgende Vorteile auf:

- Es existieren liquide Märkte, die das Eingehen eines an die Grundtransaktion angepassten Swapgeschäfts (OTC) ermöglichen.
- Es besteht die Option, sich aus der Swap-Verpflichtung zu lösen, durch Vereinbarung eines Gegengeschäfts mit Herstellung der ursprünglichen Finanzierung.
- Kreditinstitute übernehmen durch ihre Mittlerfunktion das Bonitätsrisiko eines Kontrahenten und sichern damit die Transaktion ab.
- Es lassen sich lange Laufzeiten von regelmäßig bis zu zehn Jahren oder länger absichern und damit eine dauerhafte Planungssicherheit erzielen.
- Finanzierungskosten lassen sich unter Umständen durch die Realisierung komparativer Kostenvorteile zwischen zwei Finanzierungspartnern ermäßigen.

Neben einer Zinssicherung kann unter Umständen eine absolute Reduzierung der Finanzierungskosten erreicht werden, indem unterschiedliche Bonitäten der Kontraktpartner an den Finanzmärkten genutzt werden. Im Gegensatz zu Zins-Swaps dient die Variante des Währungs-Swaps primär der Absicherung von Wechselkursrisiken bei Transaktionen zwischen verschiedenen Währungen.

Ein **Währungs-Swap (WS)** ist ein Derivat, bei dem zwei Vertragsparteien Zins- und Kapitalzahlungen in unterschiedlichen Währungen austauschen. Dieses wird zur Absicherung von unvorteilhaften Veränderungen von Wechselkursen angewendet. Die Finanzinstrumente kommen primär im internationalen Geschäft mit einer Kreditaufnahme in einer fremden Währung zum Einsatz.

Bei einem Währungs-Swap vereinbaren zwei Vertragsparteien den Tausch von den benötigten Fremdwährungsbeträgen. Zudem werden die Zinszahlungsverpflichtungen in der ausländischen Währung von der Gegenpartei übernommen. Ein Entstehungsgrund liegt in komparativen Zinsvorteilen der beteiligten Akteure. Die nachfolgende Abb. 5.48 zeigt exemplarisch den Ablauf eines Währungs-Swaps am Beispiel eines Tausches von Euro und US-Dollar.

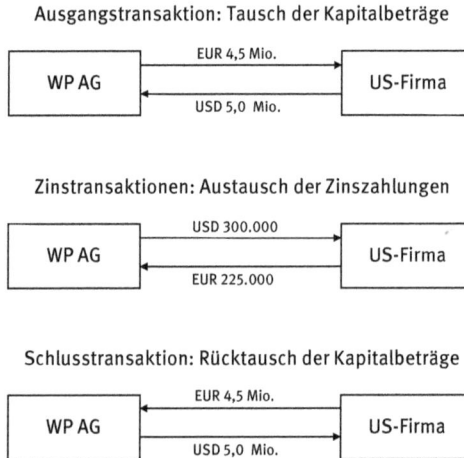

Ausgangstransaktion: Tausch der Kapitalbeträge

	EUR 4,5 Mio.	
WP AG		US-Firma
	USD 5,0 Mio.	

Zinstransaktionen: Austausch der Zinszahlungen

	USD 300.000	
WP AG		US-Firma
	EUR 225.000	

Schlusstransaktion: Rücktausch der Kapitalbeträge

	EUR 4,5 Mio.	
WP AG		US-Firma
	USD 5,0 Mio.	

Abb. 5.48: Transaktionen bei einem Währungs-Swap (Quelle: Eigene Darstellung)

Vereinbart wird in der Regel die Kapitalbeträge am Ende der Laufzeit zum gleichen Wechselkurs wie bei Abschluss des Geschäfts zurück zu tauschen oder es erfolgt ein Umtausch zum derzeit gültigen Terminkurs. Die Zinszahlungen erfolgen in der gleichen Berechnungsart fest oder variabel.

Die Transaktionen eines Währungs-Swaps laufen grundsätzlich in drei Schritten ab: Im **ersten Schritt** nehmen die beteiligten Unternehmen zunächst die vereinbarten Kapitalbeträge in der jeweiligen Heimatwährung am Kapitalmarkt auf und tauschen dann diese Beträge zum aktuellen Kassakurs (Ausgangstransaktion).

Im **zweiten Schritt** werden die laufenden Zinszahlungen während der Laufzeit des Swaps auf die getauschten Fremdwährungsbeträge entrichtet (Zinstransaktionen). Die Zinszahlungen lauten dabei in der Regel auf die jeweilige Fremdwährung.

Im **dritten Schritt** werden die Kapitalbeträge zurückgetauscht, zu einem bereits bei Vertragsabschluss festgelegten Wechselkurs (Schlusstransaktion). In allen Phasen gibt es vielfältige Ausgestaltungsformen. So kann vereinbart werden, dass im Rahmen der Schlusstransaktion nur ein Differenzbetrag auszugleichen ist.

Beispiel: Der Vorstand der WP AG plant die Eröffnung einer Filiale in den USA. Es besteht ein Kreditbedarf in Höhe von 5 Mio. USD. Zudem werden nach Errichtung der Filiale laufende Erträge in USD erwirtschaftet. Die WP AG befürchtet einen Anstieg des USD gegenüber dem Euro. Daher beschließt der Vorstand einen Währungs-Swap mit einem befreundeten Unternehmen in den USA vorzunehmen, welches einen Finanzmittelbedarf in Euro in gleicher Höhe hat. Aus Sicht der WP AG werden im ersten Schritt die Kapitalsummen zum aktuellen Wechselkurs getauscht. So wechselt die WP AG 4,5 Mio. Euro gegen 5 Mio. USD (Ausgangstransaktion). Mit diesem Betrag wird die Filiale errichtet. Während der Laufzeit leistet das deutsche Unternehmen die Zinszahlungen von 6 % in USD und das US-Unternehmen zahlt den Festzins von 5 % in Euro (Zinstransaktionen). Die Zahlung der Zinsen in USD kann von der WP AG aus den laufenden Erträgen erwirtschaftet werden. Am Ende der Laufzeit werden die Kapitalbeträge zum vereinbarten Kursverhältnis zurückgetauscht (Schlusstransaktion). Auf diese Weise wird eine Kurssicherung während der gesamten Dauer des Kredites erreicht.

Da beim Währungs-Swap lediglich die Kapitalsummen getauscht werden, fallen für die Vertragspartner in der Regel keine Kosten an. Eine Bank kann jedoch als Arrangeur auftreten und die Partner zusammenführen und dafür eine Provision verlangen. Es ergibt sich im Ergebnis kein Währungsrisiko, da die laufenden Zinszahlungen in Fremdwährung erfolgen und die Kapitalbeträge zum ursprünglichen Kurs zurückgetauscht werden. Sämtliche Basiskomponenten eines WS lassen sich individuell zwischen den Parteien vereinbaren und an deren Wünsche anpassen.

So kann auch die Forward Rate zur Bestimmung der Rückzahlungssummen bei der Schlusstransaktion angewendet werden. Zudem kann bei einer Schlusstransaktion lediglich eine Differenzzahlung vorgesehen sein. Selbst die Art des Austausches der Zinszahlungen ist verhandelbar. Daher kann auf eine Bedienung der Zinsen auf den Fremdwährungsbetrag verzichtet werden, wenn zum Beispiel eine feste Austauschrelation vereinbart wird. Dann bedient jeder Partner die Zinsverpflichtungen in der eigenen Währung. Auch das Einschalten eines Intermediärs ist möglich, wenn Unsicherheiten zur Bonität des Gegenparts bestehen. Bei Währungs-Swaps sind Laufzeiten von bis zu zehn Jahren und länger möglich.

Zins- und Währungs-Swaps (ZWS) sind kombinierte Zins- und Währungstauschgeschäfte. Mit dem Einsatz dieser Instrumente können neben den Fremdwährungsbeträgen zugleich die Zinsberechnungsarten gewechselt werden. Zum Beispiel lässt sich ein Festzins gegen einen variablen Zins tauschen, in der Erwartung fallender Zinsen auf dem Auslandsmarkt. Weitere Sonderformen von Swaps existieren, indem eine Vorlaufzeit für das Tauschgeschäft festgelegt wird.

Dazu zählen unter anderem Kombinationen mit einem Termingeschäft zu einem Forward Swap. Auch Verknüpfungen mit Optionen können erworben werden. Demnach bedeutet eine Swaption eine Option auf ein Swap-Geschäft. Gegen Zahlung einer Prämie erwirbt der Käufer dann das Recht, bei Ausübung dieser Option eine Swap-Transaktion zu vorher vereinbarten Bedingungen abzuschließen (vgl. Wöhe et al, 2013, S. 415). Die Eigenschaften der Grundarten von Zins- und Währungs-Swaps werden in Tab. 5.10 zusammengefasst dargestellt.

Tab. 5.10: Eigenschaften von Zins- und Währungs-Swaps

Produkte	Zins-Swap	Währungs-Swap
Darstellung	OTC-Produkt Zwei Schritte	OTC-Produkt Drei Ablaufschritte
Ziele	Absicherung von Zinsrisiken Komparative Kostenvorteile	Sicherung von Wechselkursen ZWS zusätzlich Zinsvorteile
Wirkungsweise	Kein Austausch von Kapital Ausgleich der Differenzbeträge	Tausch der Kapitalsummen Fixierter Rücktausch
Beurteilung	Komparative Kostenvorteile Absicherung von Zinsrisiken	Absicherung von Währungsrisiken ZWS zusätzlich Zinsvorteile

Bislang wurden Transaktionen und Finanzinstrumente vorgestellt, die Verpflichtungscharakter besitzen und von den Vertragspartnern unbedingt zu erfüllen sind. Im Folgenden werden Optionen und Zinsbegrenzungsverträge mit Optionsmerkmalen beschrieben. Diese weisen Vorteile auf, da sie auf der Käuferseite nur bedingt zu erfüllen sind und somit Rechte beinhalten, aber keine Verpflichtungen.

Zinsbegrenzungsverträge und Devisen-Optionen

Optionen sind Derivate und erlauben in der Long-Position ein Wahlrecht. Der Inhaber einer Option entscheidet dann, ob es vorteilhaft ist diese auszuüben. Devisen-Optionen sowie optionsähnliche Kontrakte, wie ausgestaltbare Zinsbegrenzungsverträge beziehungsweise Caps lassen sich zur Absicherung von Zins- und Fremdwährungspositionen effektiv einsetzen.

Ein **Cap** ist eine vertragliche Vereinbarung, bei der dem Käufer gegen Zahlung einer Prämie eine Zinsobergrenze für eine bestimmte Laufzeit garantiert wird. Der Cap dient zu der Begrenzung von Risiken aus Zinssteigerungen im klassischen Kreditgeschäft. Es besteht mit dem Cap eine Absicherung über eine frei wählbare Zinsgrenze. Szenarien für den Kauf eines Caps sind erwartete Zinssteigerungen. Der Cap wirkt wie eine Versicherung, bei der durch das Festlegen einer Zinsobergrenze der Worst-Case-Fall einer starken Zinserhöhung abgesichert wird. Für den Käufer eines Caps ergibt sich gleichermaßen die Chance von Zinssenkungen zu profitieren und damit insgesamt eine Verbilligung der Finanzierung zu erreichen.

Zinsgrenzen lassen sich im Kreditgeschäft bei Unternehmen anwenden, die einen Kredit auf variabler Basis aufgenommen haben oder eine Neukreditaufnahme planen und in der Zukunft mit Zinssatzsteigerungen rechnen. Der Cap wirkt dann wie eine Deckelung der Rate, indem er die Zinsen auf einen Höchstbetrag begrenzt. Ein Zinsbegrenzungsvertrag lässt sich mit einer Bank abschließen, gegen Zahlung einer barwertigen Einmalprämie (Upfront Fee) oder einer jährlichen Prämie. Die Jahresgebühr lässt sich mit Hilfe des Annuitätenfaktors, angewendet auf die Einmalprämie, bestimmen (vgl. Beike/Barckow, 2002, S. 49 ff.).

Die Kosten des Caps werden in Basispunkten angegeben. Ein Basispunkt entspricht einem Hundertstel Prozentpunkt. Es existieren die Einstandspreise der Bank als Indikationen für die Geld- und Brief-Seite. Für ein Unternehmen, das sich absichern möchte, ist die Brief-Seite relevant. Indikationen geben lediglich Anhaltspunkte für die letztendlichen Preise, die Banken von Unternehmen als Prämie verlangen.

Ein Cap weist grundsätzlich einen Versicherungscharakter auf. Er dient in der Regel zur Absicherung eines Worst-Case-Szenarios. Für die Finanzierung bedeutet dieses Risiko, dass das variable Marktzinsniveau über eine maximale unternehmensindividuelle Kalkulationsgrenze steigt. Dennoch ist eine variabel verzinsliche Verschuldung attraktiv, da Firmen von sinkenden Zinsen profitieren und Auftragsangebote mit günstigen Zinsaufwendungen kalkulieren können.

Die festgelegte Zinsobergrenze (Strike) wird während der Laufzeit an den bestimmten Referenzzeitpunkten mit dem tatsächlich eingetretenen Geldmarktzins, der dem Geschäft zugrunde liegt, verglichen. Sollte sich der aktuelle Marktzins am jeweiligen Referenzzeitpunkt über der vereinbarten Zinsobergrenze eines Vergleichszinssatzes befinden, erhält der Käufer des Caps eine Ausgleichszahlung vom Verkäufer.

Die Zahlung erfolgt nachschüssig zum Referenzzeitpunkt, der gleichzeitig auf den Zinszahlungszeitpunkt aus dem originären Kreditvertrag gelegt werden kann. Im Fall der Überschreitung des Strikes gleicht die Zahlung aus dem Cap dann den erhöhten variablen Zins aus. Liegt der Referenzzins unterhalb des Strike Price, wirkt der Cap dagegen nicht und die gezahlte Optionsprämie verfällt. Das Profil entspricht dem Verkauf einer Verkaufsoption. Die Einflussfaktoren zur Bewertung der Option sind an das Grundgeschäft anzupassen (vgl. Briys et al., 1991, S. 1879 ff.).

Die folgende Abb. 5.49 zeigt die alternativen Verlaufsprofile eines variablen Kredits mit Zinsbegrenzungsoption (Cap) im Vergleich zu einem Festzinskredit und einem variablen Kredit in einem Diargramm.

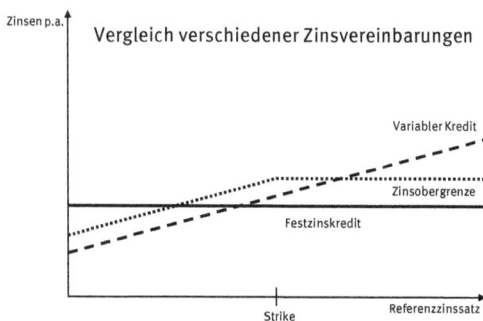

Abb. 5.49: Wirkungsweise variabler Kredit mit Zinsobergrenze (Quelle: Eigene Darstellung)

Der Cap bezieht sich auf einen variablen Zinssatz, wie den LIBOR oder EURIBOR. Der Strike-Preis bezeichnet die Höhe der festgelegten Zinsobergrenze. Diese Vereinbarung wird immer auf einen nominellen Kapitalbetrag getroffen. Sollte der Marktzins unter der Zinsobergrenze liegen, wird die Option nicht ausgeübt. Der Kreditvertrag sowie der Vertrag über den Cap werden in der Regel voneinander unabhängig geschlossen. Auch die Bank, die den Kredit bereitstellt und das absichernde Cap-Institut müssen nicht identisch sein.

Dies erhöht die Flexibilität des Einsatzes dieses Zinssicherungsinstruments. So können kurzfristige Finanzierungen einer oder mehrerer Banken gegenüber gleichzeitig abgesichert werden. Es wird quasi eine Deckelung mit Optionsprofil über die bestehenden variablen Kreditverträge gesetzt. Diese besteht unabhängig von den jeweiligen Inanspruchnahmen bei den betreffenden Banken.

Auch eine jederzeitige Auflösung des Absicherungsgeschäfts durch den Verkauf des Caps ist an den in der Regel liquiden Märkten möglich. Des Weiteren kann der Verkauf an ein Kreditinstitut häufig realisiert und damit die Ausgangsposition der ursprünglichen variablen Finanzierung wieder hergestellt werden.

---

i **Beispiel:** Die WP AG plant, ein langfristiges Darlehen zur Finanzierung des Warenlagers aufzunehmen. Da in der Zukunft mit Rückflüssen aus einem Saisonverkauf gerechnet wird, ist ein festes Darlehen für diese Art der Finanzierung klar ungeeignet. Eine rollierende kurzfristige Finanzierung über Terminkredite sowie die Absicherung einer Zinsobergrenze über einen Cap verschaffen dem Unternehmen in diesem Fall eine hohe Flexibilität und eine umfassende Zinssicherheit.

Durch den gleichzeitigen Abschluss einer Zinsuntergrenze lässt sich zudem die Cap-Prämie für den Käufer des Zinsbegrenzungsvertrags verringern. Denn mit der vereinnahmten Gebühr aus dem Floor reduziert sich die Cap-Prämie. Zugleich hat der Verkäufer des Floors dem Käufer, einem Anleger, gegebenenfalls die Differenz zwischen dem niedrigeren Referenzzinssatz und der vereinbarten Zinsuntergrenze, bezogen auf den Kapitalbetrag, zu erstatten. Diese Kombination aus Cap sowie Floor wird als Collar bezeichnet (vgl. Wöhe et al., 2013, S. 408).

---

i **Beispiel:** Die WP AG hat Teile ihres Umlaufvermögens variabel über einen Terminkredit auf Basis des 6-Monats-EURIBOR refinanziert. Derzeit ist das Zinsniveau für kurze Fristen niedrig, dennoch rechnet die Geschäftsleitung mittel- bis langfristig mit Zinssteigerungen. Der Firmenkundenbetreuer der Hausbank rät, einen Cap zur Festlegung einer Zinsobergrenze einzusetzen. Die Kreditlaufzeit beträgt fünf Jahre. Der variable Zinssatz ermittelt sich aus dem 6-Monats-EURIBOR zuzüglich einer zu zahlenden Marge von 2,00 %, aufgrund der Ratingeinstufung der Bank. Es wird ein Strike von 3,00 %, bezogen auf den Kreditbetrag von 1 Mio. Euro, für den Referenzzins des 6-Monats-EURIBOR für fünf Jahre vereinbart. Zu zahlen ist eine Einmalprämie von 0,50 %, in Anlehnung an die Kapitalsumme. Damit ergibt sich ein Sicherungsprofil, das beim Übersteigen des Zinsniveaus von 3,00 % greift. Aufgrund der Prämienzahlung lohnt sich der Abschluss dieser Cap-Transaktion ab einer unverzüglichen Zinsänderung des EURIBOR auf 3,10 % bei linearer Umrechnung der Cap-Prämie.

Folgende Abb. 5.50 verdeutlicht den Ablauf eines Cap-Geschäfts. Unterstellt wird in diesem Falle, dass die Hausbank der WP AG und die Cap-Bank nicht identisch sind.

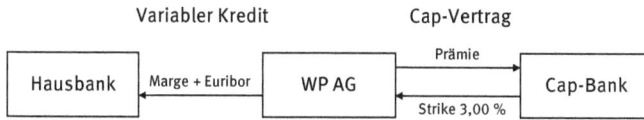

Abb. 5.50: Ablauf eines variablen Kredits mit einem Cap (Quelle: Eigene Darstellung)

Der Cap ist ein einfach verständliches Produkt und kann flexibel zur Absicherung eines variablen Kredits eingesetzt werden. Es lassen sich lange Laufzeiten von regelmäßig bis zu zehn Jahren an liquiden Märkten vereinbaren.

Dies erlaubt dem Käufer des Caps gerade in Niedrigzinsphasen mit drohenden Zinssteigerungen eine langfristige Planungssicherheit. Dennoch kann der günstige Zinssatz für eine variable Finanzierung weiter genutzt werden. Durch dieses Absicherungsprofil können für den Käufer zugleich Chancen aus sinkenden Zinsen realisiert werden. Es besteht eine Absicherung bei steigenden Zinsen und gleichzeitig eine Chance der Realisierung von fallenden Zinssätzen aus einer variablen Finanzierung, falls der Referenzzinssatz ungeplant sinkt.

Zudem lässt sich der Cap am Finanzmarkt jederzeit auflösen. Generell verschafft der Einsatz eines Caps eine hohe Flexibilität bei der Finanzierung. Der Verkäufer eines Caps muss allerdings damit rechnen, je nach Zinsverlauf mehrere Jahre in Anspruch genommen werden zu können. Daher übernehmen Banken eine Intermediär-Funktion und sichern das potenzielle Kontrahenten-Ausfallrisiko ab.

Devisen-Optionen (DO), auch Währungs-Optionen genannt, beinhalten das Recht, an einem fest vereinbarten Fälligkeitstag einen bestimmten Betrag einer Fremdwährung zu einem bereits bei Geschäftsabschluss vereinbarten Wechselkurs (Basispreis) zu kaufen (Call) oder zu verkaufen (Put). Der Käufer der Option entrichtet eine Prämie, deren Höhe sich nach dem Underlying (Währung), der Laufzeit sowie der Höhe des Basispreises richtet. Die DO garantiert gegen Zahlung der Prämie eine Kurssicherung und darüber hinaus an positiven Kursverläufen teilzuhaben.

DO können eingesetzt werden, wenn in Fremdwährungen denominierte Verbindlichkeiten starken Wechselkursrisiken ausgesetzt sind. Gegenüber Devisen-Termingeschäften oder Währungs-Futures haben Währungs-Optionen den Vorteil, dass für den Käufer keine Erfüllungspflichten verbunden sind.

Der Käufer der Option kann sich gegen Währungsrisiken absichern, ohne dass er auf die Vorteile der günstigen Wechselkursentwicklung verzichten muss. Der mögliche Verlust beschränkt sich auf die gezahlte Prämie. Die Währungs-Optionen werden OTC angeboten, aber auch in standardisierter Form gehandelt (vgl. Zahn, 1991, S. 320 ff.). In der nachfolgenden Tab. 5.11 werden die wesentlichen Eigenschaften von Caps und Devisen-Optionen gegenübergestellt.

Tab. 5.11: Eigenschaften von Zins- und Währungs-Swaps

Produkte	Cap	Devisen-Option
Darstellung	OTC-Geschäft Bank als Intermediär	OTC-Transaktion Börsenmäßige Devisen-Option
Ziele	Anwendung bei Zinsrisiken Kalkulationssicherheit	Sicherung der Wechselkurse Planungssicherheit
Wirkungsweise	Zinsbegrenzung Erhalt der Zinsdifferenz	Festschreiben Wechselkurs Zahlung des Optionspreises
Beurteilung	Hohe Flexibilität Lange Laufzeiten	Vermeidung von Währungsrisiken Chancen bei günstigen Kursen

Die Volatilitäten an den Zins- und Währungsmärkten haben in den letzten Jahren aufgrund der internationalen Verflechtungen stark zugenommen. Gerade für wachsende Unternehmen in einer expansiven Lebenszyklusphase können sich wegen eines ausgeweiteten internationalen Geschäftsumfangs erhöhte Risiken aus der Veränderung von Zinsen und Währungen ergeben. Diese Marktpreisrisiken betreffen den finanzwirtschaftlichen Bereich und sind zu vermeiden.

Ungünstige Veränderungen der Preise für Zinsen und Währungen können bei eng kalkulierenden Unternehmen, die sich im nationalen und internationalen Wettbewerb befinden, die Marge aufzehren und den geplanten Gewinn in einen realisierten Verlust umkehren. Gerade wenn die Konkurrenz bereits Absicherungsgeschäfte mit Derivaten tätigt, können sich erhebliche Wettbewerbsnachteile ergeben, wenn ein Unternehmen sich nicht mit dem Hedging von Marktpreisrisiken befasst.

Um daher Planungssicherheit zu schaffen, können grundsätzlich diverse Arten von Finanzgeschäften zur Absicherung von Zins- und Währungsrisiken eingesetzt werden. Diese Instrumente sind heutzutage, unter Hilfestellung von Banken, ohne Probleme anzuwenden. Auf diese Weise lassen sich sowohl Risiken aus internationalen Liefer- und Leistungsprozessen mit einer Fakturierung in einer anderen Währung als auch Unsicherheiten der Entwicklung der Zinsen absichern und gegebenenfalls absolute Kostenvorteile erwirtschaften.

5.8.6 Berichterstattung über die Zins- und Währungssteuerung

Im Rahmen des Risikomanagements sind die erfolgten Absicherungsgeschäfte im Hinblick auf den Erfolg des Einsatzes zu überwachen. Zudem ist ein Reporting über die wesentlichen Grundgeschäfte, die gewählte Absicherungsstrategie und die erzielten Erfolge oder Misserfolge zu installieren. Die Visualisierung kann mit einer Risikomatrix erfolgen und darüber können die unterschiedlichen Risikobereiche mit den Korrelationen zwischen den Risikosegmenten aufgezeigt werden. Die Berichterstattung über die Risikobereiche kann auch in Rechnungslegungsinstrumente wie den Lagebericht aufgenommen werden (vgl. Becker et al., 2014, S. 255).

Die Berichterstattung über das Risikomanagementsystem im Teil des Risikoberichts eines **(Konzern-)Lageberichts** umfasst die Bereiche der Ziele sowie Strategien, die Darlegung der Organisation des Risikomanagements, der Prozesse sowie der Maßnahmen zur Überwachung. Demnach sind die einer Steuerung zugrundeliegenden Zielrichtungen und die gewählte Risikopolitik zu erläutern. Die Risikoschwerpunkte, die Risikoneigung mit den Wesentlichkeitsgrenzen sowie die Risikotragfähigkeit sind darzustellen. Das Risikowesen sollte insgesamt in einem umfassenden Richtlinienkatalog festgehalten werden (vgl. Becker et al., 2014, S. 253 ff.).

Des Weiteren bedarf es bei der Steuerung einer umfassenden Aufbau- und Ablauforganisation. Dabei können Aufgaben der Überwachung an das Controlling, an das Treasury oder an die interne Revision im Rahmen des internen Kontrollsystems vergeben werden. Die Geschäftsleitung hat sich im Hinblick auf die Angemessenheit des installierten Risikomanagementsystems sowie hinsichtlich der adäquaten Berichterstattung erheblicher Risikobereiche im Rahmen dieses Managementinformationssystems zu überzeugen (vgl. Becker et al., 2014, S. 253 ff.).

Der Prozess der Risikofrüherkennung umfasst die wesentlichen Bereiche der Identifikation von Gefährdungsbereichen, der Bewertung von wesentlichen Risiken, den Einsatz von steuernden Maßnahmen sowie die Überwachung und Aufnahme in das Reporting. Dazu sind Einzelrisiken wie auch aggregierte Portfoliorisiken zu untersuchen und zu bewerten. Dabei kann es sich ergeben, dass sich verschiedene Risikobereiche gegenseitig verstärken oder gegeneinander aufheben. Zur Begrenzung sind Limite festzulegen und zur Absicherung Überwälzungsstrategien zu wählen.

Dazu sind im Risikobericht des (Konzern-)Lageberichts auch genaue Informationen zu erheblichen Einzelrisiken zu geben. Dies umfasst auch die konzernweiten Ziele, Strategien sowie Lenkungsmaßnahmen im Risikomanagement mit dem Einsatz von Terminmarktinstrumenten. Diese Risikoberichterstattung beinhaltet beispielsweise die Verwendung von Finanzinstrumenten, die zur Steuerung von Gefährdungsbereichen eingesetzt werden (DRS 20.179-187). Zu erläutern ist die Verwendung von Instrumenten in den verschiedenen Risikoklassen wie Marktpreisrisiken, Ausfallrisiken und Liquiditätsrisiken mit den angestrebten Zielen der Steuerung.

Im (Konzern-)Lagebericht ist gemäß § 289 Abs. 2 Nr. 2 und § 315 Abs. 2 Nr. 2 HGB auf die zugrundeliegenden Risikomanagementziele einzugehen. Es sind die Methoden zur Absicherung wichtiger Arten von Transaktionen darzulegen. Diese werden im Rahmen der Bilanzierung von Sicherungsgeschäften erfasst, wie unter anderem bei Preisänderungsrisiken aus Zahlungsstromschwankungen, denen ein Unternehmen in Bezug auf die Verwendung von Finanzinstrumenten ausgesetzt ist, sofern dies für die Beurteilung der Lage der Firma bedeutend ist.

Die Angabepflicht umfasst unter anderem offene und ungedeckte Risikopositionen. Art und Umfang der Restrisiken sind durch Sensitivitätsanalysen und durch Kennzahlen wie der Value at Risk transparent zu beschreiben. Auf bewusst eingegangene Risikobereiche ist ebenfalls einzugehen. Detailliert ist zu erläutern, inwieweit die eingegangenen Risiken in Bezug auf die Abwendung von Finanzinstrumenten aktiv gesteuert werden. Dieses beinhaltet Angaben über die Risikoreduktion und die Risikoüberwälzung mit dem Abschluss von Sicherungsgeschäften.

Der erforderliche Umfang der Ausführungen zu Marktpreisrisiken richtet sich auch nach dem Ausmaß der mit den Finanzinstrumenten verbundenen Risiken, in Bezug auf die Vermögens-, Finanz- und Ertragslage des Unternehmens, aus.

Des Weiteren sind im Anhang gemäß § 285 HGB umfangreiche Informationen und Daten zu wichtigen Risikokategorien und Sicherungsinstrumenten anzugeben. Beispielsweise sind die Bewertungsmethoden für Derivate und Volumina getrennt nach den einzelnen eingesetzten derivativen Finanzinstrumenten zu berichten. Die Sicherungsbeziehungen und die Bewertungseinheiten sind zu erläutern.

Dies betrifft beispielsweise die Anwendung von Zinssicherungsgeschäften und Devisenkontrakten bei konkreten Swapgeschäften im Zins- und Währungsbereich, bei der Nutzung von Optionen, beim Einsatz von Caps, Devisenterminkontrakten und Warentermingeschäften. Es ist der Sicherungszweck in Bezug zu den realwirtschaftlichen Grundgeschäften anzugeben. Für Sicherungsinstrumente mit negativem Zeitwert sind Rückstellungen zu bilden. Auch die Effektivität der Absicherung mit der erwarteten Wirkung ist anzugeben. Bei einer konzernweiten Organisation ist darauf einzugehen, ob eine zentrale Risikosteuerung für Tochtergesellschaften erfolgt. Dies ist meist sinnvoll, da Risikopositionen miteinander verrechnet werden können und lediglich der offene Saldo durch Termingeschäfte abzusichern ist.

---

i **Zusammenfassung Abschnitt 5.8:** In diesem Abschnitt wurden verschiedene Instrumente zur Absicherung von **Zins- und Währungsrisiken** vorgestellt und deren Einsatz aus Unternehmenssicht beurteilt. Ausgewählte praxisnahe Sicherungsgeschäfte wie beispielsweise Forward Rate Agreements, Devisen-Termingeschäfte, Zins- und Währungs-Futures, Zins-Swaps, Währungs-Swaps, Caps und Devisen-Optionen wurden an mehreren Beispielen dargestellt. Anschließend wurden die Einsatzmöglichkeiten in der Praxis beurteilt. Insgesamt zeigt sich, dass sich die Terminmärkte durch neue Produkte und höhere Handelsvolumina ständig weiterentwickeln und der Nutzen des Einsatzes dieser Finanzinstrumente für Unternehmen und deren Absicherungszwecke sehr hoch sein kann.

6 Reifefinanzierung

Als Teil ihres Entwicklungsprozesses durchlaufen viele Unternehmen in ihrem Lebenszyklus eine Phase der Expansion, um schließlich in ein Stadium des verlangsamten Wachstums, der **Reifephase** zu gelangen. In der Reifephase stagnieren die Umsätze und Erträge häufig oder sind gegebenenfalls sogar rückläufig. Dieses Stadium kann kritisch für ein Unternehmen sein und strategische Reaktionen erfordern (vgl. Porter, 1999, S. 304 ff.). Eine Option ist der Versuch, über eine Expansion in eine erneute Wachstumsphase zu gelangen. Dieses kann erreicht werden, durch den Eintritt in Auslandsmärkte oder alternativ über den Kauf von Unternehmen auf der gleichen horizontalen Stufe zur Ergänzung des Sortiments. Auch kann die Lieferkette durch Übernahmen vertikal erweitert werden.

Zur Finanzierung dieses Sprungwachstums kann auch ein erstmaliger Börsengang in Erwägung gezogen werden, um die Expansion zur Übernahme anderer Firmen zu finanzieren. Eine weitere Möglichkeit besteht darin, die über den Börsengang generierten finanziellen Mittel einzusetzen, um aus eigener Kraft zu wachsen. Über einen Börsengang können meist erhebliche Summen an Eigenkapital generiert werden. Diese Gelder können zusätzlich zur Ablösung von Fremdkapital verwendet werden. Mit dem Börsengang verändern sich jedoch die Anforderungen an die Geschäftsleitung erheblich. Die adäquate Versorgung der Investoren und des Kapitalmarktes mit Informationen ist eine wichtige Aufgabe. Zudem ändert sich der Gesellschafterkreis mit neuen Akteuren, bei denen oft Renditeansprüche im Vordergrund stehen.

Alternativ kann auch die Gewinnung von Fremdkapital über eine Platzierung von Anleihen in Betracht gezogen werden. Über die Begebung von Fremdmitteln werden neue Gläubiger an das Unternehmen gebunden. Die Gesellschafterstruktur bleibt erhalten, jedoch haben auch die Kapitalmarktakteure mit Festzinsansprüchen hohe Informationsansprüche an die Firma, die es zu erfüllen gilt.

6.1   Finanzierung über Kapitalmärkte

von Prof. Dr. Wolfgang Portisch

6.1.1 Aktuelles Börsengeschehen

Die Finanzierung über Börsengänge hat in den Jahren 1999 und 2000 mit dem Börsendebüt der Deutschen Telekom und dem Aufbau der New Economy in Deutschland erstmals eine große Bedeutung erlangt. Nach dem Zusammenbruch des neuen Marktes und dem Platzen der New Economy Blase und weiteren Negativentwicklungen, wie der Finanzmarktkrise, hat die Anzahl der Börsengänge in Deutschland in den letzten Jahren wieder leicht zugenommen, wie die nachfolgende Abb. 6.1 zeigt. Dennoch verbleiben die Börsengänge auf einem geringen Niveau, im Vergleich zu anderen Ländern. Neben den Marktsegmenten Prime und General Standard konnte der Entry Standard als Eingangssegment für kleine und mittlere Unternehmen an der Frankfurter Wertpapierbörse erfolgreich aufgebaut werden.

Anzahl Börsengänge in Deutschland

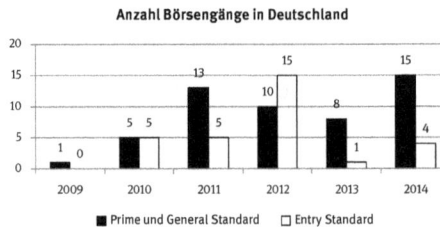

■ Prime und General Standard   □ Entry Standard

Abb. 6.1: Anzahl Börsengänge an der Frankfurter Wertpapierbörse (Quelle: Eigene Darstellung)

Auch der größere Mittelstand nutzt mittlerweile immer häufiger den Börsengang zur Generierung von Kapital und die Anzahl der gelisteten Unternehmen im Entry Standard nimmt stetig zu. Im Entry Standard wurden die Eintrittsbarrieren für den Gang an die Börse niedriger gesetzt. So sind die Anforderungen an die Börsenzulassung sowie die erstmaligen und laufenden Informationspflichten stark vereinfacht worden. Daher steigt das Interesse vieler Mittelständler an einem Börsenlisting. So planen viele mittelständisch geprägte Unternehmen ein Going Public, um das interne und externe Wachstum mit Eigenkapital zu finanzieren. Insgesamt hat sich die strategische Bedeutung der Finanzierung erhöht (vgl. Kaserer et al., 2011, S. 34).

Vielfach ist das externe Wachstum der Auslöser für einen Börsengang. Besonders wachstumsstarke Unternehmen stehen einer Erstemission von Aktien an einer Börse aufgeschlossen gegenüber (vgl. Kaserer et al., 2011, S. 7).

Definition: Eine **Börse** ist ein Ort oder virtueller Handelsplatz, an dem fungible und standardisierte Güter, Finanzinstrumente in Form von Wertpapieren oder Rechte gehandelt werden. Der Handel findet regelmäßig und zu festgelegten Zeiten an regulierten oder nicht regulierten Märkten statt.

Neben den erstmaligen Platzierungen sind auch die Kapitalerhöhungen zur Beurteilung des Wachstums von Börsensegmenten von Interesse. Das Volumen der Kapitalerhöhungen hat sich seit 2012 kontinuierlich erhöht. Vielfach haben börsennotierte Kreditinstitute in den vergangenen Jahren Kapitalerhöhungen durchgeführt, um die neuen Eigenkapitalanforderungen nach Basel III zu erfüllen oder aus anderen Gründen ihr Kernkapital zu stärken (vgl. PWC, 2014, S. 9 ff.).

Die tragenden Säulen der Finanzierung von Unternehmen sind, wie viele Untersuchungen zeigen, allerdings immer noch die Innenfinanzierung aus dem Unternehmensprozess, aus Abschreibungen und Rückstellungen sowie die klassische Fremdfinanzierung über Kreditinstitute (vgl. Deutsche Bundesbank, 2012, S. 13 ff.). Zudem haben auch die Aktivitäten innerhalb von Cash Pools bei Konzernen und die Gründungen eigenen Kreditinstitute mit Vollbanklizenz bei multinationalen Firmen zugenommen (vgl. Deutsche Bundesbank, 2012, S. 23).

Dennoch hat sich das deutsche Finanzsystem in den letzten Jahren in der Richtung einer zunehmenden Kapitalmarktorientierung im Rahmen der Firmenfinanzierung entwickelt. Der Bankkredit ist für den Mittelstand zwar immer noch eine wichtige Finanzierungsquelle, aber bei größeren Mittelständlern und bei Großunternehmen wurde diese klassische Art der Finanzierung vermehrt durch die Begebung von Aktien und Anleihen abgelöst (vgl. Kaserer et al., 2011, S. 11).

Somit stellen auch die Voraussetzungen für die Herstellung der Kapitalmarktfähigkeit und die Transparenzanforderungen aus Sicht der Unternehmen keine Hindernisse für einen Börsengang dar. Zunächst sollen die Ziele und Motive einer erstmaligen Emission von Aktien aus Sicht der Stakeholder untersucht werden.

6.1.2 Ziele eines Börsengangs

Im Prozess des Lebenszyklus gelangen Firmen in Phasen, in denen das Wachstum der angebotenen Produkte sowie Dienstleistungen auf dem klassischen Weg nicht mehr erheblich gesteigert werden kann. Eine Expansion kann dann nur durch eine Erweiterung der Wertschöpfungskette über Akquisitionen oder eine internationale Ausweitung der Aktivitäten erreicht werden. In dieser **Reifephase** besteht ein hoher Finanzierungsbedarf, wenn unter anderem in Erwägung gezogen wird, das Angebot über eine kapitalintensive Akquisition zu vergrößern. Auch kann mehr Kapital zur Finanzierung der Forschung und Entwicklung für neue Produkte oder die internationale Ausweitung des Geschäfts benötigt werden. Um diese meist riskanten Investitionen zu tätigen, ist Eigenkapital notwendig, denn eine Fremdkapitalaufnahme zur Finanzierung dieser oft risikoreichen Transaktionen ist in einer stagnierenden Lage meist nicht oder nur begrenzt möglich.

Zu den wichtigen Finanzierungsquellen in der Reifephase gehört daher der erstmalige Börsengang mit der Erstemission von Aktien (vgl. Gerke/Bank, 2003, S. 464 ff.). Dabei werden Aktien eines Unternehmens im Rahmen einer öffentlichen Emission dem breiten Publikum am Kapitalmarkt angeboten.

Definition: Unter einer **Börseneinführung**, auch Going Public oder Initial Public Offering (IPO) genannt, wird die erstmalige Emission von Aktien auf einem organisierten oder nicht-organisiertem Kapitalmarkt über ein öffentliches Angebot an Wertpapieren verstanden. Ein organisierter Kapitalmarkt ist gemäß § 2 Abs. 5 WpHG ein System, das in der EU betrieben wird und durch staatliche Stellen genehmigt, geregelt und überwacht wird und die Interessen vieler Personen und Institutionen am Kauf sowie Verkauf dort zugelassener Finanzinstrumente nach festen Regeln zusammenbringt. Der Freiverkehr/Open Market wird dagegen nicht erfasst, da dieser durch privatrechtliche Freiverkehrsrichtlinien organisiert ist (vgl. Achleitner, 2002, S. 242 ff. und Buck-Heeb, 2014, S. 25).

Eine Börsenneueinführung erfolgt am sogenannten **Primärmarkt**, wenn die Unternehmensanteile erstmalig einzelnen Investoren oder der breiten Öffentlichkeit als Publikumsaktien angeboten werden. Die Platzierung wird durch die Begebung oder Emission der Wertpapiere vollzogen. Die Erstplatzierung findet ohne einen Handel an der Börse statt und ist damit ein außerbörslicher Markt (vgl. Buck-Heeb, 2014, S. 24.). Werden die emittierten Aktien dann fortlaufend an der Börse gehandelt, wird dieser Markt als **Sekundärmarkt** bezeichnet.

Der Kapitalmarkt stellt einen wichtigen Teil des Finanzmarktes dar. Eine Abgrenzung ist aufgrund der Überschneidungen zu anderen Marktbereichen wie dem Geldmarkt problematisch. Unterschiede bestehen bei der Fristigkeit der Finanzinstrumente. Dem Geldmarkt werden beispielsweise kurzfristige Kredite unter einem Jahr mit einem Referenzzinssatz als Basis zugerechnet. Am Kapitalmarkt werden dagegen mittel- und langfristige Beteiligungen und Fremdkapitaltitel gehandelt.

Eng mit dem Börsengang auf einem regulierten Markt verbunden sind die Ziele der Akteure. Untersucht werden sollen hier in erster Linie die Zielsetzungen der Gesellschafter. Deren Motive bei einem Börsengang lassen sich unterscheiden in monetäre und nicht-monetäre Bereiche. **Monetäre Zielsetzungen** sind unter anderem:

–   Komplett- oder Teilausstieg der Altgesellschafter, um „Kasse zu machen"
–   Ausnutzung von guten Marktstimmungen mit der Erzielung von Übererlösen
–   Verbesserung der Kapitalstruktur und Verringerung der Kapitalkosten

Über den Verkauf von Unternehmensanteilen kann ein teilweiser oder vollständiger **Ausstieg (Exit)** durch die Altgesellschafter angestrebt werden. In diesem Falle können auch alte Aktien an Marktteilnehmer veräußert werden (Secondary Placement). Beispielsweise kann eine reduzierte Anzahl von Aktien veräußert werden, die weiterhin eine Stimmenmehrheit der Alteigentümer garantiert.

Diese Teilrealisierung ermöglicht es den Altgesellschaftern, eine Risikostreuung der Vermögenswerte vorzunehmen und gleichzeitig den Einfluss der übrigen Aktionäre gering zu halten. Es kann auch ein Totalverkauf vorgenommen werden, wenn der komplette Exit angestrebt wird. Dies ist bei Börsenneueinführungen jedoch selten der Fall, da dies eine negative Signalwirkung entfalten würde und neue Aktionäre abgeschreckt werden. Daher wird ein geplanter Ausstieg meist über einen längeren Zeitraum marktschonend vollzogen (vgl. Achleitner, 2002, S. 244).

Der Ausstieg der Altgesellschafter kann auch durch eine **gute Marktlage** induziert sein. Besteht eine Situation in der die Marktpreise bei Aktien stark von den fundamentalen Bewertungen abweichen, kann dieses ein starkes Motiv sein, die Gesellschaftsanteile zu Geld zu machen. Bewertet der Kapitalmarkt die Aussichten einer Branche außerordentlich positiv, kann unter Umständen ein hoher Emissionserlös erzielt werden. Dieser kann auch über dem eigentlichen Wert eines Unternehmens liegen. Erkennen die Alteigentümer dies, können sie mit dem Verkauf der Anteile oft erhebliche Übererlöse über den fundamentalen Wert realisieren.

Der Börsengang hat in der Regel eine starke Auswirkung auf die **Kapitalstruktur und die vorhandene Liquidität** im Unternehmen. Es steigen die finanzwirtschaftlichen Optionen mit der Vereinnahmung des Emissionserlöses. Mit der Ausgabe von Aktien erhöht sich die Eigenkapitalquote. Damit verbunden sind auch eine mögliche Verbesserung des Ratings sowie eine, auf das Merkmal der Verschuldung bezogene Verringerung der Kapitalkosten. So lassen sich Zinsaufwendungen durch variable Dividenden ersetzen. Jedoch wirken auf die Kapitalstruktur weitere Faktoren ein, wie unter anderem das Steuersystem.

Zu beachten ist jedoch, dass jegliche Finanztransaktionen im Anschluss an den Börsengang von Ratingagenturen und Finanzanalysten genauestens überwacht und beurteilt werden. So sollte zumindest ein Teil des Erlöses in neue Investitions- und möglichst Wachstumsprojekte fließen.

Häufig wird auch ein Teil des Emissionserlöses genutzt, um Altverbindlichkeiten abzulösen. Auf diese Weise kann die Eigenkapitalquote oft weiter gestärkt werden. Damit verbunden ist eine strukturelle Veränderung der Vergütung des Kapitals auch in Anlehnung an die Interessen der neuen Stakeholder. Investoren haben Ansprüche auf eine hohe Rendite auf ihr eingesetztes Kapital. Dieses kann unter anderem über Dividenden oder eine Wertsteigerung der Anteile erreicht werden. Daher findet zukünftig eine stärkere Kapitalvergütung über die Dividende statt. In einer schlechten wirtschaftlichen Lage kann diese Verschiebung, weg von festen Zins- und Tilgungsverpflichtungen, hin zu der Vergütung über einen variablen Residualgewinn, zu einer erhöhten finanziellen Stabilität des Unternehmens beitragen.

Bei einer guten Geschäftslage kann von den Aktionären eine hohe Ausschüttung, mit einer entsprechenden Aushöhlung der Finanzlage, verlangt werden. Insgesamt gesehen verbessert sich im Anschluss an einen Börsengang die Eigenkapitalquote und es verringert sich mit einer Reduzierung der Verbindlichkeiten die Last eines festen Kapitaldienstes an externe Stakeholder wie Banken.

Es bestehen auch nicht unmittelbar quantifizierbare Effekte aus einem Börsengang. Weitere in erster Linie **nicht-monetäre Zielsetzungen** eines Börsengangs können unter anderem darin bestehen (vgl. Achleitner, 2002, S. 244 ff.):

- Veränderung der Eigentümerstruktur und Verstetigung der Firma
- Diversifizierung der Finanzierungsinstrumente auf mehrere Quellen
- Finanzierung von Wachstum und Erhöhung des Bekanntheitsgrads

Einhergehend mit einer Emission von Aktien an ein breites Publikum verändert sich unmittelbar die **Eigentümerstruktur des Unternehmens**. Unter Umständen wird sogar versucht, diese in Teilen bewusst zu gestalten, indem strategische und langfristige Investoren auf einer Roadshow eingeworben werden. So werden Anteilspakete bei einer Neuemission oft ausgewählten institutionellen Investoren und Hedge Fonds sowie anderen Kapitalbeteiligungsgesellschaften gezielt angeboten.

Auch wird regelmäßig eine Family&Friends-Tranche für Mitglieder der Familie der Altgesellschafter, der Mitarbeiter und der Geschäftspartner reserviert. Das vornehmliche Ziel kann in diesem Fall auch eine breite Streuung der Aktien auf Privatanleger sein, um einen intensiven Handel und eine hohe Liquidität der Anteile zu ermöglichen. Werden größere Aktienpakete bei Investoren platziert oder decken sich diese später gezielt mit Positionen am Markt ein, kann sich aus ihrer Forderung nach Einflussnahme auch eine Veränderung der Unternehmensstrategie ergeben.

Dies kann eine Neugestaltung der Kapitalstruktur und eine Änderung der Ausschüttungspolitik, einhergehend mit einer Umstrukturierung des Aufsichtsrats und des Vorstands zur Folge haben. Ist diese starke Einflussnahme nicht gewollt, so können Vorkehrungen getroffen werden, wie eine Umgestaltung der Unternehmenssatzung oder das Zurückhalten der Aktienmehrheit.

Des Weiteren kann die Begebung der Art der Aktie eine Veräußerung behindern und deren Fungibilität beeinflussen. So können vinkulierte Namensaktien begeben werden, bei denen die Übertragung von der Zustimmung der Firma abhängig ist und die Kontrollmehrheit kann auf diese Weise beeinflusst werden. Diese Unternehmenspolitik der Blockade wird sich jedoch meist negativ auf die Kursentwicklung und das laufende Handelsvolumen der Anteile auswirken.

Insgesamt steigt mit dem Börsengang auch der Bekanntheitsgrad einer Firma. Dies kann gezielt zum Aufbau einer werthaltigen Marke genutzt werden. Auch wird der Börsengang das Image durch die erhöhte Visibilität beeinflussen. Auf diese Weise kann, neben neuen Kapitalgebern, auch der Kunden- und Lieferantenkreis erweitert werden. Das Unternehmen kann den Börsengang als Marketinginstrument nutzen. Meist gelingt es in der Regel auch, qualifizierte Führungskräfte anzuziehen oder zu halten. Diese können, aufgrund der starken Trennung zwischen dem Eigentum und der Verfügungsgewalt und den klaren Kompetenzabgrenzungen unter den Organen Vorstand, Aufsichtsrat und Hauptversammlung, freier agieren. Jedoch bedeutet eine feste Corporate-Governance-Struktur auch bestimmte Pflichten.

Eine weitere nicht-monetäre Zielsetzung liegt in einer **Diversifizierung der Finanzierungsquellen**. Auf diese Weise kann die Hausbankdominanz oder die Abhängigkeit von wenigen Kreditgebern klar aufgeweicht werden (vgl. Gerke/Bank, 2003, S. 466 ff.). Gerade die monopolartige Stellung einer Hausbank kann sich in erhöhten Kreditkonditionen und Provisionen niederschlagen, da der Wechsel zu einem anderen Kreditinstitut hohe Transaktionskosten verursacht.

Der Börsengang bricht diese Monopolstellung auf und kann sogar dazu führen, dass die Finanzierungskosten für das Unternehmen insgesamt sinken. Zusätzlich können über den Börsengang neue Finanzierungspotenziale mit der Emission von Fremdkapitaltiteln oder Mezzaninen erschlossen werden, da über den Börsengang unter anderem Kenntnisse über die Einhaltung von Transparenzregeln erworben werden und der Zugang zu weiteren institutionellen Großinvestoren besteht. Die dann generierten Mittel können ebenfalls zur Finanzierung der weiteren Expansion in einer Stagnationsphase eingesetzt werden. Unternehmen können alternativ auch erstens mit der Strukturierung von Konsortialkrediten beginnen und zweitens mit der Emission von Anleihen erste Kapitalmarkterfahrungen sammeln, die bei einem erstmaligen Börsengang mit der Ansprache von Investoren hilfreich sind.

Ein bedeutendes Motiv stellt die **Finanzierung von weiterem Wachstum** in einer Phase der Sättigung dar. Somit kann über einen Börsengang Kapital für neue Investitionen generiert werden. Auf diese Weise können Produktinnovationen finanziert und auf dem Markt eingeführt werden. Auch stehen über die Emission von Aktien Finanzmittel für eine internationale Expansion zur Verfügung. Wenn die Umsätze stagnieren, können Geldmittel gezielt eingesetzt werden, um die Wertschöpfungskette mit der Übernahme von Lieferanten und Abnehmern zu erweitern.

Der Kauf fremder Unternehmen kann auch in Form eines Aktientausches zuzüglich eines Baranteils stattfinden. Häufig erfolgt der Unternehmenskauf im Rahmen eines Share Deals, in dem die Anteile an einer anderen Firma erworben werden. Demgegenüber steht der Asset Deal, bei dem die Aktiva und Passiva eines Unternehmens durch Einzelrechtsfolge unter anderem in der Insolvenz angekauft werden.

Auch Fusionen über den Austausch von Aktien sind möglich. In diesem Falle werden die fusionierten Unternehmen rechtlich sowie wirtschaftlich vereinigt. Die Verschmelzung kann zum einen durch Aufnahme eines Rechtträgers mit der Übertragung des Vermögens als Ganzes auf eine bestehende Firma im Rahmen eines Mergers erfolgen. Zum anderen kann auch eine Verschmelzung durch die Neugründung einer Firma durchgeführt werden.

In diesem Fall vereinigen sich mehrere Unternehmen durch Gründung eines neuen Rechtsträgers. Börsennotierte Unternehmen haben generell die Möglichkeit über externe Akquisitionen zu wachsen und verfügen damit über einen strategischen Vorteil gegenüber nicht am Kapitalmarkt notierten Firmen (vgl. Achleitner, 2002, S. 242 ff.). Zu berücksichtigen ist jedoch, dass die Expansion nicht wertvernichtend durchgeführt wird und damit den Aktionären schadet. Jegliche Akquisition ist daher unter strengen Synergie- und Renditeanforderungen zu prüfen.

Insgesamt gesehen erhöhen sich über einen Börsengang die Finanzierungsalternativen für ein Unternehmen. So kann eine erstmalige Aktienemission unter Umständen weitere Kapitalerhöhungen nach sich ziehen. Damit kann über dieses Kapitalmarktvehikel ein Marktzugang zu Fremdkapitaltiteln erlangt und die Kapitalstruktur gezielt ausgestaltet werden. Aktien oder Aktienoptionen können als Anreizinstrumente an die Mitarbeiter ausgegeben werden. Dies erhöht unter Umständen die Stabilität der Belegschaft, vermindert die Wechselbereitschaft und zieht neue qualifizierte Arbeitskräfte an. Somit bestehen folgende ausgewählte **Vorteile**, die über einen Börsengang in Form von Aktien realisiert werden:

– Erhöhung des Eigenkapitals und Verminderung der fixen Fremdkapitalkosten
– Verringerung der Abhängigkeit von einem oder mehreren Kreditinstituten
– Ermöglichung von Kapitalerhöhungen, Folgemissionen bei Fremdkapitaltiteln
– Schaffung einer Marke und deutliche Erhöhung des Bekanntheitsgrades
– Bindung der Mitarbeiter über Beteiligungsprogramme zu Vorzugskonditionen

Demgegenüber bestehen auch Nachteile eines Going Public. In erster Linie sind die hohen Kosten einer Erstemission zu nennen, die vom Börsenplatz und dem gewählten Marktsegment abhängen. Das Unternehmen steht zudem künftig unter der kritischen Beobachtung von Finanzanalysten und Ratingagenturen mit der Folge einer möglichen starken Volatilität des Aktienkurses. Dies kann bei einer Negativentwicklung Druck auf die Leitungsorgane der Aktiengesellschaft entfalten. Auch erhöhen sich die Transparenzanforderungen erheblich und verursachen weitere Kosten.

Aus der Nichterfüllung von Informationspflichten können zudem Haftungsgefahren für Vorstände und Aufsichtsräte ausgehen. Es besteht generell eine stärkere Unternehmenskontrolle, die auch disziplinierende Wirkungen entfalten kann. So thematisiert die Agency-Theorie auch den „Markt für Unternehmenskontrolle", der einen effizienten Umgang mit Firmenressourcen fordert (vgl. Portisch, 1997, S. 76 ff.).

Dann kann ein stagnierender oder fallender Aktienkurs eine Auswirkung auf die Managementbesetzung haben. Dies ist nicht unbedingt als negativ einzuschätzen. Es kann jedoch dazu führen, dass Unternehmensstrategien kurzfristiger ausgelegt und unverzüglich messbare Erfolge angestrebt werden, um den Aktienkurs positiv zu beeinflussen. Dies steht einer nachhaltigen Unternehmensführung, mit der Berücksichtigung auch nicht-finanzieller Ziele, entgegen. Auch kann eine Kursbewegung durch nicht zu steuernde Markteffekte induziert worden sein und dem Management dann ohne eigenen Einfluss schaden oder es unbewusst stützen.

Des Weiteren bestehen Nachteile aus einer steuerlichen Nichtabzugsfähigkeit von Dividendenzahlungen, im Gegensatz zu Zinszahlungen auf das Fremdkapital. Auch können bilanzielle Sanierungen durch rechtliche Fixierungen, unter anderem des Aktiengesetzes, erschwert sein (vgl. Wöhe et al., 2013, S. 126 ff.). Es existieren zudem Gefährdungen durch mögliche Kontrollverluste der Alteigentümer, des Vorstands oder des Aufsichtsrats, wenn eine sogenannte feindliche Übernahme droht.

Diese Aspekte sind bei einem Börsengang in Betracht zu ziehen. Dennoch sollte diese Diskussion im Sinne eines freien Kapitalverkehrs versachlicht werden. Eine feindliche Übernahme existiert in diesem Sinne eigentlich nicht, denn die Eigentümer der Firma stimmen der Übertragung der Kapitalanteile eindeutig zu. Im Folgenden werden die wesentlichen **Nachteile** eines Börsengangs zusammengefasst:

- Hohe einmalige Emissionskosten und weitere Folgekosten
- Erhöhte Informationsanforderungen bei einer öffentlichen Emission
- Abhängigkeit des Unternehmenswertes von externen Marktschwankungen
- Steuerliche Nachteile bei einer Substitution von Fremd- durch Eigenkapital
- Drohender Kontrollverlust der Alteigentümer und der Leitungsorgane

Finanzierungsentscheidungen verändern die Kapitalstruktur und beeinflussen damit auch die Kapitalkosten eines Unternehmens. So fallen meist hohe Kosten für die Strukturierung des Börsengangs an. Auch die Kapitalkosten können zunächst steigen, wenn vorrangiges und niedrig-verzinsliches Fremdkapital durch nachrangiges und risikobehaftetes Eigenkapital ersetzt wird. Dennoch bestehen zahlreiche neue Handlungsoptionen durch einen Börsengang. So können die geschäftlichen Aktivitäten auch in einer Reifephase über den Kauf von Unternehmen ausgeweitet werden. Die leistungswirtschaftlichen und finanzwirtschaftlichen Maßnahmen können den Unternehmenswert nachhaltig steigern und werden über die Aktiennotierung als Anreizwirkung messbar gemacht.

Da es sich beim Börsengang um eine langfristig wirkende strategische Entscheidung handelt, ist auf die Wahl des Börsenplatzes und des Marktsegments zu achten. So werden über diese Auswahl die Kosten, aber auch der Zugang zu bestimmten Investorenklassen und damit die Generierung finanzieller Mittel festgelegt. Diese fordern aktuelle Informationen über das Unternehmen. Im Folgenden werden die Kapitalmarktsegmente und die erforderlichen Informationspflichten beschrieben.

6.1.3 Kapitalmarktsegmente und Informationsanforderungen

Eine Hauptaufgabe des Finanzmarktes besteht in der zentralen Zusammenführung des Kapitalangebots und der Kapitalnachfrage von Wirtschaftsobjekten. Eine wichtige Funktion der Finanzmärkte ist es, in den Marktsegmenten eine hohe Liquidität der gehandelten Kontrakte zu erreichen, zur Findung eines gerechten Börsenpreises. Zudem erbringen Märkte wie Börsen verschiedene Transformationsleistungen. Neben der Fristentransformation mit der Zusammenführung unterschiedlicher Laufzeitenwünsche sowie einer räumlichen Transformation über ein zentrales Börsensystem werden, weitere Leistungen erbracht wie die:

- **Losgrößentransformation:** Die Unternehmenswerte werden in der Gesamtheit oder Bruchteile davon am Kapitalmarkt verkauft und ermöglichen den Investoren über einen betragsmäßig geringen Einsatz einen Anteilserwerb und damit die Partizipation am realwirtschaftlichen Unternehmenserfolg.
- **Risikotransformation:** Über Investitionen in verschiedene Finanztitel können, durch gezielte Portfoliobildung, je nach Risikoeinstellung und Zeithorizont der Marktteilnehmer, Risiken individuell diversifiziert und optimiert werden.
- **Informationstransformation:** Es gelten an den Börsen strenge Anforderungen für erstmalige und laufende Informationsübermittlungen an die Marktteilnehmer. Bei der Erstzulassung werden die Anleger unter anderem über den geprüften Börsenprospekt informiert. Folgepflichten sorgen, abgestuft nach verschiedenen Handelssegmenten, für eine laufende und effiziente Information. Zudem überwachen Finanzanalysten sowie Ratingagenturen die Märkte und Finanztitel und stellen ihre Informationen zum Teil kostenlos zur Verfügung.

Finanzmärkte sorgen zudem für eine Allokation der Geldströme in die besten Verwendungen und haben damit eine wichtige volkswirtschaftliche Funktion. Ohne ausgebildeten Kapitalmarkt ist in der Regel die wirtschaftliche Entwicklung einer Volkswirtschaft eingeschränkt. So ermöglichen Börsen eine Finanzierung von Unternehmen und ihrer Projekte. Dabei haben Finanzmärkte die Eigenschaft, Liquidität zu erzeugen. So kann ein Aktionär bei einem liquiden Handel aus seiner Investition zu fairen Preisen aussteigen. Dadurch steigt auch die Bereitschaft von Investoren, der Wirtschaft mehr Kapital zur Verfügung zu stellen.

Auf diese Weise können auch risikoreiche und kapitalintensive Projekte in jungen Branchen finanziert werden. So konnte der regenerative Energiesektor in Deutschland auch deshalb stark wachsen, da eine Finanzierung über die Börse möglich war. Zudem sind liquide Finanzmärkte nahezu arbitragefrei und ermöglichen eine faire und transparente Preisbildung im Gesamtzusammenhang eines Marktes. Investoren können dann in ausgewählte Finanzkontrakte, gemäß ihrer Risikoeinstellung, investieren. Für die Übernahme von Risiken wird an informationseffizienten Börsen eine marktübliche Risikoprämie gewährt (vgl. Spremann, 2010, S. 173 ff.). Es wird zwischen dem Kassahandel von Wertpapieren und dem Handel mit den derivativen Finanzprodukten an den Terminmärkten unterschieden.

Definition: Im **Kassahandel** werden Kaufobjekte innerhalb jeder Frist übertragen, in der das Clearing und Settlement organisatorisch und technisch abgewickelt werden. Kassageschäfte werden in der Regel unverzüglich beziehungsweise in den nächsten ein bis zwei Tagen erfüllt. Dagegen werden am **Terminmarkt** Transaktionen zu bestimmten Konditionen abgeschlossen, die erst zu einem zukünftigen Zeitpunkt erfüllt werden müssen. Der eigentliche Kauf und die Lieferung des Objektes fallen zeitlich auseinander. Die reale Lieferung des Wirtschaftsguts kann zudem durch einen monetären Barausgleich beziehungsweise einen Einschuss in Höhe der Preisdifferenz ersetzt werden.

Die Kassamärkte für den Aktienhandel waren seinerzeit unterteilt in die Marktsegmente Amtlicher Markt, Geregelter Markt sowie Freiverkehr beziehungsweise Open Market. Mit dem Inkrafttreten des Finanzmarktrichtlinie-Umsetzungsgesetz (FRUG), wurde diese Unterteilung der Handelssegmente des Amtlichen und des Geregelten Marktes aufgehoben und an den einheitlichen Kapitalmarktzugang in Europa angeglichen. Es bestehen zwei Zugänge zum Kapitalmarkt. Dies sind zum einen, die von der EU regulierten Kapitalmärkte **(EU Regulated Markets)** und Finanzmärkte, die von den Börsen selbst reguliert werden **(Regulated Unofficial Markets)**.

Mit der Einsetzung des FRUG kann eine Zulassung zum organisierten Markt gemäß § 2 Abs. 5 WpHG, anstatt der bisherigen Marktsegmente des Amtlichen und Geregelten Handels, nur noch zum **Regulierten Markt** erfolgen (§§ 32 ff. BörsG). Die Zulassungsvoraussetzungen für diesen Regulierten Markt richten sich nach den bisher für den Amtlichen Markt geltenden Voraussetzungen. Des Weiteren sind die Erfordernisse der aktuellen Börsenzulassungs-Verordnung (BörszulV) zu beachten.

Damit muss das betreffende Unternehmen unter anderem mindestens drei Jahre bestehen, eine bestimmte Mindestgröße erreicht haben und seine letzten drei testierten Jahresabschlüsse veröffentlichen. Der neue Börsengänger muss unter anderem eine Streubesitzquote von mindestens 25 % aufweisen und einen Verkaufsprospekt bei der jeweiligen Börse sowie der BaFin zur Prüfung und Billigung vorlegen. Des Weiteren bestehen zusätzliche qualitative und quantitative Anforderungen für die Börsenreife (vgl. Wöhe et al., 2013, S. 134 ff.).

Der Open Market oder Freiverkehr stellt gemäß § 2 Abs. 5 WpHG keinen organisierten Markt dar **(Regulated Unofficial Markets)**. Es handelt sich damit um ein nichtamtliches, privatrechtliches Segment. Dieses Handelssegment kann eine Börse nach § 57 BörsG zulassen, wenn Wertpapiere nicht in den Regulierten Markt einbezogen sind und eine ordnungsgemäße Durchführung des Handels und der Abwicklung gewährleistet erscheinen (§ 48 BörsG). Die Einbeziehung von Wertpapieren in den Börsenhandel im Open Market kann schnell und einfach erfolgen, da nur geringe formale Voraussetzungen und sonstige Anforderungen zu erfüllen sind.

Aus der Zugehörigkeit zu bestimmten Marktsegmenten ergibt sich eine Vielzahl von Informationsfolgepflichten, die in sogenannten **Transparenz-Levels** festgehalten sind. Strenge Vorschriften gelten für den Regulierten Markt. Für den Open Market werden weniger straffe Informationspflichten beauflagt. Dieses Segment schafft die Möglichkeit, dass auch kleine und mittlere Unternehmen einen Börsengang unter vereinfachten Bedingungen vollziehen können. Die Kapitalmarktfähigkeit von Unternehmen wird damit erleichtert (vgl. Kaserer et al., 2011, S. 24 ff.).

Die nachfolgende Abb. 6.2 zeigt die alternativen Kapitalmarktzugänge und die damit verbundenen Transparenz-Levels des General Standard, des Prime Standard im EU-regulierten Markt sowie des Entry Standard im börsenregulierten Markt an der Frankfurter Wertpapierbörse.

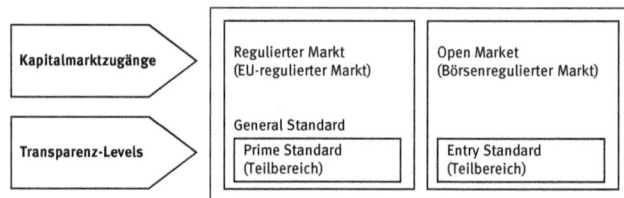

Abb. 6.2: Kapitalmarktzugänge und Transparenz-Levels (Quelle: Eigene Darstellung)

An der Frankfurter Wertpapierbörse führt ein Börsengang im Regulierten Markt zu den Transparenz-Level des **General Standard** oder des **Prime Standard**. Eine Notierungsaufnahme im **Open Market** bedeutet die Erfüllung der Informationspflichten des von der Börse regulierten Entry Standard. Unterscheiden lassen sich dabei zum einem die Pflichten zur Weiterleitung von Informationen bei der erstmaligen Notierung und zum anderen die zahlreichen Berichtspflichten, die im Nachgang an den Börsengang zu erfüllen sind.

Folgende wesentliche Anforderungen bestehen gemäß den Vorgaben der Deutsche Börse, in den nachfolgend aufgeführten unterschiedlichen Transparenz-Level:

– **General Standard:** Unternehmen, die in diesem allgemeinen Handelssegment erfasst werden, müssen die gesetzlichen Mindesterfordernisse des Regulierten Marktes erfüllen. Darüber hinaus unterliegen die Emittenten den Berichtspflichten zur Veröffentlichung von Jahresfinanzberichten nach IFRS, Halbjahresberichten, der Ad-Hoc-Publizitätspflicht, der Veröffentlichung von Directors Dealings sowie der Mitteilung von Meldeschwellen nach WpHG.

– **Prime Standard:** Diese Bestimmungen beinhalten die Regelungen des General Standard und umfassen weitere Anforderungen zur Erfüllung von Informationspflichten, gemäß internationaler Anforderungen. Die Berichterstattung hat in englischer Sprache zu erfolgen und die Abschlüsse sind auf Grundlage der IFRS oder der US-GAAP zu erstellen. Es ist ein Unternehmenskalender mit wichtigen Terminen zu veröffentlichen. Zusätzlich können Quartalsfinanzberichte veröffentlicht sowie Analystenkonferenzen abgehalten werden. Das Handelssegment richtet sich an eine internationale institutionelle Anlegerschaft.

– **Entry Standard:** Das Börsensegment Entry Standard wurde für kleine und mittlere Unternehmen geschaffen und auf den Open Market zugeschnitten. Dies umfasst weniger strenge Anforderungen an die Börsenzulassung und laufende Informationspflichten. Dennoch sind ein testierter Konzernjahresabschluss und Konzernlagebericht nach HGB beziehungsweise IFRS, ein Zwischenbericht, ein aktuelles Kurzportrait und ein Unternehmenskalender auf den Internetseiten des Unternehmens zu veröffentlichen. Des Weiteren sind Unternehmensnachrichten oder Tatsachen, die den Börsenkurs beeinflussen können, unverzüglich auf der eigenen Website bekanntzumachen.

Insgesamt stellt dieser Gang an die Börse erhebliche Anforderungen an das Rechnungswesen. Zum einen sind die Anforderungen aus dem Börsenprospekt zu erfüllen. Zum anderen ergeben sich Folgepflichten. So sind alle in einem organisierten Markt, wie dem Prime und General Standard, geführten börsennotierten Unternehmen verpflichtet, einen befreienden Konzernjahresabschluss nach IFRS zu erstellen. Dieser Abschluss soll entscheidungsrelevante Informationen an die Stakeholder des Unternehmens liefern. Dieser verlangt den Vermögensausweis zu Marktwerten. Auf diese Art und Weise werden Anlegern relevante Daten über die Vermögens-, Finanz- und Ertragslage bereitgestellt (vgl. Frey, 2006, S. 101 ff.).

Grundlegende Elemente der Berichterstattung sind die Konzernbilanz, die Konzern-GuV und der Konzernanhang. Zusätzlich ist eine Konzernkapitalflussrechnung, eine Konzerneigenkapitalveränderungsrechnung sowie freiwillig eine Segmentberichterstattung zu erstellen. Auch wenn die Aufstellung eines Konzernlageberichts nach IFRS nicht vorgesehen ist, besteht dennoch aus § 315 HGB die Pflicht zur Lageberichterstattung, als qualitative Ergänzung zum Konzernjahresabschluss.

Des Weiteren sind im Regulierten Markt, je nach gewähltem Transparenzstandard, halbjährliche Zwischenberichte nach IFRS sowie Quartalsmitteilungen zu erstellen. Die Inhalte der Quartalsmitteilungen ergeben sich aus § 51a der Börsenordnung der Frankfurter Wertpapierbörse. Wird freiwillig ein Quartalsfinanzbericht erstellt, entfällt die Verpflichtung zur Erstellung einer Quartalsmitteilung. Die Mindestbestandteile eines Zwischenberichts sind in IAS 34 definiert und umfassen verkürzte Rechnungslegungselemente in Form einer Bilanz und GuV, einer Eigenkapitalveränderungsrechnung, einer Kapitalflussrechnung, eines Anhangs sowie einer Segmentberichterstattung. Zudem kann ein Zwischenlagebericht erstellt werden. Die genauen Bestimmungen in den Handelssegmenten können der aktuellen Börsenordnung der Frankfurter Wertpapierbörse entnommen werden.

Eine wichtige Börse in Deutschland ist die Frankfurter Wertpapierbörse. Ein Großteil des Handels in Aktien findet über das Handelssystem XETRA (Exchange Electronic Trading System) statt (vgl. Steiner et al., 2012, S. 214 ff.). Zudem werden bestimmte Aktien in Indizes geführt. Indizes machen die Börsenereignisse über eine Kennzahl wie in einem Marktbarometer sichtbar. Zusätzlich fokussieren sie die Aufmerksamkeit der Investoren auf die enthaltenen Unternehmen und verleihen diesen Firmen eine zusätzliche Präsenz auf dem Kapitalmarkt. Indizes dienen zudem als Underlying für Terminmarktprodukte, wie Optionen und Futures.

Demnach richten Fondsgesellschaften ihre Anlageentscheidungen nach bekannten Indizes aus und investieren in die enthaltenen Unternehmen. So haben Indexfonds oder Exchange Traded Funds (ETF) das Ziel, die Wertentwicklung eines bestimmten Index nachzubilden. Da bei ETFs oft auf ein aktives Management der Anlagen verzichtet wird, sind die erhobenen Verwaltungsgebühren sowie Ausgabeaufschläge in der Regel deutlich niedriger, als bei aktiv gemanagten Fonds.

Die Hauptindikatoren des Börsengeschehens werden im Wesentlichen durch vier Indizes bei der Deutsche Börse AG abgebildet. Der Bluechip-Index **DAX** umfasst die dreißig größten deutschen sowie internationalen Werte des Prime Standard. Für die Aufnahme in diesen Index qualifizieren sich unter anderem große Konzerne, die ihren juristischen oder den operativen Sitz in Deutschland haben. Der Midcap-Index **MDAX** beinhaltet die fünfzig auf den DAX folgenden Titel aus traditionellen Branchen. Der Smallcap-Index **SDAX** enthält die fünfzig folgenden Aktien aus den klassischen Sektoren. Der Technologie-Index **TecDAX** beinhaltet dreißig große sowie liquide Werte aus den Technologiebranchen unterhalb des DAX.

Weiter umfasst der **CDAX** branchen- und segmentübergreifend alle Aktien des Prime sowie des General Standard und eignet sich somit gut zu Analysezwecken des Gesamtmarktes. Zudem existiert der **DAX International**. Dieser umfasst Einhundert Unternehmen aus den Segmenten Prime Standard, General Standard sowie Entry Standard. Das alleinige Auswahlkriterium für die Titel ist das Handelsvolumen der Unternehmen an der Frankfurter Wertpapierbörse.

Des Weiteren besteht der **DAXplus Family Index,** der alle deutschen und internationalen Familienunternehmen, die im Prime Standard gelistet sind, enthält. Zusätzlich wurde der **DAXplus Family 30** geschaffen. Dieser umfasst die 30 größten und liquidesten Familienunternehmen. Diese Indexgewichtung erfolgt gemäß der Free-Float-Marktkapitalisierung. Der Anteil eines Wertes am **DAXplus Family-Index** ist auf 10 % beschränkt. Wesentliche Zugangskriterien für eine Zulassung zum Prime Standard bestehen für diese Familienunternehmen, wenn mindestens 25 % der Gesellschaftsanteile im Besitz der Gründerfamilie sind oder diese mindestens 5 % der Stimmrechte hält und im Vorstand oder Aufsichtsrat ein Mandat innehat. Des Weiteren existieren der **DAX International Mid 100,** der **HDAX,** der **Midcap Market Index**, der **GEX,** der **General Standard Index,** der **Entry Standard Index** sowie der **ÖkoDAX** mit den jeweiligen gelisteten Titeln.

Die Indizes der DAX-Familie sind im Wesentlichen kapitalgewichtet, das heißt das Gewicht einer bestimmten Aktie bemisst sich nach dem Anteil an der gesamten Kapitalisierung der im Index enthaltenen Werte. Zur Gewichtung wird der Teil des Grundkapitals der jeweiligen Aktiengattung herangezogen, der als Streubesitzanteil (Freefloat) gilt. Kriterien für die Aufnahme in einen Index sind neben der Marktkapitalisierung des Streubesitzanteil insbesondere der Orderbuchumsatz (vgl. Wöhe et al., 2013, S. 137 und Riess/Steinbach, 2006, S. 270 ff.). So kann es auch zu jährlichen Veränderungen in den Indizes kommen.

Zur Darstellung der Hauptkriterien **Orderbuchumsatz** und **Marktkapitalisierung,** veröffentlicht die Deutsche Börse jeden Monat die sogenannte Rangliste der Aktienindizes. Diese dient als Grundlage für Veränderungen. Demnach können zum Beispiel Aktien aus dem MDAX in den DAX aufsteigen, wenn sich Änderungen in der Klassifizierung ergeben. Auch Herabstufungen sind möglich. Die folgende Abb. 6.3 zeigt den Aufbau der deutschen Index-Landschaft mit wichtigen Indizes.

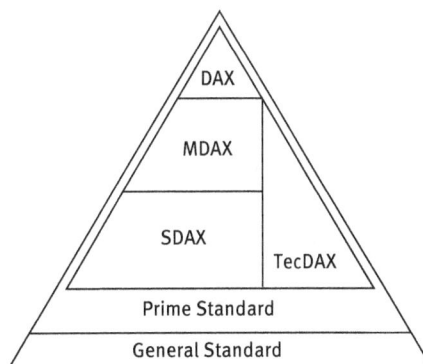

Abb. 6.3: Ausgewählte Aktienindizes der Deutsche Börse AG (Quelle: Eigene Darstellung)

Ebenso wie Kassamärkte, sind auch Terminmärkte aus der heutigen Geschäftswelt nicht mehr wegzudenken, beispielsweise um Risiken zu transferieren. Terminprodukte sind Optionen, Futures, Forwards und Swaps, neben Kombinationen dieser Instrumente. Insbesondere bei Optionen und Futures ist, aufgrund des hohen Standardisierungsgrads, meist ein liquider Handel gewährleistet.

Gerade Optionen ermöglichen aufgrund des asymmetrischen Risikoprofils und einer Feinjustierung über Basispreise, Laufzeiten und Kombinationen von Optionen interessante Absicherungsprofile eines Investments oder realwirtschaftlicher Transaktionen. Terminmarktinstrumente wie Optionen und Futures werden in Deutschland an der EUREX gehandelt (vgl. Steiner et al, 2012, S. 442 ff.).

Im Folgenden werden jedoch ausschließlich der Börsengang und der Handel von Aktien weiter beschrieben. Dieser findet an den Kassamärkten statt und erfordert die Einhaltung bestimmter Voraussetzungen. Um einen Börsengang durchzuführen, sind bestimmte Anforderungen an die Rechtsform zu erfüllen.

6.1.4 Grundlagen der Aktienemission

Der Börsengang erfordert, neben hohen Transparenzanforderungen und wirtschaftlichen Kriterien, die technische Börsenreife gegebenenfalls mit einer Anpassung der Rechtsform. Diejenigen Gesellschaften, die sich an einer europäischen oder deutschen Börse notieren lassen möchten, müssen eine kapitalmarktfähige Rechtsform aufweisen. Neben der KGaA (Kommanditgesellschaft auf Aktien) oder der SE (Societas Europea) ist dies die in Deutschland gängige kapitalmarktfähige Rechtsform der Aktiengesellschaft (Aktiengesellschaft).

Gesetzliche Regelungen für einen gegebenenfalls notwendigen Rechtsformwechsel ergeben sich aus dem AktG und dem UmwG. Um Rechte und Pflichten des Aktiengesetzes bei einem Börsengang zu verstehen, ist zunächst auf die wesentlichen strukturgebenden Elemente einer Aktiengesellschaft einzugehen.

Die Aktiengesellschaft ist aus § 1 Abs. 1 AktG eine Gesellschaft mit eigener Rechtspersönlichkeit, eine juristische Person. Für die Verbindlichkeiten der Gesellschaft haftet nur das Vermögen des Unternehmens. Nach § 1 Abs. 2 AktG verfügt die Gesellschaft über ein Grundkapital, das in Aktien zerlegt ist. Die genaue Summe des gesamten Nennbetrags ergibt sich aus der Satzung. Jedoch besteht gemäß § 7 AktG ein Mindestbetrag von 50.000 Euro. Dieses Grundkapital wird durch die Übernahme von Aktien aufgebracht (vgl. Wöhe et al., 2013, S. 83 ff.).

Dabei hat die Aktie drei wesentliche Funktionen. Diese ist erstens ein Bruchteil der Aktiengesellschaft, verkörpert zweitens die Mitgliedschaft in der Aktiengesellschaft und stellt drittes ein Wertpapier dar (vgl. Neu, 2004, S. 193 ff.). Dieses kann, bei der Publikumsaktiengesellschaft mit Inhaberaktien, frei übertragen werden.

Die Struktur der Aktiengesellschaft eignet sich, größere Eigenkapitalbeträge aufzubringen, da sich folgende Vorteile ergeben (vgl. Perridon et al., 2012, S. 400 ff.):

- **Aufteilung des Kapitals in kleine Teilbeträge:** Demnach ist für einen Anleger bereits eine Beteiligung mit einem geringen Kapitalbetrag möglich.
- **Hohe Verkehrsfähigkeit der Anteile:** Aktien werden an öffentlichen Börsen notiert und es sind die Voraussetzungen für einen liquiden Handel geschaffen.
- **Große Anzahl von Eigentümern mit vorrangig monetären Interessen:** Die Entscheidungsgewalt lässt sich mit finanziellen Zielsetzungen delegieren.
- **Genaue Ausgestaltung der Rechtsform:** Das Aktiengesetz regelt unter anderem die Form des Gesellschaftsvertrags und die Rechte der Eigentümer.

Das **Grundkapital** bildet zusammen mit den Kapital- sowie Gewinnrücklagen das **gezeichnete Kapital** der Aktiengesellschaft. Gerade die kleinteilige Stückelung des Grundkapitals erschließt der Aktiengesellschaft eine gute Möglichkeit der Eigenkapitalbeschaffung. Durch die Beteiligung auch mit relativ kleinen Anteilen können in der Summe große Kapitalbeträge aufgebracht werden. Der Aktionär kann sein Beteiligungsverhältnis in der Regel unproblematisch beenden, indem er seine Aktien an einen anderen Anleger veräußert (vgl. Wöhe et al., 2013, S. 83 ff.).

Die Aktiengesellschaft ist als Rechtsform detailliert ausgestaltet und bedeutet für die Anleger auch eine bestimmte Sicherheit der Kapitalanlage. Jedoch können aus der Delegation der Entscheidungsgewalt über das Eigentum an beauftragte externe Manager, Agency-Probleme entstehen. Daher kommt der Setzung und der Erfüllung von Standards zu Informationspflichten an Börsen eine erhebliche Bedeutung zu, um Informationsasymmetrien dauerhaft abzubauen.

Die Aktie repräsentiert einen Bruchteil am Grundkapital und somit am Wert eines Unternehmens. Diese kann als Stück- oder Nennbetragsaktie ausgegeben werden. Üblich ist in Deutschland die **Nennwertaktie**. Der Mindestnennbetrag einer Aktie lautet 1 Euro. Aus der Summe der Aktiennennbeträge ergibt sich das Grundkapital. Wird die Aktie dann für einen höheren Betrag am Markt platziert (Über Pari), so ist der Mehrbetrag (Agio) der Kapitalrücklage zuzuführen, die nur für bestimmte Zwecke verwendet werden darf (§ 150 AktG). In Deutschland sind zudem nennwertlose **Stückaktien** zugelassen. In der Satzung ist dann die Anzahl der insgesamt umlaufenden Aktien anzugeben (vgl. Perridon et al., 2012, S. 401 ff.).

Aktienpapiere können auf den jeweiligen Inhaber als Inhaberaktien oder auf den Namen des Aktionärs als Namensaktien lauten. Die Festlegung der **Aktienart** erfolgt in der Satzung und beeinflusst die Übertragbarkeit und damit auch die Liquidität einer Aktie. Die Übertragung von **Inhaberaktien** erfolgt durch Einigung sowie Übergabe gemäß §§ 929 ff. BGB. Aufgrund der einfachen Übertragbarkeit ist, bei dieser Aktienart, eine gute Voraussetzung für einen liquiden Handel gegeben. Sie stellt den überwiegenden Teil der in Deutschland umlaufenden Aktien dar.

Namensaktien dagegen lauten auf den Namen des Aktionärs, der gemäß § 67 AktG in das Aktienregister der Gesellschaft eingetragen werden muss. Die Übertragung erfolgt durch Einigung, Indossament und Übergabe. Zusätzlich ist eine Umschreibung im Aktienregister erforderlich. Diese ist aufwendig, jedoch besteht eine hohe Transparenz bezüglich der Eigentumsverhältnisse und der Eigentümerstruktur. Da die Bedeutung von Investor-Relations-Maßnahmen zugenommen hat, wählen immer mehr Firmen diese Form der Aktie, um ihre Aktionäre namentlich zu kennen.

Die Übertragung kann bei den Namensaktien zudem an die Zustimmung der Gesellschaft gebunden werden. Hierbei handelt sich dann um **vinkulierte Namensaktien** (§ 68 Abs. 2 AktG). Auf diese Weise kann die Gesellschaft Einfluss auf die Gestaltung des Anlegerkreises nehmen (vgl. Wöhe et al., 2013, S. 86). Gerade in Familienunternehmen bleibt auf diese Weise oft die Mehrheit am Unternehmen erhalten. Bei Gesellschaften in besonders kritischen Branchen, wie in der Rüstungsindustrie, kann darüber verhindert werden, dass sich unerwünschte Investoren in das Unternehmen einkaufen und das technologische Wissen nutzen.

Nach dem Umfang der verbrieften Rechte ist innerhalb der **Aktiengattungen** zwischen der Stammaktie und der Vorzugsaktie zu unterscheiden. **Stammaktien** stellen den Normaltyp dar und gewähren dem Inhaber ein Stimmrecht auf der Hauptversammlung und einen Anspruch auf Dividende. Zudem besteht das Anrecht auf einen Liquidationserlös und ein gesetzliches Bezugsrecht auf junge Aktien bei Kapitalerhöhungen oder bei Emissionen von Wandel- und Optionsanleihen (§ 186 AktG). Die **Vorzugsaktie** ist eine besondere Gattung, die seltener vorkommt. Sie kann dem Aktionär einen Vorteil bei der Gewinnverteilung, dem Stimmrecht oder dem Liquidationserlös bieten. Von Bedeutung sind die Dividendenvorzugsaktien.

Bei diesen Vorzugspapieren besteht oft ein vorrangiger Dividendenanspruch gegenüber den Stammaktien. Zusätzlich können diese mit einer Überdividende und einem Kumulationsrecht ausgestattet sein. Im Gegenzug ist häufig das Stimmrecht ausgeschlossen (§ 136 AktG). Wirtschaftliche Anwendungen für Vorzugsaktien sind:

– Erweiterung des Eigenkapitals bei Aufrechterhaltung der Eigentümerstruktur
– Erhöhung des Grundkapitals, wenn der Aktienkurs unter dem Nennwert liegt
– Buchtechnische Sanierung mit anschließender Kapitalerhöhung

Ein großer Vorteil der Aktiengesellschaft gegenüber anderen, nicht kapitalmarktfähigen Rechtsformen, besteht zum einen in der Aufbringung großer Eigenkapitalbeträge beim erstmaligen Börsengang, dem Initial Public Offering (IPO). Zum anderen kann das Vehikel dazu genutzt werden, um der Gesellschaft, bei einer Kapitalerhöhung in späteren Jahren, weitere Mittel zuzuführen. Gerade die Option einer möglichen **Kapitalerhöhung** verschafft Unternehmen in der Reifephase oder auch in der Krise eine weitere Alternative, um die Eigenkapitalbasis zu verbessern. Derzeit nutzen Kreditinstitute diese Möglichkeit, um ihre Kernkapitalquoten zu steigern.

Eine Kapitalerhöhung kann alternativ erfolgen als (vgl. Wöhe et al., 2013, S. 112 ff. und Perridon et al., 2012, S. 404 ff.):

- **Ordentliche Kapitalerhöhung** durch die erfolgreiche Ausgabe junger beziehungsweise neuer Aktien (§§ 182-191 AktG).
- **Bedingte Kapitalerhöhung** durch die Ausübung von bedingten Rechten aus Wandel- und Optionsanleihen (§§ 192-201 AktG).
- **Genehmigtes Kapital** als vereinfachte Form der ordentlichen Kapitalerhöhung mit Beschluss der Hauptversammlung (§§ 202-206 AktG).
- **Kapitalerhöhung aus Gesellschaftsmitteln** mit der Umwandlung von offenen Rücklagen in Grundkapital ohne die Zuführung neuer Mittel (§§ 207-220 AktG).

Die **ordentliche Kapitalerhöhung** gemäß §§ 182-191 AktG vollzieht sich gegen Herausgabe junger Aktien. Sie erfordert einen Beschluss der Hauptversammlung mit mindestens einer Dreiviertelmehrheit des anwesenden Aktienkapitals und eine Eintragung ins Handelsregister. Nach der Kapitalerhöhung verteilen sich die offenen und stillen Reserven auf eine größere Anzahl an Aktionären (Kapitalverwässerung). Zudem können sich darüber die Stimmrechtsverhältnisse verschieben.

Zum Ausgleich dieser Nachteile bei den Vermögenswerten und Stimmrechtsanteilen der Altaktionäre, steht diesen ein Bezugsrecht auf die jungen Aktien entsprechend ihrer Beteiligung zu. Für dessen Ausübung ist eine Frist von zwei Wochen einzuräumen (§ 186 Abs. 1 AktG). Das **Bezugsrecht** hat damit zwei Aufgaben:

- Ausgleich der Vermögensnachteile
- Wahrung der Stimmrechtsverhältnisse

Vermögensnachteile entstehen den Altaktionären unter Umständen dadurch, dass der Börsenkurs junger Aktien in der Regel unter dem Kurs der alten gehandelten Aktien festgelegt wird, um die neuen Aktien für potenzielle Anleger attraktiv auszugestalten und insbesondere neue Investoren zu gewinnen.

Das Bezugsrecht wird anschließend vierzehn Tage vor Ausgabe der neuen Aktien an der Börse notiert. Ab dem Tage der Aufnahme des Bezugsrechtshandels werden die alten Aktien „ex Bezugsrecht" gehandelt und es bildet sich ein Mittelkurs. Es erfolgt ein Kursabschlag in Höhe des Bezugsrechts für die Altaktionäre. Das Bezugsrecht soll diesen Kursverlust kompensieren, da es einen monetären Wert besitzt und an der Börse als eigenständiges Wertpapier veräußert werden kann.

Alternativ kann durch die Ausübung der Bezugsrechte der **Stimmrechtsanteil** am Unternehmen gewahrt bleiben. Dann sind Rechte entsprechend dem Bezugsverhältnis herzugeben und es ist zusätzlich der festgelegte Preis für die jungen Aktien zu entrichten. Das Bezugsverhältnis ergibt sich aus der Anzahl der alten Aktien im Verhältnis zu den jungen Aktien unter Berücksichtigung eventueller Abschläge bei der Dividende, denn meist sind junge Aktien nicht voll dividendenberechtigt.

Der theoretische Wert eines Bezugsrechts errechnet sich unter Berücksichtigung des Bezugsverhältnisses und der Dividendenfähigkeit wie folgt:

$$B = \frac{K_a - (K_n + N)}{\frac{a}{n} - 1}$$

Symbole:

B	Bezugsrecht
K_a	Kurs der alten Aktien
K_n	Kurs der neuen Aktien
a	Zahl der alten Aktien
n	Zahl der neuen Aktien
N	Dividendennachteil

Der Dividendennachteil ist jedoch nur dann abzuziehen, wenn die jungen Aktien für das Geschäftsjahr ihrer Ausgabe nicht voll dividendenberechtigt sind oder andere finanzielle Nachteile bestehen. Eine Bewertung von Bezugsrechten kann auch aus optionspreistheoretischer Sicht vorgenommen werden. Dies kann zu dem Ergebnis führen, dass die festzulegenden Emissionspreise für junge Aktien unter bestimmten Marktbedingungen nicht irrelevant sind (vgl. Kruschwitz, 1986, S. 110 ff.).

Das Bezugsrecht kann auch als Differenz zwischen dem Mischkurs, der sich theoretisch auf gewichteter Basis des Kurswertes alter und neuer Aktien ergibt, und dem Kurs der alten Aktie ermittelt werden. Der tatsächliche Wert des Bezugsrechts richtet sich jedoch nach Angebot und Nachfrage und kann daher in der Bezugsfrist von den rechnerischen Werten abweichen. Er hängt von der aktuellen Marktlage sowie der Bewertung beziehungsweise den Erwartungen der Marktteilnehmer zu der jeweiligen Aktie ab. Demnach kann es zu erheblichen Abweichungen vom theoretischen Wert kommen. Die Wahl eines falschen Emissionszeitpunktes in einer Abwärtsphase der Börse kann daher den Wert des Bezugsrechts verringern und zudem die Platzierung von jungen Aktien am Markt erheblich gefährden.

Meist wird ein bestimmter zu erzielender Ertrag aus dem Börsengang angestrebt. Je höher der Bezugskurs gewählt wird, desto mehr finanzielle Mittel fließen dem Unternehmen zu (Finanzierungseffekt). Es besteht jedoch das Risiko, dass bei einer volatilen Börsenlage der Kurs der alten Aktien unter den der jungen Aktien fällt und diese „Jungen" für neue Aktionäre nicht interessant sind. Zudem kann ein hoher Bezugspreis dazu führen, dass viele Altaktionäre kapitalmäßig nicht in der Lage sind, junge Aktien zu beziehen. Der zu erzielende Ertrag kann auch durch die Anzahl der begebenen Aktien zu einem niedrigeren Kurs gesteuert werden. Dies verwässert wiederum den Wert der alten Aktien (Verwässerungseffekt).

Da bei der Kapitalerhöhung ein hohes Know How erforderlich ist, lassen sich Unternehmen in der Regel durch Investmentbanken beraten. Zudem erfolgt die Durchführung der ordentlichen Kapitalerhöhung meist als **Fremdemission**. Bei dieser Emissionsart wird der Gegenwert der neuen Aktien von einem Kreditinstitut oder einer Gruppe von Banken vorfinanziert und steht dem Unternehmen sofort zur Verfügung. Beim Begebungskonsortium treten die Kreditinstitute lediglich als Kommissionäre auf. Übernehmen die Banken den Wertpapierbestand fest, so wird von einem Übernahmekonsortium gesprochen, welches das Emissionsrisiko trägt.

Diese Leistung der Banken ist entsprechend zu vergüten. Treten diese lediglich als Kommissionäre auf und verbleibt das Emissionsrisiko beim Unternehmen, handelt es sich um ein sogenanntes Begebungskonsortium (vgl. Perridon et al., 2012, S. 407). Weitere Formen der Kapitalerhöhung, bei denen neue Geldmittel zufließen, sind die bedingte Kapitalerhöhung und das genehmigte Kapital.

Die **bedingte Kapitalerhöhung** gemäß §§ 192-201 AktG stellt eine Sonderform der Kapitalerhöhung dar. Sie soll insbesondere Gläubigern von Options- und Wandelanleihen Bezugsrechte oder Umtauschrechte sichern. Zudem kann sie der Vorbereitung einer Fusion oder auch der Gewährung von Bezugsrechten an die Belegschaft und die Geschäftsführung dienen. Letzteres dient als Anreizinstrument, wenn Mitarbeiter junge Aktien unter anderem aus einer Gewinnbeteiligung zu Vorzugskonditionen beziehen können und damit am Erfolg des Unternehmens partizipieren.

Das **genehmigte Kapital** gemäß §§ 202-206 AktG ist eine vereinfachte Form der Kapitalerhöhung, da diese zum Zeitpunkt des Beschlusses nicht an einen konkreten Finanzierungsanlass gebunden ist, um Marktchancen nutzen zu können. Der Vorstand wird daher von der Hauptversammlung ermächtigt, für längstens fünf Jahre das Grundkapital, bis zu einem bestimmten Nennwert, maximal jedoch bis zur Hälfte des bisherigen Grundkapitals, durch die Ausgabe junger Aktien zu erhöhen.

Erforderlich sind eine Dreiviertelmehrheit der Hauptversammlung zum Zeitpunkt dieses Beschlusses und die Zustimmung des Aufsichtsrats zur Ausgabe der jungen Aktien. Die Hauptversammlung kann den Vorstand mit Zustimmung des Aufsichtsrates ermächtigen, das Bezugsrecht für die bisherigen Altaktionäre auszuschließen. Vorteil dieser unkomplizierten Art der Kapitalerhöhung ist, dass der Vorstand einer Aktiengesellschaft schnell auf Marktsituationen, beispielsweise mit dem Kauf eines anderen Unternehmens, reagieren kann (vgl. Wöhe et al., 2013, S. 119). Zudem kann eine günstige Kapitalmarktlage für die Platzierung genutzt werden.

Bei der **Kapitalerhöhung aus Gesellschaftsmitteln** gemäß §§ 207-220 AktG fließen dem Unternehmen keine finanziellen Mittel zu. Diese Art der Kapitalerhöhung dient lediglich der Umstrukturierung der Kapitalseite im Rahmen eines Passivtausches. So werden offene Rücklagen in Grundkapital durch die Ausgabe von Zusatzaktien (Gratisaktien) umgewandelt. Diese Gratisaktien stehen den Altaktionären im Verhältnis ihrer Anteile am bisherigen Grundkapital zu.

Die Aktionäre stellen sich nach der Kapitalerhöhung aus Gesellschaftsmitteln wirtschaftlich gleich, da sich ihr Realvermögen nicht ändert. Diese Kapitalumschichtung erfolgt häufig, um den Kurs der Aktie zu reduzieren, für Kleinanleger interessant zu gestalten und die Handelsliquidität insgesamt zu erhöhen.

Der Börsenzugang kann unter Umständen eine Umwandlung in eine börsenfähige Rechtsform, wie die Aktiengesellschaft, erfordern. Dieses ist meist ein struktureller Einschnitt in einem Unternehmen, das sich in einer Reifephase befindet. Es kann auch eine Veränderung der Unternehmenskultur bedeuten. So sind häufig gewachsene Strukturen eines Familienunternehmens in eine professionelle Unternehmensform zu überführen. Zum einen ergeben sich erheblich Anforderungen an die künftige Unternehmensführung sowie Rechts- beziehungsweise Haftungsfragen. Zum anderen sind die Organe der Aktiengesellschaft personell zu besetzen und ihre Aufgaben, Rechte und Pflichten zu klären. Die **Aktiengesellschaft** hat insgesamt drei Organe mit verschiedenen Funktionen:

- den Vorstand,
- den Aufsichtsrat und
- die Hauptversammlung.

Der **Vorstand** leitet gemäß § 76 Abs. 1 AktG die Aktiengesellschaft und vertritt sie nach außen (§ 78 AktG). Die genaue Zahl der Mitglieder ist nicht vorgegeben. Bei einem Grundkapital von mehr als 3 Mio. Euro besteht der Vorstand aus mindestens zwei Personen, es sei denn, die Satzung bestimmt etwas anderes. Gemäß § 84 Abs. 1 AktG bestellt der Aufsichtsrat den Vorstand für höchstens fünf Jahre. Eine erneute Bestellung ist zulässig. Aus einem wichtigen Grund kann die Berufung zum Vorstandsmitglied und die Ernennung zum Vorsitzenden des Vorstands auch widerrufen werden (§ 84 Abs. 3 AktG). Vorstände dürfen unter anderem nicht wegen einer Insolvenzstraftat vorbestraft sein. Genau definierte fachliche Qualifikationen sind für das Amt eines Vorstands allerdings nicht erforderlich.

Dennoch sind gerade die Fähigkeiten eines Vorstands, im Hinblick auf die strategische Leitung und die Führungseignung, für den Erfolg eines Unternehmens maßgebend. Wichtige Sorgfaltspflichten eines Vorstands ergeben sich insbesondere aus § 93 AktG. Werden diese Pflichten grob verletzt, macht sich ein Vorstand unter Umständen schadensersatzpflichtig (vgl. Neu, 2004, S. 207). Das oberste Management wird im Rahmen des erstmaligen Börsengangs oft einer intensiven Due Diligence unterzogen, um die Qualifikationen und Führungserfahrungen zu prüfen.

Grundsätzlich ist der Vorstand gemäß § 77 Abs. 1 AktG gemeinschaftlich zur Geschäftsführung befugt. Es kann jedoch in der Satzung festgelegt sein, dass im Gesamtvorstand mit einfacher Mehrheit entschieden wird oder einzelne Mitglieder für ihren Fachbereich alleine bestimmen. Die Geschäftsordnung enthält weitere Regelungen zur Geschäftsführung und Geschäftsverteilung.

In dieser **Geschäftsordnung** ist daher meist auch eine Aufteilung der Aufgaben in verschiedene Vorstandsressorts vorgesehen wie zum Beispiel:

– Finanzen und Controlling
– Forschung und Entwicklung
– Personal und Revision

Der Vorstandsvorsitzende oder Vorstandssprecher hat als Hauptaufgaben die Koordination der Vorstandsarbeit, die Leitung der Sitzungen und die Repräsentation der Aktiengesellschaft in der Öffentlichkeit zu erfüllen. Mit der Berufung als Vorstandsmitglied sind generell bestimmte Pflichten an die Geschäftsführung, das Reporting und das Risikomanagement verbunden, wie unter anderem:

– **Berichtspflichten gemäß § 90 AktG:** Der Vorstand hat dem Aufsichtsrat unter anderem zu berichten, über die künftige (strategische) Geschäftspolitik der Gesellschaft, Planungen von Investitionen und Finanzen, Abweichungen der Entwicklung von früheren Zielen, der Rendite des Eigenkapitals und dem Gang der Geschäfte. Über Geschäfte, die für die Rentabilität und Liquidität eines Unternehmens von Bedeutung sind, ist der Vorsitzende des Aufsichtsrates ebenfalls zu informieren (vgl. Hauptmann, 2006, S. 92 ff.). Die Berichte des Vorstands haben den Grundsätzen einer gewissenhaften und getreuen Rechenschaft zu entsprechen und sind in der Regel in Textform zu erstatten (§ 90 Abs. 4 AktG). Somit bestehen detaillierte Pflichten zur Information des Aufsichtsrats, die zum Teil vierteljährlich, jährlich oder anlassbezogen zu vollziehen sind. Schließlich kann der Aufsichtsrat nur auf Basis einer guten Informationslage seinen Überwachungspflichten nachkommen.

– **Ad-Hoc-Mitteilungen gemäß § 15 WpHG:** Börsennotierte Unternehmen sind verpflichtet, sie betreffende Insiderinformationen unverzüglich zu veröffentlichen. Diese Informationen müssen geeignet sein, den Börsenpreis der betreffenden Aktie erheblich zu beeinflussen. Die Umstände müssen entweder schon eingetreten sein oder es muss mit hinreichender Wahrscheinlichkeit davon ausgegangen werden, dass diese eintreten werden. Die Ad-Hoc-Publizität soll über eine schnelle und gleichmäßige Unterrichtung das Informationsgleichgewicht zwischen Insidern und außenstehenden Anlegern herstellen. Schutzzweck ist die Verhinderung der Bildung unangemessener Preise aufgrund einer fehlerhaften oder unvollständigen Information des Marktes. Zum einen soll die Funktionsfähigkeit des Kapitalmarktes erhalten bleiben. Zum anderen soll eine Präventivmaßnahme gegen den Missbrauch von Insiderinformationen geschaffen werden. Diese Vorschrift ist eine wichtige Regelung des Anlegerschutzes, denn gerade Kleinanleger verfügen häufig nicht über ausreichende Analysequalifikationen und umfassende technische Kapazitäten, um Börseninformationen täglich zu überwachen (vgl. Buck-Heeb, 2014, S. 109 ff.).

– **Risikomanagement gemäß § 91 Abs. 2 AktG:** Der Vorstand hat Maßnahmen zu treffen, damit für den Fortbestand des Unternehmens gefährdende Entwicklungen frühzeitig erkannt werden. Dazu ist ein Managementsystem zur Früherkennung von Risiken einzurichten. Insbesondere Bestandsgefährdungen, die sich aus einer Verschlechterung der Vermögen-, Finanz- und Ertragslage ergeben, sind zu überwachen. Es empfiehlt sich, die Einrichtung eines detaillierten und umfassenden Risikomanagementsystems, mit der Identifikation von relevanten Risikobereichen, der Messung und Steuerung der Risiken und der Überwachung der eingeleiteten Risikopolitik.

Die Aktiengesellschaft weist ein duales Führungssystem auf. Der **Vorstand** trägt die Verantwortung für die Leitung des Unternehmens. Der **Aufsichtsrat** hat den Vorstand bei seiner Tätigkeit zu überwachen (§ 111 Abs. 1 AktG). Soweit die Mitbestimmung keine andere Anzahl vorschreibt, muss der Aufsichtsrat gemäß § 95 AktG aus mindestens drei Personen bestehen. Der Aufsichtsrat wird von der **Hauptversammlung** gewählt, soweit nicht Vertreter der Arbeitnehmer nach dem Mitbestimmungsgesetz in den Aufsichtsrat entsandt werden. Der Aufsichtsrat bestellt den Vorstand und beruft ihn wieder ab. Hauptaufgabe ist die Überwachung der Arbeit eines Vorstands gemäß § 111 Abs. 1 AktG. Er kann dazu die Bücher und Schriften einsehen und prüfen (§ 111 Abs. 2 AktG). Zudem erteilt der Aufsichtsrat dem Abschlussprüfer den Prüfungsauftrag für den Jahres- und Konzernabschluss.

Zur Intensivierung und Spezifizierung der Überwachung, kann der Aufsichtsrat aus seiner Mitte einen oder mehrere Ausschüsse bestellen (§ 107 Abs. 3 AktG). Häufig bestehen beispielsweise ein Finanzausschuss und ein Personalausschuss. Die Geschäftsführung kann auf den Aufsichtsrat allerdings nicht übertragen werden. Damit besteht eine strikte Trennung zwischen der Geschäftsführung durch den Vorstand und der Überwachung durch den Aufsichtsrat. Häufig wechseln in der Praxis ehemalige Vorstände, nach einer Abkühlperiode, in den Aufsichtsrat der gleichen Gesellschaft. Es ist daher zu vermuten, dass die Überwachung der unter Umständen früher selbst eingeleiteten Geschäftspolitik, nicht neutral erfolgen kann.

Um das Vertrauen der Anleger in den Vorstand sowie den Aufsichtsrat zu stärken, wurde daher der Kodex zur Corporate Governance, der Leitung und Überwachung deutscher börsennotierter Gesellschaften, eingeführt.

---

i **Definition:** Der Begriff „**Corporate Governance**" stammt aus dem anglo-amerikanischen Recht und bezeichnet einen Ordnungsrahmen für eine an dem Erfolg orientierte Unternehmensleitung durch den Vorstand und verantwortliche Unternehmensüberwachung durch den Aufsichtsrat. Grundsätze, abgeleitet aus den Corporate-Governance-Vorschriften, beinhalten Bereiche des deutschen Kapitalmarkt- und Gesellschaftsrechts, sind aber keine Rechtsnormen (vgl. Buck-Heeb, 2014, S. 22).

Trotz fehlender Rechtsgültigkeit müssen Vorstand und Aufsichtsrat einer börsennotierten Aktiengesellschaft gemäß § 161 AktG jährlich erklären, ob und inwieweit den Empfehlungen des **Deutschen Corporate Governance Kodex (DCGK)** entsprochen wurde. Es ist auch spezifisch darzulegen, welche Empfehlungen nicht angewendet wurden (vgl. DCGK, 2014, S. 1 ff.). Diese Erklärung zwingt einerseits zur Selbstkontrolle und setzt andererseits ein Signal an den Kapitalmarkt und Investoren, welche Verhaltensempfehlungen beachtet wurden.

Die gesetzlichen Pflichten des AktG für den Aufsichtsrat und den Vorstand werden demnach durch Verhaltensregeln unterstützt. Diese sollen das Vertrauen von Anlegern und weiteren Stakeholdern wie Kunden in die Unternehmensführung fördern. Dabei werden der Stärke nach, die Verpflichtungen in Soll-, Sollte- und Kannvorschriften unterschieden. Die Einhaltung ist somit nicht gesetzlich verpflichtend und soll lediglich ein Signal setzen. Empfohlen wird auszugsweise:

- eine enge Zusammenarbeit zwischen Vorstand und Aufsichtsrat mit einer Abstimmung der Geschäftspolitik und gegenseitigen Informationsversorgung.
- dass der Vorstand an das Unternehmensinteresse gebunden wird und damit zur nachhaltigen Steigerung des Unternehmenswertes verpflichtet ist.
- dass die Vorstandsvergütung fixe und variable an den geschäftlichen Erfolg gebundene Bestandteile enthalten soll, die in einem Bericht offen gelegt werden.
- dass der direkte Wechsel eines Vorstandsmitglieds in den Aufsichtsrat oder den Aufsichtsratsvorsitz nicht die Regel sein soll.
- dass detaillierte Transparenzvorschriften zur zeitnahen sowie gleichmäßigen Information der Anleger eingehalten werden.

Die Empfehlungen des DCGK gehen somit in Teilen über die gesetzlichen Bestimmungen hinaus. Einige Vorschriften, wie der Wechsel von ehemaligen Vorständen in den Aufsichtsrat, sollten unter Umständen schärfer formuliert werden, um klar deutlich zu machen, dass erhebliche Interessenkonflikte bei der Überwachung einer selbst eingeleiteten Unternehmensstrategie bestehen können.

Die Mitglieder des Aufsichtsrats werden von den Aktionären in der Hauptversammlung gewählt. Die **Hauptversammlung** ist die Versammlung der Aktionäre. Wesentliche Aufgaben bestehen in der Wahl des Aufsichtsrats, der Entscheidung über die Verwendung des Bilanzgewinns sowie der Entlastung der Mitglieder des Vorstands und des Aufsichtsrats (§ 119 AktG). Besonderes Interesse hat die Hauptversammlung durch den Auftritt einiger Hedge Fonds erlangt. Dies hat verdeutlicht, dass sich der Ablauf von Hauptversammlungen durch eine Vielzahl von Anträgen stören und in die Länge ziehen lässt und die Hauptversammlung und ihre Beschlüsse vor Anfechtungsklagen nicht sicher sind. Auch die zum Teil geringe Präsenz der Aktionäre auf der Hauptversammlung wird sicherlich dazu führen, den Ablauf dieser Veranstaltung gesetzlich neu zu gestalten und diese unter Umständen künftig nicht mehr in Präsenzform abzuhalten.

Bei der Ausübung seines Stimmrechts kann sich der Aktionär unter anderem durch seine Depotbank vertreten lassen. Dies ist für die betroffenen Banken zum Teil mit einem hohen Aufwand verbunden. Die Stimmrechte werden entsprechend dem Aktienbesitz gewichtet. Bei der Abstimmung auf der Hauptversammlung entscheidet grundsätzlich die Mehrheit der präsenten Stimmen.

Wichtige Entscheidungen, wie die vorzeitige Abberufung eines Aufsichtsrats gemäß § 103 Abs. 1 AktG oder zu Kapitalerhöhungen gemäß §§ 182 ff. AktG, bedürfen einer Dreiviertelmehrheit der abgegebenen Stimmen. Allerdings kann in der Satzung ergänzend vorgesehen sein, dass auch bei anderen wichtigen Entscheidungen größere Mehrheiten erforderlich sind.

Auch die **Satzung** einer Aktiengesellschaft muss in ihrer genauen Ausgestaltung die Börsenreife ermöglichen. Die Satzung der Aktiengesellschaft bestimmt ihre Verfassung. Sie regelt Aufgaben und Befugnisse der Organe. Gemäß § 23 Abs. 5 AktG kann in einer Satzung nur dann von den Bestimmungen des Aktiengesetzes abgewichen werden, wenn dieses ausdrücklich zulässig ist. Folgende Inhalte werden in der Satzung der Aktiengesellschaft geregelt (vgl. Holzborn, 2006, S. 69 ff.):

- **Gesetzlich vorgeschriebene Bestandteile nach § 23 Abs. 3 AktG:** Name, Sitz sowie Gegenstand des Unternehmens, die Höhe des Grundkapitals und die Anzahl der Aktien, die Zahl der Mitglieder des Vorstands, das Geschäftsjahr.
- **Weitere ergänzende Bestimmungen:** Regelungen zur Vertretung und inneren Ordnung ihrer Organe, die Anzahl der Vorstands- und Aufsichtsratsmitglieder, Regeln zur Hauptversammlung wie die Pflicht zur Anmeldung der Aktionäre.

Demnach ist die Infrastruktur einer Aktiengesellschaft zum einen durch den Organisationsaufbau und die Organe **Vorstand, Aufsichtsrat** sowie **Hauptversammlung** bestimmt. Zum anderen wird das Tagesgeschäft des Vorstands sowie des Aufsichtsrats im dualen Führungssystem durch gesetzliche Pflichten ergänzt. In vielen Situationen wird sich ein Vorstand daher die Frage stellen, ob sein Handeln mit den gesetzlichen Regelungen im Einklang steht. Dies kann einer freien Entfaltung seiner Tätigkeit unter Umständen entgegenstehen. So können durch eine Ad-Hoc-Meldung auch Konkurrenten, durch die Offenlegung stark wettbewerbssensibler Informationen, frühzeitig von der strategischen Firmenpolitik erfahren. Der Zeitpunkt, wann eine Meldung erfolgen muss und wann diese überhaupt wesentlich ist, kann unklar sein. Die Nachrichten sind vor der Veröffentlichung der Bundesanstalt für Finanzdienstleistungsaufsicht (BaFin) und den Börsenführungen bekannt zu geben (§ 15 WpHG). Die Publizierung sollte außerhalb der Handelszeiten erfolgen.

Gleichermaßen kommen die einzuhaltenden Regelungen, wie unter anderem zur Transparenz sowie zur Einführung eines professionellen Risikomanagements, auch allen Stakeholdern zugute. Die Organisationsstruktur der Aktiengesellschaft wird in der nachfolgenden Abb. 6.4 dargestellt.

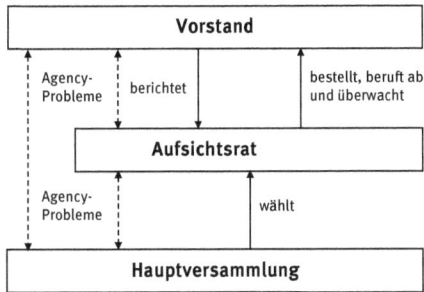

Abb. 6.4: Organisationsstruktur einer Aktiengesellschaft (Quelle: Eigene Darstellung)

Es wird deutlich, dass trotz vieler gesetzlicher Vorschriften zur Informationsweitergabe, in der Praxis erhebliche Informationsasymmetrien zwischen den verschiedenen Parteien bestehen können. Insbesondere ist zu vermuten, dass Kleinaktionäre aufgrund eines hohen Analyseaufwands nicht in der Lage sind, die Geschäftslage und die Arbeit eines Vorstands kontinuierlich zu verfolgen. Zudem kann die Tätigkeit des Aufsichtsrats nicht genau kontrolliert werden.

So ist zu vermuten, dass es auch zwischen der Hauptversammlung und dem Aufsichtsrat zu erheblichen Agency-Problemen kommen kann. Diese Problematik kann unter anderem durch erhöhte Beaufsichtigungen, genauere Dokumentationen sowie detaillierte Veröffentlichungen der erzielten Überwachungsergebnisse gelöst werden (vgl. Portisch, 1997, S. 104 ff.).

Ist die grundsätzliche Entscheidung für einen Börsengang in der Reifephase eines Unternehmens gefallen, sind bestimmte Vorarbeiten notwendig. Beispielsweise ist der Zeitablauf eines Börsengangs zu planen. Weiter sind verschiedene strategische Fragen zu entscheiden, wie unter anderem (vgl. Haubrok, 2006, S. 31 ff.):

– Welches Börsensegment ist zu besetzen?
– Welche Aktienart und Aktiengattung sind auszuwählen?
– Wann ist der beste Zeitpunkt für einen Börsengang?

Zur Strukturierung des weiteren Börsenprozesses sollen im Folgenden wesentliche Stadien eines Börsengangs auf einer Zeitschiene beschrieben werden. Der Ablauf stimmt mit der Gliederung der folgenden Abschnitte überein. Dieses Schema dient der Strukturierung und lenkt den Fokus auf wichtige Phasen und Entscheidungen bei einem Börsengang. Dennoch ist klar, dass in der Praxis vielerlei Aufgaben parallel ablaufen und die Phasen des Börsengangs sich überlappen können.

6.1.5 Phasen des Börsengangs

Der Börsengang beginnt in der **ersten Phase** mit den vorbereitenden Tätigkeiten. Es sind grundlegende Entscheidungen zu treffen, wie die Wahl der Rechtsform, die Auswahl des Börsensegments sowie die zu wählende Aktienart und Aktiengattung. Weiter ist ein genauer Zeitplan mit einer Aufgabenverteilung aufzustellen. Ein wichtiger Schritt ist die Vergabe der Beratermandate. Gerade die Wahl einer erfahrenen Investmentbank und einer renommierten Wirtschaftsprüfungsgesellschaft ist oft ein wesentliches Element für einen erfolgreichen Börsengang.

In der **zweiten Phase** beginnt die Umsetzung des eigentlichen Börsengangs. So ist das Rechnungswesen unter Umständen auf internationale Rechnungslegungsstandards, wie IFRS, umzustellen. Hauptziel dieser Phase ist die Erstellung des Börsenprospekts. Kernbestandteil sind die vertrauensvollen Prüfungen im Rahmen der Due Diligence. Daher findet in der Regel eine Legal Due Diligence statt, die sich mit der rechtlichen Lage des Unternehmens befasst. Dabei sind gegebenenfalls die rechtlichen Strukturen, unter anderem mit der Rechtsformumwandlung sowie der Umgestaltung der Satzung, anzupassen. Zudem sind die bestehenden Rechtsverhältnisse aus der operativen Geschäftstätigkeit zu überprüfen.

Aufgabe einer Management Due Diligence ist es, sich von der Professionalität der Geschäftsführung zu überzeugen und die Equity Story zu überprüfen. Ein wichtiger Baustein ist die Financial Due Diligence. Diese wird in der Regel durch einen Wirtschaftsprüfer durchgeführt. Es findet eine Plausibilisierung der Unternehmensplanung und der erwarteten Geschäftszahlen statt. Die Financial Due Diligence dient als Grundlage der Unternehmensbewertung und die Planzahlen sind daher im Einzelnen genau zu analysieren und zu verifizieren.

In der **dritten Phase** wird das Unternehmen in der Regel anhand verschiedener Discounted-Cash-Flow-Verfahren bewertet. Die Unternehmensbewertung gehört zu den schwierigsten Aufgaben im IPO-Prozess, da viele Input-Daten für die Bewertungsverfahren zu schätzen sind. Über Sensitivitätsanalysen und Szenariotechniken kann die Wertfindung stabilisiert werden. Meist findet über die Anwendung von Multiplikatorverfahren auch ein Abgleich mit der aktuellen Börsenbewertung vergleichbarer Unternehmen statt. Die Bewertung des Unternehmens dient in erster Linie zur Ermittlung der Preisspanne und des Angebotspreises.

In der **vierten Phase** erfolgt eine kontinuierliche Öffentlichkeitsarbeit. Es wird eine Roadshow für Finanzanalysten und Investoren durchgeführt. Ziel ist es, das Interesse an den zu platzierenden Aktien abzuschätzen und die geplante Angebotspreisspanne zu testen. Ist die Spanne, zu der das Aktienangebot erfolgen soll, zu hoch angesetzt, sind unter Umständen Anpassungen vorzunehmen. Diese Phase ist wichtig, da von ihr der Erfolg der gesamten Platzierung maßgeblich abhängt. Es schließen sich weitere Folgepflichten an eine Erstemission an.

In der **fünften Phase** sind im Anschluss an die Platzierung laufende Informations-pflichten zu erfüllen und es ist eine kontinuierliche Kurspflege zu betreiben. Diese stetige Unterstützung des Aktienkurses dient dem Renommee des Unternehmens und ist Grundlage für spätere erfolgreiche Kapitalerhöhungen. Die Kurspflege wird meist durch ein intensives Investor Relations durch das Unternehmen oder über externe Agenturen unterstützt. Die fünf Phasen im Prozess des Börsengangs werden in nachfolgender Abb. 6.5 dargestellt.

Vorbereitung	Dokumentation	Bewertung	Angebot	Folgearbeiten
• Ziele	• IFRS	• Verfahren	• Roadshow	• Kurspflege
• Mandatierung	• Due Diligence	• Preisspanne	• Preisfindung	• Informationspflichten
• Zeitplanung	• Börsenprospekt	• Marktlage	• Platzierung	• Investor Relations

Abb. 6.5: Phasen des Börsengangs (Quelle: Eigene Darstellung)

Es ergeben sich drei Hauptphasen im IPO-Prozess (vgl. Henge/Kostadinov, 2006, S. 238 ff.). In der Vorbereitungsphase werden die Grundlagen für den Börsengang geschaffen, die Ziele und der Zeitplan festgelegt. Im nächsten Schritt wird der Bör-sengang mit der Erarbeitung der Dokumente, der Umstellung des Rechnungswesens und der Bewertung und Platzierung der Aktien umgesetzt. Es schließt sich die letzte Phase an, mit den Folgenarbeiten nach der Erstnotiz. Denn nach der erfolgreichen Platzierung der Aktien beginnt die Erfüllung laufender Informationspflichten zur Ansprache der Investoren im Rahmen der Investor Relations.

Im Folgenden soll zunächst die Vorbereitungsphase näher beschrieben werden. In dieser ersten Phase des IPO sind die Ziele des Börsengangs festzulegen und Berater, wie Konsortialbanken und Wirtschaftsprüfer auszuwählen. Anschließend ist ein ge-nauer Zeitplan in Abstimmung mit allen Beratern zur erfolgreichen Durchführung des Going Public aufzustellen.

6.1.6 Vorbereitung des Börsengangs

Zielsetzung des Börsengangs soll, wie bereits beschrieben, die Finanzierung weite-ren Wachstums in einer Stagnationsphase sein. Damit besteht über einen erfolgrei-chen Börsengang die Möglichkeit, die Aktie und die generierten Finanzmittel für Akquisitionen zielgerichtet einzusetzen. Unterstellt wird das öffentliche Angebot der Aktien auf einem organisierten Markt.

Um den Börsengang zum Erfolg zu führen, sind die passenden Partner für das Projekt auszuwählen. Der Fokus soll hier auf die Wahl des **Wirtschaftsprüfers** und des Konsortialführers gelegt werden, da diese Parteien für den weiteren Börsenprozess von erheblicher Bedeutung sind. Dabei ist der Wirtschaftsprüfer im Wesentlichen für die Umstellung des Rechnungswesens und die Durchführung der Due Diligence zuständig. Er ist zudem wesentlich an der Erstellung des Börsenprospektes beteiligt. Die begleitende Investmentbank hat dagegen die Aufgabe, die gesamte Transaktion zu strukturieren. Diese hat das Projektmanagement inne, beginnend mit der Festlegung des Zeitplans, der Bearbeitung der Equity Story bis hin zur Platzierung sowie Übernahme der Aktien (vgl. Blättchen, 2006, S. 136 ff.).

Die Auswahl des **Konsortialführers** und der weiteren Partnerbanken erfolgt in der Regel über einen Beauty Contest, wenn nicht die Hausbank mit dem Börsengang betraut wird. Die Investmentbanken unterbreiten ihre Angebote und ihr Konzept für den Börsengang. Dargestellt und verhandelt werden unter anderem die Kosten der Emission, der Zeitplan sowie die Haftungsbereiche. Der Konsortialführer trägt die Hauptlast des Gelingens der Transaktion und übernimmt neben der formalen Börsenzulassung, auch die Verantwortung für die Aktienplatzierung.

Dieser hat daher auch die Aufgabe, auf den Ausgleich der Interessen zwischen Emittent und Investor hinzuarbeiten. So wertet der Emittent in der Regel einen hohen Emissionserlös als Erfolg, während der Investor die gute Kursentwicklung nach der Börseneinführung schätzt. Die begleitende Investmentbank hat zudem eine Qualitätsfunktion, indem sie sich mit ihrem Standing hinter die gesamte Transaktion stellt. Sie steht mit ihrem Ruf auch bei der angemessenen Preisfindung ein und stellt sich mit ihrer Reputation hinter den Emittenten.

Damit erbringt sie eine wertvolle Dienstleistung, indem sie einen „Emissionskredit" leistet (vgl. Achleitner, 2002, S. 251 ff.). Für diese Art der Leistung wird sie dementsprechend entlohnt. Folgende Kernaufgaben werden in der Regel durch den Konsortialführer erbracht (vgl. Blättchen, 2006, S. 138 ff.):

- **Projektmanagement des Börsengangs:** Festlegung der Zeitplanung, Koordination der Pflichten der Beteiligten und ihrer Interessen.
- **Gestaltung der Emissionsstruktur:** Entwicklung der Equity Story, Entscheidung über das Platzierungsverfahren, Auswahl des Börsensegments.
- **Erreichung der Börsenzulassung:** Vorbereitung und Koordination der Due Diligence, Mithilfe bei der Erstellung des Börsenprospekts.
- **Platzierung der Aktien:** Vorbereitung der Analystenpräsentationen, Auswahl geeigneter Investoren und Roadshow, Preisfestlegung, Zuteilung der Aktien.
- **Sekundärmarktbetreuung:** Kursstabilisierungsmaßnahmen sowie Übernahme der Rolle des Liquiditätsförderers im Sekundärmarkthandel.

Die Auswahl einer geeigneten Konsortialbank ist abhängig von dem angestrebten Börsensegment, der Erfahrung beziehungsweise der Infrastruktur bei der Emissionsbegleitung und der Höhe der Transaktionskosten. Wichtig sind auch der Zugang zu Investoren und die Platzierungsstärke des Finanzinstituts. Neben diesen objektiven Kriterien spielt auch das persönliche Verhältnis zwischen dem Management und dem IPO-Team der Bank eine Rolle bei der Auswahl des Konsortialführers.

In Ergänzung zu den eigenen zu erbringenden Leistungen, ist die Investmentbank insbesondere für die Projektkoordination und ein straffes Projektmanagement zuständig. Dazu gehören auch die Mitwirkung bei der Auswahl der Konsortialpartnerbanken und die Abstimmung des Emissionsprozesses mit einer Vielzahl von Beratern. Wichtige Emissionsbegleiter sind Rechtsberater, die insbesondere die Legal Due Diligence durchführen. Weiter beteiligt sind meist spezialisierte Marketing- und Public-Relations-Agenturen zur zielgerichteten Vermarktung der Aktien. Steuerberater prüfen und gestalten die steuerliche Situation.

Wirtschaftsprüfer werden mit der Prüfung der Jahresabschlüsse betraut und wirken maßgeblich an der Erstellung des Börsenprospekts mit. Gerade dem Wirtschaftsprüfer kommt bei der Erfüllung der formellen Aufgaben eine tragende Rolle zu. Bedeutende Funktionen bestehen in einer Testierung der letzten drei Jahresabschlüsse. Weiter liefert der Wirtschaftsprüfer einen wesentlichen Teil der finanziellen Angaben für das zu erstellende Wertpapierprospekt. Die Beauftragung eines Wirtschaftsprüfers erfolgt auch im Hinblick auf eine etwaige Prospekthaftung (vgl. Blättchen, 2006, S. 134 ff.). Dafür ist es erforderlich, dass die Wirtschaftsprüfungsgesellschaft bestimmte Deckungszusagen von Versicherungen aufweisen kann.

Um den Börsengang erfolgreich umzusetzen, ist eine genaue Zeitplanung erforderlich. Diese wird in der Regel in Abstimmung mit allen Partnern über den koordinierenden Konsortialführer vereinbart. Der Konsortialführer stellt meist den Projektleiter und dieser ist für das gesamte Projektmanagement verantwortlich.

Jedoch existieren nicht nur Chancen, sondern auch Risiken bei einem Börsengang. So steht das Unternehmen künftig im Fokus der Finanzanalysten, der Aktionäre und der breiten Öffentlichkeit. Es ergeben sich erhebliche Anforderungen an die Professionalität der künftigen Unternehmensführung. Da vielerlei Pflichten nach einem erstmaligen Börsengang zu erfüllen sind, steigen die Haftungsrisiken für die Organe Vorstand und Aufsichtsrat. Eine intensive Schulung der Mitglieder des Vorstands und des Aufsichtsrats auf aktueller Basis erscheint wichtig zu sein, im Hinblick auf die rechtlichen Pflichten und die Haftungsrisiken.

Nicht zu vergessen ist, dass der Börsengang hohe Einmal- und Folgekosten verursacht. Die Vorteile sowie Nachteile eines Börsengangs werden in der nachfolgenden Tab. 6.1 zusammengefasst dargestellt (vgl. Haubrok, 2006, S. 30 ff.). Es zeigt sich dabei, dass die Kosten im Nachgang eines Börsengangs ebenfalls streng zu beachten sind und die strategische Entscheidung des Going Public beeinflussen.

Tab. 6.1: Vorteile und Nachteile eines Börsengangs (Quelle: Eigene Darstellung)

Vorteile	Nachteile
Steigerung der Eigenkapitalquote	Kosten für den Börsengang
Verbreiterung der Finanzierungsbasis	Erhöhte Informationsanforderungen
Zugang zum Kapitalmarkt	Steuerliche Belastungen des Rechtsformwechsels
Erhöhung des Bekanntheitsgrads	Kontrollverlust der Alteigentümer
Akquisitionswährung in einer Reifephase	Haftungsrisiken für Vorstand und Aufsichtsrat

Der Gang an die Börse ist mit Vorbereitungen im rechtlichen, wirtschaftlichen und organisatorischen Umfeld verbunden. Eine der wesentlichen Aufgaben ist die Umstellung der Rechnungslegung auf die International Financial Reporting Standards (IFRS). Primäres Ziel der IFRS ist es, die Informationsbedürfnisse der Anleger sowie weiterer Stakeholder zu befriedigen. Der IFRS-Abschluss soll dabei entscheidungsrelevante Informationen liefern.

Dabei besteht auch bei der Begebung von Fremdkapitaltiteln an organisierten Märkten die Verpflichtung, einen befreienden Konzernabschluss nach IFRS aufzustellen. Somit wird mit dieser Umstellung gleichermaßen die Möglichkeit geschaffen, neben einem Börsengang und weiteren Kapitelerhöhungen, Platzierungen von Anleihen durchzuführen. Auf diese Weise kann die Kapitalstruktur mit der Generierung von Fremdkapital ausgewogen ausgestaltet werden. Insgesamt bestehen neue Alternativen zur Gewinnung umfassender Mittel und der damit verbundenen Möglichkeit der Umsetzung großer Investitionsprojekte. Gleichermaßen wird Erfahrung im Umgang mit Kleinanlegern und institutionellen Anlegern gesammelt, die das Kapitalmarkt-Know-How des Unternehmens und der Mitarbeiter stark erhöht. Im Folgenden Abschnitt werden die notwendigen Umstellungsarbeiten des Rechnungswesens bei einem Börsengang und weitere vorbereitende Aufgaben zur Realisierung der Kapitalmarktfähigkeit dargestellt.

ℹ Zusammenfassung Abschnitt 6.1: In diesem Abschnitt wurden die grundlegenden Anforderungen zur Umsetzung eines erfolgreichen **Börsengangs** untersucht. Dazu sind die unternehmensinternen Strukturen bei dem Emittenten zu überprüfen und gegebenenfalls neu zu gestalten, um die formale Börsenfähigkeit sicherzustellen. Anlass der Entscheidung zu einem IPO kann unter anderem die Stärkung der Eigenkapitalbasis für ein weiteres Wachstum oder auch der Exit der Altgesellschafter, mit einer Verstetigung des Lebenswerkes sein. Durch den erfolgreichen Börsengang entsteht eine Vielzahl von Optionen, über die geschaffene finanzielle Freiheit. Zudem kann über spätere Kapitalerhöhungen die Eigenkapitalbasis weiter gestärkt werden. Das Unternehmen wird über den Börsengang kapitalmarktfähig. Dies kann auch für die Emission von Schuldverschreibungen genutzt werden. Auch wächst der Bekanntheitsgrad meist erheblich und kann die Bildung eines Markennamens fördern und den Unternehmenswert weiter steigern. Dabei können die Aktie und das eingeworbene Kapital auch als Akquisitionswährung eingesetzt werden.

6.2   Rahmenbedingungen eines Börsengangs

von Prof. Dr. Wolfgang Portisch

6.2.1 Anforderungen an das Rechnungswesen und die künftige Publizität

Die geplante Börsennotierung stellt ein Unternehmen vor umfangreiche Anforderungen. Das Projekt Börsengang ist komplex, da es sich in der Regel auf viele Bereiche eines Unternehmens auswirkt. Die Entscheidung für den Börsengang ist daher sorgfältig und mit ausreichend zeitlichem Vorlauf vorzubereiten. Ebenso sind die erforderlichen Schritte zur Erzielung der Börsenreife genau zu planen, um die **Rahmenbedingungen eines Börsengangs** zu erfüllen. Zudem ist auch organisatorisch sicherzustellen, dass die Notierungsfolgepflichten eingehalten werden können.

Definition: Unter den **Rahmenbedingungen des Börsengangs** für einen Erstemittenten werden hier insbesondere die Einhaltung der Vorschriften an die Rechnungslegung, die zu erstellenden Dokumente und das einzurichtende Risikomanagementsystem angesehen.

Das Projekt Börsengang macht es erforderlich, sich umfassend der Historie des Unternehmens zu widmen, wie auch das externe und interne Rechnungswesen sowie das Risikomanagement an die künftigen Herausforderungen des neuen Unternehmensumfelds anzupassen. Im Folgenden werden die Umstellung des Rechnungswesens und die weiteren Erfordernisse an die künftige Publizität beschrieben. Mit dem Börsengang werden die Anforderungen an die Rechnungslegung und die Publizität für das Unternehmen, die sich bis dato nur aus dem HGB und aus den rechtsformspezifischen Vorschriften ergeben haben, zudem durch die Regelungen des AktG, der jeweiligen Börsenordnung, des BörsG und des WpHG sowie des Deutschen Corporate Governance Kodex bestimmt.

Allgemein sind sämtliche Kaufleute dazu verpflichtet, einen Jahresabschluss nach den Vorschriften des HGB aufzustellen (§ 242 HGB). Ergänzende Vorschriften ergeben sich für Kapitalgesellschaften und bestimmte Personengesellschaften aus §§ 264 und 264a HGB. Daneben spielt die Unternehmensgröße in Hinsicht auf Bilanzsumme, Umsatzerlöse sowie Mitarbeiterzahl (§ 267 HGB) eine Rolle für die Berichterstattungspflichten. Für (Mutter-)Unternehmen von Kapitalgesellschaften und bestimmten Personengesellschaften mit Sitz im Inland besteht zusätzlich die Verpflichtung zur Erstellung eines Konzernabschlusses nach den Vorschriften des HGB, wenn das betreffende Mutterunternehmen auf ein oder mehrere Tochterunternehmen einen beherrschenden Einfluss ausübt (Control-Konzept) und bestimmte Größenkriterien überschritten worden sind (§§ 290 und 293 HGB).

Mit Einführung und Umsetzung des Bilanzrechtsreformgesetzes vom 9. Dezember 2004 wurde zusätzlich in § 315 a HGB geregelt, dass kapitalmarktorientierte Mutterunternehmen einen Konzernabschluss nach den International Financial Reporting Standards (IFRS) zu erstellen haben.

Definition: Als **Kapitalmarktorientierte Unternehmen** werden Firmen bezeichnet, deren Wertpapiere (Eigen- und Fremdkapitaltitel) am Bilanzstichtag auf einem regulierten Markt eines beliebigen Mitgliedsstaates der EU gehandelt werden (Art. 4 der IAS-VO beziehungsweise § 264d HGB).

Ist der Handel an einem organisierten Markt zum Bilanzstichtag nur beantragt, ist der Konzernabschluss ebenso nach IFRS aufzustellen. Alle anderen Mutterunternehmen können zudem freiwillig einen Konzernabschluss nach den IFRS aufstellen. Dann entfällt die Pflicht, einen Konzernabschluss nach HGB aufstellen zu müssen. Die Rechnungslegungspflichten in Deutschland sind im Ergebnis davon abhängig, ob ein Unternehmen kapitalmarktorientiert ist oder ob keine Kapitalmarktorientierung besteht, wie die nachfolgende Abb. 6.6 zeigt.

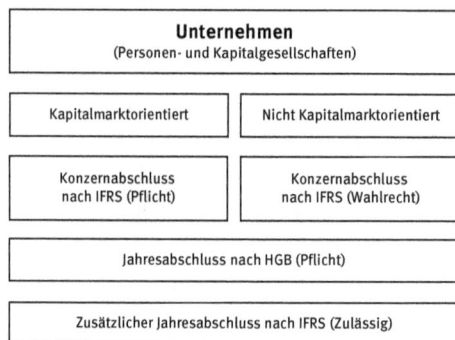

Unternehmen (Personen- und Kapitalgesellschaften)	
Kapitalmarktorientiert	Nicht Kapitalmarktorientiert
Konzernabschluss nach IFRS (Pflicht)	Konzernabschluss nach IFRS (Wahlrecht)
Jahresabschluss nach HGB (Pflicht)	
Zusätzlicher Jahresabschluss nach IFRS (Zulässig)	

Abb. 6.6: Rechnungslegungspflichten mit Kapitalmarktorientierung (Quelle: Eigene Darstellung)

Es bleibt festzuhalten, dass mit dem Börsengang mindestens der Konzernabschluss des Emittenten nach IFRS aufgestellt werden muss. Geht man davon aus, dass die überwiegende Zahl der deutschen Unternehmen, die nicht konzerngebunden beziehungsweise nicht kapitalmarktorientiert sind, mangels Notwendigkeit unverändert nach HGB bilanziert, so stellt die durch den Börsengang notwendige Umstellung des Rechnungswesen auf IFRS die größte Herausforderung für diese Unternehmen dar. Wegen der großen Bedeutung dieses Umstellungsprozesses, wird darauf im folgenden Abschnitt näher eingegangen.

Die Jahresabschlüsse des Emittenten (Mutterunternehmen) und der einbezogenen Tochterunternehmen müssen also nicht als vollwertige IFRS-Abschlüsse aufgestellt werden. Es genügt, für die Zwecke des Konzernabschlusses, zum einen die Kernabschlusselemente Bilanz, Gewinn- und Verlustrechnung aufzustellen. Zum anderen sind die weiteren erforderlichen Informationen für eine Segmentberichterstattung, Eigenkapitalüberleitungsrechnung, Kapitalflussrechnung sowie für die umfangreichen Anhangangaben und die Lageberichterstattung nach IFRS aufzubereiten.

Im Rahmen einer Emission werden wesentliche Informationen für den Anleger in einem **Börsenprospekt** zusammengefasst. Dieser umfasst neben einer Reihe von qualitativen Informationen auch detaillierte quantitative Finanzinformationen. Der Umfang dieser Finanzinformationen ergibt sich aus dem Wertpapierprospektgesetz (WpPG) beziehungsweise aus der Prospektverordnung (ProspektVO). Zu den Daten zählen auch die sogenannten historischen Finanzinformationen. Insbesondere die Konzernabschlüsse der vergangenen drei Jahre müssen mit aufgenommen werden.

Dabei sind die Abschlüsse der beiden aktuellen Konzerngeschäftsjahre nach IFRS zu erstellen. Nach Auffassung der Bundesanstalt für Finanzdienstleistungsaufsicht (BaFin) ist zumindest auch der letzte Jahresabschluss des Emittenten in den Prospekt zu integrieren. Dieser kann jedoch auch nach HGB erstellt worden sein. Um im Börsenprospekt stringente Finanzinformationen zu präsentieren, werden die Konsortialbanken in der Regel darauf bestehen, dass nicht nur die Konzernabschlüsse der beiden aktuellen, sondern die aller drei aufzunehmenden Geschäftsjahre nach IFRS aufgestellt werden. Damit ergibt sich unmittelbar die Notwendigkeit der Umstellung des Rechnungswesens auf IFRS, nicht nur für die Zukunft, sondern auch für die Vergangenheit. Es muss bedacht werden, dass in einem IFRS-Abschluss, unbeachtlich, ob es sich um einen Jahres- oder einen Konzernabschluss handelt, immer eine volle Vorjahresvergleichsperiode angegeben werden muss.

Definition: So besagt **IAS 1.38**: „Sofern die IFRS nichts anderes erlauben oder vorschreiben, hat ein Unternehmen für alle im Abschluss der aktuellen Periode enthaltenen quantitativen Informationen Vergleichsinformationen hinsichtlich der vorangegangenen Periode anzugeben. Vergleichsinformationen sind in die verbalen und beschreibenden Informationen einzubeziehen, wenn sie für das Verständnis des Abschlusses der Berichtsperiode von Bedeutung sind."

Dies erweitert den Kreis der umzustellenden Geschäftsjahre (Bilanzstichtage) um ein weiteres Jahr in die Vergangenheit. Das folgende Beispiel der Aufstellung eines erstmaligen Konzernabschlusses auf den 31. Dezember 2015 verdeutlicht dies, wie in Abb. 6.7 mit den Vorperioden aufgezeigt.

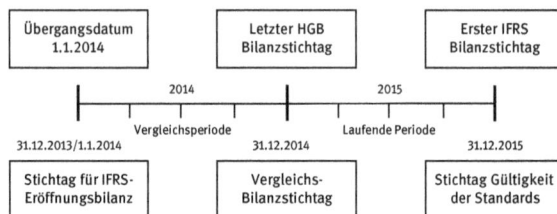

Abb. 6.7: Umstellungspflichten des Rechnungswesens im Zeitablauf (Quelle: Eigene Darstellung)

Sind durch das Unternehmen künftig Zwischenabschlüsse zu erstellen, so ist zum Beispiel bei einem Börsengang zu Beginn des Jahres 2015, bei einem Halbjahresabschluss zum 30. Juni 2015, auch eine Vergleichsperiode mit anzugeben. Dieses sind die Zahlen des Halbjahresabschlusses zum 30. Juni 2014.

Publizitätspflichten

Seit Inkrafttreten des Transparenzrichtlinie-Umsetzungsgesetzes (TUG) am 20. Januar 2007 haben sich die Anforderungen an die Rechnungslegung und Berichterstattung kapitalmarktorientierter Unternehmen im WpHG nicht wesentlich verändert. Das TUG setzte die europäische Transparenzrichtlinie vom 15. Dezember 2004 um und galt, im Hinblick auf die Rechnungslegung für alle Geschäftsjahre, die nach dem 31. Dezember 2006 beginnen. Neben Regelungen für den Jahrabschluss (Jahresfinanzbericht) finden sich dort Anforderungen für die Erstellung von Halbjahresfinanzberichten und Zwischenmitteilungen für die beiden verbleibenden Quartale des Geschäftsjahres. Andere Neuerungen betrafen unter anderem den sogenannten "Bilanzeid" sowie geänderte beziehungsweise zusätzliche Meldeschwellen für den Anteilsbesitz an kapitalmarktorientierten Unternehmen. Der Umfang dieser Publizitätspflichten hängt davon ab, ob das betroffene Unternehmen Eigenkapitaltitel, wie Aktien oder Fremdkapitaltitel, wie Anleihen emittiert hat.

Erstellung und Veröffentlichung eines Jahresfinanzberichts (§ 37v WpHG)

Unternehmen, die als Inlandsemittenten Wertpapiere im Form von Eigen- als auch Fremdkapitaltitel begeben, haben am Schluss eines jeden Geschäftsjahres einen sogenannten **Jahresfinanzbericht** zu erstellen.

Dieser besteht aus dem Jahresabschluss (Bilanz, Gewinn- und Verlustrechnung und Anhang), dem Lagebericht sowie dem Bilanzeid. Der Jahresfinanzbericht ist spätestens vier Monate nach Ablauf des Geschäftsjahres zu veröffentlichen. Für deutsche Kapitalgesellschaften gelten dabei vorrangig die handelsrechtlichen Offenlegungsvorschriften (§ 325 HGB).

Ist das betreffende Unternehmen verpflichtet, einen Konzernabschluss und einen Konzernlagebericht aufzustellen, so treten diese an die Stelle des Jahresabschlusses. Der Konzernabschluss umfasst die Bilanz, die Gesamtergebnisrechnung beziehungsweise die Gewinn- und Verlustrechnung, die Eigenkapitalveränderungsrechnung, die Kapitalflussrechnung und gegebenenfalls die Segmentberichterstattung. Zusätzliche Anforderungen beziehen sich auf die Veröffentlichung sowie die Übermittlung der Bekanntmachung.

Mit dem **Bilanzeid** wird versichert, dass der verkürzte Abschluss die Vermögens-, Finanz- und Ertragslage korrekt wiedergibt. Hinsichtlich des Zwischenlageberichts erstreckt sich die Erklärung auf den Geschäftsverlauf, einschließlich der Geschäftsergebnisse und der Lage sowie zusätzlich auf die Beschreibung der wesentlichen Chancen und Risiken der voraussichtlichen Entwicklung der Gesellschaft.

Die Erklärung wird jedoch unter der Einschränkung "nach bestem Wissen" abgegeben (§§ 264, 289, 297, 315, 315a, 325 HGB). Der Bilanzeid sollte gesondert in den Jahres- oder Halbjahres-Finanzbericht aufgenommen werden und ist von allen Vorständen beziehungsweise Geschäftsführern zu unterschreiben. Eine Musterformulierung für den Bilanzeid findet sich in DRS 16 zur Zwischenberichterstattung.

Beispiel: "Wir versichern nach bestem Wissen, dass gemäß den anzuwendenden Rechnungslegungsgrundsätzen für die Zwischenberichterstattung der Konzernzwischenabschluss unter Beachtung der Grundsätze ordnungsmäßiger Buchführung ein den tatsächlichen Verhältnissen entsprechendes Bild der Vermögens-, Finanz- und Ertragslage des Konzerns vermittelt und im Konzernzwischenlagebericht der Geschäftsverlauf einschließlich des Geschäftsergebnisses und die Lage des Konzerns so dargestellt sind, dass ein den tatsächlichen Verhältnissen entsprechendes Bild vermittelt wird, sowie die wesentlichen Chancen und Risiken der voraussichtlichen Entwicklung des Konzerns im verbleibenden Geschäftsjahr beschrieben sind."

Seit dem Juli 2005 prüft die Deutsche Prüfstelle für Rechnungslegung (DPR) in einem Enforcement-Verfahren die Abschlüsse von Unternehmen, deren Wertpapiere in Form von Eigenkapitaltiteln oder Fremdkapitaltitel an einer deutschen Börse zum öffentlichen Handel zugelassen sind.

Zweck dieses Enforcement-Verfahrens sind die Prävention und die Aufdeckung von Fehlern in der Rechnungslegung, die Stärkung des Anlegervertrauens sowie eine Prüfung zusätzlich zur Abschlussprüfung (vgl. Deutsche Prüfstelle für Rechnungslegung DPR e.V., 2007, S. 2 ff.). Eine weitere Notwendigkeit für emittierende Unternehmen besteht in der Erstellung eines Halbjahresfinanzberichts.

Erstellung, Veröffentlichung von Halbjahresfinanzberichten (§ 37w WpHG)

Unternehmen, die als Inlandsemittenten Wertpapiere in Form von Eigen- als auch Fremdkapitaltitel begeben, haben für die ersten sechs Monate eines Geschäftsjahres einen **Halbjahresfinanzbericht** zu erstellen. Dieser muss unverzüglich, spätestens aber zwei Monate nach Ablauf des Berichtszeitraums veröffentlicht werden. Mutterunternehmen, die konzernrechnungslegungspflichtig sind, erstellen einen Halbjahresfinanzbericht auf Konzernebene. Der Halbjahresfinanzbericht enthält die folgenden drei Elemente: Verkürzter Abschluss, Zwischenlagebericht und Bilanzeid.

Die Aufstellung des verkürzten Abschlusses erfolgt nach den Rechnungslegungsgrundsätzen, die für den Jahresabschluss gelten. Gefordert werden mindestens eine Bilanz, eine Gewinn- und Verlustrechnung sowie ein Anhang, jeweils in verkürzter Form. Gesellschaften, die zur Aufstellung eines IFRS-Konzernabschlusses verpflichtet sind, erfüllen bereits diese Anforderungen, durch die Anwendung des IAS 34 zur Zwischenberichterstattung.

Die vollständige Anwendung von IAS 34 verlangt aber über die TUG-Anforderungen hinaus, eine verkürzte Eigenkapitalveränderungsrechnung und eine verkürzte Kapitalflussrechnung beziehungsweise im Hinblick auf die Gewinn- und Verlustrechnung, eine verkürzte Gesamtergebnisrechnung oder Gewinn- und Verlustrechnung. Die deutsche handelsrechtliche Erstellung eines verkürzten Abschlusses ist im DRS 16 Zwischenberichte des DRSC geregelt.

Im Zwischenlagebericht sind mindestens die wichtigen Ereignisse und ihre Auswirkungen auf den verkürzten Abschluss, wesentliche Veränderungen von Prognosen und sonstigen Aussagen zur voraussichtlichen Entwicklung, die Chancen und Risiken für die, auf den Berichtszeitraum folgenden, sechs Monate sowie die wesentlichen Geschäfte des Emittenten mit nahestehenden Personen anzugeben. Konkrete Anforderungen formuliert ebenfalls der DRS 16.

Die Unternehmen haben die Möglichkeit, den verkürzten Abschluss und den Zwischenlagebericht des Halbjahresfinanzberichts der prüferischen Durchsicht durch einen Abschlussprüfer zu unterziehen. Wird auf eine prüferische Durchsicht verzichtet, so ist dieses ausdrücklich zu vermerken, zum Beispiel durch den Hinweis "nicht einer prüferischen Durchsicht unterzogen". Alternativ steht es den Unternehmen frei, den verkürzten Abschluss und den Zwischenlagebericht zum Gegenstand einer regulären Abschlussprüfung zu machen.

Der verkürzte Abschluss und der Zwischenlagebericht unterliegen der Enforcement-Befugnis der Deutschen Prüfstelle für Rechnungslegung (DPR). Die Befugnis bezieht sich allerdings nur auf die anlassbezogenen Prüfungen. Stichprobenartige Prüfungen sind daher nicht zulässig. Neben diesen Unterlagen sind weitere Informationen bereitzustellen. Sie sind unter anderem in der Form von Zwischenmitteilungen abzugeben beziehungsweise in der Form der Quartalsfinanzberichterstellung oder der Quartalsmitteilung an die jeweiligen Adressaten zuzuleiten.

Zwischenmitteilung Geschäftsführung, Quartalsfinanzberichte (§ 37x WpHG)

Unternehmen, die als Inlandsemittenten Aktien begeben, müssen **Zwischenmitteilungen** der Geschäftsführung veröffentlichen. Diese Art der Berichterstattung sollte in einem Zeitraum von zehn Wochen nach Beginn und sechs Wochen vor Ende der ersten und zweiten Hälfte eines Geschäftsjahres erfolgen.

Ab November 2013 ist die europäische Transparenzrichtlinie-Änderungsrichtlinie in Kraft getreten. Demnach werden die nationalen Regelungen zu verpflichtenden Erstellung, Veröffentlichung sowie Prüfung von Quartalsfinanzberichten abgeschafft. Dazu wurden § 37x WpHG ebenfalls vollständig neu gefasst und die Börsenordnung der Frankfurter Wertpapierbörse geändert. Demnach besteht für Emittenten, deren Aktien im Prime Standard zugelassen sind, die Verpflichtung eine Quartalsmitteilung nach § 51a Börsenordnung zu erstellen. Des Weiteren kann freiwillig ein Quartalsfinanzbericht erarbeitet werden (§ 51a Abs. 6 Börsenordnung). Dann entfällt die Pflicht zur Erstellung der Quartalsmitteilung. Falls ein Unternehmen den Quartalsfinanzbericht veröffentlich, ist dieser gemäß § 37w Abs. 7 WpHG einer prüferischen Durchsicht durch den Abschlussprüfer zu unterziehen.

Erstellt und veröffentlicht das Unternehmen die **Quartalsberichte** und entsprechen diese den an einen Halbjahresfinanzbericht gestellten Anforderungen nach IAS 34, so entfällt die Pflicht zur Erstellung sowie Veröffentlichung von Zwischenmitteilungen. Für den Quartalsabschluss ist, im Gegensatz zu dem Jahres- und Halbjahresfinanzbericht, die Abgabe eines Bilanzeids nicht erforderlich. Ebenso ist nicht darauf hinzuweisen, ob dieser Quartalsabschluss einer prüferischen Durchsicht unterzogen wurde. Aus Gründen der Klarheit sowie Transparenz ist dieses jedoch zu empfehlen. Zusammenfassend lässt sich folgender Handlungsbedarf aus diesen Regelungen des WpHG erkennen, wie folgende Tab. 6.2 zeigt.

Tab. 6.2: Regelungen des WpHG für Emittenten (Quelle: Eigene Darstellung)

	Aktienemittenten		Emittenten von
	Prime Standard	General Standard	Schuldtiteln
Verkürzter Abschluss	erforderlich	erforderlich	erforderlich
Zwischenlagebericht	erforderlich	erforderlich	erforderlich
Zwischenmitteilungen	erforderlich	erforderlich	nicht erforderlich
Entscheidung zum Review	erforderlich	erforderlich	erforderlich

Diejenigen Fristen, in denen die Firmen den Publizitätspflichten nachkommen müssen, ergeben sich neben dem HGB sowie WpHG auch aus dem Deutschen Corporate Governance Kodex, dessen Nichteinhaltung zumindest in einer Erklärung veröffentlicht werden muss. Die folgende Tab. 6.3 zeigt die Veröffentlichungsfristen.

Tab. 6.3: Veröffentlichungsfristen nach HGB, WpHG und DCGK (Quelle: Eigene Darstellung)

Veröffentlichungsfristen	WpHG	DCGK	Unternehmen
Jahresabschluss Konzernabschluss	4 Monate nach Ablauf des Geschäftsjahres	Konzernabschluss 90 Tage nach Ende GJ	Kapitalmarktorientiert Inlandsunternehmen
Halbjahresfinanzbericht	2 Monate nach Ablauf des Berichtszeitraums	Zwischenberichte 45 Tage nach Ende des Berichtszeitraums	Inlandsemittenten, die Aktien oder Schuldtitel begeben
Zwischenmitteilungen Quartalsfinanzberichte	Zwischen 10 W. nach Beginn und 6 W. vor Ende der ersten und zweiten Hälfte des GJ		Unternehmen, die als Inlandsemittenten Aktien begeben

Verglichen mit einem Status, der ohne eine Kapitalmarktorientierung bestand, mit einer Offenlegung binnen zwölf Monaten nach dem Bilanzstichtag, ist mittlerweile eine deutliche Verschärfung des Umfangs sowie des Turnus von Publizitätspflichten festzustellen. Für Geschäftsjahre, die nach dem 31. Dezember 2006 beginnen, haben sich durch das aktuelle Gesetz über elektronische Handels- und Unternehmensregister (EHUG) zudem für die handelsrechtlichen Offenlegungspflichten (§ 325 HGB) weitreichende Änderung ergeben. Eine Einreichung von Jahresabschlussunterlagen ist seitdem nur noch beim elektronischen Bundesanzeiger möglich.

6.2.2 Umstellung auf IFRS

Aus § 315a HGB ergibt sich die Pflicht für kapitalmarktorientierte Unternehmen, ihre Rechnungslegung auf IFRS umzustellen. Weitere Regelungen zur Umstellung, wie beispielsweise Art, Umfang und Zeitpunkt, enthält das HGB nicht (vgl. Hoyos/Ritter-Thiele, 2006, S. 1821). Die Vorgehensweise eines Übergangs der Rechnungslegung nach HGB zur Rechnungslegung nach IFRS, auch im Rahmen eines Börsengangs, ist im IFRS 1, "Erstmalige Anwendung der IFRS", geregelt.

IFRS-Umstellungsprojekt

Die Rechnungslegung von HGB auf IFRS umzustellen, erfordert mehr als nur die Jahresabschlüsse anzupassen. Es geht um einen grundlegenden Systemwechsel in der internen und externen Berichterstattung (vgl. Dräger, 2006, S. 436). Die Umstellung von HGB zu IFRS ist als Projekt in drei Phasen zu unterteilen:

- Analysephase
- Umstellungsphase
- Integrationsphase

Wie komplex die Umstellung ist und wie lange die einzelnen Projektphasen dauern, hängt von der Geschäftstätigkeit des Unternehmens beziehungsweise des Konzerns, der Anzahl der einzubeziehenden Tochtergesellschaften, den individuellen Kenntnissen über IFRS und den vorhandenen Prozessen und IT-Systemen im Unternehmen ab. In der **Analysephase** geht es in der Regel darum, die Projektziele zu evaluieren und eine Einschätzung über folgende Aspekte zu erhalten:

– Wie sind das Berichtswesen und die Geschäftstätigkeit derzeit gestaltet?
– Wie hoch sind die Diversifikation und die Komplexität des Unternehmens?

Zusätzlich ist die Leistungsfähigkeit der IT-Systeme zu beurteilen, welche die Umstellung auf IFRS unterstützen sollen (vgl. Theile, 2011, S. 846). Nach ersten Analysen der notwendigen materiellen Anpassungsmaßnahmen lassen sich auf Basis von aufgestellten Probeabschlüssen, die Auswirkungen sowie die Transparenz der Berichterstattung nach IFRS untersuchen.

Die Analysephase soll klären, wie das IFRS-Umstellungsprojekt weiter durchgeführt werden kann. Die Studie muss daher die bilanziellen Auswirkungen der IFRS-Umstellung und die notwendigen Anpassungen von Prozessen und Systemen gründlich analysieren. Im Fokus steht ein vorläufiger Projektplan, der diese Projektstruktur abbildet, also die benötigten Ressourcen, den zeitlichen Ablauf, die Umstellungsstrategie und anfallende Kosten aufzeigt (vgl. Dräger, 2006, S. 437). Hier wird ein übergeordneter Projektplan für den Börsengang häufig die zeitlichen Rahmenbedingungen vorgeben. Über die Bestandsaufnahme sowie die Vorstudie soll ferner herausgefunden werden, inwieweit das IFRS-Umstellungsprojekt den Ablauf des operativen Tagesgeschäfts möglicherweise beeinträchtigen kann. Dieses ist bei der praktischen Projektumsetzung von erheblicher Bedeutung.

Mit Beginn der **Umstellungsphase** wird das IFRS Know How im Unternehmen aufgebaut. Festgelegt wird ein endgültiger Projektplan mit Projektorganisation und Zusammensetzung des Teams. Anschließend werden die Unterschiede zwischen HGB und IFRS abschließend identifiziert. Außerdem ist zu entscheiden, wie mit auftretenden Bilanzierungsfragen umzugehen ist. Eine Detailanalyse der Prozesse erhebt die IFRS-relevanten Daten, legt das IT-System, die Organisation und die notwendigen Ressourcen fest. Schulungsmaßnahmen werden definiert und durchgeführt. Die Prozesse und das IT-System werden angepasst. Zusätzlich werden die erforderlichen IFRS-Anpassungsbuchungen, der IFRS-Jahresabschluss sowie die IFRS-Planungsrechnung angefertigt (vgl. Dräger, 2006, S. 438).

Die **Integrationsphase** hat das hauptsächliche Ziel, die Prozesse und die Systeme für den IFRS-Jahresabschluss sowie die IFRS-Planungsrechnung fortwährend weiterzuentwickeln, die Abläufe zu automatisieren und in die Organisation des Unternehmens einzubeziehen. Dies dient zur stetigen Aktualisierung des jeweiligen Zahlenmaterials und zum Umdenken in den Abläufen.

Wichtig ist es, zu beachten, dass mit Ende der reinen Umstellungsphase das Projekt nicht beendet ist, sondern eigentlich erst ab jetzt dauerhaft gelebt werden muss. Dieses fällt umso schwerer, wenn man sich für die Umstellung externer Berater bedient hat, die bei einer Umstellung die Schulung der Mitarbeiter des Unternehmens nicht mit in den Vordergrund gestellt haben.

Um die Umstellung zeitlich steuern und überwachen zu können, ist es daher hilfreich, den Projektfortschritt wie folgt abzubilden (vgl. Dräger, 2006, S. 438 ff.):

– **Anpassung der Rechnungslegung:** Die Vorschriften nach HGB und IFRS sind zu vergleichen, relevante Unterschiede zu identifizieren, das Datenmaterial zusammenzustellen und Bilanz sowie Gewinn- und Verlustrechnung nach IFRS zu erstellen. Die notwendigen Daten für die Eigenkapitalveränderungsrechnung, die Kapitalflussrechnung und die im Zweifel zu erstellende Segmentberichterstattung werden ermittelt sowie der, im Vergleich zum HGB deutlich umfangreichere, Anhang erstellt. Das Unternehmen erhält mit dieser aufwändigen Vorgehensweise seinen ersten IFRS-Jahresabschluss.

– **Anpassung der Systeme, der Prozesse sowie der Organisation:** Festgelegt werden die anzuwendenden Bilanzierungs- und Bewertungsrichtlinien und die Form der Erhebung. Bei komplexen Sachverhalten, großen Unternehmen oder bei vorhandenen Tochtergesellschaften empfiehlt es sich, zusätzlich ein Bilanzierungshandbuch zu erstellen. Bei Konzernabschlüssen haben sich Formblattabschlüsse bewährt. Zu überprüfen ist schließlich, ob die eingesetzte Software die notwendigen Informationen für den IFRS-Abschluss bereitstellen kann. Es bietet sich an, auch die interne Berichterstattung an die IFRS anzupassen und so die externe und die interne Berichterstattung zu vereinheitlichen. Abschließend ist eine fachliche Schulung aller Mitarbeiter erforderlich, die an der IFRS-Umstellung beteiligt sind und später regelmäßig IFRS-Abschlüsse eigenständig erstellen sollen.

– **Erfolg und Effizienz das Umstellungsprojekt:** Entscheidend für den Projekterfolg sind die fachliche und die zeitliche Effizienz des Umstellungsprozesses. Um alle relevanten Unternehmensbereiche des Rechnungswesens, des Controllings, der IT-Abteilung, der Rechtsabteilung sowie auch der Produktions-, Beschaffungs- und Vertriebsabteilungen einzuschließen, empfiehlt sich der Einsatz von Methoden des Projektmanagements. Hierbei hängt der Erfolg des IFRS-Umstellungsprojekts insbesondere von der richtigen Besetzung des erfahrenen Projektmanagers ab.

Es bietet sich an, die IFRS-Umstellung eng vom Wirtschaftsprüfer begleiten zu lassen, um den fachlichen Projekterfolg sicher zu stellen sowie, vor dem Hintergrund des engen Zeitplans eines Börsengangs, unnötige Abstimmungs- und Anpassungsnotwendigkeiten zu vermeiden. Gerade die Umstellung der Rechnungslegung erfordert inhaltlich eine enge externe Unterstützung (vgl. Advani, 2011, S. 866).

Anpassung der Rechnungslegung

Bei der Umstellung der externen Rechnungslegung von einem Regelwerk auf ein anderes, stellt sich die Frage, ob die Umstellung nur ab heute für die Zukunft (prospektiv) oder bereits retrospektiv erfolgen soll. Dabei ist die rückwirkend anzuwendende Betrachtung entsprechend aufwändig.

Der einschlägig bekannte Standard IFRS 1 geht von einer rückwirkenden Anwendung aller zum Berichtszeitpunkt (erster IFRS-Bilanzstichtag) geltenden Standards aus (retrospektiv). Das heißt, bei einem erstmaligen IFRS-Abschluss auf den 31. Dezember 2015 sind alle Geschäftsvorfälle, die sich noch bis zu diesem Datum im Abschluss auswirken können, unter den zu dem Stichtag geltenden IFRS-Standards neu zu würdigen. Es ist dann so zu bilanzieren, als ob schon immer die IFRS angewendet wurden und es ergeben sich zum Teil erhebliche Anpassungen.

Da dies in bestimmten Bereichen problematisch ist, sieht der IFRS 1 bestimmte optionale Erleichterungen und verpflichtende Ausnahmen von der retrospektiven Anwendung vor. Daneben setzt IFRS 1 bestimmte Vorschriften zu Schätzungen und zur Begrenzung des Wertaufhellungszeitraumes. Die Umstellung ist in den Notes (vergleichbar dem Anhang) umfassend zu erläutern, zum Beispiel durch Überleitungen des Eigenkapitals und des Ergebnisses. Grundsätzlich erfolgt die Umstellung nach den folgenden vier Prämissen, die alle retrospektiv zu beachten sowie anzupassen sind (vgl. Driesch, 2012, S. 1773):

– Ansatz aller nach IFRS ansatzpflichtigen Posten
– Kein Ansatz aller nach IFRS nicht ansatzfähigen Posten
– Umgliederung bestimmter Posten
– Bewertung aller Posten nach IFRS

Diese optionalen Erleichterungen betreffen Unternehmenszusammenschlüsse, als Ersatz für Anschaffungs- oder Herstellungskosten angesetzte Werte, Leistungen an Arbeitnehmer, kumulierte Währungsumrechnungsdifferenzen, zusammengesetzte Finanzinstrumente, Anteile an Tochterunternehmen, gemeinschaftliche geführten Unternehmen und assoziierten Unternehmen im Einzelabschluss des Mutterunternehmens sowie unterschiedliche Erstanwendungszeitpunkte von Mutterunternehmen und Tochterunternehmen, die Klassifizierung von bisher bereits angesetzten Finanzinstrumenten, aktienbasierte Vergütungen, Versicherungsverträge, Rückstellungen für Entsorgungs-, Wiederherstellungs- und ähnliche Verpflichtungen.

Des Weiteren werden unter anderem erfasst Leasingverhältnisse, die Zeitbewertung von finanziellen Vermögenswerten und Schulden, nach IFRIC 12 angesetzte Vermögenswerte, Zinsaufwendungen, von Kunden übertragene Vermögenswerte gemäß IFRIC 18, Tilgungen finanzieller Verbindlichkeiten durch Eigenkapitalinstrumente (IFRIC 19), Gemeinschaftsunternehmen sowie Abraumkosten von Tagebauunternehmen (IFRIC 20) (vgl. Driesch, 2012, S. 1790 ff.).

Die Anwendung der Erleichterungen stellt regelmäßig eine erhebliche Umsetzungsvereinfachung dar. Da die Regelungen sehr umfassend und speziell sind, kann im Folgenden nicht im Detail darauf eingegangen werden.

Bei den verpflichtenden Ausnahmen ist die retrospektive Anwendung bei der Ausbuchung von finanziellen Vermögenswerten sowie Schulden, bei der Bilanzierung von Sicherungsbeziehungen, bei der Vornahme von Schätzungen und Annahmen, Anteile nicht-beherrschender Gesellschafter, die Klassifikation und Bewertung von finanziellen Vermögenswerten, eingebettete Derivate sowie Darlehen der öffentlichen Hand (vgl. Driesch, 2012, S. 1804 ff.). Ohne diese Ausnahmen besteht die Gefahr einer möglichen Neueinschätzung aufgrund besseren Wissens und damit einer zu vorteilhaften und verschleiernden Bilanzierung. Zudem lässt sich so vermeiden, vergangene Transaktionen rekonstruieren zu müssen.

Überleitungsrechnungen von HGB auf IFRS sind in einem erstmaligen Abschluss für das Eigenkapital zum Übergangszeitpunkt (Stichtag der IFSR-Eröffnungsbilanz) und für den Stichtag des letzten veröffentlichten HGB Abschlusses (IFRS-Vergleichsbilanzstichtag) sowie für das Ergebnis auf den Stichtag des letzten veröffentlichen HGB Abschlusses zu erstellen. Für einen erstmaligen Abschluss nach den IFRS zum 31. Dezember 2015 ergibt sich gemäß der nachfolgenden Abb.6.8, im Zeitablauf für die Bilanzierung, folgendes Bild.

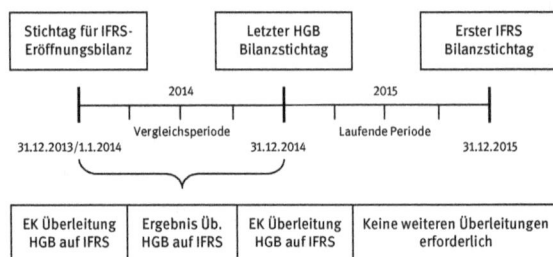

Abb. 6.8: Überleitungsrechnungen beim Börsengang im Zeitablauf (Quelle: Eigene Darstellung)

Materielle Unterschiede zwischen HGB und IFRS

Zwischen HGB und IFRS ergeben sich umfangreiche Unterschiede, die im Wesentlichen in den verschiedenen Rechnungslegungsphilosophien beider Regelwerke begründet liegen. Das hat sich auch nach der Modernisierung des HGB durch das BilMoG, das eine Annäherung der HGB an IFRS vorsah, nicht wesentlich geändert, da die Prinzipien der Rechnungslegung unverändert Geltung besitzen.

Die Rechnungslegung nach HGB ist dem sogenannten **"kontinentaleuropäischen Ansatz"** zuzuordnen. Im Vordergrund steht die Rechenschaftsfunktion. Die Rechnungslegung dient dem Gläubigerschutz und der Zahlungsbemessung mit der vorsichtigen Ermittlung eines ausschüttungsfähigen Gewinns. Die Regelungen werden im Rahmen eines ordentlichen Gesetzgebungsverfahrens erlassen und orientieren sich an strengen Objektivierungskriterien. Das Vorsichtsprinzip dominiert über alle anderen Grundsätze. Es besteht unverändert eine enge Verknüpfung zum Steuerrecht über das Prinzip der Maßgeblichkeit der Handelsbilanz für die Steuerbilanz. In der täglichen Bilanzierungspraxis finden steuerliche Maßgaben, insbesondere nach der Auffassung der Finanzverwaltung, regelmäßig Anwendung in der Handelsbilanz, zum Teil über die GoB, beispielsweise bei Festlegung von Nutzungsdauern und der Bilanzierung von Leasingverhältnissen. Der Umfang der Berichterstattung ist sowohl in der Breite (Instrumente), als auch in der Tiefe (Anzahl und Qualität der Erläuterungen), eher als eingeschränkt zu beurteilen.

Im Vordergrund dieses sogenannten **"angelsächsischen Ansatzes"**, also auch der IFRS, steht die Entscheidungsrelevanz der Rechnungslegung. Diese soll Investoren entscheidungsrelevante Informationen vermitteln. Ein internationales, privatwirtschaftliches Gremium (IASB) setzt die Regelungen fest, die Mindeststandards darstellen. Hinsichtlich der Realisierung von Gewinnen gelten weniger vorsichtige Prinzipien. Die Bilanzierung zu Zeitwerten ist üblich. Die Bilanzierung erfolgt losgelöst von steuerlichen Prinzipien. Einhergehend mit dem Zweck der Informationsvermittlung insbesondere auch an den Kapitalmarkt sind im Rahmen der Berichterstattung umfangreiche Angaben und Erläuterungen zu Bilanzierung und Bewertung zu veröffentlichen (vgl. DIHK/PricewaterhouseCoopers AG, 2005, S. 12 ff.).

Die materiellen Differenzierungen und ihre Auswirkungen auf ein Umstellungsprojekt lassen sich in Ansatz-, Bewertungs-, Ausweis-, Gliederungs- und Erläuterungsunterschiede unterteilen. Um sich für sein Unternehmen einen ersten Überblick zu verschaffen, bieten sich synoptischen Gegenüberstellungen an, anhand derer die wesentlichen Unterschiede in der Bilanz und Gewinn- und Verlustrechnung Posten für Posten durchgegangen werden. Die im Folgenden dargestellten Beispiele sind exemplarisch und erheben nicht den Anspruch auf Vollständigkeit.

Ansatzvorschriften nach IFRS

Hinsichtlich der Ansatzunterschiede, das heißt der Frage, ob Vermögenswerte beziehungsweise Vermögensgegenstände im Abschluss dem Grunde nach angesetzt werden müssen oder können, sind nach IFRS die Ansatzkriterien für Vermögenswerte weniger streng, als nach den Regelungen des HGB. Im HGB wird von Vermögensgegenständen (§ 246 Abs. 1 S. 1 HGB) gesprochen, in den IFRS von Vermögenswerten. Diese sprachliche Unterscheidung macht auch den inhaltlichen Unterschied deutlich. Der Ansatz von Schuldenpositionen ist nach IFRS hingegen deutlich restriktiver (vgl. PricewaterhouseCoopers AG, 2006, S. 73 ff.).

Die nachfolgenden Beispiele erläutern ausgewählte Unterschiede bei den Ansatzvorschriften der IFRS gegenüber dem HGB:

- **Aktivierung selbsterstellter immaterieller Vermögenswerte:** Forschungskosten sind, wie nach HGB, als Aufwand der Periode zu erfassen, in der sie angefallen sind. Entwicklungskosten hingegen sind, allerdings nur bei Erfüllung strenger Kriterien, zu aktivieren. Hier gilt im HGB ein entsprechendes Aktivierungswahlrecht.

- **Leasingverhältnisse:** Die unter den Regelungen der steuerlichen Leasingerlasse geschlossenen Leasingverhältnisse, mit dem vornehmlichen Ziel, eine Bilanzierung beim Leasinggeber zu ermöglichen, werden nach IFRS unter dem Blickwinkel des Übergangs der wesentlichen Risiken und Chancen, häufig als Finanzierungsleasing einzustufen sein. Dieses hat zur Folge, dass in der Regel der Leasingnehmer den Gegenstand aktivieren muss.

- **Latente Steuern:** Nach IFRS besteht auch für die aktiven latenten Steuern eine Ansatzpflicht.

- **Rückstellungen:** Rückstellungen für künftige Aufwendungen ohne Außenverpflichtung dürfen nach IFRS nicht angesetzt werden.

- **Finanzinstrumente:** Nach IFRS sind alle Finanzinstrumente zu erfassen. Auch derivative Finanzinstrumente sind zu aktivieren oder passivieren.

Bewertungsvorschriften nach IFRS

Sowohl HGB und IFRS knüpfen für die Bewertung, das heißt dem Ansatz der Höhe nach, an die historischen Anschaffungs- oder Herstellungskosten an. Bewertungsunterschiede ergeben sich insbesondere oft durch die enge Orientierung der IFRS an Zeitwerten und die völlige Loslösung von steuerrechtlichen Vorschriften (vgl. PricewaterhouseCoopers AG, 2006, S. 57 ff.). Dies führt im Ergebnis zu einem tendenziell höheren und zeitnäheren Gewinnausweis:

- **Planmäßige Abschreibungen:** Für die Ermittlung planmäßiger Abschreibungen werden nach IFRS die wirtschaftlichen Nutzungsdauern verwendet, die regelmäßig länger als die Nutzungsdauern in den steuerlichen AfA-Tabellen sind. Die degressive Abschreibung ist nach IFRS nur dann zulässig, wenn sie dem tatsächlichen Werteverzehr entspricht.

- **Neubewertung:** Vermögenswerte können nach IFRS einer Neubewertung unterzogen werden, bei der die Buchwertanpassung anschließend erfolgsneutral im Eigenkapital erfasst wird.

- **Marktbewertung:** Bestimmte Kategorien von Finanzanlagen sowie Finanzinstrumenten sind zum Marktwert zu bewerten. Dabei können die Anschaffungskosten überschritten und unrealisierte Gewinne berücksichtigt werden.

- **Vorratsvermögen:** Bei einer langfristigen Auftragsfertigung kommt nach den IFRS die "Percentage of Completion Method" (Teilgewinnrealisierung) im Umlaufvermögen zur Anwendung.

- **Pensionsrückstellungen:** Die Abzinsung von Pensionsrückstellungen erfolgt mit einem laufzeitkongruenten aktuellen Marktzins, während im HBG ein über sieben Jahre ermittelter durchschnittlicher Zins zur Anwendung kommt.
- **Behandlung von Geschäfts- und Firmenwerten im Konzernabschluss:** Derartige Werte werden nach IFRS nur noch außerplanmäßig abgeschrieben, insoweit sich ein Abwertungsbedarf aus einem Impairment-Test ergibt.

Ausweis- und Gliederungsvorschriften nach IFRS

Die Ausweis- und Gliederungsvorschriften für HGB Abschlüsse sind streng formalisiert. Kapitalgesellschaften und bestimmte Personengesellschafen müssen sich an den gesetzlichen Gliederungsschemata der §§ 266 und 275 HGB orientieren. Darüber hinaus bestehen ergänzende sowie teilweise komplexe Regelungen für bestimmte Branchen wie zum Beispiel für Kreditinstitute.

Im Gegensatz dazu geben die IFRS nur eine Mindestgliederung für die Bilanz und Gewinn- und Verlustrechnung vor (IAS 1.54 beziehungsweise IAS 1.81A ff.). Flankiert wird diese Mindestgliederung jedoch von detaillierten Vorschriften zur Untergliederung und Erläuterung in den einzelnen Standards. Die Posten der Bilanz sind in langfristige und kurzfristige Positionen zu unterteilen, sofern nicht eine Darstellung nach der Liquidität zuverlässiger oder relevanter ist (IAS 1.60).

Das Deutsche Rechnungslegungs Standards Committee (DRSC), beziehungsweise dessen Rechnungslegungs Interpretations Committee (RIC), hat eine Auslegung zur Darstellung einer IFRS-Bilanz im RIC 1 veröffentlicht. So ist es zulässig, Informationen wahlweise im Anhang oder in der Bilanz beziehungsweise der Gewinn- und Verlustrechnung oder auch in einer Gesamtergebnisrechnung detailliert anzugeben (IAS 1.77 ff., IAS 1.97 ff.).

Ausweisunterschiede ergeben sich auch daraus, dass bestimmte Posten nach IFRS nicht gesondert anzugeben sind oder nach den IFRS differenziert klassifiziert werden, wie zum Beispiel:

- **Rechnungsabgrenzungsposten:** Die nach HGB gesondert auszuweisenden Positionen sind in einem IFRS-Abschluss in der Regel in den sonstigen kurzfristigen Vermögenswerten beziehungsweise Schulden enthalten.
- **Rückstellungen für ausstehende Rechnungen:** Solche Rückstellungen werden nach IFRS in den kurzfristigen Finanzverbindlichkeiten ausgewiesen, wenn die Beträge dem Grunde und der Höhe nach gewiss sind.

Werden die Mindestgliederung sowie die ergänzenden Vorschriften der einzelnen Standards sowie RIC 1 berücksichtigt, ergibt sich eine mindestens ebenso detaillierte Gliederungstiefe nach IFRS wie nach HGB. Differenziert ist nur, dass ein Teil der Untergliederungen im Anhang stattfinden kann und dass die Gliederung grundsätzlich verschieden strukturiert ist.

Als wesentliche Instrumente der Berichterstattung sind nach IAS 1.10 verpflichtend eine Bilanz, eine Gewinn- und Verlustrechnung beziehungsweise Gesamtergebnisrechnung, eine Kapitalflussrechnung, eine Eigenkapitalveränderungsrechnung und ein Anhang zu erstellen. Eine aussagekräftige Segmentberichterstattung müssen ergänzend all diejenigen Unternehmen erstellen, deren Wertpapiere öffentlich gehandelt werden (IFRS 8.2). Werden Aktien öffentlich notiert, ist nach IAS 33 im Abschluss auch das Ergebnis je Aktie mit anzugeben.

Ein gesonderter Lagebericht ist aus den IFRS heraus grundsätzlich nicht zu erstellen. Bis auf diesen Unterschied deckt sich der Anforderungskatalog mit den Anforderungen des HGB beziehungsweise des WpHG an die zu erstellenden Rechnungslegungsinstrumente (vgl. PricewaterhouseCoopers AG, 2006, S. 32 ff.).

Erläuterungsvorschriften nach IFRS

Zwischen dem Anhang eines HGB Abschlusses und den sogenannten **"Notes"** nach IFRS ergeben sich Erläuterungsunterschiede in ganz erheblichem Maße. Zwar hat der deutsche Gesetzgeber in der jüngeren Vergangenheit den Umfang des Anhangs insbesondere hinsichtlich der Angaben zu den Finanzinstrumenten erweitert und für kapitalmarktorientierte Unternehmen zusätzlich um die Abschlussprüferhonorare sowie die individualisierten Organbezüge. Jedoch ist der Umfang der nach IFRS erforderlichen Angaben nach wie vor erheblich höher.

Da sich eine Vielzahl der geforderten Angaben aus den einzelnen Standards ergibt, ist es kaum möglich, ohne Checklisten oder vergleichbare Instrumente einen Überblick über die Vollständigkeit der zu berichtenden Angaben zu behalten. Deutlich wird die Problematik, wenn der Umfang einer derartigen Checkliste betrachtet wird, die durchaus um die Einhundert DIN A4 Seiten umfassen kann. Der Aufbau dieser Notes folgt in der Praxis häufig dem Aufbau:

– Angaben zum Konzernabschluss (Konsolidierungskreis, Konsolidierungsgrundsätze, Währungsumrechnung)
– Angaben zu den Bilanzierungs- und Bewertungsmethoden (Erläuterung der Methoden, Änderung der Methoden, neue Rechnungslegungsvorschriften)
– Erläuterungen zu den Berichtselementen (Bilanz, GuV)
– Sonstige Angaben

Die Angaben zu dem zweiten und dritten Punkt nehmen dabei meist den größten Raum ein. Die Erläuterungen zu den Berichtselementen sind vom Umfang durchaus mit den in der Vergangenheit üblichen Erläuterungsteilen zu den Prüfungsberichten der Abschlussprüfer vergleichbar. Zudem ist das International Accounting Standards Board (IASB) nicht untätig, den Umfang der Angaben weiter zu mehren. So ist zum Beispiel für die Geschäftsjahre, die am oder nach dem 1. Januar 2007 beginnen, erstmals der IFRS 7 "Finanzinstrumente: Angaben" anzuwenden, der quantitative Angaben zu Liquiditäts-, Bonitäts- und Marktrisiken verlangt.

Schwierigkeiten ergeben sich in der Praxis auch dadurch, dass neben diese umfassenden Vorschriften der IFRS ergänzende Angaben aus dem HGB treten, wie zum Beispiel die bereits genannten Angaben zu den Abschlussprüferhonoraren.

Praktische Umstellung

Für alle genannten Unterschiede gilt es, im Rahmen des Umstellungsprojektes in einer Inventur, die entsprechenden Sachverhalte zu identifizieren und deren Auswirkungen abzuschätzen. Die erkannten Unterschiede sind nicht nur für die IFRS-Eröffnungsbilanz einmalig festzustellen, sondern für die folgenden Stichtage fortzuschreiben. Daher ist sicherzustellen, dass die Unterschiede bei den laufenden Geschäftsvorfällen, wie auch bei der Inventur, detailliert festgestellt werden.

Dabei ist augenscheinlich, dass ohne eine systemseitige Unterstützung eine Umstellung von HGB auf IFRS nicht möglich ist. Zumal jedes Unternehmen für gesellschaftsrechtliche und steuerliche Zwecke unverändert einen HGB Abschluss benötigt. Je nach Umfang der identifizierten Unterschiede ist daher zu entscheiden, wie tief eine systemseitige Abbildung der Ableitung des IFRS-Abschlusses erforderlich ist (vgl. Dräger, 2006, S. 475). Darüber hinaus muss das Unternehmen festlegen, welche Rechnungslegung künftig **"führend"** sein soll. Strebt man mit den IFRS eine weitgehende Integration von internem und externem Rechnungswesen an, kann nur IFRS künftig der maßgebliche Rechnungslegungsstandard sein, da dieser sich zum Teil an der internen Struktur ausrichtet.

In der Praxis werden aus den oben genannten Gründen, immer erhebliche Unterschiede im Ausweis und der Gliederung des Abschlusses anzutreffen sein. Der Umfang von Ansatz- und Bewertungsunterschieden hängt maßgeblich von der Komplexität des Unternehmens und dessen Geschäftsmodell ab.

Bei wenigen Unterschieden lässt sich die Überleitung von HGB auf IFRS noch mit Hilfe einer Tabellenkalkulation bewältigen. Sobald man es jedoch mit einer größeren Anzahl von Unterschieden zu tun hat, ist eine solche Lösung aufwändig und risikobehaftet. Hier bietet es sich an, das Anlagevermögen in der bestehenden Anlagenbuchhaltung, zum Beispiel in einem weiteren Bewertungsbereich, maschinell sowohl nach HGB und IFRS zu führen und alle anderen Unterschiede weiter in einer Tabellenkalkulation abzubilden.

Kommen weitere Unterschiede hinzu, ist eine vollständige Darstellung in der Buchhaltung, die einzig sinnvolle Option. Auch hier sind verschiedene Möglichkeiten denkbar. Gängige Verfahren arbeiten zum Beispiel mit zwei Buchungskreisen nach HGB und IFRS mit Anpassungskonten. Alternativ existieren Kontenpläne, die reine HGB, reine IFRS und gemischte Konten vorsehen. Hier ist es insbesondere wichtig, dass die Mitarbeiter über das entsprechende Know How verfügen, die Buchungen in beiden Rechnungslegungen richtig vornehmen zu können und aktuelle wie künftige Unterschiede zu erkennen (vgl. Advani, 2011, S. 867). Dieses erfordert eine laufende Ausbildung der Mitarbeiter.

6.2.3 Due-Diligence-Prüfungen

Neben der Umstellung des Jahresabschlusses auf IFRS sind weitere Voraussetzungen bei einem erstmaligen Börsengang zu erfüllen. So ist ein Börsenprospekt zur detaillierten Anlegerinformation zu erstellen. Diesem liegen verschiedene Due Diligence-Prüfungen zugrunde. Dabei stammt der Begriff der **Due Diligence** ursprünglich aus dem amerikanischen Kapitalmarkt- und Anlegerschutzrecht, genauer aus den Regelungen zur umfassenden Haftung an die Begebung von Wertpapieren und an deren Handel beteiligter Personen.

Der Securities Act von 1933 regelt dabei detailliert die erstmalige Ausgabe von Effekten. Demnach haftet auch der testierende Abschlussprüfer gegenüber den Ersterwerbern eines öffentlich angebotenen Wertpapiers für Verluste, die diesem aus dem betreffenden Papier entstehen. Dies ist insbesondere der Fall, wenn die Registrierungsangaben bei der US-Börsenaufsichtsbehörde SEC irreführende Angaben enthielten (Emissionsprospekthaftung).

Die sogenannte Due Diligence Defense bietet dem Abschlussprüfer die Möglichkeit, sich dieser Haftung zu entziehen, wenn er nachweisen kann, dass er seine Prüfung mit der angemessenen Sorgfalt durchgeführt hat.

Definition: Der Begriff der **Due Diligence** entspricht im Deutschen der "im Verkehr erforderlichen Sorgfalt". Ziel der Due Diligence-Prüfungen ist es, das Informationsgefälle zwischen dem Vorstand des Unternehmens und den potenziellen Investoren zu beseitigen. Die aufbereiteten Daten dieser aufwändigen Prüfung fließen in den Börsenprospekt mit ein.

Die im Prospekt wiedergegebenen Abschlüsse und weiteren Finanzangaben werden von dem Emittenten aufgestellt beziehungsweise ermittelt. Dabei trägt der Emittent die Hauptverantwortung für diese Angaben.

Neben dem Emittenten sind weitere Personen mitverantwortlich für den Inhalt. Zu den Prospektverantwortlichen gehören regelmäßig die Banken, die an der Kapitalmarkttransaktion beteiligt sind (Emissionsbanken). Daher werden in der Regel umfangreiche Prüfungen durchgeführt, um auch den Nachweis einer angemessenen Sorgfalt führen zu können (vgl. IDW PS 910, Tz. 5-9).

Allgemein wird unter Due Diligence die umfassende Analyse, Prüfung und Bewertung eines Transaktionsobjektes insbesondere im Zusammenhang mit Unternehmenskäufen oder Firmenverkäufen verstanden. Die Due Diligence soll verborgene Chancen und Risiken beim Transaktionsobjekt aufdecken, die Genauigkeit der Wertermittlung durch einen verbesserten Informationsstandes erhöhen und damit insgesamt die Qualität der Entscheidung über das Transaktionsobjekt verbessern. Es existiert kaum einen Bereich unternehmerischer Tätigkeit, für den nicht eine speziell zugeschnittene Due Diligence (DD) denkbar ist.

Vereinfachend kann zwischen der juristischen und rechtlichen (Legal DD), einer finanziellen (Financial DD) sowie einer steuerlichen (Tax DD) und einer unternehmerischen (Business DD) unterschieden werden.

Hinsichtlich der Business Due Diligence wird häufig noch eine Unterteilung bezüglich des Unternehmensumfeldes (Commercial DD) und der Unternehmensorganisation mit Geschäftsbetrieb (Operational DD) vorgenommen.

Durchgeführt wird eine DD in der Praxis von gemischten Teams, die sich aus Mitarbeitern des Käuferunternehmens sowie aus externen Beratern verschiedener Fachrichtungen und Spezialisierungsgrade zusammensetzt. Für einen Börsengang sind die Legal DD, die Financial DD, die Tax DD, die Business DD und die Commercial DD von erheblicher Bedeutung. Anders als bei bilateralen Unternehmenstransaktionen wird diese Prüfung von den Konsortialbanken beauftragt.

Kennzeichnend für eine DD-Prüfung sind die Verwendung von Checklisten zur Beschaffung der auszuwertenden Informationen und ein hoher Zeitdruck der Untersuchungen. Dem Zielobjekt der DD werden zu Beginn der Prüfung die Checklisten und Anforderungen übermittelt. Die geforderten Unterlagen sind dann unternehmensseitig kurzfristig aufzubereiten und dem DD Team zugänglich zu machen. Nach einer eingehenden Sichtung und Auswertung der bereitgestellten Informationen, beginnt ein intensiver Frageprozess, in dem die aufbereiteten Unterlagen verifiziert werden. Als Abschluss der Arbeiten wird ein DD Report generiert, in dem die Informationen zusammengefasst werden sowie die Vorgehensweise, bei der Untersuchung dargestellt wird. Im Folgenden werden die genauen Prüfungsinhalte der relevanten DD-Prüfungen umfassend dargelegt.

Legal DD

Im Fokus der Legal DD stehen sämtliche Rechtsgeschäfte des Unternehmens sowie deren Folgewirkungen. So ist zu prüfen, ob die unternehmerische Tätigkeit so organisiert ist, dass sie möglichst frei von rechtlichen Risiken ist. Weiter ist zu untersuchen, ob offene oder verdeckte Bestands- oder Haftungsrisiken bestehen. Ziel der Legal DD ist die juristische Absicherung der Geschäftsprozesse. Die Legal DD ist eng mit der Financial DD und der Tax DD verzahnt, da sich Risiken aus dem rechtlichen Bereich unmittelbar auf diese Bereiche auswirken können. Um die rechtlichen Gefährdungen aus der geplanten Transaktion transparent zu machen, werden insbesondere gesellschaftsrechtliche Grundlagen, Vertriebs-, Beschaffungs- und Arbeitsverträge eingehend untersucht und ihr Einfluss auf die künftige Entwicklung des Transaktionsobjektes aufgezeigt. Im Vordergrund der Bestandsaufnahme der externen und internen Rechtsverhältnisse des Unternehmens stehen dabei Unsicherheiten, die die Erzielung der geplanten Unternehmensergebnisse oder sogar die Existenz des Unternehmens gefährden können. Für einen Börsengang ist auf mögliche Risiken im Zusammenhang mit der Unternehmensgründung, mit Umwandlungsvorgängen und Anteilsveräußerungen ein hohes Augenmerk zu legen.

Financial DD

Kernbestandteil der meisten Unternehmenstransaktionen ist die Financial DD, um Chancen und mögliche finanzielle Risiken des Transaktionsobjektes transparent zu machen. Die Financial DD soll zeigen, ob die vorgelegten vergangenheitsbezogenen und geplanten Finanzdaten als seriös zu beurteilen sind, welche Bewertungs- und Bilanzierungsspielräume ausgenutzt wurden und ob nicht bilanzierte Verpflichtungen bestehen. Der Einfluss dieser Faktoren findet insbesondere bei einem Börsengang im Rahmen der Unternehmensbewertung der Konsortialbanken Berücksichtigung. Für die Bewertung werden die historischen Ergebnisse und Cashflows in der Regel normalisiert und um nicht operative oder nicht wiederkehrende Aufwendungen, Erträge und Zahlungen bereinigt, so dass nachhaltig erzielbare Ertragskennzahlen und Cash Flows zur Verfügung stehen.

Ausgangspunkt einer Financial DD ist in der Regel eine Analyse der mittelfristigen Vergangenheit des Unternehmens. Dazu werden die Vermögens-, Finanz- und Ertragslage der letzten drei bis fünf Geschäftsjahre untersucht (Business Plan Review). Wesentlich bei der Financial DD ist die Analyse der vorgelegten Unternehmensplanung des Transaktionsobjektes. Denn die Einschätzung der zukünftigen Erträge und Aufwendungen sowie der prognostizierten Cash Flows bestimmen den Unternehmenswert und damit den möglichen Emissionserlös maßgeblich. Diese Betrachtungen umfassen eine Plausibilisierung der getroffenen Annahmen, deren Vollständigkeit sowie die konsistente Umsetzung in der Unternehmensplanung. Hierzu werden, je nach Komplexität der Unternehmensstruktur sowie der Geschäftsvorfälle, neben Finanzexperten weiter Fachleute hinzugezogen, wie zum Beispiel besondere Spezialisten für die Bereiche Treasury, Pensionen und Versicherungen.

Tax DD

Im Rahmen einer Tax DD werden alle steuerrelevanten Aspekte aus dem Erwerb des Zielunternehmens zusammengetragen und einer genauen Betrachtung unterzogen. Ziele der Tax DD sind regelmäßig zwei Fragenkomplexe: Erstens sind potenzielle steuerliche Risiken des Transaktionsvehikels zu erkennen und zu bewerten. Zweitens bestimmt häufig die steuerliche Situation des Transaktionsvehikels und der Interessenten darüber, ob der Unternehmenserwerb erfolgreich verläuft. Praktisch bedeutet die Tax DD bestimmte Risiken aus eventuellen Steuernachzahlungen aufzudecken und den Eigentumsübergang nach steuerlichen Aspekten zu gestalten.

Die Komplexität der Tax DD richtet sich an der Unternehmensorganisation mit der Anzahl der Gesellschaften und Auslandsbeteiligungen, der Geschäftstätigkeit und dem Status der steuerlichen Veranlagung aus. Eine gegebenenfalls gerade abgeschlossene Betriebsprüfung, mit einem Ende des Betriebsprüfungszeitraumes in der jüngeren Vergangenheit, gibt einem potenziellen Erwerber eine hohe Sicherheit für die Vergangenheit und nur einen kurzen Zeitraum, in dem steuerliche Unsicherheiten auftreten können.

Business DD

In einer umfassenden Business DD werden die Marktbedingungen des Zielunternehmens, die operativen Gegebenheiten und sonstige Faktoren, die für eine Kaufentscheidung von Bedeutung sind, untersucht. Unterschieden werden im Rahmen der Business DD die Teilbereiche der Commercial DD und der Operational und IT DD. Bei der **Commercial DD** werden insbesondere die Absatzmärkte auf Marktanteile, die Geschäftssegmente, das Wachstum sowie die Wettbewerbssituation untersucht. Daran schließt sich eine Analyse der aktuellen und zukünftigen strategischen Marktposition des Unternehmens an. Hier zeigt sich die Schnittstelle zur Financial DD, denn die im Business Plan dargestellten Annahmen des Managements zur Planung der künftigen Umsatzerlöse werden überprüft. Die Commercial DD soll Unsicherheiten in Märkten oder bei schwierigen Wettbewerbssituationen transparent machen und die Auswirkungen auf den Unternehmenserfolg klar aufzeigen. Viele Transaktionsobjekte werden regelmäßig in einem solchen Prozess eine Planung mit stark wachsenden Umsatzerlösen vorlegen (Hockey Stick-Planung). Die Commercial DD soll dann darlegen, inwieweit eine derartig ambitionierte Planung vor dem Hintergrund des jeweiligen Marktumfeldes, realistisch erscheint. Bei Unternehmen, die einen Börsengang anstreben, hat man es dabei nicht selten mit neuen Technologien, neuen Kunden, Wachstumsmärkten oder komplexen Märkten mit langfristigen Markttrends oder ausgeprägten Volatilitäten und starken Abhängigkeiten zu tun. Daher sind derartige Untersuchungen häufig sehr komplex und verlangen ein ausgesprochen hohes Branchenwissen.

Die **Operational DD** und die **IT DD** können Bestandteile einer gesonderten Prüfung sein. Untersucht wird in der IT DD, die besondere Leistungsfähigkeit der gesamten IT-Infrastruktur eines Unternehmens. Bei der Operational DD werden Risiken und Verbesserungspotenziale in den Bereichen Einkauf, Verkauf, Produktion, Logistik, Vertrieb sowie Finanz- und Rechnungswesen analysiert. Das Ergebnis dieser Untersuchungen liefert Ansatzpunkte zur Hebung von Verbesserungs- und Synergiepotenzialen. Die Operational DD und die IT DD betreffen zwar wichtige unternehmerische Kernkompetenzen, stehen aber wegen ihrer oben genannten Ausrichtungen nicht im Kernfokus von Untersuchungen im Rahmen eines Börsengangs.

Sämtliche Prüfungsinhalte der DD fließen in ein Börsenprospekt mit ein. Die rechtlichen Voraussetzungen des Prospekts, die Struktur sowie die Inhalte, sollen im Folgenden dargestellt werden.

6.2.4 Zusammenstellung der Dokumente für das Börsenprospekt

Grundsätzlich besteht für jedes öffentliche Angebot sowie für die Zulassung von Wertpapieren zu einem organisierten Markt die Pflicht, den Wertpapierprospekt zu veröffentlichen. Dies ergibt sich aus dem Wertpapierprospektgesetz (§ 1 WpPG).

Die Erstellung eines Prospektes bei Börsengängen, Kapitalerhöhungen und anderen Finanzierungstransaktionen, wie zum Beispiel bei einer Ausgabe von Schuldverschreibungen, ist demnach verpflichtend für Emittenten. Der Wertpapierbegriff umfasst gemäß § 2 WpPG neben Eigenkapitaltiteln (Dividendenwerte), insbesondere Aktien, aber in bestimmten Fällen auch Aktienanleihen und Fremdkapitaltitel, wie Schuldverschreibungen und Derivate (Nichtdividendenwerte).

Keine Wertpapiere im Sinne des Wertpapierprospektgesetzes sind dagegen zum Beispiel Geldmarktinstrumente mit einer Laufzeit von weniger als zwölf Monaten, wie Commercial Papers. Das WpPG nimmt jedoch bestimmte weitere Angebote von der Prospektpflicht aus, wenn diese gemäß § 3 WpPG:

- ausschließlich gemäß Definition des WpPG an qualifizierte Kapitalanleger (insbesondere Kreditinstitute, Fonds, große Unternehmen und internationale Institutionen) adressiert sind,
- sich in jedem Staat des Europäischen Wirtschaftsraums (EWR) an weniger als Einhundertfünfzig nicht qualifizierte Anleger richten,
- sich an Anleger wenden, die bei jedem gesonderten Angebot Wertpapiere ab einem Mindestbetrag von 100.000 Euro pro Anleger erwerben können, oder
- die Wertpapiere über eine Mindeststückelung von 100.000 Euro verfügen oder
- der Verkaufspreis für alle der angebotenen Wertpapiere im Europäischen Wirtschaftsraum weniger als 100.000 Euro beträgt (gerechnet über einen Zeitraum von 12 Monaten).

Weitere Ausnahmen bestehen beispielsweise für Emissionen mit geringem Volumen bei Mitarbeiterbeteiligungsprogrammen, Aktienangeboten aufgrund von Übernahmen beziehungsweise bei Verschmelzungen und ähnlichen Vorgängen. Die Struktur und die genauen Inhalte des Prospekts sind gesetzlich nicht detailliert festgelegt. Das WpPG enthält nur allgemeine und grundsätzliche Vorgaben zu Form und Inhalt des Prospekts, zum Beispiel in § 5 Abs. 1 WpPG.

Erläuterung: § 5 Abs. 1 WpPG beschreibt die **Prospektanforderungen** wie folgt: "Der Prospekt muss unbeschadet der Bestimmungen des § 8 Abs. 2 in leicht analysierbarer und verständlicher Form sämtliche Angaben enthalten, die im Hinblick auf den Emittenten und die öffentlich angebotenen oder zum Handel an einem organisierten Markt zugelassenen Wertpapiere notwendig sind, um dem Publikum ein zutreffendes Urteil über die Vermögenswerte und Verbindlichkeiten, die Finanzlage, die Gewinne und Verluste, die Zukunftsaussichten des Emittenten und jedes Garantiegebers sowie über die mit diesen Wertpapieren verbundenen Rechte zu ermöglichen. Insbesondere muss der Prospekt Angaben über den Emittenten und über die Wertpapiere, die öffentlich angeboten oder zum Handel an einem organisierten Markt zugelassen werden sollen, enthalten. Der Prospekt muss in einer Form abgefasst sein, die sein Verständnis und seine Auswertung erleichtert."

Zu den Einzelheiten der inhaltlichen Anforderungen wird gemäß § 7 WpPG verwiesen auf die Prospektverordnung (ProspektVO).

Die Prospektverordnung regelt speziell das Format, die Mindestangaben, die Modalitäten der Angaben in Form eines Verweises sowie die Veröffentlichungs- und Werbemethoden eines Wertpapierprospekts.

Die Prüfung und Billigung der Wertpapierprospekte führt nach § 13 WpPG die Bundesanstalt für Finanzdienstleistungsaufsicht (BaFin) durch (§ 2 Nr. 17 WpPG). Die Frist für die Billigungsentscheidung der BaFin beträgt zehn Werktage (§ 13 Abs. 2 WpPG). Bei Emittenten, die erstmalig Wertpapiere im EWR öffentlich anbieten oder zur Börse zulassen, beträgt diese zwanzig Werktage. Die Prüfung umfasst die Vollständigkeit des Prospekts, die Kohärenz sowie die Verständlichkeit der enthaltenen Angaben. Ist der Prospekt von der BaFin gebilligt worden, muss er bei ihr hinterlegt und veröffentlicht werden. Sollen die Wertpapiere an der Börse zugelassen werden, muss neben dem Billigungsantrag bei der BaFin, ein Zulassungsantrag bei der Zulassungsstelle der Börse gestellt werden.

Sobald ein Wertpapierprospekt von der zuständigen Stelle des jeweiligen Herkunftsstaates gebilligt worden ist, kann durch ein einfaches Notifizierungsverfahren, auch der Europäische Pass für Wertpapierprospekte genannt, die Geltung des Prospekts in beliebig vielen anderen EWR-Staaten herbeigeführt werden (§ 17 WpPG). Ist ein Wertpapierprospekt erst einmal gebilligt, kann er ohne eine zusätzliche Prüfung in einem anderen Mitgliedsstaat für ein öffentliches Angebot oder eine Zulassung zu einer Börse verwendet werden.

Form und Inhalt des Wertpapierprospekts

Das Wertpapierprospekt ist ein entscheidendes Dokument für die Vermarktung von Aktien und die Börsenzulassung. Der Prospekt muss inhaltlich den oben genannten Anforderungen entsprechen sowie gebilligt vorliegen. Die Mindestangaben sind in der Prospekt-Verordnung in einer Art Baukastenprinzip geregelt. Ihr Umfang ist je nach Art und Gattung des angebotenen Wertpapiers beziehungsweise je nach Qualifizierung des Emittenten oder des Anlegers unterschiedlich geregelt. Die einzelnen Anforderungen ergeben sich aus Artikel 4-20 Prospekt-Verordnung und den Anhängen I bis XVII. Demnach umfasst ein Wertpapierprospekt im Rahmen eines Börsengangs üblicherweise folgende Inhalte:

- **Beschreibung des Angebotes:** Zeitplan, Bezugspreise und Marktschutzvereinbarungen.
- **Risikofaktoren:** Spezifische Risiken des Emittenten, Branchenrisiken sowie die mit dem Emissionsangebot verbundenen Risiken.
- **Angaben zur Geschäftstätigkeit:** Markt und Wettbewerb, Strategie, Geschäftsbereiche, Vertrieb und Kunden.
- **Allgemeine Informationen zu dem Emittenten:** Gründung, Unternehmenszweck, Finanzlage, Aktionärsstruktur.
- **Angaben zu Organen und Mitarbeitern:** Informationen zu Interessenkonflikten und bestehenden Aktienoptionsprogrammen.

- **Geschäftsbeziehungen:** Darlegung der geschäftlichen sowie rechtlichen Verhältnisse zu nahe stehenden Dritten und Mehrheitsaktionären.
- **Angaben des Managements:** Segmentberichterstattung, eine vergleichende Beschreibung der Finanzdaten der vergangenen drei Jahre und des letzten Zwischenabschlusses.
- **Finanzteil:** Zahlen der letzten drei Geschäftsjahre sowie gegebenenfalls eines Zwischenberichts für das laufende Geschäftsjahr.
- **Aktuelles:** Jüngste Entwicklungen und Ausblick.

In den Wertpapierprospekten müssen zudem folgende Finanzinformationen enthalten sein: Jahres- und Konzernabschlüsse, Zwischenabschlüsse, Pro-Forma-Finanzinformationen, Gewinnprognosen sowie Erfolgsschätzungen. Diese Informationen sind bei einer Aktienemission im Wertpapierprospekt obligatorisch und werden im Folgenden näher erläutert.

Jahres- und Konzernabschlüsse

Die Konzernabschlüsse der vergangenen drei Jahre müssen aufgenommen werden. Dabei sind die Abschlüsse der beiden aktuellen Konzerngeschäftsjahre nach den International Financial Reporting Standards (IFRS) zu erstellen. Diese Vorgabe bedeutet für viele Unternehmen eine komplette Umstellung der Rechnungslegungsart. Daneben ist nach Auffassung der BaFin zumindest der letzte Jahresabschluss des Emittenten in den Prospekt mit aufzunehmen.

Zwischenabschlüsse

Sofern der Emittent viertel- oder halbjährliche Finanzinformationen veröffentlicht, sind diese Informationen in den Börsenprospekt aufzunehmen. Wird der Prospekt mehr als neun Monate nach Ablauf des letzten Geschäftsjahres erstellt, muss dieser zwingend einen Zwischenabschluss enthalten. Wurden die zuvor veröffentlichten Finanzinformationen geprüft oder einer prüferischen Durchsicht unterzogen, so ist ein erteilter Bestätigungsvermerk oder eine erteilte Bescheinigung über die prüferische Durchsicht im Prospekt Pflicht. Wurde keine Prüfung oder prüferische Durchsicht durchgeführt, so ist dies gesondert anzugeben. Es besteht somit kein Zwang, zusätzlich viertel- oder halbjährliche Prüfungen durchzuführen.

Pro-Forma-Finanzinformationen

Diese Angaben sind nach den Vorgaben der Prospekt-Verordnung zu erstellen und zusammen mit einem Prüfungsurteil eines Wirtschaftsprüfers im Börsenprospekt zu veröffentlichen. Der besondere Zweck von Pro-Forma-Finanzinformationen ist es, darzustellen, welche wesentlichen Auswirkungen Unternehmenstransaktionen auf die historischen Abschlüsse gehabt hätten, wenn das Unternehmen während des gesamten Berichtszeitraums, in der durch die Unternehmenstransaktionen neu geschaffenen Struktur, bereits bestanden hätte (vgl. IDW Rechnungslegungshinweis RH HFA 1.004). Diese Daten sind prüfungspflichtig.

Das IDW hat dazu neben dem Rechnungslegungshinweis zur Erstellung auch einen Prüfungshinweis hinsichtlich der Überprüfung von Pro-Forma-Informationen erlassen (vgl. IDW PH 9.960.1).

Gewinnprognosen und -schätzungen

Gewinnerwartungen erlauben innerhalb einer Bandbreite die Ermittlung des Ergebnisses für eine laufende oder zukünftige Periode. Gewinnschätzungen sind Erfolgsprognosen für eine abgelaufene Periode. Nimmt ein Emittent Gewinnprognosen in einen Prospekt auf, sind diese Schätzungen zusammen mit einem Prüfungsurteil eines Wirtschaftsprüfers abzudrucken. Zudem sieht die europäische Börsenaufsicht CESR in bestimmten Fällen jede Veröffentlichung von Gewinnprognosen und Gewinnschätzungen als prospektrelevant an. Das hat zur Folge, dass diese in einen Prospekt mit aufgenommen und geprüft werden müssen.

6.2.5 Prüfungshandlungen bei der Abgabe eines Comfort Letter

Neben dem Emittenten tragen die Emissionsbanken eine Mitverantwortung für den Inhalt des Prospektes. Dabei hat der Comfort Letter, erstellt durch den Abschlussprüfer, eine besondere Bedeutung.

Definition: Der **Comfort Letter** ist eine besondere Bescheinigung über vereinbarte Untersuchungshandlungen zu bestimmten Finanzangaben des Börsenprospektes. Adressaten eines Comfort Letter sind daher der Emittent und die für ihn tätigen Emissionsbanken.

Hauptfunktion des Comfort Letter ist es, den oben genannten Adressaten im Falle einer Prospekthaftungsklage als Nachweis zu dienen, bei der Erstellung des Wertpapierprospekts bezüglich der im Comfort Letter getroffenen Aussagen mit der erforderlichen Sorgfalt vorgegangen zu sein (DD Defence). Dieses bedeutet, dass der Comfort Letter, der sich allein auf historische Finanzdaten des Emittenten bezieht, ein Teilelement der den Emissionsbanken obliegenden Due Diligence, das heißt der Untersuchung der finanziellen, wirtschaftlichen, rechtlichen und steuerrechtlichen Verhältnisse des Emittenten, ist.

Schlägt die DD Defence fehl, verfolgen die Emissionsbanken mit dem Comfort Letter unter anderem das Ziel, den Wirtschaftsprüfer für einen gegebenenfalls zu leistenden Schadenersatz in Rückgriff zu nehmen. Diese schließen daher in der Regel umfangreiche Versicherungen mit erheblichen Haftungssummen ab.

Regelungen zum Comfort Letter finden sich unter anderem im IDW PS 910 **"Prüfungsstandard über die Grundsätze der Erteilung eines Comfort Letter"**. Dieser Standard legt die bindende Berufsauffassung der Wirtschaftsprüfer für die Erteilung eines Comfort Letter dar.

Dieser Standard gilt für alle Wertpapieremissionen beziehungsweise Wertpapierzulassungen außerhalb der USA und enthält Musterformulierungen für den Comfort Letter und die Vollständigkeitserklärungen.

Die Erteilung eines Comfort Letter für Begebungen von Wertpapieren in den USA erfolgt nach den US-amerikanischen Standards, auf die im Folgenden nicht weiter eingegangen werden soll. Die Erteilung eines Comfort Letter stellt keine Prospektprüfung dar, welche darauf gerichtet ist, den gesamten Prospekt auf seine Vollständigkeit und Richtigkeit zu überprüfen.

Der Inhalt eines Comfort Letter hängt im Wesentlichen vom Ort der Begebung der Wertpapiere, vom Marktsegment und dessen Zulassungsvoraussetzungen, vom Inhalt des Prospekts, von der Rechnungslegung des Emittenten, von den Anforderungen seitens der Emissionsbanken, von der Struktur der Gesellschaft und vom Zeitrahmen ab. Stehen diese vorgenannten Rahmenbedingungen fest, ist zu klären, welche überprüfbare Datenbasis zur Verfügung steht.

Es ist daher abzuwägen, ob ausreichend Zeit besteht, die erforderlichen Untersuchungshandlungen vorzunehmen und welches Risiko mit den jeweiligen Aussagen im Comfort Letter übernommen wird. Für die Abgabe des Comfort Letter sind die vereinbarten Untersuchungshandlungen durchzuführen und deren Ergebnisse im Comfort Letter wiederzugeben.

Zu den durchzuführenden Untersuchungshandlungen nach IDW PS 910 für die Folgeperiode, die von Fall zu Fall variieren können, gehören:
- das kritische Lesen von Protokollen der Gesellschaftsorgane,
- die prüferische Durchsicht des (letzten) Quartalsabschlusses,
- das Lesen und die Befragung zu Monatsberichten und
- die Befragung zu Abschlussposten zum Cutoff Date.

Sämtliche der genannten Untersuchungshandlungen beziehen sich daher auf den Zeitraum vom Datum des letzten Abschlussstichtags, bis zum sogenannten Cutoff Date (Folgeperiode). Das **Cutoff Date** bezeichnet das Ende der Untersuchungshandlungen. Dieses liegt in der Regel ein bis drei Arbeitstage vor dem Datum des Comfort Letters. Das kritische Lesen von Protokollen der Gesellschaftsorgane betrifft mindestens alle Protokolle der Aufsichtsorgane und des Vorstandes oder der Geschäftsführung in der Folgeperiode. Gegebenenfalls sind auch Protokolle wesentlicher Tochterunternehmen durchzuarbeiten. Besonderes Ziel der Untersuchung der Protokolle ist es, diejenigen Sachverhalte zu identifizieren, die negative Auswirkungen auf die Vermögens-, Finanz- und Ertragslage der Gesellschaft haben können. Haben Sitzungen stattgefunden, für die keine Protokolle vorliegen, ist darauf gesondert hinzuweisen (vgl. IDW PS 910, Tz. 62-63). Hat der Emittent innerhalb der Folgeperiode Zwischenabschlüsse aufgestellt, erfolgt regelmäßig eine prüferische Durchsicht gemäß IDW PS 900 oder ISA 910, SAS 100.

Bedeutung kommt einem Zwischenabschluss auch mit der sogenannten 135-Tage-Regel zu: Demnach darf eine negative Assurance zu Veränderungen in Abschlussposten während einer Change Period nur abgegeben werden, wenn zwischen dem Stichtag des letzten geprüften beziehungsweise einer prüferischen Durchsicht unterzogenen Abschlusses und dem Cutoff Date nicht mehr als 135 Tage liegen. Nach Ablauf dieser Frist wird der Prüfer kein (wertendes) Urteil (negative Assurance auf bestimmte Abschlussposten) mehr abgeben, sondern er ist allein auf die Wiedergabe der Feststellungen zum Sachverhalt (Factual Findings) beschränkt. Diese Periode zwischen dem letzten geprüften oder einer prüferischen Durchsicht unterzogenen Abschluss und dem Cutoff Date wird als **Change Period** bezeichnet. Ist der letztmalig geprüfte oder einer prüferischen Durchsicht unterzogene Abschluss der Jahres- oder Konzernabschluss, entspricht die Folgeperiode der Change Period. Die inhaltlichen Anforderungen an den Zwischenabschluss ergeben sich aus dem jeweils anzuwendenden Rechnungslegungsstandard. Ist dagegen der einer Durchsicht unterzogene Abschluss nicht im Emissionsprospekt abgedruckt, ist er dem Comfort Letter als Anlage beizufügen (vgl. IDW PS 910, Tz. 64-71).

Verfügt der Emittent über eine hinreichende Monatsberichterstattung, bestehend aus einer verkürzten Bilanz und einer verkürzten Gewinn- und Verlustrechnung, ist diese von dem Wirtschaftsprüfer kritisch zu lesen. Die Vertreter des Emittenten sind zu befragen, ob bei der Erstellung dieser Monatsberichte im Wesentlichen die gleichen Bilanzierungs- sowie Bewertungsgrundsätze angewandt wurden, wie bei der Aufstellung der letzten Abschlüsse. Die Berichterstattung im Comfort Letter umfasst die Veränderungen von im Einzelnen zu bestimmenden Abschlussposten, die sich aus diesen Monatsberichten im Vergleich zu den Angaben in dem letzten geprüften beziehungsweise einer prüferischen Durchsicht unterzogenen Jahres- oder Konzernabschluss beziehungsweise im Vergleich zum entsprechenden Vorjahreszeitraum ergeben haben (vgl. IDW PS 910, Tz. 75-79). Eine Berichterstattung in der oben genannten Qualität ist bei vielen Unternehmen nicht gegeben, so dass diese Untersuchungshandlung häufig nicht anwendbar ist.

Für den Zeitraum zwischen dem letzten Monatsbericht (beziehungsweise dem letzten geprüften oder einer prüferischen Durchsicht unterzogenen Abschluss) und dem Cutoff Date wird oftmals eine Befragung der für das Rechnungswesen verantwortlichen Personen zu Veränderungen von im jeweiligen Einzelfall zu bestimmenden Abschlussposten durchgeführt. Abhängig von der Fähigkeit des Rechnungswesens, unterjährig verlässliche Finanzinformationen zur Verfügung zu stellen, kann sich die Befragung insbesondere auf folgende Posten beziehen:

– Veränderungen des gezeichneten Kapitals,
– Zunahme von Verbindlichkeiten mit einer Laufzeit von mehr als einem Jahr,
– Verringerung des Eigenkapitals,
– Verminderung der Umsatzerlöse und
– Reduzierung des Periodenergebnisses.

Bei Bilanzposten wird in der Regel ein Vergleich der Informationen zum Cutoff Date mit Zahlen in der letzten geprüften oder einer prüferischen Durchsicht unterzogenen Bilanz vorgenommen. Bei Posten aus der Gewinn- und Verlustrechnung erfolgt ein Vergleich mit Daten für die entsprechende Vorjahresperiode. Diese Angaben des Emittenten sind auf Grundlage einer Plausibilitätsbeurteilung kritisch zu würdigen. Liegen Veränderungen vor, sind diese im Comfort Letter darzustellen, allerdings nur qualitativ und nicht quantitativ (vgl. IDW PS 910, Tz. 80-87).

Zusätzlich können nach IDW PS 910 Untersuchungshandlungen nach Erteilung des Bestätigungsvermerkes durchgeführt werden. Es geht darum, für einen Zeitraum zwischen Erteilung des Bestätigungsvermerks und einem bestimmten Stichtag, wie dem Cutoff Date festzustellen, ob der Gesellschaft in diesem Zeitraum Ereignisse bekannt geworden sind, die dazu geführt hätten, dass der für den letzten Abschluss erteilte Bestätigungsvermerk nicht in der jeweiligen Form oder mit dem jeweiligen Inhalt hätte erteilt werden dürfen. Die ist der Fall, wenn dem Abschlussprüfer diese Ereignisse bereits zum Zeitpunkt der Erteilung des Bestätigungsvermerks bekannt gewesen wären (bestätigungsvermerkrelevante Ereignisse).

Bestätigungsvermerkrelevant können dann nur werterhellende Ereignisse sein, da nur diese bessere Erkenntnisse gegenüber den Erwartungen und Einschätzungen der Unternehmensleitung im Zeitpunkt der Erteilung eines Bestätigungsvermerks liefern können. In IDW PS 910, Tz. 45, findet sich ein ganzer Katalog möglicher Sachverhalte zu dem Befragungen durchzuführen sind. Zusätzlich zu den Befragungen wird der Abschlussprüfer Protokolle von Sitzungen der Organe der Gesellschaft kritisch lesen, Monats- oder Quartalsabschlüsse überprüfen, Berichte des Vorstands an den Aufsichtsrat analysieren und die Kenntnisse über Rechtsstreitigkeiten aktualisieren. Die Vollständigkeit der erteilten Auskünfte und vorgelegten Unterlagen ist durch den Vorstand gegenüber dem Abschlussprüfer in einer Vollständigkeitserklärung klar zu bestätigen.

Der Wirtschaftsprüfer kann nach IDW PS 910 darüber hinaus beauftragt werden, die Anhänge der im Prospekt veröffentlichten Jahres- oder Konzernabschlüsse des Emittenten daraufhin kritisch zu untersuchen, ob diese Angaben zu Fehlerkorrekturen in laufender Rechnung enthalten. Mit dem kritischen Lesen der Anhänge und der Wiedergabe der in laufender Rechnung korrigierten Fehler sind keine weitergehenden Untersuchungshandlungen verbunden.

Regelmäßig ist der größte Arbeitsaufwand bei der Abgabe eines Comfort Letter mit dem formellen Zahlenabgleich verbunden. Mit diesem, auch als Circle Up bekannten Abgleich wird der Zweck verfolgt, sicherzustellen, dass Zahlenangaben richtig in den Prospekt übertragen worden sind. Materielle Prüfungshandlungen sind mit dieser Analyse nicht verbunden. Der formelle Zahlenabgleich stellt keine Prospektprüfung dar und führt daher nicht zur Überprüfung der Richtigkeit sowie Vollständigkeit des Emissionsprospekts.

Es sind nur derartige Zahlenangaben auf eine richtige Übertragung zu untersuchen, die geprüften oder prüferisch durchgesehenen Abschlüssen entnommen sind oder gegebenenfalls aus der, vom rechnungslegungsbezogenen internen Kontrollsystem erfassten, Finanzbuchhaltung des Emittenten stammen.

So können sonstige Informationen in Form von Zahlenangaben, wie die Anzahl von Filialen oder Quadratmeter Verkaufsfläche auch nicht berücksichtigt werden. Daher empfiehlt sich, schon bei der Prospekterstellung die Herleitung der Zahlen im Prospekt nachvollziehbar zu dokumentieren. Die Kennzeichnung der Daten im Börsenprospekt durch den Abschlussprüfer erfolgt entsprechend einer Legende im Comfort Letter. Diese gibt die Herkunft der Zahl an, wenn sie zum Beispiel aus dem geprüften Konzernabschluss oder aus der Finanzbuchhaltung stammt. Der gekennzeichnete Prospekt wird dem Comfort Letter als Anlage beigefügt und zusätzlich mit diesem fest verbunden (vgl. IDW PS 910, Tz. 98-104). Da sich im Rahmen des Projektes Börsengang der Wertpapierprospekt laufend ändert beziehungsweise korrigiert wird, findet ab einen bestimmten Stadium der formelle Zahlenabgleich immer wieder neu statt. Dieses erfordert einen hohen Arbeitsaufwand.

Neben den vereinbarten Untersuchungshandlungen wird der Abschlussprüfer den Prospekt kritisch darauf hin prüfen, ob die Abschlüsse und seine Bestätigungsvermerke richtig und vollständig einbezogen sind, ob seine Tätigkeit richtig dargestellt wurde und ob erkennbare Widersprüche zwischen Prospekt auf der einen Seite und Abschlüssen und Kenntnissen über das Unternehmen und sein Umfeld auf der anderen Seite vorliegen. In vielen Fällen wird der Abschlussprüfer beauftragt werden, einen oder sogar mehrere sogenannten Bring Down Comfort Letter zu erteilen. Hierbei handelt es sich um weitere Comfort Letter, die in derselben Transaktion auf ein späteres Datum erteilt werden. Inhaltlich unterscheiden sich diese Comfort Letter von einem zuvor erteilten im Wesentlichen dadurch, dass die Untersuchungshandlungen einen verlängerten Zeitraum umfassen (vgl. IDW PS 910, Tz. 133-135). Neben den Finanzangaben ist auch das Risikomanagementsystem im Unternehmen einer Untersuchung und detaillierten Prüfung zu unterziehen.

6.2.6 Aufbau eines Risikomanagements

Gemäß § 91 Abs. 2 AktG hat der Vorstand geeignete Maßnahmen zu treffen, insbesondere ein Überwachungssystem zur Risikofrüherkennung einzurichten, damit die den Fortbestand der Gesellschaft gefährdende Entwicklungen früh erkannt werden. Das Fehlen eines **Risikofrüherkennungssystems** ist, auch ohne die gesetzgeberische Klarstellung aus den allgemeinen Grundsätzen einer ordentlichen sowie sorgfältigen Geschäftsführung, undenkbar gewesen. Der Gesetzgeber hat mit dieser Vorschrift die Verpflichtung des Vorstands verdeutlicht, für ein ausreichendes Risikomanagement und eine angemessene interne Revision zu sorgen.

Dies besagt die Regierungsbegründung zum Gesetz zur Kontrolle und Transparenz im Unternehmensbereich (KonTraG), mit der Einrichtung eines Überwachungssystems zur Risikofrüherkennung in das Aktiengesetz. Wie in der Begründung zum Regierungsentwurf des § 91 Abs. 2 AktG weiter ausgeführt wird, ist davon auszugehen, dass diese aktienrechtliche Regelung auch für den besonderen Pflichtenrahmen der Geschäftsführer von Gesellschaften anderer Rechtsformen, wie insbesondere der GmbH, je nach Größe und Komplexität der Unternehmensstruktur, eine Ausstrahlungswirkung entfaltet (Wolf/Runzheimer, 1999, S. 15).

Mit einem Börsengang wird das Risikofrüherkennungssystem, das nach den oben genannten Grundsätzen eingerichtet werden muss, auch zum expliziten Prüfungsgegenstand der Abschlussprüfung. Dieses ergibt sich aus § 317 Abs. 4 HGB. Daher ist insbesondere zu überprüfen,

– ob der Vorstand die nach § 91 Abs. 2 AktG erforderlichen Maßnahmen in einer geeigneten Form getroffen hat und
– ob das danach einzurichtende Überwachungssystem seine Aufgaben umfassend und stabil erfüllen kann.

In seiner Berichterstattung über das Ergebnis der Prüfung im Prüfungsbericht muss der Abschlussprüfer auch darauf eingehen, ob gegebenenfalls Maßnahmen erforderlich sind, um das interne Überwachungssystem zu verbessern. Jede unternehmerische Betätigung ist, aufgrund der Unsicherheit künftiger Entwicklungen, mit gewissen Chancen und Risiken verbunden. Unter Risiko ist allgemein die Möglichkeit ungünstiger künftiger Entwicklungen zu verstehen. Bezogen auf unternehmerische Aktivitäten kann man Risiko auch als Summe aller Ereignisse und Entwicklungen innerhalb und außerhalb des Unternehmens definieren, die sich negativ auf die Erreichung der Unternehmensziele auswirken können.

Das Risikofrüherkennungssystem nach § 91 Abs. 2 AktG hat sich dabei auf die Aufdeckung von Risiken zu beschränken, die den Fortbestand der Gesellschaft gefährden können. Das Risikofrüherkennungssystem bildet nur Teilbereiche eines weiter gefassten und ganzheitlichen Risikomanagements ab, das auf das Geschäftsmodell sowie die Abläufe angepasste Bausteine enthält und sich damit in die Gesamtorganisation einbettet (vgl. IDW PS 340, Tz. 5).

Definition: Als **Risikomanagement** wird die Gesamtheit aller organisatorischen Regelungen sowie Maßnahmen zur Risikoerkennung und zum Umgang mit den Risiken aus unternehmerischer Betätigung bezeichnet. Risikomanagement ist ein Regelkreis, mit den Hauptkomponenten Risikoerkennung und Risikoanalyse, Risikokommunikation und Einrichtung eines Überwachungssystems mit dem Controlling der Risiken. Dieser Regelkreis steht unter den Vorgaben der allgemeinen Risikopolitik des Unternehmens, die vom Management in enger Abstimmung mit den Gesellschaftern beziehungsweise einem Überwachungsorgan vorgegeben werden sollte.

Mögliche Gegenmaßnahmen auf Gefährdungen bieten unter anderem die Aktivitäten der Vermeidung, der Verminderung sowie der Überwälzung (Wolf/Runzheimer,
1999, S. 45). Ein kontrolliertes Restrisiko wird jedes Unternehmen zu tragen bereit
sein müssen, sonst verhindert ein Risikomanagementsystem unter Umständen jegliche unternehmerische Aktivität und geschäftliche Chancen werden verpasst.

Risikoerkennung und Risikoanalyse

Für eine wirksame Risikoerkennung und Risikoanalyse ist es in einem ersten Schritt
wichtig, die Risikofelder festzulegen, die zu Unsicherheiten führen können und die
daher einem Risikomanagement zu unterwerfen sind. Es stellt sich die Frage, ob
jedes Risiko relevant ist oder ob sich das Unternehmen auf wesentliche, bestandsgefährdende Risiken beschränken kann. Da die Risiken allen Bereichen unternehmerischen Handeln innewohnen können, muss eine solche Analyse für alle Bereiche,
Prozesse und Untergesellschaften stattfinden. Dabei sollte berücksichtigt werden,
dass Risiken sich kompensieren, aber auch kumulieren können. Eine so getroffene
Festlegung der zu betrachtenden Risiken muss laufend, das heißt regelmäßig und in
sinnvollen Abständen, überprüft werden.

Für die Wirksamkeit eines Risikomanagementsystems ist zudem wichtig, es nicht
starr zu formulieren, so dass nur die nach den oben genannten Grundsätzen definierten Risiken erkannt werden (vgl. IDW PS 340, Tz. 9). Es sind auch Gefährdungen
zu identifizieren, die unvermutet in Erscheinung treten können sowie bis dato dem
Unternehmen nicht bewusst waren. Unerlässlich dafür sind die entsprechende Sen-
sibilisierung der Mitarbeiter und eine Verzahnung von operativem und finanzwirt-
schaftlichem Wissen in allen wesentlichen Bereichen des Unternehmens.

Die Erfassung möglichst aller relevanten Risiken (Vollständigkeit) und dies zu einem möglichst frühen Zeitpunkt sind die wesentlichen Erfolgsfaktoren einer effekti-
ven Risikoerkennung. Die Risikowahrnehmung ist dabei meist geprägt von verschiedenen, zum Teil sehr individuellen Faktoren. Dies sind unter anderem der Bekanntheitsgrad bestimmter Risiken, die Erfahrung mit dem Umgang dieser Unsicherheiten, die Einschätzung der Beeinflussbarkeit der Gefährdungen und die Bereitschaft,
die Risiken selbst zu tragen. Früh erkannte Risiken lassen sich in der Regel mit nur
einem geringen Aufwand steuern.

In der Praxis finden sich diverse Methoden zur Erkennung von Risiken, die häufig
unter dem Begriff der **"Risikoinventur"** zur Anwendung kommen. Dahinter verber-
gen sich regelmäßig Ansätze, wie Checklisten zu typischen Risiken, Fehlerbaum-
Analysen, Flow Chart-Analysen, Sensitivitätsanalyse, Fehlermöglichkeitsanalysen,
Brainstormings, Szenariotechniken und Expertenbefragungen (Wolf/Runzheimer,
1999, S. 22 ff.). Wurde ein Risiko erkannt, stellt sich die Frage, welche Tragweite es
für ein Unternehmen entwickeln kann. Diese ergibt sich aus der Vorhersehbarkeit
des Risikos mit der Eintrittswahrscheinlichkeit und den quantitativen Auswirkungen mit der Schadenhöhe und der zu erwartenden Schadenshäufigkeit.

In diesem Zusammenhang sind auch geringer ausgeprägte Einzelrisiken im Hinblick darauf zu betrachten, ob bei ihrem Zusammenwirken eine unerwünschte Exposition des Unternehmens droht. Dabei steht im Vordergrund die Effizienz des Risikomanagements, nämlich dem konträren Wirken von dem Wunsch nach Vollständigkeit im Verhältnis zur Wirtschaftlichkeit (vgl. IDW PS 340, Tz. 10).

Für die Bewertung von Risiken finden sich in der Praxis vielerlei Vorgehensweisen. Unsicherheiten lassen sich durch pauschale Risikozuschläge oder Abschläge bei Input-Daten in Korrekturverfahren berücksichtigen. Darüber hinaus sind Sensitivitätsanalysen denkbar, die Veränderungen des Systems durch die Variation von Einflussgrößen transparent machen. Umfassendere Verfahren berücksichtigen die unsicherere Wechselwirkung verschiedener Parameter auf eine Erfolgsgröße, unter der Berücksichtigung von Eintrittswahrscheinlichkeiten, wie bei einer Art Risikoanalyse (Wolf/Runzheimer, 1999, S. 33 ff.). Neben der Risikoerkennung sowie Risikobewertung ist eine intensive Kommunikation der Gefährdungen von Bedeutung.

Risikokommunikation

Erkannte und bewertete Risiken sind zu berichten. Die richtige sowie rechtzeitige Kommunikation solcher Risiken ist zentral für die Wirksamkeit eines Risikomanagementsystems. Denn derartige Risiken, denen nicht schon auf einer vorgelagerten Ebene begegnet werden konnte, sind regelmäßig von besonderem Charakter oder sogar wesentlich. Die Bereitschaft, relevante Risiken offen zu kommunizieren, muss häufig erst erlernt werden (vgl. IDW PS 340, Tz. 11). Dazu bieten sich unter anderem Workshops mit allen Beteiligten an, um das Verantwortungsbewusstsein zu schärfen. Wesentliche Gefährdungen müssen in geeigneter Form in einem Risikobericht dem Vorstand zugänglich gemacht werden, um der Geschäftsleitung Entscheidungen über Gegenmaßnahmen zu ermöglichen und über die Berichterstattung an interne Aufsichtsgremien und gegebenenfalls sogar an externe Akteure, wie die BaFin (Ad-Hoc-Mitteilungen) entscheiden zu können.

Im Rahmen einer umfassenden Risikokommunikation sind zudem formale Berichtspflichten und Kommunikationswege zeitlich und sachlich zu definieren (vgl. IDW PS 340, Tz. 13). Es bietet sich eine hierarchische Bottom-Up-Berichterstattung mit einem zentralen Risikomanagement an. Dies bedeutet, die Geschäftsbereiche oder die Einzelgesellschaften melden ihre Risiken an das zentrale Risikomanagement, das diese dann aggregiert, Interdependenzen berücksichtigt und die aufbereiteten Gefährdungen unter Umständen weitermeldet. Für wesentliche und eilbedürftige Risiken sollten zusätzlich Vorkehrungen einer direkten Kommunikation im Sinne einer Ad-Hoc-Berichterstattung getroffen werden (vgl. IDW PS 340, Tz. 12). Um sicherzustellen, dass sich vermeintlich geringere Einzelrisiken im Ergebnis nicht zu einem bestandsgefährdenden Risiko aggregieren, sind Schwellenwerte zu definieren, deren Überschreiten eine unverzügliche Berichtspflicht auslöst. Dem zentralen Risikomanagement obliegt dann eine Würdigung des Gesamtrisikos.

Einrichtung eines Überwachungssystems

Die Verfahren sowie Maßnahmen zur Risikoerfassung, zur Analyse und zur Risiko-kommunikation, wie auch die zu ergreifenden Gegenmaßnahmen, sind durch ein geeignetes System zu überwachen und organisatorisch in der Aufbau- und Ablauforganisation zu verankern. Dieses System soll insbesondere dafür Sorge tragen, die Wirksamkeit des Risikomanagements aufrecht zu erhalten (vgl. IDW PS 340, Tz. 15). Eine solche Überwachung kann prozessabhängig erfolgen. Dieses geschieht durch in den Prozess fest integrierte Kontrollen, wie die Überwachung der Einhaltung von Meldegrenzen, die EDV-gestützte Überwachung von Terminen sowie die Genehmigung und Kontrolle der Risikoberichterstattung.

Prozessunabhängig kann eine Überwachung durch die Interne Revision erfolgen. Denkbar ist zudem, anlassbezogen eine Untersuchung durch einen externen Prüfer durchführen zu lassen. Dabei werden, neben den formalen Fragen, zudem auch die Vollständigkeit der Risikoerhebung sowie die Angemessenheit des Risikomanagementsystems in seiner Gesamtheit besonderer Gegenstand der Prüfung sein. Denn in der Praxis finden sich häufig Schwachstellen beim Risikomanagement, wie die folgenden Beispiele zeigen:

- Fehlende systematische Einbindung des Risikomanagement in die Prozesse und übrigen Berichtswege des Unternehmens. Das Risikomanagement ist eine synthetische Stabstelle und nicht integraler Bestandteil.
- Bereichsübergreifende Risiken werden oft nicht richtig abgedeckt. Zudem existieren viele Einzellösungen für besondere Sachverhalte, die eine übergreifende Würdigung und einheitliche Behandlung erschweren.
- Es fehlt an einer systematischen Überwachung der Eignung des Risikosystems (Angemessenheit) und seiner kontinuierlichen Anwendung (Wirksamkeit).

Zudem lässt sich feststellen, dass das Risikomanagementsystem in vielen Unternehmen häufig nicht ausreichend dokumentiert wird. Dokumentationsmängel können zu Zweifeln an der dauerhaften Funktionsfähigkeit der getroffenen Maßnahmen führen (vgl. IDW PS 340, Tz. 18). Eine umfassende Erfassung, zum Beispiel in einem Risikohandbuch, dient neben einer beschreibenden Funktion auch dem Nachweis der Wirksamkeit des Risikomanagementsystems.

Ein Risikohandbuch umfasst neben den organisatorischen Regelungen auch Aussagen zur gewählten Risikopolitik des Unternehmens mit den identifizierten Risikobereichen, Grundsätzen der Risikoerkennung, Risikoanalyse und Risikokommunikation, Verantwortlichkeiten, Berichterstattungspflichten, Kontrollen sowie sonstigen Überwachungsmaßnahmen sowie Darlegungspflichten. Neben der Dokumentation empfiehlt es sich zudem, die Erkenntnisse aus dem Risikomanagementprozess konsistent in die Darstellungen im Börsenprospekt über Risiken und die Risikoberichterstattung im Lagebericht umzusetzen.

Mit einem Börsengang sind Informationen zur Unternehmenssteuerung und eine externe Veröffentlichung immer früher bereitzustellen. Zudem steigen Umfang und Frequenz der Berichterstattung. So gilt es, die Abschlüsse der laufenden Periode auf IFRS umzustellen und ein IFRS-Rechnungswesen zu installieren, das inhaltlich und zeitlich den Ansprüchen der kommenden Rechnungslegungs- und Publizitätspflichten nachkommen kann. Das vorhandene Risikomanagementsystem ist den formalen Anforderungen anzupassen und aussagekräftig zu dokumentieren.

Werden die rechnungslegungsbezogenen internen Rahmenbedingungen eines bis dato eher mittelständisch geprägten Unternehmens mit den künftigen Anforderungen an ein börsennotiertes Unternehmen verglichen, so sind die Herausforderungen unmittelbar erkennbar. Mittelständische Unternehmen mit weniger stark standardisierten und integrierten Prozessen sowie regelmäßig knappen Ressourcen müssen sich, neben den umfangreichen Herausforderungen, zeitgleich und mit hoher Priorität der Erstellung des Börsenprospektes, den DD-Prüfungen sowie weiteren Prüfungen des Comfort Letter widmen.

Dies ist nur mit einer sorgfältigen Vorbereitung umsetzbar. Dazu zählt eine gute und gewissenhafte Planung des gesamten Projektes Börsengang unter Würdigung aller Faktoren. Jedes Unternehmen ist gut beraten, sich entsprechende Kapazitäten für einen Börsengang frühzeitig aufzubauen. Die Einschaltung externer Berater ist hilfreich und aufgrund des erforderlichen Spezialwissens, in der Regel auch notwendig. Für einen langfristigen Erfolg ist der Aufbau einer eigenen Expertise mit den notwendigen Ressourcen jedoch ein nicht zu vernachlässigender Aspekt. Dies ist von Bedeutung, um nicht über den Börsengang den eigentlichen Erfolgsfaktor des Unternehmens, das operative Tagesgeschäft, vernachlässigen zu müssen.

Die rechtzeitige Umstellung des Rechnungswesens auf IFRS, mit der Bewertung zu Zeitwerten, erleichtert zudem die Bewertung des Unternehmens zur späteren Emissionspreisfindung. Denn im Vordergrund der IFRS steht die Bereitstellung entscheidungsrelevanter Informationen, unter anderem für Investoren sowie Finanzanalysten. Auch die weiteren Angaben in den Notes, mit Erläuterungen zu Bilanzierung und Bewertung, können eine Wertfindung vereinfachen. Des Weiteren unterstützen Bestandteile, wie eine Kapitalflussrechnung und eine Segmentberichterstattung, die finanzwirtschaftliche Analyse des betreffenden Unternehmens.

i **Zusammenfassung Abschnitt 6.2:** In diesem Abschnitt wurden die **Rahmenbedingungen des Börsengangs** aufgezeigt. So wurde die Umstellung des Rechnungswesens auf internationale Standards für kapitalmarktorientierte Unternehmen beschrieben. Unternehmen, die den Börsengang in den Regulierten Markt planen, haben einen IFRS-Abschluss zu veröffentlichen. Des Weiteren wurden die Due Diligence-Prüfungen sowie weitere Untersuchungen im Rahmen eines Comfort Letters dargestellt. Abschließend wurde der Aufbau eines umfassenden Risikomanagementsystems zur Früherkennung von Gefährdungen gemäß § 91 Abs. 2 AktG aufgezeigt. Darüber werden die Voraussetzungen geschaffen, um den Prozess das Going Public weiter erfolgreich voran zu treiben.

6.3 Unternehmensbewertung

von Prof. Dr. Wolfgang Portisch

6.3.1 Aktuelle Daten zur Unternehmensbewertung

Der deutsche Markt für Übernahmen und Fusionen war im Jahr 2014 stärker ausgeprägt, als in allen vorigen Jahren seit der Finanzkrise. Viele kleinere und zahlreiche große Transaktionen prägten das Bild. So wurden strategische großvolumige Transaktionen durchgeführt wie auch mittelständische Käufe und Verkäufe (Allen/Overy, 2014, S. 1 ff.). Die aktuellen Kapitalmarktbedingungen mit dem sehr niedrigen Zinsniveau und die guten Börsenbewertungen haben die Anzahl sowie das Volumen der Transaktionen erhöht. Neben strategischen Unternehmenskäufen sind auch Übergaben im Rahmen der Nachfolge von Unternehmen erfolgt.

Übernahmen und Fusionen lösen in der Regel einen Bewertungsprozess aus. Bewertungen beinhalten subjektive und objektive Komponenten. Bei der Wertermittlung über betriebswirtschaftliche Verfahren, die den Sachwert oder den Ertragswert verstärkt in den Vordergrund stellen, steht die materielle Wertkomponente im Fokus des Bewertungsvorgangs. Des Weiteren können aber auch subjektive Elemente, wie zu erreichende strategische Ziele oder zu erzielende Synergieeffekte den Wert für einen bestimmten Käufer stark beeinflussen.

Zudem kann die aktuelle Börsenbewertung an den Märkten einen Einfluss auf die allgemeinen Preise bewirken. Hier soll der objektive Wert eines Unternehmens im Vordergrund stehen. Die zu bewertenden Einheiten werden Stand Alone bewertet, ohne die Betrachtung externer Effekte einer positiven oder negativen Marktbewertung oder interner Einflussfaktoren, wie der Nutzung von Synergieeffekten. Ziel ist die Herleitung einer nachvollziehbaren Wertermittlung bei börsennotierten oder nicht-börsennotierten Unternehmen, auf deren Basis beispielsweise der letztendlich gezahlte Kaufpreis bei einer Transaktion beruht.

Bewertungen von Unternehmen sind im Allgemeinen komplex, da neben zahlreichen Sachwerten auch die zukünftigen Ertragserwartungen und immaterielle Werte in den Beurteilungsprozess mit einfließen. Zudem können steuerliche Komponenten eine Wertermittlung beeinflussen und erschweren. Mit der Nutzung von Verlustvorträgen können diese jedoch auch eine hohe Relevanz für den Käufer haben.

Eine wichtige Praxisanwendung der **Unternehmensbewertung** besteht in der Ermittlung einer Basis für die Preisfindung neuer Aktien. Diese Bewertung hat einen Einfluss auf den Börsengang als wichtige Geldquelle und zur Eigenkapitalstärkung. Diese Wertermittlung dient unter anderem als Grundlage zur Festlegung der Preisspanne für das öffentliche Aktienangebot. Im Ergebnis bildet diese Wertfindung die Basis für die Preisermittlung, das Angebot und den zu erzielenden Gesamterlös im Rahmen der erstmaligen Auktion. Bewerten bedeutet in diesem Sinnzusammenhang die Quantifizierung zur Abschätzung eines objektiven Nutzens.

---

i **Definition:** Der **Wert** drückt den Nutzen einer Anlage aus, dem eine objektive Gültigkeit zukommt. Ein vom Markt aus abgeleiteter Wert wird auch als Verkehrswert oder Marktwert bezeichnet. Der **Preis** ist das erzielte Entgelt für das betreffende Objekt, gemessen in Euro oder in einer anderen Währung und von weiteren Komponenten wie einer hohen Nachfrage an der Börse oder subjektiven Elementen wie einer strategischen Positionierung oder immateriellen Vermögensgegenständen mit einem Markennamen oder dem Erwerb von Patenten und sonstigen Rechten abhängig.

Bei einer Bewertung sind verschiedene Schritte zu vollziehen. Zunächst ist festzulegen, was das oberste Unternehmensziel ist, das es zu erreichen gilt. Dies kann beispielsweise in der Maximierung des Unternehmenswertes liegen. Dabei ist der Unternehmenswert gerade bei börsennotierten Firmen oft eine strategische Zielgröße und bietet die Möglichkeit einer Verankerung dieser Perspektive in das Zielsystem und Anreizsystem eines Unternehmens (vgl. Pape, 2009, S. 36 ff.).

Die Bewertung eines Unternehmens ist vom jeweiligen Bewertungsanlass entscheidungsabhängig zu betrachten. Im Rahmen der Entscheidungsorientierung der Unternehmensbewertung gelten die Grundsätze der Zielbezogenheit, der Zukunftsbezogenheit und der Bewertungseinheit. Die Zielbezogenheit erfordert die Berücksichtigung der Ziele des Entscheidungsträgers und der subjektiven Interessenlagen der Investoren. Maßgeblich bei der Ermittlung eines Unternehmenswertes sind die zukünftigen unsicheren Erfolge. Das Unternehmen ist zudem als Ganzes zu bewerten, auch unter Berücksichtigung von Wertdeterminanten, die sich aus dem Zusammenspiel von Vermögenwerten ergeben (vgl. Pape, 2009, S. 51 ff.).

Eine wichtige Basis für den Bewertungsprozess sind qualitativ hochwertige Planzahlen. Um den gesamten Bewertungsprozess einzuleiten, sind interne sowie externe Informationen zu sammeln damit eine zukunftsorientierte Wertermittlung erfolgen kann. Dafür ist es auch notwendig, die wesentlichen wertbegründenden Elemente zu kennen und deren Entwicklung auf die Zukunft zu projizieren.

Vorrangig stehen finanzielle Überlegungen im Vordergrund einer erstmaligen Börsenbewertung. Ein Entscheidungskriterium zur Beurteilung der Wirkungsweise auf das Unternehmensziel ist das Kapitalwertkriterium. Der Present Value steht für den heutigen Wert eines Betrages oder einer Summe von barwertigen Zahlungen, die die relevanten Stakeholder in der Zukunft erhalten. Auf diese Weise lässt sich der aktuelle Marktwert eines Investitionsprojektes oder auch eines gesamten Unternehmens als Summe von Einzelprojekten berechnen.

Input-Daten der Kapitalwertmethode sind die risikoadjustierten Zahlungen aus dem zu bewertenden Wirtschaftsobjekt. Dabei beinhaltet die Verfolgung von Projekten mit positivem Kapitalwert eine Politik der Unternehmenswertmaximierung. In Aktiengesellschaften lassen sich auf Basis dieser Regel unter anderem Einzelentscheidungen über Investitionsvorhaben an externe Manager delegieren (vgl. Loderer et al., 2010a, S. 55 ff.). Diese Bewertungsmethodik lässt sich auch auf die Wert- und Preisfindung von ganzen Unternehmen bei Börsengängen übertragen.

Damit aus Käufersicht kein zu hoher Preis für das zu erwerbende Unternehmen bezahlt wird oder aus der Perspektive des Verkäufers kein zu geringer Preis verlangt wird, ist der Bewertungsprozess exakt zu planen und durchzuführen. Zu diesem Zweck sind Maßstäbe und klare Prinzipien notwendig, um einen möglichst objektiven Wert oder auch eine Preisspanne bestimmen zu können, die Ausgangspunkt für Vertragsverhandlungen sein kann. Denn ein Käufer und ein Verkäufer werden sich nur dann einigen, wenn der Preisbereich für beide Parteien akzeptabel ist.

Es sind Marktwerte auf der Basis von Werttreibern zu bestimmen. Da die Wertermittlungsmethoden komplex sind, werden spezialisierte Akteure wie Wirtschaftsprüfer, Steuerberater und spezialisierte Beratungsunternehmen mit der Findung eines objektivierbaren Unternehmenswerts beauftragt. Jedoch können Informationsasymmetrien zwischen dem potenziellen Erwerber und dem Veräußerer eine faire Kaufpreisbestimmung behindern. So hat der Verkäufer meist eine bessere Informationslage, da er das zu bewertende und transferierende Wirtschaftsobjekt genauer kennt und die Ertragspotenziale und die Risiken detaillierter einschätzen kann.

Im einfachen Fall der Wertfindung betreibt ein Unternehmen nur ein einzelnes Projekt. Projekte sind zeitlich klar abgegrenzte Aufgaben, denen Zahlungen direkt zugerechnet werden können. Daher lässt sich der Wert einer „Projektfirma" aus den mit einem risikoadäquaten und laufzeitkongruenten Zinssatz diskontierten Nettoüberschüssen an die relevanten Stakeholder ermitteln. Weisen die kumulierten barwertigen Zahlungen einen positiven Kapitalwert auf, so ist das Projekt durchzuführen und es ergibt sich ein positiver Unternehmenswert. Da es sich bei Projekten im Anlagevermögen meist um Spezialobjekte handelt, kommt dem Verwertungserlös keine hohe Bedeutung zu. Diese Bewertung orientiert sich somit allein an den Erträgen oder (Netto-)Zahlungsüberschüssen, die aus dem Projekt generiert werden. Es findet eine **Ertragsbewertung** statt.

Auch ein Unternehmen, welches nicht profitabel arbeitet, aber ein interessantes Betriebsgrundstück und bewertbare Spezialmaschinen besitzt, kann unter Umständen unkompliziert anhand der vorhandenen Substanz bewertet werden. In diesem Falle sind nicht die erzielten Zahlungsrückflüsse wertbestimmend, sondern allein die werthaltigen Aktiva. Es handelt sich um eine reine **Substanzbewertung**.

Die Wertfindung für ganze Unternehmen ist in der Praxis meist schwierig, da die zu übertragenden Objekte sehr komplex sind. So zum Beispiel, wenn eine Firma mit einer Vielzahl von Mitarbeitern und mehreren Betriebsstätten im In- und Ausland, die sehr stark expandiert, bewertet werden soll. Meist beeinflussen sowohl Sachwerte, wie auch die zukünftig erwarteten Erträge den Unternehmenswert. Zudem sind die strategischen Handlungsoptionen zu bewerten. Es sind auch die aktuelle Börsenmarktlage und das Zinsniveau in die Bepreisung mit einzubeziehen.

6.3.2 Anlässe zur Bewertung von Unternehmen

Viele Gründe können der Ausgangspunkt einer Unternehmensbewertung sein. Die Ursachen können in einem wirtschaftlichen Anlass liegen, wie der Bewertung einer Akquisition oder der Unternehmensbewertung im Rahmen eines Börsengangs. Des Weiteren können gesetzliche Beweggründe oder sonstige Gründe, wie eine möglicherweise anstehende Unternehmensnachfolge, Auslöser einer Unternehmensbewertung sein. Ausgewählte Anlässe zur Bewertung eines Unternehmens werden in der folgenden Abb. 6.9 dargestellt (vgl. Ernst et al., 2012, S. 1).

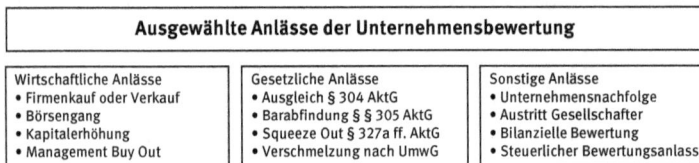

Ausgewählte Anlässe der Unternehmensbewertung		
Wirtschaftliche Anlässe	Gesetzliche Anlässe	Sonstige Anlässe
• Firmenkauf oder Verkauf • Börsengang • Kapitalerhöhung • Management Buy Out	• Ausgleich § 304 AktG • Barabfindung § § 305 AktG • Squeeze Out § 327a ff. AktG • Verschmelzung nach UmwG	• Unternehmensnachfolge • Austritt Gesellschafter • Bilanzielle Bewertung • Steuerlicher Bewertungsanlass

Abb. 6.9: Anlässe von Unternehmensbewertungen (Quelle: Eigene Darstellung)

Im Folgenden stehen primär wirtschaftliche Anlässe der Unternehmensbewertung im Vordergrund der Betrachtung. Im Entwicklungsstadium der Reifephase kann der Börsengang eine Option zur Finanzierung weiteren Wachstums sein. Die erstmalige Emission von Aktien bietet daher einen Bewertungsanlass über die Preisfindung der zu platzierenden Anteile.

Der Erlös aus einem Börsengang kann zum organischen Wachstum, alternativ aber auch zum Kauf anderer Unternehmen mit einer Erweiterung der Wertschöpfungskette eingesetzt werden. Auch in diesem Fall besteht ein Bewertungsmotiv, indem das Zielunternehmen anhand von finanziellen Kriterien zu beurteilen ist.

Der **Börsengang** kann Ausgangspunkt der Bewertung sein. Wie bereits beschrieben, ist eine wichtige Phase im Prozess des Börsengangs die Bestimmung des Unternehmenswertes. Dieser dient als Grundlage zur Ermittlung der Preisspanne und determiniert maßgeblich den zu erzielenden Emissionserlös. Der Börsengang ist meist Mittel zum Zweck. So kann der erzielte Erlös zielgerichtet zur Expansion über eine horizontale, vertikale, laterale oder internationale Erweiterung der Liefer- und Leistungsbeziehungen eingesetzt werden. Dies geschieht häufig über Akquisitionen.

Daher ist weiterer Zweck der Unternehmensbewertung, die Beurteilung und Bewertung fremder Unternehmen, zur Erreichung weiterer „anorganischen" Wachstums. Die einzusetzenden Bewertungsverfahren unterscheiden sich nicht. Dies wäre auch unlogisch, da in beiden Fällen Firmen in ihrer Gesamtheit beurteilt werden.

In der Reifephase kann die Erweiterung der eigenen Angebotskette der Lieferungen und Leistungen über den Kauf und die Integration anderer Unternehmen eine strategische Option darstellen. Ziel ist die Schaffung weiteren Wachstums zur Steigerung des Unternehmenswertes in einer Phase, in der die eigenen Wertschöpfungspotenziale stagnieren. In diesem Falle kann der Kauf einer Zielfirma auf verschiedene Art und Weise vollzogen werden.

Definition: Der **Unternehmenskauf** wird als „freundlich" bezeichnet, wenn Käufer und Verkäufer sich einig sind und das alte Management in der Funktion bestehen bleibt. Eine Übernahme wird als „unfreundlich" tituliert, wenn das bestehende Management gegen den Transfer der Beteiligung ist, weil die Befürchtung besteht, die Entscheidungsgewalt abzugeben. Durch vermehrte Transaktionen entsteht ein Markt für Unternehmenskontrolle, an dem Entscheidungsrechte über Unternehmensmehrheiten „gehandelt" werden (vgl. Spremann, 2002, S. 20 ff.). Auf diese Weise kann auch das Management über den Markt diszipliniert werden, wenn die „feindliche" Übernahme des Unternehmens droht, da Marktpotenziale nicht ausgeschöpft werden (vgl. Pape, 2009, S. 37).

Es existieren aus Sicht der bestehenden Aktionäre oder Inhaber einer Firma keine unfreundlichen Übernahmen, denn diese sind bei einem Verkauf bereit, ihre Anteile gegebenenfalls mit einem Aufschlag zu veräußern. Dabei können auch Übertragungen von Aktienmehrheiten mit dem Erlangen der Unternehmenskontrolle zu hohen Übernahmeprämien führen. Zu bewerten ist generell das Eigenkapital eines betreffenden Unternehmens, da die Anteilseigner Eigentümer des zu bewertenden Zielobjekts sind. An die Gesellschafter ist der Kaufpreis zu zahlen. In der Regel wird auch das bestehende Fremdkapital und Mezzaninkapital mit übernommen. Der Wert des Fremdkapitals besteht in der Regel in Höhe des Rückzahlungsbetrags, der Nominalen, und ist daher einfach zu bestimmen.

Der Wert des Eigenkapitals wird beeinflusst durch einen Mehr- oder Minderwert zu dem nominal genannten bilanziellen oder gesellschaftsrechtlichen Kapitalbetrag. Demnach kann der Wert der Anteile deutlich höher sein, als der Bilanzausweis des Eigenkapitals, wenn unter anderem ein Markenname etabliert wurde oder andere immaterielle, nicht-bilanzierungsfähige, Assets bestehen.

Dies zeigt sich auch häufig bei dem Erwerb der Unternehmenskontrolle an Aktienmärkten, wenn eine Übernahmeprämie über den Börsenpreis der Aktie gezahlt wird. Diese Prämie kann verschiedene Ursachen haben. Sie kann einen Preis für den Erwerb der Kontrolle durch Stimmenmehrheit darstellen, ein Ausdruck für geschaffene stille Reserven im Unternehmen sein, aufgrund von immateriellen Vermögenswerten, oder als strategische Prämie für Marktanteilssteigerungen und realisierbare Synergieeffekte des Übernehmers interpretiert werden.

Der **Akquisitionsprozess** lässt sich zur Strukturierung in fünf Schritte zerlegen. Auf jeder Stufe ist das Wissen bestimmter Spezialisten notwendig. Zudem erfordert eine Kauftransaktion ein Teamwork verschiedener unternehmensinterner und -externer Stakeholder. Dieser Prozess kann durch einen M&A-Berater gesteuert beziehungsweise begleitet werden. Die nachfolgende Abb. 6.10 zeigt den beispielhaften Verlauf des Unternehmenskaufprozesses (vgl. Achleitner, 2002, S. 152 ff., Picot/Picot, 2012, S. 31 ff. und Bühler/Bindl, 2012, S. 179 ff.).

Identifikation Kaufobjekt	Due Diligence	Bestimmung Wert	Verhandlung Vertrag	Umsetzung Kauf
Beteiligte Stakeholder: Anteilseigner Geschäftsführung Aufsichtsrat/Beirat Kreditinstitute M&A-Berater	Beteiligte Stakeholder: Wirtschaftsprüfer Steuerberater Rechtsanwälte Kreditinstitute M&A-Berater	Beteiligte Stakeholder: Anteilseigner Geschäftsführung Wirtschaftsprüfer Kreditinstitute M&A-Berater	Beteiligte Stakeholder: Anteilseigner Geschäftsführung Rechtsanwälte Wirtschaftsprüfer M&A-Berater	Beteiligte Stakeholder: Anteilseigner Geschäftsführung Mittleres Management Kreditinstitute Lieferanten/KV
Aktivitäten: -Marktbeobachtung -Bestimmung Kaufobjekte -Unternehmensauswahl -Mandatsvergabe	Aktivitäten: -Letter of Intent -Legal Due Diligence -Tax Due Diligence -Financial Due Diligence	Aktivitäten: -Auswahl Verfahren -Bestimmung Werttreiber -Ermittlung Datengrundlage -Berechnung Gesamtwert	Aktivitäten: -Verhandlungsführung -Ausgestaltung Vertrag -Wertgutachten -Preisfindung	Aktivitäten: -Eingliederung Organisation -Anpassung Prozesse -Unternehmenskultur -Kommunikation

Abb. 6.10: Ablauf einer Unternehmensakquisition (Quelle: Eigene Darstellung)

Die Bewertung von Unternehmen verlangt ein genaues methodisches und analytisches Vorgehen. Es sind Prinzipien aufzustellen, die den ermittelten Preis oder die Wertspanne des zu bewertenden Zielobjekts begründen können. Weiter muss der Prozess der Unternehmensbewertung nachvollziehbar und wiederholbar sein. Auch die heterogene Informationsverteilung zwischen Käufer und Verkäufer ist bei der Wertfindung zu berücksichtigen.

So hat unter Umständen der Verkäufer bessere Informationen über den eigentlichen Wert seines Unternehmens, da er zum Beispiel Kenntnis von zukünftigen Risiken hat, von denen der potenzielle Erwerber nichts weiß. Einfacher ist der Informationstransfer, wenn ein kapitalmarktnotiertes Unternehmen erworben werden soll. Denn die Transparenzanforderungen an der Börse sind oft hoch. Wenn jedoch ein mittelständisches Unternehmen zum Verkauf steht, ist die Wertfindung aufgrund der unterschiedlichen Informationsverteilungen erschwert und der Erwerber wird einen Risikoabschlag aufgrund seines Informationsdefizits fordern. Alternativ besteht die Möglichkeit, die Due Diligence zu intensivieren.

Im **ersten Schritt** des Kaufprozesses ist das Target auszuwählen, damit die Unternehmensstrategie durch die Akquisition optimal unterstützt wird. Involviert sind bei der Findung des Zielobjekts oft unternehmensinterne Stakeholder, wie die Anteilseigner und die Geschäftsführung sowie der Aufsichtsrat. Zudem können Banken beteiligt sein, um den Finanzierungsrahmen genauer abzustecken. Außerdem ist die Auswahl eines geeigneten M&A-Beraters von Bedeutung, der in die Suche geeigneter Zielobjekte eingebunden wird.

Wurde das Kaufobjekt identifiziert, erfolgt im **zweiten Schritt** die umfassende Prüfung des Unternehmens, um den Informationsstand zu erhöhen und asymmetrische Informationen zur Zielfirma abzubauen. Kern dieser Phase ist daher die Due Diligence (DD), die sorgfältige Prüfung und Analyse von Daten der Zielgesellschaft. Die DD ist für den Käufer wichtig, um Daten zur Unternehmensbewertung zu erhalten und ist durch den Abschluss eines Letters of Intent (LoI), einer Kaufabsichtserklärung, anzukündigen. Üblicherweise werden verschiedene Bereiche der DD differenziert betrachtet und durch unterschiedliche Stakeholder durchgeführt. So erfolgt die Prüfung der rechtlichen Situation regelmäßig durch spezialisierte Juristen mit gesellschaftsrechtlicher Expertise (Legal DD).

Auch sämtliche für das Unternehmen relevanten Verträge werden untersucht, um verdeckte Risiken aufzuzeigen. Die steuerlichen Komponenten werden geprüft, wie zum Beispiel die Bewertung der Vermögensgegenstände in der Steuerbilanz und die Angemessenheit der Gewinnausschüttungen (Tax DD). Von Bedeutung ist die Analyse der finanziellen Verhältnisse im Rahmen der Financial DD, da diese Daten den Input für die Bewertungsverfahren liefern.

Die DD-Prüfungen sollten durch spezialisierte Steuerberater oder Wirtschaftsprüfer erfolgen. Wichtig ist es an dieser Stelle, professionelle und neutrale Akteure in den Bewertungsprozess einzubinden, damit aus Sicht des Käufers Fehleinschätzungen gering gehalten werden und objektive Beurteilungen erfolgen. Aus der Sichtweise eines Verkäufers können auf diese Weise Befürchtungen reduziert werden, Unternehmensgeheimnisse im Falle eines Scheiterns der Übernahme preiszugeben. Der „Datenraum" ist daher über neutrale Dritte streng abzusichern, damit sich nachträglich auch keine haftungsrechtlichen Konsequenzen ergeben.

Der **dritte Schritt**, die Bewertung des Kaufobjektes, ist von großer Bedeutung, da bei Firmenkäufen meist hohe Preise zur Disposition stehen, die die Finanzierungspotenziale des Käufers für eine lange Zeit belasten. Zunächst ist ein geeignetes Bewertungsverfahren auszuwählen. Weiter sind Wertkomponenten zu bestimmen, die Synergiepotenziale sowie zukünftige Entwicklungen aufzeigen. Als Input dienen Daten aus der Financial DD. Diesem Problem der Unsicherheit der Entwicklung von Planzahlen kann durch Sensitivitätsanalysen, Entscheidungsbaumverfahren sowie Risikoanalysen Rechnung getragen werden. Auf diese Weise lassen sich unter anderem über Sensitivitätsanalysen Wertbandbreiten ermitteln, die Verhandlungen über den Kaufpreis begünstigen können (vgl. Kruschwitz, 2011, S. 304 ff.).

Wichtige Akteure in diesem Prozessschritt der Bewertung sind unternehmensinterne Entscheidungsträger wie die Anteilseigner sowie die Geschäftsführung. Zudem können bei der Wertfindung externe Spezialisten wie Wirtschaftsprüfer, Bankspezialisten und M&A-Berater zu Rate gezogen werden. Diese können den Kaufprozess über eine strukturierte Verfahrensweise mit der Erstellung eines Informationsmemorandums beschleunigen (vgl. Picot/Picot, 2012, S. 31).

Im **vierten Schritt** sind die Vertragsverhandlungen mit dem Verkäufer auf Basis des ermittelten Unternehmenswertes oder der Wertspanne aufzunehmen. Oft werden die Einstellungen bezüglich des Unternehmenswertes zwischen Käufer und Verkäufer differieren. Ein objektives Wertgutachten einer Wirtschaftsprüfungsgesellschaft kann dann Ausgangspunkt für Verhandlungen sein. Der M&A-Berater hat die Funktion, die Vertragsverhandlungen voranzutreiben und in einem Ausgleich der Interessen zum Abschluss zu führen. Kern dieser Phase ist die Findung eines Preises, zu dem Käufer und Verkäufer gewillt sind, die Transaktion abzuwickeln.

Durch eine aktive Verhandlungsunterstützung des Beraters bei der Kaufpreisfindung lässt sich die Position des akquirierenden Unternehmens meist erheblich stärken. Demnach können Vermutungen über den Grenzpreis des Verkäufers angestellt werden und es kann ein letztendlicher Zielpreis realisiert werden, der den eigenen Vorstellungen entspricht. Zudem ist die Vertragsgestaltung meist komplex, da bestimmte Kontraktrisiken auftreten können. Es können versteckte Risiken bestehen. Daher sollten auch Klauseln zur nachträglichen Kaufpreisanpassung in den Vertrag mit aufgenommen werden, damit der Preis im Nachhinein gegebenenfalls reduziert werden kann. Der Verhandlungsrahmen beinhaltet die Erstellung einer Übernahmebilanz, in der dann unter anderem festgehalten wird, welche Bestände im Working Capital zum Stichtag übergeben wurden. Auch gesellschaftsrechtliche Anpassungen und steuerrechtliche Planungen erfordern meist externe Expertise.

Der Abschluss des Prozesses mit Umsetzung des Kaufs erfolgt im **fünften Schritt** und markiert gleichzeitig den Übergang der Integration des Kaufobjekts in die Betriebssphäre des Käufers. Die Organisation und die Prozesse sind gegenseitig abzustimmen. Eine gemeinsame Unternehmenskultur ist anzustreben.

Von Bedeutung ist es, dass die Eingliederung durch eine intensive Kommunikation begleitet wird. Involviert in diesen Prozessschritt sind auch externe Stakeholder, die in die Wertschöpfungskette integriert werden, wie Lieferanten und angeschlossene Kreditversicherer. Mit diesen Akteuren sind die Lieferprozesse, die Volumina sowie die Konditionen gegebenenfalls neu zu verhandeln.

Neben der Auswahl eines geeigneten Targets ist die Bewertung des Zielunternehmens das größte Problem. So kann ein zu hoher bezahlter Kaufpreis die Bilanz des Käufers stark belasten. Zur Wertfindung sind daher geeignete Verfahren notwendig, die den Wert möglichst objektiv feststellen. Es existieren unter anderem Substanzwertverfahren, bei denen die einzelnen Vermögensgegenstände des Unternehmens zu Liquidations- oder Fortführungswerten eingeschätzt und zu einem Gesamtwert addiert werden. Diese Wertbetrachtung geht jedoch am Kern vorbei, da Zukunftspotenziale vernachlässigt werden. Daher sollen Methoden zur Gesamtbewertung von Unternehmen anhand ihrer Cash Flows vorgestellt werden. Discounted-Cash-Flow-Verfahren bieten eine theoretisch fundierte Basis, um Firmen marktgerecht und zukunftsbezogen anhand zahlungswirksamer Rückflüsse zu bewerten.

6.3.3 Verfahren der Unternehmensbewertung

Im Folgenden sollen die Bewertungsmaßstäbe und Wertermittlungsverfahren vorgestellt werden, die sowohl bei Akquisitionen, als auch im Rahmen der Festlegung der Preisspanne beim erstmaligen Börsengang von Unternehmen angewendet werden können. Zweck ist eine objektive Wertfindung in Form eines Zielwertes oder einer Wertspanne, damit Transaktionskosten aufgrund der Zeitdauer des Verhandlungsprozesses oder der Emissionspreisfestlegung möglichst gering bleiben. Detaillierte steuerliche Komponenten werden in diesem Abschnitt außen vor gelassen.

Bei der Bewertung von Unternehmen stehen die erwarteten Cash Flows sowie die Unsicherheiten der Prognosen im Vordergrund der Betrachtung. Die Risiken lassen sich über einen risikoangepassten Zins zur Diskontierung der Zahlungsüberschüsse einkalkulieren. Bei den prognostizierten Zahlungen ist das Unternehmenswachstum angemessen zu berücksichtigen. Es gelten folgende Bewertungsprinzipien:

– Transparenter Prozess der Bewertung und Kaufpreisfindung
– Auswahl objektiver und relevanter Wertbestimmungsfaktoren
– Zukunftsorientierte Bewertung mit Szenarien für die Werttreiber

Dargestellt werden ausgewählte **Discounted-Cash-Flow-Verfahren**. Diese Methoden lassen sich in Equity- und Entity-Ansätze unterteilen. Bei den Equity-Modellen erfolgt eine direkte rechnerische Marktwertermittlung des Eigenkapitals. Bei Entity-Ansätzen wird zunächst der gesamte Unternehmenswert ermittelt, anschließend der Marktwert des Fremdkapitals abgezogen (vgl. Pape, 2009, S. 95 ff.).

In einigen Werken findet die eigenständige Betrachtung des steuerlichen Adjusted-Present-Value-Ansatzes (APV) statt (vgl. Druckarczyk/Schüler, 2009, S. 125 ff). Dieser APV-Ansatz lässt sich jedoch den Entity-Verfahren zuordnen (vgl. Pape, 2009, S. 96). Dieses Wertfindungsmodell hängt maßgeblich von den steuerlichen Gegebenheiten ab. Diese Regeln verändern sich laufend und das Berechnungsverfahren wäre fortlaufend der neuen Steuergesetzgebung anzupassen, da eine Auswirkung auf den Tax Shield und damit auf den Unternehmenswert besteht. Eine Darstellung dieses Ansatzes unterbleibt daher in diesem Werk.

Ein weiteres Bewertungsmodell, der **Realoptions-Ansatz,** soll hier ebenfalls nicht näher betrachtet werden. Dieses Verfahren greift auf Elemente der Optionspreistheorie zur Bewertung von Finanztiteln zurück. Dieser Ansatz zur Bewertung realwirtschaftlicher Projekte weist besondere Eigenschaften auf, indem Handlungsoptionen des Managements wie Zeitverzögerungs-, Abbruch-, Erweiterungs- oder Einschränkungsoptionen bei den zu bewertenden Zielobjekten zugelassen werden und somit berücksichtigt wird, dass die Unternehmensleitung auf veränderte Umweltbedingungen reagieren kann (vgl. Copeland/Antikarov, 2002, S. 237 ff.).

Auf diese Weise wird die Bewertung dynamisiert. Dennoch wird dieses Verfahren zur Bewertung von Unternehmen in der Praxis als zu komplex angesehen. Zudem scheint das Modell nicht theoretisch gesichert zu sein. So liegen keine kontinuierlichen Marktpreise von Sachinvestitionen vor, die an perfekten Märkten gehandelt werden. Daher lassen sich auch keine arbitragefreien Duplikationsportfolios bei der Preisfindung von Realwerten ermitteln (vgl. Kruschwitz, 2011, S. 416 ff.). Dies erfordern jedoch Bewertungskonzepte auf Basis der Optionspreistheorie.

Multiplikatorverfahren eignen sich dagegen gut zur Verifizierung von Unternehmensbewertungen, indem aktuelle Marktwerte und Referenzkennzahlen von Vergleichsunternehmen bei der Beurteilung des Zielunternehmens einbezogen werden. Diese Bewertungen berücksichtigen aktuelle Börsenkurse und damit die eine Wertfindung im Marktzusammenhang oder leiten die Werte aus realisierten Preisen vergleichbarer Transaktionen ab. Die Beurteilung basiert auf der Annahme, dass Unternehmen der gleichen Branche und Größenordnung beziehungsweise gleichartige Transaktionen ähnlich bewertet werden wie das einzuschätzende Zielunternehmen. Zur genauen Wertfindung werden die ermittelten Marktpreise der Vergleichsunternehmen zu werttreibenden Unternehmensgrößen ins Verhältnis gesetzt. Die daraus resultierenden Zahlen werden anschließend auf die Bezugsgrößen eines zu bewertenden Objekts angewendet (vgl. Ernst et al., 2012, S. 11).

Diese Vergleichsverfahren lassen sich unter anderem zur Wertfindung bei kleinen Unternehmen oder bei Freiberuflern einsetzen. Bei letzteren ist häufig der Kundenstamm ein wesentlicher Werttreiber. Anhand von geschätzten Größen wird jedem Kunden ein barwertiger Zukunftsertrag anhand von Vergleichsbetrieben zugerechnet und multiplikativ auf den zu bewertenden Kundenstamm bezogen.

Die nachstehende Abb. 6.11 zeigt eine Übersicht über gängige Verfahren der Unternehmensbewertung. Erörtert werden im Folgenden insbesondere die Discounted Cash-Flow-Verfahren (DCF-Verfahren) mit dem Equity- und dem Entity-Ansatz, da diese Methoden auf in die Zukunft gerichteten Daten beruhen, eine fundierte theoretische Basis aufweisen und steuerliche Komponenten nicht im Vordergrund der Betrachtung und Wertermittlung stehen.

Ausgewählte Bewertungsverfahren		
DCF-Verfahren • Equity-Ansatz • Entity-Ansatz • APV-Ansatz • Ertragswertverfahren	Marktwertverfahren • Finanzmultiplikatoren • Marktmultiplikatoren • KGV-Multiplikatoren • Realoptionsansatz	Sachwertverfahren • Fortführungswerte • Reproduktionswerte • Liquidationsbewertung • Einzelbewertungsverfahren

Abb. 6.11: Systematisierung von Unternehmensbewertungsmethoden (Quelle: Eigene Darstellung)

6.3.4 Discounted-Cash-Flow-Verfahren

Basis der DCF-Verfahren sind die erwarteten Cash Flows eines Unternehmens, die den relevanten Stakeholdern, den Eigenkapitalgebern oder Anteilseignern, in den kommenden Jahren zufließen (vgl. Spremann, 2010, S. 145 ff.). Genauer betrachtet sind die Free Cash Flows (FCF) von Bedeutung, da unter anderem Investitionen und Desinvestitionen zu berücksichtigen sind. Die künftigen prognostizierten Zahlungsströme sind mit einem risikoangepassten Zinssatz (KK) zu diskontieren. Der Unternehmensgesamtwert entspricht dann der Summe aller diskontieren Free Cash Flows (vgl. Spremann, 2002, S. 162 ff.):

$$UW_{DCF} = \frac{FCF_1}{(1 + KK_1)^1} + \frac{FCF_2}{(1 + KK_2)^2} + \ldots + \frac{FCF_T}{(1 + KK_T)^T}$$

Auf Basis dieser Grundlage sind zwei wichtige Parameter als Input-Daten zu bestimmen. Dies sind die künftigen Free Cash Flows und die risikoadäquaten Kapitalkosten. Diese Eingangsdaten für die DCF-Verfahren stellen den Ausgangspunkt der Bewertung dar. Bei Voraussagen der Plandaten ist sorgfältig vorzugehen, da diese den zu ermittelnden Unternehmenswert erheblich beeinflussen können. Aufgrund der unsicheren Zukunftsdaten sind unter Umständen Simulationen für Szenarien und Sensitivitätsprüfungen durchzuführen.

Ermittlung der Free Cash Flows

Unternehmensbewertungen können grundsätzlich auf der Basis externer Planungsdaten oder auf der Grundlage interner Informationen erfolgen. Bei der Bewertung
liegt eine Situation asymmetrischer Informationsverteilung vor. So hat der Käufer
meist einen schlechteren Einblick über das Beurteilungsobjekt gegenüber internen
Stakeholdern wie die Geschäftsleitung oder die Gesellschafter. Diesem Kreis sind oft
genaue Unternehmensdaten mit hoher Qualität zugänglich.

Um aus dem Blickwinkel eines potenziellen Käufers ein gesichertes Wertgerüst zu
erhalten, sind daher interne Informationen aus einer Financial DD notwendig. Diese
Daten sind zu prüfen und für die ausgewählten Bewertungsverfahren aufzubereiten.
Eine wichtige Planungsgrundlage für die DCF-Verfahren ist die Gewinn- und Verlustrechnung (GuV), die Daten zur Ertragslage bereitstellt. Ausgangspunkt ist hier
die GuV nach dem Gesamtkostenverfahren. Es wird angenommen, dass die Plandaten geprüft, aktuell, vollständig und richtig sind. Es ergibt sich in Abb. 6.12 folgendes Schema zur Ermittlung des operativen Ergebnisses, welches als Grundlage für
die Berechnung des Free Cash Flows dient.

```
    Umsatz
+/- Bestandsveränderungen
  = Gesamtleistung
  - Materialaufwand
  - Bezogene Leistungen
  = Rohertrag
  - Personalaufwand
  - Abschreibungen
  - Sonstige betriebliche Aufwendungen
  + Sonstige betriebliche Erträge
  = Operatives Ergebnis vor Zinsen und Steuern /
    Earnings before Interest and Tax (EBIT)
```

Abb. 6.12: Ermittlung der Earnings before Interest and Taxes (Quelle: Eigene Darstellung)

Dabei ist die Prognose von Umsätzen in verschiedenen Branchen unterschiedlich
schwer. Während im Anlagenbau und bei Bauunternehmen meist ein langjähriger
Auftragsvorlauf gegeben ist, ist im Einzel- oder Großhandel eine genaue Voraussage
der Umsatzlage mit erheblicher Unsicherheit belastet. Zudem belasten schwankende mikro- und makroökonomische Einflussfaktoren, das Nachfrageklima, Trends,
technologischer Fortschritt und die Inflationsentwicklung, eine genaue Voraussage.
Die Planung ist daher, auch im Hinblick auf die Rahmenbedingungen, zu plausibilisieren. Hilfreich ist die Erstellung einer SWOT-Analyse, mit Einbeziehung des Wett-
bewerbsumfelds. Es sind ebenfalls die bewertungsrelevanten Brancheneffekte zu
berücksichtigen, da die Struktur und die Zyklik einer Branche einen Einfluss auf die
Höhe der Basisdaten haben kann (vgl. Habbel et al., 2010, S. 14 ff).

Die Kostengrößen lassen sich aus dem Produktionsprogramm sowie der Umsatzleistung ableiten, da die produktionstechnischen Gegebenheiten unter anderem über Stücklisten oder Zeitstudien zum Arbeitseinsatz feststehen.

Zielgröße der Planungsdaten ist die Ermittlung des **Earnings before Interest and Taxes (EBIT)**. Diese Größe bildet die Basis für die Ermittlung weiterer Kennzahlen, die in die verschiedenen DCF-Verfahren einfließen.

Mit der Anwendung des Equity-Verfahrens wird der Wert des Unternehmens für die Eigenkapitalgeber auf direktem Weg bestimmt. So dient der **Flow to Equity (FTE)** als Kerngröße zur Ermittlung des Unternehmenswertes für die Anteilseigner. Dieser kann gemäß Abb. 6.13 aus dem EBIT wie folgt abgeleitet werden.

```
      EBIT
  -   Fremdkapitalzinsen
  =   Operatives Ergebnis vor Steuern
  -   Steuern
  =   Operatives Ergebnis nach Steuern
  +   Abschreibungen
  +/- Veränderung der Rückstellungen
  +/- Desinvestitionen / Investitionen
  +/- Veränderung des Working Capital
  +/- Veränderung der Finanzschulden
  =   Flow to Equity (FTE)
```

Abb. 6.13: Berechnung des Flow to Equity (Quelle: Eigene Darstellung)

Ausgangspunkt zur Berechnung des FTE ist der EBIT. Abgezogen werden vom EBIT die Fremdkapitalzinsen und die Ertragssteuern, die sich auf das operative Ergebnis beziehen. Des Weiteren sind Zahlungsgrößen zu berücksichtigen, die den Cash Flow des Unternehmens erhöhen oder vermindern können, wie Investitionen, Desinvestitionen oder Veränderungen des Netto-Umlaufvermögens sowie der Verbindlichkeiten über Tilgungen und Neukredite.

Größen, die über die GuV gebucht wurden, denen keine direkten Zahlungen gegenüberstehen, wie beispielsweise Abschreibungen und Rückstellungen, sind zu eliminieren. Ebenso sind die Veränderungen im Bereich der Investitionen, der Finanzierung sowie der Bestände im Working Capital zu berücksichtigen.

Die ermittelte Ergebnisgröße steht grundsätzlich den Eigenkapitalgebern des zu bewertenden Unternehmens zu. Der FTE wird auf Basis einer bestehenden Verschuldung des Unternehmen und einer festgelegten Kapitalstruktur errechnet. Aus dieser Größe kann mit dem **Equity-Ansatz** direkt auf den Wert des Unternehmens für die Eigenkapitalgeber geschlossen werden, indem die errechneten Rückflüsse mit einem risikoangepassten Eigenkapitalzinssatz diskontiert werden.

Dagegen geht der **Entity-Ansatz** differenzierter vor. Beim Entity-Ansatz wird der Unternehmenswert für die Eigenkapitalgeber und Fremdkapitalgeber zunächst insgesamt und für das Gesamtobjekt ermittelt. Um den Wert des Eigenkapitals zu erhalten, ist anschließend der Marktwert des kompletten verzinslichen Fremdkapitals abzuziehen. Auch der Wert mezzaniner und anderer Finanzierungsformen mit fester Verzinsung ist später vom Gesamtwert zu subtrahieren.

Der Entity-Ansatz basiert zunächst auf Zahlungen, die allen Kapitalgebern in Form von Eigenkapital-, Fremdkapital- und Mezzaninkapitalgebern zufließen. Basisgröße für den Entity-Ansatz ist der **Operating Free Cash Flow (OFCF)** vor Fremdkapitalzinsen. Dieser lässt sich gemäß Abb. 6.14 aus dem EBIT wie folgt ermitteln.

```
    EBIT
-   Adaptierte Steuern auf das EBIT
=   Operatives Ergebnis vor Zinsen nach Steuern
+   Abschreibungen
+/- Veränderung der Rückstellungen
=   Brutto Cash Flow
-   Investitionen in das Anlagevermögen
-   Veränderung des Working Capital
=   Operating Free Cash Flow (OFCF)
```

Abb. 6.14: Berechnung des Operating Free Cash Flow (Quelle: Eigene Darstellung)

Beim Entity-Ansatz werden die Cash Flows zugrunde gelegt, die den Fremdkapitalgebern in Form des Kapitaldienstes zustehen und den Eigenkapitalgebern als Residualgröße. Ausgangsgröße zur Berechnung des OFCF ist wiederum der EBIT. Abzuziehen sind die fiktiven Ertragsteuern auf Basis des geschätzten ertragsabhängigen Unternehmensergebnisses. Hinzuzurechnen sind gebuchte Ausgaben, denen keine direkten Auszahlungen gegenüberstehen in Höhe der angesetzten Abschreibungen und Rückstellungen. Zu berücksichtigen sind auch die kurzfristigen Rückstellungen und Veränderungen des Working Capital in diesem Brutto-Modell.

Abschließend sind die geplanten Auszahlungen für Investitionen und die Veränderungen der Bestände des Working Capital als Netto-Umlaufvermögen zu berücksichtigen. Der ermittelte Operating Free Cash Flow ist frei von finanzierungsbezogenen Zahlungsströmen, wie Zinsaufwendungen, Veränderungen der Finanzschulden und Dividenden. Der OFCF ist finanzierungsneutral und entspricht dem erwirtschafteten Zahlungsüberschuss vor Finanzierungsmaßnahmen. Insgesamt ist der OFCF damit unabhängig von der gewählten Kapitalstruktur des betrachteten und zu bewertenden Unternehmens (vgl. Ernst et al., 2012, S. 32 ff.).

Zur Ermittlung der Barwerte dieser Cash Flow-Größen ist die Bestimmung der Kalkulationszinssätze von Bedeutung. Je nach gewähltem Verfahren ist ein unterschiedlicher Diskontierungszins zu wählen. Stehen die Free Cash Flows den Eigenkapitalgebern zu, so ist ein Eigenkapitalzins zu wählen. Werden die Free Cash Flows aller Kapitalgeber betrachtet, so ist ein gewichteter Mischzins zu verwenden. Die Abzinsung dient einer Gegenüberstellung der Rückflüsse mit der Vergleichsrendite einer alternativen Geldanlage und damit der Bewertung von Zahlungsgrößen. Um einen geeigneten Kalkulationszins auszuwählen, sind die Laufzeitstruktur des Zinssatzes sowie das äquivalente Risiko mit einzubeziehen.

Bestimmung alternativer Kalkulationszinssätze

Beim Equity-Ansatz wurden die Free Cash Flows als bewertungsrelevant definiert. Diese stehen ausschließlich den Anteilseignern zu. Aus diesem Grunde sind die Free Cash Flows mit den Renditeforderungen der Eigenkapitalgeber eines fiktiv unverschuldeten Unternehmens zu bewerten. Eigenkapital ist nachrangiges Kapital und wird aus der Residualgröße des Jahresüberschusses vergütet. Dieses beinhaltet ein höheres Maß an Unsicherheit als Fremdkapital. Um das Anlagerisiko zu berücksichtigen, sind die Risiken in den Eigenkapitalzins einzupreisen. So kann als Basiszins ein risikofreier Zinssatz verwendet werden.

Die Risikoprämie des Eigenkapitals kann anhand des Capital Asset Pricing Models (CAPM) abgeschätzt werden (vgl. Steiner/Uhlir, 2001, S. 186 ff.). Dieser Beta-Wert (β) einer vergleichbaren Anlage oder Branche wird zur Gewichtung der Differenz zwischen Marktzins und risikofreiem Zinssatz angewendet. Der risikoangepassten Eigenkapitalkostensatz auf Basis des CAPM ($KK_{EK,\ CAPM}$), unter Berücksichtigung einer systematischen Risikokomponente, ergibt sich dann wie folgt:

$$KK_{EK,CAPM} = R_F + (R_M - R_F) \cdot \beta$$

Der Beta-Faktor dient als Basis für das systematische Risiko. Selbstverständlich gilt diese Risikokomponente nur bei hinreichend diversifizierten Portfolios, die Anleger oder Eigenkapitalgeber halten. Daher ist unter Umständen ein zusätzlicher Risikoaufschlag in Höhe des bestehenden unsystematischen Risikos einzukalkulieren. Des Weiteren besteht die Problematik der Ermittlung des ß-Wertes für kleine und mittlere, nicht-marktnotierte Unternehmen.

Der Entity-Ansatz berücksichtigt sämtliche Zahlungen, die den Eigenkapital- sowie den Fremdkapitalgebern zustehen. Daher sind die Rückflüsse auch mit einem gewichteten Mischzins zu diskontieren. Diese Gewichtung ergibt sich aus den Anteilen an Eigenkapital und Fremdkapital im Verhältnis zum Gesamtkapital des Unternehmens. Da der Fremdkapitalzins bei den Ertragssteuern zumindest teilweise abzugsfähig ist, sollte der Steuervorteil der Fremdfinanzierung gemäß der Kapitalstruktur des zu bewertenden Unternehmens beachtet werden.

Es erfolgt eine Bewertung mit einem integrierten Ertragssteuersatz (S_E). Zu berücksichtigen ist der Effekt der „Zinsschranke", der den Vorteil einer Fremdfinanzierung über den Abzug der Zinsen begrenzt. Zudem kann auf das CAPM bei der Ermittlung des vom systematischen Risiko abhängigen Eigenkapitalkostensatzes zurückgegriffen werden. Es ergeben sich die gewichteten Kapitalkosten auf Basis der Weighted Average Cost of Capital (KK_{WACC}) wie folgt:

$$KK_{WACC} = KK_{EK,CAPM} \cdot \frac{EK}{GK} + KK_{FK} \cdot (1 - S_E) \cdot \frac{FK}{GK}$$

Wichtig ist, beim Ansatz der Kapitalkosten nach den Weighted Average Cost of Capital, von der zukünftig geplanten Zielkapitalstruktur auszugehen. So kann die Planung die Stärkung der Eigenkapitalquote vorsehen, die durch eine Rückführung der Bankverbindlichkeiten oder eine Thesaurierung der Gewinne erreicht wird.

Der Diskontierungszinssatz drückt allgemein die Rendite der alternativen Geldverwendung aus. Es sind bei der Ermittlung der Alternativanlagen bestimmte Äquivalenzanforderungen zu erfüllen. Somit sollte eine Vergleichbarkeit hinsichtlich der Laufzeitstruktur und Risikostruktur gegeben sein, damit ein realistischer Kalkulationszinssatz ermittelt wird (vgl. Ernst et al., 2012, S 9).

Die Bewertung des Unternehmens erfolgt grundsätzlich für die gesamte Lebensdauer, unter Zugrundelegungen des geplanten Wachstums in verschiedenen darauffolgenden Phasen des Unternehmenszyklus. Daher wird zur Ermittlung eines Unternehmenswertes meist zweistufig vorgegangen.

Es werden für eine **Detailperiode** von drei bis fünf Jahren die Cash Flows präzise geplant. In der Folgezeit wird das betrachtete Unternehmen entweder liquidiert oder fortgeführt. Im letzteren Fall wird ein konstantes Wachstum der Überschüsse unterstellt und es wird dann angenommen, dass diese bis zum Ende einer unendlichen Lebensdauer vereinnahmt werden können. Der kumulierte Barwert der Überschüsse dieser Folgeperioden wird auch als **Terminal Value (TV)** bezeichnet.

Ermittlung des Terminal Value

Der **Terminal Value**, auch Fortführungswert, gibt den erwarteten Rückfluss eines Unternehmens für die Kapitalgeber im Anschluss an die Detailperiode wieder. Nach der Prognoseperiode wird das Unternehmen liquidiert oder fortgeführt. Im Fall einer Liquidation werden das Anlage- und das Umlaufvermögen veräußert und notwendige Auszahlungen, unter anderen für einen Sozialplan, geleistet. Der verbleibende Überschuss wird diskontiert und dem Present Value der Detailprognosephase zugeschlagen (vgl. Loderer et al., 2010b, S. 274 ff.).

Im Falle der Weiterführung des Unternehmens ist ein langfristig zu erzielender Free Cash Flow zu ermitteln. Die Berechnung des Terminal Value erfolgt in der Regel auf Basis des Ertragswertes einer ewigen Rente.

Zugrunde gelegt wird der nachhaltig erzielbare Cash Flow (FCF_{TV}), je nach gewähltem Bewertungsverfahren, entweder als Flow to Equity oder als Operating Free Cash Flow. Es wird angenommen, dass sich die relevanten Cash Flows mit einer konstanten Wachstumsrate (G_{TV}) entwickeln (vgl. Spremann, 2002, S. 159).

Je nach gewähltem Ansatz sind die zugehörigen Kapitalkosten zu berücksichtigen. Damit ergibt sich aus dem Barwert einer unendlichen Reihe der Rückflüsse der endgültige Terminal Value wie folgt:

$$TV = \frac{FCF_{TV}}{(KK - G_{TV})}$$

Die Höhe der als Basis gelegten normalisierten Cash Flows, die Wachstumsrate der Überschüsse sowie der langfristige Kapitalkostensatz sind für den Terminal Value genau zu schätzen, da der Einfluss auf den Unternehmenswert hoch ist. Zugrunde zu legen ist ein normalisierter und auf Dauer zu erzielender Free Cash Flow, der von außerordentlichen Einflüssen bereinigt wurde. Es kann ein Durchschnittswert oder eine Annuität der erwarteten Rückflüsse als FCF_{TV} verwendet werden. Wichtig ist es realistische und vorsichtige Werte anzunehmen, da der Terminal Value einen wesentlichen Anteil am Gesamtunternehmenswert ausmacht.

Auch bei der Quantifizierung der Wachstumsrate G_{TV} ist genau vorzugehen, da ein großer Hebeleffekt auf den Unternehmenswert besteht. Zu beachten ist, dass Unternehmen verschiedene Phasen des Lebenszyklus durchlaufen. Die Gründungsphase ist geprägt von hohen Entwicklungskosten und die Wachstumsphase von starker Expansion. Diese Phasen sind aber meist nicht repräsentativ.

Vielmehr ist für den Terminal Value die Reifephase von Bedeutung, wenn sich die Cash Flows stabilisiert haben. Zur Bestimmung der Höhe der Wachstumsrate der Rückflüsse kann auf individuelle Unternehmenswerte, aber auch auf Branchenzahlen zurückgriffen werden. Weiter ist bei der Wertermittlung zu berücksichtigen, ob die reinvestierten Gewinne auch zusätzliche Werte schaffen. Dies ist nur der Fall, wenn die Kapitalwerte der Reinvestitionsprojekte positiv sind und damit die Dynamik verstärken (vgl. Loderer et al., 2010b, S. 280 ff.).

Bei der Planung der Zahlungen der Detailphase ist individuell vorzugehen. Dazu ist nicht zwingend auf die internen Planungshorizonte abzustellen. In einer konjunkturabhängigen Branche ist beispielsweise ein vollständiger Konjunkturzyklus abzudecken. Das Terminal Value ist dann auf der Basis eines durchschnittlichen Jahres zu berechnen, damit keine unrealistischen Ergebnisse erzielt werden.

Falls ein innovatives Unternehmen in einer wachstumsintensiven Branche zu bewerten ist, sollte unter Umständen eine zweite Detailperiode bei der Restwertermittlung gewählt werden. In der ersten Phase wird unterstellt, dass das betreffende Unternehmen mit allen Projekten einen positiven Present Value erzielt.

In dieser Periode besitzt das Unternehmen einen nachhaltigen Wettbewerbsvorteil (Competitiv Advantage Period). Dementsprechend ist von einer hohen Wachstumsrate der Free Cash Flows auszugehen. Im Anschluss an diese Periode ist das Unternehmen in der Regel nur noch in der Lage einen ausgeglichenen Present Value mit seinen Projekten zu erreichen (vgl. Loderer et al., 2010b, S. 282 ff.). Die Wachstumsrate der Free Cash Flows ist dann auf ein reduziertes Niveau anzupassen.

In der Realität kommt es bei Unternehmen jedoch selten zu Strukturbrüchen mit der Abnahme von Wachstumsraten in zwei klar getrennten Phasen. Vielmehr sinken die Cash Flows kontinuierlich mit einer fallenden oder steigenden Rate (vgl. BCG, 2002). Die Modellierung des Wachstumsverlaufs wird dann in sogenannten Konvergenzmodellen berechnet. Bei diesen Ansätzen verläuft die Wachstumsrate meist degressiv von einem hohen Anfangsbetrag hin zu einem normalisierten dauerhaft zu erzielenden Wert (vgl. Stellbrink, 2005, S. 77 ff.).

Der Terminal Value ist bei Berechnung des Unternehmenswertes zudem auf den Bewertungszeitpunkt zu diskontieren. Die Argumente im Zähler sowie Nenner unterscheiden sich, je nachdem ob der Equity- oder Entity-Ansatz gewählt wird. So ist der reine Eigenkapitalkostensatz oder der gewichtete Diskontierungssatz zu berücksichtigen. Insgesamt ist bei der Berechnung des Restwertes präzise vorzugehen, um den Unternehmenswert nicht zu verzerren. Die Bedeutung der Genauigkeit bei der Ermittlung ist hoch, denn der durchschnittliche Anteil des Terminal Value am Gesamtunternehmenswert liegt meist über 50 % (vgl. Bausch/Pape, 2005, S. 474 ff.).

Vorausgesetzt wird im Folgenden, dass die für die Bewertung relevanten Cash Flows nachschüssig am Jahresende anfallen. Unterjährige Zahlungen sowie Bewertungen werden nicht betrachtet. Es findet eine Wertfindung des Zielunternehmens immer zu Jahresbeginn statt. Der Bestand an liquiden Mitteln ist hinzu zu addieren. Ebenso sind Rückflüsse aus Beteiligungen zu berücksichtigen, soweit diese bei der Ermittlung der bewertungsrelevanten Cash Flows außen vor geblieben sind. Zudem sind in der Zukunft drohende Lasten abzuziehen, insoweit für diese noch keine Rückstellungen gebildet wurden (vgl. Ernst et al., 2012, S. 30 ff.).

Equity-Ansatz

Beim **Equity-Ansatz** wird der Wert des Eigenkapitals direkt aus den geschätzten Cash Flows berechnet, die den Eigenkapitalgebern zufließen, dem Flow to Equity. Die Berechnung des Barwertes des Unternehmenswertes aus der Detailperiode und dem nachhaltigen Terminal Value ergibt sich wie folgt:

$$UW_{Equity} = \sum_{t=1}^{T} \frac{FTE_t}{(1 + KK_{EK})^t} + \frac{TV}{(1 + KK_{EK})^T} \quad \text{mit } TV = \frac{FCF_{TV}}{(KK_{EK} - G_{TV})}$$

Im Folgenden soll die Bewertung eines Unternehmens über den Equity-Ansatz aufgezeigt werden. Die Cash Flow-Daten werden für die nächsten fünf Jahre geschätzt. Es wird angenommen, dass die Kapitalkosten über den Zeitablauf hinweg konstant bleiben. Zudem wird eine feste Wachstumsrate der erzielbaren Rückflüsse unterstellt. Auf Basis der in der Due-Diligence-Phase ermittelten Prognosen ergeben sich für das Zielunternehmen folgende Ausgangsdaten sowie Bewertungen nach dem Equity-Ansatz. Das Gewinnwachstum beim TV wird mit jährlich 3 % angenommen. Die Ergebnisse ergeben sich aus nachfolgender Tab. 6.4.

Tab. 6.4: Unternehmensbewertung mit dem Equity-Ansatz (Quelle: Eigene Darstellung)

Jahr	1	2	3	4	5	TV
FTE	0,4	0,5	0,8	1,0	1,2	1,5
$KK_{EK, CAPM}$	0,08	0,08	0,08	0,08	0,08	0,08
Barwerte	0,370	0,429	0,635	0,735	0,817	20,417
UW_{Equity}	23,403 Mio. Euro					

Die Planungsgrößen sind sorgfältig zu ermitteln. Aus der Bewertung wird deutlich, dass die Input-Größen bereits bei nur geringen Veränderungen den Gesamtwert des Unternehmens erheblich beeinflussen können. So haben die Cash Flows, der Basis-Cash-Flow für den Terminal Value sowie die Wachstumsrate der Rückflüsse beim Terminal Value einen großen Einfluss auf den Unternehmenswert. Auch die Höhe der Kapitalkosten beeinflusst den Unternehmenswert erheblich.

Aus diesen Gründen sind Szenario-Analysen mit einer Variation der Werttreiber zur realistischen Wertfindung sehr hilfreich. Demnach ist ein Best Case mit einer optimalen Wertentwicklung in den verschiedenen Bereichen zu errechnen, ein Base Case mit einer wahrscheinlichen Entwicklung sowie ein Worst-Case-Fall mit einer negativen beziehungsweise vorsichtigen Einschätzung der Rahmendaten zu berechnen. Aus diesen Bewertungen lässt sich die Preisspanne für ein Aktienangebot ableiten, die als Anhaltspunkt für eine endgültige Preisfindung beim Börsengang oder Unternehmenskauf im akquisitorischen Bereich genutzt werden kann.

Auch eine Sensitivitätsanalyse kann nachgeschaltet werden, indem einzelne Szenarien im Hinblick auf ihre Stabilität bezüglich einer Variation der Input-Daten untersucht werden. Im Folgenden wird der Equity-Ansatz im Hinblick auf seine Plausibilität und Praxistauglichkeit eingeschätzt.

Eine Beurteilung von finanzierungstheoretischen Modellen bedeutet immer eine kritische Auseinandersetzung mit den zugrundeliegenden Annahmen. Der Equity-Ansatz hat dabei bestimmte Kernprämissen als Basis, die es im Folgenden zu analysieren gilt (vgl. Ernst et al., 2012, S. 104 ff.):

- **Vollausschüttungshypothese am Ende der Periode:** Es wird unterstellt, dass der gesamte Flow to Equity am Ende einer Periode ausgeschüttet wird. Der FTE kann vom handelsrechtlichen Gewinn erheblich abweichen und die Ausschüttung kann rechtlich begrenzt sein. In einer Nebenrechnung ist daher die handelsrechtlich zulässige Ausschüttung zu berücksichtigen. Des Weiteren bedeutet ein negativer FTE eine fiktive Einlage durch die Gesellschafter. Eine Nichtbeachtung der Vollausschüttungshypothese führt allerdings zu einer möglichen Doppelzählung der FTE aus Vorperioden aufgrund von thesaurierten Beträgen und der darauf erwirtschafteten Zahlungsüberschüsse in Form von Zinserträgen. Jedoch darf sich aufgrund dieser Vollausschüttungsannahme auch der Bestand an liquiden Mitteln nicht verändern, da die Ausschüttung mit den Zahlungsüberschüssen übereinstimmen muss. Die Annahme kann dadurch umgangen werden, indem eine Voraussage des Ausschüttungsverhaltens eingeplant wird. Zudem wird die Genauigkeit mit der Berücksichtigung der Zahlungstermine über eine stichtagsbezogene Diskontierung erhöht.
- **Konstanz der Renditeforderungen der Eigenkapitalgeber:** Renditeerwartungen sind unabhängig vom Verschuldungsgrad sowie der Laufzeit. Grundsätzlich lassen sich auch periodenspezifische Zinssätze zur Diskontierung verwenden, die die Zeitstruktur des Zinssatzes und die Veränderungen des Verschuldungsgrades klar antizipieren. Damit werden die Renditeforderungen der Eigenkapitalgeber theoretisch genauer abgebildet, aber zu Lasten der Überschaubarkeit des Verfahrens im Praxiseinsatz. Es wird eine geringe Inkonsistenz hingenommen, wenn die Eigenkapitalkosten nach dem CAPM berechnet werden und auch ß-Faktoren einfließen, die den Verschuldungsgrad berücksichtigen. Neben der Konstanz der Renditeforderungen der Eigenkapitalgeber wird auch ein fester Fremdkapitalzins unterstellt. Dieser ist in der Praxis aber von der Bonität und daher indirekt vom Verschuldungsgrad abhängig.

Positiv ist, dass der Wert des Eigenkapitals beim Equity-Ansatz direkt ermittelt wird. Somit ist auch die Annahme eines konstanten Verschuldungsgrades nicht erforderlich. Zudem stehen über eine Planung der Ausschüttungen und der Thesaurierungen qualitativ hochwertige Input-Daten für die Wertermittlung bereit.

Die Bewertung kann zudem durch eine exakte Planung der Steuerzahlungen noch verbessert werden. Insgesamt gesehen bietet der Equity-Ansatz als Gesamtbewertungsverfahren eine solide Basis zur Wertermittlung eines Unternehmens für die Eigenkapitalgeber aus finanziellen Größen, in die materielle und nachträglich auch immaterielle Werte einfließen können. Die ermittelten Werte sind hinsichtlich der zugrunde gelegten Planwerte beim Terminal Value zu überprüfen. Der Gesamtwert kann durch einen Abgleich im Rahmen einer Bewertung auf der Grundlage eines Multiplikatoransatzes im Hinblick auf vergleichbare Transaktionen und Marktwerte sowie die allgemeine Börsenmarktlage verifiziert werden.

Entity-Ansatz

Der **Entity-Ansatz** zur Unternehmensbewertung wird auch als WACC-Ansatz bezeichnet, da eine Diskontierung der relevanten Cash Flows mit einem Mischzins aus den Eigenkapital- und Fremdkapitalkosten erfolgt, entsprechend der Kapitalstruktur des Zielunternehmens. Mit diesem Ansatz wird zunächst eine Gesamtbewertung des Unternehmens vorgenommen, mit der Ermittlung des addierten Marktwertes für Eigenkapital und für Fremdkapital.

Im ersten Schritt wird das Gesamtkapital des Unternehmens aus den Operating Free Cash Flows, die den Eigen- und Fremdkapitalgebern zustehen, ermittelt. Die Rückflüsse werden mit einem die Kapitalstruktur abbildenden Mischzins (KK_{WACC}) diskontiert. Im zweiten Schritt wird der Marktwert des Fremdkapitals abgezogen, um den Wert des Kapitals für die Anteilseigner zu erhalten. Folgende Formeln dienen der Unternehmensbewertung nach dem Entity-Ansatz:

$$UW_{Entity} = \sum_{t=1}^{T} \frac{OFCF_t}{(1 + KK_{WACC})^t} + \frac{TV}{(1 + KK_{WACC})^T} \quad \text{mit } TV = \frac{OFCF_{TV}}{(KK_{WACC} - G_{TV})}$$

Das Beispiel zur Unternehmensbewertung aus dem vorhergehenden Abschnitt soll hier aufgegriffen werden. Basis der Bewertung sind im Entity-Ansatz die geschätzten Operating Free Cash Flows, die den Eigenkapitalgebern und den Fremdkapitalgebern zustehen. Diese weichen von den geschätzten FTE ab. Es ist daher eine Anpassung der Rückflüsse in Zielrichtung des OFCF vorzunehmen. Das Gewinnwachstum beim TV wird mit jährlich 3 % angenommen.

Die KK_{WACC} ergeben sich, unter Berücksichtigung der Kapitalkosten, in Anlehnung an die Kapitalstruktur eines Unternehmens. Des Weiteren wurden die risikoangepassten Eigenkapitalkosten nach dem CAPM und die erwarteten steuerlichen Entlastungen auf das Fremdkapital mit einbezogen. Die Resultate des gesamten Bewertungsprozesses sind in der nachfolgenden Tab. 6.5 aufgeführt.

Tab. 6.5: Unternehmensbewertung mit dem Entity-Ansatz (Quelle: Eigene Darstellung)

Jahr	1	2	3	4	5	TV
OFCF	1,2	1,3	1,5	1,9	2,3	2,9
KK_{WACC}	0,075	0,075	0,075	0,075	0,075	0,075
Barwerte	1,116	1,125	1,207	1,423	1,602	44,889
M_{FK}	28,125 Mio. Euro					
UW_{Entity}	23,237 Mio. Euro					

Beide dargestellten Verfahren sollten unter den gleichen Prämissen grundsätzlich zu identischen Unternehmenswerten führen. Es können sich jedoch geringe Abweichungen aus Abgrenzungsproblemen ergeben, unter anderem auf der Grundlage der betrachteten Finanzierung und Kapitalstruktur.

Dem Entity-Ansatz liegen neben der bereits untersuchten Vollausschüttungsprämisse weitere Annahmen zugrunde, die auf ihre Realitätsnähe hin zu überprüfen sind (vgl. Ernst et al., 2012, S. 106 ff.):

Konstante Kapitalstruktur auf Marktwertbasis mit festem WACC-Zinssatz: Nur wenn die Kapitalstruktur konstant bleibt, können die OFCF mit einem fixen WACC-Zinssatz diskontiert werden. Verändert sich die Kapitalstruktur, ist der Mischzins anzupassen. In diesem Zusammenhang ist zu berücksichtigen, dass die Fremdkapitalgeber mit einem steigenden Verschuldungsgrad einen von der dann eingeschränkten Bonität abhängigen erhöhten Fremdkapitalzins fordern. Um die Genauigkeit zu verbessern, könnten die Renditeforderungen der Eigen- und Fremdkapitalgeber in jeder Periode an den geplanten Verschuldungsgrad angepasst werden. Zudem können sich Veränderungen in Höhe des Fremdkapitalzinses aufgrund der Zinsstruktur ergeben, die auf Basis der Terminzinssätze oder durch stochastische Zinsmodelle zu berücksichtigen wären. Dieses Vorgehen führt jedoch zu einer Erhöhung der Komplexität des Verfahrens.

– **Konstanter Steuervorteil aus der Fremdfinanzierung:** Aufgrund der Komplexität des deutschen Steuersystems, wird der Steuervorteil aus der Fremdfinanzierung im Entity-Ansatz nur sehr grob abgeschätzt. Die Berücksichtigung des Tax Shield kommt bei der Berechnung des WACC-Zinssatzes zum Ausdruck. Grundsätzlich ließe sich eine genauere Berechnung des Steuervorteils vornehmen. Aus Gründen der Nachvollziehbarkeit und Praxistauglichkeit des Modells, wird dieses Vorgehen jedoch nicht für zweckdienlich gehalten.

– **Zirkularitätsproblem:** Im Entity-Ansatz werden die Kapitalkosten auf der Basis einer vorgegebenen Kapitalstruktur im Verhältnis der Marktwerte für Eigenkapital und Fremdkapital ermittelt. Jedoch ist der Marktwert des Eigenkapitals der Zielwert, der erst durch diese Bewertungsmethode ermittelt werden soll und daher eigentlich unbekannt. Es ist eine Zielkapitalstruktur für die Ermittlung der Kapitalkosten anzunehmen. Die Gewichtung der Marktwerte für die Berechnung der Kapitalkosten nach dem WACC kann dann heuristisch in mehreren Bewertungsschritten iterativ ermittelt werden (vgl. Pape, 2009. S. 111).

Im Vergleich zum Equity-Modell ist die Unternehmensbewertung nach dem Entity-Ansatz deutlich komplexer, da Veränderungen des Fremdkapitals mit Neuverschuldungen, Tilgungen und Zinsanpassungen zu berücksichtigen sind. Auch eine detaillierte Planung des Steuervorteils der Fremdfinanzierung bei der Einkommensteuer beziehungsweise Körperschaftsteuer und Gewerbeertragsteuer ist aufgrund von individuellen Verhältnissen sowie möglichen Steueränderungen, problematisch.

Auch wenn die beiden Bewertungsmethoden zu den gleichen Ergebnissen führen, scheint das Equity-Verfahren gegenüber dem Entity-Ansatz deutliche Vorteile bei der Anwendbarkeit und der Fehleranfälligkeit zu besitzen. Erschwert wird diese Unternehmensbewertung allerdings, wenn unterschiedliche Informationsstände der an einem Kauf beteiligten Akteure zu wichtigen bewertungsrelevanten Daten bestehen. Diese Schwierigkeit wird im Rahmen der Finanzierungstheorie untersucht.

6.3.5 Unternehmensbewertung und Finanzierungstheorie

Problematisch bei der endgültigen Preisfindung sind ungleiche Informationsverteilungen zwischen Käufer und Verkäufer und klare Interessenunterschiede. So beabsichtigt der Käufer einen möglichst geringen Preis für das Zielobjekt aufwenden, während der Verkäufer einen maximalen Verkaufserlös anstrebt. Der Verkäufer hat zudem einen Informationsvorteil, da dieser unter Umständen werteinschränkende Merkmale seiner Firma kennt, die dem Käufer nicht bekannt sind. Beispielsweise können Kontaminationen bei Grundstücken bestehen und Gerichtsprozesse drohen, die den Wert des Unternehmens zukünftig erheblich reduzieren.

Werden diese verdeckten Kosten von Käufern generell antizipiert, werden sie aus Vorsichtsgründen einen Risikoabschlag auf den Kaufpreis vornehmen. „Ehrliche" Verkäufer werden dann wiederum unnötig mit Preisabschlägen belastet. Es besteht eine Situation asymmetrischer Informationen zu Lasten des potenziellen Erwerbers. Diese Problematik lässt sich unter anderem lösen, indem der finale Bewertungsprozess durch auf Fusionen, Übernahmen und Börsengänge spezialisierte Berater optimiert wird, indem die Informationslage aufgehellt wird und gegebenenfalls nachträgliche Preisreduzierungen über Anpassungsklauseln erfolgen können.

Mit einem erhöhten Aufwand bei der Due Diligence sowie der Vertragsgestaltung, können die Informationsunterschiede und Verhaltensunsicherheiten weitestgehend ausgeschaltet werden. Dabei sind auch Verträge denkbar, die über Verpflichtungserklärungen (Covenants) nachträgliche Kaufpreisabschläge definieren, wenn unvorhergesehene Ereignisse oder starke Zielabweichungen eintreten.

Des Weiteren kann der Verkäufer freiwillig über eine offene Informationspolitik ein Zeichen setzen. Bei einem Börsengang können zusätzlich die Reputation des Konsortialführers und die Wahl eines Kapitalmarktsegmentes mit hohen Informationsanforderungen zu einer positiven Signalbildung beitragen. Werden zudem Input-Daten für die Bewertungsmethoden vom Verkäufer offen bereitgestellt, so wird der Wertfindungsprozess erleichtert. Auch eine bereits vom Verkäufer durchgeführte Vendor Due Diligence kann den Transaktionsprozess potenziell beschleunigen. Der Verkäufer bereitet hier durch eine eigene Due Diligence sein Unternehmen für einen Verkauf vor. Damit reduzieren sich der Analyseaufwand auf der Käuferseite sowie möglicherweise Agency-Probleme über diese freiwillige Signalsetzung.

6.3.6 Weitere Bewertungsansätze

Discounted Cash Flow-Verfahren werden häufig kritisiert, da die Wertermittlung aufgrund der geschätzten Input-Größen sehr variabel erscheint. In den Verfahren sind die Free Cash Flows auf einer langen Zeitreihe für die Zukunft zu prognostizieren. Dieser Umstand birgt eine hohe Unsicherheit und potenziellen Spielraum für Ungenauigkeiten und mögliche Fehlbewertungen.

Dies lässt Zweifel aufkommen, ob die DCF-Verfahren sich überhaupt zur Unternehmensbewertung eignen. Dem ist zu entgegnen, dass einer Methode nicht die Schuld an Mängeln in der Planung von Unternehmensdaten gegeben werden kann. Wenn in Firmen keine Planungssysteme bestehen, die eine plausible Voraussage der Erfolgszahlen hervorbringen, ist dies ein internes Problem. Die DCF-Verfahren weisen viele Vorzüge auf (vgl. Spremann, 2002, S. 169 ff.):

– Das methodische Vorgehen ist theoretisch einwandfrei begründet und lässt sich aus der Zielsetzung zur Maximierung des Unternehmenswertes ableiten.
– Die Wachstumsraten der Free Cash Flows können dem Unternehmensstadium angepasst und in einem mehrstufigen Phasenmodell variiert werden.
– Bei der Ermittlung des Kalkulationszinssatzes kann eine unternehmensspezifische Risikoprämie aus dem Capital Asset Pricing Model hergeleitet werden.
– Mit Szenario-, Sensibilitäts- und Risikoanalysen lassen sich die Ergebnisse der Unternehmensbewertung plausibilisieren und Wertspannen ermitteln.
– Die Bewertungsverfahren lassen sich so erweitern, indem Rückkopplungen der Werttreiber auf den Unternehmenswert und umgekehrt betrachtet werden.

Zudem lassen sich diese Bewertungsmodelle ergänzen, indem Agency-Kosten aufgrund einer asymmetrischen Informationsverteilung zwischen Käufer und Verkäufer bei der Wertfindung berücksichtigt werden. Diese Kosten bestehen unter anderem im Zusammenhang mit einer umfangreichen Due Diligence, um den Kaufpreis zu verifizieren. Im Gegenzug kann der Unternehmensverkäufer durch eine offene Informationspolitik ein deutliches Signal setzen, das Agency-Kosten reduziert. Insgesamt gesehen bieten DCF-Verfahren eine verlässliche theoretische Basis zur Ermittlung von Unternehmenswerten. Diese Ergebnisse aus den DCF-Modellen lassen sich auch durch andere Bewertungsverfahren verifizieren.

Es lassen sich **Multiplikatorverfahren** zur Validierung der ermittelten DCF-Werte einsetzen. Bei den Multiplikatorverfahren handelt es sich um Methoden einer Vergleichsbewertung, die häufig in der Praxis eingesetzt werden. So werden beobachtbare finanzielle und nicht-finanzielle Größen (Werttreiber) vergleichbarer Unternehmen ins Verhältnis zu einer Bezugsgröße gesetzt. Die ermittelte Referenzkennzahl wird zur Bewertung des Zielunternehmens genutzt. Ist die wertbestimmende Variable zum Beispiel der Umsatz, ist der Referenzwert zu bestimmen, indem der Marktwert des Vergleichsunternehmens durch den Umsatz geteilt wird.

Dieser Multiplikator ist anschließend mit dem Umsatzvolumen des Zielunternehmens zu multiplizieren. Multiplikatoren messen den Geldbetrag, den der Markt für eine Einheit der betrachteten Variable zu zahlen bereit ist. Wichtig ist es, dass eine enge Beziehung zwischen dem Unternehmenswert und der werttreibenden Größe besteht (vgl. Loderer et al., 2010b, S. 287 ff.). Auf diese Weise lassen sich auch kleinere und mittlere Unternehmen beurteilen. Beispielsweise können branchenspezifische Umsatzmultiplikatoren oder Kundenerfolgsmultiplikatoren verwendet werden, um kleinere Unternehmen wie Arztpraxen oder Rechtsanwaltskanzleien zu bewerten (vgl. Ernst et al., 2012, S. 10 ff.). Positiv ist, dass diese Bewertungsverfahren zeitnahe Marktdaten und Preise nutzen.

Das Unternehmenswachstum lässt sich von innen heraus organisch realisieren oder auch durch eine Erweiterung der Wertschöpfungskette über einen Unternehmenskauf. Damit der Erwerber keinen zu hohen Preis für das Target bezahlt, ist der Bewertungsprozess exakt zu planen. DCF-Verfahren weisen eine theoretisch fundierte Struktur auf und haben sich im Praxiseinsatz bereits bewährt. Dem Erwerber, aber auch dem Veräußerer werden nachvollziehbare Bewertungen auf der Grundlage von Werttreibern geboten, die den Prozess der Preisfindung erleichtern.

Diese Verfahren eignen sich zur Bewertung eines Unternehmens im Rahmen eines Börsengangs. Daher können auf Basis der DCF-Verfahren erste Unternehmenswerte berechnet werden, die Anhaltspunkte für die Angebotsphase im Rahmen des Börsengangs geben. Diese Werte können durch zusätzliche Beurteilungsverfahren und Investorengespräche verifiziert werden. Aus den validierten Größen lässt sich dann eine Preisspanne für das erstmalige Aktienangebot ableiten.

Ein Problembereich, der die Unternehmensbewertungen zukünftig stark beeinflussen kann sind allerdings Deckungslücken bei den Pensionsrückstellungen, die sich aufgrund geringer Zuführungen und dem niedrigen Zinsniveau mit geringen Renditen ergeben haben (vgl. Niehaus, 2013, S. 64 ff.). Aus den fehlenden Rückstellungen kann in Zukunft ein erheblicher Zuführungsbedarf aus dem laufenden Ergebnis entstehen (Klee, 2010, S. 5 ff.). Gerade Unternehmen mit eigenen Pensionskassen sind gegebenenfalls dazu verpflichtet Kapital nachzuschießen, um ihren Verpflichtungen nachkommen zu können. Diese drohenden Lasten sind zumindest in Teilen bei der Unternehmensbewertung und Wertermittlung zu berücksichtigen.

Zusammenfassung Abschnitt 6.3: In diesem Abschnitt wurden die Ziele und Anlässe der **Unternehmensbewertung** definiert. Im Zentrum stand die Bewertung im Rahmen eines Börsengangs oder bei der Akquisition eines Zielobjekts. Es wurden der Equity- und der Entity-Ansatz zur Wertfindung dargestellt und beurteilt. Die Datengrundlage für die Discounted Cash Flow-Verfahren wurde erklärt und die Validierung des potenziellen Kaufpreises über weitere Verfahren begründet. Problematisch bei der Wertfindung ist generell die asymmetrische Informationsverteilung zwischen Käufer sowie Verkäufer. Lösen lassen sich Probleme durch eine intensive (Vendor) Due Diligence, ein freiwilliges Signalling und eine Vertragsgestaltung mit speziellen Covenants und Preisanpassungsklauseln.

6.4 Strukturierung und Umsetzung des Börsengangs

von Stefan Henge und Eduard Kostadinov

6.4.1 Projektplanung und kritische Meilensteine beim Börsengang

Die Entscheidung für einen Börsengang oder Initial Public Offering (IPO) und dessen Durchführung ist ein bedeutender Meilenstein für die Weiterentwicklung eines Unternehmens. Darüber werden die Weichen gestellt, das Unternehmen einem breiten Anlegerkreis und damit der Öffentlichkeit zugänglich zu machen. Entsprechend kommt einer sorgfältigen **Strukturierung und Umsetzung des Börsengangs** eine große Bedeutung für den reibungslosen Ablauf des IPO zu. Auf diese Weise kann der zeitliche Korridor bei der Platzierung eingehalten und gegebenenfalls eine gute Börsenphase genutzt werden.

Definition: Der **IPO-Prozess** beschreibt den planerischen Ablauf der Umsetzung eines erstmaligen Börsengangs. In diesem Prozess sind der Zeitablauf sowie die kritischen Meilensteine bei der Begebung genau zu planen und deren Erreichung zu überwachen.

Gemeinsam mit den begleitenden Beratern und Banken ist der Prozess im Detail zu planen und ein schlüssiges Gesamtkonzept für den Börsengang zu erarbeiten. Dieses Konzept beinhaltet als Hauptbestandteile folgende Kernthemen:

- Projektplan und Festlegung der kritischen Meilensteine im IPO-Prozess
- Entwicklung einer überzeugenden Equity Story als Grundlage der Vermarktung
- Bestimmung der Kapitalstruktur und des Angebotsvolumens
- Erstellung des Verkaufsprospekts als zentrales Angebotsdokument
- Auswahl Preisfindungsverfahren, Marketing und Platzierungsstrategie

Eine Herausforderung des IPO-Prozesses ist es, die Vielzahl unterschiedlicher Strukturierungsparameter und Einflussfaktoren in ein, auf das Unternehmen zugeschnittenes Konzept, für den Börsengang zu übertragen. Nur dann kann ein erfolgreicher Börsengang, der das Unternehmen meist langfristig am Kapitalmarkt verankert, gewährleistet werden. Die erfolgreiche Umsetzung eines Börsengangs setzt eine intensive Vorbereitung sowie Strukturierung des IPO-Prozesses inklusive der vorgenannten Kernthemen voraus. Die Abarbeitung der Prozessbestandteile von der Entscheidung zum IPO, bis zur Erstnotiz, ist in einen Projektplan zu übertragen, der einen zeitlichen Rahmen der Transaktion inklusive der kritischen Prozess-Meilensteine definiert. In der Gesamtheit ist der gesamte IPO-Prozess als große Managementaufgabe zu betrachten und verlangt ein sensibles Zusammenspiel aller an dem Projekt involvierten Parteien. Beteiligte Akteure sind unter anderem der Emittent, die begleitenden Banken, Rechtsanwälte, Wirtschaftsprüfer und Kommunikationsberater sowie viele weitere Stakeholder.

Grundsätzlich lässt sich der gesamte IPO-Prozess in drei Hauptphasen unterteilen. Wesentlich sind die **Pre-IPO-Phase**, die **IPO-Phase** und die Zeit nach der Erstnotiz, die **Post-IPO-Phase** wie die folgende Abb. 6.15 zeigt.

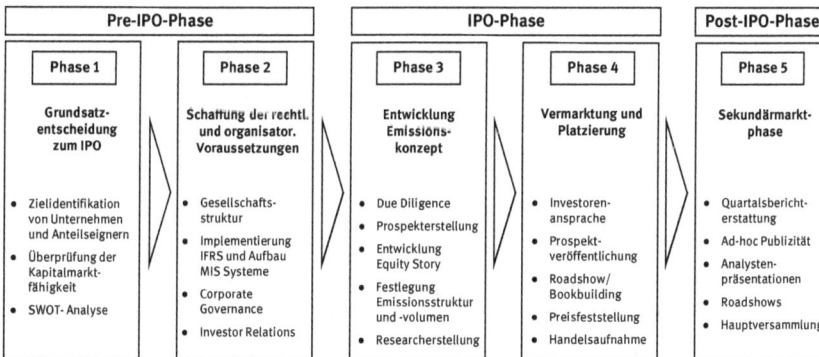

Pre-IPO-Phase		IPO-Phase		Post-IPO-Phase
Phase 1	**Phase 2**	**Phase 3**	**Phase 4**	**Phase 5**
Grundsatz-entscheidung zum IPO	Schaffung der rechtl. und organisator. Voraussetzungen	Entwicklung Emissions-konzept	Vermarktung und Platzierung	Sekundärmarkt-phase
• Zielidentifikation von Unternehmen und Anteilseignern • Überprüfung der Kapitalmarkt-fähigkeit • SWOT-Analyse	• Gesellschafts-struktur • Implementierung IFRS und Aufbau MIS Systeme • Corporate Governance • Investor Relations	• Due Diligence • Prospekterstellung • Entwicklung Equity Story • Festlegung Emissionsstruktur und -volumen • Researcherstellung	• Investoren-ansprache • Prospekt-veröffentlichung • Roadshow/ Bookbuilding • Preisfeststellung • Handelsaufnahme	• Quartalsbericht-erstattung • Ad-hoc Publizität • Analysten-präsentationen • Roadshows • Hauptversammlung

Abb. 6.15: Kernphasen eines Börsengangs (Quelle: Eigene Darstellung)

Im Rahmen der **Pre-IPO-Phase** ist zunächst die Grundsatzentscheidung für einen Börsengang zu treffen und die Börsenreife des betreffenden Unternehmens zu prüfen und herzustellen. Die entsprechenden Vorbereitungsmaßnahmen sind zu treffen, damit das Unternehmen nach Möglichkeit zu Beginn der IPO-Phase alle technischen beziehungsweise formellen Anforderungen erfüllt und eine zeitnahe Umsetzung des erstmaligen Börsengangs erfolgen kann.

Die Grundsatzentscheidung zu einem Börsengang muss vor dem Hintergrund der strategischen, finanziellen und auch der operativen Ziele des Unternehmens sowie der Zielsetzungen der Gesellschafter erfolgen. Gleichzeitig ist das Geschäftsmodell der Firma auf seine Kapitalmarktattraktivität hin zu überprüfen. Dabei ist der Business-Plan der Gesellschaft aus Sicht des Anlegers zu hinterfragen.

Ebenfalls in der Pre-IPO-Phase sollte das Unternehmen bereits die rechtlichen und organisatorischen Voraussetzungen für den späteren Börsengang schaffen. Dieses umfasst unter anderem die Schaffung adäquater Reporting-Modelle und Managementinformationssysteme und sofern erforderlich die Umstellung auf internationale Rechnungslegungsstandards (IFRS), die geeignete gesellschaftsrechtliche Struktur, die Erfüllung von Corporate-Governance-Anforderungen sowie den Aufbau eines Investor-Relations-Bereiches.

Sind diese notwendigen Analysen und Vorarbeiten geleistet, kann in der Hauptphase des Emissionsprozesses, der **IPO-Phase**, die eigentliche Umsetzung des Börsengangs, erfolgen. Dabei ist neben der Durchführung einer umfassenden Due Diligence und der Erstellung des Wertpapierprospektes eine wichtige Aufgabe in dieser Phase die Entwicklung eines umfassenden IPO-Konzeptes. Dieses beinhaltet zum einen die detaillierten Überlegungen zur Positionierung der Equity Story des Unternehmens bei Investoren. Zum anderen werden im Rahmen des IPO-Konzeptes die Kapitalstruktur und die Aktienstückelung festgelegt. Des Weiteren sind das Emissionsvolumen und die Herkunft der anzubietenden Aktien (Kapitalerhöhung versus Aktien aus dem Bestand von Anteilseignern) zu definieren. Zudem werden die sogenannten Lock-Up-Vereinbarungen mit dem Unternehmen, dem Management und den Anteileignern getroffen.

Zweiter Baustein der IPO-Phase ist dann die eigentliche Umsetzung der Emission im Rahmen der Vermarktung an Investoren. Mittels der sogenannten Investor Education diskutieren die Analysten der begleitenden Konsortialbanken auf der Basis ihrer erstellten Research-Studien mit institutionellen Investoren eine mögliche Preisspanne für die Emission. Nach Festsetzung der Preisspanne und Veröffentlichung des Prospekts startet die Zeichnungsphase zur Emission, begleitet durch eine umfassende Roadshow des Managements. Mit der Preisfestsetzung und Zuteilung der Aktien an Investoren und der anschließenden Handelsaufnahme an der Börse endet die IPO-Phase und die Notierung beginnt.

Mit dem erfolgtem Listing eines Unternehmens beginnt das eigentliche „Börsenleben" eines Unternehmens. In dieser **Post-IPO-Phase** muss abhängig vom gewählten Marktsegment, quartalsweise an die Kapitalmarktakteure unterschiedlich intensiv kommuniziert werden. Dabei wird die Investor Relations ein wichtiger, vorher oft nicht vorhandener, Bestandteil der Unternehmensleitung und der Firmenkommunikation. Roadshows dienen dem Management, um Kontakt mit den neuen Aktionären zu halten und zu potenziellen Anlegern aufzubauen.

Es sind die relevanten Fragestellungen zu beantworten sowie die Weiterentwicklung der Equity Story bei den Investoren zu positionieren. Aufgrund der Wichtigkeit einer fortlaufenden Kapitalmarktberichterstattung ist die Vorbereitung des Unternehmens auf die Post-IPO-Phase schon während der Umsetzung des IPOs von hoher Priorität. Ein Börsengang ist keine Einmalveranstaltung, da unter anderem Kapitalerhöhungen erfolgen. Vielmehr zeigt sich oft erst in dieser späteren Post-IPO-Phase die eigentliche Reife eines Unternehmens für den Kapitalmarkt über eine stetige und transparente Kommunikation mit den Adressaten.

Der Zeitrahmen des gesamten IPO-Prozesses ist von Unternehmen zu Unternehmen unterschiedlich zu gestalten und hängt vor allem vom Status der internen Vorbereitungsmaßnahmen ab. Die Pre-IPO-Phase und die IPO-Phase können gemeinsam bis zu ein Jahr oder sogar länger dauern. Die eigentliche IPO-Phase ist bei professioneller Durchführung in vier bis fünf Monaten realisierbar.

Innerhalb der Umsetzung eines Börsengangs sind verschiedene kritische Meilensteine zu beachten, da mit Erreichen dieser Punkte derjenige Kreis derer, die Kenntnis über die IPO-Vorbereitungen eines Unternehmens haben, stückweise erweitert wird. Entsprechend größer wird die Gefahr von Reputationsschäden für das Unternehmen bei einem späteren Abbruch des IPO-Prozesses. Beim Erreichen jedes einzelnen Meilensteins ist der Status des Prozesses kritisch zu hinterfragen und daraufhin zu überprüfen, ob die ursprünglich gesetzten IPO-Ziele nach wie vor erreicht werden können. zum Beispiel der angestrebte Emissionserlös. Im Einzelnen handelt es sich um folgende Zeitpunkte, an denen eine kritische Überprüfung der Meilensteine stattfinden sollte, wie die folgende Abb. 6.16 zeigt.

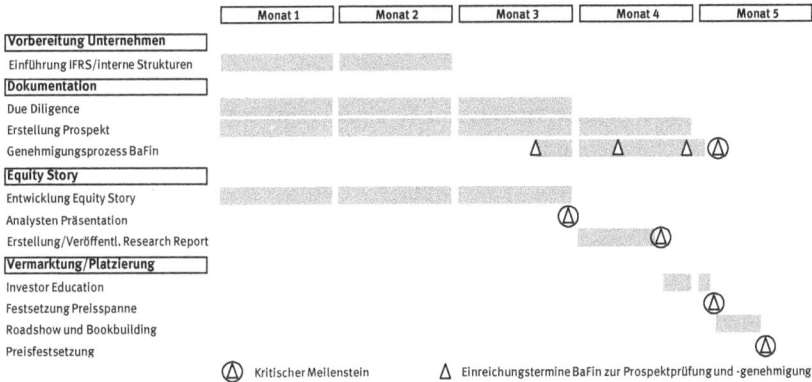

Abb. 6.16: Detailzeitplan Börsengang und zeitkritische Schritte (Quelle: Eigene Darstellung)

Einzelne Projektschritte sind im Planungsprozess von besonderer Bedeutung. Dazu sind die Analystenpräsentation, die Publizierung des Research Reports, die Festsetzung der Preisspanne, die Veröffentlichung des Börsenprospekts sowie die Festlegung des Emissionspreises detailliert zu planen und umzusetzen:

- **Analystenpräsentation:** Nach intensiver Erarbeitung der Equity Story mit der detaillierten Darstellung von Markt, Wettbewerb und Unternehmenspositionierung sowie der Unternehmensstrategie und der Finanzdaten der Firma, präsentiert sich der Aktienemittent vor dem Kreis der Analysten und der Konsortialbanken. Auf Basis dieser Präsentation wird der unabhängige IPO Research zur späteren Vermarktung an die Investoren erstellt. Zu diesem Zeitpunkt muss das Unternehmen bereits in der Lage sein, die Analysten von der Attraktivität sowie den Highlights der zukünftigen Börsenstory zu überzeugen.
- **Veröffentlichung der Research Reports der Konsortialbanken:** Mit der Versendung der Research Reports an einen großen Kreis institutioneller Investoren wird erstmals die breite Öffentlichkeit mit der Equity Story des Unternehmens vertraut gemacht. Weitere Details zum Zeitpunkt und zum Ablauf des Börsengangs werden ebenfalls kommuniziert und dringen in der Regel auch zeitnah in die einschlägige Presse. Die „Go oder No-Go"-Entscheidung zum Fortfahren des IPO-Prozesses aller Projektbeteiligten entscheidet an dieser Stelle über das letztendliche „Live"-gehen der Transaktion.
- **Festsetzung der Preisspanne und Veröffentlichung Prospekt:** Nach Auswertung des Investorenfeedbacks hinsichtlich der Bewertung des Emittenten wird die Preisspanne festgesetzt. Sollte das Bewertungsfeedback deutlich unterhalb der Preisvorstellungen des Emittenten oder der verkaufenden Anteilseigner liegen, kann der Prozess zu diesem Zeitpunkt, auch unter Inkaufnahme von Reputationsschäden, notfalls noch gestoppt werden. Eine Genehmigung und Veröffentlichung des Verkaufsprospekts sollte nur nach der Festlegung einer Preisspanne erfolgen. Der Preiskorridor sollte sowohl die Interessen des Emittenten, als auch die der Investoren widerspiegeln.
- **Festlegung des Emissionspreises:** Nach Auswertung des Orderbuches wird der letztendliche Emissionspreis bestimmt. Nur bei ausreichender Nachfragesituation kann eine sinnvolle Zuteilung erfolgen, die auch einen positiven Start der Aktie in den Handel sichert. Ist diese nicht gegeben, kann der Börsengang spätestens zu diesem Zeitpunkt noch abgebrochen werden.

Unabhängig von den hier genannten Meilensteinen, bei denen das IPO-Projekt jeweils eine weitere wichtige Stufe in Richtung Öffentlichkeit und Börsennotiz nimmt, ist über den gesamten Prozess hinweg der Status innerhalb der einzelnen Arbeitsgruppen zu überprüfen und abzugleichen. Verzögerungen in einzelnen Themengebieten können schnell den Gesamtprozess in Verzug bringen und das geplante IPO Timing in Gefahr bringen.

6.4.2 Strukturierung des IPO

Neben einer fehlerfreien prozessualen Abwicklung eines Börsengangs kommt auch der genauen Strukturierung der konzeptionellen Themen eine wichtige Bedeutung zu. Dabei handelt es sich um folgende Bausteine:

- Equity Story und Mittelverwendung
- Definition von Gattung und Art der zu platzierenden Aktien
- Festlegung der Aktienstückzahl des Unternehmens vor Börsengang
- Bestimmung des geplanten Emissionsvolumens
- Lock-Up-Vereinbarungen mit Emittent, Management und Anteilseignern

Equity Story und Mittelverwendung des Emissionserlöses

Die Equity Story ist ein wesentlicher Bestandteil des IPO-Konzepts. Die Equity Story eines Emittenten soll die Investoren dazu bringen, ihr Kapital in die Aktien des Emittenten zu investieren. Sie muss in verdichteter Form die Attraktivität des Geschäftsmodells sowie die Zukunftschancen des Unternehmens darstellen und die Abgrenzung gegenüber anderen börsennotierten Wettbewerbern aufzeigen.

Ein wichtiges Ziel bei der Entwicklung und beim Aufbau der Equity Story ist es, die Alleinstellungsmerkmale des Unternehmens herauszuarbeiten. Diese beziehen sich zunächst auf den Ist-Zustand der Gesellschaft. Dieser Zustand ist als die Substanz des Unternehmens anzusehen und beinhaltet die Darstellung der Produkte und Dienstleistungen, die aktuelle Positionierung in den relevanten Märkten, die Kunden und Lieferantenstruktur, technologische Kompetenzen, den operativen Track Record sowie die Entwicklung der Finanzkennzahlen. Die Vermittlung der Qualität des Managements ist ein ebenso wichtiger Bestandteil beim Aufbau der Equity Story. Die Darstellung dieses Unternehmensporträts sollte es den Finanzanalysten und den Investoren ermöglichen, das bestehende Geschäftsmodell des Börsengängers, samt seinem Chancen- und Risikoprofil zu verstehen.

Auf Basis der aktuellen Positionierung des Unternehmens ist als weiterer Kernbestandteil der Equity Story die zukünftige Firmenstrategie darzustellen und deren Umsetzungsetappen glaubhaft zu vermitteln. Die Zukunftsausrichtung ist in Verbindung mit dem Ist-Zustand auf Plausibilität und Realisierbarkeit zu analysieren. Die Analysten und Investoren sollten ein fundiertes Verständnis erhalten können, welche Ergebnisse durch die erfolgreiche Umsetzung der Strategie zu erwarten sind und wie der Anleger gegebenenfalls davon finanziell profitieren kann.

Eng verknüpft mit dem Thema der Unternehmensstrategie ist auch die Mittelverwendung des Emissionserlöses. Es ist empfehlenswert, dass der Emissionserlös in ausreichendem Maße die strategische Entwicklung des Unternehmens unterstützt und dem Interesse der Wertsteigerung entspricht. Auf diese Weise lassen sich potenziellen Anleger zu einem Investment überzeugen.

So können die Gelder für Investitionen in den Aufbau von Produktionsstätten, in Forschung und Entwicklung oder Akquisitionen zur Stärkung der nationalen und internationalen Marktposition verwendet werden. Wichtig ist, dass der Emissionserlös nicht ausschließlich der Umschuldung oder zur Umsetzung von Altaktionärsinteressen dient. Dies würde ein negatives Zeichen an den Kapitalmarkt senden. Die Transaktionsstruktur sollte insofern neben der Abgabe von Altaktionärsanteilen, auch eine Kapitalerhöhung für die Gesellschaft beinhalten.

Bei der Formulierung der Equity Story muss vermieden werden, dass diese Erstpositionierung des Unternehmens am Kapitalmarkt unpräzise formuliert oder an den Fakten vorbeikommuniziert wird. Eine unklare oder gar unwahre Darstellung der Gesellschaft ist im Nachhinein nur mit großem Aufwand adjustierbar und führt in der Regel zu Vertrauensverlusten seitens der Anleger. Letztlich sollten die Aussagen der Equity Story von nachhaltiger Relevanz sein, um eine notwendige Neupositionierung binnen kurzer Börsenverweildauer zu vermeiden. Insbesondere kurzfristig nach unten zu revidierende Geschäftserwartungen sind zu vermeiden.

Gattung und Art der zu platzierenden Aktien

Ein weiterer Baustein für die Strukturierung der Emission ist die Wahl der an der Börse einzuführenden Aktien. Der Emittent muss dabei die Wahl zwischen den Gattungen der Stamm- oder Vorzugsaktien treffen. Diese Entscheidung ist gleichzeitig eng mit dem Aspekt der Unternehmenskontrolle verbunden:

- **Vorzugsaktien** bieten den bisherigen Anteilseignern den Vorteil, auch weiterhin die uneingeschränkte Kontrolle über die Gesellschaft zu behalten, da diese Aktien in der Regel über kein Stimmrecht verfügen. Als Ausgleich für den Verzicht auf das Stimmrecht erhalten Vorzugsaktien meist eine gegenüber den Stammaktien höhere und prioritätische Dividende.
- **Stammaktien** verbriefen dagegen umfassende Aktionärsrechte, inklusive dem Stimmrecht. Aus Vermarktungsgesichtspunkten ist daher die Stammaktie der Vorzugsaktie vorzuziehen. Erfahrungsgemäß stellen insbesondere angelsächsische Investoren das fehlende Stimmrecht bei der Vorzugsaktie in Frage und fordern einen Bewertungsabschlag für diese Aktien.

Bei der Aktienart besteht die Wahlmöglichkeit zwischen den Inhaberaktien und den Namensaktien sowie den vinkulierten Namensaktien. Aktienarten unterscheiden sich hinsichtlich der Übertragbarkeit wie folgt:

- **Inhaberaktien** werden nach sachenrechtlichen Vorschriften zur Einigung und Übergabe übertragen. Derjenige, der die Aktien als Besitzer hält, kann auch die Rechte daraus geltend machen.
- **Namensaktien** werden in einem Aktienregister geführt. Die Übertragung erfolgt durch Einigung, Übergabe, Indossament. Oft sind Namensaktien mit Blankoindossament versehen und werden in Girosammelverwahrung genommen.

– **Vinkulierte Namensaktie** können nur mit Zustimmung der Gesellschaft übertragen werden. Über eine Globalzustimmung kann jedoch auch hier in der Praxis eine schnelle Übertragung gesichert werden.

Die Mehrzahl deutscher börsengelisteter Unternehmen verfügt über Inhaberaktien. Im Vergleich dazu kann die Namensaktie eine Reihe von Vorteilen für ein börsennotiertes Unternehmen bieten. So werden Namensaktien in einem elektronischen Aktienregister geführt. Während der einmalige Aufbau dieses Aktienregisters zwar Kosten verursacht, bringt bei mittelfristiger Betrachtung die Namensaktie jedoch Vorteile gegenüber der Inhaberaktie.

Über das Aktienregister sind dem Unternehmen zu jedem Zeitpunkt die Daten der einzelnen Aktionäre beziehungsweise der Aktionärsvertreter bekannt. Der Versand der Einladungen zur Hauptversammlung kann zentral erfolgen und muss nicht aufwendig über den Bankenapparat gesteuert werden. Veränderungen der Aktionärsstruktur lassen sich überwachen und die Möglichkeit, feindliche Übernahmeversuche früh zu erkennen, steigt. Weiterhin ist darüber die direkte Investorenansprache möglich, zum Aufbau einer stetigen Investor Relations.

Festlegung der Aktienstückzahl

Ziel der Überlegungen zur Aktienstückelung vor dem Börsengang ist es, die Aktien zu einem marktüblichen Platzierungspreis am Markt an Investoren veräußern zu können. Um frühzeitig diesen preislichen Rahmen abzustecken und damit die Anzahl der Aktien des Grundkapitals herzuleiten, ist eine erste indikative Unternehmensbewertung zu erstellen. Wird der daraus abgeleitete Eigenkapitalwert des Unternehmens durch den Zielemissionskurs dividiert, erhält man die Anzahl Aktien, welche vor dem Börsengang das Grundkapital der Gesellschaft darstellt. Beträgt beispielsweise die Marktkapitalisierung 100 Mio. Euro und wird ein Zielemissionskurs von 20 Euro pro Aktie gewählt, dann beträgt die Anzahl der emittierten Aktien des Grundkapitals 5.000.000 Stück. Bei der Festlegung der Aktienstückzahl sollte darauf geachtet werden, dass die Aktie nicht zu „leicht" oder zu „schwer" wird, das heißt ein Kursrückgang macht die Aktie zum Penny Stock beziehungsweise für den Erwerb einer Aktie ist ein sehr hoher Mittelaufwand notwendig. Hilfsweise können für die Festlegung eines preislichen Zielkorridors die Aktienkurse von Vergleichsunternehmen herangezogen werden, ohne dass hieraus jedoch eine bewertungsseitige Vergleichbarkeit der Aktien entsteht. Die Stückzahl der Aktien hängt eng mit der Ableitung des geplanten Emissionsvolumens zusammen.

Bestimmung des Emissionsvolumens

Die Bestimmung des richtigen Emissionsvolumens ist mit der Equity Story, der Mittelverwendung sowie der Vermarktungsstrategie der Aktie verknüpft. Dabei leitet sich das Volumen aus einer Reihe von Parametern ab, die sich teilweise wechselseitig bedingen und beeinflussen, wie die folgende Abb. 6.17 zeigt

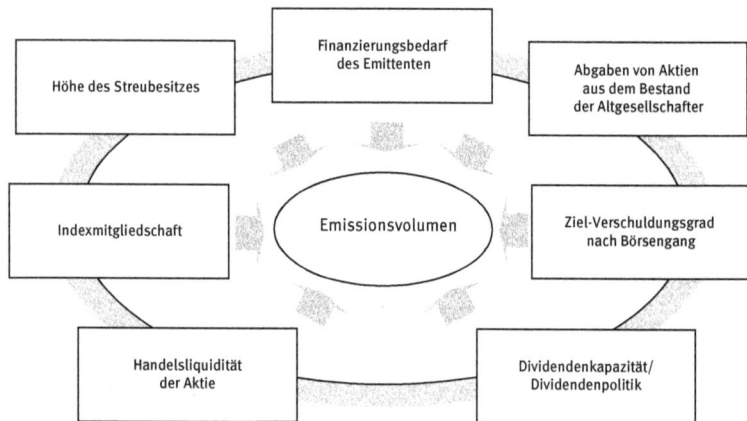

Abb. 6.17: Einflussparameter zur Bestimmung des Emissionsvolumens (Quelle: Eigene Darstellung)

Ein wichtiger Baustein zur Ableitung des Emissionsvolumens ist auch der geplante **Finanzierungsbedarf des Emittenten.** Der Finanzierungsbedarf legt fest, wie viel Eigenkapital durch die Ausgabe neuer Aktien im Börsengang erlöst werden soll. Die Höhe des Kapitalbedarfs sollte an die konkreten Investitions- sowie Finanzierungsvorhaben des Unternehmens gebunden sein, welche aus den Mitteln des erstmaligen öffentlichen Börsengangs umgesetzt werden.

Dabei stellen die Alternativen der Finanzierung von organischem Wachstum, zum Beispiel über einen Kapazitätsausbau, die Investition in innovative Technologien, die Umsetzung einer Internationalisierungsstrategie oder aber die Finanzierung von externem Wachstum über Akquisitionen, plausible Mittelverwendungen dar. Unabhängig davon sollte die Höhe der Kapitalerhöhung auch dem tatsächlichen Finanzierungsbedarf der nächsten Jahre entsprechen. Liquidität aus einem Börsengang langfristig zu „parken" ist nicht empfehlenswert. Investoren beobachten die Umsetzung der angekündigten Investitionsmaßnahmen genau und werden anderenfalls die Equity Story des Unternehmens hinterfragen.

Neben den Aktien aus der Kapitalerhöhung bestimmt sich daher die weitere Höhe des Emissionsvolumens über den **Verkauf von Aktien aus dem Bestand der Altgesellschafter.** Die Frage, wie hoch dieser prozentuale Anteil von Aktien aus dem Bestand der Altaktionäre am gesamten Emissionsvolumen sein darf, ist nicht pauschal zu beantworten. Aus der Marktpraxis lässt sich feststellen, dass die Preissensitivität der Investoren bei überproportional hoher Altbesitzabgabe in Relation zur geplanten Kapitalerhöhung zunimmt.

Dies kann die Vermarktung der Emission erschweren. Damit dieses Risiko begrenzt bleibt, sollte eine Kapitalerhöhung in der Regel mindestens 30-40 % des geplanten Emissionsvolumens ausmachen.

Bei der Abgabe von Aktien ist nochmals zu unterscheiden zwischen dem Verkauf von Anteilen aus dem Managementkreis des Unternehmens sowie den Aktien aus dem Familienbesitz und den Aktien aus dem Bestand eines Finanzinvestors. Hinsichtlich der Vermarktung der Altaktionärsabgabe sind der Umfang in Euro und die Aktienstückzahl im Rahmen des Börsengangs deutlich zu kommunizieren und auch die Höhe der quotalen Veräußerung von Altanteilen ist zu prüfen:

– Verkauft das **Management** der Gesellschaft seine Aktien im Rahmen des IPO kann dieses möglicherweise als negatives Signal gewertet werden. Gerade von diesem Personenkreis wird ein langfristiges Bekenntnis zum Unternehmen erwartet. Dieses soll durch die Partizipation an der langfristigen Wertsteigerung des Unternehmens über die gehaltenen Aktien ausdrückt werden. Ein Anteilsverkauf des Managements stellt dann kein Problem dar, wenn es sich lediglich um eine unterproportionale Abgabe an Aktien handelt und weiterhin eine hohe Restbeteiligung erhalten bleibt.

– Handelt es sich bei den Verkäufern um die **Eigentümerfamilie** eines bislang familiengeführten Unternehmens ist der Hintergrund des Verkaufs oft über die Themen der Vermögensdiversifikation oder der Nachfolgeproblematik verständlich erklärbar. Auch hier gilt, sofern eine Mehrheitsbeteiligung auch nach dem IPO an der Gesellschaft bestehen bleibt, ist ein teilweiser und möglicherweise marginaler Aktienanteilsverkauf problemlos kommunizierbar.

– **Finanzinvestoren** begleiten ein Unternehmen und entwickeln dieses über den Investitionszeitraum weiter. Der Verkauf ihrer Beteiligung über die Börse nach drei bis sieben Jahren ist eine von verschiedenen Exit-Optionen. Während in den vergangenen Jahren bei Börsengängen in Deutschland mit Private Equity Hintergrund oftmals erhöhter Erklärungsbedarf bestand, da der Anteilsverkauf häufig mit dem Begriff des „Kassemachens" verbunden war, haben mittlerweile eine Vielzahl von erfolgreichen Börsengängen aus den Portfolios der Finanzinvestoren gezeigt, dass in Deutschland ein Bewusstseinswandel zur Akzeptanz derartiger Verkäufe stattgefunden hat.

Ein weiterer Diskussionspunkt zur Bestimmung des optimalen Emissionsvolumens ist der **Ziel-Verschuldungsgrad nach dem Börsengang**. Diese Diskussion entfällt bei Wachstumsunternehmen dann in der Regel aufgrund einer nur geringen Verschuldung. Bei Unternehmen aus dem Bereich der „Old Economy" oder Börsenkandidaten, die charakterisiert sind durch hohe und gleichmäßige Cash Flows, spielt die Erörterung dieses Themas eine wichtige Rolle. Der richtige beziehungsweise noch akzeptable Verschuldungsgrad nach dem IPO ist ein wichtiger Faktor für die Bestimmung der Höhe der Kapitalerhöhung.

Idealerweise sollte eine Rückführung von Verbindlichkeiten nicht der alleinige Mittelverwendungszweck der Kapitalerhöhung sein. Ein Benchmarking mit börsennotierten Wettbewerbern aus dem gleichen Sektor und anderen Börsengängen ist hierbei hilfreich, um den Ziel-Verschuldungsgrad beziehungsweise den maximalen von den Investoren akzeptierten Verschuldungsgrad nach dem IPO zu definieren und die Kapitalerhöhung entsprechend zu adjustieren.

Eng angelehnt an den Ziel-Verschuldungsgrad ist die Diskussion um die geplante **Dividendenpolitik und Dividendenfähigkeit** des Emittenten. Das Unternehmen, insbesondere dann, wenn es sich nicht um ein Wachstumsunternehmen handelt, sollte nach dem Börsengang in der Lage sein, eine Dividende als laufende Vergütung an die Aktionäre auszuzahlen. Die hierfür erforderliche finanzielle Flexibilität kann über die Höhe der Kapitalerhöhung im Rahmen des Börsengangs geschaffen werden. Dieses gelingt mit der Reduzierung der Zinsbelastung bei verringerter Verschuldung nach dem Börsengang. Hierdurch entsteht der notwendige Spielraum für eine Dividendenzahlung aus dem Cash Flow des Unternehmens.

Wichtig ist, dass von Beginn an über eine langfristige und kontinuierliche Dividendenpolitik nachgedacht wird, um für institutionelle Anleger in der Vermarktungsphase attraktiv zu sein. Die Höhe der Dividende sollte an die Equity Story des Unternehmens angepasst sein sowie dennoch ausreichend Spielraum für die eigene Wachstumsfinanzierung lassen. Tendenziell wird bei Unternehmen mit Cash-Flow-starken Geschäftsmodellen eine hohe Ausschüttungsquote erwartet, wobei im Gegenzug bei Wachstumsunternehmen mit interner Cash-Verwendung eine Dividendenzahlung nicht primär zur Equity Story zählt. Hier wird vielmehr die profitable Reinvestition der erwirtschafteten Mittel in das operative Geschäft als zielführend angesehen. Die Wertsteigerung der Anteile steht dann im Vordergrund.

Mit Blick auf die Attraktivität einer Aktie aus Investorensicht ist auch eine hohe **Handelsliquidität der Aktie** von Bedeutung. So lässt eine fehlende Liquidität den zügigen Auf- und Abbau größerer Positionen für Investoren nicht zu. Entsprechend verliert die Aktie an Attraktivität und erschwert die Vermarktung bei Investoren. Eng verbunden mit der Liquidität ist die Zugehörigkeit zu einem Aktienindex.

Die **Indexmitgliedschaft** eines Unternehmens führt zu einer höheren Visibilität der Aktie mit einer steigenden Aufmerksamkeit durch die Investoren und die Analystengemeinde. Teilweise werden Indizes auch von Investoren nachgebildet. Entsprechend kann eine mögliche Indexmitgliedschaft zusätzliche Nachfrage für eine Neuemission hervorrufen.

Die Erhöhung des Emissionsvolumens über das ursprünglich angestrebte Volumen hinaus kann also durchaus sinnvoll sein, um das Unternehmen bereits beim nächsten, auf den Börsengang folgenden Aufnahmetermin für eine Indexaufnahme optimal zu positionieren. Eine Indexpositionierung ist für die Visibilität sowie die Liquidität der Aktien meist sehr förderlich.

Dabei ist die relative **Höhe des Streubesitzes** bei einem Listing im Prime Standard der Deutsche Börse AG mit mindestens 25 % vorgegeben. Jedoch orientieren sich die Investoren in erster Linie an der absoluten Größe des Streubesitzes. Dabei gilt meist folgender Leitsatz: „Je höher das Emissionsvolumen und der Streubesitzanteil ist, desto breiter ist das Investoreninteresse an einer Aktie."

Bereits ab einem Emissionsvolumen von 100 Mio. Euro kann mit einer starken Aufmerksamkeit für eine Aktie auch von den führenden internationalen institutionellen Investoren gerechnet werden. Zusätzlich kann eine Marktschutzvereinbarung über einen Lock Up die Attraktivität eines potenziellen Investments erhöhen.

Lock-Up-Vereinbarungen

Über eine Lock-Up-Vereinbarung werden der Emittent, das Management sowie die Anteilseigner verpflichtet, über einen gewissen Zeitraum nach erfolgtem Börsengang keine Aktien der Gesellschaft am Markt zu verkaufen. Die Dauer solcher Vereinbarungen liegt üblicherweise bei sechs bis zwölf Monaten. Dem Markt und den potenziellen Investoren wird mit einer Lock-Up-Vereinbarung das langfristige Vertrauen in die weitere Entwicklung des Unternehmens signalisiert.

Ebenso wird eine Kursbelastung durch zusätzlich Paketverkäufe bereits kurz nach dem Börsengang verhindert. Die Lock-Up-Vereinbarung wird zwischen dem Konsortialführer und den Altaktionären sowie dem Management vereinbart. Grundsätzlich ist zwischen Hard und Soft Lock Ups zu unterscheiden.

Ein Hard Lock Up ist eine nicht aufhebbare Vereinbarung, während bei einer Soft-Lock-Up-Erklärung die Altaktionäre und das Management in der Lage sind, mit Zustimmung des Konsortialführers ihre Aktienanteile vor Ablauf der Halteperiode am Markt zu platzieren. Diese Zustimmung der Konsortialbanken wird in der Regel bei positiver Kursentwicklung gegeben.

6.4.3 Prospekterstellung und -veröffentlichung

Im Rahmen des Börsengangs ist der Prospekt das wichtigste Dokument der gesamten Transaktion. Er ist das zentrale Haftungsdokument des Börsengangs sowohl für den Emittenten, als auch für die Konsortialbanken. Für Aktienpapiere, die erstmalig im Inland öffentlich angeboten werden und zum Handel an einer inländischen Börse zugelassen werden sollen, muss der Anbieter von Aktien grundsätzlich ein Wertpapierprospekt veröffentlichen. Die Gesellschaft ist zur Erstellung eines Prospekts verpflichtet, der dem Publikum ein zutreffendes Urteil über den Emittenten und die Aktien erlaubt. Dieser ist in einer Form abzufassen, die das Verständnis sowie die Auswertung erleichtern, denn Anleger treffen ihre Kaufentscheidung für eine Aktie häufig auf Basis dieses Dokuments. Der Prospekt als Kernelement der erstmaligen Emission von Aktien ist inhaltlich und strukturell klar aufzubauen.

Der Inhalt des Prospekts umfasst eine ausführliche Beschreibung der spezifischen Risikofaktoren einer Emission. Beschrieben werden die unternehmens-, die markt- und die angebotsspezifischen Risiken. Des Weiteren werden neben dem Emissions- angebot die Geschäftätigkeit sowie die Vermögens-, Finanz- und Ertragslage des Emittenten dargelegt. Zusätzlich finden sich alle wichtigen Auskünfte über die Ge- sellschaft mit der Beschreibung der bestehenden Rechtsbeziehungen, der Organe und weiterer Strukturelemente. Den Abschluss des Prospekts bilden die Finanzin- formationen des Unternehmens.

Der Prospekt wird im Vorfeld der Emission zur Billigung bei der Bundesanstalt für Finanzdienstleistungsaufsicht (BaFin) eingereicht. Die BaFin prüft den Prospekt auf Vollständigkeit, Kohärenz sowie Verständlichkeit der vorgelegten Informationen. Über den Gesamtprüfungszeitraum von rund sieben Wochen sind drei Einreichun- gen dieses Prospektentwurfes vorgesehen. Erst dann wird der Prospekt gebilligt und anschließend vom Emittenten vor Angebotsbeginn veröffentlicht.

Wurden Aktien auf Grund eines Prospekts zum Börsenhandel zugelassen, in dem für die Beurteilung der Aktien wesentliche Angaben unrichtig oder unvollständig sind, so hat der Erwerber dieser Aktien einen Prospekthaftungsanspruch, sofern das Erwerbsgeschäft nach Veröffentlichung des Prospekts und innerhalb von sechs Mo- naten nach erstmaliger Einführung der Aktien abgeschlossen wurde. Der Anspruch verjährt in einem Jahr ab dem Zeitpunkt, zu dem der Erwerber Kenntnis von der Unrichtigkeit beziehungsweise der Unvollständigkeit erlangt hat, spätestens jedoch nach drei Jahren seit Veröffentlichung des Prospekts. Die Prospekthaftung dient in erster Linie dem Anlegerschutz.

6.4.4 Verfahren zur Ermittlung des Emissionspreises

Die Entwicklung der Unternehmensbewertung über den IPO-Prozess hinweg bis hin zur Festsetzung des endgültigen Emissionspreises ist ein wichtiger Parameter für den Erfolg des Börsengangs. Dabei nimmt mit Fortschreiten der Vermarktung die Sicherheit bezüglich des erzielbaren Emissionspreises für die Beteiligten immer weiter zu. Bei einem typischen IPO-Prozess erstellen die Finanzanalysten im An- schluss an die Analystenpräsentation ihre Research Reports und veröffentlichen diese inklusive einer möglichen Bewertungsindikation, abgeleitet aus den gängigen Multiplikator- und DCF-Verfahren. Die zu diesem Zeitpunkt breite Bewertungsspan- ne wird im Verlauf der nachfolgenden Investor Education durch die Diskussion mit den Investoren weiter eingeengt und auf eine sowohl aus Emittentensicht, als auch Investorensicht akzeptable Preisspanne verdichtet. Diese ist dann die Basis in der nachfolgenden Bookbuilding-Phase. Nach Auswertung von Nachfragevolumen und Preissensitivität des Orderbuches ist das Ergebnis der Preisfindung die Festsetzung des finalen Emissionspreises, wie in Abb. 6.18 dargestellt.

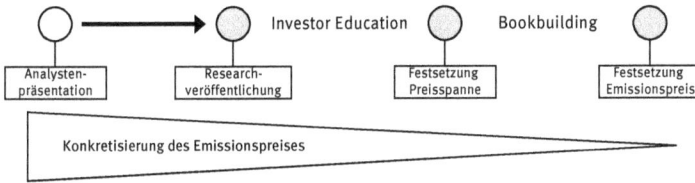

Abb. 6.18: Ablauf der Preisfindung (Quelle: Eigene Darstellung)

In der Praxis sind unterschiedliche Verfahren für die Emissionspreisfindung und Preisfestsetzung bekannt. Diese ähneln dem oben dargestellten Übersichtsschema zum Ablauf der Preisfindung. Bei den bekannten Verfahren handelt es sich um das Festpreisverfahren, das Bookbuilding-Verfahren sowie das Beschleunigte Bookbuilding. Ergänzend kann das sogenannte „Pilot Fishing" angewendet werden:

- Beim **Festpreisverfahre**n wird keine Bewertungsspanne vor Beginn der Zeichnungsfrist festgesetzt. Es wird bereits der endgültige Emissionspreis vorgegeben, zu dem die Investoren die jungen Aktien zeichnen können. Dieses Verfahren spielt in der Praxis mittlerweile nur noch eine meist sehr geringe Rolle, da es keine Flexibilität in der Preisfindung zulässt und die hohe Gefahr einer falschen Preisfestsetzung in sich birgt.
- Das **Bookbuilding-Verfahren** ist mittlerweile ein gängiges Preisfindungsverfahren. Nach Festsetzung der Preisspanne zu Beginn der ein- bis zweiwöchigen Zeichnungsphase, als Ergebnis der Investor Education, wird im Rahmen des Bookbuildings ein Orderbuch erstellt. Dieses spiegelt alle Kaufwünsche der Investoren wider. Auf Basis einer Analyse des Nachfragevolumens zu den unterschiedlichen Preisen innerhalb der Preisspanne wird dann der Emissionspreis festgelegt. Diese Art der Preisfindung ermöglicht ein hohes Maß an Flexibilität und lässt Spielraum in der Preisfestsetzung bis zum letzten Zeichnungstag. Gleichzeitig ermöglicht dieses Bookbuilding-Verfahren, die unterschiedlichen Preisvorstellungen einzelner Investoren gegeneinander zu positionieren, so dass ein möglichst hoher Emissionspreis erzielt werden kann (Preisspannung). Die Bookbuilding-Phase wird größtenteils durch eine umfassende Management Roadshow bei institutionellen Investoren begleitet.
- Eine neuere Variante des Bookbuilding ist das **beschleunigte Bookbuilding-Verfahren**. Ein Unterschied zum herkömmlichen Modell ist, dass das Management in den Preisfindungsprozess eingebunden wird und über die eigene Vermarktungsleistung Einfluss auf die festgelegte Preisspanne nimmt.

Die Management Roadshow beginnt zunächst, ohne dass den Investoren ein Bewertungsbereich bekannt ist. Die Preisspanne wird erst drei bis vier Tage vor Ende der Vermarktung festgelegt. Entsprechend kurz ist auch die beschleunigte Zeichnungsphase für die Investoren. Der Hauptvorteil dieses Verfahrens ist die nur kurze Zeitspanne, während der eine bestimmte Preisspanne dem Marktschwankungsrisiko ausgesetzt ist. Gleichzeitig kann das Management des Emittenten selbst über einen überzeugenden Auftritt bei Investoren Einfluss auf die Diskussion zur Preisspanne nehmen. In der Praxis hat sich jedoch gezeigt, dass Verbesserungen des Emissionspreises durch die Anwendung dieses Verfahrens im Prinzip nicht erzielbar sind.

– **Pilot Fishing** bezeichnet eine der eigentlichen Vermarktung durch die Banken vorgelagerte Roadshow des Managements zu einer geringen Anzahl ausgewählter institutioneller Investoren. Damit wird die Equity Story des späteren Emittenten einem ersten Test unterzogen. So kann geprüft werden, ob ein nachhaltiges Interesse an der Aktie besteht. Gleichzeitig erhält man beim Pilot Fishing eine erste Indikation, auf welche Bewertungsparameter die Investoren abstellen werden. Die Anwendung dieses Verfahrens empfiehlt sich jedoch nur für sehr erklärungsbedürftige und in der Regel innovative Geschäftsmodelle. Auch sollte dieser Schritt von einem Emittenten nur dann vollzogen werden, wenn das Management bereits zu einem frühen Zeitpunkt im Vorbereitungsprozess überzeugend die Equity Story präsentieren kann und die Geschäftsleitung auch kritischen Investorenfragen standhalten kann.

Die Gestaltung der Preisfindung hat großen Einfluss auf die Wahl der Platzierungsstrategie und die anzusprechenden Investorengruppen. Beide sind eng aufeinander abzustimmen, damit der Börsengang erfolgreich abgeschlossen werden kann.

6.4.5 Platzierungsstrategie und Zielinvestoren

Im Rahmen der **Platzierungsstrategie** wird definiert, welche Arten von Investoren für einen Börsengang gewonnen werden sollen. Zudem ist zu entscheiden, welche speziellen Regionen die Schwerpunkte der Vermarktung bilden sollen. Dabei spielt die Struktur des Bankenkonsortiums für die Generierung der Nachfrage während der Emission eine große Bedeutung. Ein erfahrenes Konsortium mit einer erfahrenen Bank als Konsortialführer kann bereits die Nachfrage nach den neuen Aktien erheblich positiv beeinflussen.

Das übergeordnete Ziel der Platzierungsstrategie ist es, einen qualitativ hochwertigen Nachfrage-Mix für die Emission zu erzielen, welcher die Zuteilung der Aktien an einen hochwertigen, langfristig orientierten Aktionärskreis ermöglicht. Gleichzeitig soll den Emittenten ein hoher Emissionserlös gesichert werden.

Zur Erreichung dieser Ziele sind die Kenntnis der einzelnen Investorengruppen und die Wahrnehmung der Gründe einer Anlageentscheidung von hoher Bedeutung. Nur dann kann ein Spannungsbogen aufgebaut werden, der das Nachfragemomentum maximiert und die Preissensitivität der Investoren minimiert. Die nachfolgende Abb. 6.19 zeigt die Nachfrageverteilung nach Investorengruppen und die Aufgliederung der institutionellen Investoren in verschiedene Akteure. Die typische Nachfragestruktur in Deutschland zeigt einen hohen Anteil an institutionellen Anlegern neben Privatanlegern und Friends&Family-Investoren.

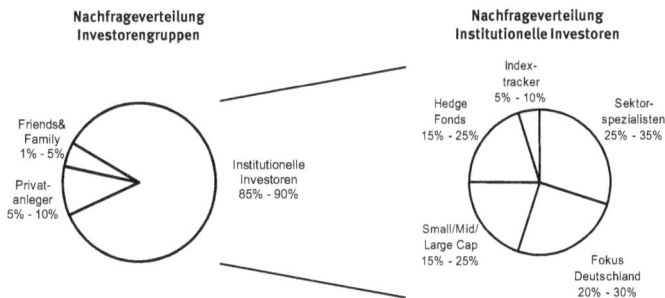

Abb. 6.19: Nachfragestruktur bei einem Börsengang (Quelle: Eigene Darstellung)

Institutionelle Investoren sind in der Vermarktung einer Neuemission ein wichtiger Adressatenkreis. Mindestens 85-90 % der Emission sollten nach Abschluss der Aktienzuteilung bei institutionellen Investoren liegen. Bei kleinen Emissionen kann dieser Anteil sogar noch deutlich höher liegen, um eine ausreichende Anzahl von Aktien an institutionelle Investoren zuteilen zu können. Institutionelle Investoren werden die neuen Kernaktionäre der Gesellschaft und begleiten das Unternehmen langfristig ab dem Börsengang am Kapitalmarkt, aber auch bei weiteren Kapitalmaßnahmen. Entsprechend kommt dem Konsortialführer die bedeutende Aufgabe zu, die qualitativ hochwertigen Investoren mit einem langfristigen Interesse an der Gesellschaft während des Vermarktungsprozesses zu identifizieren und ihnen Aktien zuzuteilen. Innerhalb der Gruppe der institutionellen Investoren sind folgende Investorenklassen zu unterscheiden:

– **Sektorspezialisten:** Diesen Investoren kommt eine hohe Bedeutung zu, da sie über ein tiefes Wissen zu einer Branche und damit zu einer neuen Equity Story verfügen. Ihnen kommt eine Meinungsführerrolle bei Bewertungsfragen im Rahmen der Preisspannendiskussion zu. Sektorfonds stellen 25-35 % des Nachfragevolumens und werden bei der Zuteilung entsprechend berücksichtigt.

- **Investoren mit Länderfokus:** Fonds mit regionalem Anlageschwerpunkt werden ebenfalls in der Vermarktungsphase adressiert. Diese können bis zu 30 % einer Emission nachfragen. Typischerweise steht hinter diesen Anlegern ein generalistisch geprägter portfoliotheoretischer Investmentansatz, über ein breites Spektrum unterschiedlicher Branchen hinweg.
- **Investoren mit Fokus auf bestimmte Größenklassen:** Mit der Marktkapitalisierung des Emittenten werden Portfolios angesprochen, die oft auf bestimmte Größenklassen fokussiert sind wie zum Beispiel Small-Cap-Spezialisten. Auch hier wird nach einem eher generalistischen Ansatz in ein weites Branchenspektrum investiert. Je nach Attraktivität der Neuemission kann bis zu 25 % der Nachfrage aus diesen Portfolios generiert werden.
- **Hedge Fonds:** Ein besonderes Augenmerk ist meist auf die Investorenklasse der Hedge Fonds zu richten. Sie verfügen über eine Vielzahl unterschiedlicher Investmentansätze und nicht jeder Hedge Fonds verfolgt eine kurzfristig orientiere Anlagestrategie. Denn es hat sich gezeigt, dass innerhalb dieser Investorengruppe eine Reihe der Top-Investoren bei europäischen IPOs zu finden ist, die einen langfristigen Investmentansatz verfolgen. Regelmäßig stammen große Zeichnungen eines Orderbuches von Hedge Fonds. Diese Investoren stellen bis zu 25 % der Gesamtnachfrage dar.
- **Indextracker:** Nachfrage aus diesen Portfolios kann genau dann generiert werden, wenn eine Emission schon sehr kurz nach dem Emissionszeitpunkt in einen wichtigen Benchmark-Index aufgenommen wird. Dies gilt in der Regel nur für Großemissionen mit einem Volumen größer 2-3 Mrd. Euro, die sich für den DAX oder MDAX Index qualifizieren. Die Nachfrage dieser Gruppe kann bis zu 10 % des Gesamtangebots erreichen.

Von großer Bedeutung im institutionellen Vermarktungsprozess ist die Identifizierung derjenigen Investoren innerhalb der Investorenklassen, die das richtige Verständnis und ein nachhaltiges Interesse am Investment Case des Unternehmens haben. Nur dann gelingt es, einen stabilen sowie langfristigen Aktionärskreis bei der Zuteilung der Aktien zu identifizieren und aufzubauen.

Privatanleger spielen neben der institutionellen Nachfrage bei deutschen Emissionen eher eine untergeordnete Rolle. Aus Sicht des Emittenten bringt eine hohe Nachfrage von Privatanlegern den Vorteil mit sich, dass die Privatkundennachfrage grundsätzlich keine Preissensitivität aufweist. Zusätzlich zeichnen Privatanleger in der Regel eher zu Beginn der Zeichnungsfrist und sorgen damit für ein frühzeitiges Nachfragemomentum im Orderbuch. Diese Nachfrage von Privatanlegern schwankt von Emission zu Emission und hängt stark vom allgemeinen Marktumfeld, dem Pressesentiment zur Aktie sowie der Marketingkampagne für die Emission ab. Ebenso wie bei institutionellen Investoren, muss bei Privatanlegern zunächst das Interesse für eine Neuemission geweckt werden.

Dies geschieht über eine fokussierte, an Privatanleger gerichtete Marketingkampagne. Aufgrund der hohen Kosten einer solchen Marketingkampagne, werden Privatanleger nur noch gezielt bei Großemissionen oder Privatisierungen angesprochen. Dabei wird dann bereits zwei Monate vor Beginn der Zeichnungsfrist begonnen, den Unternehmensnamen in den entsprechenden Fachmagazinen und Publikationen zu positionieren, um eine hohe Visibilität zu erzeugen.

Dies erfolgt nicht nur durch Werbeanzeigen, sondern auch mit Managementinterviews in relevanten Printmedien und TV-Sendungen. Je näher der Beginn der Angebotsphase rückt, desto stärker nehmen die Präsenz in den Medien und die Kommunikation von Details zum Börsengang zu. Mit Beginn der Zeichnungsfrist sollte die Vermarktungskampagne ihr Maximum erreicht haben. Die Privatkundennachfrage kann dann bis zu 10 % des Aktienangebots ausmachen.

In einem **Friends&Family-Programm** werden dem Unternehmen nahestehende Personen bevorzugt eingebunden. Typischerweise zählen zu diesem Kreis wichtige Kunden und Lieferanten und weitere Stakeholder des Unternehmens. Damit beabsichtigt der Emittent primär, geschäftliche Verbindungen weiter zu verstärken. Diese Investoren erhalten nach einem zuvor für die Emission festgelegten und zu veröffentlichenden Schemata Aktien der Gesellschaft bevorrechtigt zum Emissionspreis zugeteilt. Ebenso eingebunden werden in dieses Programm die Mitarbeiter und Führungskräfte, die über das Friends&Family-Programm bevorrechtigt Aktien des Arbeitgebers zeichnen möchten. Das maximale Volumen einer derartigen Tranche sollte 5 % des Emissionsvolumens nicht überschreiten, um aufgrund der bevorrechtigten Zuteilung keine anderen Anleger abzuschrecken.

Regionale Nachfrageverteilung

Im Hinblick auf die regionale Fokussierung der Aktienvermarktung bei institutionellen Investoren, sollte innerhalb von Europa ein besonderer Blick auf Großbritannien und Deutschland liegen. Insbesondere in London sitzen die führenden Branchen- und Länderspezialisten. Ein deutscher Emittent sollte den Vermarktungsschwerpunkt auch bei deutschen Investoren setzen, da hier die „natürliche" Aktionärsbasis liegt, das heißt, sämtliche deutsche Portfolios können in den Wert investieren und weisen meist ein hohes Interesse auf.

Weitere wichtige Länder in der institutionellen Vermarktung sind die Schweiz, die Benelux Staaten, Frankreich, Italien, Skandinavien und Spanien. In Abhängigkeit des jeweiligen Investorenfeedbacks aus der Investorenansprache sollte die Management Roadshow zu den wichtigen Investoren in diesen Ländern führen.

Besonderes Augenmerk ist auf die Entwicklung in den USA zu richten. Die Ansprache von US-Investoren kann in der Regel auf Basis erleichterter Zugangsvoraussetzungen zum US-Markt, der sogenannten Rule 144A, im Rahmen einer Privatplatzierung bei den ausgewählten institutionellen Investoren, den sogenannten **Qualified Institutional Buyers**, erfolgen.

Dabei kann mit geringfügigen Änderungen der deutsche Wertpapierprospekt in den USA verwendet werden. Der möglichen zusätzlichen Nachfrage stehen die geringfügig höheren Kosten durch die Einbindung von amerikanischen Rechtsanwälten sowie die Belastung des Managements im Rahmen der internationalen Roadshow gegenüber. Grundsätzlich ist aus ökonomischer Sicht erst ab einem Emissionsvolumen von 200 Mio. Euro eine Platzierung nach Rule 144A in den USA interessant. Die Entscheidung zu einem „Dual Listing", also einer Zweitnotierung in den USA, zur Ansprache von Investoren, ist nur vor dem Hintergrund weitergehender strategischer Überlegungen sinnvoll. So können Akquisitionen in den USA geplant sein. Neben dem teuren und aufwändigen Registrierungsprozess für die Aktien, hat die Vergangenheit gezeigt, dass bereits kurz nach der Emission die Handelsliquidität in den USA austrocknet und sich die Transaktionen auf den liquideren europäischen Kapitalmärkten fokussieren. Der langfristige Mehrwert eines US Listings, nämlich die Ansprache von US-Investoren, kann dagegen auch im Wege der Privatplatzierung nach Rule 144A erreicht werden.

Bankenkonsortium

Für die Erreichung der definierten Platzierungsstrategie kommt der Zusammenstellung des Bankenkonsortiums sowie der Auswahl des Konsortialführers eine hohe Bedeutung zu. Die wichtigste Rolle innerhalb eines Konsortiums haben die Konsortialführer. Ihnen obliegt die Hauptarbeit bei der Vorbereitung, Strukturierung und Umsetzung des Börsengangs. Entscheidungskriterien für die Auswahl von zwei bis drei Konsortialführern sind:

– ein Verständnis für die Equity Story des Emittenten
– ein Zugang zu führenden institutionellen Investoren
– ein erstklassiges professionelles Aktienresearch
– eine erfahrene Handelsabteilung für die Betreuung der Aktie
– ein breiter Marktzugang zu Privatanlegern

Die Größe eines Konsortiums ist in erster Linie von der Höhe des Emissionsvolumens abhängig. Für die Auswahl der weiteren Konsortialbanken, die als Co-Leader-Manager oder Co-Manager bezeichnet werden, gelten die gleichen Auswahlkriterien wie für die Konsortialführer. Aufgabenschwerpunkt der Co-Lead-Manager oder Co-Manager liegt in erster Linie in der Erstellung von weiterem Aktienresearch und der Generierung von zusätzlicher Nachfrage während der Angebotsphase. Die Konsortialführer begleiten den Börsengang des Unternehmens in führender Position und teilen sich die Hauptarbeit der Strukturierung und Durchführung der Erstemission. Wichtig bei der Auswahl der Führungsbanken ist, dass diese über komplementäre Stärken verfügen und sich zum Beispiel gerade bei der Platzierungskraft regional oder hinsichtlich des Zugangs zu privaten und institutionellen Anlegern ergänzen können. Mit der Einbindung einer weiteren Führungsbank nehmen jedoch die Projektkommunikation sowie die Abstimmungsprozesse an Komplexität zu.

6.4.6 Notierungsaufnahme und Handel

Der Vermarktungs- und Platzierungsprozess einer Neuemission endet mit der ersten Kursfeststellung und der Notierungsaufnahme der Aktie im Handel an der Börse. Zu diesem Zeitpunkt zeigt sich, ob der richtige Emissionspreis gewählt wurde und ob die Aktien an geeignete Investoren mit langfristigen Interessen am Unternehmen zugeteilt wurden. Im Falle einer deutlichen Kursanstiegs direkt nach Handelsaufnahme ist davon auszugehen, dass diese Emission zu billig angeboten wurde. Ein möglicher Zusatzerlös entgeht dann dem verkaufenden Anteilseigner beziehungsweise dem emittierenden Unternehmen.

Im anderen Falle, bei einem stark sinkenden Aktienkurs bereits am ersten Handelstag, wurde die Emission wahrscheinlich zu teuer gepreist oder Aktien an Investoren zugeteilt, die diese direkt nach Erstnotiz verkaufen und damit ein eher kurzfristiges Interesse dokumentieren. Die Aktiennachfrage an der Börse kann durch die Nutzung eines Greenshoe meist erheblich geglättet werden.

Greenshoe-Option

Die ersten Handelstage einer Neuemission sind meist von hohen Volumina geprägt. Die Kapitalmärkte benötigen oft einige Zeit, bis sich ein stabiles Gleichgewicht aus Angebot und Nachfrage für die Neuemission einstellt. In dieser Zeit sind aus verschiedenen Gründen große Angebots- und Nachfrageunterschiede möglich, welche das Risiko extremer Kursschwankungen in sich bergen und damit die Anleger verunsichern. Um die Neuemission vor hohen Kursschwankungen zu schützen, ist der Konsortialführer in der Lage, als ein Kursstabilisator einzugreifen. Die Greenshoe-Option, erstmals angewandt beim IPO der Greenshoe Manufacturing Corporation im Jahr 1963, ist ein wichtiges Stabilisierungsinstrument des Konsortialführers in der direkten Nachemissionsphase.

Im Zuge der Emission lässt sich der Konsortialführer von einem Altaktionär in Form einer Aktienleihe eine weitere Tranche von Aktien zur Verfügung stellen. Dieser Anteil wird dazu verwendet, Mehrzuteilungen vorzunehmen. Das heißt, es wird eine höhere Anzahl an Aktien bei Investoren platziert, als es dem Basis-Emissionsvolumen, bestehend aus Kapitalerhöhung und Aktienverkauf von Altaktionären, entspricht. Diese Tranche wird auch Mehrzuteilungsoption genannt und entspricht üblicherweise bis zu 15 % des geplanten Basis-Emissionsvolumens.

Definition: Eine **Aktienanleihe** stellt eine Kombination aus einem festverzinslichen und dem Verkauf einer Put-Option dar. Die oft über dem Marktniveau liegende Rendite wird aus der vereinnahmten Optionsprämie vergütet. Bei einer Aktienanleihe handelt es sich um ein strukturiertes Finanzprodukt. Ein wichtiges Ausstattungsmerkmal ist, dass der Emittent am Ende der Laufzeit das Recht hat, entweder den Nominalbetrag zu 100 % zurückzuzahlen oder eine bestimmte Anzahl an Aktien zu liefern. Der Inhaber der Anleihe befindet sich in der Stillhalterposition. Fällt der Kurs des Underlying unter den Basispreis, wird er von dem Andienungsrecht Gebrauch machen und mit Aktien tilgen.

Der Zweck der Mehrzuteilungsoption ist es, der Emissionsbank zum Zeitpunkt der Zuteilung einen Leerverkauf in der Aktie zu ermöglichen, die gegebenenfalls durch Käufe der Aktie nach dem Handelsstart eingedeckt wird. Denn sofern im Nachgang der Emission eine negative Kursentwicklung zu erkennen ist, kann der Konsortialführer nun im offenen Kapitalmarkt Aktien erwerben und dadurch den Kurs entsprechend stützen. Die Aktienleihe vom Altaktionär kann dann aus den erworbenen Aktien, die am Ende der Stabilisierungsperiode im Bestand des Konsortialführers enthalten sind, zurückgeführt werden.

Sollte sich der Aktienkurs in der Nachemissionsphase positiv entwickeln, werden dagegen keine Stützungskäufe getätigt. In diesem Fall besitzt der Konsortialführer keine Aktien, um seine Aktienleihe zurückzuführen. Theoretisch müsste die Bank dann am Markt Aktien erwerben, die mittlerweile über dem Platzierungspreis gehandelt werden. Zusätzliche Zukäufe seitens der Bank würden weiter Nachfrage erzeugen und insofern den Ankauf der Aktien durch die Bank noch teurer machen und ein erhebliches finanzielles Risiko für den Konsortialführer bedeuten.

Diese Greenshoe-Option erlaubt es einem Konsortialführer in diesem Falle, bis zum Ende der Stabilisierungsperiode Aktien im Gesamtumfang der im Vorfeld definierten Aktienleihe zum Platzierungspreis zu erwerben, um die gewährte Aktienleihe zurückführen zu können. Die zeitliche Frist der Ausübung des Greenshoes liegt bei maximal dreißig Tagen nach der Notierungsaufnahme.

Bei der Strukturierung der Greenshoe-Option ist im Vorfeld zu klären, ob diese aus dem Aktienbestand eines Altaktionärs gewährt oder durch die Gesellschaft in Form einer weiteren Kapitalerhöhung bereitgestellt wird. Der Konsortialführer würde bei einer Kursentwicklung oberhalb des Platzierungspreises die Greenshoe-Option ausüben und entweder Aktien vom Altaktionär erwerben oder die Gesellschaft auffordern, eine zweite Kapitalerhöhung durchzuführen. Im Falle einer solchen Kapitalerhöhung müssten auch diese neu entstandenen Aktien ebenfalls zum Börsenhandel zugelassen werden.

Abschließend ist anzumerken, dass diese Form der Kursbeeinflussung zur Stabilisierung des Aktienkurses nur für den Fall einer Neuemission gilt. Stabilisierungsmaßnahmen dürfen nur dann durchgeführt werden, wenn der Aktienkurs unter den Emissionskurs fällt. Die genauen Regelungen zu Stabilisierungstätigkeiten im Rahmen von Aktienemissionen sind in der europäischen Marktmissbrauchsrichtlinie geregelt. Darüber wurde ein sogenannter **„Safe Harbour"** geschaffen, welcher die Kursstabilisierung im Rahmen von Aktienemissionen ausdrücklich erlaubt. Gleichzeitig werden der stabilisierenden Bank detaillierte Dokumentationspflichten für diese Maßnahmen auferlegt.

Ein Börsengang erfordert eine stringent einzuhaltende Zeit- und Projektplanung. In den Kernphasen eines IPO sind zunächst die Kapitalmarktfähigkeit herzustellen und die rechtlichen und organisatorischen Voraussetzungen zu schaffen.

Bei der Entwicklung des Emissionskonzepts stehen die Erstellung des Börsenprospekts und der Aufbau einer Equity Story im Vordergrund. Auch die Emissionsstruktur und das Volumen der zu platzierenden Aktien sind zu planen. Dazu erfolgt, in
Abstimmung mit der sich anschließenden Vermarktungsphase, bereits die erste Ansprache an interessierte Investoren, um die Nachfrage nach den Aktien abschätzen
zu können. Bei der Platzierung ist auf eine möglichst breite Streuung der Anlegerschaft zu achten, damit eine hohe Liquidität der Aktie gewährleistet wird.

Auch in die Ermittlung der Preisspanne werden bereits in der Vorphase der Platzierung ausgewählte institutionelle Investoren eingebunden. Ziel ist die Abschätzung
des Emissionspreises und damit des zu erreichenden Erlöses aus dem Börsengang.
Um direkt im Anschluss an die Aufnahme in den Handel hohe Kursschwankungen
zu glätten, sind Stabilisierungsmaßnahmen notwendig und auch zugelassen. Üblicherweise wird diese Kursglättung über eine Greenshoe-Option erreicht.

Auf diese Weise können unter anderem Kursstürze über einen Aktienerwerb durch
den Konsortialführer vermieden werden. Insgesamt zeigt sich, dass über einen Börsengang ein bedeutender Schritt für die Weiterentwicklung eines Unternehmens im
Lebenszyklus durchgeführt wird. Über den erstmaligen Börsengang ergeben sich
finanzielle Freiheiten sowie Optionen beispielsweise über Kapitalerhöhungen, um
auch in einer Reifephase weiter überproportional zu wachsen.

Der Aufwand eines erstmaligen Börsengangs ist allerdings nicht zu unterschätzen.
So ist aus den einzusetzenden finanziellen Mitteln eine Organisationsstruktur rund
um den Börsengang und die Folgeverpflichten aufzubauen. Es ergeben sich erhebliche Folgepflichten, die fortan erfüllt werden müssen. Neben den gesetzlich zu erfüllenden Aufgaben stehen zusätzlich auch freiwillige Aufgaben der Investor Relations
im Vordergrund. So sind die Anleger und die weiteren Adressaten stetig mit neuen
sowie vollständigen Informationen zu versorgen. Zu beachten ist, dass das Unternehmen mit dem Going Public nun „öffentlich" ist und mit seiner Unternehmenspolitik und seinen Erfolgen beziehungsweise Misserfolgen im Fokus der relevanten
Stakeholder steht. Somit kommt der Erfüllung künftiger Transparenzpflichten eine
hohe Bedeutung zu.

Zusammenfassung Abschnitt 6.4: Im diesem Abschnitt wurde die **Strukturierung und Umsetzung** ℹ️
eines Börsengangs beschrieben. Dazu wurden die Prozessphasen eines erstmaligen Börsengangs
erläutert sowie auf die kritischen Meilensteine beim IPO Bezug genommen. Die Strukturierung einer
Neuemission bedeutet, eine Vielzahl individueller Parameter und Einflussgrößen zu identifizieren
und frühzeitig aufeinander abzustimmen. Der Wertpapierverkaufsprospekt ist das zentrale Dokument der Emission und bildet das Fundament für die Vermarktung und Platzierung der Aktien. Erste
Gradmesser des Erfolgs einer Emission sind die Erstnotiz und ein zukünftig stabiler Aktienkurs. Eine
nachhaltige Etablierung am Kapitalmarkt ist jedoch erst dann gegeben, wenn das Unternehmen in
der Lage ist, den Aktienmarkt und die Investorengemeinde auch für weitere Finanzierungsmaßnahmen zu nutzen und weiteres, frisches Kapital aufzunehmen. Um dies zu gewährleisten, schließen
sich weitere aufwändige Folgearbeiten an den Börsengang an.

6.5 Folgearbeiten nach erfolgreicher Erstemission

von Prof. Dr. Wolfgang Portisch

6.5 Folgearbeiten nach erfolgreicher Erstemission
6.5.1 Grundlagen des Kapitalmarktrechts und der Investor Relations
6.5.2 Zielgruppen der Finanzkommunikation
6.5.3 Publizitätsfolgepflichten
6.5.4 Freiwillige Elemente der Publizität
6.5.5 Strukturen und Prozesse der Investor Relations
6.5.6 Liquidität und Wertsteigerung
Lernziele
Bedeutung des Folgepflichten eines Börsenganges kennen
Kernelemente der Investor-Relations-Tätigkeit anwenden können
Wichtigkeit der Liquidität und der Wertsteigerung von Aktien einschätzen

6.5.1 Grundlagen des Kapitalmarktrechts und der Investor Relations

Der erstmalige Gang an die Börse ist nur der erste Schritt auf dem „Börsenparkett". So sind auf dem organisierten Kapitalmarkt viele Folgepflichten im Anschluss an eine erfolgreiche Erstemission zu beachten. Das jetzt börsennotierte Unternehmen steht verstärkt im Fokus der Ratingagenturen sowie Finanzanalysten. Daher rücken neben Informationspflichten, auch freiwillige Datenübermittlungen, bei den Folgearbeiten in den Vordergrund. Ziel ist es, die Aktionäre, Analysten und andere Stakeholder auf Basis aktueller Informationen zufriedenzustellen, über:

- eine kontinuierlich Kurspflege für das positive Image der Gesellschaft,
- die Aktivierung der Liquidität der Aktien zur fairen Preisbildung und
- die Beachtung der Informationspflichten und der freiwilligen Standards.

Gesetzliche Verpflichtungen, die nach einem Börsengang auf dem Sekundärmarkt beachtet werden müssen, ergeben sich aus dem Kapitalmarktrecht. Dieser Begriff ist abstrakt, da dieses Konstrukt eine Vielzahl an Normen umfasst.

Definition: Das **Kapitalmarktrecht** bezeichnet die Gesamtheit der Normen, Geschäftsbedingungen und Standards, mit denen die Organisation der Kapitalmärkte und die auf sie bezogenen Tätigkeiten sowie das marktbezogene Verhalten der Marktteilnehmer geregelt werden (vgl. Kümpel, 2000, Rn. 8.32). Wichtige Rechtsquellen für das Kapitalmarktrecht sind das Wertpapierhandelsgesetz (WpHG) sowie das Börsengesetz (BörsG). Das WpHG regelt im Wesentlichen die Transaktionen auf dem Kapitalmarkt und dient dem Anlegerschutz sowie dem Vertrauen in die Funktionsfähigkeit des Marktes. Das BörsG enthält Organisationsnormen für den Handel an organisierten Börsen und bezieht sich in der Anwendung auf die jeweiligen Marktsegmente (vgl. Buck-Heeb, 2014, S. 7 ff).

Es beherrschen zwei primäre Regelungsziele des Kapitalmarktrechts: erstens der Funktionsschutz mit der Gewährleistung der Funktionsfähigkeit des Kapitalmarkts sowie zweitens der allgemeine sowie der individuelle Anlegerschutz. Der **Funktionsschutz** soll sicherstellen, dass die Rahmenbedingungen über den Marktzugang für Emittenten und Anlegerpublikum, die standardisierten Anlageprodukte und die Aufnahmefähigkeit des Marktes grundlegend erfüllt sind. Zudem sind die Transaktionskosten gering zu halten. Dazu tragen auch detaillierte Publizitätspflichten bei, indem vollständige sowie aktuelle Informationen effizient übermittelt werden. Dies stärkt zusätzlich das Vertrauen in die Integrität und Stabilität der Märkte. Des Weiteren ist die allokative Funktionsfähigkeit mit der Verteilung der angelegten Mittel auf die besten Verwendungen im Sinne der Renditefähigkeit unter dem Eingehen einer angemessenen Risikolage intendiert (vgl. Buck-Heeb, 2014, S. 3).

Der **Anlegerschutz** umfasst die Schutzbedürfnisse der Gesamtheit aller (potenziellen) Investoren wie auch der individuellen Anleger (vgl. Buck-Heeb, 2014, S. 4 ff.). Dieser Schutz wird beispielsweise über die Anforderungen an die erstmalige und die laufende Publizität gewährleistet. Die Prüfung der Einhaltung der primären und der Folgepflichten erfolgt im Wesentlichen durch die Bundesanstalt für Finanzdienstleistungsaufsicht (BaFin) sowie die Börse selbst. Bei einer Verletzung der Auskunftspflichten kann beispielsweise ein Anspruch auf Schadensersatz gemäß § 823 Abs. 2 BGB gegeben sein. In der nachfolgenden Tab. 6.6 werden ausgewählte Maßnahmen und Regelbestimmungen des Kapitalmarktrechts aus den beiden Bereichen Funktionsschutz und Anlegerschutz dargestellt.

Tab. 6.6: Regelungsziele des Kapitalmarktrechts (Quelle: Eigene Darstellung)

Funktionsschutz	Anlegerschutz
Verkehrsfähige Anlageprodukte	Insiderhandelsverbot gemäß §§ 12-14 WpHG
Geringe Transaktionskosten	Ad-Hoc-Mitteilungspflicht aus § 15 Abs. 1 WpHG
Hohe Transparenzstandards	Meldung Directors Dealings gemäß § 15a WpHG
Regulierte Marktsegmente	Verbot der Marktmanipulation nach § 20a WpHG
Finanzberichtsfolgepflichten	Meldung Stimmrechtsanteile aus §§ 21 ff. WpHG

Neben den gesetzlich zu erfüllenden Regelungen setzen sich börsennotierte Unternehmen freiwillige Selbstverpflichtungen, um ihre Transparenz zu erhöhen. Dabei spielt die Einhaltung der Empfehlungen aus dem Deutschen Corporate Governance Kodex (DCGK) eine bedeutende Rolle. Über die Einhaltung der Soll- und Kannvorschriften ist gemäß § 161 AktG Bericht zu erstatten. Mit einer weitgehenden Erfüllung dieser Normen können börsennotierte Unternehmen daher ein Signal an den Kapitalmarkt und die interessierten Akteure setzen.

Zudem können kapitalmarktorientierte Unternehmen mit ihren Anlegern und übrigen Stakeholdern aktiv kommunizieren. Damit drücken sie ihre Offenheit aus und betreiben zusätzlich Imagewerbung. Die gesetzlichen Regelungen bilden zusammen mit den freiwilligen Maßnahmen, den Rahmen einer ganzheitlichen Finanzkommunikation im Rahmen einer Investor-Relations-Strategie.

Definition: Investor Relations bedeutet die zielgerichtete, systematische und kontinuierliche Finanzkommunikation mit aktuellen und auch potenziellen Investoren, Meinungsmultiplikatoren wie Finanzanalysten und Ratingagenturen. Die Kommunikation sollte langfristig angelegt sein, direkte sowie indirekte Kanäle umfassen und damit dem Abbau von Informationsasymmetrien dienen (vgl. Perridon, 2012, S. 586). Zu übermitteln sind aktuelle, relevante, vollständige und richtige quantitative Daten und qualitativen Informationen über das börsennotierte Unternehmen, die geeignet sein können, den Unternehmenswert und die Ausschüttungspolitik zu beeinflussen.

Die Kommunikation geht weiter, als eine Ansprache allein an die Gruppe der Anlegerschaft. Es ist eine Vielzahl von internen und externen Stakeholdern betroffen mit bestimmten Informationsinteressen. Im Rahmen der Erfüllung gesetzlicher Bestimmungen und freiwilliger Selbstverpflichtungen zur Informationsweitergabe, kommt das börsennotierte Unternehmen seiner Finanzkommunikation nach.

Ein Anreiz der Investor-Relations-Arbeit gilt der Stabilisierung und Annäherung des Aktienkurses an den fundamentalen Wert des Unternehmens. Weitere Ziele bestehen in der Vertrauensbildung in die Investition bei aktuellen und potenziellen Anlegern, der dauerhaften Senkung der Kapitalkosten und gegebenenfalls der Abwehr feindlicher Übernahmen (Perridon et al., 2012, S. 586).

Die folgende Abb. 6.20 verdeutlicht den Umfang der Investor Relations (IR) anhand der rechtlichen Pflichten und der freiwilligen Selbstverpflichtungen.

Pflichten des Kapitalmarktrechts	Freiwillige Selbstverpflichtungen
• WpHG • BörsG • WpAIV, WpPG, WpÜG, BGB • Börsensatzungen • Richtlinien/Verordnungen	• DCGK • Analystengespräche • Roadshows • Homepage • Veröffentlichungen

Investor Relations

Interne Stakeholder	Externe Stakeholder

Abb. 6.20: Inhalte der Investor-Relations-Tätigkeit (Quelle: Eigene Darstellung)

Ansatzpunkte der Investor-Relations-Aktivitäten liegen zum einen im finanziellen und zum anderen im nicht-finanziellen sowie im kommunikationspolitischen Sektor. Zu nennen sind unter anderem folgende Zielkategorien (vgl. PWC AG/Kirchhoff Consult AG, 2005, S. 12 ff.):

- Steigerung des Aktienkurses und des Unternehmenswertes
- Erhöhung der Anzahl langfristiger Investoren
- Zugang zu neuem Kapital und Verringerung der Kapitalkosten
- Verbesserung der Glaubwürdigkeit des Managements
- Optimierung des Bekanntheitsgrads des Unternehmens
- Aufnahme in das Research der Finanzanalysten

Die Investor-Relations-Arbeit ist Grundlage der zukünftigen Informationsstrategie und damit ausschlaggebend für die Auswahl der Kommunikationsinstrumente und die bereitzustellenden Daten an die breite Öffentlichkeit. Der Zielerreichungsgrad ist dabei laufend zu überwachen, um den Erfolg der Maßnahmen der Investor Relations zu evaluieren. Die Strategien und die einzusetzenden Instrumente richten sich an den zu erreichenden Zielgruppen der Finanzkommunikation aus.

6.5.2 Zielgruppen der Finanzkommunikation

Mit einer Finanzkommunikation werden interne Gruppen im Unternehmen und im Umfeld angesprochen. Zunächst sind die relevanten Stakeholder auszuwählen. Dies kann anhand von empirischen Studien geschehen, die die Bedeutung bestimmter Zielgruppen der Investor Relations belegen. Anschließend sind die Interessenlagen im Hinblick auf die zu gestaltende Informationspolitik zu begründen, um ein umfassendes Konzept der Kommunikationsbeziehungen aufzubauen. Folgende Akteure können Interesse an den laufenden Informationen eines börsennotierten Unternehmens haben (vgl. PWC AG/Kirchhoff Consult AG, 2005, S. 18 ff.):

- **Anteilseigner:** Die (potenziellen) Anleger stellen eine wichtige Zielgruppe der Investor-Relations-Aktivitäten dar. Im Fokus stehen institutionelle Anleger wie Fonds, Versicherungen, Kapitalanlagegesellschaften, Investmentbanken sowie weitere Großanleger. Ihr Engagement kann sowohl strategische Ziele beinhalten, als auch auf einen kurzfristigen Wertzuwachs oder hohe Dividendenausschüttungen ausgerichtet sein. Des Weiteren spielt die Gruppe der Privatanleger eine wichtige Rolle, um eine hohe Streubesitzquote und Liquidität zu erreichen. Auch diese ist daher bei der Finanzkommunikation adäquat zu berücksichtigen. Vorrangiges Interesse vieler Investoren steht in dem Erhalt quantitativer und qualitativer Informationen, die eine Auswirkung auf die Kursentwicklung haben können. Insbesondere Prognosedaten spielen dabei für die Anlageentscheidung und den Unternehmenswert eine hervorgehobene Rolle.

- **Finanzanalysten und Ratingagenturen:** Weitere bedeutende Adressaten der Investor-Relations-Arbeit sind Finanzanalysten und Ratingagenturen. Diese Akteure stellen das Bindeglied zwischen den Börsenunternehmen und dem Kapitalmarkt dar. Sie werten Informationen der notierten Unternehmen aus und geben ihre Bewertungen an den Kapitalmarkt weiter. Es sind aktuelle und in die Zukunft gerichtete Daten wichtig, um eine gute Marktprognose für den Unternehmenswert abgeben zu können und damit auch ihre eigene Reputation zu steigern. Dabei zeigt sich, dass die Urteile von diesen Meinungsmultiplikatoren durch umfassende Investor-Relations-Aktivitäten unter Umständen positiv beeinflusst werden können (vgl. Gohlke et al., 2007, S. 11 ff.).
- **Mitarbeiter:** Auch die Arbeitnehmer haben als Belegschaftsaktionäre oder um die Stabilität der Firma zum Erhalt des Arbeitsplatzes einschätzen zu können, ein Interesse an Informationen zum Unternehmen und sind daher eine relevante Zielgruppe der Investors-Relations-Arbeit. Aufgrund ihrer möglichen Doppelfunktion als Mitarbeiter und gleichzeitig als Aktionäre des Unternehmens sind ihre Ansprüche mit dieser Rollenvermischung meist differenzierter ausgeprägt, als die der klassischen Anleger. Im Vordergrund wird das Interesse an der Stabilität des Arbeitsplatzes vor einem erzielbaren Aktienkursgewinn liegen.
- **Kreditinstitute:** Ebenfalls haben Banken als Gläubiger zur Einschätzung der Kreditwürdigkeit einen Bedarf an Informationen über börsennotierte Firmen. Vorrangiges Ziel besteht in der Einschätzung der Fähigkeit des Kreditkunden seinen Zins- und Tilgungsverpflichtungen fristgerecht nachkommen zu können. Auch quantitative Daten und qualitativen Informationen für Aktienempfehlungen der Wertpapierkundschaft können von Interesse sein. Zudem sind Informationen für den Eigenhandel der Banken von Bedeutung.
- **Lieferanten und Kunden:** Weiter haben Geschäftspartner wie Lieferanten und Kunden ein Interesse an Informationen. Auf diese Weise können die Stabilität und die mögliche Expansion der Geschäftsverbindung mit dem börsennotierten Unternehmen abgeschätzt werden.

Wichtige Zielgruppen der Investor Relations sind insbesondere institutionelle Anleger und Multiplikatoren wie Finanzanalysten. Um die eigenen Investor-Relations-Maßnahmen optimal auf die Zielgruppe der Anteilseigner ausrichten zu können, ist eine laufende Untersuchung der Aktionärsstruktur und die Kenntnis der Aktionäre unabdingbar. Hierbei ist die Begebung von Namensaktien hilfreich.

Auf diese Weise können die Schlüsselinvestoren identifiziert werden und die Kommunikationsarbeit kann genau auf diese Gruppen ausgerichtet werden. Zum einen kann das Anlageverhalten abgeschätzt werden und Aufschluss darüber geben, wie sich der Rest der Aktionäre verhalten wird. Zudem anderen können diese Erkenntnisse Ausgangspunkt für die Ansprache potenzieller Investoren sein.

Eine Untersuchung belegt, dass ein Großteil der börsennotierten Unternehmen seine Aktionärsstruktur kennt und deren Veränderung laufend überwacht (vgl. PWC AG/Kirchhoff Consult AG, 2005, S. 19 ff.). Von Bedeutung für Anleger und Analysten sind meist quantitative Informationen auf Basis von Geschäftsberichten, Quartalsberichten sowie Auswertungen in Form von Kennzahlen. Aber auch den Non Financials kommt eine Bedeutung zu. So werden Themen mit hohem Zukunftsbezug zur Unternehmensstrategie, zu den langfristigen Ertragsaussichten, zum Management und zu Unternehmensstärken von Investoren stark nachgefragt (vgl. Frank, 2006, S. 375 ff. und PWC AG/Kirchhoff Consult AG, 2005, S. 21 ff.).

Nachdem die Zielgruppen der Investor Relations sowie ihre Interessen untersucht wurden, ist festzulegen, welche gesetzlichen Informationspflichten zu erfüllen und welche Daten freiwillig zu übermitteln sind, um die Bedürfnisse dieser Anspruchsgruppen in Bezug auf die Unternehmenskommunikation zu befriedigen.

6.5.3 Publizitätsfolgepflichten

Nach dem erstmaligen Börsengang ergeben sich beim Beeing Public eine Vielzahl von Pflichten zur Folgeberichterstattung aus Transparenz-Levels, Gesetzen, Börsensatzungen, Richtlinien sowie Verordnungen. Eingegangen wird im Folgenden auf ausgewählte Vorschriften zur Berichterstattung gemäß den Transparenz-Levels und den weiteren gesetzlichen Pflichten aus dem BörsG und dem WpHG. Bedeutend für die Informationsfolgepflichten am Kapitalmarkt sind zunächst die Transparenzstandards, die für die einzelnen Handelssegmente gelten. Diese signalisieren Investoren den Umfang der laufend zur Verfügung gestellten Informationen und können damit ihre Anlageentscheidung erleichtern. An der Frankfurter Wertpapierbörse gelten drei Transparenz-Levels.

Im **General Standard** gelten die Mindestanforderungen des regulierten Marktes. So sind fortlaufend Jahres- sowie Halbjahresfinanzberichte nach internationalen Rechnungslegungsstandards wie IFRS oder US GAAP zu veröffentlichen. Vorteil der Abschlüsse nach IFRS ist, dass sie vielen Adressaten dienen. Zudem ist weniger der Gläubigerschutz, als vielmehr der Investorenschutz als vorrangiger Zweck dieser Art der Rechnungslegung anzusehen (vgl. Buchholz, 2013, S. 236 ff.). Dieses unterstützt die Informationsfunktion der Kapitalmärkte für (potenzielle) Anleger. Zudem sind Zwischenmitteilungen über die allgemeine Finanzlage sowie wesentliche Ereignisse im Berichtszeitraum abzugeben. Des Weiteren gelten die Vorschriften des WpHG zur Offenlegung des Directors Dealings, der Ad-Hoc-Publizität, der Mitteilung von Meldeschwellen und dem Pflichtangebot bei dem Kontrollwechsel gemäß Wertpapiererwerbs- und Übernahmegesetz (WpÜG). Im General Standard gelistete Unternehmen erfüllen die höchsten europäischen Transparenzanforderungen des regulierten Marktes (vgl. Deutsche Börse AG, 2007, S. 3 ff.).

Unternehmen, die im **Prime Standard** notiert sind, verpflichten sich zudem, über den General Standard hinausgehende, besondere internationale Transparenzanforderungen einzuhalten. Damit soll die Aufnahme in diesem Segment insbesondere global ausgerichtete Unternehmen und Investoren ansprechen. Diese Zulassung ist zudem Voraussetzung für die Aufnahme in die Indizes DAX, MDAX, TecDAX sowie SDAX. Zusätzlich sind zu den Anforderungen des General Standards Quartalsmitteilungen zu erstellen und ein Unternehmenskalender zu führen. Darüber hinaus müssen Firmen im Prime Standard nach IFRS in englischer Sprache berichten und mindestens einmal pro Jahr eine Analystenkonferenz abhalten.

Im **Entry Standard** setzt die Frankfurter Wertpapierbörse einen Informationsstandard, der auch kleinen und mittleren Unternehmen einen vereinfachten Börsengang ermöglicht. Sowohl die Börsenzulassung, als auch die fortlaufenden Transparenzanforderungen sind weniger stark reguliert. Es gelten die Richtlinien für den Open Market und zusätzliche Publizitätspflichten des Entry Standards. So muss auf der Homepage fortlaufend der testierte Konzernjahresabschluss mit Konzernlagebericht nach HGB oder IFRS veröffentlicht werden.

Des Weiteren sind ein aktuelles Unternehmenskurzporträt einzustellen sowie ein laufender Unternehmenskalender zu führen. Ebenso ist ein Halbjahreszwischenbericht zu publizieren. Darüber hinaus müssen diese Unternehmen wesentliche Unternehmensnachrichten oder Tatsachen, die den Börsenkurs beeinflussen können, unverzüglich auf der eigenen Homepage veröffentlichen. Dieses ist vergleichbar mit den Ad-Hoc-Mitteilungen des WpHG. Diese Verpflichtungen sollen die Transparenz erhöhen und damit den Anlegerschutz im Open Market als gering reguliertes Segment stärken (vgl. Deutsche Börse AG, 2005a, S. 9 ff.).

Neben den Informationsfolgepflichten aus den Transparenz-Level gelten die gesetzlichen Vorschriften des BörsG und des WpHG, die jedoch größtenteils in die Standards integriert sind. Das WpHG dient in erster Linie dem Schutz der Anleger und regelt die Transaktionen auf dem Kapitalmarkt. Das BörsG enthält neben den Organisationsnormen für die Veranstaltung des Börsenhandels, auch Publizitäts-, Verhaltens- sowie Schadensersatzpflichten. Für die einzelnen Regelungen des WpHG und des BörsG ist jeweils zu prüfen, für welches der Marktsegmente die jeweilige Vorschrift gilt. Im Folgenden werden wichtige Informationspflichten und Regelungen im Hinblick auf den Funktionsschutz des Kapitalmarktes sowie den Anlegerschutz der dort handelnden Akteure aufgeführt:

- **Börsengesetzliche Prospekthaftung gemäß § 21 ff. WpPG:** Der Emittent von Wertpapieren haftet für unrichtige oder auch unvollständige Angaben im Börsenzulassungsprospekt. Dazu muss der Prospekt fehlerhaft sein. Eine Fehlerhaftigkeit kann auch noch auftreten, weil Veränderungen von ursprünglich zutreffend im Börsenprospekt ausgewiesenen Verhältnissen nachträglich eingetreten sind (vgl. Buck-Heeb, 2014, S. 69 ff.).

Es gelten gemäß § 16 WpPG auch Nachtragspflichten für neue und wichtige Umstände oder wesentliche Unrichtigkeiten in Bezug auf die im Prospekt enthaltenen Angaben, die eine Beurteilung der Wertpapiere beeinflussen könnten. Der Emittent, der Anbieter oder die Zulassungsantragsteller müssen den Nachtrag bei der Bundesanstalt einreichen. Nach der Billigung ist dieser Nachtrag unverzüglich in derselben Art und Weise wie der ursprüngliche Prospekt nach § 14 WpPG zu veröffentlichen. Insgesamt wird der Prospekt durch die BaFIN im Vorfeld der Erstemission lediglich auf ihre Vollständigkeit, Kohärenz im Sinne der Widerspruchsfreiheit sowie Verständlichkeit analysiert. Eine Prüfung auf die inhaltliche Richtigkeit und die Verantwortung hierfür wird hingegen nicht übernommen (vgl. Buck-Heeb, 2014, S. 60).

- **Regelungen zum Insiderhandelsverbot gemäß §§ 12-14 WpHG:** Diese Regeln gelten sowohl für den EU-regulierten Markt, als auch für den Open Market und zudem für Wertpapiere wie Aktien und Derivate. Demnach ist es einem Insider gemäß § 14 WpHG verboten, Informationen über nicht öffentlich bekannte Umstände, die geeignet sind, im Falle ihres öffentlichen Bekanntwerdens den Börsenkurs oder Marktpreis zu beeinflussen, selbst zu nutzen, weiterzugeben oder Empfehlungen darüber abzugeben. Eine Insiderinformation ist aus § 13 Abs. 1 WpHG eine Information über nicht öffentlich bekannte Umstände, die sich auf Emittenten von Insiderpapieren oder auf die Insiderpapiere selbst beziehen und dazu geeignet sind, im Falle des öffentlichen Bekanntwerdens den Börsen- oder Marktpreis dieser Insiderpapiere erheblich zu beeinflussen. Eine derartige Eignung ist gegeben, wenn ein verständiger Anleger die Information bei seiner Anlageentscheidung berücksichtigen würde. Dieser Tatbestand soll das Vertrauen in einen fairen Handel an den Kapitalmärkten stärken und wird entsprechend intensiv durch die BaFin überwacht.
- **Pflichten zur Ad-Hoc-Publizität gemäß § 15 WpHG:** So muss ein Emittent von Finanzinstrumenten, die an einem inländischen organisierten Markt zugelassen sind, Insiderinformationen, die ihn unmittelbar betreffen, unverzüglich veröffentlichen. Die Ad-Hoc-Publizität soll das Informationsgefälle zwischen den Insidern und den Außenstehenden ausgleichen, um unangemessene Marktpreise aufgrund von Informationsdefiziten zu verhindern. Es soll zum einen die kapitalmarktrechtliche Informationspflicht sichergestellt werden, durch die Ergänzung der Regelpublizität in Form des Jahresabschlusses und der Zwischenberichte. Zum anderen wird mit dieser Regelung präventiv gegen den Missbrauch von Insiderinformationen entgegengewirkt, die eine kursbeeinflussende Reaktion auslösen können (vgl. Buck-Heeb, 2014, S. 109 ff.).
- **Meldepflichten des Directors Dealings gemäß § 15a WpHG:** Personen, die bei einem börsennotierten Unternehmen Führungsaufgaben wahrnehmen, sind dazu verpflichtet, persönliche Geschäfte mit eigenen Aktien innerhalb von fünf Werktagen der Bundesanstalt für Finanzdienstleistungsaufsicht mitzuteilen.

Zu den berichtspflichtigen Personen gehören insbesondere die Mitglieder des Vorstands und des Aufsichtsrats. Die Vorschrift verfolgt verschiedene Ziele, wie die Erhöhung der Kapitalmarkttransparenz, die Förderung informierter Transaktionsentscheidungen der Anleger (Indikatorwirkung), die Gleichbehandlung aller Investoren wie der Kleinanleger sowie die Marktintegrität mit der Bildung realistischer Wertpapierpreise. Erfasst ist lediglich der regulierte Markt. Dabei bezieht sich § 15a WpHG ausschließlich auf gehandelte Aktien. Ergänzt wird § 15a WpHG durch die aktuelle Wertpapierhandelsanzeige sowie die Insiderverzeichnisverordnung mit Bestimmungen zu Mitteilungs- und Veröffentlichungspflichten (vgl. Buck-Heeb, 2014, S. 139 ff.). Zusätzlich ist gemäß § 15b WpHG ein Insiderverzeichnis über Personen zu führen, die einen Zugang zu Insiderinformationen haben (vgl. Rosen, 2006, S. 348 ff.).

– **Verbot der Marktmanipulation gemäß § 20a WpHG:** Demnach ist es erstens verboten, unrichtige oder irreführende Angaben über Umstände zu machen, die für die Bewertung eines Finanzinstruments erheblich sind, zweitens Kauf- oder Verkaufsaufträge zu erteilen, die geeignet sind, falsche oder irreführende Signale zu senden und drittens ein künstliches Preisniveau herbeizuführen und sonstige Täuschungshandlungen vorzunehmen.

– **Meldung bei Veränderung von Stimmrechtsanteilen gemäß § 21 ff. WpHG:** Aus Gründen der Transparenz ist das Erreichen, Überschreiten und Unterschreiten von 3, 5, 10, 15, 20, 25, 30, 50 oder 75 % der Stimmrechte an einer deutschen börsennotierten Gesellschaft gemäß § 21 Abs. 1 S. 1 WpHG dem Emittenten und der BaFin unter Angabe des Stimmrechtsanteils innerhalb von vier Handelstagen mitzuteilen. Ziel der Meldepflicht ist es, den gesamten Kapitalmarkt schnell und gleichmäßig über wesentliche Veränderungen der Stimmrechtsverhältnisse zu informieren (vgl. Buck-Heeb, 2014, S. 161 ff.). Die Zusammensetzung des Aktionärskreises kann einen starken Einfluss auf die weitere Kursentwicklung haben, wenn unter anderem eine Übernahme geplant ist und dafür unter Umständen ein hoher Preisaufschlag gezahlt wird (Kontrollprämie).

6.5.4 Freiwillige Elemente der Publizität

Die ausgewählten Regelungen sollen insbesondere das Vertrauen aller Anleger in einen fairen Handel am Kapitalmarkt stärken. Neben den gesetzlichen Bestimmungen kann ein aktiennotiertes Unternehmen zusätzlich aus eigenen Interessen weitere Informationen bereitstellen, um die Kommunikation mit den relevanten Kapitalmarktakteuren zu intensivieren. Viele börsennotierte Unternehmen stufen die Kommunikation mit ihren Zielgruppen über die **Investor Relations** als sehr bedeutend ein, denn diese Firmen stehen im Wettbewerb um externes Kapital auf nationalen und zum Teil auf internationalen Kapitalmärkten.

Daher wird von den börsennotierten Firmen, neben den gesetzlich auferlegten Publizitätspflichten, verstärkt auch Erfüllung einer freiwilligen Kommunikation zur Erhöhung der Transparenz eingefordert.

Ein kooperatives und aktives Informationsverhalten kann sich bei der Einwerbung von Kapital und auch bei der Wertentwicklung der Anteile positiv auswirken. Kommunikation und Information sind daher wichtige Wettbewerbsfaktoren, um das gesamte Vertrauen auf den Kapitalmärkten zu erhalten (vgl. PWC AG/Kirchhoff Consult AG, 2005, S. 12 ff.). Aus diesem Grund kontrollieren zusätzlich Ratingagenturen und Finanzinformationsdienste die Bonität und Aussichten von aktiennotierten Unternehmen, um Informationsasymmetrien abzubauen.

Insbesondere für Investoren resultiert ein Teil ihres Anlagerisikos daraus, dass sie über kursrelevante Ereignisse schlechter informiert sind als Unternehmensinsider. Es besteht somit eine Situation der Informationsasymmetrie zwischen dem Vorstand und den Aktionären. Um Friktionen am Kapitalmarkt aufgrund des Informationsungleichgewichts zu vermeiden und Transaktionskosten für die Anleger zu verringern, sind daher gesetzliche Veröffentlichungspflichten der Unternehmenspublizität wie zum Beispiel zur Ad-Hoc-Publizität unbedingt einzuhalten.

Aber auch freiwillige Elemente des Signalling können zu einem Abbau der Informationsdiskrepanzen führen sowie das Vertrauen der Kapitalmärkte in das Unternehmen stärken. Durch eine offene Kommunikation, die bestimmte Standards erfüllt, kann die Glaubwürdigkeit des Managements erhöht, der Bekanntheitsgrad gesteigert und der Wert des Unternehmens nachhaltig erhöht werden. Normen der Kommunikation und Information lassen sich insbesondere aus den Grundsätzen für eine Effektive Finanzkommunikation der Deutschen Vereinigung für Finanzanalyse und Asset Management (DVFA) ableiten (vgl. DVFA, 2008, S. 4 ff.).

Die **Grundsätze der DVFA für eine Effektive Finanzkommunikation** beschreiben die Erwartungen institutioneller Anleger und Finanzanalysten an die Finanzkommunikation von Unternehmen anhand von Leitsätzen und praktischen Erläuterungen. Das Regelungssystem enthält Handlungsempfehlungen und damit keine expliziten Vorschriften für die sachgerechte Investor-Relations-Arbeit.

Ziel ist die Erhöhung der Glaubwürdigkeit der Informationsweitergabe des börsennotierten Unternehmens über eine einheitliche Kommunikationspolitik. Folgende Dimensionen bestimmen gemäß den DVFA-Grundsätzen die Vertrauenswürdigkeit der Kapitalmarktteilnehmer in die Publizität:

- **Zielgruppenorientierung:** Aus diesem Kriterium leiten sich die Handlungsmaximen Kapitalmarktorientierung und Gleichbehandlung ab. Demnach sind die Bedürfnisse der Zielgruppen der Finanzkommunikation in den Vordergrund zu stellen. Es ist eine aktive Informationspolitik zu betreiben, bei der alle relevanten Kapitalmarktteilnehmer identisch behandelt werden.

– **Transparenz:** Gemäß dieser Dimension sind die Wesentlichkeit und die Nachvollziehbarkeit der berichteten Informationen von Bedeutung. Die zu ermittelnden Daten sind in Bezug auf Umfang, Tiefe, Frequenz sowie Vollständigkeit an die Bedürfnisse der Adressaten anzupassen. Alle Unternehmensberichte sollen in ihrer Darstellung zudem in sich konsistent und nachvollziehbar sein.
– **Kontinuität:** Ausprägungen dieses Merkmals sind die Eigenschaften Kontinuität, Aktualität und das Erwartungsmanagement an die zur Verfügung gestellten Daten. Demnach sind die Finanz- und Jahresberichte fortlaufend an die aktuellen Sachverhalte anzupassen und es sind genaue Prognosen zu der zukünftigen Geschäftsentwicklung abzugeben.

Weitere freiwillig zu erfüllende Informationsübermittlungen ergeben sich aus dem **Deutschen Corporate Governance Kodex** (vgl. DCGK, 2014, S. 1 ff.). Demnach betreffen bestimmte Regelungen die Transparenz des börsennotierten Unternehmens. Aus den Empfehlungen zur Transparenz lassen sich umfassende Pflichten des Vorstands zur zeitnahen und gleichmäßigen Information über geeignete Kommunikationsmedien wie das Internet ableiten. Zudem sind diese Termine der wesentlichen wiederkehrenden Veröffentlichungen in einem Finanzkalender mit ausreichendem zeitlichen Vorlauf zu publizieren.

Weitergehend können qualitative Angaben zum Unternehmen in unterschiedlichem Detaillierungsgrad im **Lagebericht gemäß § 289 HGB** dargelegt werden. So können neben den Pflichtbestandteilen freiwillige Informationen gegeben werden. Der Lagebericht stellt in der deutschen Rechnungslegung neben dem Jahresabschluss eine weitere Säule der Berichterstattung dar. Dieser Bericht dient der qualitativen Informationsübermittlung und ergänzt die quantitativen Daten des Jahresabschlusses im Hinblick auf künftige Chancen und Risiken der Geschäftstätigkeit.

Die Pflicht zur Erstellung eines **Lageberichts** besteht für Einzelunternehmen gemäß § 264 Abs. 1 in Verbindung mit § 289 HGB bei mittleren und großen Unternehmen (§ 267 Abs. 2 und 3 HGB) und zur Verfassung eines **Konzernlageberichts** aus § 290 in Verbindung mit § 315 HGB, sofern keine Befreiungsregeln greifen. Gemäß § 315 Abs. 1 S. 1 HGB ist der Geschäftsverlauf und die Lage des Konzerns so darzustellen, dass ein den tatsächlichen Verhältnissen entsprechendes Bild vermittelt wird. Die Pflicht besteht unabhängig von der Abschlusserstellung nach HGB oder IFRS. Der Lagebericht ist neben dem Jahresabschluss als eigenständiges Instrument anzusehen. Grundlage zur Erstellung eines (Konzern-)Lageberichts gemäß § 315 HGB und auch § 289 HGB ist der Standard DRS 20 vom Deutschen Rechnungslegungs Standards Committee. DRS 20 bezieht sich in erster Linie auf die Ausgestaltung des Konzernlageberichtes. Dieser Anwendungsbereich umfasst primär Mutterunternehmen, die aus § 315HGB (auch § 315a) in Verbindung mit § 290 HGB oder § 11 PublG einen Konzernabschluss aufstellen müssen.

Erfasst werden faktisch jedoch auch alle weiteren Unternehmen, die einen Lagebericht erstellen. DRS 20 ersetzt DRS 15 und DRS 5 und fasst die inhaltlichen Bestandteile zusammen (vgl. Baetge et al, 2013, S. 524 ff.).

In der Neukonzeption sind zum einen zwei neue Grundsätze der ordnungsgemäßen Lageberichterstattung zu beachten. Zum anderen ergibt sich eine veränderte Struktur mit materiellen Inhaltsänderungen bei der Berichterstattung, die sich auch in einem geänderten Gliederungsschema zeigt. Neuere Grundsätze der Lageberichterstattung betreffen die **Wesentlichkeit** und Relevanz der Inhalte sowie die **Informationsabstufung** hinsichtlich der Intensität und Darstellungstiefe der Berichterstattung bei großen Unternehmen. Der Grundsatz der Wesentlichkeit fordert eine Beschränkung auf Sachverhalte, die dem Adressatenverständnis des Geschäftsverlaufs sowie der Entwicklung zuträglich sind. Unternehmensübergreifende Informationen aus der Branche sind darzulegen, wenn diese für die Adressaten relevant sind.

Des Weiteren sind auch die geplanten Entwicklungen in der Segmenten nur dann zu erläutern, wenn diese wesentliche Informationen für die jeweiligen Bilanzadressaten bereitstellen (vgl. Zülch/Höltken, 2013, S 2458 ff.). Zu differenzieren ist bei den Inhalten der Berichterstattung zwischen den kapitalmarktorientierten Kapitalgesellschaften gemäß § 264d HGB in Verbindung mit § 2 Abs. 5 WpHG und den sogenannten nicht-kapitalmarktorientierten Unternehmen.

Die Anforderungen des DRS 20 enthalten strukturelle und materielle Änderungen der Lageberichterstattung. Dabei soll eine Überfrachtung des Lageberichts mit zu vielen Informationen vermieden werden. Die neuen Grundsätze und der neue Aufbau tragen dazu bei, dass der Lagebericht seiner Rechenschafts- und Informationsfunktion besser gerecht werden kann. Eine Gliederung des (Konzern-)Lageberichts zeigt die folgende Abb. 6.21 (vgl. Zülch/Höltken, 2013, S 2460).

(Konzern-)Lagebericht nach DRS 20			
Grundlagen des Konzerns		**Wirtschaftsbericht**	
Geschäftsmodell	Steuerungssystem	Rahmenbedingungen	Vermögens-, Finanz-, Ertragslage
Ziele und Strategien	Forschung und Entwicklung	Geschäftsverlauf	Key Performance Indicator
Nachtragsbericht		**Prognosebericht**	
Vorgänge nach Berichtszeitraum	Sonstiges	Risikobericht	Chancenbericht
Weitere Berichtselemente für kapitalmarktorientierte Konzerne			
Risikobericht bei Finanzinstrumenten, Internes Kontrollsystem und Risikomanagement, Übernahmerelevante Angaben, Unternehmensführung			

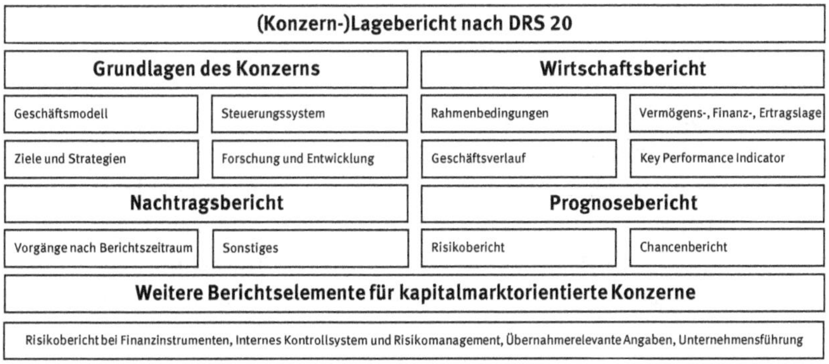

Abb. 6.21: Gliederung eines Lageberichts (Quelle: In Anlehnung an Zülch/Höltken, 2013, S 2460)

Wesentliche Inhaltsbereiche des zu erstellenden (Konzern-)Lageberichtes betreffen die folgenden materiellen Bereiche:

- **Wirtschaftsbericht:** Im Wirtschaftsbericht ist auf den Geschäftsverlauf und die Lage des Konzerns einzugehen. Die Berichterstattung beinhaltet grundlegende Annahmen zu gesamtwirtschaftlichen und branchenbezogenen Rahmenbedingungen. Eine Neuerung ist der Abgleich früherer Prognosen mit der tatsächlichen Entwicklung über einen Prognose-Ist-Vergleich.
- **Prognosebericht:** Im Prognosebericht sind die geschäftlichen Chancen sowie Risiken ausgewogen darzulegen. Der Prognosezeitraum wurde von zwei Jahren auf mindestens ein Jahr verkürzt. Die Anforderungen an die Prognosegenauigkeit wurden erhöht. Es sind Planungen zu finanziellen und nicht-finanziellen Leistungsindikatoren abzugeben, die auch der internen Steuerung dienen.
- **Risikobericht:** Im Risikobericht ist eine zusammenfassende Darstellung der Risikolage abzugeben. Risiken sind zu quantifizieren, wenn es auch bei der internen Steuerung erfolgt. Bei kapitalmarktorientierten Unternehmen sind das Risikomanagementsystem und das interne Kontrollsystem ausführlich zu erklären. Bestandsgefährdende Sachverhalte sowie Gefährdungen mit einem negativen Einfluss auf die Vermögens-, Finanz- und Ertragslage sind zu berichten.

Dazu bestehen zwei zeitliche Komponenten im Aufbau der (Konzern-)Lageberichterstattung. Erstens die **retrospektive Betrachtung** in den Bereichen der **Grundlagen des Konzerns** mit der Darstellung des Geschäftsmodells, der freiwilligen Erläuterung der Ziele und Strategien, der Erklärung des internen Steuerungssystems und des Bereiches Forschung und Entwicklung. Ebenfalls ist der **Wirtschaftsbericht** auf eine Ex-Post-Sicht ausgerichtet. Demnach ist der Geschäftsverlauf nachträglich zu beurteilen. Eine wichtige Neuerung betrifft dort die Vergangenheitsbetrachtung. Es sind die im Vorjahr getroffenen Pläne mit den erreichten Leistungen und dem tatsächlichen Geschäftsverlauf über quantitative sowie qualitative Leistungsindikatoren im Rahmen eines Plan-Ist-Vergleiches aufzuzeigen.

Es sind im Wirtschaftsbericht Abweichungen zu finanziellen Leistungsindikatoren darzulegen wie beispielsweise seinerzeit geplanten Umsatzerlösen, Investitionen, Dividenden, Umsatzrenditen und Ergebniskennzahlen. Von diesem Bereich wird in der Praxis bereits umfassend Gebrauch gemacht. Nicht-finanzielle Leistungsindikatoren, die auch bei der internen Steuerung verwendet werden, sind ebenfalls darzustellen. Es wird unter anderem auf Mitarbeiterzahlen, Kundenzahlen, Zahlen von Standorten, Umweltaspekte sowie die Zufriedenheit von Stakeholdern eingegangen. Dieser Vergleichsreport wird in der Regel im Teil des Wirtschaftsberichts platziert, aber auch im Prognoseteil veröffentlicht (vgl. Kajüter et al., 2014, S. 2841 ff.).

Dabei wird in der Gesamtsicht im Rahmen von Studien deutlich, dass in den Jahresabschlüssen in der Praxis überwiegend Prognosen sowie Plan-Ist-Abweichungen zu wichtigen finanziellen Leistungsindikatoren gegeben werden.

Einige Unternehmen vergleichen zudem die aktualisierten Halbjahres oder Quartal-3-Prognose mit der tatsächlichen eingetretenen Geschäftsentwicklung. Auch die Berichterstattung über eine Prognoseanpassung erfolgt in der Praxis häufiger. Spätere Revisionen war unter anderem erforderlich, weil Akquisitionen oder Börsengänge erfolgten (vgl. Kajüter et al., 2014, S. 2841 ff.). Besondere Praxisprobleme bestehen oftmals bei der genauen Berichterstattung über die Ausgestaltung der Risikomanagementsysteme (vgl. Becker et al., 2015, S. 253 ff.).

Diese detaillierte Form der Berichterstattung mit vielen Informationen im Konzernlagebericht im Bereich der Abweichungen zeigt unter Umständen die Abweichung von einer gewollten und zu vermeidenden Überladung mit Informationen in DRS 20. Gleichermaßen tragen diese unterjährigen Vergleiche zum Abbau von Informationsasymmetrien über ein Signalling bei und zeigen eine hohe Qualität der Berichterstattung. Darüber wird auch die Prognosequalität des Managements deutlich.

Die Prognoseabweichungen fordern die Orientierung am Management Approach mit dem Eingehen auf intern verwendete Steuerungskennzahlen. Die Aufführung der Vergleiche im Geschäftsverlauf vom seinerzeitigen Plan im Vorjahr zeigt die Bedeutung der Rechenschaftsfunktion des Lageberichts. Zudem hat eine Verdichtung der Darstellung des Ist-Geschäftsverlaufs im Rahmen einer Gesamtaussage zu erfolgen. Auch dieses Element wird in der Praxis ausreichend genutzt.

Des Weiteren sind der **Nachtragsbericht**, der Finanzrisikobericht, der Forschungs- und Entwicklungsbericht, der Zweigstellenniederlassungsbericht sowie der Vergütungsbericht aufzuführen. **Weitere Berichterstattungselemente** betreffen kapitalmarktorientierte Konzerne. Somit ist unter anderem einzugehen auf die Risiken im Hinblick auf den Einsatz von Finanzinstrumenten, das interne Kontrollsystem sowie detailliert auf das Risikomanagementsystem, auf möglicherweise übernahmerelevante Angaben und die Erklärung zur Unternehmensführung gemäß § 289a HGB. In diesem Segment zeigt sich die klare Umsetzung des Grundsatzes der Informationsabstufung, da nur kapitalmarktorientierte Unternehmen über diese Sektoren verpflichtend Bericht zu erstatten haben (vgl. Baetge, 2013, S. 533 ff.).

Im **prospektiven Teil** des **Prognoseberichts** sind grundsätzlich die gleichen Sachverhalte zu erörtern wie im Wirtschaftsbericht. Der Prognosehorizont hat sich von zwei Jahren auf mindestens ein Jahr reduziert, bei einer geforderten Erhöhung der Genauigkeit der Aussagen. Rein komparative oder qualitative Prognosen sind künftig unzulässig. Es sind Punktprognosen im Hinblick auf erwartete Umsätze, Intervallprognosen für zu erreichende Bandbreiten von Ergebniszielen und auch qualifiziert-komparative Prognosen mit der Angabe zu einer Veränderung von Zielgrößen im Hinblick auf den Istwert unter Angabe der Richtung der Abweichung zu tätigen. Einzugehen ist dabei ausgewogen auf die Chancen und Risiken der Geschäftstätigkeit (vgl. Baetge, 2013, S. 528).

Ebenso sind mögliche Zielabweichungen und deren Gründe in der Zukunft zu erörtern. Der Prognose-, Chancen- und Risikobericht soll dem verständigen Adressaten
im Zusammenhang mit dem Konzernabschluss ein zutreffendes Bild der voraussichtlichen Entwicklung mit den wesentlichen Chancen und Risiken ermöglichen.
Prognosen sind zu wichtigen finanziellen und nicht-finanziellen Leistungsindikatoren abzugeben, die auch bei der internen Steuerung eine Bedeutung haben. Bei den
Einschätzungen sind die zugrundeliegenden Annahmen anzugeben. Hier zeigt sich,
dass viele Unternehmen Prämissen zur gesamtwirtschaftlichen Konjunkturlage oder
zur Branchenentwicklung zugrunde legen. Es werden Annahmen zu Wechselkurs-
entwicklungen, zu Rohstoffpreisen sowie zu Abnehmern dargelegt. Annahmen mit
Unternehmensbezug betreffen die Absatzmenge, die Absatzpreise sowie die Personalkosten (vgl. Kajüter et al., 2014, S. 2843 ff.). Wichtige finanzielle Indikatoren, die
im Prognosebericht in Bezug auf die getroffenen Annahmen gezeigt werden, beziehen sich auf Erfolgsgrößen. Nicht-finanzielle Indikatoren beinhalten Mitarbeiterzahlen und weitere qualitative Elemente.

Eine empirische Studie zeigt, dass hinsichtlich dieser Merkmale eine detaillierte
Umsetzung bei vielen kapitalmarktorientierten Konzernen bereits erfolgt ist (vgl.
Kajüter et al., 2014, S. 2841 ff.). So zeigt sich bereits in der Praxisumsetzung bei vielen Konzernen eine leichte Verkürzung der Lageberichte im Gesamtumfang im Vergleich zu der früheren Regelung. Die Prognosen wurden zudem meist auf ein Jahr
begrenzt. In der Gesamtaussage zur Unternehmensprognose wird derzeit häufig ein
positives Fazit gezogen (vgl. Kajüter et al., 2014, S. 2841 ff.).

Der Lagebericht erläutert den Jahresabschluss und bringt damit zukunftsbezogene
Elemente mit ein, damit die Stakeholder zu einem besseren Verständnis über das
Geschäftsmodell und die Geschäftsfelder gelangen. Auch die Zwischenberichterstattung nach DRS 16 wurde im Hinblick auf inhaltliche Bezüge an DRS 20 angepasst, so
dass sich ein Gesamtbild über die Zwischen- und Jahresberichte ergibt. Es wird zudem ein Zusammenhang mit der Segmentberichterstattung geschaffen, indem der
„Management Approach" auch bei der Erstellung des Lageberichts unter anderem
beim Risikobericht betont wird (vgl. Pochmann, 2013, S. 8).

Neben dem Lagebericht kann die **Segmentberichterstattung** in einer detaillierten
Ausgestaltungsweise gezielt als Instrument der Investor Relations zur Übermittlung
zukunftsorientierter Informationen eingesetzt werden sowie zu einer Verringerung
von Informationsasymmetrien an den Kapitalmärkten beitragen (vgl. Müller/Peskes,
2006, S. 38 ff.). Grundsätzlich ist der Segmentbericht Pflichtbestandteil des Konzernabschlusses nach IFRS für diejenigen Unternehmen, die an einem organisierten
Markt gemäß § 2 Abs. 5 WpHG notiert und kapitalmarktorientiert sind. Zu beachten
ist bei der Erstellung eines Segmentberichts DRS 3 und bei der internationalen Rech-
nungslegungspflicht IFRS 8. DRS 3 und IFRS 8 sind inhaltlich vergleichbar.

Definition: Ein **Geschäftssegment** ist als ein Bereich eines Unternehmens zu verstehen, der Geschäftsaktivitäten betreibt, in dem Erträge erwirtschaftet werden und in dem Aufwendungen anfallen. Die Betriebsergebnisse aus den Segmenten werden von wichtigen Entscheidungsträgern regelmäßig im Hinblick auf die Ertragskraft überprüft. Es ist davon auszugehen, dass ein Segmentmanager Verantwortung für einen Geschäftsbereich trägt (vgl. Baetge et al., 2013, S. 505).

In IFRS 8 Geschäftssegmente ist dazu vorgeschrieben, dass Unternehmen Angaben zu ihren bedeutenden Geschäftssegmenten, Produkten und Dienstleistungen beziehungsweise Regionen und zu wesentlichen Kundengruppen zu leisten haben. Berichtspflichtig ist ein Segment dann, wenn das Periodenergebnis mindestens 10 % des Gesamtgewinns beträgt. Die zu verbreitenden Informationen sollen auf internen Managementberichten basieren, sowohl im Hinblick auf die Identifizierung von Geschäftssegmenten, als auch im Rahmen der Wertbemessung. Der Standard IFRS 8 vollzieht eine weitgehende Annäherung an die Bestimmungen der US-GAAP. So wurde der Text des amerikanischen Statements of Financial Accounting Standards (SFAS) 131 beinahe wörtlich übernommen (vgl. Fink/Ulbrich, 2007, S. 1 ff.).

Dabei hat sich der Management Approach bei der Berichterstattung nach IFRS 8 und DRS 3 durchgesetzt (vgl. Schween, 2006, S. 516 ff.). Dieser fordert eine Anlehnung der Segmentberichte an das interne Reporting. Die Organisationsstruktur, das interne Rechnungswesen und die interne Berichtsstruktur bilden die Grundlage des Segmentberichts. Damit folgen neben den Segmentabgrenzungen auch die inhaltlichen Ausweisvorschriften weitgehend der Steuerungskonzeption der internen leistungswirtschaftlichen Perspektive (vgl. Baetge et al., 2013, S. 505 ff.).

Dieser Ansatz gewährt einen höheren Grad an Gestaltungsfreiheit. Damit strahlt das interne Rechnungswesen auf die externe Berichterstattung aus und dient dem Abbau von Informationsungleichgewichten bei außenstehenden Adressaten. Insgesamt stellt die Segmentberichterstattung ein wertvolles Instrument dar, um die Entwicklung der Geschäftsfelder, die wertorientierte Unternehmenspolitik und die erzielten Renditen in den Unternehmensbereichen aufzuzeigen.

Im (Konzern-)Lagebericht ist ebenfalls auf die Segmente einzugehen. Die Segmentprognosen sind allerdings nur noch erforderlich, wenn eine, über alle geschäftlichen Segmente konsolidierte Betrachtung, kein zutreffendes Bild der Konzernlage vermittelt. Dies kann der Fall sein, wenn sich einzelne Bereiche gegenläufig entwickeln. Für die Darlegung des geplanten Geschäftsverlaufes erscheint das Aufzeigen der wesentlichen Geschäftsfelder erforderlich zu sein. Der (Konzern-)Lagebericht, die Segmentberichterstattung und der Zwischenlagebericht sollten wirtschaftliche und textliche Bezüge zueinander aufweisen.

Auch der Zwischenabschluss kann als Informationsinstrument dienen. Grundsätzlich müssen Unternehmen, die zu einer Rechnungslegung nach IFRS verpflichtet sind, bei der Aufstellung des Zwischenabschlusses IAS 34 anwenden.

Element des Halbjahresfinanzberichts ist der **Zwischenlagebericht**. Die Zwischenlageberichterstattung kann genutzt werden, um die Transparenz für Anleger durch freiwillige Elemente der Informationsweitergabe zu erhöhen. Daher wurde in § 37w WpHG die Erstellung und Veröffentlichung eines Zwischenlageberichts im Rahmen der halbjährlichen Finanzberichterstattung für Inlandsemittenten verpflichtend eingeführt. Im Zwischenlagebericht sind aus § 37w Abs. 4 WpHG Angaben zu wichtigen Ereignissen, bedeutenden Chancen und Risiken für die folgenden sechs Monate des Geschäftsjahres sowie wesentlichen Geschäften des Emittenten mit nahestehenden Personen darzulegen (vgl. Müller/Stute, 2006, S. 2803 ff).

Der DRS 16 präzisiert den Umfang des Zwischenlageberichts. Dort sind neben einer vergangenheitsorientierten Darstellung und Erläuterung wichtiger Ereignisse und deren Auswirkungen auf die Vermögens-, Finanz- und Ertragslage auch prognoseorientierte Aussagen zu wesentlichen Chancen und Risiken wie in DRS 20 zu treffen. Aktienemittenten haben von Geschäften mit nahestehenden Personen zu berichten. Die Grundsätze der Berichterstattung nach DRS 20 finden auch bei der Zwischenberichterstattung Anwendung.

Die Gliederung und die Inhalte sollten aus Gründen der Transparenz, mit dem (Konzern-)lagebericht eine Einheit bilden. Es können auch weitgehende Prognoseinformationen zur wirtschaftlichen Lage gegeben werden. Da die weitere Entwicklung zum Zeitpunkt der Erstellung dieses Berichts bereits gut eingeschätzt werden kann, ist die Prognosegüte meist hoch. Durch dieses neue Element gewinnt auch die Zwischenberichterstattung als Ganzes an Bedeutung. Aufgrund der Zeitnähe der Prognoseinformationen besitzt dieses Instrumentarium meist eine hohe Entscheidungsrelevanz für Investoren und dient der Investor-Relations-Arbeit.

Damit die umfassenden Pflichten sowie freiwilligen Selbstverpflichtungen im Rahmen der Investor Relations erfolgreich und nach hohen Qualitätsstandards umgesetzt werden können, ist ein geeigneter Rahmen in Form einer internen Investor-Relations-Organisation bereitzustellen. Zudem sind die Prozesse detailliert zu strukturieren, die Abläufe im Unternehmen professionell zu gestalten und auf die allgemeine Öffentlichkeitsarbeit abzustimmen.

6.5.5 Strukturen und Prozesse der Investor Relations

Die Durchführung der **Investor Relations** kann grundsätzlich dauerhaft an externe Agenturen vergeben werden. Jedoch bestehen Vorteile, diese Aufgaben in der eigenen Organisation wahrzunehmen und fest zu institutionalisieren. So wirkt ein direkter Ansprechpartner im Unternehmen vertrauensbildend. Daher besitzt die Mehrheit der börsennotierten Unternehmen einen internen Investor-Relations-Verantwortlichen oder eine Investor-Relations-Abteilung, die neben dem Vorstand die Aufgabe hat, mit den Investoren zu kommunizieren

Meist erfolgt eine direkte Eingliederung der Investor Relations als Stabsabteilung unterhalb des Vorstands. Auf diese Weise kann eine enge Abstimmung mit der oberen Konzernleitung erfolgen. Darüber kann eine Einbindung in wichtige unternehmerische Entscheidungsprozesse auf direktem Wege durchgeführt werden. Die laufenden Informationspflichten und die freiwilligen Angaben lassen sich über diese direkte Anbindung meist optimal erfüllen.

Auch besteht gerade in kleineren Unternehmen die Möglichkeit, dass diese Aufgabe durch den CEO oder CFO wahrgenommen wird. Damit wird ein einheitliches Auftreten nach außen sichergestellt (vgl. Kirchhoff, 2006, S. 232 ff.) Insgesamt ist über die Durchführung der IR-Aktivitäten im eigenen Hause eine transparente und zeitnahe Informationspolitik mit seinen direkten Ansprechpartnern gewährleistet (vgl. PWC AG/Kirchhoff Consult AG, 2005, S. 14 ff.).

Für den Prozess der Investor Relations ist eine klare **Zieldefinition** von Bedeutung. Dazu können finanzpolitische Ziele im Vordergrund stehen, wie die Steigerung des Unternehmenswertes und die faire Preisbildung, oder auch Non Financials, wie die Erhöhung der Glaubwürdigkeit des Managements und die Steigerung des Bekanntheitsgrades. Aus den gesetzten Zielen leiten sich Ansatzpunkte für die langfristige Investor-Relations-Strategie ab.

Diese angestrebte Zielsetzung und die gewählte **Investor-Relations-Strategie** sollten schriftlich fixiert werden. Auf diese Weise wird sichergestellt, dass die Kommunikationsinstrumente, die angesprochenen Zielgruppen und die übermittelten Inhalte sich konsequent aus diesen Zielsetzungen ableiten. Des Weiteren kann eine Investor-Relations-Richtlinie verfasst werden. Damit wird eine detaillierte und einheitliche Umsetzung auf Dauer gewährleistet und Schnittstellen zu anderen Abteilungen wie dem Marketing geregelt. Aus der Strategie leiten sich die zu wählenden **Instrumente** der Finanzkommunikation ab. Es existieren persönliche Instrumente, die eine direkte Ansprache an ein ausgewähltes Publikum gewährleisten, wie:

- Einzelgespräche
- Roadshows
- Analystentreffen

Der Einsatz der Instrumente ist abhängig von den anzusprechenden **Zielgruppen,** wie dem Aktionärskreis und den potenziellen Investoren. Sollen primär Institutionelle angesprochen werden, sollte der Einsatz persönlicher und direkter Kommunikationsinstrumente bevorzugt werden. Wird dagegen ein großes Publikum gemäß der Aktionärsstruktur und der emittierten Inhaberaktien angesprochen, bieten sich unpersönliche Instrumente an, wie:

- Homepage
- Geschäftsberichte
- Aktionärsbriefe

Es zeigt sich, dass die persönlichen Instrumente der Investor Relations an Bedeutung gewonnen haben. Zu wichtigen direkten Kommunikationsinstrumenten gehören laut einer Studie besonders die oben genannten Einzelgespräche, Roadshows und Analystentreffen (vgl. PWC AG/Kirchhoff Consult AG, 2005, S. 17 ff.).

Aus der Zielsetzung, der Strategie, den Instrumenten und den Zielgruppen lassen sich auch die zu kommunizierenden **Inhalte** ableiten. Zu berücksichtigen sind die Interessen der Adressaten und ihre speziellen Informationsbedürfnisse. Im Vordergrund der Kapitalmarktkommunikation stehen primär die institutionellen Anleger und Finanzanalysten. Somit leiten sich auch die zu berichtenden Themen schwerpunktmäßig aus den Interessen der Investoren und der Meinungsmultiplikatoren ab. Im Fokus stehen Informationen zur künftigen Wertentwicklung und den geplanten Ausschüttungen in Form von Dividenden.

Neben quantitativen Daten aus der Pflichtberichterstattung, sind insbesondere Non Financials zu berichten, die einen hohen Zukunftsbezug haben und sich maßgeblich auf die Wertentwicklung auswirken können. Dies sind unter anderem Informationen über die gewählte Unternehmensstrategie, die langfristigen Ertragsaussichten, das Management und die Unternehmensstärken. Des Weiteren verlangen institutionelle Investoren und Finanzanalysten Angaben zum aktiven Wertmanagement und den maßgeblichen Werttreibern im Unternehmen (vgl. PWC AG/Kirchhoff Consult AG, 2005, S. 17 ff.). Die folgende Abb. 6.22 zeigt den Prozess der Investor Relations mit den wesentlichen Inhaltsbausteinen.

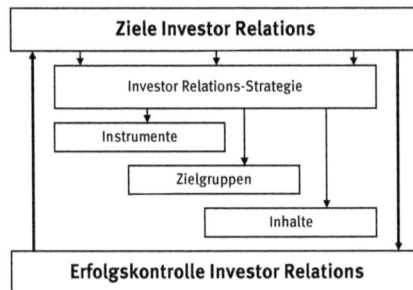

Abb. 6.22: Struktur und Prozess der Investor Relations (Quelle: Eigene Darstellung)

Damit sich der Kreislauf im Prozess der Investor Relations schließt, ist eine **Erfolgkontrolle** der angewendeten Maßnahmen notwendig. Aus der Zielerreichung kann der Wirkungsgrad der Investor-Relations-Tätigkeiten abgeschätzt werden. Steuerungskonzepte zur Messung der Zielerreichung bestehen in der Verwendung von Key-Perfomance-Indikatoren oder der Balance Scorecard.

Auch über eine Perception-Analyse können unter Umständen Defizite der Finanz-kommunikation aufgedeckt werden, da diese Untersuchungen die Informationser-wartungen der Zielgruppen analysieren und deren Bedürfnisbefriedigung messen. Dies ermöglicht eine Einschätzung der Erfolge einer effizienten Investor-Relations-Arbeit (vgl. PWC AG/Kirchhoff Consult AG, 2005, S. 21 ff.).

Des Weiteren existieren Modelle der Response-Messung, die auf statistischen Model-len oder auf Heuristiken aufbauen. Gemessen werden Erfolge von Investor Relations auf quantitative Maße, wie den Aktienkurs, die Volatilität oder die Kapitalkosten. Problematisch ist allerdings der Nachweis einer direkten Kausalität von Investor-Relations-Maßnahmen auf diese Zielgrößen. Qualitative Methoden versuchen die Güte der Investor-Relations-Maßnahmen über das Feedback beziehungsweise die Coverage der Analysten abzuschätzen.

Es existieren Modelle, die quantitative und qualitative Methoden kombiniert einset-zen. Diese haben den Vorteil, dass das Verhalten und die Einstellungen der Akteure am Kapitalmarkt mit in die Analysen einbezogen werden. Über den Einsatz multiva-riater Analysemethoden können kausale Ursache- und Wirkungszusammenhänge von Erfolgsfaktoren aufgedeckt sowie die Reaktion auf verschiedene Output-Größen gemessen werden (vgl. Porák, 2005, S. 191 ff.).

Die Wichtigkeit von Investor Relations ist mittlerweile anerkannt. Erhöhte Investor-Relations-Aktivitäten können zum Abbau von Informationsasymmetrien sowie der Reduzierung von Kapitalkosten führen (vgl. Perridon et al., 2012, S. 586 ff.). Viele Unternehmen erwarten zudem einen positiven Einfluss der Maßnahmen auf den Aktienkurs. So hängt der Wert eines Unternehmens nicht nur von kapitalmarktori-entierten Erfolgsgrößen ab, sondern auch davon, wie die erreichten Erfolge und die Zukunftsaussichten kommuniziert werden. Es zeigt sich, dass der Unternehmens-wert mit dem zunehmenden Informationsstand der Investoren grundsätzlich steigen kann (vgl. Chung/Chen-Chin, 1994, S. 1061 ff.).

Dieser Effekt kann auch indirekt anhand der Wirkungskette: Intensität der Investor Relations auf **Unternehmensebene** in Verbindung mit der Beurteilung der Inves-tor-Relations-Zufriedenheit auf **Analystenebene** und der anschließenden Auswir-kung auf den Aktienkurs auf **Kapitalmarktebene,** geprüft werden. Es wird analy-siert, ob ein Einfluss der von börsennotierten Unternehmen bereitgestellten Infor-mationen auf die Urteilsbildung von Finanzanalysten besteht. Denn Bewertungen von Finanzanalysten haben nachgewiesene Auswirkungen auf den Aktienkurs des untersuchten Unternehmens. Analysiert wurden daher in einer Studie die Intensität sowie Effektivität der Finanzkommunikation beziehungsweise die Bedeutung und Zufriedenheit der Finanzanalysten mit der Investor-Relations-Arbeit von Unterneh-men verschiedener Größenklassen (vgl. Gohlke et al., 2007, S. 1 ff.). Die folgende Abb. 6.23 zeigt die Vorgehensweise zur Ermittlung der Einflussstärke der Intensität von Investor Relations auf den Aktienkurs.

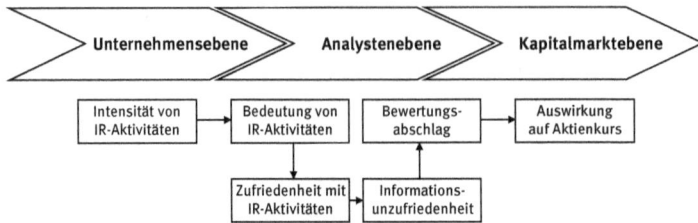

Abb. 6.23: Wirkungskette des Investor-Relations-Einflusses (Quelle: Schiereck et al., 2010, S. 401)

Im Rahmen der Untersuchung zeigte sich, dass es zu leichten Bewertungsaufschlägen kommt, wenn Investor-Relations-Aktivitäten von Unternehmen als besonders gut empfunden werden. Demgegenüber kommt es bei wahrgenommenen Mängeln der Investor-Relations-Arbeit zu deutlichen Abschlägen. Dabei sind kleinere Unternehmen im MDAX und SDAX von einer Bewertungseinbuße meist stärker betroffen, als DAX-Unternehmen. Kleine und mittlere Unternehmen sind daher bei ihren IR-Aktivitäten stärker gefordert. Die Einflussstärke von Investor Relations auf die Bewertungsurteile der Analysten variiert zudem in Abhängigkeit von der Lebenszyklusphase eines Unternehmens (vgl. Schiereck et al., 2010, S. 401 ff.).

So nimmt die Bedeutung der Kapitalmarktkommunikation gerade in der Krise stark zu. Aber häufig besteht in diesem Stadium eine Diskrepanz zwischen einem geringen Angebot an Informationen vom Unternehmen und einer hohen Nachfrage an Daten durch die Analysten. Erfolgt in der Krisenphase keine intensive Finanzkommunikation, reagieren Finanzanalysten mit zum Teil hohen Bewertungsabschlägen. In der Wachstumsphase und der Reifephase wird die Informationszufriedenheit in der Studie dagegen deutlich positiver eingeschätzt.

Eine Messung des unmittelbaren Erfolgs der Investor Relations ist allerdings auch mit Schwierigkeiten behaftet, da eine direkte Veränderung von Zielvariablen, wie dem Börsenkurs, nicht direkt auf diese Aktivitäten zurückgeführt werden kann sowie weitere interne und externe Einflussfaktoren die Ursache-Wirkungskette verzerren. Weitere Untersuchungen zeigen allerdings, dass sich eine intensive Arbeit in diesem Bereich auf eine Reduktion der Kapitalkosten sowie eine erhöhte Liquidität einer Aktie auswirkt (vgl. Amihud/Mendelson, 1986, S. 223 ff.). Zudem wird davon ausgegangen, dass durch eine verbesserte Kommunikation das Risiko über die zukünftig erzielbaren Zahlungsströme verringert werden kann. Insbesondere in der Krisenphase kann sich die Wichtigkeit von Investor-Relations-Maßnahmen zeigen, die auch durch eine organisatorische Einbindung dieser Funktion im Vorstand oder in vorstandsnahen Stabsabteilungen dokumentiert wird.

Dabei ist auf einen stetigen und intensiven Dialog mit Finanzanalysten und anderen Stakeholdern zu achten und diesen auch durch persönliche Gespräche zu pflegen. Dabei ist auch Wert auf eine intensive Aufmerksamkeit bei den Finanzanalysten in Form einer hohen Coverage der Meinungsmultiplikatoren zu legen. Dies beschreibt im Bereich der Finanzanalyse die Zahl der Analysten, die eine Aktie analysieren. „Coverage aufnehmen" bedeutet für einen Finanzanalysten, dass er sich erstmalig mit einem Unternehmen beschäftigt. Er wird dann im Regelfall in bestimmten Zyklen erneut über das Unternehmen berichten.

Eine Aufnahme in das Research der Finanzanalysten ist meist von Vorteil für das Unternehmen, da es vermehrt im Fokus der Anleger steht und zudem einen verbesserten Zugang zu den institutionellen Investoren erhält. Auch die Handelsliquidität kann bei einem hohen Verteilungsgrad von Unternehmensstudien ansteigen.

Dabei zeigt sich, dass insbesondere ein starker Streubesitzanteil in einem breiten öffentlichen Anlegerpublikum eine hohe Coverage-Rate von Analysten begünstigt (vgl. Frank, 2006, S. 373 ff.). Es ist für die Liquidität sowie die Kapitalmarktpräsenz von börsennotierten Unternehmen wichtig, Analysten systematisch und bedarfsgerecht mit Informationen zu versorgen.

Insgesamt bestehen nach erfolgreicher Börseneinführung hohe Anforderungen an die Folgepublizität. Je nach Wahl des Marktzugangs über bestimmte Transparenz-Levels sind unterschiedlich hohe Standards der Informationsübermittlung zu erfüllen. Des Weiteren können über die erweiterte freiwillige Kommunikation, auftretende Informationsbarrieren abgebaut und die Reputation gesteigert werden.

In Tab. 6.7 sind die wesentlichen Pflichtelemente und die weiteren optionalen Bestandteile der Kommunikation bei einer laufender Notierung, getrennt nach indirekten und direkten Maßnahmen, zusammengefasst aufgeführt.

Tab. 6.7: Being Public-Checkliste, (Quelle: Deutsche Börse AG)

Indirekte Kommunikation	Direkte Kommunikation
Ad-Hoc-Publizität (Pflicht)	Hauptversammlung (Pflicht)
Directors Dealings (Pflicht)	Analystenkonferenz (Pflicht)
Meldegrenzen für Stimmrechtsanteile (Pflicht)	Bilanzpressekonferenz (Optional)
Schaltung von Finanzanzeigen (Pflicht)	Roadshows (Optional)
Compliance und Insiderrichtlinien (Pflicht)	One on Ones (Optional)
Erklärung zur Corporate Governance (Pflicht)	Roundtable-Gespräche (Optional)
Geschäftsbericht und Zwischenberichte (Pflicht)	Interviews (Optional)
Homepage (Optional)	Hotline (Optional)

Neben den Informationspflichten bestehen weitere Aufgaben im Beeing Public, die sich auf die Pflege des Aktienkurses und den Erhalt der Liquidität beziehen. Dies ist unter anderem wichtig, wenn neue Finanzmittel im Rahmen einer Kapitalerhöhung oder über die Platzierung von Anleihen generiert werden sollen.

Von Bedeutung ist dann neben der stetig steigenden Kursentwicklung und einem möglichst breit gestreuten Aktionärskreis, die Erreichung einer hohen Marktgängigkeit der Anteile. Diese erhöht die Attraktivität eines Wertpapiers für die Anleger, da Transaktionen mit geringen Spreads möglich sind. Dann lassen sich auch größere Positionen problemlos aufbauen oder abschichten.

6.5.6 Liquidität und Wertsteigerung

Neben der Befriedigung der Informationsbedürfnisse unterschiedlicher Adressaten, stehen nach einem Börsengang weitere Aufgaben durch das Management an. Dazu sind strategische und operative Entscheidungen im Sekundärmarkt zu treffen, die die Beziehungen zu den Kapitalmarktpartnern beeinflussen. Dabei kann es sowohl zu Interessenkollisionen, als auch zu Übereinstimmungen kommen. Es ist zu erwarten, dass zwischen dem Management und den Aktionären identische Zielsetzungen in Bezug auf die Wertsteigerung der Anteile bestehen. Konflikte können sich unter anderem aus der Ausschüttungspolitik ergeben. Demnach wird das Management oft eine hohe Thesaurierungsquote anstreben, während die Anteilseigner auf eine Anhebung der Dividendenausschüttungen drängen.

Nachfolgend werden ausgewählte Entscheidungsbereiche, die im Anschluss an den Börsengang tragend werden, betrachtet. Im Fokus stehen primär die strategischen Elemente der Unternehmenspolitik in Bezug auf die:

– Wertsteigerung der Anteile über Aktienrückkäufe und Ausschüttungen
– Methoden der Messung des Unternehmenserfolgs
– Optimierung der Liquidität
– Mitarbeiter- und Managementbeteiligungsprogramme
– Gestaltung des Aktionärskreises

Ausgangspunkt der geplanten **Wertsteigerung** ist die Ausrichtung der unternehmerischen Tätigkeiten auf die Maximierung des Shareholder Values. Im Mittelpunkt stehen die Interessen der Anteilseigner auf eine Verbesserung ihrer Einkommens- und Vermögensposition über die Optimierung der Ausschüttung und den Wertzuwachs der Aktien. Obwohl mit der Verfolgung dieser monetären Zielsetzung die Ansprüche der Anteilseigner im Vordergrund stehen, werden meist auch die Interessen der übrigen Stakeholder gefördert. Von besonderer Bedeutung ist eine stetige Wertentwicklung der Anteile insbesondere für erfolgreiche Kapitalerhöhungen, die positive Bewertung des Managements und für das Image des Unternehmens.

Der Unternehmenswert kann als Ertragswert in Discounted Cash Flow-Modellen, als Liquidationswert aus der Substanz oder aus portfoliotheoretischen Berechnungen abgeleitet werden (vgl. Uhlir/Steiner, 1994, S. 104 ff.). Jedoch wird der tatsächliche Kurswert von diesen Modellbewertungen abweichen, da sich der Aktienpreis letztendlich durch Angebot sowie Nachfrage ermittelt und auf den (zukünftigen) Erwartungshaltungen der Marktteilnehmer beruht.

Gerade irrationale Effekte und die allgemeine Marktlage können zu einer systematischen Verzerrung der Bewertung führen, die in der Behavioral Finance anhand von Heuristiken näher untersucht wird (vgl. Shefrin, 2000b, S. 15 ff.). Damit kann auch nur mittelbar und begrenzt durch den Vorstand Einfluss auf die Marktbewertung des eigenen Unternehmens genommen werden. Dies kann erfolgen, über die Veröffentlichung von (nicht-)finanziellen Zielen, wie die Kommunikation der zukünftigen Erfolgsaussichten, die Herausstellung der Entwicklung von bedeutenden Werttreibern, die geplante Dividenden- und Thesaurierungspolitik oder über geplante Aktienrückkaufprogramme.

Die Bedingungen für **Aktienrückkäufe** sind in Deutschland mit der Einführung des Gesetzes zur Kontrolle der Transparenz im Unternehmensbereich (KonTraG) und der Änderung des AktG erleichtert worden. Gemäß § 71 Abs. 1 Nr. 8 AktG ist Erwerb eigener Aktien jedoch auf 10 % des Grundkapitals beschränkt und bedarf einer Ermächtigung der Hauptversammlung. Ist zu erwarten, dass der Rückkauf den Kurs wesentlich beeinflussen kann, ist die Absicht in einer Pflichtmitteilung gemäß §15 WpHG als Ad-Hoc-Meldung öffentlich bekannt zu geben.

Die Veröffentlichung wird in der Regel allein aus Marketinggesichtsgründen offensiv erfolgen. Aktienrückkaufprogramme können zum einen strategisch zur Beeinflussung der Aktionärsstruktur mit einer Abwendung feindlicher Übernahmen, zur Reduzierung von Streubesitzanteilen oder zur Eliminierung opponierender Aktionärsgruppen eingesetzt werden (vgl. Achleitner, 2002, S. 335 ff.).

Zum anderen können Aktienrückkäufe als Instrument der Finanzpolitik zur Beeinflussung der Kapitalstruktur oder zu der Kursbelebung durchgeführt werden. Damit wird die finanzielle Stärke des Unternehmens nach außen signalisiert und ein Wertzuwachs der Aktie forciert. Zudem wird Begehrlichkeiten auf freie Liquiditätsbestände auf diese Weise zuvorgekommen. Werden jedoch Rückkäufe vorgenommen, erfolgt dies meist zu Lasten von (Sonder-)Ausschüttungen.

Gerade die **Ausschüttungen** stehen häufig im Interesse der Aktionäre. So ist eine hohe Dividendenrendite oft ein starkes Argument beim Erwerb von Aktien und damit wertbeeinflussend. Gegenstand der Ausschüttungspolitik ist die Gestaltung der Zahlungsströme zwischen dem Unternehmen und seinen Anteilseigner. Es besteht die Option die erzielten Gewinne entweder in Form von Dividenden auszuschütten oder diese einzubehalten, zu thesaurieren. Die Dividendenpolitik hat oft eine erhebliche Auswirkung auf die Investment-Entscheidung der Anleger.

Die Einbehaltung von Gewinnteilen bedeutet eine Reinvestition im Unternehmen zum Zweck der Steigerung künftiger Rückflüsse und damit des Unternehmenswertes (Implizite Wachstumsannahme). Somit besteht die Perspektive, künftig höhere Dividenden auszuschütten (vgl. Uhlir/Steiner, 1994, S. 107). Die Dividendenpolitik wird von den Reinvestitionsalternativen eines Unternehmens mitbestimmt. Können durch interne Investitionen nachhaltige Renditen über dem Kapitalmarktniveau in Bezug auf vergleichbare Laufzeiten und Risiken erzielt werden, erscheint die Thesaurierung als vorteilhaft. Zudem dient dies der Stärkung des Eigenkapitals und damit der Bonität. Eine Reduzierung der Fremdkapitalkosten kann die Folge sein. Daher ist auch nicht anzunehmen, dass die Dividendenpolitik irrelevant ist für die Kapitalkosten und den Unternehmenswert.

Wird davon ausgegangen, dass das Management einer Firma grundsätzlich bestrebt ist, eine konstante Dividende auszuschütten, so können Erhöhungen der laufenden Ausschüttungen auf mangelnde Investitionsalternativen im Unternehmen oder auf veränderte Zukunftserwartungen hinweisen. Signalisiert werden im letzteren Fall steigende Ertragschancen mit einem dauerhaften Wachstum des Cash Flows, die eine Steigerung der Dividende nach sich ziehen. Umgekehrt bedeuten Senkungen der Dividenden eine negative Mitteilung. Dividendenerhöhungen oder -kürzungen stellen somit eine Erwartungsänderung des Managements dar und senden ein Zeichen an den Kapitalmarkt. Diese Ursachen der Ausschüttungsveränderungen sind somit genau zu eruieren. Denn empirische Untersuchungen zeigen, dass Ankündigungen der Veränderung der Dividende eine deutliche Kursreaktion auslösen können (vgl. König, 1990, S. 35 ff.).

Des Weiteren haben Dividenden eine Disziplinierungswirkung auf das Management. Durch die Ausschüttung wird der finanzielle Spielraum eingeschränkt. Notwendige zusätzliche Mittel zu Ersatz dieser Liquidität werden von Dritten aber in der Regel nur dann bereitgestellt, wenn diese in profitablen Projekten mit positivem Kapitalwert eingesetzt werden. Im Gegensatz dazu kann, bei einer Gewinnthesaurierung mit einer Selbstfinanzierung, von Außenstehenden aufgrund der bestehenden Informationsunvollkommenheit nicht genau abgeschätzt werden, ob diese Reinvestitionen eine bestimmte Zielrendite erbringen. Es bestehen jedoch auch kommunizierte Kapitalmarktziele, wie das Anstreben einer bestimmten Eigenkapitalrendite. Diese Zielgröße kann nur erreicht werden, wenn die einzelnen getätigten operativen Geschäfte im Hinblick auf diese Benchmark geprüft werden.

Die Entwicklung des Aktienkurses ist häufig ein Indiz für den Erfolg des Managements. In diesem Zusammenhang wird auch von einem „Markt der Unternehmenskontrolle" gesprochen. So kann eine im Vergleich zu einer Benchmark nachhaltig schlechte Wertentwicklung zur Disziplinierung des Managements oder sogar zu seiner Entlassung beitragen. Damit diese **Messung des Unternehmenserfolgs** frei von Subjektivität ist, wird der Aktienkursentwicklung häufig ein Vergleichsmaßstab in Form der Marktentwicklung eines (Branchen-)Index gegenübergestellt.

Dazu kann eine jährliche Beurteilung der Wertentwicklung im Vergleich mit einem Aktienindex, einem Branchenindex oder anderen börsennotierten Unternehmen des Sektors erfolgen. Wichtig ist die Setzung einer vergleichbaren Benchmark, die es durch ein erfolgreiches Management zu schlagen gilt. Auch die Volatilität der Kursentwicklung ist zu beachten. Gegebenenfalls sollte eine Risikoadjustierung vorgenommen werden, wenn die Struktur der eigenen Geschäftstätigkeit im Vergleich zu anderen Unternehmen der Branche höhere Risiken aufweist.

Nicht nur die Kursentwicklung sondern auch die **Liquidität** einer Aktie bietet einen Wettbewerbsvorteil und kann eine positive Wertsteigerung nach sich ziehen. Denn Investoren werden einen liquiden Titel einer illiquiden Anlageform vorziehen.

Liquidität bedeutet Flexibilität bei der Geldanlage, da sich ein Investor mit geringen Transaktionskosten aus der Anlage wieder lösen kann. Zudem wird auf diese Weise eine faire Preisbildung unterstützt. Der Handel an Kapitalmärkten selbst generiert Liquidität. Zusätzlich kann die Aufnahme in ein bekanntes Marktsegment, wie den Prime Standard oder in ein Handelssystem wie XETRA die Marktgängigkeit durch die erhöhte Visibilität fördern. Die Steigerung der Liquidität in Form von hohen Umsätzen und geringen Spreads liegt oft im besonderen Interesse der (potenziellen) Aktionäre, da diese mit geringen Transaktionskosten ein Engagement eingehen und später wieder beenden können.

Die Liquidität eines Titels kann durch die Beauftragung eines Designated Sponsors, auch Market Maker genannt, verbessert werden. Die vorrangige Funktion dieses Akteurs besteht in der kontinuierlichen Stellung von Kauf- sowie Verkaufspreisen (Quotes) und damit der Förderung des Handels. Für die Teilnahme am laufenden Handel schreibt die Frankfurter Wertpapierbörse bei Notierungsaufnahme die Verpflichtung mindestens eines Designated Sponsors vor, bis eine ausreichende Marktliquidität erreicht ist (vgl. Löhr, 2006, S. 178).

Um die Leistungen der Designated Sponsors transparent zu gestalten wird, von der Deutsche Börse AG, für diese Akteure ein veröffentlichtes Rating als Qualitätssiegel erstellt. Über ihr Expertenwissen stellen diese Market Maker als Kapitalmarktakteure weitere Angebote wie Analystenpräsentationen, die Erstellung von Researchberichten oder ein aktives Sales zur Verfügung.

Die Liquidität und die Transaktionskosten werden als zentrale Qualitätsmerkmale von Wertpapierbörsen angesehen. Auf der Makroebene sind liquide Kapitalmärkte wichtig für eine effiziente Kapitalallokation. Auf der Mikroebene des Anlegers stellt ein liquider Handel die jederzeitige Transaktionsmöglichkeit sicher. Die Liquidität kann durch vergangenheitsorientierte Größen, wie den Handelsumsatz oder auch die Transaktionsfrequenz gemessen werden. Diese Kennzahlen spiegeln die Aktivität, aber nicht unbedingt die Fungibilität eines Wertpapiers für den Anleger wider. Der Nutzen eines liquiden Handels ergibt sich für den Investor aus der Minimierung der Kosten beim Aufbau oder Abbau einer Position (Round Trip).

Dabei sind explizite und implizite Transaktionskosten zu unterscheiden. **Explizite Kosten** entstehen mit der Auftragsbearbeitung und der Geschäftsabwicklung durch Kreditinstitute und Broker in Form von Gebühren und Provisionen. Diese sind möglichst gering zu halten, um den Aktienhandel zu forcieren.

Implizite Kosten spiegeln die Differenz zwischen dem tatsächlich erzielten Kaufbeziehungsweise Verkaufspreis und dem theoretischen Marktwert wider und können die externen Aufwendungen um ein Vielfaches übersteigen. Sie werden nicht direkt ausgewiesen und sind von der Orderbuchsituation abhängig. Von Bedeutung ist der **Market Impact**. So ist die Markttiefe bei großen unlimitierten Orders zu berücksichtigen. Dabei wird ein Auftrag gegen mehrere Limits auf der anderen Seite des Orderbuchs ausgeführt, wobei sich mit jeder Ausführung der durchschnittliche Preis des Auftrags verschlechtert.

Diese Kosten lassen sich in Basispunkten (BP) messen. Um diese impliziten Kosten zu erfassen, wird eine hypothetische unlimitierte Kauf- und Verkaufsorder in das Orderbuch eingestellt. Der durchschnittliche Ausführungspreis wird mit dem theoretischen Marktpreis als Mittelwert zwischen bestem Geld- und Brief-Limit verglichen. So bedeuten implizite Liquiditätskosten in Höhe von 10 BP beziehungsweise 0,01 %, dass bei einem Ordervolumen von 100.000 Euro implizite Kosten in Höhe von 100 Euro entstehen. Je geringer die Differenz dieses Round Trip ist, desto höher ist die gemessene Liquidität eines Wertpapiers.

Maßstab für die Messung der Gesamtliquidität einer Aktie bilden an der Frankfurter Wertpapierbörse das implizite XETRA-Liquiditätsmaß XLM und der durchschnittlichen Orderbuchumsatz. Auf Basis dieser Größen werden die fortlaufend gehandelten Wertpapiere in die Liquiditätskategorien A und B eingeteilt. Aktienwerte in der Kategorie A mit einem durchschnittlichen Orderbuchumsatz im Handel von mindestens 2,5 Mio. Euro pro Tag und einem XETRA-Liquiditätsmaß kleiner oder gleich 100 Basispunkte benötigen keinen Designated Sponsor. Für Aktien der Kategorie B ist mindestens ein Market Maker vorgeschrieben.

ℹ Beispiel: Mit dem XETRA-Liquiditätsmaß XLM lässt sich einschätzen, wie sehr sich ein Aktienkurs verändert, wenn man mit einer bestimmten Ordergröße in den Markt geht. Das XLM-Maß wird in Basispunkten ausgedrückt. Ein XLM von 10 Basispunkten und einem Auftragsvolumen von 25.000 Euro bedeutet beispielsweise, dass die Market-Impact-Kosten für den Kauf und Verkauf dieser Aktie bei einem Roundtrip in der Summe 25 Euro betragen haben.

Das XETRA-Liquiditätsmaß XLM verdichtet als Kennzahl die Market-Impact-Informationen in einer Kennzahl und erfasst die tatsächliche Liquidität des Aktienhandels primär anhand der impliziten Transaktionskosten, wie die folgende Abb. 6.24 zeigt (vgl. Gomber/Schweickert, 2002, S. 486 ff.). Die Kosten geben einen Aufschluss darüber, inwieweit die Märkte reibungslos funktionieren.

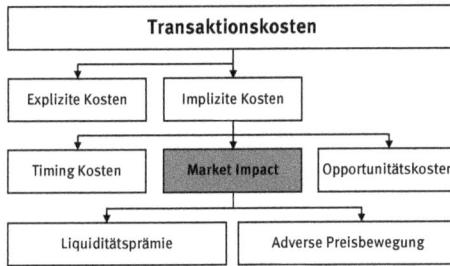

Abb. 6.24: Komponenten der Transaktionskosten (Quelle: Gomber/Schweikert, 2002, S. 5)

Auf diese Art und Weise kann sowohl die Liquidität einzelner Wertpapiere als auch die Handelsfrequenz ganzer Marktplätze untersucht und dann miteinander verglichen werden. Das XETRA-Liquiditätsmaß ist aufgrund der integrativen Betrachtung von Transaktionskosten und Liquidität, ein mächtiges Analyseinstrument. Es kann eine Entscheidungsunterstützung bei der Wertpapierauswahl, der Beurteilung der Order Execution durch den Broker und der Wahl des Handelsplatzes liefern.

Auch **Mitarbeiter- und Managementbeteiligungsprogramme** spielen als Anreizinstrumente und für eine stabile Aktienkursentwicklung ebenfalls eine bedeutende Rolle. Diese Programme können bereits bei Erstemission oder auch im Sekundärmarkthandel offeriert werden. Vorrangige Motive der Gewährung von kostenlosen oder rabattierten Belegschaftsaktien bestehen in der Erhöhung der Leistungsbereitschaft und der Interessenangleichung. Die Mitarbeiter werden auf diese Weise am Gewinn beziehungsweise an der Wertsteigerung des Unternehmens beteiligt. Zugleich kann auf diese Weise die Aktionärsstruktur stabilisiert werden.

Es erfolgt eine Angleichung der Interessenlagen der Mitarbeiter an das Unternehmen und die weiteren Anteilseigner mit einer Verbesserung der Agency-Problematik (vgl. Achleitner, 2002, S. 321 ff.). Die Kapitalbeteiligung kann zusätzlich einen deutlichen Finanzierungseffekt mit einer Erhöhung der Liquidität und der Eigenkapitalquote nach sich ziehen. Jedoch bestehen auch mögliche Risiken aus Kursverlusten, die sich negativ auf die Motivation der Mitarbeiter auswirken können.

Neben diesen Beteiligungen besteht für Führungskräfte häufig die Möglichkeit der Teilnahme an Aktienoptionsprogrammen. Auch in diesem Fall steht die Schaffung eines Leistungsanreizes im Vordergrund, jedoch mit einer starken Hebelwirkung und ohne Verlustrisiko. Optionen beinhalten auf der Käuferseite das Recht, nicht aber die Verpflichtung, eine bestimmte Anzahl von Aktien, zu einem im Voraus festgelegten Basispreis, innerhalb einer Periode zu beziehen. Dadurch kann der Inhaber der Option über die Ausübung eigenständig entscheiden.

Aufgrund des hohen unbegrenzten Gewinnpotenzials und da der Begünstigte keinen Verlust erleidet, ist ein starker Anreiz für das Management zur Erreichung einer Aktienkurssteigerung über den Strike Price hinaus vorprogrammiert. Häufig reagiert die Börse mit Kurssteigerungen allein auf die Ankündigung eines Aktienoptionsprogramms für Führungskräfte, da dies potenziellen Investoren die Einführung des Shareholder Value-Konzepts in das Entlohnungssystem anzeigt.

Neben der Mitarbeiterbeteiligung kann zudem eine zielgerichtete **Gestaltung des Aktionärskreises** bereits mit dem Going Public erfolgen. So können Mitarbeiter, Family&Friends und ausgewählte Geschäftspartner neben außenstehenden Privatinvestoren und Institutionellen angesprochen werden. Jedoch steht eine stabile Aktionärsstruktur konträr zu einer hohen Streubesitzquote und einer damit verbundenen guten Liquidität der Aktie. Eine hohe Liquidität ist aber gerade Voraussetzung für eine effiziente Preisbildung und niedrige Transaktionskosten.

Somit ist unter Umständen eine breite Streuung der Aktien gegenüber einer stabilen Eigentümerstruktur vorzuziehen. Ein hoher Streubesitzanteil bedeutet aber auch den möglichen Einstieg von reinen Kapitalinvestoren, wie Hedge Fonds.

Gerade institutionelle Investoren wie Hedge Fonds stehen in der Diskussion. Denn diese Akteure agieren allein mit der Zielsetzung eine hohe Rendite in einer möglichst kurzen Zeit zu erreichen und erwerben zur Erreichung dieses Zieles zum Teil große Aktienpakete von börsennotierten Unternehmen. Jedoch existieren auch viele Beteiligungsgesellschaften, die strategische Anteile an Unternehmen meist für mehrere Jahre erwerben und dem Unternehmen zudem mit Know How zur Seite stehen. Sicherlich bestehen Hedge Fonds, die aggressiv am Markt tätig sind.

Aber auch diese haben eine Existenzberechtigung, wenn sie Missmanagement und fehlerhafte Strategien aufdecken und für eine verbesserte Unternehmenskontrolle auf dem Kapitalmarkt sorgen. Denn Vorstände sind in der Regel nicht die Eigentümer und Besitzer des Unternehmens, sondern haben lediglich die Befugnis zu einer zeitlich limitierten und zielgerichteten Geschäftsführung. Zudem ist der Eintritt von Hedge Fonds für die übrigen Aktionäre meist mit hohen Kursgewinnen verbunden. Das Going Public bedeutet eine erhöhte Transparenz in der Unternehmensführung. Dies kann auch nach sich ziehen, dass Aktionäre Mehrheitsanteile erwerben und die Unternehmenspolitik zugunsten von erhöhten Dividendenausschüttungen ändern oder grundlegende Umstrukturierungen fordern. Diese Interessen sind zum Teil berechtigt, denn Aktionäre sind Kapitalgeber mit Eigentumsrechten.

Der erfolgreiche erstmalige Börsengang ist kein abgeschlossener Vorgang. Unternehmen haben nach einem IPO viele Folgepflichten zu erfüllen. Im Vordergrund des operativen Geschäfts der Investor-Relations-Arbeit stehen zunächst die Pflichten des Kapitalmarktrechts. Doch dies allein ist meist nicht ausreichend. Vielmehr sind zusätzlich freiwillige Maßnahmen notwendig, um eine aktive sowie ganzheitliche Investor-Relations-Politik zu betreiben.

Die Finanzkommunikation mit finanziellen Daten sowie Non Financials ist auf die Adressaten zielgruppengerecht anzupassen. Es zeigt sich, dass Investor-Relations-Tätigkeiten einen stetigen Prozess darstellen, der über Erfolgskontrollen laufend zu verbessern ist. Dieser Aufwand ist kostenintensiv, erbringt aber auch hohe Nutzenaspekte mit sich, wie unter anderem:

– Deutlicher Abbau von Informationsasymmetrien
– Reduzierung der Kapitalkosten und Wertsteigerung der Anteile
– Vertrauen der Anleger und einen stabilen Aktionärskreis

Investor-Relations-Maßnahmen dienen auch der Glaubwürdigkeit und dem Funktionsschutz des Kapitalmarktes. Nur über eine intensive Kommunikation mit relevanten Stakeholdern kann das Vertrauen in einen leistungsstarken Kapitalmarkt erhalten werden. Die Funktion dieser Märkte mit der Allokation von Geldern in die besten Verwendungen ist für die Entwicklung eines einzelnen Unternehmens wie auch einer gesamten Volkswirtschaft von erheblicher Bedeutung. Informationseffiziente Kapitalmärkte mit liquiden sowie arbitragefreien Preisen schaffen oft erst die Möglichkeit, realwirtschaftliche Prozesse umzusetzen und technologischen Fortschritt zu finanzieren. Liquide Märkte sind notwendig, damit Anleger ihr Investment mit geringen Transaktionskosten zu einem fairen Preis wieder veräußern können. Börsen als Institution erzeugen Liquidität und erhöhen die Bereitschaft von Investoren, weitere Finanzkontrakte einzugehen. Auf diese Weise wird der Wirtschaft vermehrt Kapital bereitgestellt. Dazu ist der Öffentlichkeit eine gute Datenbasis bereitzustellen, damit Kaufentscheidungen auf einer validen Basis getroffen werden.

Um eine umfassende Marktkommunikation durchzuführen, sollte auch der Fixed Income Investor Relations, auch genannt **Creditor Relations**, eine Bedeutung zukommen. Diese richtet sich an die Gläubiger des Unternehmens. Zu berücksichtigen sind dort die Gläubigerinteressen und somit insbesondere detaillierte Informationen zur Gewährleistung der vertragsgerechten Zahlung von Zins- und Tilgungsleistungen. Wichtig ist die integrative Abstimmung der Unternehmenskommunikation bei den Fixed-Income-Investoren und den Shareholders, so dass sich keine Widersprüche ergeben. Der Bereich der Fixed Income Investor Relations ist mit dem Bereich der Equity Investor Relations zu verzahnen und klar aufeinander abzustimmen (vgl. Leineberger/Schiereck, 2007, S. 5 ff.).

Zusammenfassung Abschnitt 6.5: In diesem Abschnitt wurden die **Folgearbeiten nach erfolgreicher Erstemission** erläutert. Neben den zu erfüllenden gesetzlichen Publizitätspflichten besteht auch ein starkes Interesse des Börsenunternehmens an einer intensiven freiwilligen Investor-Relations-Arbeit zu den wichtigen Zielgruppen. Auf diese Weise lassen sich langfristige Investoren zum Kauf gewinnen und Finanzanalysten zu fairen Beurteilungen eines Investments überzeugen. Auch die zielgerichtete Gestaltung weiterer Entscheidungsbereiche mit den geplanten Dividenden, Aktienrückkaufprogrammen kann für eine stetige Wertentwicklung von erheblicher Bedeutung sein.

6.6   Fremdkapitalfinanzierung über Anleihen

von Michael Angrabeit und Florian Beder

6.6.1 Aktuelles Marktgeschehen

Eine Möglichkeit der Fremdkapitalfinanzierung, der sich Unternehmen bedienen können, stellen Anleihen dar. Diese haben in den letzten Jahren nicht nur bei Emittenten als Finanzierungsquelle, sondern auch auf der Investorenseite als attraktives Anlagegut zunehmend an Bedeutung gewonnen. Auf diese Weise besteht für Unternehmen die Möglichkeit, Kapitalmarktexpertise aufzubauen und diese für weitere Platzierungen oder sogar einen Börsengang zu nutzen. Dabei ist das klassische Instrument der Unternehmensanleihen in der Historie schon lange, auch unter den Begriffen Industrieobligationen oder Schuldverschreibungen, bekannt.

Die Marktentwicklung bei Unternehmensanleihen war in Deutschland in den letzten Jahren sehr dynamisch. Aktuell wird diese positive Emissionsentwicklung von Seiten der Unternehmen durch das Zusammenspiel verschiedener Faktoren begünstigt. Zu nennen sind unter anderem das seit der Finanzmarktkrise niedrige Zinsniveau in den unterschiedlichen Risikoklassen, die fehlenden alternativen Anlagemöglichkeiten im Festzinsbereich auf der Investorenseite, die hohe Liquidität an den Märkten, sowie eine seit dieser Zeit restriktivere Kreditvergabe der Banken in bestimmten Sektoren wie beispielsweise krisenbehafteten Branchen.

Die Datenerhebung des Anleihemarktes lässt diese Entwicklung klar erkennen. Das Marktvolumen von Anleihen insgesamt hat sich im Betrachtungszeitraum der folgenden Abbildung von knapp als 600 Mrd. Euro im Jahr 1999 auf rund 1.400 Mrd. Euro, im Jahr 2014 mehr als verdoppelt. Klar zu erkennen ist in Abb. 6.25 der starke Zuwachs zwischen 2008 und 2009, den Jahren der Finanzmarktkrise, aufgrund des erheblichen Anstiegs der Staatsfinanzierung für Beihilfen sowie Refinanzierungen (vgl. Deutsche Bundesbank, 2015, S. 12).

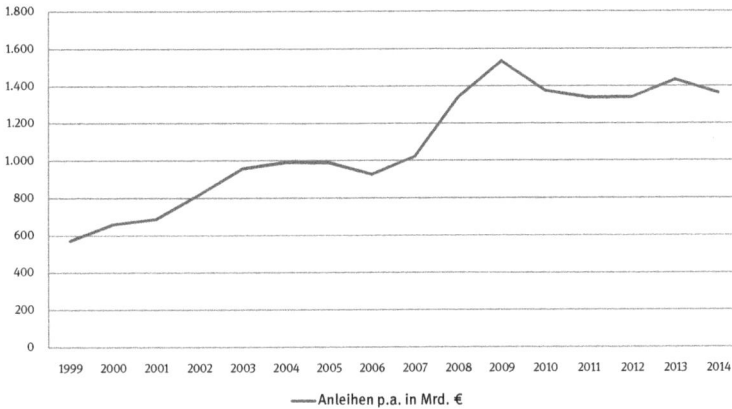

Abb. 6.25: Anleihevolumen in Deutschland von 1999 bis 2014 (Quelle: Eigene Darstellung)

Der Anteil von Unternehmensanleihen im Vergleich zum Volumen der emittierten Staats- und Bankanleihen beträgt im Jahr 2014 dagegen nur rund 5,9 %. Dies zeigt, dass der Markt für Unternehmensanleihen prozentual in Relation zum Gesamtmarkt in Deutschland nur gering ausgeprägt ist. Jedoch wurde der Sektor der Finanzierung aufgrund der Schuldenpolitik vieler Länder über das Finanzinstrument Staatsanleihe in den letzten Jahren sehr stark aufgebläht.

Wird hingegen der Sektor für Unternehmensanleihen mit den absoluten Werten betrachtet, so lässt sich feststellen, dass das Marktvolumen mit 79.873 Mio. Euro im Jahr 2014 sehr umfangreich ausfällt und sich in den letzten Jahren auf einem hohen Niveau, sicherlich begünstigt durch die gute Zinslage stabilisiert hat, wie die nachfolgende Abb. 6.26 zeigt (vgl. Deutsche Bundesbank, 2015, S. 12).

Abb. 6.26: Emissionsvolumen an Unternehmensanleihen (Quelle: Eigene Darstellung)

Ein Grund für den Zuwachs von Unternehmensanleihen war die Öffnung des Anleihemarktes für den Mittelstand. Die Börse Stuttgart hatte als erste deutsche Börse ein speziell auf den Mittelstand zugeschnittenes Anleihesegment eröffnet. Kleinen Mittelständlern war es auf diese Weise möglich, eine Platzierung von Titeln zu erreichen. Mittlerweile wurde das Segment Bondm im Laufe des Jahres 2014 aufgrund vieler Krisenfälle und einer nachlassenden Attraktivität wieder geschlossen. Durch einen zu stark standardisierten sowie vereinfachten Due-Diligence- und Rating-Prozess, sind viele Emissionen mit hohen Ausfallwahrscheinlichkeiten systematisch zu positiv bewertet worden. Trotz der hohen Zinskupons ist das erhebliche Ausfallrisiko nicht ausreichend transparent abgebildet worden.

6.6.2 Arten und Ausgestaltung von Anleihen

Der Begriff der Anleihe ist im Gesetz nicht genau definiert. In der Praxis ist der Begriff der Anleihe oder auch der Obligation als Sammelbegriff für in der Regel mittel- bis langfristige Schuldverschreibungen mit einer festen, einer variablen oder auch keiner Verzinsung zu verstehen. Eine Schuldverschreibung ist eine Urkunde, in der ein Schuldner dem Inhaber des Wertpapiers eine Leistung verspricht (§ 793 Abs. 1 BGB). Die Leistung besteht im Wesentlichen aus der Zahlung der Zinsen und der fristgerechten Rückzahlung der Anleihe. Dabei können Schuldverschreibungen als Inhaber- oder Namensschuldverschreibungen ausgestaltet werden, wobei aus Gründen der Fungibilität die Emission von **Inhaberpapieren** vorherrscht.

Hierbei verpflichtet sich der Emittent zur Leistung an den Inhaber der Urkunde. Dies ist eine Voraussetzung für die erhöhte Marktgängigkeit einer Anleihe, da die Übertragung erleichtert wird. Es erschwert aber die direkte Investorenansprache.

Definition: Eine **Schuldverschreibung** ist gemäß § 793 Abs. 1 BGB eine Urkunde, in der ein Schuldner einem Gläubiger eine Leistung verspricht. Diese besteht bei festverzinslichen Wertpapieren aus der versprochenen Verzinsung und der termingerechten Rückzahlung des aufgenommenen Kapitals (vgl. Uhlir/Steiner, 2000, S. 5). Dabei existieren für den Käufer der Anleihe verschiedene Risikoarten in Form von Bonitätsrisiken und Marktrisiken (vgl. Gallati, 2004, S. 15). Schuldverschreibungen werden auch als **Anleihen** oder **Obligationen** bezeichnet. Anleihen, die von Unternehmen der gewerblichen Wirtschaft emittiert werden, bezeichnet man als Industrieobligationen (vgl. Wöhe et al., 2013, S. 296). Der Begriff **Mittelstandsanleihen** steht im Zusammenhang mit der Benennung der Emissionen in besonderen Börsenmarktsegmente und dem Umstand der Herkunft vieler Emittenten aus dem Mittelstand der deutschen Wirtschaft als mittelgroße Familienunternehmen.

Anleihen werden grundlegend in erstrangige und nachrangige Anleihen eingeteilt. Eine direkte Besicherung von Anleihen mit den üblichen Kreditsicherheiten findet, außer bei Hypothekenanleihen, meist nicht statt. Erstrangige Anleihen, auch **Senioranleihen** (Senior Debt) genannt, sind vorrangige Titel.

Im Insolvenzfall erfolgt eine frühere Bedienung dieser Ansprüche aus der Insolvenzmasse im Vergleich zu nachrangigen Anleihen. Eine **Nachranganleihe** wird erst nachrangig nach allen anderen Gläubigern bedient. Sie verbindet somit den Fremdkapitalcharakter einer normalen Anleihe mit eigenkapitalähnlichen Komponenten und zählt daher im Rahmen der Bilanzanalyse zu den erweiterten Eigenmitteln. Aufgrund dieser Mischung von Eigen- und Fremdkapital, werden diese Wertpapiere auch als Hybridanleihen bezeichnet.

Emittenten von Nachranganleihen sind in der Regel Banken und Versicherungen, die auf diese Weise ihre Eigenmittel und damit ihre Haftungsmasse erhöhen können. Insbesondere in diesen Branchen sind in der Vergangenheit neue regulatorische Anforderungen als Grund für die verstärkte Herausgabe von Nachrangtiteln zu nennen. Neuerdings emittieren allerdings auch vermehrt Unternehmen aus der Industrie Nachranganleihen, um ihre Eigenmittel für das Rating zu erhöhen.

Neben den sogenannten Industrieobligationen, die nicht nur von der Industrie, sondern auch von Handelsunternehmen und Versorgern herausgegeben werden, haben sich seit 2010 sogenannte Mittelstandsanleihen etabliert. Mittelstandsanleihen sind eine neue Form der Refinanzierung von mittelständisch geprägten Firmen über den Kapitalmarkt. Es handelt sich um festverzinsliche Anleihen in einem Volumen von in der Regel 15 bis 150 Mio. Euro und einer Laufzeit von fünf Jahren.

In Abgrenzung dazu finanzieren sich Unternehmen auch festverzinslich und langfristig über Genussscheine und Schuldscheindarlehen. Da diese aber nicht börsennotiert sind und meisten OTC gehandelt werden, beziehungsweise im Gegensatz zu Anleihen kein Marktstandard bei den Emissionsbedingungen existiert, sollen diese Formen der Unternehmensfinanzierung nicht weiter betrachtet werden. Im Folgenden sollen die Merkmale von Anleihen betrachtet werden, die durch den Emittenten in der Regel frei ausgestaltet werden können.

Aufgrund des hohen Emissionsvolumens, werden Anleihen in Teilschuldverschreibungen zerlegt, die an einer Börse gehandelt werden können. In der Praxis herrscht im institutionellen Bereich dabei eine Stückelung von 100.000 Euro pro Teilschuldverschreibung vor, während Retail- und Mittelstandsanleihen eine Stückelung von meist lediglich 1.000 Euro aufweisen und damit auch für Kleinanleger als Anlageinstrument aufgrund der festen Verzinsung interessant sind.

Mit der Ausgestaltung von Anleihen werden in erster Linie die Anleihebedingungen die das Volumen der Anleihe, die Laufzeit, die Verzinsung, die Ausgabe- und Rückzahlungsmodalitäten und mögliche Zusatzvereinbarungen regeln, bezeichnet. Diese Bedingungen sind Bestandteil des **Wertpapierprospektes**. Anbieter von Wertpapieren, die im europäischen Wirtschaftsraum öffentlich angeboten werden, müssen dieses Dokument veröffentlichen. Diese Anforderungen und Bestimmungen für das Inland ergeben sich aus dem Wertpapierprospektgesetz (WpPG).

ℹ️ Definition: In einem zu veröffentlichenden **Wertpapierprospekt** sind unter anderem die Bedingungen der Anleihe und die Chancen und Risiken detailliert darzulegen, um dem Anlagepublikum ein zutreffendes Urteil über die Ertrags- und Finanzlage sowie die Zukunftsaussichten des Emittenten und jedes Garantiegebers zu ermöglichen (§ 5 WpPG). Der Prospekt muss durch die Bundesanstalt für Finanzdienstleistungsaufsicht gebilligt werden. Gerade beim Vertrieb der Anleihen an Kleinanleger gelten hohe Anforderungen an die Aufklärung und Transparenz der Risiken aus der Anlage. So ist beispielsweise eine Zusammenfassung über die Prospektangaben zu erstellen, wenn eine Mindeststückelung von unter 100.000 Euro und der Handel an einem organisierten Markt erfolgen.

Das emittierte **Volumen** der Anleihe richtet sich in erster Linie am Bedarf des Unternehmens aus. Daneben spielt die jeweilige Kapitalmarktsituation eine Rolle, vor allem wenn sogenannte Benchmark-Anleihen emittiert werden. So werden Anleihen mit einem Volumen über 500 Mio. Euro in Deutschland als **Benchmark-Anleihen** bezeichnet. Ab diesem Volumen ist von einem liquiden Sekundärhandel auszugehen. In unruhigen Kapitalmarktzeiten, wie beispielsweise nach dem Zusammenbruch der amerikanischen Bank Lehman Brothers Holdings Inc., kann es vorkommen, dass Anleihen in diesem Volumen allerdings gar nicht, oder nur zu deutlich erhöhten Zinskonditionen, emittiert werden können.

Es existieren in der Regel nur noch zwei **Stückelungen** für Teilschuldverschreibungen. Papiere, die sich an institutionelle Kapitalsammelstellen richten, werden in einer Stückelung von 100.000 Euro angeboten. Anleihen für Retailkunden in einer Aufteilung von oft 1.000 Euro. Bei komplexen Anleihearten, wie beispielsweise RT1-Anleihen von Banken und Versicherungen, schreibt die Bundesanstalt für Finanzdienstleistungsaufsicht (BaFin) deutschen Emittenten eine Mindeststückelung von 100.000 Euro vor, um Privatinvestoren zu schützen, da diese Anleihen ein erhöhtes Risiko aufgrund einer Verlustpartizipation vorsehen.

Bei Anleihen handelt es sich in der Regel um festverzinsliche Wertpapiere. Das bedeutet, dem Gläubiger steht für die gesamte Zeit seiner Kapitalüberlassung ein fester **Nominalzins** zu. Ausnahmen gibt es nur bei den zuvor erwähnten Nachranganleihe. Hier existiert ein fester Nominalzinssatz nur für eine vorher definierte Zeitdauer. Anschließend wird der Nominalzinssatz auf Basis der dann geltenden Kapitalmarktbedingungen bis zum Laufzeitende angepasst (fix-to-fix), oder variabel alle paar Monate neu berechnet (fix-to-float). In Ausnahmefällen besitzen diese Anleihen einen festen Nominalzinssatz bis zum Laufzeitende (fix-for-life).

Bei den beiden erstgenannten Möglichkeiten basiert dieser aktuelle Zinssatz in der Regel auf dem European Interbank Offered Rate (Euribor) für den neuen Zinsabrechnungszeitraum und einer unternehmensindividuellen Marge, die bei Ausgabe festgelegt wird. Einige Anleihen verfügen zudem über einen sogenannten Step-up-Mechanismus. Das heißt, dass zuzüglich zum variablen Zinssatz und der individuellen Marge noch ein vorher definierter Zinsaufschlag hinzukommt.

In den Anleihebedingungen werden nur die Nominalverzinsung und gegebenenfalls die Art der Zinsberechnung ausgewiesen. Die Nominalverzinsung stimmt allerdings weder mit der Zinsbelastung des Unternehmens, noch mit der Verzinsung für den Gläubiger überein. Die Effektivverzinsung wird in der Regel durch den Nominalzinssatz, den Ausgabekurs, den Rückzahlungskurs und die Wahl der Zinsabrechnungsperiode beeinflusst. Die Zinsen werden vorwiegend nachschüssig, an vorher in den Anleihebedingungen festgelegten Zinszahlungsterminen, gezahlt.

Bei der Ermittlung des **Ausgabekurses** ist zu beachten, dass im Gegensatz zur Ausgabe von Aktien, bei Anleihen eine Unterpari-Emission zulässig ist. Dies bezeichnet eine Ausgabe unter dem Nennwert. In der Praxis erfolgt eine Unterpari-Emission, um einen vom Effektivzinssatz abweichenden Kapitalmarktzinssatz (Nominalzinssatz) zu erreichen, beziehungsweise um Anreize zum Kauf der Anleihe zu setzen. Wird zum Beispiel eine Anleihe im Nennwert von 1.000 Euro zu einem Ausgabekurs von 95 % emittiert, muss der Gläubiger nur 950 Euro zahlen, obwohl der Emittent 1.000 Euro zurückzahlt. Zudem wird der Nominalzins auf den Nennwert der Anleihe gerechnet, so dass der Effektivzins höher sein wird.

Die **Laufzeit** der Anleihe bemisst sich nach der Verwendung der finanziellen Mittel beim Emittenten. Häufig werden langfristige Investitionen, wie beispielsweise der Kauf von neuen Gesellschaften oder teuren Maschinen, über Anleihen finanziert, so dass die Laufzeit im Allgemeinen zwischen 10 und 30 Jahren liegen kann. Es existieren allerdings auch Anleihen ohne feste Laufzeit (Perpetuals), die zu bestimmten Zeitpunkten ein Kündigungsrecht seitens des Emittenten aufweisen.

In der Theorie müsste das Interesse an Anleihen mit langen Laufzeiten bei andauernder Inflation abnehmen. Denn ein Steigen der Zinsen am Kapitalmarkt würde zu Kursverlusten führen, die ein Gläubiger beim vorzeitigen Verkauf seiner Anleihe realisieren würde. Im heutigen Niedrigzinsumfeld und Niedriginflationsumfeld mit zum Teil negativen Einlagezinsen sind Anleihen mit langen Laufzeiten und höheren laufzeitabhängigen Zinsen allerdings in der Regel gut emittierbar.

Der Emittent kann sich in den Bedingungen ein vorzeitiges **Kündigungsrecht** vorbehalten. Gerade bei langfristig laufenden Nachrangdarlehen sehen die Anleihebedingungen eine Kündigungsmöglichkeit vor. Es steht dem Emittenten dann vollkommen frei, dieses Kündigungsrecht auszuüben. Allerdings erwartet der Kapitalmarkt regelmäßig diesen Schritt. Ein Abweichen von diesem Marktstandard sollte vom Emittenten gut begründet werden können, damit das Unternehmen nicht als finanziell angeschlagen gilt und künftige Neuemissionen erschwert sind.

Die **Tilgung** einer Anleihe wird in der Praxis auf zwei verschiedene Arten vorgenommen. Zum einen wird die Anleihe in einem Betrag zum Ende der Laufzeit zurückgezahlt. Zum anderen kann der Emittent die Anleihe vorzeitig oder zum Laufzeitende am Kapitalmarkt zurückkaufen. Dies ist vor allem dann sinnvoll, wenn während der Laufzeit die Anleihe unter pari notiert und das Zinsniveau sinkt.

Auf diese Weise spart sich das Unternehmen die Rückzahlung der vollen Anleihe zum Nennbetrag. Der Rückkauf kann dabei in zwei Variante ablaufen. Entweder kauft der Emittent jede Teilschuldverschreibung einzeln am Kapitalmarkt zurück oder er legt mit Unterstützung einer Investmentbank ein öffentliches Anleiherückkaufprogramm auf. In diesem Fall geht die Investmentbank aktiv auf die Gläubiger zu und bietet den Rückkauf der Titel zum Kurswert meistens zuzüglich eines Aufschlages an, um die Attraktivität einer Veräußerung zu erhöhen.

Mit der Emission der Anleihe verpflichtet sich der Emittent zur Zinszahlung und zur Tilgung der Anleihe. Die Investoren verlangen aufgrund der Anonymität des Kapitalmarktes, Sicherheiten in Form von Zusatzvereinbarungen (Covenants), um die Wahrscheinlichkeit der Zahlungen zu erhöhen und sich gegen eine Risikoerhöhung abzusichern, die nach der Ausgabe der Anleihe eintreten kann (vgl. Wöhe et al., 2013, S. 242). Bei diesen Vereinbarungen handelt es sich meistens um Negativklauseln, die den Gläubigern garantieren, dass sie nach der Emission der Anleihe nicht schlechter gestellt werden als die Gläubiger später emittierter Anleihen.

---

i **Definition: Covenants** sind vertragliche Klauseln zwischen Gläubigern und Schuldnern nach denen sich der Schuldner verpflichtet während der Laufzeit des Vertrags bestimmte Handlungen vorzunehmen oder zu unterlassen. Die Nichtbeachtung derartigen Vereinbarungen berechtigt den Gläubiger zur Umsetzung von Sanktionen beispielsweise in Form der Kündigung oder Nachverhandlung.

Es werden zwei Typen von Convenants unterschieden, **Affirmative Covenants** und **Financial Covenants**. Im ersten Fall verpflichtet sich der Emittent zu bestimmten Handlungen oder Unterlassungen. In der Praxis kommt der **Negative Pledge** als häufige Zusatzvereinbarung vor. Hier verpflichtet sich der Schuldner später herausgegebene Anleihen ebenfalls nicht zu besichern, um damit die Stellung der Anleihegläubiger im Insolvenzfall nicht zu verschlechtern. Andernfalls würde der Gläubiger einer unbesicherten Anleihe hinter dem Gläubiger einer besicherten Anleihen zurücktreten (vgl. Walchshofer, 2012, S. 56 ff.).

Ein weiterer verbreiteter Covenant ist die **Pari-Passu-Klausel**, bei der das Unternehmen allen Gläubigern einer Stellung den gleichen Rang einräumt. Sollte ein anderes Unternehmen im Konzernverbund seinen finanziellen Verpflichtungen nicht nachkommen, kann ein Gläubiger bei Vorliegen der **Cross-Default-Klausel** die Rückzahlung der Anleihe verlangen, ohne dass der eigentliche Emittent unmittelbar betroffen ist. Hintergrund ist hier die Vermeidung eines Dominoeffektes. Sollte der Emittent das in Zahlungsverzug geratene Unternehmen selbst stützen müssen, könnte dieses selbst in finanzielle Schwierigkeiten kommen.

Im zweiten Fall der **Financial Covenants** können Finanzkennzahlen beziehungsweise in einigen Branchen auch regulatorische Kennzahlen festgelegt werden, deren Über- oder Unterschreiten vorher vereinbarte Handlungen auslösen.

Covenants stellen allerdings keine dinglichen sowie direkt verwertbaren Kreditsicherheiten dar wie beispielsweise eine Grundschuld, eine Sicherungsübereignung oder eine Globalzession. Klauseln formulieren vertragliche Kriterien, die in die Anleihebedingungen aufgenommen werden und den Gläubigern ermöglichen, bei Verletzung der Auflagen auf die vorzeitige Rückzahlung der Anleihe zu bestehen oder andere Einwirkungen auf das Finanzierungsverhältnis vorzunehmen.

Neben den Vereinbarungen und dem Rang ist die Ausrichtung der Emission auf die für das Unternehmen relevanten Märkte von Bedeutung, um eine schnelle Emission und einen liquiden laufenden Handel zu ermöglichen. Dieser kann weitere Platzierungen des Emittenten erleichtern. Der Handel ist in unterschiedlichen Marktsegmenten möglich. Die Auswahl des Sektors erfolgt meist auf der Basis des Umfangs der Transaktion, der Transparenzanforderungen und der Kosten der Platzierung. Auch der Status einer Börse mit ihrem Bekanntheitsgrad kann die Wahl des Handelsplatzes und die Auswahl der Art des speziellen Segments beeinflussen.

Anleihen von Unternehmen werden in der Regel an öffentlichen Börsen gelistet, um diese nach der Ausgabe im sogenannten Sekundärmarkt handelbar zu machen. Die Entscheidung über die Notierung an einer Börse sowie die Zulassung zum Handel erfolgt auf Antrag am jeweiligen Börsenplatz. Dabei können Anleihen nach Wahl des Emittenten in verschiedenen Segmenten zum Handel zugelassen werden.

An der Frankfurter Wertpapierbörse existieren dafür der **regulierte Markt,** als ein organisierter Markt im Sinne des Wertpapierhandelsgesetzes (WpHG) und der **Open Market** als ein börsenreguliertes Marktsegment. Es existieren verschiedene Transparenz-Level. Anleihen können im Prime Standard sowie im Entry Standard gehandelt werden. Diese Segmente unterscheiden sich hinsichtlich ihrer Zulassungskriterien und Folgepflichten für den Anleihe-Emittenten.

Da es sich beim Prime Standard und beim Entry Standard für Unternehmensanleihen um privatwirtschaftlich organisierte Segmente handelt, werden die Zulassungskriterien und Folgepflichten in den jeweiligen Geschäftsbedingungen der Deutschen Börse AG festgelegt. Eine Besonderheit gilt hier im Prime Standard. Dort können die Anleihen im regulierten Markt oder im Freiverkehr gelistet werden. Sollte sich der Emittent für den regulierten Markt entscheiden, ergeben sich die Zulassungskriterien zusätzlich aus der Börsenzulassungsverordnung (BörsZulV) sowie die Folgepflichten aus dem Wertpapierhandelsgesetz (WpHG). Im Entry Standard ist ein Listing jedoch nur im Freiverkehr möglich.

Die Folgepflichten unterscheiden sich in den Segmenten nur geringfügig. Im Wesentlichen differenzieren sie sich in der Zeitspanne und nach dem Umfang, die der Emittent zur Übermittlung von Unternehmensinformationen an die Börse und zu den Investoren hat. Aufgrund des hohen Transparenz-Levels im Prime Standard, wird der Kapitalmarktkommunikation hier eine große Bedeutung beigemessen. So ist beispielsweise eine Analystenveranstaltung pro Jahr durchzuführen.

Generell ist festzuhalten, dass der Prime Standard einen höheren Transparenz-Level vorsieht und sich eher an große und international agierende Unternehmen richtet, während der Entry Standard für mittelgroße Firmen ausgelegt ist.

Für institutionelle Anleihen hat sich im Wettbewerb der Börsenstandorte vor allem die Société de la Bourse de Luxemburg (Börse Luxemburg) als ein beliebter Börsenplatz herausgebildet. Vorteile auf diesem Markt sind die schnelle Wertpapierprospektprüfung durch die luxemburgerische Finanzaufsichtsbehörde Commission de Surveillance du Secteur Financier (CSSF) und die günstigen Gebühren. Allerdings ist zu beachten, dass in Luxemburg emittierte Anleihen in der Regel OTC gehandelt werden und der Handel über die Börse häufig illiquide ist.

Neben den etablierten Börsenplätzen können vor allem Mittelstandsanleihen an den fünf Regionalbörsen in Berlin, Stuttgart, München, Düsseldorf und Hamburg-Hannover gehandelt werden. Hier existieren, mit der Ausnahme von Berlin sowie Stuttgart, zum Teil spezielle Segmente für den Anleihehandel im Mittelstandssegment, wie zum Beispiel m:access in München oder die Mittelstandsbörse Deutschland in Hamburg und Hannover. Die Emittenten verpflichten sich hier zu einer erhöhten Transparenz, die über die Regelungen des Freiverkehrs hinausgehen. Zudem werden gewisse Mindestanforderungen an die Kapitalmarktfähigkeit des Emittenten und an die veröffentlichte Dokumentation gestellt.

Ein wichtiges Zulassungskriterium im Prime oder Entry Standard ist ein geprüfter und gebilligter **Wertpapierprospekt**. Jedes öffentliche Angebot von Wertpapieren, sowie die Zulassung zum Handel an einen organisierten Markt, macht innerhalb in der Europäischen Union die Erstellung eines Wertpapierprospektes notwendig. Der Mindestinhalt des Wertpapierprospektes ergibt sich aus § 7 WpPG.

Bei der Erstellung des Inhaltes eines Wertpapierprospektes sind regelmäßig viele Beteiligte involviert. Zum einen sind dies intern verschiedene Fachabteilungen des Emittenten. Extern sind vor allem Anwälte mit der Erstellung des Wertpapierprospektes beauftragt. Wirtschaftsprüfer und Investmentbanken sind zudem als weitere wichtige Akteure bei der Anfertigung zu benennen.

Die Erstellung dieses Dokuments nimmt regelmäßig viel Zeit und Kosten in Anspruch, da hier umfangreiche Haftungsgefahren bestehen. Neben dem Emittenten, haften auch die Mitantragssteller, in der Regel Investmentbanken, gesamtschuldnerisch für den entstandenen Schaden, sofern sich nach Zulassung der Wertpapiere herausstellt, das für die Beurteilung des Wertes erhebliche Angaben unrichtig sind beziehungsweise gefehlt haben und die Parteien die Unrichtigkeit gekannt haben oder ohne grobes Verschulden hätten kennen müssen (§ 21 WpPG).

Im Folgenden ist daher auf die Auswahl der qualitativ richtigen Akteure im Emissionsprozess zu achten, damit die Platzierung erfolgreich verläuft und jegliche Haftungsrisiken und weitere Gefahren möglichst vermieden werden.

6.6.3 Stakeholder im Begebungsprozess

Entscheidet sich ein Unternehmen für den Weg der Finanzierung über den Kapitalmarkt und insbesondere über die Begebung einer Anleihe, so treten verschiedene Stakeholder auf, die in den Emissionsprozess einzubinden sind.

Der **Emittent** beschreibt das Unternehmen selbst und steht als Herausgeber der Anleihen im Fokus. Für das Unternehmen sind hierzu mehrere Punkte sicherzustellen. Zuerst muss der Emittent gewährleisten, dass er kapitalmarktfähig ist. Hierzu muss dieser ein hohes Maß an zeitnaher und öffentlicher Transparenzregeln erfüllen. Dieses ist nur mit einer entsprechenden betrieblichen Organisation der Finanzabteilung möglich und erfordet eine gewisse kritische Unternehmensgröße.

Weiterhin sollte der Emittent eine kontinuierliche Kommunikation mit den Investoren sicherstellen können. Ist die geplante Anleiheemission eine Erstemission für das Unternehmen, müssen erhebliche finanzielle und personelle Anstrengungen unternommen werden, um die Investor und Creditor Relations jederzeit und lückenlos sicherstellen zu können. Ist das Unternehmen hingegen bereits börsennotiert und stellt die geplante Emission lediglich eine Folgeemission dar, bedarf es in der Regel keiner großen Anstrengung, da bereits sämtliche Strukturen im Unternehmen vorhanden sind und Kapitalmarkterfahrungen bestehen.

Im Hinblick auf den Stakeholder-Agency-Ansatz, sind bei den Akteuren des Emittenten (Agent) eindeutig Informationsvorsprünge zu erkennen. Um dem Moral Hazard des Insiderhandels vorzubeugen, wird im Unternehmen intern überwacht, dass keine Wertpapiere von den Mitarbeitern gehandelt werden dürfen, bevor entsprechende Informationen veröffentlicht worden sind. Dabei wird in einem sogenannten Insiderverzeichnis festgehalten, welche Mitarbeiter im Unternehmen direkte Insiderinformationen erhalten. Des Weiteren existiert eine **Black Out Period**, bei der Insidern vor Quartals- und Jahresabschlussstichtagen in einem gewissen Zeitraum ein Handel in den eigenen Wertpapieren untersagt ist. Weitere direkt betroffene Akteure außerhalb des Unternehmens müssen selber für die Einhaltung der Vorschriften zum Insiderhandel sorgen. Neben den Emittenten sind viele weitere Akteure an der Platzierung von Anleihen beteiligt wie beispielsweise Juristen.

Die **Rechtsanwälte** werden vom Emittenten beauftragt den Wertpapierprospekt zu formulieren. Grundsätzlich ist der Emittent frei in seiner Entscheidung, ob dieser Schritt Inhouse durch eigene Rechtsanwälte erfolgt oder durch die Vergabe eines Auftrags an eine externe Anwaltskanzlei. Häufig wird die Erstellung des Wertpapierprospektes durch externe Anwaltskanzleien durchgeführt, da diese Spezialabteilungen unterhalten, die sich mit den rechtlichen und den regulatorischen Anforderungen sowie den Haftungsrisiken auskennen. Weiterhin lassen sich die involvierten Banken durch eine externe Anwaltskanzlei beraten. Bezogen auf das Stakeholdermodell, sind die Rechtsanwälte der Gruppe der Berater zuzuordnen.

Der **Wirtschaftsprüfer** überprüft die im Wertpapierprospekt angegebenen Unternehmenszahlen und Daten. Er erstellt als Testat einen sogenannten Comfort Letter, der die Richtigkeit der im Wertpapierprospekt angeführten Unternehmenszahlen und Daten bestätigt. Als Stakeholder ist er ebenfalls den Beratern zuzuordnen. Der Emittent ist hier bei der Auswahl des Wirtschaftsprüfers frei. Es empfiehlt sich jedoch den gleichen Prüfer wie beim Jahresabschluss zu wählen, da die jeweiligen spezifischen Gegebenheiten beim Prüfer bereits bekannt sind und somit eine umständliche Einarbeitungsphase entfällt.

Die **Investmentbank** übernimmt die Funktion der Herausgabe und Platzierung der Wertpapiere. Es kann hier bei umfassenden Emissionen auch eine Konsortialstruktur gewählt werden. Die Einschaltung von Investmentbanken sorgt beim Emittenten für einen professionellen Transaktionsablauf (vgl. Kraus, 2012, S. 54 ff.). Diese übernehmen die Mittlerfunktion, um die kapitalsuchenden Emittenten mit den Kapitalquellen zusammenzuführen (vgl. Hinz/Johannson, 2012, S. 193.). Die Sicherheit der Unterbringung der Anleihen über interne und externe Vertriebskanäle bedingt sich im Wesentlichen durch die Kapitalmarkterfahrung und durch den Marktzugang zu institutionellen Investoren. Durch zusätzliche Vertriebsnetze ist ebenfalls meist ein Marktzugang zu Retailinvestoren gesichert.

Weiterhin übernehmen Investmentbanken eine Beratungsfunktion gegenüber dem Emittenten. Neben der Ausgestaltung der Anleihe beinhaltet dies Fragestellungen, ob der Emittent die notwendige Kapitalmarktreife besitzt oder wie diese hergestellt werden kann (vgl. Grüning/Hirschberg, 2013, S. 592.). So ist es auch vom jeweiligen Finanzinstrument abhängig, welche Bedingungen zu erfüllen sind. Des Weiteren sind neben der Qualifikation des Managements, der Organisationsstruktur, detaillierte Anforderungen an das Rechnungswesen sowie insbesondere die Ausführung der Bond-Story von Bedeutung (vgl. Achleitner et al., 2011, S. 58 ff.).

In der **Bond-Story** ist ein plausibles Unternehmenskonzept mit einer guten Bonität und einem professionellen Risikomanagement sowie Controllingsystem und sowie einer Aussage zur Mittelverwendung darzulegen. Bei einer Begebung von Mittelstandsanleihen kommen auf die Investmentbank weitere formelle Beratungstätigkeiten hinzu, da einzelne Börsenordnungen einzuhalten sind. Diese verpflichten den Emittenten dazu einen Kapitalmarktexperten zu benennen, der die Perspektiven des Emittenten analysiert und bei der Einhaltung von Folgepflichten unterstützend einwirkt (vgl. Grüning/Hirschberg, 2013, S. 593 ff.).

Eine weitere wichtige Aufgabe der Investmentbanken ist die Übernahme der technischen Abwicklung der Emission. Dies betrifft im Wesentlichen die Herstellung der Giroverwahrfähigkeit der Anleihe, die Besorgung der Wertpapierkennnummer, die Unterstützung bei der Stellung eines Zulassungsantrags an der Börse, das Führen des Orderbuches und die Verarbeitung von Zeichnungsanträgen bis zur Zuteilung der Anleihe (vgl. Grüning/Hirschberg, 2013, S. 595).

Die Herstellung der Giroverwahrfähigkeit umschreibt den Gesamtprozess des Herstellens der Globalurkunde, des Überbringen der Urkunde zur Zentralverwahrstelle, dessen Einlagerung und die Einpflegung in das Clearingsystem.

Die Investmentbanken führen darüber hinaus eine eigene Due Dilligence beim Emittenten durch und plausibilisieren damit die Finanzdaten. Damit gleicht die Investmentbank das Emissionskonzept mit den unternehmensinternen Voraussetzungen ab und reduziert die Nachteile aus einer asymmetrischen Informationsverteilung (Hidden-Information-Fall). Die Investmentbank stellt auf diese Weise weitestgehend sicher, dass ihr die bei der Übernahmeverpflichtung der Anleihen entstehenden Risiken bekannt sind (vgl. Hinz/Johannson, 2012, S. 199).

Ratingagenturen haben die Aufgabe eine externe Bewertung zu der spezifischen Bonität und die Ausfallwahrscheinlichkeit des Emittenten zu erstellen. Die Ratings sollen Markttransparenz herstellen und den Investoren helfen, darüber zu entscheiden, ob ein Investment lohnenswert ist oder nicht. Dabei dient das durchgeführte Rating als vertriebsunterstützendes Vehikel. Beispielsweise existieren Investmentfondsgesellschaften, die ein Finanzprodukt nur ab einer bestimmten Bonitätsklasse in ihr Portfolio aufnehmen dürfen. Im Hinblick auf den Stakeholder-Agency-Ansatz dienen Ratingagenturen mit dem zu erstellenden Rating dazu, Informationsasymmetrien zwischen dem Emittenten und den Investoren abzubauen. Die Gruppe der **Investoren** teilt sich auf in den Teil der Institutionellen Investoren und in den Teil der Retailinvestoren als Kleinanleger.

Institutionelle Investoren sind beispielsweise Banken, Versicherungen, Investmentfonds, Hedge-Fonds, Pensionskassen, Organe der öffentlichen Hand, Family Offices, Stiftungen oder auch Vermögensverwaltungs-GmbHs. Diese Gruppe der Anleger ist gekennzeichnet durch meist hohe Investitionsvolumina. Zudem ist aufgrund der Anlagevolumina ein in kaufmännischer Weise eingerichteter Geschäftsbetrieb erforderlich. Einher geht damit, dass diese Investoren durch eigene personelle Ressourcen über sehr gute Recherchekapazitäten verfügen, die den Emittenten unabhängig vom externen Rating überprüfen. Weiterhin haben Institutionelle Investoren eigene Mindeststandards in ihren Anlageverordnungen aufgestellt, die beispielsweise Investments unterhalb von einer definierten Ratingklasse verbieten. In Bezug auf die Stakeholder-Agency-Theorie nehmen die Investoren die Rolle des Principals ein. Durch die zuvor beschriebenen Maßnahmen, ist es dem Principal möglich, Informationsasymmetrien verstärkt abzubauen, um Probleme aus Hidden Characteristics, Hidden Information und Hidden Action zu verringern.

Die **Retailinvestoren** stehen der Gruppe der Institutionellen Investoren gegenüber. Diese Gruppe ist im Wesentlichen durch private Anleger, dem sogenannten Publikum, gekennzeichnet. Diese Investoren investieren in der Regel nur begrenzte Beträge und haben einen Informationsnachteil, wie beispielsweise einen fehlenden Zugang zu aktuellen Kapitalmarktinformationen.

Die Informationsnachteile sind weiterhin durch ein fehlendes aktives Management der Privatanleger gekennzeichnet. Dadurch ergeben sich auch Nachteile in zeitlichen Kapazitäten, sowie fehlenden Analysemöglichkeiten und fehlende Marktkenntnisse. Durch diese Merkmale kann diese Investorengruppe in Bezug auf die Stakeholder-Agency-Theorie vorhandene Informationsasymmetrien nicht weiter reduzieren. Die Anleger müssen sich oft auf vorhandene Ratings verlassen. Aus diesem Grund sind hier externe Ratings auch als Anlegerschutz und Anlegerinformation zu verstehen. Eine Besonderheit bei privaten Investoren stellen vermögende Privatinvestoren dar, die häufig Merkmale beider Investorengruppen aufweisen und daher beiden Akteuren nicht klar zugeordnet werden können.

6.6.4 Begebung von Anleihen

Wird in einem Unternehmen die Entscheidung getroffen, sich über börsengehandelte Anleihen zu refinanzieren, stellt sich zuerst die Frage an das Management, ob die Anleihe über eine **Selbstemission** oder über eine **Fremdemission** erfolgen soll. Bei einer Selbstemission veräußert der Emittent die begebenden Anleihen direkt an die Investoren (vgl. Wöhe et al., 2013, S. 300).

In den überwiegenden Fällen, entscheiden sich die Emittenten allerdings gegen eine Selbstemission und für eine Fremdemission, um das Vertriebs- und Begebungsrisiko erfolgreich zu minimieren. So verfügen Banken über das notwendige Fachwissen um die Kapitalmarktsituation richtig einschätzen zu können. Daraus abgeleitet ergeben sich die richtigen Konditionen und die Wahl des optimalen Emissionszeitpunkts. Weiterhin verfügen Banken über ein hervorragendes Vertriebsnetz, um Anleihen in großen Stückzahlen und Volumina schnell und erfolgreich zu platzieren. Darüber hinaus übernehmen die Emissionsbanken gegen eine Provision auch Emissionsteile, die nicht unverzüglich am Markt untergebracht werden können und tragen damit Teile des Unterbringungsrisikos.

Im Fall der Fremdemission kommt es vor, dass diese Übernahme einer Anleihe die finanziellen Möglichkeiten einer einzelnen Bank überschreitet (vgl. Wöhe et al., 2013, S. 301). Dann schließen sich mehrere Banken auf der Grundlage einer Auswahl des Emittenten zu einem sogenannten Konsortium in Form einer BGB-Gesellschaft zusammen. Es wird in Abstimmung mit dem Emittenten entschieden, welche Investmentbank die **Konsortialführung** übernimmt oder ob die Konsorten gleichberechtigt, als sogenannte **Joint Lead Manager** untereinander agieren.

Die Hauptfunktion einer Investmentbank besteht im Absatz der Wertpapiere und in der möglicherweise notwendigen Übernahme des wirtschaftlichen Risikos bei der Platzierung der Anleihen (vgl. Grüning/Hirschberg, 2013, S. 589.).

In den Konditionen des Übernahmevertrages zwischen dem Emittent und der Investmentbank, dem **Underwriting Agreement** beziehungsweise dem **Subscription Agreement**, kann das mit der Emission verbundene Risiko von der Investmentbank komplett übernommen werden oder beim Emittenten verbleiben.

Bei der Risikoübernahme durch die Investmentbank spricht man von einer sogenannten Festübernahme (Firm Commitment Underwriting). Verbleibt dieses Platzierungsrisiko beim Emittenten, so spricht man dagegen von einer kommissionsweisen Platzierung (Best-Efforts Underwriting)

Bei einem **Konsortium** hingegen verteilt sich das Platzierungsrisiko ebenfalls auf alle Konsorten. Der Verkaufsprozess erfolgt ähnlich dem eines Zwischenhändlers. Das Konsortium kauft sämtliche Anleihen der Emission und übernimmt diese in den eigenen Bestand. Diese werden anschließend auf eigene Rechnung weiterverkauft (vgl. Wöhe et al., 2013, S. 278). Die Übernahme des Veräußerungsrisikos lassen sich die Investmentbanken in Form eines Risikoabschlages indirekt vergüten.

Wird vom Emittenten im Rahmen der Verhandlung mit der Investmentbank ein Best Efforts Underwriting angestrebt, wird der oben beschriebene Risikoabschlag nicht vorgenommen. Damit kann die Anleihe näher am Marktpreis platziert werden. Dafür übernimmt der Emittent das Platzierungsrisiko sowie das Preisrisiko. Bei größeren Emissionen wird oftmals eine Festübernahme vereinbart. Bei Mittelstandsanleihen hingegen, wird in der Regel ein Best Efforts Underwriting gewählt.

Bei einer Selbstemission ist das Geschäft für den Emittenten in der Regel ohne Bankerlaubnis realisierbar. In Abgrenzung zum § 1 Abs. 1 Satz 2 Nr. 1 KWG nimmt das emittierende Unternehmen kein Einlagengeschäft vor und es bedarf somit keiner Bankerlaubnis. Im Rahmen der Festübernahme hingegen handelt es sich für die Investmentbank sehr wohl um ein erlaubnispflichtiges Geschäft, das eine Banklizenz notwendig macht und bei dem zudem die BaFin zustimmen muss (§ 32 Abs. 1 Satz 1 KWG). Der typische Ablauf einer Anleiheemission lässt sich in drei Phasen aufgliedern, wie in Abb. 6.27 verdeutlicht wird:

- **Vorbereitungsphase:** In der Vorbereitungsphase wird vom Emittenten geprüft, wie die Marktsituation ausgestaltet ist, zu welchen grundsätzlichen Bedingungen die Anleihe begeben werden kann und welche internen Aufgaben zu bewältigen sind. Dazu werden vorbereitende Maßnahmen getroffen, die für die Angebotsphase und Abwicklungsphase notwendig sind.
- **Angebotsphase:** Die Angebotsphase beschreibt den Zeitraum, in dem die Wertpapiere den institutionellen Investoren und Kleinanlegern öffentlich zum Kauf angeboten werden.
- **Abwicklungsphase:** In der Abwicklungsphase erfolgt die Preisfestsetzung, die Zuteilung an die interessierten Investoren, sowie die Erstnotierung an einem bereits zuvor festgelegten Börsenplatz.

Vorbereitungsphase

| Prüfung der Anleihe-tauglichkeit | Durchführung der Due Dilligence | Festlegung des Emissions-konzepts | Prüfung des Prospekts durch BaFin | Bewertung durch eine Ratingagentur |

Angebotsphase

| Festsetzung Angebots-frist | Erstellung Firmen-präsentation | Durchführung (Pre-) Marketing | Öffnung/ Schließung Orderbuch |

Abwicklungsphase

| Festsetzung endgültiger Preises | Zuteilung an die Investoren | Eröffnung Handel der Anleihe |

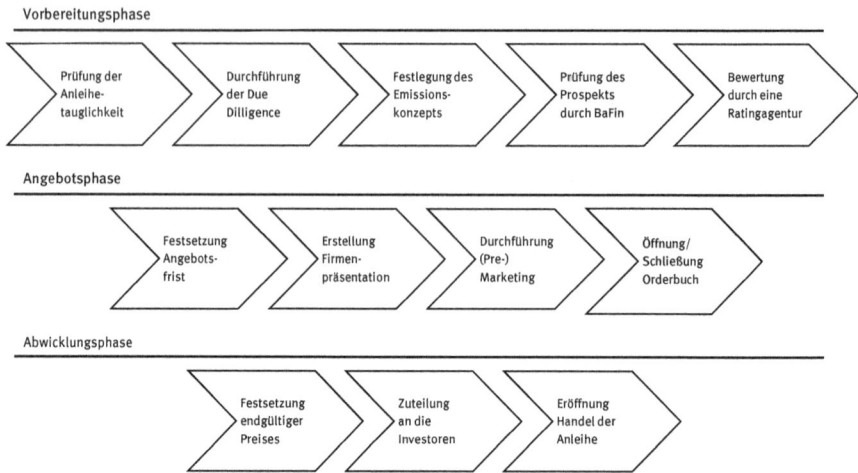

Abb. 6.27: Platzierungsablauf (Quelle: Finance-Studien, 2011, S. 14)

Die wesentlichen Inhalte der **Vorbereitungsphase** betreffen die Auswahl der Berater und sonstiger Dienstleister sowie die notwendigen Basisschritte zur Vorbereitung der Emission, wie die Planung des Investitionsvorhabens, die Durchführung von Machbarkeitsstudien, sowie die Erstellung und Bewertung von Investitions- und Rentabilitätsrechnungen. Darauf folgt die Zusammenstellung der Dokumente, wie Jahresabschlüsse, Budgets, Investitionsrechnungen für den Wertpapierprospekt sowie für weitere rechtliche Dokumentationen.

Nach der Mandatierung der Investmentbanken, erstellen diese umgehend die Due-Dilligence-Prüfung über den Emittenten. Die wesentlichen Inhalte sind die Betrachtung der aktuellen wirtschaftlichen Situation, die Kapitaldienstfähigkeit, die Überprüfung der Planungsrechnungen und der Investitionsvorhaben. Zudem werden die rechtlichen Grundlagen, wie beispielsweise die Organisationsstruktur, interne Prozesse, die Eigentümerstruktur, sowie das Management einer eingehenden Untersuchung unterzogen. Der angestrebte Zeitraum hierfür ist höchst unterschiedlich ausgeprägt. Meist kommt es darauf an, ob es sich um eine Erstprüfung oder um eine Folgeprüfung handelt und ob die Geschäftsbeziehung zwischen Emittent sowie Investmentbank schon länger Bestand hat. In diesem Fall kann die Investmentbank ihre erneute Prüfung bereits dem bestehenden Datenmaterial des Kunden aufbauen und die Akteure kennen sich und die jeweiligen Anforderungen des Gegenübers.

Bei jeder angestrebten Emission ist es wichtig von den Investmentbanken bereits frühzeitig am Markt zu überprüfen, welche Investoren bereit zum Kauf der Anleihe sind und zu welchen Konditionen die Anleihe platziert werden kann. Dieses wird im Rahmen eines Pre-Soundings untersucht.

An potentielle Lead-Investoren werden anonymisierte Eckdaten herausgegeben, damit im Vorfeld geprüft werden kann, wie der Markt auf dieses Angebot reagiert und ob die geplante Emission ein Erfolg oder Misserfolg wird.

Die eigentliche Hauptaufgabe und zeitliche Hauptinanspruchnahme des Emittenten und der Rechtsanwälte ist es, den Wertpapierprospekt rechtzeitig und ordnungsgemäß zu erstellen. Bei einer Platzierung an einer Börse in einem regulierten Markt, handelt es sich um ein öffentliches Angebot, das die Erstellung eines Wertpapierprospekts in jedem Fall erforderlich macht. Der Prospektinhalt muss hierbei über verschiedene Punkte detailliert Auskunft geben.

Dabei sind Berichte über das Geschäftsmodell und die Geschäftstätigkeit des Unternehmens, aktuelle Marktentwicklungen und Prognosen, Trends, sowie technische Informationen über die eigentliche Anleihe unabdingbar. Weiterhin werden Informationen, wie bestehende Jahresabschlüsse für die vergangenen ein bis drei Jahre verlangt. Die exakten Anforderungen werden von der jeweiligen Börse bestimmt, an denen die Anleihe gehandelt werden soll.

Generell existieren in der Praxis zwei unterschiedliche Alternativen ein Wertpapierprospekt zu erstellen. Die erste Möglichkeit besteht darin, eine komplette Prospekterstellung zu realisieren. Diese beinhaltet die zuvor beschriebenen Anforderungen und zusätzlich das Registrierungsformular, die Wertpapierbeschreibung sowie die Zusammenfassung. Die zweite Möglichkeit ist besteht darin, ein sogenanntes Basisprospekt zu erstellen. Diese Variante eignet sich allerdings nur dann, wenn ein Unternehmen ein Anleiheprogramm mit mehreren Emissionen über einige Jahre emittieren möchte. Dann werden die zuvor beschriebenen Anforderungen in das Basisprospekt ausgegliedert. Zu jeder diesem Anleiheprogramm gehörenden Emission werden dann eigene Zusatzprospekte erstellt, die nur noch die aktuellen Informationen über die eigentliche neu emittierte Anleihe enthalten.

Der Vorteil ist, dass der Emittent damit schnell sowie flexibel am Markt reagieren kann, da die jeweilige langwierige Prüfung dieses kompletten Prospekts durch die CSSF oder BaFin nur einmal durchgeführt werden muss. Gemeint ist die kurzfristige Platzierung einer Anleihe am Markt, um mögliche gute Marktsituationen in einem bestimmten Zeitfenster abzupassen. Die Prüfung der jeweiligen Anleiheinformationen verläuft hingegen sehr zügig. Für eine Einzelemission benötigt die CSSF hingegen beispielsweise nur zwei Wochen. Dagegen kann die Prüfung eines Wertpapierprospekts durch die BaFin bis zu sieben Wochen andauern.

Parallel zur Prospekterstellung wird der Ratingprozess für die zu begebene Anleihe angestoßen. Hierbei handelt es sich um ein sogenanntes Anleiherating. Ausgangspunkt ist das Unternehmensrating des Emittenten. Wurde der Emittent durch vorangegangene Kapitalmarktaktivitäten an regulierten Börsen bereits durch ein externes Ratingunternehmen bewertet, werden die jährlich wiederkehrenden Folgeratings ohnehin durchgeführt.

Bei nicht öffentlichen Emissionen an nicht regulierten Börsen sind externe Ratings nicht unbedingt erforderlich. Diese werden dann aber häufig freiwillig beauftragt. Die Bonitätsbewertung durch ein Ratingunternehmen soll die Kapitaldienstfähigkeit und nachhaltige Stabilität künftiger Cash-Flows bewerten. Bezogen auf den Agency-Ansatz sollen zwischen Kapitalnehmer, also dem Emittenten und dem Kapitalgeber, dem Investor, vorhandene Informationsasymmetrien reduziert werden.

Die **Angebotsphase** beginnt mit der Festsetzung einer Angebotsfrist des Emittenten. Innerhalb einer variablen Zeitspanne können die Investoren ihre Angebote beim Emittenten beziehungsweise bei der betreuenden Investmentbank platzieren. Dieser Prozess wird in der Praxis als Bookbuilding bezeichnet. In der Regel bezieht sich der zuvor dargestellte Zeitraum in guten Marktphasen häufig auf nur wenige Stunden. Wird dann das Orderbuch geschlossen, stehen die Zinshöhe und der Preis je Stückelung der Anleihe fest.

Im Anschluss daran wird die Globalurkunde gefertigt und nach Übergabe an die Zentralverwahrstelle handelsfähig gemacht. Ist dieser Prozess abgeschlossen, wird den Investoren die Anleihe in der **Abwicklungsphase** eingebucht. Ab diesem Augenblick ist die Anleihe außerbörslich handelbar. Bei dem anstehenden Geldfluss vom Investor an den Emittenten übernimmt der Bookrunner die kurzzeitige Verwaltung des Emissionserlöses.

Der Bookrunner ist die zentrale Stelle, die das Orderbuch führt. Bei Eigenemissionen ist dies der Emittent selbst, bei Fremdemissionen übernimmt die begleitende Investmentbank regelmäßig diese Rolle. Bei der Best-Efforts-Variante übernimmt die Investmentbank die Verwaltung lediglich treuhänderisch. Bei der Festübernahme der Anleihe ist die Investmentbank hingegen der rechtmäßige Erlösempfänger. Der Emittent erhält den Erlös somit Zug um Zug mit der Herstellung der Giroverwahrfähigkeit bei der Zentralverwahrstelle.

Während des gesamten Begebungsprozesses wird zeitlich parallel die Unternehmenspräsentation erstellt. Diese wird vor Öffnung des Orderbuchs auf einer von den Investmentbanken optional organisierten Roadshow im In- und Ausland oder auf Investorenkonferenzen von der Geschäftsleitung den potenziellen Investoren präsentiert. Die Roadshow ist gerade für neue Kapitalmarktteilnehmer oder für komplexe Anleihen ein sehr wichtiges Marketinginstrument.

Zentral für die Erstvermarktung und für Folgeemissionen sind auch die Maßnahmen im Bereich Investor Relations. Der Bereich Investor Relations bezeichnet das Beziehungsmanagement zu den Investoren und lässt sich im Bereich der Anleihen auch als Creditor Relations bezeichnen. Ziele sind unter anderem die adressatengerechte Informationspolitik zu den wichtigen Anleihegläubigern, damit diese auch weitere Platzierungen beobachten und somit künftig Papiere des Emittenten zeichnen. Mit der Bildung eines festen Anlegerkreises besteht auf diese Weise die Möglichkeit, den Vertrieb der Anleihen später einmal eigenständig zu organisieren.

6.6.5 Investor Relations und externes Rating

Die Begebung einer Anleihe ist für den Emittenten oft der erste Kontakt mit dem Kapitalmarkt. Neben einer technischen Herstellung der Kapitalmarktfähigkeit in Form eines schnellen, effizienten sowie qualitativ ausreichenden Jahresabschlussprozesses, gehört auch der Aufbau der Kommunikationsfähigkeit zu den Investoren. Viele Unternehmen richten dazu einen sogenannten **Investor-Relations-Bereich** oder auch eine spezialisierte **Creditor-Relations-Abteilung** ein, deren Aufgabe es ist, die eingegangene Verbindung zwischen der Gesellschaft und dem Kapitalmarkt sowie den einzelnen Anlegern herzustellen und zu erhalten. Der Bereich der Investor-Relations dient der Kommunikation mit den Investoren, Analysten und den sonstigen Aktieninteressierten, um eine asymmetrische Informationsverteilung zwischen dem Emittenten und seinen Stakeholdern abzubauen.

Definition: Der Begriff **Debt Relations** lässt sich als Teilgebiet der Investor Relations verstehen, um eine asymmetrische Informationsverteilung und Transaktionskosten zu außenstehenden Anlegern und anderen Stakeholdern abzubauen (vgl. Heseler, 2013, S. 28 ff.).

Dies kann erreicht werden, indem das Unternehmen zusätzlich zum Quartals- oder Jahresabschluss zielgerichtete Informationen an seine verschiedenen Investorengruppen herausgibt. Im Bereich der Creditor Relations kann zielgerichtet auf diese Anleger in Anleihen eingegangen werden, die primär eine vertragsgerechte Verzinsung und eine vereinbarungsgemäße Rückzahlung des Kapitals erwarten. Es steht die finanzielle Stabilität für die Gläubiger im Vordergrund der Betrachtung.

Des Weiteren können auf einer für das Creditor Relations eingerichteten Homepage die Prospekte und die Anleihebedingungen sowie das Rating aufgeführt werden. Der Kontakt zu den Investoren zur Schaffung von Vertrauen und zur Sicherung der Liquidität zu optimalen Konditionen steht häufig im Vordergrund dieser Relations-Tätigkeit Arbeit (vgl. Barrantes/Stärz, 2013, S. 40 ff.).

Gerade große Anleiheinvestoren erwarten von Emittenten, dass dieser sich nicht nur zum Zeitpunkt der Emission, sondern regelmäßig dem Dialog mit diesen Institutionellen stellen. Fragen dieser Anleger sind durch das Management des Emittenten in Gesprächen direkt zu beantworten (vgl. DVFA, 2014, S. 6).

Unternehmen, die Anleihen im Prime Standard der Deutschen Börse AG begeben haben, sind sogar dazu verpflichtet, mindestens einmal im Jahr eine Analystenkonferenz durchzuführen, an der auch die Anleiheinvestoren teilnehmen können. Zudem müssen sie Ad-Hoc-Mitteilungen, auch in englischer Sprache, veröffentlichen. Weiterhin ist es wichtig, regelmäßig zu Conference-Calls und unterjährigen Gesprächen einzuladen, um die Investoren über die Entwicklung des Unternehmens und das mit dem Investment verbundene Risiko zu informieren.

Um diese Risiken über die Laufzeit der Anleihe richtig einschätzen zu können, benötigen die Investoren Informationen zur Risikoberichterstattung, zu Refinanzierungsplänen, zu Zinsergebnissen und Pensionsverbindlichkeiten, die aufgrund der Auswirkungen auf die Zahlungsfähigkeit des Unternehmens und die Bewertung der Anleihen zwangsläufig ein hohes Gewicht einnehmen. Außerdem sollten Prognosen zur Geschäftsentwicklung sowie zu wichtigen strategische Entscheidungen mit dem Einfluss auf die Ertrags- und Finanzierungsstruktur den Anleiheinvestoren zeitnah zugänglich gemacht werden (vgl. DFVA, 2014, S. 5).

Eine weitere Alternative kann es sein, den Prognosebericht im Jahresabschluss für diese Informationszwecke zu nutzen, da ebenfalls zukünftige Daten übermittelt werden. Neben der aktiven Investor-Relations-Arbeit hilft auch eine gute Ratingqualität zur Optimierung der Konditionen und der Vertriebsaktivitäten. Auch das Rating ist im Rahmen der Investor-Relations-Strategie an die Anleger zu übermitteln und eingehend zu erläutern. Gerade negative Ratingänderungen sind durch die Firma zu kommentieren, damit die Anlegerschaft ein Verständnis für das aktualisierte Risiko erhält. Um zwischen dem **Emittentenrating** und dem **Emissionsrating** unterscheiden zu können, benötigen Investoren zudem Informationen über die Konzernstruktur, die es erlauben, Subordinationsrisiken festverzinslicher Finanzinstrumente zu erkennen und zu bewerten (vgl. DFVA, 2014, S. 5).

Definition: Das **Emittentenrating** bezieht sich auf die Bonität und Ausfallrisiken des Schuldnerunternehmens. Relevant sind bei dieser Beurteilung die unternehmensinternen Kennzahlen und beispielsweise die Branchenlage. Dagegen handelt es sich bei dem **Emissionsrating** um die besondere Einschätzung und Bewertung individuell emittierter Wertpapiere. Garantien sowie dingliche Sicherheiten können dieses Rating beeinflussen, wenn eine weitere Haftungsmasse zur Verfügung steht.

Bei der Emission von Anleihen existiert oftmals eine Ungleichverteilung von Informationen zwischen dem Emittenten und dem Käufer der Anleihe. Der Käufer geht auf Grundlage der Informationen aus dem Wertpapierprospekt daher ein Bonitätsrisiko ein, das sich über die gesamte, meist mehrjährige, Laufzeit der Anleihe in einer möglichen Zahlungsverschlechterung des Schuldners, bis hin zu einem vollständigen Zahlungsausfall, ausdrücken kann.

Dabei hat im Zeitablauf die Geschäftsführung (Agent) einen Informationsvorsprung über die Zahlungsfähigkeit der Gesellschaft gegenüber den Gläubigern (Principals). Diese Ungleichverteilung versuchen international tätige Rating-Agenturen zu relativieren. Diese unabhängigen Institute treffen Aussagen zu relativen Ausfallrisiken für bestimmte Emittenten oder Wertpapiere (vgl. Wöhe et al., 2013, S. 223).

Dabei wird das Rating in der Regel vom Emittenten bei einer Agentur seiner Wahl beauftragt. Auf dem globalen Kapitalmarkt dominieren die Ratings großer international anerkannter amerikanischer Agenturen. Die weltweit agierenden Unternehmen lassen ihre Wertpapiere von diesen Firmen kostenpflichtig bewerten.

Kleinere deutsche Rating-Agenturen wie die Creditreform Rating AG, Scope Ratings AG sowie Euler Hermes Rating GmbH spielen lediglich auf dem Markt für Mittelstandsanleihen eine Rolle. Hier steht beim Rating, im Unterschied zu den international agierenden Rating-Agenturen, vornehmlich der Emittent und nicht das Wertpapier im Fokus der Betrachtung. Die speziellen Anleihebedingungen sind oft nicht Gegenstand der Bonitätseinschätzung.

In der Praxis führt das dazu, das unter anderem wegen der bestehenden Möglichkeiten der Restrukturierung von Anleihen aufgrund des Schuldverschreibungsgesetzes (SchVG) die Korrelation zwischen Höhe des Zinskupon und Ausfallwahrscheinlichkeit von Mittelstandsanleihen nicht immer mit den Unternehmensanleihen großer Emittenten übereinstimmen (vgl. Finance-Studien, 2011, S. 14). Der Emittent stellt der Rating-Agentur die notwendigen Informationen quantitativer und qualitativer Natur zur Bewertung der Anleihe zur Verfügung. Dies sind hauptsächlich die Anleihebedingungen, der Wertpapierprospekt und eventuelle Garantieerklärungen eines Garanten. Für die Emission nutzen international agierende Unternehmen, aus steuerlichen Gründen, Einzweckgesellschaften (SPV). Für diese Anleihen gibt die deutsche Konzernobergesellschaft regelmäßig eine Garantie ab. Die Einschätzung zur Bedienbarkeit der Zinsverpflichtungen und zur Rückzahlung der Anleihe wird dabei zu einer einzelnen Bewertungsgröße verdichtet und veröffentlicht.

Definition: Ein **Anleiherating** drückt die Wahrscheinlichkeit und die Schwere eines Zahlungsausfalls bezüglich der Höhe des Verlustes aus. Es zeigt die Ausfallwahrscheinlichkeit bezogen auf ein Jahr, dass ein Emittent von Anleihen seine finanziellen Verpflichtungen nicht vollständig und fristgerecht erfüllen kann. Die Ratingskala drückt das erhöhte Ausfallrisiko anhand von Stufen aus. Das Rating ist in die Zukunft gerichtet und die Bonität wird nach einem strukturierten Ratingprozess ermittelt. Die Mandatierung der Agenturen und die Kostenübernahme erfolgen durch den Emittenten.

Während die Wahrscheinlichkeit zur Anleihebedienung damit zusammenhängt, ob das Unternehmen aus seinem operativen Geschäft ausreichend hohe Cashflows erwirtschaftet, um den Kapitaldienst zu erbringen, hängt die Ausfallhöhe von weiteren Faktoren ab. Dies sind vor allem der Wert einer vereinbarten Sicherheit oder die Insolvenzmasse in ihrer Gesamtheit sowie die Stellung der Gläubiger in Insolvenz. Diese Position der Anleihegläubiger kann, wie bereits beschrieben, erstrangig oder nachrangig sein. Nachrangige Gläubiger erhalten in der Insolvenz meist nur eine geringere Rückzahlungsquote. Daher werden die **Subordinated Bonds** in der Regel ein bis zwei Stufen niedriger als erstrangige Anleihen bewertet.

Das Rating einer Anleihe beeinflusst den Preis notierter und neu emittierter Wertpapiere. Der Gläubiger hat über das Rating die Möglichkeit, die Investition in eine Anleihe einer Investition in eine sichere Anlage, wie einer deutschen Staatsanleihe, gegenüberzustellen und daraus einen Preisaufschlag für das inhärente Risiko abzuleiten. Diese Aufschläge sind innerhalb einer Ratingklasse annähernd gleich.

Es kann, aufgrund von Vergleichstransaktionen nach dem Rating einer Neuemission, ein risikoadäquater Preis ermittelt werden. Sollte dieser Preis nicht den Vorstellungen des Emittenten entsprechen, kann die Anleihe nach den bestehenden Möglichkeiten so umstrukturiert werden, dass sich das Rating verbessert und damit der Preis sinkt. In der nachfolgenden Abb. 6.28 sind die einzelnen Ratingklassen von Moody's und Standard & Poor's im Vergleich dargestellt.

Überblick über die Rating-Skalen von Moody's und Standard & Poor's			
	Moody's	S&P	Erläuterung
Investment Grade	Aaa	AAA	Schuldner höchster Bonität, Ausfallrisiko auch längerfristig so gut wie vernachlässigbar.
	Aa1 Aa2 Aa3	AA+ AA AA-	Sichere Anlage, Ausfallrisiko so gut wie vernachlässigbar, längerfristig aber etwas schwerer einzuschätzen.
	A1 A2 A3	A+ A A-	Sichere Anlage, sofern keine unvorhergesehenen Ereignisse die Gesamtwirtschaft oder die Branche beeinträchtigen.
	Baa1 Baa2 Baa3	BBB+ BBB BBB-	Durchschnittlich gute Anlage. Bei Verschlechterung der Gesamtwirtschaft ist aber mit Problemen zu rechnen.
Non-Investment Grade	Ba1 Ba2 Ba3	BB+ BB BB-	Spekulative Anlage. Bei Verschlechterung der Lage ist mit Ausfällen zu rechnen.
	B1 B2 B3	B+ B B-	Hochspekulative Anlage. Bei Verschlechterung der Lage sind Ausfälle wahrscheinlich.
	Caa	CCC+ CCC CCC-	Nur bei günstiger Entwicklung sind keine Ausfälle zu erwarten.
	Ca	CC C	Moody's: in Zahlungsverzug. Standard & Poor's: hohe Wahrscheinlichkeit eines Zahlungsausfalls oder Insolvenzverfahren beantragt, aber noch nicht in Zahlungsverzug.
	C	D	Zahlungsausfall

Abb. 6.28: Ratingskala (Quelle: Moody's und Standard & Poor's)

Da die Zahl der Kapitalmarktteilnehmer und damit auch der Investitionsalternativen seit Jahren ansteigt, sind selbst professionelle Marktteilnehmer nicht mehr in der Lage, alle möglichen Anlageoptionen zu berücksichtigen und zu bewerten. Ratings helfen so, die Risiken verschiedener Investitionsmöglichkeiten miteinander grob zu vergleichen, ohne selbst eine Bonitätsbewertung vornehmen zu müssen. Sie stellen damit eine Unterstützung beim Portfoliorisikomanagement der Kapitalanlage von institutionellen Kapitalsammelstellen dar. Einen weiteren wichtigen Beurteilungsmaßstab liefert die Bewertung der einzelnen Anleihe.

Dabei existieren unterschiedliche Bewertungsmodelle. Zu nennen sind hier unter anderem die Effektivzinsmethode (Yield to Maturity), das Barwertkonzept, die renditeorientierte Beurteilung und die preisorientierte Bewertung anhand eines Arbitrageportfolios (vgl. Uhrlir/Steiner, 2000, S. 7 ff.). Zur Überprüfung einer Bewertung lassen sich auch mehrere Verfahren gleichzeitig anwenden.

Beim Barwertansatz werden die künftigen Zahlungen aus der Anleihe mit einem laufzeitabhängigen und risikoadäquaten Zins abdiskontiert, um den **Present Value** der Anleihe zu erhalten. Bei einer renditeorientierten Bewertung kommen Formeln zur Errechnung der, in einer Anleihe beinhalteten, Verzinsung zur Anwendung. Die preisorientierte Methode verwendet fristigkeitsabhängige Renditen aus einer gegebenen Marktstruktur, um interessante Investments herauszufiltern. In der Praxis wird als Auswahlmaßstab oft die Effektivzinsmethode vor oder nach Steuern herangezogen. Dieses soll anhand eines Beispiels verdeutlicht werden.

6.6.6 Bewertung von Anleihen

Am 28. April 2011 hat die Valensina GmbH eine festverzinsliche Anleihe über 50 Mio. Euro mit einer Laufzeit von fünf Jahren sowie einem Nominalzinssatz von 7,375 % herausgegeben. Die nachfolgende Abb. 6.29 zeigt die wichtigen Kerndaten der Anleihe aus dem Segment der Mittelstandsanleihen.

Eckdaten der Valensina Anleihe	
Emittent	Valensina GmbH
Volumen	50 Millionen Euro
Emissionsstart	11. April 2011
Zins	7,375 Prozent p.a.
Laufzeit	5 Jahre
Rating	BB
Stückelung	1.000 Euro
Status	Unbesichert, mit Negativverpflichtungen für Kapitalmarktverbindlichkeiten
Kündigungsrecht	Kein Kündigungsrecht des Emittenten, Kündigungsrecht der Gläubiger u.a. bei Kontrollwechsel und in anderen Fällen wie Insolvenz oder Zahlungseinstellung des Emittenten
Anwendbares Recht	Deutsches Recht
ISIN	DE000A1H3YK9
WKN	A1H3YK
Börsennotiz	Frankfurt, Düsseldorf

Abb. 6.29: Wertpapierprospekt der Valensina GmbH (Quelle: Eigene Darstellung)

Der **Nominalzinssatz** einer Anleihe besteht dabei aus zwei Teilen. Zum einen aus dem risikofreien Basiszins, der sich an sicheren Staatsanleihen orientiert.

In der Praxis wird der Midswap, das heißt, die Mitte der Spanne für Kauf- und Verkaufsorder verwendet. Zum anderen aus einer unternehmensindividuellen Risikomarge, die sich aus dem Rating und weiteren Faktoren, wie der Branche und der Häufigkeit von Emissionen ableiten lässt. Diese Risikomarge wird aber auch durch exogene Faktoren, wie der jeweiligen Verfassung eines Kapitalmarktes beeinflusst. Der Kapitalmarkt kann das gleiche Risiko zu unterschiedlichen Zeitpunkten verschieden bewerten, aufgrund eines variierenden Zinsänderungsrisikos.

Da im genannten Beispiel der risikofreie Zins in Form des fünfjährigen Midswaps zum Emissionszeitpunkt bei 2,150 % lag, betrug somit die unternehmensindividuelle Risikoprämie aus Sicht der Kapitalmarktteilnehmer rund 5,225 %. Diese drückt ein gegenüber Staatsanleihen erhöhtes Risiko aus und zeigt die erhöhte Ausfallwahrscheinlichkeit dieser Mittelstandsanleihe.

Beim Kauf einer Anleihe über die Börse ist dagegen vor allem die **Effektivverzinsung** interessant, die dem internen Zinsfuß einer Investition in die Anleihe bis zum Ende der Laufzeit entspricht (vgl. Berk/DeMarzo, 2011, S. 255). Für die Berechnung der Effektivverzinsung wird neben der Anzahl der Kuponzahlungen (N), die Höhe des Kupons (K) auch der Kurs (P) der Anleihe benötigt:

$$P = K \cdot \frac{1}{R_{eff}} \cdot \left(1 - \frac{1}{(1+R_{eff})^N}\right) + \frac{Nom}{(1+R_{eff})^N}$$

Symbole:

P	Kurs der Anleihe
R_{eff}	Effektivzins
K	Zinskupon
N	Anzahl der Kuponzahlungen
Nom	Nominalwert der Anleihe

In dem Beispiel stehen noch zwei Kuponzahlungen je 73,75 Euro aus und der Kurs der Anleihe beträgt 103,95 %:

$$1.039,50 = 73,75 \cdot \frac{1}{R_{eff}} \cdot \left(1 - \frac{1}{(1+R_{eff})^2}\right) + \frac{1.000}{(1+R_{eff})^2}$$

Die Formel ist nach R_{eff} aufzulösen. Dies kann entweder heuristisch oder mit Hilfe einer Annuitätentabelle geschehen. In diesem Beispiel beträgt die Effektivverzinsung 7,156 %. Damit liegt die Verzinsung deutlich über der vergleichbarer Anleihen bester Bonität zum Zeitpunkt der Begebung. Dieses drückt das erhöhte Risiko dieser Anleihe aus und lässt sich anhand einer meist bei Mittelstandsanleihen erhöhten Risikoprämie für das drohende Ausfallrisiko als Aufschlag erklären.

Das die Effektivverzinsung in diesem Beispiel unter der Nominalverzinsung liegt, hat seine Ursache in dem Über-Pari-Kurs der Anleihe. In diesem Fall verringert sich die Rendite des Investors aus der Zinszahlung durch den Erhalt des Nennwertes, der niedriger ist als der für die Anleihe gezahlte Preis (vgl. Berk/DeMarzo, 2011, S. 258). Andererseits übersteigt die Effektivverzinsung einer Anleihe, wenn diese mit einem Abschlag (Unter Pari) gehandelt wird, deren Nominalverzinsung. Wie die meisten Emittenten hat Valensina einen Nominalzins gewählt, bei dem die Anleihe zu pari, und somit zum Nennwert emittiert wird. Nach der Ausgabe verändert sich der Kurs (Marktpreis) der Anleihe in der Regel aus den folgenden drei Gründen:

– Die Anleihe erreicht im Laufe der Zeit ihre Fälligkeit. Je näher das Fälligkeitsdatum kommt, desto näher bewegt sich der Kurs gegen pari.
– Marktzinsänderungen beeinflussen zu jeder Zeit den Kurs und damit auch die Effektivverzinsung einer Anleihe.
– Durch die Bekanntgabe von Bonitätsinformationen über das Unternehmen ändert sich die Höhe der Risikoprämie.

Während der erste Fall bei jeder Anleihe vorkommt und durch die Rückzahlung zum Nennwert leicht erklärbar ist, hängen Marktpreisveränderungen im zweiten Fall von verschiedenen Faktoren ab. Einerseits ist die Sensitivität des Preises einer Anleihe von der zeitlichen Gestaltung ihrer Cashflows und damit indirekt von ihrer Laufzeit abhängig. In naher Zukunft entstehende Cashflows reagieren aufgrund der Abzinsung über einen kürzeren Zeitraum weniger empfindlich auf Marktzinsänderungen als Cashflows in der fernen Zukunft. Andererseits sind Anleihen mit einer höheren Verzinsung und damit höheren Cashflows weniger empfindlich als vergleichbare Anleihen mit niedrigeren Zinsen (vgl. Berk/DeMarzo, 2011, S. 263).

Das Kursveränderungspotenzial von Anleihen lässt sich anhand der Elastizität in Bezug auf Zinsänderungen oder der Modified Duration und der Konvexität ermitteln (vgl. Uhrlir/Steiner, 2000, S. 17 ff. und Steiner et al., 2012, S. 168 ff.). Die erwartete Kursveränderung entspricht der Steigung auf der gekrümmten Barwertkurve der entsprechenden Anleihe. Zudem existieren weitere Zinsberechnungsverfahren der Effektivzinsberechnung, unter anderem über das Tangentenverfahren nach Newton im Iterationswege (vgl. Kruschwitz, 2011, S. 94 ff.).

Erhebliche Auswirkungen auf die Marktpreise von Anleihen haben auch Unternehmensmeldungen. Mitte Januar 2014 gab Valensina bekannt, das die Inhaberfamilie einen Investor für einen Teilausstieg suche. Auf dem unvorbereiteten Kapitalmarkt gab der Anleihekurs daraufhin zeitweise um mehr als 25 Prozentpunkte nach. Das Beispiel zeigt, wie wichtig auch nach einer Emission von Anleihen die professionelle Kapitalmarktkommunikation für die Kurspflege ist. Die Anleihepreise unterliegen somit Bonitätsauswirkungen und Marktzinsänderungen. Zum Tilgungszeitpunkt bewegen sich die Marktpreise auf den Nennwert der Anleihe zu, wenn von einer vollständigen Tilgung ausgegangen wird.

Es wurde die Fremdkapitalfinanzierung über Anleihen dargestellt und die wesentlichen Aspekte bis hin zur Begebung einer Anleihe, die Stakeholder sowie mögliche Problemfelder aufgezeigt. Für Unternehmen die einmal den Erstaufwand wie Herstellung der Kapitalmarktfähigkeit erfolgreich hinter sich gebracht haben und über effiziente Prozesse zur Erstellung eines Wertpapierprospektes verfügen, sind Nachfolgeemissionen keine wesentliche Herausforderung mehr. Ein Grund der für ein Interesse an der Emission von Anleihen spricht ist, dass der Kapitalbedarf von stetig wachsenden Unternehmen in der Reifephase irgendwann für einen Kapitalgeber in Form einer Hausbank derart umfassend wird und somit zwangsläufig die Aufnahmefähigkeit sowie Liquidität des Kapitalmarktes gesucht werden muss.

Diese Rahmenbedingungen haben auch dazu beigetragen, dass sich der Anleihemarkt dem deutschen Mittelstand geöffnet hat. Dieses Marktsegment ist allerdings in der jüngeren Vergangenheit in die Kritik geraten, als es zu unerwarteten Insolvenzen gekommen ist. Dies hat dazu geführt, dass das Investitionsinteresse an Mittelstandsanleihen stark nachgelassen hat, so dass bereits fast alle eingeführten Börsensegmente für den Mittelstand wieder geschlossen wurden.

Im Mittelstandssegment sind vielfach qualitativ schwache Emittenten an den Markt gegangen. Bonitätsdefizite wurden durch Ratingagenturen nicht klar offengelegt. Dadurch war die fehlende Qualität den Anlegern meist verdeckt. Zudem hätten sicherlich viele dieser Anleihen durch die seinerzeit boomenden Börsen herausgefiltert und die Zulassung der Begebung untersagt beziehungsweise die eingeschränkte Güte vieler Platzierungen deutlich stärker signalisiert werden sollen. Eine negative Veränderung der Bonität ist meist ein wesentlicher Preiseinflussfaktor gerade bei Mittelstandsanleihen und zeigt derzeit die starken Abwertungen von Titeln in diesem Marktsegment, so dass selbst gute Qualitäten mitgerissen wurden.

Der Markteintritt für mittelgroße Unternehmen zur Finanzierung über den Kapitalmarkt ist somit wieder erschwert worden. Bei diesen Unternehmen, die erstmalig eine kapitalmarktorientierte Refinanzierung durchführen, besteht die Herausforderung in der stetigen Erfüllung der Transparenz- und Offenlegungsvorschriften der jeweiligen Börsensegmente. Dabei ist das Vorhalten der personellen Kapazitäten zum Erfüllen der Transparenzvorschriften und sonstiger Pflichten sicherlich deutlich schwieriger umzusetzen, als für ein Großunternehmen.

ℹ️ **Zusammenfassung Abschnitt 6.6:** Die **Unternehmensanleihen** werden sich im größeren Mittelstand vermutlich langfristig durchsetzen. Festzuhalten ist, dass die Refinanzierung über den Kapitalmarkt für Firmen eine sehr gute Alternative darstellt, um die Finanzierungsquellen weiter zu diversifizieren und umfangreiche Finanzmittel zu generieren. Voraussetzung für eine Emission ist, dass das jeweilige Management des Emittenten bereit ist, die oben beschriebenen Anforderungen des Kapitalmarktes und ihrer Investoren bedingungslos und konsequent umzusetzen. Vielfach lässt sich auf diese Weise auch zunächst die Emission von Anleihen durchführen, um Kapitalmarkterfahrungen zu sammeln, bevor ein Börsengang geplant und erfolgreich durchgeführt wird.

---

7 Krisenfinanzierung

von Prof. Dr. Wolfgang Portisch

7.1 Bedeutung und Arten von Unternehmenskrisen

Unternehmen gelangen im Verlauf eines Lebenszyklus gelegentlich auch in Krisenphasen. Diese können sich einem Zeitraum mit rapidem Wachstum anschließen, wenn die Konjunktur sich abschwächt. Häufig folgt der wirtschaftliche Abschwung auf eine Reifephase, wenn Produkte und Dienstleistungen durch technologischen Fortschritt oder neue innovative Produkte verdrängt werden. Dieses belegen auch Untersuchungen zu häufigen Krisenursachen (vgl. Haghani, 2004, S. 56 ff.).

Demnach werden in Zeiten des konjunkturellen Booms oft Unternehmensergebnisse und Rentabilitätskennziffern aus den Augen verloren. Andere Unternehmen werden hinzugekauft, um stark zu expandieren. Oftmals wird nachträglich festgestellt, dass der Wertbeitrag der Akquisitionen negativ ist. Schuld an dem unrentablen Wachstum ist ein fehlender Plan zur Expansion mit festgelegten Meilensteinen. In einer sich abschwächenden Konjunktur können derartige Fehlentscheidungen dann auch das eigene Unternehmen in der Existenz gefährden.

Es können im Anschluss an eine Expansion in der Reifephase plötzlich Sanierungs- und Restrukturierungsmaßnahmen notwendig werden, um die Kapazitäten an eine sich verschlechternde Wirtschaftslage anzupassen. Dabei können die Auswirkungen und die Ausgeprägtheit einer Schieflage sehr differenziert sein und von einer Störung des Betriebsablaufs über eine Zielabweichung bis hin zur Existenzgefährdung mit einer Insolvenzgefahr reichen.

Die gesamtwirtschaftliche Lage von Unternehmen in Deutschland zeigt sich, gemessen an den Insolvenzzahlen seit dem Jahr 2003, kontinuierlich verbessert. Die nachfolgende Abb. 7.1 stellt die Anzahl der Unternehmen dar, die seit 2009 einen Insolvenzantrag stellen mussten (vgl. Creditreform, 2015, S. 1 ff.).

Anzahl Unternehmensinsolvenzen in Deutschland

Abb. 7.1: Anzahl der Unternehmensinsolvenzen pro Jahr in Deutschland (Quelle: Eigene Darstellung)

Auch wenn die rückläufigen Zahlen das Krisengeschehen bei deutschen Unternehmen als weniger bedeutend erscheinen lassen, so ist die absolute Anzahl der insolventen Unternehmen dennoch hoch. Des Weiteren ist nicht bekannt, wie viele Firmen sich bereits in einer Krise und einem aktiven Sanierungsprozess oder kurz vor einer Gefährdungslage befinden. Zudem lassen sich aus dieser Statistik noch nicht die betroffenen Branchen, die Größenklassen sowie die Schäden für die Gläubiger und andere Stakeholder des Unternehmens ableiten.

Die vier Hauptwirtschaftsbereiche das Verarbeitende Gewerbe, das Baugewerbe, der Handel sowie die Dienstleistungen verzeichneten in 2015 geringe Insolvenzzahlen, wenn auch im Verarbeitenden Gewerbe ein leichter Anstieg zu verzeichnen war. Das Insolvenzgeschehen in Deutschland war 2015 geprägt von Kleinstinsolvenzen. In vielen Fällen betrug die Mitarbeiterzahl der insolventen Unternehmen maximal fünf Arbeitnehmer und das Umsatzvolumen war geringer als 5 Mio. Euro. Mittlere sowie große Firmen konnten von der guten Konjunkturlage profitieren und waren seltener von Insolvenzen betroffen (vgl. Creditreform, 2015, S. 8 ff.).

Viele Insolvenzen betrafen auch 2015 junge Unternehmen, bei denen die Marktposition nicht gefestigt war und denen der Aufbau finanzieller Rücklagen nicht gelang. In 41,4 Prozent der Fälle (Vorjahr: 41,3 Prozent) lag die Gründung noch keine sechs Jahre zurück. Der Anteil junger Firmen am Insolvenzgeschehen ist relativ konstant geblieben. Die Schadenssumme für die Hauptgläubiger ist auf rund 19,6 Mrd. Euro (Vorjahr: 26,1 Mrd. Euro) gesunken (vgl. Creditreform, 2015, S. 4 ff.). Im Folgenden werden die Eigenschaften und Konsequenzen einer Krise für die Unternehmen und ihre Entscheidungsträger untersucht.

Eine Situation der Krise wird begleitet durch einen hohen Zeit- und Entscheidungsdruck des Managements (vgl. Krystek, 1987, S. 6 ff.). Krisen haben interne, externe oder intern-extern vermischte Ursachen, die gemeinsam auftreten und sich verstärken können. Häufig auftretende **interne Krisenursachen** oder **Krisenmerkmale** eines Unternehmens können sein:

- Managementfehler und mangelhafte personelle Ressourcen
- Fehlende oder nicht leistungsfähige Controllingsysteme
- Qualitätsmängel bei Produkten und Dienstleistungen

Nicht vom Unternehmen zu verantwortende **externe Krisengründe** liegen meistens in Marktentwicklungen begründet und sind von makroökonomischen Faktoren abhängig. Demnach kann sich die konjunkturelle Wirtschaftslage in bestimmten Sektoren abschwächen oder die Preise für Inputfaktoren verteuern sich. Folgende Merkmale können von externer Seite auf ein Unternehmen einwirken und eine Schieflage auslösen (vgl. Portisch, 2014a, S. 213):

- Steigende Zinsen, Energie- und Rohstoffpreise und schwankende Wechselkurse
- Veränderte relevante gesetzliche Rahmenbedingungen
- Konjunkturelle Einbrüche der Wirtschaft und Finanzkrisen

Vielfach liegen diese Krisenursachen weder eindeutig im Unternehmen begründet noch sind diese alleine durch marktseitige Faktoren zu erklären. Interne und externe Krisenmerkmale sind eng miteinander verbunden. Zusätzlich kann die Geschäftsleitung einer Firma auf diese schwierigen wirtschaftlichen Situationen angemessen reagieren und deren Auswirkungen in Grenzen halten. Beispiele für diese vernetzten **internen-externen Krisenursachen** sind:

- Forderungsverluste bei Kunden und Ausfälle von Lieferanten
- Nachfrageverschiebungen auf den globalen Märkten
- Veränderungen von Verfahren und bei Technologien

Je nach Stärke der wirtschaftlichen Fehlentwicklung und Art der Krisenphase lassen sich unterschiedliche Maßnahmen einsetzen, um das Eigenkapital und die Liquidität in einer Schieflage zu sichern. Die Untersuchung in den folgenden Abschnitten erfolgt weitgehend rechtsformunabhängig.

Die wirtschaftliche Fehlentwicklung in der Krisenphase kann unterschiedlich stark ausgeprägt sein. Im betriebswirtschaftlichen Sinne lässt sich die Krise eines Unternehmens als bedrohliche Situation mit rückläufigen Umsätzen und Gewinnen umschreiben. In der Regel tritt dieser Prozess schleichend und über mehrere Jahre ein und verschärft sich bis hin zum Insolvenzantrag, wenn keine Gegenmaßnahmen eingeleitet werden. Auch die Abweichung von vorab gesetzten Zielen kann bereits als Krisensituation interpretiert werden.

Eine bedrohliche Krisenlage in einem Unternehmen lässt sich mit den konstitutiven Eigenschaften beschreiben (vgl. Krystek, 1987, S. 6 ff.):

- **Prozesscharakter:** Diese Eigenschaft meint, dass Unternehmen nicht plötzlich in Krisen geraten, sondern dass ein Entwicklungsprozess in die Schieflage führt.
- **Gefährdung dominanter Ziele:** Dieses Merkmal umschreibt die Identifizierung einer Krisenlage, wenn Zielabweichungen bei Planzahlen auftreten.
- **Steuerungsproblematik:** Dieser Aspekt definiert die Problematik oft fehlender Controllinginstrumente, anhand derer die Krise früh erkennbar gewesen wäre.
- **Ambivalenz des Ausgangs:** Dieser Faktor umfasst die Möglichkeit des Fortbestands mit Überwindung der Fehlentwicklung oder der Existenzvernichtung.
- **Existenzgefährdung:** Dieses Kriterium bedeutet, dass die Gefahr des Untergangs mit Insolvenz und Liquidation bestehen kann.

Allen wirtschaftlichen Arten von Unternehmenskrisen ist gemein, dass der Handlungs-, Entscheidungs- und Zeitdruck für das Management zunimmt. Dieses liegt unter anderem darin begründet, dass Gläubiger nicht mehr Stillhalten und Zwangsmaßnahmen einleiten können. Bedeutsam ist, dass durch eine wirtschaftliche Krise Zahlungen an die internen und externen Stakeholder gefährdet werden. So müssen Lieferanten einen Forderungsausfall befürchten. Bei Banken ist die vertragskonforme Bedienung der Kredite bedroht. Mitarbeiter müssen Einbußen ihrer Gehaltszahlungen in Betracht ziehen. Eigentümer mit einem Ausschüttungsverzicht und einem Wertverlust ihrer Kapitalanteile rechnen. Der Begriff der Krise eines Unternehmens soll hier wie folgt verstanden werden.

Definition: Die **Krise** eines Unternehmens wird als Prozess angesehen, der die Marktstellung und Ertragskraft einer Firma nachhaltig schwächt. Gefährdet werden die Zahlungen an die Interessengruppen, wie die vertragsgerechte Bedienung des Kapitaldienstes in Form von Zins- und Tilgungsleistungen oder Provisionen an die Kreditinstitute beziehungsweise die Leistungen an die Lieferanten und die sonstigen Gläubiger. Die nachhaltige Wettbewerbsfähigkeit ist in dem relevanten Markt durch die wirtschaftliche Schieflage nur noch eingeschränkt vorhanden und eine branchenübliche Rendite für die Gesellschafter wird nicht mehr erzielt.

Zeitlich gesehen lässt sich der Krisenprozess in verschiedene Phasen zergliedern. Es lassen sich klassischerweise drei typische Krisenphasen und als vierte Phase die Insolvenz unterscheiden. Diese Krisenstadien können sich überlappen und es können Interdependenzen zu zeitlich vorgelagerten Zeitabschnitten bestehen (vgl. Müller, 1986, S. 25 ff.). Der Regelkreis, der die Verschärfung einer Gefährdungslage anzeigt ist nachhaltig zu durchbrechen.

Die **Strategiekrise** ist zeitlich betrachtet die **erste Phase** einer Unternehmenskrise. Diese Phase setzt bereits ein, wenn bei objektiver Betrachtung eine Gefährdung der Erfolgspotenziale eines Unternehmens möglich erscheint.

Erfolgspotenziale sind alle produkt- und marktspezifischen Faktoren, um am Markt bestehen zu können. Diese Faktoren können von der Qualität der Produkte über den Standort bis hin zur Preispolitik reichen. Folgende ausgewählte Merkmale zeigen beispielhaft eine Gefährdung der Erfolgspotenziale eines Unternehmens an:

- Fehlende Unternehmensvision, Leitbild und Zielbildungsprozess
- Anpassungen an technologische Veränderungen erfolgen nicht
- Leistungsträger verlassen das Unternehmen

Definition: Die **Strategiekrise** beschreibt eine frühe Phase im Krisenprozess. Diese setzt bereits ein, wenn eine Gefährdung der Erfolgspotenziale eines Unternehmens beispielsweise durch technische Neuerungen möglich erscheint. Dann kann die Wettbewerbsfähigkeit der angebotenen Altprodukte und Dienstleistungen beeinträchtigt sein, wenn die Kundenbedürfnisse zukünftig nicht mehr adäquat durch Innovationen erfüllt werden. Das Geschäftsmodell des betrachteten Unternehmens ist durch interne und externe Entwicklungen gefährdet und die Bedingungen zum erfolgreichen Führen eines Unternehmens sind dauerhaft nicht mehr gegeben. In der Folge sind auch die Ansprüche der Stakeholder wie die Renditeforderungen der Anteilseigner oder die Kapitaldienstfähigkeit bei den Banken bedroht. Daher sind Unternehmen darauf angewiesen, strategische Risikofrüherkennungssysteme einzusetzen, um in der Strategiekrise bereits erste schwache und unscharfe Gefährdungssignale, sogenannte Weak Signals, wahrzunehmen (vgl. Ansoff, 1976, S. 129 ff.).

Dabei können in der Phase der Strategiekrise zwischen der Geschäftsleitung und den übrigen Stakeholdern unterschiedliche Auffassungen über eine Bedrohung des Unternehmens bestehen. Beispielsweise können Bankenvertreter bereits erste Krisenmerkmale in einer veränderten Kontoführung bemerken oder aufgrund der Erfahrung bei anderen Unternehmen der Branche erkennen.

In dieser ersten Phase werden Krisensignale vom Unternehmen häufig übersehen oder auch verleugnet. Ein Grund für das fehlende Erkennen von Krisen sind unzureichende Controlling-Systeme und fehlende Modelle der strategischen Risikofrüherkennung. Je eher aber die Notwendigkeit zur Einleitung von Maßnahmen erkannt wird, desto größer sind erfahrungsgemäß die Chancen für eine erfolgreiche Sanierung und Restrukturierung. Schreitet die Krise allerdings weiter fort, ergibt sich meist ein Schneeballeffekt, da nicht nur die Fehlentwicklung korrigiert, sondern auch die negativen Auswirkungen ausgeglichen werden müssen.

Der Zeitdruck nimmt dann entsprechend zu und die finanziellen Ressourcen werden angegriffen. Es erfolgt der Übergang in ein neues Stadium der Krise. Auf die Phase der Strategiekrise folgt die **zweite Phase**, die **Ertragskrise** oder **Erfolgskrise**. Diese liegt insbesondere vor, wenn folgende Eigenschaften vorliegen:

- Umsätze und Erfolge sind stark rückläufig
- Verluste werden nachhaltig erwirtschaftet
- Eigenkapital ist angegriffen und wird aufgezehrt

> *i* **Definition:** Als **Ertragskrise** oder **Erfolgskrise** wird eine Phase beschrieben, in der die Umsatz- und Ertragslage bei einem Unternehmen nachhaltig rückläufig und die Kapitaldienstfähigkeit bei den Banken gefährdet ist. Ertragskrisen spiegeln sich im internen und externen Zahlenmaterial von Unternehmen wider. Unternehmen sollten daher versuchen, durch systematische Kennzahlenauswertungen aktueller Daten aus dem internen Controlling und dem externen Rechnungswesen bereits erste Anzeichen dieser Krisenphase zu erkennen. Insbesondere sind in die Zukunft gerichteten Prognosedaten wie die Auftragslage und die Planzahlen genau zu überprüfen.

Oft wird auch in der Phase der Verschlechterung der Unternehmenszahlen die Krise noch als vorübergehende Entwicklung, aufgrund saisonaler oder konjunktureller Effekte durch die Geschäftsleitung verleugnet. Gerade in dieser Situation werden bereits die finanziellen Ressourcen merklich angegriffen. Mittel, die aufgezehrt werden, stehen für eine Umstrukturierung nicht mehr zu Verfügung.

Wenn auch die Zahlungsmittelbestände knapp werden, droht die **dritte Phase**, die **Liquiditätskrise**. Dann liegt bereits die akute Gefahr der Zahlungsunfähigkeit vor. Es treten Kontoüberziehungen auf und Zahlungsverpflichtungen werden nicht mehr eingelöst. Kennzeichnend für diese späte Phase der Krise sind folgende Merkmale:

– Anspannung der Kontoführung bei Banken
– Überziehungen und Rückbuchungen von Darlehensraten
– Steigender Informationsbedarf der Kreditinstitute

> *i* **Definition:** Als **Liquiditätskrise** wird eine Krisenphase bezeichnet, in der die Zahlungsfähigkeit und die vertraglich vereinbarte Bedienung des Kapitaldienstes eines Unternehmens nachhaltig gefährdet sind. So steigt die dauerhafte Ausnutzung der Kreditlinien aufgrund der rückläufigen Erträge an. Bei nachhaltigen sowie deutlichen Überziehungen besteht eine erhöhte Insolvenzgefahr. Gerade Hausbanken haben Einblick in die Kontoführung und verfügen über ausreichendes Datenmaterial, um eine Liquiditätskrise bei ihren Firmenkunden frühzeitig zu erkennen. Spätestens in dieser Phase ist von Seiten des Unternehmens scharf gegenzulenken, um eine Insolvenz zu vermeiden.

In der Liquiditätskrise sind diese Probleme meist offensichtlich und die Schieflage spitzt sich stark zu. Dies erschwert eine grundlegende Sanierung und eine Krisenfinanzierung erheblich. Das Unternehmen wird in diesem Krisenstadium vermehrt abhängig von externen Geldgebern. In dieser Phase wird dann von Seiten der Banken und anderen Stakeholdern unter Zeitdruck die Entscheidung getroffen, ob weiteres Geld gegeben wird oder nicht.

Zu beachten ist, dass sich die ersten drei Krisenphasen zeitlich überlagern können. Strategiekrisen führen meist mit einer Zeitverzögerung in eine Erfolgskrise. Die strategische Fehlentwicklung besteht dann weiter fort. Rückläufige Erträge bedeuten gleichzeitig eine angespannte Liquidität. In einer Liquiditätskrise können die langfristigen Defizite und zudem die Ertragseinschränkungen weiterhin Bestand haben. Die finanziellen Probleme verschärfen sich dann meist erheblich.

Zudem kann es im Krisenprozess zu Rückschritten in frühere Krisenphasen kommen, wenn sich die Erfolge der Sanierungsschritte nicht oder nicht sofort einstellen. Dann ist gegebenenfalls neu über die Sanierungsfähigkeit zu entscheiden. Vielfach ist auch nach einer kurzfristigen Bereinigung der Liquiditätsenge die langfristige Ertragssituation noch angespannt. Dies kann mittelfristig wiederum zu einer Belastung der Liquiditätslage führen. Dieser Regelkreis ist zu durchbrechen und die Ursachen der Schieflage sind nachhaltig zu beseitigen.

Gelingt dies nicht, schließt sich der Liquiditätskrise häufig in der **vierten Phase** die Insolvenz an. Der (vorläufige) Insolvenzverwalter übernimmt nach Insolvenzantrag und Eröffnung die Geschäftsführung des Unternehmens und der Betrieb wird oftmals liquidiert. Die nachfolgende Abb. 7.2 zeigt die verschiedenen Krisenphasen mit Rückkopplungen und einer möglichen Kulmination der Krise in die Insolvenz.

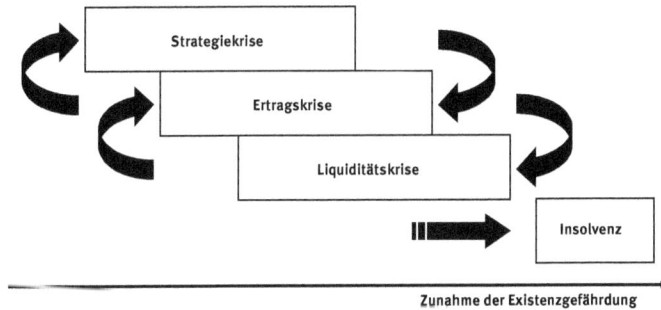

Abb. 7.2: Krisenphasen mit Rückkopplungen und Überlagerungen (Quelle: Eigene Darstellung)

Eine andere praxisnahe Definition der Krisenentstehung und der daran angelehnten Forderung zur Aufarbeitung des sich zuspitzenden Gefährdungsprozesses erfolgt im Standard für Sanierungskonzepte IDW S 6. In diesem Konzept wird erläutert, dass sich als charakteristische Krisenarten die Stakeholder-, die Strategie-, die Produkt- und Absatzkrise, die Erfolgs- und Liquiditätskrise sowie bei einer erfolglosen Krisenbeseitigung die Insolvenz unterscheiden lassen (vgl. IDW, 2012a, S. 723 ff.).

Es wird ein sich sequenziell aufeinander aufbauendes Szenario dieser Krisenphasen als typisch für eine anhaltende unternehmerische Schieflage angesehen. Dabei wird angenommen, dass diese verschiedenen Krisenstadien im Regelfall nacheinander durchlaufen werden. Je mehr sich die Krise verschärft, desto höher wird die Insolvenzantragsgefahr. Die Ausfallwahrscheinlichkeiten für die Kreditinstitute steigen in diesem zeitlichen Krisenverlauf kontinuierlich an.

Des Weiteren werden in dem Standard IDW S 6 die Begriffe der Fortbestehensprognose und der Fortführungsprognose voneinander abgegrenzt. So handelt es sich bei der insolvenzrechtlichen Fortbestehensprognose um eine Abwendung von Liquiditätsgefährdungen zur Vermeidung der Insolvenzantragspflicht.

Die inhaltlich weitergehende Fortführungsprognose gemäß § 252 Abs. 1 Nr. 2 HGB bezieht sich jedoch auf die Fortführung der Unternehmenstätigkeit im Sinne einer Sanierungsfähigkeit und beinhaltet zudem die Wiederherstellung der nachhaltigen Wettbewerbsfähigkeit sowie der Renditefähigkeit des betreffenden Unternehmens (vgl. IDW, 2012a, S. 721 ff.).

In diesem Konzeptstandard wird ein frühes Krisenstadium in der **Stakeholderkrise** gesehen. Diese Art der Krise beschreibt mögliche Problemlagen des Unternehmens gegenüber wichtigen Anspruchsgruppen oder innerhalb verschiedener Interessengruppen, wie beispielsweise dem Gesellschafterkreis. So kann ein stark zersplitterter oder ein heterogen zusammengesetzter Gesellschafterkreis eine Krise verursachen. Des Weiteren kann auch ein weit aufgefächerter Bankenkreis eine finanzielle Gefährdung verursachen. Die Krisenphase beschreibt vornehmlich Schwierigkeiten mit externen Geschäftspartnern wie unter anderem:

– Abnehmern, die erst stark zeitverzögert ihre Rechnungen begleichen.
– Kreditinstituten, die Linien im Kurzfristbereich streichen und Zinsen erhöhen.
– Lieferanten, die sich aus Vorfinanzierungen zurückziehen.

---

i **Definition:** Als **Stakeholderkrise** wird eine Krisenphase bezeichnet, in der eine Existenzbedrohung durch das Handeln verschiedener relevanter interner oder externer Anspruchsgruppen entsteht. Diese Einwirkungen können durch bedeutende kurzfristig nicht ersetzbare Stakeholder in der Wertschöpfungskette wie Lieferanten oder Abnehmer erfolgen oder durch Stakeholder im Unternehmen, die durch ihre Entscheidungen den Erfolg negativ beeinflussen. Auch Klumpenrisiken in Form von Konzentrationen auf bestimmte Gläubiger oder Lieferanten beziehungsweise auf Abnehmer können Gefährdungen der Geschäftstätigkeit hervorrufen, die dann von einzelnen Stakeholdern ausgehen. Stakeholderkrisen können auch durch einen stark zersplitterten oder nicht einigen Gesellschafterkreis, gerade in Zeiten der Nachfolge ausgelöst werden.

Ein weiteres Krisenstadium, das gemäß dem IDW S 6 auf die Strategiekrise folgt und noch vor der Erfolgskrise eintritt, ist die **Produkt- und Absatzkrise** (vgl. IDW, 2012, S. 719 ff). Diese Phase beschreibt die Gefährdung der Nachfrage nach den Hauptproduktgruppen oder Dienstleistungen eines Unternehmens. So können die Marktanteile gegenüber Konkurrenten deutlich sinken oder das Marktvolumen in einer Branche kann zurückgehen mit Auswirkungen auf die Umsätze. Folgende Ursachen können eine Produkt- und Absatzkrise auslösen:

– Vernachlässigung der Bereiche Forschung und Entwicklung
– Qualitätsprobleme bei Produkten und Dienstleistungen, Aufbau von Vorräten
– Schwächen im Marketing-Mix unter anderem bei der Vertriebspolitik

---

Definition: Als **Produkt- und Absatzkrise** wird eine Krisenphase beschrieben, in der die Hauptumsatzträger eines Unternehmens signifikant rückläufig sind. Dieses führt zu Unterauslastungen bei den Kapazitäten und zu steigenden Warenvorräten bei Produktionsunternehmen. Gründe für eine geringere Auslastung liegen unter anderem in einer Reduzierung des Marktvolumens, einem dauerhaften Verlust von Marktanteilen, technologischen Defiziten oder einem mangelhaften Sortimentmix. Ein frühes Merkmal einer Produkt- und Absatzkrise zeigt sich in Branchen mit einem zeitlichen Auftragsvorlauf durch ein deutliches Abschmelzen der Auftragseingänge.

Die übrigen Krisenstadien wurden bereits ausführlich beschrieben. Die nachfolgende Abb. 7.3 zeigt den sequenziellen und zeitlichen Krisenverlauf nach dem Standard für Sanierungskonzepte IDW S 6 (vgl. IDW, 2012, S. 719 ff).

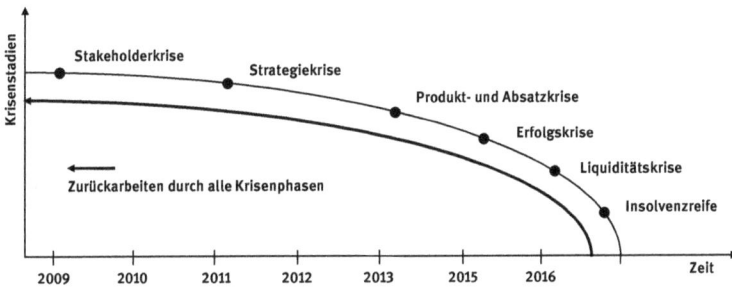

Abb. 7.3: Krisenphasen nach dem Standard IDW S 6 (Quelle: Eigene Darstellung)

Diese Beschreibungen weiterer Krisenarten und Krisenstadien im IDW S 6 können hilfreich sein, um die Umfelddynamik eines Unternehmens genauer zu erfassen und aufzuarbeiten. Es werden in einer Stakeholderkrise besondere Krisenelemente beschrieben, die sich in dem Zyklus der Strategie-, Erfolgs-, und Liquiditätskrise nicht immer unterbringen lassen. Dagegen kann die Produkt- und Absatzkrise auch als Unterform der Strategiekrise angesehen werden, denn wenn das individuelle Geschäftsmodell nicht mehr die Kundennachfrage am Markt trifft, bestehen automatisch Schwierigkeiten mit den angebotenen Produkten und Dienstleistungen. Dieses bedingt eine sich daran anschließende Erfolgskrise, da rückläufige Umsätze in der Regel sinkende Erträge und gegebenenfalls eine Verlustwirtschaft bedeuten.

Des Weiteren kann auch das vorgelagerte Stadium der **Strukturkrise** identifiziert werden. Dieses beschreibt eine deutliche Umgestaltung der Struktur des relevanten Marktes beispielsweise mit einer veränderten Regulatorik oder dem Eintritt neuer Wettbewerber bei einem Technologiesprung.

In der Fachliteratur existieren weitere Erklärungen zur Krisenentstehung. Dort werden diese Krisenphasen zum Teil zweidimensional direkt mit bestimmten typischen Krisenmerkmalen verbunden oder es werden andere Begrifflichkeiten und Abgrenzungen der Krisenstadien und der Zuspitzung einer Existenzbedrohung verwendet (vgl. Bennewitz/Kasterich, 2004, S. 3 ff.).

Allen Modellen ist jedoch gemein, dass die fortschreitende Krise als Prozess oder Phasenmodell beschrieben wird (vgl. David, 2001, S. 38 ff.). Im Folgenden wird der Übersichtlichkeit halber das dreistufige Schema der Strategie-, Ertrags- und Liquiditätskrise verwendet. Bei besonderen Bezugspunkten, wie der Erstellung des Sanierungskonzeptes, wird dieser Ansatz gegebenenfalls um die weiteren Krisenphasen der Stakeholderkrise und der Produkt- und Absatzkrise aus dem Standard IDW S 6 ergänzt. Beispielsweise kann eine Analyse der Stakeholderbeziehungen im Gesellschafterkreis oder bei den Gläubigern Aufschlüsse über besondere Gefährdungen oder auch Anhaltspunkte zur Überwindung dieses Krisenstadiums geben.

Die gesetzlichen Vertreter eines Unternehmens müssen sich über die wirtschaftliche Lage der Gesellschaft jederzeit ein Bild verschaffen. Zeigen sich externe Krisensignale, ist diesen mit gebotener Sorgfalt nachzugehen (vgl. IDW, 2014, S. 1 ff. Tz. 1 ff.). Grundlage einer fortlaufenden Risikofrüherkennung ist die Einrichtung eines Risikomanagementsystems mit den wesentlichen Funktionen der Risikoerkennung, der Risikobewertung, der Einleitung von Risikosteuerungsmaßnahmen und der Überwachung dieser Schritte gemäß § 91 Abs. 2 AktG.

Des Weiteren strahlt das Gesetz zur Kontrolle und Transparenz im Unternehmensbereich (KonTraG) auch auf andere Rechtsformen aus. Kapitalgesellschaften haben im Lagebericht auf die Risiken der zukünftigen Entwicklung einzugehen (§ 289 Abs. 1 HGB). In diesem Risikobericht sind Gefahrenpotenziale zu benennen, soweit sie die Vermögens, Finanz- und Ertragslage beeinflussen oder den Bestand des Unternehmens beeinträchtigen können.

Das interne Risikomanagementsystem ist einzubetten in das allgemeine Zielsystem der Unternehmung. So ist unter anderem festzulegen:

– welche Risikokategorien bewusst eingegangen oder bereits im Voraus durch die Vermeidung der Geschäftsart komplett vermieden werden,
– in welcher Höhe Gefährdungen realisiert werden und ob gegebenenfalls Limitsysteme zur Vermeidung von Klumpenrisiken eingerichtet werden und
– wie und in welchem Umfang eine Risikoabsicherung über Versicherungen oder Derivate oder sonstige geschäftliche Begrenzungen erfolgt.

Die Risikoarten sind in Abhängigkeit vom leistungswirtschaftlichen und finanzwirtschaftlichen Programm des Unternehmens zu bestimmen und können technische, wirtschaftliche und sonstige Risikobereiche umfassen.

Beispiel: Bei einem Unternehmen kann aufgrund eines umfangreichen Auftrags ein hoher Forderungsausfall entstehen. Dieses Gefährdungspotenzial kann durch vorweggenommene Bonitätsprüfungen des Kunden beispielsweise über Bankauskünfte, über Anzahlungen, über Forderungsausfallversicherungen, über den Verkauf der Forderung oder andere Instrumente abgesichert werden.

Große Unternehmen mit einem multinational verbundenen Kunden- und Lieferantenkreis weisen meist umfangreiche Risikobereiche auf. An das risikoorientierte Management werden dann erhebliche Anforderungen der Informationsbeschaffung, der Datenanalyse und der Aufbereitung gestellt (vgl. Reichmann, 2011, S. 572). Erforderlich sind dann zum einen eine aufbauorganisatorisch verankerte Risikoeinheit, beispielsweise im Treasury eines Unternehmens und zum anderen die Definition fester Abläufe für den Risikomanagementprozess.

Ein wichtiges Ziel besteht in der Entwicklung eines professionellen risikobezogenen Managementinformationssystems zur Entscheidungsunterstützung das sowohl den unternehmensindividuellen als auch den gesetzlichen Anforderungen angemessen Rechnung trägt. Die Informationen aus dem Risikosystem können auch dazu verwendet werden, um freiwillige Informationsangebote an Externe wie Kreditinstitute im Rahmen der Finanzkommunikation auszugestalten.

Bei der Entwicklung des Risikosystems sind auch die Interdependenzen in den verschiedenen Risikokategorien zu beachten. So können sich unterschiedliche Risiken aufheben, komplementäre und hoch korrelierende Risiken auch verstärken und ein Unternehmen in der Existenz gefährden. Sämtliche möglichen und relevanten Wagnisse sind daher zu analysieren und es ist eine ganzheitliche Risikostrategie mit der Beurteilung und Begrenzung von Gefährdungen zu erarbeiten. Der Risikomanagementprozess kann, wie in Abb. 7.4 dargelegt, ausgestaltet werden.

Abb. 7.4: Risikomanagementprozess in einem Unternehmen (Quelle: Eigene Darstellung)

Im Rahmen der **Risikoanalyse** sind die relevanten Risikobereiche anhand der Wertschöpfungskette zu identifizieren und zu benennen. Dazu sind Risikokategorien zu bilden und übersichtlich darzustellen. Zu differenzieren ist nach dem Entstehungsgrund in interne, externe und intern-extern-verbundene Risikobereiche.

Bei der **Risikomessung** und **Bewertung** erfolgen eine Quantifizierung der Gefährdungen und eine Beurteilung der Korrelation untereinander in einer Matrix. Dazu können Kennzahlen, wie der Value at Risk oder Messmodelle eines Scorings, angewendet werden. In einer Risikolandkarte können die Gefährdungsbereiche mit ihren Auswirkungen veranschaulicht werden (vgl. Gladen, 2011, S. 311).

Im Rahmen der **Risikosteuerung** ist unternehmensintern zu entscheiden, welche Risiken vermieden, vermindert, begrenzt, versichert oder sogar selbst getragen werden. Die Vermeidung und Absicherung wird von der Risikotragfähigkeit des Unternehmens oder bei Einzelprojekten mit dem vorhandenen oder zugeteilten Eigenkapital abhängen. Die gewählten Risikostrategien sind in einer Portfoliomatrix übersichtlich abzubilden (vgl. Reichmann, 2006, S. 577 ff.).

Damit die Risikoeffekte finanziell in ihrer Tragweite im Hinblick auf die Ertrags- und Liquiditätseffekte verdeutlicht werden können, sind diese auf die Gewinn- und Verlustrechnung (GuV) zu simulieren. Auf diese Weise wird es beispielsweise möglich über die Variation der Inputpreise für Material, Energie, Kapital und der Wechselkurse in Verbindung mit den gewählten Absicherungsstrategien die Effekte auf den Gewinn und den Cash Flow sichtbar zu machen wie die nachfolgende Abb. 7.5 in der Risikosimulation zeigt (vgl. Portisch, 2011a, S. 60 ff.).

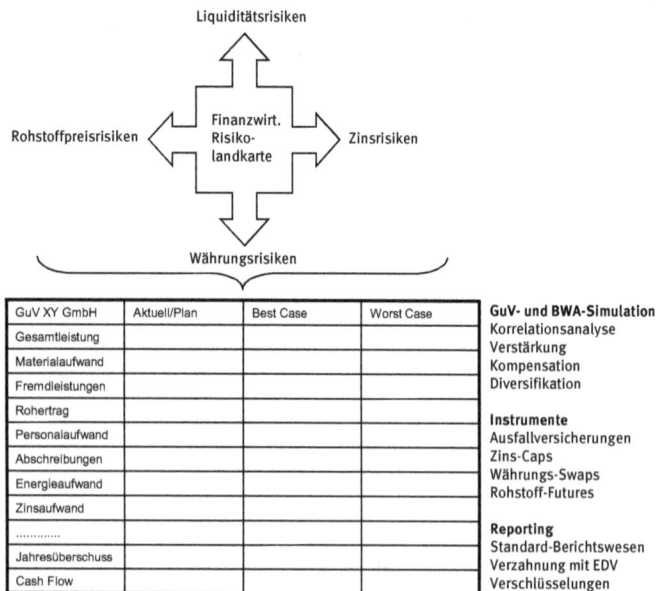

Abb. 7.5: Simulation von Risiken auf die Gewinn- und Verlustrechnung (Quelle: Eigene Darstellung)

Im Rahmen der abschließenden **Risikoüberwachung** und Berichterstattung ist ein Format zu wählen, dass dem Entscheidungsträger kontinuierlich eine einheitliche und kurze Darstellung über die wichtigen Risikobereiche gibt. Die realisierten Steuerungsmaßnahmen sind im Rahmen eines Soll-Ist-Abgleichs in Bezug auf ihre Auswirkungen gegenüberzustellen (vgl. Reichmann, 2006, S. 580 ff.).

Das Gesamtrisiko eines Unternehmens beruht auf dem Zusammenspiel von Einzelrisiken. Diese Gefährdungen gilt es zu identifizieren, die Effekte zu aggregieren, zu steuern und zu überwachen. Wichtig ist die Zukunftsorientierung des Risikomanagements. Dazu sind Prognosen über mögliche Ausgangsparameter anzustellen. Die Gefährdungserkennung ist fest im unternehmensinternen Zielsystem sowie im Leitbild zu verankern, damit es in allen Unternehmensebenen gelebt wird. Dann können Unternehmen frühzeitig und wirkungsvoll drohenden Gefährdungen begegnen. Ziel ist es, über die geeignete Risikoanalyse und die gewählte Risikopolitik, die Unternehmensexistenz dauerhaft abzusichern. Damit dieses gelingt sind auch diejenigen Tatbestände, die einen Insolvenzantrag erfordern durch die Geschäftsführung stetig zu überwachen, um rechtzeitig gegensteuern zu können. So haben die gesetzlichen Vertreter eines Unternehmens beim Vorliegen der Insolvenztatbestände innerhalb der gesetzlichen Fristen den Insolvenzantrag zu stellen.

Auch für die Einleitung von Sanierungshandlungen und die Realisierung der Unterstützungsbereitschaft der Gläubiger ist die Klärung der Insolvenzreife erforderlich. Das Krisenunternehmen sollte nicht bereits die Insolvenztatbestände erfüllen, da ansonsten Unterstützungsmaßnahmen Externer als Beihilfe zur Insolvenzverschleppung gewertet werden könnten. Zudem stufen diese die Chancen einer erfolgreichen Sanierung bei Vorliegen eines Insolvenzgrundes meist sehr negativ ein. Die Rechte und Pflichten zur Insolvenzantragstellung werden in Abb. 7.6 wiedergegeben.

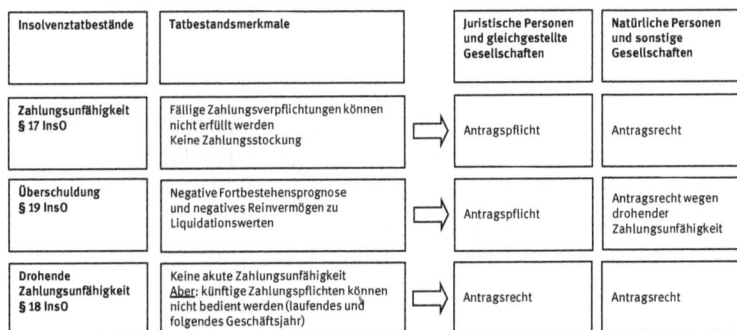

Insolvenztatbestände	Tatbestandsmerkmale		Juristische Personen und gleichgestellte Gesellschaften	Natürliche Personen und sonstige Gesellschaften
Zahlungsunfähigkeit § 17 InsO	Fällige Zahlungsverpflichtungen können nicht erfüllt werden Keine Zahlungsstockung	⇨	Antragspflicht	Antragsrecht
Überschuldung § 19 InsO	Negative Fortbestehensprognose und negatives Reinvermögen zu Liquidationswerten	⇨	Antragspflicht	Antragsrecht wegen drohender Zahlungsunfähigkeit
Drohende Zahlungsunfähigkeit § 18 InsO	Keine akute Zahlungsunfähigkeit Aber: künftige Zahlungspflichten können nicht bedient werden (laufendes und folgendes Geschäftsjahr)	⇨	Antragsrecht	Antragsrecht

Abb. 7.6: Gesetzliche Insolvenzantragsnormen (Quelle: Eigene Darstellung)

Demnach besteht eine Antragspflicht bei Vorliegen des Insolvenzgrundes Zahlungsunfähigkeit unabhängig von der Rechtsform des Unternehmens und rechtsformspezifisch bei einer Überschuldung. Bei drohender Zahlungsunfähigkeit besteht lediglich ein Antragsrecht des Schuldners (vgl. Portisch, 2014a, S. 349 ff.).

Zur Konkretisierung und Abgrenzung der Insolvenztatbestände Zahlungsunfähigkeit gemäß § 17 InsO, Überschuldung gemäß § 19 InsO und drohende Zahlungsunfähigkeit gemäß § 18 InsO hat der IDW den Standard: Beurteilung des Vorliegens von Insolvenzgründen (IDW S 11) veröffentlicht (vgl. IDW, 2015, S. 202 ff.). Dort wird zunächst auf die Bedeutung der verlässlichen Bestimmung der Insolvenzreife und die Dreiwochenfrist gemäß § 15a InsO hingewiesen.

Demnach darf diese Frist nur ausgeschöpft werden, wenn in diesem Zeitraum von der Unternehmensleitung auch Maßnahmen zur Beseitigung der Insolvenzgründe eingeleitet werden, die mit hoher Wahrscheinlichkeit zum Erfolg führen. Im Folgenden wird die Messung der Insolvenztatbestände konkretisiert, um diese aus Sicht der Geschäftsleitung eines Unternehmens detailliert prüfen zu können.

Bestimmung und Abgrenzung der Zahlungsunfähigkeit

Zahlungsunfähigkeit liegt gemäß § 17 InsO vor, wenn der Schuldner nicht mehr in der Lage ist seine fälligen Zahlungsverpflichtungen zu erfüllen. Zahlungsunfähigkeit ist anzunehmen, wenn der Schuldner seine Zahlungen eingestellt hat. Lediglich eine Zahlungsstockung liegt vor, wenn der Schuldner nur vorübergehend nicht in der Lage ist, seine fälligen Verbindlichkeiten zu bedienen.

Zur Beseitigung der Liquiditätslücke billigt der BGH dem Schuldner einen Zeitraum von drei Wochen zu (vgl. BGH-Urteil vom 24.05.2005, IX ZR 123/04). Beträgt diese Liquiditätslücke am Ende des 3-Wochen-Zeitraumes 10,0 % oder mehr der fälligen Gesamtverbindlichkeiten, ist von Zahlungsunfähigkeit auszugehen. Es sei denn, es kann mit einer an Sicherheit grenzenden Wahrscheinlichkeit damit gerechnet werden, dass die Liquiditätslücke demnächst vollständig oder fast vollständig beseitigt wird. Ein Zuwarten der Gläubiger ist unter diesem Umstand bis zu längstens sechs Monaten zumutbar. Dieser Zeitraum schließt sich an die Dreiwochenfrist an.

Ergibt die Liquiditätslücke am Ende der 3-Wochen-Frist weniger als 10,0 % der fälligen Verbindlichkeiten, ist von einer Zahlungsstockung auszugehen. Dennoch ist ein Liquiditätsplan zu erstellen, aus dem sich die Weiterentwicklung der Liquiditätslücke ergibt. Ergibt sich im Zeitverlauf eine Lücke von mehr als 10,0 % ist von Zahlungsunfähigkeit auszugehen. Dann ist ein Finanzplan zu erstellen, der aufzeigt wie sich die weitere Entwicklung der Liquidität ergibt (vgl. IDW, 2014, S. 6. Tz. 17).

Jedoch erscheint ein Unternehmen mit einer dauerhaften finanziellen Zahlungsunterdeckung im Geschäftsverkehr als Risiko für die Geschäftspartner und daher als nicht wirtschaftlich erhaltenswürdig.

Die Deckungslücke von 10,0 % erscheint unter wirtschaftlichen Gesichtspunkten überdenkenswert (vgl. Portisch, 2014a, S. 151). Daher liegt eine Zahlungsunfähigkeit auch vor, wenn sich die Liquiditätslücke von weniger als 10,0 % der fälligen Gesamtverbindlichkeiten regelmäßig nicht innerhalb von drei Monaten beziehungsweise in Ausnahmefällen von sechs Monaten schließen lässt.

Bestimmung und Abgrenzung der drohenden Zahlungsunfähigkeit

Zahlungsunfähigkeit droht, wenn nach dem Finanzplan absehbar ist, dass die Zahlungsmittel zur Erfüllung der fällig werdenden Zahlungsverpflichtungen nicht mehr ausreichen und dies auch durch finanzielle Dispositionen und Kapitalbeschaffungsmaßnahmen nicht mehr ausgeglichen werden kann. Die **drohende Zahlungsunfähigkeit** gibt dem Schuldner das Recht, die Eröffnung eines Insolvenzverfahrens zu beantragen, um auf diesem Weg frühzeitig Maßnahmen zur Sanierung des Unternehmens einzuleiten sowie die drohende Zahlungsunfähigkeit zu beseitigen. Dies kann auch über das Schutzschirmverfahren gemäß § 270b InsO erfolgen.

Die drohende Zahlungsunfähigkeit liegt zudem bei einer negativen Fortbestehensprognose vor. Bei juristischen Personen und ihnen gleichgestellten Personengesellschaften ist bei negativer Fortbestehensprognose die Überschuldung eines Unternehmens notwendigerweise zu beurteilen. Nur wenn diese Prüfung ergibt, dass ein positives Reinvermögen vorhanden ist, liegt ein Insolvenzantragsrecht vor. In der Praxis ist in dieser Situation oft von einem negativen Reinvermögen als Resultat der Überschuldungsprüfung auszugehen, so dass für die davon betroffenen Rechtsformen eine Insolvenzantragspflicht wegen Überschuldung besteht.

Wesentlich für die Bestimmung der (drohenden) Zahlungsunfähigkeit ist die Erstellung eines Finanzplans. Es gelten die allgemeinen Regeln für die Entwicklung dieser Liquiditätsvorausschau anhand der Einhaltung der Grundsätze der Vollständigkeit, der Zeitgenauigkeit, der Betragsgenauigkeit, der Antizipation von Risiken beim Eingang von Zahlungen und der laufenden Anpassung an die aktuellen Ereignisse (vgl. Portisch, 2014a, S. 74 ff. und Drukarczyk/Lobe, 2015, S. 99 ff.).

Die Planung hat integriert zu erfolgen. Dies bedeutet die interdependente Abstimmung der Daten mit anderen Zahlenwerken wie unter anderem der Bilanzplanung, der Ertragsplanung und der Investitionsplanung. Die Planung sollte mit der laufenden Kontoführung korrespondieren beziehungsweise stetig mit dieser abgeglichen und gegebenenfalls angepasst werden.

Bei der Ermittlung der Zahlungsunfähigkeit können geplante und mit hohem Grade realisierbare Zugeständnisse der Gläubiger eingearbeitet werden. Haben die beteiligten Kreditinstitute beispielsweise einer befristeten Tilgungsaussetzung schriftlich zugestimmt, kann diese in den Finanzplan mit eingepflegt werden. Der Detaillierungsgrad sowie die Dauer des Zahlungsplans sind an die Branche und die Unternehmensgröße anzupassen. Zudem ist eine Aufsplittung der Kreditlimite in Kontokorrentlinien und Avallinien vorzunehmen.

Des Weiteren ist die Überschuldungslage in stetigen Abständen zu prüfen. Anlass für die Überschuldungsprüfung kann auch ein hoher Verlust mit dem Ausweis eines nicht durch Eigenkapital gedeckten Fehlbetrags sein.

Beurteilung der Überschuldung und Überschuldungsprüfung

Eine **Überschuldung** liegt gemäß § 19 InsO vor, wenn bei juristischen Personen und ihnen gleichgestellten Personenhandelsgesellschaften das Vermögen des Schuldners die bestehenden Verbindlichkeiten nicht mehr deckt. Sofern eine positive Fortbestehensprognose vorliegt, das heißt die Fortführung des Unternehmens überwiegend wahrscheinlich ist und somit keine drohende Zahlungsunfähigkeit gegeben ist, löst die Überschuldung keine Insolvenzantragpflicht aus.

Die Überschuldung wird über ein zweistufiges Verfahren überprüft. Auf der **ersten Stufe** ist die Fortbestehensprognose abzugeben und zu überprüfen. Die insolvenzrechtliche Fortbestehensprognose ist das qualitativ, wertende Gesamturteil über die Lebensfähigkeit eines Unternehmens, auf der Grundlage eines Unternehmenskonzeptes und eines Finanzplans. Das Unternehmenskonzept sollte im Optimalfall ein Vollkonzept nach IDW S 6 darstellen. Primär ist die Fortbestehensprognose jedoch eine reine Zahlungsfähigkeitsaussage.

Diese soll eine Prognose darüber abgeben, ob vor dem Hintergrund der getroffenen Annahmen und der daraus abgeleiteten Auswirkungen auf die Ertrags- und Liquiditätslage ausreichend Finanzkraft zur Verfügung steht, die jeweils fälligen Verbindlichkeiten zu bedienen. Die insolvenzrechtliche Fortbestehensprognose ist auf die Finanzkraft ausgerichtet. Sofern der Finanzplan die vertragsgemäße Bedienung des Fremdkapitals aus dem Cash-Flow vorsieht, kann die Überlebensfähigkeit grundsätzlich angenommen werden. Die Vorausschau sollte sich mindestens über einen Zeitraum von sechs Monaten erstrecken. Der Planungszeitraum umfasst jedoch in der Regel das laufende und das folgende Geschäftsjahr und somit zwei volle Jahre. Somit ist auch für die Überschuldungsprüfung eine Analyse der Zahlungsfähigkeit über einen **Finanzplan** zentral.

Definition: Der **Finanzplan** ist eine in die Zukunft gerichtete Vorausschau zur Abbildung der Zahlungsvorgänge in einem Unternehmen. Der Plan ist mit der Ertragsplanung und der Bilanzplanung integriert aufzustellen, das heißt zu verzahnen. Die Staffelung in den zeitlichen Abständen ist meist monatlich und es wird eine Jahreszusammenfassung gegeben. Der Saldo der Ein- und Auszahlungen ist mit der zur Verfügung stehenden Kreditlinie abzugleichen, um Überdeckungen oder Unterdeckungen zu ermitteln. Des Weiteren ist in bestimmten Branchen die Erfassung der Avallinien und Inanspruchnahmen gegebenenfalls in Anrechnung auf die Kontokorrentlinie einzuarbeiten. Bei den Kreditlinien sind die Limite aller Kreditinstitute zu aggregieren.

Die Finanzplanung sollte übersichtlich in verschiedene Bereiche gegliedert werden. So können die Einzahlungen nach verschiedenen Profit Centern sowie nach Desinvestitionen, Einlagen und Kreditierungen aufgeteilt werden.

Auch Einzahlungen aus dem Forderungsabbau sind zeitgenau und betragsgenau zu erfassen. Die Auszahlungen können ebenfalls nach dem operativen, dem investiven oder dem finanziellen Bereich gegliedert werden. Die Gliederungsstruktur kann sich an die Systematik einer Kapitalflussrechnung anlehnen mit den Zahlungen aus dem operativen Geschäft, dem Investitionsbereich, dem Finanzierungsbereich und dem Bereich der Gewinnverwendung (vgl. Reichmann, 2011, S. 214 ff.).

Wichtig ist es, zusätzliche Posten zur Gewinn- und Verlustrechnung zu erfassen, die Auszahlungen bedeuten, wie unter anderem Kredittilgungen. Die genaue Staffelung des Auszahlungsbereichs kann sich an der Struktur der Einzahlungen orientieren. Neben der Saldierung der klassischen Einzahlungen und Auszahlungen sollten in einer Situation der Krise auch die sonstigen Liquiditätsmaßnahmen, die zur Sicherung der Zahlungsfähigkeit veranlasst werden, einfließen. Somit können die Kosteneinsparungen aus den Sanierungsmaßnahmen, der Abbau von Positionen aus dem Umlaufvermögen und finanzielle Unterstützungsmaßnahmen der Gläubiger im Rahmen von Tilgungsstundungen integriert werden.

Die Tab. 7.1 zeigt den verkürzten Aufbau eines Finanzplans. Dieser Plan sollte individuell auf ein Unternehmen zugeschnitten werden. Die Aufteilung in Zeitabschnitte und die Gesamtdauer der Planung ist an die Krisenlage anzupassen.

Tab. 7.1: Aufbau eines Finanzplans (Quelle: Eigene Darstellung)

Position	Woche/Monat	Summe Jahr
Einzahlungen operatives Geschäft		
Einzahlungen Desinvestitionen		
Einzahlungen Finanzerträge		
Summe Einzahlungen		
Auszahlungen operatives Geschäft		
Auszahlungen Investitionen		
Auszahlungen Finanzen		
Summe Auszahlungen		
Saldo Einzahlungen/Auszahlungen		
Kosteneinsparungen		
Abbau Umlaufvermögen		
Tilgungsaussetzungen		
Saldo nach Sanierungsmaßnahmen		
Kreditlinien/Avallinien		
Überdeckung/Unterdeckung		

Im Fall einer negativen Fortbestehensprognose sind auf der **zweiten Stufe** Vermögen und Schulden des Unternehmens in einem **Überschuldungsstatus** zu Liquidationswerten gegenüberzustellen. In diesem Fall liegt bereits die drohende Zahlungsunfähigkeit mit dem Insolvenzantragsrecht vor. Ergibt sich darüber hinaus auch ein negatives Reinvermögen, liegt eine Überschuldung vor, die eine Insolvenzantragspflicht begründen kann (vgl. IDW, 2015, S. 209 ff. Tz. 51). Die Basis für diesen Status bildet in der Regel ein handelsrechtlicher Jahres- oder Zwischenabschluss. Handelsrechtliche Bewertungsgrundsätze haben für diese Beurteilung allerdings keine Geltung. Beispielsweise ist auszugsweise folgendes zu beachten:

- Die Bewertung von Vermögensgegenständen erfolgt zu Liquidationswerten auf Basis von realistischen Marktwerten. Stille Reserven sind aufzudecken.
- Immaterielle Vermögensgegenstände wie Konzessionen, Markenrechte, Patente oder Lizenzen sind, soweit sie veräußert werden können, anzusetzen.
- Rückstellungen sind mit ihrem notwendigen Erfüllungsbetrag zu passivieren, soweit auch tatsächlich mit einer Inanspruchnahme zu rechnen ist.

Besteht dennoch eine negative Fortbestehensprognose und zusätzlich ein negatives Reinvermögen auf Basis eines aktuellen Überschuldungsstatus ist ein Insolvenzantrag aufgrund einer Überschuldung zu stellen.

Die Beurteilung des Vorliegens von Insolvenzeröffnungsgründen verlangt von den Vertretern des Unternehmens erhebliche Kenntnisse im Insolvenzrecht. Die laufende Überwachung dieser Insolvenzkriterien erfolgt in der Praxis häufig nicht optimal (vgl. Becker et al., 2014, S. 197 ff.). Daher sind bestimmte Überwachungsinstrumente im Rahmen des Risikomanagements zu installieren, die diese Kriterien systemseitig überprüfen. Besteht ein Anlass für ein erhöhtes Risiko einer Insolvenzantragspflicht sind externe Spezialisten einzuschalten.

Regelmäßig besteht spätestens bei einem erhöhten Insolvenzrisiko der Anlass einen Sanierungsprozess einzuleiten, um den Insolvenzantrag nachhaltig zu vermeiden und dem Unternehmen zur Erreichung einer langfristigen Wettbewerbsfähigkeit zu verhelfen. Von Vorteil ist es jedoch viel frühzeitiger bei der Feststellung erster Krisenanzeichen eine Sanierung mit einem externen auf Sanierungsfälle spezialisierten Berater einzuleiten. Dann besteht meist noch ein ausreichender zeitlicher und monetärer Spielraum, um der Krise erfolgreich zu begegnen.

Anlass für die Einleitung eines Sanierungsprozesses können die unternehmenseigenen Risikosysteme liefern, die beispielsweise eine Ertrags- oder Liquiditätskrise über die interne Rechnungslegung aufdecken. Alternativ können auch externe Stakeholder wie Kreditinstitute als Risikospezialisten einen Sanierungsprozess anstoßen. Diese stufen kritische Kreditengagements auf der Basis ihrer Risikofrüherkennungstools als Intensiv- oder Sanierungsfälle ein und leiten zeitnah einen professionellen Gesundungsprozess ein (vgl. Portisch et al., 2013a, S. 25 ff.).

In diesem Fall sollte die Geschäftsleitung diesem Ansinnen der Kreditinstitute offen gegenüberstehen. Nur gemeinsam kann in der Regel eine die Existenz gefährdende Krisenlage erfolgreich abgewendet werden. Dabei zeigt sich, dass Krisen meist erst in einem fortgeschrittenen Stadium im Entstehungsprozess erkannt werden. So wird von Kreditinstituten häufig erst die Phase der Liquiditätskrise identifiziert.

Unternehmen, die keinen Planungsprozess vornehmen erkennen eigene wirtschaftliche Schieflagen oft erst in der Ertragskrise (vgl. Portisch et al., 2013a, S. 52 ff.). In der Praxis zeigt sich zudem, dass von der Feststellung der Krise bis zu der Durchführung von Sanierungsmaßnahmen im Unternehmen oftmals viele Monate vergehen können (vgl. Blatz/Eilenberger, 2004, S. 428 ff.) In diesem Zeitraum wird die finanzielle Substanz des betreffenden Unternehmens angegriffen und die Negativsituation verschärft sich meist erheblich.

Daher ist aus Sicht der Geschäftsleitung von Unternehmen die Hilfe Externer, wie den Experten aus den Kreditinstituten unbedingt anzunehmen, damit auf die Krise möglichst zeitnah und mit durchgreifenden Sanierungsschritten reagiert wird. Auch die professionelle Einleitung der Sanierung beeinflusst die Nachhaltigkeit und den positiven Richtungsverlauf des Gesundungsprozesses maßgeblich.

Werden in einer Sanierung unter anderem bei der Kommunikation mit internen und externen Unternehmensgruppen Fehler gemacht, kann dies einen negativen Einfluss für das Gelingen des Turnarounds haben. In der Regel wird die Hausbank die Geschäftsführung in dieser Lage zu einem Krisengespräch einladen und die Einsetzung eines professionellen Unternehmensberaters initiieren. Die Unternehmensleitung sollte dieses Vorgehen aufgreifen und Empfehlungen zum Einsatz eines geeigneten Sanierungsberaters zeitnah annehmen.

Der Sanierungserfolg kann nur über eine Unternehmensanalyse und die Umsetzung finanz- sowie leistungswirtschaftlicher Sanierungsschritte auf der Grundlage eines Sanierungskonzepts erreicht werden. Damit die Wettbewerbsfähigkeit auf dem relevanten Markt langfristig wieder hergestellt werden kann, ist unter Umständen eine neue Unternehmensstrategie zu implementieren. Im Rahmen einer Neuausrichtung der Wertschöpfungskette ist es notwendig, alle angebotenen Produkte und Dienstleistungen auf den Prüfstand zu stellen. Dieses erfordert ein professionelles Vorgehen aller involvierten Akteure im Rahmen einer Sanierung. Dazu gehört auch die Offenheit des Managements notwendige Veränderungen durchzuführen.

Zunächst ist der Begriff Sanierung zu definieren. Etymologisch stammt der Begriff Sanierung vom Lateinischen (sanare) ab und bedeutet heilen oder gesund machen. Ziel der Sanierung ist es, dem problembehafteten Unternehmen nachhaltig aus der Krise zu helfen. Dies lässt sich mit folgenden Tatbestandsmerkmalen umschreiben:

– Beheben der Krisenursachen und Erreichen der Kapitaldienstfähigkeit
– Schaffen einer langfristigen Ertragsgrundlage und angemessenen Rentabilität
– Sicherung der nachhaltigen Erfolgspotenziale und der Wettbewerbsfähigkeit

Dabei wirken verschiedene Rahmenbedingungen in der akuten Krise und dem sich anschließenden Sanierungsprozess bedrohend auf die Gesundung ein, wie:

- Komplexität der Lage, angegriffene Ressourcen und erheblicher Zeitdruck
- Unvollständige Informationen bei verschiedenen Unternehmensgruppen
- Befangenheit der betroffenen Personen und eingeengter Handlungsspielraum

Definitionen für den Begriff **Sanierung** unterscheiden sich in der Literatur vielfach. Es existieren eher weite und verstärkt enge Umschreibungen. In dieser Arbeit wird eine individuelle Definition für den Begriff der Sanierung gewählt. Dies verfolgt den Zweck, die Bedeutung des Begriffes auf den Untersuchungsgegenstand des Buches anzupassen. Dabei stehen die Sicht des Unternehmens und die Perspektiven anderer Interessengruppen im Vordergrund der Analysen.

i **Definition:** Unter dem Begriff einer **Sanierung** werden alle rechtlichen, organisatorischen, personellen, leistungs- und finanzwirtschaftlichen Maßnahmen verstanden, um die Wettbewerbsfähigkeit eines Unternehmens und damit die Ertragslage nachhaltig zu stabilisieren und langfristig die Kapitaldienstfähigkeit für alle Gläubiger und die branchenübliche Rentabilität für die Anteilseigner und die übrigen Anspruchsgruppen nachhaltig zu gewährleisten.

Der Begriff der Sanierung ist von dem der **Restrukturierung** abzugrenzen. Eine Restrukturierung erfolgt im Gegensatz zur Sanierung aus dem Unternehmen heraus, ohne die Bereitstellung zusätzlicher finanzieller Ressourcen von externen Gruppen. Die finanziellen und die leistungswirtschaftlichen Potenziale sind in dieser Situation noch nicht substanziell angegriffen. Dem Unternehmen kann es in dieser Phase aus eigener Kraft gelingen, die notwendigen Reorganisationsmaßnahmen einzuleiten. Es sind bezogen auf die finanzwirtschaftliche Komponente somit keine externen Unterstützungsmaßnahmen erforderlich, um eine Restrukturierungskonzeption zu erarbeiten (vgl. Portisch, 2005b, S. 10 ff.).

i **Definition:** Unter dem Begriff einer **Restrukturierung** wird die langfristige Absicherung der strategischen Erfolgsfaktoren eines Unternehmens verstanden. Häufig werden die Unternehmensorganisation und die Prozessketten neu konfiguriert, um am Markt nachhaltig wettbewerbsfähig zu bleiben. Auch die Positionierung in neuen und innovativen Geschäftsfeldern wird oftmals durchgeführt. Eine Restrukturierung erfolgt im Gegensatz zu einer Sanierung aus dem Unternehmen heraus und meist ohne die finanziellen Hilfen externer Gruppen.

Im Folgenden werden finanzielle Sanierungsmaßnahmen zur Überwindung einer Krise analysiert, beschrieben und beurteilt. Ziel der finanziellen Sanierung ist das Schaffen der Rahmenbedingungen zur Realisierung der leistungswirtschaftlichen Schritte im Sanierungsumsetzungsprozess. Erst wenn der notwendige finanzielle Rahmen gesichert ist, kann mit den Maßnahmen begonnen werden.

Dabei ist die finanzwirtschaftliche Sanierung eng in den gesamten Sanierungsprozess eingebunden. Dieser unterteilt sich als Idealprozess in sechs Phasen. Zunächst ist die Krise im **ersten Schritt** festzustellen. Der Sanierungsprozess wird daher mit der Krisenfrüherkennung eingeleitet. Denn je früher die Krise erkannt wird, desto größer sind in der Regel auch die Chancen der erfolgreichen Sanierung, da meist noch genügend Ressourcen bereitstehen. Somit sollten bereits strategische Krisenmerkmale dem Management oder den übrigen Stakeholdern auffallen. Dieses macht den Einsatz strategischer Analyseinstrumente neben der Untersuchung zeitnaher Unternehmensdaten bei der Risikofrüherkennung unerlässlich.

Es schließen sich im **zweiten Schritt** die finanziellen Sofortmaßnahmen je nach Intensität der Krisensituation an. Ziel ist es die Liquidität und das Eigenkapital zu sichern, um den Insolvenzantrag zunächst zu vermeiden und über eine Überbrückungsfinanzierung die Zahlungsfähigkeit sowie das Eigenkapital in der Phase der Erstellung des Sanierungskonzepts sicherzustellen.

Anschließend folgt im **dritten Schritt** die Auswahl eines geeigneten Beratungsunternehmens zur Erstellung des Sanierungskonzepts. Dieses beinhaltet die Darstellung der Ist-Situation mit den wesentlichen Krisenursachen, die Beschreibung des Marktumfelds mit einer Branchenanalyse und den Vorschlag leistungswirtschaftlicher und flankierender finanzwirtschaftlicher Sanierungsmaßnahmen.

Wichtig ist die Abbildung der Maßnahmen in einem integrierten Planzahlenwerk mit Plan-Bilanz, Plan-GuV und Finanzplanung. Abschließend sollte eine begründete Aussage die Chancen und Risiken der Sanierungsfähigkeit darlegen (vgl. Portisch et al., 2007d, S. 368 ff.). Liegt das Sanierungskonzept den kreditgebenden Banken vor, so erfolgen eine Überprüfung des Konzeptes und die Einschätzung der Sanierungswürdigkeit. Neben einer positiven Fortführungsprognose müssen die betroffenen Banken vom möglichen Turnaround überzeugt sein. Dabei spielen die Abwägung der Chancen und Risiken einer Gesundung sowie die geforderten finanziellen Sanierungsbeiträge und die geplante Sanierungsdauer eine Rolle.

Wird das Sanierungskonzept von den Banken im **vierten Schritt** positiv beurteilt, wird der finanzielle Rahmen durch die Geldgeber bereitgestellt, um die Maßnahmen aus dem Konzept realisieren zu können. Dazu werden die Empfehlungen aus dem Gutachten beachtet und in die Praxis umgesetzt. Zu diesem Zweck wird meist eine Sicherheitenpoolbildung sowie Sicherheitenabgrenzung zwischen den an der Sanierung beteiligten Banken, Lieferanten und Kreditversicherern durchgeführt. Diese vertragliche Bindung ist in der Regel erforderlich, damit die Finanzierungsakteure die Firma dauerhaft stützen und keine einseitigen Kündigungsschritte einleiten.

Gelingt die finanzielle Absicherung, kann im **fünften Schritt** mit der leistungswirtschaftlichen Sanierungsumsetzung begonnen werden. Ziel ist es, die aus dem Sanierungskonzept gewonnen Erkenntnisse zur Reorganisation und Neupositionierung des Unternehmens in die Praxis umzusetzen.

Es ist zusätzlich eine geeignete Sanierungsorganisation einzurichten. Die im Sanierungsprozess empfohlenen Schritte sind in Teilprojekte zu gliedern. Es sind Verantwortliche zu benennen und Termine für die Erfüllung der Meilenstein festzulegen (vgl. Müller, 1986, S. 396). Die finanziellen Effekten aus den wichtigen Sanierungsschritten sind zu benennen und die Einhaltung des Erfolgs ist anhand dieses Umsetzungsplans zu überwachen und den Finanzgebern zu reporten.

Oft zeigen sich in der Praxis nach kurzer Zeit erste Erfolge in der Sanierung. Umso wichtiger ist es, den Verlauf einer Sanierung im abschließenden **sechsten Schritt** stetig zu überwachen und die erreichten Erfolge mittel- und langfristig abzusichern. Zu diesem Zweck sind Berichtssysteme zu installieren, die den Stakeholdern eine effiziente Sanierungsüberwachung ermöglichen. Plan-Ist-Abweichungen müssen in diesem Managementinformationssystem deutlich angezeigt werden, um aus Sicht des Unternehmens frühzeitig gegensteuern zu können.

Die Sanierung endet nach oftmals mehrjährigem Verlauf entweder in einer nachhaltigen Gesundung des Unternehmens oder die Sanierung schlägt fehl und es erfolgt eine Abwicklung, oft im Rahmen eines Insolvenzverfahrens. Die folgende Abb. 7.7 veranschaulicht den Sanierungsprozess.

Abb. 7.7: Idealtypischer Sanierungsprozess (Quelle: Eigene Darstellung)

Im Folgenden soll die Phase der finanziellen Sanierung genauer untersucht werden. Diese stellt meist einen wesentlichen Meilenstein für den Turnaround-Erfolg dar. Daher ist zu erkunden, welche Rahmenbedingungen und Möglichkeiten für alternative Sanierungsfinanzierungsmodelle in der Krise gelten.

---

i **Zusammenfassung Abschnitt 7.1:** In diesem Abschnitt wurde der **Krisenprozess** von der Liquiditätskrise, über die Erfolgskrise bis zur Strategiekrise sowie drohenden Insolvenz erläutert. Dabei wurde auf wesentliche Eigenschaften einer Krisensituation und deren Lösung über eine Sanierung eingegangen. Als wesentlicher Baustein zum Erreichen des Turnarounds wurde zunächst die finanzwirtschaftliche Sanierung herausgearbeitet. Diese bildet den Rahmen für die Umsetzungsmaßnahmen ab, die dem Unternehmen im Restrukturierungsprozess aus der verschärften Krisenlage helfen und für einen nachhaltigen Turnaround mit der Wiedererlangung der Wettbewerbsfähigkeit sorgt.

7.2 Krisenfinanzierung und Agency-Theorie

Nachdem der Finanzierungsanlass der Krise festgelegt wurde, soll nun der Untersuchungsrahmen abgegrenzt sowie die Finanzierungsakteure untersucht werden. Ziel ist es, Kriterien zur späteren Systematisierung und Beurteilung von speziellen Krisenfinanzierungsinstrumenten zu entwickeln. Diese sollen aus der Agency-Theorie hergeleitet werden. Auf Potenziale der Innenfinanzierung wird in diesem Kapitel nicht näher eingegangen, da diese in einer Krisensituation meist nicht zur Verfügung stehen. Auch Desinvestitionen im Anlagevermögen werden nicht betrachtet. Der Schwerpunkt liegt in der Untersuchung auf Finanzierungsmaßnahmen externer Kapitalgeber, die in der Sanierungspraxis regelmäßig angewendet werden.

Nach dem Grad des Risikos und der geforderten Rendite können Mittel in Form von Eigenkapital, Fremdkapital sowie Mezzaninkapital bereitgestellt werden. Demnach kann eine Finanzierung in der Krise erfolgen über die Gewährung von:

– Eigenkapital durch bestehende oder neue Kapitalgeber
– Fremdkapital von Gesellschaftern, Kreditinstituten und Lieferanten
– Mezzaninkapital mit Bestandteilen von Eigentums- und Gläubigerrechten

Über die Aufnahme von Mitteln mit unterschiedlicher Rechtsstellung der Kapitalgeber wird die Kapitalstruktur beeinflusst. In der Gründungsphase oder der Wachstumsphase von Unternehmen wird von der Unternehmensleitung meist gestaltend auf die Finanzstruktur Einfluss genommen. Auf diese Weise können Optimierungen der Mittelbereitstellung, unter der Berücksichtigung von Steuern, die oft mit einer Minderung der Kapitalkosten einhergehen, vorgenommen werden.

Der Einfluss der Kapitalstruktur auf den Unternehmenswert ist nicht mehr irrelevant, wenn Fremdkapitalzinsen zumindest teilweise abzugsfähig sind (Tax Shield). Auch die Einbeziehung von Insolvenzkosten hat einen Einfluss bei der Gestaltung der optimalen Kapitalstruktur, wenn die Gläubiger mutmaßen, dass ein Unternehmen durch einen vermehrten Fremdkapitaleinsatz in Zahlungsschwierigkeiten geraten kann (vgl. Wolf/Hill/Pfaue, 2011, S. 39 ff.).

In der Krisenlage richten sich Kapitalstrukturentscheidungen jedoch nicht mehr an einer Optimierung aus, sondern an der Notwendigkeit, das Eigenkapital sowie die Liquidität in dieser Unternehmensphase zu erhalten und zu stärken. Daher haben Vorgänge zur Gestaltung einer optimalen finanziellen Struktur in diesem Stadium meist eine untergeordnete Relevanz. Vielmehr ist das Eigenkapital zu stärken, um die Überschuldung zu vermeiden und mit der notwendigen Liquidität die leistungswirtschaftliche Umsetzung des Sanierungskonzepts zu finanzieren.

Bei der Beschaffung beziehungsweise der Absicherung von Finanzmitteln spielen Agency-theoretische Erkenntnisse eine besondere Bedeutung. Denn es ist zu erwarten, dass der Informationsbedarf der Kapitalgeber in der Krise stark ansteigt.

Je nach der Stakeholder-Position und der Art des bereitgestellten Kapitals können spezifische Agency-Probleme mit den entsprechenden zugehörigen Agency-Kosten entstehen und die Schwierigkeiten verschärfen (vgl. Kudla, 2005, S. 43 ff.).

Agency-Kosten des Eigenkapitals

Diese Kosten werden sichtbar, wenn ein Manager betrachtet wird, der 100,0 % der Anteile am Unternehmen hält. Dieser Akteur trifft Entscheidungen, die seinen eigenen Nutzen unmittelbar maximieren. Eine Erhöhung des Unternehmenswertes und der Ausschüttungen steigern seinen Nutzen, gehen jedoch mit einem Arbeitsaufwand einher, der sich negativ auf sein Wohlbefinden auswirken kann.

Es besteht jedoch ein starker Anreiz, sich intensiv für das Unternehmen einzusetzen, da der Residualgewinn vollständig bei ihm als Eigentümer-Manager verbleibt. Verkauft dieser Manager nun Anteile an externe Anteilseigner, kann sich sein Verhalten ändern. Denn je kleiner sein verbleibender Eigenkapitalanteil ist, desto größer wird unter Umständen der Anreiz, den persönlichen Nutzen auf Kosten der neuen Anteilseigner zu erhöhen.

So wird Arbeitseinsatz des Managers vermutlich zurückgehen, da dieser nicht mehr allein die Früchte der Arbeit erntet (vgl. Jensen/Meckling, 1976, S. 312 ff.). Auch der Verbrauch von sonstigen Unternehmensleistungen (Perquisites) senkt den Unternehmenswert aufgrund der damit verbundenen Agency-Kosten. Die externen Anteilseigner werden dieses voraussehen und im Gegenzug einen geringeren Preis für die zum Verkauf stehenden Gesellschaftsanteile zahlen oder sie werden den Arbeitsvertrag mit dem Manager neu aushandeln und leistungsbezogene Anreize setzen. Auch besteht die Möglichkeit der Installation eines Überwachungsorgans, wie den Aufsichtsrat oder Beirat (vgl. Portisch, 1997, S. 100 ff.).

Im Fall einer wirtschaftlichen Schieflage können weitere Probleme entstehen, wie zum Beispiel eine fehlende Einigkeit im Kreis der Anteilseigner. Erforderliche Sanierungsmaßnahmen können auf diese Weise behindert werden, wenn ein heterogener Kreis von Gesellschaftern besteht und bestimmte Parteien nicht bereit sind, ihren Beitrag zu einer notwendigen finanziellen Ausstattung zu leisten. Die Ursachen für ein derartiges Verhalten können vielfältig sein. So können die Sanierungschancen von den Akteuren unterschiedlich eingestuft werden oder bestimmten Anteilseignern fehlen die Mittel für eine Kapitalerhöhung. Auch typische Agency-Probleme der Fremdfinanzierung können in der Krise bestehen und Kosten verursachen.

Agency-Kosten des Fremdkapitals

Agency-Kosten entstehen durch Interessenkonflikte und Informationsungleichgewichte zwischen Managern und Fremdkapitalgebern. Es wird angenommen, dass das Management oder die Anteilseigner als Principals aufgrund von Informationsvorteilen Anreize haben können, die Fremdkapitalgeber unter Umständen durch bestimmte Investitions- und Entnahmestrategien zu übervorteilen. Dabei werden folgende Problemkreise unterschieden (vgl. Kudla, 2005, S. 43 ff.):

- **Überinvestitionsproblem:** Der Principal beziehungsweise der Eigentümer des Unternehmens erhält den Residualgewinn, während die Gläubiger mit einem fixierten Kapitaldienst aus Zins- und Tilgungsleistungen rechnen. Daher kann ein Anreiz bestehen, zu einer riskanteren Investitionspolitik zu wechseln, selbst wenn diese suboptimal ist. Die Ursache dieser Handlungsweise ist, dass Risiken einseitig zu Lasten der Gläubiger umverteilt werden (vgl. Pape, 2009, S. 37).
- **Unterinvestitionen:** Diese können entstehen, wenn Unternehmen in der Existenz gefährdet sind und Anteilseigner keine weiteren Mittel investieren, selbst wenn geplante Investitionsprojekte einen positiven Kapitalwert versprechen. Begründet wird dieses Verhalten mit einer geringen Aussicht auf einen Residualgewinn, da die Einzahlungen aus den Investitionen im Wesentlichen bei den vorrangigen Gläubigern verbleiben.
- **Entnahmepolitik:** Gerät ein Unternehmen in die wirtschaftliche Schieflage besteht die Gefahr, dass Anteilseigner versuchen, ihre Einlage über erhöhte Entnahmen sowie die Rückführung von Gesellschafterdarlehen zu retten. Da über diese Handlungen unter Umständen die Existenz des Unternehmens weiter gefährdet wird, werden die Gläubiger und andere Stakeholder geschädigt.
- **Verschuldungspolitik:** Zur Minimierung der Kapitalkosten und Erhöhung des Leverage-Effekts kann das Management zusätzliches Fremdkapital aufnehmen und den Verschuldungsgrad erheblich steigern. Dadurch verschlechtert sich jedoch auch die Stellung der Alt-Gläubiger. Ihr Risiko steigt, wenn ihre Position gleichrangig mit den restlichen Gläubigern ist. Über die Bestellung von Sicherheiten lässt sich diese Problematik abschwächen.

Jedoch werden potenzielle und bestehende Gläubiger diese Probleme antizipieren und gegenlenken, indem sie ihre Kreditkonditionen anpassen. Ein Ziel ist daher der Abbau von Informationsasymmetrien zu den geringsten Kosten. Zu diesen gehören Überwachungskosten (Monitoring) und Bindungskosten (Bonding). Somit können zur Lösung der genannten Probleme Verträge mit Covenants, die eine Beschränkung der Investitionstätigkeit oder Entnahmen vorsehen, formuliert werden. Auch werthaltige Sicherheiten können eingefordert werden. Zudem kann der Verwendungszweck der Mittel festgelegt und überwacht werden. Durch ein freiwilliges Reporting des Managements können diese Kosten ebenfalls gesenkt werden.

Wesentliche Fremdkapitalgeber von Unternehmen in Deutschland sind Kreditinstitute. Diese Kreditgeber werden die Problembereiche antizipieren und ihre Kredit- und die Konditionsentscheidung bereits im Vorfeld sehr genau abwägen (vgl. Schiller/Tytko, 2001, S. 21 ff.). Damit die Geschäftsleitung des Unternehmens darauf reagieren kann, sind die Entscheidungskriterien für eine Kreditvergabe von Banken zu kennen, um gerade in der Krisenlage bestmöglich auf eine positive Entscheidungsfindung in den Kreditinstituten hinwirken zu können.

Kreditentscheidungen in Banken zeichnen sich durch bestimmte Merkmale aus. Ein Kriterium ist die **Zukunftsbezogenheit**. So bedeutet jede Kreditantragstellung eine Entscheidung für die Zukunft, da die Wahrscheinlichkeit der künftigen Bedienung des Kapitaldienstes für die gesamte Restlaufzeit eingeschätzt werden muss.

Dabei steigt der Grad der Unsicherheit mit einer längeren Laufzeit des Kreditengagements, da die Prognosefähigkeit der Rückflüsse abnimmt. Die Langfristigkeit des Kredits und die Prognosefähigkeit der Rückzahlung haben einen erheblichen Einfluss auf das inhärente Risiko. Damit Banken das Risiko von Kreditausfällen verringern, versuchen sie den **Informationsstand** vor der Kreditentscheidung und während der Kreditlaufzeit anzuheben, damit rechtzeitig auf negative Veränderungen reagiert werden kann. Zu differenzieren ist beim notwendigen Informationsbedarf zwischen dem Standardgeschäft und komplexem Kreditgeschäft.

Die Komplexität des Kreditgeschäfts steigt regelmäßig mit einer erhöhten Ausfallgefahr an. Daher werden Banken in der Krise eines Unternehmens vermehrt aktuelle Informationen über die Ertrags- und Liquiditätslage nachfragen. In gleichem Maße spielt es eine Rolle, ob der Kunde ein unbekannter Neukunde ist oder sich als altbewährtes Engagement mit guten Erfahrungen in der Vergangenheit darstellt. Daher stellt der **Komplexitätsgrad** des Kreditgeschäfts beziehungsweise der Kundenart ein weiteres Kriterium für die Kreditvergabe und Kreditprüfung dar. Dies wirkt sich auch auf die Konditionsgestaltung aus. So kann durch werthaltige Sicherheiten ein potenzieller Kreditausfall abgemildert werden. Auch die Risikoabgeltung über die Zahlungsmodalitäten mit Kreditzins, Tilgung und Provision sind in diesem Zusammenhang zu entscheiden.

Häufig werden Finanzierungen bei Krisenunternehmen durch **Interessenkonflikte** der beteiligten Parteien begleitet. Dieses Verhalten tritt unter anderem in Sicherheitenpoolsitzungen auf, wenn sich die Finanzierer nicht über die Quoten zur Regelung eines Verzichts, einer Neukreditvergabe oder die Aufteilung von Sicherheitserlösen in der Krise eines Unternehmens einigen können.

Insgesamt lassen sich Finanzierungen in einer Sanierung anhand bestimmter Kriterien wie folgt beschreiben und beurteilen:

- **Zukunftsbezogenheit:** Bei der Finanzierung von Krisenunternehmen besteht eine große Unsicherheit über den Ausgang der Sanierung. Dies erschwert gerade die Neukreditvergabe erheblich, da diese zu einer unmittelbaren Risikoerhöhung führt. Zudem laufen Sanierungen über viele Jahre. Mit der langen Laufzeit erhöht sich die Wahrscheinlichkeit des Ausfalls für die Gläubiger.
- **Informationsstand:** Die Lage der Informationen in einer Krise und Sanierung bestimmt in hohem Maße die Bereitschaft, weiter zum Unternehmen zu stehen. Erhalten die Kapitalgeber keine detaillierten Informationen über den Fortgang einer Sanierung, ist der Abzug ihrer Mittel nicht ausgeschlossen.

- **Komplexitätsgrad:** Der Grad der Kreditprüfung und der Konditionsgestaltung steigt in einer Unternehmenskrise erheblich. So bestehen für die Kreditinstitute potenzielle Haftungsgefahren bei einer Neukreditierung. Diese sind aus Sicht des Krisenunternehmens zur reduzieren, um die Mittel zu erhalten.
- **Interessenkonflikte:** Finanzierungsprobleme in Sanierungen werden vielfach von Konflikten der verschiedenen Geldgeber begleitet. Je heterogener der Kreis der Eigenkapital- und Fremdkapitalgeber ist, desto schwieriger wird es eine begleitende Finanzierung zur leistungswirtschaftlichen Sanierung zu gestalten.

Diese Kriterien können für die Wahl bestimmter Formen der Finanzierung in der wirtschaftlichen Schwächephase zur Stabilisierung des Unternehmens förderlich sein. Werden die gewählten Finanzinstrumente in der Krise und Sanierung auf diese Merkmale optimal eingestellt, sind diese Finanzierungsarten für die Krisenfinanzierung gut geeignet. Gerade in einer Krise können spezifische Ausgestaltungsformen der Mittelvergabe das Misstrauen der Kapitalgeber und Agency-Probleme reduzieren helfen, unter anderem über die Einräumung bestimmter Rechte.

Dazu werden bestimmte Vertragsformen zur Aufteilung unsicherer Zahlungsströme auf die finanzwirtschaftlichen Stakeholder formuliert. Die Strukturierung der finanziellen Kontrakte steht im Vordergrund und wird oft auch als ausschlaggebend für die Bereitschaft zur Mittelüberlassung angesehen (vgl. Perridon et al., 2012, S. 577 und Jensen/Meckling, 1976, S. 305 ff.).

Im Folgenden wird davon ausgegangen, dass den relevanten Stakeholdern ein Sanierungsgutachten vorliegt und das betreffende Krisenunternehmen als sanierungsfähig und sanierungswürdig angesehen wird. Auch wenn die Sanierungswürdigkeit festgestellt wurde, bedeutet dies noch nicht, dass alle Stakeholder das Krisenunternehmen auch unterstützen werden.

Dies hängt auch von den individuellen Gegebenheiten des Einzelfalls ab. So kann es für eine Bank vorteilhafter sein, ihr Engagement abzubauen oder sogar die Abwicklung einzuleiten, wenn werthaltige Sicherheiten bestehen. Daher sind die Struktur und das voraussichtlich zu erwartende Verhalten der Stakeholder wie Banken in der Krise und Sanierung zu untersuchen.

Zusammenfassung Abschnitt 7.2: In diesem Abschnitt wurden finanzierungstheoretische Merkmale der Krisenfinanzierung erarbeitet. Dabei bietet die **Agency-Theorie** zum einen wichtige Erkenntnisse zur Beschreibung von Finanzierungsproblemen in einer Krise. Zum anderen werden Lösungsvorschläge für diese Probleme gegeben, wie über das Monitoring. Gleichzeitig können über das Theoriemodell spezielle Kriterien herausgearbeitet werden, die für Finanzierungsentscheidungen in der Krise von Bedeutung sind. Dazu wurden die Merkmale der Zukunftsbezogenheit, des Informationsstands, des Komplexitätsgrads und der Interessenkonflikte als wichtige auszugestaltende Agency-theoretische Eigenschaften von Finanzierungsinstrumenten in einer Krisenphase identifiziert. Auch das Verhalten der Stakeholder in der Krise ist im Folgenden näher zu untersuchen.

7.3 Stakeholder-Analyse in der Krise

Im Fokus von Finanzierungsentscheidungen bei den betroffenen Akteuren steht primär das Ausfallrisiko. Im Vordergrund steht für diese Stakeholder damit die Frage, mit welcher Wahrscheinlichkeit der Kapitaleinsatz über den Umsatzprozess zurückgewonnen werden kann. Für viele Stakeholder steht in der Unternehmenskrise „etwas auf dem Spiel". Dies betrifft sowohl bestehende Stakeholder, als auch Interessengruppen, die neu zum Unternehmen hinzutreten.

Finanzwirtschaftliche Maßnahmen der Krisenfinanzierung dienen in erster Linie der Beseitigung der Liquiditätsenge und der Rekapitalisierung. Unterschieden werden Maßnahmen der Innenfinanzierung und der Außenfinanzierung. Hier sollen gemäß der Definition des Begriffes Sanierung primär Maßnahmen der Außenfinanzierung untersucht werden (vgl. Buschmann, 2006, S. 61 ff.). Die Entscheidung zur finanziellen Ausstattung einer Krisenfirma liegt vorwiegend in der Hand der externen Stakeholder. So können Banken entscheiden, ob zusätzlicher Kredit gegeben, stillgehalten oder das Kapital sogar abgezogen wird.

Betroffen von einer Unternehmenskrise sind in erster Linie Stakeholder, die bereits Mittel in Form von Eigenkapital, Fremdkapital oder Mezzaninkapital investiert haben. Denn die Möglichkeiten zur Beschaffung zusätzlicher Mittel über neu hinzutretende Geldgeber gestalten sich in der Krise meist schwierig. Wesentliche Akteure, die ein Krisenunternehmen finanzieren und die in Sanierungsfällen üblicherweise im Mittelpunkt von finanziellen Entscheidungsprozessen stehen, sind:

- **Anteilseigner:** Von den Gesellschaftern werden häufig erhebliche finanzielle Sanierungsbeiträge eingefordert, da ihr Interesse am Erhalt des Unternehmens meist sehr hoch ist. Es ist in Sanierungen oft zusätzliche Liquidität von Gesellschafterseite bereitzustellen. Zudem werden häufig Rangrücktritte bei Gesellschafterdarlehen oder Verzichtsbeiträge gefordert.
- **Kreditinstitute:** Banken sind von einem drohenden Forderungsverlust sowie aufgrund finanzieller Beiträge in einer Sanierung in der Regel stark betroffen. Gläubigerbanken haben in einer wirtschaftlichen Krise eines Kreditnehmers unterschiedliche Interessen. Es kann ein Bestreben darin bestehen, das eigene Risiko und den Kreditausfall zu reduzieren. Andererseits können Banken das Ziel verfolgen den Kreditnehmer zu sanieren, wenn eine realistische Chance gesehen wird, das eigene Exposure nachhaltig zu senken.
- **Lieferanten:** Lieferanten sind betroffen, da diese in einer Unternehmenskrise potenziell Forderungsausfälle und Umsatzeinbußen verkraften müssen. Zudem leisten Lieferanten oft wesentliche Sanierungsbeiträge, indem sie ihre Linien offen halten. Sie haben das Interesse, die Geschäftsbeziehung aufrecht zu erhalten, gleichzeitig aber auch die Risiken zu begrenzen. Die Position von Lieferanten ist in einer Insolvenz aufgrund der Verarbeitung, Vermischung und Veräußerung der gelieferten Güter meist schwach.

– **Kreditversicherer:** Versicherer von Forderungen aus Warenlieferungen sind Betroffene in einer Sanierung. Sie haben über Warenkreditversicherungen einen erheblichen Einfluss auf den Handlungsspielraum der Lieferanten und tragen über die Rückversicherung der Einkaufslinien erhebliche Risiken. Die Interessen der Kreditversicherer und der Lieferanten überschneiden sich zum Teil, daher werden diese beiden Gruppen künftig zusammenhängend betrachtet.

Das Verhalten der finanziellen Stakeholder sollte bei der Mittelvergabe in der wirtschaftlichen Schieflage im Folgenden genauer untersucht werden. Die Koordination bei der Steuerung der Finanzierungspartner in der Krise und Sanierung kann von dem Unternehmensmanagement oder auch von einem neutralen Sanierungsberater übernommen werden (vgl. Portisch, 2007b, S. 36 ff.).

Gegebenenfalls kann es vorteilhaft sein, die Gestaltung der Finanzierung in dieser schwierigen Unternehmenssituation ausschließlich durch externe Sanierungsberater vornehmen zu lassen, da die Geschäftsleitung oft durch das Tagesgeschäft ausgelastet ist. Zudem können Vorbehalte der Finanzierer gegenüber dem bisherigen Management bestehen, da es das Unternehmen in die Krise geführt hat. Die nachfolgende Abb. 7.8 zeigt die an einer Krise und Sanierung beteiligten Kernakteure.

Dabei zeigt sich, dass die betroffenen Gruppen sich in der Abhängigkeit von ihrer Machtbasis sowie dem Willen, dieses Potenzial auch tatsächlich auszuüben, stark unterscheiden. Es bestehen bestimmte Einflussmöglichkeiten, die Unterstützungspotenziale aber auch besondere Bedrohungen für die Finanzierung des Krisenunternehmens bedeuten können. Vornehmlich werden bestehende Stakeholder-Beziehungen betrachtet, da davon ausgegangen wird, dass es nur in Ausnahmefällen gelingt, in der Krise neue Financiers zu finden.

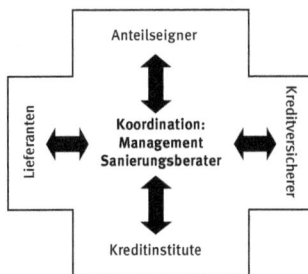

Abb. 7.8: Koordination finanzwirtschaftlicher Stakeholder (Quelle: Eigene Darstellung)

Unterstützungen und Bedrohungen in verschiedenen Ausprägungen bestehen insbesondere von den folgenden finanziellen Stakeholdern:

- **Anteilseigner** können zum einen als Eigenkapitalgeber zum anderen aber auch als Fremdkapitalgeber mit gewährten Gesellschafterdarlehen auftreten. Diese müssen in einer Krise mit dem vollständigen Wertverlust ihrer Anteile und Forderungen rechnen. Eigenkapital ist Haftungsmasse und wird in der Insolvenz nachrangig behandelt. Daher ist es in der Insolvenz regelmäßig wertlos. Bereits in der Krise beginnen der Wertverlust und die fehlende Aussicht auf die Zahlung einer angemessenen Vergütung auf die Anteile. Bei den Gesellschafterdarlehen werden in der Regel ein Rangrücktritt und eine Kapitalbelassungserklärung gefordert. Wurde dieses Darlehen im Vorfeld der Krise zurückgeführt, wird ein Wiederauffüllen mit Rangrücktritts- und Kapitalbelassungserklärung erforderlich sein. Sicherheiten für diese Art von Darlehen sind zudem unüblich.
Ein Gesellschafter, der seinem Unternehmen in der wirtschaftlichen Schieflage Darlehen gewährt oder dieses Kapital stehen lässt, kann in einer Insolvenz mit einer hohen Ausfallquote bei diesen Mittel rechnen, denn jedes Gesellschafterdarlehen ist bei Eintritt der Insolvenz automatisch nachrangig (vgl. § 39 Abs. 2 InsO). Aus dem Grad der Bedrohung der finanziellen Ansprüche der Anteilseigner ergeben sich auch Stützungspotenziale. Dabei gilt die Regel, dass je mehr für die betroffene Gruppe auf dem Spiel steht, desto höher auch die Unterstützungsbereitschaft sein wird. Demnach können Anteilseigner zusätzliche Liquidität bereitstellen oder ihre Anteile kostenlos übertragen. Zudem kann ein Verzicht oder ein Rangrücktritt bei gegebenen Darlehen die Kapitallage verbessern. Auch ein Verlust an Ansehen und Reputation kann als nicht-monetärer Faktor eine starke Unternehmensbindung bedeuten und dazu führen, dass sich die Anteilseigner auch finanziell in eine Sanierung einbringen.
- **Kreditinstitute** tragen in einer Krise ihres Kunden das Risiko, dass der Kapitaldienst nicht mehr vertragskonform geleistet wird und ein erhöhtes Ausfallrisiko besteht. Die Wirkungen reichen von nicht fristgemäßen Zins- und Tilgungsleistungen über die komplette Einstellung von Zahlungen bis hin zur Abschreibung der Forderung. Stark betroffen von der Krise eines Firmenkunden sind oft die Hausbanken. Für diese besteht aufgrund des meist umfangreichen Kreditvolumens oft ein hohes Risikos. Aufgrund dieser sogenannten „spezifischen Investitionen" lassen sich gerade von stark engagierten Banken hohe Unterstützungspotenziale sichern. Diese können von einem Stillhalten, über die Freigabe von Sicherheiten bis hin zu einer Neukreditvergabe reichen. Banken mit einem geringen spezifischen Risiko neigen dagegen dazu, ihr Engagement weiter zu reduzieren oder zu beenden. Der Grad der Zugehörigkeit hängt aber auch von weiteren nicht-finanziellen Faktoren ab, wie dem Erhalt der Reputation der Bank oder der regionalen Verbundenheit.

- **Lieferanten/Kreditversicherer** sind von einer Krise ihres Geschäftspartners oft stark betroffen, da neben dem teilweisen oder vollständigen Verlust der Lieferantenkredite gleichzeitig die Kundenbeziehung gefährdet ist. Bei einer einseitigen Abnehmerstruktur kann das Wegbrechen des Umsatzvolumens zu einer Existenzgefährdung des Zulieferers führen. Somit bestehen meist auch potenziell gute Stützungsmöglichkeiten durch Lieferanten. Gegenläufig ist häufig das Verhalten der Kreditversicherer. Diese haben aufgrund der schwachen Sicherheitenlage in einer Krise und Sanierung das Bestreben ihr Risiko durch Reduzierung der rückversicherten Linien zu senken. Damit steigt wiederum die Gefährdung der Belieferer. Somit überschneiden sich die Handlungsalternativen und Entscheidungen der Lieferanten und Kreditversicherer. Die Position der Lieferanten zeichnet sich meist durch eine starke geschäftliche Verbundenheit aus, wenn eine lange und intensive Kundenbeziehung besteht.

Um die Sanierung von der Finanzmittelseite umfassend abzusichern, sind die Beiträge möglichst aller Interessengruppen zu mobilisieren. Dabei sind Bedrohungen zu verhindern und Unterstützungsbeiträge zu generieren. Ziel ist es, möglichst alle internen und externen Stakeholder für die Sanierung zu gewinnen, um einen optimalen Erfolg sicherzustellen. Eine Auswahl der unterstützenden oder bedrohenden Maßnahmen dieser Gruppen ist folgender Tab. 7.2 zu entnehmen:

Tab. 7.2: Unterstützungen und Bedrohungen in der Krise (Quelle: Eigene Darstellung)

Unterstützungen	Stakeholder	Bedrohungen
Kapitalerhöhung	Anteilseigner	Verkauf Anteile
Gesellschafterdarlehen		Rückzahlung Darlehen
Rangrücktritt Darlehen		Entnahmen
Verzicht bestehender Darlehen		Übertragung freies Vermögen
Verzicht Entnahmen		Weigerung Vergabe Fresh Money
Zinsstundung	Kreditinstitute	Nachbesicherung
Tilgungsstundung		Zinserhöhung/Gebühren
Forderungsverzicht		Kürzung Linien
Freigabe Sicherheiten		Forderungsverkauf
Neukreditvergabe		Kündigung Geschäftsbeziehung
Stundung	Lieferanten/Kreditversicherer	Vorkasse
Weiterbelieferung		Preiserhöhungen
Forderungsverzicht		Kürzung Einkaufslinien
Steigerung Liefervolumen		Kündigung Kreditversicherung
Erhöhung Versicherungsobligo		Lieferstopp

Dies verdeutlicht, dass Stakeholder unter anderem die folgenden Optionen besitzen (vgl. Buschmann, 2006, S. 85 ff.):

– Die Geschäftsbeziehung kann unverändert weitergeführt oder in der Krise und eingeleiteten Sanierung sogar ausgebaut werden. Damit werden weitere Unterstützungsbeiträge für das Krisenunternehmen geleistet (Unterstützung).
– Stakeholder können ihr Risiko unmittelbar reduzieren, indem Linien gesenkt, die Konditionen zum Nachteil einer Krisenfirma nachverhandelt oder die Geschäftsbeziehungen unter Umständen beendet werden (Bedrohung).

Die Entscheidungskalküle der Stakeholder für eine verstärkte Unterstützungs- oder Konfrontationshaltung hängen von verschiedenen internen und externen Merkmalen ab. Wesentliche Faktoren, die bei der Entscheidungsfindung eine Rolle spielen, sind (vgl. Buschmann, 2006, S. 136 ff.):

– **Sanierungsfähigkeit:** Es wird davon ausgegangen, dass je höher die Erfolgswahrscheinlichkeit für einen Turnaround ist, desto stärker auch die Unterstützungsbereitschaft der Stakeholder sein wird. Dabei können die Stakeholder die Erfolgswahrscheinlichkeit unterschiedlich einschätzen. Zudem kann unter den Stakeholdergruppen ein Erfolg differenziert beurteilt werden. So kann für eine Bank die Bedienung des Kapitaldienstes relevant sein, während die Anteilseigner eine aufgrund des Risikos überdurchschnittliche Rendite auf das eingesetzte Eigenkapital erwarten.
– **Qualität und Vertrauenswürdigkeit des Managements:** Das Alt-Management hat das Unternehmen in die Krise geführt. Die Sanierungssituation ist komplex und Entscheidungen sind unter Zeitdruck zu treffen. Zudem lässt sich opportunistisches Verhalten des Managements nicht ausschließen. Aus diesen Gründen sind den beteiligten Stakeholdern stetig ausreichende Informationen über den Sanierungsverlauf zu übermitteln. Banken beobachten das Verhalten des Krisen-Managements bei der Sanierungsumsetzung kritisch und werden im Notfall auf einen Austausch drängen, da die Integrität sowie die Qualifikation der Geschäftsleitung als unzureichend angesehen wird. Eine positive Haltung des Managements zur zeitnahen Umsetzung wichtiger Sanierungsschritte sollte daher unbedingt gegeben sein.
– **Abhängigkeiten und Handlungsalternativen:** Dieses sind ebenfalls wichtige Entscheidungsmerkmale, die das Verhalten der Stakeholder beeinflussen können. Interessengruppen, die hohe spezifischen Investitionen am Unternehmen halten, werden die Krisenfirma im Zweifel weiter unterstützen. Demnach bestehen hohe Abhängigkeiten von Bankenseite, wenn ein umfassendes Kreditvolumen gegen schwache Sicherheiten steht. Mangelnde Alternativen, wie fehlende Ablösemöglichkeiten oder ein Verkauf des Kreditengagements, nur unter hohen Abschlägen, verstärken diese Abhängigkeit noch.

— **Interaktionen mit anderen Stakeholdern:** Wesentlich für den Erfolg einer Sanierung ist, dass möglichst alle finanzwirtschaftlichen Stakeholder das Unternehmen gemeinsam unterstützen und auf einseitige Rückführungen, Nachbesicherungen sowie Konditionsverschlechterungen verzichten. Einzelne Stakeholder werden nur dann zu einer Unterstützung bereit sein, wenn auch die anderen Beteiligten ihren Beitrag leisten. Steigen Einzelne aus, besteht das Risiko, dass es zu einer Aufweichung unter den Stakeholdern kommt. Daher ist es umso vorteilhafter, je weniger Verhandlungspartner beteiligt sind.

Gerade diejenigen Stakeholder, die finanziell eng mit einer Firma verbunden sind, erlangen in der Krise und einer sich anschließenden Sanierung stark an Bedeutung. Um diese auf das Sanierungsprojekt einzuschwören und weiter an das Unternehmen zu binden, ist ein wirksames **Stakeholder-Management** notwendig.

Dazu sind die bestehenden Stakeholder zunächst zu klassifizieren in jene, die ein Bedrohungspotenzial auf die Krisenfirma entfalten können und von denen die Krisenfirma in hohem Maße abhängig ist.

Dieses sind unter anderem Banken mit geringem Obligo und Lieferanten, die nicht substituiert werden können. Umgekehrt bestehen auch Abhängigkeiten bestimmter Stakeholder vom Krisenunternehmen. Auf diese Akteure kann Einfluss genommen werden. Es sind Banken mit großen, ungesicherten Kreditvolumina und Lieferanten mit hohem Einkaufsvolumen. Von den Parteien können oft Unterstützungsbeiträge realisiert werden. Im Rahmen des Stakeholder-Managements sind nun das Bedrohungs- und das Einflusspotenzial aufeinander abzustimmen. Ziel ist es, im Rahmen des Stakeholder-Managements in erster Linie zu verhindern, dass die Gläubiger in der Unternehmenskrise nicht in einer gefährdenden Weise abspringen und sich eine Stakeholder-Erosion ergibt (vgl. Portisch, 2006d, S. 54 ff.).

Die betrachteten Gläubigergruppen können nach dem Grad ihrer Abhängigkeit unterschieden werden. Es existieren Kerngruppen, die einen starken Einfluss ausüben können und deren Eigenbedrohung in einer Krise aufgrund einer starken Abhängigkeit vom Unternehmen hoch ist. Dieses sind Banken mit hohem Kreditvolumen und Blankoteil, Kreditinstitute mit regionaler und persönlicher Bindung. Des Weiteren bestehen Abhängigkeiten von Lieferanten mit hohen Einkaufslinien und Spezialgütersortimenten, mit einer intensiven Verzahnung in die Wertschöpfungskette, und von Kreditversicherer mit hohen Versicherungslimits.

Andererseits existieren Stakeholder, deren Abhängigkeitsgrad aufgrund der Intensität der Geschäftsbeziehung mittelstark oder nur gering ausgeprägt ist. Dies sind meist gut abgesicherte Kreditinstitute, Banken mit geringem Kreditvolumen, ausländische Institute oder auch Leasinggeber. Zudem können Lieferanten einfacher, homogener Güter und geringem Lieferanteil beziehungsweise Kreditversicherer mit niedrigen Limits weniger an die Krisenfirma gebunden sein.

Trotz des mittleren oder geringen Eigenrisikos bedeuten gerade diese Gruppen ein besonderes Gefährdungspotenzial für die Finanzierung eines Krisenunternehmens. Demnach bestehen meist starke Begehrlichkeiten dieser Parteien, ihr Risiko einseitig zu verringern oder komplett zu eliminieren.

Um die Ziele und Verhaltensweisen der Gläubiger einschätzen zu können, sind die Beteiligten vorab in folgende Segmente zu klassifizieren: Gläubiger mit geringem, mittlerem und hohem Abhängigkeitsgrad. Anschließend können konkrete Verhandlungsmuster aufgebaut werden, um eine Finanzierungsstrategie zu gestalten, die eine gemeinsame Unterstützung des Krisenunternehmens gewährleistet.

Definition: Das **Stakeholder-Management** umfasst im Rahmen der Finanzierungssicherung eines Krisenunternehmens alle Maßnahmen, um die beteiligten Gläubiger bei der Mittelbereitstellung zu binden und die Liquidität und das Eigenkapital in der Phase der Sanierung zu sichern.

Meist entsteht gerade in einem noch frühen Stadium der wirtschaftlichen Krise Unruhe auf Seiten der Lieferanten, Kreditversicherer oder Nebenkreditgeber. Daher ist schnellstmöglich nach Feststellung der Sanierungswürdigkeit, unter Zuhilfenahme der Hausbank, eine Gläubigersitzung einzuberufen, um die Interessen und Handlungen aller externen Gläubiger im Sinne der Krisenfirma zu koordinieren. Gerade die Hausbank ist meist in einem hohen Maße abhängig von dem Krisenunternehmen. Daher sollte mit diesem Stakeholder kooperiert werden. Dazu gehört auch eine frühe und aktive Informationspolitik. Diese muss auf die Adressaten und somit in erster Linie auf die Hausbank ausgerichtet sein.

Die Umsetzung der finanzwirtschaftlichen Sanierung kann nur gelingen, wenn das Krisenunternehmen von allen Gläubigern gleichzeitig unterstützt wird. Dabei ist auf eine faire Verteilung der Sanierungslasten zu achten. Der Zeit- und Handlungsdruck der drohenden Insolvenz sollte auch genutzt werden, um möglichst hohe Unterstützungsbeiträge zu realisieren.

Im Folgenden wird das häufig anzutreffende Verhalten der Gläubiger im Hinblick auf ihren Abhängigkeitsgrad klassifiziert, um optimale Ansatzpunkte für ein Stakeholder-Management zu erhalten (vgl. Portisch, 2006d, S. 54 ff.):

– **Gläubiger mit hohem Abhängigkeitsgrad:** Diese Stakeholder verhalten sich aufgrund der engen Verbindungen zum Krisenunternehmen meist kooperativ. Daher sollte mit diesen Kapitalgebern eng zusammengearbeitet werden, um sie als Partner zu gewinnen. Die zu wählende Strategie heißt: **Koalitionen bilden**.

– **Gläubiger mit mittlerem Abhängigkeitsgrad:** Die Bindung zum Krisenengagement ist bei diesen Akteuren meist differenziert ausgeprägt und kann von einer angestrebten Risikoreduzierung bis hin zu einem Stillhalten reichen. Wichtig ist das Einbeziehen dieser Gruppen, da mit ihrem Rückzug eine erhebliche Gefahr verbunden ist. Die Strategie lautet: **Überzeugen und einbinden**.

– **Gläubiger mit geringem Abhängigkeitsgrad:** Diese Stakeholder haben meist
   das Ziel, ihr Risiko kurzfristig zu verringern, indem Kreditlinien gestrichen, Umschuldungen mit Tilgungen vorgenommen, zusätzliche Sondertilgungen oder
   neue Sicherheiten eingefordert werden. Diese Gruppen sind unbedingt in eine
   Verhandlungslösung einzubinden, damit keine Aufweichungstendenzen entstehen. Die Strategie bei den Akteuren lautet: **Rückzug vermeiden**.

Oft sind bei Verhandlungen zwischen Gläubigern unterschiedlicher Abhängigkeiten
zum Krisenunternehmen Problematiken eines Gefangenendilemmas mit mehr als
zwei Akteuren zu beobachten. So ziehen die einzelnen Fremdkapitalgeber den größten Nutzen daraus, ihre eigene Situation zu optimieren, indem sie einseitig Tilgungen einfordern oder ihre Sicherheitenlage verbessern. Im Extremfall kann die Sanierung sogar scheitern, so dass sich dann alle Parteien in einer Insolvenz schlechter
stellen. Daher ist es wichtig eine für alle beteiligten Stakeholder ausbalancierte und
stabile Gleichgewichtslösung zu finden.

Es sind Lösungen für diese Problemsituation notwendig, mit denen die Strategieziele des Unternehmens „Rückzug vermeiden" oder „Überzeugen und einbinden" und
„Koalitionen bilden" erreicht werden können. Abb. 7.9 zeigt die empfohlenen Hand-
lungsstrategien bei den Stakeholdern mit unterschiedlichem Bindungsgrad.

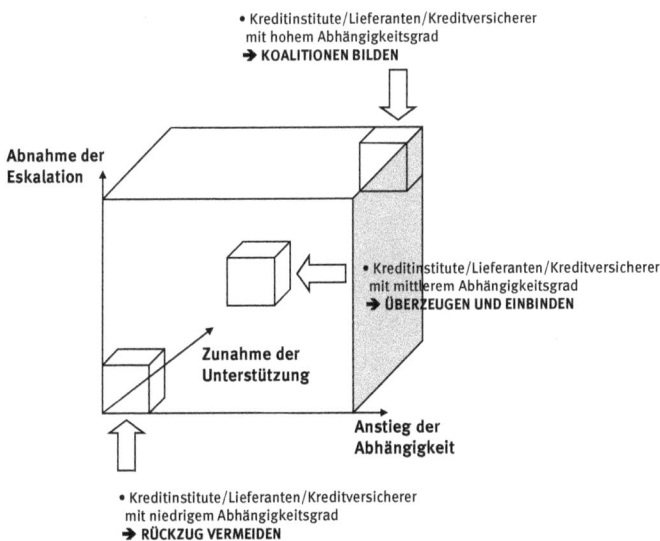

Abb. 7.9: Bereitschaft zu Sanierungsbeiträgen in der Krise (Quelle: Eigene Darstellung)

Fühlen sich einzelne Parteien benachteiligt, so beenden unter Umständen wichtige Stakeholder die Geschäftsbeziehung und die Sanierung scheitert. Das Problem ist oft die wechselseitige Abhängigkeit der Entscheidungen der Stakeholder. Die vorteilhafte Variante der gemeinsamen Lösung zur Weiterbegleitung des Engagements kommt nur dann zustande, wenn jede Partei auf einseitige risikoreduzierende Maßnahmen verzichtet (vgl. Dixit/Nalebuff, 1997, S. 17).

Ansätze zur Lösung dieser Problematik finden sich in der Spieltheorie, der Wissenschaft vom strategischen Denken. Es empfiehlt sich ein nach der Intensität gestuftes Vorgehen je nach dem Widerstand und dem Abhängigkeitsgrad der Akteure. Ist die Gefahr des Rückzugs eines Kapitalgebers oder sonstigen Geschäftspartners dagegen groß, sind alle Maßnahmen zur Bindung der Parteien auszuschöpfen:

- **Teamwork:** Die Bildung einer Gruppe aus mehreren Akteuren, die eine Sanierung entschlossen unterstützt, kann eine Art Gruppenzwang bewirken und bestimmte Parteien dazu bewegen, ihre Konfrontationshaltung aufzugeben. Daher sind Koalitionen der Firma zu den die Sanierung unterstützenden Gläubigern nachhaltig aufzubauen.
- **Selbstbindung:** Mündliche sowie schriftliche Absichtserklärungen zur Unterstützung eines Krisenunternehmens schränken die Möglichkeit ein, sich aus dieser fest fixierten Selbstbindung wieder zu lösen.
- **Unterhändler:** Kreditverhandlungen werden häufig durch konfliktäre Verhaltensweisen gestört. Auch eine Hausbank, die gegebenenfalls als Moderator auftritt, ist nicht als neutral zu bezeichnen, da sie an der Sanierung beteiligt ist und von der Stützung des Unternehmens profitieren kann. Dies kann eine allumfassende Einigungslösung behindern. Daher kann es förderlich sein, eine neutrale Person wie den Sanierungsberater zu beauftragen, die Verhandlungen zu leiten und einer Lösung zuzuführen. Auch kann ein Berater als Unterhändler in Einzelgesprächen versuchen, einzelne Gläubiger zu überzeugen. Zudem können Gläubiger mit umfangreichem Kreditvolumen auf die Akteure mit einer geringeren Bindung zum Unternehmen einwirken.
- **Anreize:** Es können Anreize in Form von Beteiligungen an Sicherheiten oder geringen Tilgungen in Aussicht gestellt werden, um einen Ausstieg von abwanderungswilligen Gläubigern zu verhindern. Des Weiteren können Sicherheiten aus dem privaten Bereich und ein Besserungsschein angeboten werden, um die kritischen Stakeholder zu überzeugen.
- **Öffentlichkeit:** In der Praxis ist zu beobachten, dass Sanierungen gerade bei größeren Krisenunternehmen eine hohe Öffentlichkeitswirkung entfalten. Dies kann zur Findung einer Lösung zur gemeinsamen Begleitung des Krisenunternehmens beitragen, wenn bei einem Rückzug ein Reputationsrisiko für die abwanderungswilligen Kapitalgeber besteht.

– **Boykott:** Banken, Lieferanten und Kreditversicherer treffen häufig in mehreren Sanierungsfällen und Bankenrunden aufeinander. In den verschiedenen Verhandlungssituationen hat die eine oder andere Partei immer wieder einmal Vorteile oder Nachteile. Nutzt ein Akteur seine Vorteile nachhaltig aus und schädigt andere Beteiligte, so werden die anderen Parteien sich fortan ähnlich verhalten und keiner ist bereit nachzugeben. Dieses ist im Ergebnis meist negativ für alle Parteien. Sehen die Gläubiger dies voraus, so lassen sich Konflikte unter Umständen vermeiden. Kooperationen können sich entwickeln und in wiederholten Verhandlungssituationen kann sogar Vertrauen unter den ansonsten konkurrierenden Akteuren entstehen.

Die folgende Tab. 7.3 zeigt die Maßnahmen, die bei den jeweiligen Stakeholdern in Relation vom Abhängigkeitsgrad zu ergreifen sind.

Tab. 7.3: Strategien und Maßnahmen aus Sicht der Hausbank (Quelle: Eigene Darstellung)

Abhängigkeit Maßnahmen	Hoch: Koalitionen bilden	Mittel: Überzeugen	Niedrig: Rückzug vermeiden
Teamwork	Ja	Ja	Ja
Selbstbindung	Ja	Ja	Ja
Unterhändler	Ja	Ja	Ja
Anreize	Nein	Ja	Ja
Öffentlichkeit	Nein	Nein	Ja
Boykott	Nein	Nein	Ja

Entsteht im Rahmen der Verhandlungen der Eindruck, dass ein Gläubiger übermäßig gierig agiert, indem er den einseitigen Abbau von Krediten vornimmt, neue Sicherheiten einfordert oder sich an Verzichten und einer Neukreditvergabe nur unzureichend beteiligt, werden die anderen Verhandlungspartner in der Zukunft weniger geneigt sein mit dieser Partei zusammenzuarbeiten.

So werden sie vermutlich in einem anderen Sanierungsfall, an dem der Störenfried ebenfalls beteiligt, aber schlechter positioniert ist, als härtere Verhandlungspartner auftreten. Auf der zwischenmenschlichen Ebene kann ein unfairer Sieg aber die Geschäftsbeziehungen dauerhaft verderben. Daher ist ein Stakeholder-Management zur Koordination der Zielsetzungen zwischen den Gläubigern aus Sicht des Unternehmens dringend erforderlich. Begleitet werden sollte dieses Stakeholder-Krisenmanagement durch vertrauensbildende Maßnahmen des Managements von Seiten der Krisenfirma (vgl. Buschmann, 2006, S. 144 ff.). Dabei stellt die Information und Kommunikation ein besonders vertrauensbildendes Element dar.

In der Krise und der sich anschließenden Sanierung ist auf eine deutliche Zunahme der Informationsbedürfnisse der Stakeholder Rücksicht zu nehmen. Informationen sollten, um echte Vertrauenssignale zu senden, hohe Anforderungen an die Richtigkeit, Vollständigkeit, Zeitnähe und Regelmäßigkeit besitzen (vgl. Portisch, 2004d, S. 56 ff.). Die Informationslage ist zudem zielgerichtet auf die Adressaten auszurichten und zu koordinieren. Zu entscheiden ist daher:

– Wer kommuniziert auf welche Art und Weise mit welchem Stakeholder?
– Welche Informationsarten werden in welchem Detaillierungsgrad übermittelt?
– Wann wird die betreffende Information herausgegeben?
– Wem wird die Information direkt zugespielt, wem indirekt?
– Über welche Kommunikationswege werden die Informationen verteilt?

Dabei kann ein Sanierungsberater neben der fachlichen leistungswirtschaftlichen Sanierungsumsetzung auch die Moderation der unternehmensexternen Kommunikation übernehmen. Dieser Akteur ist dann Ansprechpartner für die Banken, Lieferanten beziehungsweise Kreditversicherer und Mitarbeiter.

Aufgrund seiner neutralen und ausschließlich auf den Sanierungserfolg ausgerichteten Funktion kann dieser erfahrene Akteur unter Umständen eine Emotionalisierung im Sanierungsprozess vermeiden und das Unternehmen bei der Stabilisierung der Finanzierung unterstützen. Des Weiteren kann die Einrichtung eines Lenkungsausschusses, unter Leitung des Sanierungsberaters, besetzt mit Vertretern aus dem Management und dem Betriebsrat, nicht nur fachliche Lösungsvorschläge zur Bewältigung der Krise erarbeiten, sondern vielmehr eine kontinuierliche und zeitnahe Unternehmenskommunikation sicherstellen.

Zunächst sind die Stakeholder mit hohen eigenen Gefährdungspotenzialen zu informieren. Diese haben eine große Bedeutung für das Krisenunternehmen und sind gegebenenfalls selbst abhängig. Auch ist ihr Informationsbedarf am größten und die Konsequenzen ihres Handelns haben einen starken Einfluss auf das Überleben der Firma (vgl. Buschmann, 2006, S. 145). Zu diesen Gruppen gehören insbesondere die Hausbank und die externen Anteilseigner.

Anteilseigner, die nicht gleichzeitig in der Geschäftsführung des Krisenunternehmens eingesetzt sind, sind häufig reine Kapitalgeber des Unternehmens oder zusätzlich als Firmengründer mit dem Krisenfall eng verbunden. Bereits zu Beginn der Krise sind die externen Gesellschafter detailliert über Art, Umfang und Konsequenzen der Schieflage zu unterrichten. Des Weiteren sollte versucht werden diese in den Entscheidungsprozess einzubinden und auf einer regelmäßigen Basis über wichtige Schritte der Sanierung zu unterrichten.

Da die Gesellschafter, häufig auch auf Druck der Banken, das Unternehmen zudem durch neues Geld (Fresh Money) stützen, sind die Informationserfordernisse dieser Gruppe hinsichtlich Qualität und Zeitnähe entsprechend hoch.

Die Kommunikation sollte dabei durch die Geschäftsleitung oder über den erfahrenen Sanierungsberater erfolgen. Der Vorteil der Informationsweitergabe über einen Externen ist, dass dieser als neutral angesehen wird.

Bereits bei Erkennen der Krise sollte die Hausbank über die Unternehmenssituation informiert werden. Die Hausbank hat in der Regel frühzeitig durch die Führung der laufenden Konten und unterjährige Zahlen oder durch Branchenanalysen Kenntnis von der brisanten wirtschaftlichen Lage des Unternehmens. In diesem Fall ist von Seiten der Unternehmensleitung eine aktive Informationspolitik vorteilhaft, bevor die Hausbank die Lage selbst kritisch einschätzt und handelt. Bei der Informationsweitergabe zu den übrigen Banken ist differenziert vorzugehen. Diese sind in ihrem Verhalten oft sehr heterogen, da die informatorischen Erwartungen bei einer wirtschaftlichen Schieflage durch eine Vielzahl von endogenen Faktoren, wie der eigenen Risikoposition, geprägt werden. Neben Art und Umfang der zielgruppenausgerichteten Informationen kommt insbesondere dem Zeitpunkt der Informationsübermittlungen eine besondere Bedeutung zu.

Insgesamt sind Banken detailliert über die Liquiditätsentwicklung zu informieren, da ihr Risiko durch die Zahlungsvorgänge mitbestimmt wird. Ein wichtiges Kommunikationsinstrument für die Weitergabe komplexer und zu erläuternder Daten sind Bankensitzungen. Zum Aufbau von Vertrauen kann der federführenden Bank unter Umständen ein Sitz in einem Überwachungsorgan gewährt werden.

Neben den Banken kommt den Lieferanten und Kreditversicherern im Sanierungsprozess eine wichtige Rolle zu. Oft hängt gerade von ihnen der positive Verlauf der Sanierung maßgeblich ab. Die Kommunikation mit diesen Gruppen erfordert meist äußerstes Fingerspitzengefühl, da insbesondere die Warenkreditversicherer häufig bei dem Bekanntwerden einer Krise ihre Limits reduzieren oder streichen. Mit Hilfe der Unterstützung der Hausbank sollte versucht werden, diese Gruppen zumindest zum Stillhalten zu bewegen.

Im Folgenden werden die finanziellen Unterstützungspotenziale im Hinblick auf die Liquiditätswirkung und den Kapitalerhaltungseffekt untersucht werden. Dabei werden die in der Sanierung eingesetzten Finanzinstrumente und die sonstigen finanzielle Maßnahmen nach der Herkunft der Stakeholder gegliedert.

Zusammenfassung Abschnitt 7.3: In diesem Abschnitt wurde eine detaillierte **Stakeholder-Analyse** in der Krise vorgenommen. So sind die Gruppen der Anteilseigner, der Kreditinstitute und der Lieferanten und Kreditversicherer für die Absicherung der Finanzmittel in einer Krise und Sanierung von großer Bedeutung. Es konnte gezeigt werden, dass in Anlehnung an den Abhängigkeitsgrad von diesen Gruppen Unterstützungen oder Bedrohungspotenziale für die Finanzierung ausgehen können. Ziel sollte es sein, die Stakeholder über bestimmte Maßnahmen an eine Sanierung zu binden und sämtliche Finanzierungspotenziale in Gang zu setzen beziehungsweise abzusichern. Kernakteur der finanziellen Sanierung ist die Hausbank, die versuchen muss über verschiedene Verhandlungsmaßnahmen die übrigen Finanzierer in die Mittelbereitstellung mit einzubinden.

7.4 Finanzierungspotenziale über Stakeholder

Finanziell stark betroffen von einer Unternehmenskrise und ihren Folgen sind die Anteilseigner. Die Gesellschafter des Krisenunternehmens müssen mit einem Wertverlust ihrer Anteile, ihrer Gesellschafterdarlehen und je nach persönlicher Haftung über die Rechtsform oder über Bürgschaften, mit der eigenen Existenzgefährdung rechnen. Auf Gläubigerseite besteht die größte Gefahr für Banken und Lieferanten darin, Forderungsausfälle zu realisieren und zudem die Kundenbeziehung zu verlieren. Es erfolgt die Betrachtung der Gläubigerseite, um Einblicke in deren Entscheidungen zu erhalten, um finanzielle Unterstützungen zu erreichen.

Betroffen von einer Unternehmenskrise sind in erster Linie Kreditinstitute wie besonders die Hausbank und Lieferanten, inklusive Kreditversicherer. Ausgehend von der Stärke ihres Abhängigkeitsgrads können über diese Parteien meist maßgebliche Finanzierungspotenziale realisiert werden. So stammen finanzielle Unterstützungsbeiträge von den größten Eigenkapital- und Fremdkapitalgebern.

Potenzielle finanzielle Unterstützungsbeiträge können auch von Seiten der Kunden, der öffentlichen Hand oder von Investoren, wie anderen Unternehmen oder Beteiligungsgesellschaften, stammen. Diese Stakeholder sollen in diesem Werk nicht näher in Betracht gezogen werden, da die Möglichkeiten der Einbindung dieser Akteure in einer bestehenden Krise selten gegeben ist. Die Sozialversicherungsträger, das Finanzamt oder die Krankenkassen können für Stundungsmaßnahmen gewonnen werden. Die Sanierungsleistungen dieser Gruppen bilden aufgrund der Geringfügigkeit jedoch nicht den Kern der finanzwirtschaftlichen Hilfen. Sie unterstützen die Sanierung in der Regel nur am Rande.

Der begrenzende Faktor für die Finanzierung in der Sanierung stellt meist das Stillhalten oder die Neukreditvergabe der externen Gläubiger dar. Daher konzentrieren sich die hier angestellten Analysen auf die Stakeholder-Gruppen Kreditinstitute und Lieferanten inklusive Kreditversicherer. Es werden vornehmlich bestehende Stakeholderbeziehungen betrachtet, da sich aufgrund des eingetretenen Risikos und der negativen Öffentlichkeitswirkung der Krise meist keine neuen Kreditgeber für das gefährdete Unternehmen finden.

Zudem werden die möglichen Beiträge der Gesellschafter und aus dem Unternehmen heraus geprüft, da die Gläubiger ihr Verhalten in der Regel davon abhängig machen, welche Unterstützungen die Gesellschafter und die Mitarbeiter leisten. Des Weiteren sind die zusätzlichen Finanzierungspotenziale im Unternehmen über den Abbau des Umlaufvermögens sowie die Realisierung von Kapitalmaßnahmen zur Stabilisierung des Eigenkapitals zu untersuchen. Wichtiges Ziel einer finanzwirtschaftlichen Sanierung ist es, die Insolvenz dauerhaft zu vermeiden und die Umsetzung der Sanierung über die komplette Zeitdauer zu finanzieren. Dafür sollten Firmen ein Verständnis für die Position der Banken entwickeln. Mit der Unterstützung durch die Hausbank können oft auch andere Finanzierer überzeugt werden.

Voraussetzungen für die Gewährung langfristiger finanzieller Hilfen durch Externe wie Kreditinstitute sind zum einen die Abwendung der Insolvenzantragspflicht und zum anderen das geplante Vorgehen im Rahmen der Sanierung unter Einhaltung der gesetzlichen Bestimmungen und der bankinternen Richtlinien. Des Weiteren wird die Bereitschaft der Geschäftsleitung des Unternehmens verlangt die Sanierung einzuleiten und die Empfehlungen eines externen Beraters umzusetzen.

Sanierungsvorgaben im Rahmen der MaRisk

Die MaRisk geben den Kreditinstituten Leitlinien für die Bearbeitung von erhöht ausfallgefährdeten Kreditengagements vor. Differenziert wird zum einen in die Vorstufe der **Intensivkunden**, die beim Feststellen erster Gefährdungsmerkmale einer gesonderten Beobachtung und Betreuung zu unterziehen sind und zum anderen in **Sanierungsfälle** die der Problemkreditbearbeitung angehören (vgl. Portisch, 2015a, S. 13 ff.). Von Bedeutung sind hier in erster Linie Sanierungsengagements, da sich bei diesen deutliche Krisenmerkmale zeigen und die Vorgaben aus den MaRisk sehr genau sind. Diese Engagements werden in Kreditinstituten in der Regel in Spezialabteilungen betreut, die sich dem erhöhten Risiko annehmen. Die Mitarbeiter sind geschult auf die Anwendung eines Sanierungsprozesses.

Damit eine Sanierung aus Bankensicht begleitet werden kann ist vorab ein Sanierungskonzept vom Unternehmen einzureichen, dass die Sanierungsfähigkeit bestätigt. Anschließend wird auf dieser Grundlage die Sanierungswürdigkeit in den Kreditinstituten unter Berücksichtigung der Zeitdauer der Sanierung, der zusätzlichen finanziellen Risiken sowie der sonstigen Personalkosten entschieden. Die genauen Vorgaben finden sich in den MaRisk BTO 1.2.5 (vgl. MaRisk, BTO 1.2.5, Tz. 1-4).

Die MaRisk betonen, dass es primäre Aufgabe des betreffenden Unternehmens ist, ein Sanierungskonzept erarbeiten zu lassen. In der Praxis erfolgt meist jedoch im Rahmen eines Erstgespräches zwischen den Sanierern der Bank und der Geschäftsleitung des Unternehmens eine Hilfestellung von Seiten der Bank bei der Auswahl eines geeigneten Unternehmensberaters. Kreditinstitute haben Erfahrungen in Sanierungen und kennen auf diese Fälle spezialisierte Berater.

Zieht ein Institut die Begleitung einer Sanierung in Betracht, muss das betreffende Institut die Durchführung und die Auswirkungen der auf Basis des Sanierungskonzeptes eingeleiteten Maßnahmen überwachen. Die zuständigen Geschäftsleiter der Bank sind bei bedeutenden Engagements regelmäßig über den Stand der Sanierung zu informieren (vgl. Deutscher Sparkassen- und Giroverband, 2014, S. 160 ff.).

Wesentliche Grundlage der Sanierung ist das **Sanierungskonzept**. Damit die Qualität eines Sanierungskonzepts der brisanten Unternehmenssituation angemessen ist sollte ein Standard bei der Erstellung eingehalten werden. Das Institut der Wirtschaftsprüfer hat seinerzeit einen Standard formuliert, der vielfach von Kreditinstituten gefordert und von Beratern eingehalten wird (vgl. IDW, 2012a, S. 723 ff.).

Der Standard IDW S 6 fordert ein zweistufiges Vorgehen (vgl. Groß, 2009, S. 232 ff.). Auf der **ersten Stufe** erfolgt eine Überprüfung der Fortführungspotenziale des Unternehmens auf der Grundlage der Zahlungsfähigkeit sowie der Kapitalisierung der Firma für das laufende und das folgende Jahr (vgl. Groß/Amen, 2002a, S. 225 ff. und 2002b, S. 433 ff.). Ziel ist die Vermeidung der Insolvenz und die Durchfinanzierung der Sanierung über vorzuschlagende finanzielle Sanierungsschritte.

Auf der **zweiten Stufe** ist die Wiederherstellung der nachhaltigen Wettbewerbsfähigkeit und Rendtefähigkeit auf Basis der krisenstadiengerechten Bewältigung der Schieflage zu gestalten. Im Rahmen des IDW S 6 besteht die Forderung an den externen Sanierungsberater, dass dieser sämtliche durchlaufenen Krisenstadien einer Stakeholderkrise, Strategiekrise, Produkt- und Absatzkrise, Erfolgskrise und Liquiditätskrise aufarbeitet. Die vorgeschlagenen Sanierungsmaßnahmen sollen geeignet sein alle vorgefundenen Krisenstadien nachhaltig zu beseitigen.

Grundlage der Sanierung ist ein zu formulierendes Leitbild, das als wettbewerbsfähiges strategisches Geschäftsmodell des sanierten Unternehmens zu verstehen ist. Das Sanierungskonzept und der Gesundungsprozess sind an diesem Firmenleitbild auszurichten. Der Standard IDW S 6 prägt für die Konzepterstellung die besonderen Begriffe: „nachhaltige Fortführungsfähigkeit", „Wettbewerbsfähigkeit" und „Rendtefähigkeit" und zeigt die notwendige Dauerwirksamkeit von Sanierungshandlungen auf (vgl. Portisch et al., 2010g, S. 110 ff.). Die wesentlichen Kernbestandteile des IDW-Standards werden in der nachfolgenden Abb. 7.10 zusammengefasst darstellt (vgl. Portisch, 2014a, S. 211 und IDW, 2012, S. 719 ff.).

1. **Beschreibung von Auftragsgegenstand und -umfang**
   - Beschreibung der Auftragsbedingungen und der Begutachtungsinhalte
   - Festlegung der verantwortlichen Sanierer und des Zeitrahmens

2. **Basisinformationen über die wirtschaftliche und rechtliche Ausgangslage**
   - Untersuchung der leistungswirtschaftlichen Verhältnisse und der Branche
   - Analyse der Vermögens-, Finanz- und Ertragslage

3. **Analyse von Krisenstadium und -ursachen**
   - Feststellung des Krisenstadiums und des Intensitätsgrads der Krise
   - Analyse der internen und externen Krisenursachen

4. **Darstellung des Leitbilds des sanierten Unternehmens**
   - Erarbeitung eines nachhaltig wettbewerbsfähigen Geschäftsmodells
   - Krisenstadiengerechte Überwindung der wirtschaftlichen Schieflage

5. **Maßnahmen zur Bewältigung der Krise und Abwendung der Insolvenzgefahr**
   - Sanierungsschritte auf Basis des erarbeiteten Leitbilds
   - Finanzwirtschaftliche und leistungswirtschaftliche Sanierungsmaßnahmen

6. **Integrierter Unternehmensplan**
   - Zahlenmäßige Darstellung der Maßnahmeneffekte und des Sanierungsablauf
   - Integrierte Planungsrechnung mit Planbilanz, Plan-Guv, Finanzplan und Kennzahlen

7. **Zusammenfassende Einschätzung der Sanierungsfähigkeit**
   - Berichterstattung über den Sanierungsauftrag
   - Muster für eine Schlussbemerkung zur Zusammenfassung

Abb. 7.10: Kernbestandteile eines S 6-Konzepts (Quelle: In Anlehnung an IDW, 2012, S. 719 ff.)

Es handelt es sich bei dem Standard IDW S 6 um eine umfassende Abbildung wichtiger Inhalte eines Sanierungskonzepts. Dieses Regelwerk erklärt, welche Grundsätze bei der Erstellung des Konzepts einzuhalten und welche Kerninhalte zu erarbeiten sind. Dabei wird besonders auf die rechtlichen Anforderungen eingegangen. Darüber hinaus wird ein Qualitätsstandard vorgeschlagen, an dem sich die Berater bei der Berichterstattung im Rahmen einer Sanierung orientieren können. Die Sanierungskonzepterstellung auf Basis des Standards IDW S 6 ist wie folgt zu beurteilen:

- Ganzheitliche und vollständige Betrachtung der Sanierungsprüfung
- Detailliertes Eingehen auf die Erstellung der Fortführungsprognose
- Hohe Komplexität bei der Erstellung von Konzepten für kleine Firmen

Einschränkungen in der Anwendbarkeit des IDW S 6 ergeben sich aufgrund der Komplexität und des Umfangs insbesondere bei der Sanierung kleiner und mittlerer Unternehmen. Die Einforderung zur Einhaltung eines Sanierungsstandards ist daher auch in Abhängigkeit von der Firmengröße und der Komplexität des Geschäftsmodells eines Krisenunternehmens festzulegen.

Es ist in der Regel für eine kleine Firma nicht bezahlbar und auch nicht erforderlich ein vollständiges Sanierungskonzept nach IDW S 6 erstellen zu lassen. In kleinen und mittelgroßen Firmen bestehen meist bestimmte Ausgangssituationen, die eine umfassende Sanierungsanalyse nicht erforderlich machen.

In diesen meist kleinen Unternehmen existieren oft intransparente Strukturen aufgrund eines fehlenden Controllings. Der Charakter der Unternehmensführung ist oft familiär geprägt, die finanzielle Lage stark angespannt und es besteht ein begrenztes Zeitfenster für die Sanierungskonzeptentwicklung. Zudem ist das Geschäft operativ geprägt, sodass eine Leitbildentwicklung wie im IDW S 6 gefordert problematisch erscheint (vgl. Püschel, 2013, S. 53 ff.).

Ein wichtiger Adressat dieser Konzepte sind die Kreditinstitute. Aus diesem Grund sollte das Gutachten auch auf die erreichbare Kapitaldienstfähigkeit eingehen. Dieses Kriterium ist ein wichtiger Beurteilungsmaßstab für Banken und es ist von großem Vorteil, wenn dieses Entscheidungskriterium bereits frühzeitig in das Kalkül der Sanierungsberater einbezogen wird.

Dieses kann eine Entscheidung zur Gewährung finanzwirtschaftlicher Zugeständnisse positiv beeinflussen, wenn festgestellt wurde, dass die Kapitaldienstfähigkeit in absehbarer Zeit erreichbar erscheint. Zudem wird in dem Regelwerk nicht detailliert auf die Umsetzungsschritte der Maßnahmen eingegangen. So fehlt die Forderung zur Beschreibung des Realisierungsprojekts mit den Meilensteinen, den Verantwortlichkeiten und den zeitlichen Abarbeitungen.

Eine weitere Voraussetzung bei der Begleitung von Sanierungen aus Bankensicht ist neben der Vorlage und Prüfung des Sanierungskonzepts die Analyse des Vorliegens von Insolvenztatbeständen und gegebenenfalls deren Beseitigung.

Abwendung der Insolvenzantragspflicht

Mit der Einführung der Insolvenzordnung (InsO) wurden die Insolvenzeröffnungsgründe um den Tatbestand der drohenden Zahlungsunfähigkeit erweitert. Zudem wurden die bestehenden Bestimmungen zur Zahlungsunfähigkeit und Überschuldung verschärft. Ziel der Insolvenzrechtsreform war es unter anderem, den Eröffnungszeitpunkt der Insolvenz vorzuverlagern, um künftig massearme Verfahren zu verringern und Sanierungen aus der Insolvenz heraus leichter zu ermöglichen. Daher ergeben sich aus der Insolvenzordnung drei Insolvenzeröffnungsgründe:

- Überschuldung gemäß § 19 Abs. 1 InsO
- Drohende Zahlungsunfähigkeit gemäß § 18 Abs. 1 InsO
- Zahlungsunfähigkeit gemäß § 17 Abs. 1 InsO

Das Insolvenzkriterium der Überschuldung gilt für haftungsbeschränkte Rechtsformen wie die GmbH oder die AG. Ebenso umfasst dies Personengesellschaften, deren persönlich haftender Gesellschafter eine juristische Person ist, also im Regelfall die GmbH & Co. KG. Das Kriterium der Zahlungsunfähigkeit ist dagegen rechtsformunabhängig zu beachten und in der Praxis ein häufiger Insolvenzgrund.

Sind die Kriterien Überschuldung oder Zahlungsunfähigkeit erfüllt, haben die Organe der Gesellschaft spätestens drei Wochen nach Eintritt der Überschuldung oder der Zahlungsunfähigkeit einen Insolvenzantrag beim zuständigen Insolvenzgericht zu stellen (§ 64 Abs. 1 GmbHG, § 92 Abs. 2 AktG, § 130a HGB, § 99 GenG).

Wird die Antragspflicht schuldhaft verletzt, kann dies zu einer Strafbarkeit wegen Insolvenzverschleppung führen. Lediglich das Merkmal der drohenden Zahlungsunfähigkeit bietet für die Organe der Unternehmen, und nur für diese, ein Wahlrecht zur Insolvenzanmeldung. Ebenso besteht für die Gläubiger ein Antragsrecht bei Erfüllung des Tatbestands der Zahlungsunfähigkeit. In der Praxis erfolgt die Antragsstellung durch einen Gläubiger selten und lässt sich durch ein geplantes Vorgehen im Rahmen der finanzwirtschaftlichen Sanierung vermeiden.

Möglichkeiten zur Beseitigung einer Überschuldung

Gemäß § 19 Abs. 1 InsO ist bei juristischen Personen oder gemäß § 19 Abs. 3 InsO bei einer Gesellschaft ohne Rechtspersönlichkeit, bei der kein persönlich haftender Gesellschafter eine natürliche Person ist, die Überschuldung Eröffnungsgrund für eine Insolvenz. Überschuldung liegt vor, wenn das Vermögen eines Schuldners die bestehenden Verbindlichkeiten nicht mehr deckt (§ 19 Abs. 2 InsO). Eine Überschuldung wird durch eine Gegenüberstellung der Vermögenswerte und der Verbindlichkeiten in einer Sonderbilanz ermittelt (vgl. Obermüller, 2011, S. 44 ff.). Diese Sonderbilanz wird auch Überschuldungsbilanz oder Überschuldungsstatus genannt. Von Bedeutung ist, dass die Aufstellung dieses Status losgelöst von den handelsrechtlichen Ansatz- und Bewertungsvorschriften erfolgt. Die Überschuldungsbilanz soll einen Einblick in die Vermögenslage des Schuldners liefern.

Im Folgenden ist zu überprüfen, wie eine Unterdeckung im Vermögensstatus abgewendet werden kann: Zur Bereinigung einer Überschuldungssituation sind in erster Linie die Gesellschafter gefragt. Sie besitzen ein originäres Interesse am Fortbestand des Unternehmens. In vielen Firmen haben die Gesellschafter und Gründer zugleich die Geschäftsführung inne. Sind die Gesellschafter darüber hinaus haftungsmäßig eingebunden, folgt der betrieblichen Insolvenz meist auch die Privatinsolvenz mit einer Existenzgefährdung für die betroffenen Familien und einem Ansehensverlust in der Öffentlichkeit. Da der Eigentümer-Unternehmer dies in der Regel unter allen Umständen vermeiden möchte, ist eine finanzielle Einbindung über Kapitalmaßnahmen meist einfach durchzusetzen.

Im Folgenden werden ausgewählte, häufig in der Praxis eingesetzte Instrumente zur Beseitigung der Überschuldungslage sowie Kapitalisierung der Krisenfirma, gegliedert nach den ausgewählten Stakeholdern, dargestellt und beurteilt.

Rangrücktrittserklärungen und Forderungsverzichte der Gesellschafter

Ein übliches Mittel zur Abwendung der Überschuldung von Seiten der Gesellschafter ist die Erteilung eines vertraglichen Rangrücktritts, meist inklusive einer Kapitalbelassungserklärung, für bestehende oder neu gewährte Gesellschafterdarlehen. Die Gesellschafter erklären im Rahmen der Erklärung schriftlich, dass sie mit ihren Darlehen ganz oder teilweise hinter die gegenwärtigen und zukünftigen Forderungen sämtlicher übriger Gläubiger im Rang zurücktreten.

Die Durchsetzung der Forderung wird bis zu einer nachhaltigen Überwindung der Krise ausgeschlossen. Die Rangrücktrittserklärung dient wirtschaftlich und rechtliche dazu eine Überschuldung zu verhindern, da ein Ansatz dieser Nachrangdarlehen im Überschuldungsstatus gemäß § 19 Abs. 2 Satz 2 InsO nicht erfolgt, wenn ein ausdrücklich vereinbarter Rangrücktritt hinter die nach § 39 Abs. 1 InsO genannten Forderungen erfolgt (vgl. Crone/Kreide, 2014, S. 326).

In der Praxis ist das Instrument des Rangrücktritts einfach vertraglich umsetzbar. Zudem zeigt sich hier die Bereitschaft der Gesellschafter, bedingungslos hinter ihrem Unternehmen zu stehen. Sind die Anteilseigner eines Unternehmens dagegen nicht bereit, diese Erklärung abzugeben, werden sich die externen Gläubiger kaum bereitfinden, das Unternehmen durch finanzielle Beiträge zu stützen.

Soll der Anteilseigner eine Überschuldung beseitigen, sind die neueren rechtlichen Urteile zu beachten. Nach dem durch das MoMiG umgestalteten § 19 Abs. 2 Satz 2 InsO muss ein Nachrang, der im Insolvenzverfahren hinter den in § 39 Abs. 1 Nr. 1 bis 5 InsO bezeichneten Forderungen vereinbart worden ist, nicht im Überschuldungsstatus passiviert werden. Entsprechend dem Gesetzeswortlaut lässt der BGH es in seiner neuen Entscheidung hinsichtlich der Tiefe genügen, wenn der betreffende Gesellschaftsgläubiger hinter die Forderung aus § 39 Abs. 1 Nr. 5 InsO zurücktritt (vgl. BGH-Urteil vom 05.03.2015, IX ZR 133/14). Es ergeben sich zudem Veränderungen bei der temporären Prägung des Rangrücktritts.

Zeitlich gesehen fordert der BGH in seiner neuen Entscheidung, dass eine Rangrück-trittserklärung so formuliert sein muss, dass der Rangrücktritt auch den Krisenzeit-raum vor der Insolvenzverfahrenseröffnung erfasst, wenn dieser bewirken soll, dass die betreffende Forderung nicht in einen Überschuldungsstatus eingestellt werden muss. Eine entsprechend den Anforderungen des BGH formulierte Rangrücktrittser-klärung ist als Schuldänderungsvertrag anzusehen, der zugunsten der Gläubiger-gesamtheit als Vertrag zugunsten Dritter wirkt. Demnach kann diese Erklärung nach Eintritt der Insolvenzreife nicht mehr durch eine separate Vereinbarung zwischen Schuldner und Gläubiger aufgehoben werden.

Rangrücktrittserklärungen sind daher auf mögliche Befristungen beziehungsweise Kündigungs- und Widerrufsmöglichkeiten zu überprüfen und daraufhin zu kontrol-lieren, ob sie den vom BGH in seiner Entscheidung artikulierten Anforderungen zur notwendigen vorinsolvenzlichen Durchsetzungssperre ausreichend genüge tragen (vgl. BGH-Urteil vom 05.03.2015, IX ZR 133/14). Die Schuld muss für die Dauer der Wirkung des Rangrücktritts wegfallen beziehungsweise zur „Nichtschuld" werden. Zahlungen auf diese Verbindlichkeiten sind zudem gemäß § 134 InsO über einen Zeitraum von vier Jahren vor der Insolvenzantragstellung anfechtbar. Die Einstu-fung dieser Rangrücktrittserklärung als steuerneutral steht jedoch noch aus.

Eine weitergehende Alternative ist die Erklärung eines Forderungsverzichts, unter Umständen mit Besserungsschein. In diesem Fall sind jedoch die steuerrechtlichen Folgen zu beachten. So führt der Verzicht im Ergebnis in der Steuerbilanz zu einem Ertrag in Höhe der wegfallenden Verbindlichkeit. Dieser kann zu einer zusätzlichen steuerlichen Belastung aufgrund von Buchgewinnen und einem Liquiditätsabfluss oder zu einer Verringerung bestehender Verlustvorträge führen. Derartige Sanie-rungsgewinne sind nicht automatisch steuerbefreit, sondern es ist ein Antrag auf Steuerbefreiung zu stellen (vgl. Crone/Kreide, 2014, S. 308 ff.).

Kapitalaufstockung durch die bestehenden Gesellschafter

Neben der Rangrücktrittserklärung von Seiten der Gesellschafter besteht auch die Möglichkeit, das Eigenkapital durch zusätzliche Einlagen der Anteilseigner aufzu-stocken. Dabei kommen grundsätzlich sowohl Bareinlagen als auch Sacheinlagen in Betracht. Nachteil dieser Variante ist für die Gesellschafter, dass das Kapital lang-fristig in der Firma verbleibt und zusätzlich eine Handelsregistereintragung erfor-derlich wird. Eine spätere Freisetzung, unter anderem nach erfolgreicher Sanierung, ist wiederum nur durch eine formelle Kapitalherabsetzung möglich.

Auch hier ist die Wirkung auf die externen Gläubiger von Bedeutung. Bestehen von Seiten der Gesellschafter potenziell Möglichkeiten, aus dem privaten Bereich Ver-mögenswerte in die Firma einzubringen, so werden diese Maßnahmen von Seiten der externen Gläubiger auch verlangt. Eine Verweigerung verbreitet eine negative Außenwirkung, da es die mangelnde Bereitschaft ausdrückt, hinter dem Unterneh-men zu stehen. Die Zuführung von weiterem Kapital erfolgt in der Regel quotal.

Problematisch könnte es allerdings sein, wenn im Gesellschafterkreis unterschiedlich finanzstarke Akteure existieren. Dann kann eine Neukapitalisierung die Stimmanteile und auch die Machtverhältnisse im Unternehmen verschieben. Gegebenenfalls ist vorab eine aufwändige und teure Unternehmensbewertung durchzuführen, um die Anteile zu bewerten. Zur Vermeidung dieser Problematik sollte die Kapitalerhöhung möglichst gleichgerichtet erfolgen sowie bei Überzahlungen eine andere Kapitalform, wie beispielsweise Mezzanine, gewählt werden.

Aufnahme neuer Gesellschafter

Eine weitere Option besteht darin, die Kapitalstärkung durch die Aufnahme neuer Gesellschafter aus dem Kreis der unternehmensinternen Stakeholder, beziehungsweise über externe Investoren zu realisieren. Durchaus erfolgsversprechend ist die Beteiligung des Managements über Geschäftsanteile an dem Unternehmen im Rahmen einer Management-Buy-Out- oder Buy-In-Lösung. In Frage kommen dabei in erster Linie die Führungsebene sowie das Mittlere Management aber auch externe Investoren. Diese Akteure kennen die Strukturen und auch die Position des Unternehmens am Markt gut und sind damit in der Lage, die Erfolgsaussichten sowie die Zukunftsperspektiven einer Sanierung zu beurteilen. Ein wichtiger Antrieb für den angesprochenen Personenkreis wird das Streben nach Sicherung des eigenen Arbeitsplatzes und damit letztlich auch der eigenen Existenz sein.

Die Chance, dass sich dagegen von außen neue Gesellschafter finden und das Unternehmen in der Krise begleiten, ist in der Praxis sehr gering. Die aufwendige Suche eines potenziellen externen Investors sowie die notwendigen wirtschaftlichen und rechtlichen Prüfungen eines Neuengagements, stehen einem hohen zeitlichen Druck der Krisenfirma entgegen. Daher können diese finanziellen Instrumente in der Praxis meist selten angewendet werden.

Auch von Seiten der Kreditinstitute bestehen Möglichkeiten der Kapitalstützung von Krisenunternehmen. Diese werden jedoch erst eingesetzt, wenn die Gesellschafter aus Sicht der Kreditinstitute alle finanziellen sowie vertraglichen Alternativen der Kapitalverbesserung ausgereizt haben.

Rangrücktritte oder Verzichte der Kreditinstitute

Kreditinstitute können mit einer Rangrücktrittserklärung oder auch einer (Teil-)Verzichtserklärung ihrer Forderungen eine Insolvenzantragspflicht aufgrund der Überschuldung vermeiden. Auslöser für ein solches Verhalten müssen jedoch außergewöhnlich starke Interessen des Kreditinstitutes am Fortbestand der Unternehmung gepaart mit einer Aussichtslosigkeit weiterer Möglichkeiten sein.

In dem betrachteten Umfeld des Krisenunternehmens ist ein derartiges Verhalten der Kreditinstitute in der Praxis kaum anzutreffen. Neben der Abgabe dieser Erklärungen besteht eine weitere Möglichkeit in der Gewährung zusätzlicher Kredite in Form von Nachrangdarlehen. Diese Alternative dient in erster Linie der Stärkung der Liquidität in Form eines Sanierungskredits und wird später erläutert.

Umwandlung von Forderungen der Kreditinstitute in Beteiligungen

Eine weitere Alternative der Kapitalbereinigung von Seiten der Banken besteht in einer Umwandlung von Forderungen in eine Beteiligung am Unternehmen. Da Banken auf diese Weise eine Gesellschafterstellung eingehen, bestehen mögliche negative Rechtsfolgen aus der Gesellschaftereigenschaft. Nicht wünschenswert ist eine gleichzeitige Stellung als Eigenkapitalgeber und Fremdkapitalgeber.

In der Praxis wird die Umwandlung von Forderungen in Beteiligungen aufgrund der möglichen Haftungsgefahren sowie der eingeschränkten Werthaltigkeit der Anteile von Krisenunternehmen eher selten gewählt. Zudem sind die steuerlichen Vorschriften zu beachten. So ist die Einbringung einer Forderung im Tausch mit einer Beteiligung im Wege eines Debt Equity Swap nur dann steuerfrei, wenn die Kapitalerhöhung nominal dem Nennbetrag der Forderung entspricht.

Bei einer Überbewertung der Forderung kann in Höhe der Differenz die sogenannte Differenzhaftung mit der Folge einer Bareinlagenverpflichtung greifen. Erfolgt eine Kapitalerhöhung unter dem Nennwert der betrachteten Forderung besteht ein teilweiser Forderungsverzicht mit der Auslösung möglicher negativer steuerlicher Konsequenzen (vgl. Crone/Kreide, 2014, S. 326).

Verzicht auf Kapitalforderungen und Beteiligungen durch Lieferanten

Bestehen wechselseitige und strategische Abhängigkeiten zu Lieferanten ist auch von dieser Seite zu prüfen, inwieweit Darlehen mit Rangrücktrittserklärungen oder Beteiligungen zur Kapitalfestigung realisierbar sind. Dies wird meist nur in Frage kommen, wenn ausgeprägte Lieferbeziehungen bestehen. Lieferanten sind ebenfalls potenzielle Kandidaten für Verzichte. In der Praxis sind diese Möglichkeiten der Kapitalstützung einer Krisenfirma selten anzutreffen. Zudem ist ein wesentlicher Einspruch der Kreditversicherer zu erwarten, die den Verzicht oder Teilverzicht der Forderung unter Umständen anteilig tragen müssen.

Wichtiger ist es, sich in einer Krise und eingeleiteten Sanierung die weitere Lieferbereitschaft zu gleichen Konditionen wie vor der Krise zu sichern, da meist keine Substitutionsmöglichkeiten bestehen und die Leistungsprozesse unbedingt reibungslos aufrechterhalten werden müssen. Zudem lassen sich gerade die Hauptlieferanten oft dazu bewegen, Verbesserungen in den Zahlungsvereinbarungen hinzunehmen und damit die Liquidität des Unternehmens zu stützen, was aufgrund der fehlenden Zahlungsmittel in der Krise als wichtig einzuschätzen ist.

Die Sicherung der Liquidität hat in der Praxis der Sanierung eine sehr große Bedeutung, da die Herstellung der Zahlungsbereitschaft sich weitaus schwieriger darstellt als Maßnahmen zur Kapitalbereinigung und Abwendung der Überschuldung. So ist die Zahlungsunfähigkeit der Hauptinsolvenzgrund bei deutschen Unternehmen. Im Folgenden werden ausgewählte Möglichkeiten der Liquiditätsgenerierung durch das Unternehmen und interne oder externe Stakeholder aufgezeigt.

Maßnahmen zur Sicherung und Beschaffung neuer Liquidität

Gemäß § 17 Abs. 2 InsO liegt Zahlungsunfähigkeit vor, wenn der Schuldner nicht in der Lage ist, seine fälligen Zahlungen zu erfüllen. Das Bestehen einer Zahlungsunfähigkeit verpflichtet den Schuldner, unabhängig von der Rechtsform seines Unternehmens, einen Insolvenzantrag zu stellen. Indizien für das Bestehen einer Zahlungsunfähigkeit sind unter anderem:

– Rückständige Zahlungen für Löhne und Gehälter
– Ausstehende Zahlungen an den Fiskus und Krankenkassen
– Dauerhafte Überziehungen auf den laufenden Konten

Abzugrenzen davon ist der Tatbestand der drohenden Zahlungsunfähigkeit. Dieser besteht aus § 18 Abs. 2 InsO, wenn der Schuldner voraussichtlich nicht in der Lage sein wird, seine Zahlungspflichten zum Zeitpunkt der Fälligkeit zu leisten. Auch die Zahlungsstockung löst keine Insolvenzantragspflicht aus, denn hier ist eine dauerhafte Störung der Liquidität nicht zu erwarten. So kann ein Mangel an liquiden Mitteln durch einen säumigen Schuldner verursacht werden, der aber ankündigt, die fällige Zahlung später leisten zu wollen.

Bei der Abwendung der Zahlungsunfähigkeit sind in erster Linie die Gesellschafter gefragt, wenn diese in der Lage sind weitere Gelder einzubringen. Einige der bereits beschriebenen Maßnahmen zur Vermeidung der Überschuldung von Gesellschafterseite entfalten gleichzeitig eine Liquiditätswirkung. Zu nennen sind die Kapitalerhöhung, die Gewährung neuer Nachrangdarlehen durch bestehende Anteilseigner und zusätzlich die Ausschöpfung von jeglichen Möglichkeiten der Aufnahme neuer Gesellschafter gegen eine Bareinlage.

Diese betrachteten Maßnahmen von Seiten der Gesellschafter werden in der Praxis jedoch oft nicht ausreichen oder stehen gar nicht zur Verfügung, da die Altgesellschafter über kein weiteres liquides Vermögen verfügen und keine neuen risikobereiten Gesellschafter gefunden werden können.

Finanzierungsmaßnahmen aus dem Unternehmen heraus

In einem frühen Krisenstadium bestehen meist auch aus dem Unternehmen heraus Potenziale und Finanzierungsquellen, die die Liquidität der Firma stärken können. Diese werden im Rahmen der Finanzierungsliteratur der Innenfinanzierung zugeschrieben. Es lassen sich aus dem operativen Geschäft heraus oder durch den Abbau von Vermögensgegenständen Liquiditätsreserven freisetzen. Dies betrifft insbesondere die folgenden Bereiche:

– Kosteneinsparungen bei Personal, Material und im Overhead
– Abbau von Beständen im Umlaufvermögen bei Waren und Forderungen
– Desinvestitionen nicht betriebsnotwendiger Vermögensgegenständen

Meist lassen sich durch Einsparungen im Mitarbeiterbereich erhebliche Kosteneinsparungen realisieren, die die Liquiditätsausstattung im Unternehmen unverzüglich verbessern. Die Personalkosten sind ein wesentlicher Kostenfaktor in der Gewinn- und Verlustrechnung, die einen umfangreichen Abfluss von Zahlungen bedeuten.

Durch Einsparungen bei den Geschäftsführergehältern, Gehaltsverzichten bei den Mitarbeitern und die Vereinbarung freiwilliger Mehrarbeit lassen sich häufig sehr hohe Liquiditätseffekte realisieren. Wichtig ist das Einverständnis der Geschäftsleitung und aller Mitarbeiter. Es setzt ein positives Zeichen nach innen und auch nach außen, wenn die Geschäftsleitung mit einem deutlichen Gehaltsverzicht voran geht. Die Abstimmung sollte mit einem vorhandenen Betriebsrat und gegebenenfalls den Gewerkschaften vorab besprochen werden, damit ein hoher Grad der Zustimmung zu diesen harten Einschnitten in der Belegschaft erreicht wird. Im Gegenzug für die Unterstützung kann auch ein Nachholen der ausgefallenen Zahlungen mit Zinsen in konjunkturell besseren Zeiten in Aussicht gestellt werden. Die Bereitschaft zu diesen Lohn- und Gehaltsverzichten bedeutet nicht nur eine erhebliche Liquiditätsentlastung, sondern setzt auch ein positives Zeichen gegenüber den Gläubigern.

Weitere Alternativen der Generierung von Zahlungsmitteln bestehen oft im Working Capital. Vielfach besteht eine hohe Kapitalbindung im Umlaufvermögen. Demnach sind die Forderungsbestände und die Positionen unfertige und fertige Erzeugnisse bei Krisenfirmen im Vergleich zum Branchendurchschnitt oft sehr hoch. Durch ein geeignetes Debitorenmanagement mit der Installation eines Mahnwesens lassen sich in der Regel unverzüglich Liquiditätsreserven heben. Von Bedeutung ist es im Rahmen der Steuerung der Forderungsbestände feste Prozesse im Mahnwesen und bei der Forderungsanalyse zu installieren, damit die Forderungsbestände und die dortigen Ausfallrisiken allgemein gering gehalten werden.

Zur Minimierung der Forderungsausfallrisiken sind Klumpenrisiken aus Einzelaufträgen zu vermeiden und stetig Bonitätsauskünfte über die Auftraggeber hereinzunehmen. Über ein geeignetes Management von Anzahlungen, Anreizen zum zügigen Zahlen und Versicherungen sind die Risiken aktiv zu steuern.

Neben den Forderungen liefert auch der Vorratsbereich oft erhebliche Möglichkeiten der Schaffung von Liquidität. So sind die Bedarfe im Voraus genau zu planen, die Logistik ist an einen schnelleren Durchlauf der Bestände anzupassen und die Kapitalbindung im Produktionsprozess ist möglichst gering zu halten. Neben den Maßnahmen zur Reduzierung der Kapitalbindung im Lager und in der Produktion sollte auch die Zahlungsweise bei den Lieferanten auf den Prüfstand gestellt werden. Im Rahmen von Krisenverhandlungen mit wichtigen strategischen Lieferanten kann das Lieferantenziel unter Umständen ausgeweitet werden. Bereits bei der Geschäftsanbahnung ist auf eine genaue Kalkulation der Aufträge im Rahmen einer Einzelkalkulation unter Vollkosten und einer Deckungsbeitragsrechnung zu achten. Zugeständnisse sind zu vermeiden beziehungsweise in Rechnung zu stellen.

Eine weitere Alternative der Liquiditätsgenerierung aus dem Aktivvermögen besteht in der Mobilisierung von nicht betriebsnotwendigem Anlagevermögen. Demnach ist im Sachanlagevermögen und bei den Finanzanlagen zu prüfen, ob Vermögenspositionen existieren, die für den Leistungserstellungsprozess nicht zwingend erforderlich sind, beziehungsweise über andere Finanzierungsquellen, wie Leasing, alternativ beschafft werden können. Ziel ist es, über Desinvestitionsentscheidungen einen erheblichen Liquiditätszufluss zu generieren, um damit die Zahlungsbereitschaft zu stärken und die verzinsliche Verschuldung abzubauen.

Die langfristigen Effekte dieser Entscheidungen sind jedoch durchzukalkulieren. So kann sich unter anderem das Sale and lease back durch eine erforderliche Rückmiete zu hohen Konditionen als nachteilig herausstellen. Wird beispielsweise die Betriebsimmobilie im Rahmen der Transaktion an eine Leasinggesellschaft veräußert, die gewinnwirtschaftlich arbeitet, so kann der Kapitalwert der summierten Mietzahlungen erheblich höher ausfallen und die Liquidität langfristig belasten.

Grundsätzlich gilt bei akuten Liquiditätsengpässen und der zu treffenden unternehmerischen Entscheidungen der Grundsatz: „Liquidität vor Rentabilität". Von Bedeutung ist es daher, dass alle liquiditätswirksamen Entscheidungen mit der Geschäftsführung abgestimmt werden. Dies betrifft den Wareneinkauf, Verkäufe auf Ziel und den gesamten Investitionsbereich. Bei mittelgroßen Unternehmen empfiehlt sich die Einrichtung eines Liquiditätsbüros.

Dieses Gremium, bestehend aus der Geschäftsführung und den Abteilungsleitern, hat die Aufgabe, die Liquiditätslage des Unternehmens zu planen und künftig über eine Finanzplanung gezielt zu steuern. Kernaufgaben dieser Einheit sind unter anderem (vgl. Eichhorn/Warnke, 2003, S. 20 ff.):

– Herstellen von Transparenz über die Liquiditätslage im Unternehmen
– Treffen von Zahlungsvereinbarungen mit Lieferanten und anderen Gläubigern
– Zeitnahe Überwachung des Liquiditätsbedarfs über einen Finanzplan
– Permanente Aktualisierung dieser Liquiditätsvorausschau
– Ergreifen von Maßnahmen zur Liquiditätssteuerung bei Unterdeckungen

Liquiditätsmanagement und Finanzplanung

Grundlage der Überwachung von Zahlungsvorgängen auf der Basis einer integrierten Finanzplanung ist ein umfassendes Liquiditätsmanagement.

Definition: Unter einem **Liquiditätsmanagement** wird die umfassende Steuerung und Überwachung sämtlicher liquiditätswirksamer Vorgänge in einem Unternehmen verstanden. Dieses beinhaltet die vorausschauende Planung der Liquidität und alle möglichen Steuerungsmaßnahmen zur positiven Beeinflussung der unternehmensbezogenen Finanzen. Ein wichtiges Instrument für ein funktionierendes Liquiditätsmanagement ist der Finanzplan, in dem alle finanziellen und zahlungswirksamen Vorgänge in der Zukunft revolvierend abgebildet werden.

In der Regel ist es ratsam, zwei Finanzpläne parallel zu entwerfen. So ist ein taggenauer Plan für die tägliche Disposition über einen Zeitraum von bis zu vier Wochen zu erstellen. Mit Hilfe dieser Vorschau werden alle laufenden Zahlungsvorgänge im Detail dargestellt und mit der laufenden Kontoführung abgeglichen. Dieses ist von Bedeutung in einer akuten Liquiditätskrise. Wichtig ist, dass der kurzfristige Liquiditätsplan revolvierend zur Verfügung gestellt, täglich überprüft und laufend aktualisiert wird. Auf diese Weise werden Liquiditätsengpässe bereits frühzeitig sichtbar und es können kurzfristig Maßnahmen eingeleitet werden.

Ein zweiter Liquiditätsplan über einen Zeitraum von 12 bis 24 Monaten ist zusätzlich erforderlich, um einen Jahresüberblick zu gewinnen sowie saisonale Einflüsse zu erkennen. An diesem Jahresplan orientiert sich die mittelfristige Finanzplanung. Finanzielle Engpässe lassen sich bereits Monate im Voraus wahrnehmen und Gegenmaßnahmen frühzeitig einleiten. Beide Pläne sind gerade den Banken kontinuierlich und zeitnah zur Verfügung zu stellen, denn diese Controllinginstrumente bilden einen wichtigen Bestandteil für eine offene Kommunikation zu dieser wichtigen finanziellen Stakeholder-Gruppe.

Befindet sich das Unternehmen bereits in der Liquiditätskrise, reichen Maßnahmen der Gesellschafter und aus dem Unternehmen heraus alleine meist nicht aus, um die Zahlungsunfähigkeit auch dauerhaft abzuwenden. Wurden alle Optionen von Seiten der Gesellschafter ausgereizt, ist im nächsten Schritt die Einbindung der Kreditinstitute in die Stützung der Liquidität zu prüfen. Dabei sind verschiedene Maßnahmen möglich, beginnend von einem Stillhalten über eine Stundung von Kapitaldienstleistungen bis hin zu einer Neukreditvergabe.

Stillhalten der Kreditinstitute

Die finanzielle Unterstützung der Banken richtet sich unter anderem an der zeitlichen Komponente aus. In der ersten Phase der Einleitung einer Sanierung kann es erforderlich sein, dem Krisenunternehmen einen kurzfristigen finanziellen Rahmen als Überbrückungskredit bereitzustellen, damit das Sanierungskonzept erstellt und durch die Kreditinstitute überprüft werden kann.

Dieser Zeitraum der Unterstützung dauert meist wenige Wochen an und schafft über das Konzept Klarheit über die Sanierungschancen. Die Besicherung der zusätzlichen Mittel kann als Bargeschäft ausgestaltet werden. Dazu muss gemäß § 142 InsO ein zeitlicher sowie wertmäßiger Zusammenhang zwischen dem Überbrückungskredit und der neu hereingenommen Sicherheit bestehen. Aus Sicht der finanzierenden Bank ist diese Mittelbereitstellung nicht risikoerhöhend, wenn werthaltige zusätzliche Sicherheiten gestellt werden können. Allerdings dürfen die neuen Sicherheiten nicht direkt auch Altkredite besichern. Lediglich über die Ausgestaltung eines Rangverhältnisses mit der nachrangigen Besicherung bestehender Altkredite kann das Risiko des Altengagements unter Umständen reduziert werden.

Falls diese Mittel für eine Sanierung oder die Überbrückung des Zeitraums für die Feststellung der Sanierungsfähigkeit durch die Gesellschafter oder aus den Einsparungen im Unternehmen gewonnen werden können, reicht es unter Umständen aus, die beteiligten Banken zu einem Stillhalten zu bewegen.

Eine Bank verhält sich beim Stillhalten passiv und leitet zunächst keine Kündigung ein, trotz Fälligkeit und Kündigungsreife der Kredite. Dieses wird in der Regel aus Sicht der Firma gerade bei den Hausbanken leicht durchzusetzen sein, denn das mit einer Einzelwertberichtigung zu unterlegende Blankorisiko steigt nicht direkt an, wie bei einer neuen Mittelvergabe. Zudem soll die Sanierungsfähigkeit klar feststehen, damit nicht die Chancen eines Sanierungsversuches ungenutzt bleiben.

Ein Stillhalten kann für die besicherten Banken allerdings auch einen Wertverfall, beziehungsweise die Aushöhlung von Sicherungswerten bedeuten, wenn Vermögenswerte kontinuierlich abgebaut werden. Insbesondere die variablen Sicherheiten des Umlaufvermögens, wie die Globalzession oder die Warensicherungsübereignung, sind hiervon betroffen. Diese Aktiva entwickeln sich in der Krise oft zu einer wichtigen Quelle zur Generierung von Liquidität.

Das gemeinsame Stillhalten mehrerer Gläubiger ist nicht immer einfach durchzusetzen, wenn viele und verschiedenartige externe Gläubiger bestehen. So wirken sich die Größe des Engagements und die Sicherheitenverteilung, neben der subjektiven Einschätzung der Sanierungswürdigkeit, auf die Entscheidungen der Gläubiger aus. Möglichkeiten, ein Stillhalten in dieser schwierigen Situation zu erreichen, sollen später im Rahmen der Poolbildung aufgezeigt werden.

Stundung von Zins- und Tilgungsleistungen durch die Kreditinstitute

Ein weiteres wichtiges Mittel zur Liquiditätsschonung ist der Abschluss von Stundungsvereinbarungen. Diese gehen weiter als reine Stillhalteabkommen, da Kreditinstitute auf vertraglich vereinbarte Kapitaldienstleistungen zunächst befristet verzichten. In Frage kommen grundsätzlich Stundungsvereinbarungen zu Zins- sowie Tilgungsleistungen (Moratorien). In der Praxis lassen sich meist nur befristete Tilgungsaussetzungen erreichen. Für die Vereinbarung von Stundungen ist aus Sicht der Firma besonderes Verhandlungsgeschick erforderlich.

Unabdingbar ist, dass die Hausbank dieses Ansinnen unterstützt. Nur dann kann es gelingen, auch andere Gläubiger für diese Moratorien zu gewinnen. In diesem Fall ist es wichtig, das Vorgehen in den Kreditverhandlungen mit den übrigen Gläubigern sorgfältig zu planen und mit der Hausbank abzustimmen. Auch ein gemeinsames Vorgehen in einem Sicherheitenpoolvertrag ist sinnvoll. Ein großer Vorteil ist, dass Stundungsvereinbarungen ohne eine Limitausweitung, wie beim Stillhalten, keine haftungsrechtlichen Konsequenzen für die beteiligten Banken haben.

Vorteilhaft ist aus Sicht der Kreditinstitute, dass keine unmittelbare Risikoerhöhung eintritt und es dem Unternehmen zunächst weitere Zeit verschafft die Sanierung aus eigener Kraft voranzubringen.

Problematisch ist allerdings, dass der in der Praxis ausgesprochene Zeitraum der Stundung von einem Jahr oftmals um weitere Jahren verlängert werden muss, da sich der nachhaltige Sanierungserfolg oftmals erst nach mehreren Jahren einstellt. Sehr lange während Stundungszeiträume, unter Umständen auch im Zinsbereich, kommen einem Forderungsverzicht gleich. Zudem kann es als fehlende Gleichberechtigung interpretiert werden, wenn mit den gestundeten Geldern gleichzeitig die Linien bei den Lieferanten reduziert werden oder diese relativ zeitnah ihre Zahlungen erhalten (vgl. Ringelspacher, 2014, S. 521 ff.).

Finanzielle Leistungen der Gläubiger sind somit im gesamten Gläubigerkreis zwischen Banken, Lieferanten und Kreditversicherern abzustimmen, damit sich keine Partei benachteiligt fühlt und plötzlich aus seinem Engagement aussteigt. Geringe sowie gleichverteilte Risikozugeständnisse erleichtern es, diese finanziellen Unterstützungsleistungen zu realisieren. Dies ist bei der Vergabe neuer langfristiger Kredite in der Krise deutlich problematischer.

Vergabe von Sanierungskrediten durch die Kreditinstitute

Eine Neukreditvergabe in der Krise eines Unternehmens ist aufgrund des erhöhten einzelwertberichtigten Blankorisikos der Banken meist nur schwer zu erreichen und erfordert sowohl Verhandlungsgeschick, als auch gute Erfolgschancen zum Erreichen des Turnarounds. Eine wichtige Voraussetzung dafür ist die Vorlage des Sanierungskonzepts. Dieses sollte dem Unternehmen eine äußerst positive Sanierungsprognose bescheinigen. Des Weiteren muss die finanzierende (Haus-)Bank von der erfolgreichen Realisierung der Maßnahmen aus dem Konzept überzeugt sein. Dabei spielen auch die Umsetzungsakteure eine wichtige Rolle. Meist wird externen Beratern dort eine höhere Kompetenz zugeschrieben, als dem Alt-Management.

Ein Sanierungskredit unterscheidet sich von einer reinen Überbrückungsfinanzierung, in der das Sanierungskonzept erstellt wird, darin, dass der Zeitraum der Kreditgewährung deutlich länger andauert und mehrere Jahre einer Sanierungsumsetzung umfassen kann. Meist handelt es sich bei den beantragten Sanierungskrediten auch um eine Erhöhung der kurzfristigen Kreditlinien oder der Saisonkreditlinien, die eine hohe Flexibilität bei den Finanzierungsaktivitäten gewährleistet. Wesentlich ist es, aus Sicht der Bank, eine möglichst gleichwertige Sicherheit zu erhalten. Auch Financial Covenants werden in Kreditverträge eingepflegt, um Risiken künftig frühzeitig zu erkennen. Diese Klauseln sind vom Unternehmen zu beachten.

Da die Sicherheiten in der Krise eines Unternehmens oft bereits vollständig ausgeschöpft sind, erfolgt durch diese Neukreditierung für die Banken eine echte Risikoerhöhung. Entscheidungen dieser Art werden aus Sicht der Kreditinstitute immer sehr vorsichtig abgewogen. Gelingt es daher, die Risiken auf viele Köpfe zu verteilen und die Sicherheitenlage neu zu strukturieren, so bestehen größere Chancen eine Obligoerhöhung zu erreichen. In diesem Fall ist der Bankenpool das geeignete Instrument zur Realisierung einer Neukreditvergabe.

Auch die Einbindung öffentlicher Finanzierungshilfen ist in diesem Zusammenhang zu prüfen. Demnach werden unter anderem Ausfallbürgschaften des Landes mit einer hohen Absicherungsquote vergeben. Jedoch werden diese Finanzierungshilfen aufgrund von Beschränkungen der EU-Kommission und fehlender Haushaltsmittel in der jüngsten Vergangenheit deutlich restriktiver zugeteilt. Kleinen sowie mittleren Unternehmen fehlt oft die kritische Größe für eine erfolgreiche Beantragung dieser Hilfen. Zudem lässt sich aufgrund des Zeitdrucks die Genehmigung einer Landesbürgschaft mit EU-Ratifizierung selten zeitnah erreichen.

Zu beachten ist, dass eine neue Kreditvergabe Haftungstatbestände aus Insolvenzverschleppung oder aus eigennütziger Kreditvergabe begründen kann. So können sich bei einer Neuordnung der Sicherheiten die Anfechtungsfristen in der Insolvenz verkürzen, wenn bestehende Sicherheitenverträge aufgegeben werden. Altverträge sind daher möglichst beizubehalten. Zumindest sollte bei einer vertraglichen Neugestaltung der Sicherheitenlage die Krisenfirma mit großer Wahrscheinlichkeit die drei Monate betragende Anfechtungsfrist gemäß § 131 InsO überleben.

Zusätzlich ist jegliche Neukreditvergabe und Neuordnung der Sicherheiten rechtlich zu prüfen, die Sanierungsabsicht zu dokumentieren sowie die Sanierungschancen durch ein externes Gutachten einer spezialisierten Unternehmensberatung zu untermauern. Selbstverständlich sollten im Vorfeld einer Neukreditvergabe möglichst keine Insolvenztatbestände bestehen.

Finanzierung von Einzelgeschäften oder Saisonkredite durch Kreditinstitute

Die Finanzierung von Einzelgeschäften oder ein auf kurze Zeitdauer befristeter Saisonkredit kann ebenfalls als Liquiditätsunterstützungsbeitrag angesehen werden. Ein Vorteil dieser Finanzierungsform ist, dass die bereitgestellten Mittel in einem überschaubaren Zeitraum zurückgeführt werden. Zudem lässt sich die Absicherung als Bargeschäft vereinbaren und ist damit in einer Insolvenz nicht anfechtbar. Diese Finanzierungshilfe ist somit leichter zu erhalten und hilft dem Unternehmen lukrative Projekte finanziell abzuwickeln.

Des Weiteren besteht bei der Finanzierung von durchgehandelten Einzelgeschäften ausschließlich das Lieferungs- und Leistungsrisiko. Eine Auftragsfinanzierung lässt sich außerdem über eine Finanzplanung für dieses konkrete Einzelgeschäft und die Separierung der Kreditmittel mit einer geschäftsbezogenen Rückführung gut überwachen. Dieses wird in einem späteren Abschnitt betrachtet.

Stillhalten der Lieferanten und Kreditversicherer

Auch Lieferanten und Kreditversicherer lassen sich potenziell zur Stützung der Liquidität gewinnen. Lieferanten haben meist ein hohes Interessen an der Aufrechterhaltung der langfristigen Geschäftsbeziehung. Zudem besteht häufig ein hohes Verständnis für eine kritische wirtschaftliche Lage, in die jede realwirtschaftlich tätige Firma einmal gelangen kann.

Sanierungshilfen können somit eine geschäftliche Beziehung zwischen Kunden und Lieferanten weiter vertiefen und bei der wirtschaftlichen Gesundung kann das beiderseitige Geschäftsvolumen ausgedehnt werden.

Kreditversicherer decken die Lieferanten gegen ihre Zahlungsausfälle ab. Der wesentliche Beitrag der Zulieferer besteht in der Praxis in der Beibehaltung der Zahlungskonditionen und der Stillhaltevereinbarungen im Umfang der gewährten Einkaufslinien. Eine Linienerhöhung wird von Zulieferern seltener genehmigt, da diese meist nicht von den Kreditversicherern gedeckt wird.

Eine Grundvoraussetzung in der Sanierung ist auch für andere Finanzierer wie die Banken, dass die Zulieferer bestellte Waren weiterhin auf Basis bestehender Kreditlinien liefern. Erkennen die übrigen Gläubiger, dass Lieferanten systematisch ihre Zahlungsziele verkürzen oder ausschließlich auf Vorkasse liefern, so sind Probleme mit den Banken vorprogrammiert, da sich deren Inanspruchnahmen mit einer Absenkung der Risiken bei den Lieferanten zeitgleich erhöhen.

Für eine erfolgreiche Sanierung ist aber unbedingt notwendig, dass alle Stakeholder das Unternehmen weiter unterstützen und ihre Beiträge partnerschaftlich leisten. Somit sind auch die Lieferanten und Kreditversicherer zwingend in Sanierungsbeiträge, zumindest über ein Stillhalten, einzubeziehen. In der nachfolgenden Tab. 7.4 werden die betrachteten Maßnahmen zur Sicherung der Liquidität und des Eigenkapitals zusammengefasst dargestellt.

Tab. 7.4: Finanzielle Unterstützungen in der Krise (Quelle: Eigene Darstellung)

Kapitaleffekt	Stakeholder	Liquiditätswirkung
Kapitalerhöhung	Anteilseigner	Kapitalerhöhung mit Bareinlagen
Verzicht Darlehen		Neue Gesellschafterdarlehen
Rangrücktritt Darlehen		Verzicht auf Verzinsung
Rangrücktritt	Kreditinstitute	Tilgungsstundung
Verzicht		Zinsstundung
Debt Equity Swap		Sanierungsneukredit
Beteiligung	Lieferanten/Kreditversicherer	Ausweitung Ziel
Rangrücktritt		Erhöhung Linien
Forderungsverzicht		Stundung Forderungen

Primäres Ziel bei der Krisenfinanzierung ist die Vermeidung der Illiquidität. Denn in der Praxis erfolgt die Insolvenzantragsstellung häufig aufgrund einer eingetretenen Zahlungsunfähigkeit. Es werden im Folgenden ausgewählte Instrumente zur Sicherung der Liquidität genauer dargestellt und beurteilt.

Ziel ist es zum einen, Wege aufzuzeigen, auf welche Art und Weise von Externen neue Mittel in der Krise bereitgestellt werden können, um Sanierungsmaßnahmen zu finanzieren. Zum anderen soll dargelegt werden, wie der Rückzug von Finanzierungsparteien in der Praxis bei einem steigenden Firmenrisiko erfolgreich vermieden werden kann. Es ist eine Community of Interests zwischen den Finanzierungspartnern aufzubauen, bei der die Interessenlagen in die gleiche Richtung gelenkt werden und auch die Finanzierungszugeständnisse ausgeglichen sind.

Dazu ist es auch notwendig, die Haftungsgefahren und Anfechtungsrisiken für die Kapitalgeber, die sich aus der Krisenlage und dem Einsatz spezieller Finanzinstrumente ergeben, näher zu untersuchen. Es werden folgende Arten der Finanzierung betrachtet, die in Krisenfällen häufiger anzutreffen sind und verschiedene Vorteile aufweisen wie die Poolfinanzierung, der Sanierungskredit und die Einzelgeschäftsfinanzierung neben den Möglichkeiten eines Forderungsverkaufs.

Aus den bereits vorgestellten finanzwirtschaftlichen Maßnahmen der Stakeholder wird deutlich, dass ein Gleichklang der Zugeständnisse der beteiligten Anteilseigner und Gläubiger notwendig ist. Nur wenn alle Finanzgeber und Lieferanten an einem Strang ziehen und die Risiken einer Sanierung aufteilen, ist eine optimale Sanierungschance von der finanzwirtschaftlichen Seite her gegeben. Unbedingt verhindert werden sollte es daher in der Krise, dass einzelne Gläubiger versuchen ihr individuelles Risiko über Sondertilgungen, Kündigungen von Krediten oder relevante Nachbesicherungen einseitig zu verringern.

Dieses birgt ansonsten die große Gefahr, dass andere Gläubiger verprellt werden und die Geschäftsbeziehung kündigen. Somit ist es wichtig, die Verhandlungen mit allen Gläubigern aufeinander abzustimmen und deren Interessen in Einklang zu bringen. Ein bewährtes Mittel, um die beteiligten Finanzierer zu binden, ist die Forcierung einer Sicherheitenpoolbildung. Die Banken und weitere Gläubiger schließen sich in diesem Fall zu einer Poolgemeinschaft zwecks gemeinsamer Kreditgewährung an ein Krisenunternehmen zusammen. Primäres Ziel ist es, zu verhindern, dass einige Gläubiger sich in einer Krise und drohenden Sanierung zurückziehen und dem Unternehmen notwendige Finanzmittel entziehen.

Zusammenfassung Abschnitt 7.4: In diesem Abschnitt wurde zunächst dargestellt, welche Tatbestände eine Insolvenzantragspflicht auslösen können. Anschließend wurde gezeigt, welche alternativen **Finanzierungspotenziale** über verschiedene Stakeholder zur Sicherung der Liquidität und zur Vermeidung der Überschuldung realisiert werden können. Dazu wurden die finanziellen Unterstützungsbeiträge und die Wirkungen differenziert nach Stakeholdergruppen und ihrer Kapital- beziehungsweise Liquiditätswirkung dargestellt sowie auf ihre Praxistauglichkeit hin beurteilt. Es wurde deutlich herausgestellt, dass ein gemeinsames unterstützendes Vorgehen aller Finanzierer in der Krise im Rahmen eines Sicherheitenpools anzustreben ist und es verhindert wird, dass sich einzelne Akteure aus ihrer Finanzierungsverantwortung und dem Risiko herausziehen.

7.5 Poolfinanzierung

Wurden bei einem Krisenengagement die Sanierungsfähigkeit durch ein externes Konzept bestätigt und dieses von den begleitenden Banken auf Plausibilität erfolgreich geprüft, ist im nächsten Schritt der finanzielle Rahmen bereitzustellen, damit die für die Wiederherstellung der Wettbewerbsfähigkeit entscheidende leistungswirtschaftliche Sanierung störungsfrei ablaufen kann. Dies macht es erforderlich alle Gläubiger des Krisenunternehmens vertraglich zum Stillhalten zu verpflichten, damit sich nicht einzelne Parteien aus dem Engagement zurückziehen.

Zudem wird durch die Einbindung der Gläubiger bei einer notwendigen Neukreditvergabe eine Risikoteilung erreicht. Dabei ist die Bildung eines Sicherheitenpools im Rahmen der finanzwirtschaftlichen Sanierung meist unumgänglich. Die Hausbank spielt eine wichtige Rolle. Sie hat die meist schwierige Aufgabe, die Kreditverhandlungen mit den unterschiedlichen Parteien einzuleiten, zu gestalten und erfolgreich zum Abschluss zu bringen.

Die Geschäftsleitung des Unternehmens sollte sich aktiv mit diesen Vorgängen beschäftigen, da die Existenz auf dem Spiel steht und in der Regel nur über eine gemeinsame Finanzierung in einem Sicherheitenpool eine Stabilisierung der Finanzierung erreicht werden kann.

Sicherheitenpoolverträge regeln die Belange und Verhältnisse der Kreditinstitute untereinander aber auch gegenüber dem Schuldnerunternehmen, soweit die in den Poolvertrag eingebrachten Kredite und Sicherheiten betroffen sind. Wichtige Regelungsinhalte sind unter anderem die gleichmäßige Informationsverteilung, die Verpflichtung zur Aufrechterhaltung der jeweiligen Kreditlinien, die Festlegung einer Poolquote sowie die Vereinbarung eines Saldenausgleichs. Des Weiteren ist es von Bedeutung, die Lieferanten sowie Kreditversicherer in die Vereinbarungen mit einzubeziehen, damit das operative Geschäft zunächst weiterläuft. Dies geschieht in der Regel über den Abschluss eines Sicherheitenabgrenzungsvertrags. Diese Vereinbarung regelt die Partizipation an den Erlösen aus den Sicherheiten des Umlaufvermögens. Auf diese Weise kann es gelingen die wichtigen Geschäftspartner in die Sanierung einzubinden und eine Erosion des Gläubigerkreises zu vermeiden.

Die Finanzierung in der Sanierung birgt für die beteiligten Banken hohe ökonomische und rechtliche Risiken. Neben dem bereits bestehenden Kreditrisiko kommt die zusätzliche Gefahr hinzu, weiteres Geld zu verlieren und zwar dadurch, dass eine Sanierungsfinanzierung nicht vollständig zurückbezahlt werden kann oder dass sich die Werthaltigkeit der Sicherheiten verschlechtert. Zusätzlich besteht mit Bekanntwerden der Krise das Problem, dass sich einzelne Finanzgläubiger aus dem Krisenengagement lösen und die Risikostruktur zu Lasten anderer Institute umverteilen wollen. Es tritt nicht selten ein Wettlauf um mögliche Rückführungen sowie verbliebene Sicherheiten ein (vgl. Rechtmann, 2012, S. 399 ff.).

Eigenschaften von Poolverträgen

Poolverträge können dafür sorgen, dass die Gläubiger ihre Interessen bündeln und sich nicht gegenseitig behindern und die Firmensanierung vorantreiben (vgl. Sickel, 2008, S. 89 ff, Berner, 2006, S. 1 ff. und Wuschek, 2011, S. 358 ff.). Darüber wird ein einheitliches Vorgehen im Rahmen eines Sicherheitenpools oder eines Sanierungspools geregelt. Der Pool kommt als Sicherheitentreuhandvertrag bei hoher Komplexität der Fremdfinanzierung eines Unternehmens sowie einer größeren Zahl von Finanzgläubigern außerhalb von Sanierungsfällen vor.

Ziele des Pools in der Krise sind die optimale Nutzung und Aufteilung der Kreditsicherheiten und die Einbeziehung der Kredite einschließlich der in vielen Branchen überlebenswichtigen Avale für eine dauerhafte Stabilisierung finanzwirtschaftlicher Sanierungsmaßnahmen (vgl. Cranshaw, 2013, S. 1005 ff.). Sogar die Vereinbarung eines Moratoriums als eines der Stabilisierungsinstrumente in der Sanierung kann in einem Poolvertrag geregelt werden. Rechtlich gesehen ist der Poolvertrag dann zugleich eine Sanierungsvereinbarung.

Bei einem Poolvertrag, meist auch als **Sicherheitenpoolvertrag** bezeichnet, handelt es sich damit um die Bündelung der Sicherheiteninteressen mehrerer Finanzgläubiger zum Zweck der Risikoteilung der Risikosteuerung und der Risikoreduzierung. Ein weiteres häufig genutztes Anwendungsfeld bei diesen gemeinschaftlichen Mittelbereitstellungen sind Konsortialfinanzierungen, die bei umfangreichen Finanzierungsprojekten eingesetzt werden.

Sehr häufig beschränkt sich der Poolvertrag nicht auf bestehende Finanzierungsmittel, sondern es werden neue Finanzierungen vereinbart. Dieses betrifft insbesondere Betriebsmittelkredite gegebenenfalls als Mischlinien mit Avalen und zwar entweder als Finanzierung eines völlig selbstständigen Teilbetrages der Gesamtsumme durch jede der beteiligten Banken oder als Konsortialfinanzierung. Diese wiederum ist wie stets bei Gemeinschaftsfinanzierungen zum einen als Innenkonsortium möglich. Dann ist der Konsortialführer einziger Kreditgeber und die Konsortialpartner sind daran nur im Innenverhältnis beteiligt.

Zum anderen ist dies als Außenkonsortium ausgestaltbar und jeder Kreditgeber ist mit einem Teilbetrag im Außenverhältnis zum Kreditnehmer engagiert. Die Organisation der Gemeinschaftsfinanzierung liegt beim Konsortialführer. Beim sogenannten „stillen" Innenkonsortium muss der Kreditnehmer nicht einmal zwingend davon Kenntnis besitzen, dass andere Banken an der Finanzierung des ursprünglichen Kreditgebers „unterbeteiligt" sind. Dieses Instrument ist von Interesse, wenn beispielsweise die Hausbank die Finanzierung nicht mehr allein übernehmen kann, aber im Außenverhältnis allein auftreten möchte.

Wie Konsortialverträge begründen auch Poolverträge unter den Banken von ihrer Rechtsnatur her einfache Gesellschaften bürgerlichen Rechts gemäß §§ 705 ff. BGB (vgl. Lwowski/Merkel, 2003, S. 25).

Konsortialfinanzierungsverträge beziehen sich auf das schuldrechtliche Darlehensgeschäft mehrerer Banken bei der Bereitstellung umfangreicher Investitionsmittel (vgl. Lauer, 2005, S. 357 ff., Peppmeier/Neumann, 2005, S. 53 ff., Rechtmann, 2012, S. 390 ff.). Es findet wirtschaftlich und beim Außenkonsortium auch rechtlich, eine Teilung des Kredites zur Vermeidung großer Ausfälle sowie zur Diversifikation von möglicherweise umfassenden Risiken statt.

Sicherheitenpoolverträge dienen dagegen der Bündelung sowie einer meist nur wirtschaftlichen Aufteilung von Kreditsicherheiten bei der langfristigen Sanierung eines Unternehmens. Beteiligt sind alle kreditgebenden Banken und regelmäßig die betroffenen Lieferanten und Kreditversicherer im Rahmen der vertraglichen Vereinbarung einer gesonderten Sicherheitenabgrenzung.

Im Folgenden konzentriert sich diese Untersuchung auf Sicherheitenpoolvereinbarungen. Diese haben die Aufgabe, die Gläubiger in einer Sanierung zu binden und die Kreditsicherheiten zu strukturieren (vgl. Portisch et al., 2007f, S. 30 ff.). Dazu werden wesentliche Kredite und die zur Verfügung stehenden Sicherheiten in den Poolvertrag mit einbezogen. Bei den Forderungen der Banken kann es sich grundsätzlich um alle üblichen Arten der Mittelbereitstellungen handeln.

Schwerpunktmäßig werden in den Pool Kontokorrentkreditlinien, Avalkredite, Sonderkredite, Darlehen und Diskontkredite mit eingebracht und vertraglich gebündelt. Diese Poolsicherheiten können alle Formen von Personalsicherheiten, Sachsicherheiten und sonstigen Kreditsicherheiten umfassen. Der Pool ermöglicht die Sicherheitenabgrenzung der Gläubiger und die Erleichterung der Durchsetzung der Rechte (vgl. BGH vom 03.11.1988, IX ZR 213/87, BGH vom 09.11.1998, II ZR 144/97, BGH vom 19.03.1998, IX ZR 22/97, vgl. Rechtmann, 2012, S. 427). Diese Bündelung der Sicherheiten überträgt den beteiligten Gläubigern keine neuen Rechte gegenüber einem Schuldner, als sie ohnehin schon innehaben.

---

i **Definition:** Unter einem **Sicherheitenpool** wird der Zusammenschluss von Banken in einer Gesellschaft bürgerlichen Rechts verstanden. Ziel ist es, eine in dem Poolvertrag getroffene Regelung zur gemeinschaftlichen Verwaltung, Kontrolle und Verwertung von Mobiliar-, Immobilien- und sonstigen Kreditsicherheiten festzuschreiben. Primär dient dieser Pool zur Stabilisierung der Finanzierung in der Sanierung eines Unternehmens. Über diese Vereinbarung lassen sich rechtliche Schwierigkeiten bei der Abgrenzung von Sicherheiten vermeiden und diese für die Mittelbereitstellung in der Krise und Sanierung von Unternehmen optimal nutzen.

Im Poolvertrag werden die Belange und Verhältnisse der Banken untereinander sowie gegenüber dem Schuldnerunternehmen geregelt, soweit die in den Poolvertrag eingebrachten Kredite und Sicherheiten betroffen sind. Die Pool-GbR ist rechtlich eine reine Innengesellschaft (vgl. Peppmeier/Neumann, 2005, S. 53 ff.). Dieses Konsortium entfaltet jedoch auch eine wirtschaftliche Bindungswirkung und sendet Signale zur Stabilisierung der Firma nach außen.

Mitglieder des Bankenpools sind nur die Kreditinstitute und nicht der Kreditnehmer. Dieser unterzeichnet den Vertrag zwar mit, beispielsweise wenn der Sicherheitenzweck auf sämtliche Poolkredite erweitert wird, eine Übertragung auf eine Poolbank beziehungsweise einen Treuhänder erfolgt oder auch ein Saldenausgleich schriftlich vereinbart wird. Die Unterschrift führt jedoch nicht zu seinem Eintritt als Poolmitglied (vgl. Cranshaw, 2009, S. 1682 ff.). Der Kreditnehmer ist zwar unter Umständen Vertragspartner. Dieser kann aber aus den allein unter den Banken geltenden gesellschaftsrechtlichen Abreden keine Rechte herleiten.

Die Rechte und Ansprüche des Unternehmens ergeben sich daher allein aus den jeweiligen ursprünglichen Finanzierungsverträgen. Ausgenommen sind die im Sicherheitenpoolvertrag gesondert geregelten spezifisch den Kreditnehmer betreffenden Abreden. Die für die verabredeten Finanzierungen bestehenden Sicherheiten werden schuldrechtlich gebündelt. Diese werden im Allgemeinen nicht gesamthänderisches Vermögen der Pool-GbR unter den Banken, die im Grundsatz kein Gesellschaftsvermögen bildet, zumal letztendlich jede der beteiligten Poolbanken ihren Kredit einzeln vergibt und auch weiterhin Gläubiger aus dem eigenen ursprünglich geschlossenen Kreditvertrag bleibt. Die beteiligten Kreditinstitute treten nach außen nicht gemeinsam in ihrer Verbundenheit als rechtsfähige Gesellschaft bürgerlichen Rechts auf (vgl. Obermüller, 2011, S. 1124 ff.).

Das Institut mit dem größten Kreditengagement, meist die sogenannte Hausbank, übernimmt in der Regel die Rolle des **Poolführers** gegen ein vereinbartes Entgelt. Zu den Hauptaufgaben gehören die Ausarbeitung des Vertragswerkes, die Verwaltung der Poolsicherheiten beziehungsweise die Beauftragung eines externen Treuhänders zur Sicherheitenprüfung und -verwaltung. Des Weiteren sind die stetige Information aller Poolmitglieder und die regelmäßige Einberufung von Bankenrunden zur Abstimmung von Bedeutung.

Der Poolführer ist regelmäßig Mehrfachtreuhänder. Zum einen ist er Treuhänder des Kreditnehmers oder des Drittsicherungsgebers, der ihm Sachsicherheiten bestellt hat. Darüber hinaus ist er Treuhänder sämtlicher Poolpartner bezüglich der Sicherheiten, die er in deren Auftrag oder zugleich für diese hält.

Beispiel: Ein Beispiel dafür ist die Globalzession, die zugunsten eines Poolführers bestellt wird und nicht nur dessen Forderungen gegen den Kreditnehmer besichert, sondern auch diejenigen Forderungen der anderen Poolbanken. Ein weiteres typisches Beispiel in diesem Zusammenhang ist ein Grundpfandrecht, das der Poolführer für sich sowie auch die übrigen Poolbanken gleichzeitig hält (vgl. BGH vom 21.02.2008, IX ZR 255/06 und vgl. Steinwachs, 2008, S. 2231 ff.).

Eine weitere wichtige Funktion des Poolführers besteht in der Durchführung des sogenannten **Saldenausgleichs**. Demnach verpflichten sich die Poolpartner untereinander, mit bereits im Vertrag erteilter genereller Zustimmung des Schuldners notwendige Ausgleichszahlungen auf seinen Konten vorzunehmen.

Entsprechende Überträge auf den Konten des Kreditnehmers sorgen dafür, dass bei sämtlichen Banken eine Inanspruchnahme nach dem prozentualen Verhältnis der vereinbarten Linien entsteht. Ein Krisenunternehmen wird seine Kontodispositionen nicht immer derart exakt planen können, dass die Kreditlinien bei allen Banken stets gleichmäßig ausgenutzt werden (vgl. Obermüller, 2011, S. 1155 ff.). Zudem wird der Schuldner bestrebt sein, vorrangig diejenigen Kontokorrentlinien auszuschöpfen, für die der geringste Zinssatz vereinbart ist. Die üblichen Regelungen sehen vor, dass der Ausgleich für jede Kreditart getrennt vorgenommen wird und in regelmäßigen zeitlichen Abständen erfolgt.

Würde der Saldenausgleich im Verhältnis zum Kreditnehmer rechtlich scheitern, so sehen die in der Praxis verbreiteten Poolverträge vor, dass der Saldenausgleich nur im Innenverhältnis unter den Banken erfolgt (vgl. Rechtmann, 2012, S. 414 ff.). Der Saldenausgleich unter den Banken bedeutet den Kauf einer gleichrangigen Teilkreditforderung von einer anderen Bank in Höhe der Differenz zwischen dem jeweiligen quotalen Ausnutzungsgrad der Finanzierung, um im Ergebnis eine gleichhohe Belastungsquote bei den Forderungen für alle Poolbeteiligten zu erreichen, wie das nachfolgende Beispiel verdeutlicht.

Definition: Beim **Saldenausgleich** verpflichten sich die Poolpartner untereinander, durch Überträge auf den Konten eines Kreditnehmers dafür zu sorgen, dass für alle beteiligten Banken eine Kreditinanspruchnahme nach dem Verhältnis der im Poolvertrag vereinbarten Linien entsteht. Folgendes Beispiel soll dies erläutern: Poolbank A stellt eine Kontokorrentlinie von 1.000.000 Euro nach der Festlegung im Poolvertrag bereit, bei einer Inanspruchnahme von 950.000 Euro zum Abrechnungsstichtag. Poolbank B stellt eine Betriebsmittelkreditlinie von 500.000 Euro bereit, bei einer Inanspruchnahme von 400.000 Euro. Um den Saldenausgleich gemäß dem prozentualen Verhältnis der Kreditlinien durchzuführen, muss dazu ein Übertrag von Bank B auf Bank A in Höhe von insgesamt 50.000 Euro erfolgen. Die Inanspruchnahmen betragen anschließend bei Bank A 900.000 Euro und bei Bank B 450.000 Euro und liegen damit jeweils bei 90,0 % der bereitgestellten Linien.

Der Saldenausgleich wird in der Regel vom Poolführer organisiert. Die Funktion des Poolführers, zum Beispiel als ein Sicherheitentreuhänder, kann in Ausnahmefällen auch auf einen außenstehenden Treuhänder übertragen werden. Regelmäßig kann der aktuelle Poolführer diese Übertragung aber nur mit Zustimmung aller anderen Poolpartner vornehmen. Weitergehend kann auch der gesamte Prozess der Poolbildung mit den meist komplexen Verhandlungen durch einen neutralen Akteur begleitet werden. Auf diese Weise gelingt es möglicherweise schneller zu einer Einigung zu gelangen. Dieser steuernde Akteur besitzt als Mediator bei den Gläubigern gegebenenfalls eine höhere Akzeptanz und kann bei Konflikten ausgleichend wirken (vgl. Peppmeier/Neumann, 2005, S. 55). Jedoch entstehen mit der Übertragung der Poolführerschaft und der Organisation der Sicherheitenpoolbildung durch einen externen Treuhänder im Zweifel hohe Kosten.

Neben der Festschreibung der Kreditlinien enthalten Poolverträge weitere Regelungen, wie mit den vorhandenen Sicherheiten umgegangen wird und welche neuen Sicherheiten bestellt werden sollen. Auch genaue Kriterien, ab welchem Zeitpunkt eine Verwertung erfolgen kann, können verabredet werden. So kann das Liquidationsszenario für die Sicherheiten schon im Voraus geplant werden und spätere Unsicherheiten und Schwierigkeiten der Einigung zur Abwicklung werden vermieden. Allgemein üblich sind Vertragsgestaltungen, wonach eine poolführende Bank in Eilfällen allein entscheidet, ansonsten bedarf die Verwertung der Zustimmung aller. Ist dagegen das Insolvenzverfahren eröffnet, stellt sich für die Sicherungsübereignung und die Sicherungszession diese Problematik nur mehr eingeschränkt, da die Verwertungsbefugnis auf den Insolvenzverwalter oder bei der Eigenverwaltung gegebenenfalls auf den Schuldner übergegangen ist (§§ 166 ff., 282 InsO).

Die relevanten nicht-akzessorischen bereits bestehenden Sicherheiten können auf den Poolführer als Sicherheitentreuhänder übertragen werden oder aber bei dem jeweiligen Poolmitglied verbleiben sowie im Rahmen einer erweiterten Sicherungszweckerklärung zugleich für die Poolpartner verwaltet werden. Eine Übertragung auf diese Pool-GbR als Gesamthandsvermögen, findet nicht statt. Hierdurch würde der Pool auch zur rechtsfähigen Außen-GbR, was aus vielerlei Gründen nicht wünschenswert ist. Werden Sicherheiten an den Poolführer oder an einen dritten Treuhänder übertragen, ist zu beachten, dass bei akzessorischen Sicherheiten auch die Kreditforderung mit abgetreten werden muss oder dass die Sicherheit für alle Gläubiger gleichzeitig zu bestellen ist. Die Übertragung oder die Ausführung der Sicherheitenverwaltung hat für den Poolführer oder den Sicherheitentreuhänder dann in der Regel eine doppelnützige Treuhand zur Folge (vgl. Bork, 1999b, S. 337 ff. sowie Cranshaw, 2009, 1682 ff.).

Als **Sicherheitentreuhänder** kommen zusätzlich Akteure in Betracht, die außerhalb eines Pools stehen. So übernehmen Wirtschaftsprüfer oder Rechtsanwälte die Rolle dieser neutralen Partei. Die Hauptaufgaben bestehen in der Verwaltung der Poolsicherheiten, der Sicherheitenbewertung und der Verwertung und der Prüfung von variablen Sicherheiten des Umlaufvermögens. Vorteile dieser Regelung sind:

- Kompetenz bei der Bewertung und Prüfung von Sicherheiten
- Neutralität gegenüber den anderen Poolmitgliedern
- Vermeidung von Haftungsrisiken auf der Ebene des Poolführers

Im Allgemeinen übernimmt jedoch eine Poolbank zum einen die Rolle des Poolführers und zum anderen die des Sicherheitentreuhänders. In internationalen Finanzierungskonsortien mit verschiedenen Banken, die initiativ für die Finanzierung geworden sind und weitere Banken akquiriert haben (Arrangers) ist es üblich, diese verschiedenen Funktionen klar zu trennen, wobei eine der beteiligten Banken der Sicherheitentreuhänder wird. Ist in dergleichen Fällen ein Sicherheitenpool zu bilden, gilt im Ergebnis dasselbe.

Zu unterscheiden ist zwischen Finanzierungen im Rahmen einer Poolvereinbarung, die von Anfang an gemeinsam mit mehreren Instituten erfolgt und einer Bereitstellung von Mitteln auf der Basis selbstständiger Kreditvereinbarungen, die erst nachträglich durch den Poolvertrag gebündelt werden. Ersteres geschieht in der Regel bei einer Bereitstellung neuer Mittel im Rahmen einer Finanzierung.

Zwischen der Auszahlung der Kreditmittel und der Vereinbarung der Sicherheiten sollte unter anderem ein enger zeitlicher Zusammenhang hergestellt werden, damit diese Sicherheitenbestellung für die neue Finanzierung als insolvenzrechtlich nicht anfechtbares Bargeschäft beurteilt werden kann. Bei Verwertungsmaßnahmen erfolgen meist eine gleichmäßige Tilgung und eine quotale Verteilung der Sicherheitenerlöse auf die beteiligten Institute (vgl. Obermüller, 2011, S. 1126 ff.).

Bei der nachträglichen Poolbildung finden sich Banken zusammen, die unabhängig voneinander Kredite an ein Krisenunternehmen vergeben und Sicherheiten für ihre Forderungen hereingenommen haben. Diese Kreditsicherheiten verbleiben entweder bei dem jeweiligen Poolmitglied oder sie werden ebenfalls auf den Poolführer beziehungsweise einen externen Treuhänder übertragen, soweit es sich um abstrakte, nicht-akzessorische Sicherheiten handelt.

Eine Übertragung auf den Pool als GbR erfolgt im Allgemeinen nicht. Akzessorische Sicherheiten müssen jeweils für alle beteiligten Poolbanken bestellt werden. Der Poolführer oder der externe Sicherheitentreuhänder kann hierbei die Aufgabe der Verwaltung sowie Verwertung im Auftrag und mit Vollmacht der anderen Poolpartner übernehmen, aber dieser ist rechtlich betrachtet nicht der alleinige Rechtsinhaber der Kreditsicherheit.

Im Rahmen einer Poolvereinbarung wird die Zuordnung der eingebrachten Sicherheiten im Rahmen des Sicherungszweckes für die Dauer eines Sicherheitenpools grundlegend neu geregelt. Zu beachten ist, dass durch die möglichen Erweiterungen einer Sicherungsabrede, zum Beispiel eine Erstreckung des Sicherungszwecks auf die Kredite aller Institute, umfangreiche Anfechtungsmöglichkeiten entstehen können. Allgemein ist auf eine Infizierung von bestehenden Altsicherheiten mit dem Risiko einer Insolvenzanfechtung durch neue Sicherheitenvereinbarungen zu achten. Bei notwendigen Veränderungen des Sicherungszwecks muss daher insbesondere aus insolvenzanfechtungsrechtlichen Gründen eine feste Rangordnung verabredet werden (vgl. Obermüller, 2011, S. 1150 ff.):

- Bestehende Sicherheiten dienen erstrangig unverändert dem Zweck, die Altkredite zu besichern, für die sie ursprünglich bestimmt waren.
- Zweitrangig dienen diese Sicherheiten zur Sicherung der Kredite der Poolbanken, die im Zusammenhang mit der Poolbildung neu eingeräumt wurden.
- Drittrangig besichern diese Sicherheiten alle weiteren in den Poolvertrag einbezogenen Finanzierungen und Finanzierungspartner.

Grundsätzlich werden im jeweiligen Rang standardmäßig nicht nur die bestehenden Forderungen besichert, sondern auch die künftigen sowie die bedingten oder befristeten Forderungen. Dabei ist zu beachten, dass die Vereinbarungen nicht einer späteren Anfechtung durch den Insolvenzverwalter unterliegen.

Insolvenzanfechtungsrechtliche Risikolage und Sicherheitenzweck

Eine Verbesserung der Rechtsstellung über die neue Poolvereinbarung sowie eine damit verbundene Vermögensverminderung für das Schuldnerunternehmen stellt eine eigenständig anfechtbare Rechtshandlung dar. Dies ist gerade dann der Fall, wenn etwaige formale oder inhaltliche Fehler bei der ursprünglichen Sicherheitenbestellung, im Rahmen fehlender sachenrechtlicher Bestimmtheit oder schuldrechtlicher Bestimmbarkeit, durch den Poolvertrag beseitigt werden sollen.

In diesen Fällen liegt gegebenenfalls eine dann sogar erleichtert anfechtbare inkongruente Deckung vor (§ 131 InsO) vor, weil auf die Rechtsänderung kein Anspruch des Begünstigten besteht. Gegebenenfalls kommt eine Anfechtung wegen einer vorsätzlichen Gläubigerbenachteiligung gemäß § 133 InsO in Frage, die als Folge des dort zehnjährigen Anfechtungszeitraumes besonders gravierend ist.

Werden neue Sicherheiten für Altverbindlichkeiten begründet, bisherige rechtliche Schwachstellen beseitigt oder auch Sicherheitenzwecke erweitert, führt erst diese Poolbildung und schließlich die Bestellung der Kreditsicherheiten zu einer erweiterten Anfechtbarkeit nach den §§ 129 ff. InsO. Dieses ist in einer akuten Krise mit einer unmittelbar drohenden Insolvenzgefahr stets zu beachten. Für die Anfechtbarkeit der Sicherheiten ist dann der Zeitpunkt des Abschlusses des Poolvertrages maßgeblich, soweit es um die dort vorgenommene Änderung des Sicherheitenzwecks bereits bestehender Sicherheiten geht.

Bei der Bestellung neuer Sicherheiten ist der eventuell spätere Abschluss des Sicherungsvertrags beziehungsweise die Entstehung der Sicherheit maßgeblich. Bei erst mit Eintragung in das Grundbuch entstehenden Grundpfandrechten oder anderen Registerrechten (Flugzeuge, Schiffe) ist unter weiteren formellen Voraussetzungen der Eingang des Eintragungsantrages beim Grundbuchamt oder der Registerbehörde entscheidend (§ 140 Abs. 2 InsO).

Die Poolbildung dient dazu, die bestehenden Sicherheiten bestmöglich für die Kreditbereitstellung zu nutzen und Abgrenzungsprobleme innerhalb einer Gläubigerklasse und zwischen den Gläubigerarten zu beseitigen. Dazu lassen sich bei strikter systematischer Trennung vier Vertragsvarianten unterscheiden, die in der Finanzierungspraxis regelmäßig angewendet werden (vgl. Obermüller, 2011, S. 1127):

- Poolverträge, die der Zusammenfassung von Sicherheiten und der Übertragung der Verwaltung auf eine der beteiligten Banken oder einen Externen dienen.
- Vertragsgestaltungen mit einer internen Saldenausgleichsklausel, die nur das Innenverhältnis der beteiligten Kreditinstitute betrifft.

- Sicherheitenpoolverträge mit einem externen Saldenausgleich, der auch im Außenverhältnis seine finanzielle Wirkung entfaltet.
- Verträge mit einer Erweiterung des Sicherungszwecks bei den einzelnen Sicherheiten auf alle an dem Pool beteiligten Kreditinstitute.

Bei den beiden letztgenannten vertraglichen Poolvarianten ist die Zustimmung des Schuldners zum Poolvertrag erforderlich. Die in der Praxis verwendeten weitgehend ähnlichen Sicherheitenpoolverträge enthalten sämtliche der oben erwähnten Varianten (vgl. Rechtmann, 2012, S. 414 ff.).

Interner und externer Saldenausgleich

Ein **interner Saldenausgleich** der nur zwischen den beteiligten Poolbanken durch gegenseitige Überweisungen im Rahmen eines Vollzugs des Forderungskaufs mit Forderungsübertragung unter den aufnehmenden beziehungsweise abgebenden Banken abgewickelt wird, damit bei allen Banken der gleiche Grad der Inanspruchnahmen beziehungsweise der Befriedigungen aus Sicherheiten erreicht wird, ist insolvenzrechtlich nicht zu beanstanden. Die Ausgleichszahlungen haben keinen Einfluss auf die Höhe der Zahlungen, die der Kreditnehmer den Banken insgesamt schuldet. Eine Gläubigerbenachteiligung, die zu einer möglichen Anfechtung nach §§ 129 ff. InsO führen könnte, liegt hierbei nicht vor. Ein derartiger Saldenausgleich führt auch nicht zu einer vertraglichen Änderung zwischen dem Kreditnehmer und der jeweiligen Bank. Daher kann dieser interne Saldenausgleich ohne die Einbeziehung des Schuldners vollständig vollzogen werden.

Ein **externer Saldenausgleich** mit der Entfaltung einer Außenwirkung gegenüber dem Kreditnehmer bedarf dagegen seiner Zustimmung. Wird dieser in der Weise vorgenommen, dass eine Bank, die von ihr gehaltenen Sicherheiten nicht vollständig zur Abdeckung der eigenen Forderungen benötigt, Forderungen anderer Banken ankauft und dann mit einem Guthaben verrechnet, so führt dies insgesamt zu einer höheren Befriedigungsquote bei der Gesamtheit der Poolbanken. Es liegt ein unzulässiges **Unter-Deckung-Nehmen** von Kreditforderungen mit der Folge einer möglichen Anfechtung in einem späteren Insolvenzverfahren vor. Auch bei der Ausgestaltung einer Saldenausgleichsklausel als Konzernverrechnungsklausel ergibt sich keine Veränderung dieses Ergebnisses (vgl. Obermüller, 2011, S. 1156 ff.).

Problematisch ist unter Umständen auch, wenn ein Poolmitglied beispielsweise bereits Inhaber aller Kreditsicherheiten ist und die anderen Poolmitglieder gleichmäßig entsprechend ihrer Quote daran partizipieren sollen. Dazu werden in Poolverträgen Vereinbarungen getroffen, dass diese Sicherheiten treuhänderisch auch für die anderen Kreditinstitute gehalten werden sollen. Der Kreditnehmer muss dieser Erweiterung des Sicherungszweckes zustimmen. Wenn eine andere Bank im Rahmen dieser Konstruktion Erlöse aus Sicherheiten erhält, besteht das Risiko der Anfechtung (vgl. Obermüller, 2011, S. 1158 ff.).

Durch den Poolvertrag werden Kreditsicherheiten dann gegebenenfalls auf andere Institute verschoben und Übererlöse wären an den Insolvenzverwalter herauszugeben (vgl. BGH vom 02.06.2005, IX ZR 181/03).

Jedoch hat der BGH in seinen späteren Entscheidungen die Erweiterung des Sicherungszwecks einer Sicherheit zur Aufnahme neuer Gläubiger in die Finanzierungsgemeinschaft zur Stabilisierung einer Sanierung im Ergebnis als rechtlich möglich sowie angemessen anerkannt und die Alternative einer Sicherheitentreuhand ausdrücklich bejaht (vgl. BGH vom 21.02.2008, IX ZR 255/06 und BGH vom 16.10.2008, IX ZR 183/06).

Solange die Poolmitglieder lediglich ihre bereits vorhandenen Sicherheiten in den Pool mit einbringen, verschafft diese Poolbildung den Gläubigern insgesamt keine Vorteile gegenüber dem Schuldner. Werden lediglich Abgrenzungsschwierigkeiten unter den vorhandenen Poolmitgliedern beseitigt, ist dieses unschädlich. Abgrenzungsprobleme treten vornehmlich auf, wenn Sicherungsübereignungen und Zessionen mehrerer Institute zusammentreffen oder diese mit den Eigentumsvorbehalten der Warenlieferanten in den verschiedenen Verlängerungs- und Erweiterungsstufen kollidieren. Auch Vermischungen können die Aufteilung der Sicherheiten auf die einzelnen Lieferanten und Finanzierer erschweren.

Damit eine schnelle Einigung auf ein gemeinsames Poolvertragswerk gelingt, können die Kreditinstitute sich auf ein verbreitetes Vertragsmuster einigen, wobei die in der Praxis verwendeten Verträge ganz weitgehend identisch sind (vgl. Rechtmann, 2012, S. 414 ff.). In der Praxis bedeutende Poolpartner aus dem Bankenverband der Privatbanken und dem Landesbankenbereich haben jeweils eigene ganz ähnliche Vertragstexte entwickelt. Problembereiche liegen dann weniger bei den grundsätzlichen Vertragsklauseln in einem Poolvertrag, da dort weitgehend inhaltliche Übereinstimmung besteht.

Die Schwierigkeit der Praxis liegt vielmehr in der Ausgestaltung des stets individuellen Vertrages bei den rechtlichen und den ökonomischen Faktoren im Detail. Auch die unterschiedlichen Erfahrungen der Beteiligten im Umgang mit Poolverträgen spielen bei einer zügigen Einigung eine Rolle und können diese im Zweifel verhindern. Poolverträge müssen zur Risikoreduzierung schnellstmöglich verhandelt und abgeschlossen werden. Im Einzelfall sollte auf unbedeutende Einzelheiten verzichtet werden, um das Ziel des Ganzen zu wahren. In der Praxis übliche Vertragsmuster eines Poolvertrags werden in der Literatur vielfach veröffentlicht (vgl. Obermüller, 2011, S. 1128 ff. und Rechtmann, 2012, S. 414 ff.).

Unglücklich ist es, wenn aufgrund des finanziellen Drucks bei der Krisenfirma eine schnelle Valutierung neuer Geldmittel erfolgt und erst später, zeitnah mit dem Insolvenzantrag, ein Einverständnis über den Poolvertrag erzielt wird. Der Poolvertrag und die vereinbarten Poolsicherheiten sind dann unter Umständen einem erhöhten Anfechtungsrisiko ausgesetzt.

Die vertretbare Hingabe eines geeigneten Sanierungskredits, der dem sanierungsfä-
higen Kreditnehmer zeitlich parallel gegen eine entsprechende Sicherheit gewährt
wird, ist als Bargeschäft nicht anfechtbar (§ 142 InsO). Eine Anfechtbarkeit wegen
vorsätzlicher Gläubigerbenachteiligung (§ 133 InsO) findet erst recht keine Grundlage. Anders ist dies aber, wenn die Auszahlung einige Zeit vor der vertraglichen Vereinbarung des Poolvertrags erfolgt. Ein Bargeschäft ist dann zu verneinen, ganz abgesehen davon, dass ohne vertragliche Basis valutiert wurde. Die spätere Berufung
auf den gegebenenfalls mündlichen Abschluss des Poolvertrages und der Sicherhei-
tenzweckerklärung kann sich als rechtlich riskant herausstellen.

Zu dieser Vertragsstruktur ist vorweg folgendes festzuhalten: Es ist unbedingt von
Vorteil, in einer Einleitung oder **Präambel** zum Poolvertrag dessen Grundlage und
das wesentliche Ziel, nämlich die Förderung der Sanierung, zu benennen, um zwischen den Vertragsparteien die Zwecke der Vereinbarungen festzuhalten und diese
auch zur Vermeidung beziehungsweise Reduzierung des Risikos späterer rechtlicher
Unklarheiten herauszustellen.

Dabei besteht die Funktion der Poolung der Sicherheiten in der gemeinsamen Stabilisierung der Fremdfinanzierungsgrundlagen des angeschlagenen Krisenunternehmens auf der Basis eines schlüssigen Sanierungskonzeptes des für sanierungsfähig
und sanierungswürdig befundenen Schuldnerunternehmens.

Die Bezugnahme auf das dem Vertragsabschluss zugrunde liegende Sanierungsgutachten, das im Ergebnis nach einem Standard erstellt worden ist und von den Banken auf Plausibilität geprüft worden ist, hat zur Konsequenz, dass die Geschäftsführung unter Einhaltung des Sanierungskonzeptes den Betrieb aufrechterhalten und
fortsetzen kann, ohne beispielsweise Insolvenzverschleppungsrisiken einzugehen.
Dann ist auch die positive Fortführungsprognose in den Fällen des Überschuldung
(§ 19 Abs. 2 InsO) zu bejahen.

Voraussetzung dafür ist, dass keine Zahlungsunfähigkeit vorliegt und eine etwa
bestehende Zahlungsunfähigkeit innerhalb der Dreiwochenfrist des § 15a InsO bei
den unter diese Vorschrift zu subsumierenden Gesellschaften vollständig beseitigt
wurde. Ebenso muss nach der Sanierungsplanung die drohende Zahlungsunfähigkeit ausgeschlossen werden können. Dazu müssen unter anderem die im Planungszeitraum zur Verfügung gestellten Mittel geeignet und in der Höhe hinreichend sein.
Als Planungs- und Prognosezeitraum werden im Allgemeinen das noch laufende
Geschäftsjahr und das Folgejahr angesehen. Regelmäßig soll der Prognosezeitraum
mindestens 18 Monate betragen. Wird dieses bejaht, dann kann bei einem dennoch
eintretenden Scheitern der Sanierung und der Einleitung eines Insolvenzverfahrens
der Geschäftsführung nicht der Vorwurf der Insolvenzverschleppung oder der vorsätzlichen Gläubigerbenachteiligung gemacht werden. Damit scheiden dann auch
entsprechende Vorwürfe sowie Insolvenzanfechtungen nach § 133 InsO gegenüber
den am Pool beteiligten Gläubigern aus.

Diese derart strukturierte und verstandene Präambel ermöglicht zugleich eine Reflexion für die an der Verhandlung und dem Abschluss auf Gläubigerseite Beteiligten, um sich über die Fragen der rechtlichen Vertretbarkeit und der wirtschaftlichen Sinnhaftigkeit des ausgehandelten Vertragswerkes klarzuwerden.

Es ist ebenfalls bereits zu regeln, wann ein Scheitern der Sanierungsbemühungen festzustellen ist und welche Ablaufschritte dann folgen. Daher kann beispielsweise bereits bestimmt werden, dass der Poolführer die übrigen Institute in einem zu bildenden vorläufigen Gläubigerausschuss bei der Auswahl eines vorläufigen Insolvenzverwalters oder die Banken in diesem Gläubigergremium im eröffneten Insolvenzverfahren stellvertretend vertritt.

In einen Poolvertrag ist auch bereits aufzunehmen, dass der Poolführer die Gläubigergemeinschaft gegebenenfalls in einem vorläufigen oder endgültigen Gläubigerausschuss vertritt und sich damit in die Bestellung des Insolvenzverwalters und die Überwachung sowie die wirtschaftliche Beratung dieses Akteurs einbringt.

In den Poolverträgen sind folgende wesentliche Vertragsinhalte auszugestalten (vgl. Obermüller, 2011, S. 1128 ff., Lauer, 2005, S. 358 ff., Rechtmann, 2012, S. 414 ff. sowie Wuschek, 2011, S. 358 ff.). In Klammern sind die Paragraphen in den allgemeinen Vertragsmustern angegeben:

- **Bezeichnung der Vertragsparteien (Vertragseingang):** Zu benennen sind der oder die Kreditnehmer, die beteiligten Kreditinstitute und gesondert der Poolführer. Des Weiteren sind auch die Drittsicherungsgeber im Sicherheitenpoolvertrag zusätzlich mit aufzuführen.
- **Benennung der bereitgestellten Kredite (§ 1):** Es ist festzulegen, welche Kredite und Avale in den Poolvertrag einbezogen werden. Differenziert werden sollte zwischen Alt- und Neu-Krediten und den verschiedenen bereitgestellten Kreditarten, um Probleme der späteren Zuordnung von Sicherheiten zu vermeiden. Auch die Anrechnung von Mischlinien bei Aval- und Kontokorrentlinien ist festzulegen. Gegebenenfalls ist eine gesonderte Vereinbarung zu einem Verzicht oder einer Neukreditvergabe zu treffen.
- **Vereinbarung zur Aufrechterhaltung der Kreditlinien (§ 1):** Es wird festgelegt, dass Reduzierungen oder komplette Streichungen von Kreditlinien nur im gegenseitigen Einvernehmen vorgenommen werden. Diese Regelung ist unbedingt notwendig, damit alle Banken die Sanierung gemeinsam unterstützen und sich nicht einzelne Gläubiger einseitig Vorteile, unter anderem durch Reduzierungen, verschaffen können. Gegenüber dem Kreditnehmer entfaltet diese Regelung keine Wirkung. Es bleibt bei den bilateralen Vereinbarungen. Die Kündigung gegenüber diesem durch eine beteiligte Bank kann aber im Einzelfall gegen diese gesellschaftsrechtliche Treuepflicht der Banken untereinander verstoßen und zu Ersatzansprüchen führen.

Ein derartiges Ausscheren einzelner Banken durch nicht einvernehmliche Kündigung scheint in der Praxis nur selten vorzukommen. Ausgenommen werden die nicht in den Pool einbezogenen Finanzierungen, wozu insbesondere kurz- und langfristige Darlehen gehören. Da auf diese Weise für den Pool ein Risikopotenzial entsteht, sind weitergehende risikoabmildernde Abreden gebräuchlich, wonach die anderen Banken vor der Kündigung derartiger Finanzierungen zu unterrichten sind und ihnen sogar Gelegenheit gegeben wird, die betroffene Finanzierung abzulösen.

–   **Bestimmungen zu Zins- und Tilgungsleistungen (§ 1):** Werden Darlehen in den Sicherheitenpool einbezogen, ist zu klären, inwieweit Tilgungsleistungen angepasst werden, um eine Ausgewogenheit der Rückführungen zu erreichen. Es ist festzuschreiben, wie lange im Rahmen der Sanierung Tilgungsstundungen gewährt werden sollen. Die Zinssätze im Kurzfristbereich sind dem Risiko anzupassen und untereinander anzugleichen. Sondergebühren einzelner Banken sollten ausgeschlossen werden, Ausnahmen bestehen für den Poolführer und den externen Sicherheitentreuhänder. Es steht allerdings nichts im Wege, für den Fall einer geglückten Sanierung bestimmte erfolgsabhängige Provisionen oder einen Besserungsschein zu verabreden, um die Poolbeteiligten für ihre Sanierungsbeiträge zu kompensieren. Verhandlungen darüber sind schwierig und zeitraubend, sodass diese im Zweifel nicht zu den originären Poolverhandlungen passen. Positiv ist es, dieses in einem Sideletter zum Sicherheitenpoolvertrag zu verabreden (vgl. OLG Karlsruhe, vom 02.09.2009, 23 U 101/08 sowie BGH vom 15.06.2010, XI ZR 204/09).

–   **Genaue Bezeichnung der Poolsicherheiten (§ 2):** Wichtig ist die exakte Beschreibung und Zuordnung der Sicherheiten auf die einzelnen Banken und den Gesamtpool beziehungsweise den Poolführer, um im Fall einer Verwertung die potenziellen Auseinandersetzungen aufgrund von Abgrenzungsschwierigkeiten zwischen den Poolpartnern zu vermeiden. Es ist zu differenzieren zwischen akzessorischen und den nicht-akzessorischen Sicherheiten des Kreditnehmers oder eines Drittsicherungsgebers. Auf die Beschreibung der Sicherheiten, der Sicherungsnehmer und die Unterscheidung der abstrakten von den akzessorischen Sicherheiten ist größte Sorgfalt zu legen, da es sich hier um eine Schlüsselnorm des Vertrages handelt. Dazu gehört auch die Unterscheidung, welche Sicherheiten bereits bestehen und welche erst noch bestellt werden sollen. Im letzteren Fall ist eine schuldrechtliche Verpflichtung des Kreditnehmers oder Drittsicherungsgebers zur Bestellung mittels gesonderten Sicherungsvertrags verbunden. Akzessorische Sicherheiten müssen sowohl zugunsten des Poolführers als auch gegenüber allen anderen Banken gleichzeitig und gleichrangig bestellt werden. Ansonsten geht die Sicherheitenbestellung ins Leere, wenn nicht in einer anderen konzeptionellen Lösung zugleich Forderungen auf Sicherungsnehmer solcher Sicherheiten übertragen werden.

Davon ist der getrennt abzuschließende Sicherungsvertrag mit Details zur jeweiligen Sicherheit zu unterscheiden. Im Allgemeinen enthält diese Bestimmung weitere Abreden über die Einbeziehung von Sicherheiten in den Pool, die der Kreditnehmer für etwa künftige Kredite erst noch bestellen wird. Diese Vereinbarung ist nicht insolvenzanfechtungsfest. Schließlich wird regelmäßig eine übliche Negativverpflichtung seitens des Kreditnehmers übernommen. Ausgenommen hiervon sind im kommerziellen Geschäftsverkehr standardmäßige Absicherungen wie der Eigentumsvorbehalt in den verschiedenen Ausprägungen und entsprechende AGB-Pfandrechte. Als Generalklausel wird aus den Gründen der Transparenz ferner festgelegt, dass dem Sicherheitenpoolvertrag entgegenstehende Regelungen der Sicherungsverträge von bereits bestehenden Sicherheiten für die Dauer des Pools ausgesetzt werden und der Sicherheitenpoolvertrag somit vorrangige Bedeutung hat.

–   **Beschreibung des Sicherungszwecks (§ 3):** Diese konkrete Bestimmung regelt den engen oder weiten Sicherungszweck zu den Kreditforderungen. Zusätzlich ist der Rang der Sicherheiten für den Pool und die einzelnen Kreditinstitute anzugeben. Häufig wird dazu vereinbart, dass Poolsicherheiten nachrangig auch für sonstige nicht im Poolvertrag aufgeführte Forderungen, haften. Der Darstellung des Sicherungszwecks, gerade auch der Rangordnung ist aufgrund der Anfechtbarkeit gemäß §§ 129 ff. InsO größte Sorgfalt zu widmen. Die Erweiterung dieses Sicherungszwecks muss stets nachrangig gegenüber einem bereits bestehenden Sicherungszweck erfolgen, schon um der Gefahr einer oben unter der Neuregelung der Sicherheitenzuordnung beschriebenen Infizierung der gesamten Sicherheiten mit einem Insolvenzanfechtungsrisiko zu begegnen. Es können sich mehrere Rangfolgen ergeben (1., 2., 3. Rang), die ihrerseits wieder maßgeblich für die Verteilung des Verwertungserlöses sind.

–   **Sicherheitenfreigabe (§ 4):** Auch die Sicherheitenfreigabe nach der Erledigung der im Vertrag für die einzelnen Sicherheiten vereinbarten Sicherungszwecke sowie für den Fall der beispielsweise nachträglich eintretenden Übersicherung ist nach den standardmäßigen Usancen festzulegen.

–   **Poolführung, Treuhandverhältnis und Sicherheitenverwaltung (§ 5):** Die Aufgaben des Poolführers bestehen insbesondere darin, die Rechte und Pflichten aus den Sicherheitenverträgen wahrzunehmen. Dabei ist einzuräumen, dass der Poolführer die Aufgaben der Verwaltung und der Überprüfung der Firmensicherheiten mit Zustimmung aller Poolpartner auf einen Dritten treuhänderisch übertragen kann. Dies kann gerade bei der Sanierung von großen Unternehmen empfehlenswert sein, wenn eine hohe Anzahl sowie schwer zu bewertende Sicherheiten bestehen. Diese Bestimmung sollte zugleich Regelungen enthalten über die Vertretung der Kreditinstitute in Verbindung mit der Verwaltung und der Verwertung der Poolsicherheiten, gegebenenfalls unter Befreiung von dem Verbot des Selbstkontrahierens gemäß § 181 BGB.

Soweit akzessorische Sicherheiten betroffen sind, ist die Übertragung der Vertretungsmacht auf den die Sicherheit verwaltenden Poolführer unerlässlich. Üblich sind ferner Regelungen, die eine zur Haftung führende Prüfungspflicht des Poolführers für die Sicherheitenverträge ausschließt. Hier genügt die Zuleitung an die Poolbanken zur eigenverantwortlichen Prüfung. Die für den Poolführer geltenden Vereinbarungen werden üblicherweise auf Poolbanken erstreckt, die Sicherheiten für sich sowie zugleich für die anderen Poolpartner halten.

- **Bestimmungen zu Verwertungsmaßnahmen (§ 6):** Es wird festgelegt, dass die Verwertung von Poolsicherheiten der Zustimmung aller Poolmitglieder bedarf. In Eilfällen entscheidet der Poolführer allein. Dasselbe gilt für die Freigabe von Sicherheiten. Die Frage, wann Verwertungsmaßnahmen eingeleitet werden dürfen, muss vorab genau definiert werden, damit später keine Unklarheiten auftreten. Die Details hierzu sind nicht Gegenstand des Poolvertrages, sondern des jeweiligen Sicherungsvertrages. Die Veräußerung setzt grundsätzlich Verwertungsreife voraus, die entweder unter bestimmten Voraussetzungen bereits mit der Entstehung von Rückständen zu bejahen ist, spätestens jedoch mit der Kündigung einer besicherten Finanzierung und dem Ablauf einer für die Rückführung etwa zu setzenden angemessenen Frist. Mit der Insolvenzeröffnung ist die Verwertungsreife als Folge des § 41 InsO der Fälligkeit kündbarer, aber noch nicht gekündigter Forderungen ohne weiteres gegeben.
- **Durchführung des Saldenausgleichs (§ 7):** Es ist ein Saldenausgleich zu vereinbaren. Auf diesem Wege wird mittelbar das Ausfallrisiko bei den in den Saldenausgleich einbezogenen Finanzierungen im Verhältnis zu den vereinbarten Linien auf die Poolakteure prozentual gleichmäßig verteilt. Dabei ist aus Gründen der Klarheit zwischen verschiedenen Kreditarten zu differenzieren. Bei Mischlinien ist festzulegen, ab wann eine Inanspruchnahme zu erwarten ist und auf welche Art und Weise zum Beispiel eine Anrechnung von Kontokorrentlinien im Verhältnis zu Avalen erfolgt.
- **Regelungen zur Erlösverteilung (§ 8):** Die geplante Aufgliederung der Erlöse aus den Poolsicherheiten ist anzugeben. Es ist eine Rangfolge bei der Verteilung auf Kosten, Steuern, Entgelte für die Tätigkeiten des Poolführers sowie deren Aufwendungen für die Verwaltung und Verwertung der Sicherheiten festzulegen. Anschließend erfolgt eine Verteilung auf die Poolkredite und auch auf die außerhalb dieser Vereinbarung gewährten Kredite.
- **Kosten, Steuern und Vergütung (§ 9):** Sämtliche Kosten und Steuern, die dem Sicherheitenpoolführer beziehungsweise jeder eine Sicherheit haltenden Bank aus dem Poolvertrag, insbesondere im Zusammenhang mit der Verwaltung oder der Verwertung der Sicherheiten entstehen, gehen zu Lasten des Krisenunternehmens. Daneben hat der Poolführer gegenüber der Firma aus diesem Vertrag einen Anspruch auf ein angemessenes Entgelt zuzüglich der hierauf anfallenden Umsatzsteuer.

Es ist auch darauf zu achten, dass die Vergütung des Poolführers umsatzsteuerbar ist. Soweit die Kosten und Steuern von der Firma nicht gezahlt werden, tragen sie die Poolbanken entsprechend dem Verhältnis der in den Poolvertrag einbezogenen Kreditlinien.

— **Informationspflichten (§ 10):** Es sind die gegenseitigen Unterrichtungspflichten aller Poolbeteiligten genau festzuhalten. So hat der Poolführer laufend über den Sachstand einer Sanierung zu berichten. Die übrigen Poolbanken werden ebenfalls dazu angehalten, sich vorhandene Informationen gegenseitig zur Verfügung zu stellen. Dabei ist unabdingbar zu vereinbaren, dass die Firma und die übrigen Sicherungsgeber die Poolbanken vom Bankgeheimnis befreien. Insoweit sind das betroffene Unternehmen und die Drittsicherungsgeber ebenfalls in den Poolvertrag einbezogen.

— **Vereinbarung zur Laufzeit des Poolvertrags und zu Kündigungsrechten (§ 11):** Ein Poolvertrag wird meist auf unbestimmte Zeit geschlossen, wobei sich die beteiligten Partner üblicherweise das Recht einer Kündigung, gegebenenfalls nach einer Mindestlaufzeit, vorbehalten. Zumindest sollte auch eine angemessene Kündigungsfrist schriftlich vereinbart werden. Üblich ist ein Zeitraum von drei Monaten. Ein befristeter Poolvertrag ist unflexibel, da bei Beendigung der Vertrag vollständig neu zu verhandeln wäre. Einem Kreditnehmer darf ein Kündigungsrecht allerdings erst dann eingeräumt werden, wenn die Ansprüche der Banken aus den in den Pool einbezogenen Finanzierungen endgültig erledigt sind. Die Kündigung durch eine Bank beendet entgegen § 723 BGB nicht die Pool-GbR, die vielmehr nach den gängigen Vertragsmustern unter den anderen Instituten beziehungsweise Beteiligten fortgesetzt wird. Die kündigende Bank scheidet aus dem Pool aus. Standard ist dabei die Vereinbarung, dass „die Aufteilung der Sicherheiten besonderen Absprachen unter den Banken vorbehalten bleibt". Die davon betroffenen Firmen verpflichten sich dabei soweit notwendig mitzuwirken. Die Regelung zur Aufteilung der Sicherheiten in gesonderter Vereinbarung ist in Wahrheit praktisch immer undurchführbar, was den Protagonisten des Poolvertrages auch durchaus bewusst ist. Problematisch ist es gerade variable Sicherheiten aufzuteilen, bei denen es ökonomisch auf den künftigen Bestand ankommt wie bei Globalzessionen und Sicherungsübereignungen. Bei Grundschulden drohen, wenn eine größere Zahl von Banken und diverse Finanzierungen und Grundpfandrechten involviert sind, eine hohe Kostenlast und eine Atomisierung des nicht mehr sachgerecht verwaltbaren sowie verwertbaren Rechts. Neben der in den Poolverträgen angesprochenen ordentlichen Kündigung steht die fristlose außerordentliche Kündigung aus wichtigem Grund, die einer Regelung nicht bedarf, zumal sie vertraglich nicht ausgeschlossen werden kann (§ 723 Abs. 3 BGB).

– **Schlussbestimmungen (§ 12):** Zu regeln sind der Erfüllungsort, der Gerichtsstand sowie das anzuwendende Recht. Bei letzterer Abrede handelt es sich um
   eine Klarstellung, denn auch bei der Beteiligung ausländischer Partner kommt
   hier nur deutsches Recht als anwendbares Statut in Frage. In den Schlussbestimmungen ist ferner enthalten die Vereinbarung der Schriftform für Vertragsänderungen und Ergänzungen, eine salvatorische Klausel und die ausdrückliche Klarstellung, dass der Kreditnehmer keinen Anspruch aus Bestimmungen
   des Poolvertrages hat, die nur die untereinander Banken berühren. Namentlich
   hat der Kreditnehmer ausdrücklich keinen Anspruch auf die Beibehaltung von
   Krediten seitens einer Bank, obwohl die Banken Kündigungen oder Reduzierungen der Poolkredite nur einvernehmlich vornehmen können.

Die Verteilung der Erlöse auf die Berechtigten aus dem Poolvertrag und den Sicherungsverträgen erfolgt gemäß der vereinbarten Rangordnung nach dem Wasserfall-
Prinzip. Anschließend entsteht eine Allokation auf die jeweilige Kreditforderung
nach Maßgabe des im Poolvertrag angegebenen Sicherungszwecks, bezogen auf die
jeweils zu verwertende Kreditsicherheit. Stehen Forderungen beziehungsweise Risiken noch nicht endgültig vollständig fest, wie aus Diskontkrediten, Akzeptkrediten,
Avalen, Akkreditiven oder aus Finanztermingeschäften, so empfiehlt es sich diese
Finanzinstrumente zunächst noch nicht zu berücksichtigen.

Dasselbe gilt auch für Lastschriftrückgaben und für Scheckrückgaben (Rechtmann,
2012, S. 421). Stehen sämtliche Inanspruchnahmen dann später endgültig fest und
sind die eventuell mehrfachen Saldenausgleichungen durchgeführt worden, kann
eine abschließende fiktive Berechnung dahingehend erfolgen, welchen Betrag ein
Kreditinstitut aus welchem Verwertungserlös wofür hätte erhalten müssen.

Differenzen zur tatsächlichen Erlöszuordnung und Auszahlung sind auszugleichen.
In diesen Fällen tritt an die Stelle der Befriedigung aus dem Erlös der Sicherheit ein
bedingter anteiliger schuldrechtlicher Anspruch gegen die übrigen Kreditinstitute.
Das Vorgehen ist insoweit dem Saldenausgleich vergleichbar. Dabei stellt sich die
Frage, ob nicht aus Vereinfachungsgründen der vereinnahmte Erlös zunächst bei
dem Poolführer oder dem Sicherheitentreuhänder verbleibt, einvernehmlich verzinslich angelegt wird und erst nach dem endgültigen Feststehen des jeweiligen Betrages für jede Bank nach den Quoten ausgeschüttet wird.

Diese Regelung zur Erlösverteilung hängt eng mit der Beschreibung des Sicherungszweckes und der Saldenausgleichsregelung zusammen und bedarf wie bei der Konzeption größtmöglicher Sorgfalt. An letzter Rangstelle, aber noch vor etwa nachrangigen Forderungen, erfolgt dann die Rückführung geduldeter Überziehungen und
die Verrechnung auf Ansprüche außerhalb der bereitgestellten Poolkredite.

Poolvereinbarungen sowie ihre Ergänzungen beziehungsweise Änderungen stehen daher meist unter einem strengen Konsortialvorbehalt beziehungsweise einem notwendigen Poolvorbehalt. Es bedeutet, dass alle an einem Sicherheitenpoolvertrag Beteiligten das Vertragswerk mittragen müssen (vgl. Lubos, 2002, S. 1033 ff.). Dabei lässt sich der Begriff eines **strengen Konsortialvorbehalts** umschreiben, wie aus der nachfolgenden Definition hervorgeht.

Definition: Ein **strenger Konsortialvorbehalt** bedeutet, dass alle Gläubiger mit den Bestimmungen im Poolvertrag einverstanden sein müssen. Es gilt grundsätzlich das Prinzip der Einstimmigkeit bei den zu treffenden Entscheidungen im Sicherheitenpool oder bei dessen Abschluss beziehungsweise Änderung. Ein in den Verhandlungen oder bei der Unterschrift festgehaltener Konsortialvorbehalt bedeutet, dass der Vertrag erst dann wirksam wird, wenn der letzte Beteiligte seine rechtsverbindliche Zustimmung in der Poolvereinbarung erklärt hat.

In den Poolverträgen ist es vorgesehen, dass Handlungen, die Interessen der Poolbanken betreffen mit einer einfachen Mehrheit oder einer qualifizierten gegen ablehnende Minderheiten entschieden werden. Die Abstimmung kann nach Köpfen oder Forderungen erfolgen. Dieses Vorgehen ist von Vorteil, damit einzelne Institute nicht wirtschaftliche Entscheidungen des Pools blockieren können.

Damit sich unter den Poolbanken gegenseitiges Vertrauen aufbaut, ist es jedoch anzustreben, dass bei allen Parteien komplette Einigkeit herrscht, was in der Praxis nicht immer leicht zu erreichen ist. Die verbreiteten Poolvertragsmuster sehen jedoch Einstimmigkeit vor. Bei den handelnden Akteuren besteht tendenziell ebenfalls keine Neigung zu Mehrheitsentscheidungen. Häufig sind die zu treffenden Entscheidungen von großer wirtschaftlicher Reichweite, sodass das faktisch herrschende Einstimmigkeitsprinzip nachvollziehbar erscheint. Beispiele sind die Sicherheitenfreigabe oder der vorübergehende Verzicht auf eine Verwertung sowie Verzichte der Gläubiger und andere Sanierungsbeiträge.

Sind die Entscheidungen über die Ausgestaltung dieser Finanzierungspartnerschaft komplex, so bietet es sich aus Sicht der betroffenen Gläubiger an, die Zusage zu einer Regelung in einer Bankensitzung, auch noch in einem später unterzeichneten Vertrag, unter der Formulierung eines **Gremienvorbehalts** abzugeben.

Definition: Die Erklärung eines **Gremienvorbehalts** beinhaltet, dass eine Entscheidung nicht sofort im Rahmen der Gläubigersitzung getroffen wird, beziehungsweise dem Vertrag zugestimmt wird, sondern eine endgültige Genehmigung erst beim Kompetenzträger im eigenen Hause einzuholen ist und dieser Vorbehalt erst anschließend mit Mitteilung an die Vertragspartner wegfällt. Verbreitet ist in den Verhandlungen, auch wenn sich die Verhandlungspartner sämtlich einig sind, ein Konsortialvorbehalt, verbunden mit einem Gremienvorbehalt. Selbst wenn ein Verhandlungsführer beispielsweise der Vorstand eines Kreditinstituts zugegen ist, der die erforderliche Kompetenz aufweist, die Beteiligung am Pool zu den ausgehandelten Punkten zuzusagen, ist dieser im Außenverhältnis nicht an einem Konsortial- und Gremienvorbehalt gehindert.

Im Allgemeinen sollten Vorstände von Kreditinstituten es aus psychologischer Sicht möglichst vermeiden, an Verhandlungen in Bankenrunden teilzunehmen. Ansonsten könnte eine geplante Gewährung von Sanierungsbeiträgen bereits in einer Sitzung präjudiziert werden. Die Vereinbarung von Sicherheitenpoolverträgen weist unter der Würdigung der obigen Erwägungen bestimmte Vorzüge für die beteiligten Gläubiger des Krisenunternehmens auf:

- Bindung und Risikoteilung der Poolbanken beim Stillhalten oder einer erforderlichen Neukreditvergabe zur Liquiditätssicherung.
- Informationsallokation über eine Verbreitung aller Daten meist durch den Poolführer mit einem Abbau asymmetrischer Informationen.
- Ausschöpfen von Sicherheiten durch das Ausschließen von Kollisionen bei Sicherungsrechten und das Vermeiden von Einzelverwertungen.

Da eine Kündigung von Krediten durch einzelne Banken die gesamte Sanierung gefährden kann, verpflichten sich die Poolbanken im Rahmen des Sanierungspoolvertrages regelmäßig, die vom Vertrag umfassten Kredite für die Dauer der vertraglichen Regelung offen zu halten und Kürzungen oder Kündigungen nur im gegenseitigen Einvernehmen vorzunehmen. Die Erklärung kann befristet oder sogar unbefristet gegeben werden und soll die Flucht einzelner Poolbanken aus der Vertragsvereinbarung verhindern. Diese Öffnungsklauseln erleichtern den Beitritt weiterer Gläubiger (vgl. Rechtmann, 2012, S. 414 ff.).

Von besonderer Bedeutung im Hinblick auf die Reduzierung asymmetrischer Informationsverteilungen unter den Stakeholdern sind Bestimmungen zu gegenseitigen Berichterstattungen der Poolmitglieder. Nur wenn regelmäßig Meldungen erfolgen sowie Gespräche stattfinden, kann ein einheitliches Vorgehen sichergestellt werden. Die Leitungsrolle in der Gläubigerkommunikation übernimmt der Poolführer. Dieser ist gemäß dem Sicherheitenpoolvertrag zur Unterrichtung der anderen Poolpartner verpflichtet. Der Umfang der Wahrnehmung dieser Pflicht wird auch dazu führen, ob sich Vertrauen zwischen den Beteiligten nachhaltig aufbaut oder ob sich diese fortan mit Misstrauen begegnen.

Auf diese Weise wird die Voraussetzung für eine optimale Informationsverteilung unter allen beteiligten Hauptgläubigern geschaffen. Die gute Kommunikation ist ein ganz wesentliches Element des Erfolgs eines Poolvertrages im Interesse der Banken und des Kreditnehmers, denn nicht Verwertung ist das Ziel des Pools, sondern Stabilisierung des Kunden und die erfolgreiche außergerichtliche Sanierung. Zu diesem Zweck ist es formal erforderlich, dass der Kreditnehmer sowie etwaige Drittsicherungsgeber die Poolbanken vom Bankgeheimnis befreien. Auf diese Weise wird die Voraussetzung für eine optimale Informationsverteilung unter allen relevanten und beteiligten Hauptgläubigern geschaffen. Die Informationstransparenz hat eine besondere Bedeutung für die Vertrauensbildung unter den Gläubigern.

Vor diesem Hintergrund wird der Stellenwert der Poolsicherheiten erkennbar, die den Poolbanken erhöhte Sicherheit für ihr Kreditengagement verschaffen und sie nur deshalb befähigen, an dem Engagement festzuhalten und es nicht zu kündigen. Motivation ist unter anderem die Risikoreduzierung und die prognostizierte Verbesserung der Recovery Rate, verglichen mit der befürchteten oder erwarteten Entwicklung ohne den Sicherheitenpool.

Zum einheitlichen Vorgehen ist es wichtig, die Verwertungsvoraussetzungen genau im Vertragswerk zu bestimmen. Der Verwertungsfall kann unter anderem an eine Kreditkündigung oder die Stellung des Insolvenzantrags geknüpft werden. Die Abwicklung wird in der Regel durch den Poolführer in Abstimmung mit den anderen Poolbanken durchgeführt. Für die Befriedigung von Forderungen, unter anderem aus Barlinien, wird in der Regel eine Reihenfolge vereinbart. Diese Erlösverteilung erfolgt zunächst auf Kosten, Steuern und anschließend auf das Entgelt des Poolführers. Dann wird eine Aufteilung der Mittel auf die Forderungen der Banken aus den Poolkrediten nach vollzogenem Saldenausgleich, gemäß der festgelegten Poolquote, vorgenommen. Es folgen die Rückführungen geduldeter Überziehungen und die Verrechnungen auf Ansprüche außerhalb der Poolkredite.

Zusätzlich können Abschläge aufgrund von Risiken einer Kollision mit den Sicherungsrechten anderer Gläubiger, zum Beispiel durch gesonderte Vereinbarungen mit Lieferanten ausgeschlossen werden. Insgesamt ist dieses gemeinsame Vorgehen im Verwertungsfall kostengünstiger als eine isolierte Geltendmachung der Sicherheiten und Rechte. Auf diesem Wege kann häufig eine komplette Zerschlagung des Krisenunternehmens vermieden und ein höherer Verwertungserlös durch eine Gesamtveräußerung aller Sicherheiten erzielt werden (vgl. Rechtmann, 2012, S. 399). Dazu kann es von Bedeutung sein, andere Gläubiger wie Lieferanten und Kreditversicherer über eine gesonderte Vereinbarung in den Pool mit aufzunehmen.

Meist ist die Veräußerung der mit Eigentumsvorbehalten der Lieferanten und Absonderungsrechten der Banken sowie Lieferanten belasteten Gegenstände des Umlaufvermögens Teil eines Gesamtkonzepts. Der andere Teil betrifft die Veräußerung des sonstigen unbelasteten Umlaufvermögens und des Anlagevermögens, die Übertragung der betrieblichen Organisation sowie des unternehmerischen Know How´s und des ebenfalls unbelasteten „Intellectual Property", soweit der Erwerber einige Betriebe oder auch Betriebsteile weiterführt.

Die übertragende Sanierung durch Veräußerung der Assets des Krisenunternehmens restrukturiert im günstigen Fall das gesamte sich in der Insolvenz befindliche Unternehmen, zumindest Teile davon, nicht aber den Rechtsträger, der schlussendlich liquidiert wird. Über eine Fortführung betrieblicher Teile können letztendlich noch Arbeitsplätze sowie Gelder für die Kreditinstitute gerettet werden. Demnach bietet dieses Vorgehen oftmals eine praktikable Möglichkeit der Rettung zumindest von lukrativen Betriebsteilen in der Insolvenz.

---

i **Beispiel:** Die Druck GmbH mit 85 Mitarbeitern wird insolvent. Der Investor I. erwirbt das wesentliche Anlage und Umlaufvermögen einschließlich des Betriebsgrundstücks mittels einer ihm gehörenden Alpha GmbH und führt das Geschäft mit den vorhandenen Arbeitnehmern fort. Die Firma der Druck GmbH wird nach dem Abschluss des Insolvenzverfahrens aus dem Register gelöscht. Der Sicherheitenpoolvertrag und die zu unterscheidende Abgrenzungsvereinbarung können wesentliche Beiträge dazu leisten, dass auch ein solcher Verwertungsprozess optimiert abläuft. Es kann von Bedeutung sein, andere Gläubiger wie Lieferanten und Kreditversicherer über eine gesonderte Vereinbarung in den Sicherheitenpoolvertrag mit aufzunehmen oder eine Abgrenzungsvereinbarung zu schließen.

Sicherheitenpoolverträge werden in der Regel unter Kreditinstituten geschlossen. Es besteht aber auch die Möglichkeit, Lieferanten und Kreditversicherer in die Vereinbarungen mit einzubeziehen und diese vertraglich zu binden. Dieses ist unbedingt erforderlich zu Erreichung der finanzwirtschaftlichen Sanierung, denn Lieferanten und Kreditversicherer haben in Finanzierungsverhandlungen einer Krise häufig das Bestreben, die Konditionen an das höhere Risiko anzupassen, ihre Linien zu reduzieren oder die Vertragsbeziehung komplett zu beenden.

Ist dieses Verhalten zu erwarten, sollte diesen Parteien klargemacht werden, dass eine Insolvenz auch für sie augenblicklich hohe Ausfälle bedeuten würde. Gelieferte Produkte werden regelmäßig vermischt, weiterverarbeitet oder auch veräußert. Die Durchsetzung der Rechte der Belieferer aus verlängertem Eigentumsvorbehalt gestaltet sich dann in der Regel problematisch.

Als Indiz hierfür kann angesehen werden, dass sich Lieferanten mit Eigentumsvorbehalten oder deren verlängerten beziehungsweise deren erweiterten Formen um ihre Rechte im Insolvenzverfahren nach Äußerungen aus Insolvenzverwalterkreisen jedenfalls gelegentlich offenbar nicht kümmern und sich auf die Anmeldung ihrer Forderung im Insolvenzverfahren beschränken, welches im Einzelfall natürlich eine Frage der wirtschaftlichen Bewertung dieser Rechte darstellt. Anders bei bedeutenden Lieferanten und wesentlichen Beträgen, insbesondere mit einem Kreditversicherer im Hintergrund.

Als Anreiz zu einer Stillhaltelösung kann den Lieferanten und Kreditversicherern der Abschluss eines **Abgrenzungsvertrags** angeboten werden, der primär die Erlösaufteilung von Kreditsicherheiten des Umlaufvermögens auf die unterschiedlichen Gläubigerklassen bestimmt.

Dieser Vertrag regelt primär die Partizipation der Lieferanten und Kreditversicherer an den Erlösen aus den Sicherheiten des Umlaufvermögens. Die Zurechnung der Rohstoffe, unfertigen und fertigen Erzeugnisse, Waren und Forderungen aus Lieferungen und Leistungen erfolgt nach der **Materialeinsatzquote**, also dem Anteil der Materiallieferungen am Wert des produzierten Endprodukts. Es bestehen bei variablen Sicherheiten wie den unfertigen und fertigen Erzeugnissen in der Regel Abgrenzungsprobleme und Kollisionen, unter anderem zwischen dem verlängerten Eigentumsvorbehalt der Lieferanten und der Globalzession der Banken.

Um künftige Erlösverteilungsprobleme in einer Insolvenz zu vermeiden und eine Einigung zwischen den Banken sowie den Lieferanten inklusive der Kreditversicherer herbeizuführen, ist der Abschluss eines Abgrenzungsvertrags unbedingt anzuraten. Für die Banken bedeutet eine solche Vereinbarung im Allgemeinen schon deswegen keine Beeinträchtigung, weil die Vertragsgestaltung zum Beispiel bei der Globalzession nach schon lange herrschender Rechtsprechung Rücksicht auf den verlängerten Eigentumsvorbehalt nehmen muss und daher an Lieferanten abgetretene Forderungen aus der Globalzession an die Bank herausgenommen werden, solange der Lieferant noch Ansprüche gegenüber der Firma hat.

Für das betroffene Unternehmen bedeutet ein derartiger Sicherheitenabgrenzungsvertrag eine erhebliche Finanzierungssicherheit in der Sanierung, nicht nur bei den Banken, sondern auch gegenüber den Lieferanten beziehungsweise den Kreditversicherern. Dieses ist von großer Bedeutung, um den operativen Betrieb aufrecht zu erhalten. Mustervereinbarungen für einen **Sicherheitenabgrenzungsvertrag** finden sich in verschiedenen Literaturquellen (vgl. Obermüller, 2011, S. 1167 ff. sowie Rechtmann, 2012, S. 425 ff.). Es werden üblicherweise Regelungen zu den folgenden Sachverhalten in diesem Vertragswert getroffen:

- **Benennung der Vertragsparteien:** Dies sind in der Regel der Schuldner, die Banken, die Lieferanten und die angeschlossenen Kreditversicherer.
- **Beschreibung der Sicherungsrechte:** Die unterschiedlichen Sicherheiten sind differenziert nach Gläubigern und Gläubigergruppen aufzuführen.
- **Verteilung der Sicherheitennettoerlöse:** Zu regeln ist die Aufteilung der Erlöse bis zu einer bestimmten Höhe oder einem Prozentsatz auf die Gruppen der Banken, Lieferanten und Kreditversicherer. Die Festlegung der Quote führt häufig zu konträren Diskussionen. Dies erschwert eine schnelle Einigung. Meist bietet die Wertschöpfung im Unternehmen einen Anhaltspunkt zur Aufteilung der Erlöse gemäß der Materialeinsatzquote. Zu unterscheiden ist bei der Quotenfestlegung insbesondere zwischen den Rohstoffen und Waren, spezifiziert nach den Verarbeitungsstufen. Je genauer dieser Verwertungsprozess beschrieben wird, desto geringer sind später Auseinandersetzungen bei der Erlösverteilung. Dazu ist zu definieren, was unter den Nettoerlösen zu verstehen ist. Zudem ist der jeweilige Rang der Verteilung dieser Sicherheitenerlöse auf bestimmte Gläubiger und Gläubigergruppen anzugeben. Auch die Kosten der Mitwirkung des Insolvenzverwalters sind bei der Verwertung und bei der Erlösverteilung zu berücksichtigen. Allerdings hat diese Vorgehensweise die Konsequenz, dass die den Lieferanten nachgeordneten Banken im Hinblick auf den Sicherheitenerlös eher weniger von der Vereinbarung partizipieren. Ihr Vorteil liegt dann primär bei der Weiterbelieferung des Kreditnehmers und den daraus für sie mittelbar resultierenden Vorteilen. Dies ist auch meist das Bestreben der Lieferanten, denn es bestanden vor der Krise meist bereits langjährige profitable Geschäftsverbindungen, die es zu erhalten gilt.

- **Modalitäten zur Aufrechterhaltung der Linien und der Lieferkonditionen:** Hauptzweck des Sicherheitenabgrenzungsvertrags ist es, das Stillhalten der Lieferanten und Kreditversicherer zu erreichen. Dazu ist zu vereinbaren, dass die künftigen Lieferungen zu unveränderten Konditionen wie Zahlungsbedingungen und Fristen stattfinden. Das Krisenunternehmen erhält etwa unverändert Rabatte und Skonti, das Risiko der katastrophalen Lieferung ausschließlich gegen Vorauskasse wird vermieden.
- **Regelungen zu Nachweispflichten, Kontrollen sowie Informationsrechten:** Bestimmungen zur Informationsallokation haben die bedeutende Aufgabe, das Vertrauen zwischen den Beteiligten mit zum Teil sehr unterschiedlichen Interessen aufrechtzuerhalten. Daher sind die vertraglichen Informationsvereinbarungen stringent zu formulieren und die Einhaltung ist von allen am Vertrag beteiligten Parteien genau zu beachten.

Mit dem Abschluss des Sicherheitenabgrenzungsvertrags werden die potenziellen Verwertungserlöse aus Kreditsicherheiten für den Fall der Insolvenz bereits im Vorfeld aufgeteilt. Lieferanten und Kreditversicherer lassen sich durch dieses Angebot oft zum Stillhalten bewegen, da sich ihre Risikoposition meist deutlich verbessert.

Zudem herrscht Verwertungssicherheit durch die Beseitigung von Kollisionsproblemen bei den Sicherungsrechten der Kreditinstitute und der Lieferanten. Vorteile des Abschlusses eines Sicherheitenabgrenzungsvertrags sind unter anderem:

- Erreichung einer Einigungslösung mit den Lieferanten sowie Kreditversicherern und das Vermeiden eines Ausstiegs über Linienkürzungen.
- Wirtschaftliche volle Ausschöpfung der Warenbestände und der Forderungen mit der Beseitigung von Abgrenzungsschwierigkeiten bei Sicherungsrechten.
- Faire Aufteilung der Verwertungserlöse auf die Gläubigergruppen über die Festlegung einer Materialeinsatzquote als Bezugsgröße für die Verteilung.

Versucht werden sollte über den Poolvertrag und den Sicherheitenabgrenzungsvertrag stets, die Gleichbehandlung der Banken und der übrigen Gläubiger zu gewährleisten. Gelingt eine Vereinbarung dieser Verträge, dann wird eine Einigungslösung festgeschrieben. Dies bedeutet eine erhebliche Sicherheit für die finanzwirtschaftliche Sanierung der betroffenen Firma. Denn oft entsteht bereits früh nach Bekanntwerden einer wirtschaftlichen Krise große Unruhe auf Seiten der Banken, Lieferanten und Kreditversicherer. Einzelne Gläubiger versuchen dann ihre Risikoposition zu verbessern indem sie aus dem Engagement aussteigen.

Da es von entscheidender Bedeutung ist, dass möglichst alle Parteien die Sanierung finanziell begleiten, sollte umgehend nach Feststellen der Sanierungsfähigkeit und der Sanierungswürdigkeit von Seiten der Hausbank eine Gläubigersitzung einberufen werden, um die Interessen im Sinne der Krisenfirma sowie der zu beteiligenden Gläubiger zu koordinieren (vgl. Rösler et al., 2002, S. 689 ff.).

Dabei ist das Unternehmen zur Absicherung der finanziellen Mittel meist auf die Unterstützung der Hausbank aufgrund der Komplexität der Verträge, der Erfahrung und des notwendigen Fachwissens bei der Sicherheitenpoolbildung angewiesen. Im weiteren Verlauf werden daher die Interessen der Hausbank und des Krisenunternehmens als im Wesentlichen gleichgerichtet unterstellt und beschrieben.

Einschränkend ist zu bemerken, dass im Folgenden nur Anhaltspunkte für Kreditverhandlungen zur Realisierung finanzieller Hilfestellungen in einem Sicherheitenpool gegeben werden können, da die Ausgestaltung der realen Situation differenziert sein kann und sich die Verhaltensweisen der Gläubiger zudem über die Zeit verändern können. Dennoch sind die nachfolgend beschriebenen Reaktionsmuster in der Praxis häufig anzutreffen. Ist die unterstützende Hausbank auf diese Situation vorbereitet, so lassen sich Strategien anwenden, die Gläubigerinteressen auf das Ziel der gemeinsamen finanziellen Absicherung des Krisenunternehmens im Rahmen einer Poollösung auszurichten.

Zunächst sind die Interessen aller Gläubiger zu analysieren, um im nächsten Schritt das Bedrohungspotenzial einzelner Akteure zu identifizieren. Die Kreditgeber können unter anderem nach dem **Grad ihrer Abhängigkeit** von der Krisenfirma unterschieden werden. Dazu sind die Banken nach der Höhe der Kredite, der Sicherheitenposition sowie der individuellen Kreditrisikostrategie zu klassifizieren. Werden bei einem Bankinstitut potenzielle Gefahren eines Rückzugs erkannt, ist zu untersuchen, welche Instrumente einzusetzen sind, um eine mögliche vertragliche Bindung dieses Gläubigers zu erreichen.

Es bestehen innerhalb der betrachteten Stakeholder besondere Parteien, die einen intensiven Einfluss ausüben können und deren Eigenbedrohung von einer Krise aufgrund einer starken Abhängigkeit zum Unternehmen hoch ist. Dies sind beispielsweise Banken mit einem hohen Kreditvolumen und Blankoteil oder Kreditinstitute mit einer starken Bindung zum Krisenunternehmen. Zudem existieren Lieferanten mit hohen Umsatzanteilen und umfassenden Einkaufslinien sowie erheblichen Außenständen, mit umfangreichen Spezialgütersortimenten oder einer engen Verzahnung in der Wertschöpfungskette. Angeschlossen sind regelmäßig die Kreditversicherer mit entsprechend hohen Risiken.

Des Weiteren existieren Stakeholder, deren Abhängigkeitsgrad aus der Geschäftsbeziehung gering ausgeprägt ist. Dieses sind unter den Banken meist gut abgesicherte Finanzinstitute, Banken mit geringem Kreditvolumen oder ausländische Kreditinstitute. Bei den Lieferanten sind dies Akteure einfacher, homogener Güter mit geringem Lieferanteil und Kreditversicherer mit niedrigen Limiten. Trotz des geringeren Eigenrisikos bedeuten gerade diese Gruppen ein besonderes Gefährdungspotenzial für die Finanzierung eines Krisenunternehmens in der Sanierung. So bestehen vielfach starke Begehrlichkeiten dieser Parteien, ihr Risiko einseitig zu verringern oder unverzüglich komplett abzubauen.

Daneben gibt es Gläubiger, die einen mittleren Grad der Bindung zur Firma aufweisen, deren Einstellung zur finanziellen Unterstützung noch nicht feststeht und unter Umständen zu beeinflussen ist.

Um die Ziele und Verhaltensweisen der Gläubiger einschätzen zu können, sind die Beteiligten in die Segmente **Gläubiger mit geringem, mittlerem und hohem Abhängigkeitsgrad** zu klassifizieren. Anschließend können Verhandlungsstrategien entwickelt werden, um eine gemeinsame Finanzierung des Krisenunternehmens zu gestalten und den Ausstieg einzelner Parteien zu verhindern. Dazu ist schnellstmöglich nach Feststellung der Sanierungswürdigkeit von der Hausbank die bereits erwähnte Gläubigersitzung einzuberufen, um die Interesen und Handlungen aller externen Gläubiger im Sinne der Krisenfirma zu koordinieren.

Je höher die Anzahl der Finanzierer ist und umso heterogener die Forderungen und Sicherheiten verteilt sind, desto schwieriger wird die Einigung auf einen gemeinsamen Poolvertrag. Meist nimmt dann die Komplexität des Vertragswerkes zu und es steigen diese potenziellen Konfliktbereiche. Dieses erschwert die Festlegung einer geeigneten Verhandlungsstrategie für die Hausbank, um diese Poolverhandlungen einer gemeinsamen Lösung zuzuführen. Im Folgenden wird das häufig anzutreffende Verhalten der Gläubiger im Hinblick auf ihren Abhängigkeitsgrad klassifiziert, um Ansatzpunkte für eine wirkungsvolle **Stakeholderstrategie** zu erhalten. So bestehen folgende Gläubigertypen:

- **Gläubiger mit hohem Abhängigkeitsgrad:** Diese Stakeholder verhalten sich aufgrund der engen Verbindungen zum Krisenunternehmen und der hohen Risikowirkungen eines Verlustes meist kooperativ. Daher sollte mit diesen Gläubigern eng zusammengearbeitet werden, um sie als Partner zu gewinnen. Diese zu wählende Verhandlungsstrategie heißt: ➜ **Koalitionen bilden.**
- **Gläubiger mit mittlerem Abhängigkeitsgrad:** Die Bindung zum Krisenengagement ist bei diesen Gruppen meist differenzierter ausgeprägt und Bestrebungen können in einer Risikoreduzierung liegen. Wichtig ist es, diese Gläubiger in den Vertrag einzubinden, da mit dem Rückzug das Scheitern der Sanierung verbunden sein kann. Die Strategie heißt: ➜ **Überzeugen und einbinden.**
- **Gläubiger mit geringem Abhängigkeitsgrad:** Diese Akteure haben meist das Ziel, ihr Risiko kurzfristig zu verringern, indem Linien gestrichen, Umschuldungen mit Tilgung vorgenommen oder neue Sicherheiten eingefordert werden. Diese Akteure sind in einen Pool mit einzubinden, damit keine Aufweichungseffekte entstehen. Die Strategie heißt: ➜ **Rückzug vermeiden.**

Kritisch für die Einigung sind diejenigen Gläubiger, die einer Sicherheitenpoolvereinbarung potenziell entgegenstehen (Akkordstörer). Dies sind oftmals Nebenbanken, gut abgesicherte Kreditinstitute, ausländische Banken und zudem Kreditversicherer oder auch Leasingunternehmen sowie Finanzinvestoren.

Aber auch Lieferanten können eine Poolvereinbarung oder Abgrenzungsvereinbarung potenziell meiden, gerade wenn die angeschlossenen Kreditversicherer eine Lösung nicht mittragen. Diese können dann ihre Rückversicherungslinien bei den Lieferanten reduzieren oder sogar streichen. Diese Parteien weisen Merkmale eines **geringen Abhängigkeitsgrads** auf.

In einer ersten Poolsitzung ist das Bestreben dieser Parteien oftmals hoch, auf eine komplette Ablösung ihrer Forderungen zu drängen **(Exitstrategie)**. Falls eine direkte Ausstiegsmöglichkeit nicht besteht, wird meist ein sukzessiver Engagementabbau über Sondertilgungen betrieben oder eine umfassende Risikoreduzierung über zusätzliche Absicherungen eingefordert **(Voice)**. Lediglich die umfassend engagierten Banken inklusive der Hausbank sind in der Regel von Anfang an bereit, die Krisenfirma in der Sanierung weiter zu begleiten **(Loyalty)**.

Insbesondere Voice-Strategien steht in einer akuten Unternehmenskrise das Insolvenzanfechtungsrisiko gegenüber, denn Sondertilgungen oder Absicherungen sind dann als inkongruent einfacher anfechtbar. Mit anderen Worten unterstützt das Insolvenzrecht die Abwehr von Voice-Strategien. Besondere Gefährdungsmöglichkeiten sowie Unterstützungspotenziale, die durch Gläubiger existieren können, sind in der nachfolgenden Tab. 7.5 dargestellt.

Tab. 7.5: Unterstützungen und Bedrohungen in der Sanierung (Quelle: Eigene Darstellung)

Sanierungsunterstützungen	Sanierungsgefährdungen
Moratorien und andere Stillhaltevereinbarungen	Engagementabbau durch Tilgungen
Neukreditvergabe	Befristung und Reduzierung von Kreditlinien
Zins- und Tilgungsstundungen	Verschlechterung der Zahlungskonditionen
Umschuldung, Kapitalbeteiligung	Hereinnahme von neuen Sicherheiten
Forderungsverzichte und Nachrangabreden	Kreditkündigungen

Da im Wege einer bestmöglichen Krisenbewältigung aus Sicht einer sanierungsbegleitenden Hausbank versucht werden sollte, alle externen Finanzgläubiger beziehungsweise Warenkreditgeber für eine Poollösung zu gewinnen, beginnen in den Bankenrunden meist Diskussionen, in denen Koalitionen gebildet werden. Diese Verhandlungen können sehr kontrovers ausfallen.

Anzustreben ist durch die eine Sanierung unterstützende Hausbank, über eine Mischung von Rückzugsangeboten, dem Eingehen von Verbindungen und der Ausübung von Druck, die Gespräche zu dem gewünschten Ziel zu führen. Diese Art der Verhandlungsstrategie wird in der Organisationstheorie auch als „Bargaining" bezeichnet (vgl. Staehle, 1994, S. 405 ff.).

Ziel eines **Bargaining** ist es, die Verhandlungen zwischen verschiedenen Akteuren und Gruppen mit Interessendivergenzen derart zu steuern, dass eine Vereinbarung hinsichtlich des Austausches von Leistungen erzielt wird.

Dabei verfügen die Verhandlungspartner über Machtmittel, mit denen sie das Verhalten der übrigen Parteien in Konfliktsituationen beeinflussen können. So kann die Hausbank über das Risiko des Bekanntwerdens einer Verweigerungshaltung in der Öffentlichkeit oder auch über die Androhung von späteren eigenen boykottierenden Verhaltensweisen in vergleichbaren Sanierungen bei anderen Problemkreditenga-gements auf die ausscheidungswilligen Gläubiger erheblichen Druck ausüben. Es sollte daher unbedingt versucht werden, eine stabile Einigungslösung zwischen den Parteien mit verschiedenen Interessen und Ausgangspositionen zu finden, damit die Sanierung störungsfrei abläuft.

Oft sind bei Poolverhandlungen mit Gläubigern unterschiedlicher Abhängigkeiten zum Krisenunternehmen die Probleme eines **Gefangenendilemmas** mit mehreren Akteuren zu beobachten (vgl. Eidenmüller, 1996, S. 343 und Simon, 2012, S. 143). So ziehen einzelne Gläubiger einen Nutzen daraus, ihre eigene Situation zu optimieren, indem sie einseitig Tilgungen einfordern oder ihre Sicherheitenposition zu verbessern versuchen. Diese individuellen Optimierungen führen jedoch häufig zu einer suboptimalen Gesamtlösung. Im Extremfall kann eine Sanierung komplett scheitern, sodass sich alle Parteien in einer darauf folgenden Insolvenz schlechter stellen (vgl. Portisch, 2006c, S. 54 ff.).

Daher ist es bei den Poolverhandlungen bedeutsam, eine für alle Stakeholder ausbalancierte und stabile Gleichgewichtslösung zu finden. Werden einzelne Parteien benachteiligt, verlassen wichtige Stakeholder die Finanzierungsgemeinschaft und die Sanierung scheitert. Eine Problemursache sind die wechselseitigen Abhängigkeiten der Entscheidungen der verschiedenen Stakeholder. Diese gemeinsame Variante der Poolbildung kommt unter Umständen nur dann zustande, wenn jede Partei auf einseitige risikoreduzierende und die Sanierung schädigende Maßnahmen verzichtet (vgl. Dixit/Nalebuff, 1997, S. 17).

Es ist eine Lösung für diese Problemsituation notwendig, mit der die Strategie der Hausbank umgesetzt werden kann. Ansätze zur Lösung dieser Problematik finden sich in der Spieltheorie, der Wissenschaft vom strategischen Denken. Dabei empfiehlt sich ein nach der Intensität gestuftes Vorgehen je nach Widerstand und Abhängigkeitsgrad der einzelnen Akteure. Ist die Gefahr des Rückzugs eines Gläubigers groß, sind alle Maßnahmen auszuschöpfen:

– **Teamwork:** Die Bildung einer Gruppe aus mehreren Akteuren, die eine Sanierung entschlossen unterstützt, kann eine Art Gruppenzwang bewirken und andere Parteien dazu bewegen, ihre Konfrontationshaltungen aufzugeben. Daher sind Koalitionen zu anderen, die Sanierung stützenden Gläubigern nachhaltig und dauerhaft aufzubauen.

- **Selbstbindung:** Mündliche sowie schriftliche Absichtserklärungen zur Unterstützung des Krisenunternehmens schränken die Möglichkeit ein, sich aus dieser Selbstbindung zu lösen. Dazu sind Sicherheitenpoolverträge ein geeignetes Mittel, um die Bindung zu erzeugen und die Finanzierung bei dem Engagement mittel- bis langfristig abzusichern.
- **Unterhändler:** Die Hausbank wird bei den Poolverhandlungen meist nicht als objektiv angesehen, da sie von einer Unterstützung des Unternehmens profitiert. Es kann es daher förderlich sein, einen neutralen Akteur wie den Sanierungsbetreuer damit zu beauftragen, die Poolverhandlungen als Moderator zu leiten und einer Lösung zuzuführen.
- **Anreize:** Es können Anreize in Form von Beteiligungen an Sicherheiten oder geringen Tilgungen gesetzt werden, um einen Ausstieg von Gläubigern zu verhindern. Auf diese Weise können unbesicherte Banken überzeugt werden. Auch die Lieferanten und Kreditversicherer können gegebenenfalls mit einer Sicherheitenabgrenzung überzeugt werden.
- **Boykott:** Banken, Lieferanten und Kreditversicherer treffen in mehreren Sanierungsfällen und Bankenrunden aufeinander. Es ist zu beachten, dass in den verschiedenen Verhandlungssituationen jeweils eine andere Partei Vorteile besitzen kann. Nutzt ein Akteur seine Vorteile einseitig aus, so werden die Anderen sich fortan ähnlich verhalten.
- **Öffentlichkeit:** In der Praxis ist häufiger zu beobachten, dass Sanierungen bei großen Krisenunternehmen eine hohe Öffentlichkeitswirkung entfalten. Dieses kann zur Findung einer Poollösung beitragen, wenn die Gläubiger bei einem Rückzug ein Reputationsrisiko befürchten. So ist gerade Banken negative Presse oftmals sehr unangenehm.

Bei der Nutzung öffentlichkeitswirksamer Maßnahmen bestehen aber sicherlich Interdependenzen zwischen der Bedeutung des Krisenunternehmens und der Größe und Entfernung der Leitung des Kreditinstituts vom Standort der betroffenen Firma. Die örtliche kleinere Bank ist aus verschiedenen Gründen sicherlich eher geneigt, das potenzielle Risiko negativer regionaler Presse wegen eines Verweigerungsverhaltens zu vermeiden und wird eine Firmensanierung anstreben.

Insgesamt lässt sich festhalten: Entsteht der Eindruck, dass ein Gläubiger übermäßig gierig agiert, indem er einseitig den Abbau von Krediten vornimmt, massiv Sicherheiten einfordert oder sich an Verzichten und Neukreditvergaben nur unzureichend beteiligt, werden die übrigen Verhandlungspartner in der Zukunft weniger geneigt sein, mit dieser Partei zusammenzuarbeiten. Sie werden in anderen Sanierungsfällen, an denen der Störenfried beteiligt, aber schlechter positioniert ist, als harte Verhandlungspartner auftreten. Auf Dauer ist dieses Vorgehen schädlich für die Bankbeziehungen an einem Standort.

Auf der zwischenmenschlichen Ebene kann ein unfairer Sieg diese Geschäftsbeziehungen dauerhaft verderben und das Vertrauen ist zwischen den Verhandlungspartnern künftig nur noch eingeschränkt vorhanden. Daher ist eine Kooperation im Pool für alle Beteiligten anstrebenswert.

Allerdings geht es dabei nicht darum, dass wirtschaftlich und rechtlich ganz unzweifelhaft bestehende Positionen aufgegeben werden. Hinzu kommt, dass diese Handlungsoptionen durch zunehmende aufsichtsrechtliche Vorgaben tendenziell beschränkt werden. So fordert das Aufsichtsrecht bei entsprechender Verschlechterung der wirtschaftlichen Lage und Bonität eines Kunden unter anderem die Anpassung der Zinsen an das erhöhte Ausfallrisiko des betrachteten Kreditnehmers.

Im Worst-Case-Szenario muss dem vor dem Zusammenbruch stehende Kreditnehmer ein hoher Zinssatz auferlegt werden, während aus Sanierungssicht gerade umgekehrt die Zinsermäßigung auf den Einstand vielleicht die richtige Lösung wäre. Hier bleibt dann im Zweifel nur der Verzicht, der in der Bankbilanz zur Abschreibung auf die Kreditforderungen führt.

Die Umsetzung der finanzwirtschaftlichen Sanierung kann nur gelingen, wenn das Krisenunternehmen möglichst von allen Gläubigern unterstützt wird. Dabei ist auf eine faire Verteilung der auftretenden Sanierungsbelastungen zu achten. Eine Einigungslösung wird im Rahmen der **Anreiz-Beitrags-Theorie** als Gleichgewichtszustand beschrieben. Dieser Zustand ist dann erreicht, wenn die dem Verhandlungspartner angebotenen Anreize mit den von ihm zu leistenden Beiträgen übereinstimmen (vgl. Staehle, 1994, S. 405 ff.).

Demnach können einzelnen Gläubigern zusätzliche Sicherheiten, Tilgungen oder in äußersten Notfällen auch Ablösungen gegen Verzichtsquoten angeboten werden. Gierige oder rechtlich problematische Vorstellungen der Gläubiger wirken als Bremse bei einer Vertragseinigung und tendenziell dem Insolvenzanfechtungsrecht entgegen. Um im Optimalfall sämtliche Gläubiger einzufangen und eine Poollösung zu erreichen, sind die folgenden Eckpfeiler in den Verhandlungen mit den Gläubigern zu beachten (vgl. Rösler et al., 2002, S. 689 ff.):

– **Tragbare Vereinbarungen:** Die Vergabe neuer Gelder, ein Stillhalten oder ein Verzicht muss allen Parteien zumutbar sein.
– **Gleichhohe Sanierungsbeiträge:** Finanzielle Unterstützungen sollten ausgewogen sein, das heißt Verzichte oder neue Mittel sind quotal zu gewähren.
– **Einheitliches Vorgehen:** Sämtliche Gläubiger sollten die Vereinbarungen mittragen, auch jene mit geringen Forderungen und gut abgesicherte Akteure.

Der Kreditnehmer kann die Bündelung der divergenten Interessen seinerseits durch geeignete Maßnahmen in seinem wohlverstandenen Sanierungsinteresse erheblich fördern. Dazu gehört die gleichfalls bereits erwähnte Kooperation mit der Hausbank, aber auch die offene Kommunikation mit allen Gläubigern.

Bei börsennotierten Unternehmen sind die kapitalmarktrechtlichen Vorschriften zu beachten. Ganz entscheidend ist, dass das Schuldnerunternehmen in der Krise das Geschäftsmodell sowie das finanz- und leistungswirtschaftliche Sanierungskonzept frühzeitig, umfassend und auch überzeugend präsentiert, dieses durch ein geeignetes Gutachten untermauert und sich in der Umsetzung daran hält, soweit nicht aufgrund neuer exogener Faktoren Korrekturen angezeigt sind. Vertrauensbildend ist zudem insbesondere, wenn Gesellschafter neue Mittel einbringen.

Akkordstörern kann der Kreditnehmer entgegenwirken, indem er im Rahmen der laufenden Sanierungsverhandlungen mit Pool und Lieferanten einen zweiten Plan entwickelt, der im Einvernehmen mit den sich beteiligenden Finanzgläubigern und Lieferanten zu einem Insolvenzantrag wegen drohender Zahlungsunfähigkeit führt, verbunden mit dem Antrag auf das Schutzschirmverfahren (§ 270b InsO). In diesem Rahmen wird der Sanierungsplan vorbereitet, der in dem Insolvenzplan seinen Abschluss findet. Ob das Ergebnis dieser Lösungen für sich im Vorfeld der Poolbildung zur außergerichtlichen Sanierung verweigernde Gläubiger dann günstiger ausfällt, darf bezweifelt werden. Die mit dem ESUG neu geschaffenen rechtlichen Strukturen sollten tendenziell auch die Verhandlungen über Pool- und Abgrenzungsverträge positiv beeinflussen können (vgl. Portisch/Cranshaw, 2014, S. 9 ff.).

Zeitlich gesehen wird in der Regel zuerst der Poolvertrag unter den Banken abgeschlossen, bevor im Rahmen einer Sicherheitenabgrenzungsvereinbarung die Lieferanten und Kreditversicherer in die finanzielle Sanierung eingebunden werden. Zunächst sind die Banken zur Stützung des Unternehmens zu gewinnen. Zeichnet sich hier bereits ab, dass keine Einigung unter den Kreditinstituten gefunden werden kann, ist das Scheitern der Sanierung oft bereits vorprogrammiert.

Da eine Poollösung unter Banken aufgrund der handelnden Personen und der divergierenden Interessenlagen nicht immer leicht zu finden ist, sollte versucht werden, das Problem der Abstimmung über ein **formales Verfahren** zu versachlichen. Denn selbst wenn alle beteiligten Gläubiger grundsätzlich bereit sind, die Krisenfirma gemeinsam zu begleiten, kann die Finanzstrukturierung letztendlich noch an der genauen Festlegung der Beteiligungsquoten im Sicherheitenpoolvertrag scheitern (vgl. Portisch, 2006a, S. 208 ff.).

Soweit **Poolquoten** der einzelnen Kreditinstitute von Bedeutung sind, werden sie aus dem Verhältnis der bereitgestellten nominellen Kreditvolumina zu den Gesamtkrediten ermittelt, gegebenenfalls unter angemessener Berücksichtigung eingebrachter Kreditsicherheiten. Differenziert werden kann zwischen den verschiedenen Kreditarten. Meist werden nur die Barkreditlinien sowie die Avallinien beziehungsweise die Mischlinien in eine Poollösung unter Banken einbezogen. In einem Pool dient die Quote als Basis für die rechnerische Zuordnung der Sicherheiten für die Partner und damit zusätzlich für die Ermittlung des jeweiligen Kreditrisikos. Dieses ist wichtig, um die Höhe der Einzelwertberichtigung zu bestimmen.

Ebenso sind die Poolquoten zu berechnen zur genauen Feststellung folgender Größen, die eine Auswirkung auf den Erfolg in Kreditinstituten haben:

– Ermittlung der Höhe der notwendigen Forderungsverzichte
– Kalkulation der jeweiligen Anteile bei einer Neukreditvergabe
– Durchführung eines laufenden und endgültigen Saldenausgleichs

Dabei zeigt sich, dass gerade die Aufteilung einer notwendigen Kreditneuvergabe in der Sanierung schwer zu erreichen ist. Hauptgrund ist die erforderliche Risikoerhöhung der Engagements der Gläubiger. Eine Aufstockung der Kreditengagements ist meist nur dann möglich, wenn alle Akteure gute Sanierungschancen sehen und zusätzliche werthaltige Sicherheiten oder Ausfallbürgschaften angeboten werden, die eine Neukreditierung mit hohen Quoten absichern. Der Staat ist dann allerdings bei seinen im Grundsatz auf 80,0 % des Neukredits beschränkten Ausfallbürgschaften nicht „frei", sondern an die strikten staatsbeihilfenrechtlichen Vorgaben des AEUV und der EU-Kommission gebunden. In der Praxis ist zu beobachten, dass ein Anstieg der Unternehmensgröße und eine hohe Öffentlichkeitswirkung positive Effekte auf die Neukreditvergabe der Gläubiger bewirken können (vgl. Märki, 2004, S. 108). Zu beachten ist, dass bei Liquiditätsengpässen zunächst Gesellschafter oder Investoren neue Mittel zur Verfügung stellen sollten.

Im Folgenden wird differenziert zwischen der Ermittlung der Poolquote und der Anteile der Banken an notwendigen neuen Kreditvergaben oder Forderungsverzichten. Während Quoten in Poolverträgen meist in Relation der nominalen Höhe des eigenen Engagements zu den gesamten Poollinien ermittelt werden, kann diese Festlegung der jeweiligen Anteile an einer neuen Mittelvergabe oder an Verzichten differenziert erfolgen. Die Ermittlung einer fairen Quote für Sanierungsbeiträge ist daher immer wieder ein Streitpunkt unter den Banken, insbesondere wenn die Kreditportfolios sehr unterschiedlich strukturiert sind. In einer Situation, in der verschiedene Kreditarten und Sicherheitenarten bestehen, sind konträre Verhandlungen über die zu leistenden finanziellen Sanierungsbeiträge zu erwarten.

Wird das Kreditvolumen als Grundlage einer Quotenermittlung herangezogen, kann das Abweichen von Linien und Inanspruchnahmen zu Diskussionen führen. Ist der Blankoteil relevant, kann es Meinungsverschiedenheiten über individuelle Bewertungen bei den Sicherheiten geben. Die Quote für Verzichte und neue Mittelvergaben lässt sich einfacher über einen formalen Ansatz finden. Einigen sich alle Gläubiger auf ein **Risikogewichtungsverfahren**, so tritt ein fester Verfahrensablauf an die Stelle kontroverser sowie lang andauernder Diskussionen (vgl. Portisch, 2005c, S. 60 ff.). Das Verfahren kann folgendermaßen ablaufen: Im **ersten Schritt** ist zu klären, welche Kredite sowie Sicherheiten bei den einzelnen Kreditinstituten bestehen. Im **zweiten Schritt** wird festgelegt, dass die grundlegende Basis für die Berechnung von Verzichten oder die Vergabe neuer Mittel das Kreditvolumen darstellt, anfangs ohne den Einbezug von Sicherheiten.

Dies hat den Vorteil, dass zunächst keine Auseinandersetzungen über Sicherheiten-bewertungen erfolgen. Erst im **dritten Schritt** werden die einzelnen Kreditarten in Kombination mit den zugehörigen Sicherheiten auf einer Skala gewichtet angesetzt. Auf diese Weise kommt die unterschiedliche Werthaltigkeit der Forderungen und Sicherheiten kombiniert zum Ausdruck und zeigt das mögliche Ausfallrisiko an. Zur Hilfestellung kann dieser Einigungsprozess zusätzlich durch eine neutrale Unter-nehmensberatung unterstützt werden, um die Situation im Fall eines potenziellen Konfliktes zu entschärfen.

Ein großer Vorteil dieser Vorgehensweise ist, dass eine Diskussion über die Bewer-tung der unterschiedlich gesicherten Kreditportfolios der Banken versachlicht und objektiviert wird. So wird lediglich eine Einigung auf die Verfahrensweise und über die Risikogewichtung der einzubringenden Forderungen im Verbund mit den Si-cherheiten notwendig. Wird eine geeignete Bewertung gefunden, können die Antei-le an den Sanierungsbeiträgen auf eine einfache Art und Weise berechnet werden. Diese Quote dient zur Aufteilung der Sanierungsleistungen, unter anderem bei Ver-zichten oder bei Neukreditgewährungen.

Es zeigt sich in der Praxis, dass die Bildung eines Bankenpools, zur gemeinsamen Kreditgewährung und Risikoteilung bei der Beteiligung mehrerer Gläubiger an einer Krisenfinanzierung unabdingbar für das Gelingen des wirtschaftlichen Turnarounds ist. Denn eine große Gefährdung für die finanzwirtschaftliche Gesundung ist, dass einzelne Gläubiger versuchen, ihre Risikoposition einseitig zu verbessern. So ist das schnelle Zustandekommen eines Bankenpools ein wichtiger Erfolgsfaktor in einem eingeleiteten Sanierungsprozess. Dazu ist ein professionelles Management des Pool-führers mit einer Integration aller Beteiligten notwendig, um die Zahlungsfähigkeit und das Eigenkapital im wohlverstandenen Interesse möglichst aller Beteiligten mittel- bis langfristig abzusichern (vgl. Emmrich/Titz, 2004, S. 27 ff.).

Im Folgenden soll der Poolkredit anhand der vorab abgeleiteten Kriterien der Eig-nung zur langfristigen und stabilen Krisenfinanzierung für Unternehmen: Zukunfts-bezogenheit, Informationsstand, Komplexitätsgrad sowie Interessenkonflikte beur-teilt werden. Insgesamt gesehen gelingt durch eine Sicherheitenpoolvereinbarung eine abgesicherte Finanzierungsbasis in der Krise und Sanierung.

So werden die Poolmitglieder über den Sicherheitenpoolvertrag meist langfristig an die Finanzierung des Krisenunternehmens gebunden. Von Vorteil ist diese Finan-zierungsform auch für eine gegenseitige Versorgung mit Informationen. Die Pool-partner werden stetig über den Sanierungsverlauf benachrichtigt. Die Geschäftslei-tung erhält zudem eine Rückkopplung zu den erreichten Sanierungserfolgen oder auch Misserfolgen. Der Komplexitätsgrad bei der Vertragsgestaltung ist hoch. So sind Poolverträge anfechtungssicher zu gestalten. Auch der Einigungsprozess auf den erfolgreichen Abschluss eines Poolvertrags erfordert regelmäßig langwierige interne und externe Abstimmungsprozesse zwischen den Beteiligten.

Dabei bestehen häufig Interessenkonflikte zwischen den Poolmitgliedern im Rahmen der Quotenermittlung und bei der Aufteilung neuer Kredite und Sicherheiten. Jedoch können diese Zielkonflikte meist über Verhandlungen gelöst werden. Dabei kommt es zu Austauschprozessen und zu Koalitionsbildungen. Die Beurteilung der Poolfinanzierung anhand der gewählten Bewertungskriterien wird im Folgenden in Tab. 7.6 anhand der Bewertungskriterien dargestellt.

Tab. 7.6: Beurteilung einer Poolfinanzierung zur Sanierungsbegleitung (Quelle: Eigene Darstellung)

Bewertungskriterien	Poolfinanzierung
Zukunftsbezogenheit	Bindung der Poolmitglieder Dauerhafte Absicherung der Linien
Informationsstand	Stetige Informationsversorgung Detaillierte Informationen auf Bankensitzungen
Komplexitätsgrad	Schwierige Vertragsausgestaltung Mögliche Haftungs- und Anfechtungsrisiken
Interessenkonflikte	Konflikte bei der Quotenermittlung Diffizile Abstimmungsprozesse
Würdigung	Insgesamt gute Eignung bei hoher vertraglicher Komplexität

Die Poolbildung verschafft dem Krisenunternehmen bei einem Gesundungsprozess, der oft über mehrere Jahre verläuft, eine gewisse Finanzierungssicherheit. Diese ist notwendig, um die leistungswirtschaftlichen Maßnahmen der Sanierung umsetzen zu können. In Poolvereinbarungen werden neben den Regelungen zur Aufteilung und Verwertung der Sicherheiten häufig die bestehenden Kreditlinien festgeschrieben. Aus einem Sanierungskonzept kann sich auch ein Neukreditbedarf ergeben, um die leistungswirtschaftlichen Maßnahmen umsetzen zu können.

ℹ Zusammenfassung Abschnitt 7.5: In diesem Abschnitt wurde die finanzwirtschaftliche Stabilisierung der Krisenfirma untersucht. Diese kann durch den Abschluss eines **Poolvertrags** der Banken mit einer **Sicherheitenabgrenzung** zu den Lieferanten und den Kreditversicherern gelingen. Auf diese Weise werden eine Bindung der Akteure und eine Risikoteilung im Rahmen der Finanzierung erreicht. Problematisch kann es daher sein, eine Einigung unter den Gläubigern zu finden, wenn neue Kredite zu vergeben sind oder ein Verzicht zu leisten ist. Dann fallen die Verhandlungen in der Praxis aufgrund der hohen Risikowirkung gewöhnlich sehr kontrovers aus. Ein weiterer Bestandteil von Diskussionen ist regelmäßig die Erlösverteilung der Sicherheiten über die Poolquote sowie die Materialeinsatzquote. Auch in diesem Fall existieren häufig unterschiedliche Vorstellungen. Wichtig für eine faire und stabile Lösung ist es, dass alle Gläubiger gleichmäßig an den Erlösen partizipieren, damit keine Unzufriedenheit aufkommt. Abschließend wurde diese Art und Weise der gemeinsamen Finanzierung und Sicherheitenaufteilung anhand von Kriterien im Hinblick auf die Eignung zur Krisenfinanzierung eines Unternehmens als positiv beurteilt.

7.6 Sanierungskredit und Einzelgeschäftsfinanzierung

Der Sanierungskredit bezeichnet ein spezielles Kreditverhältnis, bei dem einem sich in der Krise befindenden Unternehmen ein Kredit oder Darlehen zur Umsetzung der Sanierung, meist von einer Bank gewährt wird. Der Sanierungskredit bedeutet die Gewährung zusätzlicher Mittel, obwohl die materielle Kreditwürdigkeit des Kreditnehmers am Markt unter Umständen nicht mehr gegeben ist. Voraussetzung für die Vergabe dieser Mittel ist eine positive Sanierungsprognose aus einem fachmännisch erarbeiteten Sanierungskonzept (vgl. Ringelspacher, 2014, S. 511 ff.).

Definition: Der **Sanierungskredit** dient zur Finanzierung von Unternehmen, die sich in einer wirtschaftlichen Schieflage befinden. Die Vergabe eines Sanierungskredits kann in einer weiten Definition von einer Zwischenfinanzierung bis hin zur Gewährung eines langfristigen Darlehens in der Krise reichen. Maßgeblich für einen Sanierungskredit ist die freie Zweckbestimmung und Verwendung der Kreditmittel zum Zweck der wirtschaftlichen Gesundung des Unternehmens.

Ein Sanierungskredit im weiteren Sinne kann die Ausgestaltung verschiedene Arten von Kreditverhältnissen bedeuten, wie ein:

- **Überbrückungskredit:** Dieses ist ein kurzfristiger Kredit mit wenigen Wochen Laufzeit, der die Erarbeitung eines Sanierungskonzeptes gewährleistet.
- **Sanierungskredit:** Dieser Kredit dient zur Umsetzung leistungswirtschaftlicher Maßnahmen und kann eine Laufzeit von mehreren Jahren aufweisen.
- **Einzelgeschäftsfinanzierung:** Diese Kreditierung ist ähnlich ausgestaltet wie eine Projektfinanzierung mit der Rückführung aus den erzielten Cash Flows.

Vorgeschaltet zur Finanzierung einer Sanierung ist in der Praxis häufig ein Überbrückungskredit. Dieser dient der Mittelbereitstellung für den Zeitraum, der für die Erstellung des Sanierungskonzeptes notwendig ist. Der Verwendungszweck für den Kredit ist jedoch genau zu benennen. Die Laufzeit für die Zwischenfinanzierung ist auf rund sechs bis acht Wochen zu begrenzen und die Erstellung des Sanierungsgutachtens ist innerhalb dieser Frist unbedingt nachzuhalten.

Der mittel- bis langfristige Sanierungskredit soll primär der Fortführung der Unternehmensaktivitäten im Rahmen einer leistungswirtschaftlichen Sanierung dienen. Auch bedeutet ein Sanierungskredit nicht lediglich die Prolongation von bestehenden Finanzmitteln, sondern die Gewährung neuer Mittel zur Überwindung der wirtschaftlichen Schwächeperiode. Es ist davon auszugehen, dass sich eine Sanierung über mehrere Jahre hinziehen kann, bevor die Ertragskraft wieder hergestellt ist. Die Finanzsicherung muss daher gewährleisten, dass dieser Zeitraum sicher überbrückt werden kann, bis die Kapitaldienstfähigkeit dauerhaft gegeben ist. Die Mittelbereitstellung kann auch innerhalb eines Pools konsortialiter erfolgen.

Die Vergabe neuer Kreditmittel ist jedoch immer nur ein Baustein zur Gewinnung neuer Liquidität. Vorab sind alle Maßnahmen auf der Gesellschafterebene und Möglichkeiten der Innenfinanzierung aus dem Unternehmen heraus umzusetzen. Denn zusätzliche finanzielle Leistungen der Anteilseigner bilden oft die Bedingung für die Sanierungsbeiträge externer Stakeholder. Die finanziellen Ressourcen der Anteilseigner sind jedoch meist schon ausgereizt. Bei einem notwendigen Bedarf an weiteren Finanzmitteln sollte an die externen Gläubiger und insbesondere an die Kreditinstitute mit dem Antrag auf die Gewährung eines Sanierungskredits herangetreten werden. Banken kommt aufgrund ihrer Finanzkraft eine entscheidende Rolle bei der finanziellen Sanierung von Krisenunternehmen zu (vgl. Kudla, 2005, S. 158 ff.).

Sanierungskredite werden in der Regel durch Kreditinstitute vergeben. Diese stehen einer Neukreditvergabe in der Krise häufig sehr zurückhaltend gegenüber. Denn die Vergabe neuer Mittel (Fresh Money) verursacht meist eine erhebliche Risikoerhöhung mit einer Anpassung der Einzelwertberichtigung. Läuft das Krisenengagement in die Insolvenz, entsteht dann ein deutlich höherer Kreditausfall.

Der Kompetenzträger des Instituts wird daher die Kreditvergabe in der Schwächephase des Firmenkunden im Detail prüfen. Aspekte, die eine Entscheidungsfindung der Mittelvergabe in der Krise und Sanierung bei den Banken beeinflussen können, sind unter anderem (siehe dazu auch Kudla, 2005, S. 161 ff.):

– Bestehen einer Hausbankbeziehung mit einer langjährigen Vertrauensbasis
– Offenheit, Informationsbereitschaft und Kooperation des Managements
– Sanierungswissen der Geschäftsleitung oder des Chief Restructuring Officer
– Öffentlicher Druck und (regionale) Verantwortung der Bank oder Sparkasse
– Überwiegende Wahrscheinlichkeit der Erreichung des Sanierungserfolgs

Des Weiteren spielen Möglichkeiten der Besicherung für diese Kreditentscheidung eine wichtige Rolle. Sind freie, werthaltige Sicherheiten vorhanden, kann sich die Entscheidungsfindung zur Gewährung neuer Kredite erheblich vereinfachen. Dies wird in der Praxis jedoch selten der Fall sein. Zusätzlich ist zu beachten, dass eine Sicherheitenverstärkung keiner Anfechtung in einem künftigen Insolvenzverfahren unterliegen darf. Daher bietet sich bei der Besicherung an, ein sogenanntes „Bargeschäft" zu gestalten. Gemäß § 142 InsO ist eine Anfechtung ausgeschlossen, wenn für die Leistung des Schuldners unmittelbar eine gleichwertige Gegenleistung in das Vermögen des Gläubigers gelangt. Eine Benachteiligung anderer Gläubiger ist dann nicht gegeben (vgl. Obermüller, 2011, S. 84 ff.).

Voraussetzung dafür ist ein enger zeitlicher und wertmäßiger Zusammenhang der Sicherheitenvereinbarung in Bezug zu der Kreditgewährung. Eine Gleichwertigkeit ist dann gegeben, wenn die Kreditsicherheit von ihrem Wert her die Höhe des Kredits nicht wesentlich überschreitet. Übliche Differenzen aufgrund von Wertschwankungen bei variablen Kreditsicherheiten sind nicht relevant.

Weiter ist das Kriterium der Gleichzeitigkeit zu erfüllen, das heißt der Leistungsaustausch zwischen Kreditvergabe sowie Sicherheitenbestellung muss in einem engen zeitlichen Zusammenhang vorgenommen werden. Eine übliche Bearbeitungszeit bei der Sicherheitenbestellung ist unschädlich. Zusätzlich ist entscheidend, dass es sich um einen von vorneherein vereinbarten einheitlichen Leistungsaustausch handelt (vgl. Obermüller, 2011, S. 85 und Schmidt/Uhlenbruck, 2003, S. 128 ff.).

Zudem ist die Vereinbarung eines engen Sicherungszwecks zu beachten. Das bedeutet, diese Sicherheitenverstärkung darf nicht ohne weiteres auf das Gesamtengagement ausgedehnt werden. Wird eine Rangordnung bei der Besicherung in Bezug auf die bestehenden Kredite hergestellt, ist dieser Neukredit grundsätzlich der Anfechtung entzogen. Hinsichtlich der nachrangig besicherten Altkredite ist zu prüfen, ob ein Anfechtungstatbestand gegeben ist. Wird jedoch kein Rangverhältnis und zusätzlich ein weiter Sicherungszweck vereinbart, ist die Sicherheit insgesamt anfechtbar, das heißt auch der Neukredit läuft blanko.

Daher sind bei weitem Sicherungszweck unbedingt die unterschiedlichen Ränge in den Vertrag mit aufzunehmen, so dass aus dem Sicherheitenerlös zunächst der neue Kredit abzudecken ist. Besser ist es, die Sicherheiten für den Neukredit zu bestellen und für die Besicherung der Altkredite den Anspruch des Kunden auf Rückgewähr zu verwenden. Auch der Tausch von gleichwertigen Sicherheiten stellt ein Bargeschäft dar und ist grundsätzlich der Anfechtung entzogen.

Drittsicherheiten werden ebenfalls von einer Anfechtung nicht erfasst und erleichtern die Neukreditierung, da keine Gläubigerbenachteiligung vorliegt. Eine Anfechtung kommt nur in Betracht, wenn auch über das Vermögen des Dritten ein Insolvenzverfahren eröffnet wird, und bezieht sich allein auf die Benachteiligung seiner Gläubiger (vgl. Obermüller, 2011, S. 1109 ff.). Grundsätzlich besteht diese Möglichkeit, wenn der Unternehmensinsolvenz auch die Privatinsolvenz der Gesellschafter folgt und diese Sicherheiten aus dem Privatvermögen gestellt haben.

Bei der Vergabe eines Sanierungskredits sind weitere rechtliche Voraussetzungen zu beachten. Demnach darf keine eigennützige Kreditvergabe der Bank vorliegen. Diese kann unter anderem dann bestehen, wenn ein Kreditinstitut weitere Altforderungen hat und befürchtet, diese ohne Stützungsmaßnahmen zu verlieren. Ein eigennütziger Sanierungskredit kann eine Beihilfe zur Insolvenzverschleppung bewirken sowie erhebliche Schadensersatzansprüche anderer Gläubiger gemäß § 826 BGB nach sich ziehen. Bei der Bereitstellung eines Sanierungskredits bedarf es regelmäßig einer sorgfältigen Einzelfallprüfung.

Insbesondere muss eine positive Fortführungsprognose eines sachkundigen Dritten im Rahmen eines Sanierungsgesamtkonzeptes vorliegen. Die Sanierungsfähigkeit und Sanierungswürdigkeit muss durch die Bank sorgfältig geprüft worden sein. Die neu bereitgestellten Mittel müssen zusammen mit den weiteren finanziellen Beiträgen ausreichen, die Finanzkraft in der Gesundungsphase zu erhalten.

Insbesondere sind vor einer Neukreditvergabe die Insolvenzgründe zu beseitigen. Demnach ist die Überschuldung, bei einer Kapitalgesellschaft und einer Personengesellschaft ohne natürliche Person als Vollhafter, wie bei der GmbH & Co. KG, vorab abzuwenden (vgl. IDW, 2015, S. 202 ff.). Auch sollte über den Kredit die Liquidität langfristig abgesichert werden. Es gelten folgende Voraussetzungen für die Vergabe des Sanierungskredits (vgl. Lützenrath et al., 2006, S. 172):

- Beseitigung der Insolvenzgründe Zahlungsunfähigkeit und Überschuldung
- Geprüfte Sanierungsfähigkeit und Sanierungswürdigkeit aus einem Konzept
- Nachhaltige Durchfinanzierung über die gesamte Umsetzungsphase hinweg

In Banken erfolgen die Betreuung von Krisenengagements und die Kreditvergabe in der Regel durch Spezialabteilungen. Die dort handelnden Personen besitzen eine hohe Fachkompetenz sowie einen großen Erfahrungsschatz bei der Beratung von Krisenengagements. Aus Unternehmenssicht stellt sich die Krise, inklusive der Sanierungsaktivitäten, jedoch als neue Situation dar. Die erforderlichen Tätigkeiten weichen stark vom operativen Geschäft ab.

Zudem besteht oft erheblicher Zeit- und Entscheidungsdruck. Des Weiteren befindet sich das Management der Krisenfirma meist in einer schwachen Verhandlungsposition gegenüber den Banken. In dieser Lage ist es sinnvoll, dass sich der Geschäftsführer des Krisenunternehmens bei den finanziellen Verhandlungen, von einem erfahrenen Sanierungsberater unterstützen lässt. So können Haftungsrisiken auch auf Seiten des Geschäftsführers vermieden werden.

Auf diese Weise besteht insbesondere die Möglichkeit, einen optimalen Finanzierungsbeitrag von den Kreditinstituten zu erhalten. Denn die Verhandlungen gestalten sich meist schwierig, da die betroffenen Banken in der Regel eine Risikoerhöhung bei einem gefährdeten Engagement scheuen. Unter Umständen werden Kreditinstitute gerade bei den betreuungsintensiven Krisenengagements versuchen, den Kreditvertrag zu ihren Gunsten zu gestalten. Dies kann konträr zu einer Sanierung stehen, wenn Vereinbarungen getroffen werden zu:

- Zinskonditionen mit hohen Risikoaufschlägen und einseitige Nachbesicherung
- Provisionen und Bearbeitungsgebühren aufgrund der Betreuungsintensität
- Tilgungsformen, die eine schnelle Rückführung vorsehen
- Strengen Informationspflichten und besonderen Kündigungsrechten
- Verpflichtungserklärungen in Form von Hard und Soft Covenants

Gerade die innerhalb des Kreditvertrags festgelegten Financial Covenants verpflichten den Kreditnehmer, bestimmte Bedingungen aus Finanzkennzahlen während der Laufzeit der Vereinbarung einzuhalten. Waiver Fee´s sind unbedingt zu vermeiden. Auf diese Weise kann das Erreichen definierter Kennzahlen bezüglich der Verschuldung, der Vermögens-, Finanz- und Ertragslage überwacht werden.

Beispiele dafür sind Mindestanforderungen in Bezug auf die Eigenkapitalausstattung oder eine zu erreichende Gesamtkapitalrendite. Auch im Hinblick auf die Liquiditätsbeurteilung können Zielvorgaben zum Working Capital formuliert werden. So kann schriftliche vereinbart werden, dass in einem festgelegten Zeitraum der Abbau von Forderungen aus Lieferungen und Leistungen in einer bestimmten Höhe erfolgt (vgl. Lützenrath et al., 2006, S. 177 ff.).

Im Zusammenhang mit der Festlegung der Verpflichtungserklärungen verlangen die Kreditgeber regelmäßige Informationen. So können monatliche Reportingintervalle festgelegt werden. In erster Linie gehören zu den einzureichenden Unterlagen aussagekräftige betriebswirtschaftliche Auswertungen mit abgegrenzten Buchungen. Zusätzlich sollte die Entwicklung der aktuellen Bestände des Working Capitals dargelegt werden. Eine unverzügliche Information der Kreditgeber sollte bei einer deutlichen Verschlechterung von Kennzahlen erfolgen.

Gerade negative Veränderungen im Umlaufvermögen können auf eine sich weiter verschärfende wirtschaftliche Lage hindeuten. Daher wird von Banken häufig eine laufende Prüfung des Umlaufvermögens durch einen Wirtschaftsprüfer mit Testat zur Vollständigkeit und Werthaltigkeit der Forderungen und der Vorräte, Halbfabrikate oder Waren verlangt (vgl. Lützenrath et al., 2005, S. 178).

Im Kreditvertrag sind die Konsequenzen bei Nichterfüllung der Financial Covenants meist detailliert geregelt. So kann sich ein Anspruch auf Nachbesicherung ergeben. Erhebliche Zielverfehlungen sehen meist ein sofortiges, außerordentliches Kündigungsrecht vor. Daher ist in Kreditverhandlungen aus Unternehmenssicht gerade in der Krise und Sanierung darauf zu achten, dass die vorgegebenen Kennzahlen auch realistisch und erreichbar sind.

Im Zweifel ist zu versuchen, schwer erfüllbare finanzielle Verpflichtungserklärungen aus dem Vertrag auszuschließen. Umgekehrt kann eine Kündigung bei einem Sanierungskredit auch erschwert sein. Verpflichtet sich das betreffende Kreditinstitut für an den Schuldner gerichtete Rechnungen die erforderliche Liquidität bereitzustellen oder hat es zugesagt, sämtliche vom Kreditnehmer ausgestellten Schecks für bestimmte Lieferungen einzulösen, kann es sich von derartigen Abreden nicht ohne wichtigen Grund lösen (vgl. Lauer, 2005, S. 253 ff.). Somit hängt es im Wesentlichen von der Aushandlung des Kreditvertrags ab, welche Finanzierungsrisiken in der Krise bestehen. Ein optimaler Verhandlungserfolg wird jedoch nur zu erreichen sein, wenn sich der Unternehmer fachkundig beraten lässt.

Über einen Sanierungskredit von der Hausbank und gegebenenfalls weiteren Instituten im Rahmen einer Sicherheitenpoolvereinbarung kann eine umfassende Absicherung der finanzwirtschaftlichen Sanierung über den gesamten Umsetzungsprozess der leistungswirtschaftlichen Sanierungsmaßnahmen erfolgen. Problematisch ist jedoch, dass die Gläubigerbanken eine Neukreditvergabe meist scheuen, da diese zu einer unmittelbaren Risikoerhöhung führt.

Es bestehen aufgrund des meist langwierigen Sanierungsprozesses ein hohes Ausfallrisiko und eine starke Ungewissheit, wann diese Kreditmittel künftig zurückgezahlt werden können. Eine Kreditierung erfordert daher auch hohe Anforderungen an die Transparenz. So werden weitgehende Informationspflichten, meist im Kreditvertrag, festgelegt. Laufend sind die Plan-Ist-Zahlen einzureichen. Zudem sind bei der Neuvereinbarung von Sicherheiten laufende Prüfungen vorgesehen und bei den variablen Sicherheiten der Globalzession der Forderungen oder der Sicherungsübereignung des Warenlagers laufend aktuelle Listen abzugeben.

Gleichermaßen lassen sich bei einer sorgfältigen Vergabe von Sanierungskrediten auch Haftungsrisiken auf der Gläubigerseite vermeiden. Auch Anfechtungen in der Insolvenz werden über die Gestaltung eines Bargeschäfts ausgeschaltet. Potenzielle Konflikte bestehen für Banken nur dann, wenn andere Gläubiger durch die zusätzlichen Kredite und Sicherheiten benachteiligt werden. Dies werden die neukreditierenden Banken aus Selbstschutz vermeiden, denn über eine mögliche Beihilfe zur Insolvenzverschleppung können für das finanzierende Institut erhebliche Forderungen aus Schadensersatz entstehen.

Insgesamt gesehen eignet sich der Sanierungskredit sehr gut zu einer Absicherung der finanziellen Rahmenbedingungen in einem Sanierungsprozess. Daher kann bei einer hohen Abhängigkeit und dem drohenden Verlust der Altkredite der Hausbank unter Umständen ein Sanierungsbeitrag für das Krisenunternehmen in dieser Form erreicht werden. Die Hausbank hat in der Regel das höchste Obligo und ein erhebliches Blankorisiko. Diese Merkmale werden dazu führen, dass die Sanierungsumsetzung unter Umständen stark unterstützt wird. Die nachfolgende Tab. 7.7 fasst die Beurteilung des Sanierungskredits zur Finanzierung in der Krise und Sanierung aus Sicht des Unternehmens abschließend zusammen.

Tab. 7.7: Beurteilung des Sanierungskredits zur Krisenfinanzierung (Quelle: Eigene Darstellung)

Bewertungskriterien	Sanierungskredit
Zukunftsbezogenheit	Neukredit mit sofortiger Liquidität Unsicherheit der Rückführung
Informationsstand	Hohe Informationsanforderungen Überwachung Sicherheiten
Komplexitätsgrad	Optimale Vermeidung Haftungsrisiken Vermeidung Anfechtungsrisiken
Interessenkonflikte	Konflikte mit anderen Sicherungsnehmern Konflikte mit übrigen Gläubigern
Würdigung	Insgesamt gute Eignung zur Finanzierungs- stabilisierung in der Sanierung

Einzelgeschäftsfinanzierung

Scheut die Hausbank das Risiko einer nicht direkt zweckgebundenen Neukreditvergabe in der Sanierung, besteht für das Krisenunternehmen auch die Möglichkeit, die Finanzierung für einzelne Geschäfte zu beantragen. Die Mittelvergabe ähnelt einer Projektfinanzierung mit einer Rückführung der Mittel aus dem erzielten Cash Flow des finanzierten Geschäftes und wird im Folgenden als Einzelgeschäftsfinanzierung bezeichnet (vgl. Portisch, 2007c, S. 38 ff.).

Definition: Die **Einzelgeschäftsfinanzierung** bezeichnet eine Finanzierungsart, bei der die Rückführung der herausgelegten Mittel direkt aus dem Cash Flow der zugrunde liegenden Lieferung oder Leistung erfolgt. Die Absicherung erfolgt aus dem Grundgeschäft heraus und umfasst die finanzierten Vermögensgegenstände des Anlage- oder Umlaufvermögens, beziehungsweise die Anschlussforderungen. Elementar ist zudem der enge Verwendungszweck der gewährten Mittel.

Kennzeichnend für diese Art der Finanzierung ist, dass eine direkte Beziehung zwischen dem Neukredit, dem zu finanzierenden Grundgeschäft und der Absicherung hergestellt wird. In der Regel findet die Besicherung über eine Einzelabtretung der generierten Forderung statt. Diese Kreditform wird dann auch als Zessionskredit bezeichnet. Über eine zeitliche Betrachtung ist auch die Vergabe eines Saisonkredits zur Vorfinanzierung möglich. Bei den vorfinanzierten Wirtschaftsgütern und Leistungen kann es sich um einzelne Produktionsaufträge, Streckengeschäfte oder Bauaufträge handeln. Auch kann eine Finanzierung gleichartiger Folgegeschäfte fortan revolvierend zur Stützung des operativen Geschäfts erfolgen.

Es sind alle Arten von Kreditformen wie ein Betriebsmittelkredit, ein Kreditrahmen, ein Darlehen oder auch die Stellung einer Bürgschaft denkbar. Die nachfolgende Abb. 7.11 zeigt die Einheit zwischen dem Projektzahlungsplan, dem Finanzplan und dem Kontenplan mit der Rückführungsübersicht.

Im Zuge der Kreditbesicherung sollte die finanzierten Waren oder Investitionsgüter sicherungsübereignet und die entstehende Forderung abgetreten werden. Solange sich die Besicherung auf den Neukredit beschränkt, handelt es sich um ein Bargeschäft, dass durch einen Insolvenzverwalter gemäß § 142 InsO nicht angefochten werden kann. Unter Umständen ist zu empfehlen, bei der Abtretung von Einzelforderungen oder der Übereignung von finanzierten Sicherungsgütern, eine gesonderte Vereinbarung mit den anderen Gläubigern bei kollidierenden Sicherungsrechten zu treffen, um Abgrenzungsprobleme bereits im Vorfeld auszuschließen.

So kann die Globalzession oder eine Warensicherungsübereignung bereits von einer anderen Bank belegt sein. Diese wird dann vermutlich einzelne Sicherungsrechte erst freigeben, wenn über diese Art der Finanzierung das langfristige Überleben der Krisenfirma gesichert werden kann und die nachhaltige Wettbewerbsfähigkeit und Renditefähigkeit voraussichtlich wieder hergestellt wird.

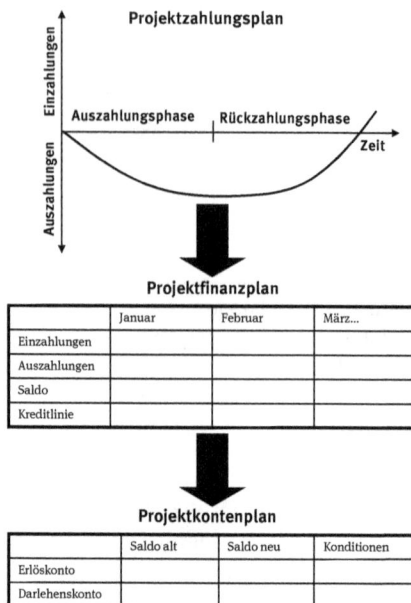

Abb. 7.11: Zahlungspläne bei einer Einzelgeschäftsfinanzierung (Quelle: Eigene Darstellung)

Vorteile dieser Art der Finanzierung aus Sicht des Kreditinstituts ergeben sich daraus, dass die Risiken dieser Vorfinanzierung meist begrenzt sind und sich auf das Bonitätsrisiko des Schuldners und das leistungswirtschaftliche Risiko mit der Erstellung der Lieferung und Leistung beschränken. Damit wird auch die Mittelaufnahme für das Krisenunternehmen oft erleichtert. Ähnlich wie bei der Projektfinanzierung wird ein sich selbst tragendes Investitionsvorhaben aus den durch das Projekt generierten Cash Flows finanziert (vgl. Wolf/Hill/Pfaue, 2011, S. 78 ff.).

Voraussetzung der Einzelgeschäftsfinanzierung ist die wirtschaftliche Separierbarkeit und damit die Zurechenbarkeit der Zahlungsströme auf das bestimmte Projekt. Auf diese Weise lässt sich eine Risikoseparation durchführen. Die geplanten Auszahlungen und Einzahlungen werden im Projektzahlungsplan erfasst und in einen gesonderten Projektfinanzplan übertragen. Die Auszahlungen und die Rückführungen über den Cash Flow lassen sich auf diese Weise sogar taggenau überwachen. Es ist zudem ein projektbezogener Kontenplan aufzustellen.

Die Zahlungseingänge sollten auf einem Sonderkonto separiert verbucht werden, um eine Vermischung mit anderen Zahlungen zu vermeiden. Das Darlehenskonto kann dann mit dem Erlöskonto bei der Sollzinsberechnung virtuell saldiert werden, damit kein zusätzlicher Zinsaufwand für das Unternehmen entsteht.

Unter Umständen werden zur Einhaltung der vereinbarungsgemäßen Rückführung Covenants vereinbart. Diese sind aus Sicht des Unternehmens unbedingt einzuhalten und Negativabweichungen sind zu begründen.

Werden die vereinbarten Covenants gebrochen so wird die kreditgewährende Bank das Unternehmen zunächst unter einer Fristsetzung auffordern, dieser Verletzung des Vertrags unmittelbar Abhilfe zu schaffen. Verstreicht diese Frist, besteht unter anderem die Möglichkeit, eine Verstärkung der Sicherheiten zu verlangen.

Definition: Bei einer Nichteinhaltung von besonderen Kreditklauseln in Form von **Covenants** wird von einem Default gesprochen. Damit dieses verhindert wird, kann ein Waiver-Request zur Heilung des Defaults eingeleitet werden (vgl. Ringelspacher, 2014, S. 16 ff.).

Wichtig sind aus Sicht des Kreditgebers bei der Finanzierung eines Einzelgeschäftes in der Krise die Prüfung der Bonität des Drittschuldners und die Überwachung der Zahlungseingänge. Hier bietet es sich an, das Zahlungsverhalten des Drittschuldners in der Vergangenheit zu prüfen. Diese Daten sind im Krisenunternehmen vorhanden, da meist eine langjährige Kundenbeziehung besteht.

Zudem sollten Bankauskünfte über den Kunden des Krisenunternehmens eingeholt werden. Unter Umständen besteht auch eine Kontoverbindung im eigenen Hause, so dass weitere Informationsquellen, unter Wahrung des Bankgeheimnisses, genutzt werden können. Weiter stellen sich hohe Anforderungen an die Kreditüberwachung, insbesondere bei der Rückführung der Mittel. Diese ist über einen detaillierten und taggenauen Finanzplan, mit einem Abgleich der Kontoeingänge, genau zu überwachen (vgl. Portisch, 2007c, S. 39). Die folgende Abb. 7.12 zeigt die Einheit zwischen der Mittelbereitstellung und der Besicherung mit einer Zession.

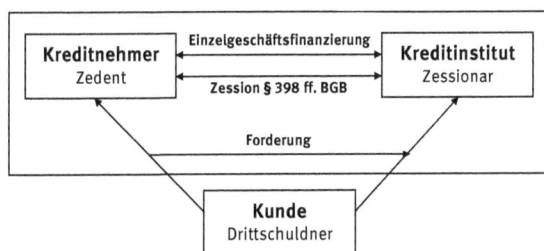

Abb. 7.12: Einzelgeschäftsfinanzierung mit Zession (Quelle: Eigene Darstellung)

Positiv an dieser Art der Finanzierung ist der Projektcharakter, der oft erst eine Mittelgewährung in der Krise ermöglicht. Gerade bei fest durchgehandelten Geschäften realisiert das Krisenunternehmen auf diese Weise Gewinne, die die Liquidität weiter stabilisieren. Die wirtschaftlichen Risiken sind meist überschaubar und lassen sich gut einschätzen. Aus diesem Grunde besteht regelmäßig eine hohe Bereitschaft der Kreditgeber, diese Art der Finanzierung zu begleiten.

Insgesamt zeigt sich bei der Beurteilung, dass die Ausgestaltung der Mittelbereitstellung bei einer Einzelgeschäftsfinanzierung an die Notwendigkeiten einer Krise und Sanierung angepasst werden kann. Die Einheit der Finanzierung, der Besicherung und der Rückführung sorgt für einen gut zu prüfenden und überschaubaren Risikogehalt für den Finanzierer. Wichtig ist die Informationstransparenz zum Kreditgeber. Ergeben sich Probleme bei den Zahlungseingängen, sind diese vom Krisenunternehmen unverzüglich zu berichten.

Die Überwachung der zeitgenauen Rückführung über einen Finanzplan ist aufwendig und verschafft gleichzeitig einen guten Überblick über das bestehende Risiko. Risiken der Anfechtung der Besicherung lassen sich bei der Ausgestaltung als Bargeschäft vermeiden. Unter Umständen sind bei Kollisionen mit Sicherungsrechten anderer Vereinbarungen zur Abgrenzung der Sicherheiten zu treffen. Da die Akteure sich aus den Poolverhandlungen kennen, ist dieses in der Regel möglich.

Aufgrund der überschaubaren Risiken lassen sich die Kreditgeber meist davon überzeugen, einzelne Geschäfte vorzufinanzieren. Darüber lässt sich der Geschäftsbetrieb aufrechterhalten, indem Gewinn aus dem finanzierten Projekt erzielt und die Sanierung insgesamt gefördert wird. In der nachfolgenden Tab. 7.8 wird die Beurteilung der Einzelgeschäftsfinanzierung anhand der Kriterien zur Krisenfinanzierung zusammengefasst dargestellt.

Tab. 7.8: Beurteilung einer Einzelgeschäftsfinanzierung in der Krise (Quelle: Eigene Darstellung)

Bewertungskriterien	Einzelgeschäftsfinanzierung
Zukunftsbezogenheit	Risikobegrenzung durch Sicherheiten Kurzfristige Rückführung
Informationsstand	Informationen über Finanzplan Überwachung Rückführungsvereinbarung
Komplexitätsgrad	Ausgestaltung als Bargeschäft Geringe Anfechtungsrisiken
Interessenkonflikte	Geringe Konflikte mit Kreditgeber Konflikte mit Inhaber Globalzession
Würdigung	Insgesamt gute Eignung zur Finanzierungssicherung in der Krise und Sanierung

Factoring

Ein weiteres mögliches finanzwirtschaftliches Sanierungsinstrument stellt das Factoring dar. Factoring bedeutet den Verkauf von Einzelforderungen oder eines Forderungspools an eine Factoring-Gesellschaft abzüglich eines vereinbarten Abschlags (Diskonts) auf den Nominalbetrag.

Definition: Als **Factoring** wird der einmalige oder laufende und rollierende Verkauf von kurzfristigen Forderungen aus Warenlieferungen und Leistungen bezeichnet. Das Factoringinstitut (Factor) kauft genau definierte sowie möglicherweise revolvierend entstehende Forderungen aus Lieferungen und Leistungen auf Basis eines auszuhandelnden Factoring-Vertrages an.

Über den Forderungsverkauf hat das Zielunternehmen, also hier das Krisenunternehmen, die Möglichkeit, sich zusätzliche Liquidität von Dritten zu beschaffen, beziehungsweise Zahlungen bevorschussen zu lassen. Es können von dem Finanzierer, auch Factoring-Institut genannt, drei wesentlichen Finanzierungsaufgaben und Servicefunktionen übernommen werden (vgl. Wöhe et al., 2013, S. 356 ff.):

– **Finanzierungsfunktion:** Der Factor kauft die vom Vertrag erfassten Forderungen an und bevorschusst diese bis zur Fälligkeit.
– **Servicefunktion:** Das Factoring-Institut führt für seinen Klienten zudem die Debitorenbuchhaltung und das Mahnwesen.
– **Delkrederefunktion:** Der Ankäufer übernimmt zusätzlich das mögliche Risiko eines eintretenden Forderungsausfalls.

Echtes Factoring liegt vor, wenn alle drei Funktionen durch den Factor übernommen werden, insbesondere die Delkrederefunktion. Verbleibt das Bonitätsrisiko der Drittschuldner beim Forderungsverkäufer, handelt es sich um Unechtes Factoring. Allgemein tritt das Krisenunternehmen die Forderungen parallel zum Ankauf gemäß §§ 398 ff. BGB an den Factor ab. Diese Abtretung kann offen oder still erfolgen (vgl. Lwowski/Merkel, 2003, S. 105 ff.).

Bei der offenen Zession werden die Drittschuldner darüber informiert, dass sie mit befreiender Wirkung nur noch an das genannte Factoring-Institut zahlen können. Bei der stillen Abtretung separiert das Unternehmen die relevanten Zahlungen seiner Kunden und leitet diese an das Factoring-Institut weiter. Um die Krise nicht weiter zu verschärfen, bietet sich die stille Variante der Abtretung an.

Ankaufsfähig sind grundsätzlich bestimmte Einzelforderungen oder Forderungsgesamtheiten. Dabei spielt der Risikogehalt der Forderungen für den Ankaufspreis eine große Rolle. Gerade bei der Übernahme der Delkrederefunktion entsteht für den Factor unter Umständen ein hohes Risiko, wenn wissentlich vom Verkäufer nur erhöht risikobehaftete Forderungen abgetreten werden. Aufgrund der auftretenden Informationsasymmetrie bestehen typische Agency-Probleme.

Demnach kann der Forderungsverkäufer besser über die Qualität der Forderungen informiert sein, als der Factor. Folglich wird der Factor eine genaue Kreditwürdigkeitsprüfung bei den Drittschuldnern durchführen.

Bei hohen Einzelforderungen ist aufgrund des geringeren Aufwands eine detaillierte Risikoprüfung wirtschaftlich möglich. Bei Forderungspools mit geringen Einzelvolumina liegen unter Umständen keine Bonitätsunterlagen zu den einzelnen Positionen vor oder die Prüfung vieler Einzelposten ist sehr aufwendig. Vorteilhaft ist aber die hohe Risikostreuung des in der Gesamtheit granularen Forderungsportfolios.

Bestehen dennoch hohe Unsicherheiten in der Bonität der Drittschuldner, wird der Abschlag des Factors beim Ankauf hoch sein oder die Übernahme des Forderungsausfallrisikos wird abgelehnt. Wird das Forderungsausfallrisiko nicht übernommen, kann der Factor zur Sicherung von Zahlungsausfällen einen Abschlag als Sicherheit einbehalten oder eine Rückbelastung vornehmen. Folgende Abb. 7.13 stellt die wesentlichen Vereinbarungen der Vertragsparteien bei einem Forderungsverkauf dar:

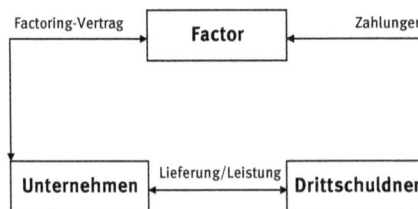

Abb. 7.13: Factoring zur Liquiditätsgewinnung (Quelle: Eigene Darstellung)

Gerade die Übernahme der Debitorenbuchhaltung und des Mahnwesens kann Vorteile für das Krisenunternehmen erbringen. Demnach stellt gerade das Debitorenmanagement in vielen Unternehmen, die in eine Krisensituation geraten sind, eine erhebliche Schwachstelle dar. Basis für ein gutes Debitorenmanagement ist eine aktuelle und aussagefähige Forderungsliste. In dieser Aufstellung müssen Informationen über den Schuldner, das Datum der Forderungsentstehung, das Zahlungsziel, die Fälligkeit der Forderung, die ursprüngliche Forderungshöhe, die gezahlten Abschläge und den noch offenen Forderungsbetrag enthalten sein. Um diese aktuellen Forderungslisten, entweder aus der unternehmenseigenen EDV oder über den Steuerberater, generieren zu können, ist ein täglicher Buchungsturnus erforderlich. Die Außenstände werden nach Fälligkeit sortiert. Das Mahnwesen kann zur Einsparung von Kosten auch im Unternehmen verbleiben. Wichtig ist es, das Inkasso gerade in einer Liquiditätsenge zu priorisieren.

Bei hohen Außenständen und einer Vielzahl überfälliger Posten ist es daher ratsam, einen oder mehrere Mitarbeiter, ausschließlich mit dem Beitreiben dieser Forderungen zu beauftragen. Deutlich überfällige Forderungen können zudem an ein Inkassobüro oder einen spezialisierten Rechtsanwalt abgegeben werden.

Vorteile des Factorings ergeben sich auf Seite des Krisenunternehmens, da unmittelbar Liquidität zur Verfügung gestellt wird. So können (illiquide) Forderungspositionen abgebaut und die zusätzlichen Barmittel zum Abbau von Warenverbindlichkeiten oder Bankschulden verwendet werden. Neben dem Liquiditätseffekt kann auf diese Art und Weise eine Entschuldung vorangetrieben werden. Dies hat zusätzlich eine Verbesserung der Eigenkapitalquote zur Folge (vgl. Lauer, 2005, S. 191 ff.). Ein weiterer Vorteil kann darin bestehen, dass das Krisenunternehmen mit dem Forderungsverkauf zusätzliche Liquidität erhält, um Skonto zu ziehen und damit die eigene Rentabilität verbessert. Zudem wird das Krisenunternehmen bei der Übernahme der Debitorenbuchhaltung durch einen Factor entlastet. Unter Umständen können in diesem Zuge Personalkosten reduziert werden.

Probleme können sich ergeben, wenn Drittschuldner eine offene Abtretungsanzeige als Zeichen der wirtschaftlichen Schwäche des Kunden deuten. Dies kann sich negativ auf die künftigen Geschäftsbeziehungen auswirken. Auch kann sich in diesem Zuge das Zahlungsverhalten der Kunden verändern. So zeigt sich in der Praxis, dass die Zahlungsmoral von Drittschuldnern gerade in der Krise des Gläubigers stark abnimmt. Weiter ist nachteilig, dass meist hohe Abschläge von Factoring-Unternehmen in einer Krisensituation verlangt werden.

Zudem kann ein Factor die Vorfinanzierung aufgrund des erhöhten Ausfallrisikos vollständig ablehnen. Des Weiteren können sich aufgrund der Umstellung auf Factoring große organisatorische Veränderungen im Zielunternehmen ergeben. So sind unter Umständen die Prozesse im Rechnungswesen umzustellen, damit der rollierende Forderungsverkauf zügig abgewickelt werden kann (Lützenrath et al., 2006, S. 116 ff.). Auch ein Abtretungsausschluss gemäß § 399 BGB kann bei echtem Factoring problematisch für die Durchführung des Forderungsverkaufs sein.

Weiter ergeben sich Nachteile für die Liquidität, wenn Banken, die eine Globalzession halten und parallel zum Forderungsverkauf ihre Kreditlinien reduzieren, da sie in gleichem Maße Sicherungsrechte verlieren. Nach einer Umstellung auf Factoring als Ersatz für die Kontokorrentlinie können dann höhere Schwankungen im Betriebsmittelkredit auftreten. In umsatzschwachen Zeiten kann nur ein geringerer Forderungsbestand verkauft werden, es erhöhen sich die Lagerbestände und dieses führt im Zweifel zu Spitzeninanspruchnahmen im Kontokorrent mit unter Umständen anfallenden Überziehungsprovisionen.

Auch auf Seiten der Lieferanten kann sich ein Forderungsverkauf auf die Einkaufslinien negativ auswirken. So kollidieren die Rechte aus verlängertem Eigentumsvorbehalt mit denen der Forderungsabtretung an den Factor.

Lieferanten werden dann geneigt sein, ihre Linien zu reduzieren oder künftig ausschließlich gegen Vorkasse zu liefern. Ein Forderungsverkauf wird unter Umständen die Reduzierung oder die Kündigung von Linien bei den Kreditversicherern zur Folge haben, da auch diese ihre durch den verlängerten Eigentumsvorbehalt begründeten Anschlusssicherungsrechte verlieren (vgl. Obermüller, 2011, S. 1554 ff.). Insgesamt können sich durch das Factoring somit Probleme mit anderen Stakeholdern ergeben, die sich auf deren Verhalten und auch auf die Liquidität des Krisenunternehmens gegebenenfalls negativ auswirken können.

Da Factoring in der Regel als Bargeschäft qualifiziert wird, ist das Risiko einer späteren Anfechtung durch den Insolvenzverwalter für den Forderungsankäufer gering. Der Abschluss und die Erfüllung von Factoring-Verträgen können in einem nachfolgenden Verfahren vom Insolvenzverwalter nicht nach §§ 129 ff. InsO angefochten werden, da eine Benachteiligung von Insolvenzgläubigern nicht vorliegt. Auch der Abzug eines Diskonts ist keine Benachteiligung, da der Factor im Gegenzug mehrere Leistungen bietet, wie unter anderem die Bevorschussung der Forderung und weitere bereits genannte Service-Funktionen.

Tritt das Krisenunternehmen in einer Zeit der wirtschaftlichen Schwäche innerhalb der letzten drei Monate vor Insolvenzeröffnung Forderungen an den Factor ab und verrechnet dieser das Entgelt mit eigenen Ansprüchen, so ist für die mögliche Anfechtung zwischen kongruenter und inkongruenter Deckung zu unterscheiden. Eine inkongruente Deckung bei Rechtshandlungen liegt vor, wenn einem Insolvenzgläubiger eine Sicherheit oder Befriedigung gewährt wird, die er nicht oder nicht in der Art oder zu der Zeit zu beanspruchen hatte (vgl. Obermüller, 2011, S. 1554 ff.). Der Factor hat jedoch grundsätzlich einen Anspruch auf die abgetretene Forderung und damit besteht in der Regel die kongruente Deckung.

Eine erweiterte Anfechtung ist allerdings nur dann möglich, wenn der Factor zum Zeitpunkt des Forderungsübergangs die Zahlungsunfähigkeit kannte. Aber unter diesen Umständen wird ein Factoring-Institut von dem Ankauf von Forderungen aus wirtschaftlichen Gründen absehen. Die Insolvenzeröffnung über das Vermögen des Krisenunternehmens führt zum Erlöschen des Factoring-Vertrages, sowohl beim echten, als auch beim unechten Factoring. Dennoch kann der Factor die bereits abgetretenen Forderungen beim echten Factoring auch nach der Insolvenzeröffnung noch von den Debitoren einziehen. Diese Forderungen fallen somit nicht in die Insolvenzmasse und unterliegen damit nicht dem Verwertungsrecht des Insolvenzverwalters aus §§ 166 ff. InsO. Somit sind auch keine Kostenbeiträge für die Verwertung abzuführen. Zahlt der Debitor in Unkenntnis der Abtretung an das insolvente Unternehmen, so kann der Factor gemäß § 48 InsO einen Anspruch auf Ersatzaussonderung geltend machen. Beim unechten Factoring wird dem Factor in der Insolvenz überwiegend nur ein Absonderungsrecht zugebilligt. Dies hat zur Folge, dass der Factor den Einzug der Forderungen dem Insolvenzverwalter überlassen muss, mit entsprechenden Verwertungsbeiträgen.

Kollidiert das Factoring mit einem verlängerten Eigentumsvorbehalt, so kann der Ankäufer die Forderung ungeachtet des verlängerten Eigentumsvorbehalts des Lieferanten einziehen. Die Grundsätze des BGH zur Sittenwidrigkeit von Globalzessionen von Kreditinstituten sind auf das echte Factoring nicht übertragbar. Beim unechten Factoring hat dagegen immer der verlängerte Eigentumsvorbehalt Vorrang. Dem Factor wird in der Insolvenz des Anschlusskunden zudem nur ein Absonderungsrecht zugebilligt (vgl. Obermüller, 2011, S. 1558 ff.).

Problematisch ist allerdings grundsätzlich, wenn diese Zession aufgrund eines verlängerten Eigentumsvorbehalts der Lieferanten oder zeitlich vorangehender Globalzessionen anderer Gläubiger nicht eindeutig einem Sicherungsnehmer zugeordnet werden kann (vgl. Lützenrath et al., 2006, S. 117 ff.). In der Insolvenz eines Drittschuldners macht der Factor dann diejenigen Ansprüche geltend, die auch dem Krisenunternehmen zustehen. Der Factor ist im Insolvenzverfahren des Drittschuldners Insolvenzgläubiger nach § 38 InsO.

Im Folgenden wird der Forderungsverkauf im Hinblick auf die Bewertungskriterien zur Krisenfinanzierung aus den vorigen Abschnitten beurteilt. Das Factoring entfaltet verschiedene Wirkungen auf ein Krisenunternehmen. Finanzwirtschaftliche Vorteile ergeben sich durch die Finanzierungsfunktion, die Risikotransformation beim echten Factoring und über eine Entlastung der Debitorenbuchhaltung. Dabei sind strenge Informationspflichten durch das Krisenunternehmen zu erfüllen. Es ergeben sich hohe Anforderungen an die Bonitätsprüfung der erfassten Drittschuldner und daher werden komplexe Risikoprüfungen notwendig.

Diese können zu hohen Risikoabschlägen führen und damit das Factoring erheblich verteuern. Negative Effekte können sich über eine Offenlegung auf das Zahlungsverhalten der Drittschuldner ergeben. Es kann zudem ein Rückkopplungseffekt auf die Finanzierung entstehen, wenn in Folge der abnehmenden Zahlungsmoral die Risikoabschläge vom Factor erhöht werden. Problematisch ist weiter, dass die Besicherung des Forderungskäufers mit den Sicherungsrechten anderer Gläubiger kollidieren kann. Negative Reaktionen mit erheblichen Auswirkungen auf die Liquidität sind dann in der Folge geradezu vorprogrammiert.

So werden Banken mit einer Globalzession ihre Kreditlinien zurücknehmen. Auch Kreditversicherer werden aufgrund der unsicheren Sicherheitenlage die Rückversicherung der Einkaufslinien der betroffenen Lieferanten für diesen Kunden reduzieren oder komplett streichen. Damit kann sich insgesamt somit auch ein negativer Finanzierungssaldo aus dem Factoring ergeben. In jedem Fall sollte der Verkauf von Forderungen mit den übrigen Stakeholder-Gläubigern im Vorfeld besprochen werden, um die Auswirkungen abschätzen zu können. Damit ergibt sich nachfolgendes Eignungsprofil des Factorings bei der Finanzierung eines Krisenunternehmens, das in der nachfolgenden Tab. 7.9 dargestellt ist.

Tab. 7.9: Beurteilung des Factorings zur Krisenfinanzierung (Quelle: Eigene Darstellung)

Bewertungskriterien	Einzelgeschäftsfinanzierung
Zukunftsbezogenheit	Entlastung Debitorenmanagement Bevorschussung mit Liquiditätseffekt
Informationsstand	Bonitätsprüfung Drittschuldner Offenlegung Forderungsabtretung
Komplexitätsgrad	Einfache Vertragsgestaltung Aufwendige Risikoprüfung
Interessenkonflikte	Agency-Probleme bei Risikoeinschätzung Kollision mit anderen Sicherungsrechten
Würdigung	Insgesamt mittlere Eignung zur Finanzierung in der Krise und Sanierung

In diesem Abschnitt wurden mehrere Alternativen der Krisenfinanzierung aus Sicht des Unternehmens aufgezeigt. Von Bedeutung war auch die Erfassung der Beurteilung dieser Finanzierungsarten durch die Banken oder das Factoring-Institut. Das Unternehmen sollte sich in der schwierigen wirtschaftlichen Lage in die Entscheidungsfindungsprozesse der Finanzierer hineinversetzen können, damit die Mittelgewährung im Ergebnis erreicht wird.

> **Zusammenfassung Abschnitt 7.6:** Im diesem Abschnitt wurde zunächst der **Sanierungskredit** als liquiditätsfördernde Finanzierungsmaßnahme dargestellt. Aus Unternehmenssicht bietet der Sanierungskredit eine Liquiditätsstärkung bei einer hohen Finanzierungssicherheit. Abschließend wurde die Eignung des Sanierungskredits zur Krisenfinanzierung anhand von Kriterien bewertet und als gut eingeschätzt. Des Weiteren wurde die Möglichkeit der **Einzelgeschäftsfinanzierung** in der Krise dargestellt. Dabei kann sich besonders die Einheit zwischen der Kreditvergabe, der Besicherung und der Rückführung als vorteilhaft für die Finanzierung auswirken. So kann die Besicherung als Bargeschäft aus Bankensicht insolvenzsicher gestaltet werden. Die Rückführung erfolgt meist über einen überschaubaren Zeitraum und die Tilgung kann genau an den eingehenden Cash Flow angepasst werden. Die Eignung einer Einzelgeschäftsfinanzierung zur Finanzierung in der Sanierung wurde anhand von Kriterien bewertet und als gut beurteilt. Abschließend wurde das **Factoring** als Alternative zur Beschaffung von Liquidität in der Krise beschrieben. Beim Forderungsverkauf besteht die Möglichkeit eines echten Factorings, bei dem der Factor das Risiko der Zahlungsfähigkeit eines Drittschuldners trägt. Davon zu unterscheiden ist das unechte Factoring, bei dem sich der Factor die Rückbelastung der angekauften Forderung vorbehält. Vorteilhaft ist die Finanzierungsfunktion beim Factoring. Somit stehen dem Unternehmen liquide Mittel eher, als über den späteren Forderungseingang zur Verfügung. Problematisch ist die Reaktion der betroffenen Stakeholder. Die Drittschuldner können bei einer offenen Zession ihre Zahlungen zurückhalten. Kreditinstitute mit Globalzession werden ihre Kontokorrentlinien in Höhe des Verlustes an Sicherungswerten reduzieren. Auch ist zu erwarten, dass Lieferanten und Kreditversicherer negativ reagieren. Daher ist die Eignung des Factorings zur Krisenfinanzierung nur als eingeschränkt positiv zu bewerten.

7.7 Finanzkommunikation in der Krise und Sanierung

Eng im Zusammenhang mit der Finanzierung eines Krisenunternehmens steht die Information der relevanten internen und externen Stakeholder. In der Krisenlage kommt der Finanzkommunikation mit den wichtigen finanzwirtschaftlichen Stakeholdern eine große Bedeutung zu (Portisch, 2004d, S. 56 ff.). Gerade Banken, Lieferanten und Kreditversicherer tragen in der Insolvenz eines Kunden häufig einen erheblichen finanziellen Schaden. Daher ist es nachvollziehbar, dass die Informationsnachfrage dieser Gruppen nach Daten und Zahlenwerken des Zielunternehmens in einer wirtschaftlichen Schieflage wächst.

So fragen Banken in einer Krisenphase nach einer detaillierten Finanzplanung, da sie häufig die Liquidität über die Kontokorrentlinie absichern. In der Sanierung sind weitere Zahlenwerke von Bedeutung, insbesondere Planungsinstrumente, mit denen der Gesundungsprozess in Soll-Ist-Abgleichen überwacht werden kann. Integrierte Software-Reporting-Tools eines Sanierungsinformationssystems sollten eingesetzt werden, um die Planzahlen aktuell und effizient an die relevanten Gläubiger zu übermitteln. Beim Vorhandensein eines Sicherheitenpools können die Unternehmensdaten dem Poolführer dargelegt werden.

Art, Umfang und Form der Informationen sind wesentliche Faktoren, die den Erfolg oder den Misserfolg einer Sanierung deutlich mitbestimmen. Eine zielgruppengerichtete proaktive Information gegenüber den betroffenen Kapitalgebern schafft Vertrauen und ist daher für eine Krisenbewältigung unabdingbar. Denn in der Regel sind nur gut informierte Akteure auch bereit, finanzielle Sanierungsbeiträge in der Krise zu leisten. Die Krise kann sich im Rahmen der Sanierung noch verschärfen und weitere Zugeständnisse der Gläubiger erforderlich machen. Die nachfolgende Abb. 7.14 zeigt den Anstieg der Informationsanforderungen in den Übergangsphasen der Reife, zur Krise und Sanierung:

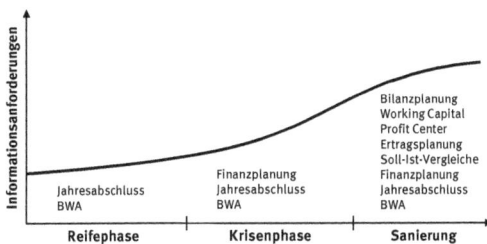

Abb. 7.14: Informationsanforderungen in der Krise und Sanierung (Quelle: Eigene Darstellung)

Die Informationsphasen lassen sich am Krisen- und Gesundungszyklus orientieren. So steigen die Informationsbedürfnisse in der Krise und Sanierung erheblich an. Des Weiteren kann auch nach einer erfolgreichen Sanierung die Nachfrage nach aktuellen Unternehmensdaten weiter hoch sein, damit bei dem ehemaligen Krisenengagement ein möglicher Rückfall in die Krise frühzeitig identifiziert wird.

In der Finanzwelt hat sich zur Informationsversorgung der Anleger der Begriff der Investor Relations etabliert. Demnach bestehen feste Regelungen zur Transparenz von Unternehmensdaten zur Aufklärung der Anleger. Beispielsweise gelten im Prime Standard der Frankfurter Wertpapierbörse hohe international geltende Transparenzanforderungen. Die Wahl dieses Börsensegments kann daher als Signal für die Qualität eines Unternehmens gewertet werden. Die Publizität von kapitalmarktorientierten Unternehmen ist an regulierten Märkten detailliert geregelt, vornehmlich zum Schutz der Kleinanleger. Des Weiteren wurden viele dieser Regelungen übertragen auf die Gläubigerkommunikation vor und im Anschluss an die Herauslegung von kapitalmarktfähigen Anleihen.

Im Gegenzug dazu klafft im Mittelstand in der Kreditbeziehung zu den Banken eine große Lücke zwischen den Offenlegungsvorstellungen der Kreditgeber sowie dem Informationsverhalten der Unternehmer (vgl. Hus, 2005, S. 113 ff.). Gerade wenn ein Unternehmen in eine wirtschaftliche Schieflage gerät, erfährt dieses wie bedeutend die Kreditbeziehungen zu den Banken, Lieferanten und Kreditversicherern werden. Dann erlangen freiwillige Maßnahmen zur Information der Kapitalgebern in der Krise und Sanierung an Wichtigkeit (vgl. Duffé, 2005, S. 7 ff.).

---

i **Definition:** Unter der **Finanzkommunikation** in der Krise und Sanierung wird der stetige, transparente und zeitnahe Dialog zwischen einem Unternehmen und seinen aktuellen und künftigen Kapitalgebern verstanden. Dazu gehört im Kern gerade die Finanzkommunikation zwischen Unternehmen und Kreditinstituten. Über einen genau definierten Prozess der Kommunikation, unter Beachtung bestimmter Grundsätze, kann gezielt Vertrauen zu den externen Gläubigern aufgebaut werden. Dabei sollte ein festes Informationssystem, das integrierte Soll-Ist-Zahlen und qualitative Informationen liefert, zur externen Datenversorgung und zur internen Entscheidungsunterstützung im Rahmen des Managementinformationssystems im Unternehmen installiert werden.

Um eine Informationsbeziehung zu den Kreditgebern aufzubauen, sind zunächst die Interessenlagen der relevanten Gruppen zu verstehen, damit ihr Verhalten zum Krisenunternehmen antizipiert werden kann. In der Krise entscheiden die externen Stakeholder wie Banken, Lieferanten und Kreditversicherer über die zu gewährenden Sanierungsbeiträge. Eine detaillierte Informationsversorgung zu den Zukunftsaussichten der Krisenfirma, den Risiken einer Sanierung mit realistischen Planzahlenwerken aus einer integrierten Planungsrechnung stellt eine verbesserte Entscheidungsgrundlage für diese Akteure dar. Zudem bestehen potenzielle Haftungsrisiken in einer Sanierung, unter anderem für Kreditinstitute.

Wenn eine weitere Geldvergabe ohne die geprüfte Fortführungsprognose aus einem externen Sanierungsgutachten erfolgt, besteht für Banken die Gefährdung aus einer eigennützigen oder leichtfertigen Kreditvergabe, mit potentiellen Folgerisiken aus Schadensersatzforderungen anderer Gläubiger.

Weiter sind die Anforderungen an eine zielgruppengerechte Information der Gläubiger festzulegen. Diese lassen sich ableiten aus der asymmetrischen Datenverteilung, die eine Überwachung der Kreditnehmer in der Krise beeinträchtigen kann. Demnach hat der Unternehmer regelmäßig bessere und aktuellere Informationen, als der Kreditgeber. Zudem kommt das spezifische Fachwissen über Produkte, Märkte und Unternehmensprozesse hinzu, das in der Risikobeurteilung bei den externen Gläubigern meist nicht in dem Maße vorhanden ist. Probleme, die aus einer ungleichen Informationsverteilung resultieren, werden umfassend in der Agency-Theorie behandelt. Gleichzeitig bietet dieses Modell Lösungsansätze, um Friktionen, resultierend aus einer heterogenen Datenbasis, abzubauen.

Eine Lösung ist das Signalling des Kreditnehmers. So kann der besser informierte Kreditnehmer Signale senden, aus denen der Kreditgeber auf die Bonität schließen kann. Diese Zeichen müssen glaubwürdig sein. Dies sind die Informationen in der Regel dann, wenn eine falsche Signalgebung zu negativen Marktreaktionen führen würde. In einer Krise und Sanierung sind Informationen unter anderem unglaubwürdig, wenn Planzahlen zu optimistisch angesetzt und ständig revidiert, das heißt nach unten angepasst werden. Reaktionen zur Einschränkung der Sanierungsbegleitung durch die betroffenen Gläubiger können die Folge sein.

Im Rahmen einer freiwilligen unterjährigen Berichterstattung kann ebenfalls ein positives Signal gesendet werden. Unter anderem können mittelständische Unternehmen auch ohne Kapitalmarktbezug grundsätzlich Überlegungen anstellen, ob nicht mit einer Zwischenberichterstattung über die wirtschaftliche Lage das Informationsinteresse der Adressaten zeitnah erfüllt werden kann (vgl. Knief, 2004, S. 829 ff.). Wird der Zwischenbericht zudem durch einen Wirtschaftsprüfer geprüft, erhält er eine Art Qualitätssiegel. Auch weitere Elemente der Investor Relations und Pflichtangaben an den Kapitalmärkten, wie die Ad-Hoc-Mitteilungen, können bewusst zur Information der Kreditgeber eingesetzt werden.

Die Signalsetzung kann auf freiwilliger Basis geschehen oder es können zusätzliche Anreize von Seiten der Banken, für ein kreditgebergerechtes Kommunikationsverhalten gegeben werden. In der Krise und Sanierung ist die Informationsweitergabe eine Bringschuld der Geschäftsleitung des krisenbehafteten Unternehmens. Informationsgrundsätze helfen bei der Strukturierung des Prozesses der Datenübermittlung. Dabei lassen sich Elemente aus dem Investor und Creditor Relations von Kapitalmarktteilnehmern auf die Finanzkommunikation in der Krise und Sanierung im Mittelstand übertragen (vgl. DVFA-Finanzschriften, 2008, S. 4 ff.). Wichtige Kriterien betreffen die offene und zeitnahe Informationsübermittlung.

Ziel ist es, eine effiziente Informationsversorgung der Kreditgeber zu gewährleisten. Primär wird die Situation der Krise betrachtet. Es werden Prinzipien der Kommunikation in den Bereichen Zielgruppen, Informationen und Rahmenbedingungen vorgeschlagen (vgl. Portisch, 2008a, S. 44 ff. und Portisch, 2008b, S. 44 ff.):

– **Zielgruppen:** Das erste Prinzip beschreibt, an wen zu berichten ist. So ist die Kommunikation primär auf die Hauptgläubigergruppe auszurichten, die Kreditinstitute. Es sind Informationen bereitzustellen, die es den Banken erlauben, eine aktuelle und zukunftsbezogene Risikoeinschätzung des Engagements vorzunehmen. Wichtig ist, dass diese Informationen allen Gläubigerbanken gleichzeitig und in vollem Umfang zur Verfügung gestellt werden, damit keine Informationsvorteile, unter anderem bei der Hausbank, bestehen. So kann auch in der Krise unter Umständen das Abspringen von Nebenbanken verhindert werden, wenn eine echte Vertrauensbeziehung zu allen Instituten aufgebaut wird. Ein gutes Verhältnis zu den Kreditgebern bedeutet auch, die aktive Suche des Kontakts durch den Unternehmer, bei positiven und auch negativen Nachrichten. Es sind auch mehrmals pro Jahr Gespräche zu führen, unabhängig von den Finanzierungsanlässen.

  Dabei sollte der Unternehmer jederzeit mit allen Unternehmenskennzahlen vertraut sein und es sollte eine einheitliche Sprachregelung außerhalb des Unternehmens erfolgen, die keine Widersprüche und Missverständnisse aufkommen lässt. Die Vorschriften des § 18 KWG und die Richtlinien der Banken zur Informationseinreichung sollten in der Krise nur ein Minimum der notwendigen zu übermittelnden Daten darstellen. Neben den Kreditgebern sind auch die Gruppen der Hauptlieferanten und ihrer Kreditversicherer mit Basisinformationen zu versorgen. Dies kann in der Krise und Sanierung auch im Rahmen der Präsentation von Zahlenwerken auf Poolrunden erfolgen.

– **Informationen:** Dieses Kriterium beschreibt, welche Informationen für eine relevante Zielgruppe bereitzustellen sind. So liegt der Schwerpunkt der Informationsversorgung der Kreditinstitute bislang auf Daten des Jahresabschlusses. Dieser ist jedoch nur ein Baustein, der zu einer Einschätzung der Kreditwürdigkeit verhilft. Banken setzen heutzutage komplexe Ratingverfahren ein, die Kreditnehmer in ein fein differenziertes Klassifikationsschema einstufen und qualitative und quantitative Daten verarbeiten. Die Ratingnote hat Bedeutung für die gesamte Kreditentscheidung mit der Begrenzung des maximalen Kreditvolumens und der Entscheidung über die Konditionen. Durch ein gezieltes Informationsverhalten kann ein Kreditnehmer diese Fremdbonitätseinschätzung verbessern. Dabei verhelfen aktuelle und vorausschauende quantitative Daten zu einer leichteren Einschätzung der künftigen Kapitaldienstfähigkeit. Es gewinnen in der Krisenlage, aufgrund der unsicherer Zukunft, Planzahlen, Soll-Ist-Vergleiche, Finanzpläne, Kapitalflussrechnungen sowie Daten zur Auftragslage und den Erfolgen bei der Sanierungsumsetzung, an Bedeutung.

Auch Zusatzinformationen, die eine Auswirkung auf die Bonität haben können, sollten unverzüglich kommuniziert werden, analog der Ad Hoc-Mitteilungen, die das Wertpapierhandels-Gesetz vorschreibt. Werden wesentliche Tatsachen, die die Kreditbewertung beeinflussen unverzüglich kommuniziert, hilft dies das Vertrauensverhältnis erheblich zu stärken. Eine frühzeitige Kommunikation ist im Allgemeinen wichtig, bevor diese wesentlichen Informationen den Banken auf anderen Wegen bekannt werden. So sind in der Sanierung negative Abweichungen von den Planzahlen unverzüglich mitzuteilen. Gleichermaßen ist über das Erreichen oder auch das Nichterreichen der Meilensteine im leistungswirtschaftlichen Sanierungsprojekt zeitnah zu berichten.

– **Rahmenbedingungen:** Regeln für die Art der Informationsweitergabe spielen ebenfalls eine wichtige Rolle bei einer Finanzkommunikation mit den Banken. Die Struktur der Informationen sollte sich an den Verarbeitungsgewohnheiten der Adressaten richten. Es sind für die Kreditentscheidung und -überwachung relevante Informationen in Anlehnung an die Krisenlage zu übermitteln. Diese Struktur sollte im Zeitverlauf identisch sein, damit Kreditinstitute die Daten effizient verarbeiten können. Berichtsformen, die bereits Auswertungen aufzeigen, wie Segmentberichterstattungen und Kapitalflussrechnungen, sind separat bereitzustellen, da sie die Transparenz meist erheblich erhöhen. Wichtig ist auch die feste Terminierung der Einreichung von Unternehmensdaten. Ein Finanzkalender kann unter anderem auf der Homepage verfügbar gemacht werden, damit Banken erkennen können, wann bestimmte Berichte vorliegen.

In der Krise und Sanierung gewinnt die Einhaltung der Standards an Bedeutung. In dieser Lage ist der Informationsfluss zu optimieren. Hilfestellung kann hier auch der Sanierungsberater leisten. Der externe und auf Sanierungen spezialisierte Berater kann neben dem fachlichen Coaching die gesamte Moderation der unternehmensinternen und der firmenexternen Kommunikation übernehmen. Ein großer Vorteil, ist neben der ausgewiesenen Qualifikation, seine Neutralität. Darüber kann auch eine Emotionalisierung im Sanierungsprozess vermieden werden.

Des Weiteren kann die Einrichtung eines Krisenteams, beispielsweise als Lenkungsausschuss unter Leitung des Sanierungsberaters, besetzt mit Vertretern aus dem Management, nicht nur fachliche Lösungsvorschläge zur Bewältigung einer Unternehmenskrise erarbeiten, sondern vielmehr eine kontinuierliche Kommunikation mit den Gläubigern sicherstellen. Dabei ist es insbesondere von Bedeutung über den Fortschritt der realwirtschaftlichen Sanierungsschritte zu berichten. Es ist die Einhaltung der Maßnahmen mit den wesentlichen Meilensteinen und Ergebniseffekten darzulegen und den ehemals geplanten Vorgaben gegenüberzustellen. Des Weiteren sind die finanziellen Daten im Rahmen einer integrierten Planung in bestimmten Zeitintervallen laufend zu übermitteln. Die nachfolgende Abb. 7.15 verdeutlicht die Standards der Finanzkommunikation.

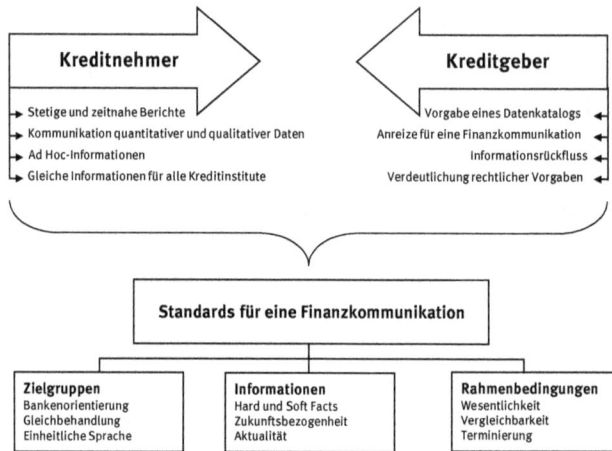

Abb. 7.15: Anforderungen an die Finanzkommunikation (Quelle: Eigene Darstellung)

Zu einer wirkungsvollen Finanzkommunikation gehört aber auch ein Informationsrückfluss von den Banken hin zu den Unternehmen (vgl. Portisch, 2008a, S. 44 ff.). Demnach ist in der Krisenlage ein Informationsrückfluss, unter anderem zu Prolongationen, Moratorien oder Erhöhungen der Kreditlinien notwendig. Zudem können Auswertungen von den Kreditinstituten zur Verfügung gestellt werden. Auch ist das erstellte Rating zu erläutern und Anhaltspunkte zur Verbesserung der Bonitätsnote sind dem Unternehmen klar aufzuzeigen.

Eine stetige und transparente Informationspolitik sollte mit einer schnellen Bearbeitung von Kreditanträgen und Prolongationen einhergehen. Nur wenn dem Kreditnehmer Anreize gegeben und klare Vorteile einer offenen Informationspolitik aufgezeigt werden, wird sich die Finanzkommunikation beiderseitig verbessern lassen. Dies gilt gerade in der Krisenlage eines Unternehmens. In dieser Phase bemängeln Banken häufig die geringe und meist nur diskontinuierliche Bereitschaft zur Weitergabe unternehmensinterner Daten. Gerade diese Informationen werden für eine präzise Risikoeinschätzung in der Krise benötigt. Im Gegenzug beklagen Unternehmen eine mangelhafte Transparenz von Kreditentscheidungsprozessen, gerade in einer wirtschaftlichen Schieflage sowie anstehenden Sanierung. In dieser Situation sollten die betroffenen Institute und das Krisenunternehmen aufeinander zugehen, um das gegenseitige Interesse an Informationen zu verdeutlichen. Vorteile einer funktionierenden Finanzkommunikation sind:

– Aufbau von Vertrauen in einer Krise und Sanierung
– Schnelleres und effizienteres Bearbeiten von Kreditanfragen
– Frühe Einleitung der Sanierung und verbesserte Turnaround-Aussichten

Anhand theoretischer Modelle lässt sich zudem zeigen, dass erhöhte Investor-Relations-Aktivitäten, die zu einem Abbau von Informationsasymmetrien führen, mit einer Reduzierung der Kapitalkosten für das Zielunternehmen einhergehen können (vgl. Perridon et al., 2012, S. 586 ff.). Es ist anzunehmen, dass dieser Effekt auch bei verstärkten Creditor-Relations-Maßnahmen eintreten wird.

In kritischen Unternehmensphasen gewinnt die Informationsweitergabe erheblich an Bedeutung, da das Risiko für die Parteien steigt. Banken müssen mit Abschreibungen rechnen. Unternehmen dagegen mit dem Rückzug der Institute aus dem Engagement. In dieser Situation kann der Unternehmer durch eine gezielte Kommunikation Vertrauen erhalten und das Heft des Handelns zurückgewinnen. Denn wer frühzeitig und offensiv informiert, sichert sich das Vertrauen der Kapitalgeber und kann weiter frei agieren. Wenn dagegen in einer wirtschaftlich schwachen Phase eine Informationsblockade seitens der Krisenfirma besteht, kann dies eine Kündigung der Gläubiger nach sich ziehen.

Gläubiger erwarten die Einhaltung bestimmter Standards der Finanzkommunikation. Zu einem professionellen Finanzdialog gehören neben der Adressatenorientierung feste Standards des Informationsaustausches. Wichtig ist die Aktualität der weitergegebenen Daten in Form des Jahresabschlusses und unterjähriger Erfolgsrechnungen. Auch die Einreichung freiwilliger Halbjahresberichte und Quartalsberichte wäre denkbar. Daneben ist es zur Beurteilung der Bonität von Vorteil, verifizierte Planzahlen zur Ertragslage und zur Liquiditätslage zu erhalten. Ergänzend sind Informationen zur Marktlage sowie zur Firmenstrategie zu geben, um das Geschäftsmodell beurteilen zu können. Von Vorteil für eine effiziente Bankenauswertung sind fest wiederkehrende Berichtsschemata.

Auch im Mittelstand bestehen häufig konzernähnliche Strukturen. Wichtig ist es für Externe, einen kompletten Zahlenüberblick über alle Tochtergesellschaften zu erhalten. Ein Konzernjahresabschluss mit einem Lagebericht erleichtert die Risikobeurteilung deutlich, da Konsolidierungen des Kapitals und der Innenumsätze vorgenommen werden und ein Ausblick auf die gesamte Geschäftspolitik gegeben wird. Zudem ist die Einreichung von Prüfungsberichten, falls vorhanden, für eine transparente Unternehmenskommunikation von Vorteil. Die termingerechte Vorlage der Zahlenwerke sollte in einem Unternehmenskalender angekündigt werden. Zur Erhöhung der Aktualität von Unternehmensdaten ist auch an die Mitteilung von risikorelevanten Ad Hoc-Informationen zu denken.

Von großer Bedeutung ist hier die gleichmäßige Information aller Gläubigerbanken. Zu diesem Zweck kann eine Creditor Relations Homepage eingerichtet werden. Auf diese Art und Weise lassen sich alle Kreditgeber der Firma effizient mit strukturierten Unternehmensinformationen versorgen. Dabei ist einzugehen auf die besonderen Interessen der Gläubiger im Hinblick auf die finanzielle Stabilität. Die folgende Abb. 7.16 zeigt Handlungsempfehlungen für eine Finanzkommunikation.

Handlungsempfehlungen zur Finanzkommunikation
- Cash Flow-Kennzahlen, Planungsgrößen, Strategieziele
- Einheitliches Berichtsschema
- Konzernjahresabschluss und Konzernlagebericht
- Prüfungsberichte
- Halbjahresberichte und Quartalsberichte
- Ad Hoc-Mitteilungen
- Unternehmenskalender
- Symmetrische Informationsweitergabe
- Creditor Relations-Homepage

Kodex zur Unternehmenstransparenz

Abb. 7.16: Handlungsempfehlungen zur Finanzkommunikation (Quelle: Eigene Darstellung)

Eine gute Basis für eine Finanzkommunikation mit Kreditgebern ist die der Freiwilligkeit. Benötigt wird jedoch ein Rahmenkonzept, damit Standards zur laufenden Information der Banken konsequent eingehalten werden. Demnach kann ein Kodex zur Unternehmenstransparenz für Unternehmen erarbeitet werden, der die genannten Handlungsempfehlungen fixiert. Ähnlich, wie bei der Selbstverpflichtung von börsennotierten Unternehmen zur Einhaltung des Deutschen Corporate Governance Kodex (DCGV), kann dieser Kodex auf die Informationstransparenz und die Publizität in der Finanzkommunikationsbeziehung im Unternehmen angepasst werden. Die Einhaltung dieses Kodex setzt, wie ein Gütesiegel, ein Signal nach außen, welche Einstellung ein Unternehmen zur Transparenz von eigenen Daten gegenüber externen Adressaten hat. Es zeigt die hohe Bedeutung, die der Informationsversorgung beigemessen wird (vgl. Portisch, 2008b, S. 44 ff.).

Auf diese Art und Weise kann eine ganzheitliche und transparente Kommunikation zu den Kreditgebern, in der Krisenphase aufgebaut werden. Dieses erleichtert die Kreditbeziehung in einer Gefährdungslage erheblich. Gerade Prognosedaten werden verstärkt nachgefragt. In der Krise gewinnen auf die Zukunft gerichtete Zahlenwerke mit einer Ertragsplanung, Finanzplanung, Investitionsplanung und Bilanzplanung an Bedeutung. Dabei müssen die verschiedenen Planungssysteme ineinander greifen. In der Regel werden diese Daten detailliert im Sanierungsgutachten dargestellt. Im begonnenen Sanierungsprozess sind diese Zahlenwerke fortzuschreiben. Damit lassen sich Soll-Ist-Abweichungen zur Planung feststellen und genauere Auskünfte über einen positiven oder negativen Sanierungsverlauf geben.

Wichtig ist, aus einer Krise zu lernen und die eingeführten Berichtssysteme im Fall des Turnarounds fortzuführen. Denn detaillierte Controllingsysteme sind nicht nur für den Finanzdialog, sondern auch zur Entscheidungsunterstützung des Managements unabdingbar. Die folgende Abb. 7.17 zeigt, dass die betrachteten Planungsinstrumente ineinander greifen müssen.

Ertragsplanung

	Profit Center 1	Profit Center 2
Einnahmen		
Ausgaben		
Gewinn		

Finanzplanung

	Monate	Gesamtjahr
Einzahlungen		
Auszahlungen		
Saldo		

Investitionsplanung

	Profit Center 1	Profit Center 2
Sachinvestitionen		
Finanzinvestitionen		
Saldo		

Bilanzplanung

	Planjahr 1	Planjahr 2
Anlagevermögen		
Umlaufvermögen		
Bilanzsumme		

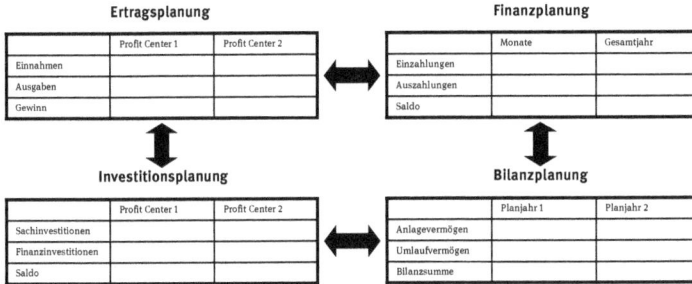

Abb. 7.17: Integratives Planzahlensystem (Quelle: Eigene Darstellung)

Gegebenenfalls ist ein integriertes IT-Sanierungsinformationssystem zur Planung, Steuerung und Kontrolle des Geschäftserfolgs zu implementieren, mit dem die von den Banken benötigten Informationen in einem einheitlichen Berichtsschema generiert werden können. So ist ein System zu installieren, dass über den Fortgang der Sanierungsbemühungen fortlaufend informiert.

Über Internet oder per App lassen sich vom Krisenunternehmen aktuelle Daten zur Liquiditätsentwicklung, zur Auftragslage und zur Umsatz- und Ertragslage in das Sanierungsinformationssystem einstellen. Diese Informationen können dann zeitnah, in bestimmten Reportings, von den beteiligten Kreditinstituten abgerufen werden. Bedeutend bei dem System ist die hohe Aktualität der Daten, die in einer Sanierung wichtig ist für die Einschätzung des wirtschaftlichen Verlaufs.

Es wird deutlich, dass im Prozess der Krise sowie Sanierung die zu informierenden Gruppen zunehmen. Ebenso ist mit der Information differenzierter und vorsichtiger umzugehen. Aus diesem Grunde wird empfohlen, ab dem Zeitpunkt der Erstellung und Vorstellung des Sanierungsgutachtens, den externen Berater mit der Krisenkommunikation zu betrauen. Er verfügt über das höchste Fachwissen und bei ihm laufen die Informationen zusammen. Zudem hat er, durch die intensive Kommunikation zu allen finanzwirtschaftlichen Stakeholdern, in der Regel gute Kontakte und wird als Unternehmensexterner von diesen deutlich objektiver eingeschätzt. Dieser Akteur kann dann entscheiden, welche Art von Informationen, in welcher Detaillierung, weitergegeben werden.

Laufend ist der Projektfortschritt der Sanierung, im Rahmen einer kontinuierlichen Kommunikation, an die relevanten Stakeholder zu berichten. Das Erreichen sowie auch das Nichterfüllen wichtiger Meilensteine im Gesundungsprozess ist gerade den Banken unverzüglich zu übermitteln. Nur eine offene und ehrliche Kommunikation baut verloren gegangenes Vertrauen wieder auf.

In einer Sanierung wird oftmals keine Punktlandung bei den Planzahlen erreicht. Es ergeben sich in der Praxis häufig negative Abweichungen von den erwarteten Prognosedaten. Zudem werden auch die zeitlichen qualitativen Meilensteine der Sanierungsumsetzungsschritte nicht immer eingehalten.

Werden diese Tatbestände den Gläubigern von Unternehmensseite nicht zeitnah berichtet, kann sich dies sehr kontraproduktiv auf den Turnaround-Erfolg auswirken. Es können in der Krise und im Sanierungsverlauf Agency-Probleme des Moral Hazard entstehen. Diese Eigenschaft beschreibt die Unsicherheit über das Verhalten des Managers. Dieser kann in der Krise und Sanierung Aktionen durchführen, die vom Risikogehalt und von der Investitionspolitik nachteilig für die Gläubiger sind (vgl. Rudolph, 2006, S. 175 ff.).

Derartige Probleme können durch die Installation eines externen Fachmanns, wie einen Zeitmanager, vermieden werden, der auch ein Reputationsrisiko im Hinblick auf neue Engagements in der Zukunft scheuen wird. Er wird daher mit den Banken offen kommunizieren, um keine Nachteile für seinen Ruf zu riskieren (vgl. Portisch, 2007b, S. 36 ff.). Aus Unternehmenssicht ist die Einsetzung eines Interim Managers anzuraten, auch wenn dieser hohe Kosten verursacht.

Externe Stakeholder, die von einer Krise finanziell besonders geschädigt werden, sind Banken, Lieferanten und Kreditversicherer. Die Unternehmensführung sollte in der frühen Krisenphase besonders auf die Hausbank zugehen und diese eng in den Informationsprozess einbinden. Dieses erhöht das Vertrauen und damit die Bereitschaft einer weiteren Begleitung des Unternehmens.

Zudem kann dem Unternehmen von Sanierungsexperten der Bank Hilfestellung bei der Auswahl geeigneter externer Berater oder auch eines Interim Managers gegeben werden. Es kann, mit Hilfe der Hausbank, Einfluss auf das Verhalten der Lieferanten und insbesondere der Kreditversicherer genommen werden. Darüber können andere Stakeholdergruppen ebenfalls zu Sanierungsbeiträgen bewegt werden. Beim Feststellen der Krise, der Umsetzung von Sofortmaßnahmen, bis hin zur Einleitung der Sanierung, sind persönliche Kontakte zu den Sanierungsbetreuern der Banken anzustreben. Offenheit sowie Ehrlichkeit sind wesentliche Kriterien, an denen die Geschäftsführung des Krisenunternehmens gemessen wird. Insgesamt zeigt sich, dass eine gelebte und stark ausgeprägte Finanzkommunikation die Beziehungen zu den Gläubiger-Stakeholdern verbessern kann.

ℹ **Zusammenfassung Abschnitt 7.7:** In dem Abschnitt wurde die Bedeutung der **Finanzkommunikation** in der Krise und Sanierung herausgestellt. Erarbeitet wurden Standards für eine Reporting-Struktur bei Kreditnehmern und Kreditgebern. Es zeigt sich, dass gerade in der Krise und Sanierung besondere Unsicherheiten auf Seiten der externen Kapitalgeber bestehen. Eine offene, stetige und zielgruppenorientierte Kommunikation im Rahmen einer integrierten Finanzplanung kann erhebliche Sicherheit für die Gläubiger und auch die Unternehmensführung schaffen.

7.8 Fallbeispiel zur Krise und Sanierung

Im Folgenden soll an einem fiktiven Fallbeispiel gezeigt werden, wie sich die bisher dargestellten Finanzierungsarten und Finanzinstrumente in der Krise und Sanierung bei einem Unternehmen anwenden lassen. Folgende Informationen sind über die Krisenfirma bekannt.

Zum Unternehmen Kaufhaus GmbH

– Gründung 1945, Firma ist über die Region hinaus bekannt
– Viele Warengruppen, Komplettanbieter in mittelgroßer Stadt
– Bereiche Porzellan, Gebrauchsgüter, Küchenartikel, Spielzeug, Hifi, Werkstatt
– Besitzgesellschaft hält die Grundstücke und Gebäude, Pachten angemessen
– Erstellung der Jahresabschlüsse durch erfahrenen Steuerberater

Zu den handelnden Personen im Unternehmen

– Herr Müller, 41 Jahre alt, führt den Betrieb in der dritten Generation fort
– Ausbildung zum Groß- und Außenhandelskaufmann im Unternehmen
– Müller ist sehr innovativ und setzt seine Ideen meist um
– Wahl zum Präsidenten des städtischen Fußballvereins
– Großzügiges Sponsoring des Vereins, der Aufstieg wird angestrebt
– Angemessenes Geschäftsführergehalt von 150 Euro jährlich
– Sammelt Oldtimer, fährt selbst einen Aston Martin, möchte Bugatti erwerben
– Privatvermögen vorhanden, private Kontoführung meist im Rahmen
– Kennt alle Produkte im Geschäft und betreut Kunden auch im Verkauf
– Zweite Führungsebene ist mit erfahrenen Personen besetzt
– Abteilungsleiter Einkauf (55 Jahre) alt und Vertrieb (63 Jahre alt)

Branche und Markt

– Galeria Kaufhof, Saturn und Obi sind Hauptkonkurrenten vor Ort
– Gute Lage der Kaufhaus GmbH, jedoch nur 20 Parkplätze
– Einzelhandel geschwächt in den Jahren nach der Wirtschaftskrise
– Aktuelle gute Konjunktur, jedoch Konkurrenz durch Internetanbieter
– Weihnachtsgeschäft war im abgelaufenen Jahr nicht sehr erfolgreich

Aufgabenstellungen

1. Untersuchen Sie die wirtschaftliche Lage der Kaufhaus GmbH. Führen Sie eine Jahresabschlussanalyse über die vorhandenen Jahre der Abschlüsse durch.
2. Gehen Sie auf die Chancen und Risiken für dieses Unternehmen ein, durch eine Analyse des Marktes und der internen Potenziale.
3. Welche Maßnahmen sind von Firmenseite anzustoßen und welche Stakeholder sind bei diesen Schritten einzubinden?

Bankenspiegel bei der Hausbank und Rating: 8 (auf einer Skala von 1 – 16)

Kredit Nr.	Kredit Art:	Linie Alt	Linie Ist	Ist T-Euro	Laufzeit	Zins %
1	Kontokorrent	1.800	1.800	-1.660	b.a.w.	8,0
2	Darlehen	680	660	-660	30.09.2025	7,0
3	KfW	575	575	-575	31.12.2020	8,5
4	Bau	185	180	-180	31.12.2018	7,0
5	Aval	110	110	-110	30.09.2015	1,5
Summe		**3.350**	**3.325**	**-3.185**		
Sicherheiten		3.000	3.000	3.000		
Blanko		350	325	185		

Zu 1.	Kontokorrent, eine weitere Bank stellt KK über 800.000 Euro
Zu 2.	Investitionskredit zur Finanzierung von Umbaumaßnahmen
Zu 3.	Finanzierung von Ladeneinrichtung und EDV-System
Zu 4.	Baukredit zur Finanzierung von Parkplätzen
Zu 5.	Aval für Umbauten im Geschäft

Sicherheitenaufstellung

Sicherheit	Sicherheitenquote	Sicherungswert
T-Euro 2.000 Briefgrundschuld Wohn- und Geschäftshaus Beleihungswert: T-Euro 5.000 Vorlasten Abt. III: T-Euro 800 Haftend für alle Kredite	65,0 %	2.000
T-Euro 1.000 Briefgrundschuld Wohn- und Geschäftshaus Beleihungswert: T-Euro 5.000 Vorlasten Abt. III: T-Euro 2.800 Haftend für alle Kredite	65,0 %	450
T-Euro 250 Briefgrundschuld Wohnhaus Beleihungswert: T-Euro 400 Vorlasten Abt. III: 0 Haftend für alle Kredite	90,0 %	250
T-Euro 300 Raumsicherungsübereignung Bewertung: T-Euro 2.000	35,0 %	300

Bilanz Kaufhaus GmbH in T-Euro	12.xxx1	12.xxx2	12.xxx3
IMMATERIELLES VERMÖGEN	9	4	5
Grundstücke Gebäude	0	0	0
Maschinen Inventar	175	93	153
SACHANLAGEN	175	93	153
Anteile verbund. Unternehmen	61	58	63
Sonstige Finanzanlagen	20	21	23
FINANZANLAGEN	81	79	86
Zugänge	59	8	137
Abgänge	29	135	33
Abschreibungen	125	93	71
SUMME ANLAGEVERMÖGEN	265	176	244
Rohstoffe	0	0	0
Unfertige Erzeugnisse	0	0	0
Fertige Erzeugnisse	4.445	4.578	4.835
Forderungen aus L. und L.	38	35	30
Forderungen verbund. Unt.	281	390	227
Liquide Mittel	21	23	16
Sonstiges Vermögen	135	107	90
KURZFRISTIGE AKTIVA	4920	5133	5.198
BILANZSUMME	5185	5309	5.442
STAMMKAPITAL	750	750	750
Rücklagen	0	51	42
Bilanzgewinn/-verlust (Vortrag)	-278	-312	-320
Gesellschafterdarlehen	371	250	200
HAFTENDE MITTEL	472	489	472
EIGENE MITTEL	843	739	672
Pensionsrückstellungen	134	141	145
Sonstige Rückstellungen	15	11	12
Mittel/langf. Bankverbindl.	0	1.567	1.438
M./LFR. FREMDKAPITAL	149	1719	1.595
Kurzfr. Verbindl. L. und L.	587	605	832
Kurzfr. Bankverbindlichkeiten	3.079	1.843	1.931
Sonstige kurzfristige Verbindl.	527	403	412
KFR. FREMDKAPITAL	4.193	2.851	3.175
BILANZSUMME	5.185	5.309	5.442

GuV Kaufhaus GmbH in TEUR	12.xxx1	12.xxx2	12.xxx3
GESAMTLEISTUNG	7.740	7.302	7.375
Materialaufwand/Fremdleistung	4.802	4.358	4.380
ROHERTRAG	2.938	2.944	2.995
Personalaufwand	2.012	1.956	1.980
Abschreibungen	125	93	71
Sonstiger ord. Aufwand	691	721	751
Sonstiger ord. Ertrag	61	63	92
BETRIEBSERGEBNIS (EBIT)	171	237	285
Erträge aus Zinsen	16	15	14
Zinsaufwendungen	195	233	269
BEREINIGES ERGEBNIS	-8	19	30
A.o. Ergebnis	40	25	18
Ertragssteuern	30	40	47
Jahresüberschuss	2	4	1
Cash Flow	127	97	72

1. Untersuchen Sie die wirtschaftliche Lage der Kaufhaus GmbH. Führen Sie eine Jahresabschlussanalyse über die vorhandenen Jahre der Abschlüsse durch.

In der nachfolgenden Abb. 7.18 werden ausgewählte Kennzahlen zur Beurteilung wirtschaftliche Lage aufgezeigt. Es erfolgt eine Aufteilung in die finanzwirtschaftliche und die erfolgswirtschaftliche Kennzahlenbereiche zur Beurteilung der künftigen Zahlungen an die Inhaber von Festbetrags- und Residualansprüchen sowie der Stabilität des Unternehmens insgesamt.

Finanzanalyse

$$\text{Eigenkapitalquote} = \frac{\text{Eigenkapital}}{\text{Bilanzsumme}}$$

$$\text{Dyn. Verschuldungsgrad} = \frac{\text{Fremdkapital}}{\text{Cash Flow}}$$

$$\text{Umlaufintensität} = \frac{\text{Umlaufvermögen}}{\text{Gesamtvermögen}}$$

$$\text{Umschlagdauer Vorräte} = \frac{\text{Vorräte} \times 360}{\text{Umsatzerlöse}}$$

Erfolgsanalyse

$$\text{Kreditorenlaufzeit} = \frac{\text{Verbindlichkeiten L.L.} \times 360}{\text{Materialaufwand}}$$

$$\text{Materialeinsatzquote} = \frac{\text{Materialaufwand}}{\text{Gesamtleistung}}$$

$$\text{Personaleinsatzquote} = \frac{\text{Personalaufwand}}{\text{Gesamtleistung}}$$

$$\text{Cash Flow Quote} = \frac{\text{Cash Flow}}{\text{Gesamtleistung}}$$

Abb. 7.18: Kennzahlen zur Beurteilung der Finanz- und Ertragskraft (Quelle: Eigene Darstellung)

Im Folgenden werden die errechneten Kennzahlen aus den Bereichen der Finanzanalyse und der Erfolgsanalyse im Jahresvergleich angegeben.

Finanzanalyse	12.xxx1	12.xxx2	12.xxx3
Eigenkapitalquote	9,1 %	9,2 %	8,7 %
Dyn. Verschuldungsgrad	34,2 Jahre	47,1 Jahre	66,3 Jahre
Umlaufintensität	94,9 %	96,7 %	95,5 %
Umschlagdauer Vorräte	1,7	1,6	1,5
Ertragsanalyse	**12.xxx1**	**12.xxx2**	**12.xxx3**
Kreditorenlaufzeit	44,0 Tage	50,0 Tage	68,4 Tage
Materialeinsatzquote	62,0 %	59,7 %	59,4 %
Personaleinsatzquote	26,0 %	26,8 %	26,9 %
Cash-Flow-Quote	1,6 %	1,3 %	1,0 %

Die Kennzahlen zeigen wirtschaftliche Probleme in den verschiedenen Segmenten auf. Die Eigenkapitalquote ist für die Branche als schwach zu bezeichnen. Bei einer gegebenenfalls notwendigen Abwertung des Umlaufvermögens, kann schnell ein bilanzielles Unterkapital entstehen. Die Höhe der Umlaufintensität ist wenig aussagekräftig, da eine Betriebsaufspaltung in eine Besitz- und eine Betriebsgesellschaft besteht. In der Besitzgesellschaft ist das wesentliche Anlagevermögen bilanziert, das von der Betriebsgesellschaft gepachtet wird.

Der dynamische Verschuldungsgrad ist stark angestiegen. Die Umschlagshäufigkeit des Lagers ist viel zu gering. Dieses wird auch deutlich bei der Betrachtung der absoluten Höhe des Umlaufvermögens. Die Position Fertige Erzeugnisse ist stetig angestiegen und in Relation zur Gesamtleistung zu hoch. Mit hoher Wahrscheinlichkeit besteht ein erheblicher Wertberichtigungsbedarf im Lager. Eine Wertkorrektur hat negative Effekte auf der Ertragsseite und beim Eigenkapital. Fällt die Wertberichtigung stark aus, ist eine Überschuldung nicht auszuschließen. Demnach sind bereits Maßnahmen zur Kapitalstabilisierung umzusetzen. Das Gesellschafterdarlehen ist aufzufüllen und ein nach den neuen Regelungen des BGH wirksamer Rangrücktritt mit Kapitalbelassung ist zu erklären.

Die Ertragslage ist schwach und zeigt Anzeichen einer Ertragskrise. Die Finanz- und Liquiditätslage ist ebenfalls schwach. Negativ fallen insbesondere die Veränderungen bei der Kreditorenlaufzeit auf. Die Cash-Flow-Quote ist zu gering. Die Kostenquoten fallen im Branchenvergleich zu hoch aus. Des Weiteren ist der Betriebsmittelkredit in Relation zum Umsatzleistung zu umfangreich. Die Kontoführung zeigt in Anbetracht zur Kontokorrentkreditlinie zudem nur wenig Spielraum auf. Der in den Jahren erzielte Jahresüberschuss zeigt ein, möglicherweise lediglich bewusst gestaltetes, ausgeglichenes Ergebnis auf.

2. Gehen Sie auf die Chancen und Risiken für dieses Unternehmen ein, durch eine Analyse des Marktes und der internen Potenziale.

–   Verschiedene Krisenszenarien, wie die Strategiekrise und die Ertragskrise sowie die Produkt- und Absatzkrise wurden bereits durchlaufen.
–   Die genauen internen und externen Krisenursachen sowie die Ausprägung der Krisenstadien sind, in Anlehnung an den Katalog des IDW S 6, zu überprüfen.
–   Der Unternehmer zeigt viel Engagement auf anderen Gebieten und kann sich im eigenen Unternehmen gegenüber den Mitarbeitern nicht durchsetzen.
–   Es existiert keine Warenwirtschaftssystem, keine Profitcenterrechnung für die einzelnen Bereiche und keine interne Kostenrechnung
–   Hochpreisige Waren, die sich zum Teil schwer veräußern lassen. Eine Überprüfung des Warenlagers hat rund 100.000 unterschiedliche Artikel ergeben.
–   Jeder Mitarbeiter darf eigenständig bei Vertretern bestellen, die Lagerwerte sind zu hoch durch willkürliche Einkaufspolitik von jedermann.
–   Chaotische Geschäftsprozesse, mangelhafter Kundenservice und Veruntreuungen durch Mitarbeiter, durch Selbstbedienung im Lager

3. Welche Maßnahmen sind von Firmenseite anzustoßen und welche Stakeholder sind bei diesen Schritten einzubinden?

–   Einleitung eines Sanierungsprozesses unter Anleitung der Hausbank mit der Suche nach einem externen Sanierungsberater.
–   Zur Liquiditätsschöpfung Abverkauf des Lagers und Beantragung einer Überbrückungsfinanzierung zur Erstellung des Sanierungskonzepts.
–   Umfinanzierung von Teilen des Kontokorrentkredites in ein festes Tilgungsdarlehen, um die Linien angemessen herunterzufahren.
–   Sicherheitenpoolbildung mit zweiter Bank und Einbindung der Lieferanten und Kreditversicherer zur Absicherung der Sanierungskreditfinanzierung.
–   Erstellung und Hereinnahme des Sanierungskonzepts in Anlehnung an IDW S 6 mit der Umsetzung des Konzepts durch branchenerfahrene CRO.
–   Controlling und Kostenrechnung aufbauen. Integriertes Planzahlenwerk erstellen und Finanzkommunikation zu den Banken verbessern.
–   Prüfung Veränderung Leitbild, Aufbau neuer Geschäftsfelder mit dem Internethandel und Fokussierung auf bestimmte Warengruppen.

---

i **Zusammenfassung Abschnitt 7.8:** In diesem Abschnitt wurde ein kurzes **Fallbeispiel** skizziert. Es zeigt sich, dass nur durch ein konsequentes Handeln mit der Umsetzung eines Sanierungsprozesses die Krisenlage beseitigt und der Turnaround erreicht werden kann. Auf der Finanzierungsseite sind sämtliche Möglichkeiten zur Stabilisierung der Finanzen zu nutzen. Diese reichen von einer Überbrückungsfinanzierung, über einen Sanierungskredit hin zu einer Sicherheitenpoolbildung mit einer Sicherheitenabgrenzung gegenüber den Lieferanten und Kreditversicherern.

---

8 Ausblick zur Finanzierung

von Prof. Dr. Wolfgang Portisch

8.1 Zukunft der Gründungsfinanzierung

Die Zahl der Existenzgründungen ist in Deutschland in den letzten Jahren gestiegen. Eine Ursache liegt in der guten Konjunktur- und Arbeitsmarktlage und dem hohen Interesse vieler Existenzgründer an einem unabhängigen Beschäftigungsverhältnis. Ein Großteil der Neugründungen wurde im Dienstleistungssektor getätigt. Zudem ist der Anteil im verarbeitenden Gewerbe hoch. Des Weiteren sind freiberufliche Tätigkeitsfelder stark im Kommen. Ursächlich dafür ist eine erhöhte Nachfrage nach Erziehungs- und Bildungsdienstleistungen (vgl. KfW, 2015, S. 1 ff.).

Gerade die Rechtsform der GmbH ist bei Gründern besonders beliebt, obwohl bereits vielen die Finanzierung des Stammkapitals von 25.000 Euro Schwierigkeiten bereitet. Die Struktur des Gründungsgeschehens ist allerding kleinformatig. Dieses zeigt sich auch beim Einsatz der Finanzmittel. Rund zwei Drittel der Gründer verwenden ausschließlich Eigenmittel. Wenn Gründer auf externe Kapitalgeber zurückgreifen, leisten diese häufig einen überproportialen Anteil (vgl. KfW, 2015, S. 9 ff.).

Im Gründungsprozess zeigt sich, dass die Finanzierung bei umfassenderen Projekten aus einem Mix von Fremdkapital und Eigenkapital beziehungsweise eigenkapitalähnlichen Produkten besteht. Das Kapital kann von verschiedenen **Stakeholdern** bereitgestellt werden. So existiert die Möglichkeit, Eigenmittel über Venture-Capital-Geber oder Business Angels zu generieren. Zudem spielen eigenkapitalähnliche Produkte, wie das Unternehmerkapital der KfW, eine bedeutende Rolle bei der Existenzerrichtung. Im Vordergrund steht die Fremdfinanzierung über eine Hausbank, ein Förderinstitut oder auch Nebenbanken. Allerdings betreffen Finanzierungsschwierigkeiten die Unternehmensgründer systematisch häufiger, als die etablierten Unternehmer, beispielsweise aufgrund fehlender Sicherheiten.

Von großer Bedeutung ist daher in der Gründungsphase der Abbau einer asymmetrischen Informationsverteilung zwischen dem Unternehmensgründer und den externen Kapitalgebern. Die Finanzierer gehen bei der Mittelbereitstellung eines neuen Geschäftsmodells in der Regel ein großes Risiko, bei hohen Bearbeitungskosten, ein. Um eine externe Kreditgewährung zur Existenzgründung zu erreichen und die dauerhafte Kapitalbereitstellung zu sichern, ist der Unternehmer gefordert, seine Geldgeber stetig und adressatengerecht mit aktuellen, vollständigen und relevanten Daten zu versorgen. Bei der Gründung bestehen häufig **Agency-Probleme** aus Hidden Information und Hidden Action, die es abzubauen gilt.

Das **Risiko** ist für die Kapitalgeber in der Gründungsphase meist höher, als in späteren Phasen des Unternehmenslebenszyklus, da noch keine stabilen Cash Flows erwirtschaftet werden und das Geschäftsmodell nicht erprobt ist. Aus diesem Grunde spielen werthaltige Sicherheiten eine wichtige Rolle. Können den externen Kapitalgebern Besicherungen in Form von Ausfallbürgschaften, Haftungsfreistellungen, Grundschulden, Sicherungsübereignungen und Forderungsabtretungen angeboten werden, erleichtert dies den finanziellen Gründungsprozess meist erheblich.

Aus einer schwachen Kapitalisierung können sich gerade in der Anfangsphase Risiken einer Überschuldung ergeben. Somit zeigt sich, dass die richtige Auswahl der **Kapitalstruktur** gerade in der Existenzgründungsphase nicht irrelevant ist und ein wichtiges Signal an die Gläubiger sendet. Demnach senkt eine hohe Eigenmittelausstattung das Finanzierungsrisiko für die Fremdkapitalgeber und dokumentiert eine starke finanzielle Einbindung des Gründers. Dabei kann die Eigenkapitalbereitstellung zusätzlich über externe Kapitalgeber beispielsweise in Form stiller Gesellschafter oder über gründungsaffine Fonds erfolgen.

In der Gründungsphase eines Unternehmens hat die klassische Hausbankbeziehung eine große Bedeutung. Die Existenzerrichtung erfolgt meist fokussiert auf ein Kreditinstitut. Dieses stellt in der meist wirtschaftlich schwierigen Anfangsphase günstige Kreditmittel bereit, um die Errichtung des Betriebs zu ermöglichen. Dabei hat der Einsatz von Geldern über nationale oder länderbezogene Förderbanken eine besondere Wichtigkeit. Offeriert werden zinsgünstige Kredite mit Tilgungsaussetzungen in den Anfangsjahren oder auch spezifische Finanzierungen zur Stärkung der Eigenkapitalbasis. Die Höhe und die Struktur der gewährten Mittel ist dabei auch von der Art der Gründung abhängig. Einfacher ist der Aufbau eines Unternehmens, das in den ersten Jahren weniger Fremdmitteln verbraucht und lediglich mit der Bereitstellung einer Kontokorrentlinie auskommt. Schwieriger wird es, wenn umfangreiche Mittel benötigt werden, um beispielsweise eine Produktion von Gütern zu beginnen. Es erfolgen umfangreiche Prüfungen des Businessplans, und Entscheidungen bei der Bereitstellung finanzieller Mittel werden primär aufgrund des Finanzierungsvolumens sowie des erhöhten Risikos komplexer. Die Einwerbung von Beteiligungskapital zur Ermöglichung einer sprunghaften Expansion markiert den Übergang in die Phase der Finanzierung des Wachstums.

8.2 Ausblick bei der Wachstumsfinanzierung

Neben dem Trend einer vermehrten Gründungsaktivität, kann aufgrund der guten Konjunktur von einem weiter stetigen Wachstum bereits etablierter Geschäftsmodelle in Deutschland ausgegangen werden. Dieses wird unterlegt, durch die erwarteten Neueinstellungen, die Investitionstätigkeit aus der volkswirtschaftlichen Gesamtrechnung und die positiven Konjunkturprognosen.

Eng mit der Investitionstätigkeit von Unternehmen ist die Finanzierung des Wachstums verbunden. In der Phase der Wachstumsfinanzierung steigt häufig der Einsatz strukturierter und damit maßgeschneiderter Finanzprodukte. Dabei wird die Nutzung mezzaniner Finanzprodukte immer mehr in Erwägung gezogen. Diese haben neben der reinen Finanzierungsfunktion auch eine Stärkung der Eigenmittelbasis zur Folge. Zur Finanzierung der Expansion kann auch auf das Leasing zurückgegriffen werden, um die eigene Bilanz zu schonen.

Zudem gewinnt Private Equity an Bedeutung. Private Equity kann in dazu verwendet werden, die Expansion von erfolgreichen Unternehmen voranzutreiben. Mit der Stellung von langfristigem Eigenkapital werden die Bilanzrelationen gestärkt und das Wachstum kann meist sprunghaft gesteigert werden. Die zunehmende Bedeutung von Beteiligungskapital zeigt auch, dass sich die Finanzmärkte in Deutschland weiterentwickeln. Meist kann erst auf diese Weise eine umfangreiche und riskante Wachstumsstrategie vorangetrieben werden.

Bei einem umfassenden Fremdfinanzierungsbedarf wird in der Regel der Konsortialkredit gewählt. Neuerdings findet auch der Bereich Private Debt Beachtung. Hierunter wird die Bereitstellung von Fremdkapital, vorwiegend durch institutionelle Investoren außerhalb des Kapitalmarktes, verstanden. Die Mittelvergabe erfolgt oft an Unternehmen ohne ein Investmentgrade Rating. Dabei kann ein Direct Lendung erfolgen, als eine Vergabe von Fremdkapital ohne Syndizierung durch eine Bank. Die Finanzierung wird in diesem Fall von Fonds oder im Rahmen von Club Deals mit zwei bis drei Partnern bereitgestellt. Auf der anderen Seite existiert das Syndicated Lending unter der Führung einer Bank mit vielen Syndizierungspartnern. Interessant sind aktuell die Entwicklungen im Segment Direct Lending.

Dabei kann auch eine Mittelbereitstellung über sogenannte Unitranche Loans erfolgen. Hier handelt es sich um besicherte Kredite, die eine Senior-Tranche sowie eine Mezzanine-Tranche einhergehend mit einem geringeren Koordinationsaufwand und einheitlichen Konditionen zusammenfassen. Diese Finanzinstrumente werden vornehmlich im M&A-Bereich sowie bei Buy-Out-Transaktionen eingesetzt. Aus Unternehmenssicht können darüber oft die Geschwindigkeit des Verhandlungsprozesses sowie die Exekutionssicherheit bei der Finanzierung gesteigert werden. Allerdings wächst auch die Abhängigkeit von einem Finanzierungspartner. Dieses kann sich bei Restrukturierungen gegebenenfalls auch nachteilig auswirken. Ein Finanzakteur kann sich unter Umständen schneller von seinem Engagement trennen.

Es zeigt sich, dass mit der Expansion und Erschließung neuer Finanzierungsquellen weitere **Stakeholder** und deren Interessen von der Unternehmensführung zu berücksichtigen sind. Damit steigen auch die Anforderungen an eine adressatenbezogene Berichterstattung. Daher ist in der Wachstumsphase nicht nur die leistungswirtschaftliche Expansion voranzutreiben. Ebenfalls sind die Organisationsstrukturen, die Prozesse und das interne und externe Berichtswesen im Unternehmen stetig weiterzuentwickeln. Nur durch eine erhöhte Transparenz können die Informationsinteressen der Stakeholder befriedigt und bestehende **Agency-Probleme** aufgrund einer ungleichen Informationsverteilung reduziert werden. Die Wachstumsfinanzierung mit externen Quellen bietet neue Möglichkeiten, um die Unternehmensstrukturen und Prozesse an die Kapitalmarkterfordernisse anzupassen.

Mit der Gestaltung einer ausgewogenen Finanzierungsstruktur, über die bereits beschriebenen Instrumente, kann zudem das **Risiko** für die internen sowie externen Stakeholder gesenkt werden. Es erfolgt über den Einsatz verschiedener Finanzinstrumente eine Streuung der Finanzierungsquellen und eine Stärkung der Eigenmittelquote. Dies reduziert zudem Risikokonzentrationen bei einzelnen Finanzierungspartnern und stabilisiert im Gegenzug das Wachstumsunternehmen. Des Weiteren wird darüber das Eigenkapital gestärkt und die Insolvenzrisiken sinken.

Über die Finanzierungsalternativen Leasing, Asset Backed Securities, Projektfinanzierung, Mezzanine, Private Equity und Syndizierung lässt sich insbesondere die **Kapitalstruktur** eines Unternehmens aktiv gestalten. Es können über strukturierte Finanzierungen Assets separiert und ausgegliedert werden, um die Bilanzrelationen im Unternehmen zu schonen. Dazu kann auch eine direkte Stärkung der Eigenmittel über die Einbringung von Mezzaninkapital oder Private Equity erfolgen. Alternativ besteht zudem die Möglichkeit, günstige Fremdfinanzierungen über mehrere Partner in Form der syndizierten Finanzierung zu erhalten. Dieser Weg ist ebenfalls zu prüfen, damit volumenreiche Projekt überhaupt finanziert werden können.

Insgesamt steigt der Einsatz der beschriebenen Finanzinstrumente in Wachstumsunternehmen und die Geschäftsleitung sollte sich mit den Alternativen der Mittelbereitstellung und den notwendigen Voraussetzungen aktiv beschäftigen. In der Expansion wächst der Nutzungsgrad unterschiedlicher Finanzierungsalternativen und der klassische Bankkredit rückt vermehrt in den Hintergrund. Dies bestätigen auch die Beispiele vieler Mittelständler, die verstärkt den Ausbau der eigenen Finanzabteilung betreiben und in Eigenregie die Platzierung von Finanztiteln und Finanzierungsmodellen vorantreiben. Auch Banken erkennen diesen Trend und setzen verstärkt auf die Beratung bei strukturierten Finanzprodukten, um den Unternehmen neue Alternativen zu offerieren. Die Verwendung komplexer Finanzierungsprodukte und die Berücksichtigung umfangreicher Informations- sowie Besicherungsstrukturen markieren den Übergang zur Reifephase eines Unternehmens. In diesem Stadium der Unternehmensentwicklung wird der Kapitalmarkt bei der Mittelbeschaffung direkt angesprochen.

8.3 Künftige Lage der Reifefinanzierung

Der aktuelle Trend zeigt, dass in den folgenden Jahren mit weiter steigenden Börsenzulassungen zu rechnen ist. Das grundlegende Interesse an einer Börsennotierung ist bei deutschen Mittelständlern, aufgrund der derzeit hohen Marktbewertungen, erheblich gestiegen. Neben dem Prime und General Standard konnte der Entry Standard als Eingangssegment für kleine und mittlere Unternehmen an der Frankfurter Wertpapierbörse erfolgreich aufgebaut werden. Insbesondere der Entry Standard ermöglicht kleinen und mittleren Unternehmen Erleichterungen bei der Zulassung sowie den Folgepflichten eines Börsengangs.

Viele mittelständisch geprägte Unternehmen planen bereits ein Going Public, um das interne und externe Wachstum mit Eigenkapital zu finanzieren. Insgesamt gesehen hat sich die strategische Bedeutung der Finanzierung erhöht (vgl. Kaserer et al., 2011, S. 34). Somit stellen auch die oft erheblichen Voraussetzungen an die Herstellung der Kapitalmarktfähigkeit und die Transparenzanforderungen aus Sicht der Unternehmen keine Hindernisse mehr für einen Börsengang dar.

Ebenfalls war die Marktentwicklung bei Unternehmensanleihen in Deutschland in den letzten Jahren sehr dynamisch. Derzeit wird diese positive Emissionsentwicklung von Seiten der Unternehmen durch das Zusammenspiel verschiedener Faktoren begünstigt. Besonders das niedrige Zinsumfeld und die Liquidität an den Märkten gestalten das Kapitalmarktumfeld für Anleihen sehr attraktiv.

Eine Anleihebegebung sowie ein Going Public mit einer Emission von Aktien bedeuten für viele Unternehmen einen erheblichen Einschnitt. Neben den sich eröffnenden Chancen der Finanzierung weiteren Wachstums sind auch zahlreiche Pflichten zu erfüllen. Ein kapitalmarktorientiertes Unternehmen steht dann in der Öffentlichkeit und hat fortan die Informationsinteressen vieler **Stakeholder** zu berücksichtigen. Zusätzlich sind viele neue Vorschriften aus dem Kapitalmarktrecht und aus der internationalen Rechnungslegung zu beachten.

Neben den gesetzlichen Verpflichtungen sind freiwillige Maßnahmen der Investor Relations einzuhalten, die eine wertsteigernde Funktion haben können. Es sind die Ansprüche der Finanzanalysten und Ratingagenturen zu erfüllen. Im Vordergrund stehen beim Börsengang die Interessen der Aktionäre. Diese verfolgen mit der Anlage das Ziel der Unternehmenswertmaximierung in Form von Wertsteigerungen und Ausschüttungen. Dabei können aus der Eigentümerstruktur die primären Interessen der Investoren abgeleitet werden, die auf eine kurzfristige Wertsteigerung oder eine langfristige Unternehmenspolitik ausgelegt sind.

Dagegen sind die Inhaber von Anleihen auf die finanzielle Stabilität der Firma konzentriert und überwachen wichtige Kennzahlen zur künftigen Bedienung der Anleihen. Zudem interessieren sich die Fremdkapitalgeber für die beabsichtigte Firmenstrategie und die daraus resultierende Kapitalisierung.

Weitere Stakeholder wie Lieferanten, Mitarbeiter, Kunden und die Öffentliche Hand besitzen in der Reifephase ein zunehmendes Interesse an den mittlerweile großen Firmen. Es ist darauf zu achten, dass **Agency-Probleme** durch eine offene Informationspolitik ausgeglichen werden. Die Stakeholder können auch potenzielle Investoren darstellen, die ein Engagement am Börsenunternehmen prüfen möchten. Dabei spielen Ertragschancen aber auch **Risiken** der Geldanlage eine Rolle.

Dabei kann das Investment aus Risikogesichtspunkten zu einer Optimierung eines diversifizierten Anlageportfolios beitragen. Auch strategische Ausrichtungen können die Ursache des Engagements von Investoren sein, wenn Kunden und Lieferanten sich an einem Börsenkandidaten oder anleiheplatzierenden Unternehmen beteiligen. Mitarbeiter können, im Rahmen von Beteiligungsprogrammen, zu langfristigen Aktionären eingeworben werden und die Gesellschafterstruktur stabilisieren. Aus Sicht des Unternehmens bedeutet der Einbruch des Aktien- oder Anleihekurses ein Risiko, denn dieses kann der Ausdruck einer Unsicherheit des Marktes oder bei der Firma sein und auch künftige Kapitalmaßnahmen gefährden.

Die **Kapitalstruktur** verändert sich mit dem Börsengang oder der Begebung von Anleihen meist deutlich. Demnach steht plötzlich ein hoher Geldbetrag zur Verfügung, der auf unterschiedliche Art und Weise verwendet werden kann. Eine Ablösung von Fremdkapital der klassischen Hausbanken, die Finanzierung weiteren Wachstums oder der Kauf anderer Unternehmen sind mögliche Alternativen. Dabei bietet gerade der Zufluss an Geldmitteln aus einem Börsengang die Möglichkeit, die Eigenkapitalquote und die Liquidität auf Dauer zu stärken. So zeigt sich, dass börsennotierte Unternehmen in der Regel hohe Eigenkapitalquoten aufweisen. Ein Anstieg dieses Verhältnisses dient insbesondere der finanziellen Stabilisierung und trägt zu einem guten Kapitalmarktrating bei.

Weitere Chancen ergeben sich mit Möglichkeit zur Durchführung von Folgeemissionen. Damit diese erfolgreich umgesetzt werden können, ist laufend eine Kurspflege und intensive Investor Relations im Eigen- und Fremdkapitalsektor zu betreiben. In späteren Expansionsstadien oder in Krisenphasen kann über eine Kapitalerhöhung weiteres Geld zum Wachstum oder zur finanziellen Stabilisierung sowie operativen Restrukturierung generiert werden, denn in der Reifephase kann die Unternehmensentwicklung als Folge wichtiger strategischer Entscheidungen auch negativ verlaufen und das Unternehmen gelangt in eine Phase der Gefährdung.

Wenn eine dauerhaft rückläufige Ertrags- und Finanzlage nicht aufgefangen werden kann, gleitet das Unternehmen in eine Krise. In der wirtschaftlichen Schieflage ergeben sich erhöhte Anforderungen an die Unternehmensfinanzierung, da das Eigenkapital und die Liquidität aufrechterhalten werden müssen, um die Insolvenz dauerhaft zu vermeiden. Zudem muss versucht werden, die für eine Sanierung erforderlichen Mittel bereitzustellen. Dies kann über verschiedene Arten der Kapitalbereitstellung im Rahmen der Krisenfinanzierung erfolgen.

8.4 Entwicklung der Krisenfinanzierung

Unternehmensinsolvenzen sind in Deutschland seit einigen Jahren rückläufig (vgl. Creditreform, 2015, S. 1 ff.). Dennoch ist die Lage nicht als entspannt zu bezeichnen, denn viele Firmen sind insolvenzreif oder werden in einer Sanierung durch externe Stakeholder wie Banken und Lieferanten gestützt.

Zudem betragen die Schäden aus den Unternehmensinsolvenzen nach wie vor zweistellige Milliardenbeträge. Hervorzuheben sind dabei Forderungsausfälle bei Gläubigern, wie Banken beziehungsweise Lieferanten, und Ausfälle von Steuerzahlungen der öffentlichen Hand. Betroffen von den Insolvenzen sind vornehmlich kleine und mittlere Unternehmen. Insolvenzen großer Firmen sind dagegen selten zu verzeichnen. Im Rahmen der in den nächsten Jahren erwarteten Konjunkturerholung, ist künftig von einer weiter rückläufigen beziehungsweise geringen Zahl an Unternehmensinsolvenzen auszugehen. Dennoch ist das weltwirtschaftliche Geschehen insgesamt fragil und internationale Krisenszenarien können sich unverzüglich auch auf deutsche Unternehmen auswirken. Zudem befinden sich in der Regel nicht alle Sektoren der Weltwirtschaft zeitgleich in einem steigenden oder stabilen Verlauf. Es bestehen im wirtschaftlichen Geschehen immer wieder Krisenbereiche in regionalen oder branchenbezogenen Teilmärkten.

Zur Vermeidung der Insolvenz sind im Rahmen der Sanierung sowohl leistungswirtschaftliche, als auch finanzwirtschaftliche Maßnahmen umzusetzen. Dabei kommt dem Management der verschiedenen Anspruchsgruppen eine große Bedeutung zu. Es zeigt sich, dass bestimmte Akteure in einer Krise und Sanierung im Fokus stehen. Wichtig ist es, aus Sicht des Unternehmens, die Abhängigkeitsverhältnisse zu den **Stakeholdern** zu untersuchen. Akteure, mit einer intensiven Verbindung zur Krisenfirma, können zu Sanierungsbeiträgen bewegt werden. Dabei sind die relevanten Finanzierer im Rahmen einer Poolbildung an die Krisenfirma zu binden.

Auch die Stakeholder-Beziehungen untereinander sind zu analysieren, um die Interessen der Geschäftspartner gegeneinander abzuwägen. Daher sollten nicht einseitig die Ansprüche der Banken oder innerhalb der Gruppe der Kreditinstitute bei der Hausbank erfüllt werden, wenn dies übrige Stakeholder in der Finanzierungs- oder Leistungskette abschreckt. Generell sind bestimmte Stakeholder, wie die Hausbank, in eine Krise frühzeitig einzubinden. Dieses reduziert auch das **Risiko**, dass andere Gruppen abspringen, indem sie ihre Linien kündigen oder die Geschäftsbeziehung auf eine andere Art und Weise beenden. Meist ist auch ein Wechsel im Management umzusetzen, um das Vertrauen wieder herzustellen.

Vertrauen lässt sich gerade durch eine offensive und adressatengerechte Informationspolitik zurückgewinnen. So spielt die aktive Finanzkommunikation in der Krise eine wichtige Rolle zum Abbau einer ungleichen Informationsverteilung und damit von **Agency-Problemen.** Auf diese Art und Weise können die Gläubiger auf Basis einer guten Datenlage die Erfolgsaussichten einer Sanierung besser beurteilen.

Gerade die Finanzierung in der Krise ist problematisch, da die beteiligten Geldgeber zum einen keine Stundungen und Verzichte leisten möchten und zum anderen nicht bereit sind, das finanzielle Engagement in der wirtschaftlichen Schieflage weiter zu erhöhen. Zudem weist die **Kapitalstruktur** oft einen hohen Fremdkapitalanteil aus, der die Insolvenzrisiken bei den meist haftungsbeschränkten Firmen erhöht. Damit es dennoch weitergehen kann, sind zunächst finanzielle Unterstützungsleistungen zur Wiederherstellung der Eigenkapitalquote und zur Gewährleistung der Zahlungsfähigkeit sowie zur Insolvenzvermeidung notwendig.

Gerade die Neufinanzierung bereitet jedoch meist erhebliche Probleme, da die Anteilseigner und Gläubiger oft nicht bereit sind, ihr Risiko in dieser prekären Lage zu erhöhen. Möglichkeiten der Krisenfinanzierung bestehen dann in einer risikoreduzierenden Finanzierungsweise. Diese kann erreicht werden, wenn die finanziellen Beiträge auf alle Stakeholder aufgeteilt werden. Dabei kann eine vorrangige Mittelbereitstellung durch die Gesellschafter und eine Neufinanzierung über einen Pool von Banken und Lieferanten eine Gewährung neuer Mittel erleichtern, da die Finanzierung auf mehrere Partner verteilt wird. Des Weiteren können Finanzkonstruktionen eingesetzt werden, bei denen die Unsicherheit eines Ausfalls auf das zugrunde liegende operative Geschäft und damit auf das leistungswirtschaftliche Risiko begrenzt wird. In diesem Fall sind der Sanierungskredit, das Factoring und die Einzelgeschäftsfinanzierung geeignete Instrumente der Mittelgenerierung.

Wichtig ist es zu beachten, dass Sanierungsmaßnahmen nur dann erfolgreich sind, wenn im Rahmen der Sanierung neues Geld in die Hand genommen wird. Eine Desinvestitionspolitik oder ein reines Cost Cutting sind auf lange Sicht selten zielführend. Dazu ist im Rahmen einer Sanierung oft auch weiteres Wachstum mit neuen Geschäftsbereichen zu finanzieren. Zudem sind ein ganzheitliches Konzept und die Gewährleistung der konsequenten Umsetzung von Sanierungsmaßnahmen wesentliche Erfolgsfaktoren auf dem oft langen Weg zum Turnaround.

Mit einer erfolgreichen Sanierung schließt sich der Kreis des Unternehmenslebenszyklus, wenn die Firma nach einer Zeit des Gesundschrumpfens und strategischen Neuausrichtung in eine neue Phase des Wachstums eintritt. Dabei spielt, als begleitendes und gestaltendes Element, die Finanzierung im Lebenszyklus zur Stabilisierung und Wertsteigerung, eine bedeutende Rolle.

Zusammenfassung Kapitel 8: In diesem Abschnitt wurde ein Ausblick zur **Finanzierung in den verschiedenen Stadien im Unternehmenslebenszyklus** gegeben. Es zeigt sich insgesamt, dass im Rahmen der Kapitalisierung und Bereitstellung von Liquidität bei Unternehmen auf den Stakeholder-Bezug, die Agency-Problematik, die Risikoeinschätzung und die Gestaltung der Kapitalstruktur zu achten ist. Wenn Unternehmen es schaffen, ihre Finanzierung auf diese Kriterien in den Phasen des Lebenszyklus abzustimmen, sind positive finanzwirtschaftliche Effekte vorprogrammiert. Innovative sowie klassische Finanzinstrumente können im Unternehmenslebenszyklus zielgerichtet eingesetzt werden, um für Stakeholder Werte zu schaffen, diese zu erhöhen und langfristig abzusichern.

Literaturverzeichnis

Achleitner, A.-K. (2002): Handbuch Investment Banking, 3. Auflage, Wiesbaden, 2000.

Achleitner, A.-K./Ehrhart, N./Zimmermann, V. (2006): Beteiligungsfinanzierung nach der Markt-konsolidierung. Anhaltende Defizite in der Frühphase, Frankfurt, 2006.

Achleitner, A.-K./Kaserer, C./Günther, N./Volk, S. (2011): Die Kapitalmarktfähigkeit von Familien-unternehmen – Unternehmensfinanzierung über Schuldschein, Anleihe und Börsengang, München, 2011.

Advani, S. (2011): Beschreibung eines Umstellungsprojekts, in: Reuther, F./Heyd, R., Hrsg.: Praxis-handbuch Full IFRS für Familienunternehmen und Mittelstand: Anwendung und Fallstudien, Berlin, 2011, S. 857-868.

Allen & Overy (2014): M&A Deutschland (4. Quartal 2014), 2014, S. 1-4.

Amihud, Y./Mendelson, H. (1986): Asset Pricing and the Bid-ask Spread, in: Journal of Financial Economics, 17, S. 223-249.

Andreas, Jan G. (2015): Bewertung von Projektfinanzierungen zur Finanzierung von Erneuerbare Energie Projekten aus Bankensicht, in: Cleantech Rating, Hrsg.: Investition und Finanzierung von Cleantech, Frankfurt, 2015, S. 56-64.

Backhaus, D. (2014): Marktdaten: Banken wieder großzügiger bei syndizierten Krediten, in: Finance, 3, 2014.

Baetge, J./Kirsch, H.-J./Thiele, S. (2013): Konzernbilanzen, 10. Auflage, Düsseldorf, 2013.

BaFin, Hrsg. (2012): Rundschreiben 10/2012 (BA) vom 14.12.2012, Mindestanforderungen an das Risikomanagement – MaRisk vom 14.12.2012.

Barrantes, E./Stärz, H. (2013): Gläubigerorientierte Finanzkommunikation in börsennotierten Unternehmen. Forschungsstand und neue empirische Befunde, in: Hasler, P. T./Launer, M. A./Wilhelm, M. K., Hrsg.: Praxishandbuch Debt Relations, Wiesbaden, 2013, S. 29-47.

Beck, R. (2014): Crowdinvesting: Die Investition der Vielen, Leipzig, 2014.

Becker, W./Ulrich, P./Botzkowski, T. (2015): Finanzierung im Mittelstand, Wiesbaden, 2015.

Berk, J./DeMarzo, P. (2011): Grundlagen der Finanzwirtschaft, 13. Auflage, München, 2011.

Bausch, A./Pape, U. (2005): Ermittlung von Restwerten – eine vergleichende Gegenüberstellung von Ausstiegs- und Fortführungswerten, in: Finanz Betrieb, 7-8, S. 474-484.

BDL, Hrsg. (2015): Zahlen und Fakten zum Leasing-Markt, Berlin, 2015.

Beck, M./Hofmann, G./Weinand, A. (2006): Der Prozess der Mezzanine Kapitalaufnahme und typische Anforderungen an das Unternehmen, in: Bösl, K./Sommer, M., Hrsg.: Mezzanine Finanzierung, München, 2006, S. 59-72.

Becker, B./Bieckmann, B./Martin, K./Müller, S. (2014): Der neue IDW ES 11), in: Krisen-, Sanierungs- und Insolvenzberatung, 5, 2014, S. 197-201.

Becker, B./Ergün, I./Müller, S./Reinke, J. (2014): Risikomanagementsysteme als Krisenprävention im Mittelstand, in: Krisen-, Sanierungs- und Insolvenzberatung, 6, 2014, S. 253-260.

Beike, R./Barckow, A. (2002): Risk-Management mit Finanzderivaten, 3. Auflage, München, 2002.

Berner, S. (2006): Sicherheitenpools der Lieferanten und Banken im Insolvenzverfahren, Köln, 2006.

Betsch, O./Groh, A. P./Schmidt, K. (2000): Gründungs- und Wachstumsfinanzierung innovativer Unternehmen, München, 2000.

Bieg, H./Kußmaul, H. (2000): Investitions- und Finanzierungsmanagement, Band 3: Finanzwirtschaftliche Entscheidungen, München, 2000.

Bismarck, M. v. (2014): Die Besicherung internationaler Konsortialkredite, Köln, 2014.

Black, F./Scholes, M. S. (1973): The Pricing of Options and Corporate Liabilities, in: Journal of Political Economy, 3, 1973, S. 637-654.

Blättchen, W. (2006): Beauty Contest und Auswahl des Projektteams, in: Deutsche Börse AG, Hrsg.: Praxishandbuch Börsengang, Wiesbaden, 2006, S. 127-146.

Bode, C. (2005): Übertragende Sanierung aus Bankensicht, in: Portisch, W./Shahidi, K., Hrsg.: Sanierung und Restrukturierung von kleineren und mittleren Unternehmen, Bern, 2005, S. 316-343.

Börner, C. J. (2000): Strategisches Bankmanagement, München, 2000.

Börner, C. J./Grichnik, D. (2005): Entrepreneurial Finance: Kompendium der Gründungs- und Wachstumsfinanzierung, Heidelberg, 2005.

Bösl, K. (2014): Schuldscheindarlehen, in: Bösl, K./Schimpfky, P./von Beauvais, E.-A., Hrsg.: Fremdfinanzierung für den Mittelstand, München, 2014, S. 43-57.

Bommer, K./Schreck, A. (2006): Nach dem Börsengang – Empfehlungen für börsennotierte Unternehmen, in: Deutsche Börse AG, Hrsg.: Praxishandbuch Börsengang, Wiesbaden, 2006, S. 359-371.

Bork, R. (1999a): Insolvenzordnung, 5. Auflage, München, 1999.

Bork, R. (1999b): Die Doppeltreuhand in der Insolvenz, in: Neue Zeitschrift für das Recht der Insolvenz und Sanierung, 1999, S. 337–344.

Bork, R. (2000): Wie erstellt man eine Fortbestehensprognose? in: Zeitschrift für Wirtschaftsrecht, 39, 2000, S. 1709-1713.

Brand, S./Sonnenhol J. (2001): Verträge für Konsortialkredite, in: Zeitschrift für Wirtschafts- und Bankrecht, 49, S. 2329-2337.

Brealey, R. A./Myers, S. C./Allen, F. (2008): Principles of Corporate Finance, 9th Edition, New York, 2008.

Brettel, M. (2004): Der informelle Beteiligungsmarkt – eine empirische Analyse, Wiesbaden, 2004.

Brezski, E./Böge, H./Lübbehusen, T./Rohde, T./Tomat, O. (2006): Mezzanine-Kapital für den Mittelstand, Stuttgart, 2006.

Briys, E./Crouhy, M./Schöbel, R. (1991): The Pricing of Default-Free Interest Rate Cap, Floor and Collar Agreements, in: The Journal of Finance, 46, S. 1879-1892.

Brodbeck, R. (2006): Mezzanine oder Direktbeteiligung, in: ConVent, Hrsg.: Unternehmens-finanzierung, Jahrbuch 2006, Frankfurt, 2006, S. 66-67.

Brokamp, J./Hollasch, K./Lehmann, G./Meyer, L. (2004): Mezzaninefinanzierung – Bridging the Gap, Düsseldorf, 2004.

Brünink, J.-H. (2011): Sicherungsvertrag und Sicherstellungsvertrag, in: Lwowski, H.-J./Fischer, G./Langenbucher, K., Hrsg.: Das Recht der Kreditsicherung, 9. Auflage, Berlin, 2011, S. 61-102.

Buchholz, R. (2013): Grundzüge des Jahresabschlusses nach HGB und IFRS, 8. Auflage, München, 2013.

Buck-Heeb, P. (2014): Kapitalmarktrecht, 7. Auflag, Heidelberg, 2014.

Bühler, S./Bindl, C. (2012): Praktische Hinweise zur Organisation von Transaktionen in Konzern-
    unternehmen, in: Picot, G., Hrsg. (2012): Handbuch Mergers & Acquisitions, 5. Auflage,
    Stuttgart, 2012, S. 178-201.

Bundesanstalt für Finanzdienstleistungsaufsicht, BaFin (2012): Mindestanforderungen an das
    Risikomanagement (MaRisk) Rundschreiben 10/2012 (BA) vom 14.12.2012, S. 1–37.

BVK, Bundesverband Deutscher Kapitalbeteiligungsgesellschaften e.V., (2014): BVK Statistik –
    Das Jahr 2014 in Zahlen, Berlin, 2014.

Buschmann, H. (2004): Stakeholder-Management als notwendige Bedingung für erfolgreiches
    Turnaround-Management, in: Bickhoff, N./Blatz, M. et al.: Die Unternehmenskrise als Chance,
    Heidelberg, 2000, S. 197-220.

Buschmann, H. (2006): Erfolgreiches Turnaround-Management, Wiesbaden, 2006.

Buschmeier, A./Everling, O. (2014): Rating und Covenants, in: Bösl, K./Schimpfky, P./von Beauvais,
    E.-A., Hrsg.: Fremdfinanzierung für den Mittelstand, München, 2014, S. 25-41.

Ceverny, F. (2006): Der Markt für True-Sale-Verbriefungen in Deutschland und Europa,
    in: Zeitschrift für das gesamte Kreditwesen, 19, 2006, S. 1032-1037.

Chung, K. H./Chen-Chin, C. (1994): The supply of Information and Corporate Value in Incomplete
    Capital Markets: Empirical Evidence, in: Journal of Finance, 3, 1994, S. 1061-1093.

Copeland, T./Antikarov, V. (2001): Realoptionen, Ulm, 2001.

Cranshaw, F. L. (2009): Die Sicherheiten- bzw. Sicherungstreuhand in Sanierung und Abwicklung
    im Spiegel der Rechtsprechung, in: Zeitschrift für Wirtschafts- und Bankrecht, 36,
    2009, S. 1682–1689.

Cranshaw, F. L./Steinwachs, T./Bruhn, H. (2013): Problemfelder der Avale in Krise und Insolvenz des
    Avalauftraggebers, in: Zeitschrift für das gesamte Insolvenzrecht, 22, 2013, S. 1005–1017.

Crone, A./Krelde, R. (2014): Steuerliche Aspekte im Rahmen der Sanierung, in: Crone, A./Werner,
    H., Hrsg.: Modernes Sanierungsmanagement, 4. Auflage, München, 2014, S. 307-335.

Creditreform (2014): Insolvenzen in Deutschland, Jahr 2014, Neuss, 2014.

Creditreform (2015): Insolvenzen in Deutschland, Jahr 2015, Neuss, 2015.

DCGK (2014): Deutscher Corporate Governance Kodex (in der Fassung vom 24. Juni 2014).

Deutsche Börse AG, Hrsg. (2005a): Entry Standard, Frankfurt, Oktober 2005.

Deutsche Börse AG, Hrsg. (2005b): Ihr Weg an die Börse, Frankfurt, Dezember 2005.

Deutsche Börse AG, Hrsg. (2007): General Standard und Prime Standard, Frankfurt, Februar 2007.

Deutsche Bundesbank (2012): Die langfristige Entwicklung der Unternehmensfinanzierung in
    Deutschland – Ergebnisse der gesamtwirtschaftlichen Finanzierungsrechnung,
    in: Monatsberichte, 1, 2012, S. 13-28.

Deutsche Bundesbank (2013): Devisenhandels- und Derivateumsätze von Banken in Deutschland,
    Frankfurt, 2013.

Deutsche Bundesbank (2015): Kapitalmarktstatistik Februar 2015, Statistisches Beiheft zum
    Monatsbericht, Frankfurt, 2015.

Deutsche Prüfstelle für Rechnungslegung DPR e.V. (2007): Tätigkeitsbericht für den Zeitraum
    vom 1. Januar bis 31. Dezember 2006, Berlin 2007.

Deutscher Sparkassen- und Giroverband (2006): Modell Pro – Organisation und Prozesse der
    Problemkreditbearbeitung, Berlin, 2006.

Deutscher Sparkassen- und Giroverband (2014): Mindestanforderungen an das Risikomanagement Interpretationsleitfaden, Berlin, 2014.

Diem, A. (2009): Akquisitionsfinanzierungen: Kredite für Unternehmenskäufe, 2. Auflage, München, 2009.

Diem, A. (2013): Akquisitionsfinanzierungen: Kredite für Unternehmenskäufe, 3. Auflage, München, 2013.

DIHK/PricewaterhouseCoopers AG (2005): International Financial Reporting Standards (IFRS) in mittelständischen Unternehmen, Berlin/Frankfurt, 2005.

Dinibütünoglu, Y. (2008): Bank-Strategien und Poolverträge in Krisen der Firmenschuldner: Eine empirische Analyse, Wiesbaden, 2008.

Dixit, A. K./Nalebuff, B. J. (1997): Spieltheorie, Stuttgart, 1997.

Dorfleitner, G./Kapitz, J./Wimmer, M. (2014): Crowdinvesting als Finanzierungsalternative für kleine und mittlere Unternehmen, in: Der Betrieb, 5, 2014, S. 283-303.

Dräger, T. (2006): Die Umstellung auf die Rechnungslegung nach IFRS – Ein Praxisleitfaden, in: Winkeljohann, N., Hrsg.: Rechnungslegung nach IFRS, 2. Auflage, Berlin, 2006, S. 436-478.

Driesch, D. (2012): Erstmalige Anwendung der IFRS, in: Bohl, W./Riese, J./Schlüter, J., Hrsg.: Beck'sches IFRS-Handbuch, 4. Auflage, München, 2012, S. 1769-1816.

Drukarczyk, J. (1999): Finanzierung, 8. Auflage, Stuttgart, 1999.

Drukarczyk, J./Schüler, A. (2009): Unternehmensbewertung, 6. Auflage, München, 2009.

Drukarczyk, J./Lobe, S. (2015): Finanzierung, 11. Auflage, Konstanz, 2015.

Duffé, A. (2005): Creditor Relations – Das neue Geschäftsfeld in der Finanzkommunikation, Frauenfeld, 2005.

DVFA, Hrsg.(2008): DVFA-Grundsätze für Effektive Finanzkommunikation, Nr. 03, 2008, S. 1-24.

DVFA, Hrsg. (2014): Standards für Bondkommunikation, Version 2.1, Frankfurt am Main, 2014.

Eichwald, B./Pehle, H. (2000): Die Kreditarten: Konsortialkredit, in: von Hagen, J./von Stein, J. H., Hrsg.: Geld-, Bank- und Börsenwesen, 40. Auflage, Stuttgart, 2000, S. 774-777.

Eidenmüller, H. (1996): Die Banken im Gefangenendilemma: Kooperationspflichten und Akkordstörungsverbot im Sanierungsrecht, in: Zeitschrift für das gesamte Handelsrecht und Wirtschaftsrecht, 160, 1996, S. 343–373.

Eisele, F./Neus, W. (2003): Asset-Backed Securities, Informationsasymmetrien und Regulierung – Anwendung, Bewertung, Bilanzierung, Festschrift zum 65. Geburtstag von Wolfgang Eisele, in: Knobloch, A. P./Kratz, N., Hrsg.: Neuere Finanzprodukte, München, 2003. S. 241-263.

Emmrich V./Titz, H. J. (2004): Krisentreiber und kritische Erfolgsfaktoren der Krisenbewältigung aus Bankensicht, in: Dr. Wieselhuber & Partner GmbH, Hrsg.: Erfolgsfaktoren der Unternehmenssanierung, 2004.

Ernst, D./Schneider, S./Thielen, B.: (2012): Unternehmensbewertungen erstellen und verstehen, 5. Auflage, München, 2012.

Ernst & Young (2007a): German Private Equity Activity June 2007, Frankfurt, 2007.

Ernst & Young (2007b): Mittelstandsbarometer 2007, Frankfurt, 2007.

Ernst & Young (2007c): IPO-Barometer 2007, Frankfurt, 2007.

Falk, B. (1963): Leasing in den USA, in: Der Betrieb, 11, 1963, S. 351-352.

Fama, E. (1970): Efficient Capital Markets: A Review of Theory an Empirical Work, in: Journal of Finance, 25, 1970, S. 383-417.

Fight, A. (2004): Syndicated Lending, Oxford, 2004.

Finance-Studie (2011): Anleihen für den Mittelstand – Nutzen, Umsetzung und Risiken, Frankfurt, 2011.

Fink, C./Ulbrich, P. R. (2007): Verabschiedung des IFRS 8 – Neuregelung der Segmentbericht-erstattung nach dem Vorbild der US-GAAP, in: Zeitschrift für internationale und kapitalmarkt-orientierte Rechnungslegung, 1, 2007, S. 1-6.

Fischer, J./Portisch, W. (2008): Projektfinanzierung, in: Portisch, W., Hrsg.: Finanzierung im Unternehmenslebenszyklus, München, 2008, S. 177-198.

Fisher, I. (1930): The Theory of Interest, New York, 1930.

Fleischhauer, U./Hoyer, G. (2006): Mezzanine: Modetrend oder nachhaltige Entwicklung?, in: FHP Private Equity Consultants, Hrsg.: Kompetenzpapier zum Mezzaninemarkt München, 2006, S. 59-72.

Fleischhauer, U./Sauter, D. (2007): Mezzaninefinanzierungen in Deutschland – ein Milliardenmarkt, in: Unternehmer Edition, 2, 2007, S. 20-30.

Flick, P./Völk, P. (2008): Für und wider die Syndizierung, in: BayernLB, Hrsg.: Management-kompass: Syndizierte Kredite und Covenants, München, 2008, S. 3-19.

Fowler, T. V. (1977): Big Business for the Banks, in: The Banker, 12, 1977, S. 49-61.

Frank, R. (2006): Empfehlungen zur Gestaltung effektiver Finanzkommunikation mit Finanz-analysten, in: Deutsche Börse AG, Hrsg.: Praxishandbuch Börsengang, Wiesbaden, 2006, S.373-382.

Freeman, R. E. (1984): Strategic Management – A Stakeholder Approach, Marchfield, 1984.

Frey, L. G. (2006): Anforderungen an das Rechnungswesen, in: Deutsche Börse AG, Hrsg.: Praxishandbuch Börsengang, Wiesbaden, 2006, S.101-125.

Gadanecz, B. (2004): Struktur, Entwicklung und Bedeutung des Marktes für Konsortialkredite, in: Bank für Internationalen Zahlungsausgleich, Hrsg.: BIZ-Quartalsbericht Dezember 2004: Internationales Bankgeschäft und internationale Finanzmärkte, Basel, 2004, S. 85-101.

Gallati, R. (2004): Verzinsliche Wertpapiere, 2. Auflage, Wiesbaden, 2004.

Gehrlein, M. (1994): Der Konsortialkredit als Modell einer Innengesellschaft, in: Deutsches Steuerrecht, 36, S. 1314-1318.

Gerke, W./Bank, M. (2003): Finanzierung, 2. Auflage, Stuttgart, 2003.

Geyer, A./Hanke, M./Littich, E./Nettekoven, M. (2011): Grundlagen der Finanzierung, 4. Auflage, Wien, 2011.

Gladen, W. (2011): Performance Measurement, 5. Auflage, Wiesbaden, 2011.

Gomber, P./Schweickert, U. (2002): Der Market Impact: Liquiditätsmaß im elektronischen Wertpapierhandel, in: Die Bank, 7, 2002, S. 485-489.

Grichnik, D./Kraschon, D. (2002): Finanzierungs- und risikotheoretische Probleme bei Unternehmensgründungen, in: Bitz, M., Hrsg.: Theoretische Grundlagen der

Gründungsfinanzierung, Diskussionsbeitrag Nr. 331, Hagen, 2002, S. B-1-B-51.

Grüning, E./Hirschberg, H. (2013): Anleiheemission aus Sicht der Investmentbank, in: Habersack, M./Mülbert, P./Schlitt, M., Hrsg.: Unternehmensfinanzierung am Kapitalmarkt, 3. Auflage, Köln, 2013, S. 588-610.

Gohlke, F./Schiereck, D./Tunder, R. (2007): Durch Finanzanalysten wahrgenommene Qualität der Investor Relations deutscher Unternehmen, Revised Version Juli 2007, Working Paper, Nr. 4, 2006.

Golland, F. (2000): Equity Mezzanine Capital, in: Finanzbetrieb, 1, 2000, S. 34-39.

Golland, F./Gelhaar, L./Grossmann, K./Eickhoff-Kley, X./Jänisch, C. (2005): Mezzanine-Kapital, in: Der Betriebsberater-Special, 4, 2005, S. 1-32.

Golland, F. (2006): Mezzanine Kapital übernimmt die Rolle von Minderheitsbeteiligungen, in: Bösl, K./Sommer, M., Hrsg.: Mezzanine Finanzierung, München, 2006, S. 73-86.

Groß, P. J./Amen, M. (2002): Die Fortbestehensprognose – Rechtliche Anforderungen und ihre betriebswirtschaftlichen Grundlagen, in: Die Wirtschaftsprüfung, 5, 2002, S. 225-240.

Groß, P. J./Amen, M. (2002): Die Fortbestehensprognose – Rechtliche Anforderungen und ihre betriebswirtschaftlichen Grundlagen, in: Die Wirtschaftsprüfung, 9, 2002, S. 433-450.

Grosse, P. B. (1990): Projektfinanzierung aus Bankensicht, in: Backhaus, K./Sandrock, O./ Schill, J./Uekermann, H., Hrsg.: Projektfinanzierung, Stuttgart 1990, S. 41-62.

Guthoff, M. (2006): Macht Mezzanine überlegen? Eine empirische Analyse, in: BankPraktiker, 2, 2006, S. 70-73.

Habbel, M./Krause, L./Ollmann, M. (2010): Die Relevanz von Branchenanalysen für die Unternehmensbewertung, in: Drukarczyk, J./Ernst, D., Hrsg. (2010): Branchenorientierte Unternehmensbewertung, 3. Auflage, München, 2010, S. 9-19.

Haghani, S. (2004): Strategische Krisen von Unternehmen und praxisorientierte Möglichkeiten ihrer Früherkennung, in: Bickhoff, N./Blatz, M. et al.: Die Unternehmenskrise als Chance, Heidelberg, 2004, S. 41-65.

Hall, W. (1976): The Fashionable World of Project Finance, in: The Banker, Vol. 126, 1, 1976, S. 71-77.

Hanken, C. (2005): Der Insolvenzplan als Sanierungshilfe, in: Portisch, W./Shahidi, K., Hrsg.: Sanierung und Restrukturierung von kleineren und mittleren Unternehmen, Bern, 2005, S. 284-315.

Hansel, G. (2006): Börsengang im EU-regulierten Markt: das Beispiel PATRIZIA Immobilien AG, in: Deutsche Börse AG, Hrsg.: Praxishandbuch Börsengang, Wiesbaden, 2006, S.337-346.

Hartmann-Wendels, T./Wohl, P. (2007): Zur gewerbesteuerlichen Behandlung des Leasing im Unternehmenssteuerreformgesetz 2008, in: Leasing – Wissenschaft und Praxis, 2007.

Hasler, P. T. (2014): Schuldverschreibungen, in: Bösl, K./Schimpfky, P./von Beauvais, E.-A., Hrsg.: Fremdfinanzierung für den Mittelstand, München, 2014, S. 59-79.

Haubrok, A. (2006): Der Börsengang als Finanzierungsalternative, in: Deutsche Börse AG, Hrsg.: Praxishandbuch Börsengang, Wiesbaden, 2006, S. 23-43.

Hauptmann, M. (2006): Die richtige Managementstruktur für den Börsengang, in: Deutsche Börse AG, Hrsg.: Praxishandbuch Börsengang, Wiesbaden, 2006, S. 79-100.

Henge, S./Kostadinov, E. (2006): Erfolgsfaktoren des Emissionskonzepts, in: Deutsche Börse AG, Hrsg.: Praxishandbuch Börsengang, Wiesbaden, 2006, S. 237-257.

Hentschel, O. (2008): Der außergerichtliche Sanierungskonsortialkredit, Berlin, 2008.

Heseler, P. (2013): Wissenschaftliche Einordnung von Debt Relations und Einordnung in den Begriff Investor Relations, in: Hasler, P. T./Launer, M. A./Wilhelm, M. K., Hrsg.: Praxishandbuch Debt Relations, Wiesbaden, 2013, S. 17-28.

Hettich, C./Kreide, R./Crone, A. (2014): Finanzwirtschaftliche Sanierungsmaßnahmen, in: Crone, A./ Werner, H., Hrsg.: Modernes Sanierungsmanagement, 4. Auflage, München, 2014, S. 129-202.

Hilpold, C./Kaiser, D. G. (2005): Alternative Investment Strategien, Weinheim, 2005.

Hinsch, C./Horn, N. (1985): Recht des internationalen Wirtschaftsverkehrs, Band 2, Berlin, 1985.

Hinz, H. (2006): Einsatzmöglichkeiten von Mezzanine Kapital, in: Bösl, K./Sommer, M., Hrsg.: Mezzanine Finanzierung, München, 2006, S. 37-45.

Hinz, H./Johannson, C. (2012): Die Rolle der Emissionsbank bei der Begebung von Mittelstands- anleihen, in: Bösl, K./Hasler, P. T.: Mittelstandsanleihen, Wiesbaden, 2012, S. 193-204.

Hirschman, A. O. (1974): Abwanderung und Widerspruch, Tübingen, 1974.

Höpfner, K.-U. (1995): Projektfinanzierung: Erfolgsorientiertes Management einer bankbetrieblichen Leistungsart, Göttingen 1995.

Höpfner, K.-U. (2013): Konsortialkredite und Syndizierung, in: Winter, H./Hennig, C./Gerhard, M., Hrsg.: Grundlagen der Schiffsfinanzierung, 4. Auflage, Frankfurt, 2013, S. 727-771.

Hoffmann, J. (2005): Konsortialkredit und Projektfinanzierung, in: Knops, K.-O./Bamberger, H. G./ Maier-Reimer, G., Hrsg.: Recht der Sanierungsfinanzierung, Heidelberg, 2005, S. 151-171.

Holzborn, T. (2006): Umwandlung in die AG, in: Deutsche Börse AG, Hrsg.: Praxishandbuch Börsengang, Wiesbaden, 2006, S. 45-78.

Hommel, U. (2005): Verbriefung von Unternehmens-, Factoring- und Leasingforderungen in Deutschland, Gutachten, unter: www.true-sale-international.de, 2005.

Hoyos, M./Ritter-Thiele, K. M. (2006): § 315a, in: Ellrott, H./Förschle, G./Hoyos, M./ Winkeljohann, N., Hrsg.: Beck`scher Bilanz-Kommentar, 6. Auflage, München, 2006, S. 1816-1822.

Hull, J. (2012): Optionen, Futures und andere Derivate, 8. Auflage, München, 2012.

Hus, C. (2005): Bahres für Wahres, in: Impulse, 9, 2005, S. 112-115.

IDW, Hrsg. (1991): Anforderungen an Sanierungskonzepte, (IDW FAR 1/1991), S. 1–16.

IDW, Hrsg. (1994): Zur Behandlung von Genussrechten im Jahresabschluss von Kapital- gesellschaften, in: Die Wirtschaftsprüfung, 1, 1994, S. 419-423.

IDW, Hrsg. (1996): Empfehlungen zu Überschuldungsprüfung bei Unternehmen, (IDW FAR 1/1996), 1996, S. 1–9.

IDW, Hrsg. (2000): Anforderungen an Insolvenzpläne (IDW S 2), in: Die Wirtschaftsprüfung, 6, 2000, S. 285–295.

IDW, Hrsg. (2002): IDW Prüfungsstandard: Prüfung der Adressausfallrisiken und des Kredit- geschäfts von Kreditinstituten (IDW PS 522), in: IDW Fachnachrichten, 11, 2002, S. 623–640.

IDW, Hrsg. (2009): Beurteilung eingetretener oder drohender Zahlungsunfähigkeit bei Unternehmen (IDW PS 800 n. F.), in: IDW Fachnachrichten, 4, 2009, S. 161–169.

IDW, Hrsg. (2012): IDW Standard: Anforderungen an die Erstellung von Sanierungskonzepten (IDW S 6), in: IDW Fachnachrichten, 12, 2012, S. 719–741.

IDW, Hrsg. (2013): Zusammenwirken von handelsrechtlicher Fortführungsannahme und insolvenz- rechtlicher Fortbestehensprognose, in: Krisen-, Sanierungs- und Insolvenzberatung, 2, 2013, S. 70–74.

IDW, Hrsg. (2015): IDW Standard: Beurteilung des Vorliegens von Insolvenzeröffnungsgründen (IDW S 11), in: IDW Fachnachrichten, 4, 2015, S. 202-213.

IFD, Hrsg. (2007): Private Equity – Ein Leitfaden für die erfolgreiche Nutzung von Beteiligungskapital im Mittelstand, München, 2007.

Jensen, M. C./Meckling, W. H. (1976): Theory of the Firm: Managerial Behavior, Agency Costs and Ownership Structure, in: Journal of Financial Economics, 1976, S. 305-360.

Jetter, Y. (2014): Fremdkapitalfinanzierung: Fremdfinanzierung durch Dritte, in: Eilers, S./Rödding, A./Schmalenbach, D., Hrsg.: Unternehmensfinanzierung: Gesellschaftsrecht, Steuerrecht, Rechnungslegung, 2. Auflage, München, 2014, S. 219-248.

Jost, P.-J. (2001): Die Prinzipal-Agenten-Theorie in der Betriebswirtschaftslehre, Stuttgart, 2001.

Kaiser, D. G. (2004): Hedgefonds – Entmystifizierung einer Anlageklasse – Strukturen – Chancen – Risiken, Wiesbaden, 2004.

Kajüter, P./Hannen, S./Huth, M. (2014): Prognosebericht nach DRS 20 – Anforderungen und Berichtspraxis bei kapitalmarktorientierten Unternehmen, in: Der Betrieb, 50, 2012, S. 2841-2848.

Kaserer, C./Achleitner, A.-K./Einem, C. von, Schiereck, D. (2007): Private Equity in Deutschland – Rahmenbedingungen, ökonomische Bedeutung und Handlungsempfehlungen, Norderstedt, 2007.

Kaserer C./Diller C. (2007): Investitionen in Private Equity – Grundlagen, Ertragsprofile und Erfolgsfaktoren, Oberhaching, 2007.

Kaserer, C./Fey, G./Kuhn, N. (2011): Kapitalmarktorientierung und Finanzierung mittelständischer Unternehmen, Frankfurt, 2011.

Khakzad, F. (2009): Die Bedeutung von Financial Covenants in der internationalen Finanzkrise, Köln, 2009.

Kilgus, S. (2009): Auswirkungen der Finanzkrise auf das Konsortialgeschäft, in: Zeitschrift für Bank- und Kapitalmarktrecht, 5, S. 181-190.

Kimpel, B./Peine, C./Weiers, M./Weppner, S. (2014): Nachrangdarlehen, Partiarisches Darlehen, Forderungsverzicht gegen Besserungsschein, in: Bösl, K./Schimpfky, P./von Beauvais, E.-A., Hrsg.: Fremdfinanzierung für den Mittelstand, München, 2014, S. 221-258.

Kirchhoff, K. R. (2006) Equity Story und Positionierung – Die Bedeutung der Investor Relations beim Börsengang, in: Deutsche Börse AG, Hrsg.: Praxishandbuch Börsengang, Wiesbaden, 2006, S. 217-236.

Kirchhoff Consult AG (2007): Prognoseberichterstattung – Überblick über die Prognosen der DAX-Unternehmen in den Geschäftsberichten 2006.

Klandt, H. (2006): Gründungsmanagement: Der integrierte Unternehmensplan – Business-Plan als zentrales Instrument für die Gründungsplanung, München, 2006.

Klee, T. (2010): Pensionsverpflichtungen – Auswirkungen aktuell niedriger Renditen von Unternehmensanleihen auf die adjustierte Finanzverschuldung, Stuttgart, 2010, S. 1-13.

Klöhn, L./Hornuf, L. (2012): Crowdinvesting in Deutschland, in: Zeitschrift für Bankrecht und Bankwirtschaft, 4, 2012, S. 237-320.

Knief, P./Nöthen, T. (2002): „Zwischenberichterstattung" mittlerer Unternehmen, in: Der Betrieb, 3, 2002, S. 105-109.

Knief, P. (2004): Bedeutung der unterjährigen Berichterstattung für mittelständische Unternehmen und Fremdkapitalgeber, in: Deutsches Steuerrecht, 19, 2004, S. 829-834.

König, R.-J. (1990): Ausschüttungsverhalten von Kapitalgesellschaften, Besteuerung und Kapitalmarktgleichgewicht, Hamburg, 1990.

Kollmann, T. (2005): Finanzierung von jungen Unternehmen in der Net Economy, in: Börner, J./Grichnik, D., Hrsg.: Entrepreneurial Finance: Kompendium der Gründungs- und Wachstumsfinanzierung, Heidelberg, 2005, S. 65-81.

Kratzer, J./Kreuzmair, B. (2002): Leasing in Theorie und Praxis, Leitfaden für Anbieter und Anwender, 2. Auflage, Wiesbaden, 2002.

Kraus, T. (2012): Going Public Special „Anleihen 2012", 2012, S. 54-55.

Kraus, M./Zitzelsberger, A.. (2014): Genussrechte, in: Bösl, K./Schimpfky, P./von Beauvais, E.-A., Hrsg.: Fremdfinanzierung für den Mittelstand, München, 2014, S. 319-344.

Kruschwitz, L. (1986): Bezugsrechtsemissionen aus optionspreistheoretischer Sicht, in: Kredit und Kapital, 1, 1986, S. 110-121.

Kruschwitz, L./Kruschwitz, P. (1996): Entwurf einer neuen Theorie zur Bewertung von Lotterien, in: Die Betriebswirtschaft, 56, 1996, S. 733-742.

Kruschwitz, L. (2011): Investitionsrechnung, 13. Auflage, München, 2011.

Kruschwitz, L./Husmann, S. (2012): Finanzierung und Investition, 7. Auflage, München, 2012.

Krystek, U. (1987): Unternehmungskrisen – Beschreibung, Vermeidung und Bewältigung überlebenskritischer Prozesse in Unternehmungen, Wiesbaden, 1987.

Kudla, R. (2005): Finanzierung in der Sanierung, Wiesbaden, 2005.

Kühne, J. (2007): Kapitalersatz und Konsortialkredite – Insolvenzausfallrisiko für Konsortialführer und Konsorten, in: Neue Zeitschrift für das Recht der Insolvenz und Sanierung, 10, S. 560-566.

Kümpel, S. (2000): Bank- und Kapitalmarktrecht, Köln, 2000.

Laubrecht, K./Heller, S. (2012): Syndizierte Finanzierungen, in: Hockmann, H.-J./Thießen, F., Hrsg.: Investmentbanking, 3. Auflage, Stuttgart, S. 345-364.

Lauer, J. (2005): Das Kreditengagement zwischen Sanierung und Liquidation, 4. Auflage, Stuttgart, 2005.

Lauszus, D./Wübker, G. (2007): Private Equity braucht einen Strategiewechsel, in: Die Bank, 9, 2007, S. 14-17.

Leeper, R. (1978): Project Finance – a Term to Conjure with, in: The Banker, 8, 1978, S. 67-75.

Leineberger, T./Schiereck, D. (2007): Fixed Income Investor Relations bei deutschen Hypotheken- banken, Working Paper Nr. 2, April 2007.

Lintner, J. (1965): The Valuation of risky Assets and the Selection of risky Investments in Stock Portfolios and Capital Budgets, in: Review of Economics and Statistics, 47, 1965, S. 13-37.

Loderer, C./Jörg, P./Pichler, K./Roth, L./Wälchli, U./Zgraggen, P. (2010a): Handbuch der Bewertung, Band 1, 5. Auflage, Zürich, 2010.

Loderer, C./Wälchli, U./Zgraggen, P. (2010b): Handbuch der Bewertung, Band 2, 5. Auflage, Zürich, 2010.

Löhr, A.: (2006): Börsengang – Kapitalmarktchancen prüfen und umsetzen, Stuttgart, 2006.

Lubos, G. (2002): Finanzierung in der Unternehmenskrise, in: Krimphove, D./Tytko, D.: Praktiker-Handbuch Unternehmensfinanzierung, Stuttgart, 2002, S. 1019-1035.

Lützenrath, C./Peppmeier, K./Schuppener, J. (2006): Bankstrategien für Unternehmens- sanierungen, 2. Auflage, Wiesbaden, 2006.

Lwowski, H.-J./Merkel, H. (2003): Kreditsicherheiten, 8. Auflage, Berlin, 2003.

Lwowski, H.-J (2011): Sicherungsabtretung, in: Lwowski, H.-J./Fischer, G./Langenbucher, K., Hrsg.: Das Recht der Kreditsicherung, 9. Auflage, Berlin, 2011, S. 585-681.

Märki, M. (2004): Die Sanierung von krisenbehafteten Großunternehmen aus Sicht der Gläubigerbank, Bern, 2004.

Markowitz, H. M. (1952): Portfolio Selection, in: Journal of Finance, 7, 1952, S. 77-91.

Meffert, H. (2000): Marketing – Grundlagen marktorientierter Unternehmensführung, 9. Auflage, Wiesbaden, 2000.

Meffert, H. (2014): Marketing – Grundlagen marktorientierter Unternehmensführung, 12. Auflage, Wiesbaden, 2014.

Metzger, G. (2015): KfW-Gründungsmonitor 2015, Frankfurt, 2015.

Modigliani, F./Miller, M. H. (1958): The Cost of Capital, Corporation Finance, and the Theory of Investment, in: American Economic Review, 48, 1958, S. 261-297.

Mossin, J. (1966): Equilibrium in a Capital Asset Market, in: Econometrica, 34, 1966, S. 768-783.

Müller, R. (1984): Krisenmanagement in der Unternehmung – Vorgehen, Maßnahmen, Organisation, Frankfurt am Main, 1984.

Müller, S./Stute, A. (2006): Ausgestaltung der unterjährigen Berichterstattung deutscher Unternehmen: E-DRS 21 im Vergleich mit nationalen und internationalen Regelungen, in: Betriebs-Berater, 51, 2006, S. 2803-2810.

Müller, S./Peskes, M. (2006): Die Segmentberichterstattung als Instrument der Corporate Governance, in: Zeitschrift für Corporate Governance, 1, 2006, S. 33-38.

Nathasius, K. (2001): Grundlagen der Gründungsfinanzierung, Instrumente – Prozesse – Beispiele, Wiesbaden, 2001.

Nathasius, K./Klandt, H./Seibt, D. (2001): Beiträge zur Unternehmensgründung: gewidmet Prof. Dr. Dr. h. c. Norbert Szyperski anläßlich seines 70. Geburtstages, Köln, 2001.

Natusch, I. (2007): Wirtschaftliche Grundlagen, in: Häger, M./Elkemann-Reusch, M., Hrsg.: Mezzanine Finanzierungsinstrumente, 2. Auflage, Berlin, 2007, S. 21-69.

Neu, M. (2004): Gesellschaftsrecht, Heidelberg, 2004.

Nevitt, P. K./Fabozzi, F. J. (2000): Project Finance, 7th Edition, London, 2000.

Niehaus, H.-J. (2013): Die Rechnungslegung zur betrieblichen Altersversorgung, Arbeitspapier 281, Düsseldorf, 2013.

Obermüller, M. (2007): Insolvenzrecht in der Bankpraxis, 7. Auflage, Köln, 2007.

Obermüller, M. (2011): Insolvenzrecht in der Bankpraxis, 8. Auflage, Köln, 2011.

Pape, U. (2009): Wertorientierte Unternehmensführung, 4. Auflage, Sternenfels, 2009.

Pellens, B./Schmidt, A. (2014): Verhalten und Präferenzen deutscher Aktionäre, Frankfurt, 2014.

Peppmeier, K./Neumann, A.: (2005): Organisation und Management eines Sicherheitenpools, in: Betriebswirtschaftliche Blätter, 1, 2005, S. 53-55.

Perridon, L./Steiner, M./Rathgeber, A. (2012): Finanzwirtschaft der Unternehmung, 14. Auflage, München, 2012.

Pfister, S./Schulze-Steinen, M. (2007): Der Ablauf einer Mezzaninefinanzierung, Anforderungen, Vergabeprozess, Ausgestaltung und Kosten in: Unternehmer Edition, 2, 2007, S: 76-77.

Picot, G./Picot, M. A. (2012): Wirtschaftliche und wirtschaftsrechtliche Aspekte bei der Planung des Mergers & Acquisitions, in: Picot, G., Hrsg. (2012): Handbuch Mergers & Acquisitions, 5. Auflage, Stuttgart, 2012, S. 2-47.

Piwinger, M. (2005): Investor Relations als Inszenierungs- und Kommunikationsstrategie, in: Kirchhoff, K. R./Piwinger, M., Hrsg.: Praxishandbuch Investor Relations, Wiesbaden, 2005, S. 3-29.

Plankensteiner, D./Rehbock, T. (2005): Die Bedeutung von Mezzaninefinanzierungen in Deutschland, in: Zeitschrift für das gesamte Kreditwesen, 15, 2005, S. 790-794.

Plankensteiner, D. (2007): Wann wirkt Mezzanine-Kapital Rating stärkend? in: KfW Research Nr. 23, 5, 2007.

Pochmann, G. (2013): Der Konzernjahresabschluss nach Handelsgesetzbuch (HGB) und International Financial Reporting Standards (IFRS) – Der Konzernlagebericht nach DRS 20, Düsseldorf, 2013, S. 1-25.

Porák, V. (2005): Erfolgsmessung von Investor Relations, in: Kirchhoff, K. R./Piwinger, M., Hrsg.: Praxishandbuch Investor Relations, Wiesbaden, 2005, S. 185-205.

Porter, M. E. (1985): Competitive advantage: creating und sustaining superior performance, 15. Print, New York, 1985.

Porter, M. E. (1999): Wettbewerbsstrategie – Methoden zur Analyse von Branchen und Konkurrenten, 10. Auflage, Frankfurt, 2003.

Portisch, W. (1997): Überwachung und Berichterstattung des Aufsichtsrats im Stakeholder-Agency-Modell, Frankfurt am Main, 1997.

Portisch, W. (2003a): Sanierung von mittelständischen Unternehmen aus Sicht der Banken, in: Bouncken, R., Hrsg.: Management vom KMU und Gründungsunternehmen, Wiesbaden, 2003, S. 319-334.

Portisch, W. (2003b): KMU-Monitoring per Internet: Kreditrisiken frühzeitig erkennen, in: Die Bank, 5, 2003, S. 318-320.

Portisch, W. (2004c): Online Controlling, in: Autohaus, 7, 2004, S. 34.

Portisch, W. (2004d): Sanierung: Die Kraft der Kommunikation, in: Die Bank, 10, 2004, S. 56-59.

Portisch, W. (2005a): Verbundene Kreditrisiken systematisch managen: Die verborgene Gefahr, in: Die Bank, 7, 2005, S. 52-56.

Portisch, W. (2005b): Krisenerkennung und Einleitung eines Sanierungsprozesses in kleinen und mittleren Unternehmen, in: Portisch, W./Shahidi, K., Hrsg.: Sanierung und Restrukturierung von kleineren und mittleren Unternehmen, Bern, 2005, S. 3-32.

Portisch, W. (2005c): Sofortmaßnahmen zur Sicherung der Liquidität und des Eigenkapitals, in: Portisch, W./Shahidi, K., Hrsg.: Sanierung und Restrukturierung von kleineren und mittleren Unternehmen, Bern, 2005, S. 35-64.

Portisch, W. (2006a): Sanierung aus Bankensicht, 1. Auflage, Bern, 2006.

Portisch, W. (2006b): Firmenkundengeschäft: Im Netz der Konzernrisiken, in: Die Bank, 3, 2006, S. 46-50.

Portisch, W. (2006c): Stakeholder-Management in der Sanierung: Koalitionen bilden, in: Die Bank, 8, 2006, S. 54-58.

Portisch, W. (2006d): Key-Akteure im Sanierungsprozess: Haftungsrisiken vermeiden, in: Die Bank, 12, 2006, S. 58-62.

Portisch, W./Bode, C. (2007a): Globalzession – Sicherheit ohne Wert? – Tatsächliche und rechtliche Werthaltigkeit der Globalzession in der Krise und Insolvenz vor dem Hintergrund der neueren Rechtsprechung, in: BankPraktiker, 3, 2007, S. 142-147.

Portisch, W. (2007b): Interim Manager – Professionelle Umsetzung einer Sanierung, in: Die Bank, 4, 2007, S. 36-39.

Portisch, W. (2007c): Richtig finanzieren in der Krise und Sanierung, in: Die Bank, 11, 2007, S. 38-40.

Portisch, W./Reiner, K./Schuppener, J. (2007d): Grundsätze ordnungsgemäßer Sanierungskonzepte (GoS), in: BankPraktiker, 10, 2007, S. 468-473.

Portisch, W./Seidel, C. (2007e): Kapitallebensversicherungen: Alternativen der Verwertung aus Sicht der Kreditinstitute, in: BankPraktiker, 11, 2007, S. 540-548.

Portisch, W./Maatz, B./Ifftner, A. (2007f): Lösung von Unternehmenskrisen im Zusammenspiel von Unternehmer, Berater und Bank, in: Zeitschrift für das gesamte Kreditwesen, 24, 2007, S. 29-31.

Portisch, W. (2008a): Creditor Relations im Firmenkundengeschäft – Beziehungsmanagement verbessern, in: Die Bank, 1, 2008, S. 44-47.

Portisch, W. (2008b): Creditor Relations im Firmenkundengeschäft – Kodex für KMU, in: Die Bank, 2, 2008, S. 44-47.

Portisch, W. (2008c): Creditor Relations im Firmenkundengeschäft – Kodex für KMU, in: Die Bank, 2, 2008, S. 44–47.

Portisch, W./Ifftner, A./Düerkop, C. (2008d): Erfolgsfaktor Sanierungsgutachten – Empirische Untersuchung zur Qualität von Sanierungsgutachten, in: BankPraktiker, 11, 2008, S. 494–500.

Portisch, W. (2008f): Effiziente Sanierungsprozesse in Banken und Sparkassen, Heidelberg, 2008.

Portisch, W. (2009a): Unternehmenssanierung – Die Rolle der Finanzinvestoren, in: Die Bank, 2, 2009, S. 34–38.

Portisch, W. (2009b): Variable Vergütung in der Sanierung – Leistungsanreize setzen, in: Die Bank, 3, 2009, S. 60–62.

Portisch, W. (2009c): Fortführungsprognose für überschuldete Unternehmen – Wenn die Insolvenz droht, in: Die Bank, 5, 2009, S. 36–38.

Portisch, W. (2009d): Sanierungseinsatz – Gütesiegel für Beratungsqualität, in: Die Bank, 6, 2009, S. 44–48.

Portisch, W./Fröhlich, K./Ifftner, A./Maatz, B. (2009e): Unternehmenskrisen frühzeitig erkennen – Sanierung gemeinsam umsetzen, in: Zeitschrift für das gesamte Kreditwesen, 14/15, 2009, S. 39–42.

Portisch, W. (2009f): Neue Muster in der Problemkreditbetreuung – Insolvenzwelle, in: Die Bank, 12, 2009, S. 40–43.

Portisch, W. (2010a): Sanierung und Insolvenz aus Bankensicht, 2. Auflage, München, 2010.

Portisch, W. (2010b): Untersuchung von Sanierungsprozessen, in: Bachmann, M./Bales, K. et al. (Hrsg.): Problematische Firmenkundenkredite, 3. Auflage, Heidelberg, 2010, S. 22–71.

Portisch, W./Keller, C. U./Lützenrath, C./Peppmeier, K./Schuppener, J. (2010c): Anforderungen an die Sanierung und Unternehmensfortführung in der Insolvenz, in: IQS – Institut für Qualität und Standards in der Insolvenzabwicklung (Hrsg.): MaInsO – Mindestanforderungen an die Insolvenzabwicklung, Heidelberg, 2010, S. 277–358.

Portisch, W. (2010d): Prozessoptimierung bei der Insolvenzabwicklung, in: IQS – Institut für
    Qualität und Standards in der Insolvenzabwicklung (Hrsg.): MaInsO – Mindestanforderungen
    an die Insolvenzabwicklung, Heidelberg, 2010, S. 591–630.

Portisch, W. (2010e): Zunächst saniert – dann doch gescheitert, in: Die Bank, 2, 2010, S. 28–31.

Portisch, W. (2010f): Risikoeffekte durch Branchenverzahnung – Steuerung des Kreditportfolios,
    in: Die Bank, 4, 2010, S. 52–55.

Portisch, W./Peppmeier, K./Schuppener, J. (2010g): Gestaltung von Sanierungen – Vergleich der
    Sanierungsstandards IDW S 6 und ISU-MaS, in: ForderungsPraktiker, 3, 2010, S. 110–116.

Portisch, W. (2010g): Drohende Insolvenzen frühzeitig erkennen, in: Die Bank, 7, 2010, S. 60–69.

Portisch, W./Neumann, M. (2010h): Insolvenzen: Bei der Abwicklung professionell agieren,
    in: Die Bank, 9, 2010, S. 50–53.

Portisch, W./Neumann, M. (2010i): Studie zur Abwicklung und zum Insolvenzverwalter,
    in: Betriebswirtschaftliche Blätter, 9, 2010, S. 498–504.

Portisch, W./Neumann, M. (2010j): Effiziente Insolvenzprozesse in Kreditinstituten,
    in: BankPraktiker, 10, 2010, S. 376–383.

Portisch, W./Neumann, M. (2010h): Effiziente Insolvenzprozesse in Banken und Sparkassen,
    Heidelberg, 2010.

Portisch, W./Buhl, B. (2010i): Programm-Mezzanine: Anschlussfinanzierung gesucht,
    in: BankPraktiker, 12, 2010, S. 466-471.

Portisch, W. (2011a): Risikofrüherkennung per GuV-Simulation, in: Die Bank, 1, 2011, S. 60–62.

Portisch, W. (2011b): Insolvenzverwalterqualität gewährleisten, in: ForderungsPraktiker,
    1, 2011, S. 8–13.

Portisch, W. (2011c): Intensivbetreuung während der Sanierung, in: Die Bank, 2, 2011, S. 32–34.

Portisch, W. (2011d): Stabilität im Finanziererkreis – Neugestaltung der Bankbeziehungen,
    in: Die Bank, 3, 2011, S. 50–53.

Portisch, W. (2011e): Den Sanierungsprozess konsistent gestalten, in: Die Bank, 4, 2011, S. 74–78.

Portisch, W. (2011f): Die Rolle von Steering Committees bei Sanierungen, in: bank und markt,
    7, 2011, S. 38–41.

Portisch, W./Smit, M. (2011g): IFRS 9: Neue Bilanzierung von Wertberichtigungen, in:
    ForderungsPraktiker, 5, 2011, S. 214–219.

Portisch, W./Breit, V./Endres, T. (2011h): Einführung der E-Bilanz: Auswirkungen auf Banken und
    Firmenkunden, in: BankPraktiker, 11, 2011, S. 166–171.

Portisch, W. (2012a): Firmensanierungen und Insolvenzen effektiv steuern, Köln, 2012.

Portisch, W./Holtkötter, D./Schuppener, J. (2012b): Rechtliche Anforderungen an Fortführungs-
    prognosen, Fortbestehensprognosen und Sanierungskonzepte, in: ISU – Institut für die
    Standardisierung von Unternehmenssanierungen (Hrsg.): Mindestanforderungen an
    Sanierungskonzepte (MaS), 2. Auflage, Heidelberg, 2012, S. 1–15.

Portisch, W. (2012c): Beurteilung der Sanierungsstandards IDW S 6 und ISU-MaS, in: ISU –
    Institut für die Standardisierung von Unternehmenssanierungen (Hrsg.): Mindest-
    anforderungen an Sanierungskonzepte (MaS), 2. Auflage, Heidelberg, 2012, S. 21–35.

Portisch, W./Schuppener, J. (2012d): Grundsätze ordnungsgemäßer Sanierungskonzepte (GoS),
    in: ISU – Institut für die Standardisierung von Unternehmenssanierungen (Hrsg.): Mindest-
    anforderungen an Sanierungskonzepte (MaS), 2. Auflage, Heidelberg, 2012, S. 36–46.

Portisch, W. (2012e): Prozessstandard für Sanierungsumsetzungen, in: ISU – Institut für die Standardisierung von Unternehmenssanierungen (Hrsg.): Mindestanforderungen an Sanierungskonzepte (MaS), 2. Auflage, Heidelberg, 2012, S. 150–164.

Portisch, W./Holtkötter, D. (2012f): Going-Concern-Prognosen in der Unternehmenskrise, in: ForderungsPraktiker, 5, 2012, S. 214–219.

Portisch, W./Cranshaw, F. L. (2012g): Insolvenzverfahren: Mindestanforderungen an das Outsour-cing von Dienstleistungen, in: ForderungsPraktiker, 6, S. 275–281.

Portisch, W. (2012h): Untersuchung von Sanierungsprozessen, in: Bachmann, M./Bales, K. et al. (Hrsg.): Problematische Firmenkundenkredite, 3. Auflage, Heidelberg, 2010, S. 23–72.

Portisch, W./Neumann, M./Lüerßen, G. (2013a): Prozesshandbuch Sanierung, Abwicklung und Insolvenz, 2. Auflage, Heidelberg, 2013.

Portisch, W. (2013b): Abwicklungsprozesse in Insolvenzverwalterkanzleien und in Kreditinstituten, in: Krisen-, Sanierungs- und Insolvenzberatung, 1, 2013, S. 28–32.

Portisch, W. (2013c): Facetten der Sanierung, in: Die Bank, 2, 2013, S. 46–50.

Portisch, W./Neumann, M./Lüerßen, G (2013d): Abwicklungskonzepte: Prozesse festlegen und Erfolge messen, in: BankPraktiker, 5, 2013, S. 162–169.

Portisch, W./Neumann, M./Lüerßen, G. (2013e): Wertorientierte Sanierung, in: Die Bank, 6, 2013, S. 32–36.

Portisch, W. (2013f): Risikoerkennung und Sanierungswürdigkeitsprüfung durch Kreditinstitute, in: Krisen-, Sanierungs- und Insolvenzberatung, 4, 2013, S. 149–154.

Portisch, W./Neumann, M./Lüerßen, G. (2013g): Effiziente Sanierungsprozesse: Ergebnisse einer aktuellen Studie, in: ForderungsPraktiker, 7, 2013, S. 152–158.

Portisch, W. (2013h): Regelwerk zur InsO 9001:2013, Berlin, 2013.

Portisch, W. (2014a): Sanierung und Insolvenz aus Bankensicht, 3. Auflage, Oldenbourg, de Gruyter: München, Berlin 2014.

Portisch, W./Cranshaw, F. L. (2014b): Poolvertrag in Zeiten des ESUG – Sicherheitenpoolverträge an gesetzliche Neuerungen anpassen, in: Krisen-, Sanierungs- und Insolvenzberatung, 1, 2014, S. 9-15.

Portisch, W. (2015a): Intensivkonzepte in einem frühen Krisenstadium, in: Krisen-, Sanierungs- und Insolvenzberatung, 1, 2015, S. 13-17.

Portisch, W./Cranshaw, F. L./Knöpnadel, U. (2015b): Aspekte der Haftung, der Versicherung und des Risikomanagements des Gläubigerausschusses – Teil 1, in: Zeitschrift für das gesamte Insolvenzrecht, 1, 2015, S. 1-15.

Portisch, W./Cranshaw, F. L./Knöpnadel, U. (2015c): Aspekte der Haftung, der Versicherung und des Risikomanagements des Gläubigerausschusses – Teil 2, in: Zeitschrift für das gesamte Insolvenzrecht, 3, 2015, S. 63-71.

Portisch, W. (2015d): Intensivprozesse aus Bankensicht gestalten, in: Krisen-, Sanierungs- und Insolvenzberatung, 2, 2015, S. 66-69.

Portisch, W./Maatz, B./Neuhaus, R. (2015e): Ganzheitlicher Turnaround-Prozess für Firmenkunden – Teil A: Anwendungsempfehlungen für ein Intensivkonzept, in: Krisen-, Sanierungs- und Insolvenzberatung, 6, 2015, S. 245-248.

Portisch, W./Wuschek, T. (2015f): Erlös- und Kostentransparenz: Im Sanierungsbereich von Banken und Sparkassen, in: BankPraktiker, 11, 2015, S. 412-419.

PWC AG/Kirchhoff Consult AG, Hrsg. (2005): Kapitalmarktkommunikation in Deutschland – Investor Relations und Corporate Reporting, Frankfurt, 2005.

PWC AG (2006a): Gemeinsamkeiten und Unterschiede IFRS, US GAAP und deutsches Recht im Vergleich, 2. Auflage, Frankfurt, 2006.

PWC (2006b): The IFRS Manual of Accounting – A comprehensive guide to International Financial Reporting Standards – 2007, Kingston-upon-Thames, 2006.

PWC (2015): Emissionsmarkt Deutschland – Q4 2014 Jahresüberblick, Frankfurt, 2015.

Pümpin, C./Wunderlin, C. (2005): Unternehmensentwicklung – Corporate Life Cycles. Metamorphose statt Kollaps, Bern, 2005.

Püschel, R. (2013): Anwendung des IDW S 6 auf Sanierungskonzepte für kleine und mittelgroße Unternehmen, in: Krisen-, Sanierungs- und Insolvenzberatung, 2, 2013, S. 53-59.

Rechtmann, J. (2012): Sicherheiten in der Krise: Neubestellung und Aktivitäten zu bestehenden Sicherheiten, in: Clemens, M./Cranshaw, F. L. et al., Hrsg.: Problematische Firmenkundenkredite, 4. Auflage, Heidelberg, 2012, S. 373–427.

Reichling, P./Beinert, C./Henne, A. (2005): Praxishandbuch Finanzierung, Wiesbaden, 2005.

Reichmann, T. (2011): Controlling mit Kennzahlen, 8. Auflage, München, 2011.

Riess, R./Steinbach, M. (2006): Wahl des geeigneten Börsensegments, in: Deutsche Börse AG, Hrsg.: Praxishandbuch Börsengang, Wiesbaden, 2006, S. 259-306.

Ringelspacher, E. (2014): Krisenmanagement aus Bankensicht, in: Crone, A./Werner, H., Hrsg.: Modernes Sanierungsmanagement, 4. Auflage, München, 2014, S. 501-562.

Röder, K./Sonnemann, U. (2006): Asset Backed Securities, in: Wirtschaftswissenschaftliches Studium, 6, 2006, S. 328-333.

Rösler, P./Pohl, R./Mackenthun, T. (2002): Handbuch Kreditgeschäft, Wiesbaden, 2002.

Roland Berger Strategy Consultants, Hrsg. (2014): Financial Covenants in der Unternehmensfinanzierung, München, 2014, S. 1-21.

Rosen, R. von (2006): Der Gang an die Börse ist nur der erste Schritt, in: Deutsche Börse AG, Hrsg.: Praxishandbuch Börsengang, Wiesbaden, 2006, S. 346-358.

Rosenfeld, K./Ziese, S. (2006): ABS und Mittelstandsfinanzierung, in: Zeitschrift für das gesamte Kreditwesen, 19, 2006, S. 1058-1060.

Ross, S. A. (1976): The Arbitrage Theory of Capital Asset Pricing, in: Journal of Economic Theory, 13, 1976, S. 341-360.

Rossbach, O. (2011): Kreditgeschäft in Unternehmen, in: Wittig, A., Hrsg.: Bank- und Kapitalmarktrecht 4. Auflage, Köln, 2011, S. 1408-1421.

Rost, S. (2008): Konsortialkreditvertrag, in: Klein, J., Hrsg.: Konsortialkreditgeschäft und Sicherheitenpools, Heidelberg, 2008, S. 35-90.

Rost, S. (2013): Konsortialkreditvertrag, in: Klein, J., Hrsg.: Konsortialkreditgeschäft und Sicherheitenpools, Heidelberg, 2013, S. 41-106.

Rudolph, B./Prüher, M. (1999): Unternehmensfinanzierung in einem dynamischen Kontext, in: ifo Studien, Zeitschrift für empirische Wirtschaftsforschung, 3, 1999, S. 573-589.

Rudolph, B. (2006): Unternehmensfinanzierung und Kapitalmarkt, Tübingen, 2006.

Schäfer, D./Fisher, A. (2008): Die Bedeutung von Buy-Outs/Ins für unternehmerische Effizienz, Effektivität und Corporate Goverance, Berlin, 2008.

Schaffelhuber, K. A./Sölch, F. (2014): §31 Kreditkonsortien und Sicherheitenpools, in: Gummert, H./ Weipert, L./Butzer, H. et al., Hrsg.: Münchner Handbuch des Gesellschaftsrechts, Band 1: BGB-Gesellschaft, offene Handelsgesellschaft, Partnerschaftsgesellschaft, Partenreederei, EWIV, 4. Auflage, München, 2014, S. 744-787.

Schefczyk, M. (2006): Finanzieren mit Venture Capital und Private Equity, 2. Auflagen, Stuttgart, 2006.

Schepp, F. (1996): Praxis der Projektfinanzierung, in: Die Bank, 6, 1996, S. 526-529.

Schiereck, D./Tunder, R./Gohlke, F. (2010): Durch Wertpapieranalysten wahrgenommene Qualität der Finanzkommunikation deutscher Unternehmen, in: Der Betrieb, 8, 2010, S. 401-407.

Schiller, B./Tytko, D. (2001): Risikomanagement im Kreditgeschäft, Stuttgart, 2001.

Schmeisser, W./Leonhardt, M. (2006): Asset-Backed-Securities-Transaktionen als Finanzierungs-alternative für den deutschen Mittelstand, Mehring, 2006.

Schmidt, K./Uhlenbruck, W. (2003): Die GmbH in der Krise, Sanierung und Insolvenz, 3. Auflage, Köln, 2003.

Schmidt, R. H. (1986): Grundzüge der Investitions- und Finanzierungstheorie, 2. Auflage, Wiesbaden, 1986.

Schmidt, R. H./Weiß, M. (2003): Shareholder vS. Stakeholder: Ökonomische Fragestellungen, 104, Working Paper Series: Finance & Accounting, 2003.

Schmitt, W. (1989): Internationale Projektfinanzierung bei deutschen Banken, Analyse einer neuen Bankmarktleistung unter besonderer Berücksichtigung risikopolitischer und implementierungsstrategischer Entscheidungsfelder, Band 37, Frankfurt, 1989.

Schneck, O. (2004): Finanzierung, 2. Auflage, München, 2004.

Schönwald, S. (2015): KfW Kreditmarktausblick September 2015, Frankfurt, 2015.

Schramm, D./Carstens, J. (2014): Startup-Crowdfunding und Crowdinvesting: Ein Guide für Gründer, Wiesbaden, 2014.

Schuppisser, S. W. (2002). Stakeholder Management, Bern, 2002.

Schuler, A. (2005): Mezzaninefinanzierung für den Mittelstand – Alte Bekannte in neuem Gewand, in: ConVent, Hrsg.: Unternehmensfinanzierung, Jahrbuch 2005, Frankfurt, 2005, S. 85-86.

Schuler, A. (2007): Private Equity, in: Hockmann, H.-J./Thießen, F., Hrsg.: Investment Banking, 2. Auflage, Stuttgart, 2007, S. 241-262.

Schuler, A./Portisch, W. (2008): Projektfinanzierung, in: Portisch, W., Hrsg.: Finanzierung im Unternehmenslebenszyklus, München, 2008, S. 217-236.

Schulte, R. (2007): Kapitalstrukturentwicklung in der Frühphase von Existenzgründungen, in: Betriebswirtschaftliche Forschung und Praxis, 3, S. 217-231.

Schulte-Althoff, M. (1992): Projektfinanzierung: Ein kooperatives Finanzierungsverfahren aus Sicht der Anreiz-Beitrags-Theorie und der neuen Institutionenökonomie, Münster, 1992.

Schween, C. (2006): Standardentwurf des IASB zur Segmentberichterstattung: ED IFRS 8 – Operating Segments, in: Die Wirtschaftsprüfung, 8, 2006, S. 516-517.

Schwetzler, B. (2014): Verschuldung deutscher Private-Equity-Portfolio-Unternehmen, Leipzig, 2014, S. 1-19.

Sharpe, W. F. (1964): Capital Asset Prices: A Theory of Market Equilibrium under Conditions of Risk, in: Journal of Finance, 19, 1964, S. 425-442.

Shefrin, H. (2000a): Beyond Greed and Fear – Understanding Behavioral Finance and the Psychology of Investing, Boston, 2000.

Shefrin, H. (2000b): Börsenerfolg mit Behavioral Finance, Stuttgart, 2000.

Shiller, R. J. (2000): Irrational Exuberance, Princeton, 2000.

Sickel, H. U. (2008): Sicherheitenpoolverträge, in: Klein, J., Hrsg.: Konsortialkreditgeschäft und Sicherheitenpools, 2008, S. 89–129.

Sickel, H. U./Goldmann, S. (2013): Konsortialvertrag, in: Klein, J., Hrsg.: Konsortialkreditgeschäft und Sicherheitenpools, Heidelberg, 2013, S. 3-37.

Simon-Kucher & Partners (2007): Quo Vadis Private Equity? – Statusbestimmung und Ausblick 2007, Januar 2007, Bonn.

Simon, U. (2012): Das neue Schuldverschreibungsgesetz und Treuepflichten im Anleiherecht als Bausteine eines außergerichtlichen Sanierungsverfahrens, Baden-Baden, 2012.

Spremann, K. (1991): Investition und Finanzierung, 4. Auflage, München, 1991.

Spremann, K. (2002): Finanzanalyse und Unternehmensbewertung, München, 2002.

Spremann, K. (2006): Portfolio-Management, 3. Auflage, München, 2006.

Spremann, K. (2010): Finance, 4. Auflage, München 2010.

Spremann, K. (2013): Wirtschaft und Finanzen, München, 2013.

Spremann, K./Gantenbein, P. (2014): Zinsen, Anleihen, Kredite, 3. Auflage, München, 2014.

Staehle, W. H. (1994): Management, 7. Auflage, München, 1994.

Steiner, P./Uhlir, H. (2001): Wertpapieranalyse, 4. Auflage, Heidelberg, 2001.

Steiner, M./Schiffel, S. (2006): Mittelstandsfinanzierung in Deutschland: Struktur und Rahmenbedingungen, in: Bösl, K./Sommer, M., Hrsg.: Mezzanine Finanzierung, München, 2006, S. 1-11.

Steiner, M./Bruns, C./Stöckl, S. (2012): Wertpapiermanagement, 10. Auflage, Stuttgart, 2012.

Steinhauer, B. (2007): Nachrangdarlehen, in: Häger, M./Elkemann-Reusch, M., Hrsg.: Mezzanine Finanzierungsinstrumente, 2. Auflage, Berlin, 2007, S. 179-208.

Steinwachs, T. (2008): Die Insolvenzfestigkeit des Sicherheitenpoolvertrags, in: Neue Juristische Wochenschrift, 2008, S. 2231–2233.

Stellbrink, J. (2005): Der Restwert in der Unternehmensbewertung, in: Baetge, J./Kirsch, H.-J., Hrsg.: Schriften zum Revisionswesen, Düsseldorf, 2005.

Steurer, S. (2006): Neue Regularien begünstigen Asset Backed Securities: Rückenwind für ABS, in: Die Bank, 9, 2006, S. 36-39.

Stockinger, M.: Auswirkungen der Leasingbilanzierung nach IFRS, Wiesbaden, 2015.

Strieder, T./Ammedick, O. (2007): Der Zwischenlagebericht als neues Instrument der Zwischenberichterstattung, in: Der Betrieb, 25, S. 1368-1372.

Struck, U. (2001): Geschäftspläne: für erfolgreiche Expansions- und Gründungsfinanzierung, 3. Auflage, Stuttgart, 2001.

Svoboda, P. (1991): Betriebliche Finanzierung, 2. Auflage, Heidelberg, 1991.

Thaler, R. H. (2000): The Winners Curse – Paradoxes and Anomalies of Economic Life, New York, 1992.

The Boston Consulting Group (2002): Value Creators Report 2002, BCG Report, Frankfurt, 2002.

Theile, C. (2011): Erstanwendung der IFRS, in: Reuther, F./Heyd, R., Hrsg.: Praxishandbuch Full IFRS für Familienunternehmen und Mittelstand: Anwendung und Fallstudien, Berlin, 2011, S. 847-855.

Tytko, D. (2003): Grundlagen der Projektfinanzierung, in: Backhaus, K./Werthschulte, H., Hrsg.: Projektfinanzierung, 2. Auflage, Stuttgart, 2003.

Uekermann, H. (1990): Technik der internationalen Projektfinanzierung, in: Backhaus, K./ Sandrock, O./Schill, J./Uekermann, H., Hrsg.: Projektfinanzierung, Stuttgart 1990, S. 13-28.

Uhlir H./Steiner, P. (2000): Wertpapieranalyse, 4. Auflage, Heidelberg, 2000.

Valensina, Hrsg. (2011): Wertpapierprospekt für die Herausgabe von Inhaberschuldverschreibungen, Mönchengladbach, 2011.

Wagner, F./Lehmann, M. (2006): Nachrangdarlehen, in: Bösl, K./Sommer, M., Hrsg.: Mezzanine Finanzierung, München, 2006, S. 245-269.

Walchshofer, M. (2011): Erfolgsfaktor Kapitalmarktkommunikation – Mittelstandsanleihen aus Sicht institutioneller Anleger, in: Going Public Special Anleihen 2011, 3, 2011, S. 48-49.

Walchshofer, M. (2012): Die Bedeutung von Covenants von Mittelstandsanleihen aus Sicht institutioneller Investoren, in: Bösl, K./Hasler, P. T.: Mittelstandsanleihen, Wiesbaden, 2012, S. 55-66.

Wermuth, S. (2015): Thomson Reuters – Global Syndicated Loan Review – First Half 2015, London, S. 1-16.

Werner, H. S. (2007): Mezzanine-Kapital, Köln, 2007.

Wöhe, G./Bilstein, J./Ernst, D./Häcker, J. (2013): Grundzüge der Unternehmensfinanzierung, 11. Auflage, München, 2013.

Wolf, B./Hill, M./Pfaue, M. (2011): Strukturierte Finanzierungen, 2. Auflage, Stuttgart, 2011.

Wolf, K./Runzheimer, B. (1999): Risikomanagement und KonTraG – Konzeption und Implementierung, Wiesbaden, 1999.

Wuschek, T. (2011): Sicherheitenpoolvertrag: Besonderheiten und spezielle Regelungen, BankPraktiker, 10, 2011, S. 358–363.

Zahn, H. E.: (1991): Handlexikon zu Futures, Optionen und innovativen Finanzinstrumenten, Frankfurt, 1991.

Zantow, R. (2004): Finanzierung, München, 2004.

Zülch, H./Höltken, M. (2013): Die neue (Konzern-)Lageberichterstattung nach DRS 20 – ein Anwendungsleitfaden, in: Der Betrieb, 44, S. 2457-2465.

Autorenverzeichnis

Wolfgang Portisch, geboren 1966 in Jever, ist seit 2003 Professor für Bank- und Finanzmanagement an der Hochschule Emden/Leer. Nach seinem Studium mit dem Abschluss zum Diplom-Kaufmann und seiner Promotion zum Dr. rer. pol. am Bankenlehrstuhl der Universität Lüneburg arbeitete er sieben Jahre in der Kreditwirtschaft. Dort trug er die Verantwortung für zahlreiche Kredit- und Sanierungsengagements. Wolfgang Portisch verfügt über Lehrerfahrung an der Hochschule, in der Praxis und in der berufsbegleitenden Weiterbildung. Unter anderem ist er seit Jahren für die Frankfurt School of Finance & Management in der nebenberuflichen Ausbildung von Bankangestellten und in der Fortbildung von Führungskräften sowie im Dualen Studium im Bereich Firmenkundengeschäft für die Genossenschaftsakademie aktiv. Er hält Vorträge zu Spezialthemen für Euroforum, das Finanz Colloquium Heidelberg sowie die Akademie Deutscher Genossenschaften in Montabaur. Zudem ist er Autor von Fachbüchern, Mitherausgeber der Zeitschrift ForderungsPraktiker und Verfasser diverser Artikel in den Forschungsgebieten: Unternehmensfinanzierung, Risikofrüherkennung, Sanierung und Insolvenz.

Jan Gerald Andreas, geboren 1979 in Gifhorn, begann seine Laufbahn mit dem Studium der Betriebswirtschaftslehre an der Berufsakademie Weserbergland. Er absolvierte sein Studium mit dem Schwerpunkt Bankbetriebswirtschaft im Rahmen eines Trainee-Programms bei der BHW erfolgreich mit dem Abschluss zum Bankkaufmann sowie zum Bachelor of Arts (Finance). Es folgte ein Studium an der Fachhochschule Oldenburg/Ostfriesland/Wilhelmshaven unter anderem mit dem Schwerpunkt Finanzmanagement und Controlling. Er erreichte den akademischen Abschluss zum Diplom-Kaufmann als Jahrgangsbester. Anschließend übernahm er eine mehrjährige Tätigkeit als Firmenkundenberater bei der Landessparkasse zu Oldenburg. Mitte 2007 wechselte er zur KfW IPEX-Bank in Frankfurt, in der das Wettbewerbsgeschäft der KfW-Bankengruppe zusammengeführt ist. Hier arbeitet er im Bereich internationale Projekt- und Exportfinanzierung. Er ist seit vielen Jahren in den unterschiedlichen Bereichen der Finanzwirtschaft tätig und lehrt zudem an der Frankfurt School of Finance & Management.

Michael Angrabeit, geboren 1982 in Hannover, war nach seinem Studium der Betriebswirtschaftslehre an der Fachhochschule Emden und der Technischen Hochschule Blekinge in Schweden viele Jahre für die KPMG AG Wirtschaftsprüfungsgesellschaft, Hannover, als Assistant Manager und Prüfungsleiter tätig. Hier war er mit der Prüfung von Versicherungen, Rückversicherungsmaklern, Beteiligungsholdinggesellschaften, Dienstleistungsunternehmen sowie der Bewertung von Unternehmen beschäftigt. Mitte 2011 wechselte er zur Talanx AG, Hannover, bei der er derzeit als Group Treasury Manager angestellt ist. Er war am Börsengang der Talanx AG beteiligt und ist aktuell für die Begebung von Senior- und Nachranganleihen, Kapitalerhöhungen, Mitarbeiteraktienprogrammen, Anleihenrückkäufen, Syndizierung von Kreditlinien und das Kapitalmanagement mit verantwortlich. Er war Projektmanager für das technische Zweitlisting der Talanx AG an der Börse Warschau.

Florian Beder, geboren 1980 in Holzminden, hat das Studium der Betriebswirtschaftslehre an der Fachhochschule Oldenburg/Ostfriesland/Wilhelmshaven mit dem Schwerpunkt Finanzmanagement und Controlling zum Diplom-Kaufmann (FH) absolviert. Er begann seine Laufbahn als Restrukturierungsberater bei der TU Unternehmensberatung in Oldenburg, bei der FMC Consultants GmbH in Bremen sowie bei der Gehrke econ Unternehmensberatungsgesellschaft mbH in Hannover. Derzeit ist er in der Geschäftsführung bei der Fischer-Bau GmbH in Hannover-Laatzen, einem bedeutenden Bauträgergesellschaften in Norddeutschland für den Bereich Vertrieb, verantwortlich.

Silke Bullenkamp, geboren 1961 in Bremen, hat ihre Ausbildung bei der Bremer Landesbank absolviert und ergänzend den Abschluss als Sparkassenbetriebswirtin erworben. Anschließend war sie in verschiedenen Bereichen als Prokuristin, langjährig im Bereich Schifffinanzierungen national und international tätig. Sie ist seit 2008 am Auf- und Ausbau des Syndication Desk der Bremer Landesbank beteiligt. Sie ist mit der Strukturierung und Ausplatzierung von Konsortialanteilen in unterschiedlichen Segmenten (Schiffsfinanzierungen, Sozialimmobilien, Erneuerbare Energien, Leasing Refinanzierungen, Privat- und Firmenkunden) sowie der Kontaktpflege und dem Aufbau neuer Geschäftsbeziehungen beschäftigt.

Jens Ellerbeck, geboren 1982 in Bergisch-Gladbach, hat seine Ausbildung zum Bankkaufmann bei der Bremer Landesbank absolviert. Anschließend hat er in 2009 seinen Bachelor für Wirtschaftswissenschaften an der Universität in Oldenburg gemacht. Von 2009 bis 2011 war er Firmenkundenbetreuer bei der Bremer Landesbank. Ende 2013 hat er ein Förderprogramm im Sektor der Spezialfinanzierungen, das ein nebenberufliches Studium an der Frankfurt School, sowie eine Hospitation bei der NordLB in London beinhaltet, durchlaufen. Er ist seit Anfang 2014 im Syndication Desk der Bremer Landesbank tätig. Herr Ellerbeck ist mit der Strukturierung und Ausplatzierung von Konsortialanteilen in unterschiedlichen Segmenten sowie der Kontaktpflege und dem Aufbau neuer Geschäftsbeziehungen beschäftigt.

Stefan Henge, geboren 1971 in Stuttgart, ist aktuell Direktor bei Allianz Capital Partners in London. Nach seiner Bankausbildung bei der Sparkasse Karlsruhe studierte er Betriebswirtschaftslehre an der Universität des Saarlandes in Saarbrücken sowie der Universidad de Sevilla in Spanien. Nach dem Abschluss des Studiums mit dem Titel Diplom-Kaufmann begann Stefan Henge seine berufliche Laufbahn im Bereich Equity Syndication/Equity Capital Markets der HypoVereinsbank. Anfang 2005 wechselte er zur Dresdner Kleinwort in den Bereich Equity Capital Markets. Dort war er für die Akquisition, Strukturierung und Umsetzung von Eigenkapitalmaßnahmen verantwortlich und wirkte an einer Vielzahl von Börsengängen, Kapitalerhöhungen, Aktienumplatzierungen und Wandelanleiheemissionen mit. Berufsbegleitend erwarb Stefan Henge zusätzlich den Titel Chartered Financial Analyst (CFA).

Eduard Kostadinov, geboren 1973 in Münster, ist Managing Director und Head of Automotive EMEA im Bereich Investment Banking bei Morgan Stanley. Zuvor war er als Director im Bereich Global Corporate & Investment Banking bei Merrill Lynch und Vice President im Bereich Corporate Finance bei Dresdner Kleinwort in Frankfurt tätig. In diesen Rollen hat er verantwortlich an Kapitalmarkttransaktionen sowie an M&A Kauf- und Verkaufsmandaten mitgewirkt. Eduard Kostadinov hat an der York University, Toronto, Betriebswirtschaftslehre studiert und verfügt über einen MBA der INSEAD/Frankreich. Zudem hat er berufsbegleitend die Titel des kanadischen Chartered Accountant (CA) sowie des Chartered Financial Analyst (CFA) erworben.

Tanja Reinecke, geboren 1988 in Oldenburg, war nach ihrer Ausbildung zur Bankkauffrau bei der Bremer Landesbank Teamassistentin im Bereich Schiffe, Flugzeuge und Vertreterin der Assistentin der Bereichsleitung Spezialfinanzierungen. Anschließend war sie für Zinsanpassungen und Währungswechsel sowie für die Konditionsabstimmung mit Konsorten zuständig. Aktuell ist sie für die Analyse sowie das Controlling des Schiffsportfolios bei der Bremer Landesbank tätig. Nebenberuflich absolvierte sie erfolgreich ein Studium an der Frankfurt School of Finance and Management, das sie 2015 mit dem Titel Diplom-Bankbetriebswirtin abschloss.

Holger Thiele, geboren 1974 in Neustadt am Rübenberge, ist gelernter Bankkaufmann. Im Anschluss an ein international ausgerichtetes berufsbegleitendes Studium der Betriebswirtschaftslehre an der Frankfurt School of Finance & Management, mit den Abschlüssen Diplom-Betriebswirt (FH) und Ingénieur-Maître der Universität Caen, arbeitete er im Strukturierungsbereich von Securitisation Germany bei Dresdner Kleinwort, der Investmentbankingsparte der Dresdner Bank AG in Frankfurt. Dort lagen seine Hauptaufgaben in der Origination sowie der Strukturierung von Asset-Backed-Transaktionen für Banken und Unternehmen. Nachdem er in 2007 die Leitung des Portfoliooptimierungsbereichs des Kreditportfoliomanagements der Privatkundensparte der Dresdner Bank übernommen hatte, wechselte er in 2009 in die Treasuryfunktion der Commerzbank AG in Frankfurt, wo er sich im Asset Liability Management für die Fragestellungen rund um die Verbriefungen und das Hedge Accounting sowie das Transferpricing verantwortlich zeichnet.

Stichwortverzeichnis

www.ingramcontent.com/pod-product-compliance
Lightning Source LLC
Chambersburg PA
CBHW061736210326
41599CB00034B/6699